JN440465

주석 형법

[각칙 5]

§ 355 ~ § 372

집필대표

노 태 악

韓國司法行政學會

집필 및 편집대표 **노 태 악** (대법관)

집필 및 편집간사 **최 문 수** (서울고등법원 고법판사)
심 현 주 (울산지방법원 부장판사)

편집위원 **이 현 복** (수원지방법원 여주지원 지원장)

(2024. 7. 30. 현재)

머리말 (제 6 판)

한국사법행정학회에서 펴내는 주석 형법(각칙편)이 1982 년 발간된 지 40 여 년이 지났습니다. 그동안 본서는 형법 각칙에 규정된 모든 조항뿐만 아니라 관련된 주요 형사특별법에 관해서도 개별 조문을 중심으로 판례와 실무, 학설을 체계적으로 정리함으로써 국내에서 가장 권위있는 주석서로 자리매김하였습니다. 현재 한국의 법조실무가들이 형사실무를 처리함에 있어 최우선으로 참조하는 실무서로 알려져 있고, 명실상부 가장 중요한 참고서의 역할을 다하고 있습니다.

2017 년 주석형법 각칙 제 5 판이 출간된 이후 우리 사회 전반의 법제도와 문화, 국민의 법인식에 있어 많은 변화와 발전이 있었습니다. 이에 따라 형법 각칙에 규정된 형사범죄의 성립과 처벌에 관해서도 입법부를 비롯한 법조실무와 학계에서 많은 논의와 고민이 있었고, 이에 대법원은 형사법 조항의 해석에 관하여 시대와 환경의 변화에 따라 종전의 입장을 변경하거나 보다 전향적이고 발전된 법리를 담은 여러 중요한 판례들을 폭넓게 제시해 왔습니다.

즉, 대법원은 최근 배임죄, 횡령죄, 사기죄와 같은 재산범죄의 구성요건해당성을 더욱 엄격하게 해석함으로써 단순한 민사상 채무불이행이나 행정법령 위반 행위와의 경계를 분명히 하고 이들 범죄의 성립 범위를 합리적으로 조정하려는 시도를 꾸준히 지속해 왔습니다. 인터넷과 정보통신기술의 발전, 민주주의의 고도화에 따른 표현의 자유의 중요성을 고려하여 명예훼손죄와 모욕죄의 성립 범위와 기준에 관한 법리를 보완하거나 새롭게 제시하였습니다. 주거침입죄에 있어서도 주거의 평온이라는 보호법익에 충실한 해석에 기초하여 침입의 의미에 관한 종래의 법리를 변경하였습니다. 또한 사회적 약자와 소수자의 입장을 적극적으로 고려한 판례들이 성범죄나 아동대상범죄 등 다양한 형사법 영역에서 상당수 축적되고 있습니다. 그 밖에도 제 5 판이 출간된 이후 판례의 변경이나 새로운 법리의 제시가 이어져 왔으며 형법 각칙 또는 이와 직접 관련된 형사특별법의 개정도 수차례 있었습니다.

개정 제6판 주석 형법(각칙편)은 그동안 광범위하게 축적된 대법원 판례의 입장을 보다 정확하게 이해하고 충실하게 소개함으로써 형사실무와 관련 연구에 최대한 실질적인 도움이 되도록 하였습니다. 다만, 한국의 법조실무와 관련성이 적거나 지나치게 이론적이고 비교법적인 논의는 가급적 배제하도록 하였습니다.

이러한 노력으로 주석 형법이 계속하여 한국의 법조실무에서 빼놓을 수 없는 유용한 지침서가 되고 나아가 우리 형사사법제도와 법리의 발전에 훌륭한 밑거름이 되기를 진심으로 고대합니다.

마지막으로 바쁜 업무 중에도 집필에 애써 준 집필진과 감수를 맡아준 전문가들, 개정판 발행을 기획하고 제안해 주신 한국사법행정학회 편집부 직원 여러분께도 깊은 감사의 말씀을 전합니다.

2024. 8. 1.

대법관 노 태 악

머리말(제 5 판)

한국사법행정학회 편 주석형법 각칙 제 4 판이 2006 년도에 간행된 후 벌써 오랜 기간이 지났다. 현재까지 형법과 형사특별법의 전면 개정을 위한 시도는 아직 미완이지만, 그 동안 여러 차례 일부 개정이 이루어졌고, 새로운 학설·판례도 많이 축적되었다. 우리나라 유일의 형법 주석서인 본 서가 현행 형사법에 대한 연구의 길잡이요, 형사실무의 지침서로서의 역할을 바르게 담당할 수 있기 위하여 다시 내용의 쇄신과 보완이 필요한 시점이 되었다. 이번의 새로운 주석 형법의 집필에 있어서도 전과 마찬가지로 명망 있는 국내의 법관 및 변호사 등 법실무가들이 대거 참여하여 주셨다. 다만 방대한 주석서의 특성상 여러분들이 분야를 나누어 집필한 관계로 그 내용의 일관성을 통일성을 완결하기는 어려운 점이 있었지만, 편집위원회에서 형식을 통일하고 가능한 한 그 내용의 조정에도 노력하였다.

이번 각칙 편의 주석서 역시 국내의 판례·학설을 정확하게 소개하여 분석함으로써 우리 형사법학계와 형사실무의 현 상황을 명확하게 파악할 수 있게 하도록 노력하였고, 필요한 경우 외국의 주요한 학설, 판례도 소개하였으며, 향후에도 수정과 보완을 계속해 나갈 것이다. 본 주석서가 형사법의 연구자와 실무가에게 큰 도움을 줄 수 있고, 우리 형사법문화의 수준을 높이는 데 기여할 수 있기를 기대한다.

집필에 수고하여 주신 집필자 여러분들과 기획 및 편집에 수고하여 주신 편집위원들 및 본 주석서를 출판하여 주신 한국사법행정학회의 이종균 회장님과 직원들에게 깊이 감사를 드린다.

2017 년 10 월

편집대표　변호사 김대휘·대법관 김 신

머리말(제 4 판)

1997 년에 한국사법행정학회편 주석 형법 각칙 제 3 판이 간행된 지 벌써 오랜 기간이 지났다. 그간 형법전과 형사특별법이 일부 개정되고 새로운 학설·판례가 많이 축적되었으며, 이에 따라 우리나라 유일의 형법 주석서인 주석 형법이 현행 형사법에 대한 연구의 길잡이요 형사실무의 지침서로서의 역할을 바르게 담당할 수 있기 위하여, 내용의 진정한 쇄신과 보안이 필요한 단계가 되었다. 이번의 새로운 주석 형법의 집필에 있어서도 전과 마찬가지로 명망있는 국내의 학자와 실무가들이 대거 참여하여 주셨고, 특히 각칙 편에는 형사재판의 다양한 실무경험을 갖추고 해외 선진국에서의 연수나 깊은 연구의 경력을 쌓은 많은 법관들이 귀중한 시간을 내어 연구와 집필에 임하여 주신 것을 감사하게 생각한다. 다만 여러 사람들이 분야를 나누어 집필한 관계로 편집의 단계에서 그 형식이나 내용의 통일을 기하기 어려운 점이 있었으나, 편집위원회에서 가능한 한 그 조정과 통일에 힘을 쏟았다. 아직 많은 미흡한 점이 있을 수 있으나, 이는 앞으로의 과제로 남겨두고자 한다.

본서는 형법전을 대상으로 한 주석서이지만 관련되는 주요한 형사특별법도 함께 소개하였고, 형법전과 관련 형사특별법에서 나타났고 나올 수 있는 모든 문제를 빠짐없이 드러내어 다루었으며, 국내외의 주요한 판례·학설을 정확하게 소개하여 분석함으로써 우리 형사법의 현 상황을 명확하게 파악할 수 있게 하도록 노력하였다. 아무쪼록 본서가 형사법의 연구자와 실무가에게 직접적인 반려가 되는 동시에 우리나라 형사법문화의 수준을 높이는 데 기여할 수 있기를 기대하여 마지 않는다.

집필에 수고하여 주신 필자들과 기획 및 편집에 수고하여 주신 편집위원들 및 본 주석서를 출판하여 주신 한국사법행정학회 회장님과 직원들에게 깊이 감사를 드린다.

편집대표 대법관 박 재 윤

머리말(제 3 판)

1992 年과 1993 年에 註釋 刑法各則 補訂版 (Ⅰ)(Ⅱ)(Ⅲ)卷을 發刊한지 4 년여가 지난 지금, 다시 改訂版을 出刊하게 되었다. 그 동안 刑法各則 分野에 관하여 새로운 判例가 많이 나왔고 判例評釋과 硏究論文 및 著書 등 硏究成果도 많이 集積되었으므로 註釋書의 改訂版을 出刊하기에 適切한 시기라고 생각하며, 이번 改訂版의 出刊을 서둘러 準備하게 된 이유는, 무엇보다도 刑法中 改正法律이 지난 1995. 12. 29. 公布되어 1996. 7. 1.부터 (一部規定은 1997. 1. 1.부터) 施行에 들어갔다는 데 있다. 改正刑法의 各則部分은, 우리 社會의 發展과 變遷에 따른 컴퓨터 관련 犯罪 등 몇 가지 重要한 犯罪規定을 新設하고 各則 全般에 걸쳐서 法定刑을 合理的으로 調整하는 등 결코 적다고 할 수 없는 重要 改正內容을 담고 있는 바, 이들 改正規定의 解釋에 관한 說明을 讀者들에게 時急히 提供하여야 한다는 要請에 應하기 위하여 努力한 결과 이번 改訂版의 出刊이 비교적 신속히 이루어지게 된 것이다.

執筆陣은 종전 補訂版과 대부분 동일하나, 이번에 元正一檢事長과 申東雲敎授께서 새로 參與하시게 되었다. 執筆委員 모두가 종전 補訂版 이후의 새로운 判例와 學說을 빠짐없이 補充해 넣고 오래된 日本判例나 參考文獻들을 되도록 最新의 것으로 바꾸어 보려고 노력하였으나, 뜻대로 되지 아니한 부분도 있는 것 같다. 讀者 여러분의 海諒과 叱正을 바라마지 않는다.

實務 혹은 硏究로 바쁘신 중에서도 이번 改訂版의 執筆을 맡아 주신 執筆委員 여러분과 出版을 맡아 주신 韓國司法行政學會 李鍾均 會長님께 깊은 感謝를 드린다.

1997. 2.

編輯代表 李會昌

머리말(보정판)

1980 年과 1982 年에 註釋 刑法各則(上)(下)卷 初版이 발간된 後 10 년여가 지난 이제서야 補訂版을 出刊하게 되었다. 刑法, 그 중에서도 各則分野에는 그 동안 尨大한 量의 判例들이 集積되었고, 판례에 대한 評論이나 解說, 學界의 硏究業績과 著書 등도 적지않게 發表·刊行되었다. 註釋書의 性質上 늦지않게 이러한 判例와 解說, 論說등을 補充하여 補訂版을 간행하였어야 하는데도 이토록 늦어진 데에 대하여 이 책을 必要로 하는 讀者 여러분께는 무어라 드릴 말씀이 없을 만큼 悚懼스럽다. 구태여 辨明을 하자면, 執筆을 擔當하신 분들이 裁判實務에 從事하거나 學界에 在職하는 분들이어서 바쁜 日常業務에 쫓기는 분들이고, 또 그 동안 初版 執筆에 參與하셨던 金允行 大法官과 姜求眞 敎授, 權文澤 敎授께서 幽明을 달리하시는 등 筆陣一部에 變動이 있었던 點을 들 수 있겠다. 故人이 되신 분들에게 이 자리를 빌어 冥福을 빈다.

初版 이후의 判例와 學說의 傾向을 되도록 忠實하게 蒐集分析하여 註釋書의 本領을 살리고자 努力하였으나, 어느 정도나 그 目的에 가까이 갔는지 疑懼와 自愧가 앞설 뿐이다.

現在 國會에 刑法改正案이 提出되어 있으므로 이 책에서는 關聯部分에서 簡略하게 言及하는 데에 그쳤고, 그 改正案이 國會에서 通過되어 改正法律로 確定되면 다시 補完하고자 한다.

바쁘신 중에도 執筆하시느라 애써주신 執筆委員 여러분과 이 책을 出版해주신 韓國司法行政學會 李鍾均 會長님께 깊이 感謝드린다.

1992. 9.

編輯代表 李 會 昌

머리말 (初版)

1953年 9月 18日 우리 刑法典이 法律 第293號로 公布 施行된지도 어언 29個星霜이 흘렀다. 우리 刑法典은 1911年 朝鮮刑事令에 의하여 이 땅 위에 依用되던 日本刑法(1970年 : 明治 40年)을 바탕으로 하고 近代 民主主義思想과 新派의 刑事政策的인 理念을 深化하여 당시 우리 現實에 適合하도록 제정된 것이었으나 이 후 近 30餘年이란 세월이 지나고 보니 그 동안 너무 엄청나게 變遷한 오늘의 現實에서 立法當時를 돌아볼 때 今昔之感을 금할 수 없다.

刑法典은 現行하는 우리 刑法規範의 大綱으로서 重要한 地位를 차지하고 있으며, 이를 기초로 하여 國家保安法, 反共法, 社會安定法, 少年法, 行刑法, 暴力行爲 등 處罰에 관한 法律, 特定犯罪加重處罰 등에 관한 法律 기타 각종 刑罰法規가 特別法으로 제정되어 刑事法體系를 完備하게 된 것이다.

그러나 刑法의 國家社會에 대한 法益保護機能과 一般國民에 대한 人權保障機能을 온전히 하는 데에는 이러한 立法作用만으로서는 不可能하고 이들 刑罰法規를 올바로 解釋 適用하려는 研究와 努力이 前提되지 않으면 안 될 것이며 이러한 過程을 통하여 비로소 刑事司法에 의한 正義는 이 社會에 具現될 수 있을 것으로 믿는다.

多幸히 그 동안 國內의 有力한 學者들이 續出하여 獨逸·日本·英美 등 外國學界와 交流하면서 새로운 刑法理論을 導入하여 우리 刑法研究는 長足의 發展을 하여 왔고, 이에 발맞추어 法曹實務界에서도 많은 刑事判例를 통하여 살아 있는 法의 運用에 寄與하였다고 보겠으나 刑法의 理論이 워낙 복잡하고 學說이나 判例의 見解 또한 多岐하여 있는 現實情下에서는 아직도 山積한 難題들이 남아 있는 것을 否認할 수 없다.

이 註釋 刑法의 著述에 착수하게 된 動機는 이처럼 多樣하고 複雜한 刑法의 學說과 判例를 綜合·批判하면서 어느 정도 中正한 見解를 導出하는 한편, 法執行過程에서도 普遍妥當性과 合理主義的 原理를 定立해 보려는 데 있었다.

그러나 筆陣에 참여한 분들이 모두 公職에 바쁜 터여서 방대한 國內外의 資料를 수집하고 이들을 綜合하는데 많은 時日이 소요됨에 따라 難産을 겪게 되었으며 예정했던 것보다 出刊이 무척 늦어지고 말았다.

또한 內容에 있어서 우리 刑法의 올바른 理解를 돕고 實務에 裨益할 수 있을는지 疑懼가 앞선다. 未備하고 不完全하나마 이 책을 上梓함으로써 앞으로 斯界에 不斷한 硏究課題를 제시하고 우리 刑法學의 漸進發展을 기할 수 있는 契機가 될 수 있으리라는 점에서 自慰하는 수 밖에 없다. 讀者들의 현명한 批判과 叱正을 바라 마지 않는다.

原稿와 編輯上의 사정으로 인해서 順序가 바뀌어 먼저 出刊을 보았던 [刑法各則] 下卷에 이어서 곧 續刊될 것으로 믿었던 上卷이 그나마 해를 넘기고 이제야 出刊하게 된 것을 讀者諸賢 앞에 깊이 謝過드린다. 그 동안 바쁘신 가운데 執筆에 전념해 주신 筆陣 여러분과 함께 이 책을 出版하여 주신 韓國司法行政學會 李鍾均 會長에게 感謝하는 바이다.

1982. 1.

執筆代表　金 允 行

주석 형법, 각칙(제 6 판) 집필자

권 오 석	법무법인(유한) 태평양 변호사
김 나 영	수원고등법원 고법판사
김 세 종	서울고등법원 고법판사
김 승 주	서울고등법원 고법판사
김 정 훈	대법원 재판연구관
김 태 업	인천지방법원 부장판사
김 희 수	의정부지방법원 고양지원 부장판사
남 우 현	대법원 재판연구관
노 태 악	대법관
박 범 석	서울동부지방법원 법원장
박 소 영	수원지방법원 성남지원 부장판사
손 철 우	서울고등법원 고법판사
송 병 훈	대구지방법원 포항지원 부장판사
신 현 일	서울동부지방법원 부장판사
심 현 주	울산지방법원 부장판사

(가나다순, 2024. 7. 30. 현재)

주석 형법, 각칙(제 6 판) 집필자

양 석 용	서울고등법원 고법판사
어 재 원	대구지방법원 부장판사
우 인 성	서울중앙지방법원 부장판사
이 도 행	대법원 재판연구관
이 상 엽	의정부지방법원 고양지원 부장판사
이 상 주	서울고등법원 고법판사
이 진 혁	수원지방법원 성남지원 부장판사
최 누 림	대법원 재판연구관
최 문 수	서울고등법원 고법판사
최 승 원	서울고등법원 고법판사
최 환	양형위원회 상임위원
하 종 민	광주지방법원 부장판사
하 태 한	서울고등법원 고법판사
한 기 수	김앤장 법률사무소 변호사
홍 은 표	제주지방법원 부장판사

(가나다순, 2024. 7. 30. 현재)

[범 례]

Ⅰ. 서술방식

1. 원고는 횡서체로 하고 한글 전용을 원칙으로 한다. 다만 법령명이나 의미 전달에 혼란이 있는 경우 한자를 괄호안에 병기하였다.

2. 타이틀은 다음과 같이 구분하였다.

Ⅰ.
1.
가.
1)
가)
(1)
(가)
①
㉮

3. 조문은 집필당시의 개정법률을 근거로 하며 그 내용은 종합법률정보(http://glaw.scourt.go.kr)에 수록된 법령에 준하였다.

4. 조문 하단에는 집필하려는 조문과 관련된 관련조문이나 비교조문을 나열하였고, 해당 조문의 목차를 두었다.

5. 각 조문별로 주석을 서술하였고 별면으로 처리하였다. 각주의 일련번호는 각 편, 장, 절, 관, 조문별로 새롭게 번호를 부여하였다.

Ⅱ. 법령 표기

1. 법령의 인용시에는 원칙적으로 약어를 사용하지 않았다.

2. 본문속에 법령을 표기할 때에는 본문의 법령인용은 원문 그대로 사용하며 제○조 제○항 제○호 등으로 기재하였다.

※ 예) ① 본문의 경우

민사소송법 제476조 제1항, 민법 제289조의2 제1항

② ( )안의 경우

(민사소송법 제479조 제2항 제1호, 민법 제280조 제1항 제1호)

Ⅲ. 판례 표기

1. 판례의 표기는 다음과 같은 방법에 따른다.

▷ 대법원 1996. 4. 26. 선고 96다1078 판결.

▷ 대법원 1992. 5. 26. 선고 92다84 판결, 대법원 1993. 10. 26. 선고 93다6409 판결, 대법원 1996. 6. 14. 선고 96다46374 판결.

▷ 대법원 1996. 11. 16.자 95마252 결정.

▷ 대법원 1995. 11. 16. 선고 94다56852, 56853 전원합의체 판결.

☞ 사건번호는 병합, 반소, 참가 사건 구분 없이 '94다56852, 56853'과 같이 나열하였다.

▷ 부산지방법원 동부지원 2000. 1. 18. 선고 2000가합10574 판결.

▷ 헌법재판소 1994. 7. 29. 선고 92헌바49, 52 결정.

2. 외국 판결은 그 나라의 표준적인 표시방법에 따라 표시할 수 있다. 다만, 일본판결의 경우에 선고일자는 서기연도로 기재하며, 일본연호는 사용하지 않았다.

▷ 일본대심원 대정 9년 12월 20일 판결

☞ 日大判 1920. 12. 20.

▷ 일본최고재판소 소화 34년 6월 19일 판결

☞ 日最判 1959. 6. 19.

3. 판례 출처는 검색이 가능한 판례의 경우는 출처를 밝히지 않았다. 하지만 그 외의 경우는 출처를 밝히기 위한 약어는 다음과 같다. 약어로 표기된 출처는 괄호 (공1988, 623)안에 넣어 표기한다.

▷ 법원공보 1988년 4월 15일 제822호 623면 → 공1988, 623

▷ 법원공보 1993년 7월 15일 제948호 1697면 → 공1993하, 1697

☞ 법원공보가 상, 하로 분리된 1993년부터는 상, 하를 구분하여 표시하였다.

▷ 판례공보 1996년 2월 1일 제3호 461면 → 공1996상, 461

▷ 대법원판례집 제43권 2집 민사편 230면 → 집43-2, 230

☞ 다만, 대법원판례집 제31권 6집까지는 편별로 면수가 독립되어 있으므로 '집31-6, 민149'와 같이 편별 표시를 하였다.

▷ 대법원판결요지집 민사·상사편 Ⅰ-2집 680-2면 65번 판결 → 요민Ⅰ-2, 680- 2(65)

☞ 형사 · 군사편은 '요형', 특별편은 '요특'으로 표시하였다.

▷ 각급법원(제1,2심) 판결공보 2005년 2월 10일 제18호 215면 → 각공18, 215

▷ 고등법원판례집 1970년 형사·특별편 20면 → 고집1970, 형특20

▷ 하급심판결집 1984년 제2권 229면 → 하집1984-2, 229

▷ 헌법재판소판례집 제3권 569면 → 헌집3, 569

▷ 헌법재판소공보 제3호 255면 → 헌공3, 255

▷ 사법논집 제25집 311면 → 사법논집(25), 311

▷ 사법연구자료 제21집 153면 → 사법연구(21), 153

▷ 재판자료 제61집 364면 → 재판자료(61), 364

▷ 대법원판례해설 1995 하반기(통권 제24호) 151면 → 판례해설(24), 151

IV. 기타 인용 표기

1. 판결, 문헌 인용시 약어는 사용하지 않으며 해당 페이지에 대한 “면”, “쪽” 등의 글자 표시는 생략하였다.

2. 참고문헌의 표기는 다음과 같이 하였다.

▷ 이시윤, 민사소송법(신정보판), 박영사(1995), 232.

▷ 주석 형법, 각칙(1)(제5판), 한국사법행정학회(2017), 119(김선일).

▷ 형법주해(IV), 각칙(1), 박영사(2023), 315(김택균).

3. 저자가 2명 이상인 경우 ‘/ ’를 사용하여 2명의 이름을 모두 밝히되, 3명 이상인 경우에는 ‘○○○ 외 2인’ 등으로 표기하였다.

4. 논문이나 단행본, 월간지, 기타 논문집의 인용은 다음과 같이 하였다.

▷ 김기정, “집합건물의 집행을 둘러싼 몇 가지 법률문제에 대한 고찰”, 사법논집(27), 5.

▷ 윤진수, “토지 임차인의 매수청구권 행사와 법원의 석명의무”, 인권과 정의 236호(1996. 4.), 133~139.

5. 외국 문헌은 그 나라의 인용례에 따르는 것을 원칙으로 하되, 책 이름에 이탤릭체나 밑줄 등을 사용하지 아니하고 논문 제목에 “ ” 표시를 하였다.

▷ Walter E. May, “International Equipment Leasing: The UNIDROIT Draft Convention,” 105 Harv. L. Rev. 80(1991).

▷ 植田勝博, “ユーザーからみた リース契約の 問題點”, 金融法務事情 1101號(1985. 10.), 24.

▷ 南部二三雄, リースの 實務, 東京: 東洋經濟新報社(1973), 178.

6. 인터넷 자료는 다음과 같이 표기하였다.

▷ 저자명, 자료제목(2009. 9. 1. 방문), <http://www.scourt.go.kr/seminar/ d-3.htm>

V. 옆번호의 표기

1. 주석서의 효율적인 정보 전달과 내용 첨가, 수정시 페이지 변동으로 인한 인용 불편을 해소하기 위해 옆번호*를 표기하였다.

2. 옆번호는 텍스트 위치를 신속하게 찾을 수 있고 정확한 인용을 할 수 있도록 한다. 본문 내용이 추후 첨가, 삭제, 수정되는 경우 페이지는 변경되지만 옆번호는 항상 동일하기 때문에 인용의 불편함을 해소하며, 특히 온라인에서 열람할 경우에 도움이 된다. 옆번호는 동일 내용을 담고 있는 문단에 부여한다.

< 표기 예시 >

1 일반적인 범죄론 체계에 따르면 범죄란 구성요건에 해당하고 위법하며 유책한 행위라고 정의할 수 있다. 형법 각칙은 죄형법정주의에 입각하여 범죄의 개별적 유형에 따른 구체적 구성요건의 내용을 정하고 형벌의 범위를 설정하는 일반법이다. 구성요건이란 좁은 의미에서 보면 법적으로 규정되지 않은 행위는 처벌대상이 아니라는 것이고, 넓은 의미에서 보면 범죄의 성립요건 전부를 포괄하는 것이다.

2 형법 총칙이 형법의 본질적 기초를 이루는 범죄와 형벌에 대한 일반 원칙을 다룬다면, 형법 각칙에서는 개별적인 범죄유형과 이에 대한 구체적인 형벌을 규정하고 있다.

* 독일 법률서적에서 많이 사용되는 Randnummer[Rn. 옆번호(방주)]는 본문 오른쪽 혹은 왼쪽에 적혀 있는 일련의 번호를 말한다.

[목 차]

제 2 편 각칙

제 40 장 횡령과 배임의 죄

[총설]

[관련조문] 형법 제33조(공범과 신분), 제358조(자격정지의 병과), 제359조(미수범), 제361조, 제328조, 제346조(친족 간의 범행, 동력), 군형법 제75조(군용물 등 범죄에 대한 형의 가중), 상법 제622조(발기인, 이사 기타의 임원 등의 특별배임죄), 제623조(사채권자집회의 대표자 등의 특별배임죄), 제624조(특별배임죄의 미수), 특정경제범죄 가중처벌 등에 관한 법률 제3조(특정재산범죄의 가중처벌), 특정범죄 가중처벌 등에 관한 법률 제5조(국고 등 손실)

[비교조문] 독일 형법 제246조 횡령(Unterschlagung), 제266조 배임(Untreue), 일본 형법 제247조(背任), 제252조(横領)

Ⅰ. 개관

1 본장은 제40장 횡령과 배임의 죄라는 제목 아래 단순 횡령죄(형법 제355조 제1항), 단순 배임죄(제355조 제2항), 업무상횡령죄와 업무상배임죄(제356조), 배임수증재죄(제357조) 및 점유이탈물횡령죄(제360조)를 규정하고 있다.[1]

[1] 김선복, 신형법각론, 세종출판사(2016), 356; 김성돈, 형법각론(제8판), 성균관대학교 출판부(2022), 437; 김성천, 형법각론(제7판), 소진(2021), 453; 김신규, 형법각론, 청목출판사(2015), 440; 김일수/서보학, 새로쓴 형법각론(제9판), 박영사(2018), 285; 박상기, 형법각론(제8판), 박영사(2011), 365; 박찬걸, 형법각론(제2판), 박영사(2022), 518; 배종대, 형법각론(제14판), 홍문사(2023), 410; 백형구, 형법각론(개정판), 청림출판(2002), 226~227; 손동권/김재윤, 새로운 형법각론(제2판), 율곡출판사(2022), 414; 신동운, 형법각론(제2판), 법문사(2018), 1144; 오영근, 형법각론(제7판), 박영사(2022), 353; 이영란, 형법학 각론강의(제3판), 형설출판사(2013), 430; 이용식, 형법각론, 박영사(2019), 43; 이재상 외 2인, 형법각론(제12판), 박영사(2021), 390; 이정원/류석준, 형법각론, 법영사(2019), 408; 이형국, 형법각론, 법문사(2007), 409~410; 임웅, 형법각론(제13정판), 법문사(2023), 409; 정성근/박광민, 형법각론(전정3판), 성균관대학교 출판부(2019), 384; 정성근/정준섭, 형법강의 각론(제2판), 박영사(2022), 291; 주석 형법, 각칙(6)(제5판), 한국사법행정학회(2017), 181(노태악); 진계호/이존걸, 형법각론(제6판), 대왕사(2008), 483, 505; 홍영기, 형법 총론과 각론, 박영사(2022), 415; 형법주해(XII), 각칙(9), 박영사(2023), 2(김현석); 山口厚, 刑法各論(第2版), 有斐閣(2010), 325; 西田典之, 刑法各論(第7版), 弘文堂(2018), 249; 前田雅英 外 7人, 条解刑法(第3版), 弘文堂(2023), 826; 前田雅英, 刑法各論講義(第7版), 東京大学出版会(2020), 270; 山中敬一, 刑法各論(第3版), 成文堂(2015), 453; 松原芳博, 刑法各論, 日本評論社(2016), 349.

2 독일 형법에서는 우리나라와 달리 횡령죄(독일 형법 제246조)는 절도와 횡령의 장(제19장)에서 절도죄의 한 유형으로, 배임죄(제266조)는 사기와 배임의 장(제22장)에서 사기죄와 함께 규정하고 있고, 일본 형법은 배임죄(일본 형법 제247조)를 사기 및 공갈의 죄(제37장)에서, 횡령죄(제352조)는 유실물등횡령죄 등과 횡령의 장(제38장)에서 따로 규정하고 있다. 한편 우리와 같이 횡령죄와 배임죄를 동일한 조문에서 규정하고 있는 입법례는 1995년 개정된 스위스 형법이 있다. 이와 같이 횡령죄와 배임죄를 같은 장, 같은 조문에서 같은 법정형으로 규정하고 있는 점에서 일본, 독일과 다른데, 이는 우리 형법의 중요한 특징 중의 하나이다.[2] 1940년 발표된 일본 개정형법 가(假)안의 영향을 받은 것이나 횡령죄에서 본인에게 손해를 가할 것이라는 요건을 삭제하였다고 한다.[3]

3 법문의 규정에 비추어 횡령죄와 배임죄가 타인에 대한 신임관계를 위반한다는 점에서 같은 성질을 가진다는 점은 별다른 의문이 없다. 다만 횡령죄의 객체가 재물임에 대하여 배임죄의 객체는 재산상의 이익이라는 점에서 차이가 있다. 횡령죄와 배임죄의 관계에 대한 상세한 논의는 항을 달리하여 살펴본다.

Ⅱ. 횡령죄와 배임죄의 관계

1. 학설상 논의

4 ☞ 횡령죄와 배임죄의 본질에 관한 논의는 형법 제355조 '단순 횡령죄'와 '단순 배임죄'의 각 주석 해당 부분을 참조.

5 횡령죄가 타인에 대한 신임관계를 위반한다는 점에서 배임죄와 그 법적인 본질을 같이 하지만 기본적으로 횡령의 객체는 재물임에 반하여 배임은 재산상의 이익을 객체로 한다는 점에서 차이가 있으며, 배임죄의 본질에 관하여 배신설을 전제로 일반법과 특별법의 관계에 있다고 보는 것이 학설의 전통적인 견해이다.[4] 따라서 횡령죄에 해당하면 배임죄는 성립하지 않고 배임죄는 횡령죄가 성립하지 않을 경우에만 성립하게 된다.

2 신동운, 형법각론(제2판), 법문사(2018), 1144~1148.
3 신동운, 형법각론(제2판), 법문사(2018), 1147.
4 김일수/서보학, 새로쓴 형법각론(제9판), 박영사(2018), 287; 박상기, 형법각론(제8판), 박영사(2011), 365; 박찬걸, 형법각론(제2판), 박영사(2022), 518; 배종대, 형법각론(제14판), 홍문사(2023), 410; 이영란, 형법학 각론강의(제3판), 형설출판사(2013), 430; 이용식, 형법각론, 박영사(2019), 43; 이재상 외 2인, 형법각론(제12판), 박영사(2021), 391; 이형국, 형법각론, 법문사(2007), 412; 진계호/이존걸, 형법각론(제6판), 대왕사(2008), 483.

6 양죄의 구별에 대하여 행위객체뿐만 아니라 행위주체, 불법영득(이득)의사의 유무, 구성요건을 종합적으로 검토하여 구별하여야 한다는 견해 등도 아울러 주장되고 있다.[5]

7 이에 대하여 특별관계로 보는 것은 횡령죄와 배임죄의 처벌에 현저한 차이를 두고 있는 일본 형법의 해석론을 무비판적으로 차용한 것으로 타당하지 않으며, 재산과 재산상 이익은 양자택일의 관계에 있으므로 우리 형법의 해석상 두죄의 관계를 택일관계로 파악하는 것이 타당하다는 견해[6]도 있다. 이러한 견해에 따르면 재물이지만 '타인성'이 없어 횡령죄가 부정되는 경우에는 배임죄의 성립 여부를 별도로 논할 필요가 없다고 한다.[7] 한편 횡령죄와 배임죄를 특별관계나 택일관계가 아닌 독립관계로 보는 견해[8]도 있다. 이는 배임죄의 행위객체인 재산상 이익과 관련하여 재물을 배제한다는 규정이 없어 재물도 포함된다고 보아야 하므로, 행위주체나 다른 구성요건요소(손해 발생과 이익취득 요건 등)에 의해 양죄는 구분되고, 이에 따라 횡령죄와 배임죄는 독자적인 범죄라는 입장이다. 특히 행위주체와 관련하여 보면, 배임죄의 '타인의 사무처리자'는 타인이 처리해야 할 사무를 그 타인을 위해 대신 처리하는 관계로, 재산상의 사무가 주된 의무이고, 행위자에게 독립성과 활동의 자유가 인정되는 사무에 한정되는 반면에 횡령죄의 '타인의 재물을 보관하는 자'는 재물이 타인의 소유라는 점과 보관이라는 재물에 대한 법률상·사실상의 지배를 인정하는 위탁관계가 있기만 하면 충분하므로, 결국 횡령죄의 보관자의 지위와 배임죄의 타인의 사무처리자의 지위는 구별될 수 있다고 한다.

2. 판례의 입장

8 우리 형법이 재물과 재산상의 이익을 구별하고, 횡령과 배임을 별개의 죄로 규정하고 있으므로 재산상의 이익에 관하여 배임죄가 성립할 수 있을지언정 횡령죄는 성립할 여지가 없다고 보는 것이 현재 판례의 입장이다. 다만 아래에서 보는 바와 같이 신임관계를 기본으로 하고 있는 같은 죄질의 재산범죄로서 그 형

5 이에 관한 상세는 문영식, "횡령죄와 배임죄의 구별", 형사법의 신동향 34호(2012. 3), 297~303 참조.
6 신동운, 형법각론(제2판), 법문사(2018), 1149~1150.
7 신동운, "횡령죄와 배임죄의 관계", 오선주 교수 정년기념 논문집, 2001, 334~335.
8 안경옥, "비자금조성행위의 형사처벌에 대한 한·독 판례 비교 및 검토," 형사법의 신동향 41호(2013. 12), 138~139.

벌에 있어서도 경중의 차이가 없고 동일한 범죄사실에 대하여 단지 법률의 적용만을 달리 하는 경우에 해당한다고 하면서 법원은 배임죄로 기소된 범죄사실에 대하여 공소장변경 없이도 횡령죄를 적용하여 처벌할 수 있으며, 배임죄에 해당하는데도 이를 횡령죄로 처벌하는 법령 적용상의 잘못이 있다고 하더라도 판결의 영향에 미치는 것이 아니라고 본다.

9 [판례] 업무상배임죄를 업무상횡령죄로 처벌한 경우
업무상배임죄와 업무상횡령죄는 다 같이 신임관계를 기본으로 하고 있는 재산범죄로서 죄질이 동일하고, 그 형벌에 있어서도 같은 조문에 규정되어 있어 경중의 차이가 없으므로, 원심의 위 잘못은 판결 결과에 영향이 없어 파기 사유가 되지 못한다.[9]

10 [판례] 배임행위가 성립한 후 횡령행위의 처벌
배임죄와 횡령죄의 구성요건적 차이에 비추어 보면, 먼저 회사에 대한 관계에서 타인의 사무를 처리하는 자가 임무에 위배하는 행위를 함으로써 회사로 하여금 자신의 채무에 관하여 연대보증채무를 부담하게 하는 배임죄가 성립하는 것이고, 그 다음 회사의 금전을 보관하는 자의 지위에서 소유자인 회사의 이익을 위한 것이 아니라 자신의 채무를 변제하려는 의사를 가지고 회사의 자금을 자기의 소유인 경우와 같이 임의로 인출한 후 개인채무의 변제에 사용하였다면 그 행위는 연대보증채무 부담으로 인한 배임죄와 다른 새로운 보호법익을 침해하는 행위로서 배임 범행의 불가벌적 사후행위가 되는 것이 아니라 별죄인 횡령죄를 구성한다고 보아야 하며, 횡령행위로 인출한 자금이 선행 임무위배행위로 인하여 회사가 부담하게 된 연대보증채무의 변제에 사용되었다 하더라도 달리 볼 것은 아니다.[10]

11 [판례] 배임행위가 성립한 후 횡령행위의 처벌
회사에 대한 관계에서 타인의 사무를 처리하는 자가 임무에 위배하는 행위로써 회사로 하여금 회사가 펀드운영사에 지급하여야 할 펀드출자금을 정해진 시점보다 선 지급하도록 하여 배임죄를 범한 다음, 그 선 지급된 펀드출자금을 보관하는 자와 공모하여 펀드출자금을 임의로 인출, 자신의 투자금으로 사용하기 위하여 임의로 송금하도록 한 행위는 펀드출자금 선 지급으로 인한 배임죄와는 다른 새로운 보호법익을 침해하는 행위로서 배임 범행의 불가벌적 사후행위가 되는 것이 아니라 별죄로서 횡령죄를 구성한다고 보아야 한다.[11]

9 대법원 1990. 11. 27. 선고 90도1335 판결, 대법원 2006. 5. 26. 선고 2003도8095 판결, 대법원 2006. 11. 9. 선고 2006도4888 판결, 대법원 2016. 6. 23. 선고 2016도1086 판결 등.
10 대법원 2011. 4. 14. 선고 2011도277 판결.
11 대법원 2014. 12. 11. 선고 2014도10036 판결.

12 [판례] 횡령죄를 공소장변경 없이 배임죄로 처벌한 경우
법원은 공소사실의 동일성이 인정되는 범위 내에서 공소가 제기된 범죄사실에 포함된 보다 가벼운 범죄사실이 인정되는 경우에 심리의 경과에 비추어 피고인의 방어권 행사에 실질적인 불이익을 초래할 염려가 없다고 인정되는 때에는 공소장이 변경되지 아니하였더라도 직권으로 공소장에 기재된 공소사실과 다른 범죄사실을 인정할 수 있지만, 이와 같은 경우라고 하더라도 이를 처벌하지 아니한다면 적정절차에 의한 신속한 실체적 진실의 발견이라는 형사소송의 목적에 비추어 현저히 정의와 형평에 반하는 것으로 인정되는 경우가 아닌 한 법원이 직권으로 그 범죄사실을 인정하지 아니하였다고 하여 위법한 것이라고까지는 볼 수 없다. 횡령죄와 배임죄는 다 같이 신임관계를 기본으로 하고 있는 같은 죄질의 재산범죄로서 그에 대한 형벌에서도 경중의 차이가 없고 동일한 범죄사실에 대하여 단지 법률적용만을 달리하는 경우에 해당하므로, 특별한 사정이 없는 한 법원은 횡령죄로 기소된 공소사실에 대하여 공소장변경 없이도 배임죄를 적용하여 처벌할 수 있다.[12]

3. 횡령죄와 배임죄를 구별하는 실익에 관하여

13 이와 같이 횡령죄와 배임죄의 구별은 법정형, 업무에 따른 가중처벌 및 미수범 처벌 등의 면에서 두죄를 같이 취급하는 우리 형법의 경우에는 실무상 큰 의미는 없다고 할 수 있다.[13] 다만 횡령죄가 성립하는 경우 그로 인하여 취득한 재물은 장물에 해당하게 되나, 배임죄가 성립하는 경우에는 소유권침해를 내용으로 하는 영득죄에 해당하지 아니하므로 장물죄가 성립하지 않는다는 점에서 그 구별의 실익은 남아 있다.[14]

14 한편 두죄의 구별 실익에 관하여 특정경제범죄 가중처벌 등에 관한 법률의 적용 여부에 있다고 보는 견해[15]가 있다. 즉 시가 6억 원 재물의 판매를 위임받아 부당하게 5억 원에 판매한 경우에, 횡령이라고 하면 가액이 5억 원이 넘기 때문에 특정경제범죄 가중처벌 등에 관한 법률이 적용되겠지만 사무처리 위배행위로서 1억 원의 손해를 가한 배임이라고 하면 특정경제범죄 가중처벌 등에 관한 법률이 적용되지 않는다는 것이다. 그러나 이는 동일한 구성요건적 행위를 대상으로 평가하는 것이 아니어서 적절한 지적이라고 보이지는 않는다. 즉 재물 또는

12 대법원 2015. 10. 29. 선고 2013도9481 판결.
13 학설로는 손동권, "양도담보물을 임의 처분한 경우의 형사책임", 형사정책연구 20권 1호(2009. 봄), 551.
14 신동운, 형법각론(제2판), 법문사(2018), 1150~1151.
15 이정민, "교비회계자금 유용에 대한 형사책임", 형사법연구 24권 4호(2012. 겨울), 348; 허일태, "위탁금전과 형법상 소유권 개념", 비교형사법연구 5권 1호(2003), 271(재인용).

판매대금을 불법영득의사로 처분한 경우에는 5억 원 이상의 재물 또는 판매대금에 대한 횡령죄가 성립하는 것이고. 재물을 부당하게 저렴한 가격으로 처분하여 판매대금 차액 상당의 재산상 이익을 취득하고 재산상 손해를 가할 의도였다면 차액 1억 원 상당에 대한 배임죄가 성립하게 되고, 그 후 판매대금을 임의로 사용하였다면 위 판매대금에 대한 별도의 횡령죄가 성립한다고 보는 것이 옳다.

15 또 횡령죄의 경우 재물전체에 대한 횡령행위가 되어 다시 그 재물을 처분하는 것은 불가벌적 사후행위에 해당하여 처벌할 수 없는 반면 배임죄는 재산상 이익을 취득객체로 하는 범죄이므로 행위객체가 동일하더라도 배임행위를 할 때마다 별도의 배임죄가 성립할 수 있다는 데 그 구별의 실익이 있다는 견해[16]가 있다. 그러나 대법원 2013. 2. 21. 선고 2010도10500 전원합의체 판결로서 횡령죄의 경우에도 불가벌적 사후행위가 아니라 별도의 횡령죄를 구성할 수 있는 것으로 종전의 견해를 변경함으로써 위와 같은 지적은 더 이상 유효하지 않게 되었다. 대법원은 배임죄에 대하여는 이미 이와 같은 입장을 취하고 있었다.[17]

16 이와 관련하여, 실무상 적용에 따른 차이가 없다고 하더라도 횡령죄와 배임죄는 그 구성요건표지를 달리하는 범죄로서 배임죄로 기소되었는데도 공소장변경 없이 횡령죄로 처벌할 수 있다고 하는 것은 문제이므로, 법리상 또는 입법론적으로도 재검토가 필요하다고 보는 견해가 있다.[18]

4. 독일 형법과 일본 형법[19]

가. 독일 형법

17 독일 형법은 앞서 본 것처럼 횡령죄를 절도죄와 함께 '절도와 횡령'의 장(제19장)에 규정하고 있다. 양자 모두 동산의 소유권에 대한 범죄라는 점에서 동일하되, 점유의 면에서 타인점유인가(절도) 자기점유인가(횡령) 하는 점에서 달라질 뿐이다. 한편 독일 형법은 비위탁물 횡령죄를 횡령죄(독일 형법 제246조)의 기본적 구성요건으로 하면서 위탁물 횡령죄를 더욱 무겁게 처벌하는 구조를 취하고 있다. 한편 배임죄(제266조)를 '사기와 배임'의 장(제22장)에 규정하여 전체재산에 대한 범죄로 파악하고 있다.

16 문영식, "횡령죄와 배임죄의 구별", 형사법의 신동향 34호(2012. 3), 295~296.
17 예컨대 대법원 2005. 10. 28. 선고 2005도4915 판결.
18 주석 형법, 각칙(6)(제5판), 한국사법행정학회(2017), 187(노태악).
19 이하 대체로 신동운, 형법각론(제2판), 법문사(2018), 1144~1145 참조.

나. 일본 형법

18 일본 형법은 횡령죄를 '횡령의 죄'라는 독립된 장(일본 형법 제2편 제38장)으로 편별하면서, 횡령죄(제252조)를 기본적 구성요건으로, 업무상횡령죄(제253조)를 가중적 구성요건으로, 점유이탈물횡령죄(제254조)를 감경적 구성요건으로 각각 규정하고 있다. 배임죄(제247조)는 '사기 및 공갈의 죄'의 장(제2편 제37장)에 편별되어 있다. 일본 형법의 횡령죄와 배임죄를 비교하여 보면, 횡령죄는 징역형으로만 처벌되며(제252조 제1항, 5년 이하의 징역), 업무상횡령죄를 가중처벌하고 있다(제253조, 10년 이하의 징역). 이에 대하여 배임죄는 징역형 외에 벌금형도 규정되어 있는 반면(제247조, 5년 이하의 징역 또는 50만 엔 이하의 벌금), 업무상배임죄를 가중처벌하는 규정이 없다. 반면 배임죄의 경우 횡령죄와 달리 미수범을 처벌하여 미수감경이 가능하다(제250조). 이처럼 배임죄가 횡령죄보다 일반적으로 가볍게 처벌됨에 따라 일본 형법의 운용에서는 횡령죄와 배임죄의 구별이 중요한 문제로 등장한다.

19 타인의 사무를 처리하는 자가 자기가 점유하는 타인의 재물을 불법으로 처분한 경우, 배임죄와 횡령죄의 두죄가 성립하는 것으로 보이지만 양자는 법조경합의 관계에 있고, 형이 보다 중한 횡령죄만이 성립한다고 보는 것이 일본의 통설과 판례이다.[20] 따라서 기본적으로 횡령죄 성부가 먼저 판단되어야 하겠지만, 이때 구별기준이 무엇인가에 관하여 학설은 여러 가지로 나뉜다.[21] 대체로 ⅰ) 배임죄는 법률상 처분권한 남용이라는 법률행위임에 대하여, 횡령죄는 사실행위에 의하여 특정물 또는 특정의 이익을 침해하는 것이라는 견해, ⅱ) 두죄를 행위의 객체에 의하여 구별하고 자기가 점유하는 타인의 재물인 경우에는 횡령죄, 재물 외의 재산상 이익인 경우는 배임죄가 된다는 견해, ⅲ) 일반적 권한의 일탈은 횡령죄, 일반적 권한의 남용은 배임죄가 된다는 견해 ⅳ) 재물에 대한 영득행위가 횡령죄, 그 외의 배신행위는 배임죄에 해당한다는 견해 등이 있다.[22] 이에 대하여 두죄는 주체, 객체, 행위라고 하는 여러 요건에서 다르기 때문에 하나의 기준으로 구별하려는 방법론에는 오류가 있다고 지적하는 견해[23]도 있다.

20 西田典之, 刑法各論(第7版), 弘文堂(2018), 285; 前田雅英 外 7人, 条解刑法(第4版補訂版), 弘文堂(2023), 814; 日大判 1912. 6. 17., 日大判 1922. 3. 8. 등.
21 前田雅英 外 7人, 条解刑法(第3版), 弘文堂(2023), 814.
22 西田典之, 刑法各論(第7版), 弘文堂(2018), 285.
23 松原芳博, 刑法各論, 日本評論社(2016), 351.

20 일본 판례는 몇 가지 흐름이 있으나 본인의 명의·계산으로 행한 경우에는(본인의 사무처리) 배임죄, 자기의 명의·계산으로 행한 경우에는(영득행위) 횡령죄가 성립한다고 보는 것이 일반적으로 보인다.[24] 그리고 재산상 이익에 대하여는 횡령죄가 성립할 여지가 없으며 배임죄가 성립한다는 점에 주목할 필요가 있다고 하며 결국 영득행위로 인정된다면 횡령죄, 인정되지 않는 경우 다른 요건을 충족한다면 배임죄가 되는 것이다.[25]

5. 우리 형법과의 비교[26]

21 우리 배임죄는 다음과 같은 점에서 독일 형법과 명백히 다르다. 즉 i) 독일 배임죄는 권한남용(제1유형)과 의무위반(제2유형)으로 구분되나 우리 배임죄는 배신설의 입장에서 구성요건 표지가 '임무에 위배하는 행위'일 뿐이고, ii) 독일은 업무상 배임이나 미수범 처벌규정이 없으나 우리 배임죄는 업무상 배임 및 미수범까지 처벌되며, iii) 특히 독일 배임죄는 단지 손해발생만 요구할 뿐 재산상 이익의 취득은 요건이 아니나 우리 배임죄는 손해발생 외에 재산상 이익의 취득도 객관적 구성요건 요소로 명시되어 있다.

22 우리 배임죄는 일본 형법과도 다르다. 즉 i) 일본 배임죄는 우리 배임죄와 달리 목적범이고, ii) 일본은 업무상 배임의 처벌규정이 없으나 우리 형법은 업무상배임죄를 가중처벌한다. 다만 미수범을 처벌하는 점은 같으며, iii) 특히 일본 배임죄는 단지 손해발생을 요구할 뿐 재산상 이익의 취득은 요건이 아니나, 우리 배임죄는 손해발생 외에 재산상 이익의 취득도 객관적 구성요건 요소이다.

Ⅲ. 횡령죄의 체계

23 횡령의 죄는 단순 횡령죄(형법 제355조 제1항), 업무상횡령죄(제356조) 및 점유이탈물횡령죄(제360조) 등 세 가지 유형으로 규정하고 있다.

24 단순횡령죄와 업무상횡령죄를 위탁물 횡령죄라 부른다. 단순횡령죄가 기본적 구성요건이 되고, 업무상횡령죄는 신분적 요소로 가중처벌 되는 죄이다. 단순횡령죄는 행위의 주체가 타인의 재물을 보관하는 자에 국한되어 있는 진정신분범이

24 前田雅英 外 7人, 条解刑法(第3版), 弘文堂(2023), 814.
25 前田雅英 外 7人, 条解刑法(第3版), 弘文堂(2023), 815.
26 이하 대체로 이주원, "특정경제범죄 가중처벌 등에 관한 법률위반(배임)죄에서 이득액 개념의 합리적 재해석", 인권과 정의 436호(2013. 9.), 51.

고, 업무상횡령죄는 보관자라는 신분과 업무자라는 신분이 이중적으로 결합되어 있는 부진정신분범이다.

25 점유이탈물횡령죄와의 관계에 관하여 횡령죄와는 법적 성질을 달리하는 독립된 별개의 범죄라고 보는 것이 통설[27]이다(☞ 자세한 것은 형법 제360조 '점유이탈물횡령죄' 주석 해당 부분 참조).

26 한편, 횡령으로 취득한 이득액에 따라 법정형을 다시 가중하는 특정경제범죄가중처벌등에관한법률위반죄가 있다.

IV. 배임죄의 체계

27 단순 배임죄(형법 제355조 제2항)가 기본적 구성요건으로 업무상배임죄(제356조)는 업무라는 신분으로 인하여 형이 가중되는 구성요건이다. 단순 배임죄는 행위의 주체가 타인의 사무를 처리하는 자에 국한되어 있는 진정신분범이고, 업무상배임죄는 타인의 사무를 처리하는 자라는 신분과 업무자라는 신분이 이중적으로 결합되어 있는 부진정신분범이다.

28 배임수증재죄는 배임수재죄와 배임증재죄로 나뉘고 각각 법정형이 다른 필요적 공범관계에 있다. 배임수증재죄는 배임죄와는 독립된 구성요건으로 보는 것이 통설적 견해이다(☞ 배임수증재죄와 관계 및 상법상 특별배임죄와의 관계에 대하여는 본장 형법 제355조 '단순 배임죄' 주석 해당부분 참조).

29 미수범(형법 제359조)은 처벌되며 자격정지의 형을 병과 할 수 있다(제358조).

30 한편, 배임으로 취득한 이득액에 따라 법정형을 다시 가중하는 특정경제범죄가중처벌등에관한법률위반죄가 있다. 특정경제범죄가중처벌등에관한법률위반죄는 배임죄로 인한 이득액이 5억 원 이상인 경우와 금융기관의 임직원의 배임수증재를 가중하는 특별규정을 두고 있다(☞ 구체적인 이득액의 산정에 관하여 본장 형법 제355조 '단순 배임죄' 주석 해당부분 참조).

27 김성돈, 형법각론(제8판), 성균관대학교 출판부(2022), 472; 김성천, 형법각론(제7판), 소진(2021), 454; 김일수/서보학, 새로쓴 형법각론(제9판), 박영사(2018), 286; 박상기, 형법각론(제8판), 박영사(2011), 366; 배종대, 형법각론(제14판), 홍문사(2023), 443; 손동권/김재윤, 새로운 형법각론(제2판), 율곡출판사(2022), 416; 오영근, 형법각론(제7판), 박영사(2022), 356; 이영란, 형법학 각론강의(제3판), 형설출판사(2013), 382; 이재상 외 2인, 형법각론(제12판), 박영사(2021), 393; 이정원/류석준, 형법각론, 법영사(2019), 410; 이형국, 형법각론, 법문사(2007), 410(다만 같은 책 409에서는 점유이탈물 횡령을 감경적 유형으로 하고 있는 입법례로 한국 형법을 들고 있다); 임웅, 형법각론(제13정판), 법문사(2023), 491; 정성근/정준섭, 형법강의 각론(제2판), 박영사(2022), 291, 313; 진계호/이존걸, 형법각론(제6판), 대왕사(2008), 449.

31 상법상 회사의 발기인 기타 임직원에 대한 특별배임죄(상법 제622조)를 규정하고 있으나 형기에 차이가 없어(다만 벌금형의 상한은 차이가 있다) 형법상 배임죄에 대한 특별규정으로서 실질적 의미는 없다고 할 수 있다.

V. 친족상도례 규정의 준용

32 본장의 죄에 대하여 친족간의 범행에 관한 이른바 친족상도례(형법 제328조)와 동력(제346조)에 관한 규정이 준용된다(제361조).

VI. 횡령죄와 배임죄의 양형에 관하여

33 2023. 4. 24. 수정되어 2023. 7. 1. 시행되고 있는 대법원 양형기준에 의하면, 횡령과 배임범죄의 양형기준은 다음과 같다.

34 즉 양형기준에서 권고영역을 결정하게 되는 특별양형인자로서 감경요소 중 ⅰ) 행위 관련 감경요소는, '사실상 압력 등에 의한 소극적 범행가담, 손해발생의 위험이 크게 현실화되지 아니한 경우, 실질적 1인 회사나 가족회사, 오로지 회사 이익을 목적으로 한 경우 및 임무위반 정도가 경미한 경우'이며 ⅱ) 행위자/기타 관련 감경요소는, '청각 및 언어 장애인, 심신미약(본인 책임 없음), 자수 또는 내부비리 고발, 처벌불원 또는 실질적 피해 회복(공탁 포함)'이고, 특별양형인자로서 가중요소 중 ⅰ) 행위 관련 가중요소는, '대량 피해자(근로자, 주주, 채권자 등을 포함)를 발생시킨 경우 또는 피해자에게 심각한 피해를 야기한 경우, 범죄수익을 의도적으로 은닉한 경우, 범행수법이 매우 불량한 경우, 피지휘자에 대한 교사'이며, ⅱ) 행위자/기타 관련 가중요소는 '동종 누범'이다.

35 일반양형인자로서의 감경요소는 범죄수익의 대부분을 소비하지 못하고 보유하지도 못한 경우, 업무상 횡령·배임이 아닌 경우, 피해기업에 대한 소유지분 비율이 높은 경우 등이 있고, 가중요소로서는 범행으로 인한 대가를 약속·수수한 경우, 지배권 강화나 기업 내 지위보전의 목적이 있는 경우 등을 들고 있다.

[유형에 따른 형종 및 형량의 기준]

유형	구분	감경	기본	가중
1	1억 원 미만	~10 월	4 월~1 년 4 월	10 월~2 년 6 월
2	1억 원 이상, 5억 원 미만	6 월~2 년	1 년~3 년	2 년~5 년
3	5억 원 이상, 50억 원 미만	1 년 6 월~3 년	2 년~5 년	3 년~6 년
4	50억 원 이상, 300억 원 미만	2 년 6 월~5 년	4 년~7 년	5 년~8 년
5	300억 원 이상	4 년~7 년	5 년~8 년	7 년~11 년

제 355 조 [횡령, 배임]

① 타인의 재물을 보관하는 자가 그 재물을 횡령하거나 그 반환을 거부한 때에는 5년 이하의 징역 또는 1천500만원 이하의 벌금에 처한다. <개정 1995.12.29>

[관련조문] 형법 제33조(공범과 신분), 제358조(자격정지의 병과), 제359조(미수범), 제361조, 제328조, 제346조(친족 간의 범행, 동력), 군형법 제75조(군용물 등 범죄에 대한 형의 가중), 상법 제622조(발기인, 이사 기타의 임원 등의 특별배임죄), 제623조(사채권자집회의 대표자 등의 특별배임죄), 제624조(특별배임죄의 미수), 특정경제범죄 가중처벌 등에 관한 법률 제3조(특정재산범죄의 가중처벌), 특정범죄 가중처벌 등에 관한 법률 제5조(국고 등 손실)

[비교조문] 독일 형법 제246조 횡령(Unterschlagung), 제266조 배임(Untreue), 일본 형법 제247조(背任), 제252조(横領)

Ⅰ. 형법 제355조 제1항의 의의

1. 의의

1 형법 제355조 제1항의 단순 또는 위탁물 횡령죄는 위탁관계에 의하여 타인의 재물을 보관하는 사람이 그 재물을 횡령하거나 반환을 거부하는 것을 내용으로

2 하는 범죄이다.[1]

2. 횡령죄의 본질

3 횡령죄의 본질을 어떻게 이해하여야 할 것인지에 대하여 월권행위설, 영득행위설 및 결합설(절충설) 등으로 견해가 나뉜다. 우리나라에서는 월권행위설과 영득행위설의 대립을 횡령죄의 본질이라는 주제로 논의하는 것이 보통이나 일본에서는 횡령행위의 의의를 설명할 때 다루고 있다.[2]

가. 영득행위설

4 영득행위설은 위탁받은 타인의 재물을 불법하게 영득하는 데 횡령의 본질이 있다고 파악한다.[3] 횡령죄가 성립하기 위해서는 자기가 보관하는 타인의 재물을 자기의 소유물처럼 사용·수익·처분하려는 불법영득의 의사가 필요하고, 일시사용이나 손괴 또는 은닉의 의사로 재물을 처분하거나 위탁자를 위하는 의사로 권한을 넘는 행위를 한 때에는 횡령죄가 성립하지 않는다.

5 그 구체적인 근거는 다음과 같다. 첫째, 횡령죄의 보호법익은 소유권이므로 당연히 소유권을 침해하는 의사로서 불법영득의 의사가 있어야 한다. 둘째, 횡령죄의

1 김선복, 신형법각론, 세종출판사(2016), 356; 김성돈, 형법각론(제8판), 성균관대학교 출판부(2022), 437; 김성천, 형법각론(제7판), 소진(2021), 453; 김신규, 형법각론, 청목출판사(2015), 440; 김일수/서보학, 새로쓴 형법각론(제9판), 박영사(2018), 286; 박상기, 형법각론(제8판), 박영사(2011), 365; 배종대, 형법각론(제14판), 홍문사(2023), 412; 백형구, 형법각론(개정판), 청림출판(2002), 204; 손동권/김재윤, 새로운 형법각론(제2판), 율곡출판사(2022), 414; 신동운, 형법각론(제2판), 법문사(2018), 1151; 오영근, 형법각론(제7판), 박영사(2022), 353; 이영란, 형법학 각론강의(제3판), 형설출판사(2013), 383; 이용식, 형법각론, 박영사(2019), 43; 이재상 외 2인, 형법각론(제12판), 박영사(2021), 394; 이정원/류석준, 형법각론, 법영사(2019), 411; 이형국, 형법각론, 법문사(2007), 415; 임웅, 형법각론(제13정판), 법문사(2023), 491; 정성근/정준섭, 형법강의 각론(제2판), 박영사(2022), 293; 주석 형법, 각칙(6)(제5판), 한국사법행정학회(2017), 193(노태악); 진계호/이존걸, 형법각론(제6판), 대왕사(2008), 451; 홍영기, 형법 총론과 각론, 박영사(2022), 415; 형법주해(XII), 각칙(9), 박영사(2023), 2(김현석); 山口厚, 刑法各論(第2版), 有斐閣(2010), 283; 西田典之, 刑法各論(第7版), 弘文堂(2018), 252; 前田雅英 外 7人, 条解刑法(第3版), 弘文堂(2023), 826; 前田雅英, 刑法各論講義(第7版), 東京大学出版会(2020), 277; 山中敬一, 刑法各論(第3版), 成文堂(2015), 411; 松原芳博, 刑法各論, 日本評論社(2016), 309.

2 예컨대 山口厚, 刑法各論(第2版), 有斐閣(2010), 299; 西田典之, 刑法各論(第7版), 弘文堂(2018), 263; 前田雅英 外 7人, 条解刑法(第3版), 弘文堂(2023), 831; 山中敬一, 刑法各論(第3版), 成文堂(2015), 429.

3 김선복, 신형법각론, 세종출판사(2016), 356; 김신규, 형법각론, 청목출판사(2015), 441; 김일수/서보학, 새로쓴 형법각론(제9판), 박영사(2018), 286; 김성돈, 형법각론(제8판), 성균관대학교 출판부(2022), 439; 박상기, 형법각론(제8판), 박영사(2011), 362; 손동권/김재윤, 새로운 형법각론(제2판), 율곡출판사(2022), 415; 신동운, 형법각론(제2판), 법문사(2018), 1208; 이영란, 형법학 각론강의(제3판), 형설출판사(2013), 380; 이재상 외 2인, 형법각론(제12판), 박영사(2021), 392; 이형국, 형법각론, 법문사(2007), 411; 임웅, 형법각론(제13정판), 법문사(2023), 489~490; 정성근/정준섭, 형법강의 각론(제2판), 박영사(2022), 292; 이정원/류석준, 형법각론, 법영사(2019), 409; 진계호/이존걸, 형법각론(제6판), 대왕사(2008), 450; 홍영기, 형법 총론과 각론, 박영사(2022), 416; 형법주해(XII), 각칙(9), 박영사(2023), 12(김현석).

본질이 신임관계의 위배 즉 배신성에 있다는 것이 틀린 견해는 아니나 민법상 채무불이행도 일종의 배신성을 가지는 만큼 단순히 배신성만으로는 횡령죄의 본질을 충분히 설명할 수 없다. 즉 횡령죄의 본질은 그 배신성이 불법영득의 의사로 표현된다는 점에 있다. 셋째, 월권행위설에 의하면 자기가 보관하는 타인 소유의 재물을 손괴한 경우 횡령죄가 성립하여 타인이 보관하는 타인 소유의 재물을 손괴하는 손괴죄보다 무겁게 벌하는 결과가 된다. 두 범죄간의 불법의 정도와 법정형을 비교할 때 월권행위설은 부당하게 된다는 것이다.[4] 그리고 횡령죄와 배임죄를 동일한 조문에 규정하면서도 배임죄와 달리 손해의 발생을 횡령죄의 구성요건으로 채택하지 아니하였고, 영득행위설을 통하여 불법영득의사를 횡령죄의 요건으로 요구함으로써 횡령죄의 지나친 확대적용을 방지할 수 있다고 한다.[5]

6 영득행위설의 입장에서도 횡령죄의 성립에 손괴·은닉의 의사로써 반환거부를 한 경우 영득의 고의 혹은 목적과 반환거부의 고의가 있으면 족하고 초과주관적 구성요건요소로서 불법영득의사까지 요구할 필요는 없다고 하는 견해[6]도 있다.

나. 월권행위설

7 횡령죄의 본질을 월권행위 또는 권한남용에 있다고 보는 입장[7]이다.

8 횡령죄는 어디까지나 위탁에 의한 신뢰관계를 배반하여 권한을 초월한 배신적 처분에 그 본질이 있다고 해야 하고, 불법영득의사를 가지고 설명할 것은 아니다. 횡령죄가 재물을 영득하는 영득죄이고 횡령 자체는 영득의 의미를 포함하고 있으므로 횡령죄는 위탁에 따른 권한을 초월하여 배신적 처분에 의한 영득이라 해야 한다. 배신적 영득이 있어야 하므로 보관물의 단순한 손괴행위는 횡령이 될 수 없으나 은닉행위는 반환거부에 해당하므로 횡령이 되고, 보관물을 은닉한 행위도 신뢰관계를 위반한 배신적 처분 때문에 단순한 손괴죄에서의 은닉보다 중하다고 할 수 있다. 또 월권행위설에 따르면 자기가 보관하는 재물에 대한 손괴가 타인 점유재물에 대한 손괴보다 중하게 처벌되므로 불합리하다는 비판에 대하여는, 가령 보관물에 대한 손괴가 횡령죄에 해당한다고 하더라도 그 손괴는 손괴죄처럼 단순한 손괴가 아니라 "보관의무위반이 있는 배신적 손괴"이므로 이

4 이영란, 형법학 각론강의(제3판), 형설출판사(2013), 382; 임웅, 형법각론(제13정판), 법문사(2023), 490.
5 신동운, 형법각론(제2판), 법문사(2018), 1208.
6 오영근, 형법각론(제7판), 박영사(2022), 355.
7 정성근/박광민, 형법각론(전정3판), 성균관대학교 출판부(2019), 386.

를 손괴라는 외형만 가지고 손괴죄와 단순 비교하는 그 자체가 횡령죄의 본질을 고려하지 않는 형식적 논리라고 해야 한다고 반박한다.[8]

다. 결합설(절충설)

9 타인의 신임관계를 위반하여 불법으로 영득하는 데 그 본질이 있다는 것이다.[9] 배신에 기초한 불법영득이 곧 횡령이 된다는 것으로 위 두 견해를 결합한 견해이다.

10 횡령죄가 재물죄인 동시에 신뢰를 바탕으로 한 위탁관계에 터 잡고 있다는 점을 나타내는 데는 절충설이 가장 적합하다고 한다. 다만 절충설을 취하더라도 불법영득의사가 없는 배신행위만을 독립된 법익침해행위로 인정하지 않는 한 절충설과 영득행위설의 실제 결론은 차이가 없는 것으로 보인다. 절충설은 자기 소유의 재물을 타인에게 위탁하게 된 근거가 신임관계라는 점을 횡령죄의 본질을 설명하는 과정에서 굳이 제외시켜야 할 이유가 없다는 정도의 의미가 있을 뿐이다.[10]

라. 판례

11 판례는 업무상횡령죄가 성립하기 위해서는 타인의 재물을 보관하는 사람이 불법영득의 의사로 업무상의 임무에 위배하여 그 재물을 횡령하거나 반환을 거부하여야 한다고 하여[11] 기본적으로 영득행위설의 입장에 서 있다. 이때 '불법영득의 의사'라 함은 타인의 재물을 보관하는 사람이 자기 또는 제3자의 이익을 꾀할 목적으로 업무상의 임무에 위배하여 보관하는 타인의 재물을 자기의 소유인 경우와 같이 사실상 또는 법률상 처분하는 의사를 의미한다고 함으로써 이러한 불법영득의 의사가 없는 때에는 횡령죄의 성립을 부정하고 있다.

12 절충설을 취하는 입장에서는 판례가 절충설에 있다고 보기도 한다.[12] 즉 불법영득의사의 존재를 요구하면서도 횡령죄는 위탁이라는 신임관계에 반하여 타인의 재물을 보관하는 자가 이를 횡령하거나 또는 반환을 거부함으로써 성립하는 것이라고 함으로써 행위자와 피해자 사이에 위탁이라는 신임관계가 있어야 한다고 보기 때문이라는 것이다.

8 정성근/박광민, 형법각론(전정3판), 성균관대학교 출판부(2019), 386.

9 김성천/김형준, 형법각론(제4판), 소진(2014), 453; 박상기, 형법각론(제8판), 박영사(2011), 364; 배종대, 형법각론(제14판), 홍문사(2023), 411~412.

10 배종대, 형법각론(제14판), 홍문사(2023), 412.

11 대법원 1990. 3. 13. 선고 89도1952 판결, 대법원 2000. 12. 27. 선고 2000도4005 판결, 대법원 2002. 2. 5. 선고 2001도5439 판결, 대법원 2011. 2. 10. 선고 2010도12920 판결 및 대법원 2013. 8. 23. 선고 2011도7637 판결 등

12 김성천, 형법각론(제7판), 소진(2021), 453; 박상기, 형법각론(제8판), 박영사(2011), 364; 배종대, 형법각론(제14판), 홍문사(2023), 411.

13 다만 판례의 입장은 뒤에서 보는 바와 같이 보호의 정도에 관하여 위험범으로 보고 기수시기에 관하여 표현설에 있다고 설명되는 것이 보통인데, 이는 영득행위설과는 상충된다는 지적[13]이 있다.

마. 결론

14 우선 위탁된 타인의 물건을 위법하게 영득하는 것은 이미 타인의 신뢰관계에 대한 배신을 의미한다는 점에서 결합설은 사실상 영득행위설에 포함된다는 견해[14]가 일반적이다.

15 영득행위설과 월권행위설의 차이는 불법영득의사가 없으면 위탁자에 대한 신뢰관계의 배신이 있어도 횡령죄가 성립하지 않는다는 점이다. 따라서 월권행위설에 비하여 영득행위설이 횡령행위의 성립범위를 제한한다고 할 수 있다. 다만 불법영득의사를 어떻게 이해하느냐에 따라서 예컨대 재물에 대한 손괴·은닉의 의사가 불법영득의 의사에 포함된다고 보게 되면 영득행위설은 월권행위설에 접근하는 결과가 될 수 있다.

16 횡령죄의 보호법익이 소유권 기타의 본권인 이상, 횡령죄가 성립하기 위해서는 소유권을 침해하는 의사로서 불법영득의 의사가 있어야 한다고 해석하는 것이 자연스럽고, 자기가 점유하는 타인의 재물을 손괴한 경우 월권행위설에 의하면 횡령죄가 성립되는데 이는 재물손괴죄보다 더 무겁게 처벌받는 결과가 되어 법정형의 균형이 맞지 않게 되는 점 등에 비추어 볼 때 영득행위설이 타당하다.

3. 보호법익과 보호의 정도

가. 보호법익

17 횡령죄의 보호법익은 소유권이라고 보는 것이 다수설이다. 절도죄, 강도죄, 사기죄, 공갈죄 등의 탈취죄와 달리 점유는 보호법익이 아니다.

18 이러한 다수설에 대하여, 절도죄, 사기죄, 공갈죄의 보호법익이 소유권 또는 재산권이 아니라 재산인 것과 마찬가지로 횡령죄의 보호법익도 소유권이 아니라 재산이라고 보는 것이 이론적으로 타당하다고 하는 견해,[15] 절도죄와 마찬가지로 민법상의 소유권이 아니라 사실상의 소유상태라고 보는 견해(A의 재물을 B

13 이경렬, "명의수탁자의 처분과 횡령'의 불가벌적 사후행위", 형사판례연구 22(2014), 151.
14 김일수/서보학, 새로쓴 형법각론(제9판), 박영사(2018), 286; 이영란, 형법학 각론강의(제3판), 형설출판사(2013), 381; 오영근, 형법각론(제7판), 박영사(2022), 355.
15 백형구, 형법각론(개정판), 청림출판(2002), 204.

가 절취하여 이를 C가 임대하여 甲에게 보관시켰는데 甲이 그 물건을 횡령한 경우 횡령죄의 피해자는 A가 아니라 B이고, C도 피해자라고 할 수 있다)[16] 그리고 민법의 점유매개관계(민법 제194조)로 나타난 소유권의 향유로 보는 견해(민법은 점유매개관계를 토대로 소유권자의 소유물 이용가능성을 확장하여 보호한다)[17] 등이 있다.

19 한편 소유권뿐만 아니라 위탁 또는 신임관계도 부차적 보호법익이라는 견해도 있다. 이러한 위탁관계는 이른바 기술되지 아니한 구성요건으로서 유실물이탈횡령죄와의 구별을 위해서[18] 또는 부동산횡령에 있어 기수시기를 정하는데 의미가 있는 것[19]으로 본다. 이에 대하여 위탁관계는 소유권에 기한 이용 및 반환에 대한 기대와 밀접한 관련을 가지는 것이므로 소유권과 독립된 법익으로 볼 수 없다는 견해[20]도 있다.

20 판례는 횡령죄의 보호법익은 다른 사람의 재물에 관한 소유권 등 본권으로 보고,[21] 따라서 횡령죄의 객체가 타인의 재물에 속하는 이상 구체적으로 누구의 소유인지는 횡령죄의 성립에 영향이 없다고 보고 있다.[22] 다만 판례는 본권의 의미에 대해 구체적으로 설명하고 있지 않다. 여기서 본권이란 사실상 지배를 의미하는 민법 제192조의 점유권에 대비된 것으로서, 소유권에 기초하여 물건을 간접적·잠재적으로 이용하는 것을 가능하게 하는 권리를 말하나 절도죄와 달리 질권이나 임차권 등은 포함되지 않는다는 견해가 있다.[23] 횡령죄의 본질을 영득행위설로 파악하고, 불법영득의사를 요한다고 보고 있는 점에 비추어 보면 횡령죄로서 침해되는 것은 위탁자가 보유한 소유권으로 보는 것이 타당하고, 굳이 이와 구분되는 본권을 보호법익으로 이론구성할 필요가 크지 않다는 견해[24]가 존재한다.

16 오영근, 형법각론(제7판), 박영사(2022), 354.
17 배종대, 형법각론(제14판), 홍문사(2023), 411.
18 山口厚, 刑法各論(第2版), 有斐閣(2010), 283.
19 신동운, 형법각론(제2판), 법문사(2018), 1152~1153.
20 松原芳博, 刑法各論, 日本評論社(2016), 310.
21 대법원 2016. 8. 30. 선고 2013도658 판결, 대법원 2019. 12. 24. 선고 2019도9773 판결.
22 대법원 2019. 12. 24. 선고 2019도9773 판결.
23 山口厚, 刑法各論(第2版), 有斐閣(2010), 283; 松原芳博, 刑法各論, 日本評論社(2016), 309.
24 형법주해(XII), 각칙(9), 박영사(2023), 14(김현석).

나. 보호의 정도

21 보호법익의 보호정도에 관하여는 침해범설과 위험범(또는 위태범, 이하 문맥상 특별한 의미를 갖는 것으로 보이지 않는 이상 '위험범'으로 통일하여 부른다)설이 대립한다.

22 위험범설은 횡령행위가 실현되어 목적물을 영득한 때가 아니라 행위자인 보관자가 목적물에 대한 영득의사를 외부적으로 표출한 때 기수에 이른다는 점,[25] 절도죄와 마찬가지로 횡령행위로 말미암아 소유자가 사법(私法)상 소유권을 상실하는 것은 아니고 소유권의 위태화라는 상태만 발생하기 때문이라는 점[26] 및 소유권이 침해될 위험성이 있으면 침해의 결과가 발생하지 않더라도 성립한다는 점[27] 등을 근거로 한다.

23 침해범설은 횡령행위로 인하여 소유자의 소유권 행사가 침해되며 미수범도 처벌하고 있다는 점(형법 제359조),[28] 횡령범이 소유권을 취득하지 못하여도 소유권자의 소유권이나 사실상의 소유상태는 침해되었다고 할 수 있고 횡령죄의 미수범 처벌규정은 논리필연적은 아니어도 침해범설의 유력한 근거가 될 수 있고, 부동산횡령죄의 기수시기는 소유권이전등기나 저당권설정등기를 마친 시점으로 보는 것이 바람직하다는 점,[29] 횡령행위로 인하여 소유권 행사가 방해되어야 한다는 점[30] 또는 미수범을 처벌할 뿐 아니라 타인의 재물을 횡령하거나 반환을 거부하면 불법영득을 인정해야 한다는 점[31] 등을 근거로 제시한다.

24 횡령죄를 위험범으로 보는 견해에 대하여는 물건에 대한 자유로운 전면적 지배권으로서 소유권이라는 추상적 개념을 법익으로 잡은 오류에서 비롯된 것이라고 비판한다.[32] 횡령죄를 위험범으로 보는 입장이 과거에는 다수의 견해였으나 현재는 침해범으로 이해하는 입장이 다수로 보인다고 분석하는 견해[33]도 있다.

25 판례는 일관되게 횡령죄를 위험범으로 파악하고 있다. 즉 횡령죄는 다른 사람의

25 박상기, 형법각론(제8판), 박영사(2011), 362.
26 이영란, 형법학 각론강의(제3판), 형설출판사(2013), 380; 임웅, 형법각론(제13정판), 법문사(2023), 488.
27 박찬걸, 형법각론(제2판), 박영사(2022), 519; 신동운, 형법각론(제2판), 법문사(2018), 1152.
28 김신규, 형법각론, 청목출판사(2015), 441; 김일수/서보학, 새로쓴 형법각론(제9판), 박영사(2018), 285; 배종대, 형법각론(제14판), 홍문사(2023), 411; 이형국, 형법각론, 법문사(2007), 411; 정성근/정준섭, 형법강의 각론(제2판), 박영사(2022), 293; 진계호/이존걸, 형법각론(제6판), 대왕사(2008), 449.
29 오영근, 형법각론(제7판), 박영사(2022), 354.
30 김선복, 신형법각론, 세종출판사(2016), 356.
31 백형구, 형법각론(개정판), 청림출판(2002), 204; 이정원/류석준, 형법각론, 법영사(2019), 408; 진계호/이존걸, 형법각론(제6판), 대왕사(2008), 449.
32 이용식, "횡령죄의 기수성립에 관한 논의구조", 형사재판의 제문제 7권(2014), 153.
33 이용식, "횡령죄의 기수성립에 관한 논의구조", 형사재판의 제문제 7권(2014), 151.

재물에 관한 소유권 등 본권을 그 보호법익으로 하고, 본권이 침해될 위험성이 있으면 그 침해의 결과가 발생되지 아니하더라도 성립하는 이른바 위험범이므로, 다른 사람의 재물을 보관하는 사람이 그 사람의 동의 없이 함부로 이를 담보로 제공하는 행위는 불법영득의 의사를 표현하는 횡령행위로서, 사법(私法)상 그 담보제공행위가 무효이거나 그 재물에 대한 소유권이 침해되는 결과가 발생하는지 여부에 관계없이 횡령죄를 구성한다.[34] 다만, 판례의 입장을 위험범으로 보면서 그 보호받는 정도와 관련하여 구체적 위험범설을 취하고 있다고 분석하는 견해[35]도 있다. 위험범설의 입장에서 신임관계를 부차적 보호법익으로 보아 횡령죄의 미수범을 설명하는 견해[36]도 있다.

26 대체로 학설은 앞서 본 것처럼 보호의 정도를 기수와 미수의 구별 문제와 연결하고 있으나 이는 보호법익이 아니라 횡령죄의 구조에서 찾아야 한다는 유력한 견해[37]도 있다. 즉 기수와 미수의 구별은 그 보호법익에 대한 침해 여부가 아니라 구성요건 실현 여부에 달려 있다는 것이다. 이와 관련하여 기수시기의 문제와 같이 뒤에서 다시 살펴본다.

27 먼저 위험범과 침해범의 구별에 관한 비판적인 논의를 개관하면 다음과 같다. 즉 위험범과 침해범의 구별은 입법형식의 문제가 아니라 법 해석의 문제로서 당해 구성요건이 보호하는 보호법익이 어느 정도로 보호되고 있는지에 대한 입법자의 의도를 추론함으로써 구별하여야 한다는 견해,[38] 구성요건만으로는 침해범인지 위험범인지 구별할 수 없는 경우에는 보호법익의 속성, 구성요건적 행위의 속성, 그 행위가 당해 구성요건이 보호하는 보호법익에 대하여 미치는 효과, 형법의 기능 등을 실질적 종합적으로 평가하는 과정을 거쳐야 한다는 견해,[39] 횡령죄가 침해범인가 위험범인가 하는 문제는 횡령행위의 개념을 정립하는 문제와 논리적으로 연결되어 있고, 위험범으로 보게 되면 침해범으로 보는 경우에

34 대법원 1975. 4. 22. 선고 75도123 판결, 대법원 2009. 2. 12. 선고 2008도10971 판결, 대법원 2013. 2. 21. 선고 2010도10500 전원합의체 판결 등.

35 김성돈, 형법각론(제8판), 성균관대학교 출판부(2022), 438. 위 입장에 따른 구체적 위험범과 추상적 위험범의 구별에 대하여는, 김성돈, "침해범·위험범, 결과범·거동범, 그리고 기수미수의 구별기준", 형사판례연구 17호(2009. 6.), 12~14. 같은 취지의 평가로는 이용식, "횡령죄의 기수성립에 관한 논의구조", 형사재판의 제문제 7권(2014), 170.

36 신동운, 형법각론(제2판), 법문사(2018), 1152~1153.

37 이용식, "횡령죄의 기수성립에 관한 논의구조", 형사재판의 제문제 7권(2014), 169.

38 김성돈, "침해범·위험범, 결과범·거동범 그리고 기수미수의 구별기준", 형사판례연구 17호(2009. 6.), 7.

39 김성돈, "침해범·위험범, 결과범·거동범 그리고 기수미수의 구별기준", 형사판례연구 17호(2009. 6.), 7.

비하여 횡령행위의 성립 범위가 넓어져 횡령죄의 가벌성이 확대되는바,[40] 위험범으로 설명하는 견해는 특히 부동산 횡령죄에서 구체적이고 타당성 있는 해결책을 제시하지 못하고 횡령죄의 미수범을 처벌하고 있는 우리 형법 체계 하에서 미수의 성립범위를 매우 제한하여 왔다는 견해[41] 등이 있다. 마지막의 견해에 따르면, 판례는 부동산횡령죄에 있어서 기수시기의 판단문제, 선행 처분행위가 있는 경우 후행 처분행위의 처벌가능성 문제와 관련하여 위험범으로 보고 있지만 결론에 있어서는 침해범설에 더 부합하는 판시를 하고 있다는 것이다.

28 생각건대, 침해범인가 위험범인가 하는 문제는 결국 영득행위의 개념을 어떻게 파악할 것인가에 달려 있고, 어느 설의 입장도 나름대로의 논리적인 타당성을 가지고 있다고 보인다. 앞서 본 것처럼 부동산횡령죄에서 위험범의 이론적 한계에 대한 지적이나 위험범으로 보는 입장에서는 부동산소유권이전을 위하여 등기서류를 넘겼을 때 기수가 되는 것으로 다소 판례보다 앞당겨 기수시기를 인정하는 것이 더욱 합리적일 것이라는 견해[42]도 일리가 있다. 기본적으로 횡령죄는 영득행위로서 소유권 기타 본권의 법익 침해의 위험성이 발생한다고 보고, 부동산의 경우 소유권이전등기를 마쳤을 때 횡령죄의 기수를 인정하는 판례의 입장도 수긍할 수 없는 것은 아니다.

4. 현행법상 횡령죄의 구성요건체계

29 ☞ 제40장 [총설] 주석 중 해당부분 참조.

Ⅱ. 입법취지 및 입법례

1. 입법취지

30 횡령죄는 재물을 객체로 하는 재물죄이다. 재물 외에 재산상 이익까지를 객체로 하는 강도죄, 사기죄, 공갈죄 및 순수한 이득죄에 속하는 배임죄와 구별되며, 절도죄와는 그 성질이 같다. 또 자기가 점유하는 타인의 재물을 대상으로 하는 범죄로서 타인의 점유를 침해하지 않는 점에서 타인이 점유하는 타인의 재물을 대상으로 하는 절도죄, 강도죄, 사기죄 및 공갈죄 등과 구별된다.

40 강수진, "횡령죄의 기수시기- 횡령죄는 위험범인가," 고려법학 72호(2014. 3.), 286.
41 강수진, "횡령죄의 기수시기- 횡령죄는 위험범인가," 고려법학 72호(2014. 3.), 311~312.
42 손동권/김재윤, 새로운 형법각론(제2판), 율곡출판사(2022), 436.

31 횡령죄는 보관자의 영득행위로써 범죄가 성립하고 더 나아가 소유자의 처분행위를 필요로 하지 아니한다는 점에서 상대방의 의사에 기한 처분행위를 필요로 하는 사기죄, 공갈죄 등과 차이가 있다. 다만 사기죄의 처분행위의 평가에 관하여는 최근 선고된 피기망자가 처분행위의 의미나 내용을 인식하지 못하였더라도 처분행위로 평가될 수 있다는 대법원 2017. 2. 16. 선고 2016도13362 전원합의체 판결을 참조할 것.

32 자기의 점유 하에 있는 타인의 재물을 대상으로 하는 횡령죄는 타인의 점유를 침탈하는 절도죄 등에 비하여 범행방법이 직접적인 점유침해를 수반하지 않아 상대적으로 평화적이고, 그 동기가 유혹적('견물생심적 본능')이라는 점에서 형법이 횡령죄를 절도죄보다, 편취수단을 사용하지 않는다는 점에서 사기죄보다 가볍게 벌하는 이유를 찾을 수 있을 것이다.[43] 그러나 절도범이나 횡령범이 재물에 대하여 소유권을 취득하지 못하는 점에서는 같지만, 그 재물을 처분한 때에는 횡령죄의 처분에 대하여 선의취득이 인정되는 범위가 보다 넓다는 점에서(민법 제250조) 횡령죄에 의한 소유권침해의 결과나 정도는 절도죄의 경우보다 강하다고 보는 견해[44]가 있으며 같은 맥락에서 신임관계를 배반하는 횡령죄가 절도죄에 비하여 결코 경한 범죄로 평가될 이유는 없다고 하며 입법론적 재고를 요한다는 견해[45]도 있다.

2. 입법례

33 독일 형법은 타인의 재물을 영득한다는 점에 착안하여 횡령죄를 절도죄와 같이 규정하고 재산상 손해를 가한다는 점을 중시하여 배임죄는 사기죄와 같이 규정하고 있다. 또한 횡령죄를 둘로 구분하여 위탁받은 재물 횡령죄에 대해서는 절도죄와 같이 5년 이하의 자유형에 처하고 있다. 독일 형법상 횡령죄의 행위태양이 불법영득이고 이는 고의의 내용이 되므로 초과주관적 구성요건요소로서 불법영득의사는 필요하지 않다고 한다.[46] 독일 형법은 횡령죄의 객체를 동산으로 한정하고 있다.

43 김성돈, 형법각론(제8판), 성균관대학교 출판부(2022), 437; 배종대, 형법각론(제14판), 홍문사(2023), 410; 오영근, 형법각론(제7판), 박영사(2022), 354; 이영란, 형법학 각론강의(제3판), 형설출판사(2013), 380; 이재상 외 2인, 형법각론(제12판), 박영사(2021), 391; 임웅, 형법각론(제13정판), 법문사(2023), 488; 정성근/정준섭, 형법강의 각론(제2판), 박영사(2022), 293 등 참조.

44 이재상 외 2인, 형법각론(제12판), 박영사(2021), 391.

45 이정원/류석준, 형법각론, 법영사(2019), 409.

46 오영근, 형법각론(제7판), 박영사(2022), 350.

34 일본 형법은 앞서 본 것처럼 횡령의 죄를 독립한 장에서, 위탁물 횡령죄를 기본적 구성요건으로, 업무상횡령죄를 가중적 구성요건으로 규정하고 있으며 점유이탈물횡령죄도 별도의 죄로 두고 있다. 한편 독일 형법은 우리와 같이 횡령죄의 미수범을 처벌하고 있음에 반하여 일본에서는 미수범 처벌규정을 두고 있지 않다 (☞ 상세한 것은 본장 [총설] 주석 해당 부분 참조).

Ⅲ. 객관적 구성요건

1. 행위의 주체(보관자)

35 횡령죄는 '위탁관계에 의하여 타인의 재물을 보관하는 자'가 주체이다. 진정신분범이다. 그 핵심은 '보관'과 '위탁관계'의 의미에 있다.

가. 보관

1) 보관의 개념

36 보관이란 (위탁관계에 의하여 맡겨진 타인의 재물에 대한) 점유 또는 소지를 의미한다. 재물을 사실상 지배하는 경우뿐만 아니라 법률상 지배·처분이 가능한 상태에 있는 경우를 포함하고, 재물을 물리적으로 소지할 필요가 없다. 미성년자의 법정대리인이나 후견인, 법인의 대표자 등은 그 법률상의 권한으로 당해 재물을 보관하는 것이고,[47] 타인의 돈을 은행 등에 예치한 경우도 여기서의 보관에 해당한다.

37 보관으로서의 점유는 위탁관계를 전제로 하는 행위주체의 신분요소(신임관계)를 결정한다. 이 점에서 널리 탈취행위의 대상인 구성요소(행위객체)로서 재물에 대한 배타적 지배가 중요한 절도죄의 점유와는 그 기능에서 차이가 있고, 남용의 위험이 있는 지배력으로서 관리하는 법률적 지배까지 포함한다는 점에서 단지 사실상의 지배만을 뜻하는 절도죄의 점유와 다르다고 설명된다.[48] 한편 보관 없이 우연히 자기 지배에 들어온 재물은 점유이탈물횡령죄의 대상이다.

38 동산에 대한 보관은 소지의 형태를 취하는 것이 보통이므로 동산에 대한 사실상의 지배를 기본으로 하고, 부동산에 대한 점유는 부동산을 제3자에게 유효하

47 반대 견해로는 백형구, 형법각론(개정판), 청림출판(2002), 207.

48 김일수/서보학, 새로쓴 형법각론(제9판), 박영사(2018), 291; 박상기, 형법각론(제8판), 박영사(2011), 368; 이영란, 형법학 각론강의(제3판), 형설출판사(2013), 383; 이재상 외 2인, 형법각론(제12판), 박영사(2021), 394; 진계호/이존걸, 형법각론(제6판), 대왕사(2008), 451; 정성근/정준섭, 형법강의 각론(제2판), 박영사(2022), 294.

게 처분할 수 있는 권능의 유무에 따라 결정된다.[49] 법률상의 지배와 관련하여 부동산의 보관에 관하여는 뒤에서 따로 살펴본다.

39 법인도 보관의 주체가 될 수 있다는 견해[50]가 있으나 정확히 표현하면 법인의 경우 횡령죄의 주체인 대표이사나 자연인인 기관이 보관자가 될 것이다.

40 [판례] 법인의 보관

법인은 사법상의 권리의무의 주체가 될 수 있을 뿐 법률에 명문의 규정이 없는 한 범죄능력은 없고, 그 법인의 업무는 법인을 대표하는 자연인인 대표기관의 의사결정에 따른 대표행위에 의하여 실현될 수밖에 없다. 따라서 횡령죄에 있어서 재물을 보관하는 주체가 법인이 되는 경우라도 범죄능력이 없는 법인은 횡령죄의 주체가 될 수 없고 그 법인을 대표하여 사무를 처리하는 자연인인 대표기관이 타인의 재물을 보관하는 횡령죄의 주체가 된다고 보아야 한다.[51]

41 [판례] 국민연금 보험료 중 근로자가 부담할 기여금의 보관

국민연금법 관련 규정에 의하여 사용자는 매월 임금에서 국민연금 보험료 중 근로자가 부담할 기여금을 원천공제 하여 근로자를 위하여 보관하고, 국민연금관리공단에 위 보험료를 납부하여야 할 업무상 임무를 부담하게 된다. 이때 원천공제의 취지상 사용자가 근로자에게 위 기여금을 공제한 임금을 지급하면 그 즉시 사용자는 공제된 기여금을 근로자를 위하여 보관하는 것으로 보아야 한다. 사용자가 근로자의 임금에서 기여금을 위 공단에 납부하지 아니하고, 이를 개인적 용도로 소비하였다면 업무상횡령죄의 책임을 면할 수 없다.[52]

42 [판례] 사실상 지배와 보관

학교법인 이사장이 대학과 산학협력단 운영에 직·간접적으로 영향력을 행사하였고, 대학 교비나 산학협력단 자금에 관하여 입출금을 지시하기도 하였다면 자금에 관하여 사실상 보관자의 지위에 있었다고 할 것이고,[53] 학교법인과 그 법인에 소속된 대학교 등의 설립자로서 실질적으로 위 학교 등의 교비 사용 등 학교 운영 전반을 총괄하는 지위에 있고, 등록금 등 교비회계를 비롯하여 모든 자금·회계 관리 업무, 학사 행정 업무 등을 총괄·지휘하고 결정하는 업무에 종사하였다고 인정하였다.[54]

49 신동운, 형법각론(제2판), 법문사(2018), 1200~1201.
50 김일수/서보학, 새로쓴 형법각론(제9판), 박영사(2018), 287.
51 대법원 1984. 10. 10. 선고 82도2595 전원합의체 판결, 대법원 1997. 1. 24. 선고 96도524 판결, 대법원 2012. 5. 24. 선고 2012도2826 판결 등.
52 대법원 2011. 2. 10. 선고 2010도13284 판결.
53 대법원 2011. 10. 13. 선고 2009도13751 판결.
54 대법원 2015. 12. 10. 선고 2013도13444 판결.

43 [판례] 소유권취득에 등록이 필요한 자동차의 보관

타인 소유의 차량을 인도받아 보관하고 있는 사람이 이를 사실상 처분하면 횡령죄가 성립하며, 그 보관 위임자나 보관자가 차량의 등록명의자일 필요는 없다. 따라서 지입회사에 소유권이 있는 차량에 대하여 지입회사로부터 운행관리권을 위임받은 지입차주가 지입회사의 승낙 없이 그 보관 중인 차량을 사실상 처분하거나 지입차주로부터 차량 보관을 위임받은 사람이 지입차주의 승낙 없이 그 보관 중인 차량을 사실상 처분한 경우 횡령죄가 성립한다.[55]

따라서 종래 소유권의 취득에 등록이 필요한 차량의 경우 일반 동산의 경우와 달리 차량에 대한 점유 여부가 아니라 등록에 의하여 차량을 제3자에게 법률상 유효하게 처분할 수 있는 권능 유무에 따라 결정하여야 한다는 취지의 대법원 판결[56]은 변경되었다.

가) 점유보조자와 점유매개자의 점유 및 간접점유

44 보관의 내용이 되는 점유는 형법상의 개념으로서 민법과는 반드시 일치하지 않는다. 형법상 점유와 민법상 점유의 차이는 첫째, 민법상 점유에는 다른 사람을 통한 간접점유(민법 제194조)가 가능하지만 형법상으로는 간접점유 형태의 점유는 인정되지 않고, 둘째, 민법상으로는 상속에 의한 점유의 이전(제193조)이 인정되지만 형법상으로는 인정되지 않으며, 셋째, 민법상 점유보조자는 점유의 주체가 될 수 없으나(제195조), 형법상으로는 사실상 지배를 가지는 한 점유보조자도 점유의 주체가 될 수 있다는 점 등에 있다.[57]

45 따라서 '점유보조자'의 점유는 가사, 영업 기타 유사한 관계에 의하여 타인의 지시를 받아 물건에 대하여 사실상의 지배를 하는 것을 말하는 것으로서 민법상 점유로 인정되지는 않지만 현실적으로 지배하고 있다면 형법상 보관자가 되는 경우가 있다. 즉 점유보조자라고 할지라도 그 물건에 대하여 사실상 지배력을 행사하는 경우에는 형법상 보관의 주체가 될 수 있다.[58]

46 한편 지상권, 전세권, 질권 등 제한물권이나 임대차, 임치 기타 위임·고용관계로 타인의 물건을 직접 점유하게 된 점유매개자도(민법 제194조) 위탁관계가 있는

55 대법원 2015. 6. 25. 선고 2015도1944 전원합의체 판결. 위 판결에 대한 해설은 민철기, "차량의 등록명의자가 아닌 지입차주가 차량의 보관자의 지위에 있다고 볼 것인지 여부", 해설(104), 361 이하 및 서정민, "자동차 횡령죄의 보관자 지위", 서울대학교 법학 56권(2015. 9.), 183 이하 및 장수영, "지입차량의 소유권 귀속과 지입차량에 대한 횡령죄에서 보관자 지위", 부산판례연구회 판례연구 28집(2017), 105 이하 참조.

56 대법원 1978. 10. 10. 선고 78도1714 판결, 대법원 2006. 12. 22. 선고 2004도3276 판결 등.

57 신동운, 형법각론(제2판), 법문사(2018), 910.

58 대법원 2003. 9. 23. 선고 2003도3840 판결.

보관자가 될 수 있다. 회사나 은행의 직원이 회사 등의 공금을 보관하고 있는 경우가 이에 해당한다. 이때 간접점유자의 점유는 일반적으로 형법상 점유에 해당하지 아니하지만 여기서 보관의 개념에는 속한다고 볼 수 있다.[59]

나) 상하주종자간의 공동점유

47 앞서 본 점유보조자와 점유매개자의 점유 중 특히 상하주종관계에 있는 점유를 말한다. 예컨대 상점주인과 점원, 사장과 비서, 주인과 가사도우미, 물품운송업자와 운송인 등과 같이 상위점유자와 하위점유자 사이의 공동점유를 말한다. 점유보조자도 형법상 점유자로 인정되지만, '점유주'에 대해서는 대등관계가 아니라 '상하주종관계'에서 공동으로 점유한다고 보아야 한다. 따라서 하위점유자는 '대외적인' 관계에서는 점유자로 인정되는 반면, 상위점유자와의 '대내적인' 관계에서는 원칙적으로 점유자로 인정되지 않는다.[60] 다만 상하주종관계의 경우라도 하위자에게 위탁관계에 따른 독립한 점유권이 부여되었다고 볼 수 있는 경우에는 하위자의 점유자성을 인정할 수 있다.[61] 예컨대, 동(洞)사무소의 임시직원이 동(洞)직원으로부터 시청금고에 입금하도록 교부받은 돈과 예금에서 인출한 돈을 소비한 경우라든가,[62] 점포 주인이 외출할 때 종업원에게 금고 열쇠와 오토바이 열쇠를 맡기면서 금고 안의 돈을 배달될 가스대금으로 지급하도록 지시하였는데 종업원이 점포를 지키다가 금고 안의 돈을 꺼내어 오토바이를 타고 도주한 경우,[63] 피해자가 시장점포에서 물건을 구입하여 묶어서 그 점포에 맡겨놓은 후 약 50m 떨어진 다른 점포로 가서 지게 짐꾼에게 그 맡겨둔 물건을 찾아오도록 의뢰하였는데 그 짐꾼이 이를 찾아서 임의로 처분한 경우,[64] 군대의 취사반장이 사병급식용 고기를 처분한 경우,[65] 다방종업원이 다방주인 소유의 오토바이를 타고 심부름을 가다가 마음이 변하여 그대로 타고 달아난 경우[66] 등에는 모두 절도죄가 아니라 횡령죄가 성립한다.

59 형법주해(XII), 각칙(9), 박영사(2023), 22(김현석).
60 김성돈, 형법각론(제8판), 성균관대학교 출판부(2022), 441; 김일수/서보학, 새로쓴 형법각론(제9판), 박영사(2018), 293; 정성근/정준섭, 형법강의 각론(제2판), 박영사(2022), 295.
61 김일수/서보학, 새로쓴 형법각론(제9판), 박영사(2018), 293; 임웅, 형법각론(제13정판), 법문사(2023), 493; 정성근/정준섭, 형법강의 각론(제2판), 박영사(2022), 294.
62 대법원 1968. 10. 29. 선고 68도122 판결.
63 대법원 1982. 3. 9. 선고 81도3396 판결.
64 대법원 1982. 11. 23. 선고 82도2394 판결.
65 대법원 1982. 3. 23. 선고 81도2455 판결.
66 대법원 1986. 8. 19. 선고 86도1093 판결.

다) 공동점유

48 수인이 타인의 재물을 공동점유하고 있는 경우 그중 공동점유자 1인의 점유는 다른 공동점유자와의 관계에서는 자기의 점유에 해당하지 않는다. 따라서 그중 1인이 다른 공동점유자의 동의 없이 임의로 그 재물을 자기 단독의 점유로 옮기는 행위는 횡령죄가 아니라 절도죄에 해당하게 된다.[67] 공동소유물에 대한 점유와 '타인성'이라는 관점에서 공동소유물과 관련한 논의는 뒤에서 각 따로 살펴본다.

2) 부동산의 보관

49 횡령죄의 객체인 재물에 독일 형법과 달리 부동산이 포함됨은 물론이다. 물권변동에 관한 형식주의를 취하고 있으므로 등기된 부동산과 그렇지 않는 부동산으로 나누어 살펴본다.

가) 등기된 부동산

50 (1) 횡령행위로 인하여 부동산의 소유권이 침해될 위험성이 있는지는 물권변동에 관한 형식주의와 관련이 있다. 부동산의 보관은 사실상의 지배라는 관점에서보다는 법률상 처분의 권능 유무로 결정되어야 하는 것이다.

51 부동산의 보관자는 외견상 부동산을 법적으로 유효하게 처분할 수 있는 지위에 있는 사람을 말하게 된다.[68] 즉 부동산의 경우 동산과 달리 점유를 기준으로 할 것이 아니라 그 부동산을 제3자에게 유효하게 처분할 수 있는 권능의 유무나 지위에 있는지 여부를 기준으로 결정하여야 한다는 것이다.[69] 여기서 말하는 유효하게 처분할 수 있는 권능이란 객관적·일반적으로 보아 유효한 처분을 할 수 있는 지위 또는 만약 적법한 권한까지 갖추었다면 법률상 유효할 수 있었던 처분을 할 수 있는 지위라고 할 수 있다.[70]

52 (2) 원칙적으로 등기명의인이 부동산의 보관자가 될 것이다. 부동산을 공동으로 상속한 자들 중 1인이 부동산을 혼자 점유하던 중 다른 공동상속인의 상속지분을 임의로 처분하여도 그에게는 그 처분권능이 없어 횡령죄가 성립하지 아니하

67 대법원 1984. 1. 31. 선고 83도3027 판결.

68 김일수/서보학, 새로쓴 형법각론(제9판), 박영사(2018), 291; 이재상 외 2인, 형법각론(제12판), 박영사(2021), 394.

69 대법원 1989. 2. 28. 선고 88도1368 판결, 대법원 2000. 4. 11. 선고 2000도565 판결, 대법원 2004. 5. 27. 선고 2003도6988 판결, 대법원 2005. 6. 24. 선고 2005도2413 판결, 대법원 2007. 5. 31. 선고 2007도1082 판결 등.

70 김인겸, "부동산에 관한 횡령죄에 있어서 타인의 재물을 보관하는 자의 지위에 있는지 여부에 대한 판단기준, 해설(56), 334.

고,[71] 구분소유자 전원의 공유에 속하는 공용부분인 지하주차장 일부를 피고인이 독점 임대하였더라도 그 피고인이 그 공용부분을 다른 구분소유자들을 위하여 보관하는 지위에 있는 것은 아니므로 위 공용부분을 임대하고 수령한 임차료 역시 다른 구분소유자들을 위하여 보관하는 것은 아니라고 할 것이어서 그 돈을 임의로 소비하였어도 횡령죄가 성립하지 아니한다.[72] 그러나 등기명의가 없더라도 법률상의 권한에 의하여 사실상 유효하게 처분할 수 있는 지위에 있으면 부동산의 보관자가 된다.[73] 등기명의인인 미성년자의 친권자, 후견인, 법인의 대표이사 등이 이에 해당한다. 반면 등기명의인이라고 하더라도 원인무효인 소유권이전등기의 명의자는 횡령죄의 주체인 타인의 재물을 보관하는 자에 해당하지 않을 수 있다.[74]

53 (3) 부동산 실권리자명의 등기에 관한 법률에 따라 금지된 명의신탁 부동산의 수탁자가 보관자의 지위에 있다고 할 것인가.

54 횡령죄의 보관은 해당 물건에 대한 유효한 처분을 할 수 있음을 의미한다고 하여 학설에 따라 명의수탁자의 보관 자체를 부정하는 견해가 있다. 그러나 명의신탁 유형에 따라 구체적으로 살펴 달리 볼 여지가 있겠지만 명의신탁약정에 따른 소유권이전의 효력이 부인된다고 하여 수탁자의 보관자로서 지위까지 바로 부인된다고 보기는 어렵다. 즉 부동산의 보관은 제3자에게 유효하게 처분할 수 있는 권능의 유무에 따라 결정하여야 한다는 것은 처분행위가 유효하게 되는 경우에만 점유를 인정한다는 의미라기보다는 객관적·일반적으로 보아 유효한 처분을 할 수 있다는 취지로 이해하는 것이 타당하다. 따라서 수탁자는 신탁부동산에 대하여 자신 명의로 등기를 마친 자로서 횡령죄에서 말하는 부동산에 대한 보관은 인정된다고 할 것이다.[75] 그렇다고 하더라도 더 나아가 보호할 필요가 있는 위탁관계에 의한 보관인지 여부와 타인의 재물에 해당하는지 여부는

71 대법원 2000. 4. 11. 선고 2000도565 판결.

72 대법원 2004. 5. 27. 선고 2003도6988 판결.

73 김일수/서보학, 새로쓴 형법각론(제9판), 박영사(2018), 291; 이재상 외 2인, 형법각론(제12판), 박영사(2021), 396; 정성근/정준섭, 형법강의 각론(제2판), 박영사(2022), 296.

74 대법원 2007. 5. 31. 선고 2007도1082 판결, 대법원 2010. 6. 24. 선고 2009도9242 판결, 대법원 2021. 6. 30. 선고 2018도18010 판결 등.

75 김희수, "중간생략등기형 명의신탁에서 신탁부동산의 임의처분 시 횡령죄 성립 여부," 사법(37), 448(게다가 부동산 실권리자명의 등기에 관한 법률 제4조 제3항에 따라 수탁자는 부동산을 사실상 유효하게 처분할 수 있는 지위에 있기도 하다); 같은 취지의 학설로는 이재상 외 2인, 형법각론(제12판), 박영사(2021), 395; 임웅, 형법각론(제13정판), 법문사(2023), 496; 배종대, 형법각론(제14판), 홍문사(2023), 413면.

다시 따져보아야 할 다른 문제이다. 대법원은 최근 3자간 중간생략등기형 명의신탁 사안인 대법원 2014도6992 전원합의체 판결에서 부동산 실권리자명의 등기에 관한 법률에서 금지하는 명의신탁은 법률상 보호받을 만한 신임관계가 아니라는 점에서 위탁관계가 부정된다고 보았다.[76] 이러한 법리는 2자간 등기명의신탁 사안인 대법원 2016도18761 전원합의체 판결에서도 그대로 판시되었다. 명의신탁 된 부동산의 위탁관계 및 타인 재물성에 관하여는 뒤에서 따로 살펴본다.

55 (4) 등기명의인인 이상 부동산을 사실상 지배하고 있는지 여부는 문제되지 않으나, 반대로 등기된 부동산의 경우 부동산을 사실상 지배하고 있더라도 법적으로 유효하게 처분할 수 있는 권한이 없다면 부동산의 보관자라고 하기 어려운 경우가 많다.[77]

56 한편 등기부상 명의인이 아니라고 하더라도 소유자의 위임에 의거해서 실제로 타인의 부동산을 지배, 관리하면 부동산의 보관자가 된다.[78](다만, 위 판례의 사안은 미등기건물에 대한 것이다).

57 또 부동산의 이전 또는 제한물권의 설정에 필요한 등기서류만을 보관하고 있는 경우라면 부동산의 보관자라고 볼 수 없고, 배임죄가 문제될 것이나,[79] 등기서류 자체에 대한 횡령죄의 성부가 문제될 여지도 있다. 다만 구체적인 사실관계에 따라서 부동산을 처분할 수 있는 권한과 함께 그에 필요한 등기필증이나 위임장 등의 등기서류를 받아 보관하고 있다면 부동산의 보관자로 볼 수 있다.[80]

58 [판례] 부동산의 경작관리권만을 위임받아 점유해 온 경우

타인 소유의 토지에 관하여 그 소유권이전등기를 이전받음 없이 그 경작관리권만을 위임받아 이를 점유해 온 자는 토지 자체에 대한 보관자의 지위에 있다고는 할 수 없고, 그가 허위의 보증서와 확인서를 발급받아 부동산소유권이전등기 등에 관한 특별조치법에 의한 소유권이전등기를 임의로 마쳤다 하더라도 그와 같은 원인무효의 등기에 의하여 그 토지에 대한 처분권능이 새로이 발생하는 것이 아니므로 마찬가지라 할 것이다.[81]

76 대법원 2016. 5. 19. 선고 2014도6992 전원합의체 판결.
77 김일수/서보학, 새로쓴 형법각론(제9판), 박영사(2018), 291.
78 대법원 1993. 3. 9. 선고 92도2999 판결.
79 김일수/서보학, 새로쓴 형법각론(제9판), 박영사(2018), 292; 이재상 외 2인, 형법각론(제12판), 박영사(2021), 395; 정성근/정준섭, 형법강의 각론(제2판), 박영사(2022), 296.
80 오영근, 형법각론(제7판), 박영사(2022), 354; 배종대, 형법각론(제14판), 홍문사(2023), 413.
81 대법원 1987. 2. 10. 선고 86도1607 판결, 대법원 2021. 6. 30. 선고 2018도18010 판결.

59 [판례] 부동산 매수인이 매매목적물을 담보로 돈을 차용한 경우
부동산 매수인이 매매대금의 완납 전에 그 매매목적물을 담보로 하여 돈을 차용함에 있어 매도인의 승낙을 받는 한편 매도인과 사이에 그 차용금액의 일부는 매도인에게 매매대금으로 우선 교부하여 주기로 약정한 다음 돈을 차용하여 이를 전부 임의로 소비한 경우에 매도인과 매수인 사이의 위 약정은 매매잔대금 지급방법의 하나를 정한 것에 불과한 것이므로, 이로써 매수인이 대금완납 시까지 매도인을 위하여 위 매매목적물을 관리하거나 담보 제공하여 차용한 돈을 보관하여야 하는 지위에 있다고 볼 수 없고, 매수인이 차용금액의 일부를 매도인에게 지급하지 아니하였다고 하더라도 이는 단순한 민사상의 채무불이행에 지나지 아니할 뿐 횡령죄는 성립하지 아니한다.[82]

나) 미등기부동산

60 미등기부동산은 등기명의자가 존재하지 않으므로 이를 사실상 관리·지배하는 사람이 점유자가 된다.[83] 신축 건물과 같은 미등기부동산의 경우 신축 당시의 건축허가명의가 실제 건축주 아닌 다른 회사 앞으로 명의신탁된 경우에는 그 건축허가의 명의수탁자인 회사의 실질적 경영자는 대외적으로 유효하게 건물을 처분할 수 있는 자이어서 위 건물의 보관자가 된다.[84]

3) 금전의 위탁과 은행예금의 보관

61 타인으로부터 금전을 위탁받아 은행 예금으로 보관하는 경우, 보관방법으로 수탁자가 자신의 예금계좌를 이용하는 경우 보관에 해당하는지, 또 예금에서 인출한 금전에 대한 타인성 및 차명계좌에서 예금 인출 및 그에 따른 여러 관련 행위의 처벌 및 다른 계좌로 변경하는 행위의 횡령행위 해당 여부 등이 문제된다. 다만 금전을 단순히 맡기는 경우라면 소비임치에 해당하여 그 금전의 소유권이 넘어간다고 보아 타인의 재물을 보관한다고 보기는 어렵다.[85]

가) 보관방법으로서의 예금

62 수탁자가 예금을 인출한 후라야만 금전에 대한 점유를 가질 수 있고 인출 전에 그 예금반환채권을 처분한 때에는 횡령죄가 아니라 배임죄가 성립할 뿐이라고

82 대법원 1987. 3. 24. 선고 83도1420 판결, 대법원 2005. 9. 29. 선고 2005도4809 판결 등.
83 대법원 1993. 3. 9. 선고 92도2999 판결.
84 대법원 1990. 3. 23. 선고 89도1911 판결.
85 김일수/서보학, 새로쓴 형법각론(제9판), 박영사(2018), 292.

하여 예금주의 점유자성을 부정하는 소수 견해가 있다. 그러나 통설[86]은 수탁자가 그 예금에 대해서 사실상의 지배를 하고 있고, 예금채권의 지배는 성질상 위탁된 금전 자체의 지배와 법률상 동일시할 수 있다는 등의 이유로 그 예금주의 점유자성을 긍정한다.

63 판례도 타인의 금전을 위탁받아 보관하는 자가 보관방법으로 이를 은행 등의 금융기관에 예치한 경우에도 보관자의 지위를 가진다고 본다.[87] 제3자의 예금계좌에 예치한 경우에도 그 계좌를 사실상 지배하고 있다면 역시 보관자의 지위를 갖는다.[88] 따라서 수탁자가 이를 함부로 인출하여 소비하거나 또는 위탁자로부터 반환요구를 받았음에도 이를 영득할 의사로 반환을 거부하는 경우에는 횡령죄가 성립한다.[89]

64 일본에서 은행예금계약은 소비대차이므로 민법상 예금자는 예금반환청구권을 가지고 있을 뿐이므로 예금을 점유한다고 볼 수 없어 예금인출 행위는 횡령죄가 아니라는 견해가 있으나 일본의 판례와 다수 학설은 횡령죄를 인정한다.[90] 이때의 점유는 특정한 물건으로서의 화폐 자체에 대한 것이 아니라 일정한 금액(가치)에 대한 점유를 인정하는 것이고(재물개념의 확장), 형법상 점유는 법률상의 처분가능성을 의미하기(점유개념의 확장) 때문이다.[91]

65 타인의 금전을 위탁받아 이를 보관하는 방법으로 예금하였다가 언제라도 인출할 수 있는 상태에 있다면 수탁자는 예금한 금전의 점유자에 해당한다고 보는 것이 타당하다. 타인으로부터 위탁받은 자금을 자신 명의의 계좌에 보관하다가 자신 명의의 다른 계좌로 이체하는 행위는 위탁받은 자금의 관리방법, 이체행위를 하게 된 동기와 경위, 자금을 이체한 계좌의 용도, 이체된 자금의 사용내역 등 구체적인 사정을 종합적으로 고려하여 위탁의 취지에 반하고 유용의 범의가 인정되는 경우에는 횡령행위에 해당하고 그렇지 않은 경우에는 단순한 보관처

86 김성돈, 형법각론(제8판), 성균관대학교 출판부(2022), 442; 김일수/서보학, 새로쓴 형법각론(제9판), 박영사(2018), 292; 이재상 외 2인, 형법각론(제12판), 박영사(2021), 396; 임웅, 형법각론(제13정판), 법문사(2023), 507; 정성근/정준섭, 형법강의 각론(제2판), 박영사(2022), 295.

87 대법원 1983. 9. 13. 선고 82도75 판결, 대법원 2000. 8. 18. 선고 2000도1856 판결, 대법원 2008. 12. 11. 선고 2008도8279 판결, 대법원 2011. 11. 10. 선고 2011도10531 판결, 대법원 2015. 2. 12. 선고 2014도11244 판결 등.

88 대법원 2015. 9. 15. 선고 2015도7861 판결.

89 대법원 2000. 8. 18. 선고 2000도1856 판결, 대법원 2015. 2. 12. 선고 2014도11244 판결 등.

90 前田雅英 外 7人, 条解刑法(第3版), 弘文堂(2023), 827; 西田典之, 刑法各論(第7版), 弘文堂(2018), 254; 山口厚, 刑法各論(第2版), 有斐閣(2010), 289~290.

91 山中敬一, 刑法各論(第3版), 成文堂(2015), 414.

내지 보관방법의 변경행위에 해당한다.[92] 타인 명의의 예금통장, 인감 등을 예금채권자로부터 단지 안전하게 보관할 것만을 목적으로 받은 사람에 대하여, 현실적으로 예금의 인출이 불가능하지 않다고 하더라도 예금의 보관자로서의 지위를 인정할 수 없고, 예금계좌 명의만을 단순히 빌려 계좌를 개설하고 위탁자가 계속 관리하는 경우라면 예금명의인이 보관자라고 볼 수는 없을 것이다. 즉 위탁의 내용에 따라 결정된다. 그런데 명의상 예금주가 예금을 인출하여 임의로 소비한 경우 횡령죄가 성립할 것인가. 판례는 금융실명거래 및 비밀보장에 관한 법률 시행 전에는 횡령죄 성립을 긍정하였다.[93] 위 법률 시행 이후의 관계에 대해서는 아래에서 본다.

66 [판례] 실질적 회사 운영자의 예금보관
피고인이 A 주식회사의 경영권을 인수한 후 A 회사 소유의 예금을 인출하여 피고인의 A 회사 인수를 위한 대출금 변제에 사용하는 방법으로 횡령하였다는 내용으로 기소된 사안에서, 위 예금이 인출되기 직전에 있었던 주주총회에서 피고인 측 이사 3명이 선출됨으로써 A 회사의 실질적 운영자의 지위를 취득하였다면 피고인은 위 예금을 보관하는 자의 지위에 있다.[94]

나) 금융실명거래 및 비밀보장에 관한 법률과의 관계

67 금융실명거래 및 비밀보장에 관한 법률에 따라 실명확인절차를 거쳐 예금계약을 체결하고 실명확인사실이 예금계약서 등에 명확히 기재되어 있는 경우, 은행과의 관계에서 예금당사자를 확정하는 문제는 다른 문제라고 하더라도[95] 금전위탁관계에서 횡령죄에서 말하는 보관자의 지위가 달라지는 것은 아니다. 금융실명거래 및 비밀보장에 관한 법률이 실지명의(실명) 금융거래를 하도록 규정하고 있으나, 불법·탈법적 목적이 있는 경우가 아닌 한 차명계좌 개설자를 처벌하지는 않고 차명계좌를 개설해주는 금융기관 임직원에 대하여 과태료를 과하는 규정만을 두고 있는 사정 등을 고려하면, 명의대여약정 및 예금계약 자체를 원칙적으로 무효로 볼 것은 아니므로 횡령죄의 성립이 가능하다.

92 대법원 2016. 5. 12. 선고 2014도2698 판결.
93 대법원 1984. 2. 14. 선고 83도3207 판결.
94 대법원 2011. 3. 24. 선고 2010도17396 판결.
95 대법원 2009. 3. 19. 선고 2008다45828 전원합의체 판결, 대법원 2011. 5. 13. 선고 2009도5386 판결.

68 즉 타인의 금전을 위탁받아 보관하는 자가 보관방법으로 금융기관에 자신의 명의로 예치한 경우, 금융실명거래 및 비밀보장에 관한 법률이 시행된 이후 금융기관으로서는 특별한 사정이 없는 한 실명확인을 한 예금명의자만을 예금주로 인정할 수밖에 없으므로 수탁자 명의의 예금에 입금된 금전은 수탁자만이 법률상 지배·처분할 수 있을 뿐이고 위탁자로서는 위 예금의 예금주가 자신이라고 주장할 수는 없으나, 그렇다고 하여 보관을 위탁받은 위 금전이 수탁자 소유로 된다거나 위탁자가 위 금전의 반환을 구할 수 없는 것은 아니므로 수탁자가 이를 함부로 인출하여 소비하거나 또는 위탁자로부터 반환요구를 받았음에도 이를 영득할 의사로 반환을 거부하는 경우에는 횡령죄가 성립한다.[96] 반면 비록 예금명의자가 예금을 인출하여 영득하거나 반환요구를 거부하더라도 예금신탁자가 예금이 자신의 소유자라는 것을 명확하게 증명하지 못한다면 수탁자에게 횡령죄는 성립하지 않는다.[97]

4) 봉함물·시정물의 보관

69 타인으로부터 봉함된 포장물이나 용기 속에 들어 있는 물건을 위탁받아 관리하는 사람이 전부 또는 내용물만 영득한 경우를 어떻게 취급할 것인가. 이에 관하여는 여러 견해[98]가 있으나 봉함물이라는 외형에 구애될 것이 아니라 봉함의 상태나 구체적인 위탁관계의 취지와 내용을 참작하여 형식적인 위탁관계에 불과하다면 절도가 되고 실질적인 위탁관계라면 횡령이 된다고 보는 것이 타당하다.[99] 판례 역시 오래된 것이지만, 같은 입장을 취한 것이 있다.[100]

5) 유가증권의 보관

70 화물상환증, 창고증권, 선하증권 등 물권적 유가증권에 있어서는 그 증권의 인도에 의하여 물건에 대한 인도의 효과가 생기는 등 물권적 효력이 있으므로 그 증권의 소지자는 물건을 사실상 지배하지 않더라도 그 물건을 사실상 처분할 수 있는 지

96 대법원 2000. 8. 18. 선고 2000도1856 판결, 대법원 2015. 2. 12. 선고 2014도11244 판결. 신동운, 형법각론(제2판), 법문사(2018), 1198도 참조.

97 김일수/서보학, 새로쓴 형법각론(제9판), 박영사(2018), 292~293.

98 주석 형법, 각칙편(6)(제4판), 한국사법행정학회(2006), 330(노태악) 참조.

99 김성돈, 형법각론(제8판), 성균관대학교 출판부(2022), 441; 김일수/서보학, 새로쓴 형법각론(제9판), 박영사(2018), 294; 정성근/정준섭, 형법강의 각론(제2판), 박영사(2022), 295.

100 대법원 1956. 1. 27. 선고 4288형상375 판결.

위에 있으므로 당해 물품의 점유자라고 해석하여야 한다. 우리나라의 통설이다.[101] 약속어음을 할인을 위하여 교부받은 경우에 수탁자가 그 약속어음을 실제로 할인하였을 때에는 그로 인하여 생긴 돈을, 그 할인이 불가능하거나 할인하여 줄 의사를 철회하였을 때에는 약속어음 그 자체를 위탁자에게 반환하여야 하는 것이고, 그 약속어음이 수탁자의 점유 하에 있는 동안에도 다른 특별한 사정이 없는 이상 그 소유권은 위탁자에게 있고 수탁자는 그 취지에 따라 이를 보관하는 것이다.[102]

71 [판례] 예탁주식의 반환거부행위

피고인이 피해자들로부터 계좌 간 대체 기재의 방식으로 양수받은 예탁주식은 유체물인 유가증권으로서 횡령죄의 객체가 될 수 있고, 만약 피고인이 예탁주식의 반환을 거부하는 행위가 횡령행위와 같다고 볼 수 있을 정도에 이르렀거나 그 반환거부에 정당한 사유가 있었던 것이 아니라면, 피고인의 반환거부행위는 횡령죄를 구성한다. 위 '주식'이 소수주주권을 행사하기 위한 '주주의 지위' 또는 '주주권'에 불과하므로 이 사건 주식의 반환거부행위는 횡령죄를 구성하지 아니한다고 판단한 원심은 위법하다.[103]

72 [판례] 채권지급의 담보로 발행·교부된 수표

채권자가 그 채권의 지급을 담보하기 위하여 채무자로부터 수표를 발행·교부받아 이를 소지한 경우에는, 단순히 보관의 위탁관계에 따라 수표를 소지하고 있는 경우와는 달리 그 수표상의 권리가 채권자에게 유효하게 귀속되고, 채권자와 채무자 사이의 수표 반환에 관한 약정은 원인관계상의 인적 항변사유에 불과하므로, 위 채권자는 횡령죄의 주체인 타인의 재물을 보관하는 자의 지위에 있다고 볼 수 없다.[104]

6) 공동소유물의 보관

73 공동소유물을 공동소유자 중 1인이 보관하고 있는 경우에는 그가 점유자가 되므로 이를 처분하면 횡령죄에 해당하게 된다. 공유물에 있어서는 분량적으로 분할되어 있지 않거나 공유물분할 전이라면, 행위자의 지분을 제외한 부분만이 아니라 공유물 전체에 대하여 횡령죄가 성립한다. 공동점유와는 다르다(☞ 이와 관련하여 후술하는 '타인의 재물성' 부분 같이 참조).

101 김성돈, 형법각론(제8판), 성균관대학교 출판부(2022), 442; 김일수/서보학, 새로쓴 형법각론(제9판), 박영사(2018), 294; 손동권/김재윤, 새로운 형법각론(제2판), 율곡출판사(2022), 417; 오영근, 형법각론(제7판), 박영사(2022), 360; 이재상 외 2인, 형법각론(제12판), 박영사(2021), 396; 임웅, 형법각론(제13정판), 법문사(2023), 513; 정성근/정준섭, 형법강의 각론(제2판), 박영사(2022), 295.

102 대법원 1999. 7. 23. 선고 99도1911 판결.

103 대법원 2007. 10. 11. 선고 2007도6406 판결.

104 대법원 1988. 1. 19. 선고 87도2078 판결, 대법원 2000. 2. 11. 선고 99도4979 판결 등.

74 [판례] 공동명의 예금채권
은행에 공동명의로 예금을 하고 은행에 대하여 그 권리를 함께 행사하기로 한 경우에 만일 동업자금을 공동명의로 예금한 경우라면 채권의 준합유관계에 있다고 볼 것이나, 공동명의 예금채권자들 각자가 분담하여 출연한 돈을 동업 이외의 특정 목적을 위하여 공동명의로 예치해 둠으로써 그 목적이 달성되기 전에는 공동명의 예금채권자가 단독으로 예금을 인출할 수 없도록 방지·감시하고자 하는 등의 목적으로 공동명의로 예금을 개설한 경우라면 하나의 예금채권이 분량적으로 분할되어 각 공동명의 예금채권자들에게 귀속되므로 공동명의 예금채권자들 중 1인은 해당 예금을 법률상으로 지배·처분할 수 있는 지위에 있어 횡령죄에서의 보관자에 해당한다.[105]

75 [판례] 상속받은 대여금채권
채무자 법인의 대표이사인 피고인을 비롯한 공동상속인들이 피상속인의 채무자 법인에 대한 대여금채권을 공동상속한 경우 피고인이 단독으로 채무자 법인의 자금을 인출하였더라도 그 인출금액 중 상속분을 초과하는 부분에 대하여 채무자 법인에 대한 업무상횡령죄가 성립한다 할 것이고, 위와 같이 인출한 금원에 대하여 다른 공동상속인들과 사이에 어떠한 위탁관계를 맺고 있다고 할 수 없으므로 다른 공동상속인들을 위하여 위 인출 금원을 보관하는 지위에 있다고는 할 수 없다.[106]

76 [판례] 판결구분소유적 공유관계
구분소유적 공유관계에서 구분소유하고 있는 특정 구분부분별로 독립한 필지로 분할되는 경우에는 각자의 특정 구분부분에 해당하는 필지가 아닌 나머지 각 필지에 전사된 공유자 명의의 공유지분등기는 더 이상 당해 공유자의 특정 구분부분에 해당하는 필지를 표상하는 등기라고 볼 수 없고, 각 공유자 상호 간에 상호명의신탁관계만이 존속하므로, 각 공유자는 나머지 각 필지 위에 전사된 자신 명의의 공유지분에 관하여 다른 공유자에 대한 관계에서 그 공유지분을 보관하는 자의 지위에 있다.[107]

나. 위탁신임관계

1) 위탁관계의 발생과 내용

77 횡령죄가 성립하기 위한 보관은 재물의 보관자와 소유자 사이에 법률상 또는 사실상의 위탁관계가 존재하여야 한다. 이때 횡령죄의 본질이 신임관계에 기초하여 위탁된 타인의 물건을 위법하게 영득하는 데 있음에 비추어 볼 때 그 위탁

105 대법원 2008. 10. 9. 선고 2005다72430 판결, 대법원 2008. 12. 11. 선고 2008도8279 판결 등.
106 대법원 2006. 6. 30. 선고 2005도5338 판결.
107 대법원 2014. 12. 24. 선고 2011도11084.

관계는 횡령죄로 보호할 만한 가치 있는 신임에 의한 것으로 한정함이 타당하다.[108] 이러한 위탁관계가 있는지 여부는 재물의 보관자와 소유자 사이의 관계, 재물을 보관하게 된 경위 등에 비추어 볼 때 보관자에게 재물의 보관 상태를 그대로 유지하여야 할 의무를 부과하여 그 보관 상태를 형사법적으로 보호할 필요가 있는지 등을 고려하여 규범적으로 판단하여야 한다.[109] 이러한 법리와 관련하여 판례는, 부동산 실권리자명의 등기에 관한 법률에 위반한 중간생략등기형 명의신탁 사안 및 2자간 등기명의신탁 사안에서 명의신탁자와 명의수탁자 사이에 무효인 명의신탁약정 등에 기초하여 존재한다고 주장될 수 있는 사실상의 위탁관계라는 것은 위 법률에 반하여 범죄를 구성하는 불법적인 관계에 지나지 아니할 뿐 이를 형법상 보호할 만한 가치 있는 신임에 의한 것이라고 할 수 없어 횡령죄에 말하는 위탁관계에 해당하지 않는다고 판단하였다.[110] 그리고 재물의 위탁행위가 범죄의 실행행위나 준비행위 등과 같이 범죄 실현의 수단으로서 이루어진 경우 그 행위 자체가 처벌 대상인지와 상관없이 그러한 행위를 통해 형성된 위탁관계는 횡령죄로 보호할 만한 가치 있는 신임에 의한 것이 아니라고 봄이 타당하다고 보아 의료법에 따라 처벌되는 무자격자의 의료기관 개설·운영행위를 목적으로 하는 동업약정에 따라 교부된 돈에 대해 위탁관계를 부정하였다.[111] 또한 계좌명의인이 개설한 예금계좌(이른바 대포통장)가 전기통신금융사기 범행에 이용되어 그 계좌에 피해자가 사기피해금을 송금·이체한 경우, 계좌명의인이 그 돈을 영득할 의사로 인출한 행위와 관련하여 계좌명의인과 전기통신금융사기의 범인 사이의 관계는 횡령죄로 보호할 만한 가치가 있는 위탁관계가 인정되지 않는다고 보아 전기통신금융사기의 범인에 대한 관계에서 횡령죄가 성립되지 않는다고 판단하였다.[112] 이와 같이 위탁관계를 횡령죄로 보호

108 대법원 2016. 5. 19. 선고 2014도6992 전원합의체 판결, 대법원 2016. 5. 26. 선고 2015도89 판결, 대법원 2016. 6. 9. 선고 2015도5129 판결, 대법원 2016. 7. 29. 선고 2014도15028 판결, 대법원 2016. 8. 24. 선고 2014도6740 판결, 대법원 2018. 7. 19. 선고 2017도17494 전원합의체 판결, 대법원 2021. 2. 18. 선고 2016도18761 전원합의체 판결, 대법원 2022. 6. 30. 선고 2017도21286 판결 등.

109 대법원 2018. 7. 19. 선고 2017도17494 전원합의체 판결, 대법원 2021. 2. 18. 선고 2016도18761 전원합의체 판결, 대법원 2022. 6. 30. 선고 2017도21286 판결 등.

110 대법원 2016. 5. 19. 선고 2014도6992 전원합의체 판결 및 대법원 2021. 2. 18. 선고 2016도18761 전원합의체 판결.

111 대법원 2022. 6. 30. 선고 2017도21286 판결.

112 대법원 2018. 7. 19. 선고 2017도17494 전원합의체 판결. 위 판례에 대한 해설은, 배정현, "제3자 명의 사기이용계좌(이른바 대포통장) 명의인이 그 계좌에 입금된 보이스피싱 피해금을 인출한 경우 횡령죄 성립 여부", 해설(118), 621 이하 참조.

할 만한 가치 있는 신임에 의한 것으로 한정한 판례 법리는 이러한 위탁이 불법원인급여에 해당한다고 본 것이 아님에 주의를 요한다.[113]

78 위탁관계는 반드시 소유자의 위탁행위에 기인한 것임을 필요로 하지 않고, 소유자의 의사에 반하지 않으면 제3자에 의하여 이루어져도 무방하다. 객관적으로 존재하는 사실상의 관계이면 충분하다.[114] 사법(私法)상 유효할 것을 요하지 아니하므로 법률상 무효이거나 취소된 때에도 이미 인도된 재물의 점유에 대하여 사실상 위탁관계가 인정될 수도 있다.[115] 따라서 매매계약이 토지거래허가구역 내의 매매계약에 관한 법리에 따라 확정적으로 무효가 되었다 하더라도 매매계약 당사자 사이의 묵시적 합의에 기한 사실상의 위탁관계까지 부정된다고 할 수 없다.[116] 또 예컨대 타인의 동산을 보관하던 자가 임의로 이를 입질하였다가 채무를 변제하고 질물을 회수한 경우 또는 타인의 부동산을 보관하는 자가 임의로 그 위에 저당권을 설정하였다가 채무를 변제하고 등기를 말소한 경우와 같이 재물의 보관상태가 원상으로 회복된 경우에는 위탁관계도 회복되므로, 보관자가 다시 보관물의 소유권을 침해하는 행위를 한 때에는 새로운 횡령죄가 성립한다.

79 위탁관계는 객관적으로 존재하여야 하므로, 행위자가 주관적으로 이러한 관계가 있다고 오신하고 자기가 보관하는 타인의 재물을 임의 처분하더라도 객관적으로 그러한 관계가 존재하지 않는 이상 위탁물횡령죄는 성립하지 않는다.[117]

80 위탁관계는 임대차, 사용대차, 위탁, 임치 등의 계약에 의하여 발생하는 것이 보통이지만 반드시 민사상 계약의 당사자일 필요는 없다.[118] 사무관리나 후견과 같

113 예를 들어 대법원은, 부동산 실권리자명의 등기에 관한 법률을 위반하여 무효인 명의신탁약정에 따라 명의수탁자 명의로 등기를 하였다는 이유만으로 그것이 당연히 불법원인급여에 해당한다고 단정할 수 없다고 판단하면서도(대법원 2019. 6. 20. 선고 2013다218156 전원합의체 판결 참조), 중간생략등기형 명의신탁 사안 및 2자간 등기명의신탁 사안에서 횡령죄의 위탁관계와 관련하여 모두 위와 같은 법리를 선언하였다.

114 대법원 2012. 1. 27. 선고 2011도13867 판결; 김성돈, 형법각론(제8판), 성균관대학교 출판부(2022), 444; 김일수/서보학, 새로쓴 형법각론(제9판), 박영사(2018), 288; 손동권/김재윤, 새로운 형법각론(제2판), 율곡출판사(2022), 419; 신동운, 형법각론(제2판), 법문사(2018), 1204; 오영근, 형법각론(제7판), 박영사(2022), 357; 이재상 외 2인, 형법각론(제12판), 박영사(2021), 398; 임웅, 형법각론(제13정판), 법문사(2023), 492; 정성근/정준섭, 형법강의 각론(제2판), 박영사(2022), 296.

115 김성돈, 형법각론(제8판), 성균관대학교 출판부(2022), 445; 김일수/서보학, 새로쓴 형법각론(제9판), 박영사(2018), 288; 오영근, 형법각론(제7판), 박영사(2022), 357; 정성근/정준섭, 형법강의 각론(제2판), 박영사(2022), 296.

116 대법원 2012. 1. 27. 선고 2011도13867 판결.

117 김성돈, 형법각론(제8판), 성균관대학교 출판부(2022), 445.

118 대법원 2003. 7. 11. 선고 2003도2077 판결, 대법원 2011. 10. 13. 선고 2009도13751 판결, 대법원 2015. 12. 10. 선고 2013도13444 판결, 대법원 2018. 7. 19. 선고 2017도17494 전원합의체 판결 등.

은 법률의 규정, 관습이나 조리 또는 신의칙에 의해서도 발생할 수 있다.[119] 이때 적어도 위탁행위에 준하는 신뢰관계는 존재하여야 한다.[120] 추심금 소송에서 승소한 추심채권자의 지위와 같이 법률상의 의무에 기인하여 당연히 생기는 경우도 있다.[121]

81 한편 최근 판례는, 권리이전계약 혹은 담보권(양도담보권, 저당권 등) 설정계약에서 권리이전의무 혹은 담보 등 제공의무에 기초한 채무는 원칙적으로 자기의 사무일 뿐 배임죄에서 말하는 타인의 사무라고 할 수 없고,[122] 이와 같은 계약에 기초한 급부의무는 횡령죄의 보관자 지위를 인정할 수 있는 신임관계의 근거가 될 수 없다고 판단하고 있다. 예를 들어, 채무자가 기존 금전채무를 담보하기 위하여 다른 금전채권을 채권자에게 양도한 금전채권 양도담보설정계약 사안에서 채무자가 채권자를 위하여 타인의 사무를 처리하는 신임관계가 인정될 수 없다고 보아, 채무자가 제3채무자에게 채권양도 통지를 하기 전에 채권을 추심하여 금전을 수령·사용한 경우 횡령죄의 성립을 부정하였다.[123] 참고로 이와 같은 사안에서 채무자가 제3채무자에게 채권양도 통지를 하기 전에 채권을 제3자에게 임의로 처분하였더라도 배임죄가 성립할 수 없다.[124] 그리고 종래 대법원은 채

119 김성돈, 형법각론(제8판), 성균관대학교 출판부(2022), 444; 김일수/서보학, 새로쓴 형법각론(제9판), 박영사(2018), 288; 이영란, 형법학 각론강의(제3판), 형설출판사(2013), 385; 정성근/정준섭, 형법강의 각론(제2판), 박영사(2022), 296.

120 김일수/서보학, 새로쓴 형법각론(제9판), 박영사(2018), 288.

121 대법원 2003. 3. 28. 선고 2003도313 판결.

122 대법원은 부동산 임차권의 양도, 일반 동산의 매매, 권리이전에 등기·등록을 필요로 하는 동산의 매매, 주권 발행 전 주식의 양도, 수분양권의 매매 등의 사안에서, 양도인이 권리이전계약에 따라 양수인에게 부담하는 권리이전의무는 자기의 사무에 지나지 않으므로, 양도인은 양수인을 위한 타인의 사무를 처리하는 자가 아니라고 판단하였고(대법원 1991. 12. 10. 선고 91도2184 판결, 위 대법원 2008도10479 전원합의체 판결, 대법원 2020. 6. 4. 선고 2015도6057 판결, 대법원 2020. 10. 22. 선고 2020도6258 전원합의체 판결, 대법원 2021. 7. 8. 선고 2014도12104 판결 등), 부동산 대물변제예약, 부동산 및 동산의 양도담보설정계약·저당권설정계약, 동산·채권 등의 담보에 관한 법률에 따른 동산담보설정계약, 자동차 등 특정동산 저당법과 공장 및 광업재단 저당법에 따른 저당권설정계약, 부동산 담보가등기 설정계약, 주권발행 전 주식 양도담보설정계약 등의 사안에서, 채무자가 채권자에게 계약에 따라 자신의 재산권을 담보 등으로 제공할 의무를 제대로 이행하지 않거나 담보 등으로 제공한 재산권을 제3자에게 임의로 처분하였다고 하더라도 배임죄가 성립하지 않는다고 보았다(대법원 2014. 8. 21. 선고 2014도3363 전원합의체 판결, 위 대법원 2020. 2. 20. 선고 2019도9756 전원합의체 판결, 대법원 2020. 6. 18. 선고 2019도14340 전원합의체 판결, 대법원 2020. 8. 27. 선고 2019도14770 전원합의체 판결, 대법원 2020. 10. 22. 선고 2020도6258 전원합의체 판결, 대법원 2020. 12. 10. 선고 2016도8447 판결, 대법원 2021. 1. 28. 선고 2014도8714 판결 등).

123 대법원 2021. 2. 25. 선고 2020도12927 판결.

124 대법원 2021. 7. 15. 선고 2015도5184 판결.

권을 양도한 후 양도통지를 하기 전 제3채무자로부터 그 채권금을 수령한 채권양도인은 위 금원에 대하여 양수인을 위하여 이를 보관하는 지위에 있다고 보았으나,[125] 최근 판례를 변경하여 채권양도인은 채권양수인과 사이에 채권양도계약 또는 채권양도의 원인이 되는 계약에 따른 채권·채무관계에 있을 뿐 횡령죄의 보관자 지위를 인정할 수 있는 신임관계에 있다고 할 수 없다고 판단하였다.[126] 이러한 최근 판례의 태도는 횡령죄와 배임죄가 특별관계에 있음을 전제로, 배임죄에서의 위탁신임관계와 횡령죄에서의 위탁관계를 달리 볼 수 없다는 입장에 기초하고 있다고 이해된다.

82 이와 같이 종전 판례와 실무는 사무관리·관습·조리·신의칙 등에 의하여 위탁관계를 폭넓게 인정하는 경향이고, 이에 관하여 위탁관계의 요건을 지나치게 쉽게 인정하는 것이 아닌가 하는 지적[127]이 있어 왔으나, 앞서 본 바와 같이 대법원 2016. 5. 19. 선고 2014도6992 전원합의체 판결(형법상 보호할만한 신임관계로 한정)과 대법원 2020. 6. 23. 선고 2017도3829 전원합의체 판결(각종 권리이전계약 등에서 위탁신임관계 부정) 등을 거치면서 실무상 위탁관계에 관하여 더 제한적으로 해석하는 경향을 보이고 있다.

83 한편 위탁자에게 유효한 처분을 할 권한이 있는지, 수탁자가 법률상 그 재물을 수탁할 권한이 있는지 여부는 묻지 않는다. 그러나 주의할 점은 절도·사기·공갈행위로 점유한 재물은 피해자와 사이에 위탁관계 자체가 인정될 여지가 없고,[128] 그 결과 이를 처분하여도 횡령행위가 성립될 여지가 없으며 불가벌적 사후행위에 해당한다. 부동산 횡령에 있어서 위탁자인 피해자가 관련 민사소송에서 진정한 소유자가 아닌 것으로 밝혀진 경우 피고인과 소유자 사이에 법률상 또는 사실상의 위탁신임관계가 존재한다고 볼 수 없어 횡령죄가 성립되지 않는다.[129]

125 대법원 1999. 4. 15. 선고 97도666 전원합의체 판결.

126 대법원 2022. 6. 23. 선고 2017도3829 전원합의체 판결. 위 판결에 대한 해설은 최문수, "채권양도인이 채권양도의 대항요건 미충족 상태에서 채무자로부터 채권을 추심하여 수령한 금전을 임의로 사용한 경우 횡령죄의 성립 여부", 사법(61), 549 이하 참조.

127 대법원 형사법연구회, 2018 범죄유형별 재판 참고사항, 214.

128 대법원 2017. 5. 31. 선고 2017도3894 판결 등.

129 대법원 2007. 5. 31. 선고 2007도1082 판결. 위 판결에 대한 해설은 김현룡, "부동산의 횡령에 있어서, 보관을 위탁한 피해자가 부동산의 진정한 소유자가 아니고 진정한 소유자가 따로 있음이 밝혀진 경우, 그 진정한 소유자와 피고인 사이에서는 위탁관계가 인정될 수 없는 상태에서 횡령죄가 성립한다고 볼 수 있는지 여부(소극) 및 원인무효인 등기명의자에 불과한 피고인이 부동산의 보관자의 지위에 있다고 볼 수 있는지 여부(소극)", 해설(70), 258 이하 참조.

84 [판례] 종중재산의 보관

종중 소유라고 하는 이 사건 임야를 횡령하였다고 인정하려면 피고인들과의 위탁관계가 있는 종중이 실재하여야 하고, 그 종중과의 사이에 위탁이라는 신임관계가 있어야 한다. 이때 어떤 토지가 종중의 소유인데 사정 당시 종원 또는 타인 명의로 신탁하여 사정받은 것이라고 인정하기 위해서는, 사정 당시 어느 정도의 유기적 조직을 가진 종중이 존재하였을 것과 사정 이전에 그 토지가 종중의 소유로 된 과정이나 내용이 증명되거나, 또는 여러 정황에 미루어 사정 이전부터 종중 소유로 인정할 수 밖에 없는 많은 간접자료가 있을 때에 한하여 이를 인정할 수 있을 뿐이다.[130]

85 [판례] 종중총회의 결의가 없이 이루어진 종중재산의 처분

피고인이 종중의 회장으로부터 담보 대출을 받아달라는 부탁과 함께 종중 소유의 임야를 이전받은 다음 임야를 담보로 금원을 대출받아 임의로 사용하고 자신의 개인적인 대출금 채무를 담보하기 위하여 임야에 근저당권을 설정하였다면 비록 피고인이 임야를 이전받는 과정에서 적법한 종중총회의 결의가 없었다고 하더라도 피고인은 임야나 위 대출금에 관하여 사실상 종중의 위탁에 따라 이를 보관하는 지위에 있다고 보아야 할 것이어서 피고인의 위 행위가 종중에 대한 관계에서 횡령죄를 구성한다.[131]

86 [판례] 매매대금을 초과한 돈을 지급받은 매도인과 점유이탈물횡령죄의 성부

매수인이 매도인에게 매매잔금을 지급함에 있어 착오에 빠져 지급해야 할 금액을 초과하는 돈을 교부하는 경우 매도인이 사실대로 고지하였다면 매수인이 그와 같이 초과하여 교부하지 아니하였을 것임은 경험칙상 명백하다. 매도인이 매매잔금을 교부받기 전 또는 교부받던 중에 그 사실을 알게 되었을 경우에는 특별한 사정이 없는 한 매도인으로서는 매수인에게 사실대로 고지하여 매수인의 그 착오를 제거하여야 할 신의칙상 의무를 지므로 그 의무를 이행하지 아니하고 매수인이 건네주는 돈을 그대로 수령한 경우에는 사기죄에 해당될 것이지만, 그 사실을 미리 알지 못하고 매매잔금을 건네주고 받는 행위를 끝마친 후에야 비로소 알게 되었을 경우에는 주고받는 행위는 이미 종료되어 버린 후이므로 매수인의 착오 상태를 제거하기 위하여 그 사실을 고지하여야 할 법률상 의무의 불이행은 더 이상 그 초과된 금액 편취의 수단으로서의 의미는 없으므로, 교부하는 돈을 그대로 받은 그 행위는 점유이탈물횡령죄가 될 수 있음은 별론으로 하고 사기죄를 구성할 수는 없다.[132]

130 대법원 1994. 9. 23. 선고 93도919 판결, 대법원 2010. 4. 29. 선고 2009도10271 판결 등.
131 대법원 2005. 6. 24. 선고 2005도2413 판결.
132 대법원 2004. 5. 27. 선고 2003도4531 판결.

87 [판례] 택시기사의 임금체계에 따른 운송수입금과 보관-정액 사납금제에 따라 횡령죄의 성립이 부정된 사례

피해자 회사가 운영한 성과급제란 기사들에게 일정한 급여를 지급하는 것이 아니라 기사들이 운송수입금 중 일정한 금액만 회사에 입금하고 나머지를 갖는 형태로서 결국 사납금제와 그 실질이 같은 것으로 판단된다. 따라서 피고인이 한 달 동안 운송수입금 중 성과급 지급기준 금액을 초과하는 돈을 입금한 이상 나머지 운송수입금에 대하여는 피고인이 피해자 회사를 위하여 업무상 보관하는 자의 지위에 있다고 할 수 없다.[133]

88 [판례] 택시기사의 임금체계에 따른 운송수입금과 보관-전액관리제에 따라 횡령죄의 성립이 긍정된 사례

운송회사와 소속 근로자 사이에 근로자가 운송회사로부터 일정액의 급여를 받으면서 당일 운송수입금을 전부 운송회사에 납입하되, 운송회사는 근로자가 납입한 운송수입금을 월 단위로 정산하여 그 운송수입금이 월간 운송수입금 기준액인 사납금을 초과하는 경우에는 그 초과금액에 대하여 운송회사와 근로자에게 일정 비율로 배분하여 정산하고, 사납금에 미달되는 경우에는 그 부족금액에 대하여 근로자의 급여에서 공제하여 정산하기로 하는 약정이 체결되었다면, 근로자가 사납금 초과 수입금을 개인 자신에게 직접 귀속시키는 경우와는 달리, 근로자가 애초 거둔 운송수입금 전액은 운송회사의 관리와 지배 아래 있다고 봄이 상당하므로 근로자가 운송수입금을 임의로 소비하였다면 횡령죄를 구성한다. 이는 근로자가 운송회사에 대하여 사납금을 초과하는 운송수입금의 일부를 배분받을 권리를 가지고 있다고 하더라도 특별한 사정이 없는 한 다를 바 없다.[134]

2) 판례에 나타난 위탁신임관계의 발생

89 [판례] 조리에 의한 위탁관계

채무자가 채무총액에 관한 지불각서를 써 줄 것으로 믿고, 채권자가 채무자에게 그 액면금 등을 확인할 수 있도록 가계수표들을 교부하였다면, 채권자와 채무자 사이에는 만약 합의가 결렬되어 채무자가 채권자에게 지불각서를 써 주지 아니하는 경우에는 곧바로 그 가계수표들을 채권자에게 반환하기로 하는, 횡령죄에 있어서 조리에 의한 위탁관계가 발생하였다고 본 사례[135]

133 대법원 2008. 12. 24. 선고 2008도8423.

134 대법원 2014. 4. 30. 선고 2013도8799 판결. 이 판결에 대한 해설은 최창훈, "운송회사 근로자의 운송수입금 임의소비와 횡령죄의 성립 여부", 해설(100), 389 이하.

135 대법원 1996. 5. 14. 선고 96도410 판결.

90 [판례] 거래 관행상 인정된 위탁관계

보석가게를 운영하는 자가 손님이 구하는 물건을 다른 보석상에서 가져온 경우를 보석상 사이에 그 물건에 대한 매매계약이 체결된 것으로 판단하여 물건을 가져간 보석상에 대하여 횡령죄 소정의 '타인의 재물을 보관하는 자'의 지위를 부정한 원심판결을 횡령죄에 대한 법리오해 또는 심리미진의 위법이 있다는 이유로 파기한 사례[136]

91 [판례] 전속계약으로 발생한 위탁관계

이 사건 전속계약은 피해자의 출연료 수령을 포함하여 피해자의 연예활동과 관련한 제반 사무 처리를 내용으로 하는 일종의 위임계약이라고 할 수 있고, 피고인과 피해자 사이에는 피해자의 연예활동으로 인한 수입 중 세금을 제외한 매출액을 약정 비율대로 회사와 피해자에게 각각 귀속시키기로 하는 합의가 있었다고 봄이 상당하므로 결국 회사 명의의 계좌로 입금된 드라마 출연료 중 피해자의 지분에 해당하는 금원은 수령과 동시에 피해자의 소유로 귀속되고, 피고인은 피해자를 위하여 이를 보관하는 관계에 있었다고 할 것이다.[137]

92 [판례] 매도인이 동산 매도 후 점유개정의 방식으로 인도받아 계속 보관한 경우

피해자 수협은 피고인과 수산물판매계약에 따라 이 사건 오징어를 매수하고 피고인으로부터 물품보관증을 교부받음으로써 피고인이 대표이사로 있는 회사 창고에 보관하고 있던 오징어를 점유개정의 방식으로 인도받아 이 사건 오징어에 관한 소유권을 취득하였고, 피고인은 피해자에게 물품보관증을 작성하여 교부한 후부터는 피해자를 위하여 이 사건 오징어를 보관하는 자의 지위에 있다.[138]

93 [판례] 위탁관계가 인정된 사안들

임차인이 이사하면서 그가 소유 또는 점유하던 물건들을 임대인의 방해로 옮기지 못하고 임차공장 내에 그대로 두었다면 임대인은 사무관리 또는 조리상 당연히 임차인을 위하여 위 물건들을 보관하는 지위에 있다 할 것이므로 이를 처분하거나 반환거부하면 횡령죄를 구성한다.[139] 그리고 甲 회사가 수급시공 중이던 공사가 중단된 후 丙 회사가 공사현장을 인수하여 도급계약을 체결하고 나서 잔여공사를 진행하던 중 甲 회사가 현장에 남겨 두었던 형틀을 사용하였다면 丙 회사는 甲 회사로부터 위탁을 받지 않았더라도 위 형틀을 사실상 보관하고 있었다고 볼 수 있다.[140] 압류가 경합하는 때에는

136 대법원 2002. 3. 29. 선고 2001도6550 판결.
137 대법원 2013. 10. 24. 선고 2013도4425 판결.
138 대법원 2010. 3. 11. 선고 2009도14822 판결.
139 대법원 1985. 4. 9. 선고 84도300 판결.
140 대법원 1969. 12. 9. 선고 69도1923 판결.

제3채무자는 그 채무액을 공탁하여 면책을 받을 수 있지만 공탁의 청구가 없는 한 추심명령을 받은 채권자에게 직접 변제하여도 된다 할 것이나 이 경우 추심채권자는 추심한 금액을 지체 없이 공탁하고 그 사유를 법원에 신고하여야 할 것이므로 비록 피고인이 채무자에 대한 추심의 소를 제기, 승소하여 그에 따라 이 사건 금원을 직접 추심하였다 하더라도 이 사건 금원은 피고인에게 귀속된다고 할 수 없고 피고인이 이를 공탁하고 사유신고를 할 때까지 경합채권자를 위하여 보관하는 자의 지위에 있게 된다.[141] 무역거래에 있어서 수출업자가 수출위탁자의 위탁을 받아 수출을 하고 그 수출물품대금을 송금 받은 경우, 그 대금이 위탁자의 소유로 귀속되어 수출업자가 이를 보관하게 되는지 아니면 일단 수출업자의 소유로 귀속되고 위탁자에 대하여 정산하여 지급할 채무만을 지게 되는지는 수출위탁계약의 내용에 따라 달라질 수 있으나, 일반적으로는 수출업자가 수출위탁자를 위하여 보관하는 것으로 볼 것이다.[142] 어음을 배서양수하였다가 부도가 되자 앞 순위의 배서인(상환의무자)에게 어음금의 지급을 요구하여 이를 지급받은 자는, 그 어음의 회수를 위하여 그 돈을 지급받은 것으로서 이를 보관하고 있다고 할 것이므로 그 돈을 어음회수용으로 사용하지 않고 소비하였다면 횡령죄에 해당한다.[143] 또 약속어음의 할인을 위하여 교부받은 경우에는 수탁자가 그 약속어음을 할인하였을 때에는 그로 인하여 생긴 돈을, 그 할인이 불가능하거나 할인하여 줄 의사를 철회하였을 때에는 약속어음 그 자체를 위탁자에게 반환하여야 하고 그 약속어음이 수탁자의 점유 하에 있는 동안에도 다른 특별한 사정이 없는 이상 그 소유권은 위탁자에게 있고 수탁자는 위탁의 취지에 따라 이를 단지 보관하는 것으로 볼 것이다.[144]

94 [판례] 위탁관계가 인정되지 않은 사안들

부동산에 대한 원인무효의 등기명의자가 소유자 앞으로 지급된 농지개량사업보상금을 수령한 경우, 그 보상금에 대한 점유의 취득은 사업시행자에 대한 기망에 의한 것일 뿐 토지소유자의 위임에 기한 것이 아니므로 그 보상금에 대하여 어떠한 보관관계도 존재하지 않는다.[145] 부동산의 소유명의를 신탁받기로 한 자가 자기 앞으로 등기하지 않고 아들 앞으로 등기를 하여 주고 사망하였다면 그 아들은 그러한 사정을 알고 있었더라도 위탁자에 대한 관계에서 수탁자의 지위를 승계한다고 할 수 없으므로 횡령죄의 주체가 될 수 없다.[146] 또 부동산의 매수인이 대금완납 전에 부동산을

141 대법원 2003. 3. 28. 선고 2003도313 판결.
142 대법원 1989. 7. 11. 선고 88도956 판결.
143 대법원 1989. 11. 14. 선고 89도968 판결.
144 대법원 1999. 7. 23. 선고 99도1911 판결.
145 대법원 1987. 2. 10. 선고 86도1607 판결, 대법원 2021. 6. 30. 선고 2018도18010.
146 대법원 1983. 2. 8. 선고 82도2502 판결, 대법원 1987. 2. 10. 선고 86도2349 판결.

타에 담보로 제공하여 금전을 차용하고 그 차용금 일부를 매수대금으로 지급하기로 매도인과 사이에 약정하였음에도 그 차용금액 전부를 임의로 소비한 경우, 그 약정은 매매잔대금의 지급방법을 정한 데 불과하고 이로써 매도인을 위하여 대금 완납할 때까지 매매목적물을 관리하거나 차용한 금전을 보관하여야 할 지위에 있다고 할 수 없으므로 민사상의 채무이행에 불과하고 횡령죄는 성립하지 않는다.[147] 은행 등 금융기관의 직원들이, 전주들에게 은행이율을 초과하는 고율의 이자를 얹어주기로 약속하면서 수기식 정기예금증서를 작성하여 주는 방식으로 전주들로부터 정기예금 명목의 금전을 교부받은 다음, 이를 은행의 구좌에 입금처리하지 아니하고 유용한 사안에 있어서는, 그 거래 당시의 사정을 개별적으로 심리하여 은행과 사이에 정기예금계약이 유효하게 성립되었다고 인정되는 전주들로부터 교부받은 부분에 대하여서만 업무상횡령죄로 처단할 수 있는 것이고, 정기예금계약이 유효하게 성립하였다고 인정할 수 없는 전주들로부터 교부받은 부분에 대하여는 은행을 위하여 보관 중이던 금전이라고 할 수 없어 업무상횡령죄로 처단할 수 없다.[148] 액면이 백지인 약속어음을 발행인으로부터 교부받아 보관 중 발행인과의 합의로 정해진 보충권의 한도를 넘어 보충을 한 경우에는 발행인의 서명이 있는 약속어음용지를 이용하여 새로운 약속어음을 발행한 것에 해당하여 발행인과의 관계에서 보관자의 지위에 있음을 전제로 한 횡령죄의 성립을 인정할 수 없다.[149] 채권자가 그 채권의 지급을 담보하기 위하여 채무자로부터 수표를 발행·교부받아 이를 소지한 경우에는, 단순히 보관의 위탁관계에 따라 수표를 소지하고 있는 경우와는 달리 그 수표상의 권리가 채권자에게 유효하게 귀속되고, 채권자와 채무자 사이의 수표 반환에 관한 약정은 원인관계상의 인적 항변사유에 불과하므로, 채권자는 횡령죄의 주체인 타인의 재물을 보관하는 자의 지위에 있다고 볼 수 없다.[150]

3) 명의신탁 부동산의 보관과 위탁관계

95 부동산 실권리자명의 등기에 관한 법률에 따라 금지되는 부동산 명의신탁에서 수탁자는 신탁부동산에 대하여 자신 명의로 등기를 마친 사람으로서 앞에서 본 것처럼 횡령죄의 보관은 인정된다. 그런데 더 나아가 이러한 보관이 횡령죄에서 말하는 신임에 의한 위탁관계라고 할 수 있는가.

96 명의신탁관계는 반드시 신탁자와 수탁자 사이의 명시적 계약에 의하여서만 성

147 대법원 1987. 3. 24. 선고 83도1420 판결.
148 대법원 1995. 10. 13. 선고 95도1658 판결.
149 대법원 1995. 1. 20. 선고 94도2760 판결.
150 대법원 1988. 1. 19. 선고 87도2078 판결, 대법원 2000. 2. 11. 선고 99도4979 판결

립되는 것이 아니라 묵시적 합의에 의하여서도 성립될 수 있고,[151] 명의신탁에 대한 묵시적 합의가 있었는지 여부는 위탁자와 수탁자 사이의 관계, 수탁자가 그 재물을 보관하게 된 동기와 경위, 위탁자와 수탁자 사이의 거래 내용과 태양 등 모든 사정을 종합하여 사회통념에 비추어 합리적으로 판단하여야 한다.[152]

97 앞서 언급한 것처럼 대법원 2014도6992 전원합의체 판결[153]을 통하여 3자간 중간생략등기형 명의신탁사건에서 위탁신임관계를 부정하였다. 소유권자인 매도인과 수탁자 사이에 위탁관계를 인정할 수 있는지(매도인에 대한 횡령죄의 성부)와 신탁자를 피해자로 보는 경우 소유자가 될 수 없는 신탁자와의 위탁관계를 인정할 수 있는지(신탁자에 대한 횡령죄의 성부) 여부에 관하여, 이러한 위탁관계는 부동산 실권리자명의 등기에 관한 법률에 반하여 범죄를 구성하는 불법적인 관계에 지나지 아니할 뿐 아니라 이를 형법상 보호할 가치 있는 신임에 의한 것이라고 할 수 없다고 판시하였다. 따라서 명의수탁자가 명의신탁 부동산을 임의로 처분하여도 명의신탁자에 대한 관계에서 횡령죄는 성립하지 않게 된다. 위 판결이 3자간 중간생략등기형 명의신탁 사건에 대한 것으로 2자간 등기명의신탁의 경우에까지 판단의 대상으로 삼은 것은 아니어서[154] 2자간 등기명의신탁의 처리와 관련하여 이에 관한 종래 대법원의 입장이 달라질 여지가 있다고 보는 견해[155]와 2자간 등기명의신탁에서 신탁자가 행하는 불법은 그다지 크지 않다고 할 수 있어 이 경우 보호가치가 있는 신임관계로 보는 것이 타당하다는 견해[156]가 대립하였다. 이후 대법원 2016도18761 전원합의체 판결은 2자간 등기명의신탁사건에서도 마찬가지의 논리를 들어 수탁자를 신탁자에 대한 관계에서 타인의 재물을 보관하는 자의 지위에 있다고 볼 수 없다고 판단하였다. 부동산 명의신탁의 타인성 문제에 관한 상세한 논의는 뒤에서 살펴보기로 한다.

151 대법원 2001. 1. 5. 선고 2000다49091 판결, 대법원 2008. 10. 23. 선고 2007도6463 판결 참조.
152 대법원 2008. 10. 23. 선고 2007도6463 판결.
153 대법원 2016. 5. 19. 선고 2014도6992 전원합의체 판결.
154 김희수, "중간생략형 명의신탁에서 신탁부동산의 임의처분 시 횡령죄 성립 여부," 사법(37), 470.
155 강동범, "등기명의신탁에서 신탁부동산의 임의처분과 횡령죄의 성부", 법조(별책) 718호(2016. 8), 615; 우인성, "명의신탁 부동산의 처분과 재산범죄의 성립 여부," 형사판례연구 24호(2016), 385 등.
156 정혜욱, "명의신탁의 반사회성 판단기준", 중앙법학 18집 3호(2016. 9.), 203

다. 착오 송금된 경우

98 착오로 잘못 송금되어 피고인의 은행계좌에 돈이 잘못 입금된 경우에도 위탁관계가 성립하여 피고인이 이를 찾아 소비하는 경우 횡령죄가 인정될 것인가. 학설은 횡령죄의 성립을 긍정하는 견해,[157] 점유이탈물횡령죄로 보아야 한다는 견해[158] 및 사기죄의 성립을 인정하는 견해[159] 등으로 나뉜다.

99 대법원은 오래 전부터 일관되게 횡령죄의 성립을 인정하고 있다. 즉 어떤 예금계좌에 돈이 착오로 잘못 송금되어 입금된 경우에는 그 예금주와 송금인 사이에 신의칙상 보관관계가 성립한다고 할 것이므로, 피고인이 송금절차의 착오로 인하여 피고인 명의의 은행 계좌에 입금된 돈을 임의로 인출하여 소비한 행위는 횡령죄에 해당한다는 것이다. 구체적으로 살펴보면, i) 송금절차의 착오로 인하여 피고인의 은행 개인구좌에 입금되어 있음을 기회로 피고인이 이를 임의로 인출 소비하였다면 이는 횡령죄에 해당하고,[160] ii) 피고인이 부동산대금을 피해자로부터 모두 송금 받았음에도, 피해자가 다시 착오로 추가 송금한 돈을 다른 계좌로 이체하는 등 임의로 사용한 행위는 횡령죄에 해당하고,[161] iii) 거래관계에 있던 회사 사이에서 업무상 착오로 전자어음이 발행되어 입금된 것을 임의 소비한 사안에서 피고인이 위 회사를 위하여 보관 중이던 돈을 횡령하였다고 인정한 원심 판결을 수긍한 사례가 있으며,[162] iv) 별다른 거래관계가 없었던 피고인에게 착오 송금된 경우, 피고인과 피해자 회사 사이에 아무런 거래관계가 없었다는 등의 이유를 들어 피고인의 행위가 횡령죄가 아니라 점유이탈물횡령죄에 해당한다고 판단한 원심을 파기하면서 횡령죄의 성립을 인정하였으며,[163] [164] v) 채권의 양도가 다른 채무의 담보 목적으로 이루어졌다고 하더라도, 채권은 양도인으로부터 양수인에게 이전되고, 나아가 채무자가 그 채권양도

157 박상기, 형법각론(제8판), 박영사(2011), 384; 신동운, 형법각론(제2판), 법문사(2018), 1206; 정성근/정준섭, 형법강의 각론(제2판), 박영사(2022), 314.

158 김일수/서보학, 새로쓴 형법각론(제9판), 박영사(2018), 288; 손동권/김재윤, 새로운 형법각론(제2판), 율곡출판사(2022), 418; 이정원/류석준, 형법각론, 법영사(2019), 418.

159 이재상 외 2인, 형법각론(제12판), 박영사(2021), 397; 진계호/이존걸, 형법각론(제6판), 대왕사(2008), 454.

160 대법원 1968. 7. 24. 선고 66도1705 판결.

161 대법원 2005. 10. 28. 선고 2005도5975 판결.

162 대법원 2006. 10. 12. 선고 2006도3929 판결.

163 대법원 2010. 12. 9. 선고 2010도891 판결.

164 박형준, "2000년대 초기 대법원판례의 동향: 주요 재산범죄 관련 대법원판례를 중심으로," 형사판례연구 20호(2012. 6.), 98~103 참조.

에 대하여 승낙하였다면 특별한 사정이 없는 한 채권양도인에게는 채권을 추심할 권한이나 변제를 수령할 권한이 없다고 보아야 하므로, 이러한 경우 채권양도인(양도담보설정자)이 담보 목적 채권의 변제금을 수령하여 소비한 경우 담보 목적 채권의 '채무자'에 대한 횡령죄를 인정한 바 있기도 하다.[165] 여기서 나아가 착오 송금에 관한 이러한 법리는 계좌명의인이 개설한 예금계좌(이른바 대포통장)가 전기통신금융사기 범행에 이용되어 그 계좌에 피해자가 사기피해금을 송금·이체한 경우에도 마찬가지로 적용된다. 즉 계좌명의인은 피해자와 사이에 아무런 법률관계 없이 송금·이체된 사기피해금 상당의 돈을 피해자에게 반환하여야 하므로,[166] 피해자를 위하여 사기피해금을 보관하는 지위에 있다고 보아야 하고, 만약 계좌명의인이 그 돈을 영득할 의사로 인출하면 피해자에 대한 횡령죄가 성립하게 된다.[167] 다만 이때 계좌명의인이 사기의 공범이라면 자신이 가담한 범행의 결과 피해금을 보관하게 된 것일 뿐이어서 피해자와 사이에 위탁관계가 없으므로 사기죄 외에 별도로 횡령죄를 구성하지 않는다.[168]

100 자신의 은행계좌에 착오로 입금된 금원을 점유를 이탈한 타인의 재물로 보기에는 석연치 아니하다는 점에서 판례의 결론을 수긍할 수는 있으나, 위탁관계를 지나치게 확대한 것이 아닌가 하는 비판도 있다.

101 이러한 판례의 입장에 따른다면 착오송금의 경우 사기죄의 성립 여지는 없어 보인다. 즉 대법원은 민사상 해외로부터의 송금과 관련한 사안에서 송금의뢰인과 송금은행 사이 및 송금은행과 수취은행 사이의 위임관계라는 위임계약설의 입장을 취해 왔고, 착오로 송금된 경우 이른바 '원인관계 불요설'을 취하여 수취인과 수취은행 사이의 예금계약의 성립을 인정한 바 있다.[169] 따라서 착오송금의뢰인은 수취인에 대하여 위 금액 상당의 부당이득반환청구권을 가지게 될 뿐이며, 은행직원에 대한 기망과 착오 및 처분행위를 인정하기 어려워 보인다.[170]

102 한편 판례는 원인불명으로 재산상 이익인 가상자산을 이체받은 자가 가상자산을 사용·처분한 경우, 가상자산을 이체받은 자는 가상자산의 권리자 등에 대한

165 대법원 2016. 12. 1. 선고 2016도6643 판결.
166 대법원 2014. 10. 15. 선고 2013다207286 판결.
167 대법원 2018. 7. 19. 선고 2017도17494 전원합의체 판결.
168 대법원 2017. 5. 31. 선고 2017도3045 판결, 대법원 2018. 7. 19. 선고 2017도17494 전원합의체 판결.
169 대법원 2007. 11. 29. 선고 2007다51239 판결.
170 박형준, "2000년대 초기 대법원판례의 동향: 주요 재산범죄 관련 대법원판례를 중심으로," 형사판례연구 20호(2012. 6.), 103.

부당이득반환의무를 부담할 수 있으나, 이는 당사자 사이의 민사상 채무에 지나지 않고 이러한 사정만으로 가상자산을 이체받은 사람이 신임관계에 기초하여 가상자산을 보존하거나 관리하는 지위에 있다고 볼 수 없으므로 '타인의 사무를 처리하는 자'에 해당하지 않고, 이를 형사처벌하는 명문의 규정이 없는 현재의 상황에서 착오송금 시 횡령죄 성립을 긍정한 판례를 유추하여 신의칙을 근거로 배임죄로 처벌하는 것은 죄형법정주의에 반한다고 판단하였다.[171]

103 주의할 것은, 착오 송금과 관련하여 수취인과 송금인 사이에 신의칙상 보관관계가 인정된다고 보더라도, 특별한 사정이 없는 한 이러한 이유만으로 송금인이 착오로 송금한 금전이 위탁자가 목적과 용도를 정하여 명시적으로 위탁한 금전과 동일하다거나, 송금인이 수취인에게 금전의 수수를 수반하는 사무처리를 위임하였다고 볼 수는 없다는 점이다. 따라서 피고인이 사내이사로 있는 법인 명의의 계좌로 착오 송금된 금전과 관련하여 법인이 가지는 송금인에 대한 물품대금채권으로 상계권을 행사하는 것을 두고 당초 위임한 취지에 반한다고 평가할 수는 없다.[172]

104 일본에서는 자신의 예금계좌에 잘못 입금된 금원을 인출하여 사용한 경우 대체로 다음과 같이 두 가지의 경우로 나누어 논의가 이루어진다.[173]

105 첫째, 은행의 잘못으로 전혀 무관한 계좌에 입금이 이루어진 경우 이를 알게 된 계좌 명의인이 이를 알면서 예금을 인출하였다면, 사기죄(예금을 창구에서 인출한 경우), 절도죄(현금자동지급기에서 인출한 경우), 컴퓨터등사용사기죄(가령 인터넷 뱅킹 등을 통하여 다른 계좌로 송금한 경우) 등이 성립한다고 본다.

106 둘째, 의뢰인의 착오로 다른 사람의 은행계좌에 잘못 입금된 경우에 일본 판례는 우리 판례와 달리 사기죄가 성립한다고 본다. 즉 예금구좌의 명의인은 은행에 대하여 잘못 입금된 사실을 고지할 신의칙상 의무가 있음에도 이를 숨기고 예금인출청구를 한 것은 사기죄의 기망행위에 해당하고 이에 착오에 빠진 은행창구직원이 예금을 인출해주었다면 사기죄가 성립한다는 것이다(부작위에 의한 기망).[174] 이에 의하면 예금의 점유는 정당한 예금인출권한을 가진 사람에게만 인정되고, 잘못 입금된 사실을 알고 있는 계좌명의자에게는 그 점유를 인정하지 않게 된다. 일본 학설은 이에 대하여 사기죄·절도죄 긍정설 및 사기죄·절도죄 부정설로 나뉘고

171 대법원 2021. 12. 16. 선고 2020도9789 판결.
172 대법원 2022. 12. 29. 선고 2021도2088 판결.
173 山口厚, 刑法各論(第2版), 有斐閣(2010), 290~291 참조.
174 日最決 2003. 3. 12.

후자는 위탁관계가 인정되지 않아 유실물등횡령죄가 성립한다는 견해 등이 있다.

라. 불법원인급여의 경우

107 위탁관계는 적법하게 설정된 것이어야 한다. 그런데 민법 제746조가 규정하는 불법원인 즉, 선량한 풍속 기타 사회질서에 위반하는 경우에 해당하여 위탁자가 수탁자(보관자)에 대하여 재물의 반환청구를 할 수 없는 경우, 예컨대 뇌물로 공여하라는 취지로 재물을 위탁하였는데 수탁자가 이를 영득한 경우에 횡령죄가 성립하는지에 관하여 견해가 대립되고 있다.

1) 학설

가) 횡령죄성립 부정설

108 불법원인급여의 경우에는 횡령죄가 성립하지 않는다는 견해[175]이다. 즉, 첫째 불법원인급여는 위탁자가 반환청구권을 상실하고, 수탁자의 반환의무는 소멸되므로 수탁자가 이를 자유로이 처분할 수 있게 되어 횡령죄가 성립할 여지가 없다거나, 둘째 불법원인급여의 경우에는 재물의 소유권이 수탁자에게 귀속되므로 이를 타인의 재물이라고 할 수도 없고, 셋째 민법상 반환의무가 없는 사람에게 형법이 횡령죄를 인정하여 반환을 강제하는 것은 법질서 전체의 통일을 깨뜨리는 것이 되며, 넷째 불법원인급여의 경우에는 위탁물횡령죄에서 요구되는 신임관계의 위배를 인정할 수도 없다는 점 등을 이유로 들고 있다.

나) 횡령죄성립 긍정설

109 불법원인급여의 경우에도 횡령죄의 성립을 인정하는 견해[176]이다. 첫째 형법상 범죄의 성부는 민법상의 보호여부와 관계없이 형법의 독자적 목적에 비추어 판단하여야 하고, 둘째 위탁자에게 민법상의 반환청구권이 인정되지 않는다고 해서 소유권까지 상실하는 것은 아니므로 수탁자는 여전히 타인의 재물을 보관하는 자로 보아야 하고, 셋째 불법원인급여의 경우에 수탁자에게 일종의 자연채무로서의 반환의무는 남아있는 것이고, 그 경우에도 상호간 신임관계의 존재는 긍정되어야 한다는 것을 이유로 들고 있다.

175 김성돈, 형법각론(제8판), 성균관대학교 출판부(2022), 452; 박상기, 형법각론(제8판), 박영사(2011), 383; 박찬걸, 형법각론(제2판), 박영사(2022), 523; 배종대, 형법각론(제14판), 홍문사(2023), 418; 오영근, 형법각론(제7판), 박영사(2022), 358; 이영란, 형법학 각론강의(제3판), 형설출판사(2013), 386; 이정원/류석준, 형법각론, 법영사(2019), 419; 이형국, 형법각론, 법문사(2007), 414; 진계호/이존걸, 형법각론(제6판), 대왕사(2008), 457; 정성근/정준섭, 형법강의 각론(제2판), 박영사(2022), 298.

176 임웅, 형법각론(제13정판), 법문사(2023), 520~521; 홍영기, 형법 총론과 각론, 박영사(2022), 427.

다) 절충설(제한적 적극설)

110 (1) 불법원인급여와 불법원인위탁 두 가지로 나누어 보는 견해

111 기본적으로 불법원인급여를 소유권이전의 의사가 있는 점유이전(민법 제746조에 해당하는 불법원인급여)과 소유권이전의 의사가 없는 점유이전 즉 단지 보관만을 수탁자에게 맡긴 것에 불과한 경우(민법 제746조에 해당하지 않는 경우, 즉 불법원인 위탁)로 나누어 본다. 여기서 앞의 불법원인급여의 경우(예컨대 뇌물로 공무원에게 금품을 제공한 경우 또는 도박채무를 변제하기 위하여 금품을 제공한 경우 등)에는 재물의 타인성 요건을 충족하지 않으므로 횡령죄의 성립을 부정하는 데는 견해가 대체로 일치한다.[177] 그러나 뒤의 경우 즉, 위탁자에게 소유권이 남아 있는 경우에는(예컨대 뇌물로 전달할 자금이나 마약구입자금을 착복한 경우 등) ⅰ) 횡령죄의 성립을 긍정하는 견해[178]와, ⅱ) 보호가치 없는 신뢰관계의 파괴에 불과하여 횡령죄가 성립하지 않는다는 견해[179] 및 ⅲ) 객관적으로 보호할 가치 없는 신뢰관계의 파괴라도 행위자가 횡령죄의 불법을 저지르기 위하여 실행에 나아간 경우에는 불능미수 정도의 불법성을 인정하는 것이 합리적이라는 견해[180] 등이 있다.

112 이와 같이 불법원인급여와 불법원인위탁을 구별하는 견해에 대하여는, 민법 제746조가 반드시 소유권이전을 전제로 하는 것이 아니며, 형법상 문제되는 불법원인급여는 소유권의 이전을 목적으로 하는 것인지 위탁을 목적으로 하는 것인지 불분명한 경우가 많다는 점, 불능미수를 인정하는 견해도 불능미수의 위험성을 법익평온상태의 교란으로 해결하려는 잘못이 있다는 점, 민사상 소유권이 완전히 수급자에게 넘어간다면 횡령죄에 상응하는 결과반가치는 아예 없는 것이고 이를 알면서 행위를 한 사람에게는 타인소유의 재물을 영득한다는 행위반가치도 아예 없다고 평가하여야 한다는 점 등을 이유로 한 비판[181] 및 불법원인위탁은 별도로 인정할 필요가 없다는 견해[182] 등이 있다.

113 (2) 불법원인급여는 민법 제746조의 취지에 비추어 재물의 소유권은 수령자에게

177 불법원인위탁과 구별되는 불법원인급여의 경우에도 구체적인 경우를 감안하여 위탁자를 보호할 가치가 있을 때에는 횡령죄를 인정해야 한다는 견해로는, 김성천, 형법각론(제7판), 소진(2021), 471.

178 김성천, 형법각론(제7판), 소진(2021), 471.

179 강동범, "소위 불법원인급여와 횡령죄의 성부", 형사판례연구 1(1993), 193.

180 김일수/서보학, 새로쓴 형법각론(제9판), 박영사(2018), 291.

181 이재상 외 2인, 형법각론(제12판), 박영사(2021), 400; 정성근/정준섭, 형법강의 각론(제2판), 박영사(2022), 298; 장영민, "불법원인급여와 횡령죄", 형사판례연구 8(2000) 273.

182 오영근, 형법각론(제7판), 박영사(2022), 359.

이전하므로 타인의 재물을 전제로 하는 횡령죄는 성립할 여지가 없고, 다만 불법원인급여라 할지라도 수익자의 불법성이 급여자의 그것보다 현저히 크기 때문에 급여자의 반환청구가 허용되는 때에는 횡령죄가 성립한다고 보아야 한다는 견해[183]가 있다.

2) 판례의 입장

114 대법원은 불법원인급여의 경우에 반환 청구할 수 없게 된 물건의 소유권의 귀속에 관하여 당초 위탁자의 소유로 남아 있다고 한 바 있었으나,[184] 대법원 1979. 11. 13. 선고 79다483 전원합의체 판결로써 위 견해를 변경하였다. 즉 민법 제746조는 단지 부당이득제도만을 제한하는 것이 아니라 제103조와 함께 사법의 기본이념으로서, 결국 사회적 타당성이 없는 행위를 한 사람은 스스로 불법한 행위를 주장하여 복구를 그 형식 여하에 불구하고 소구할 수 없다는 이상을 표현한 것이므로, 급여를 한 사람은 그 원인행위가 법률상 무효라 하여 상대방에게 부당이득반환청구를 할 수 없음은 물론 급여한 물건의 소유권은 여전히 자기에게 있다고 하여 소유권에 기한 반환청구도 할 수 없고, 따라서 급여한 물건의 소유권은 급여를 받은 상대방에게 귀속된다고 하여 수탁자의 소유로 귀속된다는 해석을 하게 되었다.[185] 그렇다면 횡령죄에 있어서도 불법원인급여의 경우에 위탁물의 소유권은 위탁자에게 남아 있는 것이 아니라 수탁자에게 이전한다고 볼 수밖에 없으므로 보관관계를 인정할 수 없고 횡령죄는 성립할 수 없다고 하는 것이 타당하다.[186] 다만 판례에 의하더라도 불법원인급여에 있어 수익자의 불법성이 급여자의 그것보다 현저히 크고 그에 비하면 급여자의 불법성은 미약한 경우에는 민법 제746조 본문의 적용이 배제되어 급여자의 반환 청구는 허용되는바,[187] 포주가 윤락녀와의 사이에 윤락녀가 받는 화대를 포주가 보관하였다가 절반씩 분배하기로 약정하고도 보관 중인 화대를 임의로 소비한 경우, 포주의 불법성이 윤락녀의 불법성보다 현저히 크다고 인정되면 화대의 소유권

183 손동권/김재윤, 새로운 형법각론(제2판), 율곡출판사(2022), 422; 신동운, 형법각론(제2판), 법문사(2018), 1197; 이재상 외 2인, 형법각론(제12판), 박영사(2021), 400.

184 대법원 1977. 6. 28. 선고 77다728 판결.

185 대법원 1979. 11. 13. 선고 79다483 전원합의체 판결.

186 대법원 1988. 9. 20. 선고 86도628 판결, 대법원 1999. 6. 11. 선고 99도275 판결, 대법원 2008. 10. 9. 선고 2007도2511 판결, 대법원 2013. 8. 14. 선고 2013도321 판결, 대법원 2017. 4. 26. 선고 2016도18035 판결 등.

187 대법원 1997. 10. 24. 선고 95다49530, 49547 판결.

은 여전히 윤락녀에게 귀속되므로 포주가 이를 임의 소비한 때에는 횡령죄가 성립한다고 본다.[188]

115 판례의 입장을 다시 정리하면 다음과 같다. 첫째, 불법원인급여에 해당하는 경우 보관자는 타인의 재물을 영득한 것이 아니기 때문에 원칙적으로 횡령죄가 성립하지 않는다. 불법원인은 그 원인되는 행위가 선량한 풍속 기타 사회질서에 위반하는 경우를 말하는 것으로서, 법률의 금지에 위반하는 경우라 할지라도 그것이 선량한 풍속 기타 사회질서에 위반하지 않는 경우에는 이에 해당하지 않는다. 둘째, 불법원인급여라고 하더라도 수익자의 불법성이 급여자의 불법성보다 현저히 큰 데 비하여 수익자의 불법성은 미약한 경우에는 공평의 원칙이나 신의성실의 원칙에 비추어 반환청구가 허용된다고 볼 것이고 따라서 수익자가 재물을 임의로 처분하면 횡령죄가 성립한다는 것이다. 이때 불법성의 비교는 구체적 사정을 종합하여 판단하여야 한다.

116 이에 대하여는 수익자와 급여자의 불법성을 비교 형량 하는 것은 자의적 해석에 의하여 법적 안정성을 해할 우려가 있다는 비판[189]이 있다.

117 [판례] 의약품공급 대가로 제공받은 경우

피고인이 병원을 대신하여 제약회사들로부터 의약품을 공급받는 대가로 그 의약품 매출액에 비례하여 기부금 명목의 금원을 제공받은 다음 병원을 위하여 보관하여 왔던 것뿐이라면, 다른 특별한 사정이 없는 한 이를 두고 선량한 풍속 기타 사회질서에 반하는 행위로서 불법원인급여에 해당한다고 보기 어렵다.[190]

118 [판례] 불법원인급여로서 반환을 청구할 수 없다고 한 경우-성매매와 알선을 위한 사업자금으로 지급된 경우

성매매 및 성매매알선 등 행위는 선량한 풍속 기타 사회질서에 반하여 성매매할 사람을 고용함에 있어 성매매의 권유·유인·강요의 수단으로 이용되는 선불금 등 명목으로 제공한 금품이나 그 밖의 재산상 이익 등은 불법원인급여로서 반환을 청구할 수 없는바, 성매매알선 등 행위에 관하여 동업계약을 체결한 당사자 일방이 상대방에게 그 동업계약에 따라 성매매의 권유·유인·강요의 수단으로 이용되는 선불금 등 명목으로 사업자금을 제공하였다면 그 사업자금 역시 불법원인급여에 해당하여 반환을 청구할 수 없다고 보아야 할 것이다. 그런데 이때 과연 성매매 알선행위 등에 관

188 대법원 1999. 9. 17. 선고 98도2036 판결.
189 정성근/박광민, 형법각론(전정3판), 성균관대학교 출판부(2019), 395.
190 대법원 2008. 10. 9. 선고 2007도2511 판결.

하여 동업계약을 체결하였는지 그 동업계약에 따라 위 돈을 지급하였는지 등을 판별하기 위해서는 피고인의 직업소개소 운영 실태 등 앞서 든 여러 사정에 관하여 구체적으로 심리하여야 한다.[191]

119 [판례] 불법원인에 해당하는 경우인지 여부

불법원인이라 함은 그 원인되는 행위가 선량한 풍속 기타 사회질서에 위반하는 경우를 말하는 것으로, 법률행위의 목적인 권리의무의 내용이 선량한 풍속 기타 사회질서에 위반되는 경우뿐만 아니라, 그 내용 자체는 반사회질서적인 것이 아니라고 하여도 법률적으로 이를 강제하거나 그 법률행위에 반사회질서적인 조건 또는 금전적 대가가 결부됨으로써 반사회질서적 성질을 띠게 되는 경우 및 표시되거나 상대방에게 알려진 법률행위의 동기가 반사회질서적인 경우에도 불법원인급여에 해당될 수 있고, 민법 제746조에서 말하는 '불법'이 있다고 하려면, 급여의 원인 된 행위가 그 내용이나 성격 또는 목적이나 연유 등으로 볼 때 선량한 풍속 기타 사회질서에 위반될 뿐 아니라 반사회성·반윤리성·반도덕성이 현저하거나, 급여가 강행법규를 위반하여 이루어졌지만 이를 반환하게 하는 것이 오히려 규범목적에 부합하지 아니하는 경우 등에 해당하여야 한다.[192]

한편 자금의 조성과정에 반사회적 요소가 있다고 하더라도 그 자금을 위탁하거나 보관시키는 등의 행위가 범죄수익은닉규제법을 위반하지 않고 그 내용, 성격, 목적이나 연유 등에 비추어 선량한 풍속 그 밖의 사회질서에 반한다고 보기 어려운 경우라면 불법원인이 있다고 볼 수 없다.[193]

120 [판례] 범죄수익 등의 은닉 범행을 위해 교부받은 수표, 무기명 양도성예금증서

피고인이 범죄수익 등의 은닉 범행 등을 위해 교부받은 이 사건 수표는 불법의 원인으로 급여한 물건에 해당하여 그 소유권이 피고인에게 귀속되고, 따라서 피고인이 그중 교환하지 못한 수표와 이미 교환한 현금을 임의로 소비하였다고 하더라도 횡령죄가 성립하지 않는다고 봄이 타당하다.[194]

121 [판례] 범죄수익은닉규제법을 위반하지 않은 자금의 위탁·보관 관련 불법원인급여 해당 여부

'피해자가 특정 회사에 투자하고자 하는 자들로부터 모집한 투자금 중 일부를 피고인에게 보내주면 그 돈을 피해자가 지정하는 외국환거래 회사를 통하여 위 특정 회사로 전달하고, 변호사로서 그 전달 과정에 부수되는 자문 업무를 수행하는 것'을 내용으로 하는

191 대법원 2013. 8. 14. 선고 2013도321 판결.
192 대법원 2017. 3. 15. 선고 2013다79887, 79894 판결.
193 대법원 2017. 10. 31. 선고 2017도11931 판결.
194 대법원 2017. 4. 26. 선고 2016도18035 판결, 대법원 2017. 10. 26. 선고 2017도9254 판결.

'에스크로(Escrow) 및 자문계약'에 따라 피해자로부터 건네받은 이 사건 금원 중 일부를 임의로 소비한 경우, 위 계약이 범죄수익은닉규제법 위반을 내용으로 한다고 보기 어렵고, 위 계약 당시 피고인이 이 사건 금원이 범죄수익금이라는 사실이나 불법적인 해외송금 사실을 알았다거나 이를 알면서도 협조하기로 하였다고 보기 어려운 점, 피고인이 범죄수익은닉규제법 위반, 피해자의 사기와 유사수신행위법 위반 범행에 대한 방조, 외환거래법 위반 등의 혐의로 기소되지도 않았다는 점을 고려할 때 피해자의 피고인에 대한 이 사건 금원의 교부가 불법원인급여에 해당한다고 보기 어려워 횡령죄가 성립한다.[195]

122 [판례] 부동산명의신탁약정과 불법원인급여
종래 판례는 부동산 실권리자명의 등기에 관한 법률이 규정하는 명의신탁약정은 부동산에 관한 물권의 실권리자가 타인과의 사이에서 대내적으로는 실권리자가 부동산에 관한 물권을 보유하거나 보유하기로 하고 그에 관한 등기는 그 타인의 명의로 하기로 하는 약정을 말하는 것일 뿐이므로, 그 자체로 선량한 풍속 기타 사회질서에 위반하는 경우에 해당한다고 단정할 수 없을 뿐만 아니라, 위 법률이 비록 부동산등기제도를 악용한 투기·탈세·탈법행위 등 반사회적 행위를 방지하는 것 등을 목적으로 제정되었다고 하더라도, 무효인 명의신탁약정에 기하여 타인 명의의 등기가 마쳐졌다는 이유만으로 그것이 당연히 불법원인급여에 해당한다고 볼 수 없다는 것이다.[196]

123 근래 대법원 2019. 6. 20. 선고 2013다218156 전원합의체 판결은 부동산 실권리자명의 등기에 관한 법률 규정의 문언, 내용, 체계와 입법 목적 등을 종합할 때 위 법률을 위반하여 무효인 명의신탁약정에 따라 명의수탁자 명의로 등기를 하였다는 이유만으로 그것이 당연히 불법원인급여에 해당한다고 단정할 수 없다고 판시하여 종래 판례 법리를 지지하였다.

124 한편 앞서 본 바와 같이 대법원 2014도6992 전원합의체 판결은 부동산 실권리자명의 등기에 관한 법률에 위반하는 중간생략등기형 명의신탁약정은 강행규정을 위반한 것으로서 횡령죄로 보호할만한 가치 있는 신임에 의한 위탁관계가 인정되지 않는다고 판단하였는데, 이러한 법리는 무효인 명의신탁약정에 따라 마친 소유권이전등기가 불법원인급여에 해당함을 전제로 한 것은 아닌 것으로 보아야 한다.[197] 위 대법원 2014도6992 전원합의체 판결 이후 불법원인급여에 해당하지 않는다는 위 대법원 2013다218156 전원합의체 판결이 선고되었고, 이

195 대법원 2017. 10. 31. 선고 2017도11931 판결.
196 대법원 2003. 11. 27. 선고 2003다41722 판결, 대법원 2014. 7. 10. 선고 2013다74769 판결 등.
197 김희수, "중간생략형 명의신탁에서 신탁부동산의 임의처분 시 횡령죄 성립 여부," 사법(37), 448~450.

후 2자간 등기명의신탁 사건에서도 대법원 2014도6992 전원합의체 판결과 같은 논리로 횡령죄에서 말하는 위탁관계에 의한 보관을 인정할 수 없다는 판시가 이루어졌기 때문이다. 명의신탁 부동산의 위탁관계에 관하여는 앞에서 살펴보았다.

마. 도품 처분행위와 횡령

125 절도범으로부터 장물의 보관의뢰를 받은 자가 그 정을 알면서 이를 인도받아 보관하고 있다가 임의 처분하였다고 하더라도 장물보관죄가 성립하는 때에는 이미 그 소유자의 소유물추구권을 침해하였으므로 그 후의 횡령행위는 불가벌적 사후행위에 불과하여 별도의 횡령죄가 성립하지 않는다고 보는 것이 우리나라의 통설과 판례로서 별다른 이견이 없다.

126 일본에서도 도품 등의 보관을 위탁받은 자가 이를 불법으로 처분한 경우에는 횡령죄가 성립하지 않는다고 보는 것이 일반적이다. 다만 이때 점유이탈물횡령죄가 성립할 여지가 있으나 도품보관죄가 성립한다면 이에 흡수된다고 본다.[198] 다만 절도범으로부터 위탁받은 장물을 임의로 소비하거나 처분을 위탁받은 장물의 매각대금을 착복한 경우에 횡령죄가 성립한다는 학설과 판례도 있고,[199] 횡령죄가 성립하지 않고 도품 등 보관죄가 성립한다는 견해[200] 또는 점유이탈물횡령죄를 구성한다는 견해[201] 등이 있다.

2. 행위의 객체(타인의 재물)

127 횡령죄의 객체는 자기가 점유하는 '타인의 재물'이다. 본죄는 재물죄로서 이득죄가 아니므로 재산상의 이익은 배임죄의 객체가 될 수 있을 뿐 횡령죄의 객체는 될 수 없다. 횡령죄의 객체가 타인의 재물에 속하는 이상 구체적으로 누구의 소유인지는 횡령죄의 성립 여부에 영향이 없다.[202]

가. 재물

128 횡령죄의 객체는 자기가 보관하는 타인의 '재물'이므로 재물이 아닌 권리나 재산상의 이익은 횡령죄의 객체가 될 수 없다.

198 松原芳博, 刑法各論, 日本評論社(2016), 331.
199 前田雅英, 刑法各論講義(第7版), 東京大学出版会(2020), 276; 日最決 1961. 10. 10. (횡령죄의 객체는 행위자가 점유하는 타인의 재물이면 족하고, 위탁자가 반환청구권을 흠결하고 있어도 된다).
200 山口厚, 刑法各論(第2版), 有斐閣(2010), 297~299.
201 松原芳博, 刑法各論, 日本評論社(2016), 331.
202 대법원 2019. 12. 24. 선고 2019도9773 판결.

129 재물은 동산이나 부동산 등 유체물에 한정되지 아니하고 관리할 수 있는 동력도 재물로 간주되지만(형법 제361조, 제346조), 여기서 관리란 물리적 또는 물질적 관리를 가리킨다고 볼 것이고, 재물과 재산상 이익을 구별하고 횡령과 배임을 별개의 죄로 규정한 현행 형법의 규정에 비추어 볼 때 사무적으로 관리가 가능한 채권이나 그 밖의 권리 등은 재물에 포함된다고 해석할 수 없다.[203] 따라서 기업비밀이나 기업정보와 같은 정보 자체는 횡령죄의 객체가 될 수 없다. 바다의 모래채취권이나 온천개발자의 지위 또는 광업권도 횡령죄의 객체가 아니다. 가상자산은 국가에 의해 통제받지 않고 블록체인 등 암호화된 분산원장에 의하여 부여된 경제적인 가치가 디지털로 표상된 정보로서 재산상의 이익에 해당한다.[204] 그러나 권리가 화체된 문서 자체는 재물이다. 예컨대 권리증서를 보관하던 중에 영득하면 권리증서에 대한 횡령죄가 되지만, 임의로 그 증서상의 권리를 행사하여 채무자로부터 금전을 취득하는 경우 위 금전에 대한 횡령죄가 성립할 수는 없고 다만 배임죄의 성립 여부가 문제될 것이다. 마찬가지로 기업비밀이나 기업정보가 기재된 서류 등은 재물에 해당한다. 주식은 주주의 지위이므로 횡령죄의 객체가 될 수 없으나 주권은 주주권을 표창하는 유가증권이므로 재물에 해당하여 횡령죄의 객체가 된다.

130 금전은 대체로 소유와 점유가 일치하고, 금전의 소유권은 특정한 지폐나 동전 등 화폐 자체 또는 일정한 금액이나 가치에 대한 지배권으로서 이해하여야 한다.[205]

131 [판례] 광업권

광업권은 재물인 광물을 취득할 수 있는 권리에 불과하지 재물 그 자체는 아니므로 횡령죄의 객체가 된다고 할 수 없고, 광업법이 광업권을 물권으로 하고 광업법에서 따로 정한 경우를 제외하고는 부동산에 관한 민법 기타 법령의 규정을 준용하도록 규정하고 있다 하여 광업권이 부동산과 마찬가지로 횡령죄의 객체가 된다고 할 수는 없다.[206]

132 [판례] 주식과 주권

상법상 주식은 자본구성의 단위 또는 주주의 지위(주주권)를 의미하고, 주주권을 표창하는 유가증권인 주권과는 구분이 되는바, 주권은 유가증권으로서 재물에 해당되므로

203 대법원 1994. 3. 8. 선고 93도2272 판결, 대법원 2014. 2. 27. 선고 2011도832 판결 등.
204 대법원 2021. 11. 11. 선고 2021도9855 판결, 대법원 2021. 12. 16. 선고 2020도9789 판결.
205 松原芳博, 刑法各論, 日本評論社(2016), 312.
206 대법원 1994. 3. 8. 선고 93도2272 판결.

횡령죄의 객체가 될 수 있으나, 자본의 구성단위 또는 주주권을 의미하는 주식은 재물이 아니므로 횡령죄의 객체가 될 수 없다.[207] 따라서 증권예탁결제원에 예탁되어 계좌 간 대체 기재의 방식에 의하여 양도되는 주권은 유가증권으로서 재물에 해당되므로 횡령죄의 객체가 될 수 있으나,[208] 주권이 발행되지 않은 상태에서 주권불소지 제도, 일괄예탁 제도 등에 근거하여 예탁결제원에 예탁된 것으로 취급되어 계좌 간 대체 기재의 방식에 의하여 양도되는 주식은 재물이 아니므로 횡령죄의 객체가 될 수 없다.[209]

133　[판례] 약속어음

약속어음의 발행인이 유통시킬 의사로 어음상에 발행인의 기명·날인까지 마쳐 어음으로서의 외관을 갖춘 경우 약속어음은 횡령죄의 객체인 재물에 해당하고, 위와 같은 약속어음을 업무상 등의 이유로 보관하던 중 그 임무에 위배하여 제3자에게 대여하거나 할인 목적으로 사용하도록 교부하는 행위 또는 제3자가 금전을 차용하는 데 대한 담보로 제공하는 행위 등은 약속어음을 객체로 한 횡령행위에 해당될 수 있다.[210]

134　[판례] 전자외상매출채권

전자외상매출채권은 횡령죄의 객체인 재물이 될 수 없으므로 이러한 전자채권의 할인행위는 피해 회사에 대한 횡령죄를 구성하지 아니하고, 그 할인금도 피해 회사 소유의 금원이라고 볼 수 없으므로 그 금원을 인출한 행위도 피해 회사에 대한 횡령죄를 구성하지 않는다.[211]

135　[판례] 횡령행위가 여러 단계의 일련의 거래 과정을 거쳐 이루어지는 등의 사유로 여러 재물을 횡령의 객체로 볼 여지가 있는 경우, 횡령의 객체를 확정하는 기준

어떤 재물을 횡령의 객체로 보느냐에 따라 그 재물이 타인의 소유인지, 위탁관계에 기초한 보관자의 지위가 인정되는지, 피해자가 누구인지, 그 재물에 대한 반환청구가 가능한지 등이 달라질 수 있다. 따라서 횡령행위가 여러 단계의 일련의 거래 과정을 거쳐 이루어지는 등의 사유로 여러 재물을 횡령의 객체로 볼 여지가 있어 이를 확정할 필요가 있는 경우에는, 해당 재물의 소유관계 및 성상, 위탁관계의 내용, 재물의 보관·처분 방법, 행위자가 어떤 재물을 영득할 의사로 횡령행위를 한 것인지 등의 제반 사정을 종합적으로 고려하여 횡령의 객체를 확정해야 할 것이다(피고인은 자신이 지배하는 회사에서 생산된 섬유제품 자체를 영득할 의사로 무자료 거래를 한 것이

207 대법원 2005. 2. 18. 선고 2002도2822 판결.
208 대법원 2007. 10. 11. 선고 2007도6406 판결.
209 대법원 2023. 6. 1. 선고 2020도2884 판결.
210 대법원 2006. 8. 25. 선고 2006도3631 판결.
211 대법원 2014. 2. 27. 선고 2011도832 판결.

아니라, 섬유제품 판매대금으로 비자금을 조성하여 그 비자금을 개인적으로 영득할 의사로 무자료 거래를 하였다고 볼 수 있으므로, 이 사건 횡령행위의 객체는 '섬유제품'이 아니라 섬유제품의 '판매대금'이라고 보아야 할 것이라고 한 사례).[212]

나. 재물의 타인성

1) 타인성

가) 타인의 의미

136 타인이란 행위자 이외의 자연인, 법인, 법인격 없는 단체 또는 조합 등을 포함한다. 법인격 없는 사단의 경우 그 단체성이 불명확하여 임야가 종중 소유인지가 불분명하다거나, 어느 문중의 소유인지 알 수 없다면 위탁관계를 확정할 수 없게 되어, 횡령죄는 성립하지 아니하게 된다.[213] 재물이 당초 피고인에게 보관된 타인의 재산이라고 하더라도 그 이후 타인이 피고인에게 이를 양도하거나 임의사용을 승낙한 것으로 볼 여지가 있는 사정이 나타난다면 이러한 의문이 해명되지 아니하는 한 피고인을 유죄로 단정할 수 없다.[214]

나) 공동소유물

137 타인의 재물에는 공유, 합유(조합관계) 또는 총유의 형태에 의한 공유물을 포함한다. 공유재산은 분할하기 전에는 그에 대한 지분권을 가지고 있는 것에 불과하여 권리침해라는 점에서 보면 타인의 재물과 다르지 않다. 따라서 공동으로 임대한 임대목적물의 보증금반환채무는 성질상 불가분채무에 해당하므로 임대보증금 잔금은 이를 정산하기까지는 공동임대인들의 공동소유에 귀속하여 공동소유자 1인이 임의로 잔금을 처분하였다면 횡령죄가 성립한다.[215] 공유물 자체뿐 아니라 공유물의 매각대금도 정산하기까지는 공유자의 공유에 속하므로 공유자 1인이 이를 임의로 소비한 경우도 마찬가지이다.[216] 다만 공유물의 손익분배와 관련하여 공유자들 사이에 공유물을 사용·수익할 구체적 방법을 정하는 것은 민법 제265조에 따라 공유자 지분의 과반수로 결정할 수 있기 때문에 그와 같은 약정에 따라 임대수익을 분배하면서 소수 지분권자를 제외하였더라도 횡령죄는 성립하지 않는다.

212 대법원 2016. 8. 30. 선고 2013도658 판결.
213 대법원 1983. 4. 12. 선고 83도195 판결, 대법원 1993. 6. 22. 선고 92도797 판결.
214 대법원 2001. 12. 14. 선고 2001도3042 판결.
215 대법원 2001. 10. 30. 선고 2001도2095 판결.
216 대법원 1983. 8. 23. 선고 80도1161 판결.

138 합유물인 조합의 수익이나 동업자금을 임의로 처분한 경우나,[217] 동업자 사이에 아직 손익분배 정산이 되지 아니하였다면 동업자 한 사람이 임의로 동업자들의 합유에 속하는 동업재산을 처분할 권한이 없는 것이므로 동업자 한 사람이 동업재산을 보관 중 임의로 처분하였다면 지분비율에 관계없이 횡령한 금액 전부에 대하여 횡령죄의 죄책을 부담한다.[218] 그러나 2인의 조합관계에서 1인의 조합원이 탈퇴의 의사를 표시하였을 경우 조합관계는 그 성질상 종료되나 특별한 사정이 없는 한 조합은 해산되지 아니하고 따라서 청산도 개시되지 아니하며 조합원의 단독소유에 속하게 되어 탈퇴한 사람과 남은 사람 사이에는 탈퇴에 따른 투자금의 환급 등의 계산만이 남는다고 할 것이므로 2인의 조합관계에서 1인이 동업조건에 불만을 갖고 동업계약을 해지하고 탈퇴해버린 경우 남은 조합원이 단독으로 조합재산을 처분하여 대가를 수령한 후 이를 탈퇴한 조합원에게 투자금의 반환으로 지급하지 아니하고 임의로 소비하였다고 하더라도 이는 단지 민사상 출자금반환채무의 불이행에 해당할 뿐 횡령죄에 해당한다고 할 수 없다.[219]

139 [판례] 공동으로 구입한 복권 당첨대금

함께 복권을 나누어 당첨 여부를 확인한 사람들 사이에 당첨금을 공유하기로 하는 묵시적 합의가 있었다고 봄이 상당하다는 이유로 그 복권의 당첨금 수령인이 그 당첨금 중 타인의 몫의 반환을 거부한 경우 횡령죄가 성립될 수 있다고 한 사례.[220]

140 [판례] 공유 지분-과반수 지분을 보유한 피고인들이 민법 제 265 조에 따라 임대수익을 분배하면서 피해자의 지분이 미미하다는 이유로 배분하지 아니한 경우

피고인들이 피해자에게 지분 상당액을 배분하지 않고 다른 공유자들에게 배분한 것은 공유자의 과반수로써 적법하게 결정된 이 사건 건물의 사용·수익 방법에 따른 것으로서, 이 사건 지분 상당액은 위 방법에 따라 배분받은 다른 공유자들에게 귀속되는 것일 뿐, 피해자에게 곧바로 귀속된다고 보기 어려우므로(다만, 이로 인하여 피해자의 공유 지분이 침해당하였다면 다른 공유자들을 상대로 부당이득반환을 구할 수 있을 뿐이다), 결국 피고인들이 피해자를 위하여 이 사건 지분 상당액을 보관하는 지

217 대법원 1983. 2. 22. 선고 82도2467 판결, 대법원 1984. 1. 24. 선고 83도940 판결, 대법원 2003. 10. 10. 선고 2003도704 판결 등.

218 대법원 1984. 1. 24. 선고 83도940 판결, 대법원 1996. 3. 22. 선고 95도2824 판결, 대법원 2000. 11. 10. 선고 2000도3013 판결, 대법원 2009. 10. 15. 선고 2009도7423 판결, 대법원 2011. 6. 10. 선고 2010도17684 판결, 대법원 2013. 8. 22. 선고 2013도6968 판결, 대법원 2014. 1. 23. 선고 2013도12410 판결 등.

219 대법원 1983. 2. 22. 선고 82도3236 판결, 대법원 1994. 2. 8. 선고 93도16 판결, 대법원 2002. 6. 28. 선고 2001도2707 판결 등.

220 대법원 2000. 11. 10. 선고 2000도4335 판결, 대법원 2009. 6. 11. 선고 2009도2461 판결 등.

위에 있었다고 볼 수 없다.[221]

141 [판례] 내적조합

조합재산은 조합원의 합유에 속하는 것이므로 조합원 중 한 사람이 조합재산의 처분으로 얻은 대금을 임의로 소비하였다면 횡령죄의 죄책을 면할 수 없고, 이러한 법리는 내부적으로는 조합관계에 있지만 대외적으로는 조합관계가 드러나지 않는 이른바 내적조합의 경우에도 마찬가지이다.[222]

142 [판례] 익명조합

내적조합과 달리 익명조합(상법 제78조)의 경우에는 익명조합원이 영업을 위하여 출자한 금전 기타의 재산은 상대편인 영업자의 재산이 되므로 영업자는 타인의 재물을 보관하는 자의 지위에 있지 않고, 따라서 영업자가 영업이익금 등을 임의로 소비하였더라도 횡령죄가 성립할 수는 없다. 어떠한 법률관계가 내적 조합에 해당하는지 아니면 익명조합에 해당하는지는, 당사자들의 내부관계에 공동사업이 있는지, 조합원이 업무검사권 등을 가지고 조합의 업무에 관여하였는지, 재산의 처분 또는 변경에 전원의 동의가 필요한지 등을 모두 종합하여 판단하여야 한다.[223]

다) 주식회사와 주주

143 주식회사는 주주와 독립된 별개의 권리주체로서 그 이해가 반드시 일치하지는 아니하므로, 회사 소유 재산을 주주나 대표이사 또는 그에 준하여 회사 자금의 보관이나 운용에 관한 사실상의 사무를 처리하는 자가 회사 소유의 재산을 사적인 용도로 임의로 처분하였다면 횡령죄가 성립하고,[224] 그 처분에 관하여 형식적으로 주주총회나 이사회의 결의를 거쳤다 하더라도 달리 볼 수 없다.[225]

144 [판례] 1인 회사

주식회사의 주식이 사실상 1인 주주에게 귀속하는 1인 회사에 있어서도 회사와 주주는 별개의 인격이어서 회사의 재산이 곧 1인 주주의 재산이라고는 할 수 없으므로 그가 회사의 재산을 처분한 행위는 횡령죄를 구성한다.[226]

221 대법원 2009. 6. 11. 선고 2009도2461 판결.

222 대법원 2008. 2. 14. 선고 2007도10645 판결, 대법원 2009. 10. 15. 선고 2009도7423 판결, 대법원 2013. 3. 14. 선고 2012도4886 판결 등.

223 대법원 2009. 4. 23. 선고 2007도9924 판결, 대법원 2011. 11. 24. 선고 2010도5014 판결 등.

224 대법원 1999. 7. 9. 선고 99도1040 판결, 대법원 2011. 3. 24. 선고 2010도17396 판결, 대법원 2019. 12. 24. 선고 2019도9773 판결.

225 대법원 2013. 7. 11. 선고 2011도5337 판결.

226 대법원 1987. 2. 24. 선고 86도999 판결, 대법원 1989. 5. 23. 선고 89도570 판결, 대법원 1996. 8. 23. 선고 96도1525 판결, 대법원 1999. 7. 9. 선고 99도1040 판결 등.

145 [판례] 1인의 대표이사가 수개의 법인을 운영한 경우

1인의 대표이사가 주식의 상호 혹은 순차 소유관계에 있는 수개의 법인을 동시에 운영하면서 각 법인의 돈을 다른 법인을 위하여 사용한 경우, 각 법인은 별개의 법인격을 가진 소유의 주체로서 이를 실질적으로 1개의 법인이라고 볼 수 없을 뿐만 아니라 법률상 권리의무의 주체로서의 법인격을 갖춘 영리법인은 이윤의 귀속주체로서의 주주와는 엄연히 구별되어야 하므로 위 돈의 사용행위가 그 지출 법인의 이익을 위한 것이라는 등의 특별한 사정이 인정되지 않는 한 업무상횡령죄를 구성한다.[227]

146 [판례] 합자회사

2인으로 구성된 합자회사의 대표사원이 회사의 수입금을 사용에 소비한 경우[228]는 물론, 출자지분이 2인에게 귀속하고 있는 유한회사의 대표사원이 다른 사원의 승낙을 얻어 회사재산을 개인의 용도에 소비한 경우에도 회사의 인격은 사원의 인격과는 별개이므로 횡령죄를 구성한다.[229]

147 [판례] 주식회사의 지점이나 합명회사의 분사무소가 보유한 재산

상법에 의하면 주식회사의 지점이나 합명회사의 분사무소는 주식회사나 합명회사와 독립된 별개의 법인격이나 권리주체가 아니라 주식회사나 합명회사에 소속된 하부조직에 불과하므로, 주식회사의 지점이나 합명회사의 분사무소가 주식회사의 본점이나 합명회사의 주사무소의 회계와는 별도의 독립채산제 방식으로 운영되고 있다고 하더라도 주식회사의 지점이나 합명회사의 분사무소가 보유한 재산은 그 주식회사 또는 합명회사의 소유일 뿐 법인격도 없고 권리주체도 아닌 주식회사의 지점이나 합명회사의 분사무소 구성원들 개인의 소유가 되는 것은 아니다.[230] 사단법인의 지부나 지회도 마찬가지이므로 대한공인중개사협회의 지부가 보관하고 있는 자금을 임의로 사용하는 경우 협회 소유의 자금을 횡령한 것으로 보아야 한다.[231]

227 대법원 1996. 8. 23. 선고 96도1525 판결, 대법원 2000. 12. 8. 선고 99도214 판결, 대법원 2006. 9. 22. 선고 2004도3314 판결 등.

228 대법원 1982. 12. 28. 선고 81도863 판결.

229 대법원 1986. 9. 9. 선고 86도280 판결.

230 대법원 2010. 5. 13. 선고 2009도1373 판결.

231 대법원 2007. 9. 6. 선고 2007도4099 판결, 대법원 2012. 1. 27. 선고 2010도10739 판결 등.

2) 소유권 귀속의 결정

148 타인의 재물인가 여부는 기본적으로 민법, 상법 기타의 민사실체법에 의하여 결정되어야 한다.[232] 이는 법질서에 대한 통일적 해석의 필요성과 형법의 보충성에서 비롯된 것이라고 할 수 있다.

149 입찰절차에서 수인이 대금을 분담하되 그중 1인 명의로 낙찰 받은 후 그 명의자가 부동산을 처분한 사안에서, 입찰부동산의 소유권은 경락대금을 실질적으로 부담한 자가 누구인가와 상관없이 그 명의인이 취득하므로[233] 그 부동산은 '타인의 재물'이라고 볼 수 없다. 주식회사의 대표이사가 적법하게 수령할 보수가 압류당할 우려가 있자 이를 피하기 위하여 비록 실제 근무하지 않는 근로자의 임금 명목으로 보수를 조성하여 타인의 명의로 이를 수령하였다 하더라도 그 수령과 동시에 그 금원에 대한 소유권을 취득하였다고 보아야 할 것이므로, 위 보수를 소비하는 것은 자신의 재물을 소비한 것에 불과하고, 이를 가지고 타인의 재물을 보관하는 자가 그 재물을 횡령한 경우에 해당한다고 볼 수 없다.[234]

150 [판례] 외국적 요소가 있는 경우 소유권 귀속관계의 결정

타인의 재물인가 등과 관련된 법률관계에 당사자의 국적·주소, 물건 소재지, 행위지 등이 외국과 밀접하게 관련되어 있어서 국제사법 제1조 소정의 외국적 요소가 있는 경우에는 다른 특별한 사정이 없는 한 국제사법의 규정에 좇아 정하여지는 준거법을 1차적인 기준으로 하여 당해 재물의 소유권의 귀속관계 등을 결정하여야 한다. 대한민국 국민 또는 외국인이 미국 캘리포니아 주에서 미국 리스회사와 미국 캘리포니아 주의 법에 따라 차량 이용에 관한 리스계약을 체결하면서 준거법에 관하여는 별도로 약정하지 아니하였는데, 이후 자동차수입업자인 피고인이 리스기간 중 위 리스이용자들이 임의로 처분한 리스계약의 목적물인 차량들을 수입한 사안에서, 국제사법에 따라 위 리스계약에 적용될 준거법인 미국 캘리포니아 주법에 의하면, 위 차량들의 소유권은 리스회사에 속하고, 리스이용자는 일정 기간 차량의 점유·사용의 권한을 이전받을 뿐이어서, 리스이용자들은 리스회사에 대한 관계에서 위 차량들에 관한 보관자로서의 지위에 있으므로, 위 차량들을 임의로 처분한 행위는 형법상 횡령죄의 구성요건에 해당한다.[235]

232 대법원 2003. 10. 10. 선고 2003도3516 판결, 대법원 2010. 5. 13. 선고 2009도1373 판결 등.

233 대법원 2000. 4. 7. 선고 99다15863, 15870 판결.

234 대법원 2000. 9. 8. 선고 2000도258 판결.

235 대법원 2011. 4. 28. 선고 2010도15350 판결. 이 판결에 대한 해설은 이미선, "장물죄에서 본범이 되는 범죄행위에 대하여 우리 형법이 적용되지 않는 경우 그 법적 평가 기준 및 장물에 해당하기 위한 요건과 횡령죄와 관련된 법률관계에 외국적 요소가 있는 경우 소유권 귀속관계 등의 판단 기준", 해설(88), 646 이하.

151 [판례] 약정의 해석에 따라 횡령죄가 성립한다고 본 경우
피고인이 피해회사로부터 상품을 양도받으면서, 대금 지급에 관하여 피고인이 매일 그날의 매출액 전부를 피해회사에 송금하되 그 대금을 모두 지급하기 전까지는 피해회사가 위 상품에 대한 소유권을 가지기로 하는 상품거래계약을 체결한 후, 상품의 판매대금 중 일부만 피해회사에 송금하고 나머지는 매장인테리어비용, 홍보비용 등에 사용하였다면, 피고인은 상품의 판매대금 전액을 지급하기 전까지는 피해회사를 위하여 상품 및 그 판매대금 전액을 보관하는 지위에 있다고 보아야 할 것이다.[236]

152 [판례] 약정의 해석에 따라 횡령죄가 성립하지 않는다고 본 경우
甲 교육청이 乙 주식회사가 사용해 오던 교육청 토지를 매도하면서 관련 법령에 따라 공개경쟁입찰절차를 거쳐 乙 회사의 직원인 피고인을 낙찰자로 선정한 다음, 매수인을 피고인으로 명시한 계약서를 작성하고 甲 교육청 교육장과 피고인이 각 기명·날인하였다면, 매수인의 지위에 있는 자는 계약에서 표시된 바에 따라 '피고인'으로 봄이 상당하므로 '乙 회사'가 위 매매계약의 매수인임을 전제로 피고인이 위 토지의 보상금을 임의 소비한 행위가 乙 회사에 대한 관계에서 횡령죄에 해당한다고 볼 수 없다.[237] 피고인이 A와 특정 토지를 매수하여 전매한 후 전매이익금을 정산하기로 약정한 다음 A가 조달한 돈 등을 합하여 토지를 매수하고 소유권이전등기는 피고인 등의 명의로 마쳐 두었는데, 위 토지를 제3자에게 임의로 매도한 후 A에게 전매이익금 반환을 거부함으로써 이를 횡령하였다는 내용으로 기소된 사안에서, A가 토지의 매수 및 전매를 피고인에게 전적으로 일임하고 그 과정에 전혀 관여하지 아니한 사정 등에 비추어, 비록 A가 토지의 전매차익을 얻을 목적으로 일정한 금원을 출자하였더라도 이후 업무감시권 등에 근거하여 업무집행에 관여한 적이 전혀 없을 뿐만 아니라 피고인이 아무런 제한 없이 재산을 처분할 수 있었음이 분명하므로 피고인과 A의 약정은 조합 또는 내적조합에 해당하는 것이 아니라 '익명조합과 유사한 무명계약'에 해당한다고 보아야 하므로 피고인은 타인의 재물을 보관하는 자의 지위에 있지 않다.[238] 피고인과 피해자들 사이의 약정은 빌라 신축 및 분양을 통하여 수익을 얻으려는 공동의 목적 달성을 위하여 협력한 것에 불과할 뿐 공동사업을 경영할 목적까지 있었다고 볼 수는 없고 따라서 피고인이 공소사실과 같이 빌라 완공 후에 임차인들로부터 받은 임대차보증금을 임의로 소비하였다 하더라도 '타인의 재물을 보관하는 자'의 지위에 있다고 보기 어려운 이상 횡령죄가 성립할 수 없다.[239]

236 대법원 2010. 1. 14. 선고 2009도7737 판결.
237 대법원 2010. 1. 28. 선고 2009도11868 판결.
238 대법원 2011. 11. 24. 선고 2010도5014 판결.
239 대법원 2016. 1. 14. 선고 2015도16396 판결.

153 [판례] 외국인학교 학생이나 학부모가 납부한 수업료 등으로 조성된 교비
외국인학교의 학생이나 학부모가 납부한 수업료 등으로 조성된 교비는 특별한 사정이 없는 한 외국인학교의 설치·경영자의 소유에 속하므로 피고인이 위 설치·경영자와 공모하여 이를 임의로 사용하였다고 하더라도 사립학교법위반죄가 성립하는 것 외에 따로 외국인학교 학생이나 학부모 또는 외국인학교에 대한 횡령죄가 성립한다고 볼 수 없다.[240]

검토: 위 판결에 대하여는 해당 외국인학교의 특수성을 인정할 만한 특별한 사정이 없는 한, 외국인학교의 공공성과 신뢰성을 담보하기 위하여 기존 사립학교와 마찬가지로 교비회계 외의 지출이 있다면 업무상횡령죄로 처벌하여야 하고, 학생이나 학교 등을 위한 교비회계 지출에 해당한다면 업무상배임죄의 처벌을 검토하여야 한다는 비판적인 견해[241]가 있다. 사립학교 회계 관련 지출행위에 대한 횡령죄 성부에 관하여는 뒤의 횡령행위 해설 부분에서 자세히 논의한다.

154 [판례] 가맹점 계약에서 물품 판매대금
프랜차이즈 계약의 내용에 비추어 동업계약 관계로 볼 수 없다면 가맹점주인 피고인이 판매하여 보관 중인 물품 판매대금은 피고인의 소유라 할 것이어서 피고인이 이를 임의 소비한 행위는 횡령죄는 성립하지 아니한다.[242]

155 [판례] 부동산 매도인이 수령한 매매목적물에 대한 배당금
피고인은 피해자에게 이 사건 건물을 매도하고 그 매매대금을 수령하였으며 피해자에게 그 소유권이전등기에 필요한 서류까지 교부하였으나, 피해자의 사정으로 그 등기명의가 피고인에게 남아있었던 사안에서, 피해자와 피고인 사이의 내부관계에 있어서는 이 사건 건물에 관한 사실상의 처분권이 이미 피해자에게 귀속되었다고 볼 수 있어 피고인으로서는 이 사건 건물의 변형물인 이 사건 배당금을 자신에게 귀속시키기 위하여 수령할 수는 없고 오로지 피해자에게 전달해 주기 위하여서만 수령할 수 있을 뿐이므로, 피고인이 수령한 배당금은 피고인과 피해자 사이에서 피해자의 소유에 속하고, 여기에다가 피고인이 피해자를 위하여 이 사건 건물에 관한 피해자의 등기신청에 협력하여야 할 사무를 처리하는 지위에 있다는 점을 고려하면, 피고인은 이 사건 배당금을 피해자를 위하여 보관하는 관계에 있다고 봄이 상당하다.[243]

240 대법원 2012. 5. 10. 선고 2011도12408 판결.
241 이정민, "교비회계자금 유용에 관한 형사책임", 형사법연구 24권 4호(2012. 겨울), 349~350.
242 대법원 1996. 2. 23. 선고 95도2608 판결, 대법원 1998. 4. 14. 선고 98도292 판결 등.
243 대법원 2007. 12. 27. 선고 2007도6650 판결.

156 [판례] 점유개정 방식의 동산 양도담보계약에서 소유권의 귀속관계

금전채무를 담보하기 위하여 채무자가 그 소유의 동산을 채권자에게 양도하되 점유개정에 의하여 채무자가 이를 계속 점유하기로 한 경우, 특별한 사정이 없는 한 동산의 소유권은 신탁적으로 이전되고, 채권자와 채무자 사이의 대내적 관계에서 채무자는 의연히 소유권을 보유하나 대외적인 관계에 있어서 채무자는 동산의 소유권을 이미 채권자에게 양도한 무권리자가 된다. 따라서 동산에 관하여 양도담보계약이 이루어지고 채권자가 점유개정의 방법으로 인도를 받았다면, 그 정산절차를 마치기 전이라도 양도담보권자인 채권자는 제3자에 대한 관계에 있어서는 담보목적물의 소유자로서 그 권리를 행사할 수 있다. 따라서 양도담보권자인 채권자가 제3자에게 담보목적물인 동산을 매각한 경우, 제3자는 채권자와 채무자 사이의 정산절차 종결 여부와 관계없이 양도담보 목적물을 인도받음으로써 소유권을 취득하게 되고, 양도담보의 설정자가 담보목적물을 점유하고 있는 경우에는 그 목적물의 인도는 채권자로부터 목적물반환청구권을 양도받는 방법으로도 가능하다. 채권자가 양도담보 목적물을 위와 같은 방법으로 제3자에게 처분하여 그 목적물의 소유권을 취득하게 한 다음 그 제3자로 하여금 그 목적물을 취거하게 한 경우, 그 제3자로서는 자기의 소유물을 취거한 것에 불과하므로, 채권자의 이 같은 행위는 절도죄를 구성하지 않는다.[244]

157 [판례] 집행채무자가 제 3 채무자로부터 수령한 금원

압류 및 추심명령으로 인하여 제3채무자가 지급하는 채권금에 대하여 집행채무자가 이를 수령하는 것이 각 금지된다고 하더라도 제3채무자가 피압류채무를 스스로 변제하였거나 또는 그에 관하여 변제공탁을 하였다면, 집행채무자가 그로써 수령한 금전은 자기 채권에 관한 원래의 이행으로 또는 변제공탁 등과 같이 변제에 갈음하는 방법을 통하여 취득한 것으로서 역시 그의 소유에 속한다고 할 것이고, 그가 단지 집행채권자 또는 제3채무자의 금전을 '보관'하는 관계에 있다고 할 수 없다. 따라서 집행채무자가 그 금전을 집행채권자에게 반환하는 것을 거부하였다고 하여 그에게 횡령의 죄책을 물을 수는 없다. 이는 제3채무자가 원래 민사집행법 제248조에서 정하는 집행공탁을 하여야 할 것을 착오로 변제공탁을 하였다고 해서 달리 볼 수 없다.[245]

158 [판례] 그 외 재물의 타인성이 인정되지 아니한 경우

동산의 선의취득자는 원 소유자의 반환청구를 거부하였다 하더라도 횡령죄를 구성하지 않고,[246] 노트에 피고인이 근무하던 회사의 영업상의 주요사항이 기재되어 있고

244 대법원 2008. 11. 27. 선고 2006도4263 판결.
245 대법원 2012. 1. 12. 선고 2011도12604 판결.
246 대법원 1983. 12. 13. 선고 83도2642 판결.

그 업무내용과 관련성이 있기는 하나, 그것이 직무수행상의 일환으로 작성된 것이 아니고 개인적인 필요에 의하여 작성된 것이라면, 그 노트에 기재된 내용이 회사의 기밀사항이라 하여도 이 노트는 피고인의 소유에 속한다고 볼 것이어서 퇴직시에 이를 가지고 나와도 횡령죄를 구성하지 아니하고,[247] 노무도급 아닌 통상의 도급계약에 있어서 도급인이 재료 일부를 직접 구입하여 공급하고 수급인으로부터 그 가액에 해당하는 금액의 공사 대금영수증까지 받았더라도 이는 그 재료대금 만큼의 공사대금을 감액키로 하는 취지에 불과하여 그 재료의 소유권은 여전히 도급인에게 있으므로 도급인이 후에 이를 임의 사용하였더라도 횡령죄를 구성하지 않고,[248] 한편 노무도급에 있어서 재료 일부가 적시에 공급되지 아니하여 부득이 수급인이 동질동량의 다른 재료를 구입하여 공사를 완성한 후 도급인의 검수까지 마쳤다면 그 후 도급인으로부터 제공받는 재료는 수급인의 소유에 귀속시키기로 하는 묵시적 합의가 있었다고 볼 것이므로 수급인이 이를 처분하였더라도 횡령죄를 구성하지 않는다.[249] 그리고 채권자가 그 채권의 지급을 담보하기 위하여 채무자로부터 수표를 발행·교부받아 이를 소지한 경우에는, 단순히 보관의 위탁관계에 따라 수표를 소지하고 있는 경우와는 달리 그 수표상의 권리가 채권자에게 유효하게 귀속된다.[250] 또 임차인이 임차건물에 덧붙여 증축하여 기존건물과 일체로서 점유·사용해 온 경우, 증축된 부분으로서 건물로서의 독립성이 없고 별개의 독립물로서 효용을 갖지 못하여 기존 건물에 부합되었다고 할 것이니 그 건물의 철거보상금은 건물 소유자에게 귀속되는 것이므로 건물 소유자가 이를 임의로 소비하였다 하더라도 횡령죄는 성립하지 아니하며,[251] 다른 두 사람과 공동으로 당국으로부터 개간허가를 받아 개간한 국유지는 국가와 매매계약을 체결하지 아니한 상태라면 다른 두 사람과의 공유라고 할 수 없다.[252]

다. 소유권 귀속의 구체적인 검토

1) 명의신탁 부동산의 소유권 귀속

159 횡령죄는 타인의 재물을 보관하는 자가 그 재물을 횡령하는 경우에 성립하는 범죄이므로, 횡령의 대상이 된 재물은 타인의 소유이어야 한다. 그런데 부동산의 경우 등기명의인이 소유자로 추정이 되지만 등기의 공신력이 인정되지 않아 등기명의인에게 반드시 소유권이 있다고 보지 않는다. 또 1995년 부동산 실권리

247 대법원 1994. 5. 24. 선고 94도763 판결.
248 대법원 1982. 9. 28. 선고 82도1541 판결.
249 대법원 1983. 4. 12. 선고 82도2410 판결.
250 대법원 1988. 1. 19. 선고 87도2078 판결, 대법원 2000. 2. 11. 선고 99도4979 판결 등.
251 대법원 1983. 11. 8. 선고 83도2411 판결.
252 대법원 1983. 6. 28. 선고 80도1372 판결.

자명의 등기에 관한 법률이 제정되면서 그동안 대내적인 관계에서 소유권이 인정되어 왔던 부동산 명의신탁약정 및 그에 따른 소유권이전등기가 모두 법률상 무효가 되었다. 명의신탁된 부동산의 소유자를 명의신탁자로 볼 것인가 명의수탁자로 볼 것인가에 따라(재물의 타인성 여부) 횡령죄의 성부가 문제된다. 명의신탁으로 인한 소유권의 귀속문제는 부동산뿐만 아니라 자동차, 주권 등과 같이 등록이나 장부상 명의변경 등을 요하는 동산의 경우에도 문제가 된다. 동산의 경우는 항을 달리하여 살펴보기로 한다.

가) 등기된 부동산

(1) 부동산 실권리자명의 등기에 관한 법률에서 허용되는 명의신탁

160 부동산 실권리자명의 등기에 관한 법률에서 허용하고 있는 종중 부동산이나 배우자에 대한 명의신탁, 채권담보를 위한 등기나 가등기 또는 구분소유적 공유로 인한 상호명의신탁등기의 경우 학설은 대체로 종전의 법률관계에 관한 해석을 그대로 따르고 있다.[253] 이 경우 수탁자가 명의신탁 부동산을 임의로 처분하면 횡령죄가 성립한다는 점에는 별 의문이 없다. 다만 이때에도 횡령죄가 아니라 배임죄를 구성한다는 견해[254]가 있다. 즉 부동산 실권리자명의 등기에 관한 법률을 제정한 이유는 종래 소유권이 대내외적으로 달리 귀속된다는 이른바 '관계적 귀속론'을 더 이상 인정하지 않고 법률상 소유권의 귀속을 획일적으로 결정하는데 있다고 보아야 하는데, 비록 허용되는 명의신탁이라고 하더라도 자신 소유임이 분명한 부동산을 처분하였다면 이는 횡령죄가 아니라 배임죄가 성립한다는 것이다.

161 [판례] 구분소유적 공유관계-상호명의 신탁

구분소유적 공유관계에 있어서 각 공유자 상호 간에는 각자의 특정 구분부분을 자유롭게 처분함에 서로 동의하고 있다고 볼 수 있으므로, 공유자 각자는 자신의 특정 구분부분을 단독으로 처분하고 이에 해당하는 공유지분등기를 자유로이 이전할 수 있는데,[255] 이는 그 공유지분등기가 내부적으로 공유자 각자의 특정 구분부분을 표상

253 김성돈, 형법각론(제8판), 성균관대학교 출판부(2022), 462; 김일수/서보학, 새로쓴 형법각론(제9판), 박영사(2018), 299; 손동권/김재윤, 새로운 형법각론(제2판), 율곡출판사(2022), 430; 오영근, 형법각론(제7판), 박영사(2022), 367; 이재상 외 2인, 형법각론(제12판), 박영사(2021), 404; 정성근/정준섭, 형법강의 각론(제2판), 박영사(2022), 306.

254 임웅, 형법각론(제13정판), 법문사(2023), 507.

255 대법원 2009. 10. 15. 선고 2007다83632 판결 참조.

하기 때문이다. 그러나 구분소유하고 있는 특정 구분부분별로 독립한 필지로 분할되는 경우에는 특별한 사정이 없는 한 각자의 특정 구분부분에 해당하는 필지가 아닌 나머지 각 필지에 전사된 공유자 명의의 공유지분등기는 더 이상 당해 공유자의 특정 구분부분에 해당하는 필지를 표상하는 등기라고 볼 수 없고, 각 공유자 상호간에 상호명의신탁관계만이 존속하는 것이므로, 각 공유자는 나머지 각 필지 위에 전사된 자신 명의의 공유지분에 관하여 다른 공유자에 대한 관계에서 그 공유지분을 보관하는 자의 지위에 있다고 할 것이다.[256]

(2) 2자간 등기명의신탁

(가) 개념

162 2자간 등기명의신탁이란 부동산의 소유자가 그 등기명의를 타인에게 신탁하기로 하는 명의신탁약정을 맺고 그 등기를 수탁자에게 이전하는 형식의 명의신탁을 의미한다.

163 이러한 명의신탁 약정 및 명의수탁자 명의의 등기는 모두 무효이나(부동산 실권리자명의 등기에 관한 법률 제4조 제1항·제2항), 이러한 무효는 제3자에게 대항할 수는 없다(같은 조 제3항). 민사적으로 신탁자는 수탁자에게 말소등기 또는 진정명의회복을 원인으로 한 이전등기 청구가 가능하다. 이와 같은 2자간 등기명의신탁으로 소유권명의를 가지게 된 수탁자가 위 부동산을 임의 처분한 경우 횡령죄가 성립할 것인가.

(나) 학설

① 횡령죄성립 긍정설

164 수탁자명의의 등기가 무효인 이상 신탁자가 부동산에 대한 소유권을 여전히 보유하고 있고, 따라서 신탁자는 소유권에 기한 방해배제청구권과 부당이득반환청구권을 행사하여 등기말소나 이전등기를 청구할 수 있으므로 신탁목적물을 처분한 수탁자에게 횡령죄가 성립한다는 견해[257]이다. 대내적 신뢰관계의 배신을 통하여 신탁자의 소유권을 침해하는 행위는 횡령죄로 벌할 근거와 필요성이 인정된다는 것이다.

256 대법원 2014. 12. 24. 선고 2011도11084 판결.

257 김일수/서보학, 새로쓴 형법각론(제9판), 박영사(2018), 300; 배종대, 형법각론(제14판), 홍문사(2023), 426; 손동권/김재윤, 새로운 형법각론(제2판), 율곡출판사(2022), 431(횡령죄 성립을 부정하는 것이 이론적으로 타당한지는 상당히 의문스럽다); 이재상 외 2인, 형법각론(제12판), 박영사(2021), 404; 이형국, 형법각론, 법문사(2007), 417; 임웅, 형법각론(제13정판), 법문사(2023), 498; 정성근/정준섭, 형법강의 각론(제2판), 박영사(2022), 307.

② 횡령죄성립 부정설

165 신탁자의 수탁자에 대한 반환청구권을 인정할 수 없다고 보는 불법원인급여설에 입각하여 판단하는 것이 타당하다거나,[258] 무효인 명의신탁에 기한 수탁자는 더 이상 신탁부동산의 보관자가 될 수 없어서 횡령죄가 성립하지 않고 부동산 실권리자명의 등기에 관한 법률 제7조 벌칙규정에 의하여 처벌이 가능하다는 견해이다. 범죄에 의한 법률관계를 형법상 보호해 주어야 할 이유가 없고, 수탁자의 이익은 몰수나 추징으로 해결하면 될 것이다.[259] 형법적으로 보호할 만한 가치가 있는 신뢰관계를 바탕으로 하는 보관관계가 존재하지 않으므로 횡령죄가 성립하지 않는다는 입장이다.[260]

③ 불법원인위탁설(횡령죄의 불능미수설)

166 부동산 실권리자명의 등기에 관한 법률에 의하여 기존의 명의신탁관계는 무효가 되므로 불법원인급여물을 영득한 경우가 아니라 불법원인위탁물을 영득한 경우와 같이 보는 것이 좋다는 견해이다. 따라서 신탁자와 수탁자 사이의 위탁관계가 형법상 보호할 가치가 있는 신뢰관계에 기초한 것이 아니기 때문에 횡령죄의 기수범은 성립할 수 없다. 하지만 이때에도 횡령죄의 불능미수는 성립한다고 본다.[261]

(다) 판례

167 종래 판례는 2자간 등기명의신탁의 경우 그 부동산 소유권은 여전히 신탁자에게 있으므로 명의수탁자가 이를 제3자에게 매도하는 경우 횡령죄를 구성한다고 보았다.[262] 하지만 대법원 2021. 2. 18. 선고 2016도18761 전원합의체 판결을 통해 이러한 견해를 변경하여 횡령죄성립 부정설을 취하였다. 즉 대법원은 i) 명의신탁자와 명의수탁자 사이에 무효인 명의신탁약정 등에 기초하여 존재한다고 주장될 수 있는 사실상의 위탁관계라는 것은 부동산 실권리자명의 등기에 관한 법률에 반하여 범죄를 구성하는 불법적인 관계에 지나지 아니할 뿐 이를 형법상 보호할 만한 가치 있는 신임에 의한 것이라고 할 수 없고, ii) 또한 명의수탁자가 명의신탁자에 대하여 부담하는 소유권이전등기말소의무나, 명의수탁자가 제3자와

258 박상기, 형법각론(제8판), 박영사(2011), 378.

259 조현욱, "양자간 명의신탁과 횡령죄", 형사재판의 제문제 9권, 사법발전재단(2019), 242.

260 김성천, 형법각론(제7판), 소진(2021), 460; 신동운, 형법각론(제2판), 법문사(2018), 1186.

261 김일수, "미수의 불법귀속에 관한 연구", 고려법학 40호(2003), 26~27.

262 대법원 1999. 10. 12. 선고 99도3170 판결, 대법원 2000. 2. 22. 선고 99도5227 판결, 대법원 2000. 4. 25. 선고 99도1906 판결, 대법원 2003. 12. 26. 선고 2003도4893 판결, 대법원 2009. 8. 20. 선고 2008도12009 판결, 대법원 2009. 11. 26. 선고 2009도5547 판결, 대법원 2011. 1. 27. 서고 2010도12944 판결 등.

한 처분행위가 부동산 실권리자명의 등기에 관한 법률 제4조 제3항에 따라 유효하게 될 가능성을 이유로 들어 명의수탁자가 명의신탁자에 대한 관계에서 '타인의 재물을 보관하는 자'의 지위에 있다고 볼 수도 없다고 판단하였다.[263] [264]

(3) 3자 간 중간생략등기형 명의신탁

(가) 개념

168 3자간 중간생략등기형 명의신탁은 신탁자가 수탁자와 명의신탁약정을 맺고 신탁자가 매매계약의 당사자가 되어 매도인과 매매계약을 체결하되, 다만 등기를 매도인으로부터 수탁자 앞으로 직접 이전하는 것을 의미한다. 이러한 명의신탁약정 및 수탁자 명의의 소유권이전등기는 모두 무효이다. 따라서 당해 부동산의 소유권은 여전히 매도인에게 있으며 매도인은 그 소유권에 기하여 수탁자에게 그 명의의 소유권이전등기의 말소를 청구할 수 있고, 진정명의회복등기청구권에 기하여 수탁자에게 소유권이전등기를 구할 수도 있다. 한편 매도인과 신탁자 간의 매매계약은 유효하므로 신탁자는 매도인에 대한 소유권이전등기청구권을 보전하기 위하여 위 매도인을 대위하여 수탁자에 대하여 그 명의의 소유권이전등기의 말소 또는 매도인 앞으로의 이전등기를 구할 수 있고 매도인에게는 위 매매계약을 원인으로 한 소유권이전등기를 구할 수 있다.

169 이와 같은 3자간 중간생략등기형 명의신탁으로 소유권명의를 가지게 된 수탁자가 위 부동산을 임의 처분한 경우 횡령죄가 성립할 것인가.

(나) 학설

① 횡령죄성립 긍정설

170 횡령죄는 성립하되, 피해자를 누구로 보느냐에 따라 견해가 나뉜다. 신탁자에 대하여 횡령죄가 성립한다는 견해,[265] 신탁자에 대해서는 횡령죄가 성립하지 아니하나 여전히 소유권을 가진 매도인에 대하여는 횡령죄가 성립한다는 견해,[266]

263 위 판결에 대한 평석은, 장석준, "부동산 실권리자명의 등기에 관한 법률에 위반한 이른바 양자간 명의신탁에서 명의수탁자가 신탁부동산을 임의로 처분한 경우 횡령죄가 성립하는지 여부가 문제된 사건", 해설(128), 356 이하. 같은 취지의 판결로는, 대법원 2021. 3. 11. 선고 2019도1721 판결.

264 다만 판례는 민사상 불법행위책임은 성립한다는 입장이다(대법원 2021. 6. 3. 선고 2016다3407 판결).

265 배종대, 형법각론(제14판), 홍문사(2023), 427; 손동권/김재윤, 새로운 형법각론(제2판), 율곡출판사(2022), 429(신탁자의 소유로 복귀되어야 할 부동산을 임의처분한 수탁자에게 횡령죄의 성립을 부정하는 것이 이론적으로 타당한지 상당히 의문스럽다); 정성근/정준섭, 형법강의 각론(제2판), 박영사(2022), 309.

266 박상기, 형법각론(제8판), 박영사(2011), 379; 이재상 외 2인, 형법각론(제12판), 박영사(2021), 405; 이형국, 형법각론, 법문사(2007), 417; 임웅, 형법각론(제13정판), 법문사(2023), 501(매도인이 악의인 경우).

불법원인위탁관계로 보아 횡령죄의 불능미수가 성립한다는 견해[267] 등이 있다.

② 횡령죄성립 부정설

171 소유권자인 매도인에 대하여는 위탁관계 내지 신뢰관계를 인정하기 어렵기 때문에 횡령죄가 성립하지 않고, 신탁자에 대한 관계에서는 신탁자의 소유권이 인정될 수 없기 때문에 횡령죄가 성립할 수 없다는 견해,[268] 횡령죄의 성립은 같은 이유로 부정하지만 수탁자의 부동산 처분은 신탁자에 대한 신뢰관계의 배신행위로서 재산상 손해를 끼친 배임행위로 보는 것이 옳다는 견해[269] 등이 있다.

(다) 판례

172 종전 판례는 이러한 중간생략등기형 명의신탁에서 수탁자가 수탁부동산을 처분한 경우 신탁자에 대하여 횡령죄는 성립한다고 보았다.[270] 그러나 대법원 2016. 5. 19. 선고 2014도6992 전원합의체 판결로써 견해를 변경하여 횡령죄성립 부정설을 취하게 되었다. 즉 명의신탁자는 소유권이전등기청구권을 가질 뿐 소유권을 가지지 아니하고 명의수탁자 역시 명의신탁자에 대하여 직접 신탁부동산의 소유권을 이전할 의무를 부담하지 아니하므로 명의신탁자에 대한 관계에서는 타인의 재물을 보관하는 자로 볼 수 없고, 또 명의신탁자와 명의수탁자 사이에 그 위탁신임관계를 근거지우는 계약인 명의신탁약정 또는 이에 부수한 위임약정이 무효임에도 불구하고 횡령죄 성립을 위한 사무관리·관습·조리·신의칙에 기초한 위탁 신임관계가 있다고 할 수도 없다. 뿐만 아니라 사실상의 위탁관계라는 것도 부동산 실권리자명의 등기에 관한 법률에 반하여 범죄를 구성하는 불법적인 관계에 지나지 않을 뿐 이를 형법상 보호할 만한 가치 있는 신임에 의한 것이라고 할 수 없다. 명의수탁자의 신탁부동산 임의 처분행위에 대하여 형사처벌의 필요성이 있다는 사정은 죄형법정주의 원칙과 형벌법규 유추해석금지 원칙에 배치된다는 것이다.[271] [272]

267 김일수, "미수의 불법귀속에 관한 연구", 고려법학 40호(2003), 28.

268 김성천, 형법각론(제7판), 소진(2021), 461.

269 김일수/서보학, 새로쓴 형법각론(제9판), 박영사(2018), 302.

270 대법원 2001. 11. 27. 선고 2000도3463 판결(폐기), 대법원 2002. 2. 22. 선고 2001도6209 판결(폐기), 대법원 2002. 8. 27. 선고 2002도2926 판결(폐기) 등.

271 대법원 2016. 5. 19. 선고 2014도6992 전원합의체 판결. 위 판결에 대한 평석은 김희수, "중간생략형 명의신탁에서 신탁부동산의 임의처분 시 횡령죄 성립 여부," 사법(37), 429 이하.

272 대법원 2016. 5. 26. 선고 2015도89 판결, 대법원 2016. 7. 14. 선고 2016도5243 판결, 대법원 2016. 8. 24. 선고 2014도6740 판결 등.

173 [판례] 양도담보 과정에서 이루어진 중간생략등기형 명의신탁

명의신탁자가 건축주에게 토지를 매도하면서 그 대금채권을 담보하기 위하여 건축주가 원시적으로 소유권을 취득할 건물에 관한 양도담보계약을 체결하고, 부동산 실권리자명의 등기에 관한 법률을 위반하여 명의수탁자와 맺은 명의신탁약정에 따라 건축허가명의자를 명의수탁자로 함으로써 완성된 건물에 관하여 명의수탁자 명의의 소유권보존등기를 마치는 중간생략등기형 명의신탁을 한 경우 명의신탁자는 담보목적의 범위 내에서도 건물의 소유권을 가지지 아니하고, 명의신탁자와 명의수탁자 사이에 형법상 보호할 가치 있는 위탁신임관계를 인정할 수도 없으므로, 명의수탁자가 건물을 임의로 처분하여도 명의신탁자에 대한 관계에서 횡령죄가 성립하지 아니한다.[273]

분석: 채무의 변제를 담보하기 위한 명의신탁은 부동산 실권리자명의 등기에 관한 법률에서도 허용된다(제2조 제1호 가목). 그런데 위 판례는, 대금채권자인 피해자와 그 채무자 사이의 양도담보계약 이행 과정에서 피해자가 자신 명의로 건축허가 및 소유권보존등기를 마친 것이 아니라 제3자인 수탁자 명의를 빌려 건축허가를 받고 소유권보존등기를 마친 사안에 관한 것이고, 이 경우 피해자인 명의신탁자와 명의수탁자 사이에 이루어진 명의신탁약정은 그 자체가 채무의 변제를 담보하기 위한 것이 아니어서 부동산 실권리자명의 등기에 관한 법률에 반하는 것이다.

(4) 계약명의신탁

174 신탁자가 수탁자와 명의신탁약정을 맺고 수탁자가 매매계약의 당사자가 되어 매매계약을 체결한 후 그 등기를 수탁자 앞으로 이전하는 형식의 명의신탁을 말한다. 이때 매도인이 그러한 사정을 알지 못한 경우를 선의의 계약명의신탁이라고 하고, 사정을 안 경우를 악의의 계약명의신탁이라고 한다. 부동산매매계약이 매도인의 대리인에 의하여 체결되었다면 매도인이 명의신탁약정 사실을 알았는지 여부는 특별한 사정이 없는 한 그 대리인을 기준으로 결정한다.[274]

(가) 선의의 계약명의신탁

① 개념

175 부동산 실권리자명의 등기에 관한 법률 제2조 제1호 및 제4조 단서의 규정에 따라 신탁자와 수탁자가 명의신탁약정을 맺고 수탁자가 당사자가 되어 명의신탁약정이 있다는 사실을 알지 못하는 소유자와 부동산 매매계약을 체결한 후 그 매매계약에 기하여 당해 부동산의 소유권이전등기를 수탁자 명의로 마친 경우에는 그

273 대법원 2016. 7. 29. 선고 2014도15028 판결.
274 대법원 2002. 5. 31. 선고 2002도1193 판결.

소유권이전등기에 의한 당해 부동산에 관한 물권변동은 유효하고, 한편 신탁자와 수탁자 사이의 명의신탁약정은 무효이므로 결국 수탁자는 전소유자인 매도인뿐만 아니라 신탁자에 대한 관계에서도 유효하게 당해 부동산의 소유권을 취득한 것으로 보아야 한다. 즉 매도인과 수탁자 사이에서 수탁자는 소유권을 유효하게 취득하고, 매도인과 신탁자 사이에서는 어떠한 계약관계도 존재하지 아니한다. 한편 신탁자와 수탁자 사이에서는 명의신탁약정 및 위임약정 모두 무효이고, 부동산 실권리자명의 등기에 관한 법률 시행 후 명의신탁약정 및 등기가 이루어진 경우 수탁자의 소유권취득으로 인한 매수자금 상당의 부당이득반환의무만 인정된다.[275]

② 학설과 판례

176 학설은 대체로 부동산의 소유권을 유효하게 취득한 수탁자는 타인의 재물을 보관하는 자라고 볼 수 없어 횡령죄가 성립하지 않는다고 보고 있으며 현재 별다른 이견을 찾아볼 수 없다.

177 판례도 마찬가지이다.[276] 즉 수탁자는 신탁자에 대한 관계에서 유효하게 소유권을 취득하므로 타인의 재물을 보관하는 자라고 볼 수 없고,[277] 수탁자가 신탁자에 대하여 부담하는 명의신탁약정의 무효로 인한 부당이득반환의무는 명의신탁약정의 무효로 인하여 수탁자가 신탁자에 대하여 부담하는 통상의 채무에 불과할 뿐 아니라, 신탁자와 수탁자 간의 명의신탁약정이 무효인 이상, 특별한 사정이 없는 한 신탁자와 수탁자 간에 명의신탁약정과 함께 이루어진 부동산 매입의 위임약정 역시 무효라고 본다.[278] 이러한 계약명의신탁의 법리는 수탁자가 신탁 부동산에 관한 등기를 이전받기 전에 소유자와 사이의 합의로 매매계약을 해제한 후 그 매매대금을 반환받았다고 하더라도 마찬가지로 적용되므로 그 수탁자가 횡령죄에 있어서의 '타인의 재물을 보관하는 자'의 지위에 있다고 볼 수는 없다.[279]

178 더 나아가 배임죄 즉 신탁자에 대한 배임죄가 성립될 것인지가 문제된다.

179 배임죄성립 긍정설 입장에서는 명의신탁약정이 무효일지라도 신탁자와 수탁자 사이에 존재하는 사실상의 신임관계까지 무효가 되는 것은 아니고, 소유권이 인

275 대법원 2005. 1. 28 선고 2002다66922 판결.

276 대법원 2000. 3. 24. 선고 98도4347 판결, 대법원 2000. 9. 8. 선고 2000도258 판결, 대법원 2006. 9. 8. 선고 2005도9733 판결 등.

277 대법원 2000. 3. 24. 선고 98도4347 판결, 대법원 2016. 8. 24. 선고 2014도6740 판결 등.

278 대법원 2001. 9. 25. 선고 2001도2722 판결, 대법원 2004. 4. 27. 선고 2003도6994 판결, 대법원 2007. 3. 29. 선고 2007도766 판결, 대법원 2015. 9. 10. 선고 2013다55300 판결 등.

279 대법원 2007. 3. 29. 선고 2007도766 판결.

정되는 문제와 타인과의 신임관계 속에서 타인의 사무처리자가 되는 문제는 별개의 것이므로, 신탁자에 대하여는 배임죄가 된다는 것이고,[280] 배임죄성립 부정설의 입장에서는 배임죄를 인정하게 되면 부동산 실권리자명의 등기에 관한 법률이 인정하지 않는 명의신탁약정을 사실상 인정하는 결과가 되어 부당하다거나[281] 법이 유효하게 소유권취득을 인정한 소유자의 적법한 권리행사에 대해 가벌성을 인정하는 것은 타당하지 않으며,[282] 명의신탁 자체가 범죄행위이므로 부동산을 보관하는 사무가 배임죄의 보호대상인 사무라고 할 수 없다거나,[283] 신탁자와 수탁자 사이의 신임관계는 신탁자에게 법적 소유권이 인정될 때에 의미가 있는 것인데 이 경우는 소유권이 신탁자에게 복귀할 수 없고, 결국에는 매매대금 등 금전에 대한 부당이득반환청구의 민사문제만이 남을 뿐이라는 점[284] 등을 근거로 하고 있다.

180 판례는 신탁자에 대한 배임죄도 성립하지 않는다고 본다.[285] 즉 계약명의신탁에서 수탁자는 전 소유자인 매도인뿐만 아니라 신탁자에 대한 관계에서도 유효하게 당해 부동산의 소유권을 취득하고, 그 부동산의 처분대금도 당연히 수탁자에게 귀속된다고 하는 이상 신탁자는 수탁자에 대하여 부당이득반환청구권을 행사하는 것은 별론이나 수탁부동산의 반환이나 처분대금의 반환은 물론 불법행위를 원인으로 한 손해배상청구 등도 할 수 없고, 따라서 단지 부당이득반환의 무만을 부담하는 수탁자가 부동산을 피해자인 신탁자의 허락 없이 매도하여서는 아니 되고 매도하더라도 그 대금을 신탁자에게 전달해주거나 신탁자를 위하여 사용할 임무가 있는 등 위 수탁부동산 및 그 처분대금에 대하여 타인의 재산을 보전·관리하는 자의 지위에 있다고 볼 수 없다는 것이다. 다만 이때 명의수탁자는 부동산 실권리자명의 등기에 관한 법률 제7조 제2항에 의하여 처벌(3년 이하의 징역 또는 1억 원 이하의 벌금)이 가능하다.

280 김성돈, 형법각론(제8판), 성균관대학교 출판부(2022), 465; 배종대, 형법각론(제14판), 홍문사(2023), 429; 이재상 외 2인, 형법각론(제12판), 박영사(2021), 406; 이형국, 형법각론, 법문사(2007), 417; 임웅, 형법각론(제13정판), 법문사(2023), 501: 정성근/정준섭, 형법강의 각론(제2판), 박영사(2022), 310.

281 박상기, 형법각론(제8판), 박영사(2011), 380.

282 김일수/서보학, 새로쓴 형법각론(제9판), 박영사(2018), 304.

283 오영근, 형법각론(제7판), 박영사(2022), 369.

284 손동권/김재윤, 새로운 형법각론(제2판), 율곡출판사(2022), 432.

285 대법원 2001. 9. 25. 선고 2001도2722 판결, 대법원 2004. 4. 27. 선고 2003도6994 판결, 대법원 2008. 3. 27. 선고 2008도455 판결 등.

181 [판례] 부동산경매절차에서의 명의신탁과 소유권의 귀속
부동산경매절차에서 부동산을 매수하려는 사람이 매수대금을 자신이 부담하면서 다른 사람의 명의로 매각허가결정을 받기로 그 다른 사람과 약정함에 따라 매각허가가 이루어진 경우 그 경매절차에서 매수인의 지위에 서게 되는 사람은 어디까지나 그 명의인이므로 경매 목적 부동산의 소유권은 매수대금을 실질적으로 부담한 사람이 누구인가와 상관없이 그 명의인이 취득한다고 할 것이고, 이 경우 매수대금을 부담한 사람과 이름을 빌려 준 사람 사이에는 명의신탁관계가 성립한다.[286] 이러한 경매절차에 기하여 소유권이전등기를 수탁자 명의로 마친 경우에는 당해 부동산에 관한 물권변동은 유효하지만 신탁자와 수탁자 사이의 명의신탁약정은 무효이므로, 수탁자는 전 소유자인 매도인뿐만 아니라 신탁자에 대한 관계에서도 유효하게 당해 부동산의 소유권을 취득한 것으로 보아야 하고, 따라서 그 수탁자는 타인의 재물을 보관하는 자라고 할 수 없다.[287]

(나) 악의의 계약명의신탁

① 개념

182 부동산 실권리자명의 등기에 관한 법률 제2조 제1호 및 제4조 본문의 규정에 따라 신탁자와 수탁자가 명의신탁약정을 맺고 수탁자가 당사자가 되어 명의신탁약정이 있다는 사실을 알고 있는 소유자와 부동산 매매계약을 체결한 후 그 매매계약에 기하여 당해 부동산의 소유권이전등기를 수탁자 명의로 마친 경우에는 그 소유권이전등기에 의한 당해 부동산에 관한 물권변동 및 신탁자와 수탁자 사이의 명의신탁약정은 모두 무효이다. 따라서 매도인과 수탁자 사이에서 수탁자의 등기는 무효로서 매도인이 소유권을 여전히 보유하게 된다. 매도인과 신탁자 사이에서는 어떠한 계약관계도 존재하지 아니한다. 신탁자와 수탁자 사이에서는 명의신탁약정 및 위임약정 모두 무효이고 매수자금 상당의 부당이득반환만 인정되는 것은 위 법률 시행 후 이루어진 선의의 계약명의신탁과 같다.

② 학설과 판례

183 학설은 크게 i) 소유권은 여전히 매도인에게 남아 있으므로 매도인에 대한 횡령죄가 성립한다는 견해,[288] ii) 횡령죄는 성립하지 않지만[289] 신탁자에 대한

286 대법원 2005. 4. 29. 선고 2005다664 판결, 대법원 2008. 11. 27. 선고 2008다62687 판결.
287 대법원 2012. 10. 25. 선고 2012도4991 판결.
288 박상기, 형법각론(제8판), 박영사(2011), 380; 임웅, 형법각론(제13정판), 법문사(2023), 501.
289 김성천, 형법각론(제7판), 소진(2021), 462.

사실상의 신임관계를 배반한 경우이므로 신탁자에 대한 배임죄가 성립한다는 견해[290] 및 iii) 배임죄도 성립할 수 없다는 견해[291] 등으로 나뉜다.

184 판례는 횡령죄와 배임죄의 성립을 모두 부정하는 입장이다. 소유자가 계약명의 신탁약정이 있음을 알고 있었다면 명의수탁자 명의의 소유권이전등기는 무효이고, 부동산의 소유권은 매도인이 그대로 보유하고 있으므로, 명의수탁자는 부동산 취득을 위한 계약의 당사자도 아닌 명의신탁자의 재물을 보관하는 자의 지위에 있다고 볼 수 없고,[292] 신탁자는 부동산 자체를 매도인으로부터 이전받아 취득할 수 있는 아무런 권리나 법적 가능성을 가지지 못한다. 따라서 신탁자에 대한 관계에서 수탁자는 횡령죄에서 말하는 타인의 재물을 보관하는 자[293] 또는 배임죄에서 말하는 타인의 사무를 처리하는 자의 지위에 있다고 보기 어렵고, 매도인에 대한 횡령죄나 배임죄에 관하여는 매도인과 명의수탁자 사이에 어떠한 신임관계가 존재하지 아니하므로 역시 횡령죄에서 타인의 재물을 보관하는 자 또는 배임죄에서 타인의 사무를 처리하는 자의 지위에 있다고 볼 수도 없다.[294]

185 ㉮ 계약명의신탁약정에 따라 소유권이 이전된 부동산의 소유권-수탁자와 신탁자의 관계(악의의 계약명의신탁 사안)

이른바 계약명의신탁약정을 맺고 명의수탁자가 당사자가 되어 그러한 명의신탁약정이 있다는 사실을 알고 있는 소유자로부터 부동산을 매수하는 계약을 체결한 후 그 매매계약에 따라 명의수탁자 앞으로 당해 부동산의 소유권이전등기가 행하여졌다면 부동산 실권리자명의 등기에 관한 법률 제4조 제2항 본문에 의하여 명의수탁자 명의의 소유권이전등기는 무효이고 당해 부동산의 소유권은 매도인이 그대로 보유하게 된다.[295] 나아가 그 경우 명의신탁자는 부동산매매계약의 당사자가 되지 아니하고 또 명의신탁약정은 부동산 실권리자명의 등기에 관한 법률 제4조 제1항에 의하여 무효이므로, 그는 다른 특별한 사정이 없는 한 부동산 자체를 매도인으로부터 이전받아 취득할 수 있는 권리 기타 법적 가능성을 가지지 못한다. 따라서 이때 명의수탁자

290 김일수/서보학, 새로쓴 형법각론(제9판), 박영사(2018), 302; 배종대, 형법각론(제14판), 홍문사(2023), 428; 이형국, 형법각론, 법문사(2007), 418; 정성근/정준섭, 형법강의 각론(제2판), 박영사(2022), 309.

291 김성돈, 형법각론(제8판), 성균관대학교 출판부(2022), 466; 양창수, "부동산실명법의 사법적 규정에 의한 명의신탁의 규율", 성곡논총 28-3, 370; 정형식, "이른바 중간생략형 명의신탁에 있어서 수탁자가 부동산을 임의로 처분한 경우의 횡령죄 성립여부", 해설(39), 454.

292 대법원 2012. 11. 20. 선고 2011도7361 판결, 대법원 2016. 8. 24. 선고 2014도6740 판결 등.

293 대법원 2012. 12. 13. 선고 2010도10515 판결.

294 대법원 2012. 11. 29. 선고 2011도7361 판결.

295 대법원 2009. 5. 14. 선고 2007도2168 판결.

가 명의신탁자에 대한 관계에서 횡령죄에서의 '타인의 재물을 보관하는 자'의 지위에 있다고 볼 수 없다.[296]

186 ㈏ 부동산 실권리자명의 등기에 관한 법률에 위반한 명의신탁 사안에서 수탁자의 임의 처분 시 횡령죄/배임죄 성립 여부 및 그 판단 근거와 관련한 판례의 태도[297]

		2 자간 등기명의신탁	중간생략등기형 명의신탁	선의의 계약명의신탁	악의의 계약명의신탁
횡령죄	유·무죄	[무죄] (2016 도 18761 판결)	[무죄] (2014 도 6992 판결)	[무죄] (98 도 4347 판결)	[무죄] (2010 도 10515 판결, 2011 도 7361 판결)
	근거	신탁자와 수탁자 사이에 위탁관계 인정되지 않음	신탁자는 소유권 없고, 수탁자와 사이에 위탁관계도 인정되지 않음	수탁자가 소유권을 취득하므로, 신탁자와 매도인 모두에게 소유권 인정되지 않음	신탁자의 경우, 부동산 이전받아 취득할 수 있는 권리 기타 법적가능성이 없음. 매도인의 경우, 수탁자의 말소등기의무 또는 유효한 처분가능성이 보관자 인정 근거가 될 수 없음
배임죄	유·무죄			[신탁자에 대하여 무죄] (2003 도 6994 판결)	[무죄] (2011 도 7361 판결)
	근거			수탁자의 부당이득반환의무는 통상의 채무 & 명의신탁약정 및 위임약정은 무효 (다만, 부동산실명법 이후 등기 사안)	신탁자의 경우, 수탁자의 부당이득반환의무는 타인 사무처리자 근거가 될 수 없음 매도인의 경우, 수탁자의 말소등기의무 또는 유효한 처분가능성이 타인 사무처리자 근거가 될 수 없음

나) 미등기부동산

187 미등기부동산에 대해서는 등기명의자가 존재하지 않으므로 이를 현실로 부동산을 관리·지배하는 자가 점유자가 된다.[298] 신축된 건물과 같은 미등기부동산의 경우 신축 당시의 건축허가명의가 실제 건축주 아닌 다른 회사에 명의신탁된 경우에는 그 건축허가의 명의신탁자인 회사의 실질적 경영자도 대외적으로 유효하게 건물을 처분할 수 있는 자이어서 위 건물의 보관자가 된다.[299]

296 대법원 2012. 12. 13. 선고 2010도10515 판결.
297 김희수, "중간생략형 명의신탁에서 신탁부동산의 임의처분 시 횡령죄 성립 여부," 사법(37), 469의 표를 기초로 최근 판례를 반영하여 수정한 것이다.
298 대법원 1993. 3. 9. 선고 92도2999 판결.
299 대법원 1990. 3. 23. 선고 89도1911 판결.

2) 자동차에 대한 명의신탁 및 지입계약

188 [판례] 명의신탁 자동차

당사자 사이에 자동차의 소유권을 그 등록명의자 아닌 자가 보유하기르 약정한 경우, 그 약정 당사자 사이의 내부관계에 있어서는 등록명의자 아닌 자가 소유권을 보유하게 된다고 하더라도 제3자에 대한 관계에 있어서는 어디까지나 그 등록명의자가 자동차의 소유자라고 할 것이다. 판례는, 피고인이 어머니 명의로 구입하여 등록한 명의신탁 차량을 제3자에게 담보제공한 후 제3자의 점유는 배제한 채 임의로 가져간 사안에서 제3자인 피해자에 대한 관계에서 승용차의 소유자는 어머니이고 피고인은 그 소유자가 아니므로, 절도죄가 성립한다고 보았다.[300]

189 [판례] 지입차량의 소유권 귀속

자동차에 대한 소유권의 득실변경은 등록을 함으로써 그 효력이 생기고 등록이 없는 한 대외적 관계에서는 물론 당사자의 대내적 관계에서도 소유권을 취득할 수 없는 것이 원칙이지만, 당사자 사이에 소유권을 등록명의자 아닌 자가 보유하기로 약정하였다는 등의 특별한 사정이 있는 경우에는 그 내부관계에 있어서는 등록명의자 아닌 자가 소유권을 보유하게 된다.[301] 판례는, 피고인이 택시를 회사에 지입하여 운행하였다고 하더라도, 피고인이 회사와 사이에 위 택시의 소유권을 피고인이 보유하기로 약정하였다는 등의 특별한 사정이 없는 한, 위 택시는 그 등록명의자인 회사의 소유이고 피고인의 소유는 아니므로, 피고인이 차고지에 입고된 위 택시를 회사의 승낙 없이 가져간 행위가 권리행사방해죄를 구성하지 않는다고 판단하였다.[302]

190 [판례] 지입계약관계에서 지입회사 운영자의 지위

이른바 지입제는 자동차운송사업면허 등을 가진 운송사업자와 실질적으로 자동차를 소유하고 있는 차주간의 계약으로 외부적으로는 자동차를 운송사업자 명의로 등록하여 운송사업자에게 귀속시키고 내부적으로는 각 차주들이 독립된 관리 및 계산으로 영업을 하며 운송사업자에 대하여는 지입료를 지불하는 운송사업형태를 말한다. 따라서 지입차주가 자신이 실질적으로 소유하거나 처분권한을 가지는 자동차에 관하여 지입회사와 지입계약을 체결함으로써 지입회사에게 그 자동차의 소유권등록 명의를

300 대법원 2007. 1. 11. 선고 2006도4498 판결, 대법원 2012. 4. 26. 선고 2010도11771 판결, 대법원 2013. 2. 28. 선고 2012도15303 판결 등. 위 2010도11771 판결에 대한 해설은, 우인성, "명의신탁자가 담보로 제공한 명의신탁 자동차를 임의로 취거한 행위의 형사죄책", 해설(92), 804 이하.

301 대법원 1970. 9. 29. 선고 70다1508 판결, 대법원 2003. 5. 30. 선고 2000도5767 판결 등. 지입차주와 지입회사 사이의 내부적 관계에서 지입차량의 소유권 귀속에 관한 논의로는, 민철기, "차량의 등록명의자가 아닌 지입차주가 차량의 보관자의 지위에 있다고 볼 것인지 여부", 해설(104), 369~371 참조.

302 대법원 2003. 5. 30. 선고 2000도5767 판결.

신탁하고 운송사업용 자동차로서 등록 및 그 유지 관련 사무의 대행을 위임한 경우에는, 특별한 사정이 없는 한 지입회사 측이 지입차주의 실질적 재산인 지입차량에 관한 재산상 사무를 일정한 권한을 가지고 맡아 처리하는 것으로서 당사자 관계의 전형적·본질적 내용이 통상의 계약에서의 이익대립관계를 넘어서 그들 사이의 신임관계에 기초하여 타인의 재산을 보호 또는 관리하는 데에 있으므로, 지입회사 운영자는 지입차주와의 관계에서 '타인의 사무를 처리하는 자'의 지위에 있다.[303]

191 [판례] 차명계좌-금융실명법 시행 이전
자기 명의로 예금하여 보관중인 타인의 금원을 인출하여 소비한 행위는 횡령죄에 해당하는 것이며 그만한 돈을 별도로 현금 또는 수표로 보관 중이었다 하여 예금에 대한 불법영득의 의사가 없다고 볼 수는 없다.[304]

192 [판례] 차명계좌-금융실명법 시행 이후
타인의 금전을 위탁받아 보관하는 자가 보관방법으로 금융기관에 자신의 명의로 예치한 경우, 금융실명거래 및 비밀보장에 관한 긴급재정경제명령이 시행된 이후 금융기관으로서는 특별한 사정이 없는 한 실명확인을 한 예금명의자만을 예금주로 인정할 수밖에 없으므로 수탁자 명의의 예금에 입금된 금전은 수탁자만이 법률상 지배·처분할 수 있을 뿐이고 위탁자로서는 위 예금의 예금주가 자신이라고 주장할 수는 없으나, 그렇다고 하여 보관을 위탁받은 위 금전이 수탁자 소유로 된다거나 위탁자가 위 금전의 반환을 구할 수 없는 것은 아니므로 수탁자가 이를 함부로 인출하여 소비하거나 또는 위탁자로부터 반환요구를 받았음에도 이를 영득할 의사로 반환을 거부하는 경우에는 횡령죄가 성립한다.[305]

193 [판례] 금융실명법 시행 이후 예금당사자 확정문제
甲이 금융기관에 피고인 명의로 예금을 하면서 자신만이 이를 인출할 수 있게 해달라고 요청하여 금융기관 직원이 예금관련 전산시스템에 '甲이 예금, 인출 예정'이라고 입력하였고 피고인도 이의를 제기하지 않았는데, 그 후 피고인이 금융기관을 상대로 예금 지급을 구하는 소를 제기하였다가 금융기관의 변제공탁으로 패소한 사안에서, 제반 사정에 비추어 금융기관과 甲 사이에 실명확인 절차를 거쳐 서면으로 이루어진 피고인 명의의 예금계약을 부정하여 예금명의자인 피고인의 예금반환청구권을 배제하고 甲에게 이를 귀속시키겠다는 명확한 의사의 합치가 있었다고 인정할 수

303 대법원 2021. 6. 24. 선고 2018도14365 판결. 이 판결에 대한 해설은 최문수, "지입회사 운영자가 지입차주와의 관계에서 배임죄의 '타인의 사무를 처리하는 자'의 지위에 있는지 여부", 해설(128호), 397 이하.
304 대법원 1984. 2. 14. 선고 83도3207 판결.
305 대법원 2000. 8. 18. 선고 2000도1856 판결, 대법원 2015. 2. 12. 선고 2014도11244 판결.

없어 예금주는 여전히 피고인이다. 따라서 이와 달리 예금주가 甲이라는 전제하에 피고인에게 사기미수죄를 인정한 원심판단에 예금계약의 당사자 확정 방법에 관한 법리오해의 위법이 있다.[306]

3) 금전 기타 대체물

194 금전이나 쌀 등 대체물을 위탁받은 경우 이를 타인의 재물이라고 할 수 있는가. 이하 경우를 나누어 살펴본다. 앞서 본 것처럼 금전의 소유와 점유는 대체로 일치하고 금전의 소유권은 특정한 화폐 자체에 대한 지배권이 아니라 일정한 금액 가치에 대한 지배권으로 이해하여야 한다. 예금계좌를 이용하는 경우는 보관과 관련하여 앞에서 언급하였다.

가) 일반적으로 금전의 소유권귀속이 문제되는 경우

195 [판례] 타인성이 인정되지 않은 경우

학원운영권의 매매란 법률상 인정되지 아니하므로 학원운영권을 타에 매도하였다 하더라도 거기에서 얻은 대가는 성질상 그 학원에 귀속될 것이 못되고, 피고인이 학원운영권을 매도한 후 그 대가를 자기의 부채변제에 소비하였다 하더라도 이는 횡령죄를 구성하지 않는다.[307] 익명조합원이 영업을 위하여 출자한 금전 기타의 재산은 상대편인 영업자의 재산으로 된다 할 것이므로 그 영업자는 타인의 재물을 보관하는 자가 아니다.[308] 지입차주들이 납입하는 지입료는 지입회사의 소유로 되어 회사가 그 지입료 등을 가지고 그 운영비와 전체 차량의 제세공과금 및 보험료에 충당할 수 있는 것이므로 지입차주들이 낸 보험료나 세금을 회사가 항목을 유용하였다 하더라도 횡령죄가 되지 아니한다.[309] 객선운수회사가 선객들로부터 징수한 운임에 포함되어 있는 보험료는 일단 객선운수회사의 소유가 되므로 이를 약정대로 보험회사에 납입하지 않고 소비하였다 하더라도 채무불이행에 불과하여 횡령죄에 해당하지 않고,[310] 방송회사의 부산지사장으로서 광고방송청탁자로부터 광고방송요금을 징수보관하게 된 경우 위 본사와 부산지사와의 관계는 일종의 도급계약관계라고 인정되므로 피고인이 받은 금원은 피고인의 소유에 속하며 피고인으로서는 위 계약의 약관에

306 대법원 2011. 5. 13. 선고 2009도5386 판결, 대법원 2009. 3. 19. 선고 2008다45828 전원합의체 판결.
307 대법원 1978. 3. 14. 선고 77도2869 판결.
308 대법원 1973. 1. 30. 선고 72도2704 판결.
309 대법원 1973. 5. 22. 선고 73도550 판결, 대법원 1997. 9. 5. 선고 97도1592 판결 등. 대법원 1999. 3. 9. 선고 98도4383 판결은, 지입회사가 건설업체로부터 받은 운송대금 등도 원칙적으로 지입회사의 소유로 귀속된다는 취지의 판결이다.
310 대법원 1960. 2. 17. 선고 4293형상961 판결.

의하여 정한 금원을 본사에 납부할 의무를 지고 있을 뿐 이를 보관하고 있는 것은 아닌바 피고인이 그 보관금원의 일부를 납부하지 아니하였다 하여 횡령죄로 문책할 수 없다.[311] 공탁금으로 사용하기 위하여 금원을 빌리면서 회수하는 즉시 반환하기로 하고 공탁하였다가 회수한 경우에 이는 어디까지나 공탁자인 피고인의 소유이므로 반환약정이 있다 하여도 횡령죄가 성립하지 않는다.[312] 계원들이 계주에게 납입한 계불입금은 일단 계주의 소유가 되며,[313] 피용자가 채용될 때 납부한 입사보증금 역시 사용자의 소유가 되고,[314] 매수인이 선도금으로서 매도인에게 지급한 돈 역시 매도인의 소유가 되므로,[315] 이러한 금전을 수령하여 소유권을 취득한 자가 이를 임의 소비하여도 횡령죄를 구성하지 아니함은 당연하다. 개인이 사재로 학교를 운영하는 경우에 학생들로부터 징수한 금전이나 잡수입금은 그 개인의 소유이므로 이를 사용에 소비하더라도 횡령죄를 구성하지 않는다.[316] 신문사를 동업 경영키로 하였다가 경영의 어려움을 이유로 탈퇴하고 피고인이 단독으로 경영하게 된 이후에는 피고인은 탈퇴자에게 투자금을 반환하여 줄 민사상 채무를 지는 데 불과하므로 피고인 단독경영 이후의 금전소비를 문제 삼고 있는 한 피고인은 보관자의 지위에 있다고 할 수 없으므로 횡령죄가 성립하지 않는다.[317] 부가가치세의 납세의무자는 사업자이고 그 거래 상대방인 공급을 받는 자는 이른바 재정학상의 담세자에 불과할 뿐 조세법상의 납세의무자가 아니며, 납세의무자자인 사업자가 공급을 받는 자로부터 매출세액을 징수하였다고 하여 바로 이를 부가가치세로 납부할 의무가 있는 것도 아닐 뿐 아니라 매출세액을 징수하였는지 여부에 관계없이 부가가치세를 납부할 의무를 부담하는 것이다. 따라서 사업자가 매출세액을 징수하는 경우에 부가가치세의 납부의무자도 아닌 거래상대방을 위하여 이를 보관하는 관계에서 징수하는 것이라고 할 수는 없고 사업자는 일정한 과세기관 종료 후에 그 기간 발생한 매출세액과 매입세액 여하에 따라 매출세액의 징수 여부에 관계없이 자신의 책임 하에 부가가치세 납부의무를 이행하는 것이므로 일단 징수한 매출세액은 공급자의 소유에 속한다(따라서 부가가치세법의 사업자인 주택개량재개발조합의 조합장이 상가조합원들로부터 부가가치세 명목으로 징수한 매출세액을 조합이 지급하여야 할 건축비 등으로 사용한 행위는 상가조합원들에 대한 상가분양이 부가가치세 부과대상인지 여부에 관계없이 횡령죄에 해당한다고 볼 수 없다).[318]

311 대법원 1970. 11. 30. 선고 70도1853 판결 등.
312 대법원 1985. 3. 26. 선고 84도2293 판결.
313 대법원 1958. 12. 29. 선고 4291형상471 판결.
314 대법원 1979. 6. 12. 선고 79도656 판결.
315 대법원 1986. 6. 24. 선고 86도631 판결.
316 대법원 1979. 9. 11. 선고 79도1151 판결.
317 대법원 1996. 5. 28. 선고 96도140 판결.
318 대법원 1999. 11. 26. 선고 99도1969 판결, 대법원 2000. 5. 30. 선고 99도4037 판결 등.

196 [판례] 타인성이 인정된 경우

시설대여회사가 대여시설 이용자가 선정한 특정한 물건을 취득하거나 대여받아 그 리스물건에 대한 직접적인 유지관리책임을 지지 아니하면서 대여시설 이용자에게 일정기간 사용하게 하고 그 대여기간 중 지급받는 리스료에 의하여 리스물건에 대한 취득자금과 그 이자, 기타 비용을 회수하는 거래관계인 시설대여에 있어서 리스물건의 소유권은 처음부터 시설대여회사에 귀속되는 것으로 금융리스의 목적물을 취득할 때 취득세, 등록세 등을 대여시설 이용자가 부담하였다거나 대여시설 이용의 회계처리상 그 물건을 자산으로 계상하여 감가상각 하였다는 사정만으로 그 소유권의 귀속이 달라지지 아니한다.[319]

나) 특정물로 위탁된 금전

197 금전이 봉투에 밀봉되거나(금일봉 또는 봉금) 공탁금과 같이 수탁자가 임의로 내용과 현상을 변경할 수 없는 특정물로서 위탁된 경우에는 소유권이 위탁자에게 유보되어 있다고 보아 횡령죄의 객체가 된다고 보아야 한다. 통설과 판례의 입장이다. 수탁자가 임의로 소비할 수 없는 조건으로 위탁된 봉금 또는 공탁금의 경우도 마찬가지이다.[320]

198 일본에서는 봉금의 경우 특정물로서 기탁되었다면 그 소유권과 점유 모두 위탁자에 남아 있기 때문에 수탁자가 이를 불법으로 처분하는 경우 절도죄가 성립한다는 견해[321]와 봉투에 단순히 봉함을 표시하였다면 이는 처분금지 이외의 취지가 아니라는 점에서 횡령죄의 성립을 긍정하는 견해[322]가 있다.

다) 목적과 용도를 특정하여 위탁된 불특정물

199 용도와 목적을 정하지 않은 불특정물의 경우라면 예컨대 수탁자가 계약에 따라 목적물을 소비할 수 있는 소비임치와 같은 경우(민법 제702조)에는 목적물의 소유권이 수탁자에게 이전한다고 보아야 하므로 타인의 재물을 보관하는 자가 아니라는 점에 아무런 이견이 없다. 별다른 의사표시 없이 위탁한 경우라면 이와 같이 보아야 할 것이라는 점에는 별다른 의문이 없다.[323]

200 용도와 목적은 정하였지만 여전히 불특정물로 위탁된 금원과 같은 경우에는 실

319 대법원 2000. 6. 9. 선고 2000도322 판결.
320 김일수/서보학, 새로쓴 형법각론(제9판), 박영사(2018), 295.
321 西田典之, 刑法各論(第7版), 弘文堂(2018), 256; 山中敬一, 刑法各論(第3版), 成文堂(2015), 421.
322 山口厚, 刑法各論(第2版), 有斐閣(2010), 206.
323 손동권/김재윤, 새로운 형법각론(제2판), 율곡출판사(2022), 425.

무상 불법영득의사의 인정 여부와 관련하여 다투어지는 것이 보통이다.

(1) 학설

201 일정한 목적 내지 용도를 특정하여 이를 위하여만 사용할 권한의 수여와 함께 위탁된 금전 기타 대체물을 목적과 용도 외에 사용한 경우 횡령죄가 성립한다는 견해와 횡령죄는 성립하지 않고 배임죄의 성부가 문제될 뿐이라는 견해가 맞서 있다.

(가) 횡령죄성립 부정설[324]

202 횡령죄가 성립하지 않는다는 입장은 금전은 고도의 유통성과 대체성이 있어 위탁할 때에 금전의 소유권이 수탁자에게 이전하므로 횡령죄가 성립할 수 없고, 재물보다는 재산상의 이익의 성격이 강하다고 할 수 있으므로 수탁자가 타인의 사무처리자인지 여부에 따라 배임죄의 성부가 문제된다는 것이다.

(나) 횡령죄성립 긍정설[325]

203 금전 기타 대체물은 금액·가치에 중점이 있다고 하여도 재물이라 해야 하고 재산상 이익이 될 수 없고, 목적과 용도가 특정 제한된 이상 정해진 용도와 목적에 사용할 때까지 그 소유권은 위탁자에게 남아 있다고 보는 것이 타당하다. 따라서 수탁자가 그 취지에 반하여 다른 용도에 소비해버린 경우에는 횡령죄를 구성한다는 것이다. 그러나 이 입장에서도 경우에 따라 일정한 용도·목적을 정하여 임치·위탁한 금전이라도 소비임치의 의사표시가 분명하거나 또는 수탁자가 위탁의 취지에 반하지 않게 동액의 다른 금전으로 대체시킬 수 있는 사정 하에서라면 금전의 소유권이 아니라 금액에 대한 소유권을 인정하는 것이 타당하기 때문에 이를 일시 유용하더라도 횡령죄의 성립을 부정하여야 한다는 견해도 있다.[326]

(2) 판례

(가) 횡령죄성립 긍정설 채택 및 그에 기초한 판례들

204 판례는 원칙적으로 횡령죄의 성립을 긍정하는 입장에 서 있다. 이와 같이 용도

324 배종대, 형법각론(제14판), 홍문사(2023), 421; 오영근, 형법각론(제7판), 박영사(2022), 363; 이영란, 형법학 각론강의(제3판), 형설출판사(2013), 392; 이재상 외 2인, 형법각론(제12판), 박영사(2021), 409; 이형국, 형법각론, 법문사(2007), 415; 임웅, 형법각론(제13정판), 법문사(2023), 522.

325 김성돈, 형법각론(제8판), 성균관대학교 출판부(2022), 448; 김일수/서보학, 새로쓴 형법각론(제9판), 박영사(2018), 296; 박상기, 형법각론(제8판), 박영사(2011), 376; 손동권/김재윤, 새로운 형법각론(제2판), 율곡출판사(2022), 426; 신동운, 형법각론(제2판), 법문사(2018), 1161; 이용식, 형법각론, 박영사(2019), 46; 이정원/류석준, 형법각론, 법영사(2019), 424; 진계호/이존걸, 형법각론(제6판), 대왕사(2008), 462; 정성근/정준섭, 형법강의 각론(제2판), 박영사(2022), 300.

326 김일수/서보학, 새로쓴 형법각론(제9판), 박영사(2018), 295~296.

나 목적이 특정되어 보관된 금전은 그 보관 도중에 특정의 용도나 목적이 소멸되었다고 하더라도 위탁자가 이를 반환받거나 그 임의소비를 승낙하기까지는 여전히 위탁자의 소유물이다.[327]

205 판례에 나타난 사례를 살펴보면, 증권회사 직원들이 고객으로부터 위탁받아 관리 중이던 주식청약증거금을 소비하거나 자기 또는 회사의 당좌계좌에 입금한 경우,[328] 양곡구입의뢰를 받고 그 자금으로 교부받은 금전을 임의로 소비한 경우,[329] 타인에 대한 채무변제를 위하여 위탁받은 돈을 자신의 위탁자에 대한 채권에 충당해 버린 경우,[330] 모래채취인도자금조로 용도를 지정하여 교부받은 금전을 임의 소비한 경우,[331] 공사감독자가 도급인인 교회로부터 레미콘대금으로 지급하라는 명목으로 돈을 지급받고서도 교회에 대한 자신의 채권과 상계 처리해 버린 경우,[332] 산재보험료의 납부를 의뢰받고 교부받은 금전을 임의 소비한 경우,[333] 아파트 건설업자가 주택조합의 운영과 건축공사 일체의 관리를 위탁받은 후 조합원들로부터 납부 받은 자금을 임의로 소비한 경우,[334] 신축 및 분양중인 상가의 원활한 개점을 위하여 소요되는 일체의 개발비를 관리하는 시행사의 직원이 주상복합상가의 매수인들로부터 우수상인 유치비 명목으로 금원을 납부 받아 보관 중 임의로 사용한 경우(매수인들과의 규약에 의하여 개발비의 일정비율에 상당하는 우수상인 유치비는 상권의 조기정착 및 영업활성화를 위한 우수상인유치의 용도에 사용하도록 특정되어 있어 분양대행업무 또는 사업시행자의 분양관련행사에 관련한 비용으로는 사용할 수 없고, 분양대행에 관하여는 분양수수료가 별도로 지급되는 상태였다면, 우수상인유치의 용도와는 상관없이 상인협의회의 분양활동에 필요한 경비로 지원하기 위하여 상가의 분양실적에 따라 상인협의회에 우수상인 유치비 할당 금원을 지급하였다면 횡령죄가 성립한다),[335] 한국전력공사와 회사 사이에 체결한 연구개발사업 협약에서는 회사는 지원받은 연구개발비를 별도의 계정으로 관리하

327 대법원 2002. 11. 22. 선고 2002도4291 판결, 대법원 2004. 5. 27. 선고 2003도6988 판결, 대법원 2006. 3. 9. 선고 2003도6733 판결 등.
328 대법원 1980. 10. 27. 선고 79도184 판결.
329 대법원 1982. 3. 9. 선고 81도572 판결.
330 대법원 1984. 11. 13. 선고 84도1199 판결.
331 대법원 1987. 5. 26. 선고 86도1946 판결.
332 대법원 1989. 1. 31. 선고 88도1992 판결, 대법원 1997. 9. 26. 선고 97도1520 판결 등.
333 대법원 1990. 12. 3. 선고 89도904 판결.
334 대법원 1994. 9. 9. 선고 94도462 판결.
335 대법원 2002. 8. 23. 선고 2002도366 판결.

여야 하고 한국전력공사로부터 지급받은 연구개발비를 연구계획서의 내용에 따라 연구개발의 목적에만 사용하여야 하며, 협약계약서의 비목별 연구개발비를 변경하여 사용하고자 할 때에는 한국전력공사의 사전 승인을 받은 후 사용하여야 하고 연구개발비의 집행에 대한 회계는 연구개발계획서 내의 연구개발비 소요명세서상의 비목별로 관리하여야 하도록 정하고 있다면 한국전력공사가 출자한 연구개발비는 그 용도와 목적이 특정되어 회사에 위탁되었다 할 것이고, 피고인이 회사의 대표이사 등과 공모하여 한전 과제의 수행을 위하여 사용되어야 할 연구개발비 중 일부를 그 목적 외의 용도인 회사가 부담하여야 할 부담금으로 사용한 행위는 횡령죄에 해당한다.[336] 피해자로부터 송금 받은 금원 중 일부는 피고인이 대표이사로 있던 회사로부터 목욕탕을 임차하여 사용하고 있어 수도요금 등이 미납될 경우 단전·단수로 인하여 직접적인 불이익을 받을 지위에 있는 피해자에게 수도요금 등 청구서들과 피해자가 부담할 액수를 산정한 계산서를 보여주며 수도요금 등의 연체방지를 위해 필요하다고 말하여 송금 받은 것으로서 수도요금 등 납부라는 특정한 목적으로 위탁받은 것이라고 할 것인데 그 위탁의 취지에 반하여 위 돈을 은행대출이자 용도 등으로 임의소비한 것은 횡령에 해당한다.[337] 또 의류유통 판매업체인 A 주식회사가 피해자 B 회사, C 및 D 회사와 체결한 투자약정과 피해자 B 회사와 사이에 체결한 위탁판매 및 구매계약에서의 사무처리 위임에 따라 투자금으로 구입한 의류를 판매한 후 수령한 금전은 위임자인 피해자 회사의 소유로 귀속되고, A 회사는 피해자 회사를 위하여 이를 보관하는 지위에 있다고 할 것인데, 피고인들이 그 판매대금을 A 회사 명의의 미지정계좌로 입금 받아 임의로 소비한 행위는 사용방법이 엄격히 제한된 자금을 위탁받아 집행하면서 그 제한된 사용방법 이외의 부당한 경로를 통해 자금을 사용한 것으로서 그 사용이 결과적으로 피해자 회사를 위하는 측면이 있다고 하더라도 불법영득의 의사를 실현한 것이 되어 횡령죄가 성립하며, 위 행위는 피해자 회사의 설립 취지나 목적에 비추어 피해자 회사의 이익이나 의사에 명백히 반하므로 그와 같은 행위에 피해자 회사의 대표사원이 가담하였다고 하더라도 마찬가지이다.[338]

336 대법원 2004. 6. 25. 선고 2002도7271 판결.
337 대법원 2008. 10. 9. 선고 2008도3787 판결.
338 대법원 2011. 6. 10. 선고 2010도17202 판결.

(나) 횡령죄가 성립하지 않는 경우

206 다만 판례에 따르더라도, 피해자 등이 목적과 용도를 정하여 금전을 위탁한 사실 및 그 목적과 용도가 무엇인지는 엄격한 증명의 대상이고,[339] 금전의 특정성을 인정하기 어렵고 수탁자가 위탁의 취지에 반하지 아니하고 필요한 시기에 다른 금전으로 대체시킬 수 있는 상태에 있는 한 이를 일시 사용하였다면 불법영득의사를 인정하기 어려워 횡령죄가 성립하지 않는다고 본 경우도 있다.[340]

207 또 제한된 용도 이외의 목적으로 자금을 사용하더라도 자기 또는 제3자의 이익을 위한 것이 아니라 소유자의 이익을 위하여 사용하였다면 불법영득의사를 인정할 수 없는 경우가 있다. 즉 사용행위 자체로서 불법영득의사를 실현하는 경우에 해당하지 아니할 때에는 피고인이 불법영득의사의 존재를 인정하기 어려운 사유를 들어 돈의 행방이나 사용처에 대한 설명을 하고 있고 이에 부합하는 자료도 있다면 달리 특별한 사정이 인정되지 아니하는 한 함부로 위탁받은 돈을 불법영득의사로 횡령하였다고 인정할 수 없다고 보아야 한다.[341] 또 단체의 대표자가 단체를 위하여 자금을 지출하면서 법령의 규정 또는 단체 내부 규정으로 그 자금의 용도가 엄격하게 제한된 것이 아닐 뿐 아니라 그 자금을 집행하기 위한 단체 내부의 정상적인 절차를 거쳤다면, 본래 사용될 이외의 목적으로 자금을 지출하였다는 사정만으로 그 지출행위에 불법영득의사가 있었다고 단정할 수 없다.[342]

208 [판례] 골프회원권 매수대금

골프회원권 매매중개업체를 운영하는 사람이 매수의뢰와 함께 입금 받아 보관하던 금원을 일시적으로 다른 회원권의 매입대금 등으로 임의로 소비한 사안에서, 위 매입대금은 그 목적과 용도를 정하여 위탁된 금전으로서 골프회원권을 매입할 때까지 그 소유권이 위탁자에게 유보되어 있으나, 다른 회사자금과 함께 보관된 이상 그 특정성을 인정하기 어렵고, 피고인의 불법영득의사를 추단할 수 없으므로 횡령죄를 구성하지 아니한다.[343]

339 대법원 2013. 11. 14. 선고 2013도8121 판결.
340 대법원 1995. 10. 12. 선고 94도2076 판결, 대법원 2002. 10. 11. 선고 2002도2939 판결, 대법원 2002. 10. 11. 선고 2002도2939 판결, 대법원 2014. 2. 27. 선고 2013도12155 판결 등.
341 대법원 2011. 5. 26. 선고 2011도1904 판결.
342 대법원 2012. 5. 24. 선고 2012도535 판결, 대법원 2013. 2. 15. 선고 2011도13606 판결.
343 대법원 2008. 3. 14. 선고 2007도7568 판결.

209 [판례] 부가가치세환급금

오피스텔 등 신축·분양사업의 시행사인 甲 주식회사와 시공사인 乙 주식회사가 동업계약을 체결하여 조합을 구성하였는데, 甲 회사의 대표이사인 피고인이 조합 사업과 관련된 부가가치세 환급금 등을 동업재산에 귀속시키지 않고 甲 회사 운영자금 등에 임의로 사용하였다고 하여 기소된 사안에서, 피고인이 위 돈을 조합 사업과 직·간접적으로 관련된 비용에 지출한 경우 그 전부에 대하여 횡령죄의 죄책을 부담한다고 보기 어렵다.[344]

210 [판례] 선박건조 선수금

甲 주식회사의 공동운영자인 피고인들이 乙 주식회사의 자금집행 담당자 丙과 공모하여, 乙 회사가 甲 회사와 체결한 선박건조계약에 따라 甲 회사로부터 지급받은 선박건조 선수금을 甲 회사의 대출금 변제 등 다른 용도에 사용하였다고 하여 업무상 횡령으로 기소된 사안에서, 甲 회사와 乙 회사 및 선수금환급보증서를 발급하여 준 보험회사가 선수금 계좌관리약정을 체결하면서 乙 회사가 선수금 계좌에 입금된 자금을 인출하는 경우 보험회사에 증빙자료를 제출하여 검토·확인을 받아야 하며, 증빙자료를 제출하지 않거나 선박건조 이외의 목적으로 선수금을 사용할 경우 보험회사가 출금 정지 등을 요구할 수 있도록 약정하여 乙 회사가 위 약정에 따른 채무를 부담하더라도, 그러한 사정만으로 乙 회사 내부에서 선수금을 집행하는 직원에 대한 관계에서 그 용도가 선박건조용으로 엄격하게 제한되어 있었다고 단정할 수 없고, 乙 회사 자금집행자가 선수금을 사적으로 유용한 것이 아니고 정상적인 회계처리를 거쳐 계열사인 甲 회사에 자금 지원한 것이라면 업무상배임죄에 해당함은 별론으로 하고 업무상횡령죄의 불법영득의사가 있었다고 단정하기 어렵다.[345]

211 [판례] 특별수선충당금과 불법영득의사의 인정 여부[346]

☞ 이 사안은 뒤의 '불법영득의사' 부분에서 다시 살펴본다.

212 [판례] 학교회계 중 교비회계에 속하는 수입

☞ 사립학교 회계 관련 지출행위에 대한 횡령죄 성부에 관하여는 뒤의 '횡령행위' 부분에서 다시 자세히 살펴본다.

사립학교법 제29조 및 그 시행령 제13조, 사학기관재무·회계규칙 제25조, 제36조 등 관련 법령의 규정을 종합하면, 학교법인의 회계는 학교회계와 법인회계로 구분되고

344 대법원 2011. 5. 26. 선고 2011도1904 판결.

345 대법원 2012. 5. 24. 선고 2012도535 판결.

346 대법원 2004. 5. 27. 선고 2003도6988 판결, 대법원 2016. 1. 28. 선고 2015도5027 판결, 대법원 2017. 2. 15. 선고 2013도14777 판결 등.

학교회계 중 특히 교비회계에 속하는 수입은 학교가 학생으로부터 징수하는 입학금·수업료 등으로 이루어지는 결과 다른 회계에 전출하거나 대여할 수 없는 등 그 용도를 엄격히 제한하고 있다. 이와 같이 용도가 엄격히 제한된 자금을 의탁받아 집행하면서 그 제한된 용도 이외의 목적으로 자금을 사용하는 것은 그 사용이 개인적인 목적에서 비롯된 경우는 물론 결과적으로 자금을 위탁한 본인을 위하는 면이 있더라도 그 사용행위 자체로서 불법영득의 의사를 실현한 것이 되어 횡령죄가 성립하므로, 결국 사립학교의 교비회계에 속하는 수입을 적법한 교비회계의 세출에 포함되는 용도 즉, 당해 학교의 교육에 직접 필요한 용도가 아닌 다른 용도에 사용하였다면 그 사용행위 자체로서 불법영득의사를 실현하는 것이 되어 그로 인한 죄책을 면할 수 없다.[347]

213 [판례] 학교발전기금

초·중등교육법에 정한 학교발전기금으로 기부한 금원은 기부의 경위와 목적, 상황, 액수 등 그 실질에 비추어 위와 같이 법령상 엄격히 제한된 용도 외에 학교운영에 필요한 특정한 공익적 용도로 수수한 것으로 볼 수 있는 예외적 경우가 아닌 한, 학교운영위원회에 귀속되어 법령에서 정한 사용목적으로만 사용되어야 할 것이므로, 그 정해진 용도 외의 사용행위는 원칙적으로 횡령죄를 구성한다.[348]

214 [판례] 대학 산학협력단이 교부받은 보조금

학교법인 이사장이 학교법인이 설치·운영하는 대학 산학협력단이 용도를 특정하여 교부받은 보조금 중 3억 원을 대학 교비계좌로 송금하여 교직원 급여 등으로 사용한 경우 위 행위는 국고보조금으로 교부된 산학협력단 자금을 지정된 용도 외의 용도에 사용한 것으로서 업무상횡령죄에 해당한다.[349]

215 [판례] 장학기금으로 기부 받은 금원

재단의 장학사업을 위하여 장학기금을 집행할 의무는 법령이나 법인의 내부 규정으로 강제되는 성격이 아닌 점, 재단에 입금된 돈을 이사회 동의를 거쳐 재단의 임차보증금 등으로 사용한 점, 다른 자금으로 장학금이 지급된 점 등과 같은 사정이 있다면 법인 대표자인 피고인이 기업들로부터 기부 받은 장학기금을 재단의 임대차보증금이나 다른 사업자금으로 사용한 행위에 대하여 피고인에게 불법영득의사가 있었다고 단정하기 부족하다.[350]

347 대법원 2003. 5. 30. 선고 2002도235 판결, 대법원 2008. 2. 29. 선고 2007도9755 판결, 대법원 2010. 3. 11. 선고 2009도6482 판결, 대법원 2013. 10. 24. 선고 2013도6353 판결, 대법원 2014. 8. 28. 선고 2014도6286 판결 등.

348 대법원 2010. 7. 22. 선고 2007도4713 판결, 대법원 2014. 3. 13. 선고 2012도6336 판결 등.

349 대법원 2011. 10. 13. 선고 2009도13751 판결.

350 대법원 2013. 2. 15. 선고 2011도13606 판결.

216 [판례] 지방자치단체의 사회단체보조금 지원에 관한 조례상 보조금

지방자치단체의 사회단체보조금 지원에 관한 조례상의 보조금은 그 용도가 엄격히 제한된 자금으로 봄이 상당하고, 위와 같은 보조금을 집행할 직책에 있는 자가 자기 자신의 이익을 위한 것이 아니고 경비부족을 메우기 위하여 보조금을 전용한 것이라 하더라도, 그 보조금의 용도가 엄격하게 제한되어 있는 이상 불법영득의 의사를 부인할 수는 없다.[351]

217 [판례] 지방자치단체 등으로부터 받은 보조금 또는 사업비

한국마사회의 '기부금관리규정'은 기부금을 지원받은 단체로 하여금 30일 이내에 기부금사용결과보고서를 제출하도록 하고 기부금을 부정하게 사용하거나 당초 제출한 사업계획서대로 집행하지 않은 경우 등에는 기부금을 환수하거나 향후 지원하지 않을 수 있도록 규정하고 있고, 피고인들이 행정자치부로부터 받은 보조금의 근거가 되는 구 보조금의 예산 및 관리에 관한 법률 제22조 제1항은 '보조사업자는 보조금을 다른 용도에 사용하여서는 아니 된다.', 제34조 제1항은 '보조사업자는 그 교부받은 보조금에 대하여 별도의 계정을 설정하고 자체의 수입 및 지출을 명백히 구분하여 계리하여야 한다.'고 규정하고 있으며, 순천시 보조금관리조례 제11조는 '보조금을 다른 용도에 사용하여서는 아니 된다.'고 규정하고 순천시 보조금 교부결정서에 첨부된 교부조건에는 '다른 용도에 사용할 수 없고, 타 사업에 전용할 경우 보조금을 취소할 수 있다.'고 정하고 있는 사실을 알 수 있으므로, 피고인들이 한국마사회, 행정자치부, 순천시로부터 받은 보조금이나 사업비는 용도가 엄격히 제한된 자금이라 할 것이다. 피고인들이 이와 같이 용도가 엄격히 제한된 보조금이나 사업비 중 일부를 이 사건 각 사업과 무관한 환경운동연합 명의의 계좌 또는 피고인들 개인 명의의 계좌로 송금함으로써 불법영득의사는 실현되었고, 그 때 횡령죄는 기수에 이르렀다고 할 것이므로, 피고인들이 한국마사회, 행정자치부, 순천시로부터 받은 보조금이나 사업비에 관한 원심의 위와 같은 판단은 정당하다.[352]

라) 금전의 수수를 수반하는 사무처리를 위임받은 자가 그 행위에 기하여 위임자를 위하여 제3자로부터 수령한 금전

218 금전의 수수를 수반하는 사무처리를 위임받은 자가 그 행위에 기하여 위임자를 위하여 제3자로부터 수령한 금전은 목적이나 용도를 한정하여 위탁된 금전과 마찬가지로 달리 특별한 사정이 없는 한 그 수령과 동시에 위임자의 소유에 속

351 대법원 2002. 8. 23. 선고 2002도366 판결, 대법원 2008. 9. 25. 선고 2006도5636 판결, 대법원 2010. 9. 30. 선고 2010도987 판결, 대법원 2018. 10. 4. 선고 2016도16388 판결 등.

352 대법원 2013. 1. 31. 선고 2011도1701 판결.

하고, 위임을 받은 자는 이를 위임자를 위하여 보관하는 관계에 있다.[353] 이때 수령한 금전이 사무처리의 위임에 따라 위임자를 위하여 수령한 것인지는 수령의 원인이 된 법률관계의 성질과 당사자의 의사에 의하여 판단되어야 한다.[354] 만일 당사자 사이에 별도의 채권, 채무가 존재하여 수령한 금전에 관한 정산절차가 남아 있는 등 위임자에게 반환하여야 할 금액을 쉽게 확정할 수 없는 사정이 있다면, 이러한 경우에는 수령한 금전의 소유권을 바로 위임자의 소유로 귀속시키기로 하는 약정이 있었다고 쉽사리 단정하여서는 안 된다.[355]

219 판례에 나타난 사례를 살펴보면, 타인의 의뢰에 의하여 채권을 추심한 경우 채권의 채권자로부터 추심을 의뢰받은 자가 채권을 추심하여 채무자로부터 교부받은 금전을 임의 소비한 경우,[356] 피해자가 토지를 매수하여 사실상의 처분권을 취득한 후 다시 매도인에게 그 토지의 매각을 의뢰한 경우 그 매도인이 그 매각대금을 임의로 소비한 경우,[357] 피해자로부터 금원을 대출받아 달라는 요청을 받은 피고인이 신협으로부터 받은 일부 대출금을 임의로 소비한 경우,[358] 입장료와 함께 문화예술진흥기금을 모금한 극장 경영자가 그 기금을 임의 소비한 경우,[359] 위탁자로부터 당좌수표 할인을 의뢰받은 피고인이 제3자를 기망하여 당좌수표를 할인받은 다음 그 할인금을 임의 소비한 경우(제3자에 대한 사기죄와 별도로 위탁자에 대한 횡령죄가 성립한다),[360] 피해자가 피고인을 통하여 매수한 차량을 지입회사에 지입하여 두었다가 이를 처분한 다음 그 대금으로 압류되어 있는 다른 차량을 찾아서 피해자에게 넘겨주기로 약정하였음에도 피고인이 그 매각대금을 임의로 소비한 경우,[361] 금전의 수수를 수반하는 부동산의 매도에 관한 사무의 위탁의 취지에 반하여 부동산의 매매계약금으로 수령한 돈을 자신의 피해자에 대한 채권의 변제에 충당한다는 명목으로 그 반환을 거부하면서 자기의 소유인 것 같이 이를 처분

353 대법원 2005. 8. 19. 선고 2005도3681 판결, 대법원 2005. 8. 19. 선고 2005도3681 판결, 대법원 2010. 10. 28. 선고 2010도5361 판결, 대법원 2011. 9. 8. 선고 2011도7902 판결 등.

354 대법원 2004. 3. 12. 선고 2004도134 판결, 대법원 2005. 11. 10. 선고 2005도3627 판결, 대법원 2009. 6. 11. 선고 2009도2461 판결, 대법원 2013. 10. 24. 선고 2013도4425 판결, 대법원 2016. 1. 28. 선고 2015도17851 판결 등.

355 대법원 2005. 11. 10. 선고 2005도3627 판결.

356 대법원 1983. 10. 25. 선고 83도1520 판결.

357 대법원 1995. 11. 24. 선고 95도1923 판결, 대법원 2003. 9. 26. 선고 2003도3394 판결.

358 대법원 1996. 6. 14. 선고 96도106 판결.

359 대법원 1997. 3. 28. 선고 96도3155 판결.

360 대법원 1998. 4. 10. 선고 97도3057 판결.

361 대법원 2003. 6. 24. 선고 2003도1741 판결.

한 경우,[362] 여객자동차운수사업법 소정의 터미널사업자로서 같은 법령에 따라 운송사업자인 피해자 회사로부터 승차권 판매를 위탁받아 피해자 회사를 위하여 승객들에게 승차권을 판매하여 왔다면 위 승차권 판매의 결과 피고인이 취득한 승차권 판매대금은 특별한 사정이 없는 한 피해자 회사의 소유에 속하고 피고인은 피해자를 위하여 이를 보관하는 관계에 있다고 하여[363] 횡령죄가 성립하게 된다. 택시기사의 운송수입금의 보관과 횡령죄의 성립에 관하여는 앞에서 살펴보았다.

220 [판례] 자신의 채권으로 상계 충당한 경우
금전의 수수를 수반하는 사무처리를 위임받은 자가 그 행위에 기하여 위임자를 위하여 제3자로부터 수령한 금전을 그 위임의 취지대로 사용하지 않고 마음대로 피고인의 위임자에 대한 채권에 상계 충당함은, 상계정산하기로 하였다는 특별한 약정이 없는 한, 당초 위임한 취지에 반하는 것으로서 횡령죄를 구성한다.[364]

마) 위탁판매에서 물건과 판매대금

221 위탁판매의 경우 위탁판매인(수탁자)이 위탁자로부터 교부받은 물건은 물론이고 위탁매매로 인하여 취득한 물건은 모두 위탁자의 소유로 보게 되어 있으므로(상법 제103조), 위탁매매로 인하여 취득한 금전(매각대금)도 위탁자의 소유이다. 따라서 수탁자가 위탁품이나 그 판매대금을 임의소비한 때에는 횡령죄가 성립한다.[365]) 우리나라의 다수설이다.[366] 다만 당사자 사이에 매각대금에서 각종 비용이나 수수료 등을 공제한 이익을 분배하기로 하는 등 특별한 약정이 있었다면 이에 관한 정산관계가 밝혀지지 않는 한 수탁자가 대금을 소비하였다 하여 곧바로 횡령죄가 성립한다고 할 수 없는 경우도 있다.[367]

362 대법원 2004. 3. 12. 선고 2004도134 판결.
363 대법원 2004. 4. 9. 선고 2004도671 판결.
364 대법원 2002. 9. 10. 선고 2001도3100 판결, 대법원 2007. 2. 22. 선고 2006도8939 판결 등.
365 대법원 1982. 9. 28. 선고 82도1486 판결, 대법원 1986. 6. 24.선고 86도1000 판결, 대법원 1990. 3. 27. 선고 89도813 판결, 대법원 1997. 3. 28. 선고 96도3155 판결, 대법원 1998. 4. 10. 선고 97도3057 판결, 대법원 2003. 9. 26. 선고 2003도3394 판결, 대법원 2004. 3. 12. 선고 2004도134 판결, 대법원 2004. 4. 9. 선고 2004도671 판결 등.
366 김성돈, 형법각론(제8판), 성균관대학교 출판부(2022), 449; 김일수/서보학, 새로쓴 형법각론(제9판), 박영사(2018), 296; 박상기, 형법각론(제8판), 박영사(2011), 376; 배종대, 형법각론(제14판), 홍문사(2023), 431; 손동권/김재윤, 새로운 형법각론(제2판), 율곡출판사(2022), 423; 오영근, 형법각론(제7판), 박영사(2022), 364; 이형국, 형법각론, 법문사(2007), 415; 임웅, 형법각론(제13정판), 법문사(2023), 523. 다만 위탁판매대금은 위탁판매인에게 소유권이 귀속되므로 횡령죄가 성립하지 않는다는 견해로는 백형구, 형법각론(개정판), 청림출판(2002), 203.
367 대법원 1990. 3. 27. 선고 89도813 판결.

222 [판례] 위탁매매약정에 따라 이익금을 지급하기로 약정한 경우

금은방을 운영하던 피고인이 피해자에게, 금을 맡겨 주면 시세에 따라 사고파는 방법으로 운용하여 매달 일정한 이익금을 지급하여 주고, 피해자의 요청이 있으면 언제든지 보관 중인 금과 현금을 반환해 주겠다고 제안한 다음, 피해자는 피고인에게 일정량의 금 또는 그에 상응하는 현금을 맡겼고, 피고인은 이에 대하여 피해자에게 매달 약정한 이익금을 지급하여 온 사실, 피고인은 경제사정이 악화되자 피해자를 위하여 보관하던 금과 현금을 개인채무 변제 등에 사용한 사실 등을 알 수 있다. 사실관계가 이러하다면, 피해자는 금은방을 운영하는 피고인의 경험과 지식을 활용함에 따른 이익을 노리고 자신 소유의 금을 피고인에게 맡겨 사고팔게 하였다고 할 것인데, 피해자가 피고인에게 매매를 위탁하거나 피고인이 그 결과로 취득한 금이나 현금은 모두 피해자의 소유이고, 피고인이 이를 개인채무의 변제 등에 사용한 행위는 횡령죄를 구성한다고 할 것이다.[368]

바) 채권양도 후 대항요건을 갖추기 전 채권양도인이 수령한 양수금

223 채권양도약정 후 대항요건을 갖추기 전, 즉 채권양도인이 양도통지 전에 채무자로부터 금전을 수령한 경우, 그 금전의 소유권은 누구에게 있다고 볼 것인지, 채권양도인이 채권양수인을 위한 보관자 지위에 있는지가 쟁점이 된다.

224 이에 대하여 학설은 견해가 나뉜다. 즉 민법의 소유권과 다른 형법상의 특수한 소유권 개념이 있을 수 없으므로 채권양도인이 변제받은 돈은 자기 소유라 할 것임에도 처벌의 필요에 따라 타인의 소유라고 해석하는 것은 허용될 수 없는 유추에 해당한다는 견해,[369] 양도인은 양수인을 위한 재산상의 사무처리자이므로 양도통지 전에 채무자로부터 수령한 금전을 소비한 경우 타인의 사무처리자로서 임무에 위배하여 재산상의 이익을 취득하고 양수인에게 재산상의 손해를 끼쳤으므로 배임죄가 성립한다는 견해[370]가 있고, 횡령죄가 성립한다는 견해[371]도 있다.

225 판례는 최근 대법원 2022. 6. 23. 선고 2017도3829 전원합의체 판결을 통해 종전 판결을 폐기하고 횡령죄 성립 부정설을 택하였다. 다수의견의 논리는, 이러한 경우 금전의 소유권은 채권양수인이 아니라 채권양도인에게 귀속하고(타인재물성 부정), 채권양도인이 채권양수인을 위하여 양도 채권의 보전에 관한 사무

368 대법원 2013. 3. 28. 선고 2012도16191 판결.

369 이재상 외 2인, 형법각론(제12판), 박영사(2021), 409~410.

370 김성돈, 형법각론(제8판), 성균관대학교 출판부(2022), 450.

371 손동권/김재윤, 새로운 형법각론(제2판), 율곡출판사(2022), 427; 신동운, 형법각론(제2판), 법문사(2018), 1164~1165; 정성근/정준섭, 형법강의 각론(제2판), 박영사(2022), 301.

를 처리하는 신임관계가 존재한다고 볼 수 없으므로, 채권양도인이 위와 같이 양도한 채권을 추심하여 수령한 금전에 관하여 채권양수인을 위해 보관하는 자의 지위에 있지 않다는 것이다(보관자 지위 부정).[372] 이러한 다수의견의 태도는, 이 쟁점에 관한 종전 판결로 폐기 대상이 된 대법원 1999. 4. 15. 선고 97도666 전원합의체 판결 이후 대법원이 동산 이중양도에 관한 대법원 2011. 1. 20. 선고 2008도10479 전원합의체 판결 등 다양한 이중처분 사안에서 계약관계의 채무불이행으로 평가되는 행위에 대하여 배임죄 성립을 부정하고, 나아가 특히 최근 주권발행 전 주식의 이중양도 사안,[373] 수분양권의 이중양도 사안,[374] 금전채권 양도담보 후 양도통지 전 변제 수령 사안[375]에서 양도인(매도인, 채무자)이 양수인(매수인, 채권자)에 대한 관계에서 부담하는 의무는 자기 사무에 불과하여 일정한 신임관계를 인정할 수 없다는 이유를 들어 배임죄 또는 횡령죄 성립을 부정한 것과 맥락을 같이 한다.

226 이러한 변경된 판례의 태도에 따르면, 채권양도인이 위 채권양도의 통지를 하기 전에 다른 제3자에게 이중으로 양도하면서 확정일자 있는 양도통지를 하는 등 대항요건을 갖추어 줌으로써 채권양수인이 그 제3자에게 대항할 수 없게 되었다고 하더라도 채권양수인에 대한 관계에서 배임죄가 성립할 여지는 없을 것이다.[376] 한편 채권양도인이 채권양도 후 대항요건을 갖추어 준 다음 채무자로부터 받은 변제금을 임의로 소비한 경우는 어떻게 될까? 판례는 이러한 경우 채권양도인에게 채권양수인을 위한 아무런 사무가 남아 있지 않고 양도채권이 소멸하는 것도 아니라는 이유로 '채권양수인'에 대한 배임죄 성립을 부정하였다.[377] 한편 이 경우 양수도 채권의 채무자가 채권양도인에게 한 변제는 비채변제에 해당하므로 착오송금에서 횡령죄를 인정하는 대법원 판례 법리에 따라 '채무자'에 대한 횡령죄의 성립이 긍정될 수 있다.[378] 판례는[379] 채권 양도담보 사

372 이 판결에 대한 해설로는 최문수, "채권양도인이 채권양도의 대항요건 미충족 상태에서 채무자로부터 채권을 추심하여 수령한 금전을 임의로 사용한 경우 횡령죄 성립 여부", 사법(61), 553 등이 있다.
373 대법원 2020. 6. 4. 선고 2015도6057 판결.
374 대법원 2021. 7. 8. 선고 2014도12104 판결.
375 대법원 2021. 2. 25. 선고 2020도12927 판결.
376 주권발행 전 주식의 이중양도 사안인, 대법원 2020. 6. 4. 선고 2015도6057 판결도 참조.
377 대법원 1984. 11. 13. 선고 84도698 판결.
378 최문수, "채권양도인이 채권양도의 대항요건 미충족 상태에서 채무자로부터 채권을 추심하여 수령한 금전을 임의로 사용한 경우 횡령죄 성립 여부", 사법(61), 562.
379 대법원 2016. 12. 1. 선고 2016도6643 판결.

안에서 대항요건이 갖추어진 후 양도담보설정자가 담보 목적 채권의 변제금을 수령하여 소비한 경우 양도담보설정자에게 담보 목적 채권의 '채무자'에 대한 횡령죄를 인정한 바 있다.

227 한편 일본에서는 채권은 이미 양도행위에 의해 양수인에게 이전되고 통지는 채무자에 대한 대항요건에 지나지 아니하므로 당해 금전은 양수인에게 귀속된다고 보아 횡령죄의 성립을 긍정하는 것이 일반적인 견해이고 판례이다.[380]

228 (☞ 지명채권의 양도에 따른 배임죄의 성부에 관한 상세는 형법 제355조 '단순배임죄'의 주석 해당 부분을 같이 참조)

229 [판례] 금전채권 양도담보 후 양도통지 전 양도담보설정자가 해당 금전채권을 변제받아 임의 소비한 경우 횡령죄 성부

채무자가 채권 양도담보계약에 따라 담보 목적 채권의 담보가치를 유지·보전할 의무는 계약에 따른 자신의 채무에 불과하고, 채권자와 채무자 사이에 채무자가 채권자를 위하여 담보가치의 유지·보전사무를 처리함으로써 채무자의 사무처리를 통해 채권자가 담보 목적을 달성한다는 신임관계가 존재한다고 볼 수 없다. 그러므로 채무자가 제3채무자에게 채권양도 통지를 하지 않은 채 자신이 사용할 의도로 제3채무자로부터 변제를 받아 변제금을 수령한 경우, 이는 단순한 민사상 채무불이행에 해당할 뿐, 채무자가 채권자와의 위탁신임관계에 의하여 채권자를 위해 위 변제금을 보관하는 지위에 있다고 볼 수 없고, 채무자가 이를 임의로 소비하더라도 횡령죄는 성립하지 않는다.[381]

4) 소유권유보부 또는 환매특약부 매매

230 동산 매매계약을 체결하면서 목적물을 미리 매수인에게 인도하지만 대금이 모두 지급될 때까지는 그 소유권은 매도인에게 유보되며 대금 지급이 완료된 때에 비로소 목적물의 소유권이 매수인에게 이전된다는 내용의 이른바 소유권유보의 특약을 한 경우에는 어떠한가.

231 목적물의 소유권을 이전한다는 당사자 사이의 물권적 합의는 매매계약을 체결하고 목적물을 인도한 때 이미 성립하지만 대금이 모두 지급되는 것을 정지조건으로 하므로, 목적물이 매수인에게 인도되었다고 하더라도 특별한 사정이 없는 한 매도인은 대금이 모두 지급될 때까지 매수인뿐만 아니라 제3자에 대하여

380 前田雅英 外 7人, 条解刑法(第3版), 弘文堂(2023), 831; 日最決 1958. 5. 1.

381 대법원 2021. 2. 25. 선고 2020도12927 판결. 이러한 판례의 태도에 대해 찬성하는 견해로는, 손동권/김재윤, 새로운 형법각론(제2판), 율곡출판사(2022), 427~428 참조.

도 유보된 목적물의 소유권을 주장할 수 있으며, 이와 같은 법리는 소유권유보의 특약을 한 매매계약이 매수인의 목적물 판매를 예정하고 있다 하더라도 다를 바 없다.[382] 따라서 이때 매수인이 대금완납 전 이를 처분하면 횡령죄를 구성한다. 우리나라의 통설[383]과 판례의 입장이다.

232 일본에서도 통설과 판례의 입장이다.[384] 다만 일본에서 소유권유보부 매매의 경우 우리나라와 같이 소유권이 매도인에게 유보되어 있다고 보는 것이 보통이나,[385] 목적물의 소유권이 매도인과 매수인에게 나누어 속하기(分屬) 때문이라는 이론을 드는 견해[386]도 눈에 띈다.

233 그런데 할부대금이 일정기간 지나면서 대부분 지불되어 거의 남아 있지 아니한 상태에서 매수인이 이를 처분한 경우 그 가벌성이 없거나 불법영득의사라는 주관적 요소를 인정하기 어려울 때도 있을 것이다.

234 이러한 소유권유보부매매는 동산을 매매함에 있어 매매목적물을 인도하면서 대금을 완납할 때까지 소유권을 매도인에게 유보하기로 특약한 것을 말하며, 이러한 내용의 계약은 동산의 매도인이 매매대금을 다 수령할 때까지 그 대금채권에 대한 담보의 효과를 취득·유지하려는 의도에서 비롯된 것이다. 따라서 부동산과 같이 등기에 의하여 소유권이 이전되는 경우에는 등기를 대금 완납할 때까지 미룸으로써 담보의 기능을 할 수 있기 때문에 굳이 위와 같은 소유권유보부매매의 개념을 원용할 필요성이 없으며, 일단 매도인이 매수인에게 소유권이전등기를 마쳐 준 이상은 특별한 사정이 없는 한 매수인에게 소유권이 귀속되는 것이다. 자동차, 중기, 건설기계 등은 비록 동산이기는 하나 부동산과 마찬가지로 등록에 의하여 소유권이 이전되고, 등록이 부동산 등기와 마찬가지로 소유

382 대법원 1999. 9. 7. 선고 99다30534 판결, 대법원 2007. 6. 1. 선고 2006도8400 판결, 대법원 2010. 1. 14. 선고 2009도7737 판결.

383 김성돈, 형법각론(제8판), 성균관대학교 출판부(2022), 451; 김일수/서보학, 새로쓴 형법각론(제9판), 박영사(2018), 305; 박상기, 형법각론(제8판), 박영사(2011), 375; 배종대, 형법각론(제14판), 홍문사(2023), 420; 손동권/김재윤, 새로운 형법각론(제2판), 율곡출판사(2022), 423; 오영근, 형법각론(제7판), 박영사(2022), 361; 이영란, 형법학 각론강의(제3판), 형설출판사(2013), 389; 이재상 외 2인, 형법각론(제12판), 박영사(2021), 403; 이정원/류석준, 형법각론, 법영사(2019), 422; 이형국, 형법각론, 법문사(2007), 416; 임웅, 형법각론(제13정판), 법문사(2023), 524; 진계호/이존걸, 형법각론(제6판), 대왕사(2008), 459; 정성근/정준섭, 형법강의 각론(제2판), 박영사(2022), 301.

384 西田典之, 刑法各論(第7版), 弘文堂(2018), 260; 山口厚, 刑法各論(第2版), 有斐閣(2010), 320; 松原芳博, 刑法各論, 日本評論社(2016), 329.

385 山口厚, 刑法各論(第2版), 有斐閣(2010), 294; 西田典之, 刑法各論(第7版), 弘文堂(2018), 260.

386 松原芳博, 刑法各論, 日本評論社(2016), 329.

권이전의 요건이므로, 역시 소유권유보부매매의 개념을 원용할 필요성이 없다.[387] 부동산과 동산의 이중양도나 이중담보 및 양도담보 등과 관련한 문제는 아래에서 따로 살펴보기로 한다.

235 한편 환매특약부 매매의 경우 소유권이 이전되므로 매수인이 환매특약조건에 위반하여 타인에게 매각하였다고 하더라도 횡령죄가 성립하지 않는다는 것이 통설이다. 이때 배임죄의 성부가 문제된다(☞ 이에 관하여 상세한 논의는 형법 제355조 '단순배임죄'의 주석 해당 부분을 같이 참조할 것).

5) 이중양도(이중매매)

236 물권변동에 관하여 형식주의를 취하고 있는 현행 민법에서는 등기나 현실적인 인도를 마치기까지는 매도인이 여전히 소유권 가지고 있으므로 타인의 재물이 아니다. 따라서 이러한 부동산과 동산의 이중매매에서 배임죄의 성립 여부가 문제될 수는 있어도 횡령죄는 성립하지 않는다. 별다른 이견이 없는 현재 통설과 판례의 입장이다[☞ 한편 이중양도(이중매매)의 의의나 배임죄 성부에 관한 상세한 논의는 형법 제355조의 '단순배임죄 중 이중양도(이중매매)'의 주석 해당 부분을 참조할 것].

237 그런데 동산 이중매매에서 제1매매와 관련하여 현실적 점유의 이전이 없는 경우 예컨대 매도인이 동산을 제1매수인에게 매도하고 점유개정(민법 제189조)의 방법으로 계속 점유하거나 반환청구권을 양도하는 방법(제190조)으로 매도하고 동산을 계속 점유하던 중 다시 제2매수인에게 매도하였다면 매도인은 제1매수인의 소유가 된 타인의 재물을 처분한 것이므로 횡령죄가 성립한다는 견해가 있다.[388] 그러나 채권양도인이 채권양도 후 채권양도 통지를 하기 전 채권을 추심하여 이를 임의로 소비한 사안에서 이와 같이 수령한 금전과 관련하여 채권양도인과 채권양수인 사이에 횡령죄의 보관자 지위를 인정할 수 있는 신임관계를 부정한 판결(대법원 2022. 6. 23. 선고 2017도3829 전원합의체 판결) 법리와, 배임죄에 관한 대법원 판례들이 양수인 또는 채권자에 대한 권리의 (준)물권적인 이전·귀속 상태를 근거로 양도인 또는 채무자에게 타인의 사무처리자 지위를 인정하는 논리는 채택하지 않는다는 입장을 수차례 밝혀온 점 등을 고려할 때, 권리이전의 방식에 따라서 양도인에게 횡령죄의 성립을 달리 인정할 수 있다는 취지의 위 견해는 현재 판례의 입장과는 배치된다고 보인다. 다만, 점유개정 방

387 대법원 2010. 2. 25. 선고 2009도5064 판결.

388 김일수/서보학, 새로쓴 형법각론(제9판), 박영사(2018), 392.

식을 통한 동산매매의 경우에 매매계약관계와 더불어 새롭게 설정되는 점유매개관계에 기초하여 횡령죄의 위탁신임관계가 인정될 여지가 크다. 민법 제189조에서 말하는 점유개정은 보관·관리·유지의무를 기본적인 내용으로 하는 점유매개관계를 전제하고 있기 때문이다. 대법원 2010. 3. 11. 선고 2009도14822 판결은 양도인과 양수인 사이에 점유개정의 방식으로 수산물 양도가 이루어지면서 양도인 측이 자신의 냉동창고에 보관하는 물품보관증을 작성, 교부한 사안에서 해당 수산물을 임의 처분한 양도인에 대해 수산물 물품 보관계약이 체결되었다는 점을 근거로 횡령죄의 성립을 인정하기도 하였다.

238 한편 주권 발행 후 주식의 양도는 양도 합의 외에 주권의 교부를 요하므로(상법 제336조 제1항), 주식을 양도한 자가 주권을 인도하지 아니한 상태에서 다른 사람에게 이중으로 양도하였다고 하더라도 횡령죄에 해당하지 아니한다[389](☞ 주식이나 권리의 이중양도에 관하여는 형법 제355조 '단순배임죄'의 주석 해당 부분을 같이 참조할 것).

239 일본의 경우에는 동산과 부동산의 구별 없이 매매계약의 성립과 함께 소유권이 매수인에게 이전되므로(의사주의), 매도인은 동산을 인도하거나 부동산 소유권이전등기를 마칠 때까지 매수인을 위하여 이를 보관할 의무를 부담한다. 따라서 그 사이 매도인이 임의로 이중매매 하였다면 횡령죄가 성립한다고 보는 것이 일반적이고, 판례의 태도이다.[390]

6) 양도담보

가) 개관

(1) 의의

240 양도담보란 채권담보의 목적으로 채무자 또는 제3자가 목적물의 소유권을 채권자에게 이전하고 채무자가 채무의 변제를 하지 않으면 채권자가 그 소유권을 확정적으로 취득하거나 그 목적물로부터 우선변제를 받지만 채무자가 채무를 변제하면 목적물을 다시 원소유자에게 반환하는 방법에 의한 담보를 말한다. 그 법적 성질에 관하여 담보물권설, 신탁적 소유권이전설 및 이원설 등이 있다. 가등기담보 등에 관한 법률과 동산·채권 등의 담보에 관한 법률의 시행 등과 관련한 자세한 것은 민법상 논의를 참조할 것. 부동산 양도담보와 관련하여 판례는

389 대법원 1960. 9. 21. 선고 4293형상68 판결.

390 西田典之, 刑法各論(第7版), 弘文堂(2018), 258; 前田雅英 外 7人, 条解刑法(第3版), 弘文堂(2023), 829~830; 山口厚, 刑法各論(第2版), 有斐閣(2010), 292; 日最判 1955. 12. 26.; 日最決 1958. 10. 8.

대체로 가등기담보 등에 관한 법률의 시행 전후와 관계없이 신탁적 소유권이전설의 입장에 서 있다고 평가된다.

241 양도담보에 제공된 목적물을 처분하는 경우 횡령죄 및 배임죄의 성립을 논하기 위한 전제로서 목적물의 소유권 귀속과 관련하여 동산과 부동산, 변제기 전과 후인지 여부 및 처분의 주체가 담보권설정자와 담보권자인지 여부에 따라 검토되는 것이 보통이다.

(2) 양도담보에 관한 민사상 법리

242 우선 양도담보로 제공된 물건에 대한 횡령죄 등의 성립 여부는 다음과 같은 민사상 법리가 먼저 검토되어야 한다.

243 (가) 판례는 양도담보 중에서 채무에 대한 담보권 실행을 위한 방편으로 소유권이전등기를 하는 약정을 이른바 정산절차를 예정하고 있는 '약한 의미의 양도담보' 계약이라고 부른다.[391] 그런데 이와 달리 채권담보의 목적이라고 하더라도 대내외적으로 소유권이 이전되는 경우를 '강한 의미의 양도담보' 또는 '매도담보'라고 한다. 이때의 매도담보는 일종의 환매약관부 매매에 해당할 여지가 많고, 외견상 구별하기가 쉽지 않을 것이나 당사자의 진정한 의사가 무엇인지에 결정되어야 할 것이다.

244 판례는 당사자 사이에 매매대금 채무를 담보하기 위하여 부동산에 관하여 가등기를 마치고 채무를 변제하지 아니하면 가등기에 기한 본등기를 마치기로 약정한 경우에, 변제기에 채무를 변제하지 아니하면 채권채무관계가 소멸하고 부동산의 소유권이 확정적으로 채권자에게 귀속된다는 명시의 특약이 없는 이상 대물변제의 약정이 있었다고 인정할 수 없고, 단지 채무에 대한 담보권 실행을 위한 방편으로 소유권이전등기를 하는 약정, 이른바 정산절차를 예정하고 있는 '약한 의미의 양도담보' 계약이라고 봄이 타당하다고 한다.[392]

245 '약한 의미의 양도담보'가 이루어진 경우에, 채권자는 채무의 변제기가 지나면 부동산의 가액에서 채권원리금 등을 공제한 나머지 금액을 채무자에게 반환하고 부동산의 소유권을 취득하거나(귀속정산), 부동산을 처분하여 그 매각대금에서 채권원리금 등의 변제에 충당하고 나머지 금액을 채무자에게 반환할 수도 있다(처분정산). 그렇지만 채무자가 채권자에게 적극적으로 위와 같은 정산을 요구할 청

391 대법원 2016. 10. 27. 선고 2015다63138, 63145 판결.
392 대법원 2016. 10. 27. 선고 2015다63138, 63145 판결.

구권을 가지지는 아니하며, 다만 채무자는 채무의 변제기가 지난 후에도 채권자가 그 담보권을 실행하여 정산절차를 마치기 전에는 언제든지 채무를 변제하고 채권자에게 위 가등기 및 그 가등기에 기한 본등기의 말소를 청구할 수 있다.[393]

246 (나) 차용물의 반환에 갈음하여 다른 재산권을 이전할 것을 예약하는 대물변제의 예약(민법 제607조)의 경우 재산 예약 당시의 그 재산가액이 차용 원리금의 합산액을 넘지 못하고 이에 위반한 약정은 효력이 없다(제608조).

247 (다) 1984년부터 시행된 가등기담보 등에 관한 법률에 따르면 부동산과 등기·등록이 가능한 동산[등기 또는 등록할 수 있는 부동산소유권 외의 권리(질권·저당권 및 전세권은 제외)의 취득을 목적으로 하는 담보계약에 관하여도 제4조 청산금의 지급과 소유권의 귀속에 관한 규정을 준용한다(가등기담보 등에 관한 법률 제18조)]에 대한 양도담보는 채권자에게 담보목적 부동산의 가액에서 채권액을 뺀 금액(청산금)을 채무자에게 지급하도록 의무화하고 있다. 따라서 청산기간이 경과한 후 청산할 때까지 소유권은 여전히 채무자에게 있고 채권자는 담보의 목적범위 안에서 담보물권을 취득할 뿐이라고 보아야 한다. 그리고 동산·채권 등의 담보에 관한 법률에 따라 담보등기를 마친 동산의 경우 가등기담보 등에 관한 법률이 적용되지는 아니하나(제18조) 동산·채권 등의 담보에 관한 법률에서 정한 정산절차 등에 비추어 보면 횡령죄나 배임죄의 성부에 관한 종전의 법리가 그대로 적용될 여지가 많다.

(3) 부동산 실권리자명의 등기에 관한 법률에서 금지하는 명의신탁과의 구별

248 부동산 실권리자명의 등기에 관한 법률에서 금지하는 명의신탁과 달리 양도담보는 비록 담보권설정을 목적으로 하는 것이지만 양도 양수의 의사표시가 있고 이에 따라 소유권이 담보권자에게 이전된다. 따라서 부동산 실권리자명의 등기에 관한 법률에서도 채무의 변제를 담보하기 위하여 채권자가 부동산에 관한 물권을 이전받거나 가등기하는 경우를 금지하는 명의신탁의 유형에서 제외하고 있다(부동산 실권리자명의 등기에 관한 법률 제2조 제1호 가목). 따라서 양도담보의 목적으로 소유권이 이전된 것이라면 앞에서 검토한 대법원의 명의신탁약정 등의 무효에 따른 법리가 적용되지 않을 것이다.

(4) 양도담보로 제공된 목적물의 처분과 관련하여 횡령죄나 배임죄의 성립 여부

249 이러한 논의는 가등기담보 등에 관한 법률의 적용을 받는 부동산과 동산 및 그 밖의 동산으로 구분하고, 또 변제기 전후의 처분, 처분의 주체도 채권자(양도담보

393 대법원 1994. 5. 24. 선고 93다44975 판결, 대법원 2006. 8. 24. 선고 2005다61140 판결 등.

권자) 및 채무자(양도담보권설정자)로 나누어 논함이 보통이다(☞ 배임죄의 성립 여부에 관하여는 형법 제355조 '단순배임죄' 중 '부동산 또는 동산의 양도담보권자' 및 '이중양도·이중담보와 배임죄'의 주석 해당 부분 같이 참조).

나) 가등기담보 등에 관한 법률의 적용을 받는 경우(부동산 및 등기·등록을 요하는 동산)

(1) 가등기담보 등에 관한 법률 시행 전 양도담보 목적물의 처분과 횡령죄

250 가등기담보 등에 관한 법률의 시행 전에는 원칙적으로 목적물의 소유권이 내부적으로는 채무자에게 남아 있고 채권자에게는 담보의 목적 범위 내에서만 외부적으로 권리가 이전되는 양도담보의 경우에 채무자는 자기의 재물을 점유하는 것이지 타인의 재물을 보관한다고 할 수 없으므로 채무자가 이를 처분하더라도 횡령죄가 성립할 수 없고, 목적물의 소유권이 채권자에게 완전히 이전되고 채무자가 채무금을 반환하면 목적물의 소유권을 되찾을 수 있기로 약정한 매도담보의 경우 채무자가 이를 점유하던 중에 처분하였다면 횡령죄를 구성한다.[394] 나아가 담보권자의 담보목적물 처분과 관련하여 보면, 판례는 채권담보 목적으로 가등기를 마친 가등기권자가 변제기 전에 자신의 처 명의로 본등기를 마친 경우 배임죄가 성립한다고 보았다.[395] 이는 가등기담보권자가 채무의 변제기까지는 가등기 상태를 유지할 의무를 부담함을 전제로 이를 타인의 사무에 해당한다고 본 것이다. 채권담보의 목적으로 소유권이전등기를 마친 양도담보의 경우에도 마찬가지로 채무자의 채무 변제에 따른 소유명의의 환원을 위하여 그 부동산을 보전할 의무를 부담하므로, 배임죄가 성립할 것이다. 반면 변제기 후 피담보채무가 아직 변제되지 않은 양도담보와 관련하여 판례는, 가등기담보 등에 관한 법률 시행 전에는 담보권을 실행하는 방법으로 양도담보물을 환가처분하거나 평가처분하는 방법이 모두 허용되었고, 따라서 양도담보권자가 피담보채권의 변제에 충당하기 위하여 제3자 앞으로 가등기를 경료하거나 근저당권을 설정한 행위도 환가처분이나 평가처분보다 불이익하다고 볼 수 없어, 당사자의 의사에 반한다고 볼 특별한 사정이 없는 한 배임행위로 볼 수 없다고 한다.[396] 그리고 판례는 양도담보권자가 담보목적물을 처분정산이나 귀속정산의 방법으로 환가처분하여 원리금을 충당하고도 남은 금액이 있음에도 채무자에게 이를 정산해주지

394 대법원 1962. 2. 8. 선고 4294형상470 판결.

395 대법원 1976. 9. 14. 선고 76도2069 판결.

396 대법원 1982. 9. 28. 선고 82도1621 판결, 대법원 1983. 2. 22. 선고 82도2945 판결, 대법원 1985. 9. 10. 선고 85도1210 판결.

아니한 경우 배임죄가 성립한다고 보았으나,[397] 대법원 1985. 11. 26. 선고 85도1493 전원합의체 판결은 양도담보권자의 정산의무는 채권자 자신이 담보계약에 따라 부담하는 의무로서 자기의 사무에 해당한다고 보아 이러한 종전 판례를 폐기하였고, 나아가 양도담보권자가 변제기 경과 후 담보권을 실행하는 과정에서 부당하게 저렴한 가격으로 처분한 경우에도 마찬가지 법리에 기초하여 배임죄 성립을 부정하였다.[398]

(2) 가등기담보 등에 관한 법률 시행 후 양도담보 목적물의 처분과 횡령죄 성립 여부

(가) 가등기담보 등에 관한 법률의 적용범위

251 가등기담보 등에 관한 법률은 차용물의 반환에 관하여 다른 재산권을 이전할 것을 예약한 경우에 적용되므로, 매매대금 채무를 담보하기 위하여 소유권이전등기나 가등기를 한 경우에는 가등기담보 등에 관한 법률이 적용되지 아니한다.[399] 어떤 가등기가 담보가등기인지 여부는 그 등기기록의 표시나 등기를 할 때에 주고받은 서류의 종류에 의하여 형식적으로 결정할 것이 아니고 거래의 실질과 당사자의 의사해석에 따라 결정하여야 한다.[400]

(나) 변제기 전의 처분

252 1984년 앞서 본 바와 같이 가등기담보 등에 관한 법률이 시행된 후부터 양도담보는 청산절차를 밟아야 하는 청산형 양도담보만 남게 되었으므로 청산기간이 경과한 후 청산할 때까지 소유권은 여전히 채무자에게 있고 채권자는 담보의 목적범위 안에서 담보물권을 취득할 뿐이다. 따라서 채무자가 보관 중 채권자의 승낙 없이 목적물을 처분하더라도 자신의 소유인이상 횡령죄는 성립하지 않는다는 점에는 별다른 이견이 없어 보인다. 다만 종전 판례는 등록을 요하는 동산인 자동차를 채무자가 양도담보로 제공하였다가 이를 처분한 경우 배임죄가 성립한다고 보았으나,[401] 최근 이러한 태도를 변경하여 배임죄가 성립하지 않는다고 보고 있다.[402]

397 대법원 1983. 6. 28. 선고 82도1511 판결.

398 대법원 1989. 10. 24. 선고 87도126 판결. 가등기담보 등에 관한 법률 시행 후에 이루어진 양도담보이기는 하나, 가등기담보 등에 관한 법률의 적용이 없는 공사대금채권 등을 담보하기 위한 사안에서 같은 취지의 판결로는, 대법원 1997. 12. 23. 선고 97도2430 판결 참조.

399 대법원 2001. 1. 5. 선고 2000다47682 판결, 대법원 2002. 12. 24. 선고 2002다50484 판결, 대법원 2016. 10. 27. 선고 2015다63138 판결 등.

400 대법원 1992. 2. 11. 선고 91다36932 판결, 대법원 1996. 7. 30. 선고 96다6974, 6981 판결 등.

401 대법원 1989. 7. 25. 선고 89도350 판결.

402 대법원 2022. 12. 22. 선고 2020도8682 전원합의체 판결.

253 채권자인 양도담보권자가 처분한 경우에는 다수 학설은 부동산의 소유권은 소유권이전등기시가 아니라 청산 때 이전하므로 채권자가 담보권실행기간 도과 전에 목적물을 처분한 때에는 횡령죄가 성립한다고 봄이 타당하다고 한다.[403] 그러나 판례는 채권자의 청산 전 처분행위가 배임죄에 해당한다고 본다.[404] 즉 채권 담보를 목적으로 부동산의 소유권이전등기를 넘겨받은 채권자는 채무자가 변제기까지 그 채무를 변제하면 채무자에게 그 소유명의를 환원하여 주기 위하여 그 소유권이전등기를 이행할 의무가 있다는 점에 중점을 두어 그 변제기일 이전에 그 임무에 위배하여 이를 제3자에게 처분하였다면 변제기일까지 채무자의 변제가 없었다 하더라도 배임죄가 성립한다는 것이다.

(다) 변제기 후의 처분

254 이때에도 채권자가 변제기 후 청산 전 목적물을 처분하거나 목적물을 처분하고도 청산금을 지급하지 않은 경우와 목적물을 처분하였으나 부당하게 염가로 처분한 경우 및 목적물을 처분하더라도 가등기담보 등에 관한 법률이 정하고 있지 아니한 다른 방법(가등기담보 등에 관한 법률 제3조 담보권실행을 통하여 직접 취득하는 방법과 제12조 경매의 청구를 통한 방법), 예컨대 제3자에게 임의로 처분한 경우 등으로 나누어 살펴볼 필요가 있다(☞ 이에 관한 자세한 논의는 형법 제355조 '단순배임죄'의 주석 중 '부동산 또는 동산의 양도담보권자' 해당 부분 같이 참조).

255 먼저 채권자가 담보권 실행기간 도과 후에 청산절차를 밟지 않고 목적물을 처분한 경우와 관련하여 횡령죄에 해당한다는 견해,[405] 불법영득 또는 불법이득의사를 인정할 수 없다거나 민사문제에 불과하고 자기의 사무이므로 횡령죄는 물론 배임죄도 성립하지 않는 견해,[406] 청산금 미지급시 청산금에 대한 횡령죄가

403 김성돈, 형법각론(제8판), 성균관대학교 출판부(2022), 469; 김일수/서보학, 새로쓴 형법각론(제9판), 박영사(2018), 297; 박상기, 형법각론(제8판), 박영사(2011), 372; 신동운, 형법각론(제2판), 법문사(2018), 1168; 오영근, 형법각론(제7판), 박영사(2022), 362; 이형국, 형법각론, 법문사(2007), 416; 임웅, 형법각론(제13정판), 법문사(2023), 516; 진계호/이존걸, 형법각론(제6판), 대왕사(2008), 460; 손동권, "양도담보물을 임의 처분한 경우의 형사책임", 형사정책연구 20권 1호, 551~554는 배임죄가 성립한다는 판례의 태도에 대하여, 신탁적 소유권이전설, 담보물권설의 어떤 입장을 취하더라도 횡령죄를 배임죄에 대한 특별관계로 보는 이상 횡령죄가 성립하여야 한다고 비판한다.

404 대법원 1989. 11. 28. 선고 89도1309 판결, 대법원 2007. 1. 25. 선고 2005도7559 판결 등.

405 박상기, 형법각론(제8판), 박영사(2011), 372; 이재상 외 2인, 형법각론(제12판), 박영사(2021), 403. 다만 박상기, 372의 경우 청산금에 대한 횡령죄도 성립한다는 입장으로 이해된다.

406 김성돈, 형법각론(제8판), 성균관대학교 출판부(2022), 469; 손동권/김재윤, 새로운 형법각론(제2판), 율곡출판사(2022), 429.

성립한다는 견해[407]로 나뉜다. 가등기담보 등에 관한 법률 시행 후 약한 의미의 양도담보가 이루어진 사안에서 양도담보권자가 변제기 경과 후 피담보채권에 대한 정산절차를 완료하지 않은 채 제3자에게 가등기를 설정한 행위에 대하여 배임죄의 성립을 인정한 원심을 수긍한 대법원판결[408]이 있다. 다만 위 대법원 판결 판시 내용상 가등기담보 등에 관한 법률이 적용되는 양도담보에 관한 사안인지에 대해서는 의문이 있고, 따라서 이러한 사안에서의 판례의 태도가 명확하다고 보기는 어렵다.

256 또 채권자인 양도담보권자가 담보목적물을 부당하게 염가로 처분한 경우 배임죄의 성립 여부에 관하여, 담보권자가 담보목적물을 처분하는 행위는 자기의 사무가 아니라 타인의 사무이고, 만약 담보권자가 담보목적물을 부당하게 염가로 처분하여 채무자에게 청산할 청산금이 없다면 이는 타인의 사무를 처리하는 자가 그 임무에 위배한 배임죄가 된다는 견해[409]와 배임죄의 성립을 부정하는 견해[410]가 있다. 가등기담보 등에 관한 법률 시행 후에 이루어진 양도담보와 관련하여 담보권자가 담보권을 실행하기 위하여 담보목적물을 처분함에 있어 시가에 따른 적절한 처분을 하여야 할 의무는 담보계약상의 민사채무일 뿐 그와 같은 형법상의 의무가 있는 것은 아니므로 그에 위반한 경우 배임죄가 성립된다고 할 수 없다고 판단한 판례[411]가 있으나, 위 판례의 사실관계를 보면 가등기담보 등에 관한 법률의 적용이 없는 공사대금채권 등을 담보하기 위한 양도담보와 관련한 사안에 관한 것임을 알 수 있다.[412] 생각하건대, 채권자의 담보부동산의 처분 자체는 당사자간 합의 등으로 형사상 신임관계 위반에 해당되지 않거나 담보부동산에 대한 처분행위가 없이 청산금 미지급만이 문제되는 경우라면, 처분 과정에서의 염가처분이나 청산금 미지급 등은 결국 담보권의 실행 과정에서 금전적인 정산채무에 관한 불이행 내지 불완전이행에 해당할 뿐이므로, 배임

407 김일수/서보학, 새로쓴 형법각론(제9판), 박영사(2018), 297; 임웅, 형법각론(제13정판), 법문사(2023), 517(불법영득의사를 인정할 수 없어 부동산 자체에 대한 횡령죄는 성립하지 않는다고 본다).

408 대법원 2002. 6. 28. 선고 2002도1703 판결.

409 김일수/서보학, 새로쓴 형법각론(제9판), 박영사(2018), 298.

410 김성돈, 형법각론(제8판), 성균관대학교 출판부(2022), 469.

411 대법원 1997. 12. 23. 선고 97도2430 판결.

412 게다가 채권자가 담보부동산을 타에 처분하여 공사대금 등에 충당하기로 채무자와 합의한 특수성도 있는 사안으로, 이러한 합의에 비추어 보면 염가처분은 민사상 채무불이행으로 평가함이 더욱 타당한 면이 있다.

죄 또는 횡령죄를 인정하기는 어렵고 민사상 채무불이행에 불과하다고 평가하는 것이 타당할 것이다.

257 [판례] 채권자의 변제기 후 담보목적물의 염가 처분행위와 배임죄의 성립 여부
채권자인 담보권자가 변제기 경과 후에 담보권을 실행하기 위하여 담보목적물을 처분하는 행위는 담보계약에 따라 주어진 권능이어서 자기의 사무처리에 속하는 것이지 타인인 채무자의 사무처리라고 할 수 없으므로, 담보권자가 담보권을 실행하기 위하여 담보목적물을 처분함에 있어 시가에 따른 적절한 처분을 하여야 할 의무는 담보계약상의 민사채무일 뿐 그와 같은 형법상의 의무가 있는 것은 아니므로 그에 위반한 경우 배임죄가 성립된다고 할 수 없다.[413]

258 [판례] 담보가등기를 마친 채권자가 채무자로부터 변제를 받은 후 제 3 자에 처분하는 행위와 배임죄의 성부
담보목적으로 피고인 명의로 가등기를 마친 피해자 소유의 부동산에 대하여 피해자의 아들로부터 채무가 변제 공탁된 사실을 통고받고서도 피고인 앞으로 본등기를 마침과 동시에 제3자 앞으로 가등기를 마쳐 준 경우에는 배임죄가 성립된다는 것이 판례[414]의 입장이다. 피담보채무의 소멸 후에는 양도담보권자는 양도담보설정자에게 권리를 회복시켜 줄 의무를 부담하므로, 피담보채무의 소멸 후 양도담보권자가 부담하는 이러한 의무는 타인의 사무에 해당한다고 볼 것이다. 이에 대하여 횡령죄의 성립이 타당하다는 견해[415]가 있다.

다) 가등기담보 등에 관한 법률의 적용을 받지 않는 동산의 양도담보

(1) 가등기담보 등에 관한 법률의 유추적용 문제

259 가등기담보 등에 관한 법률이 적용되지 아니하는 동산에 대하여는 기본적으로 민사 일반의 법리에 따라 결정될 것이다. 유추적용하자는 취지의 견해[416]도 있으나 가등기담보 등에 관한 법률에 따른 소유권이전과 청산의무는 법률에 의하여 발생하는 효과로서 유추적용할 수 있는 성질의 것은 아니다. 변제기 전후와 채권자 채무자의 처분에 따라 횡령죄 및 배임죄의 성립 여부가 다투어진다.

413 대법원 1989. 10. 24. 선고 87도126 판결, 대법원 1997. 12. 23. 선고 97도2430 판결. 양도담보권자의 변제기 후 정산의무 미이행 관련 대법원 1985. 11. 26. 선고 85도1493 전원합의체 판결도 참조. 위 판결들은 모두 가등기담보 등에 관한 법률의 적용이 없는 사안이었다.
414 대법원 1990. 8. 10. 선고 90도414 판결.
415 박상기, 형법각론(제8판), 박영사(2011), 373.
416 김성천, 형법각론(제7판), 소진(2021), 464.

(2) 변제기 전의 처분행위

260 양도담보의 경우 채무자는 양도담보권자에 대한 관계에서 여전히 담보목적물인 동산의 소유권을 가지므로 횡령죄의 주체가 아니라는 점에서 별다른 이견이 없다.[417] 판례도 마찬가지이다. 채무자가 담보로 제공한 동산을 계속하여 점유개정의 방법으로 점유하고 있던 중 다시 제3자에게 이중으로 동산을 담보로 제공한 사안에서 채무자는 여전히 소유권을 가지고 있으므로 횡령죄는 성립하지 않는다고 보았다.[418] 그러나 이 경우에도 채무자는 채권자가 담보의 목적을 달성할 수 있도록 이를 보관할 의무를 지게 되어 채권자의 사무를 처리하는 자의 지위에 있으므로 그 목적물인 동산을 처분하는 등 부당히 그 담보가치를 감소시키는 행위를 한 경우에는 배임죄가 성립한다는 것이 종전 판례이었으나,[419] 이러한 판례 법리는 대법원 2020. 2. 20. 선고 2019도9756 전원합의체 판결을 통해 폐기되었다(☞ 동산양도담보 사안에서 배임죄 사건에 대한 자세한 것은 형법 제355조 '단순배임죄'의 주석 해당 부분 참조).

261 한편 동산 양도담보권자인 채권자가 담보권의 범위를 벗어나서 담보물의 반환을 거부하거나 처분한 경우 횡령죄를 구성한다. 채권자가 그 동산을 다른 채권자들의 압류를 피하기 위한 수습책의 일환으로 보관하게 된 경우 등 다른 사유로 보관하게 되었다면 채권자는 타인 소유의 물건을 보관하는 자로서 횡령죄의 주체가 될 수 있음은 물론이다.[420]

(3) 변제기 후의 처분행위

262 채권자가 변제기 후 담보권의 실행차원에서 목적물을 처분한 경우는 목적물의 소유권이 자신에게 귀속되었으므로 횡령죄가 성립하지 않고, 채권자가 담보목적물을 부당하게 염가로 처분하거나 청산금의 잔액을 채무자에게 지급해주지 않더라도 담보권실행은 타인의 사무가 아니라 채권자 자신의 사무에 해당하여 배임죄도 성립하지 않는다고 보는 것이 다수설[421]로 보인다. 다만 판례 중에는 정

417 손동권/김재윤, 새로운 형법각론(제2판), 율곡출판사(2022), 429; 오영근, 형법각론(제7판), 박영사(2022), 362; 이영란, 형법학 각론강의(제3판), 형설출판사(2013), 389; 임웅, 형법각론(제13정판), 법문사(2023), 515.

418 대법원 2009. 2. 12. 선고 2008도10971 판결.

419 대법원 1983. 3. 8. 선고 82도1829 판결, 대법원 1989. 7. 25. 선고 89도350 판결, 대법원 2010. 11. 25. 선고 2010도11293 판결 등.

420 대법원 1989. 4. 11. 선고 88도906 판결.

421 김성돈, 형법각론(제8판), 성균관대학교 출판부(2022), 468; 박찬걸, 형법각론(제2판), 박영사(2022), 545; 손동권/김재윤, 새로운 형법각론(제2판), 율곡출판사(2022), 429.

당한 담보권의 행사라고 볼 수 없고 불법영득의사를 인정할 수 있다고 보아 횡령죄 성립을 긍정한 사안도 있다.[422]

263 한편 변제기 후 담보목적물의 소유권이 채권자에게 이전된 것으로 보아 채무자가 변제기 후에 담보목적물을 임의로 처분하는 경우 횡령죄가 성립한다고 보는 견해가 있다.[423]

(4) 매도담보 또는 강한 의미의 양도담보

264 앞서 본 것처럼 등기·등록을 요하는 동산의 경우, 이러한 형태의 양도담보는 가등기담보 등에 관한 법률 시행 이후에는 인정되지 않는다고 보아야 할 것이다. 그렇지 아니한 동산의 경우에도 판례는 금전채무를 담보하기 위하여 채무자가 그 소유의 동산을 채권자에게 점유개정에 의하여 양도한 경우에 이른바 약한 의미의 양도담보가 설정된 것으로 보고 있으므로[424] 매도담보의 고유한 법리가 적용될 경우는 별로 없어 보인다.

265 [판례] 채권지급의 담보로 발행·교부된 수표

채권자가 그 채권의 지급을 담보하기 위하여 채무자로부터 수표를 발행·교부받아 이를 소지한 경우에는, 단순히 보관의 위탁관계에 따라 수표를 소지하고 있는 경우와는 달리 그 수표상의 권리가 채권자에게 유효하게 귀속되고, 채권자와 채무자 사이의 수표 반환에 관한 약정은 원인관계상의 인적 항변사유에 불과하므로, 위 채권자는 횡령죄의 주체인 타인의 재물을 보관하는 자의 지위에 있다고 볼 수 없다.[425]

266 [판례] 채권자의 양도담보 목적 동산 처분행위와 횡령죄

동산 담보권자인 채권자가 담보권의 범위를 벗어나서 담보물의 반환을 거부하거나 처분한 경우 횡령죄를 구성한다. 즉 금전을 대여하면서 채무자로부터 그 담보로 동산을 교부받은 담보권자는 그 담보권의 범위 내에서 담보권을 행사할 수 있을 것인데,

422 대법원 2007. 6. 14. 선고 2005도7880 판결. 이 판결에 대한 해설은 손봉기, "동산 담보권자가 담보권의 범위를 벗어나서 담보물의 반환을 거부하거나 처분한 경우 횡령죄를 구성하는지 여부", 해설(70호), 245~257.

423 신동운, 형법각론(제2판), 법문사(2018), 1174(다만 이 견해는, 대법원 2008. 11. 27. 선고 2006도4263 판결을 '채권자가 변제기 후 정산절차를 밟지 않더라도 양도담보 동산에 대해 소유권을 취득하게 된다'는 취지로 이해하고 이를 전제로 논리를 전개하고 있으나, 위 판결은 양도담보권자가 대외적으로 소유권을 행사할 수 있는 지위에 있다는 취지에 불과하여 대내적인 채무자와의 관계에서 소유권을 인정하였다고 이해하기는 어려워 보인다).

424 대법원 1983. 3. 8. 선고 82도1829 판결, 대법원 1989. 7. 25. 선고 89도350 판결, 대법원 2010. 11. 25. 선고 2010도11293 판결 등.

425 대법원 1988. 1. 19. 선고 87도2078 판결, 대법원 2000. 2. 11. 선고 99도4979 판결 등.

담보권자가 담보목적물을 보관하고 있음을 기화로 실제의 피담보채권 이외에 자신의 제3자에 대한 기존의 채권까지 변제받을 의도로, 채무자인 담보제공자와의 소비대차 및 담보설정관계를 부정하고 그 담보목적물이 자신과 제3자 사이의 소비대차 및 담보설정계약에 따라 제공된 것으로서 실제의 피담보채권 외에 제3자에 대한 기존의 채권까지도 피담보채권에 포함되는 것이라고 주장하면서 그것까지 포함하여 변제가 이루어지지 아니할 경우 반환하지 않을 것임을 표명하다가 타인에게 담보목적물을 매각하거나 담보로 제공하여 피담보채무 이외의 채권까지도 변제충당한 경우에는 정당한 담보권의 행사라고 볼 수 없고, 위탁의 취지에 반하여 자기 또는 제3자의 이익을 위하여 권한 없이 그 재물을 자기의 소유인 것 같이 처분하는 것으로서 불법영득의 의사가 인정된다.[426]

267 [판례] 채무자의 양도담보 목적 동산 처분행위와 횡령죄

채무자가 채무이행의 담보를 위하여 동산양도담보계약을 체결하고 점유개정의 방법으로 여전히 그 동산을 점유하는 경우 그 계약이 채무의 담보를 위하여 양도의 형식을 취하였을 뿐이고 실질은 채무의 담보와 담보권실행의 청산절차를 주된 내용으로 하는 것이라면, 별단의 사정이 없는 한 그 동산의 소유권은 여전히 채무자에게 남아 있고, 채권자는 단지 양도담보권을 취득하는데 지나지 아니한다. 따라서 채무자가 이를 제3자에게 처분하거나 다시 공장근저당권의 목적으로 제공하였다고 하더라도 횡령죄는 구성하지 않는다.[427]

3. 행위(횡령 또는 반환의 거부)

가. 횡령행위의 의의

268 횡령죄의 구성요건으로서 횡령행위, 즉 횡령하거나 반환을 거부하는 행위는 불법영득의 의사를 실현하는 일체의 행위이다. 횡령죄에 있어서는 행위자가 이미 재물을 점유하고 있어 점유의 이전이 필요 없다. 단순한 내심의 의사만으로는 횡령행위가 있었다고 할 수 없고, 불법영득의사가 외부에 인식될 수 있는 객관적 행위가 있을 때 횡령죄가 성립한다.[428]

426 대법원 2007. 6. 14. 선고 2005도7880 판결(이 판결에 대한 해설로는, 손봉기, "동산 담보권자가 담보권의 범위를 벗어나서 담보물의 반환을 거부하거나 처분한 경우 횡령죄를 구성하는지 여부", 해설(70), 245 이하 참조. 참고로 위 판례해설에서는 이 사건 담보계약의 법적 성격을 동산양도담보계약이 아닌 동산질권설정계약으로 보고 있다).

427 대법원 2009. 2. 12. 선고 2008도10971 판결.

428 대법원 1993. 3. 9. 선고 92도2999 판결, 대법원 1996. 11. 29. 선고 96도1755 판결, 대법원 2004. 12. 9. 선고 2004도5904 판결, 대법원 2016. 8. 30. 선고 2013도658 판결 등.

269 횡령죄의 본질에 관하여 영득행위설의 입장에서 영득의사가 표출 또는 표현되면 충분하고 실제로 실현될 필요는 없다고 보지만 단순한 내심의 의사만으로는 부족하다는 것이 다수설[429]이다. 견해에 따라서는 불법영득의사를 '실현' 하는 행위라는 표현을 쓰거나,[430] 소유권을 침해하는 행위[431]라고 하기도 한다. 횡령행위의 의의와 기수시기에 관한 표현설과 실현설의 논의가 반드시 논리적으로 연결되는 것으로 보이지는 않는다. 기수시기와 관련한 상세한 논의는 뒤에서 다시 살펴본다.

270 한편, 횡령죄의 본질에 관하여 월권행위설의 입장에서는 횡령행위는 위탁에 의한 신뢰관계를 배신하여 권한 초월적인 처분을 함으로써 재물을 영득하는 행위라고 본다.[432] 다만 그 권한초월의 배신적 처분이 경제적 측면에서 처벌할 필요가 있는 중요한 것에 한하여 배신적 영득을 인정해야 한다고 한다.

나. 횡령행위의 태양

1) 횡령행위

가) 일반론

271 횡령행위는 사실행위이든 법률행위이든 묻지 않는다. 사실행위로서 가장 전형적인 것은 금전 기타 대체물의 소비이겠지만, 그 외에 특정물의 반출[433]이나 예금의 형태로 보관한 후의 인출,[434] 또는 은닉(위탁의 본지에 반하여 그 재물을 발견하기 곤란한 상태에 두는 것을 말하는 것이다. 피고인이 조성한 비자금이 회사의 장부상 일반자금 속에 은닉되어 있었다 하더라도 이는 당해 비자금의 소유자인 회사 이외의 제3자가 이를 발견하기 곤란하게 하기 위한 장부상의 분식에 불과하여 그것만으로 피고인의

429 김성돈, 형법각론(제8판), 성균관대학교 출판부(2022), 453; 김성천, 형법각론(제7판), 소진(2021), 478~479; 김신규, 형법각론, 청목출판사(2015), 458; 김일수/서보학, 새로쓴 형법각론(제9판), 박영사(2018), 306; 박상기, 형법각론(제8판), 박영사(2011), 362; 배종대, 형법각론(제14판), 홍문사(2023), 432; 손동권/김재윤, 새로운 형법 각론(제2판), 율곡출판사(2022), 434; 신동운, 형법각론(제2판), 법문사(2018), 1216; 오영근, 형법각론(제7판), 박영사(2022), 365; 이영란, 형법학 각론강의(제3판), 형설출판사(2013), 392; 이재상 외 2인, 형법각론(제12판), 박영사(2021), 410; 이정원/류석준, 형법각론, 법영사(2019), 426; 임웅, 형법각론(제13정판), 법문사(2023), 525; 진계호/이존걸, 형법각론(제6판), 대왕사(2008), 466.

430 예컨대 백형구, 형법각론(개정판), 청림출판(2002), 208; 이형국, 형법각론, 법문사(2007), 419.

431 진계호/이존걸, 형법각론(제6판), 대왕사(2008), 466.

432 정성근/박광민, 형법각론(전정3판), 성균관대학교 출판부(2019), 386.

433 대법원 1975. 5. 27. 선고 75도1014 판결, 대법원 1993. 2. 23. 선고 92도387 판결 등.

434 대법원 1983. 9. 13. 선고 82도75 판결.

불법영득의 의사를 인정할 수는 없다[435]), 휴대하여 도주하거나,[436] 보관 중인 원사를 계약에 정한 바와 다른 용도로 사용할 목적으로 가공행위를 한 경우[437] 등도 이에 해당한다. 목적물에 대한 단순한 손괴행위는 불법영득의 의사의 표현이라고 보기 어려우므로 횡령에 해당하지 않는다.

272 법률적 처분행위는 청약 또는 계약의 체결로서 충분하고(다만 기수 성립 여부는 견해에 따르다. 기수시기에 관한 후술 부분 참조), 매각, 증여, 교환 등에 의한 처분행위가 전형적이라 할 수 있다. 대여,[438] 저당권의 설정,[439] 지상권의 설정,[440] 담보목적 가등기의 경료,[441] 양도담보권의 설정, 자기 채권에의 변제충당,[442] 자기 또는 타인 명의로의 예금,[443] 보관 중인 미등기부동산에 관한 자신 명의의 소유권보존등기를 마친 행위[444] 및 타인의 재물에 대하여 자기의 소유물이라고 주장하면서 민사소송을 제기하거나 또는 제기된 소송에서 자기의 소유권이라고 항변하는 행위 등도 모두 불법영득의 의사가 객관적으로 표현된 행위라고 평가될 수 있다.

273 법률행위가 무효이거나 취소사유가 있는 경우, 예컨대 다른 사람의 재물을 보관하는 사람이 그 사람의 동의 없이 함부로 이를 담보로 제공하였다면 불법영득의사는 이미 표현되었다고 보아야 하므로 횡령죄의 성립에 영향이 없다. 우리나라의 다수설이다.[445] 판례도 같은 입장이다.[446] 종전 처분행위가 당연무효일 때 횡령죄를 구성하지 않는다는 취지로 보이는 판결[447]이 있었으나, 대법원 2002.

435 대법원 1999. 9. 17. 선고 99도2889 판결.
436 대법원 1986. 8. 19. 선고 86도1093 판결.
437 대법원 1981. 5. 26. 선고 81도673 판결.
438 대법원 1980. 5. 27. 선고 80도132 판결.
439 대법원 1987. 12. 8. 선고 87도1690 판결.
440 대법원 1982. 11. 23. 선고 81도1694 판결.
441 대법원 1981. 7. 14. 선고 81도1302 판결.
442 대법원 1984. 11. 13. 선고 84도1199 판결, 대법원 1997. 9. 26. 선고 97도1520 판결 등.
443 대법원 1980. 10. 27. 선고 79도184 판결, 대법원 1980. 9. 24. 선고 80도1153 판결 등.
444 대법원 1993. 3. 9. 선고 92도2999 판결.
445 김성돈, 형법각론(제8판), 성균관대학교 출판부(2022), 453; 김일수/서보학, 새로쓴 형법각론(제9판), 박영사(2018), 306; 배종대, 형법각론(제14판), 홍문사(2023), 431; 손동권/김재윤, 새로운 형법각론(제2판), 율곡출판사(2022), 434; 오영근, 형법각론(제7판), 박영사(2022), 365; 이재상 외 2인, 형법각론(제12판), 박영사(2021), 410; 이정원/류석준, 형법각론, 법영사(2019), 426; 이형국, 형법각론, 법문사(2007), 419; 임웅, 형법각론(제13정판), 법문사(2023), 526; 정성근/정준섭, 형법강의 각론(제2판), 박영사(2022), 303; 진계호/이존걸, 형법각론(제6판), 대왕사(2008), 466.
446 대법원 2002. 11. 13. 선고 2002도2219 판결. 위 판결에 대한 해설로 한창훈, "횡령죄가 위험범인지 여부(적극) 및 보관중인 타인의 재물을 담보로 제공하는 행위가 사법상 무효인 경우 횡령죄가 성립하는지 여부(적극)", 해설(43), 732.
447 대법원 1978. 3. 14. 선고 77도2869 판결, 대법원 1978. 11. 28. 선고 75도2713 판결.

11. 13. 선고 2002도2219 판결로서 횡령죄가 성립한다는 입장을 분명히 한 것이라고 할 수 있다.[448] 그러나 아예 어떠한 법률적 효과가 발생할 수 없는 행위[449])나, 애당초 처분행위의 실현가능성이 없으므로 소유권침해를 인정할 수 없는 경우[450] 등은 횡령죄가 성립될 수 없다거나, 당연무효인 경우에는 영득이 불가능하므로 횡령죄의 미수가 되며, 법률행위를 취소할 수 있는 경우에는 횡령죄가 성립한다는 견해[451]도 있다(☞ 배임행위의 법률상 무효와 배임죄의 성부에 관하여 형법 제355조 '단순 배임죄'의 주석 중 해당 부분을 같이 참조).

274 부작위에 의하여도 영득의사가 표현될 수 있으므로 부작위에 의한 횡령도 가능하다. 예컨대 사법경찰관리가 사건의 증거물로서 제출받은 재물을 영득할 의사로 자기의 책상서랍에 넣어 두고 검사에게 송부하지 않은 때에는 횡령죄가 성립한다.[452] 작위의무를 이행함으로써 결과 발생을 쉽게 방지할 수 있는 법원공무원(입찰업무 담당)이 사무원의 횡령범행을 알고 묵인한 경우 부작위에 의한 업무상횡령죄의 종범으로 처벌한 사례[453]가 있다.

275 횡령을 실현하기 위하여 기망수단을 사용하더라도 횡령죄만 성립하고 사기죄는 따로 성립하지 않는다. 이 경우 기망행위는 횡령행위를 완성시키기 위한 수단에 불과하고 재물의 이전이 없기 때문에 사기죄의 요건인 상대방의 재산적 처분행위를 인정할 수 없기 때문이다. 그리고 설령 기망당한 위탁자가 자신의 권리를 포기하는 의사표시(처분행위)를 하였다고 하더라도 반대 견해가 있으나 사기죄를 구성하지 않는다고 보는 것이 타당하다.[454]

나) 판례에 나타난 횡령행위

276 [판례] 대표이사의 자금지출 또는 담보제공 행위

회사의 대표이사가 회사를 위한 지출 이외의 용도로 거액의 회사 자금을 인출, 사용함에 있어서 이사회 결의 등 적법한 절차도 거치지 아니하는 것은 통상 용인될 수 있는 범위를 벗어나 대표이사의 지위를 이용하여 회사 자금을 사적인 용도로 임의로

448 한창훈, "횡령죄가 위험범인지 여부(적극) 및 보관중인 타인의 재물을 담보로 제공하는 행위가 사법상 무효인 경우 횡령죄가 성립하는지 여부(적극)", 해설(43), 741.
449 손동권/김재윤, 새로운 형법각론(제2판), 율곡출판사(2022), 434.
450 정성근/박광민, 형법각론(전정3판), 성균관대학교 출판부(2019), 400.
451 이영란, 형법학 각론강의(제3판), 형설출판사(2013), 392.
452 山中敬一, 刑法各論(第3版), 成文堂(2015), 432.
453 대법원 1996. 9. 6. 선고 95도2551 판결.
454 山口厚, 刑法各論(第2版), 有斐閣(2010), 306; 山中敬一, 刑法各論(第3版), 成文堂(2015), 442.

처분하는 것과 다름없어 횡령죄를 구성하고,[455] 주식회사의 자금을 회사의 업무와 무관하게 주주나 대표이사의 개인 채무 변제 등과 같은 사적인 용도로 임의 지출하였다면 그 지출에 관하여 주주총회나 이사회의 결의가 있었는지 여부와는 관계없이 횡령죄의 죄책을 면할 수 없다.[456] 또 주식회사는 주주와 독립된 별개의 권리주체로서 그 이해가 반드시 일치하는 것은 아니므로, 회사 소유 재산을 주주나 대표이사가 제3자의 자금 조달을 위하여 담보로 제공하는 등 사적인 용도로 임의 처분하였다면 그 처분에 관하여 주주총회나 이사회의 결의가 있었는지 여부와는 관계없이 횡령죄의 죄책을 면할 수는 없으며,[457] 대표이사가 업무상 보관중인 금전이 회사장부상 위 대표이사의 가수금으로 처리되어 있다 하더라도 위 대표이사가 회사 소유의 자금인 위 금전을 개인용도에 임의 소비하였다면 이는 업무상횡령죄를 구성한다.[458] 회사의 대표이사 혹은 그에 준하여 회사 자금의 보관이나 운용에 관한 사실상의 사무를 처리하여 온 사람이 회사를 위한 지출 이외의 용도로 거액의 회사 자금을 가지급금 등의 명목으로 인출, 사용함에 있어서 이자나 변제기의 약정이 없음은 물론 이사회 결의 등 적법한 절차도 거치지 아니하는 것은 통상 용인될 수 있는 범위를 벗어나 대표이사 등의 지위를 이용하여 회사 자금을 사적인 용도로 임의로 대여, 처분하는 것과 다름없어 횡령죄를 구성하고,[459] 피고인 甲, 乙이 피고인 丙 등과 공모하여 피고인 甲이 피고인 乙로부터 A 주식회사의 주식 및 경영권을 인수하기로 하는 계약을 체결하고 사채업자로부터 그 인수대금을 차용하는 과정에서 그 차용금 변제를 위한 담보 제공 및 일부 이자 등의 지급조로 A 회사 명의의 은행 계좌에서 자기앞수표를 인출하여 사채업자에게 교부한 행위는 업무상횡령죄에 해당한다.[460]

277 [판례] 대표이사의 변호사비용을 회사 자금으로 지급한 행위

주식회사의 대표이사 혹은 그에 준하여 회사 자금의 보관이나 운용에 관한 사실상의 사무를 처리하여 온 사람이 위법행위로 인하여 형사재판을 받는 이사나 대주주의 개인 변호사 비용을 회사의 자금으로 지급하였다면 이는 주주총회나 이사회 결의의 유

455 대법원 2006. 4. 27. 선고 2003도135 판결, 대법원 2010. 5. 27. 선고 2010도3399 판결, 대법원 2013. 1. 24. 선고 2012도10629 판결 등.

456 대법원 2005. 4. 29. 선고 2005도741 판결, 대법원 2007. 10. 11. 선고 2007도6012 판결, 대법원 2012. 12. 13. 선고 2010도4807 판결 등.

457 대법원 2005. 8. 19. 선고 2005도3045 판결, 대법원 2010. 12. 23. 선고 2008도8851 판결, 대법원 2012. 6. 28. 선고 2012도2628 판결 등.

458 대법원 1988. 7. 26. 선고 88도936 판결, 대법원 2006. 6. 16. 선고 2004도7585 판결, 대법원 2011. 12. 22. 선고 2011도10461 판결, 대법원 2012. 2. 23. 선고 2011도15413 판결 등.

459 대법원 2006. 4. 27. 선고 2003도135 판결, 대법원 2010. 5. 27. 선고 2010도3399 판결, 대법원 2012. 1. 27. 선고 2011도14247 판결, 대법원 2014. 12. 24. 선고 2014도11263 판결 등.

460 대법원 2012. 6. 28. 선고 2012도2628 판결.

무에 관계없이 업무상횡령죄에 해당한다고 보아야 한다[461](☞ 변호사 선임료 등 소송비용의 지출과 횡령죄 성부 관련 자세한 판례의 태도는 불법영득의사 해당 부분 참조).

278 [판례] 회사 약속어음을 교부한 행위

회사 대표이사가 회사의 약속어음을 보관하던 중 자신과 사적으로 주식 및 경영권 양도계약을 체결한 지위에 있을 뿐인 사람에게 위 어음을 교부한 행위는 업무상횡령에 해당한다.[462]

279 [판례] 조합 임원의 보수 수령행위

관광지조성사업조합의 정관인 개발규약이 조합 임원의 보수는 이사회 결의에 따라 지급할 수 있고, 조합 상근임원에 대한 보수는 총회의 인준을 받은 보수규정에 따라야 한다고 규정하고 있음에도 조합장이 그러한 절차를 거치지 않고 조합 명의의 계좌에서 급여 명목의 보수를 수령하여 개인 채무 변제 등에 사용하였다면 횡령에 해당한다.[463]

280 [판례] 주식회사의 대표이사가 타인으로부터 납입 받은 신주인수대금을 횡령한 행위

주식회사의 주주 겸 대표이사가 장차 신주발행절차에서 자신이 취득하게 될 주식을 타인에게 매도하고자 하면서 다만, 양도소득세 등의 부담을 피하기 위해 주식매수인이 회사에 대해 직접 신주를 인수하는 절차를 취한 경우 회사에 대한 관계에서 신주인수인은 대표이사가 아니라 주식매수인이라고 할 것이므로, 대표이사가 주식매수인으로부터 받은 주식매매대금은 신주인수대금이라 할 것이어서 이를 보관 중 개인적인 용도로 사용한 경우 횡령죄를 구성한다. 주식회사의 대표이사가 타인을 기망하여 회사가 발행하는 신주를 인수하게 한 다음, 그로부터 납입 받은 신주인수대금을 보관하던 중 횡령한 행위는 전혀 다른 새로운 보호법익을 침해하는 행위로서 별죄를 구성한다.[464]

281 [판례] 고문료의 지급행위

회사 운영자나 대표 등이 그 내부 절차를 거쳐 고문 등을 위촉하고 급여를 지급한 행위가 업무상횡령으로 인정되기 위해서는 그와 같이 고문 등을 위촉할 필요성이나 정당성이 명백히 결여되거나 그 지급되는 급여가 합리적인 수준을 현저히 벗어나는 경우이어야 할 것이다. 그리고 그에 해당하는지를 판단하기 위해서는 고문 등으로 위촉된 자의 업무수행능력뿐만 아니라, 고문 등의 위촉 경위와 동기, 고문 등으로 위촉

461 대법원 2006. 9. 8. 선고 2005도9861 판결, 대법원 2013. 6. 27. 선고 2013도1526 판결 등.
462 대법원 2006. 8. 25. 선고 2006도3631 판결.
463 대법원 2013. 8. 30. 선고 2013도2761 판결.
464 대법원 2006. 10. 27. 선고 2004도6503 판결.

된 자와 회사 사이의 관계, 그가 회사 발전에 기여한 내용 및 정도, 고문 등으로 위촉되어 담당하기로 한 업무의 내용 및 중요성, 회사 규모와 당시의 경제적 상황, 고문 등의 위촉으로 인하여 회사가 얻을 것으로 예상되는 유·무형의 이익, 관련 업계의 관행 등을 종합적으로 고려하여 판단하여야 한다.[465]

282 [판례] 사립학교 회계 관련 지출행위-교비회계 세출①

사립학교법 제29조 및 그 시행령 제13조, 사학기관재무·회계규칙 제25조, 제36조 등 관련 법령의 규정을 종합하면, 학교법인의 회계는 학교회계와 법인회계로 구분되고 학교회계 중 특히 교비회계에 속하는 수입은 학교가 학생으로부터 징수하는 입학금·수업료 등으로 이루어지는 결과 다른 회계에 전출하거나 대여할 수 없는 등 그 용도를 엄격히 제한하고 있다. 이와 같이 용도가 엄격히 제한된 자금을 위탁받아 집행하면서 그 제한된 용도 이외의 목적으로 자금을 사용하는 것은 그 사용이 개인적인 목적에서 비롯된 경우는 물론 결과적으로 자금을 위탁한 본인을 위하는 면이 있더라도 그 사용행위 자체로서 불법영득의 의사를 실현한 것이 되어 횡령죄가 성립하므로, 결국 사립학교의 교비회계에 속하는 수입을 적법한 교비회계의 세출에 포함되는 용도 즉, 당해 학교의 교육에 직접 필요한 용도가 아닌 다른 용도에 사용하였다면 그 사용행위 자체로서 불법영득의사를 실현하는 것이 되어 그로 인한 죄책을 면할 수 없다.[466]

283 [판례] 사립학교 회계 관련 지출행위-교비회계 세출②

사립학교법의 위임에 의하여 교비회계의 세출에 관한 사항을 정하고 있는 시행령 제13조 제2항은 교비회계의 세출을 그 각 호 소정의 경비로 한다고 하면서, 학교운영에 필요한 인건비 및 물건비(제1호), 학교교육에 직접 필요한 시설·설비를 위한 경비(제2호), 기타 학교교육에 직접 필요한 경비(제5호) 등을 들고 있으므로, 교비회계에 속하는 수입에 의한 지출이 허용되는 교비회계의 세출에 해당하는지 여부는 그 지출과 관련된 제반 사정을 종합적으로 살펴볼 때 당해 학교의 교육에 직접 필요한 것인지 여부에 따라 판단되어야 하고,[467] 사립학교법 제29조 제6항이 교비회계에 속하는 수입을 전출하거나 대여할 수 없도록 하고 있는 다른 회계란 당해 학교의 다른 회계나 소속 학교법인의 다른 회계에 한정되는 것이 아니라 당해 교비회계 이외의 다른 모든 회계를 포함한다.[468]

465 대법원 2013. 6. 27. 선고 2012도4848 판결.

466 대법원 2003. 5. 30. 선고 2002도235 판결, 대법원 2008. 2. 29. 선고 2007도9755 판결, 대법원 2010. 3. 11. 선고 2009도6482 판결, 대법원 2013. 10. 24. 선고 2013도6353 판결, 대법원 2014. 8. 28. 선고 2014도6286 판결 등.

467 대법원 2002. 2. 5. 선고 2001두7138 판결, 대법원 2013. 5. 24. 선고 2012도6450 판결 등 참조.

468 대법원 2005. 9. 28. 선고 2005도3929 판결, 대법원 2008. 2. 29. 선고 2007도9755 판결.

284 [판례] 교비회계의 유용

교비회계에 속하는 수입을 교비회계의 세출 이외의 용도인 성과급 등으로 사용할 목적으로 피고인의 개인계좌에 입금하는 행위,[469] 사립학교법상 교비회계에 속하는 금원을 같은 학교법인에 속하는 다른 학교의 교비회계에 사용한 경우나,[470] 학교교육에 필요한 시설·설비라도 사립학교 설립 당시 학교법인 또는 설립자가 공사계약을 체결한 시설·설비의 공사비는 그 시설·설비가 학교설립인가조건에 포함되어 있는 시설·설비인지 여부와 상관없이 학교법인의 법인회계에서 지출하거나 설립자가 부담하여야 하고 이를 교비회계에서 지출할 수 없는바, 사립학교의 교비회계에 속하는 수입을 적법한 교비회계의 세출에 포함되는 용도, 즉 당해 학교의 교육에 직접 필요한 용도가 아닌 다른 용도에 사용하였다면 그 사용행위 자체로서 불법영득의사를 실현하는 것이 된다.[471] 대학교의 교비회계에 속한 자금으로 대학교 총장과 사무차장이 교무회의에서의 발언으로 야기된 개인에 대한 형사사건의 변호사 비용으로 지출되었다면 학교운영 그 자체에 직접적으로 필요한 비용에 해당하는 것으로 볼 수 없고,[472] 학교의 교비계좌 등에서 인출한 자금으로 비자금을 조성한 행위 자체로써 불법영득의사가 실현되어 횡령죄가 기수에 이르는 것이고, 각 학교의 교비계좌에서 인출되었던 자금이 다시 당해 학교의 교비계좌에 입금되었다 하더라도, 그러한 사정은 이미 성립한 횡령죄에 아무런 영향이 없다.[473]

285 [판례] 차입금상환을 위한 교비회계의 지출

사립학교에 있어서 학교교육에 직접 필요한 시설, 설비를 위한 경비 등과 같이 원래 교비회계에 속하는 자금으로 지출할 수 있는 항목에 관한 차입금을 상환하기 위하여 교비회계 자금을 지출한 경우 이러한 차입금 상환행위에 관하여 교비회계 자금을 임의로 횡령하고자 하는 불법영득의 의사가 있다고 보기는 어렵고, 만일 그 행위자가 이러한 차입을 하거나 지출을 하는 과정에서 사립학교법의 관련 규정을 제대로 준수하지 아니하였다면 이에 대하여 사립학교법에 따른 형사적 제재 등이 부과될 수 있을 뿐이다.[474]

286 [판례] 법인부담금의 교비회계 유용

학교법인이 교육부장관으로부터 학교 캠퍼스 이전계획을 승인받는 과정에서 이전승인의 조건으로 학교법인이 법인부담금을 부담하게 되었다면 위 법인부담금은 학교법인

469 대법원 2016. 1. 14. 선고 2013도2191 판결.
470 대법원 2002. 5. 10. 선고 2001도1779 판결, 대법원 2014. 8. 28. 선고 2014도6286 판결 등.
471 대법원 2013. 10. 24. 선고 2013도6353 판결.
472 대법원 2013. 5. 24. 선고 2012도6450 판결.
473 대법원 2000. 12. 8. 선고 99도214 판결, 대법원 2016. 5. 24. 선고 2015도17597 판결.
474 대법원 2006. 4. 28. 선고 2005도4085 판결.

의 법인회계에서 지출하여야 할 것이지 교비회계에서 지출할 수는 없다 할 것이므로, 그 경비의 일부로서 지출되어야 하는 법인부담금의 부담주체인 학교법인이 실제로 법인회계에서 이를 부담한 것처럼 혹은 감독관청이 부과한 법인회계로부터 교비회계로의 보전조치 명령이 이행된 것처럼 꾸미기 위하여, 교비회계의 자금을 수당지급과 기부금 모집 등의 방법을 가장하여 법인회계로 전출하였다면 그 단계에서 이미 학교의 교육에 직접 필요한 용도가 아닌 다른 용도에 자금이 사용된 것으로 평가할 수 있다.[475]

287 [판례] 학교발전기금의 사용

초·중등교육법, 그 시행령 및 학교발전기금의 조성·운용 및 회계에 관한 규칙 등 관련 법령이 학교발전기금의 조성에 관한 그 주체·목적·절차·방법 등은 물론이고 학교발전기금의 운용·사용·회계관리 등에 관하여도 엄격히 규정하고 있고, 그 입법취지가 '열악한 교육재정여건을 감안하여 학교운영위원회를 통한 기금의 조성을 허용하는 대신에 기금의 조성 및 사용에 투명성을 기하고 찬조금 등 금품모금과 관련한 잡음을 없애기 위한 것'에 있는 점 등에 비추어 볼 때, 초·중등교육법에 정한 학교발전기금으로 기부한 금원의 경우, 그 기부의 경위와 목적, 상황, 액수 등 그 실질에 비추어 위와 같이 법령상 엄격히 제한된 용도 외에 학교운영에 필요한 특정한 공익적 용도로 수수한 것으로 볼 수 있는 예외적 경우가 아닌 한, 학교운영위원회에 귀속되어 법령에서 정한 사용목적으로만 사용되어야 할 것이므로, 그 정해진 용도 외의 사용행위는 원칙적으로 횡령죄를 구성한다.[476]

288 [판례] 교육용 기본재산의 처분

사립학교법 제28조 제2항에서 학교교육에 직접 사용되는 학교법인의 특정 재산의 매도나 담보제공을 금지하고 있으나, 학교법인이 학교 운영권과 함께 그 교육용 기본재산을 다른 학교법인에 처분함으로써 그 재산이 계속 학교교육에 사용되도록 하는 경우까지 이 법조항에 의하여 금지되는 것은 아니다.[477] 학교법인의 학교 운영권 등 처분에 앞서 해당 학교법인의 실제 운영자 사이에 그러한 처분이 성사되도록 각자의 학교법인 운영권을 행사하기로 약정하는 것도 특별한 사정이 없는 한 사적자치의 원칙상 허용되고, 이 경우 그 약정의 효력은 학교법인이 아닌 실제 운영자에 대하여 미친다고 할 것이다. 따라서 상실하게 될 학교 부분의 학교법인 운영권에 대한 보상차원에서 양도인이 양수인으로부터 개인적으로 지급받기로 한 금원을 소비하였다고 하더라도 횡령죄를 구성하는 것은 아니다.[478]

475 대법원 2010. 3. 11. 선고 2009도6482 판결.

476 대법원 2010. 7. 22. 선고 2007도4713 판결, 대법원 2014. 3. 13. 선고 2012도6336 판결 등.

477 대법원 1998. 4. 24. 선고 97다54284 판결, 대법원 2008. 1. 24. 선고 2007다62048(본소), 62055(반소) 판결 등 참조.

478 대법원 2015. 4. 9. 선고 2013도484 판결.

289 [판례] 대학 산학협력단이 교부받은 보조금의 사용

학교법인 이사장이 학교법인이 설치·운영하는 대학 산학협력단이 용도를 특정하여 교부받은 보조금 중 3억 원을 대학 교비계좌로 송금하여 교직원 급여 등으로 사용한 경우 위 행위는 국고보조금으로 교부된 산학협력단 자금을 지정된 용도 외의 용도에 사용한 것으로서 업무상횡령죄에 해당한다.[479]

290 [판례] 외국인학교의 학생이나 학부모가 납부한 수업료 등으로 조성된 교비의 사용[480]

이 사건은 앞의 '재물의 타인성' 부분에서 이미 살펴보았다.

291 [판례] 교비회계의 유용과 사립학교법위반 및 횡령죄와의 관계

교비회계수입 전출로 인한 사립학교법위반죄와 교비유용으로 인한 횡령죄는 보호법익과 구성요건의 내용이 서로 다른 별개의 범죄로서 상상적 경합의 관계에 있다.[481]

292 [판례] 과다 지급된 공사대금의 일부를 되돌려 받는 행위

타인을 위하여 금전 등을 보관·관리하는 자가 개인적 용도로 사용할 자금을 마련하기 위하여, 적정한 금액보다 과다하게 부풀린 금액으로 공사계약을 체결하기로 공사업자 등과 사전에 약정하고 그에 따라 과다 지급된 공사대금 중의 일부를 공사업자로부터 되돌려 받는 행위는 그 타인에 대한 관계에서 횡령에 해당한다.[482]

293 [판례] 조합규약에 반하는 주식의 처분행위

산업발전법상 구조조정대상기업에 대한 투자·인수 등을 목적으로 하여 결성된 기업구조조정조합의 업무집행조합원이 투자자산의 처분 등을 조합원총회의 결의사항으로 규정한 조합규약에도 불구하고 조합 명의로 업무상 보관하던 주식을 임의로 매각한 사안에서, 횡령죄의 성립을 인정한 사례[483]

294 [판례] 제품판매대금의 사용

영업상 보관 중이던 피해 회사 소유의 제품판매대금을 그 수금 취지대로 피해 회사에 입금하지 아니한 채 개인통장에 입금·사용한 이상 그로써 업무상횡령죄가 성립하고, 설사 판매실적 제고를 위해 가상으로 판매한 대금을 마련하거나 지정 할인율을 초과한 판매로 부족해진 제품 재고를 채우는 등의 용도에 그 돈을 사용하였다고 하여도 이는 횡령금의 사용에 관한 사후적 사정에 불과하다.[484]

479 대법원 2011. 10. 13. 선고 2009도13751 판결.
480 대법원 2012. 5. 10. 선고 2011도12408 판결.
481 대법원 2002. 8. 23. 선고 2002도389 판결, 대법원 2005. 9. 28. 선고 2005도3929 판결 등.
482 대법원 2007. 10. 12. 선고 2005도7112 판결, 대법원 2010. 5. 27. 선고 2010도3399 판결 등.
483 대법원 2008. 10. 23. 선고 2007도6463 판결.
484 대법원 2009. 12. 24. 선고 2007도2484 판결.

295 [판례] 입주자대표회의 등의 위법한 의결에 따른 지출행위

주주총회나 이사회, 부녀회 등에서 위법한 예산지출에 관하여 의결을 하였다 하더라도 횡령죄의 성립에 지장이 없고, 그 의결에 따른 예산집행이라고 하여 횡령행위가 정당화될 수 없다.[485] 아파트 단지 내에서의 굴비 판매행위와 관련하여 받은 수수료는 주요시설의 보수 및 특별수선충당금으로 적립하여야 하고, 입주자대표회의의 의결로도 그 용도를 변경할 수 없는 예산에 해당한다. 피고인이 임의로 위 수수료를 동대표 일부에 대한 추석 선물비용으로 지출한 후 입주자대표회의에서 이를 추인하는 결의가 있었다 하더라도 피고인의 위 행위는 횡령죄를 구성하고, 정당행위에 해당하지 아니한다.[486]

2) 반환의 거부

296 반환의 거부란 보관물에 대하여 소유권자의 권리를 배제하는 의사표시를 하는 행위를 뜻한다. '반환의 거부'가 횡령죄를 구성하려면 타인의 재물을 보관하는 자가 단순히 그 반환을 거부한 사실만으로는 부족하고 그 반환거부의 이유와 주관적인 의사들을 종합하여 반환거부행위가 횡령행위와 같다고 볼 수 있을 정도이어야 한다.[487] 예컨대 소유권을 주장하면서 먼저 민사소송을 제기한 때에는 반환거부가 외부로 표시된 것이 된다.[488]

297 횡령죄에 있어서 불법영득의 의사는 타인의 재물을 보관하는 자가 그 취지에 반하여 정당한 권원 없이 스스로 소유권자와 같이 이를 처분하는 의사를 말하는 것이므로 비록 그 반환을 거부하였다고 하더라도 그 반환거부에 정당한 이유(동시이행의 항변권, 유치권, 상계권 행사 등)가 있어 이를 반환하지 아니하였다면 불법영득의사가 있다 할 수 없다.[489] 판례에 따르면, 보관자가 반환을 거절할 권리를 가지거나, 반환하지 아니한 데에 보관자의 과실이 없거나,[490] 정당한 권한

485 대법원 1990. 2. 23. 선고 89도2466 판결, 대법원 2000. 5. 26. 선고 99도2781 판결, 대법원 2004. 7. 22. 선고 2003도8193 판결 등.

486 대법원 2006. 4. 27. 선고 2003도4735 판결.

487 대법원 2013. 8. 23. 선고 2011도7637 판결, 대법원 2017. 10. 12. 선고 2017도10005 판결, 대법원 2022. 12. 29. 선고 2021도2088 판결 등.

488 정성근/정준섭, 형법강의 각론(제2판), 박영사(2022), 303.

489 대법원 1998. 7. 10. 선고 98도126 판결, 대법원 2006. 2. 10. 선고 2003도7487 판결, 대법원 2008. 12. 11. 선고 2008도8279 판결, 대법원 2013. 8. 23. 선고 2011도7637 판결, 대법원 2015. 2. 26. 선고 2014도11552 판결, 대법원 2022. 12. 29. 선고 2021도2088 판결 등.

490 대법원 1986. 10. 28. 선고 86도1516 판결, 대법원 1987. 4. 28. 선고 86도824 판결, 대법원 1989. 3. 14. 선고 88도2437 판결, 대법원 1992. 11. 27. 선고 92도2079 판결 등.

의 존재,[491] 사실상 반환불가능으로 인한 반환의 지연[492] 등은 모두 정당한 사유가 있다는 판단 근거가 된다.

298 [판례] 반환거부에 정당한 사유가 인정되지 아니한 경우

용도를 특정하여 위탁받은 금전을 그 목적과 용도에 사용하지 않고 마음대로 피고인의 위탁자에 대한 채권에 상계충당 한 경우, 상계정산하기로 하였다는 특별한 약정이 없는 한 당초 위탁한 취지에 반하는 것으로서 횡령죄를 구성한다고 볼 것이고, 상계할 수 있는 반대채권이 있어 그에 상계충당 하였다는 것만으로는 용도 내지 목적을 특정하여 위탁한 돈의 반환을 거절할 정당한 사유가 되지 못한다.[493]

299 [판례] 반환거부가 횡령행위로 인정된 경우

시로부터 기계를 무상 대부받은 자가 반환기일에 이를 반환하지 않고 수차 연기원을 제출하여 오다가 타인에게 유상으로 대여한 경우,[494] 농지를 대가없이 명의신탁한 자가 수탁자에 대하여 그 반환을 요구하면서 이로 인한 비용과 세금은 모두 자신이 부담하여 수탁자에게 손해가 없도록 하겠다고 했음에도 불구하고 수탁자가 자신이 납부한 재산세의 해결 및 2년의 추가경작을 요구하면서 이에 불응한 경우,[495] 불상을 보관하고 있었음이 명백한 피고인이 피해자들로부터 그 반환을 요구받고도 이를 반환하지 아니하였고, 불상을 반환하지 못하는 이유로 불상을 한강에 버렸다고 하거나, 팔아달라고 다른 사람에게 맡겼다거나, 술에 취한 상태에서 택시에 두고 내려 분실하였다고 하는 등 수시로 진술을 번복하고 있을 뿐 이 사건 불상의 행방에 관하여 납득할 만한 설명을 하지 못하고 있는 경우[496]

300 [판례] 반환거부에 정당한 사유가 있다고 인정된 경우

공사대금을 초과 지급받은 하수급인에 대하여 그 초과 지급 분을 반환하지 않았다고 주장하면서 자신이 보관중인 하수급인 소유의 공구의 반환을 거절한 경우,[497] 보관중인 건축자재가 하수급인(위탁자)의 소유가 아니라 그가 타인으로부터 빌려온 것임을 알지 못하였고 하수급인이 공사 중단 후 자취를 감추고 있어 그가 나타나기 전에는 소유자를 가릴 수 없기 때문에 보관을 계속하면서 소유자의 반환요구를 거절한

491 대법원 1983. 11. 8. 선고 82도800 판결, 대법원 2022. 12. 29. 선고 2021도2088 판결.
492 대법원 1993. 6. 8. 선고 93도874 판결.
493 대법원 1997. 9. 26. 선고 97도1520 판결, 대법원 2010. 9. 30. 선고 2010도7012 판결.
494 대법원 1968. 2. 20. 선고 67도1456 판결.
495 대법원 1983. 11. 8. 선고 82도800 판결.
496 대법원 2009. 12. 10. 선고 2008도10669 판결.
497 대법원 1986. 10. 28. 선고 86도1516 판결.

경우,[498] 동업관계의 청산으로 인한 정산금을 분배받지 못하자 이를 분배받을 때까지 동업자가 매각한 시설을 유치하고자 반환을 거부한 경우,[499] 점포임차인인 피해자가 임대인으로부터 임차한 점포에서 식품대리점을 운영하다가 임차기간이 만료하기 전에 점포를 비우면서 그 곳에 두고 나간 물건들을 보관하고 있는 임대인이 피해자가 연체한 월세를 지급받기 전까지 피해자에게 그 물건을 반환할 수 없다고 거부한 경우,[500] 보관자의 지위에 있는 등기명의자가 명의이전을 거부하면서 부동산의 진정한 소유자가 밝혀진 후에 명의이전을 하겠다는 의사를 표시하면서 그 반환을 거부한 경우,[501] 피고인들이 피해자 조합원들에 대하여 이 사건 예금계좌에 초과로 입금된 개발부담금의 반환을 거부한 것은 피해자 조합원들이 제기한 소송으로 인하여 조합이 입게 되는 손해에 대한 구상금채권의 집행 확보를 위한 것에 불과하고, 위 개발부담금을 영득하기 위한 것이라고 볼 수 없는 경우,[502] 상가 구분소유자들로부터 임대에 관한 업무와 상가 관리에 관한 업무를 함께 위임받아 처리해 온 회사가 비록 적법한 절차를 거쳐 관리비, 특별관리비, 개발비를 부과한 것은 아니라고 하더라도, 그 회사의 대표이사인 피고인이 각 임대차의 임차인으로부터 받은 임대차보증금과 차임을 피해자들의 체납 관리비, 개발비 등의 변제에 충당할 수 있다고 믿고서 피해자들의 반환요구에 응하지 아니한 경우,[503] 피고인이 사내이사로 있는 법인 명의의 계좌로 착오 송금된 금전과 관련하여 법인이 가지는 송금인에 대한 물품대금채권으로 상계권을 행사하고 그 상응하는 부분에 관하여 반환을 거부한 경우[504]

다. 횡령으로 인한 재산상 손해발생의 여부

301 본죄가 성립하기 위하여 횡령행위의 결과 재산상 손해발생이 필요한가.

302 횡령죄를 침해범으로 보는 입장에서는 구성요건 결과를 필요로 하여 재물의 소유자에게 재산상 손해가 발생해야 한다고 본다.[505] 따라서 재산상 손해가 발생하지 않은 경우에는 재물소유자의 의사에 반한 때에도 횡령죄의 기수가 되기 어렵다고 한다.[506] 위험범으로 보는 입장에서는 목적물에 대한 영득의 의사를

498 대법원 1989. 3. 14. 선고 88도2437 판결.
499 대법원 1990. 3. 13. 선고 89도1952 판결.
500 대법원 1992. 11. 27. 선고 92도2079 판결.
501 대법원 2002. 9. 4. 선고 2000도637 판결.
502 대법원 2008. 12. 11. 선고 2008도8279 판결.
503 대법원 2013. 8. 23. 선고 2011도7637 판결.
504 대법원 2022. 12. 29. 선고 2021도2088 판결.
505 김일수/서보학, 새로쓴 형법각론(제9판), 박영사(2018), 307; 정성근/정준섭, 형법강의 각론(제2판), 박영사(2022), 304.
506 김일수/서보학, 새로쓴 형법각론(제9판), 박영사(2018), 307.

외부적으로 표출하는 것만으로 본죄가 기수에 이른다고 보게 되므로 반드시 재산상의 손해라는 결과의 발생을 요하는 것은 아니라고 본다.[507]

303 우리 형법은 횡령죄에서 배임죄와 같은 '본인에게 손해를 가할 것'과 같은 요건을 구성요건적 표지로 두고 있지 않다. 침해범과 위험범의 논의와 무관하게 횡령죄의 성립에 재산상 손해의 발생이라는 구성요건적 요건을 필요로 한다고 볼 수는 없다.[508] 기수의 성립 여부나 시기에 관하여는 뒤에서 다시 살펴본다.

라. 횡령액의 산정

1) 횡령액이 갖는 의미

304 단순 횡령죄에서 횡령액은 기본적으로 양형의 요소이다. 횡령죄에서의 양형은 재산범죄의 특성상 횡령액의 규모, 실제 발생된 손해의 내용 및 회복의 정도와 가능성 등이 중요한 영향을 미치게 된다. 대법원에서 정한 양형기준은 횡령액의 규모가 1억 원 미만에서 300억 원 이상 등 5가지 유형으로 나누어 기준을 제시하고 있으며, 실제 피해회복 여부는 중요한 감경적 양형요소로 참작하고 있다(☞ 구체적인 양형사유의 참작에 관하여는 형법 제355조 [총설] 주석 해당 부분 참조).

305 한편 특정경제범죄가중처벌등에관한법률위반(횡령)죄에서는 횡령한 재물의 가액이 5억 원 이상 또는 50억 원 이상이라는 것이 범죄구성요건의 일부로 되어 있고 그 가액에 따라 그 죄에 대한 형벌도 가중되어 있으므로, 이를 적용함에 있어서는 횡령한 재물의 가액을 엄격하고 신중하게 산정함으로써 범죄와 형벌 사이에 적정한 균형이 이루어져야 한다는 죄형균형 원칙 및 형벌은 책임에 기초하고 그 책임에 비례하여야 한다는 책임주의 원칙이 훼손되지 않도록 유의하여야 한다.[509] 횡령한 재물의 가액이 특정경제범죄법의 적용 기준이 되는 하한 금액을 초과한다는 점도 다른 구성요건 요소와 마찬가지로 엄격한 증거에 의하여 증명되어야 한다.[510] 이러한 이득액은 단순일죄의 이득액이나 포괄일죄의 이득액 합산액을 의미하는 것이고 경합범으로 처벌될 수죄의 이득액을 합한 금액을 말하는 것이 아니다. 횡령행위를 포괄하여 특정경제범죄가중처벌등에관한법률위반(횡령)죄로 의율하려면 원칙적으로 피해자 및 피해자별 피해액에 관한 공소사실의 특정이 필요하다.[511]

507 이영란, 형법학 각론강의(제3판), 형설출판사(2013), 395.
508 신동운, 형법각론(제2판), 법문사(2018), 1208.
509 대법원 2007. 4. 19. 선고 2005도7288 전원합의체 판결, 대법원 2013. 5. 9. 선고 2013도2857 판결.
510 대법원 2017. 5. 30. 선고 2016도9027 판결.
511 대법원 2011. 2. 24. 선고 2010도13801 판결.

2) 구체적인 검토

가) 금전·대체물의 경우

306 금전과 같은 대체물의 횡령죄는 실제로 소비 등 처분을 한 수액에 관하여 성립한다. 그러나 대체물의 경우도 특정물로 위탁되었다면, 수탁물 전체 금액에 대하여 성립한다고 보아야 하는 경우도 있다.

나) 공유물·합유물의 경우

307 공유자가 공유물을 보관하는 경우 공유물의 분할 전에는 공유물 전체에 대한 지분을 가지는 것에 지나지 않으므로 횡령행위자의 지분비율에 상관없이 공유물 전부에 대하여 횡령죄가 성립한다. 공유하는 금액의 경우도 마찬가지이다.[512] 합유물의 경우도 같다. 즉 동업자 사이에 손익분배 정산이 되지 아니하였다면 동업자 한 사람이 임의로 동업자들의 합유에 속하는 동업재산을 처분할 권한이 없는 것이므로, 동업자 한 사람이 동업재산을 보관 중 임의로 횡령하였다면 지분비율에 관계없이 횡령한 금액 전부에 대하여 횡령죄의 죄책을 부담한다.[513] 다만, 채권자단의 대표가 채무자로부터 각 채권자의 채권액에 비례하여 분배하라는 취지로 교부받은 돈을 모두 자기의 채권액의 변제에 충당한 경우에는 자기의 채권비율에 따른 분배액을 초과한 금액만을 횡령하였다고 보아야 할 것이다.[514]

다) 타인의 소유물과 자기의 소유물이 불가분 일체를 이루는 경우

308 타인의 소유에 속하는 재물과 자신의 소유에 속하는 재물이 불가분 일체의 재물을 이루는 경우 이를 점유한 자가 임의로 자기를 위하여 처분하였다면 당해 재물 전체에 횡령죄가 성립한다는 견해[515]가 있다.

라) 수표와 어음

309 약속어음을 보관하던 중에 자신을 위한 용도로 임의로 현금으로 할인한 경우, 횡령액은 어음할인에 의하여 실제로 취득한 현금의 수액이 아니라 횡령한 약속어음의 액면금액 상당액이라고 하여야 한다.[516]

512 대법원 1982. 9. 28. 선고 81도2777 판결, 대법원 1996. 3. 22. 선고 95도2824 판결, 대법원 2000. 11. 10. 선고 2000도3013 판결 등.

513 대법원 2000. 11. 10. 선고 2000도3013 판결, 대법원 2007. 2. 22. 선고 2006도8105 판결, 대법원 2011. 6. 10. 선고 2010도17684 판결 등.

514 대법원 1985. 2. 13. 선고 84도2521 판결.

515 주석 형법, 각칙(6)(제5판), 한국사법행정학회(2017), 296(노태악).

516 대법원 1983. 11. 8. 선고 83도2346 판결.

마) 주식

310 한국거래소에 상장되지 않았거나 등록되지 않은 법인이 발행한 주식의 경우, 그에 관한 객관적 교환가치가 적정하게 반영된 정상적인 거래의 실례가 있는 경우에는 그 거래가격을 시가로 보아 주식의 가액을 평가하여야 할 것이고, 상속세 및 증여세법 시행령 제54조 소정의 비상장주식의 평가방법은 보충적 평가방법에 불과하므로 그에 의하여 산정한 평가액이 바로 주식의 가액에 해당한다고 할 수 없다.[517] 한편 보관 중이던 피해자 회사 소유의 주식을 담보로 제공하여 횡령죄가 성립한 경우 횡령행위로 인하여 취득한 재물의 가액은 담보제공 된 주식 전체의 가액이 아니라 그 주식을 담보로 하여 대출받은 금원 상당액이다[518](☞ 비상장주식과 관련한 배임죄에서의 재산상 손해 산정에 관하여는 형법 제355조 '단순배임죄' 주석 해당 부분 참조).

바) 수탁자가 위탁자에 대하여 채권을 가지고 있는 경우 횡령액

311 횡령행위자(수금사원)가 위탁자(회사)에 대하여 출장비인 여비, 숙박료 등 다른 채권을 가지고 있다 하더라도, 그 채권액을 공제한 잔액이 아니라 착복한 금전 전액에 대하여 횡령죄가 성립한다. 사후 변상하거나 보전한 금액을 횡령금액에서 공제해야 하는 것은 아니다.[519] 즉 피고인이 업무상 보관하고 있던 분양대금을 아파트 분양비용으로 사용하였고 그 돈은 추후 정산할 때 피고인이 건설회사로부터 수령할 분양수수료 중에서 공제될 성질의 것이어서 결과적으로 피고인이 그로 말미암아 개인적인 이득을 취하거나 건설회사에 실질적인 손해가 발생한 바 없다 하더라도 위와 같은 사정은 횡령죄의 성부에 아무런 영향이 없다고 할 것이다.[520]

사) 권한을 초월한 담보물의 이용

312 타인을 위하여 금전차용을 해주기 위한 담보물로 사용하라는 취지로 위탁받은 물건을 위탁자를 위한 담보로 제공하면서 동시에 자신이 금전을 차용하기 위하여 담보물로도 제공한 경우 자신을 위한 담보권이 목적물 중 어느 부분에 설정된 것인지 명백하지 않을 때에는 목적물 전체에 대하여 횡령죄가 성립한다고

517 대법원 2000. 7. 28. 선고 2000두1287 판결, 대법원 2001. 9. 28. 선고 2001도3191 판결.
518 대법원 2012. 8. 30. 선고 2012도6394 판결.
519 대법원 2010. 5. 27. 선고 2010도3399 판결, 대법원 2011. 9. 8. 선고 2011도7902 판결 등.
520 대법원 2003. 2. 28. 선고 2002도3281 판결.

보아야 한다는 견해[521]가 있다.

아) 특정경제범죄가중처벌등에관한법률위반(횡령)죄의 이득액 산정

313 일반적으로 범죄의 액수는 구성요건요소가 아니고 양형의 자료에 불과하지만, 횡령죄를 가중처벌 하는 특정경제범죄가중처벌등에관한법률위반(횡령)죄에 있어서는 범죄의 액수가 구성요건요소에 해당한다.[522] 특정경제범죄 가중처벌 등에 관한 법률 제3조 제1항 소정의 이득액이란 횡령행위로 인하여 취득하거나 제3자로 하여금 취득하게 한 불법영득의 대상이 된 재물의 가액을 말한다.[523] 그러나 궁극적으로 그와 같은 이득을 실현하였는지 여부는 영향이 없다.

314 횡령액의 액수를 산정할 수 없는 경우에는 이득액을 기준으로 가중하여 처벌하는 특정경제범죄 가중처벌 등에 관한 법률을 적용할 수 없음은 당연하다. 회사발행의 백지어음을 다른 회사에 대한 채무의 담보로 제공함으로써 횡령한 사안에서 횡령 범행 기수 당시 피담보채권의 발생여부와 액수를 확정할 수 없으므로 횡령행위로 인한 이득액은 그 경제적 가치를 금전으로 환산할 수 없다.[524]

자) 과다하게 부풀려 지급된 공사대금 중 일부를 되돌려 받은 경우

315 타인을 위하여 금전 등을 보관·관리하는 자가 개인적 용도로 사용할 자금을 마련하기 위하여, 적정한 금액보다 과다하게 부풀린 금액으로 공사계약을 체결하기로 공사업자 등과 사전에 약정하고 그에 따라 과다 지급된 공사대금 중의 일부를 공사업자로부터 되돌려 받는 행위는 그 타인에 대한 관계에서 과다하게 부풀려 지급된 공사대금 상당액의 횡령이 된다.[525]

316 [판례] 근저당권설정으로 인한 횡령액의 산정

피고인이 근저당권설정등기를 마치는 방법으로 부동산을 횡령함으로 인하여 취득한 구체적인 이득액은 위 각 부동산의 시가 상당액에서 이 사건 범행 전에 설정된 피담보채무액을 공제한 잔액이 아니라 위 각 부동산을 담보로 제공한 피담보채무액 내지 그 채권최고액이라고 봄이 상당하다.[526]

521 주석 형법, 각칙(6)(제5판), 한국사법행정학회(2017), 298(노태악).

522 대법원 2007. 4. 19. 선고 2005도7288 전원합의체 판결, 대법원 2013. 5. 9. 선고 2013도2857 판결.

523 대법원 1990. 10. 16. 선고 90도1815 판결, 대법원 2003. 9. 5. 선고 2003도1859 판결, 대법원 2004. 6. 25. 선고 2003도7243 판결 등.

524 대법원 2003. 6. 24. 선고 2003도1456 판결.

525 대법원 2010. 5. 27. 선고 2010도3399 판결, 대법원 2015. 12. 10. 선고 2013도13444 판결 등.

526 대법원 2013. 5. 9. 선고 2013도2857 판결. 이 판결에 대한 평석으로, 박형준, "근저당권설정에 의한 횡령행위와 특정경제범죄 가중처벌 등에 관한 법률 제3조의 이득액 산정기준", 민사재판의 제문제 23권(2015. 8), 1058 이하.

분석과 검토: 종래 대법원은 수탁자가 명의신탁 받은 부동산에 신탁자의 승낙 없이 근저당권을 설정한 경우 부동산 전체에 대하여 횡령죄가 성립하고 그 후의 추가 근저당권설정이나 매도 등 처분행위를 하더라도 불가벌적 사후행위로서 별개의 횡령죄를 성립하지 않는다는 입장을 취하고 있었다. 그런데 대법원 2013. 2. 21. 선고 2010도10500 전원합의체 판결로서 처음 근저당권설정 이후의 추가적인 근저당권설정행위가 선행 처분행위로 예상할 수 없는 새로운 위험을 추가함으로써 법익침해에 대한 위험을 증가시키거나 선행 처분행위와는 무관한 방법으로 법익침해의 결과를 발생시키는 경우라면 별도의 횡령죄를 구성한다고 견해를 변경하였다. 따라서 추가로 근저당권을 설정한 횡령행위의 경우 그 횡령액을 어떻게 산정할 것인가가 문제되었는데, 대법원은 이 사안에서 횡령액은 그 부동산의 시가 상당액에서 이 사건 범행 전에 설정된 피담보채무액을 공제한 잔액이 아니라 위 각 부동산을 담보로 제공한 피담보채무액 내지 그 채권최고액이라고 봄이 상당하다고 판시하였다. 따라서 부동산 가치의 일부에 대하여 임의로 근저당권을 설정한 경우 불법영득한 것은 부동산 전체가 아니라 실제 이득한 범위에 따라 형사책임을 부담하게 되고, 그 이득액 규모에 따라 형법상 횡령죄로만 의율될 것인지 아니면 특정경제범죄가중처벌등에관한법률위반(횡령)죄로 가중처벌 되는지 여부가 달라지고 공소시효도 달라진다.[527]

대법원은 특정경제범죄가중처벌등에관한법률(배임)위반 사건에서는 이미 위와 같은 입장을 취하고 있었다. 즉 배임죄는 재산상 이익을 객체로 하는 범죄이므로 1인 회사의 주주가 자신의 개인채무를 담보하기 위하여 회사 소유의 부동산에 대하여 근저당권설정등기를 마쳐주어 배임죄가 성립한 이후 그 부동산에 대하여 새로운 담보권을 설정해주는 행위는 선순위 근저당권의 담보가치를 공제한 나머지 담보가치 상당의 재산상 이익을 침해하는 행위로서 별도의 배임죄가 성립하다고 하였다.[528] 이는 근저당권설정행위에 따른 특정경제범죄가중처벌등에관한법률위반(배임)죄의 이득액을 배임행위로 인해 침해된 담보가치 상당액으로 본 것이라 할 수 있다.

이 판결에 대하여, 구체적인 이득액이 채권최고액인지 피담보채무액인지 불분명하다고 지적하고, 다수의견이 정당성을 가지기 위해서는 전체가치설(재산범죄의 이득액을 취득한 재산 전체를 기준으로 파악하는 견해)이 아니라 실제가치설(실제로 취득한 재산의 가액 또는 소유권능 일부의 횡령을 인정하는 견해)를 취한 것으로 파악해야 하며, 정확히는 부동산 시가 범위 내의 채권최고액으로 보아야 한다는 견해[529]가 있다.

527 박형준, "근저당권설정에 의한 횡령행위와 특정경제범죄 가중처벌 등에 관한 법률 제3조의 이득액 산정기준", 민사재판의 제문제 23권(2015. 8), 1070.

528 대법원 2005. 10. 28. 선고 2005도4915 판결.

529 이상원, "횡령인가 불가벌적 사후행위인가", 형사재판의 제문제 7권(차한성 대법관 퇴임기념), 114, 117.

마. 기수시기

1) 기수시기에 관한 학설과 판례

317 기수시기에 관하여, 행위자의 불법영득의사가 외부적으로 인식될 수 있을 정도의 행위에 의하여 객관적으로 실현된 때 기수가 된다는 입장(실현설, 또는 엄격표현설)[530]과 불법영득의사가 객관적으로 외부에 표현된 때 횡령죄의 기수가 된다는 입장(표현설)[531]의 대립이 있다.

318 대체로 횡령죄의 본질에 관하여 침해범·결과범으로 보는 입장에서는 실현설, 위험범으로 보는 입장에서는 표현설을 취하고 있는 것으로 보인다. 다만 기수의 성립은 구성요건의 실현 여부에 달려 있는 것이지 보호법익의 침해나 위태화로 결정되는 문제가 아니며, 보호법익의 침해나 위험은 기수의 성립범위를 제한하는 역할을 하는 것이지 적극적으로 구성요건실현 여부를 근거지우거나 결정적인 기준으로 작용하는 것은 아니라는 점을 지적하는 견해[532]도 있다.

319 실현설과 표현설의 차이는 가령 횡령의 의사로서 매매 의사표시를 하고 아직 제3자에 대한 인도나 소유권이전등기를 마치기 전인 경우, 실현설에 따르면 횡령죄의 미수가 될 것이나 표현설에 의하면 불법영득의사가 외부로 표현되었으므로 횡령죄의 기수가 성립하게 된다고 설명된다.[533]

320 표현설은 형법상 횡령 미수를 처벌하도록 규정하고 있음에도 미수범 성립을 부정하는 결과가 되거나 그 인정범위가 매우 제한적일 수밖에 없다는 점이 지적된다. 반면 실현설은 영득의사의 객관적 실현이라는 기준이 불확정적이라는 점이 문제가 되는데, 횡령죄의 주체는 이미 타인의 재물을 보관하고 있는 자이므로 물리적 점유이전이라는 객관적 실행행위를 찾기는 어렵고 보관하고 있는 재물의 권한 없는 처분행위 내지 반환거부행위의 어느 시점에 영득의사의 객관적인 실현행위가 있었는지를 판단해야 하는데 그 구체적인 시점은 일의적으로 확

530 김성돈, 형법각론(제8판), 성균관대학교 출판부(2022), 455; 김일수/서보학, 새로쓴 형법각론(제9판), 박영사(2018), 308; 배종대, 형법각론(제14판), 홍문사(2023), 432; 오영근, 형법각론(제7판), 박영사(2022), 372~373; 이정원/류석준, 형법각론, 법영사(2019), 427; 이형국, 형법각론, 법문사(2007), 419; 정성근/정준섭, 형법강의 각론(제2판), 박영사(2022), 303; 진계호/이존걸, 형법각론(제6판), 대왕사(2008), 469.

531 김성천, 형법각론(제7판), 소진(2021), 486; 박상기, 형법각론(제8판), 박영사(2011), 363, 385; 손동권/김재윤, 새로운 형법각론(제2판), 율곡출판사(2022), 435; 이재상 외 2인, 형법각론(제12판), 박영사(2021), 411; 임웅, 형법각론(제13정판), 법문사(2023), 530.

532 이용식, "횡령죄의 기수성립에 관한 논의구조", 형사재판의 제문제 7권(2014), 152~153, 170~171.

533 예를 들어 이정원/류석준, 형법각론, 법영사(2019), 427.

정하기 어려운 경우가 많다는 점 등이 한계로 지적된다.[534]

321 실현설을 취하는 입장에서도 불법영득의사가 언제 실현되었다고 볼 것인가에 관하여 견해가 완전히 일치하는 것으로 보이지는 않는다. 즉 어느 정도까지의 실현을 필요로 하는가의 해석론에 따라 개별적으로 정해야 한다거나[535] 불법영득의사의 외부적 표현을 넘어 그 의사가 객관적·외부적으로 실현된 때 횡령죄 기수가 되고 그 전단계의 표현만 있는 경우는 미수가 되며 이때 이 실현을 처분행위의 종료 내지 횡령행위의 성공이라는 높은 단계로 해석할 필요까지는 없고, 외부적으로 인식 가능한 실현의 기준은 객관적으로 판단할 문제라는 견해[536] 또는 개별 사안에 따라 기수와 미수의 한계를 판단하여야 한다는 견해[537] 및 구체적인 거래 내용에 따라 객관적인 기수시기의 기준을 정립할 수 있다는 견해[538] 등이 있다.

322 한편 표현설의 입장에서도 횡령죄의 기수는 단순한 영득의사의 표현만으로 인정되는 것이 아니라 적어도 외부로 표현된 영득행위가 있어야 비로소 인정된다고 하여 실행 착수 이후 위험발생 이전의 시간적 간격은 얼마든지 인정된다는 입장[539]도 있다.

323 판례는 기수시기에 관하여, 경우에 따라 불법영득의 의사가 외부적으로 표현된 때[540] 또는 불법영득의사를 실현하는 일체의 행위를 말하는 것으로 불법영득의사가 외부에 인식할 수 있는 객관적 행위가 있을 때[541]라고 판시하고 있어 횡령죄의 본질을 위험범으로 보는 입장에서 대체로 표현설의 입장에 가까워 보인다. 그럼에도 부동산횡령에 대하여 소유권이전등기를 마친 때로 보는 것은 위험범의 입장에서 표현설을 취하는 입장과 일관되지 못한다는 비판[542]이 있다.

324 한편 대법원 2012. 8. 17. 선고 2011도9113 판결에서 대법원은 합유물인 수목을 임의처분 하는 계약을 체결하고 계약금을 수령, 소비한 사안에서 횡령미수죄를

534 강수진, "횡령죄의 기수시기- 횡령죄는 위험범인가," 고려법학 72호(2014. 3.), 298.
535 김일수/서보학, 새로쓴 형법각론(제9판), 박영사(2018), 308.
536 배종대, 형법각론(제14판), 홍문사(2023), 432.
537 정성근/박광민, 형법각론(전정3판), 성균관대학교 출판부(2019), 402.
538 강수진, "횡령죄의 기수시기- 횡령죄는 위험범인가," 고려법학 72호(2014. 3.), 302.
539 손동권/김재윤, 새로운 형법각론(제2판), 율곡출판사(2022), 435.
540 대법원 1981. 5. 26. 선고 81도673 판결.
541 대법원 1993. 3. 9. 선고 92도2999 판결, 대법원 1998. 2. 24. 선고 97도3282 판결, 대법원 2004. 12. 9. 선고 2004도5904 판결 등.
542 이용식, "횡령죄의 기수성립에 관한 논의구조", 형사재판의 제문제 7권(2014), 152.

인정한 원심을 수긍한 바 있다. 즉 제1심은[543] 횡령죄의 기수를 인정하였으나 항소심은[544] 피고인이 이 사건 수목에 관하여 합유자인 피해자를 배제한 채 피고인의 단독 소유인 것처럼 행세하면서 매매계약을 체결함으로써 횡령의 불법영득의사가 표현되었다고 볼 소지가 있고, 따라서 피고인이 횡령죄 실행의 착수에 나아갔다고 볼 수는 있으나 더 나아가 합유자인 피해자의 소유권 침해에 대한 구체적인 위험발생에까지 이르렀다고 보기는 어렵다고 하면서 횡령미수를 인정하였고 대법원은 이를 정당하다고 판시하였다.[545]

325 이 판결에 대하여, 침해범설의 입장에서 그 결론을 지지하면서도 부동산횡령을 인정하고 미수규정을 두고 있는 우리 형법에서 더 이상 기존 판례가 취하는 추상적 위험범설 입장에선 구체적으로 타당한 해답을 제시할 수 없게 되었다거나,[546] 횡령죄 기수의 성립여부는 보호법익의 침해나 위험 여부에 있는 것이 아니라 소유권이전등기로 영득이라는 구성요건요소가 실현되어 기수가 된다고 보아야 한다는 비판[547] 등이 있다. 부동산횡령의 기수시기에 관하여는 항을 달리하여 따로 살펴보기로 한다.

2) 횡령죄의 미수범 처벌 문제(장애미수의 인정여부)

326 우리 형법은 횡령죄의 미수를 처벌하고 있다(형법 제359조). 그런데 앞서 본 것처럼 일본에서는 미수범 처벌규정을 두지 않고 있으며 독일 형법에서는 처벌규정을 두고 있다.

327 일본에서 횡령죄는 불법영득의사가 객관화되었을 때 기수에 이른다. 즉 불법영득의사가 확정적으로 외부에 표현되었을 때 횡령죄 실행의 착수가 있고 이와 동시에 기수에 이르게 되어 횡령죄에서는 미수가 인정될 여지가 없다는 것이다.[548] 그러나 부동산 횡령과 같이 의사표시와 등기완료 사이에 시간적 간격이 존재하는 경우가 있기 때문에 즉 부동산이중매매에서 제2매수인에 대한 매매의 의사표시만으로는 기수가 될 수 없기 때문에 이론상으로나 실제상으로 불가벌인 미수와 기수의 구별은 중요하다는 견해[549]도 있다.

543 춘천지법 영월지원 2010. 3. 23. 선고 2009고단474 판결.
544 춘천지법 2011. 6. 22. 선고 2010노197 판결.
545 대법원 2012. 8. 17. 선고 2011도9113 판결.
546 강수진, "횡령죄의 기수시기- 횡령죄는 위험범인가", 고려법학 72호(2014. 3.), 302.
547 이용식, "횡령죄의 기수성립에 관한 논의구조", 형사재판의 제문제 7권(2014), 171.
548 西田典之, 刑法各論(第7版), 弘文堂(2018), 267; 前田雅英 外 7人, 条解刑法(第3版), 弘文堂(2023), 833.
549 西田典之, 刑法各論(第7版), 弘文堂(2018), 267; 山中敬一, 刑法各論(第3版), 成文堂(2015), 433.

328 독일에서는 횡령죄의 객체를 재물에 한정하고 미수범을 처벌하는데 다수설과 판례는 불법영득의사가 객관적으로 표현될 때 실행의 착수가 있음과 동시에 기수가 되어 미수범은 이론상으로만 가능하다고 한다. 이에 대하여 불법영득의사가 더 객관적으로 명확하게 표현될 때 기수에 이르는 것으로 보고 그 정도에 이르지 않은 경우를 미수범으로 처벌하자는 소수 견해도 있다.[550]

329 우리나라에서의 논의를 살펴보면, 대체로 표현설의 입장에서 횡령죄의 장애미수는 이론상으로 가능할지라도 실제로는 인정하기 어렵고, 중지미수나 불능미수만 가능하다고 보고 있다.[551] 그러나 위험범설의 입장을 취하면서 실행 착수 이후 위험발생 이전 사이의 시간적 간격은 얼마든지 인정될 수 있기 때문에 미수범 형태로도 성립될 수 있고, 따라서 횡령죄의 미수는 반드시 중지미수 또는 자기의 소유물이나 무주물을 타인의 재물로 오신하고 영득한 경우와 같이 불능미수(불능범)의 형태로서만 가능하다고 볼 수 없다는 견해[552]가 있다. 한편 실현설의 입장에서는 횡령죄는 불법영득의사가 실현되어야 기수에 이르므로 이에 이르지 못한 경우는 당연히 횡령죄의 미수로 본다. 즉 부동산의 처분으로 인한 횡령은 등기의 완료에 의하여 기수가 되므로 자기가 점유하고 있는 부동산에 대하여 매매계약을 체결하거나 소유권이전등기를 신청하였지만 아직 등기가 되지 않은 때에는 횡령죄의 미수가 된다.[553] 그리고 위탁신임관계를 부차적 보호법익으로 보아 전면적으로 파괴되어 실질적으로 소유자를 배제할 정도에 이를 때 기수에 이르고 위탁신임관계의 파괴가 그 정도에 이르지 않은 경우는 미수범으로 파악하는 것이 타당하다는 견해[554]도 있음은 앞서 본 바이다. 위 견해에 따르면 동산의 경우 보관자가 불법영득의사를 외부에 표출하는 순간 신임관계가 전부 침해되어 기수에 이르게 되고, 부동산 횡령의 경우는 부동산을 임의로 처분하는 계약을 체결할 때 신임관계가 침해되기 시작하여 등기이전이 이루어질 때 신임관계의 침해가 완성된다고 본다.[555]

550 신동운, 형법각론(제2판), 법문사(2018), 1217 참조.

551 이영란, 형법학 각론강의(제3판), 형설출판사(2013), 396; 이재상 외 2인, 형법각론(제12판), 박영사(2021), 412; 임웅, 형법각론(제13정판), 법문사(2023), 530.

552 손동권/김재윤, 새로운 형법각론(제2판), 율곡출판사(2022), 436.

553 김성돈, 형법각론(제8판), 성균관대학교 출판부(2022), 455; 김일수/서보학, 새로쓴 형법각론(제9판), 박영사(2018), 309; 박상기, 형법각론(제8판), 박영사(2011), 387.

554 신동운, 형법각론(제2판), 법문사(2018), 1217~1218.

555 신동운, 형법각론(제2판), 법문사(2018), 1152~1153.

3) 부동산 횡령의 기수시기

330 부동산의 물권변동에 관한 성립요건주의를 취하고 있는 우리나라에서 횡령죄의 기수를 언제 인정할 것인가 문제된다. 매매계약의 체결이나 부동산 소유권이전을 위하여 등기서류를 넘겼을 때 횡령의 의사가 명백히 표출되었으므로 매매계약 체결 또는 매매의 의사를 표시하는 청약에 의하여 기수가 된다는 입장[556]과 그 단계를 넘어 실제 소유권이전등기를 마쳤을 때 기수가 된다는 입장[557]으로 의견이 나뉜다. 대체로 위험범과 침해범 및 표현설과 실현설에 따라 그 입장을 달리 인정하는 것으로 보인다. 그러나 앞서 본 바와 같이 침해범과 실현설을 취하는 입장에서도 개별 사안에서 구체적인 거래내용에 따라 객관적인 기수시기의 기준을 정하여야 한다고 하고, 위험범과 표현설의 입장에서도 단순한 매매의 의사표시만으로 법익침해의 위험성을 야기하는 표현이라고 평가될 수는 없고, 부동산소유권 이전을 위하여 등기서류를 넘겼을 때 기수가 되는 것으로 인정하는 것이 더욱 합리적일 것으로 판단된다는 견해,[558] 위험범의 입장에서 신임관계를 부차적 보호법익으로 보고 부동산을 임의로 처분하는 계약을 체결할 때 신임관계가 침해되기 시작하여 등기이전이 이루어질 때 신임관계의 침해가 완성된다고 보아 부동산횡령에 있어서 등기명의가 이전될 때 기수가 이른다고 보는 견해[559]도 있다.

331 판례는 부동산횡령의 경우 기본적으로 등기를 마쳤을 때 기수가 된다고 보고 있다.[560] 한편 앞서 본 바와 같이 소유권이전에 명인방법이 필요한 것으로 보이는 수목의 처분과 관련된 사례에서, 매매계약을 체결함으로써 횡령의 불법영득의사가 표현되었고 횡령죄의 실행의 착수에 나아갔다고 볼 수는 있으나 더 나아가 합유자인 피해자의 소유권 침해에 대한 구체적인 위험발생에까지 이르렀다고 보기는 어렵다고 하면서 횡령미수를 인정한 원심을 정당하다고 판시한 바도 있다.[561]

556 박상기, 형법각론(제8판), 박영사(2011), 387; 이영란, 형법학 각론강의(제3판), 형설출판사(2013), 396; 이재상 외 2인, 형법각론(제12판), 박영사(2021), 412; 임웅, 형법각론(제13정판), 법문사(2023), 530.

557 김성돈, 형법각론(제8판), 성균관대학교 출판부(2022), 455; 신동운, 형법각론(제2판), 법문사(2018), 1153; 오영근, 형법각론(제7판), 박영사(2022), 372; 이정원/류석준, 형법각론, 법영사(2019), 427; 정성근/정준섭, 형법강의 각론(제2판), 박영사(2022), 303.

558 손동권/김재윤, 새로운 형법각론(제2판), 율곡출판사(2022), 435~436.

559 신동운, 형법각론(제2판), 법문사(2018), 1153.

560 대법원 1985. 9. 10. 선고 85도86 판결, 대법원 2013. 2. 21. 선고 2010도10500 전원합의체 판결, 대법원 2019. 10. 31. 선고 2016도18313 판결 등.

561 대법원 2012. 8. 17. 선고 2011도9113 판결.

332 의사주의를 취하는 일본에서도 이중매매에 대한 횡령죄의 성립을 인정하면서 그 기수시기에 관하여 단순히 매매계약체결만으로 성립한다고 보기 어렵고 등기가 이전된 시점으로 보아야 한다는 견해[562]가 유력하다.

IV. 주관적 구성요건

1. 총설

333 횡령죄에 있어서도 주관적 구성요건으로서 앞서 본 객관적 구성요건 즉 행위자 자신의 신분, 자기가 보관하고 있는 타인의 재물을 횡령 또는 반환을 거부한다는 점 등에 대한 고의가 있어야 한다. 그 인식의 정도는 미필적인 것으로도 족하다. 다만 재산상 손해의 발생이라는 결과를 필요로 한다는 입장[563]에서는 고의 내용에 추가로 피해자에게 발생할 재산적 손해에 대한 인식과 의사를 요구한다.

334 횡령죄의 본질에 관하여 월권행위설을 취할 때는 이러한 고의, 즉 객관적 구성요건에 대응하는 주관적 요소만으로 족하지만, 영득행위설의 입장에서는 고의 이외에 주관적 구성요건으로서 불법영득의 의사가 필요하다고 설명하는 것이 일반적이다. 영득행위설의 입장에서도 절도죄 등과 달리 불법영득의사 개념을 인정하지 않거나[564] 고의의 한 내용으로 파악하는 견해[565] 및 고의 외 초과주관적 불법요소로 파악하는 견해[566] 등으로 나뉜다. 한편 월권행위설의 입장에서는 불법영득의사는 고의의 내용을 구성할 뿐이고 고의와 별도로 필요한 것은 아니라고 본다.[567] 이러한 입장에서도 불법영득의 의사를 고의의 한 내용으로 파악하고 있으므로 범죄의 성부에 결과적인 차이가 있는 것은 아니다.

335 횡령죄에서 불법영득의 의사는 타인의 재물을 보관하는 자가 위탁의 취지에 반하여 자기 또는 제3자의 이익을 위하여 권한 없이 재물을 자기의 소유인 것처럼

562 西田典之, 刑法各論(第7版), 弘文堂(2018), 266; 前田雅英 外 7人, 条解刑法(第3版), 弘文堂(2023), 833.
563 김일수/서보학, 새로쓴 형법각론(제9판), 박영사(2018), 309.
564 오영근, 형법각론(제7판), 박영사(2022), 371.
565 김성돈, 형법각론(제8판), 성균관대학교 출판부(2022), 456; 박상기, 형법각론(제8판), 박영사(2011), 385~386; 배종대, 형법각론(제14판), 홍문사(2023), 434; 이영란, 형법학 각론강의(제3판), 형설출판사(2013), 394; 이정원/류석준, 형법각론, 법영사(2019), 428; 임웅, 형법각론(제13정판), 법문사(2023), 527.
566 김성천, 형법각론(제7판), 소진(2021), 480; 김일수/서보학, 새로쓴 형법각론(제9판), 박영사(2018), 309; 백형구, 형법각론(개정판), 청림출판(2002), 210; 손동권/김재윤, 새로운 형법각론(제2판), 율곡출판사(2022), 436; 이재상 외 2인, 형법각론(제12판), 박영사(2021), 412; 이형국, 형법각론, 법문사(2007), 420; 진계호/이존걸, 형법각론(제6판), 대왕사(2008), 469.
567 정성근/박광민, 형법각론(전정3판), 성균관대학교 출판부(2019), 403.

사실상 또는 법률상 처분하는 의사를 의미한다.[568] 그런데 객관적으로 나타나는 횡령행위의 형태는 극히 다양하므로 실제로 횡령행위의 유무를 결정짓는 요소는 불법영득의사라고 해도 과언이 아니다.[569]

336 독일 형법과 달리 우리 형법은 명문의 규정이 없지만 영득죄인 횡령죄의 성립에 불법영득의 의사가 요구된다는 점에 별다른 의문이 없다. 따라서 타인 재물의 보관자가 자기 또는 제3자의 이익을 위하여 그 소유자의 이익에 반하여 재물을 처분한 경우에는 그 재물에 대한 불법영득의사를 인정할 수 있을 것이나, 그와 달리 그 소유자의 이익을 위하여 재물을 처분한 경우에는 특별한 사정이 없는 한 그 재물에 대하여는 불법영득의사를 인정할 수 없다.[570] 반드시 자기 스스로 영득하여야만 하는 것도 아니다.[571]

337 소유자로서 처분하려는 의사가 있는 이상 사후에 이를 반환하거나 변상·전보하려는 의사가 있더라도 불법영득의사를 인정할 수 있으며,[572] [573] 이와 같이 사후에 변상하거나 보전한 금액을 횡령금액에서 공제해야 하는 것도 아니다.[574] 이에 대하여, 회사직원이 자기가 관리하는 회사 돈을 일시적으로 유용한 경우 그가 돈을 제때에 회사에 다시 불입할 수 있을 것으로 믿었다면 사용횡령이 되어 처벌할 수 없다는 견해[575]가 있으나 유용한 금액의 규모나 정도, 시간적 간격 및 상환할 능력에 대한 객관적인 평가에 따라 판단되어야 할 것이고 가벌성이 없는 정도가 아니라면 불법영득의사가 있었다고 보는 것이 옳다.

338 절도죄에서 불법영득의사는 권리자를 배제하고 타인의 재물을 자기의 소유물과 같이 그 경제적 용법에 따라 이용·처분하려는 의사를 말하나, 횡령죄에서는 자기 또는 제3자의 이익을 꾀할 목적으로 임무에 위배하여 보관하는 타인 소유의

568 대법원 2017. 2. 15. 선고 2013도14777 판결.

569 신동운, 형법각론(제2판), 법문사(2018), 1210.

570 대법원 2016. 8. 30. 선고 2013도658 판결.

571 대법원 2000. 12. 27. 선고 2000도4005 판결, 대법원 2008. 8. 21. 선고 2007도9318 판결, 대법원 2011. 2. 10. 선고 2010도12920 판결 등.

572 김성돈, 형법각론(제8판), 성균관대학교 출판부(2022), 457; 김일수/서보학, 새로쓴 형법각론(제9판), 박영사(2018), 309; 박상기, 형법각론(제8판), 박영사(2011), 386; 이영란, 형법학 각론강의(제3판), 형설출판사(2013), 395; 이재상 외 2인, 형법각론(제12판), 박영사(2021), 413; 진계호/이존걸, 형법각론(제6판), 대왕사(2008), 470.

573 대법원 2005. 8. 19. 선고 2005도3045 판결, 대법원 2010. 5. 27. 선고 2010도3399 판결, 대법원 2012. 1. 27. 선고 2011도14247 판결, 대법원 2013. 3. 14. 선고 2011도7259 판결 등.

574 대법원 2010. 5. 27. 선고 2010도3399 판결, 대법원 2012. 1. 27. 선고 2011도14247 판결 등.

575 배종대, 형법각론(제14판), 홍문사(2023), 434~435.

재물을 자기 소유인 경우와 같이 사실상 또는 법률상 처분하려는 의사를 포함한다는 점에서 더 넓은 의미로 이해된다. 횡령죄의 불법영득의사에는 경제적 용법에 따라 이용·처분하려는 의사뿐만 아니라 법률상 처분하려는 의사까지 포함된다는 점에서 구별된다.[576]

339 앞서 본 바와 같이 횡령죄에 있어서 불법영득의 의사는 타인의 재물을 보관하는 자가 그 취지에 반하여 정당한 권원 없이 스스로 소유권자와 같이 이를 처분하는 의사를 말하는 것이므로 비록 그 반환을 거부하였다고 하더라도 그 반환 거부에 정당한 이유(동시이행의 항변권, 유치권, 상계권 행사 등)가 있어 이를 반환하지 아니하였다면 불법영득의사가 있다 할 수 없다.[577]

340 [판례] 미필적 고의에 대한 증명책임

범죄구성요건의 주관적 요소로서 미필적 고의가 있었다고 하려면 범죄사실의 발생 가능성에 대한 인식이 있음은 물론 나아가 범죄사실이 발생할 위험을 용인하는 내심의 의사가 있어야 하며, 그 행위자가 범죄사실이 발생할 가능성을 용인하고 있었는지 여부는 행위자의 진술에만 의존할 것이 아니라 외부에 나타난 행위의 형태와 상황 등 구체적인 사정을 기초로 하여 일반인이라면 당해 범죄사실이 발생할 가능성을 어떻게 평가할 것인가를 고려하면서 행위자의 심리상태를 추인하여야 한다. 그리고 미필적 고의의 존재에 대한 증명책임도 검사에게 있다.[578]

341 [판례] 불법영득의사와 관련한 증명책임-일반론

업무상횡령죄에서 불법영득의사를 실현하는 행위로서의 횡령행위가 있다는 점은 검사가 입증하여야 하는 것으로, 그 입증은 법관으로 하여금 합리적인 의심을 할 여지가 없을 정도의 확신을 생기게 하는 증명력을 가진 엄격한 증거에 의하여 입증하여야 하는 것이고, 이와 같은 증거가 없다면 설령 피고인에게 유죄의 의심이 간다 하더라도 피고인의 이익으로 판단할 수밖에 없다.[579]

342 [판례] 불법영득의사와 관련한 증명책임-용도가 추상적으로 정해진 보관금 사안

어떤 금전의 용도가 추상적으로 정하여져 있다 하여도 그 구체적인 사용 목적이나

576 신동운, 형법각론(제2판), 법문사(2018), 1211.

577 대법원 1998. 7. 10. 선고 98도126 판결, 대법원 2006. 2. 10. 선고 2003도7487 판결, 대법원 2008. 12. 11. 선고 2008도8279 판결, 대법원 2013. 8. 23. 선고 2011도7637 판결, 대법원 2015. 2. 26. 선고 2014도11552 판결, 대법원 2022. 12. 29. 선고 2021도2088 판결 등.

578 대법원 2004. 5. 14. 선고 2004도74 판결, 대법원 2014. 7. 10. 선고 2012도3058 판결 등.

579 대법원 1994. 9. 9. 선고 94도998 판결, 대법원 2013. 12. 26. 선고 2013도7360 판결, 대법원 2017. 2. 15. 선고 2013도14777 판결 등.

사용처, 사용 시기 등에 관하여 보관자에게 광범위한 재량을 가지고 이를 사용할 권한이 부여되어 있고, 지출한 후에 그에 관한 사후보고나 증빙자료의 제출도 요구되지 않는 성질의 것이라면, 그 보관자가 위 금전을 사용한 다음 그 행방이나 사용처를 제대로 설명하지 못하거나 증빙자료를 제출하지 못하고 있다고 하여 함부로 불법영득의 의사를 추단하여서는 아니 되고, 그 금전이 본래의 사용 목적과는 관계없이 개인적인 이익을 위하여 지출되었다거나 합리적인 범위를 넘어 과다하게 이를 지출하였다는 등 불법영득의 의사를 인정할 수 있는 사정을 검사가 입증하여야 함은 입증책임의 법리상 당연하다.[580]

343 [판례] 불법영득의사가 추단되지 않는다고 판시안 사안

타인으로부터 용도가 엄격히 제한된 자금을 위탁받아 집행하면서 제한된 용도 이외의 목적으로 자금을 사용하는 것은 결과적으로 자금을 위탁한 본인을 위하는 면이 있더라도 사용행위 자체로서 불법영득의사를 실현하는 것이 되어 횡령죄가 성립하겠지만, 이러한 경우에 해당하지 아니할 때에는 피고인이 불법영득의사의 존재를 인정하기 어려운 사유를 들어 돈의 행방이나 사용처에 대한 설명을 하고 있고 이에 부합하는 자료도 있다면 달리 특별한 사정이 인정되지 아니하는 한 함부로 위탁받은 돈을 불법영득의사로 횡령하였다고 인정할 수는 없다.[581]

344 [판례] 예외적으로 불법영득의사가 추단된다고 판시안 사안

불법영득의사는 내심의 의사에 속하고 피고인이 이를 부인하는 경우 이러한 주관적 요소로 되는 사실은 사물의 성질상 그와 상당한 관련성이 있는 간접사실 또는 정황사실을 증명하는 방법에 의하여 이를 입증할 수밖에 없다 할 것인바, 피고인이 위탁받아 보관하고 있던 돈이 모두 사라졌으나 그 돈의 행방이나 사용처가 밝혀지지 않고 있는 상황에서 피고인이 그 행방이나 사용처를 제대로 설명하지 못하거나 또는 피고인이 주장하는 사용처에 사용된 자금이 위 돈과는 다른 자금으로 충당된 것이 드러나는 등 피고인이 주장하는 사용처에 위 돈이 사용되었다는 점을 인정할 수 있는 자료가 부족하고 오히려 피고인이 위 돈을 개인적인 용도에 사용하였다는 점에 대한 신빙성 있는 자료가 많은 경우에는 일응 피고인이 위 돈을 불법영득의 의사로 횡령하였다고 추단할 수 있을 것이다.[582]

580 대법원 2010. 6. 24. 선고 2007도5899 판결[이 판결에 대한 해설로는, 김태업, "용도가 추상적으로 정해진 보관금과 업무상 횡령죄의 불법영득의사에 관한 입증책임자(=검사) 및 입증방법" 해설(84), 677이하 참조], 대법원 2010. 6. 24. 선고 2008도6755 판결.

581 대법원 1994. 9. 9. 선고 94도998 판결, 대법원 2009. 4. 23. 선고 2009도495 판결.대법원 2011. 5. 26. 선고 2011도1904 판결, 대법원 2011. 7. 14. 선고 2011도2902 판결, 대법원 2013. 2. 14. 선고 2010도17074 판결 등.

582 대법원 2000. 3. 14. 선고 99도457 판결, 대법원 2008. 3. 27. 선고 2007도9250 판결, 대법원 2010. 6. 24. 선고 2008도6755 판결, 대법원 2011. 9. 29. 선고 2011도8110 판결, 대법원 2012. 3. 29. 선고 2011도16357 판결, 대법원 2013. 6. 27. 선고 2013도2510 판결, 대법원 2013. 10. 11. 선고 2013도1419 판결 등.

345 [판례] 무자료 판매행위와 불법영득의사

무자료 거래를 통하여 조세를 포탈하고 비자금을 조성하는 것은 비록 위법한 행위이기는 하지만, 비자금 조성이 대표자의 개인적 목적에 의한 것이 아니라 법인의 운영에 필요한 자금을 조달하는 수단인 경우라면 '섬유제품' 소유자인 회사의 이익에는 반하지 않으므로, 특별한 사정이 없는 한 '섬유제품'에 대한 불법영득의사는 인정하기 어렵다(섬유제품의 무자료 판매행위만으로 곧바로 '섬유제품'에 대한 불법영득의사가 외부에 인식될 수 있는 정도에 이르렀다고 평가하기도 어렵고, 섬유제품의 판매대금이 비밀리에 현금으로 다른 사람에게 전달된 때 또는 전달된 대금이 개인적인 목적으로 소비된 때 비로소 그 '판매대금'에 대한 영득의사가 외부에 표현된 것으로 볼 수 있다).[583]

346 [판례] 사후 반환의사와 상계채권의 존재 등

업무상횡령죄에서 불법영득의사는 자기 또는 제3자의 이익을 꾀할 목적으로 업무상의 임무에 위배하여 보관하는 타인의 재물을 자기의 소유인 것과 같이 처분하는 의사를 말하고, 사후에 이를 반환하거나 변상·보전하려는 의사가 있다고 하여 불법영득의 의사가 없다고 할 수는 없다. 업무상횡령죄는 위와 같은 불법영득의 의사가 확정적으로 외부에 표시되었을 때 성립하는 것이므로, 횡령의 범행을 한 자가 물건의 소유자에 대하여 별도의 금전채권을 가지고 있었다고 하더라도 횡령 범행 전에 상계정산하였다는 등 특별한 사정이 없는 한 그러한 사유만으로 이미 성립한 업무상횡령죄에 영향을 미칠 수는 없고,[584] 대표이사가 회사 소유의 금원을 회사 채권의 변제에 충당하는 것이 아니라 불법영득의 의사에 기하여 자신의 개인 용도로 임의 소비하였다면 이는 업무상횡령죄를 구성한다고 할 것이고, 대표이사가 회사에 대하여 가수금채권이나 개인적인 채권을 가지고 있다는 사정만으로 달리 볼 것은 아니다.[585] 그러나 회사에 대하여 개인적인 채권을 가진 대표이사가 회사를 위하여 보관하고 있는 회사 소유의 금전으로 자신의 채권 변제에 충당하는 행위는 회사와 이사의 이해가 충돌하는 자기거래행위에 해당하지 아니하는 것이어서 대표이사가 이사회의 승인 등의 절차 없이 그와 같이 자신의 회사에 대한 채권을 변제하였더라도 이는 대표이사의 권한 내에서 한 회사 채무의 이행행위로서 유효하므로 불법영득의사가 인정되지 아니한다.[586]

583 대법원 2016. 8. 30. 선고 2013도658 판결.

584 대법원 1995. 3. 14. 선고 95도59 판결, 대법원 2010. 12. 23. 선고 2008도8851 판결, 대법원 2012. 6. 14. 선고 2010도9871 판결, 대법원 2012. 11. 29. 선고 2012도10139 판결, 대법원 2013. 10. 11. 선고 2012도2525 판결, 대법원 2014. 5. 16. 선고 2013도15895 판결 등.

585 대법원 2007. 6. 1. 선고 2005도5772 판결, 대법원 2011. 7. 14. 선고 2010도9627 판결, 대법원 2013. 4. 11. 선고 2012도14446 판결 등.

586 대법원 2002. 7. 26. 선고 2001도5459 판결, 대법원 2014. 2. 27. 선고 2013도12155 판결 등.

347 [판례] 뇌물공여의 목적과 불법영득의사

회사가 기업 활동을 함에 있어서 형사상의 범죄를 수단으로 하여서는 안 되므로 뇌물공여를 금지하는 법률 규정은 회사가 기업 활동을 함에 있어서 준수하여야 할 것이고, 따라서 회사의 이사 등이 업무상의 임무에 위배하여 보관 중인 회사의 자금으로 뇌물을 공여하였다면 이는 오로지 회사의 이익을 도모할 목적이라기보다는 뇌물공여 상대방의 이익을 도모할 목적이나 다른 목적으로 행하여진 것이라고 봄이 상당하므로, 그 이사 등은 회사에 대하여 업무상횡령죄의 죄책을 면하지 못한다.[587]

348 [판례] 교회 재산의 처분과 불법영득의사

교회의 재산은 특별한 사정이 없는 한 소속 교인들의 총유에 속하므로 그 재산을 처분하려면 교회의 정관 기타 규약에 의하거나 그것이 없는 경우에는 교회 소속 교인들의 총회의 결의에 따라야 하므로,[588] 교회의 운영을 총괄하는 지위에 있고 교회예산에 관한 상당한 권한을 가지는 담임목사라 할지라도, 긴급한 필요에 의한 비용의 지출이나 교회 운영과정에서 통상적으로 발생할 수 있는 비용에 대한 지출로서 교회가 그 비용을 지출하는 것이 상당하고 차후에라도 그러한 집행이 승인될 것으로 예상되는 경우와 같이 사전에 정관 등에 정해진 절차를 거치지 않고 교회자금을 지출한 것에 정당한 사유가 있는 경우를 제외하고는, 그 정해진 절차를 무시한 채 교회자금을 교회의 유지와 운영을 위한 목적에서 벗어나 개인적인 이익 등을 위하여 임의로 지출하는 경우에는 불법영득의 의사를 인정할 수 있다고 할 것이다. 따라서 교회 담임목사를 포함한 피고인들이 구체적으로 용도가 지정되어 있지 아니한 교회자금을 사용한 사실은 인정하면서도 다만 위탁자인 해당 교회의 선교활동을 위하여 그 자금을 사용하였다고 주장하면서 불법영득의사의 존재를 부인하는 경우, 담임목사의 지위 및 그에 따른 교회자금의 사용권한 범위, 자금의 사용이 긴급한 선교활동을 위한 지출이거나 교회의 운영과정에서 통상적으로 발생하는 비용에 대한 지출로서 교회가 그 비용을 부담하는 것이 상당하다고 볼 수 있는지 여부, 교회자금 사용의 구체적인 시기, 대상, 범위, 금액 등에 대한 결정이 객관적, 합리적으로 적정하게 이루어졌는지 여부, 자금집행에 관하여 정해진 절차를 거쳤는지 여부 등을 비롯하여 그 교회자금을 사용하게 된 시기, 경위, 결과 등을 종합적으로 고려하여, 해당 교회자금 사용의 목적이 피고인들의 개인적인 용도에 사용하거나 개인적인 이해관계를 반영한 것이라고 볼 수 있는지 여부 내지 불법영득의사의 존재를 인정할 수 있는지 여부에 대하여 판단하여야 할 것이다.[589]

587 대법원 2005. 5. 26. 선고 2003도5519 판결, 대법원 2005. 10. 28. 선고 2003다69638 판결, 대법원 2013. 4. 25. 선고 2011도9238 판결, 대법원 2013. 10. 31. 선고 2013도8853 판결 등.
588 대법원 1986. 6. 10. 선고 86도777 판결, 대법원 2006. 4. 28. 선고 2005도756 판결 등 참조.
589 대법원 2009. 2. 26. 선고 2007도4784 판결, 대법원 2012. 9. 27. 선고 2012도7371 판결 등.

349 [판례] 자연부락을 관리하는 자금의 처분과 불법영득의사

자연부락에 종전부터 거주하던 이른바 원주민과 일정 시점 이후 새로 이주해 온 전입자들이 섞여 있는 경우 그 마을이 관리하는 자금에 대하여 원주민들만이 권리를 가지는지 현재 거주하고 있는 주민 전체가 권리를 가지는지는 그 자금의 조성경위, 관리방식, 사용목적 등을 종합적으로 고려하여 판단할 것이지만, 전입자들도 참석한 주민회의에서 그 자금은 원주민들만을 위한 자금으로 관리·사용하기로 하는 결의를 한 경우 그 주민대표 등이 이를 믿고 원주민들에게만 일부 자금을 배분하는 등으로 사용하였다면 그 결의가 유효한지 여부와는 별개로 다른 특별한 사정이 없는 한 그 자금을 집행한 주민대표자 등에게 횡령의 범의 내지 불법영득의 의사가 있다고 단정할 수는 없다 할 것이다. 또한 위 주민대표 등이 위 마을공금을 활동비 등으로 사용한 경우에도 그것이 개인적 용도로 지출하는 것이라는 등 마을 공금의 본래 목적이나 용도에 반하는 것이 아니라면 단지 그 지출에 대하여 주민총회 등을 통한 주민들의 동의나 승인을 받지 않았다는 이유만으로 불법영득의 의사가 있다고 단정할 것도 아니다.[590]

350 [판례] 특별수선충당금의 사용과 불법영득의사

특별수선충당금은 아파트의 주요시설 교체 및 보수를 위하여 별도로 적립한 자금으로 원칙적으로 그 범위 내에서 사용하도록 용도가 제한된 자금이나, 당시에는 특별수선충당금의 용도 외 사용이 관리규약에 의해서만 제한되고 있었던 점, 피고인이 구분소유자들 또는 입주민들로부터 포괄적인 동의를 얻어 특별수선충당금을 위탁의 취지에 부합하는 용도에 사용한 것으로 볼 여지가 있는 점 등 사정을 종합하여 피고인이 특별수선충당금을 아파트 구조진단 견적비, 시공사에 대한 손해배상청구소송의 변호사 선임료로 지출한 것이 위탁의 취지에 반하여 자기 또는 제3자의 이익을 위하여 자기의 소유인 것처럼 처분하였다고 단정하기 어렵다.[591]

351 [판례] 업무추진비 또는 판공비의 사용과 불법영득의사

법인이나 단체에서 임직원에게 업무를 수행하는 데에 드는 비용 명목으로 정관 기타의 규정에 의하여 지급되는 이른바 판공비 또는 업무추진비가 직무수행에 드는 경비를 보전하여 주는 실비변상적 급여의 성질을 가지고 있고, 정관이나 그 지급기준 등에서 업무와 관련하여 지출하도록 포괄적으로 정하고 있을 뿐으로 그 용도나 목적에 구체적인 제한을 두고 있지 아니할 뿐만 아니라, 이를 사용한 후에도 그 지출에 관한 영수증 등 증빙자료를 요구하고 있지 아니한 경우에는, 그 사용의 용도나 규모, 나아

590 대법원 2012. 8. 30. 선고 2012도5086 판결.
591 대법원 2017. 2. 15. 선고 2013도14777 판결.

가 업무와 관련된 것인지 여부 등에 대한 판단이 임직원에게 맡겨져 있는 것으로서 그러한 판단은 우선적으로 존중되어야 할 것이다. 따라서 임직원이 판공비 등을 불법영득의 의사로 횡령한 것으로 인정하려면 판공비 등이 업무와 관련 없이 개인적인 이익을 위하여 지출되었다거나 또는 업무와 관련되더라도 합리적인 범위를 넘어서 지나치게 과다하게 지출되었다는 점이 증명되어야 할 것이고, 단지 판공비 등을 사용한 임직원이 그 행방이나 사용처를 제대로 설명하지 못하거나 사후적으로 그 사용에 관한 증빙자료를 제출하지 못하고 있다고 하여서 함부로 불법영득의 의사로 이를 횡령하였다고 추단하여서는 아니 된다.[592]

352 [판례] 그 외 불법영득의사가 인정되지 않는다고 본 사례
사회복지단체 운영자가 등기절차 등의 편의상 친인척 명의를 일시적으로 빌려 업무 관련 토지를 구입하고 친인척들에게 이를 사용하도록 하였더라도, 그 후 비교적 단기간 내에 그 사회복지단체가 속한 천주교회 교구 명의로 근저당권이 설정되고 토지 대부분에 대한 소유 명의가 교구 소속 수사 등 앞으로 이전되었다면, 업무상횡령죄의 불법영득의사를 인정할 수 없고,[593] 새마을금고 임원이 금고의 직원들로 하여금 고객들이 맡긴 정기예탁금을 정상거래시스템이 아닌 부외거래시스템에 입금하게 하는 행위가, 위 부외거래시스템의 도입 경위 및 운용 실태, 부외거래자금의 흐름이나 사용처 등의 여러 사정을 종합할 때 회계처리상 부외거래시스템의 계좌 혹은 통합전산망의 차명계좌에 예금액을 기재하는 행위에 불과하고 그 자체로 위 금고의 공식적인 자금에서 벗어난 별도의 비자금을 조성하는 행위로 볼 수는 없으며,[594] 피고인이 임대인 의료재단의 수입인 장례식장 전기요금을 임차인으로부터 이사장인 자신 개인 계좌로 송금 받아 이 사건 의료재단을 위하여 업무상 보관하던 중 일부를 이 사건 의료재단 소속 의료진의 비공식급여를 지급하였다면 그와 같은 사용이 인정되는 범위 내에서는 특별한 사정이 없는 한 피고인이 불법영득의 의사로 위 장례식장 전기요금을 횡령하였다고 볼 수 없다.[595] 피고인이 甲과 함께 소주방에서 술을 마시다가 서로 몸싸움을 하는 과정에서 甲이 떨어뜨리고 간 휴대전화를 소주방 업주로부터 건네받아 보관하던 중 甲의 휴대전화를 임의로 사용하는 등 횡령하였다는 내용으로 기소된 사안에서, 피고인은 조리상 甲을 위하여 휴대전화를 보관하는 지위에 있으나, 甲의 휴대전화를 임의로 사용한 것만으로는 불법영득의사가 있었다고 단정하기 어렵

592 대법원 2010. 6. 24. 선고 2007도5899 판결, 대법원 2013. 6. 13. 선고 2011도524 판결 등.
593 대법원 2007. 12. 27. 선고 2006도8870 판결.
594 대법원 2010. 12. 9. 선고 2010도11015 판결.
595 대법원 2014. 3. 27. 선고 2012도7328 판결.

다.[596] 조합 부동산에 대한 이 사건 근저당권설정의 경위와 목적, 객관적 상황, 이 사건 전후의 피고인 태도 등을 종합해보면, 피고인에게 자기나 제3자의 이익만을 꾀하고 피해자의 소유권을 침해할 불법영득의사가 없었다고 볼 여지가 충분하다.[597] 피고인이 사내이사로 있는 법인 명의의 계좌로 착오 송금된 금전과 관련하여 법인이 가지는 송금인에 대한 물품대금채권으로 상계권을 행사하고 그 상응하는 부분에 관하여 반환을 거부한 경우, 피고인이 불법영득의사를 가지고 반환을 거부한 것이라고 단정하기 어렵다.[598]

2. 불법영득의사의 내용

가. 경제적 이득을 취할 의사 및 사후 보전·변상의사의 유무

353 횡령죄에 있어 불법영득의사는 소유자 대신 자신이 보관하고 있는 타인의 재물을 이용·처분하려는 의사이기는 하나, 반드시 경제적 용법에 따라 이용·처분하려는 의사에 한정되지 않는다. 경제적 이득을 취할 의사를 필요로 하는 것도 아니므로 손해의 발생이나 그 귀속 또는 이를 보전할 의사의 유무 등도 이를 따질 필요가 없다.[599] 또한 앞서 본 바와 같이 사후에 이를 반환하거나 변상·보전하는 의사가 있다 하더라도 불법영득의 의사를 인정함에 지장이 없다.[600] 주식회사의 대표이사가 자신의 다른 횡령사실을 감추기 위한 목적으로 가공의 공사대금을 지급한 것처럼 허위로 회계처리하면서 가공의 공사대금에 대한 부가가치세 명목으로 회사 자금을 임의로 지출한 경우에는 그로써 횡령죄는 기수에 달하는 것이며 그 후에 그 지출액 상당을 매입세액으로 환급받아 회사에 다시 입금하였다고 해서 이미 성립한 횡령죄에 영향을 미치지 아니한다.[601]

354 일단 횡령한 금액을 메우기 위하여 다른 금전을 순차로 충당한 경우에도 새로운 금전에 대한 횡령으로 불법영득의사를 인정할 수 있다. 이른바 '땜방' 즉 선경매입찰보증금에 대한 횡령금의 보충을 하기 위하여 후 경매입찰보증금을 횡령한 경우에도 불법영득의 의사가 없다고는 할 수 없다.[602]

596 대법원 2014. 3. 13. 선고 2012도5346 판결.
597 대법원 2016. 8. 24. 선고 2014도15834 판결.
598 대법원 2022. 12. 29. 선고 2021도2088 판결.
599 대법원 1982. 4. 13. 선고 80도537 판결.
600 대법원 2006. 11. 10. 선고 2004도5167 판결, 대법원 2014. 12. 24. 선고 2014도11263 판결, 대법원 2016. 6. 28. 선고 2016도3284 판결 등.
601 대법원 2008. 11. 13. 선고 2006도4885 판결.
602 대법원 1996. 9. 6. 선고 95도2551 판결.

나. 단순 손괴·은닉의 의사의 해당여부

355 단순한 손괴의 의사만으로는 불법영득의사를 구성하지 않는다. 횡령죄의 본질에 대한 영득행위설에 따르면 당연한 결론이고, 월권행위설에서도 단순한 손괴행위는 횡령죄가 성립하지 않는다고 본다.[603] 그러나 경우에 따라 손괴·은닉할 의사가 소유자를 배제할 의사로 표현되었다고 볼 정도라면 불법영득의사를 인정할 여지가 많을 것이다.

356 판례는, 재물손괴죄(형법 제366조)는 다른 사람의 재물을 손괴 또는 은닉하거나 그 밖의 방법으로 그 효용을 해한 경우에 성립하는 범죄로, 행위자에게 다른 사람의 재물을 자기 소유물처럼 그 경제적 용법에 따라 이용·처분할 의사(불법영득의사)가 없다는 점에서 절도, 강도, 사기, 공갈, 횡령 등 영득죄와 구별된다고 판시하고 있다.[604]

다. 일시사용의 의사

357 일시사용의 목적으로 권한을 넘어 보관물을 유용한 경우에는(이른바 사용횡령) 불법영득의 의사가 없다고 보아야 할 것이다. 그러나 즉시 복구할 의사로 일시사용 한 경우가 아니라면 후에 반환·변상·전보할 의사와 또 그럴만한 자력이 있더라도 불법영득의사는 인정된다고 보아야 한다.[605] 다만 이러한 경우 주관적 의사의 문제라기보다는 객관적 행위에 대한 평가의 문제가 될 것이다. 즉 사용행위의 객관적 태양, 시간, 사회·경제적 의미에 비추어 소유자의 위탁 취지에 반하는 일시사용이라면 주관적으로 단순한 일시사용의 목적이라고 하더라도 횡령죄의 성립을 긍정할 수 있다. 예컨대 단시간 사용만이 허락된 자동차를 8일 동안 타고 돌려준 행위나 자기가 보관하고 있는 회사의 기밀자료를 복사하기 위하여 일시 회사 밖으로 가지고 갔다가 이를 반환하는 행위(이때 배임죄도 성립이 가능하다) 등이 이에 해당할 것이다.[606]

358 금전과 같은 불특정물을 소비한 경우, 소비임치의 의사표시가 분명하거나 또는 수탁자가 위탁의 취지에 반하지 않게 동액의 다른 금전으로 대체시킬 수 있는 사정 하에서라면 이를 일시 유용하더라도 횡령죄의 성립을 부정함이 타당하다.[607]

603 정성근/박광민, 형법각론(전정3판), 성균관대학교 출판부(2019), 386.
604 대법원 2022. 11. 30. 선고 2022도1410 판결.
605 대법원 2000. 2. 8. 선고 99도3982 판결, 대법원 2000. 12. 8. 선고 99도214 판결, 대법원 2001. 6. 15. 선고 99도2378 판결 등.
606 西田典之, 刑法各論(第7版), 弘文堂(2018), 264.
607 김일수/서보학, 새로쓴 형법각론(제9판), 박영사(2018), 295~296, 309.

라. 제3자를 위한 영득의사

359 횡령죄에 있어 불법영득은 반드시 보관자 스스로가 영득함을 요하지 아니하고 제3자를 위하여 영득하는 경우를 포함한다. 불법영득의사는 반드시 자기 스스로 영득하여야만 하는 것은 아니다.[608] 다만 제3자가 자기와 전혀 무관한 경우라면 배임죄나 재물손괴죄가 문제 될 가능성은 있으나 횡령죄가 성립할 여지는 적어 보인다.[609]

마. 본인을 위하는 의사

360 보관자가 자기 또는 제3자의 이익을 위한 것이 아니라 그 소유자의 이익을 위하여 처분한 경우에는 특별한 사정이 없는 한 불법영득의사는 인정되지 않는다.[610]

361 부동산 매도를 위임하면서 수임인에게 매수인으로부터 수령한 대금에서 필요경비를 지출하여 위임사무를 처리할 것도 함께 위임 또는 승낙한 경우 수임인이 매매대금을 위임자에게 지급하지 아니한 채 위임사무의 필요경비로 지출하였다면 불법영득의 의사가 인정되지는 않는다.[611] 또 회사의 이사가 보관 중인 회사재산을 처분하여 그 대금을 공직선거에 입후보한 타인의 선거자금으로 지원한 경우 그것이 회사의 이익을 도모할 목적으로 합리적인 범위 내에서 이루어졌다면 그 이사에게 횡령죄에 있어서 요구되는 불법영득의 의사가 있다고 할 수 없을 것이나 그것이 회사의 이익을 도모할 목적보다는 그 후보자 개인의 이익을 도모할 목적이나 기타 다른 목적으로 행하여졌다면 그 이사는 회사에 대하여 횡령죄의 죄책을 면하지 못하고,[612] 타인으로부터 용도가 엄격히 제한된 자금을 위탁받아 집행하면서 그 제한된 용도 이외의 목적으로 자금을 사용하는 것은 그 사용이 개인적인 목적에서 비롯된 경우는 물론 결과적으로 자금을 위탁한 본인을 위하는 면이 있더라도 그 사용행위 자체로서 불법영득의 의사를 실현한 것이 되어 횡령죄가 성립한다.[613] 또 상가의 수분양자들이 분양대금과는 별도로 상가개발비를 납부하였는데 상가개발비는 이 사건 상가분양계약서에서 정한 상

608 대법원 1996. 9. 6. 선고 95도2551 판결, 대법원 2002. 2. 5. 선고 2001도5439 판결, 대법원 2004. 10. 27. 선고 2003도6738 판결, 대법원 2009. 10. 15. 선고 2009도5655 판결 등.

609 山口厚, 刑法各論(第2版), 有斐閣(2010), 303.

610 대법원 1982. 3. 9. 선고 81도3009 판결, 대법원 2000. 2. 8. 선고 99도3982 판결, 대법원 2011. 5. 26. 선고 2011도1904 판결, 대법원 2016. 8. 24. 선고 2014도15834 판결 등.

611 대법원 1997. 9. 30. 선고 97도1863 판결.

612 대법원 1999. 6. 25. 선고 99도1141 판결.

613 대법원 2009. 7. 9. 선고 2009도3665 판결 대법원 2009. 7. 9. 선고 2009도3665 판결, 대법원 2011. 7. 28. 선고 2009도 5852 판결, 대법원 2012. 3. 15. 선고 2010도1378 판결 등.

가의 원활한 개점 및 상가활성화에 필요한 용도로 사용하도록 엄격하게 제한되어 있는 점, 사업 시행사 임원들인 피고인들은 상가개발비 중 일부를 그 용도에 어긋나게 분양대행수수료, 착공 및 시공 관련 행사비, 분양을 위한 각종 광고·홍보비 등으로 사용한 점, 위 분양대행수수료 등이 위와 같이 상가개발비의 용도에 포함되지 아니하는 이상 그에 대한 부가가치세 부분도 상가개발비에서 지급될 수는 없는 점을 알 수 있는바, 위와 같은 자금 사용이 이 사건 상가의 수분양자들을 위하는 면이 있다 하더라도 피고인들의 위와 같은 행위에 대하여 업무상 횡령죄를 인정한 원심의 조치는 정당하다.[614]

362 회사의 경리부장 등이 회장 일족의 경영권 탈취시도를 저지할 목적으로 제3자에게 방해공작을 의뢰하면서 보관하고 있던 회사의 현금을 자금으로 지출한 경우 오로지 본인(회사)을 위한다는 의사라고 할 수 없어 불법영득의사가 인정된다는 일본 판례가 있다.[615] 본인을 위한다는 의사로 하더라도 그 처분행위가 위법한 목적을 가진 경우나 법령에서 명백하게 이를 금지하고 있다면 불법영득의사는 인정된다고 보아야 할 경우가 있고, 반면 법령위반행위라고 하더라도 경미한 절차위반 정도라면 바로 본인을 위한다는 의사가 부정되지는 않는다.[616] 앞서 본 바와 같이 우리 판례는, 뇌물공여를 금지하는 법률 규정은 회사가 기업활동을 함에 있어서 준수하여야 하므로, 보관 중인 회사의 자금으로 뇌물을 공여하였다면 이는 오로지 회사의 이익을 도모할 목적이라기보다는 뇌물공여 상대방의 이익을 도모할 목적이나 다른 목적으로 행하여진 것이라고 보아 횡령죄의 성립을 인정하고 있다.[617]

3. 구체적 검토

가. 예산의 항목유용

363 행정상 필요한 경비의 부족을 메우기 위하여 여유 있는 다른 항목의 예산을 유용한 경우에 있어서, 그 항목유용 자체가 위법목적을 가지고 있거나 용도가 엄격하게 제한되어 있는 경우에는 그 지출이 아무리 본인이 공공단체를 위한 지

614 대법원 2012. 3. 15. 선고 2010도1378 판결.
615 日最決 2001. 11. 5.
616 山中敬一, 刑法各論(第3版), 成文堂(2015), 437; 松原芳博, 刑法各論, 日本評論社(2016), 322.
617 대법원 2005. 5. 26. 선고 2003도5519 판결, 대법원 2005. 10. 28. 선고 2003다69638 판결, 대법원 2013. 4. 25. 선고 2011도9238 판결, 대법원 2013. 10. 31. 선고 2013도8853 판결 등.

출이라 하더라도 그 사용행위 자체로서 불법영득의 의사를 실현한 것이 된다.[618] 다만 단순한 항목유용 예컨대 장부상의 분식이나 이동에 불과한 경우, 예산의 집행자가 자신의 이익을 위한 것이 아니고 경비부족을 메꾸기 위하여 예산을 전용한 경우, 그것이 본래 책정되거나 영달되어 있어야 할 필요경비이기 때문에 일정한 절차를 거치면 그 지출이 허용될 수 있었던 때에는 불법영득의사를 인정하기 어렵다. 한편, 횡령한 예산이 용도가 엄격하게 제한된 예산인지 여부는 예산의 근거와 성격, 사용 관행, 관련규정 등을 종합하여 판단하여야 한다.

364 [판례] 예산의 항목유용과 불법영득의사
예산을 집행할 직책에 있는 자가 자기 자신의 이익을 위한 것이 아니고 경비부족을 메우기 위하여 예산을 전용한 경우, 그것이 본래 책정되거나 영달되어 있어야 할 필요경비이기 때문에 일정한 절차를 거치면 그 지출이 허용될 수 있었던 때에는 그 간격을 메우기 위한 유용이 있었다는 것만으로 바로 그 유용자에게 불법영득의 의사가 있었다고 단정할 수는 없는 것이지만, 그 예산의 항목유용 자체가 위법한 목적을 가지고 있다거나 예산의 용도가 엄격하게 제한되어 있는 경우에는 불법영득의 의사가 인정된다.[619]

365 [판례] 용도가 엄격히 제한된 항목 예산의 유용으로서 불법영득의사가 인정된다고 본 경우
용역계약에 따라 관리·집행하게 된 정부출연금,[620] 철도청과 대구광역시가 화물취급 전용 역을 건설할 목적으로 민간기업 등을 참여시켜 설립한 특수목적의 법인이 보유할 주식비율에 따라 납입된 자본금과 시설분담금,[621] 골프연습장 부지에 아파트를 건설하기 위하여 조합을 결성하고 그 조합원들로부터 아파트 건설비용으로 받은 돈,[622] 예산관리규정상 대외활동관련경비, 자료수집 및 각종 접대비, 기타 잡사업비를 위한 항목으로 책정된 은행의 업무추진비 중 접대비[623]는 모두 용도가 엄격히 제한된 자금으로서 이를 그 제한된 용도 이외의 목적에 사용하면 횡령죄가 성립한다. 한편 주상복합상가의 매수인들로부터 그 원활한 개점을 위하여 소요되는 일체의 비용인 개발비를 납부받아 보관하던 중, 매수인들과의 규약에 의해 개발비의 일정 비율에 상당하는 우수상인 유치비는 상권의 조기 정착 및 영업활성화를 위한 우수상인

618 대법원 2003. 4. 8. 선고 2002도6020 판결.
619 대법원 2004. 12. 24. 선고 2003도4570 판결, 대법원 2010. 9. 30. 선고 2010도2774 판결 등.
620 대법원 1999. 7. 9. 선고 98도4088 판결.
621 대법원 2000. 3. 14. 선고 99도4923 판결.
622 대법원 1992. 10. 27. 선고 92도1915 판결.
623 대법원 1994. 9. 9. 선고 94도619 판결.

유치의 용도에 사용하도록 특정되어 있어 분양대행업무 또는 사업시행자의 분양관련 행사에 관련한 비용으로는 사용할 수 없고 분양대행에 관하여는 분양수수료가 별도로 지급되는 상태임에도 불구하고, 상인협의회의 분양활동에 필요한 경비로 지원하기 위하여 우수상인 유치와 관계없이 상가의 분양실적에 따라 상인협의회에 우수상인 유치비 할당 금원을 지급한 행위나[624] '기타 공제' 항목으로 운수노동조합원들의 월급에서 공제된 돈은 조합원들이 복지금과 전별금으로 사용하도록 그 용도를 특정하여 납부한 자금이라고 봄이 상당하므로, 피고인이 이러한 자금을 운수노동조합의 복지회칙에 규정되어 있는 용도와 무관하게 조합원들 전체에 대한 의사 확인 없이 임의로 조합운영비 등의 명목으로 사용한 행위는 그 자체로 불법영득의 의사를 실현한 것으로서 횡령에 해당하며,[625] 지방자치단체가 지역아동센터에 지급하는 아동급식지원사업의 급식비는 그 용도가 엄격히 제한된 자금으로, 급식비로 지원된 국가보조금을 지역아동센터의 인건비, 운영비로 사용하는 것은 허용되지 않고, 그와 같은 용도로 사용한 것을 유사한 목적 사업에 사용한 것으로 볼 수도 없어 횡령죄가 성립한다.[626] 보조금의 예산 및 관리에 관한 법률에 따른 보조금, 한국마사회의 '기부금 관리규정' 에 따른 기부금, 지방자치단체의 보조금 관리조례에 따른 보조금 등은 용도가 엄격히 제한된 자금이므로, 용도 이외의 목적으로 전용하는 경우 불법영득의사가 인정된다.[627]

366 [판례] 불법영득의사가 인정되지 않는다고 본 경우
법인 대표가 법인을 위한 경비를 지출하고도 영수증을 받지 못하거나 감독기관으로부터 인정받기 어려운 접대비 등의 잡 지출을 정리하기 위하여 허위로 직원채용을 가장하여 그 허위봉급을 잡 지출에 충당한 경우나,[628] 농협 조합장이 조합채무자로부터 변제받은 돈을 영업실적을 가장하기 위해 조합직원 명의의 가장된 대출금이 변제된 것처럼 변칙적인 장부정리를 한 경우,[629] 상호신용금고의 경영자가 장부상 직원들의 봉급을 인상한 것처럼 꾸미고 그 차액으로 회사의 부외부채를 변제한 경우[630] 등 장부상 정리한 정도에 불과하다면 불법영득의 의사가 있다고 할 수 없다. 공공단체의 예산을 집행할 직책에 있는 사람이 자신의 이익을 위한 것이 아니고 행정상 필요한 경비의 부족을 메우기 위하여 여유 있는 다른 항목의 예산을 유용한 경

624 대법원 2002. 8. 23. 선고 2002도366 판결.
625 대법원 2010. 9. 30. 선고 2010도2774 판결.
626 대법원 2012. 11. 29. 선고 2011도12428 판결.
627 대법원 2010 . 9. 30. 선고 2010도987 판결, 대법원 2013. 1. 31. 선고 2011도1701 판결 등.
628 대법원 1985. 7. 9. 선고 84도2597 판결.
629 대법원 1986. 6. 24. 선고 86도538 판결.
630 대법원 1989. 10. 10. 선고 87도1901 판결.

우 그 예산의 항목유용 자체가 위법한 목적을 가지고 있거나, 용도가 엄격하게 제한되어 있는 경우에는 그 지출이 아무리 본인인 공공단체 등을 위한 지출이더라도 불법영득의 의사를 부정할 수 없으나, 그것이 본래 책정되거나 영달되어 있어야 할 필요경비이기 때문에 일정한 절차를 거치면 그 지출이 허용될 수 있었던 경우에는 그 간격을 메우기 위하여 유용하였더라도 행정책임을 지는 것은 별론으로 하고 바로 불법영득의 의사가 있었다고 단정할 수는 없고,[631] 동(洞) 새마을금고의 이사장이 사무실 운영비가 부족하여 금고에 설치할 전산시스템을 구매하면서 발주처로부터 할인금 명목으로 교부받은 금원을 금고의 별도 수입금으로 계상하지 아니하고 이사장 딸 명의로 개설하여 관리하고 있는 개인예금통장에 입금해 두었다가 야근직원의 야식비, 직원회식비, 임직원의 추석선물비, 사무실집기구입비 등 사무실운용을 위하여 지출한 경우,[632] 법인 대표자가 그 성격상 용도가 엄격하게 제한되어 있지 않은 법인의 예비비를 전용하여 기관운영판공비, 회의비 등으로 사용하였고, 이러한 전용지출이 이사회에 상정될 경우 통과될 수 있었다고 보이며, 피고인이 이를 사적으로 유용하였다고 볼 자료도 없는 경우,[633] 출장비 예산의 항목유용 자체가 위법한 목적이 있다거나 예산의 용도가 엄격하게 제한되어 있다고 볼만한 사정이 없는 출장비를 지정용도 이외로 임의 소비한 경우[634] 등에는 불법영득의사를 인정할 수 없다.

구체적인 사실관계에 따라 사립학교의 교비회계에 속하는 수입금을 다른 회계에 전용하는 것이 사립학교법위반으로 처벌되는 것은 별론으로 하고 그 전용 자체만으로 곧바로 불법영득의사를 실현하는 횡령행위가 된다고 할 수 없고,[635] 학교법인의 수익사업 운영이 매우 어려워 그 산하 학교들은 수년간 학교법인으로부터 전혀 수입금을 전입 받지 못하여 위 각 부담금을 납부할 재원이 없어 부득이 육성회비 등 학교교비에서 위 각 부담금을 지출한 경우 등에서는 불법영득의 의사에서 나온 것이라고 할 수 없다.[636]

나. 비자금의 조성·사용과 횡령

367 비자금이란 법인의 회계장부에서 처리되는 공적 자금이 아니라 법인 운영자나 관리자가 변칙회계 등을 통하여 법인회계로부터 분리하여 별도로 관리하는 법인의 자금을 말한다.

631 대법원 1989. 10. 10. 선고 87도1901 판결.
632 대법원 1995. 2. 10. 선고 94도2911 판결.
633 대법원 2002. 2. 5. 선고 2001도5439 판결.
634 대법원 2002. 11. 26. 선고 2002도5130 판결.
635 대법원 1994. 9. 9. 선고 94도998 판결.
636 대법원 1983. 7. 26. 선고 83도819 판결.

368 비자금의 조성과 사용행위와 관련하여, 횡령죄에서는 주로 불법영득의사와 인정 여부가 문제 된다.[637] 배임죄와 관련하여서는 고의 및 회사에 재산상 손해를 가하였는지 여부 등이 문제될 것이다(☞ 자세한 것은 형법 제355조 '단순배임죄' 주석 해당 부분 참조).

369 [판례] 비자금 조성·관리 관련 불법영득의사 인정되지 아니한 경우
비자금이 회사의 장부상 일반자금 속에 은닉되어 있었다 하더라도 이는 당해 비자금의 소유자인 회사 이외의 제3자가 이를 발견하기 곤란하게 하기 위한 장부상의 분식에 불과하여 그것만으로 피고인의 불법영득의 의사를 인정할 수 없고,[638] 투자받은 금원을 법인자금 외 일반자금으로 분류하여 피고인 개인 또는 회사 임직원 명의의 차명계좌에 입금 관리시켜 관리하도록 하였다고 하더라도 그것이 회사의 재산으로 존재하는 한 불법영득의 의사를 인정할 수 없다.[639]

370 [판례] 비자금 조성행위 자체로서 불법영득의사가 인정되는 경우
법인의 회계장부에 올라 있는 자금이 아니라 법인의 운영자나 관리자가 회계로부터 분리시켜 별도로 관리하는 법인의 비자금이나[640] 회사의 계좌에서 변칙회계처리를 통하여 자금을 인출하여 차명계좌에 보관하는 등의 방법으로 비자금을 조성한 행위가 애초부터 회사를 위한 목적이 아니라 법인과는 아무런 관련이 없거나 개인적으로 착복할 목적으로 행하여졌음이 명백히 밝혀진 경우라면 그 조성행위 자체로써 불법영득의사를 실현한 것으로 인정할 수 있을 것이다.[641] 다만 이때 그 행위자에게 법인의 자금을 빼내어 착복할 목적이 있었는지 여부는 그 법인의 성격과 비자금의 조성 동기, 방법, 규모, 기간, 비자금의 보관방법 및 실제 사용용도 등 제반 사정을 종합적으로 고려하여 판단하여야 한다.[642]

371 [판례] 비자금의 사용과 불법영득의사의 추단 여부
피고인들이 보관·관리하고 있던 회사의 비자금이 인출·사용되었음에도 피고인들이 그 행방이나 사용처를 제대로 설명하지 못하거나, 피고인들이 주장하는 사용처에 사용된 자금이 그 비자금과는 다른 자금으로 충당된 것으로 드러나는 등 피고인들이

637 안경옥, "비자금조성행위의 형사처벌에 대한 한·독 판례 비교 및 검토," 형사법의 신동향 41호(2013. 12), 150.
638 대법원 1998. 2. 13. 선고 97도1962 판결, 대법원 1999. 9. 17. 선고 99도2889 판결 등.
639 대법원 2000. 12. 27. 선고 2000도4005 판결.
640 대법원 2009. 4. 9. 선고 2008도9574 판결, 대법원 2010. 5. 13. 선고 2009도1373 판결 등.
641 대법원 2006. 8. 24. 선고 2006도3039 판결, 대법원 2013. 10. 24. 선고 2013도6353 판결 등 참조.
642 대법원 2006. 6. 27. 선고 2005도2626 판결, 대법원 2007. 7. 26. 선고 2007도4164 판결, 대법원 2009. 2. 12. 선고 2006도6994 판결, 대법원 2009. 2. 28. 선고 2007도4784 판결, 대법원 2010. 4. 15. 선고 2009도6634 판결, 대법원 2010. 12. 9. 선고 2010도11015 판결, 대법원 2011. 10. 13. 선고 2009도11176 판결, 대법원 2011. 12. 22. 선고 2010도1544 판결, 대법원 2013. 3. 14. 선고 2012도1341 판결, 대법원 2013. 4. 25. 선고 2011도9238 판결, 대법원 2015. 2. 26. 선고 2014도15182 판결 등.

주장하는 사용처에 비자금이 사용되었다는 점을 인정할 수 있는 자료가 부족하고 오히려 피고인들이 비자금을 개인적인 용도에 사용하였다는 점에 대한 신빙성 있는 자료가 많은 경우 등에는 피고인들이 그 돈을 불법영득의 의사로써 횡령한 것이라고 추단할 수 있을 것이다. 하지만 이와 달리 피고인들이 불법영득의사의 존재를 인정하기 어려운 사유를 들어 비자금의 행방이나 사용처에 대한 설명을 하고 있고 이에 부합하는 자료도 있다면, 피고인들이 그 보관·관리하고 있던 비자금을 일단 타 용도로 소비한 다음 그만한 돈을 별도로 입금 또는 반환한 것이라는 등의 사정이 인정되지 아니하는 한, 함부로 보관·관리하고 있던 비자금을 불법영득의사로 인출하여 횡령하였다고 인정할 수는 없다.[643]

372 [판례] 비자금 사용 관련 불법영득의사 존부 판단 방법

피고인들이 회사의 비자금을 사용한 사실은 인정하면서도 그 비자금을 회사를 위하여 인출, 사용하였다고 주장하면서 불법영득의사의 존재를 부인하는 경우, 피고인들이 주장하는 비자금의 사용이 회사의 운영과정에서 통상적으로 발생하는 비용에 대한 지출(부담)로서 회사가 그 비용을 부담하는 것이 상당하다고 볼 수 있는지 여부, 비자금 사용의 구체적인 시기, 대상, 범위, 금액 등에 대한 결정이 객관적, 합리적으로 적정하게 이루어졌는지 여부(다만, 일반적인 비자금의 조성과정이나 비자금의 성격 등에 비추어 볼 때, 비자금 사용에 관하여 회사 내부규정이 존재하지 않거나 이사회 결의 등을 거치지 않았다고 하더라도, 그러한 사정만으로 바로 피고인들의 불법영득의사의 존재가 인정된다고 할 것은 아니다) 등을 비롯하여 그 비자금을 사용하게 된 시기, 경위, 결과 등을 종합적으로 고려하여, 해당 비자금 사용의 주된 목적이 피고인들의 개인적인 용도에 사용하기 위한 것이라고 볼 수 있는지 여부 내지 불법영득의사의 존재를 인정할 수 있는지 여부에 대하여 판단하여야 할 것이다.[644]

373 [판례] 비자금 사용처에 비추어 불법영득의사 인정된 경우

피고인이 경조사비 등을 지출하면서 자신과의 친소관계에 따라 그 지출비용을 달리하였을 뿐만 아니라 박물관과 관련 없는 재단설립자 등을 위하여 주로 지출하는 등 박물관을 위한 정당한 용도로 사용한 것으로 보이지 않는 점, 피고인이 이 사건 비자금 중 일부를 자신의 처에게 대여한 점, 피고인이 이 사건 비자금 조성에 주도적으로 관여한 일부 박물관 직원들에게 공로금을 지급하거나 사실상 자신의 개인 재단으로 운영된 재단법인의 설립을 위하여 지출한 점 등을 더하여 보면, 이 사건 비자금의 구체적 사용으로 인한 횡령행위에 대하여 불법영득의사를 인정할 수 있다.[645]

643 대법원 2009. 2. 26. 선고 2007도4784 판결, 대법원 2012. 8. 23. 선고 2011도14045 판결 등.
644 대법원 2009. 2. 26. 선고 2007도4784 판결.
645 대법원 2011. 10. 13. 선고 2009도11176 판결.

374 [판례] 비자금 조성행위와 비자금 사용행위의 공소사실 동일성 여부

피고인들의 이 사건 비자금의 사용으로 인한 업무상횡령의 점과 이 사건 비자금의 조성으로 인한 업무상배임의 점은 그 기본적 사실관계가 동일하다고 보기 어렵다고 할 것이다(더욱이, 피고인들은 어느 특정한 사용목적을 위하여 비자금을 조성, 사용하기로 결심하고 그에 따른 일련의 과정으로서 특별히 비자금을 조성하여 그 조성된 비자금을 해당 특정 목적으로 사용한 것이 아니라, 향후 정상적인 회계처리절차에 의하지 아니한 채공소외 회사의 자금을 사용할 필요가 있을 때를 대비하여 일반적, 포괄적, 지속적으로 비자금을 조성하여 왔고, 그와 같이 조성, 관리하고 있던 비자금을 그때그때 필요에 따라공소외 회사를 위하여, 또는 개인이나 제3자를 위하여 이를 사용하여 왔는바, 이러한 경우에는 비자금의 조성행위와 비자금의 사용행위 사이에서 그 기본적 사실관계의 동일성을 인정하기 어렵다고 할 것이다).[646]

다. 판공비 또는 업무추진비 등의 지출

375 법인이나 단체에서 임직원에게 업무를 수행하는 데에 드는 비용 명목으로 정관 기타의 규정에 의하여 지급되는 이른바 판공비 또는 업무추진비가 직무수행에 드는 경비를 보전하여 주는 실비변상적 급여의 성질을 가지고 있고, 정관이나 그 지급기준 등에서 업무와 관련하여 지출하도록 포괄적으로 정하고 있을 뿐으로 그 용도나 목적에 구체적인 제한을 두고 있지 아니할 뿐만 아니라, 이를 사용한 후에도 그 지출에 관한 영수증 등 증빙자료를 요구하고 있지 아니한 경우에는, 그 사용의 용도나 규모, 나아가 업무와 관련된 것인지 여부 등에 대한 판단이 임직원에게 맡겨져 있는 것으로서 그러한 판단은 우선적으로 존중되어야 할 것이다. 따라서 임직원이 판공비 등을 불법영득의 의사로 횡령한 것으로 인정하려면 판공비 등이 업무와 관련 없이 개인적인 이익을 위하여 지출되었다거나 또는 업무와 관련되더라도 합리적인 범위를 넘어서 지나치게 과다하게 지출되었다는 점이 증명되어야 할 것이고, 단지 판공비 등을 사용한 임직원이 그 행방이나 사용처를 제대로 설명하지 못하거나 사후적으로 그 사용에 관한 증빙자료를 제출하지 못하고 있다고 하여서 함부로 불법영득의 의사로 이를 횡령하였다고 추단하여서는 아니 된다.[647]

646 대법원 2009. 2. 26. 선고 2007도4784 판결.

647 대법원 2010. 6. 24. 선고 2007도5899 판결, 대법원 2012. 9. 13. 선고 2012도4168 판결, 대법원 2013. 6. 13. 선고 2011도524 판결 등. 2007도5899 판결에 대한 해설은 김태업, "용도가 추상적으로 정해진 보관금과 업무상횡령죄의 불법영득의사에 관한 입증책임자(=검사) 및 입증방법" 해설(84), 677 이하.

376 [판례] 정치자금 기부행위
회사의 대표이사인 피고인이 회사재산을 처분한 대금을 정치자금으로 기부한 행위는 다분히 개인적인 이해관계나 감정에 기초한 것으로서 합리적인 절차 및 범위 내에서의 지출이라고 평가할 수 없으며, 회사의 재정 궁핍상태, 경영실적 등을 고려할 때 사회통념상 의례적인 지출이라고도 할 수 없으므로, 결국 이 사건 부외자금의 정치자금 교부행위는 회사 목적보다는 개인 목적을 위한 것이라고 봄이 상당하다고 판단하여 피고인에게 불법영득의 의사가 인정된다.[648]

377 [판례] 통근차량의 구입 및 유지자금을 노동조합간부에 대한 유류비로 지급한 행위
노동조합이, 사용자단체로부터 조합원들의 출퇴근 편의를 위한 통근차량의 구입 및 유지에 사용하도록 용도가 제한된 자금을 수령하여 위 조합의 '차량유지비' 특별회계로 운용하는 한편 이를 조합간부 등에 대한 유류비로 지급한 행위가 업무상 횡령에 해당하고, 그 후 이루어진 대의원대회에서 결산 결의가 있었다고 하더라도 이미 성립한 업무상 횡령죄에 영향이 없다.[649]

라. 변호사 선임료 등 소송비용의 지출

378 [판례] 이사직무집행정지 및 대표이사해임소송의 소송비용으로 지급된 경우
법인의 이사를 상대로 한 이사직무집행정지 가처분결정이 된 경우 당해 법인의 업무를 수행하는 이사의 직무집행이 정지당함으로써 사실상 법인의 업무수행에 지장을 받게 될 것은 명백하므로 법인으로서는 그 이사 자격의 부존재가 객관적으로 명백하여 항쟁의 여지가 없는 경우가 아닌 한 위 가처분에 대항하여 항쟁할 필요가 있다. 이와 같이 필요한 한도 내에서 법인의 대표자가 법인 경비에서 당해 가처분 사건의 피신청인인 이사의 소송비용을 지급하더라도 이는 법인의 업무수행을 위하여 필요한 비용을 지급한 것에 해당하고, 법인의 경비를 횡령한 것이라고는 볼 수 없다. 대표이사 해임소송 등이 제기된 경우에도 동일한 논리가 적용된다.[650]

379 [판례] 조합과 무관한 조합장 개인의 형사사건을 위하여 선임료를 지출한 경우
재건축조합 조합장이 조합장 개인을 위하여 자신의 위법행위에 관한 형사사건의 변호인을 선임하는 것을 재건축조합의 업무라고 볼 수 없으므로, 그가 재건축조합의 자금으로 자신의 변호사 비용을 지출하였다면 이는 횡령에 해당하고, 위 형사사건의 변호사 선임료를 지출함에 있어 이사 및 대의원회의 승인을 받았다 하여도 재건축조

648 대법원 2005. 5. 26. 선고 2003도5519 판결.
649 대법원 2007. 2. 22. 선고 2006도2238 판결.
650 대법원 2003. 5. 30. 선고 2003도1174 판결, 대법원 2007. 12. 28. 선고 2006도9100 판결, 대법원 2010. 6. 24. 선고 2010도4512 판결, 대법원 2019. 5. 30. 선고 2016도5816 판결 등.

합의 업무집행과 무관한 조합장 개인의 형사사건을 위하여 변호사 선임료를 지출하는 것이 위법한 이상 위 승인은 내재적 한계를 벗어나는 것으로서 횡령죄의 성립에 영향을 미치지 아니한다.[651]

380 [판례] 법인이 형식적인 소송당사자에 불과한 경우
법인 자체가 소송당사자가 된 경우에는 원칙적으로 그 소송의 수행이 법인의 업무수행이라고 볼 수 있으므로 그 변호사 선임료를 법인의 비용으로 지출할 수 있을 것이나, 그 소송에서 법인이 형식적으로 소송당사자가 되어 있을 뿐 실질적인 당사자가 따로 있고 법인으로서는 그 소송의 결과에 있어서 별다른 이해관계가 없다고 볼 특별한 사정이 있는 경우에는, 그 소송의 수행이 법인의 업무수행이라고 볼 수 없어 법인의 비용으로 이를 위한 변호사 선임료를 지출할 수 없다.[652]

381 [판례] 대표자 개인이 당사자로 된 소송에서 단체비용으로 지출할 수 있는 경우
원칙적으로 단체의 비용으로 지출할 수 있는 변호사 선임료는 단체 자체가 소송당사자가 된 경우에 한하므로 단체의 대표자 개인이 당사자가 된 민·형사 사건의 변호사 비용은 단체의 비용으로 지출할 수 없고, 예외적으로 분쟁에 대한 실질적인 이해관계는 단체에게 있으나 법적인 이유로 그 대표자의 지위에 있는 개인이 소송 기타 법적 절차의 당사자가 되었다거나 대표자로서 단체를 위해 적법하게 행한 직무행위 또는 대표자의 지위에 있음으로 말미암아 의무적으로 행한 행위 등과 관련하여 분쟁이 발생한 경우와 같이, 당해 법적 분쟁이 단체와 업무적인 관련이 깊고 당시의 제반 사정에 비추어 단체의 이익을 위하여 소송을 수행하거나 고소에 대응하여야 할 특별한 필요성이 있는 경우에 한하여 단체의 비용으로 변호사 선임료를 지출할 수 있다. 따라서 그러한 특별한 필요성이 없음에도 단체의 비용으로 대표자 개인이 당사자가 된 민·형사사건의 변호사 선임료를 지출하였다면 이는 횡령에 해당하고, 나아가 대표자가 그 변호사 선임료를 지출하면서 이사회 등의 승인을 받았다 하여도 횡령죄의 성립에 영향을 미치지 아니한다.[653]

382 [판례] 입주자대표회의 회장 등이 지출한 변호사 비용
집합건물 입주자대표회의의 회장과 대표자인 피고인들이 자신들의 형사사건 변호사 선임비용을 입주자대표회의비로 지출하였다고 하여 업무상횡령죄로 기소된 사안에서,

651 대법원 2006. 10. 26. 선고 2004도6280 판결.
652 대법원 2008. 6. 26. 선고 2007도9679 판결, 대법원 2019. 5. 30. 선고 2016도5816 판결.
653 대법원 2009. 9. 10. 선고 2009도4987 판결, 대법원 2011. 11. 10. 선고 2010도12535 판결, 대법원 2012. 9. 27. 선고 2012도7713 판결, 대법원 2012. 12. 26. 선고 2011도13629 판결, 대법원 2013. 4. 11. 선고 2011도9315 판결, 대법원 2013. 6. 13. 선고 2011도524 판결, 대법원 2014. 7. 10. 선고 2012도8274 판결 등.

피고인 甲에 대한 형사소송은 다른 입주자대표들의 자격, 기존의 입주자대표회의가 처리해 온 업무의 효력 등과 연관되어 있는 점에서 그와 관련한 변호사 비용을 지출한 것은 단체의 업무수행에 필요한 비용을 지급한 것이나, 피고인 乙의 개인적인 형사사건을 위하여 단체의 비용으로 변호사 선임료를 지출한 것은 위법하다고 한 사례[654]

383 [판례] 추진위원회 업무와 관련하여 지출한 것으로 인정된 경우
이 사건 고소사건은 피고인 개인의 위법행위가 문제되었다기보다는 이 사건 추진위원회와 종전 정비업체 사이의 정비용역계약의 해지 및 추진위원회와 신규 정비업체 사이의 정비용역계약의 체결 등이 적법하게 이루어졌는지 여부 등이 문제된 사안으로, 피고인에 대한 기소가 이루어져 유죄가 인정될 경우 종전 정비용역계약의 해지 및 신규 정비용역계약의 체결의 효력 등에 연쇄적으로 영향을 미칠 수 있다는 점에서 이 사건 추진위원회와 업무상의 관련이 깊고, 따라서 이 사건 추진위원회로서는 그에 대응할 특별한 필요성이 있다고 보이므로, 피고인은 이 사건 추진위원회의 비용으로 이 사건 고소사건에 관한 변호사 선임료를 지출할 수 있다고 봄이 상당하고, 나아가 이 사건 추진위원회가 회의의 의결을 추인하거나 피고인에게 이 사건 고소사건에 관하여 변호인을 선임할 권한을 위임하고, 피고인이 그에 따라 이 사건 고소사건에 관한 사건위임계약을 체결한 점에 비추어 보면, 피고인에게 불법영득의 의사가 있다고 보기도 어렵다.[655]

마. 상법상 가장납입의 경우

384 주금의 가장납입이란 주금을 납입하지 않았음에도 불구하고 주금을 납입하는 형식적 절차를 모두 거쳐 설립등기 또는 증자등기를 마치는 것을 말한다. 즉 주식회사의 설립업무 또는 증자업무를 담당한 자(통상 대표이사 또는 실질적인 사주나 인수인)와 주식인수인이 사전 공모하여 주금납입취급은행 이외의 제3자(통상 사채업자)로부터 납입금에 해당하는 금액을 차입하여 주금을 납입하고 납입취급은행으로부터 납입금보관증명서를 교부받아 회사의 설립등기절차 또는 증자등기절차를 마친 직후 이를 인출하여 위 차용금채무의 변제에 사용하는 경우 이러한 가장납입의 효력이 유효한지, 상법 제628조 제1항의 가장납입죄,[656] 형법상 공정증서원본불실기재죄 및 동행사죄의 성립 외에 이러한 변제행위가 업무

654 대법원 2011. 9. 29. 선고 2011도4677 판결.
655 대법원 2012. 9. 27. 선고 2012도7713 판결.
656 상법 제628조(납입위장죄등) ① 제622조 제1항에 게기한 자가 납입 또는 현물출자의 이행을 가장하는 행위를 한 때에는 5년 이하의 징역 또는 1,500만 원이하의 벌금에 처한다. ② 제1항의 행위에 응하거나 이를 중개한 자도 제1항과 같다.

상횡령죄에 해당할 것인지 여부가 문제되어 왔다.[657] [658]

385 가장납입의 효력과 관련한 상법학계의 통설적인 입장은, 가장납입은 주금의 납입으로서 당연 무효이며, 주금이 납입된 것으로 보지 않으므로 가장납입에 의하여 회사를 설립한 것은 설립무효의 원인이 된다는 입장으로 보인다.[659]

386 상법상 가장납입에 관한 현재까지 대법원의 입장은 대체로 다음과 같이 정리할 수 있다.

387 첫째, 가장납입이라고 하더라도 납입의 효력은 유효하다. 둘째, 발기인·이사 등에 대하여는 납입을 가장하여 회사 설립에 관여하여 사실과 다른 내용이 등기되도록 하였으므로 상법상 납입가장죄, 형법상 공정증서원본불실기재죄 및 동행사죄는 성립한다. 셋째, 가장납입은 회사의 자본을 증가시키는 것이 아니고 등기를 위하여 납입을 .가장하는 편법에 불과한 것으로 이를 다시 인출하였다고 하더라도 불법영득의사를 인정하기 어렵다고 하여 형법상 횡령죄와 배임죄는 성립하지 않는다.

388 또 횡령죄의 성부는 납입으로 인한 회사 자본의 실질적 증가가 있는지 여부에 달려있다고 할 것인데, 이에 관하여 회사 자본이 실질적으로 증가한 것이라고 볼 수 없는지에 관하여 판례는, 첫째 주식발행을 담당하는 자와 사채업자 사이에 '사전에' 납입된 주식 인수대금을 그대로 인출하여 사채를 변제하기로 하는 약정이 있어야 하고, 둘째 그와 같은 가장납입된 주금과 회사의 실질적인 자본을 구별하여 사채업자에게 곧바로 변제된 돈이 가장납입된 주금에서 나온 것이라고 특정할 수 있어야 한다는 두 가지 기준을 제시하고 있다.[660]

389 위와 같은 판례의 입장에 대하여 다음과 같은 비판적인 견해가 있다. 즉, 가장납입행위가 사법상 유효하다면 납입이 완료된 것은 진실이고, 따라서 등기공무원에 대하여 설립 또는 증자를 한 취지의 등기신청을 함으로써 상업등기부원본에

657 안종열, "가장납입과 업무상횡령죄의 성부", 재판과 판례 23집(2014. 12.), 319 이하.

658 한편 2009년 상법 개정시 제329조 제1항의 주식회사의 자본은 5천만 원 이상이어야 한다는 규정을 삭제함으로써 주식회사의 최저자본금 개념을 폐지하였다. 관련하여 상법상 가장납입죄 등에 대한 비판적인 검토로서, 이정민, "회사설립시 최저자본금제도 폐지와 납입가장죄의 재검토," 고려법학 73호(2014. 6.), 155 이하.

659 김태진, "가장납입에 관한 새로운 해석론: 자본시장법 제178조의 부정거래로서 포섭," 상사법연구 32권 1호(2013), 298; 이정민, "회사설립시 최저자본금제도 폐지와 납입가장죄의 재검토," 고려법학 73호(2014. 6.), 162.

660 안종열, "가장납입과 업무상횡령죄의 성부", 재판과 판례 23집(2014. 12.), 340.

발행주식의 총수, 자본의 총액에 관한 기재가 이루어졌다 할지라도 이를 두고 '허위신고'를 하여 '불실 사실의 기재'를 하게 한 경우에 해당한다고 할 수도 없다. 오히려 주금납입과 동시에 그 납입금은 회사의 자본금이 되는 것이기 때문에 회사의 기관이 이를 인출하여 자신의 개인 채무의 변제에 사용하는 것은 회사에 손해를 가하는 것이 될 뿐만 아니라 불법영득의사의 발현으로서 업무상횡령죄가 성립하며, 업무상배임죄 역시 성립할 여지가 있다는 것이다.[661] 논리적 일관성이라는 측면에서 충분히 수긍할 수 있는 견해라고 여겨진다.

390 [판례] 가장납입의 효력과 횡령죄의 성립 여부

주금의 가장납입의 경우에도 금원의 이동에 따른 현실의 불입이 있는 것이고, 설령 그것이 실제로는 주금납입의 가장 수단으로 이용된 것이라고 할지라도 이는 그 납입을 하는 발기인 또는 이사들의 주관적 의도의 문제에 불과하므로, 이러한 내심적 사정에 의하여 회사의 설립이나 증자와 같은 집단적 절차의 일환을 이루는 주금납입의 효력이 좌우될 수 없다.[662] 이는 단체법 질서의 안정을 위하여, 주금의 가장납입을 회사의 설립 내지 증자의 효력을 다투는 사유로 삼을 수 없게 하고 그로 인하여 발행된 주식의 효력이나 그 주권을 소지한 주주의 지위에 영향이 미치지 않게 하려는 배려에서 나온 것이므로 가장납입의 경우에 상법상 주금납입으로서의 효력이 인정된다 하여 이를 들어 업무상횡령죄와 같은 개인의 형사책임을 인정하는 근거로 삼을 수는 없다.[663]

391 [판례] 회사의 자본금에 변동이 없는 가장납입과 불법영득의사

실질적으로 회사의 자본을 증가시키는 것이 아니고 등기를 위하여 납입을 가장하는 편법에 불과하여 주금의 납입 및 인출의 전 과정에서 회사의 자본금에는 실제 아무런 변동이 없다고 보아야 할 것이므로, 그들에게 회사의 돈을 임의로 유용한다는 불법영득의 의사가 있다고 보기는 어렵고, 따라서 이러한 관점에서 상법상 납입가장죄의 성립을 인정하는 이상 회사 자본이 실질적으로 증가됨을 전제로 한 업무상횡령죄가 성립한다고 할 수는 없다.[664]

661 김태진, "가장납입에 관한 새로운 해석론: 자본시장법 제178조의 부정거래로서 포섭," 상사법연구 32권 1호(2013), 340 이하 참조.

662 대법원 1997. 5. 23. 선고 95다5790 판결.

663 대법원 2004. 6. 17. 선고 2003도7645 전원합의체 판결.

664 대법원 2004. 6. 17. 선고 2003도7645 전원합의체 판결(이 판결로 상법상의 납입가장죄와 별도로 회사재산의 불법영득행위로서 업무상횡령죄가 성립할 수 있다는 취지의 대법원 1982. 4. 13. 선고 80도537 판결, 대법원 2003. 8. 22. 선고 2003도2807 등 판결은 폐기되었다.), 대법원 2004. 12. 10. 선고 2003도3963 판결, 대법원 2006. 9. 22. 선고 2004도3314 판결, 대법원 2009. 6. 25. 선고 2008도10096 판결, 대법원 2013. 8. 22. 선고 2013도4843 판결 등.

392 [판례] 회사 자본이 실질적으로 증가한 것으로 볼 수 있는지 여부
납입된 주금이 회사에 일단 귀속되어 회사 자본이 실질적으로 증가한 것으로 볼 수 있는지 여부는 그 주금의 납입 경위, 납입된 주금의 보관 및 인출 형태와 경위 등 제반 사정을 종합하여 판단하여야 한다.[665]

393 [판례] 불법영득의사가 인정되지 않는다고 본 경우
피고인이 회사를 인수한 후 사채업자를 동원하여 제3자 배정방식에 의한 유상증자를 추진하면서 사채업자가 인수하기로 한 주식납입대금 일부를 양도성예금증서로 바꾸어 투자손실에 대한 담보조로 사채업자에게 교부한 경우에 회사 소유의 돈을 불법영득 한다는 의사가 존재하지 아니하고,[666] 甲 주식회사의 사실상 경영자인 피고인이, 乙에게서 돈을 차용하여 가장납입의 방법으로 甲 회사의 유상증자에 참여한 후 乙이 납입한 주금 해당액을 바로 인출하여 자기앞수표로 반환하였는데, 이후 회계감사에 대비하여 위 수표를 乙에게서 잠시 돌려받아 甲 회사 계좌에 입금한 뒤 다시 해당 금액을 인출하여 변제한 사안에서, 피고인에게 甲 회사의 돈을 임의로 유용한다는 불법영득의사가 존재한다고 볼 수 없으며,[667] 양도성예금증서의 자금 출처는 A 주식회사의 계좌에 입금되기 전에 이미 즉시 인출될 것이 예정되어 실질적으로 가장된 방법에 의한 대위변제에 불과하여 A 회사의 자금으로서 실체를 형성한 바가 없으므로, 그 입금 전에 이미 즉시 인출이 예정된 위 자금을 약정에 따라 B에게 양도성예금증서 형태로 제공한 피고인들에게 A 회사 소유의 돈을 불법영득 한다는 의사가 존재한다고 볼 수 없다.[668]

394 [판례] 불법영득의사가 인정된다고 본 경우-회사의 자본금이 실질적으로 증가
주금이 납입된 후 인출하여 반환한 경우에도 사실관계에 따라 실질적으로 회사의 자본이 증가된 것으로 처음부터 가장납입의 의사가 존재하지 않았다고 할 수 있는 경우나,[669] 회사의 기존 경영진이 정상적인 증자절차를 진행하고 일반공모에 의한 신주인수를 포함하여 신주발행 절차가 완료되어 그로 인한 자본금 증액이 유효하게 이루어진 경우는 그 사안을 달리하는 것이므로 이때 형법상 횡령죄가 성립한다. 즉, 주식회사의 경영권을 인수하는 과정에서 기존의 경영주에게 일반공모 방식의 유상증자를 요청하면서 청약 미달 부분의 증자자금 조달은 인수자가 책임지기로 한 데 따라 증자절차가 진행되어, 일반투자자의 주식청약을 받고 청약 미달 부분은 회사 경영권

665 대법원 2011. 9. 8. 선고 2011도7262 판결, 대법원 2013. 4. 11. 선고 2012도15585 판결 등.
666 대법원 2006. 9. 22. 선고 2004도3314 판결.
667 대법원 2011. 9. 8. 선고 2011도7262 판결.
668 대법원 2013. 4. 11. 선고 2012도15585 판결.
669 대법원 2011. 9. 29. 선고 2011도8110 판결.

인수자 측에서 신주인수를 하고서 증자대금을 조달하여 유상증자가 완료된 경우에는 그 납입된 주금은 전액이 회사의 자본금에 편입되었다고 보아야 할 것이고, 따라서 그 후 회사의 경영권을 넘겨받은 인수자가 그 주금납입금을 인출하여 위 신주인수에 참여하기 위해 차용했던 차용금채무 등의 변제에 사용했다면 그 인수자에게는 회사의 돈을 임의로 유용한다는 불법영득의 의사가 있다고 보아야 할 것이고,[670] 유상증자대금의 일부를 주식시세조정대금으로 사용한 경우,[671] 개인적인 약정에 따른 손실보전을 위한 담보 명목으로 지급한 경우,[672] 또는 주식납입대금 중 일부가 이른바 찍기나 꺾기 자금에 대한 이자 또는 수수료 등으로 지급된 경우[673] 등의 사례에서는 불법영득의사가 인정된다고 보았다.

395 한편 전환사채의 인수과정에서 그 납입을 가장하였다고 하더라도 전환사채는 발행당시에는 사채의 성질을 갖는 것으로 사채권자가 전환권을 행사할 때 비로소 주식으로 전환되어 회사의 자본을 구성하게 될 뿐 아니라 전환권은 사채권자의 권리이므로 사채권자로서는 전환권을 행사하지 아니할 수도 있으므로 상법상 납입가장죄는 성립하지 않으며,[674] 업무상배임죄[675]나 업무상횡령죄[676]도 성립되기는 어려운 것으로 보인다.[677]

바. 특별수선충당금

396 특별수선충당금은 건물의 노후화로 인하여 필연적으로 발생하는 주요설비 등의 교체 및 보수에 사용하도록 용도와 목적이 특정된 자금으로서, 집합건물 관리회사의 직원이 위 자금을 그 용도외의 목적으로 임의 사용한 경우 횡령죄가 성립한다.[678] 그러나 아래에서 보듯이 실무상 불법영득의사를 인정하기 어려운 경우도 있다.

397 [판례] 아파트 특별수선충당금-불법영득의사가 없다고 본 경우
이 사건 특별수선충당금은 구 주택건설촉진법에서 정한 특별수선충당금이나 주택법령에서 정한 장기수선충당금과 마찬가지로 공동주택의 주요시설의 교체 및 보수를

670 대법원 2012. 5. 10. 선고 2012도716 판결.
671 대법원 2013. 8. 22. 선고 2013도4843 판결.
672 대법원 2011. 5. 26. 선고 2011도2842 판결.
673 대법원 2013. 10. 31. 선고 2013도8853 판결.
674 대법원 2008. 5. 29. 선고 2007도5206 판결.
675 대법원 2011. 10. 27. 선고 2011도8112 판결.
676 대구고법 2013. 7. 1. 선고 2012노162 판결(확정).
677 안종열, "가장납입과 업무상횡령죄의 성부", 재판과 판례 23집(2014. 12.), 337 이하 참조.
678 대법원 2004. 5. 27. 선고 2003도6988 판결.

위하여 별도로 적립한 자금으로서 원칙적으로 그 범위 내에서 사용되도록 용도가 제한된 자금으로 해석함이 타당하다. 그런데 이 사건 공동주택 및 주민 전체의 복리를 위하여 임시총회의 결의 및 운영위원회의 의결을 거쳐 방수공사를 실시하고 정기총회에 보고까지 마친 피고인이 이 사건 각 방수공사계약의 대금을 지급하기 위하여 이 사건 특별수선충당금을 지출한 것에 대하여, 피고인에게 이를 횡령한다는 범의 내지 불법영득의사가 있었다고 단정하기 어렵다.[679]

398 [판례] 아파트 특별수선충당금-불법영득의사가 없다고 본 경우
甲 아파트의 입주자대표회의 회장이 일반 관리비와 별도로 입주자대표회의 명의 계좌에 적립·관리되는 특별수선충당금을 아파트 구조진단 견적비 및 시공사인 乙 주식회사에 대한 손해배상청구소송의 변호사 선임료로 사용함으로써 아파트 관리규약에 의하여 정하여진 용도 외에 사용하였다고 하여 업무상횡령으로 기소된 사안에서, 특별수선충당금은 甲 아파트의 주요시설 교체 및 보수를 위하여 별도로 적립한 자금으로 원칙적으로 그 범위 내에서 사용하도록 용도가 제한된 자금이나 당시에는 특별수선충당금의 용도 외 사용이 관리규약에 의해서만 제한되고 있었던 점, 피고인이 구분소유자들 또는 입주민들로부터 포괄적인 동의를 얻어 특별수선충당금을 위탁의 취지에 부합하는 용도에 사용한 것으로 볼 여지가 있는 점 등 제반 사정을 종합하면, 피고인이 특별수선충당금을 위와 같이 지출한 것이 위탁의 취지에 반하여 자기 또는 제3자의 이익을 위하여 자기의 소유인 것처럼 처분하였다고 단정하기 어렵다.[680]

사. 그 외의 사례

1) 보관의 취지에 반하는 보관물의 인출행위

399 창고업자가 보관 중인 피해자 소유의 시멘트를 피해자 명의의 출금의뢰서 소지자에게만 출고할 수 있을 뿐 일반수요자에게는 판매할 수 없음에도 불구하고 일반수요자에게 직접 판매한 경우,[681] 택시노조 조합장이 각 단위조합으로부터 일정한 금액을 연맹의무금으로 특정하여 받아 보관하다가 이를 상위조합인 전국자동차노조연맹에 송금하지 아니하고 조합운영비 등으로 사용한 경우[682] 등은 그 보관의 취지에 반하므로 불법영득의 의사가 있다고 하여야 한다. 약속어음의 할인을 위하여 교부받은 수탁자는 위탁의 취지에 따라 보관하는 것에 불

679 대법원 2016. 1. 28. 선고 2015도5027 판결.
680 대법원 2017. 2. 15. 선고 2013도14777 판결.
681 대법원 1986. 10. 14. 선고 85도2698 판결.
682 대법원 1989. 3. 14. 선고 88도1278 판결.

과하므로 약속어음을 수탁자가 자신의 채무의 변제에 충당하였다면 이와 같은 수탁자의 행위에 불법영득의 의사가 인정된다.[683]

2) 그 외 불법영득의사가 부정된 사례

400 그밖에도 지출목적에 대한 행위자의 주관적 판단이 객관적으로 보아 심히 부당한 것이 아니라고 사회통념상 인정될 수 있는 경우라든가,[684] 채권확보의 목적으로 가처분결정에 의하여 보관 중인 돈을 은행에 예치한 경우,[685] 회사에 대하여 채권을 가지고 있는 대표이사가 회사를 위하여 보관하고 있는 회사 소유의 금원으로 자신의 채권 변제에 충당하는 행위는 대표이사의 권한 내에서 회사 채무의 변제 행위로서 유효하고, 따라서 불법영득의 의사가 인정되지 아니하고,[686] 담보권의 실행을 위하여 부동산을 매각한 경우[687] 등에는 불법영득의 의사가 부정된다.

401 또 종중 부회장이 종중 소유의 돈을 차용한 경우, 종중규약상의 절차요건인 이사회결의가 없었더라도 참석 가능한 이사 전원의 동의가 있었고 종중재산의 대여를 금하는 규정이 없으며 차용인들이 원래의 보관처인 보험회사의 금리 이상의 이자를 지급할 것을 조건으로 하였다면 대여 당사자에게 불법영득의사가 있다고 할 수 없고,[688] 아파트관리위원회의 회장 등이 회칙에는 위배되지만 집행위원들의 동의를 얻어 관리기금을 대여 받은 경우[689] 및 사찰 창건이래(사재를 희사하여 조계종에 등록한 사찰이다) 사찰재산에 대한 관리처분권한이 부여되어 사찰의 운영을 책임지고 있던 자가 병원치료비와 장학금지급을 위하여 사찰재산을 사용한 경우[690]에도 불법영득의 의사를 인정할 수 없다.

683 대법원 2004. 5. 28. 선고 2003도7509 판결.
684 대법원 1987. 4. 28. 선고 86도824 판결.
685 대법원 1974. 10. 22. 선고 74도2678 판결.
686 대법원 1999. 2. 23. 선고 98도2296 판결, 대법원 2002. 7. 26. 선고 2001도5459 판결. 이에 대하여 위탁의 취지에 반하는 자기거래에 해당한다고 보아 비판적인 견해로 이용식, "횡령·배임죄와 이사의 자기거래", 상사판례연구 4(2000), 228.
687 대법원 1979. 7. 10. 선고 79도1125 판결.
688 대법원 1992. 5. 22. 선고 92도564 판결.
689 대법원 1990. 5. 8. 선고 90도599 판결.
690 대법원 2001. 5. 8. 선고 99도4699 판결.

V. 위법성조각사유 관련

402 민법 기타 법률에 의하여 허용되는 권리행사, 즉 전질(민법 제336조), 유치권의 행사(제320조), 동시이행 항변권의 행사(제536조) 등은 그 법률상의 권한 범위 내에서 행하여지는 한 위법성이 조각된다고 설명하는 것이 일반적이다. 그러나 유치권이나 동시이행 항변권을 행사하여 반환 거부하는 경우에는 불법영득의사가 인정되지 아니하므로 구성요건해당성이 없다고 보아야 한다. 마찬가지로 민법상 사무관리에서 정당시되는 범위 내의 처분행위나 피해자의 승낙이 있는 경우 또는 보관자의 처분에 대하여 소유자의 동의가 있는 경우에는 위법성이 조각되는 것이 아니라 구성요건해당성이 없다.[691] 다만 목적물의 보전을 위하여 다른 장소로 운반·보관하는 것은 민법상 사무관리 범위에 속하는데 이 경우 그 비용을 조달하기 위하여 보관물 일부를 환가 처분하는 행위 등의 경우에는 위법성이 조각될 여지가 있다.

403 관련하여, 가처분결정으로 대표자 등의 직무집행이 정지 중에 있던 피고인들이 종단소유의 보관금을 소송비용으로 사용함에 있어 변호사의 조언이 있었다 하더라도 그것만으로 피고인들의 이건 보관금 인출사용행위가 법률의 착오에 해당되지 않는다.[692]

VI. 공범관계

404 횡령죄는 타인의 재물을 보관(위탁관계에 의하여 점유)하는 자만 정범이 될 수 있는 신분범이며, 이러한 신분은 범죄 구성을 위한 신분을 이루는 것이므로 진정신분범이다(구성적 신분). 따라서 신분 없는 자는 단독정범이 될 수 없고, 신분 있는 자와 공동한 경우 공동정범, 교사범 또는 방조범이 될 수 있을 뿐이다(형법 제33조 본문).[693]

405 횡령한 재물을 매수한 사람이 타인의 동의 없이 임의로 처분된다는 정을 알았다는 것만으로는 횡령죄의 공동정범을 인정하기 부족하고 처음부터 수탁자와 짜고 이를 불법영득하기로 공모하였을 것이 필요하다. 따라서 채권자가 담보물을

691 김일수/서보학, 새로쓴 형법각론(제9판), 박영사(2018), 310; 이재상 외 2인, 형법각론(제12판), 박영사(2021), 415; 이형국, 형법각론, 법문사(2007), 421; 진계호/이존걸, 형법각론(제6판), 대왕사(2008), 472.
692 대법원 1990. 10. 16. 선고 90도1604 판결.
693 대법원 2003. 11. 14. 선고 2003도4909 판결.

제공받을 때 그 물건이 타인의 물건임을 알았다는 것만으로 횡령행위에 공모가담한 것으로 단정할 수 없다.[694] 타인의 재물을 매각·횡령한다는 정을 알면서도 매수인을 소개하여 준 소개업자는 횡령죄의 방조범에 해당할 여지는 있다.[695]

406 점유이탈물횡령죄를 횡령죄에 대한 감경적 구성요건으로 보는 견해에서는, 비신분자가 신분자의 횡령행위에 가담한 경우에 비신분자에게는 형법 제33조 단서를 적용하여 점유이탈물횡령죄의 형을 과하여야 한다는 결론이 되지만, 점유이탈물횡령죄는 단순횡령죄와 성질을 달리하는 범죄이므로 그러한 견해에는 찬성하기 어렵다.

407 한편 단순 보관자와 업무상횡령죄의 공범에 대하여, 단순 횡령죄의 공동정범·공범이 성립하고(형법 제33조 본문) 형도 단순 횡령죄가 과하여진다는 견해가 우리나라의 다수설이다.[696] 그러나 판례[697]와 소수설[698]은 업무상횡령죄의 공동정범·공범이 성립하고(제33조 본문), 다만 그 형은 단순 횡령죄로 처벌된다고(제33조 단서) 본다. 형법 제33조의 해석을 둘러싼 견해 차이에서 비롯된 것이다.

408 비보관자가 업무상횡령죄의 공동정범이 될 수 있는가에 대하여도 단순 보관자의 경우와 마찬가지로 보는 견해[699]가 있고, 공동정범의 가능성은 배제되고 가공 정도에 따라 단순 횡령죄의 교사범 또는 방조범의 문제가 된다는 견해[700]도 있다. 판례는 단순 보관자의 경우와 같이 본다[701](☞ 이와 관련하여 형법 제356조 '업무상횡령·배임죄' 주석 해당 부분 같이 참조).

694 대법원 1985. 6. 25. 선고 85도1077 판결, 대법원 1992. 9. 8. 선고 92도1396 판결 참조.

695 대법원 1988. 3. 22. 선고 87도2585 판결.

696 김일수/서보학, 새로쓴 형법각론(제9판), 박영사(2018), 311; 박상기, 형법각론(제8판), 박영사(2011), 388; 배종대, 형법각론(제14판), 홍문사(2023), 439~440; 이영란, 형법학 각론강의(제3판), 형설출판사(2013), 387; 이재상 외 2인, 형법각론(제12판), 박영사(2021), 415; 이형국, 형법각론, 법문사(2007), 421; 정성근/정준섭, 형법강의 각론(제2판), 박영사(2022), 313.

697 대법원 1989. 10. 10. 선고 87도1901 판결, 대법원 2012. 11. 15. 선고 2012도6676 판결, 대법원 2015. 2. 26. 선고 2014도15182 판결 등.

698 김성돈, 형법각론(제8판), 성균관대학교 출판부(2022), 458, 472; 신동운, 형법각론(제2판), 법문사(2018), 1224.

699 이재상 외 2인, 형법각론(제12판), 박영사(2021), 416; 정성근/정준섭, 형법강의 각론(제2판), 박영사(2022), 313(이러한 견해를 다수설로 소개하고 있다).

700 김일수/서보학, 새로쓴 형법각론(제9판), 박영사(2018), 311.

701 대법원 1989. 10. 10. 선고 87도1901 판결(업무상배임죄의 경우도 같다. 대법원 1997. 12. 26. 선고 97도2609 판결 등).

409 [판례] 횡령 공모관계의 증명

2인 이상이 범죄에 공동 가공하는 공범관계에서 공모는 법률상 어떤 정형을 요구하는 것이 아니고, 2인 이상이 공모하여 어느 범죄에 공동 가공하여 그 범죄를 실현하려는 의사의 결합만 있으면 되는 것으로서, 비록 전체의 모의 과정이 없었다고 하더라도 수인 사이에 순차적으로 또는 암묵적으로 상통하여 그 의사의 결합이 이루어지면 공모관계가 성립하고, 이러한 공모가 이루어진 이상 실행행위에 직접 관여하지 아니한 자라도 다른 공모자의 행위에 대하여 공동정범으로서의 형사책임을 지는 것이고, 이와 같은 공모에 대하여는 직접증거가 없더라도 정황사실과 경험법칙에 의하여 이를 인정할 수 있고,[702] 상명하복 관계에 있는 자들 사이에 있어서도 범행에 공동 가공한 이상 공동정범이 성립하는 데 아무런 지장이 없다.[703] 피고인 乙이 비록 이 사건 변호인 선임비를 학교교비에서 지출하기로 하는 결의에 직접 가담하지는 아니하였지만, 위 결의에 따른 집행을 담당하면서, 피고인 甲 등이 공모한 이 사건 범행에 공동가공하여 범죄를 실현하려는 의사의 결합이 있었고, 그 실행행위를 분담하였다고 판단한 원심이 정당하다.[704]

Ⅶ. 죄수

1. 죄수결정의 기준

410 횡령죄의 죄수를 결정하는 기준에 관하여는 위탁관계의 수를 기준으로 한다는 견해[705]가 다수설이나, 불법적인 영득행위의 수를 기준으로 할 것이라는 견해[706]와 위탁관계의 수 및 횡령행위의 수를 함께 기준으로 하는 것이 타당하다는 견해[707]도 있다.

411 판례에 따르면 1개의 행위로 수인으로부터 위탁을 받은 재물을 횡령한 경우는 상상적 경합이 되지만 1인으로부터 위탁받은 수인 소유의 재물을 횡령한 때에는

702 대법원 2004. 12. 24. 선고 2004도5494 판결 참조.

703 대법원 1995. 6. 16. 선고 94도1793 판결 참조.

704 대법원 2013. 5. 24. 선고 2012도6450 판결.

705 김성돈, 형법각론(제8판), 성균관대학교 출판부(2022), 458; 김일수/서보학, 새로쓴 형법각론(제9판), 박영사(2018), 312; 박상기, 형법각론(제8판), 박영사(2011), 389; 배종대, 형법각론(제14판), 홍문사(2023), 440; 신동운, 형법각론(제2판), 법문사(2018), 1225; 오영근, 형법각론(제7판), 박영사(2022), 373; 이영란, 형법학 각론강의(제3판), 형설출판사(2013), 368; 이용식, 형법각론, 박영사(2019), 52; 이재상 외 2인, 형법각론(제12판), 박영사(2021), 416; 이형국, 형법각론, 법문사(2007), 421; 정성근/정준섭, 형법강의 각론(제2판), 박영사(2022), 305.

706 홍영기, 형법 총론과 각론, 박영사(2022), 431.

707 주석 형법, 각칙(6)(제5판), 한국사법행정학회(2017), 334(노태악).

1죄가 된다. 하나의 위탁관계에 의하여 위탁받은 재물을 수회에 걸쳐 횡령한 때에는 수죄의 경합범이 될 것이지만, 그 수개 행위의 침해법익이 하나이고 범죄의 태양을 같이 하며 하나의 범의에 의한 연속된 행위라고 인정될 경우에는 포괄적 일죄가 된다.[708] 이러한 포괄적 일죄의 경우에는 개개 행위의 구체적 범행일시나 액수, 소비처 등을 공소장이나 유죄판결에 적시하지 않아도 무방하다.[709] 수개의 회사 소유 자금을 지분 비율을 알 수 없는 상태로 구분 없이 함께 보관하던 사람이 그 자금 중 일부를 횡령한 경우, 수개의 회사는 횡령된 자금에 대하여 지분 비율을 알 수 없는 공동 소유자의 지위에 있다고 할 것이니 수개의 회사는 모두 횡령죄의 피해자에 해당한다.[710] 그리고 구성요건을 달리하고 있는 배임, 사기의 행위는 횡령죄와 포괄적 일죄를 구성할 수 없다.[711]

412 한편, 특정경제범죄가중처벌등에관한법률위반(횡령)죄에서 정한 이득액은 단순일죄의 이득액이나 포괄일죄의 이득액 합산액을 의미하는 것이고 경합범으로 처벌될 수죄의 이득액을 합한 금액을 말하는 것이 아니다. 횡령행위를 포괄하여 특정경제범죄가중처벌등에관한법률위반(횡령)죄로 의율하려면 원칙적으로 피해자 및 피해자별 피해액에 관한 공소사실의 특정이 필요하다.[712]

413 [판례] 포괄일죄로 본 경우

직할시청 소속 공무원이 직할시세(취득세·등록세 등), 구세(재산세·종합토지세 등) 및 국세(방위세·교육세 등)의 징수사무를 담당하면서 이를 한꺼번에 장기간에 걸쳐 횡령한 경우 직할시세, 구세, 국세는 각기 과세주체를 달리하고 과세근거규정도 서로 다른 만큼 비록 세금횡령이라는 단일한 범의가 계속적으로 발현된 일련의 범행이더라도 그 피해자 내지 피해법익별로(즉 직할시세, 구세 및 국세별로) 구분하여 별개의 죄가 성립하며, 이 경우 같은 직할시세 또는 같은 구세 중에서 구체적 세목을 달리하거나 수개의 행위 도중에 공범자의 변동이 있거나 때로는 단독범인 경우가 있다 하더라도 단일하고 계속된 범의 하에 행하여진 것이라면 포괄적 일죄가 된다.[713]

708 대법원 1985. 8. 13. 선고 85도1275 판결, 대법원 1993. 10. 12. 선고 93도1512 판결, 대법원 2006. 6. 2. 선고 2005도3431 판결, 대법원 2007. 1. 12. 선고 2004도8071 판결, 대법원 2014. 3. 27. 선고 2012도7328 판결 등.

709 대법원 1969. 7. 29. 선고 69도803 판결.

710 대법원 2007. 6. 1. 선고 2006도1813 판결, 대법원 2012. 1. 27. 선고 2011도15161 판결 등.

711 대법원 1988. 2. 9. 선고 87도58 판결.

712 대법원 2011. 2. 24. 선고 2010도13801 판결.

713 대법원 1995. 9. 5. 선고 95도1269 판결.

414 [판례] 포괄일죄로 보지 않은 경우

甲 주식회사가 지식경제부 산하 여러 기관들과 각각 다른 시기에 서로 다른 내용의 협약을 체결하여 정부과제사업 9건을 부여받고 각 과제별로 정부출연금을 교부받았는데 甲 회사의 대표이사 또는 자금담당 임원으로 정부출연금을 보관하는 지위에 있는 피고인들이 위탁 취지에 반하여 자금을 처분한 사안에서, 위와 같은 개별 협약 및 정부출연금 위탁관계를 하나로 묶어 주는 포괄적인 법률관계가 존재하는 등 특별한 사정이 없는 한 甲 회사와 위 기관들 사이에는 각 과제별로 별개의 정부출연금 위탁관계가 성립한다고 보는 것이 타당하고, 피고인들의 행위는 과제별로 별개인 위탁신임관계를 침해한 것으로서 그로 인한 피해법익이 단일하다고 할 수 없을 뿐만 아니라 범의의 단일성도 인정되기 어렵다는 이유로, 이와 달리 정부출연금이 전부 동일한 위탁관계에 기초한 것이라는 전제에서 피고인들의 범행이 포괄하여 1개의 업무상횡령죄에 해당하고 횡령금액의 합계액이 5억 원 이상이므로 특정경제범죄 가중처벌 등에 관한 법률 제3조 제1항 제2호를 적용하여 가중처벌 할 수 있다고 본 원심의 조치에 포괄일죄의 성립요건에 관한 법리오해의 위법이 있다.[714]

415 [판례] 상상적 경합관계에 있다고 본 경우

여러 개의 위탁관계에 의하여 보관하던 여러 개의 재물을 1개의 행위에 의하여 횡령한 경우 위탁관계별로 수개의 횡령죄가 성립하고, 그 사이에는 상상적 경합의 관계가 있는 것으로 보아야 한다. 따라서 피고인이 피해자 A 회사와 사이에 렌탈(임대차)계약을 체결하고 그로부터 컴퓨터 본체 24대, 모니터 1대를 받아 보관하였고, 피해자 B 회사와 사이에 리스(임대차)계약을 체결하고 그로부터 컴퓨터 본체 13대, 모니터 41대, 그래픽카드 13개, 마우스 11개를 보관하다가 이를 한꺼번에 처분하여 횡령하였으므로, 이러한 횡령행위는 사회 관념상 1개의 행위로 평가함이 상당하고, 피해자들에 대한 각 횡령죄는 상상적 경합의 관계에 있다. 이와 달리 위 각 죄가 실체적 경합의 관계에 있다고 보고 경합범 가중을 한 원심은 위법하다.[715]

714 대법원 2011. 7. 28. 선고 2009도8265 판결.
715 대법원 2013. 10. 31. 선고 2013도10020 판결.

2. 횡령과 불가벌적 사후행위[716]

가. 불가벌적 사후행위

416 횡령행위가 종료되어 일단 기수가 된 후 다시 그 물건을 처분하는 행위는 그 횡령행위에 의하여 이미 평가되어 버린 것으로 볼 수 있는 범위 내인 한 이른바 불가벌적 사후행위로서 별도의 횡령죄가 성립하지 않는다. 따라서 그 처분행위에 타인이 가담하였다면 횡령죄의 공범은 문제되지 않고 다만 장물죄의 성부만 남는다.

417 종래 판례는 예컨대 자신이 보관 중이던 토지에 대하여 피해자인 소유자의 승낙 없이 제3자에게 근저당권설정등기를 마쳐주면 그 때 위 토지에 대한 횡령죄가 성립하고, 그 후 피해자의 승낙 없이 그 토지를 다른 사람에게 매도하더라도 이는 횡령물의 처분행위로서 별개의 횡령죄를 구성하지 아니한다는 입장이었다.[717] 이와 같이 나중의 처분행위를 불가분적 사후행위로 본 종전 판례에 대하여 많은 비판과 함께 나중의 처분행위의 처벌에 대한 필요성이 제기되었다. 예컨대 분할처분이 가능한 부동산의 경우에는 앞선 횡령행위에 의하여 소유권 일부분에 대한 침해가 있었고 나중의 행위에 의하여 나머지 소유권이 침해당할 여지가 많을 것이다. 이러한 종래 판례는 아래와 같이 대법원 2010도10500 전원합의체 판결을 통해 변경되었다.

418 [판례] 대법원 2013. 2. 21. 선고 2010 도 10500 전원합의체 판결[718]

타인의 부동산을 보관 중인 자가 불법영득의사를 가지고 그 부동산에 근저당권설정등기를 마침으로써 일단 횡령행위가 기수에 이르렀다 하더라도 그 후 같은 부동산에

716 강수진, "횡령죄의 기수시기- 횡령죄는 위험범인가," 고려법학 72호(2014. 3.), 306 이하.; 신동운, "횡령 후의 횡령죄 성립여부," 서울대학교 법학 54권 4호(2013), 291 이하.; 안호봉, "선행 범죄인 배임의 범행을 저지른 후 다시 같은 피해자를 상대로 동종의 범행(횡령 또는 배임)을 저지른 경우 후행범죄가 불가벌적 사후행위에 해당하는지 여부에 관한 고찰," 재판실무연구, 수원지방법원(2013), 298 이하.; 우인성, "횡령죄의 불가벌적 사후행위에 관한 판례 변경", 양승태 대법원장 재임 3년 주요 판례 평석(2013), 398 이하.; 이경렬, "'명의수탁자의 처분과 횡령'의 불가벌적 사후행위", 형사판례연구 22(2014), 139 이하.; 이상원, "횡령인가 불가벌적 사후행위인가," 형사재판의 제문제 7권(2013), 104 이하.; 조현욱, "명의수탁자의 보관부동산 후행 처분행위의 불가벌적 사후행위 해당여부', 법학논고 42집(2013. 5.), 189 이하 등.

717 대법원 1998. 2. 24. 선고 97도3282 판결(아래의 2010도10500 전원합의체 판결과 배치되는 범위 내에서 변경되었다).

718 이 판결로 대법원 1996. 11. 29. 선고 96도1755 판결, 대법원 1997. 1. 20. 선고 96도2731 판결, 대법원 1998. 2. 24. 선고 97도3282 판결, 대법원 1999. 4. 27. 선고 99도5 판결, 대법원 1999. 11. 26. 선고 99도2651 판결, 대법원 2000. 3. 24. 선고 2000도310 판결, 대법원 2002. 11. 13. 선고 2002도2219 판결, 대법원 2006. 8. 24. 선고 2006도3636 판결, 대법원 2006. 11. 9. 선고 2005도8699 판결 등이 이 판결과 배치되는 범위 내에서 변경되었다.

별개의 근저당권을 설정하여 새로운 법익침해의 위험을 추가함으로써 법익침해의 위험을 증가시키거나 해당 부동산을 매각함으로써 기존의 근저당권과 관계없이 법익침해의 결과를 발생시켰다면, 이는 당초의 근저당권 실행을 위한 임의경매에 의한 매각 등 그 근저당권으로 인해 당연히 예상될 수 있는 범위를 넘어 새로운 법익침해의 위험을 추가시키거나 법익침해의 결과를 발생시킨 것이므로 특별한 사정이 없는 한 불가벌적 사후행위로 볼 수 없고, 별도로 횡령죄를 구성한다고 판단하였다.

분석과 검토: 대법원 다수의견의 입장을 정리해보면, 나중의 처분행위가 앞선 처분행위에 의하여 발생한 위험을 현실적인 법익침해로 완성하는 수단에 불과하거나 그 과정에서 당연히 예상될 수 있는 것으로서 새로운 위험을 추가하는 것이 아니라면 이는 불가벌적인 사후행위에 해당하고, 그렇지 않다면 별도의 횡령죄를 구성하게 된다. 이는 횡령죄를 위험범으로 보면서도 부동산 명의수탁자의 임의적인 근저당권 설정행위를 횡령행위로 보는 기존 판례의 태도를 전제로, 더 이상 법익침해의 위험이 발생할 수 없다고 평가될 때까지 그러한 추가적인 위험을 발생시키는 행위를 불가벌적이라고 보아서는 아니 된다는 이론구성이 전제되어 있다.[719] 이에 대하여, 나중의 처분행위가 불가벌적 사후행위에 해당하는지 여부는 나중 처분행위의 불법이 선행 처분행위에 의하여 이미 평가되었다고 볼 수 있는지 여부에 따라 결정될 문제로서 횡령죄를 위험범으로 보는 대법원의 견해를 유지하는 이상 다수의견의 결론은 논리적 모순을 가지고 있다는 비판을 피하기 어렵고, 다수의견은 사실상 법익 침해의 결과를 요구하는 침해범에서만 가능한 논리라는 비판[720]이 있다.
그리고 횡령죄의 이득액을 산정함에 있어서 대법원은 이 판결 및 그 후의 판결[721]을 통하여 전체가치설이 아니라 실질가치설을 채택함으로써 잔존가치에 대한 나중의 행위의 가벌성을 매우 논리적으로 근거지울 수 있고 현실을 왜곡하지 않고 실제에 대하여 정확한 법적 평가를 내려 책임주의를 실현하였다는 견해[722]가 있고, 반면 이득액을 실질가치설로 본다면 횡령죄의 본질을 영득행위로 파악하는 기존의 입장과 충돌할 뿐 아니라 불가벌적 사후행위의 소극적 성립요건을 부적절하게 확대해석함으로써 횡령죄의 처분과 관련된 법리의 안정성에 대한 불필요한 대법원 규범논리의 혼란을 야기한 것으로 판단된다는 비판적인 견해[723]도 있다

719 우인성, "횡령죄의 불가벌적 사후행위에 관한 판례 변경", 양승태 대법원장 재임 3년 주요 판례 평석(2013), 368.
720 강수진, "횡령죄의 기수시기-횡령죄는 위험범인가," 고려법학 72호(2014. 3.), 310~312.
721 대법원 2013. 5. 9. 선고 2013도2857 판결.
722 이상원, "횡령인가 불가벌적 사후행위인가," 형사재판의 제문제 7권(2013), 122.
723 이경렬, "'명의수탁자의 처분과 횡령'의 불가벌적 사후행위", 형사판례연구 22(2014), 167~169 이하.

나. 대법원 2010도10500 전원합의체 판결 이후 횡령행위의 불가벌적 사후행위 해당 여부가 문제된 사례(부동산 반환 거부 후 매도한 사안)

419 [판례] 불가벌적 사후행위에 해당하여 횡령죄가 성립하지 않는다고 본 경우

횡령죄는 타인의 재물을 보관하는 자가 그 재물을 횡령하는 경우에 성립하는 범죄이고, 횡령죄의 구성요건으로서의 횡령행위란 불법영득의사를 실현하는 일체의 행위를 말하는 것이어서 타인의 재물을 점유하는 자가 그 점유를 자기를 위한 점유로 바꾸려고 하는 의사를 가지고 그러한 영득의 의사가 외부에 인식될 수 있는 객관적 행위를 하였을 때에는 그 재물 전체에 대한 횡령죄가 성립되고, 일단 횡령을 한 이후에 다시 그 재물을 처분하는 것은 불가벌적 사후행위에 해당하여 처벌할 수 없다.[724]

420 [판례] 불가벌적 사후행위에 해당하여 횡령죄가 성립하지 않는다고 본 경우-사기범행 후 횡령행위

甲 종친회 회장인 피고인이 위조한 종친회 규약 등을 공탁관에게 제출하는 방법으로 甲 종친회를 피공탁자로 하여 공탁된 수용보상금을 출급받아 편취하고, 이를 종친회를 위하여 업무상 보관하던 중 반환을 거부하여 횡령하였다는 내용으로 기소된 사안에서, 피고인이 공탁관을 기망하여 공탁금을 출급받음으로써 甲 종친회를 피해자로 한 사기죄가 성립하고, 그 후 甲 종친회에 대하여 공탁금 반환을 거부한 행위는 새로운 법익의 침해를 수반하지 않는 불가벌적 사후행위에 해당할 뿐 별도의 횡령죄가 성립하지 않는다.[725]

421 [판례] 불가벌적 사후행위에 해당하여 횡령죄가 성립하지 않는다고 본 경우-사기방조범행 후 횡령행위

전기통신금융사기(이른바 보이스피싱 범죄)의 범인이 피해자를 기망하여 피해자의 돈을 사기이용계좌로 송금·이체받았다면 이로써 편취행위는 기수에 이른다. 따라서 범인이 피해자의 돈을 보유하게 되었더라도 이로 인하여 피해자와 사이에 어떠한 위탁 또는 신임관계가 존재한다고 할 수 없는 이상 피해자의 돈을 보관하는 지위에 있다고 볼 수 없으며, 나아가 그 후에 범인이 사기이용계좌에서 현금을 인출하였더라도 이는 이미 성립한 사기범행의 실행행위에 지나지 아니하여 새로운 법익을 침해한다고 보기도 어려우므로, 위와 같은 인출행위는 사기의 피해자에 대하여 따로 횡령죄를 구성하지 아니한다. 그리고 이러한 법리는 사기범행에 이용되리라는 사정을 알고서도 자신 명의의 계좌의 접근매체를 양도함으로써 사기범행을 방조한 종범이 사기이용계좌로 송금된 피해자

724 대법원 2014. 5. 29. 선고 2013도9951 판결.
725 대법원 2015. 9. 10. 선고 2015도8592 판결.

의 돈을 임의로 인출한 경우에도 마찬가지로 적용된다.[726]

이러한 판례에 대하여는, 통장을 빌려준 자가 사기죄 공동정범이 성립되는 경우에 별도로 횡령죄까지 인정하지 않는 것은 이론적 타당성이 있겠지만, 재산죄 본범에 대한 협의의 공범의 경우 장물죄 주체가 될 수 있는 것과 유사한 맥락에서 사기죄 방조범만 성립될 경우에는 별도의 횡령죄 성립을 인정하는 것이 오히려 타당하다는 비판이 있다.[727]

참고로, 자기 명의 접근매체를 양도한 자가 그 계좌에 입금된 사기피해금을 인출한 행위에 대하여 횡령죄로만 기소되고 접근매체를 양도한 행위와 관련하여 사기방조죄로는 기소되지 않았음에도 원심이 피고인이 사기범행에 이용되리라는 사정을 알고서 접근매체를 양도한 사실을 직권으로 인정하여 횡령죄가 성립하지 않는다고 원심이 판단한 사안에서, 대법원은 위 대법원 2017도17494 전원합의체 판결을 원용하면서 원심판결에는 횡령죄의 법리를 오해한 잘못이 있다는 이유로 파기환송한 바 있다.[728]

사기이용계좌에서 사기피해금을 인출한 행위에 대하여 사기피해자 혹은 접근매체 양수인(사기범인)에 대한 횡령죄로 기소된 경우 처리방안은 아래 'IX. 타죄와의 관계 중 1. 사기죄와의 관계' 부분 참조.

422 [판례] 별도의 횡령죄가 성립한다고 본 경우-배임행위 후 횡령행위

회사에 대한 관계에서 타인의 사무를 처리하는 자가 임무에 위배하는 행위로써 회사로 하여금 회사가 펀드 운영사에 지급하여야 할 펀드출자금을 정해진 시점보다 선지급하도록 하여 배임죄를 범한 다음, 그와 같이 선지급된 펀드출자금을 보관하는 자와 공모하여 펀드출자금을 임의로 인출한 후 자신의 투자금으로 사용하기 위하여 임의로 송금하도록 한 행위는 펀드출자금 선지급으로 인한 배임죄와는 다른 새로운 보호법익을 침해하는 행위로서 배임 범행의 불가벌적 사후행위가 되는 것이 아니라 별죄로서 횡령죄를 구성한다고 보아야 한다.[729]

423 [판례] 별도의 횡령죄가 성립한다고 본 경우-근저당권설정 후 매각한 행위

타인의 부동산을 보관 중인 자가 불법영득의사를 가지고 그 부동산에 근저당권설정등기를 마침으로써 일단 횡령행위가 기수에 이르렀다 하더라도 그 후 같은 부동산에 별개의 근저당권을 설정하여 새로운 법익침해의 위험을 추가함으로써 법익침해의 위험을 증가시키거나 해당 부동산을 매각함으로써 기존의 근저당권과 관계없이 법익침

726 대법원 2017. 5. 31. 선고 2017도3045 판결[이 판결에 대한 해설은 이진혁, "전기통신금융사기(보이스피싱 범죄)와 횡령죄의 성립 여부", 해설(112), 357 이하], 대법원 2017. 5. 31. 선고 2017도3894 판결, 대법원 2018. 7. 19. 선고 2017도17494 전원합의체 판결 등.

727 손동권/김재윤, 새로운 형법각론(제2판), 율곡출판사(2022), 419.

728 대법원 2019. 1. 17. 선고 2018도12199 판결, 대법원 2019. 4. 3. 선고 2018도7955 판결.

729 대법원 2014. 12. 11. 선고 2014도10036 판결.

해의 결과를 발생시켰다면, 이는 당초의 근저당권 실행을 위한 임의경매에 의한 매각 등 그 근저당권으로 인해 당연히 예상될 수 있는 범위를 넘어 새로운 법익침해의 위험을 추가시키거나 법익침해의 결과를 발생시킨 것이므로 특별한 사정이 없는 한 불가벌적 사후행위로 볼 수 없고, 별도로 횡령죄를 구성한다.[730]

424 [판례] 별도의 횡령죄가 성립한다고 본 경우-자기앞수표자금의 인출과 채무의 변제
피해자 회사 자금 46억 원을 자기앞수표로 인출하여 그중 43억 원을 채권자에 대한 채무의 담보로 제공함으로써 선행 횡령행위가 기수에 이르렀다 하더라도, 그로부터 5일 후 다시 피해자 회사 자금을 인출하여 위 채무를 현실로 변제하였다면 이는 새로운 법익침해의 결과를 발생시킨 것이므로, 불가벌적 사후행위로 볼 수 없고, 별도로 횡령죄를 구성한다.[731]

425 [판례] 별도의 횡령죄가 성립한다고 본 경우-횡령한 금원을 다시 교비계좌로 입금한 후 새로이 인출한 경우
피고인이 횡령한 자금 중 일부 금액을 다시 교비계좌로 입금하면 이는 '새롭게 교비회계에 귀속된 자금'이므로, 이를 다시 허위의 노임 명목으로 인출하여 당해 학교 교육에 직접 필요한 경비에 해당하지 않는 용도에 지출하는 것은, 이미 성립된 횡령죄에 의하여 평가된 위험의 범위를 벗어나 별도의 횡령죄를 구성한다.[732]

Ⅷ. 소송법상의 문제

1. 횡령행위에 대한 증명의 정도

426 횡령죄에 있어 불법영득의사를 실현하는 행위로서의 횡령행위가 있다는 점은 검사가 입증하여야 하는 것으로서 그 입증은 법관으로 하여금 합리적인 의심을 할 여지가 없을 정도의 확신을 생기게 하는 증명력을 가진 엄격한 증거에 의하여야 하고, 이와 같은 증거가 없다면 설령 피고인에게 유죄의 의심이 간다 하더라도 피고인의 이익으로 판단할 수밖에 없다.[733]

427 다만 피고인이 회사의 금원을 인출하여 사용하였는데 그 사용처에 관한 증빙자료를 제시하지 못하고 있고 그 인출사유와 금원의 사용처에 관하여 납득할 만한 합리적인 설명을 하지 못하고 있다면 이러한 금원은 그가 불법영득의 의사로 회

730 대법원 2015. 1. 29. 선고 2014도12022 판결.
731 대법원 2015. 10. 15. 선고 2015도9900 판결.
732 대법원 2016. 5. 24. 선고 2015도17597 판결.
733 대법원 2002. 9. 4. 선고 2000도637 판결, 대법원 2002. 11. 26. 선고 2002도5130 판결 등.

사의 금원을 인출하여 개인적인 용도로 사용한 것으로 추단할 수 있다[734](☞ 불법영득의사에 대한 증명책임은 앞서 살펴 본 '불법영득의 의사'의 주석 해당 부분 참조).

2. 공소사실 특정의 정도

428 횡령죄는 피해자별로 별개의 죄를 이루는 것이어서 피해자가 수인인 경우에는 각 피해자별로 횡령금액이 정하여져야 함은 명백하나, 공소사실의 기재에 있어서 범죄의 일시, 장소, 방법 등을 명시하여 공소사실을 특정하도록 한 법의 취지는 법원에 대하여 심판의 대상을 한정하고 피고인에게 방어의 범위를 특정하여 그 방어권행사를 쉽게 해주기 위한데 있는 것이므로 공소사실은 이러한 요소를 종합하여 구성요건 해당사실을 다른 사실과 쉽게 판별할 수 있을 정도로 기재하면 족하고 공소장에 범죄의 일시, 장소, 방법 등이 구체적으로 적시되지 않았더라도 위의 정도에 반하지 아니하고 더구나 공소범죄의 성격에 비추어 그 개괄적 표시가 부득이하며 또한 그에 대한 피고인의 방어권행사에 지장이 없다고 보이는 경우에는 그 공소내용이 특정되지 않아 공소제기가 위법하다고 할 수는 없으며 포괄일죄에 있어서는 그 범죄의 일부를 구성하는 개개의 행위에 대하여 구체적으로 특정되지 아니하더라도 그 전체범행의 시기와 종기, 범행방법, 범행회수 또는 그 피해액의 합계 및 피해자나 상대방을 명시하면 이로써 그 범죄사실은 특정되는 것이라고 할 것이다.[735]

429 각 공소사실은 공소범죄의 성격에 비추어 어느 정도 개괄적 표시가 부득이한 경우에 해당하며 따라서 그 부분 공소사실은 피고인의 각 횡령행위와 그 시기, 횡령금액을 명시함으로써 특정되었다 할 것이고 그 부분 공소사실 중 일죄의 일부를 구성하는 임의사용 용도에 관하여 그 다수의 임의사용 용도를 구체적으로 특정하지 않았다고 하더라도 심판의 대상이 불분명해진다거나 피고인에게 방어의 어려움을 초래한다고 볼 수 없다.[736]

734 대법원 2002. 7. 26. 선고 2001도5459 판결, 대법원 2002. 9. 4. 선고 2000도637 판결, 대법원 2003. 8. 22. 선고 2003도2807 판결, 대법원 2003. 12. 26. 선고 2003도6387 판결, 대법원 2004. 9. 24. 선고 2004도3532 판결, 대법원 2005. 1. 14. 선고 2004도6646 판결 등.

735 대법원 1997. 12. 26. 선고 97도2609 판결, 대법원 1999. 11. 12. 선고 99도2934 판결, 대법원 2001. 12. 27. 선고 99도92 판결 등.

736 대법원 2005. 1. 14. 선고 2004도6646 판결.

430 [판례] 피해자 및 피해액에 대한 공소사실의 특정

피해자가 수인인 경우는 피해법익이 단일하다고 할 수 없으므로 포괄일죄의 성립을 인정하기 어렵고, 특정경제범죄 가중처벌 등에 관한 법률 제3조 제1항에서 정한 이득액은 단순일죄의 이득액이나 포괄일죄의 이득액 합산액을 의미하는 것이지 경합범으로 처벌될 수죄의 이득액을 합한 금액을 말한다고 볼 수는 없으므로, 횡령행위를 포괄하여 특정경제범죄가중처벌등에관한법률위반(횡령)죄로 의율하려면 원칙적으로 피해자 및 피해자별 피해액에 관한 공소사실의 특정이 필요하다.[737]

431 [판례] 횡령액의 산정이 잘못된 경우

원심이 횡령액을 400만 원으로 산정한 잘못이 있다 하더라도, 이는 동일한 법정형의 범위 내에서 횡령액에 대하여 극히 미미한 부분[79,590원(=400만 원 - 3,920,410원)]을 잘못 판단한 것에 지나지 않아 판결에 영향을 미친 법령 위배라고 볼 수 없다.[738]

432 [판례] 공소사실 불특정으로 공소를 기각한 사례

'2006년경부터 2008년경까지 A 회사 자금을 수시로 수표로 인출하여 합계 3억 8,000만 원을 횡령하였다'는 공소사실에 대하여, 횡령의 시기와 종기도 명확히 특정하지 않고 막연히 2년 남짓에 이르는 기간을 제시하고 있고 범행횟수는 전혀 제시하지 아니하고 있으며, 범행방법에 대하여도 막연히 수표를 인출하였다고 할 뿐 어떠한 명목으로 어떠한 자금을 횡령하였다는 것인지 특정되어 있지 않아, 이 부분 공소사실은 기본적 사실관계가 동일하여 포괄일죄에 해당하는지 여부조차 판단하기 어려울 뿐만 아니라 피고인으로서도 자금지출 내역을 소명하는 등 방어권을 행사하는 것이 불가능하다는 이유로, 이 부분 공소사실은 특정되지 아니하여 공소제기의 절차가 법률의 규정에 위반하여 무효인 경우에 해당한다고 판단한 원심은 정당하다.[739]

433 [판례] 피해자를 잘못 본 경우

범행의 피해자가 이 사건 사단법인이 아닌 춘천시지회라고 본 것은 잘못이라고 할 것이나, 피해자를 어느 쪽으로 보든 단지 분사무소의 법적 지위에 착오가 있을 뿐 사실관계는 완전히 동일하고 피해의 법적 귀속 주체가 달라질 수도 없어 업무상횡령죄의 성립과 그 처벌에 아무런 차이를 가져오지 않으므로, 원심의 위와 같은 잘못은 판결 결과에 영향이 없는 것이다.[740]

737 대법원 2011. 2. 24. 선고 2010도13801 판결.

738 대법원 2005. 3. 24. 선고 2004도8661 판결, 대법원 2008. 10. 23. 선고 2008도7614 판결), 대법원 2009. 9. 10. 선고 2009도6692 판결, 대법원 2010. 9. 30. 선고 2010도7012 판결 등.

739 대법원 2012. 1. 27. 선고 2011도14247 판결.

740 대법원 1975. 4. 22. 선고 75도123 판결, 대법원 1990. 6. 8. 선고 89도1417 판결, 대법원 1990. 11. 27. 선고 90도1335 판결, 대법원 2010. 8. 19. 선고 2010도2492 판결 등

3. 공소장변경의 요부 등

434 검사가 횡령의 공소사실을 배임으로 공소장변경을 신청하고 있고 변경 전후의 공소사실에 있어서 피고인이 피해자들과 공동구입한 마늘을 판매하고 그 대금을 수령하여 임의로 소비하였다는 기본적 사실관계가 동일하여 공소사실의 동일성을 해하지 아니하므로 공소장변경신청을 허가하여야 한다.[741] 뿐만 아니라 횡령죄와 배임죄는 다 같이 신임관계를 기본으로 하고 있는 같은 죄질의 범죄로서 그 형벌에 있어서도 경중의 차이가 없고 동일한 범죄사실에 대하여 단지 법률적용만을 달리하는 경우에 해당하므로 법원은 배임죄에 기소된 공소사실에 대하여 공소장변경 없이도 횡령죄를 적용하여 처벌할 수 있으나,[742] 그렇다고 하여 법원이 횡령죄로 공소제기된 사건을 공소장변경 없이 직권으로 배임죄로 인정하여 처벌하지 않은 것에 심리미진 등 어떠한 위법이 있는 것은 아니다.[743]

IX. 타죄와의 관계

1. 사기죄와의 관계

435 사기죄는 타인이 점유하는 재물(또는 재산상 이익)을 객체로 하는 점에서 자기가 점유하는 재물을 객체로 하는 횡령죄와 구별된다. 따라서 자기가 점유하는 재물에 대하여 기망행위를 하여 이를 영득한 때에는 횡령죄만 성립하고 사기죄는 성립하지 않는다는 것이 다수설[744]과 판례[745]이다. 그런데 배임죄 관련하여 타인의 위탁에 의하여 사무를 처리하는 자가 그 사무처리상 임무에 위배하여 본인을 기망하고 착오에 빠진 본인으로부터 재물을 교부받은 경우 사기죄와 업무상 배임죄가 모두 성립하고 양 죄는 상상적 경합관계에 있다고 본 사례[746]가 있다.

436 한편 자기가 점유하는 재물을 횡령한 후 횡령물을 이용하여 타인을 기망하고

741 대법원 1990. 10. 30. 선고 90도1694 판결.

742 대법원 1999. 11. 26. 선고 99도2651 판결.

743 대법원 2000. 9. 8. 선고 2000도258 판결.

744 김성돈, 형법각론(제8판), 성균관대학교 출판부(2022), 459; 김일수/서보학, 새로쓴 형법각론(제9판), 박영사(2018), 312; 박상기, 형법각론(제8판), 박영사(2011), 390; 오영근, 형법각론(제7판), 박영사(2022), 374; 이영란, 형법학 각론강의(제3판), 형설출판사(2013), 398; 이용식, 형법각론, 박영사(2019), 53; 이재상 외 2인, 형법각론(제12판), 박영사(2021), 416~417; 이형국, 형법각론, 법문사(2007), 421; 임웅, 형법각론(제13정판), 법문사(2023), 531; 정성근/정준섭, 형법강의 각론(제2판), 박영사(2022), 305.

745 대법원 1980. 12. 9. 선고 80도1177 판결, 대법원 1987. 12. 22. 선고 87도2168 판결.

746 대법원 2002. 7. 18. 선고 2002도669 전원합의체 판결. 이에 따라 사기죄만 성립하고 배임죄를 구성하지 않는다는 대법원 1983. 7. 12. 선고 82도1910 판결은 폐기되었다.

그의 재물이나 재산상 이익을 편취한 때에는, 횡령죄에서 평가된 불가벌적 사후행위의 범위를 벗어난 것이므로 횡령죄 이외에 사기죄가 따로 성립하는 것으로 볼 것이다.[747] 대표이사 등이 회사의 기관으로서 피해자를 기망하여 교부받은 돈은 그 회사에 귀속되는 것이므로 그 후 대표이사 등이 이를 보관하던 중 횡령하였다면 이는 사기범행과는 침해법익을 달리하여 횡령죄가 성립하는 것이고 이를 단순한 불가벌적 사후행위라고 할 수는 없다.[748]

437 계좌명의인이 개설한 예금계좌(이른바 대포통장)가 전기통신금융사기 범행에 이용되어 그 계좌에 피해자가 사기피해금을 송금·이체하자 계좌명의인이 이를 영득할 의사로 인출한 경우 횡령죄가 성립하는지와 관련하여서는 주의를 요한다. 이러한 경우 계좌명의인은 사기 피해자와 사이에 아무런 법률관계 없이 송금·이체된 사기피해금 상당의 돈을 피해자에게 반환하여야 하므로, 피해자를 위하여 사기피해금을 보관하는 지위에 있어 피해자에 대한 횡령죄가 성립하게 된다.[749] 다만 이때 계좌명의인이 사기의 공범이라면 자신이 가담한 범행의 결과 피해금을 보관하게 된 것일 뿐이어서 피해자와 사이에 위탁관계가 없고, 그가 송금·이체된 돈을 인출하더라도 이는 자신이 저지른 사기범행의 실행행위에 지나지 아니하여 새로운 법익을 침해한다고 볼 수 없으므로 사기죄 외에 별도로 횡령죄를 구성하지 않는다.[750] 한편 이와 같이 송금된 사기피해금을 계좌명의인(전자금융거래에 관한 접근매체양도인)이 영득할 의사로 인출한 경우 접근매체양수인(사기범)에 대한 관계에서 횡령죄가 성립하는지 여부는 양자 사이의 횡령죄에서 말하는 위탁관계를 인정할 수 있는지의 문제로, 전술한 바와 같이 판례는 횡령죄로 보호할 만한 가치가 있는 위탁관계가 인정되지 않는다고 보아 횡령죄가 성립되지 않는다고 판단하고 있다.[751]

438 사기이용계좌(이른바 대포통장)에서 사기피해금을 인출한 행위와 관련하여 사기피해자 혹은 접근매체 양수인(사기범)에 대한 횡령죄로 기소된 사안에서 횡령죄

747 김일수/서보학, 새로쓴 형법각론(제9판), 박영사(2018), 312; 박상기, 형법각론(제8판), 박영사(2011), 390; 이재상 외 2인, 형법각론(제12판), 박영사(2021), 417; 이형국, 형법각론, 법문사(2007), 421; 임웅, 형법각론(제13정판), 법문사(2023), 531.

748 대법원 1989. 10. 24. 선고 89도1605 판결.

749 대법원 2018. 7. 19. 선고 2017도17494 전원합의체 판결.

750 대법원 2017. 5. 31. 선고 2017도3045 판결, 대법원 2018. 7. 19. 선고 2017도17494 전원합의체 판결.

751 대법원 2018. 7. 19. 선고 2017도17494 전원합의체 판결, 대법원 2014. 11. 27. 선고 2011도14691 판결도 같은 결론이다.

횡령 피해자로 특정된 자	해당 피고인에 대한 사기죄(사기방조죄 포함) 기소 여부	사기죄 (사기방조죄 포함) 판단	횡령죄 성립 여부
사기피해자 (송금인)	기소 O	유죄	무죄(2017 도 3045 판결, 2017 도 17494 전원합의체 판결)
		무죄	유죄(2017 도 17494 전원합의체 판결)
	기소 X	-	유죄(2018 도 7955 판결: 법원은 사기범인지를 심리판단하여 횡령죄 성부를 판단할 수 없음)
접근매체 양수인 (사기범)	기소 O	유죄	무죄(2017 도 17494 전원합의체 판결 취지)
		무죄	무죄(2017 도 17494 전원합의체 판결)
	기소 X	-	무죄(2011 도 14691 판결, 2017 도 17494 전원합의체 판결 취지)

성립 여부를 피고인이 해당 사기범행의 사기죄(사기방조죄 포함)가 인정되는지 여부와 연관지어 정리하면 아래 표와 같다.[752]

439 [판례] 횡령죄-사기죄 공소사실의 동일성을 인정한 사례

피고인에 대한 변경 전 사기의 공소사실과 변경 후 예비적으로 추가된 횡령의 공소사실은 피고인이 피해자로부터 이 사건 2억 원을 교부받았다는 기본적 사실이 같을 뿐 아니라 주위적 공소사실인 사기의 목적물과 예비적 공소사실인 횡령의 목적물이 동일하고, 범행일시도 근접해 있어서 위 주위적 공소사실과 예비적 공소사실은 기본적 사실관계가 동일하다고 할 것이다. 검사의 공소장변경신청을 허가한 원심의 판단은 정당하다.[753]

440 [판례] 횡령죄-사기죄의 양립이 불가능한 경우

피고인이 피해자 甲에게서 돈을 빌리면서 담보 명목으로 乙에 대한 채권을 양도하였는데도 乙에게 채권양도 통지를 하기 전에 이를 추심하여 임의로 소비한 사안에서, 차용금 편취의 점과 담보로 양도한 채권을 추심하여 임의 소비한 횡령의 점은 양도된 채권의 가치, 채권양도에 관한 피고인의 진정성 등의 사정에 따라 비양립적인 관

752 배정현, "제3자 명의 사기이용계좌(이른바 대포통장) 명의인이 그 계좌에 입금된 보이스피싱 피해금을 인출한 경우 횡령죄 성립 여부", 해설(118), 630, 644을 참조하여 필자가 정리한 것이다.
753 대법원 2012. 2. 9. 선고 2011도13528 판결.

계라 할 것이어서, 이러한 사정을 심리하여 피고인의 위 일련의 행위가 그중 어느 죄에 해당하는지를 가렸어야 할 것인데도, 사기죄 및 횡령죄를 모두 인정한 원심판단에 법리오해 및 심리미진의 위법이 있다고 한 사례[754]

2. 장물죄와의 관계

가. 장물보관죄

441 절도범으로부터 장물의 보관을 위탁받음으로써 장물보관죄가 성립한 경우 보관자가 이를 영득한 때에는 장물보관죄에 의하여 소유자의 추구권이 이미 침해되었으므로 그 후의 영득행위는 불가벌적 사후행위가 되어 따로 횡령죄를 구성하지 않는다는 것이 판례이고,[755] 다수설[756]의 입장이다. 이때 장물보관죄와 횡령죄의 실체적 경합으로 보는 견해[757]와 장물보관죄와 횡령죄의 불능미수의 경합범으로 보는 견해[758]도 있다. 그리고 판례는 업무상의 과실로 장물을 보관하던 중 처분한 경우에도 마찬가지로 별도의 횡령죄를 구성하지 않는다고 보고 있다.[759]

나. 장물취득죄

442 제3자가 횡령행위에 적극가담한 경우가 아닌 한 타인의 재물을 보관하는 자와 공모하여 그 재물의 점유를 자기에게 이전하는 행위는 장물취득죄를 구성한다는 견해[760]와 횡령에 의한 재물의 영득과 그 재물의 취득이 시간적으로 중첩되는 경우에는 장물죄가 성립될 수 없다는 점에서 횡령죄의 공범이 된다는 견해[761]가 있다. 그러나 공모에 이르지 않는 경우, 예컨대 甲이 임의로 회사자금을

754 대법원 2011. 5. 13. 선고 2011도1442 판결(다만 대법원 2017도3829 전원합의체 판결에 따라 횡령죄가 성립하지 않게 되었으므로, 이제 사기죄의 성립만이 문제된다).

755 대법원 1976. 11. 23. 선고 76도3067 판결 등.

756 김성돈, 형법각론(제8판), 성균관대학교 출판부(2022), 460; 김일수/서보학, 새로쓴 형법각론(제9판), 박영사(2018), 313; 배종대, 형법각론(제14판), 홍문사(2023), 440; 신동운, 형법각론(제2판), 법문사(2018), 1226; 이영란, 형법학 각론강의(제3판), 형설출판사(2013), 399; 이형국, 형법각론, 법문사(2007), 421; 정성근/정준섭, 형법강의 각론(제2판), 박영사(2022), 454; 진계호/이존걸, 형법각론(제6판), 대왕사(2008), 475.

757 백형구, 형법각론(개정판), 청림출판(2002), 211; 임웅, 형법각론(제13정판), 법문사(2023), 532.

758 김일수/서보학, 새로쓴 형법각론(제9판), 박영사(2018), 313.

759 대법원 2004. 4. 9. 선고 2003도8219 판결.

760 김일수/서보학, 새로쓴 형법각론(제9판), 박영사(2018), 313; 배종대, 형법각론(제14판), 홍문사(2023), 440~441; 백형구, 형법각론(개정판), 청림출판(2002), 207; 정성근/정준섭, 형법강의 각론(제2판), 박영사(2022), 305~306.

761 김성돈, 형법각론(제8판), 성균관대학교 출판부(2022), 460; 이재상 외 2인, 형법각론(제12판), 박영사(2021), 417; 주석 형법, 각칙(6)(제5판), 한국사법행정학회(2017), 346(노태악).

乙에게 주식매각대금조로 지급한 경우 그 금원은 단순히 횡령행위에 제공된 물건이 아니라 횡령행위에 의하여 영득된 장물에 해당한다고 할 것이고 나아가 설령 甲이 乙에게 금원을 교부한 행위 자체가 횡령행위라고 하더라도 이러한 경우 甲의 업무상횡령죄가 기수에 달하는 것과 동시에 그 금원은 장물이 된다.[762] 이처럼 乙에게 장물취득죄가 성립한다는 판례의 태도에 대해 횡령죄의 방조범 성립이 타당하다는 비판적 견해[763]도 존재한다.

443 한편 명의신탁된 부동산의 경우 수탁자가 처분하더라도 이를 취득한 제3자는 불법영득할 것을 공모한 경우가 아닌 한 횡령죄의 공동정범이 되지 않고, 수탁자는 외부관계에서 소유자이므로 장물취득죄 역시 성립하지 않는다.[764] 다만 부동산 실권리자명의 등기에 관한 법률에 위반한 명의신탁의 경우 수탁자가 이를 임의처분하더라도 횡령죄가 성립하지 않는다는 것이 변경된 판례의 태도이므로,[765] 이러한 경우 제3자의 횡령죄 공동정범이나 장물취득죄 성립은 더 이상 문제되지 않게 되었다.

3. 업무상횡령죄와의 관계

444 업무상 보관 중인 금전과 개인적 위탁에 의한 보관금을 혼합하여 점유하던 중 그 일부를 횡령하였고 그것이 어느 부분인지 식별이 불가능할 때에는 업무상횡령죄만 성립한다고 볼 것이라는 견해가 있다.[766]

4. 배임죄와의 관계

445 ☞ 이 부분에 관하여는 본장 [총설] 주석 해당 부분 참조.

5. 기타 죄와의 관계

가. 공갈죄

446 타인의 재물을 보관하는 자를 공갈하여 그 재물을 갈취한 경우에는 가령 그 재물이 피공갈자가 보관하는 타인의 소유인 사실을 알고 있었다 하더라도 공갈죄

762 대법원 2004. 12. 9. 선고 2004도5904 판결.

763 김태명, "횡령죄의 기수기시와 장물죄의 성립여부", 형사법연구 23호(2005. 6.), 130~132.

764 대법원 1979. 11. 27. 선고 79도2410 판결.

765 대법원 2016. 5. 19. 선고 2014도6992 전원합의체 판결, 대법원 2021. 2. 18. 선고 2016도18761 전원합의체 판결 등.

766 김일수/서보학, 새로쓴 형법각론(제9판), 박영사(2018), 316; 정성근/정준섭, 형법강의 각론(제2판), 박영사(2022), 305.

만 성립할 뿐이지 횡령죄의 공범은 되지 않는다. 그리고 횡령죄는 불법영득의 의사 없이 목적물의 점유를 시작한 경우라야 하고 타인을 공갈하여 재물을 교부케 한 경우에는 공갈죄를 구성하는 외에 그것을 소비하고 타에 처분하였다 하더라도 횡령죄를 구성하지는 않는다.[767]

나. 공무상보관물무효죄

447 집행관의 위탁에 의하여 가압류 또는 가처분의 표시와 봉인을 한 물건을 보관하는 자가 매각의 의사로 다른 장소로 옮겨서 창고에 보관한 때에는 횡령죄와 공무상 보관물무효죄와의 상상적 경합이 될 것이다.[768] 그러나 동산양도담보의 경우에는 대내적으로 그 목적물의 소유권은 여전히 채무자에게 남아 있고 채권자에게는 담보의 목적 범위 내에서만 그 권리가 이전되는 것으로 볼 것이므로 채무자가 그 채무의 변제를 위하여 이를 처분하거나 그 보관장소를 옮겼다 하여도 그 행위 자체를 횡령이라고 볼 수 없다.[769]

다. 강제집행면탈죄

448 횡령죄와 강제집행면탈죄의 각 구성요건 및 강제집행면탈죄에 있어 은닉의 개념에 비추어 보면, 타인의 재물을 보관하는 자가 보관하고 있는 재물을 영득할 의사로 은닉하였다면 이는 횡령죄를 구성하는 것이고 채권자들의 강제집행을 면탈하는 결과를 가져온다 하여 이와 별도로 강제집행면탈죄를 구성하는 것은 아니다.[770] 다만 강제집행면탈의 주체를 채무자로 한정하는 견해에 따르면 타인의 재물을 보관하는 제3자에게 강제집행면탈죄의 성립 여부는 문제되지 않게 된다.[771]

라. 범죄수익은닉의규제및처벌등에관한법률위반죄

449 [판례] 횡령범행이 기수에 이르지 아니한 상태에서 그에 의하여 생긴 재산이 범죄수익은닉의 규제 및 처벌 등에 관한 법률 제 3 조에 규정된 범죄수익이 될 수 있는지 여부
범죄수익은닉의 규제 및 처벌 등에 관한 법률 제3조에 규정된 범죄수익 등의 은닉·가장죄의 객체가 되는 '범죄수익'은 같은 법 제2조 제2호 (가)목의 '중대범죄의 범죄행위에 의하여 생긴 재산 또는 그 범죄행위의 보수로서 얻은 재산'을 의미하는 것으

767 대법원 1986. 2. 11. 선고 85도2513 판결.
768 주석 형법, 각칙(6)(제5판), 한국사법행정학회(2017), 347(노태악).
769 대법원 1983. 8. 23. 선고 80도1545 판결.
770 대법원 2000. 9. 8. 선고 2000도1447 판결, 대법원 2007. 6. 1. 선고 2006도1813 판결.
771 박상기, 형법각론(제8판), 박영사(2011), 391; 이영란, 형법학 각론강의(제3판), 형설출판사(2013), 400.

로서, 당해 중대범죄의 범죄행위가 기수에 이르러 '범죄행위에 의하여 생긴 재산'이라는 범죄의 객체가 특정 가능한 상태에 이르러야 비로소 위 법조 소정의 '범죄수익'이라 할 수 있으므로, 업무상횡령죄가 특정경제범죄 가중처벌 등에 관한 법률 제3조에 해당하여 중대범죄인 경우에 있어서는, 업무상횡령죄가 기수에 이르러야만 비로소 그 횡령행위에 의하여 생긴 재산을 범죄수익이라고 할 수 있고, 아직 기수에 이르지 아니한 상태에서는 위 법조에 정한 '범죄수익'이라고 할 수 없다.[772]

450 [판례] 횡령범행의 불가벌적 사후행위인지 여부
횡령금을 적법하게 취득한 재산으로 가장할 목적으로 은닉한 경우, 이는 횡령의 범행에 당연히 수반되거나 예상되는 행위라고 볼 수 없고, 범죄수익은닉규제법 위반죄는 횡령죄와 그 구성요건이나 보호법익을 달리하므로, 이 부분 범죄수익은닉규제법 위반죄는 피고인에 대한 횡령죄의 불가벌적 사후행위가 아닌 별죄를 구성한다고 보아야 한다.[773]

마. 뇌물죄

451 [판례] 공사금액의 과다약정과 뇌물죄 및 횡령죄의 성부
공무원이 관공서에 필요한 공사의 시행이나 물품의 구입을 위하여 수의계약을 체결하면서 해당 공사업자 등으로부터 돈을 수수한 경우, 그 돈의 성격을 공무원의 직무와 관련하여 수수된 뇌물로 볼 것인지, 아니면 적정한 금액보다 과다하게 부풀린 금액으로 계약을 체결하기로 공사업자 등과 사전 약정하여 이를 횡령(국고손실)한 것으로 볼 것인지 여부는 돈을 공여하고 수수한 당사자들의 의사, 해당 계약 자체의 내용 및 성격, 계약금액과 수수된 금액 사이의 비율, 수수된 돈 자체의 액수, 그 계약이행을 통해 공사업자 등이 취득할 수 있는 적정한 이익, 공사업자 등이 공무원으로부터 공사대금 등을 지급받은 시기와 돈을 공무원에게 교부한 시간적 간격, 공사업자 등이 공무원에게 교부한 돈이 공무원으로부터 지급받은 바로 그 돈인지 여부, 수수한 장소 및 방법 등을 종합적으로 고려하여 객관적으로 평가하여 판단해야 할 것이다.[774]

452 [판례] 횡령 범행으로 취득한 돈을 공범자끼리 수수한 행위의 뇌물죄 성립 여부
횡령 범행으로 취득한 돈을 공범자끼리 수수한 행위가 공동정범들 사이의 범행에 의하여 취득한 돈을 공모에 따라 내부적으로 분배한 것에 지나지 않는다면 별도로 그 돈의 수수행위에 관하여 뇌물죄가 성립하는 것은 아니다. 그와 같이 수수한 돈의 성격을 뇌물로 볼 것인지 횡령금의 분배로 볼 것인지 여부는 돈을 공여하고 수수한 당

772 대법원 2006. 8. 24. 선고 2006도3039 판결.
773 대법원 2020. 2. 6. 선고 2018도8808 판결.
774 대법원 2007. 10. 12. 선고 2005도7112 판결.

사자들의 의사, 수수된 돈의 액수, 횡령 범행과 수수행위의 시간적 간격, 수수한 돈이 횡령한 그 돈인지 여부, 수수한 장소와 방법 등을 종합적으로 고려하여 객관적으로 평가하여 판단하여야 한다.[775]

바. 공인중개사의업무및부동산거래신고에관한법률위반죄

453 [판례] 확정된 공인중개사의업무및부동산거래신고에관한법률위반죄의 기판력이 미치는 경우 피고인에 대하여 '공인중개사 자격이 없고 중개사무소 개설등록을 하지 않았는데도 甲, 乙과 공모하여 부동산 매매계약을 중개한 대가로 丙에게서 甲, 乙 및 피고인의 수고비 합계 2천만 원을 교부받아 중개행위를 하였다'는 공인중개사의업무및부동산거래신고에관한법률위반 공소사실로 벌금 500만 원의 약식명령이 발령되어 확정되었는데, 그 후 피고인이 '피해자 丙에게서 甲, 乙에 대한 소개비 조로 2천만 원을 교부받아 丙을 위하여 보관하던 중 임의로 사용하여 횡령하였다'는 공소사실로 기소된 사안에서, 확정된 약식명령의 공소사실에 의하면 중개수수료로 취득한 2천만 원은 피고인 등의 소유로 확정적으로 귀속되고, 그 이후 이를 소비하는 것은 불가벌적 사후행위에 해당하는데, 공소가 제기된 횡령의 공소사실은 피고인이 2천만 원을 교부받은 이후에도 이것이 여전히 丙의 소유로 남아 있어 피고인은 이를 보관하는 자임을 전제로 하고 있어 확정된 약식명령의 공소사실과 양립할 수 없는 관계에 있고, 양자의 행위 객체인 금품이 丙이 교부한 2천만 원으로 동일한 점에 비추어 양자는 행위 태양이나 피해법익 등을 서로 달리하지만 규범적으로는 공소사실의 동일성이 인정된다는 이유로, 확정된 약식명령의 기판력이 횡령의 공소사실에 미친다고 보아 면소를 선고한 원심의 조치가 정당하다.[776]

사. 횡령으로 인한 특정범죄가중처벌등에관한법률위반(국고등손실)죄

454 횡령으로 인한 특정범죄 가중처벌 등에 관한 법률 위반(국고등손실)죄는 회계관계직원이라는 지위에 따라 형법상 횡령죄 또는 업무상횡령죄에 대한 가중처벌을 규정한 것으로서 신분관계로 인한 형의 경중이 있는 것이고, 피고인에게 회계관계직원 또는 국정원장 특별사업비의 업무상 보관자라는 신분이 없는 경우, 형법 제355조 제1항의 횡령죄에 정한 형으로 처벌된다.[777]

775 대법원 2019. 11. 28. 선고 2019도1056 판결, 대법원 2019. 11. 28. 선고 2019도11766 판결, 대법원 2020. 10. 29. 선고 2020도3972 판결. 사기죄 및 배임수증재죄 관련 유사한 판시로, 대법원 2016. 5. 24. 선고 2015도18795 판결 등을, 배임죄와 뇌물죄 혹은 배임죄와 특정경제범죄가중처벌등에관한법률위반(수재등)죄 관련 유사한 판시로, 대법원 1997. 2. 25. 선고 94도3346 판결, 대법원 2013. 10. 24. 선고 2013도7201 판결 등을 각 참조.

776 대법원 2012. 5. 24. 선고 2010도3950 판결.

777 대법원 2020. 10. 29. 선고 2020도3972 판결.

제 355 조 [횡령, 배임]

② 타인의 사무를 처리하는 자가 그 임무에 위배하는 행위로써 재산상의 이익을 취득하거나 제3자로 하여금 이를 취득하게 하여 본인에게 손해를 가한 때에도 전항의 형과 같다.

[관련조문] 형법 제33조(공범과 신분), 제358조(자격정지의 병과), 제359조(미수범), 제361조, 제328조, 제346조(친족 간의 범행, 동력), 군형법 제75조(군용물 등 범죄에 대한 형의 가중), 상법 제622조(발기인, 이사 기타의 임원 등의 특별배임죄), 제623조(사채권자집회의 대표자 등의 특별배임죄), 제624조(특별배임죄의 미수), 특정경제범죄 가중처벌 등에 관한 법률 제3조(특정재산범죄의 가중처벌), 제5조(국고 등 손실)

[참고문헌] 주석 형법, 각칙(6)(제5판), 한국사법행정학회(2017); 김성돈, 형법각론(제8판), 성균관대학교 출판부(2022); 김일수/서보학, 새로쓴 형법각론(제9판), 박영사(2018); 박찬걸, 형법각론(제2판), 박영사(2022); 배종대, 형법각론(제14판), 홍문사(2023); 손동권/김재윤, 새로운 형법각론(제2판), 율곡출판사(2022); 신동운, 형법각론(제2판), 법문사(2018); 신양균/조기영, 판례교재 형법각론(제2판), 박영사(2022); 오영근, 형법각론(제7판), 박영사(2022); 이용식, 형법각론, 박영사(2019); 이재상 외 2인, 형법각론(제12판), 박영사(2021); 정성근/정준섭, 형법강의 각론(제2판), 박영사(2022); 홍영기, 형법 총론과 각론, 박영사(2022); 변호사 시험의 자격시험을 위한 형법 표준판례 연구(2003 등록), 법학전문대학원협의회(leet.or.kr)

Ⅰ. 형법 제355조 제2항의 의의

1. 의의

1 배임죄란 타인의 사무를 처리하는 자가 그 임무에 위배하는 행위로 인하여 재산상의 이익을 취득하거나 제3자로 하여금 이를 취득하게 하여 본인에게 손해를 가하는 것을 내용으로 하는 범죄이다.

2. 본질에 관한 논의

2 배임죄의 본질에 관하여는 독일의 구 형법 제266조를 둘러싸고 권한남용설과 배신설이 대립하였는데 그 후 사무처리설이 대두되면서 위 세 견해가 독일의 영향을 받은 일본과 우리나라에서 주로 논의되어 왔다.

가. 권한남용설

3 타인의 재산에 대한 법률상 처분권한을 가진 자가 그 권한을 남용하여 사무를 처리함으로써 타인의 재산을 침해하는 점에 배임죄의 본질이 있다고 주장하는 견해이다.

4 배임죄는 제3자에 대한 대외적 관계에서, 사실행위를 제외한 법률행위에 의해서만 성립하며 법적인 대리권이 있는 자만이 주체로 되고 사실상의 신임관계에 있는 자는 제외되게 된다. 따라서 배임과 횡령은 침해방법의 성질에 의하여 구별되며, 배임은 법률행위에 의하여, 횡령은 사실행위에 의하여 각각 성립하는 것이 되어 양 죄는 택일적 관계에 있게 된다.

5 이 입장은 사실행위에 의한 배임행위를 부정하고 배임죄를 처분권한의 남용으로만 이해하게 되는 점에서, 횡령죄와의 구별이 분명하게 되고 배임죄의 범위가 부당하게 확대되는 것을 방지할 수 있는 장점을 가진다. 그러나 법률상의 권한 내지 대리권 있는 자만이 배임죄의 주체가 되어 법적대리권이 없거나 사실행위에 의한 배임행위 모두를 배제하여 배임죄의 성립범위를 지나치게 제한하게 되고,[1] 우리 형법상 그렇게 제한적으로 해석할 조문상의 근거가 없으며, 연혁적으로 살펴보더라도 배임죄가 성실의무 내지 신임관계 위반의 죄로서 발전되어 온 점으로 보아 타당성이 없다고 하겠다. 우리나라에서 이러한 입장을 취하는 견해는 없다.

1 이재상 외 2인, 형법각론(제12판), 박영사(2021), 423.

나. 사무처리설

6 타인의 재산을 관리하는 법률상 의무가 있는 자가 그 의무에 위배하여 재산을 침해하는 데에 배임죄의 본질이 있다고 설명하는 견해이다. 배임죄의 주체를 법령과 계약에 의하여 재산관리의무가 인정되는 경우로 한정하고 있다. 권한남용설보다 배임죄의 성립범위가 넓으나 배신설보다는 그 성립범위가 좁게 된다. 이에 대하여 배임죄를 법령상 또는 계약상 의무위반으로 제한할 아무런 이유가 없다는 비판이 있다.[2]

다. 배신설

7 신의성실의무에 위반하는 것, 즉 타인의 신뢰를 배반하여 재산을 침해하는 점에 배임죄의 본질이 있다고 설명하는 견해이다. 즉 배임죄의 본질은 외부관계에 있어서의 권한의 남용에 있는 것이 아니라 본인과 사이의 내부 관계(신임관계)에서 발생하는 타인의 재산보호의무를 위반하는 데 있다고 하는 것이다. 우리나라의 통설이고[3](다만 횡령죄의 영득행위설과 마찬가지로 배신이득설로 표현하는 것이 옳다는 견해[4])도 있다), 판례의 입장이다.[5] 배임죄는 본인에 대한 대내관계에서도 성립할 수 있고, 대리권의 존재를 요하지 않으며, 법률행위에 의해서 뿐만 아니라 사실상의 신임관계를 배반하는 사실행위에 의해서도 성립할 수 있게 된다. 따라서 배임죄의 성립 범위를 법률행위로 제한하지 않고 신의성실의 원칙에 비추어 신임관계가 있으면 충분하다고 하므로 권한남용설의 단점은 시정되었다고 할 수 있다. 그러나 신임관계의 범위가 무한정하게 확대될 위험이 있어 단순한 채무불이행까지도 배임죄에 해당된다는 주장이 가능하게 되는 등 배임죄의 한계가 모호해지는 단점이 있다고 지적된다.

8 배신설을 취하더라도 그 구성요건을 엄격하게 해석하지 않으면 명확성의 원칙에 반하게 되므로, 신임관계의 범위를 결정하는 타인의 사무를 처리하는 자라는

2 이재상 외 2인, 형법각론(제12판), 박영사(2021), 424.

3 김성돈, 형법각론(제8판), 성균관대학교 출판부(2022), 476; 김일수/서보학, 새로쓴 형법각론(제9판), 박영사(2018), 385; 박찬걸, 형법각론(제2판), 박영사(2022), 549; 배종대, 형법각론(제14판), 홍문사(2023), 447; 손동권/김재윤, 새로운 형법각론(제2판), 율곡출판사(2022), 451; 신동운, 형법각론(제2판), 법문사(2018), 1235; 이재상 외 2인, 형법각론(제12판), 박영사(2021), 424; 정성근/정준섭, 형법강의 각론(제2판), 박영사(2022), 316.

4 오영근, 형법각론(제7판), 박영사(2022), 384.

5 대법원 1999. 9. 17. 선고 97도3219 판결, 대법원 2000. 3. 14. 선고 99도4923 판결, 대법원 2000. 12. 8. 선고 99도3338 판결, 대법원 2003. 9. 26. 선고 2003도763 판결, 대법원 2004. 7. 9. 선고 2004도810 판결 등.

구성요건요소를 어떻게 제한적으로 해석하여 그 범위를 합리적으로 정하여야 하는가가 배임죄의 해석에 있어서 가장 중요한 문제로 대두된다.[6]

9 배신설에서는, 배임죄와 횡령죄는 신임관계를 침해한다는 배신성에서 본질을 같이 하며, 다만 행위의 객체에 있어서 횡령죄가 재물을 객체로 함에 대하여 배임죄는 재산상의 이익을 객체로 하는 점에서 구별될 뿐이므로, 양 죄는 특별법과 일반법의 관계에 있다고 보는 것이 일반적이다.

3. 보호법익과 보호의 정도

가. 보호법익

10 배임죄의 보호법익에 관하여, i) 물권·채권을 포함한 타인의 재산권이라고 하는 견해(재산권설),[7] ii) 배임죄의 성립에 재산상 손해의 발생을 필요로 하고 손해 발생 여부는 배임행위 전후의 전체 재산을 비교해야 하므로 '전체로서의 재산', 즉 소유권 기타의 본권 및 재산상의 이익을 모두 포함한다는 견해(전체재산설)[8] 등이 있다. 전체재산설이 다수설로 보인다.

나. 보호의 정도

11 보호되는 정도에 대하여 침해범설[9]과 위험범(또는 위태범, 이하 문맥상 특별한 의미를 갖는 것으로 보이지 않는 이상 '위험범'으로 통일하여 부른다)설[10]의 대립이 있고, 위험범설의 입장에서도 구체적 위험범설과 추상적 위험범설로 나누어진다.

12 다수설인 침해범설의 입장에서는 우리 형법은 '손해를 가한 때'라고 명문으로 규정하고 있음에도 '손해를 가할 위험성이 있는 때'라고 보는 위험범설은 유추해석에 해당할 뿐 아니라 피고인에게 불리한 것이므로 타당하지 않다는 점, 배임죄의 범위를 제한할 필요가 있다는 점, 배임죄에는 미수범 처벌규정이 있고 본인에게 재산상의 손해가 발생한 때에 기수로 되기 때문에 침해범설이 타당하다는 점 등을 논거로 들고 있다.

6 배종대, 형법각론(제14판), 홍문사(2023), 447; 이재상 외 2인, 형법각론(제12판), 박영사(2021), 424

7 배종대, 형법각론(제14판), 홍문사(2023), 445.

8 김성돈, 형법각론(제8판), 성균관대학교 출판부(2022), 475; 김일수/서보학, 새로쓴 형법각론(제9판), 박영사(2018), 384; 박찬걸, 형법각론(제2판), 박영사(2022), 549; 신동운, 형법각론(제2판), 법문사(2018), 1234; 오영근, 형법각론(제7판), 박영사(2022), 382; 정성근/정준섭, 형법강의 각론(제2판), 박영사(2022), 317.

9 김성돈, 형법각론(제8판), 성균관대학교 출판부(2022), 475; 김일수/서보학, 새로쓴 형법각론(제9판), 박영사(2018), 384; 손동권/김재윤, 새로운 형법각론(제2판), 율곡출판사(2022), 449; 정성근/정준섭, 형법강의 각론(제2판), 박영사(2022), 317; 홍영기, 형법 총론과 각론, 박영사(2022), 439.

10 박찬걸, 형법각론(제2판), 박영사(2022), 550; 이재상 외 2인, 형법각론(제12판), 박영사(2021), 422.

13 한편 위험범설의 입장에서는 배임죄는 횡령죄와 마찬가지로 위험범으로서 배임행위에 의하여 재산상 손해 발생의 위험을 초래한 이상 배임죄가 성립한다고 보아야 한다는 것이다.

14 판례는 위험범설 중에서 구체적 위험범설에 서 있다고 평가할 수 있다. 즉 배임죄의 재산상의 손해에는 현실적인 손해가 발생한 경우뿐만 아니라 재산상 실해 발생의 위험을 초래한 경우도 포함되나, 재산상 손해가 발생하였다고 평가될 수 있는 재산상 실해 발생의 위험이란 본인에게 손해가 발생할 막연한 위험이 있는 것만으로는 부족하고 경제적인 관점에서 보아 본인에게 손해가 발생한 것과 같은 정도로 구체적인 위험이 있는 경우를 의미한다고 본다.[11]

15 이러한 논의에 대하여, 대출 당시 손해가 발생한 것으로 보는 부실대출의 예(즉 부실대출의 만기에 비로소 손해가 발생한 것은 아니다)를 들어 재산상 손해의 개념에서 현실적 손해가 있을 때뿐만 아니라 손해의 위험이 있는 때도 포함하므로 실제의 차이가 없다는 견해[12]와 배임죄의 구성요건은 고도로 다양한 형태의 배임행위와 재산침해들을 포섭해야 하기 때문에 그 개별 구성요건표지들은 많은 이론적인 노력에도 불구하고 체계적으로 일관되고 그러면서도 보다 더 상세하고 정확하게 될 수는 거의 없는 것이므로 사례마다 상이하게, 즉 어떤 경우에는 침해범(손해)으로 어떤 경우에는 위험범(손해 발생의 위험)으로 보아야 한다는 견해 등이 있다.[13] 보호의 정도와 배임죄의 기수시기와 관련한 논의는 뒤에서 살펴본다.

4. 현행법상 배임죄의 구성요건체계

16 ☞ 제40장 [총설] 주석 중 해당 부분 참조.

Ⅱ. 입법취지와 입법례

1. 입법취지

17 배임죄는 재산죄 중에서 재물이 아닌 재산상의 이익만을 객체로 하는 순수한 이득죄(이익죄)라고 보는 것이 통설적 견해이다.

11 대법원 1975. 12. 23. 선고 74도2215 판결, 대법원 1997. 6. 24. 선고 96도1218 판결, 대법원 2000. 4. 11. 선고 99도334 판결, 대법원 2002. 5. 31. 선고 2002도1002 판결, 대법원 2022. 10. 14. 선고 2018도13604 판결 등.

12 오영근, 형법각론(제7판), 박영사(2022), 382.

13 이용식, "대물변제예약 부동산의 이중매매와 배임죄의 형사불법적 구조- 배임죄 해석의 나아갈 방향에 대한 논란", 형사판례연구 23(2015), 250.

18 배임죄는 본인과의 신임관계 또는 신의성실에 위배하여 타인의 재산을 침해하는 범죄이다. 다만 신임관계 자체가 배임죄의 보호법익이 되는 것이 아니라 재산권을 침해하는 수단 내지 침해의 태양에 불과하고, 이는 사기죄의 경우와 같다.[14]

19 신임관계를 위배하여 타인의 재산권을 침해하는 범죄라는 점에서 배임죄는 사기죄와 유사한 성질을 지닌다. 독일 형법과 일본 형법이 배임죄를 사기죄와 같은 장에서 규정하고 있는 것도 이 때문으로 보인다. 그러나 사기죄에 있어서는 신임관계의 침해, 즉 기망행위가 특수한 행위의 수단이 되는 데 반하여, 배임죄에 있어서는 기존의 신임관계를 전제로 하여 이를 침해하는 일체의 행위가 처벌대상이 되는 것이다.[15] 배임죄에 있어서는 행위자와 본인(피해자) 사이에 신임관계가 있음에도 불구하고 이에 위배하여 본인에게 손해를 가한다는 데 그 본질이 있으며, 횡령죄와 성질을 같이 한다. 따라서 우리 형법은 배임죄를 횡령죄와 같은 조문에 규정하고 법정형까지 같게 규정하고 있다.[16] 이점에서 독일과 일본 형법은 우리와 그 입법취지를 달리한다고 본다.[17]

20 배임죄는 사기죄나 횡령죄 등 다른 재산범죄로 처벌할 수 없는 다양한 재산침해행위를 규율대상으로 삼고 있다는 점에 특색이 있다고 하여 이 때문에 배임죄의 해석에는 다른 재산범죄와의 관계규명 및 단순한 민사상 채무불이행과의 구별이 중요한 과제이다. 우리 형법은 독일 및 일본 형법과 달리 배임죄의 성립요건으로 재산상 이익의 취득을 요구하고 있는데, 이는 배임죄의 지나친 확대적용을 방지하기 위한 고려라고 보인다.[18]

2. 입법례

21 ☞ 독일 형법과 일본 형법의 구체적 내용 및 우리 형법과의 차이는 형법 제355조 [총설]의 주석 중 해당 부분 참조.

22 미국의 경우 신임관계의 배임을 요건으로 하는 배임죄를 별도로 규정하고 있지는 아니하나 주법에 따라서 절도죄의 한 유형으로 처벌하는 경우가 있고, 그 외 영국이나 이탈리아, 프랑스 등에서는 우리 배임죄와 같은 처벌규정을 찾아보기는 어렵다.

14 이재상 외 2인, 형법각론(제12판), 박영사(2021), 422.
15 이재상 외 2인, 형법각론(제12판), 박영사(2021), 422.
16 신동운, 형법각론(제2판), 법문사(2018), 1234.
17 이재상 외 2인, 형법각론(제12판), 박영사(2021), 422.
18 신동운, 형법각론(제2판), 법문사(2018), 1237.

Ⅲ. 객관적 구성요건

23 객관적 구성요건은 ⅰ) 타인의 사무를 처리하는 자가 ⅱ) 임무에 위배된 행위(배임행위)를 하여 ⅲ) 재산상의 이익을 취득하여 ⅳ) 본인에게 재산상 손해를 가하는 것이 된다.

1. 행위의 주체

24 '타인의 사무를 처리하는 자'만이 배임죄의 주체가 된다. 이른바 진정신분범에 해당한다. 신분은 행위 시에 존재하면 충분하고, 재산상 손해가 신분 소멸 후에 발생하더라도 무방하다. 반대로 재산상 손해가 발생할 때 신분이 존재하더라도 행위 시에 없었다면 배임죄는 성립하지 않는다. 만일 신분 없는 자가 신분 있는 자와 공동하거나 이에 가담한 경우에는 형법 제33조 본문에 의하여 공범으로 처벌된다.

가. 타인의 사무를 처리하는 자

25 배임죄의 본질인 '타인에 대한 신뢰 위반을 통한 재산권 침해'는 '민법상 계약 기타 의무위반 및 그로 인한 손해의 발생'과 유사한 불법구조를 가지고 있기 때문에 과연 어떠한 경우 형법상 처벌대상이 되는 범죄로서 신뢰위반이 되는지에 관한 경계설정이 더욱 중요한 문제가 된다. 따라서 의무위반자 중 어떠한 범위의 신뢰위반자를 '타인의 사무처리자'로 볼 것인가는 배임죄의 한계를 설정해주는 기준의 역할을 한다.[19]

26 배임죄에 있어서 '타인의 사무를 처리하는 자'라 함은 타인과의 내부적인 관계에서 신의성실의 원칙에 비추어 타인의 사무를 처리할 신임관계에 있게 되어 그 관계에 기하여 타인의 재산적 이익 등을 보호·관리하는 것이 신임관계의 전형적·본질적 내용이 되는 지위에 있는 사람을 말한다. 그러나 그 사무의 처리가 오로지 타인의 이익을 보호·관리하는 것만을 내용으로 하여야 할 필요는 없고, 자신의 이익을 도모하는 성질도 아울러 가진다고 하더라도 타인을 위한 사무로서의 성질이 부수적·주변적인 의미를 넘어서 중요한 내용을 이루는 경우에는 여기서 말하는 '타인의 사무를 처리하는 자'에 해당한다. 따라서 위임 등 계약에 기하여 위임인 등으로부터 맡겨진 사무를 처리하는 것이 약정된 보수 등을 얻

19 강수진, "부동산 대물변제예약의 채무자와 배임죄에서의 타인의 사무처리자", 고려법학 76호(2015. 3.), 235.

기 위한 것이라고 하더라도, 그 사무를 처리하는 이는 상대방과의 신임관계에서 그의 재산적 이익을 보호·관리하여야 할 지위에 있다.[20]

27 타인과의 대내관계에서는 신의성실의 원칙에 비추어 그 사무를 처리할 신임관계가 존재한다고 우선 인정되어야 한다. 반드시 제3자에 대한 대외관계에서 그 사무에 관한 대리권이 존재할 것을 요하지 않으며,[21] 또 그 사무가 반드시 포괄적 위탁사무일 것을 요하는 것도 아니다.[22] 양자 간의 신임관계에 기초를 두고 타인의 재산관리에 관한 사무의 전부 또는 일부를 대행하거나 타인 재산의 보전행위에 협력하는 사람을 의미한다.[23]

28 법인은 사법(私法)상의 의무주체가 될 뿐 범죄능력이 없는 것이며 타인의 사무는 자연인인 대표기관의 의사결정에 따른 대표행위에 의하여 실현될 수밖에 없는 만큼 그 대표기관이 마땅히 법인이 부담하는 타인의 사무를 처리할 임무를 가진다 할 것이므로 법인은 배임죄의 주체가 될 수 없고 자연인인 대표기관이 바로 타인의 사무를 처리하는 자로서 배임죄의 주체가 된다.[24] 이에 대하여 법인이 타인의 사무처리자인 이상 법인의 대표기관에게 타인의 사무처리자라는 신분을 인정할 수는 없다는 취지의 비판적 견해[25]도 있다.

나. 신임관계

29 타인의 사무처리에 해당하기 위해서는 행위자와 그 타인, 즉 본인과 사이에 신임관계가 존재하여야 한다. 이러한 신임관계는 법령의 규정에 의해서(친권자, 후견인, 파산관재인, 법인의 대표자 등), 계약 또는 법률행위(위임, 도급, 고용, 임치, 수출대행계약 등[26])나 관습 또는 사무관리(민법 제734조)에 의해서도 발생할 수 있다. 뿐만 아니라 거래의 신의칙이나 사회윤리적 신임관계 또는 순수한 사실상 신임관계에서도 발생할 수 있다.

20 대법원 1991. 3. 27. 선고 91도262 판결, 대법원 2005. 3. 25. 선고 2004도6890 판결, 대법원 2012. 5. 10. 선고 2010도3532 판결 등.

21 대법원 1999. 9. 17. 선고 97도3219 판결, 대법원 2007. 6. 1. 선고 2006도1813 판결, 대법원 2007. 10. 11. 선고 2007도6012 판결, 대법원 2008. 5. 29. 선고 2005도4640 판결 등.

22 대법원 1999. 6. 22. 선고 99도1095 판결, 대법원 2016. 8. 30. 선고 2013도658 판결.

23 대법원 2004. 6. 17. 선고 2003도7645 전원합의체 판결, 대법원 2018. 5. 17. 선고 2017도4027 전원합의체 판결, 대법원 2003. 9. 26. 선고 2003도763 판결, 대법원 2014. 2. 27. 선고 2011도3482 판결 등.

24 대법원 1984. 10. 10. 선고 82도2595 전원합의체 판결, 대법원 1984. 10. 23. 선고 83도222 판결, 대법원 1985. 10. 8. 선고 83도1375 판결, 대법원 1997. 1. 24. 선고 96도524 판결 등.

25 김성돈, 형법각론(제8판), 성균관대학교 출판부(2022), 482.

26 대법원 1991. 3. 27. 선고 91도262 판결.

30 업무의 근거는 법령, 계약, 관습의 어느 것이든 묻지 않고, 사실상의 업무도 포함된다.[27] 그러나 신임관계의 발생근거를 확대하면 배임죄 적용의 확대가능성도 커지게 되므로 신의칙의 내용을 더욱 구체화할 필요성이 제기된다.[28]

31 이러한 신임관계는 당사자 관계의 본질적 내용이 단순한 채권채무 관계를 넘어서 그들 간의 신임관계에 기초하여 타인의 재산을 보호 또는 관리하는 것이어야 한다. 경우에 따라 배임으로 보이는 행위와 관련하여 법령 또는 계약 등에 의하여 구체적으로 어떠한 사무를 처리하는 신분이 있었는지를 확정하여야 할 때도 있다.[29]

32 대리권이 소멸된 후에 사무를 처리하거나 사무처리자가 그 직에서 해임된 후 사무인계 전에 사무를 처리한 경우도 포함한다.[30] 미성년자와 친생자관계가 없지만 호적상 친모로 등재되어 있는 사람이 미성년자의 상속재산 처분에 관여한 경우나,[31] 학교법인의 이사 겸 같은 학교법인이 설립, 경영하는 고등학교의 교장으로서 그의 처가 학교법인의 이사장으로 선임되어 있으나 사실상 피고인이 학교법인의 경영을 주도하며 재산관리 및 수익사업을 비롯한 법인업무 전반을 총괄하는 한편 위 고등학교의 교무를 총괄하면서 교비회계에 속하는 자금을 비롯하여 위 고등학교의 운영을 위하여 위 고등학교에 귀속된 모든 자금을 보관, 관리하는 업무를 취급하고 있는 자이므로 학교재산에 관한 임대차계약을 체결하는 경우[32] 모두 업무상배임죄의 주체가 될 수 있다.

33 [판례] 사임한 전(前) 마을 이장의 배임행위

마을의 물류창고 신축 회사로부터 공사에 따른 피해보상 예치금을 받아 보관하던 마을 이장이 탄핵으로 사임한 후에도 후임 이장에게 위 예치금을 인계하지 않고 계속 보관하다가 예치금 반환기간이 종료되자 마을 주민들의 동의 없이 회사에 반환한 행위가 배임행위에 해당한다.[33]

27 대법원 2007. 10. 11. 선고 2007도6012 판결, 대법원 2008. 5. 29. 선고 2005도4640 판결 등.
28 배종대, 형법각론(제14판), 홍문사(2023), 454.
29 대법원 1998. 10. 23. 선고 98도2577 판결.
30 대법원 1999. 6. 22. 선고 99도1095 판결.
31 대법원 2002. 6. 14. 선고 2001도3534 판결.
32 대법원 2000. 3. 14. 선고 99도457 판결.
33 대법원 2009. 2. 12. 선고 2008도10915 판결.

34 한편 배신설의 입장에 따른 처벌범위의 확대를 방지하기 위하여 사무처리의 범위에 대하여 제한적으로 해석하여야 할 필요가 있다. 즉 사실상의 신임관계는 타인의 사무처리와 관련하여 그의 재산상 이익을 보호하여야 할 브증인적 지위에 있는 경우에 한하여 인정되어야 한다.[34] 예컨대, 우선 친척이나 친구, 지인관계에서 처리하여 주는 일시적인 사무는 본죄의 사무처리에 해당한다고 할 수 없고,[35] 매매계약 당사자의 지위에서 나오는 단순한 채권적 급부의무는 타인의 사무에 속하지 않는다. 또 사무관리와 관련하여 일정한 지위에서 의무를 부담하는 경우에만 사무관리자의 지위에 있고, 우연히 재물이 자기점유에 들어온 경우는 물론 민법상 사무관리규정에 위반한 모두가 사무처리자의 지위에 있다고 할 수 없다.[36] 점유이탈물횡령죄와의 관계에 비추어보더라도 더욱 그러하다.

35 사무처리의 근거가 된 법률행위가 무효인 경우에는 신임관계가 애당초 발생하지 않았다고 할 것이므로 원칙적으로 배임죄의 성립이 부정된다. 불륜관계를 지속하는 대가를 위한 소유권이전등기의무 등 선량한 풍속 기타 사회질서에 위반되는 내용의 계약,[37] 부동산에 관한 통정 허위표시에 의한 가장 매매계약,[38] 농지개혁법에 위반되는 농지 매매계약[39] 또는 관리위임계약,[40] 국토이용관리법상 규제지역 내의 토지의 매매에 관하여 소정의 허가를 받지 않은 계약[41]에 기한 의무를 위반하더라도 배임죄의 문제는 일어나지 않는다.

36 [판례] 세법상 담보제공의 효력이 없는 납세담보제공 약정으로 인한 배임행위의 성부
구 토지구획정리사업법의 토지구획정리사업 시행자인 이 사건 토지구획정리사업조합이 장래 환지처분 시에 취득하게 되는 소유권의 전신에 해당하는 '물권 유사의 사용수익권'에 불과한 위 법 제54조 제1항 소정의 체비지는 국세기본법 제29조가 납세담보의 대상 중 하나로 규정하고 있는 '토지'에 해당하지 아니하지 않을 뿐만 아니라 그에 관한 납세담보 제공의 절차에 관해서도 법령상 규정되어 있지 아니하므로, 이

34 김성돈, 형법각론(제8판), 성균관대학교 출판부(2022), 478; 김일수/서보학, 새로쓴 형법각론(제9판), 박영사(2018), 388; 이재상 외 2인, 형법각론(제12판), 박영사(2021), 426; 정성근/정준섭, 형법강의 각론(제2판), 박영사(2022), 321.

35 대법원 1990. 5. 8. 선고 89도1524 판결.

36 김성돈, 형법각론(제8판), 성균관대학교 출판부(2022), 478.

37 대법원 1986. 9. 9. 선고 86도1382 판결.

38 대법원 1983. 7. 12. 선고 82도2941 판결.

39 대법원 1979. 3. 27. 선고 79도141 판결.

40 대법원 1969. 10. 28. 선고 69도1648 판결.

41 대법원 1992. 10. 13. 선고 92도1070 판결, 대법원 1996. 8. 23. 선고 96도1514 판결.

를 대상으로 한 납세담보 제공의 약정은 세법상의 효력은 물론 사법상 담보설정계약으로서의 효력도 인정되지 않는다 할 것이다. 그렇다면 위 토지구획정리사업조합은 국가에 대하여 납세담보물로 제공한 체비지의 보관에 관한 타인의 사무를 처리하는 자의 지위에 있지 아니하여 배임죄의 주체가 될 수 없다.[42]

37 그러나 법률행위의 효력이 무효라고 하더라도 예컨대 법적 형식이나 행위능력의 결여 등을 이유로 무효가 되는 경우에는 사실상 신임관계가 인정된다면 그 사무처리관계가 있다고 보아야 할 경우도 있다.[43]

다. 사무처리의 내용

1) 총설

38 사무는 사적 사무이건 공적 사무이건 불문하며,[44] 또 공적 사무라고 해서 그 처리자가 반드시 공무원일 필요도 없다. 계속적 사무 이외에 일반적 사무라도 관계없으며, 반드시 법률적 사무일 필요도 없고 사실상의 사무라도 좋다. 따라서 도급에 의한 일의 완성 또는 준위임에 의한 사무도 배임죄의 사무가 될 수 있다. 다만, 어느 정도 포괄성·재량성을 띄고 있는 사무일 것을 요하며 단순한 개별적·기계적 사무는 배임죄의 사무가 될 수 없다. 또한 타인의 사무는 두 당사자의 관계의 본질적 내용이 단순한 채권관계상의 의무를 넘어서 그들 간의 신임관계에 기초하여 타인의 재산을 보호 내지 관리하는 데 있어야 한다.

39 이하는 타인의 사무처리자 지위가 인정된 사례들이다.

40 [판례] 국유지 불하를 받고 그 관리를 부탁 받은 경우 타인의 사무 해당 여부

피해자가 피고인에게 나중에 국유지 불하를 받아달라고 하면서 피해자 명의로 국유재산 대부계약이 체결된 토지 등의 관리를 부탁하였다면 이는 국유재산을 불하받아 주는 사무처리 및 이와 관련된 사무처리를 위임한 것이라고 볼 수 있고, 이러한 위임관계가 단순한 민사상 채무를 부담하는 경우에 그치는 것이 아니라 위임계약에 따라 타인의 재산관리에 관한 사무를 대행하는 관계로서 배임죄에 있어서 '타인의 사무'에 해당한다.[45]

42 대법원 2010. 5. 27. 선고 2007도11279 판결. 이 판결에 대한 해설은 김양섭, "체비지를 국세담보에 제공한다는 의사표시와 체비지대장에 '국세담보에 제공하였음'이라고 기재하였다면 체비지에 관하여 담보물권이 설정되어 체비지 소유자가 국가에 대하여 타인의 사무를 처리하는 자에 해당하는지 여부", 해설(84호), 738~761.

43 김성돈, 형법각론(제8판), 성균관대학교 출판부(2022), 478; 김일수/서보학, 새로쓴 형법각론(제9판), 박영사(2018), 388; 이재상 외 2인, 형법각론(제12판), 박영사(2021), 426.

44 대법원 1975. 11. 25. 선고 73도1881 판결, 대법원 1978. 8. 22. 선고 78도958 판결 등.

45 대법원 2005. 3. 25. 선고 2004도6890 판결.

41 [판례] 종중 임원의 종중에 대한 임무

종중 소유 재산의 관리·처분은 종중규약에 정한 바가 있으면 이에 따르고 그 점에 관한 종중규약이 없으면 종중총회의 결의에 의하여야 하므로, 종중과 의임에 유사한 계약관계에 있는 종중의 임원은 종중 소유 재산의 관리·처분에 관한 사무를 처리함에 있어 종중규약의 규정 또는 종중총회의 결의에 따라야 함은 물론 선량한 관리자로서의 주의를 다하여야 할 의무가 있다. 따라서 종중의 임원이 종중 소유 재산의 관리·처분에 관한 사무로서 타인에게 종중의 자금을 대여함에 있어 충분한 담보를 제공받는 등 상당하고도 합리적인 채권회수조치를 취하지 아니한 채 만연히 대여해 주었다면, 종중규약의 규정 또는 종중총회의 결의 등에 기하여 그와 같은 자금대여가 허용된다고 볼 수 있는 특별한 사정이 없는 한, 이는 타인에게 이익을 얻게 하고 종중에 손해를 가하는 행위로서 종중에 대하여 배임행위가 되고, 이러한 이치는 그 타인이 종원이라 하여 달라지지 않는다.[46]

42 [판례] 그룹 운영과 관련하여 구체적인 업무담당자가 아니라도 배임죄의 주체가 될 수 있다고 본 경우

그룹 회장으로서 그룹 기획조정실을 통하여 그룹 전체의 자금운용, 특히 상호지급보증이나 자금 대여, 담보물 제공 등의 업무 대부분에 관하여 직접 의사결정을 하여 왔고, A 회사의 지분 99.9%를 소유한 대주주 및 등기부상 이사로서 사실상 A 회사를 직접 경영하여 왔으며, 이 사건 범행 당시에도 그룹 기획조정실을 통해 이 사건 각 근저당권설정을 직접 지시하고 스스로도 연대보증을 하였다면 비록 구체적인 업무담당자는 아니었다 하더라도 업무상배임죄의 주체가 될 수 있다.[47]

43 [판례] 회사의 업무 전반을 총괄하는 지위에 있는 1인 주주의 회사에 대한 임무

회사의 1인 주주로서 대표이사 등 임원들에 대한 실질적 인사권을 행사하고 있었고 업무 전반에 대한 보고를 받으며 회사의 경영에 영향력을 미쳤던 사실 등을 인정한 다음, 사실상 회사의 대표이사 등 임원진에 대한 지휘 감독 기능을 스스로 인수하여 그 업무 전반을 총괄하는 지위에 있었던 피고인에 대하여, 회사와의 대내적인 관계에서 대출채권의 회수를 확실하게 하기 위하여 상당하고 합리적인 조치를 강구하게 함으로써 회사에 손해를 끼치지 않도록 임원들을 지휘 감독할 신임관계가 존재한다고 보아 이러한 임무에 반하여 부실대출이 실행되게 하였으므로 공동정범의 기능적 행위지배가 인정된다고 판단한 원심은 정당하다.[48]

46 대법원 2007. 12. 28. 선고 2007도6554 판결.
47 대법원 2006. 11. 10. 선고 2004도5167 판결.
48 대법원 2006. 11. 10. 선고 2004도5167 판결

2) 사무의 재산관련성

44 사무의 재산관련성과 관련하여, 학설은 i) 배임죄는 횡령죄와 같이 재산범죄이고, 재산상의 사무에 국한하지 않으면 배임죄의 성립범위가 부당하게 확대될 위험이 있다는 견해(제한설),[49] ii) 직접 재산상의 사무에 한하지 않으나 재산적 이해관계가 있거나 재산상태에 영향을 줄 수 있으면 충분하다는 설(부분적 제한설),[50] iii) 더 나아가 재산상의 사무이거나 재산적인 이해관계를 가지는 사무에 국한할 필요가 없다는 견해(무제한설)[51] 등이 있다. 무제한설에 대하여는 배임죄의 구성요건을 필요이상으로 확대시킨다는 비판[52]이 있으며, iv) 어떤 견해에 의하든 별 차이가 없고 자본주의 사회에서 재산과 관계없이 이루어지는 사무는 그리 많지 않다는 견해[53]도 있다.

45 재산적 이해관계가 전혀 없는 경우까지 재산죄인 배임죄를 적용할 수 없다고 보는 다수설이 타당하다. 따라서 타인의 재산보호가 신임관계에 기초한 사무의 본질적 내용이 되어야 한다.

46 또한 타인의 재산상 이익을 보호해야 할 신의칙상 의무가 포함된 어느 정도 정형성을 갖춘 사무라야 하며, 그렇지 않은 계약이행에 따른 일반적인 의무는 타인의 사무에 속하지 않는다.[54] 타인의 재산 관련 사무인 이상 공무·사무, 계속적·일시적 사무를 묻지 아니하며 법률적 사무와 함께 사실상 사무도 포함한다고 볼 것이다.

47 집행관이나 등기공무원, 민사소송 대리를 맡은 변호사 등은 타인의 재산적 이익에 본질적으로 연결되므로 타인의 사무를 처리하는 자의 지위에 선다. 반면 형사소송의 변론을 맡은 변호사나 신분관계소송의 위임을 받은 변호사 및 의사가 환자를 위해서 치료하는 사무는 배임죄의 대상이 되는 타인의 사무라고 볼 수 없다.[55]

48 판례도 타인의 사무를 '타인의 재산관리에 관한 사무의 전부 또는 일부를 대행

49 김성돈, 형법각론(제8판), 성균관대학교 출판부(2022), 479; 김일수/서보학, 새로쓴 형법각론(제9판), 박영사(2018), 387; 배종대, 형법각론(제14판), 홍문사(2023), 448; 손동권/김재윤, 새로운 형법각론(제2판), 율곡출판사(2022), 454; 이재상 외 2인, 형법각론(제12판), 박영사(2021), 427; 정성근/정준섭, 형법강의 각론(제2판), 박영사(2022), 320.

50 홍영기, 형법 총론과 각론, 박영사(2022), 442.

51 이영란, 형법학 각론강의(제3판), 형설출판사(2013), 413; 임웅, 형법각론(제7정판), 법문사(2016), 513.

52 배종대, 형법각론(제14판), 홍문사(2023), 448.

53 오영근, 형법각론(제7판), 박영사(2022), 386.

54 김일수/서보학, 새로쓴 형법각론(제9판), 박영사(2018), 387.

55 김성돈, 형법각론(제8판), 성균관대학교 출판부(2022), 479; 배종대, 형법각론(제14판), 홍문사(2023), 448; 이재상 외 2인, 형법각론(제12판), 박영사(2021), 427; 정성근/정준섭, 형법강의 각론(제2판), 박영사(2022), 320.

하는 경우와 타인의 재산보전에 협력하는 경우'라야 한다고 판시하고 있다.[56]

3) 사무의 독립성과 책임성

49 타인의 사무처리는 행위자가 일정한 범위에서 스스로 판단하여 처리할 수 있는 독립성과 책임(결정의 자유)이 있어야 한다. 이러한 해석을 통하여 배임죄의 주체가 무한 확대되는 것을 피할 수 있다.[57]

50 독립성의 정도는 사무의 종류와 내용, 시간적 계속성 등을 종합하여 판단한다. 본인의 지시에 따라 단순한 기계적 사무에 종사하는 사람은 독립적 사무처리를 할 수 없으므로 여기에 해당하지 않을 것이나 다만 반드시 고유한 권한에 의하여 단독으로 처리할 것까지 요구할 필요는 없다. 본인의 보조자로서 어느 정도의 재량권을 가지고 있는 사실상 사무를 담당할 정도이면 이에 해당하고,[58] 그 업무 담당자의 상급기관이나, 그 보조기관으로서 직접 또는 간접으로 그 처리에 관한 사무를 담당하는 사람도 포함한다.[59] 따라서 시의 도시과장(지방토목사무관), 같은 과 도시개발계장(지방토목주사)은 시장의 보조기관으로서 직접 지하상가 건설사업과 관련된 시의 보증채무 부담행위의 처리에 관한 사무를 담당하는 사람에 해당하게 된다.[60] 이때 직장의 상사가 범법행위를 하는 데 가담한 부하가 직무상 지휘·복종관계에 있다 하여 그 행위에 가담하지 않을 기대가능성이 없다고 할 수는 없다.[61]

라. 사무의 타인성

1) 총설

51 타인의 사무는 신임관계에 기초하여 타인의 재산의 보호 내지 관리의무를 그 전형적·본질적 내용으로 하는 것이어야 한다. 과거 대법원은 i) '타인의 재산관리에 관

56 대법원 1982. 6. 22. 선고 82도45 판결, 대법원 1983. 2. 8. 선고 81도3137 판결, 대법원 1994. 9. 9. 선고 94도902 판결, 대법원 2003. 9. 26. 선고 2003도763 판결, 대법원 2004. 6. 17. 선고 2003도7645 전원합의체 판결 등.

57 김성돈, 형법각론(제8판), 성균관대학교 출판부(2022), 480; 배종대, 형법각론(제14판), 홍문사(2023), 455; 오영근, 형법각론(제7판), 박영사(2022), 387; 이재상 외 2인, 형법각론(제12판), 박영사(2021), 430; 정성근/정준섭, 형법강의 각론(제2판), 박영사(2022), 320.

58 김성돈, 형법각론(제8판), 성균관대학교 출판부(2022), 480; 이재상 외 2인, 형법각론(제12판), 박영사(2021), 430; 정성근/정준섭, 형법강의 각론(제2판), 박영사(2022), 320.

59 대법원 1999. 7. 23. 선고 99도1911 판결, 대법원 2004. 6. 24. 선고 2004도520 판결, 대법원 2004. 7. 9. 선고 2004도810 판결 등.

60 대법원 2002. 7. 12. 선고 2002도2067 판결.

61 대법원 1999. 7. 23. 선고 99도1911 판결, 대법원 2005. 7. 29. 선고 2004도5685 판결, 대법원 2007. 5. 11. 선고 2007도1373 판결 등.

한 사무를 대행하는 경우', 예컨대 위임, 고용 등의 계약상 타인의 재산의 관리·보전의 임무를 부담하며 본인을 위하여 일정한 권한을 행사하는 경우뿐만 아니라, ii) 등기협력의무와 같이 매매, 담보권설정 등 자기의 거래를 완성하기 위한 자기의 사무인 동시에 '상대방의 재산보전에 협력할 의무가 있는 경우' 역시 타인의 사무에 해당한다고 보았다.[62] 종래 학설의 전통적인 견해도 대체로 이러한 입장에 있다.[63]

52 그러나 최근에는 '타인의 사무'를 종래의 전통적인 견해보다 제한적으로 해석하는 견해가 유력하게 제시되고 있다. 즉 타인의 재산보전에 협력할 의무가 문제되는 위 ii)의 경우까지 타인의 사무로 인정하는 것은 금지된 유추해석에 해당하므로 특별한 사정이 없는 한 이를 타인의 사무에서 제외하여야 한다거나,[64] 자기의 사무와 타인의 사무가 교차하는 영역을 '상대방의 재산보전에 협력할 의무가 있는 경우'로 보아 타인의 사무로 해석한다면 거의 모든 거래관계에서 일방 당사자는 타인의 사무처리자가 되어 결국 배임죄가 채무불이행죄로 되는 결과로 이어진다고 한다.[65] 부동산 매도인이 등기협력의무를 부담한다고 하더라도 이는 결국 소유권이전의무에 불과하여 매도인의 자기의 사무일 뿐이고, 저당권설정계약 등 담보설정계약에 따라 채무자가 부담하는 의무도 통상적인 계약관계의 이익대립관계에서 부담하는 의무로서 채무자 자기의 사무에 불과하다고 본다.[66] 이러한 입장에서 판례가 부동산 이중양도에서 양도인을 타인의 사무처리자로 인정한 것에 대해서 비판적인 견해가 많이 제기되고 있다.[67]

62 대법원 1983. 2. 8. 선고 81도3137 판결, 대법원 2005. 3. 25. 선고 2004도6890 판결 등.

63 김일수/서보학, 새로쓴 형법각론(제9판), 박영사(2018), 386; 배종대, 형법각론(제14판), 홍문사(2023), 455; 이재상 외 2인, 형법각론(제12판), 박영사(2021), 430; 정성근/정준섭, 형법강의 각론(제2판), 박영사(2022), 318.

64 문형섭, "채무불이행과 배임죄(재론)", 법학논총 27집 2호(2007), 323~324; 박운삼, "부동산 이중매매와 배임죄의 성부", 부산지방법원 판례연구 27집(2016. 2.), 866.

65 류전철, "배임죄에서 '타인의 사무'의 해석과 민사 법리의 관계", 형사판례연구 24(2016), 449.

66 홍영기, 형법 총론과 각론, 박영사(2022), 459, 463.

67 강동욱, "부동산 이중매매 매도인의 형사책임에 관한 판례 태도에 대한 비판적 검토", 사법(36호), 33; 김혜정, "부동산 이중매매에서 배임죄의 성립여부에 대한 판단", 법조통권 732호(2021. 2.), 838~840; 문형섭, "배임죄의 본질과 주체의 범위", 법조 51권 1호(2002), 24; 류승훈/서상문, "판례 평석: 부동산 이중매매시 형사상 배임죄 성립의 인정", 아주법학 12권 4호(2019), 107~111; 박찬걸, "부동산 이중매매가 과연 형사처벌의 대상인가?", 형사정책 30권 1호(2018), 27~29; 안경옥, "배임죄의 '타인의 사무를 처리하는 자'의 의미: 동산·부동산의 이중매매·이중양도를 중심으로", 법조통권 720호(2016), 599; 오영근, 형법각론(제7판), 박영사(2022), 396; 이정민, "부동산 이중매매와 배임죄에서 '타인의 사무': 물권변동의 형식주의와 신임관계를 중심으로", 인권과정의 500호(2021), 49~69; 이정원, "배임죄의 구조와 문제점", 전북대 법학연구 34집(2011), 139; 주지홍, "부동산이중매매에 있어서 배임죄 적용 결과 민사법질서에 미치는 부정적 영향", 법학연구 51권 2호(2010), 331~341; 허일태, "부동산 이중매매와 배임죄", 형사법연구 15호(2001), 333~334; 홍진영, "법경제학의 시각에서 바라본 부동산 이중매매의 형사처벌", 김재형대법관재임기념논문집(2022), 97~119.

53 대법원도 동산 이중매매에 관한 2008도10479 전원합의체 판결 이후 다양한 이중처분 사안에서 일련의 판결들을 통하여, '타인의 사무를 처리하는 자'라고 하려면 타인의 재산관리에 관한 사무의 전부 또는 일부를 타인을 위하여 대행하는 경우와 같이 당사자 관계의 전형적·본질적 내용이 통상의 계약에서의 이익대립관계를 넘어서 그들 사이의 신임관계에 기초하여 타인의 재산을 보호하거나 관리하는 데에 있어야 한다는 법리를 제시하고, 위 ii)의 경우와 같이 계약상대방의 재산보전에 협력할 의무에 대하여는 사무의 타인성을 제한적으로 해석하는 방향성을 뚜렷하게 보이고 있다.[68]

54 이에 따라 대법원은 매매, 교환 등과 같은 권리이전계약의 경우 쌍방이 계약의 내용에 따른 이행을 할 채무는 특별한 사정이 없는 한 '자기의 사무'임이 원칙이라고 보아, 일반 동산의 매매,[69] 자동차 등 권리이전에 등기·등록을 필요로 하는 동산의 매매,[70] 주권발행 전 주식의 양도,[71] 수분양권의 매매,[72] 임차권의 양도[73] 등의 사안에서 양도인이 권리이전계약에 따라 양수인에게 부담하는 권리이전의무는 자기의 사무에 지나지 않으므로 양도인이 이를 제대로 이행하지 않고 재산권 자체 또는 재산권을 행사하여 취득한 결과물을 제3자에게 처분하였다고 하더라도 배임죄가 성립하는 것은 아니라고 보았다. 나아가 금전채권 양도의 경우에도 채권양도인이 채권양수인을 위하여 양도 채권의 보전에 관한 사무를 처리하는 신임관계에 있지 않다고 보았다.[74]

55 다만, 대법원은 권리이전계약 가운데 부동산 양도계약에 있어서만은 양도인에게 타인의 사무처리자 지위를 인정하고 있다. 중도금을 지급받은 부동산 매도인 등 계약의 구속력에서 벗어날 수 없는 양도인은 양수인의 재산보전에 협력하여 재

68 대법원 2011. 1. 20. 선고 2008도10479 전원합의체 판결, 대법원 2014. 8. 21. 선고 2014도3363 전원합의체 판결, 대법원 2020. 2. 20. 선고 2019도9756 전원합의체 판결, 대법원 2020. 6. 18. 선고 2019도14340 전원합의체 판결, 대법원 2020. 8. 27. 선고 2019도14770 전원합의체 판결, 대법원 2020. 10. 22. 선고 2020도6258 전원합의체 판결 등.

69 대법원 2011. 1. 20. 선고 2008도10479 전원합의체 판결.

70 대법원 2020. 10. 22. 선고 2020도6258 전원합의체 판결.

71 대법원 2020. 6. 4. 선고 2015도6057 판결.

72 대법원 2021. 7. 8. 선고 2014도12104 판결. 이 판결에 대한 해설은 최문수, "아파트 수분양권 매도인이 매수인과의 관계에서 배임죄의 '타인의 사무를 처리하는 자'의 지위에 있는지 여부", 해설(130호), 491 이하.

73 대법원 1991. 12. 10. 선고 91도2184 판결.

74 대법원 2022. 6. 23. 선고 2017도3829 전원합의체 판결. 이 판결에 대한 해설은 최문수, "채권양도인이 채권양도의 대항요건 미충족 상태에서 채무자로부터 채권을 추심하여 수령한 금전을 임의로 사용한 경우 횡령죄의 성립 여부", 사법(61호), 549 이하.

산적 이익을 보호·관리할 신임관계에 있다고 보아 양도인의 소유권이전의무를 '타인의 사무'로 인정하는 종전 판례를 그대로 유지하고 있으며, 2018년 전원합의체 판결을 통하여 이러한 입장을 분명히 하였다.[75] 이러한 대법원의 판단은, 부동산이 국민의 경제생활에서 차지하는 비중이 크고, 부동산 매수인이 매도인에게 매매대금 중 상당한 부분을 차지하는 계약금과 중도금까지 지급하고도 이중매매를 방지할 충분한 법적 수단이 마련되어 있지 않다는 거래 현실의 특수성을 고려한 것이라고 설명되고 있으나,[76] 이에 대하여는 앞서 본 바와 같이 비판적인 견해가 많이 제기되고 있다.

56 나아가 대법원은 담보설정계약에 따라 채무자가 부담하는 의무는 결국 채무불이행 시 담보권 실행을 통한 채권의 실현을 위한 것이므로, 담보설정계약의 체결이나 담보권 설정 전후를 불문하고 당사자 관계의 전형적·본질적 내용은 금전채권의 실현 내지 피담보채무의 변제에 있다고 보아, 담보설정계약에 따른 채무자의 의무는 타인의 사무가 아니라고 보았다. 이에 따라 부동산 대물변제예약,[77] 부동산 저당권설정계약 및 양도담보설정계약,[78] 부동산 담보가등기설정계약,[79] 일반 동산 및 주식 양도담보설정계약,[80] 자동차 등 권리이전에 등기·등록을 요하는 동산 양도담보설정계약,[81] '자동차 등 특정동산 저당법' 및 '공장 및 광업재단 저당법'에 따른 동산 저당권설정계약,[82] '동산·채권 등의 담보에 관한 법률'에 따른 동산담보설정계약,[83] 주권발행 전 주식 양도담보설정계약,[84] 금전채권 양도담보설정계약[85] 등의 사안에서, 채무자가 채권자에게 계약에 따라 자신의 재산권을 담보로 제공할 의무를 제대로 이행하지 않거나 담보로 제공한 재산권을 제3자에게 임의로 처분하였다고 하더라도 배임죄가 성립하지 않는다

75 대법원 2018. 5. 17. 선고 2017도4027 전원합의체 판결, 대법원 2018. 10. 4. 선고 2016도11337 판결, 대법원 2018. 12. 13. 선고 2016도19308 판결.

76 대법원 2020. 6. 18. 선고 2019도14340 전원합의체 판결, 대법원 2022. 6. 23. 선고 2017도3829 전원합의체 판결.

77 대법원 2014. 8. 21. 선고 2014도3363 전원합의체 판결.

78 대법원 2020. 6. 18. 선고 2019도14340 전원합의체 판결.

79 대법원 2020. 12. 10. 선고 2016도8447 판결.

80 대법원 2020. 2. 20. 선고 2019도9756 전원합의체 판결.

81 대법원 2022. 12. 22. 선고 2020도8682 전원합의체 판결.

82 대법원 2020. 10. 22. 선고 2020도6258 전원합의체 판결.

83 대법원 2020. 8. 27. 선고 2019도14770 전원합의체 판결.

84 대법원 2021. 1. 28. 선고 2014도8714 판결.

85 대법원 2021. 7. 15. 선고 2015도5184 판결, 대법원 2021. 7. 15. 선고 2020도3514 판결.

고 하였다(☞ 최근 대법원 판례들이 권리이전계약과 담보설정계약을 중심으로 제시한 이와 같은 법리는 아래 '이중양도·이중담보와 배임죄' 부분에서 상술하기로 한다).

57 이와 같은 최근 판례의 방향성은 죄형법정주의 원칙에 따라 배임죄의 성립 범위가 민사상 채무불이행의 영역으로 지나치게 확장되는 것을 막기 위해 사무의 타인성을 보다 엄격하게 해석하는 취지이다.

58 자기의 사무와 타인의 사무의 구별은 쉽지 않은 문제이나, 결국 대법원 판례가 제시하는 바와 같이 그 당사자 관계의 전형적·본질적 내용이 통상의 계약에서의 이익대립관계를 넘어서 그들 사이의 신임관계에 기초하여 타인의 재산을 보호하거나 관리하는 데에 있는지 여부를 기준으로 보아야 할 것이다. 이에 해당하는 대표적인 경우가 위임, 고용 등과 같이 타인의 재산관리에 관한 사무의 전부 또는 일부를 타인을 위하여 대행하는 경우이다.

59 가령 최근 대법원은 위와 같이 사무의 타인성을 제한적으로 해석하는 판례의 방향성을 유지하면서도, '지입계약을 체결한 지입회사 운영자'는 지입차주와 사이에 타인의 사무처리자 지위에 있으므로 지입차주의 실질적 재산인 지입차량에 임의로 저당권을 설정한 경우 배임죄가 성립한다고 보았다. 즉 지입회사 측이 지입차주의 실질적 재산인 지입차량에 관한 재산상 사무를 위임받아 수행한다고 평가할 수 있으므로, 그 당사자 관계의 전형적·본질적 내용이 신임관계에 기초하여 타인의 재산을 보호 또는 관리하는 데에 있다는 것이다.

60 [판례] 지입계약관계에서 지입회사 운영자의 지위

이른바 지입제는 자동차운송사업면허 등을 가진 운송사업자와 실질적으로 자동차를 소유하고 있는 차주간의 계약으로 외부적으로는 자동차를 운송사업자 명의로 등록하여 운송사업자에게 귀속시키고 내부적으로는 각 차주들이 독립된 관리 및 계산으로 영업을 하며 운송사업자에 대하여는 지입료를 지불하는 운송사업형태를 말한다. 따라서 지입차주가 자신이 실질적으로 소유하거나 처분권한을 가지는 자동차에 관하여 지입회사와 지입계약을 체결함으로써 지입회사에게 그 자동차의 소유권등록 명의를 신탁하고 운송사업용 자동차로서 등록 및 그 유지 관련 사무의 대행을 위임한 경우에는, 특별한 사정이 없는 한 지입회사 측이 지입차주의 실질적 재산인 지입차량에 관한 재산상 사무를 일정한 권한을 가지고 맡아 처리하는 것으로서 당사자 관계의 전형적· 본질적 내용이 통상의 계약에서의 이익대립관계를 넘어서 그들 사이의 신임관계에 기초하여 타인의 재산을 보호 또는 관리하는 데에 있으므로, 지입회사 운영

자는 지입차주와의 관계에서 '타인의 사무를 처리하는 자'의 지위에 있다.[86]

61 [판례] 지입계약관계에서 지입회사 운영자의 지위(지입계약과 매매계약이 결합된 경우)

피해자가 피고인 측으로부터 화물차를 매수하는 내용의 매매계약과 피해자가 매수한 화물차를 피고인 측 지입회사로 지입하는 내용의 지입계약이 결합된 사안에서, 피해자가 화물차의 매수대금을 모두 지급하고 피고인이 제공한 지입회사 명의로 신규 등록까지 이루어졌으므로, 피해자는 특별한 사정이 없는 한 화물차를 전적으로 운행·관리하면서 지입계약 종료 시 자신 또는 자신이 지정하는 지입회사 등의 명의로 소유권이전등록절차의 이행을 구할 수 있는 지위에 이르게 되었다. 따라서 피해자는 자신이 실질적으로 소유하거나 처분권한을 가진 화물차에 관하여 피고인 측에 소유권등록 명의를 신탁하고 운송사업용 자동차로서 등록 및 그 유지 관련 사무의 대행을 위임하였다고 볼 수 있으므로, 지입회사 운영자인 피고인은 지입차주인 피해자와의 관계에서 '타인의 사무를 처리하는 자'의 지위에 있다고 할 것이다.[87]

62 여기서 타인이란 행위자 이외의 자연인, 법인, 법인격 없는 사단 등을 말한다. 회사는 회사, 주주나 사원, 이사, 채권자 등 여러 이해관계인이 있고 실무상 서로 상호관계에서 타인성이 문제되는 경우가 많다. '타인'은 본죄의 구성요건인 '본인에게 손해를 가한 때'의 '본인'과 동일한 의미이다.[88]

63 우선 주식회사와 주주는 별개의 법인격을 가진 존재로서 동일인이 아니라는 점이 전제가 된다. 그리고 주식회사의 이사는 회사와의 관계에서만 사무를 처리하는 자의 지위에 있는 것이고, 주주들에 대한 관계에서는 직접 의무를 갖지 아니하며, 주주들의 사무를 처리하는 자의 지위에 있다고 할 수는 없다.[89] 따라서 주식회사의 자본조달을 목적으로 하는 신주발행에 있어서 대표이사는 주주가 아닌 회사에 대한 관계에서 타인의 사무를 처리하는 자에 해당한다.[90] 이러한 쟁점을 다룬 대법원 2007도4949 전원합의체 판결 이른바 '삼성에버랜드 사건'에 대하여는 뒤에서 다시 살펴본다.

64 또 1인 주주나 대주주라 하여도 별개의 인격인 주식회사에 손해를 끼치는 임무

86 대법원 2021. 6. 24. 선고 2018도14365 판결. 이 판결에 대한 해설은 최문수, "지입회사 운영자가 지입차주와의 관계에서 배임죄의 '타인의 사무를 처리하는 자'의 지위에 있는지 여부", 해설(128호), 397 이하.

87 대법원 2021. 6. 30. 선고 2015도19696 판결.

88 신동운, 형법각론(제2판), 법문사(2018), 1240~1241.

89 이철송, 회사법강의(제31판), 박영사(2023), 664 및 대법원 2009. 5. 29. 선고 2007도4949 전원합의체 판결(이른바 '삼성에버랜드 사건').

90 대법원 2010. 10. 14. 선고 2010도387 판결.

위배행위를 한 경우에는 배임죄가 성립하고, 회사 임원이 그 임무에 위배되는 행위로 재산상 이익을 취득하거나 제3자로 하여금 이를 취득하게 하여 회사에 손해를 가한 때에는 비록 주주의 양해를 사실상 얻었다고 하더라도 배임죄의 죄책을 면할 수 없다.[91]

65 다만 1인 주주 회사에 대하여, 상법에서는 법인격 부인론으로 1인 주주와 회사를 하나의 법인격으로 보기 때문에 형법 독자적 판단으로 배임죄 성립을 부정하더라도 상관없을 것이라는 견해[92]가 있다.

66 이하는 타인의 사무처리자 지위가 인정된 사례들이다.

67 [판례] 동업약정과 타인의 사무를 처리하는 자

피고인이 A와 공동으로 토지를 매수하여 그 지상에 창고사업을 하는 내용의 동업약정을 하고 동업재산이 될 토지에 관한 매매계약을 체결하였는데, 이후 소유권이전등기 업무를 처리하면서 A 몰래 매도인과 사이의 위 매매계약을 해제하고 A를 배제하는 내용의 새로운 매매계약을 체결한 다음 제3자 명의로 소유권이전등기를 마친 사안에서, 피고인과 A는 2인 이상이 상호출자 하여 공동사업을 경영할 것을 내용으로 하는 민법 제703조가 정한 조합계약을 체결한 것이고, 피고인은 부동산의 소유권이전등기 등 업무에 관하여 동업체인 조합에 대하여 선량한 관리자의 주의로 사무를 처리해야 할 의무가 있으므로(민법 제707조, 제681조), '조합의 사무를 처리하는 자'의 지위에 있다.[93]

68 [판례] 가맹점 관리대행계약에 따른 가맹점 관리업무

A 주식회사와 가맹점 관리대행계약 등을 체결하고 그 대리점으로서 가맹점 관리업무 등을 수행하는 B 주식회사 대표이사인 피고인이, 임무에 위배하여 A 회사의 가맹점을 다른 경쟁업체 가맹점으로 임의로 전환하여 A 회사에 재산상 손해를 가하였다고 하여 업무상배임으로 기소된 사안에서, 피고인은 A 회사의 가맹점 관리업무를 대행하는 '타인의 사무를 처리하는 자'의 지위에 있다고 보았다. 즉 A 회사가 보유하는 가맹점은 A 회사의 수익과 직결되는 재산적 가치를 지니고 있어 피고인이 A 회사를 대신하여 가맹점을 모집·유지 및 관리하는 것은 본래 A 회사의 사무로서 피고인에 대한 인적 신임관계에 기하여 그 처리가 피고인에게 위탁된 것이고, 이는 단지 피고인 자신의 사무에 그치지 아니하고 A 회사의 재산적 이익을 보호 내지 관리하는 것을 본질적 내용으로 하며, 그 업무가 피

91 대법원 2004. 5. 14. 선고 2001도4857 판결, 대법원 2006. 11. 9. 선고 2004도7027 판결, 대법원 2011. 9. 29. 선고 2011도1764 판결 등.

92 배종대, 형법각론(제14판), 홍문사(2023), 455.

93 대법원 2011. 4. 28. 선고 2009도14268 판결. 이 판결에 대한 해설은 김경수, "민법상 조합계약을 체결한 후 배임행위를 한 경우 그 피해자 및 재산상 손해의 산정방법", 해설(88호), 628 이하 참조.

고인 자신의 계약상 의무를 이행하고 A 회사로부터 더 많은 수수료 이익을 취득하기 위한 피고인 자신의 사무의 성격을 일부 가지고 있다고 하여 달리 볼 것이 아니다.[94]

69 [판례] 소유권이전등기 신청업무에 관하여 위임계약이 체결된 경우
등기신청업무의 위임에 따라 등기의무자 및 등기권리자의 등기업무를 대행하게 되는 경우에 그 위임을 받은 자는 타인의 사무를 처리하는 자의 지위에 있다. 그리고 등기신청업무의 처리를 위임하는 계약에는 특별한 형식과 내용이 요구되는 것은 아니다. 피고인과 피해자들과 사이에 소유권이전등기 신청업무에 관하여 위임계약이 체결되어 있다면 피고인은 피해자들로부터 등기신청업무의 위임을 받아 타인의 사무를 처리하는 자의 지위에 있다.[95]

70 [판례] 탄핵으로 물러난 전 마을 이장의 예치금 인계의무
이 사건 예치금은 예치기간 중 암반발파 작업으로 인해 마을 주민들의 건물에 발생할 수 있는 손해를 담보하기 위하여 A회사로부터 받은 금원으로서 마을 주민들 전체의 총유에 속한다고 할 것이고, 피고인은 마을 주민들의 대표(이장) 자격에서 이를 보관하고 있던 것에 불과하므로, 마을 주민들에 의하여 탄핵된 피고인으로서는 새로 이장으로 선임된 B에게 이 사건 예치금을 인계해 주어야 할 임무가 있으며, 이는 마을 주민들에 대하여 '타인의 사무'에 해당한다. 피고인이 위 임무에 위배하여 이 사건 예치금을 B에게 인계하지 않았을 뿐만 아니라 당시는 마을의 이장도 아닌 피고인이 마을 주민들의 건물에 피해가 발생하지 아니하였음이 확정되지 아니한 상태에서 마을 이장이나 마을 주민들과 상의도 없이 함부로 이 사건 예치금 전액을 A 회사에 반환함으로써 A 회사로 하여금 이를 처분할 수 있는 재산상의 이익을 취득하게 하고 마을 주민들에게 손해배상에 대한 담보를 상실하는 손해를 가한 행위는 배임행위에 해당한다.[96]

71 [판례] 주식회사 한국외환은행의 매각 관련 신주발행에서 은행장과 부행장은 은행의 사무처리자라고 본 경우
주식회사 한국외환은행의 매각 관련 신주발행에서 은행장 및 부행장은 위 은행에 대한 관계에서 사무처리자의 지위에 있으나 위 은행의 기존 주주들에 대한 관계에서는 사무처리자의 지위에 있지 않고, 한국수출입은행과 독일의 A 은행이 보유한 위 은행 구주매각에서 협상에 관한 위임을 받아 그들에 대하여는 사무처리자의 지위에 있다.[97]

94 대법원 2012. 5. 10. 선고 2010도3532 판결. 이 판결에 대한 해설은 한경환, "배임죄에 있어서 '타인의 사무를 처리하는 자'의 의미", 해설(92호), 874~899 참조.
95 대법원 2012. 12. 27. 선고 2010도8617 판결.
96 대법원 2009. 2. 12. 선고 2008도10915 판결.
97 대법원 2010. 10. 14. 선고 2010도387 판결.

72 [판례] 재정경제부 금융정책국장의 사무처리자의 지위

위 같은 사안에서, 재정경제부 금융정책국장이 한국수출입은행과 독일 A 은행이 보유한 주식회사 한국외환은행 구주매각에서 한국수출입은행에 대한 관계에서는 사무처리자의 지위에 있으나, 독일 A 은행에 대한 관계에서는 사무처리자의 지위에 있지 않다. 또 주식회사 한국외환은행의 매각 관련 신주발행 업무가 위 은행 이사회의 결정 사항으로 그 대표이사 또는 이사의 사무에 속하는 점, 재정경제부 금융정책국장으로서의 업무집행은 국가나 정부, 국민을 위하여 부담하는 공무일 뿐, 달리 특별한 사정이 없는 한 위 은행에 대하여 부담하는 사무의 처리라고 볼 수는 없는 점 등에 비추어, 재정경제부 금융정책국장이 위 신주발행에서 위 은행이나 그 주주들에 대한 사무처리자의 지위에 있다고 볼 수는 없다.[98]

73 [판례] 유한회사와 사원

유한회사와 그 사원은 별개의 법인격을 가진 존재로서 동일인이라 할 수 없고 유한회사의 손해가 항시 사원의 손해와 일치한다고 할 수도 없으므로, 1인 사원이나 대지분을 가진 사원이라 하더라도 그 본인인 유한회사에 손해를 주는 임무위배행위를 한 경우에는 배임죄의 죄책을 진다. 따라서 회사의 임원이 그 임무에 위배되는 행위로 재산상 이익을 취득하거나 제3자로 하여금 이를 취득하게 하여 회사에 손해를 가한 경우 그 임무위배행위에 대하여 사실상 1인 사원이나 대지분을 가진 사원의 양해를 얻었다고 하더라도 배임죄의 성립에는 지장이 없다.[99]

74 [판례] 주주 본인을 위하여 사무를 처리하는 자가 주식회사에 재산상 이익을 취득하게 하고 주주 본인에게 손해를 끼친 행위

주식회사와 주주는 별개의 법인격을 가진 존재로서 동일인이라 할 수 없으므로, 주주 본인을 위하여 사무를 처리하는 자가 임무에 위배되는 행위를 하여 주주가 보유하고 있는 주식을 발행한 회사로 하여금 재산상의 이익을 취득하게 하고 주주 본인에게 손해를 가한 때에는 배임죄가 성립한다. 따라서 피해자 A에게 이 사건 부동산에 관하여 소유권이전등기의무가 있는 피고인이 이 사건 회사를 위하여 B에게 근저당권설정등기를 마친 행위는 임무위배행위에 해당한다.[100]

75 [판례] 분양계약서에 기재된 대출한도금액을 초과한 근저당권설정등기

아파트 건축공사의 시행사가 수분양자들에게 소유권이전등기절차를 이행하지 않은 채 분양계약서에 기재된 대출한도금액을 초과한 근저당권설정등기를 마쳤다면, 대출

98 대법원 2010. 10. 14. 선고 2010도387 판결.
99 대법원 2011. 3. 10. 선고 2008도6335 판결(론스타 사건), 대법원 2012. 7. 26. 선고 2009도5935 판결 등.
100 대법원 2012. 12. 27. 선고 2010도12811 판결.

한도액을 초과한 금액 상당의 재산상 이익을 취득하고, 정당한 수분양자인 피해자들에게 같은 금액 상당의 재산상 손해를 가한 것이다.[101]

76 [판례] 부재자 재산관리인이 부재자의 재산을 제대로 인계하지 않은 경우
부재자 재산관리인으로 있는 동안에는 선량한 관리자의 주의의무로 피해자를 위해 피해자의 재산을 보존하고 이용·개량해야 할 임무가 있고 개임되어 지위를 상실할 경우에는 새롭게 선임된 부재자 재산관리인이 피해자의 재산을 제대로 파악하고 보존·관리할 수 있도록 할 임무가 있음에도 이러한 임무에 위배하여 새롭게 선임된 부재자 재산관리인에게 공탁된 수용보상금의 존재를 알려주지도 않고 인계하지도 않은 경우 배임죄의 성립을 인정한 사례.[102]

2) 사무의 타인성이 문제되는 경우

가) 이중양도·이중담보에서 양도인이나 채무자

77 권리이전계약에 따른 양도인의 이전의무, 담보설정계약에 따른 채무자(담보설정자)의 담보 제공 및 담보가치 유지 등의 의무에 대하여 최근 판례는 사무의 타인성을 제한적으로 해석하는 입장을 보이고 있다. 뒤의 '이중양도·이중담보와 배임죄' 부분에서 사안별로 상세하게 살펴본다.

나) 부동산 명의수탁자

78 부동산 실권리자명의 등기에 관한 법률(이하 이 항에서 '부동산실명법'이라 한다) 시행 후 명의신탁 부동산의 수탁자에 대하여, 대법원은 계약명의신탁의 경우 매도인이 악의든 선의이든 횡령죄의 성립을 부정하여 왔고, 3자 간 중간생략등기형 명의신탁사건에서도 전원합의체 판결을 통해 그동안의 입장을 변경하여 형법상 보호할 가치 있는 신임관계에 의한 것이라고 할 수 없다는 이유로 횡령죄의 성립을 부정하였다.[103] 나아가 최근 대법원은 전원합의체 판결을 통해 양자간 명의신탁에서도 종래 입장을 변경하여 '명의신탁자와 명의수탁자 사이에 무효인 명의신탁약정 등에 기초하여 존재한다고 주장될 수 있는 사실상의 위탁관계라는 것은 부동산실명법에 반하여 범죄를 구성하는 불법적인 관계에 지나지 아니할 뿐 이를 형법상 보호할 만한 가치 있는 신임에 의한 것이라고 할 수 없다'는 이유로, 명의수탁자가

101 대법원 2009. 5. 28. 선고 2009도2086 판결.
102 대법원 2022. 5. 26. 선고 2021도2488 판결. 이 사건에서는 법원이 선임한 부재자 재산관리인을 친족상도례에 있어 적법한 고소권자로 볼 수 있는지가 쟁점이 되었고, 대법원은 이를 긍정하였다.
103 대법원 2016. 5. 19. 선고 2014도6992 전원합의체 판결. 이 판결에 대한 해설은 김희수, "중간생략등기형 명의신탁에서 신탁부동산의 임의 처분 시 횡령죄 성립 여부", 사법(37), 425~476.

명의신탁자에 대한 관계에서 '타인의 재물을 보관하는 자'의 지위에 있다고 볼 수 없어 명의수탁자가 신탁받은 부동산을 임의로 처분하여도 명의신탁자에 대한 관계에서 횡령죄가 성립하지 아니한다고 보았다[104](☞ 부동산 명의신탁에서 횡령죄의 성부와 관련한 상세한 논의는 형법 제355조 '단순횡령죄' 주석의 해당 부분 참조할 것).

79 횡령죄의 성부와 별도로 부동산 명의수탁자를 수탁부동산이나 그 처분대금에 관하여 배임죄의 타인의 사무처리자로 볼 수 있는지가 문제될 수 있다. 판례는 계약명의신탁에 있어서 매도인이 선의이든 악의이든 명의수탁자는 명의신탁자나 매도인과의 관계에서 타인의 사무처리자 지위에 있다고 볼 수 없다는 입장이다. 나아가 명시적인 판시는 없으나 대법원이 중간생략등기형 명의신탁이나 양자 간 명의신탁에서도 명의신탁자와 명의수탁자 사이에 형법상 보호할 만한 가치 있는 신임관계를 인정하지 아니하였고, 수탁자의 소유권이전등기말소의무 역시 소유권에 기한 방해배제청구에 응할 민사상 의무에 불과하여 타인의 사무로 보기 어려우므로, 어느 경우에도 명의수탁자에게 명의신탁자를 위한 타인의 사무처리자 지위를 인정하기는 어려울 것으로 보인다.

80 [판례] 계약명의신탁에서 매도인이 선의인 경우 수탁자

신탁자와 수탁자가 명의신탁약정을 맺고, 그에 따라 수탁자가 당사자가 되어 명의신탁약정이 있다는 사실을 알지 못하는 소유자와 사이에서 부동산에 관한 매매계약을 체결한 계약명의신탁에 있어, 수탁자는 신탁자에 대한 관계에서도 신탁 부동산의 소유권을 완전히 취득하고 단지 신탁자에 대하여 명의신탁약정의 무효로 인한 부당이득 반환의무만을 부담할 뿐인바, 그와 같은 부당이득 반환의무는 명의신탁약정의 무효로 인하여 수탁자가 신탁자에 대하여 부담하는 통상의 채무에 불과할 뿐 아니라 신탁자와 수탁자 간의 명의신탁약정이 무효인 이상, 특별한 사정이 없는 한 신탁자와 수탁자 간에 명의신탁약정과 함께 이루어진 부동산 매입의 위임 약정 역시 무효라고 할 것이므로, 수탁자가 신탁자와의 신임관계에 기하여 신탁자를 위하여 신탁부동산을 관리한다거나 신탁자의 허락 없이 이를 처분하여서는 아니 되는 의무를 부담하는 등으로 타인의 사무를 처리하는 자의 지위에 있다고 볼 수 없다.[105]

104 대법원 2021. 2. 18. 선고 2016도18761 전원합의체 판결.

105 대법원 2001. 9. 25. 선고 2001도2722 판결, 대법원 2004. 4. 27. 선고 2003도6994 판결, 대법원 2008. 3. 27. 선고 2008도455 판결, 대법원 2012. 10. 25. 선고 2012도4991 판결.

81 [판례] 계약명의신탁에서 매도인이 악의인 경우 수탁자

명의신탁자와 명의수탁자가 이른바 계약명의신탁 약정을 맺고 명의수탁자가 당사자가 되어 명의신탁 약정이 있다는 사실을 알고 있는 소유자와 부동산에 관한 매매계약을 체결한 후 매매계약에 따라 부동산의 소유권이전등기를 명의수탁자 명의로 마친 경우에는 부동산실명법 제4조 제2항 본문에 의하여 수탁자 명의의 소유권이전등기는 무효이고 부동산의 소유권은 매도인이 그대로 보유하게 되므로, 명의수탁자는 부동산 취득을 위한 계약의 당사자도 아닌 명의신탁자에 대한 관계에서 횡령죄에서 '타인의 재물을 보관하는 자'의 지위에 있다고 볼 수 없고, 또한 명의수탁자가 명의신탁자에 대하여 매매대금 등을 부당이득으로 반환할 의무를 부담한다고 하더라도 이를 두고 배임죄에서 '타인의 사무를 처리하는 자'의 지위에 있다고 보기도 어렵다. 한편 위 경우 명의수탁자는 매도인에 대하여 소유권이전등기말소의무를 부담하게 되나, 위 소유권이전등기는 처음부터 원인무효여서 명의수탁자는 매도인이 소유권에 기한 방해배제청구로 말소를 구하는 것에 대하여 상대방으로서 응할 처지에 있음에 불과하고, 그가 제3자와 한 처분행위가 부동산실명법 제4조 제3항에 따라 유효하게 될 가능성이 있다고 하더라도 이는 거래 상대방인 제3자를 보호하기 위하여 명의신탁 약정의 무효에 대한 예외를 설정한 취지일 뿐 매도인과 명의수탁자 사이에 위 처분행위를 유효하게 만드는 어떠한 신임관계가 존재함을 전제한 것이라고는 볼 수 없으므로, 말소등기의무의 존재나 명의수탁자에 의한 유효한 처분가능성을 들어 명의수탁자가 매도인에 대한 관계에서 횡령죄에서 '타인의 재물을 보관하는 자' 또는 배임죄에서 '타인의 사무를 처리하는 자'의 지위에 있다고 볼 수도 없다.[106]

다) 부동산 또는 동산의 양도담보권자

(1) 부동산 양도담보권자

82 채무의 변제를 담보하기 위해 부동산에 관한 물권을 이전받거나 가등기하는 경우는 부동산실명법이 금지하는 명의신탁약정에 포함되지 않는다(부동산 실명법 제2조 제1호 가목). 이와 같이 양도담보 목적으로 부동산의 소유권 명의가 양도담보권자(채권자)에게 이전되거나 가등기가 마쳐진 경우 담보설정자(채무자)는 부동산을 처분할 수 있는 입장에 있지 아니하므로 주로 양도담보권자의 임의 처분이 문제된다.

83 양도담보권자는 기본적으로 채무자의 실질적 재산인 담보부동산을 채무자 대신 보호·관리하여야 하는 신임관계에 있다고 할 것이므로, 최근 판례가 '채무자'의 채권자에 대한 담보 제공 및 담보가치 유지 등의 담보계약상 의무에 대하여 본

106 대법원 2012. 11. 29. 선고 2011도7361 판결. 이 판결에 대한 해설은 우인성, "악의의 계약명의신탁에 있어 명의수탁자의 보관물 임의처분 시 범죄성립 여부", 해설(94호), 685~721.

질적으로 금전채권의 실현을 위한 것이라는 이유로 타인의 사무가 아니라고 보는 것과는 구별하여야 한다.

84 양도담보권자의 담보목적물 임의 처분행위에 대하여는 횡령죄나 배임죄의 성부가 문제될 수 있다.

85 양도담보의 법적 성질에 관하여 담보물권설과 신탁적 소유권이전설의 대립이 있는데, 학설은 대체로 담보물권설에 따라 담보목적물의 소유권이 여전히 채무자에게 있다고 보아 횡령죄를 적용한다.[107] 특히 1984. 1. 1. 가등기담보 등에 관한 법률(이하 이 항에서 '가등기담보법'이라 한다) 시행 이후에는 청산기간의 경과 및 청산금의 지급 등 가등기담보법이 정한 청산절차를 마치기 전까지 채무자에게 소유권이 남아있는 것이 더욱 분명하므로, 청산절차를 마치기 전까지 채권자가 담보부동산을 임의로 타에 처분한 경우 횡령죄가 성립한다고 한다.

86 판례는 부동산 양도담보와 관련하여 대체로 가등기담보법 시행 전후와 관계없이 신탁적 소유권이전설의 입장에 있다고 평가되고, 양도담보권자의 임의 처분행위에 대하여 배임죄를 적용하고 있다.

87 이러한 판례의 입장에 대하여 신탁적 소유권이전설에 따르더라도 대내적으로 소유권은 채무자에게 있으므로 횡령죄가 적용되어야 한다는 취지의 비판[108]이 있다. 반면 배임죄의 객체는 재산상의 이익이고 그것을 관리하면서 재물을 보관하는 경우라 하더라도 그 재물의 소유권이 반드시 자기에게 있을 필요는 없고, 채무자가 입는 손해는 담보목적물의 가액에서 채무원리금을 공제한 잔액이지 담보목적물 자체는 아니므로 이러한 범죄로 인한 손해의 내용을 볼 때 배임죄의 성립을 인정하는 것이 타당하다는 견해[109]도 있다.

(가) 변제기 이전의 양도담보권자의 처분

88 판례는 채권자가 채권담보의 목적으로 소유권이전등기 또는 가등기를 마친 경우 변제기까지 채무자의 채무 변제에 따른 소유 명의의 환원을 위하여 그 부동산을 보전할(가등기의 경우에는 본등기를 하지 아니할) 의무를 부담하는 것이고, 이러한

107 김성돈, 형법각론(제8판), 성균관대학교 출판부(2022), 469; 김일수/서보학, 새로쓴 형법각론(제9판), 박영사(2018), 297; 신동운, 형법각론(제2판), 법문사(2018), 1168; 이재상 외 2인, 형법각론(제12판), 박영사(2021), 403.

108 서정우, "변칙담보와 형사책임", 재판자료 제13집(1982), 396; 손동권, "양도담보물을 임의 처분한 경우의 형사책임", 형사정책연구 20권 1호(2009), 550~554.

109 임대규, "배임죄에 있어서의 임무위배행위", 재판자료 제50집(1990), 366.

의무는 타인의 사무에 해당하므로 이를 위반할 경우 배임죄가 성립한다고 본다.[110]

89 따라서 판례는 담보부동산에 관하여 가등기를 마친 채권자가 변제기 전에 자신의 처 명의로 본등기를 하거나,[111] 소유권이전등기를 마친 양도담보권자가 변제기 전에 이를 제3자에게 처분한 경우에는 배임죄가 성립하고, 설령 그 후 변제기까지 채무자의 변제가 없었다 하더라도 마찬가지로 배임죄가 성립한다고 한다.[112] 가등기담보법 시행 전·후로 같은 입장이다.

90 같은 취지에서 채권담보 목적으로 타인 소유의 부동산의 매도처분에 필요한 서류 일체를 교부받아 보관하는 자가 변제가 있기까지 그 서류를 보관하였다가 반환할 의무 역시 타인의 사무에 해당한다고 보았다.[113]

(나) 변제기 이후이나 피담보채무가 소멸한 경우의 양도담보권자의 처분

91 변제기 후라도 채권자가 담보권의 실행을 위하여 양도담보의 목적물인 부동산에 관한 처분을 종료할 때까지 채무자는 피담보채무를 변제하여 목적물을 도로 찾아올 수 있고, 양도담보의 피담보채권이 소멸하면 양도담보권자는 담보설정자에게 권리를 회복시켜 줄 의무를 부담하므로, 양도담보권자가 부담하는 이러한 의무는 타인의 사무에 해당한다.[114]

92 따라서 판례는 담보 목적으로 부동산에 관한 가등기를 마친 채권자가 채무자로부터 변제공탁사실을 통고받고서도 본등기를 마치고 동시에 제3자 앞으로 가등기를 설정한 경우나,[115] 여러 필지의 담보부동산 중 일부를 처분한 대금만으로 채권 전액을 정산하고 남았음에도 불구하고 나머지 담보부동산을 마저 타에 처분한 경우[116]에 배임죄의 성립을 인정한다.

93 피담보채무가 소멸되었음에도 양도담보권자가 담보부동산을 임의로 타에 처분한 경우 배임죄의 성립을 인정하는 판례의 입장은 가등기담보법 시행 전·후로 동일한 것으로 보인다.

110 대법원 1988. 12. 13. 선고 88도184 판결, 대법원 1992. 7. 14. 선고 92도753 판결 등.
111 대법원 1976. 9. 14. 선고 76도2069 판결.
112 대법원 1987. 4. 28. 선고 87도265 판결, 대법원 1992. 7. 14. 선고 92도753 판결, 대법원 1995. 5. 12. 선고 95도283 판결, 대법원 2007. 1. 25. 선고 2005도7559 판결 등.
113 대법원 1969. 12. 9. 선고 69도1647 판결, 대법원 1973. 3. 13. 선고 73도181 판결.
114 대법원 1988. 12. 13. 선고 88도184 판결.
115 대법원 1990. 8. 10. 선고 90도414 판결.
116 대법원 1979. 6. 12. 선고 79도205 판결.

(다) 변제기 이후 피담보채무가 남아있는 경우의 양도담보권자의 처분

① 가등기담보법 시행 전

94 가등기담보법 시행 전에는 담보권을 실행하는 방법으로 양도담보권자가 양도담보 목적물을 환가처분하여 그 대금으로 채권변제에 충당하고 잔액이 있으면 채무자에게 반환하는 이른바 처분정산의 방법과, 양도담보권자가 담보목적물을 평가하여 채권액을 초과하는 금액을 채무자에게 지급하고 소유권을 취득하는 귀속정산의 방법이 모두 허용되었다. 따라서 판례는 변제기 후 피담보채무가 변제되지 아니한 경우 채권자가 채권추심을 위하여 담보부동산에 관하여 자신 명의로 소유권이전의 본등기를 마친 후 제3자 앞으로 가등기를 경료하거나 근저당권을 설정한 행위는 위와 같은 환가처분이나 평가처분보다 불이익하다고 볼 수 없어 특별한 사정이 없는 한 배임행위로 볼 수 없다고 하였다.[117]

95 나아가 양도담보권자가 변제기 경과 후 담보권을 실행하는 과정에서 부당하게 저렴한 가격으로 처분하여 정산하였다거나,[118] 그 환가대금 또는 평가액을 채권원리금과 담보권 실행비용 등의 변제에 충당하고 환가대금 또는 평가액의 나머지를 채무자에게 반환할 정산의무를 이행하지 않았다고 하더라도[119] 원칙적으로 배임죄를 구성하지 않는다고 보았다. 양도담보권자의 위와 같은 정산의무는 채권자 자신이 담보계약에 따라 부담하는 의무로서 자기의 사무에 해당하고 이를 타인(채무자)의 사무에 속한다고 할 수 없다는 취지이다.

② 가등기담보법 시행 후

96 ㉮ 가등기담보법상 청산절차를 거치지 않은 채 담보부동산을 임의 처분한 경우

97 가등기담보법 시행 후에는 청산금 평가액의 통지와 청산기간의 경과, 청산금의 지급의무와 담보목적물의 소유권이전등기 및 인도채무 사이에 동시이행관계 등을 인정하지 아니하는 처분정산형의 담보권 실행은 법률상 허용되지 아니하고, 채무자는 청산금을 변제받을 때까지 채무액을 채권자에게 지급하고 채권담보의 목적으로 마쳐진 소유권이전등기의 말소를 구할 수 있다.[120] 따라서 채권자가 이와 같은 가등기담보법에 따른 청산절차를 이행하지 않은 채 담보부동산을 임

117 대법원 1982. 9. 28. 선고 82도1621 판결, 대법원 1983. 2. 22. 선고 82도2945 판결, 대법원 1985. 9. 10. 선고 85도1210 판결.

118 대법원 1989. 10. 24. 선고 87도126 판결 등.

119 대법원 1985. 11. 26. 선고 85도1493 전원합의체 판결.

120 대법원 2002. 12. 10. 선고 2002다42001 판결 참조.

의로 타에 처분한 경우 횡령죄 또는 배임죄가 성립하는지 여부가 문제된다.

98 이에 대하여 학설은, i) 가등기담보법 시행 후에는 청산형의 양도담보만 남게 되었으므로 변제기 이후라도 청산기간이 도과하기 전이나 청산금 지급 전의 처분은 담보부동산에 대한 횡령죄가 성립한다는 견해,[121] ii) 변제기 이후 채권자가 담보권의 실행차원에서 목적물을 처분한 경우라면 불법영득의 의사가 없어 횡령죄나 배임죄가 성립하지 않는다는 견해,[122] iii) 청산금 미지급시 청산금에 대한 횡령죄가 성립한다는 견해[123]로 나뉜다.

99 가등기담보법 시행 이후 판례로서, 채권자가 채권담보의 목적으로 부동산에 가등기를 경료하였다가 그 후 변제기까지 변제를 받지 못하게 되어 그 가등기에 기하여 소유권이전의 본등기를 경료한 경우, 채무자와 사이에 채무자가 변제기에 채무를 변제하지 아니하면 부동산의 소유권이 확정적으로 채권자에게 귀속된다는 명시적 특약이 없는 한 그 본등기는 정산절차가 필요한 이른바 약한 의미의 양도담보라는 이유로, 채권자가 부동산에 관하여 정산절차를 거치기 이전에 제3자에게 가등기를 설정한 행위에 대하여 배임죄의 성립을 인정한 원심을 수긍한 대법원 판결이 있고,[124] 그 판결의 의미에 대하여 학설상 논의가 있다. 그러나 위 판결의 사안은 사해행위취소등 사건의 조정조항에 따른 채무 이행을 담보하기 위해 부동산 양도담보가 이루어진 경우로서, 차용물의 반환에 관하여 다른 재산권을 이전할 것을 예약한 경우에 해당하지 아니하여 가등기담보법이 적용되는 사안은 아닌 것으로 보인다.[125] 따라서 채권자가 가등기담보법상 청산절차를 이행하지 않고 담보부동산을 임의로 타에 처분한 경우에 관하여 판례의 분명한 입장은 알 수 없다.

121 박상기, 형법각론(제8판), 박영사(2011), 372; 이재상 외 2인, 형법각론(제12판), 박영사(2021), 403.

122 김성돈, 형법각론(제8판), 성균관대학교 출판부(2022), 469.

123 김일수/서보학, 새로쓴 형법각론(제9판), 박영사(2018), 297; 임웅, 형법각론(제13정판), 법문사(2023), 517(불법영득의사를 인정할 수 없어 부동산 자체에 대한 횡령죄는 성립하지 않는다고 본다).

124 대법원 2002. 6. 28. 선고 2002도1703 판결.

125 가등기담보법이 적용되는 사안이라면, 가등기담보법 제3조, 제4조의 각 규정을 위반하여 담보가등기에 기한 본등기가 이루어진 경우 그 본등기는 무효라고 할 것이고, 설령 그와 같은 본등기가 가등기권리자와 채무자 사이에 이루어진 특약에 의하여 이루어졌다고 할지라도 만일 그 특약이 채무자에게 불리한 것으로서 무효라고 한다면 그 본등기는 여전히 무효일 뿐, 이른바 약한 의미의 양도담보로서 담보의 목적 내에서는 유효하다고 할 것이 아니다(대법원 1994. 1. 25. 선고 92다20132 판결, 대법원 2002. 6. 11. 선고 99다41657 판결 등).

100 생각건대, 채권자가 가등기담보법상 청산절차를 이행하지 않은 이상 담보부동산은 채무자가 채무를 변제하고 회복 가능한 실질적 재산으로 남아있는 것이므로, 이러한 경우 채권자는 채무자를 위하여 담보부동산을 보전해야 할 형사상 신임관계에 있다고 보는 것이 타당하다. 또 가등기담보법에 따라 처분정산 방식의 담보권 실행이 허용되지 않으므로 채권자가 담보부동산을 임의로 타에 처분하는 행위를 정당한 담보권의 실행이라고 볼 수 없으므로 불법영득의사도 인정된다. 따라서 담보부동산 자체에 대한 횡령죄 또는 배임죄의 성립이 긍정되어야 한다고 본다.

㈏ 부당한 염가처분이나 청산금 지급의무 불이행의 경우

101 채권자의 담보부동산 처분 자체는 당사자간 합의 등으로 형사상 신임관계 위반에 해당되지 않거나, 채권자가 담보부동산을 타에 처분하지 않은 상태에서 청산금 지급의무만을 불이행하는 경우가 있을 수 있다.

102 이에 대하여 학설은, i) 채권자가 담보부동산을 부당하게 염가처분하거나 청산금의 잔액을 채무자에게 지급하지 않는다고 하더라도 담보권의 실행은 자기의 사무이므로 배임죄가 성립하지 않는다는 견해,[126] ii) 가등기담보법이 정한 청산절차를 종료하기 전에는 담보권자는 담보목적물의 소유자가 아니고 따라서 담보권자가 이를 처분하는 행위는 타인의 사무에 해당하므로, 이를 부당하게 염가로 처분하여 청산금이 없게 된다면 배임죄에 해당하고 청산금을 지급하지 않는다면 청산금에 대한 횡령죄가 성립한다는 견해[127]가 있다.

103 가등기담보법 시행 이후 판례로서, 채권자가 담보부동산을 타에 처분하여 공사대금 등에 충당하기로 채무자와 합의한 사안에서 채권자가 시가에 따른 적절한 처분을 하여야 할 의무는 담보계약상 민사채무에 불과하다고 보아 배임죄의 타인의 사무에 해당하지 않는다고 본 경우가 있으나,[128] 위 판결의 사안도 공사대금 등이 피담보채무인 경우이므로 가등기담보법이 적용되는 사안은 아니다.

104 생각건대, 가등기담보법이 적용되더라도 채권자의 담보부동산의 처분 자체는 당사자 간 합의 등으로 형사상 신임관계 위반에 해당되지 않거나 담보부동산에 대한 처분행위가 없이 청산금 미지급만이 문제되는 경우라면, 처분 과정에서의 염가처분이나 청산금 미지급 등은 결국 담보권의 실행 과정에서 금전적인 정산

126 김성돈, 형법각론(제8판), 성균관대학교 출판부(2022), 469; 배종대, 형법각론(제14판), 홍문사(2023).
127 김일수/서보학, 새로쓴 형법각론(제9판), 박영사(2018), 297, 387.
128 대법원 1997. 12. 23. 선고 97도2430 판결 등.

채무에 관한 불이행 내지 불완전이행에 해당할 뿐이므로, 배임죄 또는 횡령죄를 인정하기는 어렵고 민사상 채무불이행에 불과하다고 평가하는 것이 타당하다.

(2) 동산의 양도담보권자

105 동산 양도담보권자는 일반적으로 담보목적물을 점유하고 있지 않으나, 어떠한 사유로 담보목적물을 보관하게 된 양도담보권자가 이를 임의로 처분한 경우 판례는 횡령죄의 성립을 인정한다. 즉 채무자가 채무이행의 담보를 위하여 동산에 관한 양도담보계약을 체결하고 점유개정의 방법으로 여전히 동산을 점유하는 경우, 계약이 양도의 형식을 취하였으나 실질은 채무의 담보와 담보권실행의 청산절차를 주된 내용으로 하는 것이라면, 특별한 사정이 없는 한 동산의 소유권은 여전히 채무자에게 남아 있고 채권자는 단지 양도담보권을 취득하는데 지나지 않으므로, 그 동산을 다른 사유에 의하여 보관하게 된 채권자는 타인 소유의 물건을 보관하는 자로서 횡령죄의 주체가 될 수 있다고 본다.[129]

106 변제기 경과 후에 담보권자가 담보권을 실행하기 위하여 담보목적물을 처분하는 행위는, 담보설정계약에 따른 담보권의 행사로서 채권자가 담보목적물의 실질적인 처분권을 가지게 된 이상 원칙적으로 채권자 자신의 사무에 해당하고, 이 경우 담보권자에게 불법이득 내지 불법영득의 의사를 인정할 수도 없어 배임죄나 횡령죄가 성립할 수 없다. 동산 양도담보에 대하여는 가등기담보법이 적용되지 않으므로 가등기담보법상 청산절차는 문제되지 않는다.

107 그러나 정당한 담보권의 행사로 인정하기 어려운 경우에는 횡령죄가 성립할 수 있다. 가령 판례는 담보권자가 담보목적물을 보관하고 있음을 기화로 실제의 피담보채권 이외에 자신의 제3자에 대한 채권까지 변제받을 의도로, 채무자인 담보제공자와의 소비대차 및 담보설정관계를 부정하고 그 담보목적물이 자신과 제3자 사이의 소비대차 및 담보설정계약에 따라 제공된 것으로서 실제의 피담보채권 외에 제3자에 대한 기존의 채권까지도 피담보채권에 포함되는 것이라고 주장하면서, 그것까지 포함하여 변제가 이루어지지 아니할 경우 반환하지 않을 것임을 표명하다가 타인에게 담보목적물을 매각하거나 담보로 제공하여 피담보채무 이외의 채권까지도 변제충당한 경우에는 정당한 담보권의 행사라고 볼 수 없고, 위탁의 취지에 반하여 자기 또는 제3자의 이익을 위하여 권한 없이 그 재물을 자기의 소

129 대법원 1989. 4. 11. 선고 88도906 판결.

유인 것 같이 처분하는 것으로서 불법영득의 의사가 인정된다고 보았다.[130]

108 나아가 담보권자가 담보설정계약에 따라 부담하는 정산의무도 원칙적으로 자신의 사무라고 할 것이므로 이를 이행하지 않거나 부당하게 저렴한 가격으로 처분하였다고 하더라도 배임죄가 성립하지 않을 것이다.[131]

라) 영업허가 등의 명의수탁자

109 카바레나 다방과 같은 영업시설 일체를 임차하면서 그 영업허가명의를 이전받고 임대차가 종료되면 그 명의를 반환하기로 약정한 경우는 이는 영업허가명의의 단순 임차인 내지 명의수탁자에 불과하므로 임대차가 끝날 때 그 명의를 반환하도록 협력할 의무가 있고 이는 타인의 사무이므로, 이 임무에 위반하여 임의로 이를 타에 처분하였다면 배임죄에 해당한다.[132] 또, 해사채취 동업자들이 공동으로 취득하여 그중 1인의 명의로 해두었던 해사채취권은 나머지 동업자들의 지분에 관한 한 명의수탁자의 지위에 있다 할 것이므로 이를 임의로 처분하였다면 배임죄에 해당하고,[133] 온천발견자의 지위를 명의신탁 받은 회사의 대표이사도 배임죄의 주체에 해당한다.[134] 명의신탁의 목적물이 재물인 경우에 수탁자가 임의처분하면 횡령죄가 문제되는 것과 달리, 위와 같이 권리 기타 무형의 재산을 임의처분하면 배임죄가 성립한다.

110 한편 위와 같이 배임죄가 성립한 사안들은 앞서 본 부동산 명의신탁 사안과는 구별되어야 한다. 부동산 명의신탁의 경우에는 강행규정인 부동산실명법에 반하여 명의신탁약정이 무효로 되고 위 법상 규정된 형사범죄를 실현하는 수단까지 되는 불법적인 관계라는 점에 근거하여 '형법상 보호할 만한 가치 있는 신임관계'가 인정되지 않기 때문에 횡령죄나 배임죄가 성립하지 않는 것이다. 이러한 불법적 관계가 아니며 그 당사자 관계의 전형적·본질적 내용이 신임관계에 기초하여 타인의 재산을 보호 또는 관리하는 데에 있다면 배임죄에서의 타인의 사무처리자 지위를 인정할 수 있을 것이다.

130 대법원 2007. 6. 14. 선고 2005도7880 판결. 이 판결에 대한 해설은 손봉기, "동산 담보권자가 담보권의 범위를 벗어나서 담보물의 반환을 거부하거나 처분한 경우 횡령죄를 구성하는지 여부", 해설(70호), 245~257.

131 김성돈, 형법각론(제8판), 성균관대학교 출판부(2022), 468.

132 대법원 1981. 7. 28. 선고 81도966 판결, 대법원 1981. 8. 20. 선고 80도1176 판결 등.

133 대법원 1992. 10. 27. 선고 91도2346 판결.

134 대법원 2000. 11. 24. 선고 99도822 판결.

마) 계주

111 계는 그 형태가 매우 다양하기 때문에 계를 조직한 목적과 방법, 급부금품의 급여방법과 급부전후의 불입금 지급방법, 계주와 계 또는 계원과의 관계나 계원 상호간의 관계여하에 따라 그 법률적 성질을 달리하고 그 성질에 따라 계주인 지위의 승계나 파계된 때의 법률관계도 개별적으로 결정되기 때문에 계주의 계금지급의무도 구체적인 내용에 따라 결정되어야 한다.[135] 낙찰계의 계주는 계원들의 위임에 의하여 지정된 곗날에 계원으로부터 월불입금을 징수하여 그 회에 탈 계원(미리 지정된 계원 또는 낙찰된 계원)에게 이를 지급할 의무가 있다고 할 것이고, 이는 타인의 사무에 해당한다.[136] 다만 중간계주가 따로 있어 그가 그의 책임 하에 모집한 계원에 대하여는 총계주가 계금지급의무를 지지 않으며,[137] 계주가 계원들로부터 불입금을 징수하지 못한 경우[138] 또는 계주가 당해 계원에 대한 반대채권이 있어 상계를 한 경우[139] 등 계원에 대한 계금지급의무가 없다면 배임죄를 구성하지 않음은 당연하다. 한편 계가 파계된 경우에는 계불입금의 청산의무는 있을지언정 계 존속을 전제로 한 계금지급의무는 인정할 여지가 없는 것이므로, 계주가 파계 후에 계원들로부터 계가 존속하는 것처럼 계금을 징수하는 행위는 사기죄에 해당될 수 있음은 별론으로 하고, 위와 같이 징수한 금원을 계불입금의 청산금이 아니라 계 존속을 전제로 한 계금으로서 계원에게 지급할 업무상 임무가 있다고 볼 수 없다.[140]

112 [판례] 낙찰계주의 계금지급의무

낙찰계의 계주가 계원들과의 약정에 따라 부담하는 계금지급의무가 배임죄에서 말하는 '타인의 사무'에 해당하려면 그 관계의 본질적 내용이 단순한 채권관계상의 의무를 넘어서 신임관계에 기초하여 타인의 재산을 보호 내지 관리하는 데 이르러야 하는바, 계주가 계원들로부터 계불입금을 징수하게 되면 그 계불입금은 실질적으로 낙찰계원에 대한 계금지급을 위하여 계주에게 위탁된 금원의 성격을 지니고 따라서 계주는 이를 낙찰·지급받을 계원과의 사이에서 단순한 채권관계를 넘어 신의칙상 그

135 천종철, "배임죄에 있어서의 임무위배행위", 연세법학연구 3(1995. 11.) 745.

136 대법원 1987. 2. 24. 선고 86도1744 판결, 대법원 1994. 3. 8. 선고 93도2221 판결, 대법원 1995. 9. 29. 선고 95도1176 판결, 대법원 2002. 8. 23. 선고 2002도1998 판결 등.

137 대법원 1984. 2. 28. 선고 83도3279 판결.

138 대법원 1977. 4. 12. 선고 76도952 판결.

139 대법원 1984. 6. 26. 선고 84도849 판결.

140 대법원 1982. 11. 9. 선고 82도2093 판결.

계금지급을 위하여 위 계불입금을 보호 내지 관리하여야 하는 신임관계에 들어서게 되므로 이에 기초한 계주의 계금지급의무는 배임죄에서 말하는 타인의 사무에 해당한다. 그러나 계주가 계원들로부터 계불입금을 징수하지 아니하였다면 그러한 상태에서 부담하는 계금지급의무는 위와 같은 신임관계에 이르지 아니한 단순한 채권관계상의 의무에 불과하여 타인의 사무에 속하지 아니하고, 이는 계주가 계원들과의 약정에 위반하여 계불입금을 징수하지 아니한 경우라 하여 달리 볼 수 없다.[141]

바) 증권회사 직원이 주식을 무단매매한 경우

113 고객이 증권회사와 체결하는 매매거래계좌설정계약은 고객과 증권회사 간의 계속적 거래관계에 적용될 기본계약에 불과하고 이에 의하여 바로 매매거래위탁이 이루어지는 것이 아니며 이 매매거래계좌설정계약을 토대로 하여 고객이 구체적으로 매수주문을 할 때 비로소 매매거래위탁이 이루어지는 것이므로, 이러한 매매거래위탁이 성립되기 전에 있어서 증권회사는, 고객으로부터 입금 받은 예탁금을 고객의 주문이 있는 경우에 한하여 그 거래의 결제의 용도로만 사용하여야 하고 고객의 주문이 없이 무단매매를 행하여 고객의 계좌에 손해를 가하지 아니하여야 할 의무를 부담하는 자로서, 고객과의 신임관계에 기초를 두고 고객의 재산관리에 관한 사무를 대행하는 타인의 사무를 처리하는 지위에 있는 것이다.[142] 따라서 증권회사 직원이 고객의 동의를 얻지 않고 주식을 무단 매입하였다가 주가가 하락하여 고객에게 손해를 입게 하였다면 배임죄에 해당한다.

사) 기타

114 대학교 총장으로 대학교 업무 전반을 총괄함과 동시에 학교법인의 이사로서 학교법인 이사회에 상당한 영향력을 행사하고 있는 사람이 이사회에 참석하여 자신의 아버지를 명예총장에 추대하는 결의에 찬성하고, 이사회 결의에 따라 대학교의 총장으로서 학교 고비로 명예총장의 활동비 및 전용 운전사의 급여를 지급한 경우 업무상배임죄의 주체가 될 수 있다.[143] 아파트의 위탁관리업자인 회사로부터 파견되어 아파트 관리소장으로 근무하면서 각 용역계약 및 화재보험계약을 직접 그 명의로 체결하는 등의 사정이 있다면 아파트입주자들에 대한 관계에서 타인의 사무를 처리하는 자에 해당한다.[144]

141 대법원 1995. 11. 21. 선고 94도1598 판결.
142 대법원 1995. 11. 21. 선고 94도1598 판결.
143 대법원 2003. 1. 10. 선고 2002도758 판결.
144 대법원 2002. 9. 27. 선고 2002도3074 판결.

115 [판례] 금융자문 관련하여 은행과의 관계에서 타인의 사무를 처리하는 사람으로 인정된 경우 기업금융과 관련한 A 은행의 일반적인 업무처리절차는, 피고인들이 영업을 통하여 금융자문 관련 프로젝트를 발굴하게 되면 A 은행 서울지점 전무에게 구두보고하고, 전무가 이를 검토하여 추진할 가치가 있다고 판단하면 품의서를 작성하여 해외 B 지역본부에 품의를 올려 심사 및 사전승인을 받아 업무를 추진하며, 그 후 금융자문이 90% 정도 진행되어 구체적으로 계약서를 작성하게 되면 해외 B 지역본부의 법률자문 등을 거치고, 자문 완료 후에 성공수수료를 받는 순서로 진행된다. 위와 같은 업무처리절차는 영업을 통하여 발굴된 금융자문 관련 프로젝트가 계속 추진할 만한 가치가 있는지, 혹시 문제가 될 소지가 없는지를 판단하여 업무 추진의 계속 여부를 결정하기 위한 것으로서, 최종적으로 해외 B 지역본부에서 승인을 받지 못할 경우 추진을 중단함으로써 A 은행의 사무에서 제외되는 것일 뿐이므로, 그 이전이라도 피고인들이 이 사건 금융자문을 A 은행의 업무범위에 들어가는 프로젝트로서 발굴하여 추진을 시작하였다면 이로써 피고인들은 이 사건 금융자문과 관련하여 A 은행과의 관계에서 타인의 사무를 처리하는 사람이 되었다고 보아야 한다.[145]

3) 타인의 사무에 해당하지 않는 경우

116 판례가 타인의 사무에 해당하지 않는다고 본 사안들은 크게 i) 애초부터 타인과의 신임관계 자체가 인정되지 않는 경우, ii) 원래는 신임관계에 있었으나 계약의 종료나 이행완료 등으로 신임관계에서 벗어난 경우, iii) 타인의 재산을 보호·관리하는 내용의 신임관계가 아닌 일반적 채권채무관계에 불과한 경우로 나누어 볼 수 있다.

가) 애초부터 타인과의 신임관계 자체가 인정되지 않는 경우

117 법률상 또는 사실상의 당사자 관계에 비추어 행위자와 타인 사이에 신임관계 자체가 인정되기 어려운 경우가 있다. 상호신용금고 등의 대표자 등은 회사의 기관일 뿐이지 상호부금가입자를 위한 타인의 사무처리자가 아니며,[146] 수협의 적금대출 사무취급자도 조합의 직원일 뿐이지 대출을 받은 자를 위한 타인의 사무처리자가 아니다.[147] 또 공매처분을 담당하는 공무원이 공매의 적정을 위해 직무를 성실히 수행할 의무는 국가에 대하여 부담하는 임무이지 공매할 물건의 소유자나 체납자를 위한 타인의 사무가 아니고,[148] 공무원이 수몰지구대책사업

145 대법원 2012. 10. 11. 선고 2010도2986 판결.
146 대법원 1976. 2. 10. 선고 75도1900 판결, 대법원 1979. 12. 11. 선고 79도2509 판결 등.
147 대법원 1987. 6. 23. 선고 87도873 판결.
148 대법원 1975. 11. 25. 선고 75도2619 판결.

소장직을 겸하면서 보상금지급에 관한 사무를 처리하였더라도 그가 보상금을 받지 못한 수몰민(토지소유자)과의 관계에서 타인의 사무처리자가 되는 것은 아니다.[149] 한국전력공사의 지방출장소장이 초과징수 하였던 전력요금을 전기수용자에게 환급 처리하는 업무도 위 전력공사 직원으로서의 임무이지 전기수용자들을 위한 타인의 사무가 아니므로 이를 태만히 하였다 한들 전기수용자들에 대한 임무위배로서 배임죄가 성립할 수는 없다.[150] 또 건물주가 건물임차인들의 전력요금을 징수하여 전력회사에 납부하는 업무는 건물주 자신의 사무이지 건물임차인들의 위임에 의해 납부하는 타인의 사무라고 할 수 없다.[151]

118 [판례] 금융기관의 임직원이 예금주의 사무처리자인지

예금은 은행 등 법률이 정하는 금융기관을 수치인으로 하는 금전의 소비임치계약으로서, 그 예금계좌에 입금된 금전의 소유권은 금융기관에 이전되고, 예금주는 그 예금계좌를 통한 예금반환채권을 취득하는 것이므로, 금융기관의 임직원은 예금주로부터 예금계좌를 통한 적법한 예금반환 청구가 있으면 이에 응할 의무가 있을 뿐 예금주와 사이에서 그의 재산관리에 관한 사무를 처리하는 자의 지위에 있다고 할 수 없다.[152] 따라서 피해자들 명의 예금계좌에 입금된 대출금은 은행의 소유이고, 그 직원인 피고인이 위 대출금을 관리하고 또한 은행이 발행하는 예금계좌의 통장을 예금주에게 교부하는 것은 은행의 업무에 속하며 예금주인 피해자들의 사무에 속한다고 볼 수 없으므로, 피고인이 피해자들과의 사이에서 피해자들의 재산관리에 관한 사무를 처리하는 지위에 있다고 할 수 없다. 따라서 피고인이 피해자들 명의 예금계좌에 입금된 대출금 등 금원을 임의로 인출하였다 하더라도 피해자들에 대한 관계에서 업무상배임죄가 성립한다고 할 수 없다. 그뿐 아니라, 은행 직원인 피고인이 피해자 명의 예금계좌에 입금된 대출금을 권한 없이 인출한 이상 피해자들의 예금채권은 소멸하지 않고 그대로 존속하며 피해자들은 여전히 은행에 대하여 그 반환을 구할 수 있으므로, 피고인의 대출금 인출로 인하여 피해자들에게 재산상의 손해가 발생하였다고 할 수도 없다.[153]

119 [판례] 신주발행에서 대표이사가 일반 주주의 사무처리자인지 여부

신주발행은 주식회사의 자본조달을 목적으로 하는 것으로서, 신주발행과 관련한 대표이사의 업무는 회사의 사무일 뿐이므로 신주발행 과정에서 대표이사가 납입된 주

149 대법원 1970. 7. 28. 선고 70도1426 판결.
150 대법원 1984. 7. 10. 선고 84도883 판결.
151 대법원 1975. 10. 23. 선고 75도2623 판결.
152 대법원 1972. 11. 14. 선고 72도1946 판결, 대법원 2008. 4. 24. 선고 2008도1408 판결.
153 대법원 2017. 8. 24. 선고 2017도7489 판결.

금을 회사를 위하여 사용하도록 관리·보관하는 업무 역시 회사에 대한 선관주의의무 내지 충실의무에 기한 것으로서 회사의 사무에 속하는 것이고, 신주발행에서 대표이사가 일반 주주들에 대하여 그들의 신주인수권과 기존 주식의 가치를 보존하는 임무를 대행한다거나 주주의 재산보전 행위에 협력하는 자로서 타인의 사무를 처리하는 자의 지위에 있다고는 볼 수 없다.[154]

120 [판례] 금전대차의 담보조로 받은 주택부금증서 등을 대주가 다시 제 3 자에게 담보제공한 경우에 이러한 사정을 모르는 담보제공자와 제 3 자 사이의 신임관계

피고인이 금전을 차용하기 위한 담보로 주택부금증서 등을 A에게 교부하였고 A가 이를 B에게 담보조로 교부하고 돈을 차용하여 이를 중개인에게 교부하였는데 이러한 사정을 모르는 피고인이 A에게 금전의 교부 또는 위 증서의 반환을 요구하였다가 거절당하자 자구책으로 위 증서의 분실신고를 하는 등 위 증서를 실효시키는 행위를 하였더라도, 피고인과 B 사이에는 신임관계가 없고 피고인이 B를 위하여 위 증서의 담보가치를 유지할 의무를 진다고는 할 수 없으므로, 배임죄를 구성하지 않는다.[155]

121 [판례] 저당권의 명의수탁자가 임의 변제자를 위한 사무처리자에 해당하는지

피고인과 A의 채권을 공동담보하기 위한 것이지만 피고인 단독명의로 근저당권이 설정된 경우 피고인이 자신의 채권의 만족을 위하여 임의경매신청을 하였는데, 변제할 이익이 없는 제3자는 A의 채권을 변제하였어도 채권자의 승낙이 없으면 채권자를 대위할 수 없는 것이므로, 피고인은 근저당권을 대위행사 할 수 있는 지위에 있지 아니하는 위 제3자의 사무를 처리하는 자에 해당되지 아니하고, 따라서 피고인이 위 제3자의 요청을 묵살하고 경매를 취하하였더라도 배임죄에 해당되지 않는다.[156]

122 [판례] 부동산의 매매중개인 내지 대리인에 불과한 경우 이중매매에 있어서 매수인을 위한 사무처리자에 해당하는지

피고인이 A 등으로부터 이 사건 부동산의 매도를 의뢰받으면서 매도 의뢰 금액과 피고인이 실제 매도한 금액의 차액을 피고인의 이익으로 하기로 약정한 사실은 인정되나, 이는 피고인의 중개수수료 내지 보수지급약정으로 봄이 상당하므로 피고인은 이 사건 부동산의 매매중개인 내지 대리인에 불과하여 매수인인 피해자에 대한 관계에서는 이 사건 부동산에 관한 소유권이전과 관련하여 타인의 사무를 처리하는 지위에 있다고 볼 수 없다.[157]

154 대법원 2010. 10. 14. 선고 2010도387 판결.
155 대법원 1983. 8. 23. 선고 83도1412 판결.
156 대법원 1983. 11. 8. 선고 83도1553 판결.
157 대법원 2011. 12. 8. 선고 2011도2467 판결.

123 [판례] 근저당권설정등기를 마쳐준 설정자가 그 후 등기관계 서류를 위조하여 그 근저당권 설정등기를 말소한 경우

채무자가 제3자 소유의 부동산을 채무의 담보로 제공하기로 한 약정에 따라 채권자를 위하여 그 부동산에 근저당권설정등기를 마쳐 준 경우, 이로써 채무자는 담보제공약정상의 의무를 이행한 것이 되고, 그 후 위 근저당권설정등기를 임의로 말소하여서는 안 되는 것은 물권의 대세적 효력의 당연한 귀결로서 채무자를 포함한 모든 사람이 부담하는 의무이며 채무자가 그 담보제공약정에 따라 채권자의 재산의 관리 보호를 위하여 특별히 부담하는 의무는 아니므로, 채무자가 등기관계 서류를 위조하여 근저당권설정등기를 말소하였다 하더라도 이는 문서에 관한 범죄를 구성할 뿐이고 달리 배임죄를 구성한다고 할 수 없다.[158] 대여금 담보를 위하여 채권자 앞으로 전세권설정등기를 마친 후 채무자가 서류를 위조하여 다시 채무자 명의로 전세권설정등기를 마친 경우도 마찬가지이다.[159]

124 [판례] 도시개발사업조합장이 환지처분 전 체비지대장의 소유권 취득자 명의를 임의로 말소한 경우

도시개발법에 따라 이루어진 도시개발사업의 시행자는 체비지로 지정된 토지에 관하여 환지처분공고 다음 날에 소유권을 원시적으로 취득하게 되나, 당해 체비지를 매수한 자는 토지를 점유하거나 체비지대장에 등재되었다고 하더라도 소유권이전등기를 마친 때에 비로소 소유권을 취득하게 된다. 따라서 환지처분 전 시행자로부터 체비지를 매수한 자 또는 그 전매수인이 자신의 매도인에 대하여 가지는 체비지에 관한 소유권이전등기청구권 등의 권리는 모두 매매계약에 기한 채권적 청구권으로서, 이를 행사하기 위하여 체비지대장에의 등재와 같은 공시방법이 별도로 요구되는 것이 아니다. 따라서 원심이 체비지대장에의 등재는 환지처분 전 체비지 양수인이 취득하는 물권 유사 권리의 공시방법에 해당한다는 전제에서, 체비지대장을 관리하는 도시개발사업조합장인 피고인을 체비지 전매수인인 피해자와의 관계에서 타인의 사무를 처리하는 자로 인정한 것은 잘못이다.[160]

나) 원래는 신임관계에 있었으나 계약의 종료나 이행완료 등으로 신임관계에서 벗어난 경우

125 애초 신임관계에 있었다고 하더라도 계약의 종료 등으로 신임관계에서 벗어난

158 대법원 2007. 8. 24. 선고 2007도3408 판결.
159 대법원 2010. 5. 27. 선고 2009도5738 판결.
160 대법원 2022. 10. 14. 선고 2018도13604 판결. 이 판결에 대한 해설은 최문수, "도시개발법하에서 환지처분 전 체비지 양수인의 법적 지위", 해설(제134호), 512면 이하.

경우가 있다. 저작권자와 출판계약을 체결하였다가 판매가 부진하여 이를 합의해지한 피고인들이 그들 소유인 인쇄지형을 폐기하든가 후일을 위하여 잘 보관해 둘 의무가 있다 하더라도 이는 피고인들 자신의 사무이지 위 저작권자를 위한 타인의 사무라고 할 수 없으므로, 피고인들이 위 인쇄지형을 타에 처분한 행위가 배임죄에 해당한다고는 할 수 없다.[161] 또 2인의 동업자 중 甲은 자금만 투자하고 乙은 노무와 설비 및 공사시공과 기타 일체의 거래행위를 담당하면서 그 이익을 나누어 갖기로 하는 내용의 동업계약이 체결되었다가 종료된 경우, 공사시공 등 일체의 행위를 담당하였던 乙이 동업 종료에 따라 담당하는 정산의무나 그 정산과정에서 행하는 채권의 추심, 채무의 변제 등의 행위는 모두 乙 자신의 사무이지 甲을 위하여 하는 타인의 사무가 아니므로, 乙이 정산과정에서 乙의 공사대금채권 일부를 乙의 채권자에게 양도한 행위는 배임죄를 구성하지 않는다.[162]

126 나아가 계약에 따른 의무의 이행을 이미 완료하는 등으로 신임관계에서 벗어난 경우가 있다. 가령 피고인이 피해자에게 임대차보증금반환채권을 양도하고 그 대항요건까지 구비하여 주었다면 위 채권양도계약상 피해자를 위한 더 이상의 아무런 사무가 남아있지 아니하므로, 그 후 임의로 임대차보증금을 감액하였다고 하더라도 피해자의 양수채권이 감액되는 것이 아니고 피고인은 피해자의 사무를 처리하는 자가 아니므로 배임죄가 성립하지 않는다.[163] 마찬가지로 채권에 관한 질권설정자가 제3채무자에게 질권설정의 사실을 통지하거나 제3채무자가 이를 승낙한 후에는 질권설정자는 질권자의 사무를 처리하는 자가 아니므로, 질권설정자가 질권의 목적인 채권을 임의로 변제받았다고 하더라도 배임죄가 성립할 수 없다. 위와 같은 변제는 질권자에게 대항할 수 없으므로 질권자에게 손해를 가하거나 손해 발생의 위험을 초래하였다고 할 수도 없다.[164] 나아가 공유수면점용허가권을 양도한 경우 양수인은 양도계약상 반대의무를 이행하고 스스로 권리를 행사하거나 양수도를 증명하는 서류를 첨부하여 관할 관청에 허가증의 개서를 요청하면 충분하므로, 양도인이 양수인의 재산보전에 협력할 의무가 있다고 볼 수 없다.[165] 물론 이러한 사안들은 부동산을 제외한 각종 권리이전계

161 대법원 1989. 1. 17. 선고 87도2604 판결.
162 대법원 1992. 4. 14. 선고 91도2390 판결.
163 대법원 1984. 11. 13. 선고 84도698 판결.
164 대법원 2016. 4. 29. 선고 2015도5665 판결.
165 대법원 2008. 6. 26. 선고 2007도4059 판결.

약에 따른 양도인의 이전의무와 담보설정계약에 따른 채무자의 담보제공 등의 의무를 타인의 사무로 보지 않는 최근 판례의 변경된 입장에 따르면 애초부터 신임관계가 인정될 여지가 없기도 하다.

127 [판례] 점유위탁계약이 해지된 수탁인이 타인의 사무처리자에 해당하는지

이 사건 공소사실은 피고인이 유치권자인 피해자들로부터 유치물인 이 사건 아파트에 관한 점유를 위탁받았으므로 이후 점유위탁계약이 해지되더라도 잔존사무 처리자로서 이 사건 아파트의 매수인 A가 제기한 인도 소송에서 유치권이 소멸되지 않도록 대응하여야 할 임무가 있었음에도, 그 임무에 위배하여 위 소송에서 A의 주장을 모두 인정한다는 취지로 진술하여 재판상 자백을 함으로써 A에게 이 사건 아파트의 점유를 취득하게 하고, 피해자들로 하여금 유치권을 상실할 위험을 초래하여 재산상 손해를 가하였다는 것이다. 원심은 점유위탁계약이 종료되었다 하더라도 피고인이 위 소송에 응소할 사무를 처리하여야 할 신임관계가 여전히 존속하고 있다는 등의 이유로 배임죄의 성립을 인정하였다. 그러나 대법원은 피고인이 재판상 자백을 할 당시 피해자들로부터 위탁계약 해지통보를 받은 지 2년 이상이 경과하였고, 피해자들이 피고인을 소송에서 배제시키기 위해 소송수계를 하도록 하거나 이미 당해 소송의 경과를 파악하고 있었다고 보이는 등의 사정에 비추어, 피고인이 신임관계에 기초를 둔 타인의 사무처리자에 해당한다고 단정할 수 없다고 보아 원심판결을 무죄 취지로 파기하였다.[166]

다) 타인의 재산을 보호·관리하는 내용의 신임관계가 아닌 일반적 채권채무관계에 불과한 경우

128 당사자 관계의 전형적·본질적 내용이 그들 사이의 신임관계에 기초하여 타인의 재산을 보호하거나 관리하는 데에 있지 않고 통상의 계약에서의 이익대립관계에 불과한 경우, 이러한 계약상 의무를 위반하더라도 민사상 채무불이행에 그치고 배임죄가 성립할 수 없다. 예컨대 임료지급의무나 매매대금지급의무 등 단순한 금전지급의무를 불이행한 경우,[167] 할부상환 중인 자동차를 매도하면서 할부대금을 완불하기로 한 약정을 불이행한 경우,[168] 상표권의 양도인이 상표권이전

166 대법원 2017. 2. 3. 선고 2015도3674 판결. 이 판결에 대한 해설은 지귀연, “1. 배임죄에서 타인의 사무를 처리하는 자 및 임무위배행위의 기준 2. 유치권자로부터 점유를 위탁받아 부동산을 점유하는 자가 부동산의 소유자로부터 인도소송을 당하여 재판상 자백을 한 경우 재판상 자백이 손해 발생의 구체적·현실적인 위험을 초래하기에 이르렀는지 판단하는 기준”, 해설(112호), 406~426 참조.

167 대법원 1971. 7. 20. 선고 71도1116 판결, 대법원 1976. 5. 11. 선고 75도2245 판결, 대법원 2011. 4. 28. 선고 2011도3247 판결 등.

168 대법원 1983. 11. 8. 선고 83도2493 판결.

등록의무의 이행을 거부하고 상표를 계속 사용하는 경우,[169] 임대인의 임차인에 대한 목적물 사용수익의무나 임차보증금반환의무,[170] 경락인이 부동산 소유자들과 사이에 경락을 포기하겠다는 약속을 어기고 경락대금을 납부하여 소유권을 취득해버린 경우,[171] 채무 변제충당 목적으로 건물에 대한 사용수익권(임대보증금이나 임료를 받아 수익하는 권한) 또는 분양권 등을 수여해 놓고서 이에 위배하여 매도하거나[172] 분양행위를[173] 한 경우, 채무의 담보를 위해 자기 소유의 재산을 타에 처분하거나 담보제공하지 않고 만약 환가가 되면 그 채무를 우선 변제하겠다는 등의 약속을 위반한 경우,[174] 운수회사의 대표자가 지입차주와의 사이에 기존의 지입계약을 합의 해지하되 일정기간 경과 후 부활시켜 주기로 한 약정을 위반한 경우(이는 지입계약이 해지된 후 이를 부활시켜 주겠다는 약속을 위반한 사안이므로, 유효한 지입계약이 유지되는 상태에서 지입회사 운영자의 지입차량 임의처분 행위가 있었던 앞의 대법원 2018도14365 판결, 대법원 2015도19696 판결 사안과는 구별된다),[175] 공사수급인이 설계도에 따라 시공하지 않은 경우,[176] 채권전부명령을 받은 제3채무자가 전부금을 채권자에게 지급하지 아니한 경우,[177] 동업약정에 따라 한우의 폐사로 인한 손해 발생 위험에 대비하여 가축보험계약을 체결하고 유지할 의무를 불이행한 경우,[178] 약정에 따라 공사기성금 계좌를 채권자 회사가 직접 인출하여 채무변제에 충당할 수 있는 상태로 유지할 의무를 불이행한 경우,[179] 법률상 원인관계 없이 착오로 이체받은 가상자산에 관한 부당이득반환의무를 불이행한 경우[180] 등과 같이 단순한 민사상의 채무불이행에 그친다고 보아야 할 경우에는 이들을 타인의 사무를 처리하는 자라고 할 수 없다.

129 또 골프시설 운영자가 일반회원들을 위한 회원의 날을 없애고, 일반회원들 중에서 주말예약에 대하여 우선권이 있는 특별회원을 모집함으로써 일반회원들의

169 대법원 1984. 5. 29. 선고 83도2930 판결.
170 대법원 2002. 11. 8. 선고 2002도3738 판결.
171 대법원 1969. 2. 25. 선고 69도46 판결.
172 대법원 1982. 9. 14. 선고 80도1816 판결, 대법원 1982. 9. 28. 선고 81도2777 판결 등.
173 대법원 1987. 4. 28. 선고 86도2490 판결.
174 대법원 1984. 12. 26. 선고 84도2127 판결, 대법원 1987. 4. 28. 선고 86도2490 판결 등.
175 대법원 1978. 10. 10. 선고 78도1714 판결.
176 대법원 1982. 6. 22. 선고 82도45 판결.
177 대법원 1983. 7. 12. 선고 83도1405 판결.
178 대법원 2014. 2. 27. 선고 2011도3482 판결.
179 대법원 2022. 7. 28. 선고 2018도9088 판결.
180 대법원 2021. 12. 16. 선고 2020도9789 판결.

주말예약권을 사실상 제한하거나 박탈하는 결과가 되었다고 하더라도 이는 일반회원들에 대한 회원가입계약에 따른 민사상의 채무를 불이행한 것에 불과하고, 골프시설의 운영자가 일반회원들의 골프회원권이라는 재산관리에 관한 사무를 대행하거나 그 재산의 보전행위에 협력하는 지위에 있다고 할 수는 없으므로 배임죄의 주체인 타인의 사무를 처리하는 자에 해당하지 않는다.[181]

130 [판례] 부동산 매수인이 미리 부동산을 이전받은 경우 대금지급의무
부동산매매에서 매수인이 대금을 지급하는 것에 대하여 매도인이 계약상 권리의 만족이라는 이익이 있다고 하여도 대금의 지급은 어디까지나 매수인의 법적 의무로서 행하여지는 것이고, 그 사무의 처리에 관하여 통상의 계약에서의 이익대립관계를 넘는 신임관계가 당사자 사이에 발생한다고 할 수 없다. 따라서 그 대금의 지급은 당사자 사이의 신임관계에 기하여 매수인에게 위탁된 매도인의 사무가 아니라 애초부터 매수인 자신의 사무라고 할 것이다. 미리 부동산을 이전받은 매수인이 이를 담보로 제공하여 매매대금 지급을 위한 자금을 마련하고 이를 매도인에게 제공함으로써 잔금을 지급하기로 당사자 사이에 약정하였다고 하더라도, 이는 기본적으로 매수인이 매매대금의 재원을 마련하는 방편에 관한 것이고, 그 성실한 이행에 의하여 매도인이 대금을 모두 받게 되는 이익을 얻는다는 것만으로 매수인이 신임관계에 기하여 매도인의 사무를 처리하는 것이 된다고 할 수 없다.[182]

131 [판례] 부동산 매수인이 매매목적물을 담보로 하여 금전을 빌린 후 매매대금을 지급하지 않은 경우
부동산 매수인이 매매대금의 완납 전에 그 매매목적물을 담보로 하여 금전을 차용함에 있어 매도인의 승낙을 받는 한편 매도인과 사이에 그 차용금액의 일부는 매도인에게 매매대금으로 우선 교부하여 주기로 약정한 다음 금전을 차용하여 이를 전부 임의로 소비한 경우에 매도인과 매수인 사이의 위의 약정은 매매잔대금의 지급방법의 하나를 정한 것에 불과한 것이므로, 이로써 매수인이 대금완납 시까지 매도인을 위하여 위 매매목적물을 관리하거나 담보 제공하여 차용한 금전을 보관하여야 하는 지위에 있다고 볼 수 없고, 매수인이 차용금액의 일부를 매도인에게 지급하지 아니하였다고 하더라도 이는 단순한 민사상의 채무불이행에 지나지 아니할 뿐 횡령죄는 성립하지 아니한다.[183]

181 대법원 2003. 9. 26. 선고 2003도763 판결.
182 대법원 2011. 4. 28. 선고 2011도3247 판결.
183 대법원 1987. 3. 24. 선고 83도1420 판결, 대법원 2005. 9. 29. 선고 2005도4809 판결 등.

132 [판례] 임차인에게 대항력을 취득할 수 있도록 약정하고 전세보증금 전액을 수령한 임대인이 제 3 자에게 선순위 근저당권설정등기를 마쳐준 경우

피고인이 임차인 A와 아파트에 관한 임대차계약을 체결하면서 자신이 소유권을 취득하는 즉시 A에게 알려 A가 전입신고를 하고 확정일자를 받아 1순위 근저당권자 다음으로 대항력을 취득할 수 있도록 하기로 약정하였는데, 그 후 A에게서 전세금 전액을 수령하고 소유권을 취득하였음에도 취득 사실을 고지하지 않고 다른 2, 3순위 근저당권을 설정해 주었다고 하여 배임으로 기소된 사안에서, 피고인이 '타인의 사무를 처리하는 자'의 지위에 있지 않다고 한 사례.[184]

133 [판례] 채무자가 투자금 반환채무의 변제를 위하여 담보로 제공한 임차권 등의 권리를 자신의 명의로 유지하여야 할 의무

채무자가 투자금 반환채무의 변제를 위하여 담보로 제공한 임차권 등의 권리를 그대로 유지할 계약상 의무가 있다고 하더라도, 이는 기본적으로 투자금 반환채무의 변제의 방법에 관한 것이고, 성실한 이행에 의하여 채권자가 계약상 권리의 만족이라는 이익을 얻는다고 하여도 이를 가지고 통상의 계약에서의 이익대립관계를 넘어서 배임죄에서 말하는 신임관계에 기초하여 채권자의 재산을 보호 또는 관리하여야 하는 '타인의 사무'에 해당한다고 볼 수 없다. 따라서 피고인이 아울렛 의류매장의 운영과 관련하여 A로부터 투자를 받으면서 투자금 반환채무의 변제를 위하여 의류매장에 관한 임차인 명의와 판매대금의 입금계좌 명의를 A 앞으로 변경해 주었음에도 제3자에게 의류매장에 관한 임차인의 지위 등 권리 일체를 양도한 행위가 배임죄에 해당하는지가 쟁점인 이 사건에서, 피고인이 의류매장에 관한 임차인 명의와 판매대금의 입금계좌 명의를 A 앞으로 그대로 유지하여야 할 의무는 단순한 민사상의 채무로서 자기의 사무에 불과하여 타인의 사무에 해당하지 않는다.[185]

134 [판례] 일부 보험료가 납부된 보험계약자 명의변경약정의 해석과 타인의 사무를 처리하는 자

'피고인은 피해자가 가입하여 매달 보험료를 납입해 온 보험을 피해자의 사정으로 인하여 피고인의 명의로 계약자를 변경한 후 피해자를 위하여 이 사건 보험금을 관리하고 있었으므로 이를 적절하게 보전할 임무가 있음에도 이 사건 보험을 담보로 대출받거나 해약하는 등 그 임무에 위배하여 재산상 이익을 취득하고, 피해자에게 같은 액수 상당의 재산상 손해를 가하였다'고 공소가 제기된 사안에서, '피해자의 사정으로 단순히 이 사건 보험의 계약자 명의를 피고인으로 변경'하였다면, 특별한 사정

184 대법원 2015. 11. 26. 선고 2015도4976 판결.

185 대법원 2015. 3. 26. 선고 2015도1301 판결. 이 판결에 대한 평석으로 한경환, "담보로 제공한 임차권의 양도와 배임죄", 김신 대법관 재임기념 논문집(2018), 400~409.

이 없는 한 피고인은 피해자에 대한 관계에서 이 사건 보험에 관한 아무런 권리나 권한을 가지지 못하고 보험 만기까지 피해자를 위하여 이 사건 보험을 유지할 의무를 진다. 그렇지만, 피고인이 단순히 계약자 명의를 변경한 것에 그치지 않고 보험계약자를 피고인으로 변경하고 피고인이 기납부 보험료를 피해자에게 지급하기로 약정하였다면, 이는 실질적으로 기납부 보험료를 포함한 이 사건 보험계약에 관한 권리의무가 피고인에게 귀속됨을 전제로 한 것으로서 보험계약 인수에 해당할 수 있고, 기납부 보험료의 반환의무 이행에 관한 민사상의 문제는 별론으로 하고 원칙적으로 이 사건 보험계약에 관한 사무는 피고인 자신의 사무라 할 것이며, 이와 달리 피고인이 피해자를 위하여 이 사건 보험을 유지할 의무가 있다거나 피고인의 처분권한 등이 제한되어 피고인이 피해자의 사무를 처리하는 지위에 있다고 보기 위해서는 그에 관한 특별한 사정이 인정되어야 할 것이다.[186]

135 [판례] 다세대주택 신축 부지의 소유권이전등기를 넘겨받은 시공사 대표이사의 임무

건설업자가 피해자들 소유의 토지 위에 다세대주택을 신축하여 그중 일부를 피해자들에게 분양해 주기로 하면서 분양대금의 선지급 명목으로 토지의 소유권을 이전받은 후 이를 담보로 대출받은 돈을 임의로 사용한 경우, 위 다세대주택의 건설 목적 범위 내에서 위 대출금을 관리·사용하여야 할 임무는 단순한 채무에 불과하지 피해자들의 재산관리 내지 보전의 사무라고 볼 수 없으므로, 피고인에게 그러한 의무가 있더라도 피고인을 배임죄에 있어서의 타인의 사무를 처리하는 자에 해당한다고 할 수 없다.[187]

136 [판례] 아파트 건축공사의 시행사가 수분양자로부터 수령한 분양수입금의 처분과 시공사에 대한 임무

아파트 건축공사 시행사가 시공사와 아파트 건축공사 도급계약을 체결하면서 분양수입금을 공동명의로 개설한 예금계좌로만 수령하고 그 분양수입금으로 공사대금 등을 지급하기로 특약하였음에도, 시행사가 이를 어기고 아파트에 대한 분양수입금을 공동명의 예금계좌에 입금하지 아니한 채 이를 자신의 기존 채무의 변제 등에 사용한 사안에서, 위 특약은 시행사의 수급인인 시공사에 대한 공사대금 채무의 변제를 확보하는 방편으로 약정한 것에 불과할 뿐이고, 위 아파트의 수분양자로부터 분양수입금을 수령할 권한 자체는 여전히 시행사에 있으며, 그 분양수입금으로 시공사에 공사대금을 지급하는 사무는 시행사 자신의 사무에 속하는 것이므로, 시행사의 위 행위는 시공사에 대한 단순한 민사상의 채무불이행에 불과할 뿐 배임죄를 구성한다고 볼 수 없다.[188]

186 대법원 2013. 10. 17. 선고 2013도7465 판결.
187 대법원 2007. 10. 11. 선고 2007도6161 판결.
188 대법원 2008. 3. 13. 선고 2008도373 판결.

137 [판례] 부동산관리처분 신탁계약을 체결한 위탁자인 건축분양회사의 신탁목적물에 대한 보존·관리 등의 사무

건축분양회사가 신탁회사와 신축아파트에 대한 부동산관리처분 신탁계약을 체결하고 소유권이전등기까지 마쳐 준 후 임의로 신탁목적물인 아파트를 제3자에게 매도하여 제3자로 하여금 아파트를 임대하고 보증금을 받게 한 사안에서, 담보를 위한 위 신탁계약의 목적은 건축분양회사가 신탁회사에게 소유권이전등기를 마침으로써 이미 달성되었고 신탁목적물에 대한 보존·관리 등은 위탁자인 건축분양회사 자신의 사무이고 단순히 신탁계약상 채무에 그치므로, 건축분양회사의 대표자는 타인의 사무처리자에 해당하지 않는다.[189]

138 [판례] 시험연구용역계약상 채무가 단순한 계약상 채무에 불과하다고 본 경우

피고인이 무한책임사원인 A 합자회사와 B 회사 사이에 체결된 이 사건 시험연구용역계약은 피고인이 자신의 책임 하에 연구개발계획을 수립하여 자신이 특허권을 가지고 있는 축산분뇨 처리장치 기술을 음식물쓰레기 자원화 처리에도 적용하여 연구한 결과인 보고서를 B에 제출하는 것을 핵심 내용으로 하고 있으며, 그 결과 제출 후에도 A 회사가 여전히 그 결과에 대한 특허출원권을 가지고, 오히려 B가 이러한 연구 결과와 관련하여 취득한 피고인의 비밀을 누설하여서는 아니 되며, 피고인과 B 경영자인 C 사이에 체결된 이 사건 합의계약 내용도 피고인이 그때까지의 연구결과만을 정리한 보고서를 B에 제출하되, 다만 B가 이에 대한 연구개발을 계속 진행하고자 하는 경우에는 피고인이 이에 따른 기술적 지도를 하여야 하나, 이에 대한 연구개발이 완료될 경우에도 피고인은 여전히 그 결과에 대한 특허출원권을 가지고 있음을 알 수 있어, 피고인의 원심 판시와 같은 내용의 의무(즉 연구업무를 충실하게 진행하고, 이중계약, 연구비밀 누설 등의 행위로 인해 B가 손해를 입지 아니하도록 신의성실의 원칙에 따라 업무를 수행할 의무)는 B의 재산을 관리보전할 임무부담행위가 아닌 단순한 계약상 채무에 불과하다 할 것이다. 그렇다면 피고인이 D와 이 사건 시험연구용역계약과 동일한 계약을 체결하고 D에 이미 B에 제출한 시험연구용역 결과를 다시 제공하였다고 하더라도 이는 타인의 사무를 처리하는 자로서 그 임무에 위반한 것이라고 볼 수 없고, 단순한 민사상의 채무불이행에 불과하여 피고인에게 업무상배임죄의 죄책을 지울 수는 없다.[190]

189 대법원 2009. 2. 26. 선고 2008도11722 판결.
190 대법원 2008. 6. 26. 선고 2007도7060 판결.

139 [판례] 가상자산을 착오로 이체받은 사람이 권리자와의 신임관계에 기초하여 가상자산을 보존하거나 관리하는 지위에 있는지

가상자산 권리자의 착오나 가상자산 운영 시스템의 오류 등으로 법률상 원인관계 없이 다른 사람의 가상자산 전자지갑에 가상자산이 이체된 경우, 가상자산을 이체받은 자는 가상자산의 권리자 등에 대한 부당이득반환의무를 부담하게 될 수 있다. 그러나 이는 당사자 사이의 민사상 채무에 지나지 않고 이러한 사정만으로 가상자산을 이체받은 사람이 신임관계에 기초하여 가상자산을 보존하거나 관리하는 지위에 있다고 볼 수 없다. 가상자산은 국가에 의해 통제받지 않고 블록체인 등 암호화된 분산원장에 의하여 부여된 경제적인 가치가 디지털로 표상된 정보로서 재산상 이익에 해당한다. 가상자산은 보관되었던 전자지갑의 주소만을 확인할 수 있을 뿐 그 주소를 사용하는 사람의 인적사항을 알 수 없고, 거래 내역이 분산 기록되어 있어 다른 계좌로 보낼 때 당사자 이외의 다른 사람이 참여해야 하는 등 일반적인 자산과는 구별되는 특징이 있다. 이와 같은 가상자산에 대해서는 현재까지 관련 법률에 따라 법정화폐에 준하는 규제가 이루어지지 않는 등 법정화폐와 동일하게 취급되고 있지 않고 그 거래에 위험이 수반되므로, 형법을 적용하면서 법정화폐와 동일하게 보호해야 하는 것은 아니다. 원인불명으로 재산상 이익인 가상자산을 이체받은 자가 가상자산을 사용·처분한 경우 이를 형사처벌하는 명문의 규정이 없는 현재의 상황에서 착오송금 시 횡령죄 성립을 긍정한 판례를 유추하여 신의칙을 근거로 피고인을 배임죄로 처벌하는 것은 죄형법정주의에 반한다.[191]

분석과 검토: 대법원은 금전이 착오로 잘못 송금·이체된 경우에는 그 수취인과 송금인 사이에 신의칙상 보관관계가 성립한다는 이유로, 수취인이 이를 임의로 인출하여 사용한 경우 횡령죄의 성립을 인정하고 있다.[192] 즉 판례는 착오로 이체된 금전에 대하여는 예금거래계약이라는 계속적 거래관계의 특수성과 공정한 금융거래질서 보호를 위한 형사정책적 필요성을 고려하여 수취인에게 횡령죄의 보관자 지위를 인정하고 있으나, 착오로 이체된 가상자산의 경우에는 이러한 법정화폐와 동일한 정도의 보호필요성을 인정하기 어렵다는 이유로 배임죄의 타인의 사무처리자 지위를 부정하였다.

191 대법원 2021. 12. 16. 선고 2020도9789 판결.

192 대법원 1968. 7. 24. 선고 66도1705 판결, 대법원 2005. 10. 28. 선고 2005도5975 판결, 대법원 2006. 10. 12. 선고 2006도3929 판결, 대법원 2010. 12. 9. 선고 2010도891 판결, 대법원 2018. 7. 19. 선고 2017도17494 전원합의체 판결 등.

2. 행위

140 배임죄에 있어서의 행위는, ⅰ) 임무에 위배하는 행위로써('배임행위') ⅱ) 본인에게 손해를 가하여('재산상 손해의 발생') ⅲ) 재산상의 이익을 취득하거나 제3자로 하여금 이를 취득하게 하는 것이다('재산상 이익 취득').

가. 배임행위

1) 의의와 성질

가) 의의

141 '배임행위' 즉 임무에 위배하는 행위라 함은 처리하는 당해 사무의 내용, 성질 등 구체적 상황에 비추어 법령의 규정, 계약의 내용 또는 신의성실의 원칙상 당연히 하여야 할 것으로 기대되는 행위를 하지 않거나 당연히 하지 않아야 할 것으로 기대되는 행위를 함으로써 본인과의 신임관계를 저버리는 일체의 행위를 말한다. 우리 형법의 '그 임무에 위배하여'라는 부분은 타인과 사무처리자 사이의 관계를 중심으로 배임죄의 본질을 파악하겠다는 입법자의 의지를 표현한 것으로 배임죄가 다양한 재산침해행위에 대처하기 위한 범죄유형이라는 점에 주목한 입법적 결단이라고 보는 견해[193]도 있다.

나) 배임행위의 종류

142 배임행위는 법률행위, 준법률행위, 사실행위로서 가능하고 그 행위의 법률상 유·무효는 그 자체로서 배임죄의 성립에 영향을 미치지는 않는다.[194]

다) 부작위에 의한 배임행위

143 배임행위는 타인에 대한 신뢰관계에서 일정한 임무에 따라 사무처리를 할 법적 의무가 있는 자가 그 상황에서 당연히 할 것이 법적으로 기대되는 행위를 하지 않는 부작위에 의해서도 성립할 수 있다. 그러한 부작위가 새로운 범죄를 구성하기 위해서는 그로 인하여 사무처리의 임무를 부여한 그 타인의 재산권 행사가 위태롭게 되든가 그 타인이 갖는 청구권의 집행가능성이 없어지는 등 새로운 손해의 발생 혹은 그 위험이 존재하여야만 한다.[195] 채권의 추심을 위탁받은 사람이 그

193 신동운, 형법각론(제2판), 법문사(2018), 1235.

194 김성돈, 형법각론(제8판), 성균관대학교 출판부(2022), 484; 배종대, 형법각론(제14판), 홍문사(2023), 463; 신동운, 형법각론(제2판), 법문사(2018), 1249; 오영근, 형법각론(제7판), 박영사(2022), 389; 정성근/정준섭, 형법강의 각론(제2판), 박영사(2022), 321.

195 대법원 2003. 4. 25. 선고 2001도4035 판결, 대법원 2012. 11. 29. 선고 2012도10139 판결.

추심을 게을리 하여 채권의 소멸시효를 완성시킨 경우 등이 이에 해당한다. 반면 어떤 행위를 할 것이 당연히 기대되지 않는 경우라면 배임행위에 해당하지 않는다.

144 부작위를 배임행위의 실행의 착수로 인정하기 위해서는 작위의무가 이행되지 않으면 사무처리의 임무를 부여한 사람이 재산권을 행사할 수 없으리라고 객관적으로 예견되는 등으로 구성요건적 결과 발생의 위험이 구체화한 상황에서 부작위가 이루어져야 한다. 그리고 행위자는 부작위 당시 자신에게 주어진 임무를 위반한다는 점과 그 부작위로 인해 손해가 발생할 위험이 있다는 점을 인식하였어야 한다.[196]

145 [판례] 부작위에 의한 배임행위로 인정된 경우

지하철승무원이 고의로 무임승차를 방임하는 경우,[197] 주택조합 정산위원회 위원장이 해임되고 후임위원장이 선출되었는데도 업무인계를 거부하고 있던 중 정산위원회를 상대로 제기된 소송의 소장 부본 및 변론기일 소환장을 송달받고도 그 제소사실을 정산위원회에 알려주지도 않고 스스로 응소하지도 않아 의제자백에 의한 패소확정판결을 받은 경우,[198] 댐건설지원사업소에서 사업소 소장을 보좌하여 댐건설에 따른 보상업무를 담당하는 피고인이, 보상신청을 한 토지가 간접보상의 대상이 될 수 없다는 사정을 알면서도 보상이 이루어지지 않도록 하는 조치를 취하지 아니한 채 일련의 보상절차를 진행함으로써 보상금이 지급되도록 한 경우[199] 배임죄가 성립한다. 은행지점장이 은행에 대한 부하직원의 범행사실을 발견하고도 손해의 보전에 필요한 조치를 취하지 아니하고 배임행위를 방치한 경우와 같이 경우에 따라 부작위에 의한 배임행위의 방조범이 성립된다.[200]

146 [판례] 부작위에 의한 배임행위가 아니라고 본 경우

보험모집인이 자기가 모집하여 체결시킨 보험계약에 관하여 위험성이 크니 해약토록 하라는 지시를 받고도 이행하지 않고 있는 사이에 보험사고가 발생하여 보험회사가 보험금을 지급하게 되었다 하더라도, 그 보험모집인에게 적법한 해제사유가 없는 보험계약자들을 설득하여 보험계약을 해약시켜야 할 의무가 있다고는 할 수 없으므로 배임행위에 해당하지 않는다.[201] 피해자 회사가 소송에서 패소·확정될 당시 피고인은 피해자 회사의 실질적인 사주일 뿐 대표이사나 감사의 직책에 있지는 않았으며, 다른 형사사건으로 인해 수감 중이었던 경우, 그러한 상황에서 피고인에게 새삼스레

196 대법원 2021. 5. 27. 선고 2020도15529 판결.
197 대법원 1990. 9. 28. 선고 90도602 판결.
198 대법원 1999. 6. 22. 선고 99도1095 판결.
199 대법원 2005. 7. 29. 선고 2004도5685 판결.
200 대법원 1984. 11. 27. 선고 84도1906 판결.
201 대법원 1986. 8. 19. 선고 85도2144 판결.

어떠한 새로운 작위의무가 발생하였다고 보기는 어렵고, 피고인이 피해자 회사의 피고인에 대한 채권회수를 위해 어떤 조치를 취하지 아니하였다고 하여 그러한 사정만으로 위 채권의 행사가 위태롭게 되었다든가 그 청구권의 집행가능성이 없어지는 등 새로운 손해의 발생 또는 그러한 위험이 현실화하였다고 보기도 어렵다. 이는 실질적으로는 회사가 대표이사 또는 사주에 대한 채권회수조치를 취하지 않고 방치한 경우와 다를 바 없는 것인데, 이러한 경우 그 사주나 대표이사가 회사로 하여금 채권보전에 착수하지 못하도록 어떠한 적극적인 행위를 하였다는 등의 특별한 사정도 없이 곧바로 그 대표이사나 사주에게 배임죄가 성립한다고 할 수는 없다.[202]

라) 단순한 채무위반행위와의 구별

147 배임행위의 기초인 임무위배와 단순한 채무위반행위(불이행)는 구분되어야 한다. 즉 타인의 재산적 이익이 자기 자신의 반대이익에 해당하거나 타인의 이익부분이 자신의 이익에도 연결되어 자신의 이익을 위해서 추구되어야 하는 채권채무관계에 따른 불이행은 배임행위라고 할 수 없다. 급부의 교환관계에 있는 채무자, 즉 매매계약·양도계약·임대차계약·공급계약 등 쌍무계약에서 일방의 단순한 채무위반행위를 예로 들 수 있다. 비록 약관 등에 의하여 채권법상 의무가 계약의 형태로 다시 약정된 경우라 하더라도 그것은 채무의 의무성을 높이거나 이에 상응한 채권의 구속력을 높이는 것은 아니므로 역시 단순한 계약의무의 침해일 뿐 임무의 위배가 되는 것은 아니다.[203]

2) 판단기준

148 배임행위 여부는 행위자가 처리하여야 할 사무의 성질·내용 등 행위 당시의 구체적 사정을 고려하여 그 행위가 신의칙에 비추어 통상의 사무집행의 범위(거래상의 통념)를 일탈하였는가에 따라 판단하여야 한다. 즉 먼저 사무처리의 성질·내용을 결정하는 법령·법률행위·관습·업무집행규정·정관·위임계약 등을 검토하여 그 사무의 성질·내용을 명백히 하고, 그 다음 처리하여야 할 사무의 성질·내용에 따라 신의성실에 의한 통상의 업무집행을 일탈하였느냐의 여부를 구체적으로 판단하여 배임행위 여부를 결정하게 된다.[204] 무엇이 신의칙상 기대되는 행위이고 어떠한 행위가 임무위배행위가 되는 것인가에 관하여는 처리될 사무의 성질, 내용, 행위 당시의 구체적 상황에 비추어 법률의 규정, 계약의 내용, 관

202 대법원 2012. 11. 29. 선고 2012도10139 판결.
203 김일수/서보학, 새로쓴 형법각론(제9판), 박영사(2018), 389.
204 신동운, 형법각론(제2판), 법문사(2018), 1249; 정성근/정준섭, 형법강의 각론(제2판), 박영사(2022), 322.

습, 조리 등에 비추어 구체적인 사정 하에 개별적으로 판단할 수밖에 없다.

149 이때 행위자가 가사 본인을 위한다는 의사를 가지고 행위를 하였다고 하더라도 그 목적과 취지가 법령이나 사회상규에 위반된 위법한 행위로서 용인할 수 없는 경우에는, 그 행위의 결과가 일부 본인을 위하는 측면이 있다고 하더라도 이는 본인과의 신임관계를 저버리는 행위로서 배임죄가 성립한다.[205] 예를 들어 피고인이 회사의 대외적 신인도를 높이기 위하여 조작된 거래로써 회사의 수익을 가장하고, 그 BIS 비율을 조작하여 회사의 자본충실 정도를 왜곡한 행위는 그 목적과 수단이 모두 위법한 것으로서 그 위법성의 정도가 매우 중하여 법령과 사회상규상 용인될 수 없는 것이고, 결과적으로도 회사의 채권자와 주주들에게 해를 가하는 행위로서 가사 피고인에게 본인인 회사를 위한다는 의사가 있었다고 하더라도 위와 같은 불법한 행위를 위하여 대가를 지급하는 행위는 회사와의 사이의 신임관계를 저버리고 회사에 손해를 끼치는 행위이다.[206]

150 나아가 여기서 임무위배는 형식적인 법령위배를 의미하는 것이 아니다. 실질적으로 본인에게 재산상의 손해가 발생할 위험이 있는 행위인지 여부에 따른 신의성실의 의무라는 관점에서 파악되어야 하며, 형식적인 법령 내지는 절차 위반이 있었다 하여 이것만 가지고 곧바로 임무위배의 행위가 있었다고는 할 수 없다. 또 절차상으로는 아무런 잘못이 없다 하더라도 실질적으로 보아 회사에 현저한 불이익을 가져올 행위에 대하여는 단지 절차가 적법하게 행해졌다는 이유만으로 임무위배성을 부인할 수 없을 것이다.

151 즉 배임죄에 있어서 임무위배행위라 함은 형식적으로 법령이나 내부규정을 위반한 모든 경우를 의미하는 것이 아니고, 문제가 된 구체적인 행위유형 또는 거래유형 및 보호법익 등을 종합적으로 고려하여 경제적·실질적 관점에서 본인에게 재산상의 손해가 발생할 위험이 있는 행위를 의미한다.[207] 예를 들어 판례는 새마을금고법상 동일인 대출한도 제한규정을 위반하였다는 사실만으로 곧바로 새마을금고에 대출채권을 회수하지 못하게 될 위험이 생겼다거나 적정한 자산운용에 장애를 초래하는 등 어떠한 위험이 발생하였다고 단정할 수 없으므로, 새마을금고법위반으로 처벌함은 별론으로 하고 특별한 사정이 없는 한 업무상

205 대법원 2004. 7. 22. 선고 2003도3524 판결.
206 대법원 2002. 7. 22. 선고 2002도1696 판결.
207 대법원 2008. 6. 19. 선고 2006도4876 전원합의체 판결, 대법원 2009. 5. 29. 선고 2007도4949 전원합의체 판결, 대법원 2013. 3. 14. 선고 2012도12582 판결 등.

배임죄는 성립하지 않는다고 보았다.[208] 또 전환사채 발행을 위한 최초 이사회 결의가 정족수 미달로써 무효임에도 전환사채 발행절차를 진행한 행위가 배임죄로 기소된 사안에서, 전환사채의 발행이 주주배정방식으로 이루어진 이상 회사에 어떠한 손해가 생겼다고 보기 어려운 점, 신주 발행에 관한 이사회의 결의가 없거나 그 결의에 흠이 있다고 하더라도 이사회의 결의는 회사의 내부적 의사결정에 불과하므로 신주발행의 효력에는 영향이 없는 점 등을 종합하여, 피고인들이 전환사채의 발행절차를 중단하지 아니하고 이를 진행한 것이 회사의 재산보호의무위반으로서의 임무위배에 해당한다고 볼 수는 없다고 하였다.[209] 일반경쟁입찰에 의하여 체결하여야 할 공사도급계약을 수의계약에 의하여 체결하였다 하더라도 적정한 공사대금보다 부당하게 과대하여 그 차액 상당의 손해가 발생한 사실을 인정하기에 부족하다면 배임죄를 무죄로 판단하기도 하였다.[210]

152 재산범죄인 배임죄에서의 임무위배행위는 재산상 손해와 표리관계에 있는 것이므로 양자를 완전히 분리할 수 없고, 배임죄의 성부를 판단하기 위해서는 결국 이를 종합적으로 고찰해야 하며, 재산상 손해 발생의 추상적 위험조차 인정되지 아니하는 행위라면 배임죄의 임무위배행위로 성립하였다고 보기도 어려울 것이다.[211] 이렇게 해석하지 않는다면 재산상 손해와 무관한 다양한 법령이나 규정 등 위반행위가 모두 임무위배행위로 성립하여 실행의 착수가 인정됨으로써 배임미수죄의 성립 범위가 과도하게 확장될 수 있다.

153 이하는 배임행위로 인정된 사례들이다.

154 [판례] 종중 임원의 종중 자금의 대여행위

종중 소유 재산의 관리·처분은 종중규약에 정한 바가 있으면 이에 따르고 그 점에 관한 종중규약이 없으면 종중총회의 결의에 의하여야 하므로, 종중과 위임에 유사한 계약관계에 있는 종중의 임원은 종중 소유 재산의 관리·처분에 관한 사무를 처리함에 있어 종중규약의 규정 또는 종중총회의 결의에 따라야 함은 물론 선량한 관리자로서의 주의를 다하여야 할 의무가 있다. 따라서 종중의 임원이 종중 소유 재산의 관리·처분에 관한 사무로서 타인에게 종중의 자금을 대여함에 있어 충분한 담보를 제

208 대법원 2008. 6. 19. 선고 2006도4876 전원합의체 판결, 대법원 2011. 8. 18. 선고 2009도7813 판결, 대법원 2013. 2. 28. 선고 2010도15934 판결 등.
209 대법원 2009. 5. 29. 선고 2007도4949 전원합의체 판결.
210 대법원 2005. 3. 25. 선고 2004도5731 판결.
211 이주원, "배임죄에서의 임무위배행위", 형법판례 150선(2021), 278.

공받는 등 상당하고도 합리적인 채권회수조치를 취하지 아니한 채 만연히 대여해 주었다면, 종중규약의 규정 또는 종중총회의 결의 등에 기하여 그와 같은 자금대여가 허용된다고 볼 수 있는 특별한 사정이 없는 한, 이는 타인에게 이익을 얻게 하고 종중에 손해를 가하는 행위로서 종중에 대하여 배임행위가 되고, 이러한 이치는 그 타인이 종원이라 하여 달라지지 않는다. 종중의 임원으로서 그 자금대여 사무를 처리함에 있어 이사회결의와 선관주의의무에 위배하여 상당하고 합리적인 채권회수조치를 취하지 아니한 채 만연히 종중의 자금을 대여해 준 행위는 타인에게 이익을 얻게 하고 본인인 종중에게 손해를 가하는 행위로서 종중에 대하여 배임행위가 된다.[212]

155 [판례] 학교법인 이사장의 약속어음의 배서 연대보증행위와 배임행위

학교법인의 경우 그 사용목적에 따른 재산을 보존하기 위하여 관계 법령 또는 정관에서 재산의 처분행위나 채무의 부담행위에 대하여 엄격한 절차를 구정하고 있고, 학교법인의 이사장인 피고인이 관련 법령 또는 정관 규정의 취지에 의하여 학교법인 명의로는 임의로 채무를 부담하는 행위를 하여서는 아니 된다는 사실을 잘 알면서도, 그러한 임무에 위반하여 자금사정이 악화되어 있던 의료법인의 금융기관에 대한 채무를 사실상 인수하면서 약속어음에 배서 연대보증행위를 하였으므로 피고인에게 배임의 범의를 충분히 인정할 수 있다.[213]

156 [판례] 토지구획정리사업 조합장의 비용지출행위

토지구획정리조합은 그 구성원인 개개의 조합원들과 구별되는 독립된 권리주체로서 그 이해가 반드시 일치하는 것은 아니므로 대의원회의 의결권에는 스스로 한계가 있고, 그 한계를 벗어나는 사항에 대하여는 비록 대의원회의 의결이 있었다고 하더라도 범죄를 구성할 수 있다고 할 것인바, 조합장이 토지구획정리조합이 지출하여야 할 비용이 아님에도 불구하고 조합이 그 비용을 지출하도록 대의원회의 결의를 받아 해당 비용을 지출하는 경우에는 업무상배임죄에 해당한다.[214]

157 [판례] 상호저축은행 임원들의 신용대출 승인행위와 배임

상호저축은행 임원인 피고인들이 아파트 시공업체인 A 주식회사의 신용상태 등을 감안한 적정 대출한도를 검토하지 아니하고 별다른 물적 담보도 확보하지 아니한 채, 실질적으로 A 회사가 아파트 건축사업 시행사들 명의로 받은 신용대출을 승인해 준 행위는 업무상 배임죄에 해당한다.[215]

212 대법원 2007. 12. 28. 선고 2007도6554 판결 등.
213 대법원 2005. 8. 25. 선고 2005도3410 판결.
214 대법원 2009. 8. 20. 선고 2008도12112 판결.
215 대법원 2011. 8. 18. 선고 2009도7813 판결.

158 [판례] 은행 퇴직으로 인한 업무인수인계의무와 배임행위
피고인들은 A 은행과의 고용계약에 기하여 A 은행에서 퇴직하게 되는 경우 피고인들이 재직 중 담당하였거나 퇴직 당시 수행하고 있는 제반 자문 업무를 A 은행에 인수인계하여야 할 업무상의 임무를 부담하고, 기업금융 자문업계의 관행상 피고인들이 퇴사하면서 위와 같이 인수인계하여야 할 업무를 임의로 새로운 회사로 이관해 갈 수 있다고 보기는 어려우며, 또한 피고인들이 A 은행에 재직할 동안 이미 이 사건 금융자문업무의 주요 내용이나 상당한 부분이 처리된 사정이 있다면 이 사건 금융자문으로 인한 수수료 중 A 은행 재직 당시 처리된 업무에 상당하는 금액은 A 은행의 정당한 이익으로 귀속하도록 하여야 할 임무가 있다.[216]

159 [판례] 펀드매니저의 이른바 '채권 파킹 거래'를 임무위배행위로 인정한 경우
피해자들과 투자일임계약을 체결한 자산운용사의 펀드매니저들이 투자일임재산을 운용하는 과정에서, 향후 손익 정산을 전제로 펀드매니저의 지시에 따라 증권사 브로커가 증권사의 계산으로 채권을 매수하여 증권사의 계정에 보관(parking)한 후 펀드매니저가 그 채권을 재매수하거나 다른 곳에 매도하도록 함으로써 그 보관을 해소하는 이른바 '채권 파킹 거래'를 하였는데, 이는 투자일임계약에서 예정한 투자일임재산의 운용 방법이라고 볼 수 없고 나아가 '자본시장과 금융투자업에 관한 법률'에서 금지하고 있는 불건전 영업행위에도 해당한다는 등의 이유로 이와 같은 채권 파킹 거래는 투자자에 대한 임무위배행위에 해당한다고 판단한 원심을 수긍한 사례.[217]

160 이하는 배임행위로 인정되지 않은 사례들이다.

161 [판례] 교회재산의 처분과 배임행위 판단기준
교회 재산의 귀속형태는 총유로 봄이 상당하고, 따라서 교회재산의 관리와 처분은 그 교회의 정관 기타 규약에 의하되 그것이 없는 경우에는 그 소속교회 교인들 총회의 과반수 결의에 의하여야 하는 것이므로, 교회의 헌금을 소속교회 교인들의 의사에 부합하게 사용하였다면 이는 임무위배행위에 해당한다고 할 수 없다.[218]

162 [판례] 재건축정비사업 조합장이 법원의 판결 등에 따라 조치를 취할 임무
재건축정비사업 조합장이 조합에 대한 법원의 판결 등의 취지에 비추어 당연히 하여야 할 것으로 기대되는 행위를 하지 않거나 당연히 하지 않아야 할 것으로 기대되는 행위를 한 경우에는 그 임무에 위배되는 행위를 한 것이라고 할 수 있을 것이지만, 조

216 대법원 2012. 10. 11. 선고 2010도2986 판결.
217 대법원 2021. 11. 25. 선고 2017도11612 판결.
218 대법원 2013. 12. 26. 선고 2011도7102 판결.

합이 당해 판결에 대하여 항소를 제기하는 등으로 다투고 있는 경우 등에는 조합장이 당연히 그 판결의 취지에 따른 조치를 취하여야 할 임무가 있다고 볼 수는 없다 할 것이고, 한편 조합이 아닌 조합 임원들을 상대로 한 직무집행정지 가처분 등이 있다고 하여 조합장에게 반드시 그에 따른 조치를 취하여야 할 임무가 있다고 볼 수도 없다.[219]

163 [판례] 입주자대표회의장이 포상금을 지급받은 행위

포상금 지급에 대한 관리규약의 규정과 입주자대표회의 결의과정 및 내용, 하자보수금 청구소송 과정에서 입주자대표회의장인 피고인과 관리소장이 보인 노력과 태도, 입주자대표회의가 취득한 이익과 대비한 포상금의 규모 등을 종합해 보면, 입주자대표회의의 결의를 거쳐 관리규약에 따른 포상금을 지급받은 피고인의 행위가 업무상 임무에 위배한 것이라거나, 피고인에게 업무상 임무에 위배하여 재산상 이익을 취득하여 본인에게 손해를 가한다는 의사가 있었다고 단정하기 어렵다.[220]

3) 배임행위의 유형

가) 주식회사 이사의 배임행위

164 주식회사의 이사는 주주총회에서 선임되며, 회사와 이사의 관계는 위임에 관한 규정을 준용하고, 이사는 법령과 정관의 규정에 따라 회사를 위하여 그 직무를 충실하게 수행하여야 할 의무가 있으므로, 주식회사의 이사는 법률의 규정에 의하여 '타인의 사무를 처리하는 자'에 해당한다.[221] 이러한 이사의 지위는 주주총회의 선임결의가 있고 선임된 사람의 동의가 있으면 취득되고 대표이사와 별도의 임용계약을 체결할 필요는 없다.[222]

(1) 이사의 의무

165 이사는 주주총회에서 선임되지만 주주의 대리인이나 사용자가 아니고 회사의 수임인이다. 이사는 주주에 대하여 직접 의무를 부담하지 않으며 오직 회사에 대하여 의무를 부담할 뿐이다. 이사는 상법상 사내이사, 사외이사, 그 밖에 상무에 종사하지 아니하는 이사로 구분하여 등기하나(상법 제317조 제2항 제8호), 이러한 구분에도 불구하고 각 이사의 권한과 의무에 관해서는 차이가 없다고 본다.[223]

166 회사와 이사의 관계는 먼저 민법 제681조의 위임관계가 준용되므로(상법 제382조

219 대법원 2009. 9. 10. 선고 2009도4987 판결.
220 대법원 2016. 5. 27. 선고 2013도12309 판결.
221 대법원 2002. 4. 9. 선고 99도2165 판결.
222 대법원 2017. 3. 23. 선고 2016다251215 전원합의체 판결.
223 이철송, 회사법강의(제31판), 박영사(2023), 665.

제2항) 이사는 회사에 대하여 위임(이사선임)의 본지에 따라 선량한 관리자의 주의로써 사무를 처리할 의무를 진다. 이는 고도의 인적 신뢰를 기초로 하는 매우 높은 주의의무로서 이사는 사용인과 달리 회사의 경영주체라는 지위에 있기 때문에 요구되는 것이다. 따라서 이사는 자신의 직무를 수행함에 있어 법령에 위반되지 않도록 주의할 의무(소극적 의무)를 짐은 물론 항상 회사에 최선의 이익이 되는 결과를 추구해야 할 의무(적극적 의무)를 진다.[224] 이러한 선관의무에 따른 구체적인 의무의 하나로서 개개의 이사들은 합리적인 정보 및 보고 시스템과 내부통제시스템을 구축하고 그것이 제대로 작동하도록 배려할 의무가 있다.[225] 이사는 대표이사로 하여금 다른 이사 또는 피용자의 업무에 관하여 이사회에 보고할 것을 요구할 수 있도록 하고 있으며(상법 제393조 제3항), 재임 중뿐만 아니라 퇴임 후에도 직무상 알게 된 회사의 영업상 비밀을 누설하여서는 아니 되고(제382조의4), 법령과 정관의 규정에 따라 회사를 위하여 그 직무를 충실하게 수행하여야 하는 충실의무가 있다(제382조의3). 한편 충실의무 규정과 관련하여 선관의무를 구체적으로 부연 설명한 것에 불과하다는 견해와 선관주의의무와는 다른 영미법상의 충실의무(duty of loyalty)를 수용한 것이라는 견해의 대립이 있다.[226] 우리 판례는 위 규정에 관하여 특별한 규범적 의미를 부여하고 있는 것으로 보이지는 않는다.

167 [판례] 주식회사 대표이사의 배임행위

주식회사의 대표이사는 법령과 정관의 규정에 따라 주식회사의 재산상 손해를 방지하고 성실하게 주식회사를 위하여 최선의 이익이 되도록 직무를 수행하여야 할 선관주의의무 내지 충실의무를 부담하므로, 대표이사가 그 의무를 위반하여 자신이나 타인의 이익을 위해 업무를 처리함에 따라 주식회사에 손해가 발생한 경우에는 대표이사로서 당연히 할 것으로 기대되는 행위를 하지 아니하고 주식회사와의 신임관계를 저버리는 행위를 한 것으로서 배임죄에서의 임무위배에 해당한다.[227] 또 대표이사는 이사회 또는 주주총회의 결의가 있더라도 그 결의내용이 회사 채권자를 해하는 불법한 목적이 있는 경우에는 이에 맹종할 것이 아니라 회사를 위하여 성실한 직무수행

224 이철송, 회사법강의(제31판), 박영사(2023), 761.
225 대법원 1985. 6. 25. 선고 84다카1954 판결, 대법원 2008. 9. 11. 선고 2006다68834 판결.
226 상세한 논의는 이철송, 회사법강의(제31판), 박영사(2023), 771 이하 참조.
227 대법원 2009. 10. 15. 선고 2009도5655 판결, 대법원 2012. 11. 15. 선고 2010도11382 판결, 대법원 2013. 7. 11. 선고 2011도5337 판결 등.

을 할 의무가 있으므로 대표이사가 임무에 배임하는 행위를 함으로써 주주 또는 회사채권자에게 손해가 될 행위를 하였다면 그 회사의 이사회 또는 주주총회의 결의가 있었다고 하여 그 배임행위가 정당화될 수는 없다.[228]

168 [판례] 이사의 감시의무

주식회사의 업무집행을 담당하지 아니한 평(平)이사는 이사회의 일원으로서 이사회를 통하여 대표이사를 비롯한 업무담당이사의 업무집행을 감시하는 것이 통상적이긴 하나 평(平)이사의 임무는 단지 이사회에 상정된 의안에 대하여 찬부의 의사표시를 하는 데에 그치지 않으며 대표이사를 비롯한 업무담당이사의 전반적인 업무집행을 감시할 수 있는 것이므로, 업무담당이사의 업무집행이 위법하다고 의심할만한 사유가 있음에도 불구하고 평(平)이사가 감시의무를 위반하여 이를 방치한 때에는 이로 말미암아 회사가 입은 손해에 대하여 배상책임을 면할 수 없다.[229]

이사의 감시의무의 구체적인 내용은 회사의 규모나 조직, 업종, 법령의 규제, 영업상황 및 재무상태에 따라 크게 다를 수 있는바, 고도로 분업화되고 전문화된 대규모의 회사에서 여러 대표이사 및 업무담당이사들이 내부적인 사무분장에 따라 각자의 전문 분야를 전담하여 업무를 처리하는 것이 불가피한 경우라 할지라도 개개의 이사들은 합리적인 정보 및 보고 시스템과 내부통제시스템을 구축하고 그것이 제대로 작동하도록 배려할 의무가 있는 것이므로, 이러한 시스템을 구축하기 위한 노력을 전혀 하지 아니하였거나 이러한 시스템이 구축되었다 하더라도 이를 이용한 회사 운영의 감시·감독을 의도적으로 외면한 결과 다른 이사의 위법한 업무집행을 지속적으로 방치하였다면 그로 인하여 발생한 손해를 배상할 책임이 있다.[230]

169 [판례] 회사가 지급하여야 하는 납품대금이나 용역수수료를 과다한 금액으로 책정한 행위

회사의 대표이사가 사료첨가제 납품업체와 가격협상을 함에 있어 유리한 위치에 있었음에도 사료첨가제 납품으로 발생하는 이익금을 자신 등이 얻기 위한 의도에서, 납품업자에게 가공의 납품업체를 만들어 사료첨가제를 납품하라고 지시하고 이를 납품받음으로써 통상적인 납품가격과 가격협상을 통하여 더 낮은 수준에서 납품받을 수 있었던 납품가격의 차액 상당의 재산상 이익을 취득한 경우, 업무상배임죄가 성립하고, 이로 인하여 회사에는 '가액을 산정할 수 없는 손해'가 발생한 것이다.[231] 마찬가지로 회사가 토지 매입 용역업자에게 용역수수료를 지급함에 있어 이사 자신이

228 대법원 1989. 10. 13. 선고 89도1012 판결, 대법원 2005. 10. 28. 선고 2005도4915 판결, 대법원 2013. 6. 27. 선고 2012도717 판결 등.
229 대법원 1985. 6. 25. 선고 84다카1954 판결.
230 대법원 2008. 9. 11. 선고 2006다68834 판결.
231 대법원 2009. 10. 15. 선고 2009도5655 판결.

재산상 이익을 취득할 의도로 용역수수료를 부당하게 과다한 금액으로 책정하여 지급한 후 그 부분을 용역업자로부터 돌려받았다면, 위와 같은 행위는 업무상 임무에 위배하여 재산상 이익을 취득하고 회사에 손해를 가하는 것으로서 업무상배임죄가 성립한다.[232]

170 [판례] 이사의 보증행위와 배임행위

피해법인의 상임이사로서 이사장의 위임에 따라 실질적으로 이사장 직무를 수행하던 피고인이 A 회사의 B 회사에 대한 채무에 관하여 이 사건 보증을 한 것은 피해법인으로 하여금 기존에 A 회사에 대하여 부담하던 채무와는 별개의 새로운 '예산 외의 채무'를 부담하게 한 것으로, 피해법인 정관에 의하면 예산 외의 채무부담 행위에 대하여는 이사회의 의결을 거치도록 규정하고 있음에도 피고인이 이사회의 의결도 거치지 아니한 채 통상적인 법인업무의 처리범위를 넘어 한 이 사건 보증행위는 이사로서의 임무에 위배한 배임행위에 해당한다. 피해법인의 주도권을 둘러싼 갈등이 심화되고 있었고 이사회 소집을 위한 비용 마련조차 어려운 등의 사정으로 이 사건 보증에 대한 의결을 위한 이사회 소집이 사실상 불가능하였으므로 피고인이 이사로서의 임무를 위반한 것으로 볼 수는 없다는 피고인의 주장에 대하여는, 피고인이 피해법인의 이사장에게 이 사건 보증에 관하여 보고하거나 이사회 소집을 건의하는 등의 신의칙상 기대되는 최소한의 조치도 취하지 않은 이상, 피고인의 이 사건 보증행위는 이사로서의 임무위배행위에 해당하는 것으로 보기 충분하다는 이유로 피고인의 위 주장을 배척한 원심은 정당하다고 보았다.[233]

171 [판례] 다른 공동대표이사에게 소 제기사실을 알리지 아니한 행위

A 회사의 공동대표이사 중 1인인 乙을 대신하여 실질적으로 그 업무를 처리하던 피고인 甲이 A 회사를 상대로 제기된 이 사건 소 제기 사실을 A의 공동대표이사인 丙에게 알리지 않은 채 아무런 대응을 하지 않아 무변론에 의한 패소확정판결을 받게 한 행위는 A 회사에 대한 관계에서 그 임무에 위배되는 배임행위에 해당하고, 이로써 A에 재산상 손해를 가한 것이다.[234]

(2) 경영판단의 원칙(Business Judgement Rule)과 관계

(가) 의의

172 기업에서의 경영판단은 현재의 다양한 정보를 기초로 사실인식을 할 뿐만 아니라 불확실한 장래예측을 전제로 위험을 감수하고 기업 활동을 결정하는 것이므

232 대법원 2011. 10. 13. 선고 2010도10640 판결.
233 대법원 2010. 9. 9. 선고 2009도2454 판결.
234 대법원 2012. 4. 13. 선고 2011도4881 판결.

로 의사, 감정인 등 다른 전문가의 전문적 판단과 다른 특수성이 있다. 이사 등 경영자에게 기업을 위한 선량한 관리자의 주의의무를 부과하면서 그러한 경영판단의 특수성을 인정하지 않고는 위험을 감수하는 적극적인 경영을 기대할 수 없고, 궁극적으로 회사 등 기업주의 이익에도 반하는 결과를 야기하게 된다. 따라서 경영판단의 원칙이란 넓은 의미로는 경영자의 임무위반 여부를 판단함에 있어 이러한 경영판단의 특수성을 인정하는 원칙이라 할 수 있고, 이러한 의미의 경영판단의 원칙은 미국, 영국, 독일은 물론 우리나라와 일본의 판례에서도 인정하고 있음에 의문이 없다. 그런데 미국 판례법상 경영자가 주관적으로 기업의 최대이익을 위하여 성실하게 경영상 판단을 하였고 그 판단과정에 불공정을 의심할 만한 절차적, 관계적 사유가 없다면 경영자가 주의의무를 다한 것으로 인정하는 원칙이 확립되어 있는데, 이러한 원칙을 좁은 의미의 '경영판단원칙(Business Judgment Rule)'이라 할 수 있다.[235]

173 미국 판례법에서 말하는 경영판단의 원칙이란 대체로 회사의 목적 범위 내이고 이사의 권한 내인 사항에 관하여 이사가 내린 의사결정이 그같이 할 합리적인 근거가 있고, 회사의 이익을 위한 것이라는 믿음 하에 어떤 다른 고려에 의한 영향을 받지 아니한 채 독립적인 판단을 통하여 성실히 이루어진 것이라면, 법원은 이에 개입하여 그 판단에 따른 거래를 무효로 하거나 그로 인한 회사의 손해에 관하여 이사의 책임을 묻지 아니한다는 것이다. 미국 판례법상 주로 대표소송(derivative suit)에서 쟁점이 된 경영판단의 원칙은 이사가 경영에 관하여 내린 의사결정은 회사의 이익을 위한 것으로 정직한 믿음에 기하여 성의(誠意)로 이루어졌다고 하는 소송법상 추정(presumption)을 뜻한다. 즉 이사의 책임을 묻고자 하는 측에서 이사의 주의의무위반 및 손해 발생 사실에 대한 증명책임을 지게 되는 것이다.[236]

174 한편 독일에서는 2005년 주식법(Aktiengesetz) 개정을 통하여 경영판단의 원칙을 명문으로 도입하였다. 주식법 제93조 제1항에서 '이사는 그 업무를 집행함에 있어 성실하고 정상적인 경영자로서의 주의를 다하여야 한다. 회사의 업무에 관한 이사의 결정(경영판단을 말한다)이 적절한 정보에 근거하고 회사의 이익을 위하여

235 한석훈, "경영판단행위의 형사적 규제", 상사법연구 35권 1호(2016), 12.

236 미국법률가협회(American Law Institute)의 회사지배구조의 원칙: 분석과 권고(Principles of Corporate Governance: Analysis and Recommendation), §4.01 (d) 참조.

이루어진 것으로 합리적으로 인정될 때에는 의무의 위반으로 보지 아니 한다'라고 규정하고 있는데, 이는 미국에서와 달리 실체법상의 원리로 다룬 것이라고 평가된다.[237] 일본에서는 현재 특별한 입법은 없으며 미국의 영향을 받아 판례에서 경영판단의 원칙을 채택하고 있는 것으로 보인다.[238]

(나) 경영판단의 원칙과 배임죄의 성부에 관한 논의

175 형법학계에서는 우리 형법상 배임죄의 성립 여부에 관해서도 경영판단의 원칙이 일정 범위에서 고려되어야 한다고 보는 취지의 견해가 많다. i) 신의칙이나 조리와 같은 추상적 기준으로 임무위배행위를 판단함에 따라 배임죄 성립 범위가 지나치게 확대될 가능성이 있으므로 기업경영판단에 있어서 배임행위와 배임의 고의 인정 범위를 제한하는 취지에서 수용할 필요가 있다는 견해,[239] ii) 경영판단의 특성에 비추어 볼 때 기업가의 경영상 판단이 문제되는 경우에는 배임의 고의 인정에 신중을 기하여야 한다는 견해[240] 등이 있고, iii) 경영판단을 배임의 고의 인정여부의 문제로 보는 관점을 비판하면서 경영판단에 따른 행위는 아예 배임행위에 해당하지 않는 것으로 해야 한다는 견해[241]도 있다. 한편 iv) 미국 판례법과 같이 증명책임을 전환하거나 주의의무의 기준을 완화시키거나 경영판단의 영역을 사법심사에서 배제하는 방식으로 경영판단의 원칙을 도입하면 배임죄의 판단에 불확실성이 더욱 심화될 수 있고 자칫하면 기업경영자에게 면죄부를 주는 논리로 동원될 수도 있으므로, 경영판단의 주관적 요소와 절차적 요소를 중심으로 배임행위와 배임의 고의의 인정 여부를 정하는 기준으로 도입하는 정도가 바람직하다는 견해[242]도 있다.

176 상법학계에서는 미국에서와 같은 경영판단의 원칙을 도입하여 배임죄의 성립 범위를 제한하여야 한다는 견해[243]가 많다.

177 생각건대, 미국 판례법에서 말하는 '경영판단의 원칙'이란 기본적으로 민사상 과실책임에 있어 주의의무 위반의 증명방법에 관한 것이므로, 형사범죄인 배임죄

237 이철송, 회사법강의(제31판), 박영사(2023), 808~809; 김화진, "회사법이론의 진화와 미래", 사법 37호(2016), 266; 한석훈, "경영판단행위의 형사적 규제", 상사법연구 35권 1호(2016), 12 이하 등 참조.
238 한석훈, "경영판단행위의 형사적 규제", 상사법연구 35권 1호(2016), 24~25.
239 정성근/정준섭, 형법강의 각론(제2판), 박영사(2022), 323.
240 신동운, 형법각론(제2판), 법문사(2018), 1272.
241 오영근, 형법각론(제7판), 박영사(2022), 391.
242 김성돈, 형법각론(제8판), 성균관대학교 출판부(2022), 488.
243 예컨대 최준선, "경영판단에 대한 배임죄 규정의 제한", 기업법연구 31권 1호(2017. 3.), 398 이하.

의 성부에 관하여 같은 내용의 법리를 그대로 도입하기는 어렵다. 따라서 우리 판례에서 언급하는 '경영상의 판단'이 미국 판례법에서 말하는 것과 동일하다고 보기는 어려우나, 미국 판례법상 '경영판단의 원칙'의 취지를 일정 부분 반영하여 배임죄의 고의 인정을 엄격하게 함으로써 기업의 경영판단에 대한 국가 형벌권의 과도한 개입을 일정 부분 제한하는 것은 타당하다고 본다.

178 한편, 헌법재판소는 업무상배임죄 조항이 특히 경영판단과 관련하여 기업 활동의 영역에 국가 형벌권이 과도하게 간섭하는 것으로 과잉금지원칙에 위배된다는 주장에 대하여 다음과 같이 판단하였다. 대법원은 기업의 경영에는 원천적으로 위험이 내재하고 있어 경영자가 아무런 개인적 이익을 취할 의도 없이 선의에 기하여 가능한 범위 안에서 수집된 정보를 바탕으로 기업의 이익에 합치된다는 믿음을 가지고 신중하게 결정을 내렸다 하더라도 그 예측이 빗나가 기업에 손해가 발생할 경우가 있는데 이런 경우까지 업무상배임죄의 형사책임을 묻는다면 죄형법정주의의 원칙에 위배된다고 하면서, 이른바 '경영상의 판단'에 관한 법리를 수용하여 기업 경영인의 업무상 배임의 고의 판단을 할 때 엄격한 해석기준을 적용하고 있다.[244] 또한 어떤 범죄를 어떻게 처벌할 것인가 하는 문제는 입법자의 광범위한 입법재량의 범위 안에 있다. 이러한 사정을 종합하여 보면, 업무상 배임조항이 국가형벌권 행사에 관한 입법재량의 범위를 벗어난 과잉입법이라고 보기 어렵다.[245]

(다) 경영상의 판단과 배임죄의 고의 판단기준

179 배임죄에서 경영판단의 원칙은 실무상 주로 고의와 불법영득의 의사 인정 여부와 관련하여 쟁점이 되고 있다. 대법원의 입장은 기본적으로 경영판단이라는 이유로 배임죄의 범의를 부인할 수는 없으나 기업경영의 특성에 비추어 이를 엄격하게 해석하여야 한다는 것으로 볼 수 있다.[246]

180 판례에 나타난 구체적 판단 기준을 다시 정리하면 다음과 같다.[247]

181 첫째, 위험을 최소화하기 위하여 처음부터 경영판단의 여지가 배제되는 경우가 있다. 경영판단과 관련하여 그 업무처리의 내용, 방법, 시기 등이 법령이나 당해 구체적 사정 하에서 일의적인 것으로 규정되어 경영판단의 여지가 존재하지 않

244 대법원 2004. 7. 22. 선고 2002도4229 판결.

245 헌법재판소 2015. 2. 26. 선고 2014헌바99, 153(병합) 결정.

246 대법원 1999. 6. 25. 선고 99도1141 판결, 대법원 2000. 5. 26. 선고 99도2781 판결, 대법원 2003. 10. 10. 선고 2003도3516 판결, 대법원 2004. 6. 24. 선고 2004도520 판결 등.

247 신동운, 형법각론(제2판), 법문사(2018), 1273.

는 경우이다. 즉 이 경우 미리 정해진 특정한 조치를 취하지 아니하여 본인에게 손해가 발생하였다면 배임죄의 고의는 당연히 인정된다. 둘째, i) 경영자가 아무런 개인적인 이익을 취할 의도 없이 선의에 의하여 ii) 가능한 범위 내에서 수집된 정보를 바탕으로 iii) 기업의 이익에 합치된다는 믿음을 가지고 신중하게 결정을 내렸으나 iv) 그 예측이 빗나가 기업에 손해가 발생하는 경우가 있다. 이러한 경우에는 배임죄의 고의를 인정할 수 없다. 셋째로, 경영자가 당해 기업이나 경영자 개인이 정치적인 이유 등으로 곤란함으로 겪고 있는 상황에서 이를 벗어나기 위해서는 비록 경제적인 관점에서 기업에 재산상 손해를 가하는 결과가 초래되더라도 이를 용인할 수밖에 없다는 인식 하에 의도적으로 결정을 내리는 경우에는 배임죄의 고의가 인정될 여지가 많다.

182 [판례] 경영상의 판단과 배임죄의 고의

경영상의 판단과 관련하여 기업의 경영자에게 배임의 고의가 있었는지 여부를 판단함에 있어서도 일반적인 업무상배임죄에서의 고의의 증명방법과 마찬가지의 법리가 적용되어야 함은 물론이지만, 기업의 경영에는 원천적으로 위험이 내재하고 있어서 경영자가 아무런 개인적 이익을 취할 의도 없이 선의에 기하여 가능한 범위 내에서 수집된 정보를 바탕으로 기업의 이익에 합치된다는 믿음을 가지고 신중하게 결정을 내린다 하더라도 그 예측이 빗나가 기업에 손해가 발생하는 경우가 있을 수 있으므로, 이러한 경우까지 고의에 관한 해석기준을 완화하여 업무상배임죄의 형사책임을 묻는다면 이는 죄형법정주의의 원칙에 위배됨은 물론이고 정책적인 차원에서 보아도 영업이익의 원천인 기업가 정신을 위축시키는 결과를 낳게 되어 당해 기업뿐 아니라 사회적으로도 큰 손실이 될 것이다. 따라서 현행 형법상의 배임죄가 위험범이라는 법리를 부인할 수 없을지라도, 문제된 경영상의 판단에 이르게 된 경위와 동기, 판단대상인 사업의 내용, 기업이 처한 경제적 상황, 손실발생과 이익획득의 개연성 등 제반 사정에 비추어 자기 또는 제3자가 재산상 이익을 취득한다는 인식과 본인에게 손해를 가한다는 인식하에 이루어진 의도적 행위임이 인정되는 경우에 한하여 배임죄의 고의를 인정하는 엄격한 해석기준은 유지되어야 하고, 이러한 인식이 없음에도 단순히 본인에게 손해가 발생하였다는 결과만으로 책임을 묻거나 주의의무를 소홀히 한 과실이 있다고 보아 책임을 물을 수는 없다.[248] 그러나 처리하는 사무의 내용, 성질

248 대법원 2004. 7. 22. 선고 2002도4229 판결, 대법원 2004. 10. 28. 선고 2002도3131 판결, 대법원 2009. 7. 23. 선고 2007도541 판결, 대법원 2010. 1. 14. 선고 2007도10415 판결, 대법원 2010. 10. 28. 선고 2009도1149 판결, 대법원 2012. 7. 12. 선고 2009도7435 판결, 대법원 2014. 11. 27. 선고 2013도2858 판결, 대법원 2017. 5. 30. 선고 2016도9027 판결, 대법원 2019. 6. 13. 선고 2018도20655 판결 등.

등 구체적 상황에 비추어 법령의 규정, 계약 내용 또는 신의성실의 원칙상 자신의 역할·지위에서 당연히 하여야 할 것으로 기대되는 행위를 하지 않거나 하지 않아야 할 것으로 기대되는 행위를 함으로써 재산상 이익을 취득하거나 제3자로 하여금 이를 취득하게 하고 본인에게 손해를 가하였다면 그에 관한 고의 내지 불법이득의 의사는 인정된다.[249]

183 [판례] 금융거래 관련-경영상의 판단과 배임죄의 고의

이윤추구와 아울러 공공적 역할도 담당하는 각종 금융기관의 경영자가 금융거래와 관련한 경영상 판단을 할 때에 그 업무처리의 내용, 방법, 시기 등이 법령이나 당해 구체적 사정 하에서 일의적인 것으로 특정되지 않는 경우에는 결과적으로 특정한 조치를 취하지 아니하는 바람에 본인에게 손해가 발생하였다는 사정만으로 배임의 책임을 물을 수는 없고, 그 경우 경영자에게 배임의 고의가 있었는지 여부를 판단할 때에는 문제된 경영상의 판단에 이르게 된 경위와 동기, 판단대상인 업무의 내용, 금융기관이 처한 경제적 상황, 손실발생의 개연성 등 제반 사정에 비추어 자기 또는 제3자가 재산상 이득을 취득한다는 인식과 본인에게 손해를 가한다는 인식하의 의도적 행위임이 인정되는 경우에 한하여 배임죄의 고의를 인정하는 엄격한 해석기준이 유지되어야 한다.[250]

184 [판례] 기업집단 내 계열회사 간 지원행위에 관한-경영상의 판단과 배임죄의 고의

회사의 이사 등이 타인에게 회사자금을 대여함에 있어 그 타인이 이미 채무변제능력을 상실하여 그에게 자금을 대여할 경우 회사에 손해가 발생하리라는 정을 충분히 알면서 이에 나아갔거나, 충분한 담보를 제공받는 등 상당하고도 합리적인 채권회수 조치를 취하지 아니한 채 만연히 대여해 주었다면, 그와 같은 자금대여는 타인에게 이익을 얻게 하고 회사에 손해를 가하는 행위로서 회사에 대하여 배임행위가 되고, 회사의 이사는 단순히 그것이 경영상의 판단이라는 이유만으로 배임죄의 죄책을 면할 수 없으며, 이러한 이치는 그 타인이 자금지원 회사의 계열회사라 하여 달라지지 않는다.[251] 다만 기업의 경영에는 원천적으로 위험이 내재하여 있어서 경영자가 개인적인 이익을 취할 의도 없이 가능한 범위 내에서 수집된 정보를 바탕으로 기업의 이익을 위한다는 생각으로 신중하게 결정을 내렸다고 하더라도 그 예측이 빗나가 기업

249 대법원 2007. 11. 15. 선고 2007도6075 판결, 대법원 2010. 4. 29. 선고 2009도13868 판결, 대법원 2010. 5. 27. 선고 2010도2181 판결, 대법원 2011. 10. 27. 선고 2009도14464 판결, 대법원 2013. 6. 27. 선고 2012도717 판결, 대법원 2014. 6. 26. 선고 2014도753 판결, 대법원 2017. 9. 12. 선고 2015도602 판결 등.

250 대법원 2007. 1. 26. 선고 2004도1632 판결, 대법원 2010. 5. 13. 선고 2009도13879 판결, 대법원 2010. 10. 14. 선고 2010도387 판결 등.

251 대법원 2000. 3. 14. 선고 99도4923 판결, 대법원 2004. 7. 8. 선고 2002도661 판결 등.

에 손해가 발생하는 경우가 있으므로, 이러한 경우에까지 고의에 관한 해석기준을 완화하여 업무상배임죄의 형사책임을 물을 수 없다.[252] 여기서 경영상의 판단을 이유로 배임죄의 고의를 인정할 수 있는지는 문제 된 경영상의 판단에 이르게 된 경위와 동기, 판단대상인 사업의 내용, 기업이 처한 경제적 상황, 손실발생의 개연성과 이익획득의 개연성 등 제반 사정에 비추어 자기 또는 제3자가 재산상 이익을 취득한다는 인식과 본인에게 손해를 가한다는 인식하의 의도적 행위임이 인정되는 경우인지에 따라 개별적으로 판단하여야 한다.[253] 한편 기업집단의 공동목표에 따른 공동이익의 추구가 사실적, 경제적으로 중요한 의미를 갖는 경우라도 그 기업집단을 구성하는 개별 계열회사는 별도의 독립된 법인격을 가지고 있는 주체로서 각자의 채권자나 주주 등 다수의 이해관계인이 관여되어 있고, 사안에 따라서는 기업집단의 공동이익과 상반되는 계열회사의 고유이익이 있을 수 있다.[254] 이와 같이 동일한 기업집단에 속한 계열회사 사이의 지원행위가 기업집단의 차원에서 계열회사들의 공동이익을 위한 것이라 하더라도 지원 계열회사의 재산상 손해의 위험을 수반하는 경우가 있으므로, 기업집단 내 계열회사 사이의 지원행위가 합리적인 경영판단의 재량 범위 내에서 행하여졌는지 여부는 신중하게 판단하여야 한다. 따라서 동일한 기업집단에 속한 계열회사 사이의 지원행위가 합리적인 경영판단의 재량 범위 내에서 행하여진 것인지 여부를 판단하기 위해서는 앞서 본 여러 사정들과 아울러, 지원을 주고받는 계열회사들이 자본과 영업 등 실체적인 측면에서 결합되어 공동이익과 시너지 효과를 추구하는 관계에 있는지 여부, 이러한 계열회사들 사이의 지원행위가 지원하는 계열회사를 포함하여 기업집단에 속한 계열회사들의 공동이익을 도모하기 위한 것으로서 특정인 또는 특정회사만의 이익을 위한 것은 아닌지 여부, 지원 계열회사의 선정 및 지원 규모 등이 당해 계열회사의 의사나 지원 능력 등을 충분히 고려하여 객관적이고 합리적으로 결정된 것인지 여부, 구체적인 지원행위가 정상적이고 합법적인 방법으로 시행된 것인지 여부, 지원을 하는 계열회사에 지원행위로 인한 부담이나 위험에 상응하는 적절한 보상을 객관적으로 기대할 수 있는 상황이었는지 여부 등까지 충분히 고려하여야 한다. 위와 같은 사정들을 종합하여 볼 때 문제 된 계열회사 사이의 지원행위가 합리적인 경영판단의 재량 범위 내에서 행하여진 것이라고 인정된다면 이러한 행위는 본인에게 손해를 가한다는 인식하의 의도적 행위라고 인정하기 어려울 것이다.[255]

252 대법원 2007. 3. 15. 선고 2004도5742 판결.
253 대법원 2010. 10. 28. 선고 2009도1149 판결.
254 대법원 2013. 9. 26. 선고 2013도5214 판결.
255 대법원 2017. 11. 9. 선고 2015도12633 판결.

분석과 검토: 종래 판례는 계열회사 간 지원행위에 관하여 배임죄 성부가 문제된 경우 '기업집단의 공동이익'이라는 개념을 고려하지 않고 법인격 독립론의 입장에서 개별 계열회사를 기준으로만 판단하였다. 그러나 위 판결은 기업집단 내 계열회사 간 지원행위에 관하여 '기업집단의 공동이익' 개념을 최초로 인정하고, 기업집단의 공동이익을 위한 합리적인 경영판단의 재량 범위 내에서 이루어진 것이라면 배임의 고의를 인정하기 어렵다고 보았으며, 이때 고려해야 할 구체적인 판단기준을 제시하였다.[256]

(라) 판례에 나타난 경영상의 판단(배임죄의 고의가 인정된 경우)

185 [판례] 경영상 판단이 배임행위에 해당한다고 본 경우(특정 회사 주식의 매입행위)
대기업 또는 대기업의 회장 등 개인이 정치적으로 난처한 상황에서 벗어나기 위하여 자회사 및 협력회사 등으로 하여금 특정 회사의 주식을 매입수량, 가격 및 매입시기를 미리 정하여 매입하게 한 행위가 업무상 배임행위에 해당하고 그에 대한 고의도 있었다고 본 사례.[257]

186 [판례] 경영상 판단이 배임행위에 해당한다고 본 경우(담보제공행위)
B 회사는 거액의 채무로 인하여 자력으로는 이를 변제할 수 없는 상황에 처하고도 A 회사의 담보제공에 따라 대출받은 대출금을 기존채무 변제에 사용하지 아니한 채 이익실현 여부가 불확실할 뿐만 아니라 원금손실의 우려까지 있는 주식투자에 사용하였고, 피고인들은 이를 알면서도 A 회사의 예금을 담보로 제공하였다는 것이므로, B 회사나 피고인들의 위와 같은 행위를 도저히 정상적인 경영판단이라고 보기는 어렵다.[258]

187 [판례] 경영상의 판단(배임죄 고의가 인정된 경우)
甲 상호저축은행 임원인 피고인들이 임직원의 친척 등 명의로 토지를 매수한 다음 이른바 특수목적법인(SPC)인 乙 주식회사를 설립하고 乙 회사에 甲 은행 자금을 대출하여 乙 회사 명의로 골프장건설 사업을 추진함으로써 甲 은행에 손해를 가하였다고 하여 특정경제범죄가중처벌등에관한법률위반(배임)죄로 기소된 사안에서, 피고인들이 상호저축은행법 등 관계 법령에 위배되는 까닭에 甲 은행이 실질적 당사자가 되어 시행하거나 보유할 수 없는 골프장건설 사업을 타인의 명의 등을 내세워 편법으로 추진하고, 임원의 임무에 위배하여 구체적인 사업성 검토도 제대로 거치지 아니한 채 함부로 甲 은행의 자금을 지출한 행위는 법령의 규정, 직무 내용은 물론 신의성실의 원칙상 당연히 하지 않아야 할 것으로 기대되는 행위를 함으로써 본인과 맺

256 이완형, "기업집단 내 계열회사 간 지원행의 업무상배임죄 성립 여부", 사법(43), 547~586.
257 대법원 2007. 3. 15. 선고 2004도5742 판결.
258 대법원 2010. 11. 25. 선고 2009도9144 판결.

은 신임관계를 저버리고 그로 인하여 본인에게 재산상 손해를 가하고 제3자로 하여금 재산상 이익을 취득하게 한 경우이므로, 업무상배임의 고의를 인정할 수 있다.[259]

188 [판례] 경영상의 판단-배임죄 고의가 인정된 경우
이익을 취득하는 제3자가 같은 계열회사이고, 계열그룹 전체의 회생을 위한다는 목적에서 이루어진 행위로서 그 행위의 결과가 일부 본인을 위한 측면이 있다 하더라도 본인의 이익을 위한다는 의사는 부수적일 뿐이고 이득 또는 가해의 의사가 주된 것임이 판명되면 배임죄의 고의를 부정할 수 없다.[260]

189 [판례] 합리적인 경영상의 판단에 해당한다고 보기 어려운 경우-표지어음 담보제공행위
피고인이 유상증자금으로 납입된 100억 원 이외에 피해회사의 자금 10억 원을 표지어음 발행에 사용한 것은 제3자 배정 유상증자를 통해 피해회사의 최종 부도를 막기 위한 불가피한 경영판단이었다는 피고인의 주장에 대하여, 110억 원 상당의 표지어음 담보제공행위의 주된 목적은 유상증자 후에도 A 회사가 피해회사에서 최대 주주로서의 지위를 안정적으로 유지하는 동시에 유전개발사업 참여 명목으로 부양된 주가를 이용하여 시세 차익을 얻기 위한 것이어서 피해회사의 부도를 막는 것은 부수적인 목적에 불과하다고 할 것이므로, 110억 원 상당의 표지어음 담보제공행위는 A 회사에 이익을 얻게 하고 피해회사에 손해를 가하는 행위로서 배임행위가 되며, 위 110억 원의 표지어음 중 10억 원 부분만 따로 합리적인 범위 내에서의 경영판단에 해당한다고 보기 어렵다.[261]

190 [판례] 계열사에 대한 자금지원행위가 배임죄로 인정되는 경우
주식회사 A는 과중한 자금수요로 인하여 채무가 누적되어 가는 형편이어서 이미 정상적인 경영이 불가능하였던 사실, 피고인 1은 그룹의 회장 겸 주식회사 A의 대표이사로서, 피고인 2는 그룹의 부회장 겸 종합조정실장으로서 그 산하 16개의 계열회사 전반의 경영과 자금 등에 관한 주요정책을 수립하고 그 집행을 지시하여 왔는데, 주식회사 A의 자금사정이 위와 같이 악화되기에 이르자, 계열회사의 대표이사 등에게 지시하여 그들로 하여금 계열회사의 자금을 주식회사 A에게 대여 내지 지원하도록 하였고, 그 과정에서 계열회사의 이사회 결의를 거치지 않았을 뿐만 아니라 별다른 채권회수조치도 취하지 아니한 사실을 알 수 있는바, 사실관계가 이러하다면, 위 자금대여 내지 지원은 주식회사 A에게 이익을 얻게 하고 계열회사에 손해를 가하는 행위로서 계열회사에 대하여 배임행위가 되고 피고인들과 계열회사의 대표이사 등은

259 대법원 2011. 10. 27. 선고 2009도14464 판결.
260 대법원 2013. 9. 26. 선고 2013도5214 판결.
261 대법원 2013. 12. 26. 선고 2013도12415 판결.

공범으로서 특정경제범죄가중처벌등에관한법률위반(배임)죄의 죄책을 면할 수 없다.[262]

191 [판례] 전 회장에 대한 회사자금 대여가 배임죄로 인정되는 경우

회사의 대표이사가 회사가 속한 재벌그룹의 전 회장이 부담하여야 할 원천징수 소득세의 납부를 위하여 다른 회사에 회사자금을 대여한 사안에서, 특정경제범죄가중처벌등에관한법률위반(배임)의 공소사실을 무죄로 판단한 원심판결에 업무상배임죄의 성립에 관한 법리를 오해한 위법이 있다고 한 사례.[263]

(마) 판례에 나타난 경영상의 판단(배임죄의 고의가 인정되기 어려운 경우)

192 [판례] 경영상의 판단-계열사가 발행한 신규 CP를 매입한 행위에 배임의 고의를 인정하기 어렵다고 본 경우

농협중앙회의 임직원인 피고인들이 다른 채권은행들과 함께 A 계열사에 대한 워크아웃을 추진하면서 A 계열사가 발행하는 신규 CP(단기 기업어음)를 매입하는 과정에서, 농협중앙회의 특정금전신탁계정을 통하여 A 계열사의 기존 CP를 매입한 단위조합 등의 반발에 따라 A 계열사에 대한 워크아웃이 중단될 가능성이 있었고 그 경우 농협중앙회의 A 계열사에 대한 246억 원 상당의 채권에 손실이 예상되는 상황에서 여러 리스크의 증가를 회피하고 A 계열사에 대한 워크아웃이 순조롭게 진행될 경우 장차 수익을 얻을 수 있을 것으로 예상되었기 때문에 피고인들이 A 계열사의 신규 CP를 매입한 것으로 볼 여지가 충분하고, 그 밖에 그 판시와 같은 여러 사정들을 종합하여 보면, 피고인들에게 배임의 고의가 있었다고 인정하기 어렵다.[264]

193 [판례] 경영상의 판단-통합구매 및 어음결제 방식으로 계열사를 지원한 것이 합리적인 경영판단의 재량 범위 내에 있다고 본 경우

대법원은 아래와 같은 사정을 종합하여 그룹 회장인 피고인이 A 회사로 하여금 통합구매 방식으로 다른 계열회사들을 지원한 것은 그룹 내 계열회사들의 공동이익을 위한 합리적인 경영판단의 재량 범위 내라고 판단하였다. A 회사가 그룹 계열회사들의 생산활동에 필요한 철강재 등 원자재를 통합구매하여 어음 결제 방식으로 계열회사들에게 공급한 것은 그 지원행위의 성격에 비추어 특정인 또는 특정회사의 사익을 위한 것으로 보기 어렵고, 그 자체로 동종·유사 영업에 종사하는 그룹 내 계열회사들의 공동이익을 위한 것으로 볼 여지가 크다. 특히 통합구매는 A 회사에 자재를 공급하는 계열회사들의 원자재를 구매력 집중을 위한 원가절감의 목적으로 채권단과의

262 대법원 2000. 3. 14. 선고 99도4923 판결.
263 대법원 2010. 10. 28. 선고 2009도1149 판결.
264 대법원 2007. 1. 26. 선고 2004도1632 판결, 대법원 2011. 7. 28. 선고 2010도7546 판결 등.

자율협약 체결 이전부터 계획·시행되던 것이었고, 통합구매 대금 결제 방식을 점차 현금에서 어음으로 변경하게 된 것은 위 계열회사들의 공장 건설 등 신규 투자에 따른 자금부족 때문으로 보인다. 따라서 A 회사가 통합구매 및 어음 결제 방식으로 계열회사를 지원한 것이 지원행위의 대상 및 규모의 결정에 있어 객관적·합리적 기준을 벗어나거나 A 회사의 의사에 반한 것으로 보기 어렵다. 당시 A 회사가 회계상 자본잠식의 상태에 있기는 하였으나 당시 상당한 영업이익을 올렸고 회계상 대규모 손실의 원인이 되었던 환차손 부분도 자율협약 등을 통하여 파생상품 결제기를 연장받는 등 단지 회계상 자본잠식 상태에 있었다는 이유만으로 A 회사가 통합구매 방식을 통해 계열회사들을 지원할 여력이 없었다고 단정하기 어려우므로, 이 부분 지원행위가 A 회사의 부담 능력을 초과한 것이라고 보기 어렵다. 금융기관이나 기업평가기관의 계열회사들에 대한 사업전망이 긍정적이었던 사실 등에 비추어 A 회사의 입장에서도 원자재 구매를 지원받은 계열회사들이 제품 생산 및 판매를 통해 장차 통합구매 대금을 결제할 것은 물론 그들의 사업 성장을 통해 그룹 차원의 사업영역 확장과 이를 통한 시너지 효과 등을 객관적으로 기대할 수 있었던 상황으로 보인다.[265]

194 [판례] 경영상의 판단-회사가 운영하는 골프장을 이용하면서 이사들이 회사내규인 '회원예우에 관한 규정'에 따라 해당 비용을 면제받은 경우 상법상 특별배임죄의 고의를 인정하기 어렵다고 본 사례

일반적으로 법인의 정관이나 그에 따른 세부사업을 위한 규정 등 단체 내부의 규정은 특별한 사정이 없는 한 그것이 선량한 풍속 기타 사회질서에 위반되는 등 사회관념상 현저히 타당성을 잃은 것이거나 결정절차가 현저히 정의에 어긋난 것으로 인정되는 경우 등을 제외하고는 일응 유효한 것으로 볼 수 있는 점, 회사의 대주주 및 임직원, 기타 관계자들에 대하여 회사 시설의 사용이나 그에 관한 비용 지불 등에 관하여 객관적, 합리적으로 수긍할 수 있는 범위 내에서 어느 정도의 우대규정을 두고 이를 적용하는 것은 회사의 자율적인 운영권의 범주 내에 해당한다고 할 수 있는 점, 위와 같은 우대규정의 마련·적용을 통하여 회사의 운영상의 효율성 제고, 임원들의 사기진작 및 우수임원 유치, 대외적인 이미지 향상 내지 회사홍보, 회사의 무형적 가치 상승 등의 효과를 가져올 가능성도 있는 점 등을 고려하여 보면, 피해자 주식회사의 대표이사 또는 이사인 피고인들이 종전 규정이나 개정 규정에 의하여 위 골프장 이용에 따른 비용을 면제받은 행위가 이사로서의 임무에 위배되는 행위에 해당하는지 여부 내지 그에 관하여 피고인들의 배임의 고의가 인정되는지 여부를 판단함에 있어서는, 위와 같은 각 규정의 적용을 통하여 단순히 회사에게 금전적인 수입의 감소가

265 대법원 2017. 11. 9. 선고 2015도12633 판결.

발생하고 피고인들에게 동액 상당의 금전적 이익이 발생하였는지 여부만을 기준으로 살필 것이 아니라, 구체적으로 위 각 규정의 제정 및 개정의 시기·동기·경위·절차, 피해자 주식회사의 영업 규모나 방식, 재정 상태, 골프장 이용객 수, 관련 업계의 관행, 종전 규정이나 개정 규정의 효력 여하 및 피고인들이 위 각 규정을 적용하지 말아야 할 법령상 또는 신의칙상 의무가 있는지 여부, 위 각 규정에서 정하고 있는 비용면제의 범위 및 정도가 객관적, 합리적으로 수긍할 수 있는 범위 내에 해당한다고 볼 수 있는지 여부, 위 각 규정의 적용 결과 감소될 수입의 정도와 발생이 예상되는 무형적, 잠재적 이익의 정도, 실제로 피고인들이 위 각 규정에 의하여 비용을 면제받은 시기, 빈도, 액수 등 및 위 골프장 이용 경위 및 동반자, 당시의 피해자 주식회사의 경영 상태, 기타 제반 사정들에 관하여 심리를 한 후, 종합적으로 판단하여야 할 것이다.[266]

195 [판례] 경영상의 판단-배임죄 고의를 인정하기 어렵다고 본 경우

특정 자동차 정비사업소의 1인 이사가 해당 자동차 주식회사로부터 임대차계약과 운영협약의 해지 통보를 받자 그 법적 효력을 소송 등으로 다투지 않고 폐업신고를 하고 주요 영업재산인 정비업허가를 다른 지점의 정비사업소에 양도한 사안에서, 배임의 고의가 있었다고 단정하기 어렵다고 한 사례.[267]

196 [판례] 경영상의 판단-배임죄 고의를 인정하기 어렵다고 본 경우

甲 회사가 부실회사인 乙 회사를 인수할 당시 이미 검토되었던 투자의 실행으로서 이루어진 유상증자 참여결정에 따라 乙 회사의 발행주식을 적정가액보다 고가로 인수한 사안에서, 乙 회사 유상증자에의 참여를 결정한 甲 회사의 대표이사 및 이사에게 업무상배임의 고의가 있었다거나 임무를 위배하였다고 단정하기 어렵다고 한 사례.[268]

197 [판례] 경영상 판단이 배임행위에 해당한다고 보기 어려운 경우-한국방송공사 사장의 조정안 동의 행위

한국방송공사의 사장으로서 공사와 과세관청 사이의 조세소송 관련 사무를 처리하는 과정에서 환급금을 이용한 재정적자의 일시적 해소를 통한 경영책임의 회피 및 사장직 연임 등의 개인적 이익을 위하여 공사의 이익에 명백하게 반하는 불합리한 내용의 조정안을 제시하면서 무리하게 조정을 추진함으로써 공사에게 재산상 손해를 가하였다는 사실이 합리적 의심을 배제할 정도로 증명되지 아니하였다고 판단하고, 나아가 공사가 이 사건 조세소송에서 조정을 추진한 동기와 과정, 조정안의 내용 등 그 판시와 같은 여러 사정을 종합하여 피고인이 이 사건 조세소송의 조정 과정에서 공사에게

266 대법원 2009. 2. 26. 선고 2008도522 판결.
267 대법원 2009. 6. 11. 선고 2008도4910 판결.
268 대법원 2010. 1. 14. 선고 2007도10415 판결.

보다 유리한 내용으로 조정안을 관철하지 못한 것이 배임행위에 해당한다고 볼 수 없다는 이유로 이 사건 예비적 공소사실에 대해서도 무죄로 판단한 것은 정당하다.[269]

198 [판례] 차입매수와 관련한 경영상의 판단에 배임죄의 고의를 부정한 사례[270]
☞ 뒤에서 항을 달리하여 따로 살펴본다.

(3) 배임행위의 세부 유형별 검토

199 이사의 배임행위가 문제되는 경우를 세부적인 유형별로 살펴본다. 주로 저가로 발행하는 신주, 신주인수권부사채 및 전환사채의 발행행위, 이사의 금지된 자기거래행위, 이사의 감사에 대한 보고의무위반, 경영권 유지를 위한 우리사주조합에 대한 지원행위, 보증과 배임행위, 기타 회사 채권자 등 거래자와의 관계를 살펴보고, 항을 달리하여 가장납입행위, 불량·부실대출행위, 이른바 차입매수행위, 모험거래에 관한 배임행위성을 판례를 중심으로 검토한다. 그 외 업무상 비밀의 유출행위, 학교법인 등 비영리법인 운영과 배임행위, 공무원의 배임행위를 추가로 살펴본다.

(가) 이사의 배임행위 일반

200 회사의 대표이사가 외국회사와의 기존 대리점계약을 유지·발전시켜야 할 의무가 있음에도 사술(詐術)을 써서 외국회사로 하여금 대리점계약의 해지통지를 하게 한 다음 자기가 곧 대표이사로 취임할 타 회사와 사이에 새로운 대리점계약을 체결케 한 경우,[271] 대표이사가 이사회의 결의 없이 수분양자의 지위양도계약에 관한 업무집행행위를 한 경우[272] 모두 배임행위에 해당한다. 그리고 회사 임원이 대주주의 지시가 있다는 이유로 그 대주주가 개인적 용도에 사용할 것을 알면서 회사 명의의 약속어음을 발행한 경우 및 은행 지점장이 은행장의 지시 및 승인이 있다는 이유로 대출규정에 위반된 불성실한 당좌대월을 한 경우[273] 등은 모두 본인인 회사에게 손해를 입히는 배임행위에 해당한다. 모회사와 자회사가 모회사의 대주주로부터 그가 소유한 다른 회사의 비상장주식을 매입한 사안에서, 거래의 목적, 계약체결의 경위 및 내용, 거래대금의 규모 및 회사의 재정상태 등 제반사정에 비추어 그것이 회사의 입장에서 볼 때 경영상의

269 대법원 2012. 1. 12. 선고 2010도15129 판결.
270 대법원 2015. 3. 12. 선고 2012도9148 판결.
271 대법원 1983. 12. 13. 선고 83도2349 판결.
272 대법원 2004. 5. 14. 선고 2001도4857 판결.
273 대법원 1983. 3. 8. 선고 82도2873 판결.

필요에 의한 정상적인 거래로서 허용될 수 있는 한계를 넘어 주로 주식을 매도하려는 대주주의 개인적인 이익을 위한 것에 불과하다면 그 모회사 및 자회사의 임직원에 대하여 배임행위가 성립한다.[274]

201 [판례] 회사의 자산으로 거액의 기부를 한 경우
재무구조가 열악한 회사의 대표이사가 제3자에게 회사의 자산으로 거액의 기부를 한 경우 그로써 회사를 채무초과 상태에 빠뜨리거나 채무상환이 곤란한 상태에 처하게 하는 등 그 기부액수가 회사의 재정상태 등에 비추어 기업의 사회적 역할을 감당하는 정도를 넘는 과도한 규모로서 상당성을 결여한 것이고 특히 그 기부의 상대방이 대표이사와 개인적 연고가 있을 뿐 회사와는 연관성이 거의 없다면, 그 기부는 대표이사의 선량한 관리자로서의 업무상 임무에 위배되는 행위에 해당한다 할 것이고, 그 대표이사가 실질적 1인 주주라는 등의 사정이 있다고 하더라도 마찬가지라 할 것이다.[275]

202 [판례] 회사명의 기부행위와 배임
주식회사가 그 재산을 대가 없이 타에 기부, 증여하는 것은 주주에 대한 배당의 감소를 가져오게 되어 결과적으로 주주에게 어느 정도의 손해를 가하는 것이 되지만 그것이 배임행위가 되려면 그 회사의 설립목적, 기부금의 성격, 그 기부금이 사회에 끼치는 이익, 그로 인한 주주의 불이익 등을 합목적적으로 판단하여, 그 기부행위가 실질적으로 주주권을 침해한 것이라고 인정되는 정도에 이를 것을 요한다.[276]

203 [판례] 법인 임원의 자금대여행위와 배임
어떤 법인이 법인격을 달리하는 다른 법인에 자금을 대여한 경우, 그 자금을 대여한 당해 법인의 임원의 행위가 배임죄에 해당하는지를 판단함에 있어서는 그 임원이 사무의 내용, 성질 등 구체적 상황에 비추어 법률의 규정, 계약의 내용 혹은 신의칙상 당연히 할 것으로 기대되는 행위를 하지 않거나 당연히 하지 않아야 할 것으로 기대되는 행위를 함으로써 당해 법인과 임원 사이의 신임관계를 저버리는 행위를 하였는지 및 그러한 행위를 통해 당해 법인에 재산상 실해 발생의 위험을 초래하였는지를 기준으로 판단하여야 한다.[277] 이때 이러한 행위는 부적정한 회계처리와 밀접한 관련이 있는데 뒤에서 다시 살펴본다.

274 대법원 2005. 4. 29. 선고 2005도856 판결.
275 대법원 1983. 12. 13. 선고 83도2330 전원합의체 판결, 대법원 2005. 6. 10. 선고 2005도946 판결, 대법원 2011. 3. 10. 선고 2008도6335 판결, 대법원 2012. 6. 14. 선고 2010도9871 판결 등.
276 대법원 1985. 7. 23. 선고 85도480 판결, 대법원 2005. 6. 10. 선고 2005도946 판결, 대법원 2010. 5. 13. 선고 2010도568 판결 등.
277 대법원 2003. 4. 8. 선고 2002도6020 판결, 대법원 2006. 11. 10. 선고 2004도5167 판결 등.

204 [판례] 회사 대표이사의 가지급금 명목 인출, 사용행위

회사의 대표이사가 회사를 위한 지출 이외의 용도로 거액의 회사 자금을 가지급금 등의 명목으로 인출, 사용함에 있어서 이자나 변제기의 약정이 없음은 물론 이사회 승인 등 적법한 절차도 거치지 아니하는 것은 통상 용인될 수 있는 범위를 벗어나 대표이사 등의 지위를 이용하여 회사 자금을 사적인 용도로 임의로 대여, 처분하는 것과 다름없어 횡령죄를 구성한다고 볼 수 있다.[278]

205 [판례] 주식회사의 임원이나 회계책임자가 회사의 주식을 매입하여 대주주가 되려고 하는 주식매수인에게 미리 대주주대여금 명목으로 회사자금을 교부하여 주식매수대금으로 지급하게 하는 행위

주식회사의 임원이나 회계책임자가 당해 회사의 주식을 매수하여 대주주가 되려고 하는 자에게 미리 대주주대여금 명목으로 회사자금을 교부하여 그 돈으로 주식매수대금을 지급하게 하는 행위는 대주주가 되려는 자의 개인적인 이익을 도모하고 회사의 부실을 초래하는 것으로서, 그 대여행위가 회사의 이익을 위한 것임이 명백하고 회사 내부의 정상적인 의사결정절차를 거쳤으며 그로 인하여 회사의 자금운용에 아무런 어려움이 발생하지 않을 뿐만 아니라 대여금 회수를 위한 충분한 담보도 확보되어 있다는 등의 특별한 사정이 없는 한 업무상배임죄(경우에 따라서는 업무상횡령죄[279])에 해당하고, 또 그와 같은 방법으로 회사의 대주주가 된 자가 회사 임원 등의 배임행위를 교사하거나 배임행위의 전 과정에 관여하는 등으로 적극 가담한 경우에는 업무상배임죄의 공동정범이 된다고 할 것이다.[280]

206 [판례] 이사의 납품 관련 행위가 배임행위에 해당한다고 본 경우

이사는 회사에 대하여 법령과 정관의 규정에 따라 성실하게 회사에 최선의 이익이 되도록 직무를 수행하여야 할 선관주의의무 내지 충실의무를 부담하는 것이므로, 회사에 필요한 물품을 납품받음에 있어 할인된 가격으로 납품가격을 정할 수 있었음에도 납품과정에서 자신이 이익을 취득할 의도로 납품업자에게 가공의 납품업체를 만들게 한 뒤 그 납품업체로부터 할인되지 않은 가격으로 납품을 받았다면 이는 회사와의 신임관계를 저버리는 행위로서 임무에 위배하는 행위라고 할 것이다. 다만, 구체적 사정에 비추어 할인받을 수 있는 가격을 특정할 수 없는 등의 특별한 사정이 있다면 이사가 취득한 이익 전체를 회사에 발생한 재산상 손해액이라고 할 수는 없고, 회사에는 가액을 산정할 수 없는 손해가 발생하였다고 봄이 상당하다. 피고인 甲

278 대법원 2006. 4. 27. 선고 2003도135 판결, 대법원 2007. 1. 12. 선고 2004도8071 판결 등.
279 대법원 2005. 3. 24. 선고 2004도8963 판결 참조.
280 대법원 2007. 2. 8. 선고 2006도483 판결.

은 사료첨가제를 신규로 구매함에 있어 성분이 같거나 유사한 사료첨가제를 다른 업체로부터 구매할 수 있어, A 회사가 사료첨가제 납품업체와 사이에 가격 협상을 함에 있어 유리한 위치에 있었음에도, 피고인 甲 자신이 사료첨가제 납품으로 발생하는 이익금을 얻기 위한 의도 또는 B로 하여금 이익금을 얻게 할 의도에서, 피고인 乙에게 납품업체를 새로 만들어 일정한 이윤이 발생하도록 사료첨가제를 납품하라고 지시하고 A 회사의 직원에게는 위 납품업체로부터 사료첨가제를 납품받도록 지시하는 방법으로, A 회사와 위 납품업체 사이에 실제로 계약이 체결된 납품가액과 그보다 더 낮은 수준에서 계약이 체결되는 경우의 납품가격의 차액 상당의 재산상 이익을 취득하고 A 회사에 같은 액수 상당의 손해를 가하였다.[281]

207 [판례] 과다한 경호경비인력 용역계약 체결행위와 배임행위

피고인이 경영권을 둘러싼 분쟁 과정에서 회사의 시설 보호 또는 임직원의 신변 보호에 필요하다는 이유로 객관적으로 적정한 수준을 훨씬 초과하는 대규모의 경호경비인력을 동원하는 용역계약을 체결하고 경호경비 용역업체에게 그 판시와 같은 규모의 용역비를 지급한 것은 경호경비 용역업체에게 재산상 이익을 취득하게 하고 회사에 재산상 손해를 가하는 것으로서 업무상배임죄에 해당한다.[282]

208 [판례] 계약금만 일부 지급받은 상태에서 주식 매도행위와 배임죄 성부

피고인이 A 회사 경영권 분쟁 과정에서 자신들의 우호지분을 확보할 목적으로 A 회사의 자기주식을 다른 사람에게 여러 번에 걸쳐 매도하는 과정에서 잔대금의 이행에 관한 상당한 담보를 확보하는 등의 조치를 하지 않은 채 계약금만 일부 지급받은 상태에서 주식을 매수인들에게 인도함으로써 A 회사에 5억 원 이상의 재산상 손해를 가하였다면 A 회사에 대한 임무위배행위에 해당한다.[283]

209 [판례] 부적정한 회계처리와 배임행위

당해 법인의 임원이 회계처리를 적정하게 하지 아니함으로써 다른 법인에 자금을 대여하거나 지급보증한 사실 자체를 은폐한 경우, 그러한 부적정한 회계처리는 자금대여 등과 관련된 배임행위의 고의를 뒷받침하는 유력한 요소로 평가할 수 있는 것이므로, 그러한 부적정한 회계처리에도 불구하고 배임죄의 성립을 부정하려면 당해 법인과 다른 법인의 관계, 자금대여나 지급보증의 경위와 목적, 자금대여나 지급보증의 방법 등 제반 사정을 종합적으로 고려하여 보다 신중하게 판단할 필요가 있다.[284]

281 대법원 2009. 10. 15. 선고 2009도5655 판결.
282 대법원 2013. 3. 28. 선고 2012도16281 판결.
283 대법원 2013. 3. 28. 선고 2012도16281 판결.
284 대법원 2010. 10. 28. 선고 2009도1149 판결, 대법원 2013. 9. 26. 선고 2013도5214 판결 등.

210 [판례] 정리법원의 허가를 받지 않은 정리회사의 자금지출행위

정리회사의 공동관리인들인 피고인들이 정리계획의 내용에 반하거나 정리법원의 허가 없이 한 자금 대여 또는 담보 제공 등의 자금지출행위는 결국 정리회사, 채권자 및 주주의 이익을 위하여 정리계획의 내용 및 정리법원의 허가 아래 정당하게 지출되어야 할 정리회사의 자금 등을 부당하게 감소시키는 것으로서, 정리회사를 비롯한 이해관계인에게 재산상 손해 내지 손해 발생의 위험을 초래하였고, 그로써 배임죄가 성립한다고 본 원심을 수긍한 사례.[285]

(나) 주식발행 거래 관련 배임행위

① 신주의 저가 발행과 주주 또는 제3자 배정방식

211 [판례] 현저하게 불공정한 가액으로 제 3 자 배정방식에 의하여 신주 등을 발행하는 행위

신주를 발행함에 있어 주주배정의 방법이 아니라 제3자에게 인수권을 부여하는 제3자 배정방법의 경우, 제3자는 신주 등을 인수함으로써 회사의 지분을 새로 취득하게 되므로 그 제3자와 회사와의 관계를 주주의 경우와 동일하게 볼 수는 없다. 제3자에게 시가보다 현저하게 낮은 가액으로 신주 등을 발행하는 경우에는 시가를 적정하게 반영하여 발행조건을 정하거나 또는 주식의 실질가액을 고려한 적정한 가격에 의하여 발행하는 경우와 비교하여 그 차이에 상당한 만큼 회사의 자산을 증가시키지 못하게 되는 결과가 발생하는데, 이 경우에는 회사법상 공정한 발행가액과 실제 발행가액과의 차액에 발행주식수를 곱하여 산출된 액수만큼 회사가 손해를 입은 것으로 보아야 한다. 이와 같이 현저하게 불공정한 가액으로 제3자 배정방식에 의하여 신주 등을 발행하는 행위는 이사의 임무위배행위에 해당하는 것으로서 그로 인하여 회사에 공정한 발행가액과의 차액에 상당하는 자금을 취득하지 못하게 되는 손해를 입힌 이상 이사에 대하여 배임죄의 죄책을 물을 수 있다.[286]

212 [판례] 저렴한 가액으로 신주를 발행하는 경우 주주 배정방식과 제 3 자 배정방식의 비교

다수의견: i) 주주는 회사에 대하여 주식의 인수가액에 대한 납입의무를 부담할 뿐 인수가액 전액을 납입하여 주식을 취득한 후에는 주주 유한책임의 원칙에 따라 회사에 대하여 추가 출자의무를 부담하지 않는 점, 회사가 준비금을 자본으로 전입하거나 이익을 주식으로 배당할 경우에는 주주들에게 지분비율에 따라 무상으로 신주를 발행할 수 있는 점 등에 비추어 볼 때, 회사가 주주 배정의 방법, 즉 주주가 가진 주

285 대법원 2009. 7. 23. 선고 2008도8933 판결.

286 대법원 2009. 5. 29. 선고 2007도4949 전원합의체 판결(이른바 '삼성에버랜드 사건'), 대법원 2009. 5. 29. 선고 2008도9436 판결(이른바 '삼성SDS 신주인수권부사채 저가발생 사건'), 대법원 2013. 11. 14. 선고 2013도9767 판결, 대법원 2014. 3. 27. 선고 2012도9475 판결 등.

식 수에 따라 신주, 전환사채나 신주인수권부사채의 배정을 하는 방법으로 신주 등을 발행하는 경우에는 발행가액 등을 반드시 시가에 의하여야 하는 것은 아니다. 따라서 회사의 이사로서는 주주배정의 방법으로 신주를 발행하는 경우 원칙적으로 액면가를 하회하여서는 아니 된다는 제약 외에는 주주 전체의 이익, 회사의 자금조달의 필요성, 급박성 등을 감안하여 경영판단에 따라 자유로이 그 발행조건을 정할 수 있다고 보아야 하므로, 시가보다 낮게 발행가액 등을 정함으로써 주주들로부터 가능한 최대한의 자금을 유치하지 못하였다고 하여 배임죄의 구성요건인 임무위배, 즉 회사의 재산보호의무를 위반하였다고 볼 것은 아니다. ii) 그러나 주주배정의 방법이 아니라 제3자에게 인수권을 부여하는 제3자 배정방법의 경우, 제3자는 신주 등을 인수함으로써 회사의 지분을 새로 취득하게 되므로 그 제3자와 회사와의 관계를 주주의 경우와 동일하게 볼 수는 없다. 제3자에게 시가보다 현저하게 낮은 가액으로 신주 등을 발행하는 경우에는 시가를 적정하게 반영하여 발행조건을 정하거나 또는 주식의 실질가액을 고려한 적정한 가격에 의하여 발행하는 경우와 비교하여 그 차이에 상당한 만큼 회사의 자산을 증가시키지 못하게 되는 결과가 발생하는데, 이 경우에는 회사법상 공정한 발행가액과 실제 발행가액과의 차액에 발행주식수를 곱하여 산출된 액수만큼 회사가 손해를 입은 것으로 보아야 한다. iii) 이와 같이 현저하게 불공정한 가액으로 제3자 배정방식에 의하여 신주 등을 발행하는 행위는 이사의 임무위배행위에 해당하는 것으로서 그로 인하여 회사에 공정한 발행가액과의 차액에 상당하는 자금을 취득하지 못하게 되는 손해를 입힌 이상 이사에 대하여 배임죄의 죄책을 물을 수 있다. 다만, 회사가 제3자 배정의 방법으로 신주 등을 발행하는 경우에는 회사의 재무구조, 영업전망과 그에 대한 시장의 평가, 주식의 실질가액, 금융시장의 상황, 신주의 인수가능성 등 여러 사정을 종합적으로 고려하여, 이사가 그 임무에 위배하여 신주의 발행가액 등을 공정한 가액보다 현저히 낮추어 발행한 경우에 해당하는지를 살펴 이사의 업무상배임죄의 성립 여부를 판단하여야 한다. iv) 신주 등의 발행에서 주주 배정방식과 제3자 배정방식을 구별하는 기준은 회사가 신주 등을 발행하는 때에 주주들에게 그들의 지분비율에 따라 신주 등을 우선적으로 인수할 기회를 부여하였는지 여부에 따라 객관적으로 결정되어야 할 성질의 것이지, 신주 등의 인수권을 부여받은 주주들이 실제로 인수권을 행사함으로써 신주 등을 배정받았는지 여부에 좌우되는 것은 아니다. 회사가 기존 주주들에게 지분비율대로 신주 등을 인수할 기회를 부여하였는데도 주주들이 그 인수를 포기함에 따라 발생한 실권주 등을 제3자에게 배정한 결과 회사 지분비율에 변화가 생기고, 이 경우 신주 등의 발행가액이 시가보다 현저하게 낮아 그 인수권을 행사하지 아니한 주주들이 보유한 주식의 가치가 희석되어 기존 주주들의 부가 새로이 주주가 된 사람들에게 이전되는 효과가 발생하더라도, 그로 인한 불이익은 기존 주주들 자신의 선택에 의한 것일 뿐이다. 또한, 회사의 입장에서 보더라도 기존 주주들이 신주 등을 인수하여 이를 제3자에게 양도한 경우와 이사회가 기존 주주들이 인수하지 아니한 신주 등을 제3자에게 배정한 경우를 비교하여 보면 회사에 유입되는 자금의 규모에 아무런 차이가 없을 것이므로, 이사가 회사에 대한 관계에서 어떠한 임무에 위배하여 손해를 끼쳤다고 볼 수는 없다.[287]
소수의견: 신주 등을 주주 배정방식으로 발행하였다고 하더라도, 상당 부분이 실권되었음에도, 이사가 그 실권된 부분에 관한 신주 등의 발행을 중단하지도 아니하고 그 발행가액 등의 발행조건을 제3자 배정방식으로 발행하는 경우와 마찬가지로 취급하여 시가로 변경하지도 아니한 채 발행을 계속하여 그 실권주 해당부분을 제3자에게 배정하고 인수되도록 하였다면, 이는 이사가 회사에 대한 관계에서 선관의무를 다하지 아니한 것에 해당하고, 그로 인하여 회사에 자금이 덜 유입되는 손해가 발행하였다면 업무상배임죄가 성립한다.

분석과 검토: 이 판결에 대하여는, 실권주가 발생하는 이상 주주배정과 제3자 배정은 이사의 임무위배를 판단함에 있어 차이가 없고, 아무런 경영상 목적이 없음에도 실권주를 저가에 처분하였다면 주주간 부의 이전이 발생하므로 이사의 임무위배가 성립한다고 보아야 한다는 점,[288] 신주발행은 회사의 사무에 속하므로 배임죄의 성립 여부는 주주가 아닌 회사에 대한 손해의 발생 유무를 기준으로 판단해야 한다는 점[289] 등으로 비판적인 견해가 있다.

② 전환사채의 저가 발행과 배정방식

213 [판례] 주주 배정방식으로 전환사채를 발행할 때 주주가 인수하지 아니하여 실권된 부분을 제 3 자에게 주주의 경우와 같은 조건으로 발행한 이사의 행위가 회사에 대한 임무위배에 해당하는지 여부
상법상 전환사채를 주주 배정방식에 의하여 발행하는 경우에도 주주가 그 인수권을 잃은 때에는 회사는 이사회의 결의에 의하여 그 인수가 없는 부분에 대하여 자유로이 이를 제3자에게 처분할 수 있는 것인데, 단일한 기회에 발행되는 전환사채의 발행조건은 동일하여야 하므로, 주주배정으로 전환사채를 발행하는 경우에 주주가 인수하지 아니하여 실권된 부분에 관하여 이를 주주가 인수한 부분과 별도로 취급하여 전환가액 등 발행조건을 변경하여 발행할 여지가 없다. 주주배정의 방법으로 주주에게 전환사채인수권을 부여

287 대법원 2009. 5. 29. 선고 2007도4949 전원합의체 판결(이른바 '삼성에버랜드 사건').
288 송옥렬, "신주의 저가발행에서 이사의 임무위배", 민사판례연구 33-1권(2011. 2.), 713.
289 김일수/서보학, 새로쓴 형법각론(제9판), 박영사(2018), 386~387; 윤광균, "회사와 그 지배자간 거래의 공정성 판단기준에 관한 고찰-대법원 2009. 5. 29. 선고 2007도4949 전원합의체 판결에 대한 비판-", 법조 640호(2010. 1.), 136 이하.

하였지만 주주들이 인수청약하지 아니하여 실권된 부분을 제3자에게 발행하더라도 주주의 경우와 같은 조건으로 발행할 수밖에 없고, 이러한 법리는 주주들이 전환사채의 인수청약을 하지 아니함으로써 발생하는 실권의 규모에 따라 달라지는 것은 아니다.[290]

214 [판례] 주주 배정방식으로 전환사채를 발행할 때 전환사채 발행을 위한 이사회 결의에는 정족수 미달의 하자가 있었다 하더라도 실권된 전환사채를 제 3 자에게 배정하기로 의결한 이사회 결의에는 하자가 없는 경우와 배임행위

배임죄에 있어서 임무위배행위라 함은 형식적으로 법령을 위반한 모든 경우를 의미하는 것이 아니고, 문제가 된 구체적인 행위유형 또는 거래유형 및 보호법익 등을 종합적으로 고려하여 경제적 실질적 관점에서 본인에게 재산상의 손해가 발생할 위험이 있는 행위를 의미한다.[291] 이러한 법리에 비추어 살펴보면, 전환사채의 발행이 주주 배정방식으로 이루어진 이상 회사에 어떠한 손해가 생겼다고 보기 어려운 점, 신주 발행에 관한 이사회의 결의가 없거나 그 결의에 흠이 있다고 하더라도 이사회의 결의는 회사의 내부적 의사결정에 불과하므로 신주발행의 효력에는 영향이 없는 점,[292] 이 사건 실권된 전환사채를 공소외인 등에게 배정하기로 의결한 이사회 결의에 어떠한 흠이 있다고 인정할 아무런 자료가 없는 점 등을 종합하여 보면, 피고인들이 이 사건 전환사채의 발행절차를 중단하지 아니하고 이를 진행한 것이 회사의 재산보호의무 위반으로서의 임무위배에 해당한다고 볼 수는 없다.[293]

215 [판례] 제 3 자 배정방법으로 현저히 낮은 가격의 전환사채를 발행하는 경우

회사의 이사가 시가보다 현저하게 낮은 가액으로 전환사채를 발행하였다면 시가를 적정하게 반영하여 발행조건을 정하거나 또는 주식의 실질가액을 고려한 적정한 가격에 의하여 발행하는 경우와 비교하여 그 차이에 상당한 만큼 회사 자산을 증가시키지 못하게 되는 결과가 발생하는데, 이는 회사법상 공정한 전환가액과 실제 전환가액과의 차액에 전환가능한 주식수를 곱하여 산출된 액수만큼 회사가 손해를 입은 것으로 보아야 한다. 이 경우 공정한 전환가액이라 함은 기존주식의 시가 또는 주식의 실질가액을 반영하는 적정가격과 더불어 회사의 재무구조, 영업전망과 그에 대한 시장의 평가, 금융시장의 상황, 전환사채의 인수가능성 등 여러 사정을 종합적으로 고려하여 합리적으로 인정되는 가격을 의미한다고 할 것이다.[294]

290 대법원 2009. 5. 29. 선고 2007도4949 전원합의체 판결(이른바 '삼성에버랜드 사건').
291 대법원 2008. 6. 19. 선고 2006도4876 전원합의체 판결 등.
292 대법원 2007. 2. 22. 선고 2005다77060, 77077 판결.
293 대법원 2009. 5. 29. 선고 2007도4949 전원합의체 판결(이른바 '삼성에버랜드 사건').
294 대법원 2009. 5. 29. 선고 2008도9436 판결(이른바 '삼성SDS 신주인수권부사채 저가발생 사건'), 대법원 2013. 5. 23. 선고 2012도15889 판결 등.

216 [판례] 실제 전환가액이 회사법상 공정한 전환가액에 비하여 현저하게 불공정하다고 인정하기 어려워 배임죄의 성립을 부정한 경우

이 사건 공소사실의 요지는 A 회사 대표이사와 이사인 피고인들이 2회에 걸쳐 합계 19억 9,000만 원 상당의 전환사채를 발행함에 있어서, 일반 공모 방식을 취하기로 한 공시내용과 달리 실제로는 사모에 의한 제3자 배정 방식으로 자신들을 비롯한 경영진과 그 지인들을 미리 전환사채 인수자로 결정하고, 특히 전환사채 발행 직후 30:1의 비율로 무상감자를 실시할 계획이었으므로 감자로 인한 주식가치 상승 등을 고려하여 적정한 전환가액 및 발행조건을 정함으로써 회사 자산을 최대한 증가시켜야 하는 임무에 위배하여 감자 등의 경우에도 전환가액을 조정하지 아니하는 이른바 '황금전환사채'를 발행하여, 피해자 회사에 손해를 입게 함과 동시에 전환사채 인수자들에게 동액 상당의 재산상 이익을 취득하게 하였다는 것이다. 이에 대하여 원심은, 무상감자로 인한 주식가치 상승의 경우 특별한 사정이 없는 한 전환사채 인수자와 기존주주와의 균형을 맞추고 이해관계를 조정하기 위하여 감자비율을 고려하여 전환가액을 조정할 필요성이 있음을 부정하기 어렵다고 전제하면서도, 피해자 회사는 당시 자본잠식 상태로 상장폐지의 위기에 있었던 점, 피해자 회사와 같이 자본잠식 상태를 벗어나기 위한 방법으로 무상감자를 실시하는 경우 감자비율에 따라 주가가 상향조정된 이후 비교적 큰 폭의 주가하락이 발생하는 것이 보통인 점, 이 사건 전환사채의 성공적인 인수를 위해서는 인수자에게 큰 특혜를 줄 수밖에 없었을 것으로 보이는 점 등을 종합하여 보면, 검사가 전제한 바와 같이 i) 이 사건 전환사채 발행 공시일의 주당 종가를 기준으로 무상감자비율을 단순히 그대로 적용하여 산출한 가격인 4,530원, ii) 무상감자 후 최초거래일의 주당 종가인 3,455원, iii) 무상감자 후 이루어진 유상증자시의 발행가격인 2,545원 등이 합리적인 의심의 여지가 없을 정도로 충분히 증명된 회사법상 공정한 전환가액에 해당한다고 쉽게 단정하기 어렵다고 판단하였다. 나아가 원심은, 검사는 위 3개의 주가 중 가장 낮은 2,545원이 회사법상 최소한의 공정한 전환가액임을 전제로 구체적인 손해액과 이득액을 합계 108억 8,700만 원으로 산출하여 기소하였으나, 위 2,545원이 합리적인 의심의 여지가 없을 정도로 충분히 입증된 회사법상 공정한 전환가액에 해당한다고 단정하기 어려운 이상, 이 사건 실제 전환가액이 회사법상 공정한 전환가액에 비하여 현저하게 불공정하다는 점 역시 쉽게 단정할 수도 없다고 판단하였다. 이러한 점에 더하여 피해자 회사는 비록 코스닥 상장업체로서 일정한 시장주가가 형성되어 있기는 하였으나 이미 자본잠식 상태였고, 이 사건 전환사채 발행 전에는 피고인들에 의하여, 이 사건 전환사채 발행 및 무상감자 후에는 피고인들 등으로부터 피해자 회사를 인수한 사람 등에 의하여 인위적으로 주가가 관리되어 있었던 것으로 보이는 점, 그 후 상장폐지되어 현

재로서는 달리 공정한 전환가액을 평가할 적절한 방법을 찾기 어려운 점 등을 보태어 살펴보면, 이 부분 공소사실을 무죄로 판단한 원심의 조치는 정당하다.[295]

③ 회사 지배권 이전을 목적으로 한 전환사채의 발행

217 [판례] 회사 지배권 이전을 목적으로 한 전환사채의 발행과 배임

이사가 주식회사의 지배권을 기존 주주의 의사에 반하여 제3자에게 이전하는 것은 기존 주주의 이익을 침해하는 행위일 뿐 지배권의 객체인 주식회사의 이익을 침해하는 것으로 볼 수는 없는데, 주식회사의 이사는 주식회사의 사무를 처리하는 자의 지위에 있다고 할 수 있지만 주식회사와 별개인 주주들에 대한 관계에서 직접 그들의 사무를 처리하는 자의 지위에 있는 것은 아니고, 더욱이 경영권의 이전은 지배주식을 확보하는 데 따르는 부수적인 효과에 불과한 것이어서, 회사 지분비율의 변화가 기존 주주 자신의 선택에 기인한 것이라면 지배권 이전과 관련하여 이사에게 임무위배가 있다고 할 수 없다.[296]

④ 그 밖의 주식 등 거래 관련

218 [판례] 특수관계자가 보유한 비상장주식의 매수행위

회사에 대하여 실질적 영향력을 지니고 있는 이사 등이 그 영향력을 행사하여 그와 특수관계에 있는 회사 등이 보유한 제3의 회사가 발행한 비상장주식 등을 회사로 하여금 취득하게 한 경우에 단순히 그와 같은 주식 매수의 결과 회사의 현금 유동성이 감소되었다는 사정만으로 배임죄의 범의나 그 성립요건인 재산상 손해의 위험이 발생한 것으로 단정할 것은 아니다. 그러나 비록 이사회 결의 등 회사 내부의 의사결정 과정을 거쳤다고 할지라도 그 거래의 목적, 계약체결의 경위와 내용, 거래대금의 규모와 회사의 재무상태 등 제반사정에 비추어, 그것이 회사의 경영상 필요에 의한 정상적인 거래로 볼 수 있는 한계를 넘어 주로 주식 매도인에게 현금 유동성을 확보해 주는 등 다른 이익을 추구하기 위한 수단에 지나지 않는 것으로 인정되고, 또한 그 주식 매수대금을 회사의 재무구조나 재정상태 등에 비추어 과중한 정도의 대출을 받아 조달하는 등으로 회사의 현금유동성의 확보 및 그 수단의 유지 기타 기업경영과 자금운영상의 필요에 대응하기 위한 여력에 실질적 부담을 초래하는 것으로 평가될 수 있는 특별한 사정이 있다면, 위와 같이 현금 자산으로 특수관계자가 보유한 비상장주식을 매수하는 등의 행위는 회사의 이사 등이 그 임무에 위배하는 행위를 함으로써 주식 매도인으로 하여금 현금유동성의 증가라는 재산상 이익을 취득하게 하고 회사에게는 그에

295 대법원 2013. 5. 23. 선고 2012도15889 판결.
296 대법원 2009. 5. 29. 선고 2007도4949 전원합의체 판결(이른바 '삼성에버랜드 사건').

상응한 재산상 손해 내지 손해 발생의 위험을 초래한 것으로서 배임죄에 해당한다.[297]

219 [판례] 모회사와 자회사가 모회사의 대주주로부터 그가 소유한 다른 회사의 비상장주식을 매입한 행위

모회사와 자회사가 모회사의 대주주로부터 그가 소유한 다른 회사의 비상장주식을 매입한 사안에서, 거래의 목적, 계약체결의 경위 및 내용, 거래대금의 규모 및 회사의 재정상태 등 제반 사정에 비추어 그것이 회사의 입장에서 볼 때 경영상의 필요에 의한 정상적인 거래로서 허용될 수 있는 한계를 넘어 주로 주식을 매도하려는 대주주의 개인적인 이익을 위한 것에 불과하다고 보이는 특별한 사정이 있다는 이유로 그 대주주와 모회사 및 자회사의 임직원들에 대하여 업무상배임죄의 성립을 인정하였다. 피해회사들이 해당 비상장주식을 매입할 경영상 필요성이 인정되지 않고, 매도인인 피고인 A 개인의 자금조달 필요에 맞추어 매매대금액 및 시기 등이 일방적으로 결정되었으며, 피해회사들이 거액의 대출을 일으켜 외부에서 자금을 조달하여 매입한 점 등에 비추어 경영상 판단에 따른 정상적인 행위라고 볼 수 없고, 비상장주식을 현금화함으로써 매도인에게 유동성을 증가시키는 재산상의 이익을 취득하게 하고 반대로 피해회사들에 가액을 산정할 수 없는 손해를 가한 것으로 판단하였다.[298]

220 [판례] 사기적인 포괄적 주식교환계약의 이행과 배임행위

甲 주식회사 대표이사인 피고인이 甲 회사를 우회상장하기 위한 방안으로 乙 주식회사 대표이사 丙과 포괄적 주식교환계약을 체결하면서 甲 회사의 매출액을 부풀려 허위 계상한 회계자료를 평가기관인 회계법인에 제공하는 방법으로 甲 회사의 주식가치가 과대평가되도록 하여 주식교환비율을 유리하게 정한 다음 乙 회사의 대표이사로 취임한 후 위 계약에 따라 주식교환을 실시함으로써 乙 회사에 손해를 가하였다고 하여 기소된 사안에서, 포괄적 주식교환계약의 이행 사무를 처리할 당시 피고인은 乙 회사 대표이사의 지위에 있었고, 허위 매출자료 등에 의하여 甲 회사의 주당가치가 증가되었다는 사정과 포괄적 주식교환계약을 그대로 실시하면 乙 회사가 주당가치에 상당 정도 미달하는 甲 회사의 주식을 인수하고 그 대가로 乙 회사의 신주를 甲 회사 주주들에게 발행하게 되어 乙 회사가 상당한 재산상 손해를 입게 되리라는 사정을 잘 알고 있었으므로, 乙 회사의 사무를 처리하는 지위에 있었던 피고인에게는 乙 회사의 이사회나 주주총회를 소집하여 위와 같은 사정을 알리고 기망을 이유로 포괄적 주식교환계약을 취소하는 등 선량한 관리자로서 乙 회사가 입을 재산상 손해를 방지하고 乙 회사에 최선의 이익이 되도록 직무를 충실하게 수행할 업무상

297 대법원 2008. 5. 29. 선고 2005도4640 판결, 대법원 2011. 12. 27. 선고 2010도8727 판결 등.
298 대법원 2005. 4. 29. 선고 2005도856 판결.

임무가 있었다고 보아야 하고, 그런데도 피고인이 이러한 조치를 취하지 아니하고 오히려 사기적인 포괄적 주식교환계약에 의하여 계획된 甲 회사 내지 그 주주들을 위한 부당한 이익을 실현하기 위해서 그 계약을 이행한 것은 乙 회사의 대표이사로서 당연히 하여야 할 것으로 기대되는 행위를 하지 아니한 것으로서 본인인 乙 회사와 신임관계를 저버리는 행위를 한 것으로 보기에 충분하다.[299]

221 [판례] 자사주 매각과 배임행위

재벌그룹 소속의 상장법인인 회사의 이사들이 대표이사이자 대주주인 A에게 자사주를 매각한 사안에서, A가 사실상 지배·보유하고 있는 의결권 있는 보통 주식의 일정 부분이 의결권이 제한된 상태에서 회사의 지배구조에 상당한 영향을 미칠 수 있는 정도의 자사주 매각거래를 하면서, 적절한 매각 상대방을 선정하고 매각조건 등을 결정하는 절차를 거치는 등의 노력을 하지 않은 채 회사에는 별다른 이익이 없는 반면 A에게 일방적으로 유리한 매각조건으로 자사주 매각을 단행한 점 및 매수인인 A의 이익과 편의를 가져온 거래의 제반 상황에 비추어, 위 자사주 매각행위는 회사를 위한다는 경영상의 판단에 기초한 것이 아닌 A의 개인적 이익을 위한 것으로서 배임죄의 고의와 본인인 회사의 재산 상태에 손해를 가하는 결과가 발생하였다는 점을 모두 인정한 사례. 회사가 약 35% 상당의 자사주를 아무런 교섭이나 흥정 없이 경영권 프리미엄을 반영하지 않은 채 증권거래소의 전일 종가로 그룹 회장인 A에게 매도한 사안이다.[300]

222 [판례] 회사 이사와 특수관계자 사이에 이루어진 회사 보유의 주식 교환행위

회사의 이사가 그 회사의 이사, 주주 등 특수관계자와 사이에 교환의 방법으로 그 회사가 보유중인 다른 회사 발행의 주식을 양도하고 그 특수관계자로부터 제3의 회사 발행의 주식을 취득하는 경우에 있어서, 그 거래의 목적, 계약체결의 경위 및 내용, 거래대금의 규모 및 회사의 재무상태 등 사정에 비추어 그것이 회사의 입장에서 볼 때 경영상의 필요에 의한 정상적인 거래로서 허용될 수 있는 한계를 넘어 주로 교환거래를 하려는 특수관계자의 개인적인 이익을 위한 것에 불과하다면, 그와 같은 거래는 임무위배행위에 해당한다고 보아야 할 것이다.[301]

(다) 이사의 자기거래와 배임행위

223 이사는 이사회의 승인이 있는 때에 한하여 자기 또는 제3자의 계산으로 회사와

299 대법원 2012. 11. 15. 선고 2010도11382 판결.
300 대법원 2008. 5. 15. 선고 2005도7911 판결.
301 대법원 2008. 5. 29. 선고 2005도4640 판결.

거래를 할 수 있다(상법 제398조). 이사회의 승인 없이 이루어진 이사의 자기거래 행위를 형법상 업무상횡령죄나 배임죄로 처벌할 수 있는가. 이사회의 승인 없이 한 이사의 자기거래 행위의 사법상 효력에 관하여 판례는 이사와 회사 사이에는 무효이고, 제3자에 대하여는 회사가 제3자의 악의 또는 중대한 과실을 입증하는 경우에만 무효로 보고 있다.[302]

224 배임행위가 법률상 무효라고 하더라도 원칙적으로 재산상 손해 발생의 위험이 있다면 배임죄의 성립에는 영향이 없다. 그러나 자기거래행위라고 해서 모두 형법상 배임죄가 된다고 단정할 수는 없고 자기거래사무의 내용, 성질 등 구체적 사정을 종합적으로 보아 실질적 배임성이 인정될 때만 배임죄의 성립을 긍정함이 타당하다.[303]

225 판례를 살펴보면, 회사의 이사에 대한 채무이행이 자기거래행위에 해당하는지 여부와 회사소유 금원의 지출행위에 대한 횡령죄의 성부가 주로 문제되었다. 우선 원칙적으로 회사에 개인적인 채권을 가지고 있는 대표이사가 회사를 위하여 보관하고 있는 회사 소유의 금전을 자신의 채권 변제에 충당하는 행위는 회사와 이사의 이해가 충돌하는 자기거래행위에 해당하지 않고, 대표이사가 이사회의 승인 등의 절차 없이 자신의 회사에 대한 채권을 변제하였더라도 대표이사의 권한 내에서 한 회사 채무의 이행행위로서 유효하고 따라서 불법영득의 의사가 인정되지 아니하여 횡령죄의 죄책을 물을 수 없다.[304] 그러나 대표이사의 회사에 대한 채권의 존재 및 그 채권을 변제받기 위하여 한 회사 채무의 이행행위로 인정할 만한 자료가 없다면, 종전에 대표이사가 회사에 지급한 금전의 존재에도 불구하고 횡령죄가 성립한다.[305]

226 마찬가지로 1인 회사의 대표이사이자 1인 주주가 공사대금으로 받은 회사 소유의 금원을 자신의 개인용도로 사용할 의사로 인출하여 소비하면서 경리직원에게는 공사 전도금 등 다른 명목으로 기재하게 한 이상 불법영득의 의사가 인정되고, 피고인이 회사에 대하여 별도의 가수금채권이 있었다거나 구상금채권을 가진다는 사정은 불법영득의사를 인정함에 방해가 되지 않는다. 일단 불법영득의 의사로써 업무상 보관중인 타인의 금전을 횡령하여 범죄가 성립한 이상 횡령의 범행을 한 자가 물건의 소유자에 대하여 별도의 금전채권을 가지고 있음

302 대법원 1994. 10. 11. 선고 94다24626 판결, 대법원 2014. 6. 26. 선고 2012다73530 판결.
303 이용식, "횡령·배임죄와 이사의 자기거래," 상사판례연구 4(2000), 245.
304 대법원 1999. 2. 23. 선고 98도2296 판결.
305 대법원 2002. 7. 6. 선고 2001도5459 판결 등.

을 주장하고 이를 자동채권으로 하여 그 대등액에서 횡령액에 관하여 상계의 의사표시를 한다고 하더라도 이미 성립한 업무상횡령죄에 무슨 영향이 있는 것은 아니기 때문이다.[306]

227 이에 대하여, 이사가 업무상 보관하게 된 금원의 영득행위는 불법영득의사의 존재 여부가 아니라 임무위배행위인지 여부로써 판단하여야 하고, 또 회사의 이사에 대한 채무의 이행이 상법상 금지된 자기거래에 해당하는지 여부는 이행한 채무의 변제기한의 도래여부, 항변권의 존재 여부, 회사의 다른 채무들과 이자율의 비교, 회사의 여타 부채 등 재정상태, 파산가능성 여부, 회사가 이사에 대하여 부담한 채무의 원인, 그것이 회사를 위한 목적인지 여부 등의 구체적 상황을 고려하여 이사와 회사의 이익상반가능성을 묻고, 금원의 보관이 이사의 추상적 권한에 속하는지 여부, 채무의 이행에 관한 업무규정 또는 업무상 적법한 것으로 인정된 관행의 존재 및 이에 부합 여부 등 절차위반성을 고려하는 등 종합적으로 보아 신의칙상 당연히 하지 않아야 할 것으로 기대되는 행위를 하였는지를 조사하여 판단해야 했다는 견해[307]가 있다.

(라) 이사의 감사에 대한 보고의무위반과 배임행위

228 주식회사의 감사는 이사에 대하여 영업에 관한 보고를 요구하거나 회사의 업무와 재산상태를 조사할 수 있고(상법 제412조 제2항), 뿐만 아니라 이사는 회사에 현저하게 손해를 미칠 염려가 있는 사실을 발견한 때에는 즉시 감사에게 이를 보고하여야 한다(제412조의2).

229 판례는 자신이 이사로 근무하는 회사 대표이사의 횡령사실을 알게 된 후 그 시정을 촉구하였을 뿐 다른 조치를 취하지 않고 감사에게도 대표이사의 횡령사실을 보고하지 않은 사안에서, 횡령사실을 감사에게 보고하지 않은 부작위가 새로운 배임죄를 구성하기 위하서는 그 부작위로 인하여 피해자 회사가 대표이사에 대하여 가지는 손해배상청구권의 행사가 위태롭게 되든가 그 청구권의 집행가능성이 없어지는 등의 새로운 손해가 발생하거나 혹은 그 위험이 존재해야 한다고 보았다.[308]

306 대법원 1995. 3. 14. 선고 95도59 판결.
307 이용식, "대물변제예약 부동산의 이중매매와 배임죄의 형사불법적 구조- 배임죄 해석의 나아갈 방향에 대한 논란", 형사판례연구 23(2015), 245.
308 대법원 2003. 4. 25. 선고 2001도4035 판결.

(마) 경영권유지를 위한 우리사주조합에 대한 지원과 배임행위

230 종업원지주제도는 회사의 종업원에 대한 편의제공을 당연한 전제로 하여 성립하는 것인 만큼, 종업원지주제도 하에서 회사의 경영자가 종업원 자사주 매입을 돕기 위하여 회사자금을 지원하는 것 자체를 들어 회사에 대한 임무위배행위라고 할 수는 없을 것이나, 경영자의 자금지원의 주된 목적이 종업원의 재산형성을 통한 복리증진보다는 안정주주를 확보함으로써 경영자의 회사에 대한 경영권을 계속 유지하고자 하는데 있다면 그 자금지원은 경영자의 이익을 위하여 회사재산을 사용하는 것이 되어 회사의 이익에 반하므로 회사에 대한 관계에서 임무위배행위가 된다.[309]

(바) 보증과 배임행위

231 피보증인의 자력이 불충분하여 장차 보증채무를 이행할 때 구상할 수 없을 염려가 있음에도 불구하고 담보의 확보 없이 보증을 한 것이라면, 배임행위에 해당할 수 있다.[310]

232 이미 타인의 채무에 대하여 보증을 하였는데 피보증인이 변제자력이 없어 결국 보증인이 그 보증채무를 이행하게 될 우려가 있다고 하더라도, 보증인이 피보증인에게 신규로 자금을 제공하거나 피보증인이 신규로 자금을 차용하는데 담보를 제공하면서 그 신규자금이 이미 보증을 한 채무의 변제에 사용하도록 한 경우가 아니라면, 보증인으로서는 결국 기보증채무와 별도로 새로 재산상 손해를 발생시킬 위험을 초래한 것이라고 볼 수밖에 없으므로, 상호지급보증관계에 있는 회사 간에 보증회사가 채무변제능력이 없는 피보증회사에 대하여 합리적인 채권회수책 없이 새로이 금원을 대여하거나 예금담보를 제공하였다면 업무상배임죄를 구성한다.[311]

233 회사의 이사 등이 타인에게 회사자금을 대여하거나 타인의 채무를 회사 이름으로 지급보증함에 있어 그 타인이 만성적인 적자로 손실액이나 채무액이 누적되어 가고 있는 등 재무구조가 상당히 불량하여 이미 채무변제능력을 상실한 관계로 그를 위하여 자금을 대여하거나 지급보증을 할 경우 회사에 손해가 발생하리라는 점을 충분히 알면서 이에 나아갔거나, 충분한 담보를 제공받는 등 상당하고도 합리적인 채권회수조치를 취하지 아니한 채 만연히 대여해 주었다면, 그와 같은 자금대여나 지급보증은 타인에게 이익을 얻게 하고 회사에 손해를

309 대법원 1999. 6. 25. 선고 99도1141 판결, 대법원 2003. 2. 26. 선고 2000도4498 판결, 대법원 2004. 2. 13. 선고 2002도996 판결 등.

310 대법원 1983. 10. 25. 선고 83도2099 판결, 대법원 1999. 6. 25. 선고 99도1141 판결 등.

311 대법원 2004. 7. 9. 선고 2004도810 판결.

가하는 행위로서 회사에 대하여 배임행위가 되고, 이러한 이치는 그 타인이 자금지원 회사의 계열회사라 하여 달라지지 않는다.[312]

234 그렇다고 하더라도 회사의 대표이사가 채무변제능력 상실이 아닌 '채무초과 상태'에 있는 타인에게 회사자금을 대여하거나 타인의 채무를 회사 이름으로 연대보증하거나 또는 타인의 채무를 위하여 회사 재산을 담보로 제공한 경우에도 회사에 대한 배임행위로 단정할 수 없는 경우가 있다.[313]

(사) 기타 회사 채권자 등 거래자와의 관계

235 회사 대표청산인의 업무는 청산인 자신 또는 청산회사의 사무에 속하는 것이지 회사의 채권자들에 대한 관계에서 직접 그들의 사무처리자가 되는 것은 아니고,[314] 운수회사 대표이사가 지입차주들의 원천징수 근로소득세를 징수하여 납부할 업무는 운수회사의 사무이지 이를 지입차주들의 사무라고 할 수 없다.[315]

236 다만, 감정기관의 직원으로서 고객이 감정기관에 의뢰한 감정업무를 처리하는 자는 소속 감정기관 뿐 아니라 고객에 대한 관계에 있어서도 정당하게 감정할 임무를 부담한다 할 것이므로 그 고객(타인)의 업무를 처리하는 자에 해당한다.[316]

나) 가장납입행위와 배임행위

237 가장납입행위란 주식회사가 유상증자를 함에 있어 회사의 증자업두를 담당한 자와 주식인수인이 사전 공모하여 주금납입취급은행 이외의 제3자로부터 납입금에 해당하는 금액을 차입하여 주금을 납입하고 납입취급은행으로부터 납입금보관증명서를 교부받아 회사의 증자등기절차를 마친 직후 다시 이를 인출하여 위 차용금채무의 변제에 사용하는 것을 말한다. 이러한 가장납입행위는 실질적으로 회사의 자본을 증가시키는 것이 아니고 등기를 위하여 납입을 가장하는 편법에 불과하여 주금의 납입 및 인출의 전 과정에서 회사의 자본금에는 실지 아무런 변동이 없으므로, 가장납입행위로 인하여 회사에게 그 신주인수대금 상당의 자본이 감소하는 등의 재산상 손해가 발생한 것으로는 보기 어렵기 때문에, 그 행위가

312 대법원 1999. 6. 25. 선고 99도1141 판결, 대법원 2006. 11. 10. 선고 2004도5167 판결, 대법원 2007. 9. 7. 선고 2007도3373 판결, 대법원 2010. 11. 25. 선고 2009도9144 판결, 대법원 2011. 9. 29. 선고 2011도1764 판결, 대법원 2012. 6. 14. 선고 2012도1283 판결, 대법원 2013. 9. 26. 선고 2013도5214 판결 등.
313 대법원 2004. 6. 24. 선고 2004도520 판결, 대법원 2014. 11. 27. 선고 2013도2858 판결 등.
314 대법원 1990. 5. 25. 선고 90도6 판결.
315 대법원 1977. 5. 24. 선고 76도62 판결.
316 대법원 1976. 7. 13. 선고 74도717 판결.

업무상배임죄에 해당한다고 할 수 없다는 것이 판례의 기본적인 입장이다.[317]

238 신주발행은 주식회사의 자본조달을 목적으로 하는 것으로서 신주발행과 관련한 대표이사의 업무는 회사의 사무일 뿐이므로, 신주발행에 있어서 대표이사가 납입한 주금을 회사를 위하여 사용하도록 관리·보관하는 업무 역시 회사에 대한 선관주의의무 내지 충실의무에 기한 것으로 회사의 사무에 속하는 것이다. 신주발행에 있어서 대표이사가 일반 주주들에 대하여 그들의 신주인수권과 기존 주식의 가치를 보존하는 임무를 대행한다거나 주주의 재산보전 행위에 협력하는 자로서 타인의 사무를 처리하는 자의 지위에 있다고는 볼 수 없다. 뿐만 아니라 납입을 가장하는 방법에 의하여 주금이 납입된 경우 회사의 재산에 대한 지분가치로서의 기존 주식의 가치가 감소하게 될 수는 있으나, 이는 가장납입에 의하여 회사의 실질적인 자본의 감소가 초래됨에 따른 것으로서 업무상배임죄에서의 재산상 손해에 해당된다고 보기 어렵다. 따라서 신주발행에 있어서 대표이사가 납입의 이행을 가장한 경우에는 상법 제628조 제1항에 의한 가장납입죄가 성립하는 이외에 따로 기존 주주에 대한 업무상배임죄를 구성한다고 할 수 없다.[318]

239 그러나 아래에서 보는 바와 같이 전환사채는 전환권을 행사하기 전까지 사채에 불과하므로 전환사채의 발행업무를 담당하는 사람은 회사에 전환사채 인수대금이 모두 납입되어 실질적으로 회사에 귀속되도록 조치할 업무상의 임무를 가진다. 따라서 전환사채 발행절차를 마친 직후 이를 인출하여 다른 차용금채무의 변제에 사용하는 등 실질적으로 전환사채 인수대금이 납입되지 않았음에도 전환사채를 발행한 경우에는 배임죄가 성립할 수 있다.[319] 다만, 전환사채의 발행이 주식 발행의 목적을 달성하기 위한 수단으로 이루어졌고 실제로 그 목적대로 곧 전환권이 행사되어 주식이 발행됨에 따라 실질적으로 신주인수대금의 납입을 가장하는 편법에 불과하다고 평가될 수 있는 등의 특별한 사정이 있는 경우에는 배임죄가 성립하지 않는다.[320]

240 [판례] 가장납입과 횡령죄의 성부
☞ 형법 제355조 '단순횡령죄' 주석 중 가장납입 해당 부분 참조

317 대법원 2004. 6. 17. 선고 2003도7645 전원합의체 판결, 대법원 2007. 9. 6. 선고 2005도1847 판결, 대법원 2011. 10. 27. 선고 2011도8112 판결 등.
318 대법원 2004. 5. 13. 선고 2002도7340 판결, 대법원 2005. 4. 29. 선고 2005도856 판결 등.
319 대법원 2015. 12. 10. 선고 2012도235 판결.
320 대법원 2011. 10. 27. 선고 2011도8112 판결.

241 [판례] 주식발행을 목적으로 한 가장납입에 의한 전환사채권발행의 경우 배임죄 불성립
이 사건 가장납입에 의한 전환사채권 발행행위는 주식발행을 목적으로 한 행위로 가장납입에 의한 전환사채권 발행행위와 전환청구에 의한 주식발행행위는 처음부터 계획된 것이므로 이를 전체적으로 보아 업무상배임죄를 구성하는지 평가함이 타당하고, 주식발행이라는 목적을 달성하기 위한 수단으로 한 가장납입에 의한 전환사채권 발행행위를 주식 발행행위와 구분하여 따로 업무상배임죄를 구성하는지 평가할 것은 아니다. 피고인들이 가장납입에 의하여 전환사채권을 발행하고 그 전환사채권을 발행한 목적대로 곧 그 전환청구를 하여 주식을 발행함으로써 주식회사 A는 전환사채 대금 채무를 부담하지 않게 되었을 뿐만 아니라 발행된 주식대금 상당의 자본이 감소하였다고 볼 수도 없어 A에 재산상 손해가 발생한 것으로는 볼 수 없으므로 위 행위가 업무상배임죄에 해당한다고 할 수 없다.[321]

242 [판례] 실질적으로 인수대금이 납입되지 않았음에도 전환사채를 발행한 경우 배임죄 성립
전환사채는 발행 당시에는 사채의 성질을 갖는 것으로서 사채권자가 전환권을 행사한 때에 비로소 주식으로 전환된다. 전환사채의 발행업무를 담당하는 자와 전환사채 인수인이 사전 공모하여 제3자로부터 전환사채 인수대금에 해당하는 금액을 차용하여 전환사채 인수대금을 납입하고 전환사채 발행절차를 마친 직후 이를 인출하여 위 차용금채무의 변제에 사용하는 등 실질적으로 전환사채 인수대금이 납입되지 않았음에도 전환사채를 발행한 경우에, 그와 같은 전환사채의 발행이 주식 발행의 목적을 달성하기 위한 수단으로 이루어졌고 실제로 그 목적대로 곧 전환권이 행사되어 주식이 발행됨에 따라 실질적으로 신주인수대금의 납입을 가장하는 편법에 불과하다고 평가될 수 있는 등의 특별한 사정이 없는 한, 전환사채의 발행업무를 담당하는 사람은 회사에 대하여 전환사채 인수대금이 모두 납입되어 실질적으로 회사에 귀속되도록 조치할 업무상의 임무를 위반하여, 전환사채 인수인으로 하여금 인수대금을 납입하지 않고서도 전환사채를 취득하게 하여 인수대금 상당의 이득을 얻게 하고, 회사로 하여금 사채상환의무를 부담하면서도 그에 상응하여 취득하여야 할 인수대금 상당의 금전을 취득하지 못하게 하여 같은 금액 상당의 손해를 입게 하였으므로, 이로써 업무상배임죄의 죄책을 진다. 그리고 그 후 전환사채의 인수인이 전환사채를 처분하여 그 대금 중 일부를 회사에 입금하였거나 또는 사채로 보유하는 이익과 주식으로 전환할 경우의 이익을 비교하여 전환권을 행사함으로써 전환사채를 주식으로 전환하였더라도, 이러한 사후적인 사정은 이미 성립된 업무상배임죄에 영향을 주지 못한다.[322]

321 대법원 2011. 10. 27. 선고 2011도8112 판결.
322 대법원 2015. 12. 10. 선고 2012도235 판결.

243 [판례] 실질적으로 인수대금이 납입되지 않았음에도 신주인수권부사채를 발행한 경우 배임죄 성립

신주인수권부사채는 미리 확정된 가액으로 일정한 수의 신주 인수를 청구할 수 있는 신주인수권이 부여된 사채로서, 원칙적으로 신주인수권이 행사되어 신주가 발행되더라도 사채는 그대로 존속한다. 신주인수권부사채의 발행업무를 담당하는 사람과 신주인수권부사채 인수인이 사전 공모하여 제3자로부터 차용한 돈으로 인수대금을 납입하고 신주인수권부사채 발행절차를 마친 직후 곧바로 이를 인출하여 직간접적으로 위 차용금 채무의 변제에 사용하는 등 실질적으로 신주인수권부사채 인수대금이 납입되지 않았음에도 신주인수권부사채를 발행한 경우, 특별한 사정이 없는 한 신주인수권부사채의 발행업무를 담당하는 사람은 회사에 대하여 신주인수권부사채 인수대금이 모두 납입되어 실질적으로 회사에 귀속되도록 조치할 업무상의 임무를 위반하였다고 보아야 한다. 인수대금이 대여금이나 투자금 등의 명목으로 인출되어 회사가 인수인이나 그와 이해관계가 있는 제3자 등에 대해 외형적으로 인수대금 상당의 금전채권을 취득하게 되었더라도, 그러한 거래가 정상적이고 합리적인 회사의 영업활동으로 인한 것이 아니라 궁극적으로는 인수인 등이 인수자금을 조달하는 과정에서 부담하게 된 차용금 채무를 변제하기 위한 것이라면 인수대금이 회사에 실질적으로 납입되었다고 볼 수 없다. 이 경우 신주인수권부사채 인수인은 인수대금을 납입하지 않고서도 신주인수권부사채를 취득하여 인수대금 상당의 이득을 얻게 되고, 회사는 사채상환의무를 부담하면서도 그에 상응하여 취득하여야 할 인수대금 상당의 돈을 취득하지 못하여 같은 금액 상당의 손해를 입게 된다. 신주인수권부사채 인수대금이 실질적으로는 납입되지 않았음에도 신주인수권부사채가 발행됨으로써 회사가 사채상환의무를 부담하게 된 이상, 설령 당시 인수인 등이 장차 사채상환기일에 사채상환금이 실질적으로 지급되지 않도록 할 계획을 갖고 있더라도 업무상배임죄에서의 고의나 불법영득의사가 부정될 수는 없고, 또 이후 실제로 그 계획이 실행되어 회사가 실질적으로 사채상환의무를 부담하지 않게 되었다고 하더라도 이러한 사정은 범죄 후의 정황에 불과하며, 업무상배임죄로 인한 손해액은 그대로 인수대금 상당액으로 보아야 한다. 결국 이러한 경우 신주인수권부사채의 발행업무를 담당하는 사람과 신주인수권부사채 인수인은 업무상배임죄의 죄책을 지고, 그 손해액은 인수대금 상당액이다.[323]

244 [판례] 주식매수청구권 부여계약 체결행위에 대한 배임죄 성부

B 회사와 동일 기업집단 내 계열사인 A 회사가 B 회사의 보유 주식 매각과 관련하여 B 회사로부터 손실보상각서를 받고 위 주식의 매수인인 C와 주식매수청구권 부

323 대법원 2022. 6. 30. 선고 2022도3784 판결.

여계약(풋옵션계약)을 체결한 사안에서, 위 각서는 B 회사가 C로부터 주식매도대금을 받기 위하여 부담할 주식재매수의무를 A 회사가 대신 부담하되 그 사무처리과정에서 A 회사가 입을 수 있는 손실을 B 회사로부터 보상받기로 확약 받은 것에 불과하여, A 회사의 이사들에게는 B 회사 이사회가 위 손실보상약정의 체결을 승인하였는지에 관하여 확인하는 등의 조치를 취할 의무가 없으므로 B 회사로부터 이사회의 결의 없이 작성된 손실보상각서만을 받고 A 회사 이사들이 C와 주식매수청구권 부여계약(풋옵션계약)을 체결한 것은 업무상배임죄에 해당하지 않는다.[324]

다) 불량·부실대출행위

245 금융기관의 대표이사 또는 이사가 대출을 하면서 담보를 제공받지 아니하거나 대출채권의 회수를 확실하게 하기 위하여 충분한 담보를 제공받는 등 상당하고도 합리적인 조치를 강구함이 없이 만연히 대출하는 이른바 불량·부실대출의 경우 업무상배임죄가 성립한다는 것은 확립된 판례이다.

246 금융기관인 종합금융은 주식회사로 운영되기는 하지만, 이윤추구만을 목표로 하는 영리법인인 일반의 주식회사와는 달리 예금자의 재산을 보호하고 신용질서 유지와 자금중개 기능의 효율성 유지를 통하여 금융시장의 안정 및 국민경제의 발전에 이바지해야 하는 공공적 역할을 담당하는 위치에 있는 것이기에, 종합금융의 그러한 업무의 집행에 임하는 이사는 일반의 주식회사 이사의 선관의무에서 더 나아가 은행의 그 공공적 성격에 걸맞은 내용의 선관의무까지 다할 것이 요구된다. 금융기관의 이사가 위와 같은 선량한 관리자의 주의의무를 위반하여 자신의 임무를 해태하였는지의 여부는 그 대출결정에 통상의 대출담당임원으로서 간과해서는 안 될 잘못이 있는지의 여부로 결정되며, 이는 금융기관으로서의 공공적 역할의 관점에서 대출의 조건과 내용, 규모, 변제계획, 담보의 유무와 내용, 채무자의 재산 및 경영상황, 성장가능성 등 여러 가지 사항에 비추어 종합적으로 판정해야 한다.[325]

247 나아가 업무상배임죄에 있어서 임무위배행위라 함은 형식적으로 법령이나 내부규정을 위반한 모든 경우를 의미하는 것이 아니고, 문제가 된 구체적인 행위유형 또는 거래유형 및 보호법익 등을 종합적으로 고려하여 경제적·실질적 관점

324 대법원 2009. 5. 14. 선고 2007도6564 판결.

325 대법원 2002. 3. 15. 선고 2000다9086 판결, 대법원 2003. 10. 10. 선고 2003도3516 판결, 대법원 2015. 9. 15. 선고 2015도5853 판결 등.

에서 본인에게 재산상의 손해가 발생할 위험이 있는 행위를 의미한다.[326] 따라서 부실대출에 의한 업무상배임죄에 있어서는 대출 당시의 대출채무자의 재무상태, 다른 금융기관으로부터의 차입금, 기타 채무를 포함한 전반적인 금융거래상황, 사업현황 및 전망과 대출금의 용도, 소요기간 등에 비추어 채무상환능력이 부족하거나 제공된 담보의 경제적 가치가 부실해서 대출채권의 회수에 문제가 있는 경우로 판단되는 경우에 재산상 손해의 발생 또는 그 위험이 있는 행위로 인정되어 업무상배임죄가 성립한다.[327]

248 이러한 법리에 근거하여 일부 판례가 변경되기도 하였다. 즉 종래 판례는 새마을금고의 임직원이 1인에 대한 대출한도를 초과한 금원을 대출하였다면 그로 인하여 새마을금고가 다른 회원들에게 정당하게 대출할 자금을 부당하게 감소시킨 결과가 되므로, 그 대출금에 대한 회수의 가능 여부나 담보의 적정 여부에 관계없이 새마을금고에 재산상 손해를 입게 한 것으로 보아 배임죄 성립을 인정하는 입장[328]이었으나, 대법원 2006도4876 전원합의체 판결로서 종래의 견해를 변경하여 배임죄 성립을 부정하였다. 새마을금고법령상 동일인 대출한도 제한규정은 새마을금고 자체의 적정한 운영을 위하여 마련된 것이지 대출채무자의 신용도를 평가해서 대출채권의 회수가능성을 직접적으로 고려하여 만들어진 것은 아니므로, 동일인 대출한도를 초과하였다는 사실만으로 곧바로 대출채권을 회수하지 못하게 될 위험이 생겼다고 볼 수 없고, 새마을금고법 관련 규정에 비추어 보면 동일인 대출한도를 초과하였다는 사정만으로는 다른 회원들에 대한 대출을 곤란하게 하여 새마을금고의 적정한 자산운용에 장애를 초래한다는 등 어떠한 위험이 발생하였다고 단정할 수 없다고 보았다. 따라서 동일인 대출한도를 초과하여 대출함으로써 새마을금고법을 위반하였다고 하더라도, 대출한도 제한규정 위반으로 처벌함은 별론으로 하고, 그 사실만으로 특별한 사정이 없는 한 업무상배임죄가 성립한다고 할 수 없다. 일반적으로 이러한 동일인 대출한도 초과대출이라는 임무위배의 점에 더하여 대출 당시의 대출채무자의 재무상태, 다른 금융기관으로부터의 차입금, 기타 채무를 포함한 전반적인 금융거래상황, 사업현황 및 전망과 대출금의 용도, 소요기간 등에 비추어 볼 때 채무상환능력이 부족하거나 제공된

326 대법원 2008. 6. 19. 선고 2006도4876 전원합의체 판결, 대법원 2009. 5. 29. 선고 2007도4949 전원합의체 판결, 대법원 2013. 3. 14. 선고 2012도12582 판결 등.

327 대법원 2013. 3. 14. 선고 2012도12582 판결 등.

328 대법원 2003. 5. 16. 선고 2002도2030 판결, 대법원 2004. 11. 25. 선고 2004도5332 판결 등.

담보의 경제적 가치가 부실해서 대출채권의 회수에 문제가 있는 것으로 판단되는 경우에 재산상 손해가 발생하여 업무상배임죄가 성립한다는 것이다.[329]

249 또 주주총회 결의 및 상임이사의 동의 등의 절차를 거치지 않았다 하더라도, 이러한 사실만으로 곧바로 위 대여금을 회수하지 못하게 될 위험이 생겼다고 단정할 수 없어 업무상배임죄가 성립한다고 할 수 없고, 대여 당시의 채무자의 재무상태, 제공된 담보 등에 비추어 볼 때 채무상환능력이 부족하거나 제공된 담보의 경제적 가치가 부실해서 채권의 회수에 문제가 있는 것으로 판단되는 경우에라야 재산상 손해가 발생하였다고 보아 업무상배임죄가 성립한다고 한다.[330]

250 나아가 부실대출에 의한 업무상배임죄가 성립하는 경우에, 담보물의 가치를 초과하여 대출한 금액이나 실제로 회수가 불가능하게 된 금액만을 손해액으로 볼 것은 아니고, 재산상 권리의 실행이 불가능하게 될 염려가 있거나 손해 발생의 위험이 있는 대출금 전액을 손해액으로 보아야 할 것이고, 위와 같이 손해의 위험성을 발생시킨 이상 사후에 피해가 회복되었다고 하더라도 배임죄의 성립에 영향을 주는 것은 아니다.[331]

(1) 배임죄의 성립을 긍정한 사례

251 주식회사인 금융기관이 실질적으로 대출금을 회수할 가능성이 없음에도 불구하고 타인으로 하여금 장중에 있는 자기주식을 취득하게 하기 위하여 금원을 대출하는 것은 배임에 해당하고,[332] 회사의 이사 등이 타인에게 회사자금을 대여함에 있어 그 타인이 이미 채무변제능력을 상실하여 그에게 자금을 대여할 경우 회사에 손해가 발생하리라는 정을 충분히 알면서 이에 나아갔거나, 충분한 담보를 제공받는 등 상당하고도 합리적인 채권회수조치를 취하지 아니한 채 만연히 대여해 주었다면, 그와 같은 자금대여는 타인에게 이익을 얻게 하고 회사에 손해를 가하는 행위로서 회사에 대하여 배임행위가 되고, 회사의 이사는 단순히 그것이 경영상의 판단이라는 이유만으로 배임죄의 죄책을 면할 수는 없으며, 이러한 이치는 그 타인이 자금지원 회사의 계열회사라 하여 달라지지 않는다.[333]

329 대법원 2008. 6. 19. 선고 2006도4876 전원합의체 판결, 대법원 2011. 8. 18. 선고 2009도7813 판결, 대법원 2013. 2. 28. 선고 2010도15934 판결 등.

330 대법원 2011. 12. 8. 선고 2010도7372 판결.

331 대법원 2000. 3. 24. 선고 2000도28 판결, 대법원 2003. 2. 11. 선고 2002도5679 판결, 대법원 2013. 2. 28. 선고 2010도15934 판결, 대법원 2014. 4. 10. 선고 2014도49 판결 등.

332 대법원 2003. 10. 10. 선고 2003도3516 판결.

333 대법원 1999. 6. 25. 선고 99도1141 판결, 대법원 2000. 3. 14. 선고 99도4923 판결 등.

252 보험계약자가 출연한 보험료가 그 주요한 자산을 이루고 있는 보험회사의 대표이사가 보험업법의 규정이나 회사 자체의 대출규정 및 심사규정에 위반하여 타인에게 회사자금을 대출하거나 타인의 회사채나 주식을 매입하는 등의 자산을 운용함에 있어 타인에 대한 상당하고도 합리적인 기업평가를 하지 않았음은 물론, 적절히 시행한 기업평가에 의하여 그 경영상황이나 재무구조 및 신용상태 등이 매우 불량한 것으로 평가되었음에도 타인과의 개인적인 친분관계나 타인으로부터의 부당한 요청에 의하여 충분한 담보를 제공받는 등 상당하고도 합리적인 채권회수조치를 취하지 아니하고 만연히 대출해 주거나 그 타인의 회사채나 주식을 매입하는 등의 자산을 운용하였다면, 타인에게 이익을 얻게 하고 회사에 손해를 가하는 행위로서 회사에 대하여 배임행위가 된다.[334]

253 금융기관이 거래처의 기존 대출금에 대한 원리금 및 연체이자에 충당하기 위하여 거래처에게 신규대출을 함에 있어 형식상 신규대출을 하는 것처럼 서류상 정리를 하였을 뿐 실제로 거래처에게 대출금을 새로 교부한 것이 아니라면(이른바 대환), 그로 인하여 금융기관에게 어떤 새로운 손해가 발생하는 것은 아니라고 할 것이므로 따로 업무상배임죄가 성립된다고 볼 수 없다고 할 것이다.[335] 그러나 금융기관이 실제로 거래처에게 대출금을 새로 교부한 경우에는 비록 새로운 대출금이 기존 대출금의 원리금으로 상환되도록 약정되어 있다고 하더라도 그 대출과 동시에 이미 손해 발생의 위험은 발생하였다고 보아야 할 것이므로 업무상배임죄가 성립한다 할 것이다.[336]

254 [판례] 기존 담보의 임의해지로 인한 부실대출과 배임죄의 성립

금융기관이 자체적으로 대출과 관련한 담보취득의 정도 및 유효담보가에 관한 산정방식 등의 기준을 정립한 규정을 가지고 있다거나 확립된 관행이 있는 경우, 이는 그 정도의 기준을 충족하여야만 채권 회수에 문제가 없으리라는 경험적 판단에 근거한 것인 점, 기존 대출의 담보를 임의로 해지하여 다른 대출을 위하여 사용한 것은 기존 대출의 부실을 발생시키고 자본충실의 원칙에도 반하는 점 등의 사정을 종합하여, 피고인이 기존 대출에 대한 담보를 임의로 해지함으로써 A 회사로 하여금 '담보취득 및 감정평가 지침'에 따른 충분한 담보를 갖추지 못하게 한 행위는 업무상배임죄가 성립한다.[337]

334 대법원 2003. 4. 11. 선고 2002도3755 판결 등.
335 대법원 2000. 6. 27. 선고 2000도1155 판결, 대법원 2001. 6. 29. 선고 2001도2189 판결, 대법원 2003. 10. 10. 선고 2003도3516 판결 등.
336 대법원 2003. 10. 10. 선고 2003도3516 판결.
337 대법원 2014. 6. 26. 선고 2014도753 판결.

255 [판례] 부실대출과 배임의 고의

금융기관의 담당자가 대출을 함에 있어 대출채권의 회수를 확실하게 하기 위하여 상당하고도 합리적인 조치를 강구함이 없이 만연히 대출을 해 주었다면, 업무위배행위로 제3자로 하여금 재산상 이득을 취득하게 하고 금융기관에 손해를 가한다는 인식이 없었다고 볼 수 없다.[338]

256 [판례] 기존 대출금에 대한 원리금에 충당하기 위하여 거래처에 신규 대출금을 새로 교부하는 행위와 배임죄의 성부

금융기관이 거래처의 기존 대출금에 대한 원리금에 충당하기 위하여 거래처에 신규대출을 하여 대출금을 새로 교부한 경우에는, 거래처가 그 대출금을 임의로 처분할 수 없다거나 그 밖에 어떠한 이유로든 그 대출금이 기존 대출금의 원리금으로 상환될 수밖에 없다는 등의 특별한 사정이 없는 한, 비록 새로운 대출금이 기존 대출금의 원리금으로 상환되도록 약정되어 있다고 하더라도 그 대출과 동시에 이미 손해 발생의 위험은 발생하였다고 보아야 하므로 업무상 배임죄가 성립한다.[339]

257 [판례] 특정 목적을 위하여 조성된 자금을 부당 대출하는 행위와 업무상배임죄

정부의 이른바 '어가부채경감대책'에 따라 수산업협동조합중앙회가 조성하여 해수어류수산업협동조합이 차입한 '수산업 경영개선자금'은 그 지원대상이 각종 수산업 자금을 일정한 금원 이상 대출받은 수산업 경영체로, 지원한도가 기존의 고금리대출자금의 원리금 범위 내로 각 한정되어 있으므로, 위 경영개선자금을 부적격자에게 대출하거나 적격자에게 대출하더라도 그 지원한도를 초과하여 대출하는 행위는, 비록 충분한 담보가 제공되어 대출금의 회수가 보장된다고 하더라도, 결국 특정 목적을 위하여 조성된 위 경영개선자금의 감소를 초래하여 위 자금이 본래의 목적을 위하여 사용됨을 저해하는 것이므로, 해수어류수협은 위와 같은 경영개선자금의 부당대출로 인하여 재산상의 손해를 입었다고 보아야 할 것이다.[340]

258 [판례] 특정 목적을 위하여 조성된 자금을 부당 대출하는 행위와 업무상배임죄

한국농어촌공사가 구 한국농어촌공사 및 농지관리기금법 제18조에서 정한 농지매매사업 등을 수행하기 위하여 정부에서 위탁받아 운용하는 농지관리기금은 농업인의 영농규모 적정화를 통한 농업생산성 증대 등 특정한 정책목적을 위하여 조성된 기금

338 대법원 2000. 3. 14. 선고 99도4923 판결, 대법원 2004. 3. 26. 선고 2003도7878 판결, 대법원 2010. 9. 9. 선고 2010도5972 판결 등.

339 대법원 2003. 10. 10. 선고 2003도3516 판결, 대법원 2010. 1. 28. 선고 2009도10730 판결, 대법원 2012. 6. 28. 선고 2012도2087 판결, 대법원 2013. 6. 27. 선고 2013도1526 판결, 대법원 2014. 4. 10. 선고 2014도49 판결 등.

340 대법원 1997. 10. 24. 선고 97도2042 판결, 대법원 2007. 4. 27. 선고 2007도1038 판결.

으로서 농지매매사업에 필요한 자금의 융자 등 용도가 법정되어 있는 자금이므로, 한국농어촌공사의 직원이 자금을 농지매매사업의 지원대상에 해당하지 아니하는 농지를 매입하는 데 사용하거나 지원요건을 갖추지 아니한 농업인을 위하여 부당하게 지원하도록 한 것이라면, 매입 농지에 대한 근저당권 설정 등으로 지원금의 회수가 사실상 보장되더라도 특정 목적을 위하여 조성된 기금의 감소를 초래함으로써 기금이 목적을 위하여 사용됨을 저해하였다고 할 것이므로, 이러한 의미에서 한국농어촌공사는 그와 같은 기금의 지원으로 인하여 재산상 손해를 입었다고 보아야 한다.[341]

259 [판례] 상호유대를 위한 신용협동조합에서 대출한도 규정을 위반하거나 비조합원에게 대출한 경우

일반 금융기관과 달리 상호유대를 가진 자 사이의 협동조직을 통하여 자금의 조성과 이용 등을 도모하기 위하여 설립된 신용협동조합의 이사장이 자신 또는 제3자의 이익을 도모하여 임무에 위배하여 소정의 대출한도액을 초과하여 대출하거나 비조합원 또는 무자격자에게 대출하였다면, 그로 인하여 조합이 다른 조합원에게 정당하게 대출할 자금을 부당하게 감소시킨 결과가 되므로 대출금에 대한 회수 가능 여부나 담보의 적정 여부, 여신위원회의 결의가 있었는지 여부에 관계없이 배임죄가 성립한다.[342]

분석과 검토: 이는 앞서 본 대법원 2006도4876 전원합의체 판결에서 새마을금고의 경우 관련 규정상 비회원에 대한 대출도 가능하고 새마을금고연합회장의 승인을 얻은 경우에는 동일인에 대하여 대출한도를 초과하여 대출하는 것도 가능한 점 등을 근거로, 동일인 대출한도를 초과하였다는 사정만으로는 다른 회원들에 대한 대출을 곤란하게 하였다고 단정할 수 없어 재산상 손해를 인정할 수 없다고 판단한 것과는 구별된다.

260 [판례] 부실대출에 해당하는 경우

피고인 등이 객관적이고도 충분한 사업성 검토를 거치지 아니한 채 관련 법령을 위반하여 스스로 골프장 건설사업을 영위할 목적으로 저축은행의 돈을 방만하게 사용하고 대출규정과 절차를 무시한 채 상환능력이 검증되지 아니한 개인과 성공 여부가 극히 불투명한 사업계획을 가진 사업시행자에게 대출채권 확보조치도 제대로 하지 아니한 상태에서 신규대출을 시행한 후 그 여신관리도 부실하게 하면서 만연히 추가대출을 계속 시행함으로써 A 저축은행 임직원으로서의 임무를 위반하였고, 그 임무위배행위에 대한 인식도 있었으며, 이로 인하여 A 저축은행에 각 대출금 상당액의 자금회수가 극히 불투명해지게 하는 재산상 손해를 가하였다.[343]

341 대법원 2015. 8. 13. 선고 2014도5713 판결.
342 대법원 1984. 9. 25. 선고 84도1436 판결, 대법원 2001. 11. 30. 선고 99도4587 판결.
343 대법원 2013. 1. 24. 선고 2012도10629 판결.

261 [판례] 부실대출에 해당하는 경우

피고인은 A 은행 지점장으로서 B 회사에 대하여 2차 대출을 실행해 줄 경우 그 대출금 중 상당 부분이 대출 과목과 달리 사용될 가능성이 있고, 그로 인해 기술보증기금과의 보증계약상 기술보증기금으로부터 보증금을 받지 못할 위험이 있다는 사정을 인식하고도, 그 사용용도를 면밀히 조사·확인하여 대출을 거절해야 할 임무에 위배하여 A 은행 본점 기업여신관리부에 2차 대출의 승인을 신청한 행위는 B 회사 등에게 대출금 중 5억 원 상당의 재산상 이익을 취득하게 하고 A 은행에 동액 상당의 재산상 손해를 가한 것으로 업무상배임죄가 성립한다.[344]

262 [판례] 부실대출에 해당하는 경우

이 부분 각 대출은 충분한 담보 등 채권회수책의 확보 없이 이루어진 부실대출에 해당하고, A 저축은행의 임직원들인 피고인 甲, 乙은 부실한 대출이라는 사실을 알면서도 이 부분 각 대출의 실행에 주도 또는 관여하였으며, 이 부분 각 대출은 단지 기존 채무의 변제를 위한 단순한 서류상의 정리가 아니라 실제로 A 은행이 차주들에게 대출금을 새로 교부한 것으로 볼 수 있어 이로 말미암아 A 은행에 대한 재산상 손해 발생의 위험성이 발생하였으므로 위 각 대출에 관하여 실제 차주별로 업무상배임죄가 성립하고, 피고인 丙도 피고인 甲, 乙 등의 부탁에 따라 수수료를 받고 차명대출을 위한 차주명의와 담보물 및 허위 감정평가서 등을 구해오는 방법으로 이 부분 일부 부실대출에 적극적으로 가담한 이상 그 관여 대출 부분에 관하여 업무상배임죄의 공동정범에 해당한다.[345]

263 [판례] 허위의 분양계약자들을 내세운 주택건설업자나 하청업자에게 주택신용보증기금의 전자보증 아래 주택자금 융자를 해준 행위와 배임죄의 성부

이 사건 주택신용보증기금의 전자보증은 이 사건 대출 당시 시행되던 구 '근로자의주거안정과 목돈마련지원에 관한 법률'에 근거하여 주택금융신용보증기금의 관리기관인 신용보증기금과 사이에서 주택금융기관인 기업은행을 채권자로 하고 대출채무자를 피보증인으로 하여 이루어졌는데, 위 법률에 의하면, 위 기금은 정부의 출연금 등을 재원으로 하고 있고(제13조), 보증대상은 주택수요자의 주택 취득 등의 자금융자를 전제로 하고 있으므로(제17조 제1호), 주택건설업자나 그 하청업자가 공사에 필요한 자금을 조달하기 위한 방편으로 허위의 분양계약자들을 내세워 주택자금 융자와 보증을 받았다면 이는 주택수요자가 아닌 자를 대상으로 한 것으로서 보증사고 발생 시 신용보증기금으로부터 대출금에 대한 보증금을 지급받지 못할 우려가 있어 위 보증

344 대법원 2013. 4. 11. 선고 2012도14242 판결.
345 대법원 2013. 10. 24. 선고 2013도7201 판결.

으로 대출의 부실가능성을 봉쇄하였다고 볼 수 없다. 따라서 배임죄가 성립한다.[346]

(2) 배임성립을 부정한 사례

264 부정한 사례금이나 정실관계가 개재되지 않았고 기업의 도산을 막고 정상적 기업 활동을 지원하기 위한 것 외에 별다른 범죄동기가 없었다면 위기에 처한 기업에 대출을 하였다는 것만으로 배임죄가 된다고 할 수 없고,[347] 담보물에 대한 대출한도액을 초과하여 대출하거나 담보적격이 없는 물건을 담보로 잡는 등 규정위반이 있었다 하더라도 회수불능에 빠진 채권을 회수하고자 한 것이어서 실질적으로 은행에 이익이 되고 통상적인 업무범위로서 용인될 수 있는 것이라면 배임죄에 해당하지 않는다.[348]

265 또한 불량대출을 하였더라도 그렇게 대출한 것이 회수할 수 없는 채권을 회수하여 실질적으로 금융기관에 이익이 되고 그것이 통상적인 업무집행 범위에 속하는 것으로 용인될 수 있는 것이라면, 그 대출로 인하여 회수의 확실성이 없는 일부 채권이 발생하였다 하여 이를 가지고 대출업무 담당자로서의 채권확보조치를 하지 아니한 임무위반행위에 해당하거나 그와 같은 임무위반의 인식이 있었다고 볼 수 없는 경우[349]가 있다.

266 은행의 지점장 등 대출업무를 담당하는 자가 그 업무취급에 관한 은행의 관계규정을 위반하여 담보물에 대한 대출한도액을 초과하여 대출하거나 담보로 할 수 없는 물건을 담보로 하여 대출을 하는 등 이른바 불량대출을 하였을 경우에 그것이 배임죄를 구성하려면 그와 같은 대출행위가 배임이 된다는 인식하에 대출금 채권의 확보를 위한 조치를 하지 아니하여 회수의 확실성이 없는 채권을 발생하게 함으로써 은행에 재산상의 손해를 가하는 등의 요건을 갖추어야 할 것이므로, 그 대출이 정상적인 방법으로 회수할 수 없게 된 은행채권을 회수하기 위하여 이루어진 경우에 있어서는 그 대출을 위하여 제공받는 물적, 인적담보에 의한 회수의 가능성과 그렇게 대출함으로써 회수할 수 없게 된 채권을 회수할 수 있는가를 은행의 대출관계 규정이나 업무관행에 따른 통상의 업무집행범위에 비추어 구체적인 상황에 따라 실질적으로 판단하여야 할 것이다. 그러므로 비록 담보물에 대한 대출한도액을 초과하여 대출하거나 담보로 할 수 없는 물

346 대법원 2006. 10. 26. 선고 2004도8106 판결.
347 대법원 1987. 3. 10. 선고 81도2026 판결.
348 대법원 1987. 4. 4. 선고 85도1339 판결, 대법원 2008. 2. 14. 선고 2007도7716 판결 등.
349 대법원 2002. 6. 28. 선고 2000도3716 판결.

건을 담보로 하여 대출하였다 하더라도 그 대출에 따른 물적, 인적 담보를 확보하여 그렇게 대출한 것이 회수할 수 없는 채권을 회수하여 실질적으로 은행에 이익이 되고 그것이 통상적인 업무집행범위에 속하는 것으로 용인될 수 있는 것이라면, 그 대출로 인하여 회수의 확실성이 없는 일부 채권이 발생하였다 하여 이를 가지고 대출업무 담당자로서의 채권확보조치를 하지 아니한 임무위반행위에 해당하고 또 그와 같은 임무위반의 인식이 있었다고 볼 수 없다 할 것이다.[350]

267 [판례] 부실대출이 아니라고 본 경우

도민저축은행의 내부규정상 담보비율을 충족하거나 유효담보가가 대출금액을 상회하는 물적 담보를 제공받은 이상, 위 각 대출에 관하여 충분한 채권회수조치가 강구되지 아니하였다거나 위 각 대출로 인하여 도민저축은행에 재산상 손해 또는 그 위험이 초래되었다고 볼 수 없다고 할 것이다.[351]

268 [판례] 기존 대출금의 원리금에 충당하기 위하여 신규 대출금을 새로 교부한 것처럼 서류상 정리를 한 이른바 대환대출의 경우

금융기관이 거래처의 기존 대출금에 대한 원리금에 충당하기 위하여 거래처에 신규대출을 함에 있어 형식상 신규대출을 한 것처럼 서류상 정리를 하였을 뿐 실제로 거래처에 대출금을 새로 교부한 것이 아니라면 그로 인하여 금융기관에 어떤 새로운 손해가 발생하는 것은 아니라고 할 것이므로 따로 업무상배임죄가 성립된다고 볼 수 없다.[352]

269 [판례] 배임죄에 해당되지 않는 대환대출인지 여부에 관한 판단방법

대출금이 실제로 차주에게 지급된 것인지, 차주에게 지급되었다고 하더라도 차주가 그 대출금을 임의로 처분할 수 없었다거나 그 밖에 어떠한 이유로든 그 대출금이 기존 대출금의 원리금으로 상환될 수밖에 없었던 특별한 사정이 있는지 여부를 심리한 다음, 위 대출이 새로운 손해 발생을 초래하는 배임행위를 구성하는지 아니면 이에 해당하지 않는 대환대출에 불과한 것인지를 신중히 판단하였어야 할 것임에도 이에 이르지 아니한 채 대출금 전부가 부실대출이라고 판단한 원심의 판단은 잘못이라고 한 사례.[353]

350 대법원 1987. 4. 4. 선고 85도1339 판결, 대법원 2008. 2. 14. 선고 2007도7716 판결 등.
351 대법원 2013. 3. 14. 선고 2012도12582 판결.
352 대법원 2000. 6. 27. 선고 2000도1155 판결, 대법원 2010. 1. 28. 선고 2009도10730 판결, 대법원 2013. 10. 17. 선고 2013도6826 판결 등.
353 대법원 2013. 6. 27. 선고 2013도2014 판결.

라) 차입매수[일명 LBO(Leveraged Buyout)]와 관련한 배임죄의 성부

270 이른바 차입매수 또는 LBO(Leveraged Buy-Out)란 그 뜻이 분명한 하나의 법적 개념이 아니라 일반적으로 기업인수를 위한 자금의 상당 부분에 관하여 피인수회사(또는 대상회사)의 자산을 담보로 제공하거나 그 상당 부분을 피인수기업의 자산으로 변제하기로 하여 차입한 자금으로 충당하는 방식의 기업인수 기법을 일괄하여 부르는 경영학상의 용어로, 거래현실에서 그 구체적인 태양은 매우 다양하다.[354] 대체로 인수회사의 채무에 관하여 피인수회사로 하여금 보증 혹은 물적 담보를 제공하도록 하는 담보제공형 LBO, 피인수회사와 인수회사 간 합병을 통하여 합병 전 피인수회사에 속하는 자산 및 현금흐름을 인수대금 채무변제에 활용하는 합병형 LBO, 그리고 인수회사가 피인수회사의 유상감자, 배당 등을 통하여 마련한 대금으로 인수대금 채무를 변제하는 자산인출형 LBO 등의 유형으로 크게 구분할 수 있고,[355] 위와 같은 방법이 복합적으로 동원된 복합형 LBO로 분류되는 경우도 있다.

271 차입매수방식의 기업인수가 피인수회사나 인수인에게 유리하게 작용하는 순기능이 있지만, 실질적으로 인수인이 인수자금을 조달하는 것이 아니라 피인수회사의 자산이나 가치를 담보로 인수자금을 조달하는 것이므로(피인수회사의 자력으로 인수자금의 조달) 피인수회사에 대하여 손해 또는 손해 발생의 위험을 가져올 수 있다(피인수회사의 부실화 초래). 이 때문에 피인수회사의 경영자에 대한 업무상 배임죄를 인정할 수 있는지가 문제되는 것이다.

272 차입매수에 관하여 따로 규율하는 법률이 없는 이상 일률적으로 차입매수방식에 의한 기업인수를 주도한 관련자들에게 배임죄가 성립한다거나 성립하지 아니한다고 단정할 수 없다. 차입매수가 이루어지는 과정에서의 구체적인 행위가 배임죄의 구성요건에 해당하는지 주로 범의와 재산상 손해 발생 여부에 따라 개별적으로 판단되어야 한다.[356]

273 예컨대 담보제공형 LBO의 경우 피인수회사로서는 주채무가 변제되지 아니할 때에는 담보로 제공되는 자산을 잃게 되는 위험을 부담한다. 그러므로 위와 같이 인수자만을 위한 담보 제공이 무제한 허용된다고 볼 수 없고, 인수자가 피인

354 대법원 2015. 3. 12. 선고 2012도9148 판결.
355 변현철/박영윤, "LBO와 배임죄", 율촌판례연구(2017), 608.
356 대법원 2010. 4. 15. 선고 2009도6634 판결, 대법원 2011. 12. 22. 선고 2010도1544 판결, 대법원 2020. 10. 15. 선고 2016도10654 판결 등.

수회사의 담보 제공으로 인한 위험 부담에 상응하는 대가를 지급하는 등 반대급부를 제공하는 경우에 한하여 허용될 수 있다. 만일 인수자가 피인수회사에 아무런 반대급부를 제공하지 않고 임의로 피인수회사의 재산을 담보로 제공하게 하였다면, 인수자 또는 제3자에게 담보 가치에 상응한 재산상 이익을 취득하게 하고 피인수회사에 동액 상당의 재산상 손해를 가하였다고 보아야 한다. 이는 인수자가 자신이 인수한 주식, 채권 등이 임의로 처분되지 못하도록 피인수회사 또는 금융기관에 담보로 제공함으로써 피담보채무에 대한 별도의 담보를 제공한 경우라고 하더라도 마찬가지이다. 부도로 인하여 회생절차가 진행 중인 주식회사의 경우에도 그 회사의 주주나 채권자들의 잠재적 이익은 여전히 보호되어야 하므로, 피인수회사가 회생절차를 밟고 있는 기업이라고 하더라도 위와 같은 결론에는 아무런 영향이 없다.[357]

274 지금까지 판례에 나타난 사례를 유형별로 살펴보면, 담보제공형 LBO의 경우 최초로 문제가 된 2004도7027 판결(이른바 '신한사건') 이래 배임죄 성립이 인정된 경우[358]가 많으나, 다만 뒤에서 보는 바와 같이 담보로 제공하여 조달한 자금을 그 회사의 재무구조 개선을 위하여 사용함으로써 위법한 담보제공형 차입매수에 해당하지 않는다고 본 경우,[359] 담보제공이 포함된 복합형 LBO 사안에서 배임죄의 성립을 부정한 경우[360] 등도 있다. 그밖에 합병형 LBO[361]나 유상감자 및 배당을 활용한 자산인출형 LBO 사안에서 배임죄의 성립을 부정한 사례[362] 등이 있다.[363]

(1) 배임죄의 성립을 인정한 사례

275 [판례] 담보제공형 차입매수가 배임죄에 해당한다고 본 경우

회사정리절차가 진행 중인 주식회사를 인수하기 위하여 서류상 회사를 설립하고 대출을 받아 피인수회사의 주식 등을 인수하는 과정에서 피인수회사의 자산을 담보로

357 대법원 2012. 6. 14. 선고 2012도1283 판결.

358 대법원 2006. 11. 9. 선고 2004도7027 판결(이른바 '신한사건'), 대법원 2008. 2. 28. 선고 2007도5987 판결(위 2004도7027 판결의 환송 후 판결이다) 등.

359 대법원 2011. 12. 22. 선고 2010도1544 판결(이른바 '프라임개발 사건').

360 대법원 2015. 3. 12. 선고 2012도9148 판결(이른바 '온세통신 사건').

361 대법원 2010. 4. 15. 선고 2009도6634 판결(이른바 '한일합섬 사건').

362 대법원 2013. 6. 13. 선고 2011도524 판결(이른바 '대선주조 사건').

363 LBO 유형에 따른 좀 더 구체적인 분석은 이정민, "LBO와 업무상배임죄", 아주법학 9권 3호(2015), 316~319 참조.

제공한 행위가 업무상배임죄를 구성한다고 한 사례[364]

276 [판례] 담보제공형 차입매수가 배임죄에 해당한다고 본 경우
원심은, A 회사(피인수회사)의 대표이사인 피고인이 B 회사(인수회사)가 H 은행에 대하여 부담하는 채무원리금에 대한 담보 명목으로 A 회사 소유의 같은 금액 상당의 정기예금채권에 대하여 근질권을 설정해주었다고 하더라도, 당시 B 회사도 H 은행에 대한 위 채무를 담보하기 위하여 위 대출원리금 상당의 가치가 있는 정리채권 등에 근질권을 설정해 두고 있었으므로, 위 정기예금채권에 대한 근질권 설정행위로 인하여 A 회사에게 어떠한 재산상 손해 발생의 위험이 초래되었다고 볼 수 없고, 피고인에게 배임의 범의가 있었다고 볼 수도 없다는 이유로 피고인의 위 행위는 배임죄가 성립하지 아니한다고 판단하였다. 그러나 대법원은 아래와 같은 이유로 원심의 위 무죄 판단은 배임죄에 관한 법리를 오해하여 판결 결과에 영향을 미친 위법이 있다고 판단하였다. LBO 방식의 기업인수 과정에서 인수자금을 마련하기 위한 대출에 대한 담보로 피인수회사의 재산을 제공하는 행위는 비록 그 대출금이 상환될 때까지 인수자가 인수한 주식, 채권 등이 임의로 처분되지 못하도록 피인수회사 또는 금융기관에 담보로 제공되었다고 하더라도 허용될 수 없다. 한편 배임죄에서 '재산상의 손해를 가한 때'라 함은 현실적인 손해를 가한 경우뿐만 아니라 재산상 손해 발생의 위험을 초래한 경우도 포함되며, 일단 손해의 위험을 발생시킨 이상 나중에 피해가 회복되었다고 하여도 배임죄의 성립에 영향을 주는 것은 아니고, 재산상 손해의 유무에 대한 판단은 본인의 전 재산 상태를 고려하여 경제적 관점에 따라 판단되어야 한다. 따라서 위 대출금 채무에 대하여 주채무자인 B 회사가 정리채권 등을 담보로 제공하고 있었다고 하더라도, 피고인이 그가 대표이사로 있는 A 회사로 하여금 아무런 대가 없이 A 회사의 재산을 제3자인 B 회사의 대출금 채무에 대한 담보로 제공하도록 하였다면, A 회사로서는 그와 같은 담보제공으로 인하여 그 담보가치 상당의 재산상 손해를 입었다고 보지 않을 수 없고, 그러한 행위에 대하여 피고인에게 배임의 고의가 없었다고 할 수도 없다.[365]

277 [판례] 담보제공형 차입매수가 배임죄에 해당한다고 본 경우
피고인이 지배하는 그룹의 계열회사인 A 회사(인수회사)가 정리회사인 B 회사(피인수회사)를 인수하는 과정에서, 피고인이 A 회사를 통해 B 회사를 인수하는 데 필요한 자금을 마련하기 위하여 A 회사 명의로 금융기관으로부터 대출을 받고 이에 대한 담보로 B 회사의 부동산에 근저당권을 설정해 준 것은, 피인수회사인 B 회사로서는

364 대법원 2006. 11. 9. 선고 2004도7027 판결(이른바 '신한사건').
365 대법원 2008. 2. 28. 선고 2007도5987 판결(위 2004도7027 판결의 환송 후 판결이다).

주채무가 변제되지 아니할 경우에는 담보로 제공되는 자산을 잃게 되는 위험을 부담하게 되므로 인수자인 A 회사에게 담보 가치에 상응한 재산상 이익을 취득하게 하고 피인수회사인 B 회사에 그 재산상 손해를 가한 것에 해당하고, B 회사가 금융기관에서 신용장을 개설할 때 A 회사가 근보증을 제공해 주었다는 등의 사정만으로는 인수자가 피인수회사의 위와 같은 담보제공으로 인한 위험 부담에 상응하는 대가를 지급하는 등의 반대급부를 제공한 것으로 볼 수 없다는 등의 이유로 업무상배임죄에 해당한다고 본 원심은 정당하다.[366]

278 [판례] 담보제공형 차입매수가 배임죄에 해당한다고 본 경우

피고인 등이 이 사건 회사들을 인수할 때 인수대금 전액을 사채업자들로부터 차용하여 마련하였고, 그 차용금채무 담보를 위하여 이 사건 회사들 중 A 회사(피인수회사) 소유 부동산에 관하여 근저당권을 설정하는 과정에서 이 사건 회사들의 기존 대출금채무가 변제되기는 하였으나, 만약 인수자들이 인수대금을 자신들의 부담으로 마련하였다면, 이 사건 인수계약 내용에 따라 위 회사들의 기존 대출금채무가 변제된 다음 위 회사들 소유 부동산에 관하여 아무런 담보가 설정되지 않는 상태가 예정되어 있었다. 그런데도 인수자들이 위와 같이 인수대금을 차용하여 마련하고 그 차용금채무 담보를 위하여 근저당권을 설정하였는데, 이러한 행위는 A 회사가 당초 부담하지 않는 것으로 예정되어 있던 담보책임을 부담하게 한 행위로서, 위 회사에 그 채권최고액 상당의 손해를 가한 행위에 해당한다.[367]

279 [판례] 담보제공형 차입매수 이후 합병이 이루어진 경우 배임죄에 해당한다고 본 사례

A 회사(인수회사)가 특수목적법인 C 회사를 통하여 B 회사(피인수회사)를 인수하는 과정에서, B 회사의 대표이사인 피고인이 다른 이사들과 공모하여 B 회사로 하여금 B 회사 소유 부동산에 관하여 A 회사와 C 회사의 대출금 채무를 피담보채무로 하는 근저당권을 설정하게 한 행위가 배임으로 기소되었다. 대법원은 이러한 행위로 인하여 B 회사로서는 보유 부동산 전부가 A 회사의 B 회사 인수를 위해 필요한 자금을 마련하기 위해 대주단과 사이에 체결된 대출금 채무를 위한 책임재산으로 제공되어 장차 이를 변제하지 못할 경우 환가처분 될 수 있는 위험을 부담하게 되고, B 회사로서는 인수절차가 진행되기 전에 비하여 채무원리금 변제의 부담이 크게 증가하고 미변제 시 보유 부동산을 상실할 위험이 발생하는 등 전체적으로 재산상의 손해만 입었을 뿐 이를 상쇄할 만한 다른 반대급부를 인수자인 A 회사 등으로부터 제공받지 못하였다는 등의 이유로, 이는 피고인이 대표이사로서의 임무를 위배하여 A 회사에

366 대법원 2012. 6. 14. 선고 2012도1283 판결.
367 대법원 2015. 4. 23. 선고 2014도17703 판결.

재산상 이익을 취득하게 하고 B 회사에 재산상 손해를 가한 것에 해당한다고 판단하였다. 또한 비록 이 사건 근저당권 설정 이후에 이루어진 B 회사와 C 회사 사이의 합병이 성립된 이후에는 합병의 법률적 효과로 이 사건 대출금 채무가 B 회사의 채무가 되었고, 그에 대한 변제와 담보제공은 자신이 부담하는 채무에 관한 것으로 전환되기는 하였지만, 배임죄에서 재산상 손해의 유무에 관한 판단은 배임 여부가 문제 되는 행위 당시를 기준으로 본인의 전 재산 상태와의 관계에서 경제적 관점에서 파악되어야 하는 이상, B 회사의 재산 상태에 초래한 경제적 영향을 감안하지 않은 채 단지 그 법률적 효과만을 근거로 배임죄의 성립을 부정할 수는 없다고 보았다.[368]

(2) 배임죄의 성립을 부정한 사례

280 [판례] 피인수회사의 자산을 담보로 제공하여 조달한 자금을 그 회사의 재무구조 개선을 위하여 사용함으로써 위법한 담보제공형 차입매수에 해당하지 않는다고 본 경우

P 주식회사(인수회사)가 인수한 D 건설회사(피인수회사)의 회사채 3,000억 원을 D가 상환우선주를 발행하여 조달한 1,000억 원, 공장을 담보로 대출받은 500억 원, D의 자금 1,500억 원 등으로 조기에 상환하였다고 하더라도, P가 D의 유상증자 3,780억 원 중 P의 자체자금 780억 원과 P가 취득하게 되는 D의 주식 및 회사채 외에 P의 자체 자산을 담보를 제공하고 받은 인수금융 2,000억 원 등 합계 2,780억 원을 출연하여 직접 D 신주 73.21%를 취득하였고 대주단도 유상증자에 참여하여 1,000억 원 상당의 D 신주 26.74%를 인수한 점에서, 인수자가 피인수회사에 아무런 반대급부를 제공하지 않고 임의로 피인수회사의 재산을 담보로 제공하게 하여 인수자 또는 제3자에게 담보 가치에 상응한 재산상 이익을 취득하게 하고 피인수회사에게 그 재산상 손해를 강한 경우와는 근본적으로 차이가 있어, 이른바 위법한 담보제공형 LBO 방식에 해당한다고 볼 수 없으며, 위와 같이 회사채를 상환우선주 인수대금 및 텀론으로 조기 상환하는 것에 대하여 양자의 만기와 이율 등의 외형상 조건만을 단순 비교하여 D 건설회사에 손해를 가하였다고 단정할 수는 없다고 한 사례.[369]

281 [판례] 합병형 차입매수가 배임죄에 해당하지 않는다고 본 경우

이 사건 공소사실의 요지는, 피고인이 A 주식회사(피인수회사) 인수과정에서 차입한 대출금 채무 중 상당 부분을 A 주식회사의 현금성 자산을 이용해 상환하기 위한 목적으로 재무구조가 B 주식회사보다 견고할 뿐만 아니라 부채가 거의 없었던 A 주식회사와 그에 비하여 재무구조가 상대적으로 부실하였던 B 주식회사를 합병시킴으로

368 대법원 2020. 10. 15. 선고 2016도10654 판결(이른바 '하이마트 사건'). 이 판결에 대한 평석은 송옥렬, "LBO에 대한 배임죄 판단기준", 민사판례연구 44권(2022), 843~883.

369 대법원 2011. 12. 22. 선고 2010도1544 판결(이른바 '프라임개발 사건').

써, B 주식회사로 하여금 그 상환 자금으로 사용된 1,800억 원 및 위와 같이 A 주식회사의 법인격 소멸에 따른 현금유동성을 취득함으로 인한 액수 미상의 재산상 이익을 취득하게 하고, A 주식회사에 그에 상응하는 재산상 손해를 가하였다는 취지이다. 이에 대하여 원심은, B 주식회사 등의 자산을 담보로 제공하여 마련한 대출금과 B 주식회사를 비롯한 ○○그룹의 일부 계열사들이 투자한 총 합계 1,302억 원을 인수대금으로 사용하여 C 주식회사가 A 주식회사를 인수한 것으로서, 피인수회사의 자산을 담보로 기업을 인수하는 LBO 방식과 그 기본적인 전제가 다른 점, 나아가 합병의 본질과 그 효과 및 상법상 합병비율, 주주총회의 특별결의, 합병에 반대하는 주주들의 주식매수청구권, 채권자 보호절차 등을 통하여 합병에 반대하는 주주들이나 채권자들이 보호받을 수 있는 제도가 마련되어 있는 점, 이 사건 합병에 관한 이사회결의가 무효라고 인정할 만한 자료가 없고, A 주식회사의 경우 주주총회를 거쳐 합병이 이루어진 사정에 비추어 합병무효사유에 해당한다고 단정하기 어려운 점, 이 사건 합병이 합병의 본질 및 요건에 반하여 법률상 합병할 수 없거나 합병비율의 산정이 위법하거나 소수주주들이나 채권자 보호절차에 위법이 있는 등 합병의 실질이나 절차에 하자가 있다는 점을 기록상 찾아볼 수 없는 점 등을 종합하면, 이 사건 합병으로 인하여 A 주식회사가 1,800억 원 상당 내지 법인격 소멸에 따른 현금유동성 상실이라는 손해를 입었다고 볼 수 없다고 보아 무죄로 판단하였다. 대법원은 차입매수에 관하여는 이를 따로 규율하는 법률이 없는 이상 일률적으로 차입매수방식에 의한 기업인수를 주도한 관련자들에게 배임죄가 성립한다거나 성립하지 아니한다고 단정할 수 없는 것이고, 배임죄의 성립 여부는 차입매수가 이루어지는 과정에서의 행위가 배임죄의 구성요건에 해당하는지 여부에 따라 개별적으로 판단되어야 한다고 판시하며, 원심의 무죄 판단을 수긍하였다.[370]

282 [판례] 유상감자 및 이익배당을 이용한 자산인출형 차입매수가 배임죄에 해당하지 않는다고 본 경우

이 사건 공소사실의 요지는, A 회사(인수회사)의 B 회사(피인수회사) 인수를 위한 대출금을 변제하려는 목적으로 B 회사의 이사인 피고인 乙, 丙이 주도적으로 유상감자 및 이익배당을 실시하였고 이에 피고인 甲이 공모·가담하여 결국 614억 원을 회사에서 빼내어감으로써 A 회사로 하여금 614억 원 상당의 재산상 이익을 취득하게 하고 B 회사에게 동액 상당의 재산상 손해를 가하였다는 것이다. 이에 대하여 원심이, 피고인 乙, 丙이 B 회사의 이사로서 수행한 유상감자 및 이익배당으로 인하여 B 회사의 적극재산이 감소하였다고 하더라도 이는 우리 헌법 및 상법 등 법률이 보장하는 사유

370 대법원 2010. 4. 15. 선고 2009도6634 판결(이른바 '한일합섬 사건').

재산제도, 사적 자치의 원리에 따라 주주가 가지는 권리의 행사에 따르는 결과에 불과하고, 유상감자 당시 B 회사의 영업이익이나 자산 규모 등에 비추어 볼 때 유상감자 절차에 있어서 절차상의 일부 하자로 인하여 B 회사의 채권자들에게 손해를 입혔다고 볼 수 없으며, 1주당 감자 환급금액과 B 회사의 배당가능이익을 감안하면 결국 이 사건 유상감자 및 이익배당으로 인하여 B 회사의 주주들에게 부당한 이익을 취득하게 함으로써 B 회사에 손해를 입혔다고 볼 수 없다고 판단한 것은 정당하다.[371]

283 [판례] 복합형 차입매수가 배임죄에 해당하지 않는다고 본 경우

A 회사(인수회사)가 B 회사(피인수회사)를 인수하는 과정에서 A 회사의 내부에 유보되어 있던 자금이나 A 회사의 유상증자 및 전환사채 발행 등에 의하여 자체적으로 마련한 자금도 상당 정도 투입하였으므로 인수자가 피인수회사에 아무런 반대급부를 제공하지 않고 임의로 피인수회사의 재산을 담보로 제공하게 한 경우와는 근본적으로 차이가 있는 점, A 회사가 B 회사의 구주를 전부 소각하고 신주를 100% 취득하여 B 회사의 1인 주주가 됨으로써 A 회사와 B 회사의 경제적인 이해관계가 일치하게 된 점, A 회사는 B 회사 인수의 우선협상대상자로 지정받은 후 B 회사와 이 사건 투자계약을 체결할 당시부터 B 회사와 합병을 전제로 인수계약을 논의하였고, 합병 예정을 대외적으로 공시한 후 B 회사를 흡수합병 함으로써 법률적으로도 합일하여 동일한 인격체가 되었으며, 이러한 인수·합병의 실질이나 절차에 하자가 있다는 점을 기록상 찾아볼 수 없고, 위 합병의 효과에 의하여 인수자인 A 회사와 피인수자인 B 회사의 재산은 혼연일체가 되어 합병 전에 이루어진 B 회사의 자산 담보제공으로 인한 부담 내지 손해는 A 회사의 그것으로 귀결된 점, A 회사가 인수한 B 회사 발행의 신주인수권부사채 834억 원 상당을 B 회사가 사옥 등을 담보로 제공하고 대출받은 장기대출금으로 조기상환함에 따라 B 회사의 부채비율이 현저히 감소하여 재무구조가 개선되고 3년간 이자비용을 절감할 수 있게 되는 등 신주인수권부사채의 조기상환이 인수과정에서 전체적으로 B 회사에 손해가 되었다고 보기 어렵고 위 조기상환은 경영자의 자율적 경영판단의 영역에 속하는 것으로 보이는 점, A 회사는 B 회사 인수 당시 B 회사에 비하여 자산의 규모는 작지만 부채비율은 B 회사에 비하여 낮은 양호한 상태였고, D로부터 150억 원을 투자받아 기존의 통신기기 제조·판매업 외에 무선인터넷전화, 인터넷티브이 사업을 계획하고 있어서 B 회사를 인수할 경영상 필요가 있었으며, 실제로 B 회사 인수 후 B 회사 건물에 200억 원 상당의 설비투자를 한 점, A 회사는 이 사건 투자계약 체결 시 B 회사의 기존 근로자들의 고용보장을 약정하였고 실제로 B 회사 인수 후 기존 근로자들의 고용관계를 그대로 유지한 점, 피고인이

371 대법원 2013. 6. 13. 선고 2011도524 판결(이른바 '대선주조 사건').

B 회사 인수절차 진행 중 자신이 보유하던 A 회사 지분(7.78%) 전부를 C 회사에 매각하고 그 과정에서 시세차익을 취득하기는 하였으나, 이는 A 회사의 투자자인 D가 B 회사 인수에 반대하면서 풋옵션을 행사하여 자신이 보유하는 A 회사 지분을 A 회사가 인수할 것을 청구하자, 피고인이 C 회사에 대하여 A 회사 대신 위 D 지분을 인수할 것을 요청하였고, 이에 대하여 C 회사의 부회장이 D 지분뿐만 아니라 A 회사의 경영권을 포함한 피고인의 지분도 함께 양수해야겠다고 요구하여 피고인이 어쩔 수 없이 자신의 A 회사 지분을 C 회사에 매각한 것으로 보이는 점 등의 사정을 종합하면, 피고인이 B 회사의 인수자금 또는 A 회사 운영자금을 조달하면서 업무상 임무에 위배하여 B 회사의 부동산 등 자산을 담보로 제공하거나 신주인수권부사채를 조기상환함으로써 A 회사로 하여금 이득을 취하게 하고 B 회사에 손해를 가하였다고 볼 수 없을 뿐만 아니라, 피고인에게 A 회사에 이익을 주고 B 회사에 손해를 가하려는 의사, 즉 배임의 범의가 있었다고 볼 수도 없다.[372]

마) 모험거래

284 모험거래란 예컨대 파생상품이나 외국환 선물거래 등 그 사무의 처리가 본인에게 이익이 될지 손해가 될지에 대한 전망을 예측하기가 어려운 거래를 말한다.

285 모험거래가 배임행위가 되는지 여부에 관하여, 우선 당사자 내부관계에서 금지되어 있다면 배임행위가 될 가능성이 크고, 그렇지 않은 경우에는 사무의 성질과 내용, 예상되는 이익과 손해의 규모 등에 따라 구별되어야 할 것이다.[373] 다시 말하면, 행위자가 담당하고 있는 사무의 성질(리스크가 크지 아니한 업무의 담당자가 행하는 경우 임무위배라고 볼 가능성이 크다), 통상 업무의 범위를 일탈하였는지 여부(통상의 업무범위 내에 그친다면 임무위배라고 보지 않을 가능성이 크다) 등을 고려하여 판단하여야 한다.[374] 예컨대 친권자나 후견자가 미성년자나 피후견인의 재산을 관리하면서 하는 모험거래는 배임행위가 될 여지가 많을 것이고,[375] 펀드매니저나 증권회사 담당직원 등 업무처리 자체가 어느 정도 투기적 성질을 가지는 경우에는 사회통념상 통상의 업무범위를 벗어났는지 또는 본인의 추정적 승낙이 있었다고 볼 수 있는지 여부에 따라 배임행위성을 따지게 될 것이다.

372 대법원 2015. 3. 12. 선고 2012도9148 판결(이른바 '온세통신 사건'). 위 판결에 대한 평석으로, 최승재, "대법원 판결로 보는 차입매수(LBO)와 배임죄", 법과 기업연구 5권 3호(2016), 33 이하.

373 배종대, 형법각론(제14판), 홍문사(2023), 463; 오영근, 형법각론(제7판), 박영사(2022), 391; 정성근/정준섭, 형법강의 각론(제2판), 박영사(2022), 323.

374 山口厚, 刑法各論(第2版), 有斐閣(2010), 320.

375 山中敬一, 刑法各論(第3版), 成文堂(2015), 461.

286 그리고 회사의 경영자가 모험거래 내지 적극적 기업활동의 일환으로 회사에 손해를 끼치게 되는 경우가 많다. 이 경우 배임죄의 성립을 제한하는 방안으로 이른바 경영판단의 원칙 적용문제가 있다.[376]

287 [판례] 증권회사 직원이 고객의 매수주문 없이 고객의 예탁금으로 주식을 무단 매수하였다가 주식시세의 하락으로 손해가 발생한 경우 업무상 배임죄의 성부

증권회사의 직원으로서 고객과의 매매거래 계좌설정 계약에 따라 고객의 사무를 처리하는 지위에 있는 자가 고객의 동의를 얻지 않고 주식을 매입한 것이라면 주식의 시세의 하락으로 인하여 고객에게 손해가 발생될 염려가 있다는 인식이 미필적으로나마 있었다고 할 것이고, 그가 근무하는 증권회사가 주식의 매입으로 인하여 수수료를 취득한 이상, 그 직원에게 자기 또는 제3자가 재산상의 이익을 얻는다는 인식도 있었다고 보이므로 결국 그 직원에게 업무상 배임죄의 고의가 있었다고 인정될 여지가 충분히 있다. 만약 그 직원의 이러한 행위가 고객의 이익을 위한다는 의사에 기한 것이었다고 볼 수 있는 특별한 객관적 사정이 있다면 이와 달리 보아야 할 것이나, 이 사건의 경우는 위 증권회사와 피해자 사이에 그 이전까지 아무런 거래관계가 없었으며, 그 직원이 피해자가 위 예탁금을 입금한 지 얼마 되지 않아 아무런 승낙 없이 무단 매수한 점 등에 비추어 보면 고객을 위한다는 의사는 부수적일 뿐이고 이득 또는 손해의 의사가 주된 것이어서 업무상 배임죄의 고의가 있었다고 봄이 상당하다.[377]

바) 업무상 비밀의 유출행위와 배임행위 여부

(1) 영침해에 대한 형사법적 규율

288 기업의 업무상 비밀을 회사 바깥으로 유출하지 않을 것을 서약한 회사의 직원이 경제적인 대가를 얻기 위하여 경쟁업체에 이를 유출하는 행위는 피해자와의 신임관계를 저버리는 행위로서 업무상배임죄에 해당함은 별다른 의문이 없다.

289 업무상 비밀에는 기업이 영업비밀로 관리하며 그 종업원에게 비밀유지의무 등을 부여하고 있는 정보인 영업비밀 뿐만 아니라 영업상 주요한 자산도 업무상 배임죄의 대상이 된다.

290 회사직원이 재직 중에 영업비밀 또는 영업상 주요한 자산을 경쟁업체에 유출하거나 스스로의 이익을 위하여 이용할 목적으로 무단으로 반출하였다면 타인의 사무를 처리하는 자로서 그 업무상의 임무에 위배하여 유출 또는 반출한 것이어서 유출 또는 반출 시에 업무상배임죄의 기수가 된다. 또한 회사직원이 영업비밀 등

376 김성돈, 형법각론(제8판), 성균관대학교 출판부(2022), 486.
377 대법원 1995. 11. 21. 선고 94도1598 판결.

을 적법하게 반출하여 그 반출행위가 업무상배임죄에 해당하지 않는 경우라도, 퇴사 시에 그 영업비밀 등을 회사에 반환하거나 폐기할 의무가 있음에도 경쟁업체에 유출하거나 스스로의 이익을 위하여 이용할 목적으로 이를 반환하거나 폐기하지 아니하였다면, 이러한 행위 역시 퇴사 시에 업무상배임죄의 기수가 된다.[378]

291 그러나 회사직원이 퇴사한 후에는 특별한 사정이 없는 한 더 이상 업무상배임죄에서 타인의 사무를 처리하는 자의 지위에 있다고 볼 수 없고, 위와 같이 반환하거나 폐기하지 아니한 영업비밀 등을 경쟁업체에 유출하거나 스스로의 이익을 위하여 이용하더라도 이는 이미 성립한 업무상배임 행위의 실행행위에 지나지 아니하므로, 그 유출 내지 이용행위가 '부정경쟁방지 및 영업비밀보호에 관한 법률' 위반(영업비밀누설등)죄에 해당하는지 여부는 별론으로 하더라도, 따로 업무상배임죄를 구성할 여지는 없다.[379]

(2) 업무상 배임죄의 대상이 되는 영업비밀 또는 영업상 주요한 자산

292 [판례] '부정경쟁방지 및 영업비밀보호에 관한 법률' 및 업무상배임죄에서의 '영업비밀'

'부정경쟁방지 및 영업비밀보호에 관한 법률' 제2조 제2호의 '영업비밀'이란 공연히 알려져 있지 아니하고 독립된 경제적 가치를 가지는 것으로서 상당한 노력에 의하여 비밀로 유지된 생산방법, 판매방법 그 밖에 영업활동에 유용한 기술상 또는 경영상의 정보를 말한다. '공연히 알려져 있지 아니하다'는 것은 그 정보가 간행물 등의 매체에 실리는 등 불특정 다수인에게 알려져 있지 않기 때문에 보유자를 통하지 아니하고는 그 정보를 통상 입수할 수 없는 것을 말하고, '독립된 경제적 가치를 가진다'는 것은 그 정보의 보유자가 그 정보의 사용을 통해 경쟁자에 대하여 경쟁상의 이익을 얻을 수 있거나 또는 그 정보의 취득이나 개발을 위해 상당한 비용이나 노력이 필요하다는 것을 말하며, '상당한 노력에 의하여 비밀로 유지된다'라고 하는 것은 그 정보가 비밀이라고 인식될 수 있는 표시를 하거나 고지를 하고, 그 정보에 접근할 수 있는 대상자나 접근 방법을 제한하거나 그 정보에 접근한 자에게 비밀준수의무를 부과하는 등 객관적으로 그 정보가 비밀로 유지·관리되고 있다는 사실이 인식 가능한 상태인 것을 말한다. 이는 업무상배임죄에 있어 무단으로 반출한 자료가 영업비밀인 경우도 마찬가지이다.[380]

378 대법원 2008. 4. 24. 선고 2006도9089 판결, 대법원 2016. 6. 23. 선고 2014도11876 판결 등.
379 대법원 2017. 6. 29. 선고 2017도3808 판결.
380 대법원 2010. 4. 29. 선고 2010도377 판결 등.

293 [판례] 영업상 주요자산의 반출과 배임행위

회사 직원이 경쟁업체 또는 스스로의 이익을 위하여 이용할 의사로 무단으로 자료를 반출한 경우에 업무상배임죄가 성립하기 위해서는, 그 자료가 영업비밀에 해당할 필요까지는 없다고 하더라도 적어도 그 자료가 불특정 다수인에게 공개되어 있지 않아 보유자를 통하지 아니하고는 이를 통상 입수할 수 없고, 그 자료의 보유자가 자료의 취득이나 개발을 위해 상당한 시간, 노력 및 비용을 들인 것으로 그 자료의 사용을 통해 경쟁자에 대하여 경쟁상의 이익을 얻을 수 있는 정도의 영업상 주요한 자산에 해당하는 것이어야 한다.[381]

294 [판례] 재료를 송부한 행위와 업무상 배임죄의 대상

원심은 피고인이 피해회사의 OLED 관련 재료를 경쟁업체에 송부해준 행위는 재물인 재료 자체를 대상으로 하는 것이어서 업무상배임죄의 객체에 해당한다고 보기 어렵다는 이유로 무죄로 판단하였다. 그러나 대법원은 이 부분 공소사실의 취지가 피고인이 재료를 송부함으로써 그 재료에 포함된 영업비밀 내지 영업상 주요한 자산을 유출한 것이라는 주장으로도 이해될 여지가 있고, 따라서 공소사실의 기재가 명료하지 못한 경우에 해당하므로, 원심으로서는 검사에 대하여 석명권을 행사하여 그 취지를 분명히 한 다음 그에 관하여 심리· 판단하였어야 할 것임에도 이러한 조치 없이 무죄로 판단한 것은 잘못이라고 하였다.[382]

295 [판례] 산업기술이 아니라고 하더라도 업무상배임죄의 대상인 영업비밀 또는 영업상 주요한 자산에는 해당할 수 있다고 본 경우

'산업기술의 유출방지 및 보호에 관한 법률'에서 정한 산업기술에 해당되지 않는다고 하더라도 업무상배임죄의 객체인 영업비밀 내지 영업상 주요한 자산에는 해당될 수 있는바, 원심은 이 부분 파일이 피해회사의 영업비밀 내지 영업상 주요한 자산에 해당하는지 여부에 관하여 아무런 심리도 하지 아니한 채 위 파일들이 피해회사의 산업기술이 아니라는 이유만으로 이 부분 업무상배임의 공소사실을 무죄로 판단하였으므로, 이에는 업무상배임죄의 성립에 관한 법리를 오해하고 필요한 심리를 다하지 아니하여 판결에 영향을 미친 잘못이 있다.[383]

381 대법원 2005. 7. 14. 선고 2004도7962 판결, 대법원 2008. 7. 10. 선고 2008도3435 판결, 대법원 2011. 7. 14. 선고 2010도3043 판결, 대법원 2013. 6. 13. 선고 2011도946 판결, 대법원 2016. 7. 7. 선고 2015도17628 판결 등.

382 대법원 2021. 5. 7. 선고 2020도17853 판결.

383 대법원 2021. 5. 7. 선고 2020도17853 판결.

296 [판례] 영업상 주요한 자산이 아니라고 본 경우

피고인들이 A 주식회사를 퇴사하면서 A 회사가 제조·판매하는 특정 단말기에 관한 회로도, 부품리스트, 다운로드 매뉴얼, 테스트 매뉴얼, 소프트웨어, 사양서 등이 저장된 CD와 컴퓨터를 반출하였다고 하여 업무상배임으로 기소된 사안에서, 기술 자료 중 회로도는 이미 공개되어 있는 표준회로도와 매우 유사하고, 단말기는 피고인들이 자료 반출 당시 이미 판매되고 있었으며, 단말기를 구성하는 부품 자체는 모두 공지된 것이어서 자료의 부품리스트를 쉽게 알아낼 수 있었던 것이고, 다운로드 매뉴얼과 테스트 매뉴얼 및 사양서는 제품의 하드웨어 구조와 소프트웨어 기능이 확정되면 작성될 수 있는 것이어서, 위 자료는 불특정 다수인에게 공개된 것이 아니라거나 보유자가 자료 취득·개발을 위해 상당한 시간, 노력 및 비용을 들인 것으로 이를 통해 경쟁상 이익을 얻을 수 있는 정도에 이르렀다고 할 수 없으므로 이를 A 회사의 '영업상 주요한 자산'에 해당한다고 볼 수 없다.[384]

297 [판례] 역설계 등의 방법으로 입수 가능한 상태에 있는 회사의 정보가 영업상 주요한 자산이 아니라고 본 경우

회사 직원이 경쟁업체 또는 스스로의 이익을 위하여 이용할 의사로 무단으로 자료를 반출한 행위가 업무상배임죄에 해당하기 위하여는, 그 자료가 반드시 영업비밀에 해당할 필요까지는 없다고 하겠지만 적어도 그 자료가 불특정 다수인에게 공개되어 있지 않아 보유자를 통하지 아니하고는 이를 통상 입수할 수 없고 그 보유자가 자료의 취득이나 개발을 위해 상당한 시간, 노력 및 비용을 들인 것으로서, 그 자료의 사용을 통해 경쟁상의 이익을 얻을 수 있는 정도의 영업상 주요한 자산에는 해당하여야 한다. 또한 비밀유지조치를 취하지 아니한 채 판매 등으로 공지된 제품의 경우, 역설계(reverse engineering)를 통한 정보의 획득이 가능하다는 사정만으로 그 정보가 불특정 다수인에게 공개된 것으로 단정할 수 없으나, 상당한 시간과 노력 및 비용을 들이지 않고도 통상적인 역설계 등의 방법으로 쉽게 입수 가능한 상태에 있는 정보라면 보유자를 통하지 아니하고서는 통상 입수할 수 없는 정보에 해당한다고 보기 어려우므로 영업상 주요한 자산에 해당하지 않는다.[385]

298 [판례] 취업규칙, 주주명부 등 영업비밀 내지 영업상 주요한 자산이라고 보기 어려운 경우

피해자 회사의 취업규칙은 피해자 회사의 모든 직원들에게 공개되는 자료로서 그 직원들이 취업규칙의 내용에 관하여 비밀을 준수할 의무가 있다고 보기 어렵고, 피해자 회사의 주주명부 역시 주주 또는 회사채권자가 열람등사청구를 하는 경우 상법

384 대법원 2011. 6. 30. 선고 2009도3915 판결, 이 판결에 대한 해설로는 김종석, "업무상배임죄에 있어서의 영업상 주요한 자산의 의미", 해설(88), 510 이하.

385 대법원 2022. 6. 30. 선고 2018도4794 판결.

제396조 제2항에 의하여 회사가 특별한 사정이 없는 한 이를 거절할 수 없는 점에 비추어[386] 비공지성을 인정하기 어려우므로, 이들 정보는 모두 피해자 회사의 영업비밀 내지 영업상 주요한 자산에 해당한다고 볼 수 없다. 또한 피해자 회사의 '터치스크린 동작 원리 및 구조' 파일은 터치스크린의 종류별 장단점, 저항막 방식의 터치스크린방식의 작동원리, 윈도우 타입 터치스크린의 구조, 단면도 및 공정도를 간략히 설명 내지 소개한 자료로서 이미 대외적으로 공개되어 있는 내용을 개략적으로 정리한 수준에 불과하므로, 이 역시 피해자 회사의 영업비밀 내지 영업상 주요한 자산으로 보기 어렵다.[387]

(3) 배임행위 해당 여부

299 [판례] 회사의 중요한 자료 유출행위에 관하여 배임죄의 고의를 인정하기 어렵다고 본 경우
피고인 甲이 파일을 복사해주게 된 경위, 당시 피고인들의 처지, A 회사의 업무자료에 대한 관리실태, 이 사건 자료파일 복사 후 피고인들의 이용 상황 등 기록에 나타나는 제반 사정을 배임죄의 고의에 관한 법리에 비추어 볼 때, 피고인 甲이 컴퓨터에 저장된 자료의 구체적 내용이나 의미를 제대로 인식하지 못한 채 만연히 퇴사한 전직 동료의 편의를 봐준다는 차원에서 자료를 복사해준 것이고, 피고인 乙 역시 자신의 개인파일을 찾아가려는 것이 주된 의도였다고 볼 여지가 있고, 원심이 인정한 위와 같은 일부 간접사실들만으로는 피고인들에게 그들이 공모하여 회사의 중요자료를 유출하고 A 회사에 손해를 입게 한다는 배임의 고의가 있었다고 단정하기 어렵다.[388]

300 [판례] 파일 복사 및 취득 당시에 배임죄의 고의를 인정하기 어렵다고 본 경우
피고인들이 A 회사를 퇴사하기 직전에야 이 사건 각 프로그램파일을 복사하여 취득하였음을 인정할 증거가 없고, 오히려 그 대부분은 A 회사에 근무하면서 프로그램 개발업무를 수행하는 과정에서 복사 및 취득한 것으로 보이는 점, A 회사에서는 이 사건 각 프로그램파일이 비밀로 관리되지 않은 채 피고인들과 같은 연구원들의 경우 별다른 제한 없이 이를 열람·복사할 수 있었고 복사된 저장매체도 언제든지 반출할 수 있었던 점, 피고인들이 이 사건 각 프로그램파일을 복사하여 취득한 것은 업무인수인계를 위한 것이거나 자료정리 차원에서 관행적으로 행해진 것으로 볼 여지도 없지 않은 점, 피고인들이 A 회사를 퇴직한 후 개발한 증권분석 프로그램은 A 회사의 프로그램과 유사하거나 이를 변형 또는 참조하였다고 보기 어렵다는 컴퓨터프로그램보호위원회에 대한 감정촉탁회신결과에 의하면, 피고인들은 실제로도 이 사건 각 프

386 대법원 2010. 7. 22. 선고 2008다37193 판결.
387 대법원 2013. 6. 13. 선고 2011도946 판결.
388 대법원 2009. 5. 28. 선고 2008도5706 판결.

로그램파일을 새로운 증권분석 프로그램을 개발하는 데 이용하지는 아니한 것으로 보이는 점 등 여러 사정들을 고려할 때, 이 사건 각 프로그램파일을 복사하여 취득할 당시 피고인들에게 업무상배임의 고의가 있었다고 단정하기 어렵다.[389]

301 [판례] 퇴사 당시 무단 반출하거나 반환·폐기하지 않은 경우 배임죄의 고의
피고인들이 피해회사를 퇴사하면서 회사 자료를 무단 반출하거나 퇴사 후에도 반환·폐기하지 아니하고 계속 보관한 것은 위 각 자료의 내용에 따라서는 배임행위에 해당할 수 있고, 퇴사 당시 피고인들에게는 그 임무에 위배하여 향후 위 각 자료를 경쟁업체에 유출하거나 스스로의 이익을 위하여 사용할 의사가 있었다고 추단할 수 있으므로, 피고인들에게 배임의 고의도 인정될 수 있다.[390]

302 [판례] 종업원이 자신의 이름으로 직무발명을 특허출원한 행위와 배임행위 해당 여부
직무발명에 대하여 특허를 받을 수 있는 권리는 발명자인 종업원에게 귀속하고 사용자는 다만 종업원이 특허를 받으면 그에 대하여 통상실시권을 가질 뿐이다. 따라서 직무발명에 대하여 특허를 받을 수 있는 권리를 미리 사용자에게 승계시키는 계약이나 근무규정이 있거나 발명의 완성 후에 이를 승계시키는 계약이 있었다는 등의 특별한 사정이 없는 한 종업원이 직무발명을 사용자가 아닌 종업원의 이름으로 특허출원하더라도 이는 자신의 권리를 행사하는 것으로서 업무상배임죄가 성립할 여지는 없다. 그리고 구 발명진흥법의 직무발명에 관한 제반 규정들의 취지에 비추어 보면, 종업원의 의사가 명시적으로 표시되거나 혹은 묵시적 의사를 추인할 수 있는 사정이 인정되는 경우 이외에는 직무발명에 대하여 그 특허를 받을 수 있는 권리를 사용자에게 승계시키는 합의가 성립되었다고 쉽사리 인정할 수 없다.[391]

303 [판례] 직무발명 종업원의 공동발명 출원행위와 배임행위 여부
A 주식회사 직원인 피고인이 대표이사 B 등이 직무에 관하여 발명한 '재활용 통합 분리수거 시스템'의 특허출원을 하면서 임의로 특허출원서 발명자란에 B 외에 피고인의 성명을 추가로 기재하여 공동발명자로 등재되게 한 사안에서, 발명자에 해당하는지는 특허출원서 발명자란 기재 여부와 관계없이 실질적으로 정해지므로 피고인의 행위만으로 곧바로 A 회사의 특허권 자체나 그와 관련된 권리관계에 어떠한 영향을 미친다고 볼 수 없어, 결국 그로 인하여 A 회사에 재산상 손해가 발생하였다거나 재산상 손해 발생의 위험이 초래되었다고 볼 수 없다.[392]

389 대법원 2010. 7. 15. 선고 2008도9066 판결.
390 대법원 2012. 10. 11. 선고 2010도13917 판결, 대법원 2016. 7. 7. 선고 2015도17628 판결 등.
391 대법원 2011. 7. 28. 선고 2010도12834 판결, 대법원 2012. 12. 27. 선고 2011도15093 판결 등.
392 대법원 2011. 12. 13. 선고 2011도10525 판결.

304 [판례] 직무발명의 사전승계약정을 체결한 종업원이 사용자에게 알리지 아니하고 제 3 자에게 이중으로 양도한 행위와 배임행위 여부

직무발명에 대한 특허를 받을 수 있는 권리 등을 사용자 등에게 승계한다는 취지를 정한 약정 또는 근무규정의 적용을 받는 종업원 등은 사용자 등이 이를 승계하지 아니하기로 확정되기 전까지는 임의로 승계 약정 또는 근무규정의 구속에서 벗어날 수 없는 상태에 있는 것이어서, 종업원 등이 그 발명의 내용에 관한 비밀을 유지한 채 사용자 등의 특허권 등 권리의 취득에 협력하여야 할 의무는 자기 사무의 처리라는 측면과 아울러 상대방의 재산보전에 협력하는 타인 사무의 처리라는 성격을 동시에 가지게 되므로, 이러한 경우 그 종업원 등은 배임죄의 주체인 '타인의 사무를 처리하는 자'의 지위에 있다. 따라서 위와 같은 지위에 있는 종업원 등이 그 임무를 위반하여 직무발명을 완성하고도 그 사실을 사용자 등에게 알리지 않은 채 그 발명에 대한 특허를 받을 수 있는 권리를 제3자에게 이중으로 양도하여 제3자가 특허권 등록까지 마치도록 하는 등으로 그 발명의 내용이 공개되도록 하였다면, 이는 사용자 등에게 손해를 가하는 행위로서 배임죄를 구성한다.[393]

(4) 공범관계

305 [판례] 영업비밀 무단반출 후 공범관계

회사직원이 영업비밀을 경쟁업체에 유출하거나 스스로의 이익을 위하여 이용할 목적으로 무단으로 반출하면 그때 업무상배임죄는 기수에 이르므로, 회사직원이 영업비밀을 무단반출한 후에 그에게 접촉하여 영업비밀을 취득 또는 사용하려고 한 자는 업무상배임죄의 공동정범이 될 수 없다.[394]

사) 학교법인 등 비영리법인의 운영과 배임행위

306 학교법인 이사장이 법인 소유의 토지를 예상 전매가능가격보다 현저히 저가로 매도한 경우,[395] 자신의 아버지를 명예총장으로 추대하면서 활동비와 전용 운전사를 제공하는 등의 행위는 학교법인 이사장의 임무에 위배하는 행위에 해당한다.[396] 사실상 학교법인의 경영을 주도하고 업무를 총괄하며 학교자금을 보관, 관리하는 업무를 취급하고 있는 학교법인의 이사 겸 학교법인을 설립한 고등학교의 교장이 학교재산에 관하여 체결한 임대차계약이 배임행위에 해당할 수 있고, 이때 학교법인의 이사회의 결의가 있었다거나 그것이 감독관청의 허가를 받

393 대법원 2012. 11. 15. 선고 2012도6676 판결.
394 대법원 2003. 10. 30. 선고 2003도4382 판결, 대법원 2012. 10. 11. 선고 2010도13917 판결 등.
395 대법원 1990. 6. 8. 선고 89도1417 판결.
396 대법원 2003. 1. 10. 선고 2002도758 판결.

아서 한 것이라고 하여 그 배임행위를 정당화할 수 없다.[397]

307 비영리재단법인의 이사장이 설립 목적과 다른 목적으로 기본재산을 매수하여 사용할 의도를 가진 A에 대한 기본재산의 직접적인 매도가 주무관청의 허가문제 등으로 불가능하자, 이사진을 교체하는 방법으로 재단법인의 운영을 A에게 넘긴 후 A가 의도하는 사업을 할 수 있게 재단법인의 명칭과 목적을 변경함으로써 사실상 기본재산을 매각하는 효과를 얻되 그 대가로 금원을 받기로 하는 약정을 체결하고 그 일부를 수령한 경우 주무관청의 허가의 문제로 법률상 유효한 약정인가 여부와 관계없이 재단법인과 사이의 신임관계를 저버린 배임행위에 해당한다.[398]

308 재단법인인 종교방송의 이사장 직무대리인이 후원회 기부금을 정상 회계처리하지 않고 자신과 친분관계에 있는 신도에게 확실한 담보를 제공받지 아니한 채 대여한 경우 그 신도가 이자를 제때에 불입하고 나중에 원금을 변제하였다 하더라도 배임죄가 성립한다.[399] 교회 재산의 관리업무담당자가 교회 소유 부동산을 담보로 8,000만 원을 타인으로부터 대출받아 교회의 채무를 변제하기로 하는 약정을 맺었다고 하더라도 2억 원 상당의 교회 소유 부동산을 무조건 타인에게 소유권이전등기하여 준 경우,[400] 사회복지법인의 이사가 시로부터 보조금을 받아 보관하던 중 신규 임용자의 임용일자를 소급하고 퇴직자의 퇴직일을 늦추는 방법으로 차액을 법인의 목적 이외에 사용한 경우[401] 등에도 배임죄가 성립한다.

아) 공무원의 배임행위

309 공무원이 그 임무에 위배되는 행위로써 제3자로 하여금 재산상의 이익을 취득하게 하여 국가에 손해를 가한 경우에도 업무상배임죄가 성립한다.[402] 판례에서 배임행위로 인정된 사례를 보면, 영림서장이 형사책임을 논하여야 할 정도의 국유림 도벌행위 및 임산물 매매계약에 대하여 단순히 매수인에게 가혹하다 하여 그 편의를 돌보아 주기 위하여 범법행위를 묵살하고, 부정임산물의 압류 및 채취와 반출의 정지를 명령하는 등 국유림보전에 필요한 조치를 하지 아니한 경

397 대법원 1990. 6. 8. 선고 89도1417 판결, 대법원 2000. 3. 14. 선고 99도457 판결 등.
398 대법원 2001. 9. 28. 선고 99도2639 판결.
399 대법원 2000. 12. 8. 선고 99도3338 판결.
400 대법원 1986. 6. 10. 선고 84도2015 판결.
401 대법원 1990. 7. 24. 선고 90도1042 판결.
402 대법원 2008. 6. 26. 선고 2006도2222 판결.

우,[403] 시의 도로포장공사 사무소장이 개인의 부탁을 받고 시의 계획에 없는 도로포장공사를 해 준 경우,[404] 물품구매담당 공무원이 불요불급한 물품을 시가보다 고가로 수의계약을 맺어 구입하고 대금을 지급한 경우,[405] 물품의 검수담당 공무원이 허위의 검사보고를 하여 국가로 하여금 불량물품의 납품자에게 완전품으로서의 대금을 지급하게 한 경우,[406] 식당의 주·부식 구입 업무를 담당하는 공무원이 주·부식구입요구서의 과장 결재란에 권한 없이 자신의 서명을 하고 검수결과보고서를 위조하는 등의 방법으로 쌀 구매비를 지출하게 한 다음 반환받아 임의로 사용한 경우[407] 등이 있다.

310 [판례] 공무원의 부지 매수 업무에 관하여 배임행위가 인정된 경우

공무원인 피고인들이 대통령의 퇴임 후 사용할 사저부지와 그 경호부지를 일괄 매수하는 사무를 처리하면서 매매계약 체결 후 그 매수대금을 대통령의 아들과 국가에 배분함에 있어, 사저부지 가격을 높게 평가하면 경호부지 가격이 내려가고 경호부지 가격을 높게 평가하면 사저부지 가격이 내려가는 관계에 있으므로, 이러한 경우 다른 특별한 대체수단이 없는 이상 '공익사업을 위한 토지 등의 취득 및 보상에 관한 법률'에서 정한 복수의 감정평가업자의 평가액의 산술평균액을 기준으로 하여 그 비율을 정하여 배분하는 것이 가장 합리적이고 객관적인 방법이라 할 것인데, 이미 복수의 감정평가업자에게 감정평가를 의뢰하여 그 결과를 통보받았음에도 굳이 이를 무시하면서 인근 부동산업자들이나 인터넷, 지인 등으로부터의 불확실한 정보를 가지고 감정평가결과와 전혀 다르게 상대적으로 사저부지 가격을 낮게 평가하고 경호부지 가격을 높게 평가하여 매수대금을 배분한 것은 국가사무를 처리하는 자로서의 임무위배행위에 해당하고 위 피고인들에게 배임의 고의 및 불법이득의사도 인정된다.[408]

311 [판례] 합병 안건의 처리에 관하여 배임행위가 인정된 경우

국민연금공단 기금운용본부장 및 투자위원회 위원장인 피고인이 그 임무를 위배하여 투자위원회 일부 위원들에게 찬성을 권유하거나 조작된 합병시너지 수치로 설명하도록 하는 등으로 A 주식회사와 B 주식회사의 합병 안건의 찬성 의결을 유도하고, 공정한 절차에 의한 투자위원회 회의를 거쳐 위 합병 안건을 반대 의결하거나 전문위원회에 부의하는 등으로 합병비율 개선이 이루어질 수 있도록 하지 아니함으로써,

403 대법원 1965. 12. 10. 선고 65도826 전원합의체 판결.
404 대법원 1966. 1. 25. 선고 65도969 판결.
405 대법원 1970. 11. 30. 선고 70도1263 판결.
406 대법원 1974. 11. 12. 선고 74도1138 판결.
407 대법원 2008. 1. 17. 선고 2007도6987 판결.
408 대법원 2013. 9. 27. 선고 2013도6835 판결.

甲 등 C 그룹 대주주에게 합병 성사에 따른 가액 불상의 재산상 이익을 취득하게 하고 국민연금공단에 캐스팅보트의 적극적 활용을 통하여 추가적으로 얻을 수 있었던 이익을 상실함으로 인한 가액 불상의 손해를 가한 사실 및 이에 대한 고의를 인정할 수 있다고 보아 업무상배임죄를 유죄로 인정한 원심을 수긍한 사례.[409]

312 반면 공무원의 행위가 정책 판단과 선택의 문제로서 그 방안의 시행에 의해 결과적으로 국가에 재산적 손해가 발생하였거나 제3자에게 재산적 이익이 귀속되는 측면이 있다고 하여 그러한 사정만으로 임무위배가 있다 할 수는 없을 것이다. 즉 다수인의 이해관계가 나름대로의 근거를 가지면서 정면으로 충돌하고 법적으로 명쾌하게 해결하기도 어려워 사회적 물의와 공론이 계속되고 있는 고질적인 문제를 해소·수습하는 직무를 처리하는 과정에서 담당공무원이 고질적인 문제의 발생 원인과 그 책임자, 이해관계인이 제시하는 근거, 재산적인 손익관계뿐 아니라 유형·무형의 모든 이해관계와 파급효과 등을 전반적으로 따져 그 해결책을 강구하여, 그 해결책이 맡은 직무를 집행·처리하는 가장 합리적인 방안으로서 직무의 본지에 적합하다는 신념하에 처리하고 그 내용이 직무범위 내에 속하는 것으로 인정된다면, 특별한 사정이 없는 한 이는 정책 판단과 선택의 문제로서 배임죄가 성립되지 않는다고 볼 것이다.[410]

313 [판례] 주식 매각협상에 관한 공무원의 정책판단과 배임죄의 고의

공무원이 국가 또는 공공기관의 사무를 처리하면서 그 임무에 위배하는 행위로써 제3자로 하여금 재산상의 이익을 취득하게 하여 공공기관 등에 손해를 가한 경우 공무원이 공공기관 등에 대하여 타인의 사무를 처리하는 자로서 업무상배임죄가 성립될 수 있으나, 공무원이 공공기관 등으로부터 보유하는 주식의 매각협상 등에 대한 위임을 받은 경우 그 당시의 경제적 상황과 여건, 매각의 필요성, 매각 가격의 적정성 등을 종합적으로 고려하여 그 위임사무 및 직무의 본지에 적합하다는 판단 하에 이를 처리하고 그 내용이 그 위임사무 및 직무범위 내에 속하는 것으로 인정된다면, 특별한 사정이 없는 한 이는 정책 판단과 선택의 문제로서 그 방안의 시행에 의해 결과적으로 공공기관 등에 재산적 손해가 발생하거나 제3자에게 재산적 이익이 귀속되는 측면이 있다는 것만으로 임무위배가 있다 할 수 없으므로, 그 손해에 대해 행정적인 책임 기타 다른 법령상의 책임을 묻는 것은 모르되 이로 인해 그 행위가 배임죄에 해당한다고 할 수는 없다.[411]

409 대법원 2022. 4. 14. 선고 2017도19635 판결(이른바 '삼성물산 제일모직 합병 사건').
410 대법원 2008. 6. 26. 선고 2006도2222 판결.
411 대법원 2010. 10. 14. 선고 2010도387 판결

자) 기타

314 그 밖에 판례에 나타난 사례를 살펴보면, 주택개량재개발조합의 이사가 이른바 보류시설인 아파트를 조합 총회의 결의도 없이 시가보다 훨씬 낮은 가격으로 처분한 경우,[412] 정리회사의 관리인대리가 회사정리법상 변제가 금지된 정리채권(채무)을 일부변제(그 변제는 무효이므로 채무는 여전히 존속한다)한 경우,[413] 수표를 발행한 법인의 회계계장이 사고수표를 이상 없는 수표라고 언명하여 지급인으로 하여금 발행인의 계좌에서 지급하게 한 경우[414] 등이 배임행위로 인정되었다.

315 한편 예금인출을 의뢰받은 자가 인출의뢰액을 초과하여 인출한 경우,[415] 농수산물의 입찰자격자인 피고인이 피해자로부터 입찰의뢰를 받아 참깨를 낙찰 받고 대금을 납부케 한 후 그 참깨를 출고 받아 처분한 경우,[416] 사전구상권으로 구상금을 수령하여 위탁사무로서 면책행위를 처리해야 할 보증인이 면책행위에 사용하지 아니한 잔액을 주채무자에게 반환하지 않은 경우,[417] 귀속재산의 관리 및 불하절차를 위임받은 자가 위임인의 반환요구를 거절하고 자기 명의로 등기를 마친 경우,[418] 외국인이 귀속재산을 편의상 피고인의 명의로 불하받아 피고인 명의로 등기한 후 장차 외국인의 토지취득에 필요한 요건이 구비되었을 때 이전등기를 해주기로 약정한 피고인이 그 토지 일부를 매각처분한 경우[419] 등도 배임행위로 인정되었다.

316 그러나 매매계약 해제에 따른 매도인의 위약금배상업무를 대행 처리하면서 매수인이 지출한 소개비를 배상액에 포함시켰다 하더라도 배상약정총액이 당초 약정된 위약금 상당액을 초과하지 않는 경우,[420] 물상보증인이 일정한 한도(근저당권의 채권최고액)를 정하여 담보제공을 하였는데 채무자가 물상보증인의 승낙 없이 한도액을 초과하여 금전을 차용한 경우[421] 등은 배임행위에 해당하지 않는다고 한다.

412 대법원 1991. 12. 27. 선고 91도196 판결.
413 대법원 1980. 10. 14. 선고 80도1597 판결.
414 대법원 1973. 11. 27. 선고 73도1339 판결.
415 대법원 1972. 3. 28. 선고 72도297 판결.
416 대법원 1983. 7. 12. 선고 83도351 판결.
417 대법원 1977. 7. 26. 선고 77도1307 판결.
418 대법원 1969. 1. 21. 선고 68도620 판결.
419 대법원 1975. 12. 23. 선고 73도3012 판결.
420 대법원 1985. 9. 10. 선고 84도1404 판결.
421 대법원 1984. 7. 24. 선고 83도3196 판결.

4) 법률상 무효인 행위와 배임행위의 성부

317 배임행위가 법률상 무효이고 그것으로 인하여 사실상으로도 손해를 초래한 것으로 볼 수 없어 법률상 책임을 지지 않을 것임이 명백하다면 배임죄가 성립되지 않는다. 그러나 법률상 무효라고 하더라도 본인에게 재산상 손해가 있다고 할 경우(주로 재산상 실해 발생의 위험에 해당될 것이다) 배임죄의 성부가 문제될 수 있다. 즉 법률적으로 무효라고 하더라도 항상 그 무효를 주장할 수 있다는 것뿐이지 경제적 관점에서 보면 무효인 배임행위로 본인이 실제 현재나 장래 재산가치의 손실을 입게 되는 경우가 있을 수 있고, 또 무효인 배임행위가 있기 이전의 상태로 원상회복한다는 것은 용이한 일이 아니다. 그러므로 법률상 무효인 배임행위에 의하여 본인의 재산상태가 악화될 경우가 있는 때에는 본인에게 손해를 가한 때에 해당한다고 볼 수 있다.

318 결국 무효인 배임행위가 배임죄에 해당하는지 여부는 본인에게 재산상 실해 발생의 위험이 있는지 여부에 따라 구체적 사실관계에 입각하여 합리적으로 판단하여야 할 문제이다.[422] 실무상 주로 대표권 남용행위가 쟁점이 된 사례가 많다.

319 판례를 살펴보면, 대체로 당해 행위가 법률상 무효일 뿐 아니라 사용자책임 등 기타 불법행위책임도 성립할 여지가 없는 경우 실해 발생의 위험이 없다고 보아 배임죄의 성립을 부정하나, 당해 행위가 법률상 무효이어서 그 행위의 직접적인 효과로서 본인이 상대방에게 법률상의 책임을 부담하는 것은 아니더라도 적어도 본인이 배임행위자에 대한 사용자로서 또는 기타의 원인에 의하여 불법행위책임 기타의 책임을 부담하게 될 가능성이 있는 경우에는 재산상 실해 발생의 가능성이 있다고 보아 배임죄의 성립을 긍정하는 것으로 볼 수 있다(☞ 법률상 무효인 배임행위와 재산상 실해 발생의 위험에 관한 자세한 논의는 뒤의 '재산상 손해' 부분에서 다시 살펴보기로 한다).

5) 본인의 동의

320 본인의 동의가 있는 때에는 배임행위라고 할 수 없음은 당연하다. 여기서 피해자의 동의는 일반적인 경우와 달리 구성요건 해당성을 조각하는 사유라고 보아야 한다.[423] 피해자의 동의는 사후가 아니라 사전에 존재하여야 하며,[424] 또한 동의

422 박진환, "대표권 남용에 기한 약속어음발행이라는 사실을 상대방이 알고 있었던 경우 배임죄에서의 실해발생의 위험 유무", 해설(94), 1077 부분.

423 김성돈, 형법각론(제8판), 성균관대학교 출판부(2022), 484; 이재상 외 2인, 형법각론(제12판), 박영사(2021), 432.

424 대법원 1985. 9. 24. 선고 85도1444 판결.

가 있는 것으로 보이는 경우에도 배임죄의 성립이 항상 부인되는 것은 아니다.

321 회사의 임원이 그 임무위배행위에 대하여 사실상 대주주의 양해를 얻었다거나 이사회의 결의가 있었다는 사유만으로 배임죄의 죄책을 면할 수 없고,[425] 동업자금으로 구입한 부동산을 후에 매도한 대금을 피고인이 임의소비하여 동업자가 이를 추궁하며 반환을 요구하자 피고인이 그 금원에 상당한 현금보관증을 작성하여 동업자에게 교부하려 하면서 그 대신 위 매도대금은 피고인이 임의로 소비하여도 좋다는 각서를 요구하여 동업자가 위 현금보관증을 받을 의도아래 그와 같은 각서를 작성해준 것이라면 이로써 사전 사후에 위 잔대금의 사용소비를 승낙한 것이라고 볼 수는 없다.[426]

322 본인을 위한 의사와 자기 또는 제3자의 재산상 이득을 위한 의사가 결합된 때에는 그중 어느 쪽이 주된 것인가에 따라 결정하여야 한다. 만약 본인을 위한 의사가 부수적인 데 불과하였다면 배임죄의 성립에 영향이 없다.[427]

323 또 행위자가 설령 본인을 위한다는 의사를 가지고 행위를 하였다고 하더라도 그 목적과 취지가 법령이나 사회상규에 위반된 위법한 행위로서 용인할 수 없는 경우에는, 그 행위의 결과가 일부 본인을 위하는 측면이 있다고 하더라도 이는 본인과의 신임관계를 저버리는 행위로서 배임죄의 성립을 인정함에 영향이 없다.[428]

324 [판례] 1인 주주나 대주주의 양해와 이사의 배임행위

주식회사와 주주는 별개의 법인격을 가진 존재로서 동일인이라 할 수 없으므로 1인 주주나 대주주라 하여도 그 본인인 주식회사에 손해를 주는 임무위배행위가 있는 경우에는 배임죄가 성립하고, 회사의 임원이 그 임무에 위배되는 행위로 재산상 이익을 취득하거나 제3자로 하여금 이를 취득하게 하여 회사에 손해를 가한 때에는 이로써 배임죄가 성립하며, 위와 같은 임무위배행위에 대하여 사실상 주주의 양해를 얻었다고 하여 본인인 회사에게 손해가 없었다거나 또는 배임의 범의가 없었다고 볼 수 없다.[429]

425 대법원 2000. 5. 26. 선고 99도2781 판결, 대법원 2000. 11. 24. 선고 99도822 판결, 대법원 2004. 5. 14. 선고 2001도4857 판결, 대법원 2014. 7. 10. 선고 2013도10516 판결 등.

426 대법원 1985. 9. 24. 선고 85도1444 판결.

427 대법원 2004. 6. 24. 선고 2004도520 판결, 대법원 2008. 5. 29. 선고 2005도4640 판결.

428 대법원 2004. 7. 22. 선고 2003도3524 판결, 대법원 2013. 6. 27. 선고 2013도1526 판결 등.

429 대법원 1983. 12. 13. 선고 83도2330 전원합의체 판결, 대법원 2006. 11. 9. 선고 2004도7027 판결, 대법원 2008. 7. 24. 선고 2008도4085 판결 등.

나. 재산상의 손해

1) 의의

가) 전체적 재산의 감소

325 재산상의 손해는 총체적으로 보아 본인의 재산상태에 손해를 가하는 경우, 즉 본인의 전체적 재산가치의 감소를 가져오는 것을 말한다.[430] 여기에는 본인으로 하여금 보증책임이나 손해배상책임 등의 채무를 부담하게 한 경우도 포함된다.[431] 현실적인 손해를 가한 경우뿐만 아니라 재산상 실해 발생의 위험을 초래한 경우도 포함된다. 재산상 실해 발생의 위험에 대하여는 아래에서 항을 달리하여 자세히 살펴본다.

326 배임죄의 성립을 인정하려면 손해의 발생이 합리적인 의심이 없는 정도의 증명에 이르러야 한다. 따라서 배임행위로 인한 재산상 손해의 발생 여부가 충분히 입증되지 않았음에도 가볍게 액수 미상의 손해가 발생하였다고 인정함으로써 배임죄의 성립을 인정하는 것은 허용될 수 없다.[432]

327 [판례] 공사도급계약 또는 국유재산 매각계약을 수의계약으로 체결하였으나 재산상 손해의 발생이 인정되지 않는 경우
일반경쟁입찰에 의하여 체결하여야 할 공사도급계약을 수의계약에 의하여 체결하였다 하더라도 수의계약에 의한 공사대금이 적정한 공사대금의 수준을 벗어나 부당하게 과대하여 일반경쟁입찰에 의하여 공사도급계약을 체결할 경우 예상되는 공사대금의 범위를 벗어난 것이 아니라면 재산상의 손해를 가한 때에 해당한다고 할 수 없다. 도서관 신축공사에 대하여 적정한 공사대금 수준이나 일반경쟁입찰에 의하여 위 공사의 도급계약을 체결할 경우 예상되는 공사대금의 범위가 전혀 특정되어 있지 아니하였을 뿐 아니라, 수의계약에 의하여 체결된 공사대금이 일반경쟁입찰에 의하여 도급계약을 체결할 경우에 예상되는 적정한 공사대금보다 부당하게 과대하여 그 차액 상당의 손해가 발생한 사실을 인정하기에 부족하다는 이유로 업무상배임의 공소사실에 대하여 무죄를 선고한 원심의 판단은 정당하다.[433] 일반경쟁입찰에 의하여 매각할 국유재산을 수의계약으로 매각한 경우에도 마찬가지이다.[434]

430 대법원 1972. 5. 23. 선고 71도2334 판결, 대법원 2004. 3. 26. 선고 2003도7747 판결, 대법원 2004. 7. 9. 선고 2004도810 판결 등.
431 대법원 2014. 2. 21. 선고 2011도8870 판결 등.
432 대법원 2009. 10. 29. 선고 2008도11036 판결, 대법원 2013. 11. 14. 선고 2013도9767 판결 등.
433 대법원 2005. 3. 25. 선고 2004도5731 판결.
434 대법원 1981. 6. 23. 선고 80도2934 판결.

328 [판례] 부실대출로 인한 재산상 손해의 발생 여부 판단

피고인이 주주총회 결의 및 상임이사의 동의 등의 절차를 거치지 않았다 하더라도, 이러한 사실만으로 곧바로 위 대여금을 회수하지 못하게 될 위험이 생겼다고 단정할 수 없어 업무상배임죄가 성립한다고 할 수 없고, 대여 당시의 채무자의 재무상태, 제공된 담보 등에 비추어 볼 때 채무상환능력이 부족하거나 제공된 담보의 경제적 가치가 부실해서 채권의 회수에 문제가 있는 것으로 판단되는 경우에라야 재산상 손해가 발생하였다고 보아 업무상배임죄가 성립한다고 보아야 할 것이다.[435]

329 [판례] 손해의 발생과 증명의 정도-주식 거래와 관련한 배임행위

배임죄의 성립을 인정하려면 손해의 발생이 합리적인 의심이 없는 정도의 증명에 이르러야 하는바, 배임행위로 인한 재산상 손해의 발생 여부가 충분히 입증되지 않았음에도 가볍게 액수 미상의 손해는 발생하였다고 인정함으로써 배임죄의 성립을 인정하는 것은 허용될 수 없다. 따라서 주식 거래와 관련한 배임행위로 인한 손해의 발생 여부를 판단하기 위하여 주식 가치의 평가가 요구되는 경우에는 그 평가 방법이나 기준에 따라 주식의 가치가 구구하게 산정된다고 하더라도 이를 쉽게 포기하지 말고 상대적으로 가장 타당한 평가 방법이나 기준을 심리하여 손해의 발생 여부를 구체적으로 판단하는 것이 필요하다. 다만, 주식 거래에 수반하는 경영권 프리미엄의 가치를 함께 평가하는 경우에는 경영권 프리미엄 자체가 궁극적으로 거래 상대방과의 교섭조건, 교섭능력 등에 따라 평가될 수밖에 없는 것이므로, 이를 산정할 방법이 없어서 결과적으로 배임죄의 손해액을 구체적으로 산정할 수 없게 되었다고 하더라도 여기에 심리미진이나 이유모순 등의 위법이 있다고 볼 수 없다. 원심은 피고인들이 그 임무에 위배하여 피고인 한명에게 매도한 이 사건 자사주가 경영권 프리미엄을 포함하고 있어서 그 적정가격이 적어도 매매가격인 2,270원보다 고액이라고 할 것이므로 이 사건 자사주의 저가 매도로 A 주식회사에 손해를 가한 사실은 인정하면서도 이 사건 자사주의 경영권 프리미엄을 구체적으로 산정할 수 없다고 판단한 다음 결국 이 사건 배임행위로 인한 손해액을 산정할 수 없다고 보았다. 이 사건 자사주의 매매계약 체결 당시 A 회사의 지배구조 및 경영상황, 건설업체의 도산 상황이나 주식 거래 동향, A 회사의 경영권이 단기간 내에 이전될 가능성이 희박하였던 점 등에 비추어 보면, 원심의 위와 같은 판단은 정당하다.[436]

435 대법원 2011. 12. 8. 선고 2010도7372 판결.

436 대법원 2009. 10. 29. 선고 2008도11036 판결, 대법원 2008. 5. 15. 선고 2005도7911 판결의 재상고심이다.

330 [판례] 현저하게 불공정한 가액으로 제 3 자 배정방식에 의한 신주 등 발행 행위와 재산상 손해의 발생

현저하게 불공정한 가액으로 제3자 배정방식에 의하여 신주 등을 발행하는 행위는 이사 등의 임무위배행위에 해당하는 것으로서 그로 인하여 회사에 공정한 발행가격과의 차액에 상당하는 자금을 취득하지 못하게 되는 손해를 입힌 이상 이사 등에 대하여 배임죄의 죄책을 물을 수 있다. 신주인수권부사채를 현저하게 낮은 가액으로 발행함으로 인하여 회사가 입은 손해는 신주인수권부사채의 공정한 신주인수권 행사가격과 실제 신주인수권 행사가격과의 차액에 신주인수권 행사에 따라 발행할 주식수를 곱하여 산출된 액수에 의하여 산정하여야 하고, 이 경우 공정한 신주인수권 행사가격이라 함은 기존주식의 시가 또는 주식의 실질가액을 반영하는 적정가격과 더불어 회사의 재무구조, 영업전망과 그에 대한 시장의 평가, 금융시장의 상황, 신주의 인수가능성 등 여러 사정을 종합적으로 고려하여 합리적으로 인정되는 가격을 의미한다.[437]

331 [판례] 상호저축은행의 유동성 악화로 인한 재산상 손해가 발생한 경우

피고인들은 영업정지가 임박한 단계에 있는 상호저축은행의 특정 예금채권자들에게만 그 사실을 알려주어 그들로 하여금 예금을 인출하도록 하여 위 저축은행의 자산이 감소되게 함으로써 유동성을 악화시키는 등의 재산상 손해를 입게 하고, 위 특정 예금채권자들에게 다른 고객들과 달리 영업정지 직전에 예금 전액을 인출할 수 있는 재산상 이익을 취득하게 하였다고 보아 이 부분 공소사실을 유죄로 판단한 원심은 정당하다.[438]

332 [판례] 특정목적을 위하여 용도가 법정된 기금의 부당운용과 재산상 손해 발생

농지매매사업 등을 수행하기 위하여 정부에서 위탁받아 운용하는 농지관리기금은 농업인의 영농규모 적정화를 통한 농업생산성 증대 등 특정한 정책목적을 위하여 조성된 기금으로서 농지매매사업에 필요한 자금의 융자 등 용도가 법정되어 있는 자금이므로, 한국농어촌공사의 직원이 자금을 농지매매사업의 지원 대상에 해당하지 아니하는 농지를 매입하는 데 사용하거나 지원요건을 갖추지 아니한 농업인을 위하여 부당하게 지원하도록 한 것이라면, 매입 농지에 대한 근저당권 설정 등으로 지원금의 회수가 사실상 보장되더라도 특정 목적을 위하여 조성된 기금의 감소를 초래함으로써 기금이 목적을 위하여 사용됨을 저해하였다고 할 것이므로, 이러한 의미에서 한국농어촌공사는 그와 같은 기금의 지원으로 인하여 재산상 손해를 입었다고 보아야

437 대법원 2009. 5. 29. 선고 2007도4949 전원합의체 판결(이른바 '삼성에버랜드 사건'), 대법원 2009. 5. 29. 선고 2008도9436 판결(이른바 '삼성SDS 신주인수권부사채 저가발생 사건'), 대법원 2013. 11. 14. 선고 2013도9767 판결 등.

438 대법원 2013. 1. 24. 선고 2012도10629 판결.

한다.[439] 중소기업 진흥이라는 특정한 목적을 위하여 조성되어 중소기업 합리화사업의 실천계획의 승인을 받은 적격 중소기업 등에게 저리로 대출하도록 그 용도가 법정되어 있는 중소기업진흥기금을 부적격 업체를 위하여 부당하게 지출되도록 한 경우에도 마찬가지이다.[440]

나) 경제적 관점에 따른 판단

333 재산상 손해의 유무에 대한 판단은 법률적 판단에 의하지 아니하고 본인의 전 재산 상태를 고려하여 경제적 관점에 따라 판단되어야 한다.[441] 통설과 판례의 입장이다. 형법상 재산의 개념은 원칙적으로 형법의 독자적 관점에서 파악해야 한다는 견해[442]도 있으나, 경제적인 관점이라는 것도 결국 형법적 판단에 기초한 것이므로 표현의 차이에 불과할 뿐 결과적으로 큰 차이가 있는 것은 아니라고 보인다.

334 다만, 우리 판례 특히 대표권 남용으로 무효인 배임행위로 인한 재산상 손해 발생과 관련하여 종래 경제적인 견지에서 손해를 평가하던 입장에 대한 수정원리로서 한층 더 법적인 견지를 가미려고 하는 시도(법적·경제적 손해개념)라고 평가하는 견해[443]도 있다.

335 [판례] 대표이사의 권한남용 행위와 재산상 손해의 발생 여부

회사의 대표자가 회사의 영리목적과 관계없이 자기 또는 제3자의 이익을 도모할 목적으로 그 권한을 남용한 경우에, 그 행위의 상대방이 대표자의 진의를 알았거나 알 수 있었을 때에는 회사에 대하여 무효가 되어 재산상 손해가 발생하였다고 할 수 없으므로 그 행위로 인하여 회사가 민법상 사용자책임 또는 법인의 불법행위책임을 부담하는 등의 특별한 사정이 없는 한 배임죄가 성립하지 아니하나,[444] 반대로 상대방이 그 진의를 알지 못하였거나 알 수 없었을 때에는 대표자가 그 권한을 남용한 행위라 하더라도 회사에 대하여 효력이 있어 재산상 손해가 발생하였다고 할 것이므로 배임죄가 성립한다.[445]

439 대법원 2015. 8. 13. 선고 2014도5713 판결.

440 대법원 1997. 10. 24. 선고 97도2042 판결.

441 대법원 1992. 5. 26. 선고 91도2963 판결, 대법원 1995. 5. 23. 선고 94도1375 판결, 대법원 1995. 12. 22. 선고 94도3013 판결, 대법원 1997. 5. 30. 선고 95도531 판결, 대법원 1999. 6. 22. 선고 99도1095 판결, 대법원 2004. 3. 26. 선고 2003도7878 판결, 대법원 2007. 3. 15. 선고 2004도5742 판결, 대법원 2012. 7. 12. 선고 2009도7435 판결, 대법원 2012. 10. 11. 선고 2010도2986 판결 등.

442 허일태, "배임죄 해석의 나아갈 방향", 형사법연구 62호(2015), 15; 문형섭, "배임죄의 본질", 법조 544호(2002. 1.), 17.

443 박진환, "대표권 남용에 기한 약속어음발행이라는 사실을 상대방이 알고 있었던 경우 배임죄에서의 실해발생의 위험 유무", 해설(94), 1100.

444 대법원 2010. 5. 27. 선고 2010도1490 판결, 대법원 2011. 7. 14. 선고 2011도3180 판결, 대법원 2011. 9. 29. 선고 2011도8110 판결, 대법원 2013. 4. 11. 선고 2012도14446 판결 등.

445 대법원 2012. 6. 28. 선고 2012도3782 판결.

다) 소극적 손해의 포함

336 재산가치의 감소는 재산의 처분 등 직접적인 재산의 감소, 보증이나 담보제공 등 채무 부담으로 인한 재산의 감소와 같은 적극적 손해를 야기한 경우는 물론, 객관적으로 보아 취득할 것이 충분히 기대되는데도 임무위배행위로 말미암아 이익을 얻지 못한 경우, 즉 소극적 손해를 야기한 경우도 포함된다.[446]

337 소극적 손해를 명시적으로 인정한 첫 판례는 대법원 2003. 10. 10. 선고 2003도3516 판결로서, 금융기관 이사가 선관의무에 위반하여 부실대출을 한 경우 금융기관이 대출 당시 대출금 중 선이자를 공제한 나머지만 교부하였더라도 변제기에는 선이자로 공제한 금원을 포함한 대출금 전액을 취득할 것이 충분히 기대되기 때문에 선이자를 공제하지 않은 대출금 전부에 대하여 배임죄가 성립한다고 판단하였다.

338 이러한 소극적 손해는 재산증가를 객관적·개연적으로 기대할 수 있음에도 임무위배행위로 이러한 재산증가가 이루어지지 않은 경우를 의미하므로, 임무위배행위가 없었다면 실현되었을 재산 상태와 임무위배행위로 말미암아 현실적으로 실현된 재산 상태를 비교하여 그 유무 및 범위를 산정하여야 한다.[447]

339 [판례] 기대이익의 상실로 인한 재산상 손해

피고인들이 공모하여 그들과 친분관계가 있는 중간업체를 유통과정에 의도적으로 끼워 넣음으로써 피해자 조합에 유통비용이 증가하거나 유통과정을 최소화함으로써 얻을 수 있는 기대이익을 상실하는 재산상 손해를 입게 하였고, 이는 피고인들의 재량범위 내의 경영상 판단이라고 볼 수 없다는 등의 이유로 업무상 배임에 관한 공소사실을 유죄로 판단한 원심은 정당하다.[448]

340 [판례] 분양 기회의 상실을 재산상 손해로 인정한 경우

피고인이 2003. 3. 24. 주식회사 A의 대표이사직과 소유주식 28%를 甲에게 양도하기로 약정한 때로부터 불과 3일 만에 주주총회나 이사회의 적법한 결의 없이, A 회사의 처분 가능한 전 재산에 해당하는 부동산을 B 회사에 대물변제 하는 약정을 체결하고 가등기 서류와 함께 본등기 서류까지 곧바로 교부한 것은, A 회사를 위한다는 경영상의 판단에 기초한 것이 아니라 B 회사의 피고인에 대한 횡령 고소를 면하고 미분양 아파트에 대한 처분권한을 획득하고자 하는 피고인의 개인적 이익을 위한 것

446 대법원 2003. 10. 10. 선고 2003도3516 판결, 대법원 2008. 5. 15. 선고 2005도7911 판결 등.
447 대법원 2009. 5. 29. 선고 2007도4949 전원합의체 판결(이른바 '삼성에버랜드 사건'), 대법원 2013. 4. 26. 선고 2011도6798 판결 등.
448 대법원 2013. 10. 24. 선고 2013도7312 판결.

으로서 회사의 대표이사로서 임무를 위배한 배임행위에 해당하고, 위와 같은 임무위배행위로 인하여 A 회사는 '상가와 미분양 아파트를 대물변제에서 정한 평가액보다 높은 가격으로 분양할 수 있는 기회의 상실'이라는 가액을 산정할 수 없는 재산상 손해를 입었고, B 회사는 '상가와 나머지 아파트를 각각 180억 원과 분양가의 70%에 해당하는 금액으로 취득함으로써 그보다 높은 가격으로 전매하여 이익을 창출할 기회의 획득'이라는 가액을 산정할 수 없는 재산상 이익을 얻었다고 판단하여, 피고인에 대하여 업무상배임죄를 인정한 원심을 수긍한 사례[449]

341 [판례] 캐스팅보트의 적극적 활용을 통하여 추가적으로 얻을 수 있었던 이익의 상실을 소극적 손해로 인정한 경우

국민연금공단 기금운용본부장 및 투자위원회 위원장으로서의 임무를 위배하여 투자위원회 일부 위원들에게 찬성을 권유하거나 조작된 합병시너지 수치로 설명하도록 하는 등으로 A 주식회사와 B 주식회사의 합병 안건의 찬성 의결을 유도하고, 공정한 절차에 의한 투자위원회 회의를 거쳐 위 합병 안건을 반대 의결하거나 전문위원회에 부의하는 등으로 합병비율 개선이 이루어질 수 있도록 하지 아니함으로써 甲 등 C 그룹 대주주에게 합병 성사에 따른 가액 불상의 재산상 이익을 취득하게 하고 국민연금공단에 캐스팅보트의 적극적 활용을 통하여 추가적으로 얻을 수 있었던 이익을 상실함으로 인한 가액 불상의 손해를 가한 사실 및 이에 대한 고의를 인정할 수 있다고 보아 업무상배임죄를 유죄로 인정한 원심을 수긍한 사례[450]

라) 동시에 재산상 이익을 준 경우

342 재산상의 손실을 야기한 임무위배행위가 동시에 본인에게 그 손실을 보상할 만한 재산상의 이익을 준 경우, 예컨대 그 배임행위로 인한 급부와 반대급부가 상응하고 다른 재산상 손해(현실적인 손해 또는 재산상 실해 발생의 위험)도 없는 때에는 전체적 재산가치의 감소, 즉 재산상 손해가 있다고 할 수 없다.[451] 배임죄의 보호법익은 전체 재산이기 때문이다. 반대급부의 발생이 아래에서 보는 사후 피해 회복 문제와 구별이 어려운 경우도 있으나, 시간의 경과 등 여러 사실관계에서 판단되어야 할 것이다.

449 대법원 2011. 2. 24. 선고 2010도6880 판결.
450 대법원 2022. 4. 14. 선고 2017도19635 판결(이른바 '삼성물산 제일모직 합병 사건')
451 대법원 2005. 4. 15. 선고 2004도7053 판결, 대법원 2011. 4. 28. 선고 2009도14268 판결, 대법원 2013. 6. 27. 선고 2013도2014 판결, 대법원 2013. 9. 26. 선고 2013도5214 판결, 대법원 2014. 1. 29. 선고 2013도13769 판결 등.

343 재산상의 이익은 손해를 가하는 행위 자체로 취득한 이익으로 제한되므로, 배임행위에 의하여 발생한 취소권이나 손해배상청구권 등 원상회복청구권을 취득하였다고 하여도 그것은 여기서의 이익에 해당되지 아니한다.[452] 또 급부 간 대가관계가 존재한다고 하더라도 그 거래의 주된 목적이나 내용, 거래의 규모와 본인인 회사의 재무상태 등 여러 사정에 비추어 회사를 실질적으로 지배하는 자에 대한 자금조달 등의 목적에 이용된 것에 불과하다고 인정되거나 기업의 경영과 자금운영에 구체적 위험을 초래하는 등의 특별한 사정이 있다면 이에 해당하지 않는다. 즉 그 거래로 인하여 상대방에게 유동성을 증가시키는 재산상의 이익을 취득하게 하고 반대로 회사에 그에 상응하는 재산상의 손해로서 그 가액을 산정할 수 없는 손해를 가한 것으로 볼 수 있다.[453]

344 [판례] 동업계약으로 체결한 매매계약의 해제로 인하여 재산상 손해의 발생 여부

피고인이 A와 공동으로 토지를 매수하여 그 지상에 창고사업을 하는 내용의 동업약정을 하고 동업재산이 될 토지에 관한 매매계약을 체결한 다음 매도인에게 계약금을 지급하였는데, 이후 소유권이전등기 업무를 처리하면서 A 몰래 매도인과 사이에 위 매매계약을 해제하고 A를 배제하는 내용의 새로운 매매계약을 체결한 다음 제3자 명의로 소유권이전등기를 마친 사안에서, 피해자인 조합으로서는 장차 취득할 것이 기대되었던 토지의 가치에 상응하는 재산이 감소되었지만 다른 한편으로는 토지의 잔금지급의무를 면하게 되었으므로 토지의 매수대금 상당액이 위 배임행위로 인하여 조합이 입게 된 재산상 손해액에 해당한다고 할 수는 없다. 원심으로서는 위와 같은 점을 감안하여 피고인의 배임행위로 인하여 조합의 전체적 재산가치의 감소, 즉 재산상 손해가 있었는지 여부를 판단하고, 나아가 만약 이 점이 인정될 경우 그 재산가치의 감소액을 재산상 손해액으로 인정하였어야 할 것이다.[454]

마) 사후 피해의 회복

345 일단 손해나 실해 발생의 위험을 발생시킨 이상 사후에 담보를 취득하였거나 피해가 회복되었다 하여도 업무상배임죄의 성립에 영향을 주지 아니한다.[455]

452 손동권/김재윤, 새로운 형법각론(제2판), 율곡출판사(2022), 463; 이재상 외 2인, 형법각론(제12판), 박영사(2021), 433.

453 대법원 2008. 5. 29. 선고 2005도4640 판결(SK증권 사건), 대법원 2013. 1. 24. 선고 2012도10629 판결 등.

454 대법원 2011. 4. 28. 선고 2009도14268 판결.

455 대법원 2009. 7. 23. 선고 2009도3712 판결, 대법원 2013. 6. 27. 선고 2013도1526 판결, 대법원 2015. 11. 26. 선고 2014도17180 판결 등.

바) 인과관계

346 배임죄는 배임행위로 인하여 본인에게 재산상의 손해가 발생하여야 성립하고, 그 사이에는 인과관계가 존재하여야 한다. 배임행위로부터 직접 발생한 재산상 손해에 한하여야 하고 그러한 인과관계가 없다면 미수에 그칠 것이다.

347 [판례] 임무위배행위와 재산상 손해 사이의 인과관계
이 사건 금융자문이 A 은행의 업무범위에 속하고, 피고인들이 퇴직 당시 수행하고 있던 이 사건 금융자문업무를 A 은행에 인수인계하고 나아가 이 사건 금융자문수수료 중 피고인들이 A 은행 재직 당시 처리한 업무에 상당하는 금액을 A 은행의 정당한 이익으로 귀속하도록 하여야 할 임무가 있다고 보는 이상, 피고인들이 이러한 임무에 위배하여 B가 독자적으로 이 사건 금융자문업무를 수행한 것처럼 금융자문계약을 체결하여 A 은행에 귀속시켜야 할 위 금액 상당의 자문수수료를 B로 하여금 지급받도록 하였다면, 피고인들은 A 은행에 위 금액 상당의 현실적인 손해를 가하였거나 적어도 재산상 실해 발생의 위험을 초래하였고, 나아가 이러한 임무위배행위와 재산상 손해 사이에는 인과관계가 존재한다고 봄이 상당하다.[456]

2) 재산상 위험의 발생

가) 의의

348 판례는 재산상 손해의 발생에 현실적으로 손해가 발생한 경우 뿐 아니라 가치의 감소라고 볼 수 있는 재산상의 위험, 즉 재산상 실해 발생의 위험을 초래한 경우도 포함되고 배임죄의 기수로 인정된다고 본다.[457]

349 학설은 i) 판례와 같이 손해 발생의 위험이 있는 경우까지 재산상 손해의 발생에 포함시키는 견해,[458] ii) 배임죄를 침해범으로 보는 전제에서 현실적 손해가 발생하여야만 배임죄의 기수로 인정된다는 견해,[459] iii) 같은 취지에서 원칙적으로 현실적 손해가 필요하지만 이는 사실상의 손해로서 족하다(즉 법적으로는

456 대법원 2012. 10. 11. 선고 2010도2986 판결.

457 대법원 1984. 11. 27. 선고 84도1906 판결, 대법원 1987. 11. 10. 선고 87도993 판결, 대법원 1995. 12. 22. 선고 94도3013 판결, 대법원 1999. 6. 22. 선고 99도1095 판결, 대법원 2004. 3. 26. 선고 2003도7878 판결, 대법원 2010. 10. 28. 선고 2009도1149 판결, 대법원 2013. 10. 17. 선고 2013도6826 판결, 대법원 2022. 10. 14. 선고 2018도13604 판결 등.

458 박찬걸, 형법각론(제2판), 박영사(2022), 565; 배종대, 형법각론(제14판), 홍문사(2023), 471; 신동운, 형법각론(제2판), 법문사(2018), 1262; 오영근, 형법각론(제7판), 박영사(2022), 392; 이재상 외 2인, 형법각론(제12판), 박영사(2021), 434.

459 김성돈, 형법각론(제8판), 성균관대학교 출판부(2022), 489; 김일수/서보학, 새로쓴 형법각론(제9판), 박영사(2018), 394; 정성근/정준섭, 형법강의 각론(제2판), 박영사(2022), 324.

손해의 위험성이 될 경우도 있을 것)는 견해,[460] iv) 배임죄를 침해범으로 보면서도 재산상 손해는 손해 발생의 위험까지 포함되고 이때 '위험'은 위험범에서의 위험과 구별되는 것으로 그 자체로 확정된 위험을 의미한다는 견해[461] 등이 있다. 결과적으로 표현과 정도의 차이는 있으나 재산상 손해 발생의 위험을 초래한 경우도 재산상 손해의 발생에 포함시키는 입장이 다수이다.

나) 재산상 실해 발생의 구체적·현실적인 위험

350 현재 확립된 판례에 따라 재산상 손해의 발생에 실해 발생의 위험이 포함된다고 하더라도 이는 본인에게 손해가 발생할 막연한 위험이 있다거나, 법률적인 관점에서의 형식적인 판단이 아니라, 경제적인 관점에서 보아 본인에게 손해가 발생한 것과 같은 정도로 구체적인 위험이 있는 경우를 의미한다. 즉 재산상 실해 발생의 위험은 구체적·현실적인 위험이 야기된 정도에 이르러야 하고 단지 막연한 가능성이 있다는 정도로는 부족하다.[462] 따라서 단순한 재산상태 악화의 위험은 이에 해당하지 않을 것이다. 구체적·현실적인 위험의 발생은 배임죄의 기수시기와 관련하여 같이 논의되는 것이 보통이다(☞ 뒤에서 언급하는 '기수시기' 해당 부분 같이 참조).

351 그런데 실제 어느 정도가 되어야 재산상 실해 발생의 위험이 구체적이 되었다고 볼 것인지 어려운 경우가 많다. 예를 들어 무효인 대표권 남용행위로 약속어음 또는 공정증서를 발행·교부한 사안에서 회사에 실해 발생의 위험이 초래되었다고 보아 배임죄의 성립을 긍정할 것인지 에 관하여 종래 판례의 입장이 엇갈렸으나, 대법원 2017. 7. 20. 선고 2014도1104 전원합의체 판결을 통하여 배임미수죄가 성립하는 것으로 입장을 정리하였다(☞ 이 판례에 관하여는 아래 '법률상 무효인 배임행위와 재산상 손해의 발생' 부분에서 상술한다).

352 [판례] 재산상 실해 발생의 위험을 발생시킨 것이라고 본 경우

정부가 일정한 기준에 다라 배급하여야 하는 조절용 사료 또는 양곡을 기준에 위반하여 부당하게 배정·방출한 경우,[463] 부동산매도인이 목적물에 관하여 제3자 앞으로

460 손동권/김재윤, 새로운 형법각론(제2판), 율곡출판사(2022), 464.

461 홍영기, 형법 총론과 각론, 박영사(2022), 452.

462 대법원 2015. 9. 10. 선고 2015도6745 판결, 대법원 2017. 2. 3. 선고 2016도3674 판결, 대법원 2022. 10. 14. 선고 2018도13604 판결 등.

463 대법원 1975. 11. 25. 선고 73도1881 판결, 대법원 1978. 8. 22. 선고 78도958 판결, 대법원 1982. 9. 14. 선고 81도2024 판결, 대법원 1984. 4. 10. 선고 83도1211 판결 등.

가등기나[464] 근저당권을[465] 설정한 경우, 제1순위 근저당권 취득에 관한 사무를 위탁받은 자가 제2번 내지 제3번의 근저당권설정등기를 마친 경우,[466] 조합의 전무가 근저당권이 설정되어 있는 부동산을 그 소멸에 관한 아무 조치도 강구함이 없이 시가를 다 주고 매수한 경우,[467] 그리고 재단법인 종교방송의 이사장 직무대리인이 후원회 기부금을 정상회계처리하지 않고 자신과 친분관계에 있는 신도에게 확실한 담보도 제공받지 아니한 채 대여한 경우에는 그 신도가 이자를 제때에 불입하고 나중에 원금을 변제한 경우라 하더라도[468] 모두 재산상 실해의 발생의 위험을 발생시킨 것으로 보기에 충분하므로 배임죄가 성립한다고 보았다.

353 [판례] 부동산 매도인의 소유권이전등기의무가 이행불능되거나 이에 빠질 위험성이 있는 경우 재산상 실해 발생의 위험

배임죄는 타인의 사무를 처리하는 자가 그 임무에 위배하는 행위로써 재산상의 이익을 취득하거나 제3자로 하여금 이를 취득하게 하여 본인에게 손해를 가한 경우에 성립되고, 여기서 본인에게 손해를 가한 때라 함은 현실적인 실해를 가한 경우뿐만 아니라 실해 발생의 위험성을 초래한 경우도 포함되며, 위임받은 타인의 사무가 부동산소유권 이전등기의무인 경우에는 임무위배행위로 인하여 매수인이 가지고 있는 소유권이전등기청구권이 이행불능되거나 이행불능에 빠질 위험성이 있으면 배임죄는 성립한다.[469] 이에 따라 부동산 이중매매의 경우 제2매수인으로부터 계약금과 중도금까지 수령하여 제2매매계약을 임의해제할 수 없는 단계에 이르러야 배임죄의 실행의 착수가 인정되고,[470] 제2매수인에게 소유권이전등기까지 마친 경우 배임죄의 기수에 이르게 된다.[471]

354 [판례] 피해자의 재산을 무단으로 반출한 경우 재산상 실해 발생의 위험

배임죄에서 본인에게 손해를 가한 때라 함은 재산적 실해를 가한 경우뿐만 아니라 실해 발생의 위험을 초래한 경우도 포함하는 것이므로, 피해자 회사의 전환사채를 피해자 회사의 이익에 반하여 다른 회사를 위한 금원차용의 담보에 사용할 의도로 회수하는 행위는 피해자의 재산을 무단으로 반출하여 실해 발생의 위험을 초래하는

464 대법원 1982. 11. 23. 선고 82도2215 판결 등.
465 대법원 1975. 12. 23. 선고 74도2215 판결, 대법원 1989. 10. 24. 선고 89도641 판결.
466 대법원 1982. 11. 9. 선고 81도2501 판결.
467 대법원 1973. 11. 13. 선고 72도1366 판결.
468 대법원 2000. 12. 8. 선고 99도3338 판결.
469 대법원 1993. 5. 27. 선고 93도169 판결, 대법원 2007. 7. 26. 선고 2007도3882 판결, 대법원 2011. 6. 30. 선고 2011도1651 판결 등.
470 대법원 1984. 8. 21. 선고 84도691 판결, 대법원 2010. 4. 29. 선고 2009도14427 판결 등.
471 대법원 2018. 5. 17. 선고 2017도4027 전원합의체판결 등.

것으로 이때에 배임죄의 기수로 되고, 그와 같은 무단 반출 당시의 손해가 배임죄의 손해액이 된다.[472]

355 [판례] 영업비밀의 무단 반출과 재산상 실해 발생의 위험

피고인은 회사의 영업비밀에 해당하는 파일들을 무단으로 반출하였고, 피고인의 이러한 행위는 회사에 현실적으로 손해를 가한 경우가 아니라고 하더라도 재산상 손해 발생의 위험을 초래한 경우에 해당하므로 '재산상의 손해를 가한 때'에 해당하고, 또한 피고인은 영업비밀에 해당하는 이 사건 파일들을 자신의 개인 이메일로 전송받아 보관함으로써 재산상 이익을 취득하였다고 할 것이다.[473] 한편 회사 직원이 영업비밀을 경쟁업체에 유출하거나 스스로의 이익을 위하여 이용할 목적으로 무단으로 반출하였다면 그 반출시에 업무상배임죄의 기수가 된다.[474]

356 [판례] 허위의 예금통장을 교부한 경우 재산상 실해 발생의 위험

피고인이 자신이 대표이사로 있는 신용금고에 양도인 명의의 예금이 실제로 입금되지 아니하였음에도, 그 예금이 이미 입금된 듯이 입금전표와 거래원장을 작성하고 전산입력까지 마친 다음 예금통장을 명의자들에게 교부한 것이라면, 설사 신용금고와 위 명의자들간에 민사상의 예금계약이 적법하게 체결된 것이 아니어서 신용금고에게 예금반환채무가 발생한 것은 아니라고 하더라도, 그 허위의 예금은 신용금고로부터 언제든지 인출될 수 있는 상태에 있게 됨으로써 이미 신용금고에게 재산상 실해 발생의 위험을 초래하였다.[475]

다) 대출 관련 재산상 실해 발생의 위험성 판단 사례

357 부실대출 등으로 발생한 재산상 손해의 구체적인 산정에 관하여는 뒤에서 다시 살펴본다.

358 [판례] 동일인 대출한도 초과대출행위와 업무상배임죄에서의 재산상 손해

동일인 대출한도를 초과하였다는 사정만으로는 다른 회원들에 대한 대출을 곤란하게 하여 새마을금고의 적정한 자산운용에 장애를 초래한다는 등 어떠한 위험이 발생하였다고 단정할 수 없다. 따라서 동일인 대출한도를 초과하여 대출함으로써 구 새마을금고법을 위반하였다고 하더라도, 대출한도 제한규정 위반으로 처벌함은 별론, 그 사실만으로 특별한 사정이 없는 한 업무상배임죄가 성립한다고 할 수 없으며, 일반적

472 대법원 2010. 12. 23. 선고 2008도8851 판결.
473 대법원 2011. 7. 28. 선고 2010도9652 판결.
474 대법원 2008. 4. 24. 선고 2006도9089 판결, 대법원 2009. 10. 15. 선고 2008도9433 판결 등.
475 대법원 1996. 9. 6. 선고 96도1606 판결.

으로 이러한 동일인 대출한도 초과대출이라는 임무위배의 점에 더하여 대출 당시의 대출채무자의 재무상태, 다른 금융기관으로부터의 차입금, 기타 채무를 포함한 전반적인 금융거래상황, 사업현황 및 전망과 대출금의 용도, 소요기간 등에 비추어 볼 때 채무상환능력이 부족하거나 제공된 담보의 경제적 가치가 부실해서 대출채권의 회수에 문제가 있는 것으로 판단되는 경우에 재산상 손해가 발생하였다고 보아 업무상배임죄가 성립한다고 해야 한다.[476]

359 [판례] 기존 대출금 변제를 위한 신규대출과 재산상 실해 발생의 위험

금융기관이 거래처의 기존 대출금에 대한 원리금 및 연체이자에 충당하기 위하여 거래처에 신규대출을 함에 있어 단지 형식상 신규대출을 하는 것처럼 서류상 정리를 하였을 뿐 실제로 거래처에 대출금을 새로 교부한 것이 아니라면, 그로 인하여 금융기관에 어떤 새로운 손해가 발생하는 것은 아니라고 할 것이므로 따로 업무상배임죄가 성립한다고 할 수 없으나, 금융기관이 실제로 거래처에 대출금을 새로 교부한 경우에는 비록 새로운 대출금이 기존 대출금의 원리금으로 상환되도록 약정되어 있다고 하더라도 그 대출과 동시에 이미 손해 발생의 위험이 발생하였다고 보아야 하므로 업무상배임죄가 성립한다.[477]

360 [판례] 부실대출과 재산상 손해 발생의 위험이 있는 손해의 산정

부실대출에 의한 업무상배임죄가 성립하는 경우에는 담보물의 가치를 초과하여 대출한 금액이나 실제로 회수가 불가능하게 된 금액만을 손해액으로 볼 것은 아니고, 재산상 권리의 실행이 불가능하게 될 염려가 있거나 손해 발생의 위험이 있는 대출금 전액을 손해액으로 보아야 할 것이다.[478]

361 [판례] 부실대출과 재산상 손해

부실대출에 의한 업무상배임죄가 성립하는 경우 담보물의 가치를 초과하여 대출한 금액이나 실제로 회수가 불가능하게 된 금액만을 손해액으로 볼 것이 아니라, 재산상 권리의 실행이 불가능하게 될 염려가 있거나 손해 발생의 위험이 있는 대출금 전액을 손해액으로 보아야 하므로, 이 사건 각 대출 실행 이후 채권매각 등에 의하여 일부 회수된 금액이나 대출 당시 제공된 담보물의 유효담보가 상당액이 있다고 하더라도 그 부분 각 금액을 업무상배임죄로 인한 손해액에서 공제할 것도 아니다.[479]

476 대법원 2008. 6. 19. 선고 2006도4876 전원합의체 판결, 대법원 2011. 8. 18. 선고 2009도7813 판결, 대법원 2013. 2. 28. 선고 2010도15934 판결 등.
477 대법원 2012. 6. 28. 선고 2012도2087 판결.
478 대법원 2000. 3. 24. 선고 2000도28 판결, 대법원 2013. 10. 17. 선고 2013도6826 판결 등.
479 대법원 2012. 2. 23. 선고 2011도15756 판결.

362 [판례] 대출규정 위반 행우로 인한 재산상 실해 발생의 위험

부동산 등을 담보로 제공받고 대출을 실행하는 경우에는 대출금의 안정적인 회수와 이를 통한 자산건전성을 확보하기 위해 마련한 대출규정을 준수할 것이 요구되므로, 대출규정을 위반한 행위는 임무에 위배되는 행위일 뿐만 아니라 이를 정당화할 만한 다른 특별한 사정이 없는 한 재산상 실해 발생의 위험을 초래한 것으로 볼 수 있다는 등의 이유로 저축은행의 대출규정상 담보인정비율에 의한 유효담보가액을 초과하여 대출을 실행하는 등의 배임행위로 인하여 재산상 실해 발생의 위험이 초래된 것이라고 판단한 원심은 정당하다.[480]

363 [판례] 재산상 손해 발생의 위험을 초래한 경우-대표이사가 회사로 하여금 다른 회사의 채무를 연대보증하게 한 경우

甲 주식회사 대표이사인 피고인이 자신과 딸이 발행주식 전부를 소유하고 있는 乙 주식회사 및 丙 주식회사를 운영하면서, 甲 회사로 하여금 乙 회사가 건물 신축 과정에서 丁 은행에서 받은 대출금 등 채무를 연대보증하게 하고 신축될 건물을 미리 임차하여 임대차보증금을 먼저 지급하도록 하거나, 丙 회사의 丁 은행에 대한 대출금 채무를 연대보증하게 함으로써 甲 회사에 재산상 손해를 가하였다고 하여 기소된 사안에서, 피고인이 甲 회사로 하여금 乙 회사 및 丙 회사를 위하여 수차례에 걸쳐 대출금 등 채무를 연대보증하게 하면서도 어떠한 대가나 이익을 제공받지 아니하였고, 甲 회사가 연대보증채무를 이행할 경우 구상금채권의 확보방안도 마련하지 아니한 점, 피고인이 甲 회사의 이사회 승인을 받거나 다른 주주들의 동의를 받지 아니한 점 등을 종합하면, 피고인의 행위는 甲 회사에 대한 임무위배행위로서 甲 회사에 재산상 손해 발생의 위험을 초래하였고, 피고인에게 배임의 고의도 인정된다고 한 사례.[481]

라) 재산상 실해 발생의 위험성과 사후 손해회복의 가능성 여부

364 일단 실해 발생의 위험성을 발생시킨 이상, 사후에 피해가 회복되었거나 담보를 취득하는 등 회복가능성이 생겼다고 하여도 배임죄의 성립에 영향을 주는 것은 아니다.

365 예컨대, 부동산의 이중매매에 있어서 선매수인의 처분금지가처분이 되어 있다거나,[482] 그 가처분에 의해서 후매수인의 등기가 말소된 경우,[483] 부당대출에 있어서 후에 후취담보를 취득하였거나 대출금의 회수가능성이 생겼다는 사정[484] 등

480 대법원 2013. 6. 27. 선고 2013도2014 판결.
481 대법원 2015. 11. 26. 선고 2014도17180 판결.
482 대법원 1990. 10. 16. 선고 90도1702 판결.
483 대법원 1973. 1. 16. 선고 72도2494 판결.
484 대법원 1983. 3. 8. 선고 82도2873 판결.

은 배임죄의 성립에 영향을 주지 못한다. 또 일반 금융기관과 달리 상호유대를 가진 자 사이의 협동조직을 통하여 자금의 조성과 이용 등을 도모하기 위하여 설립된 신용협동조합의 이사장이 자신 또는 제3자의 이익을 도모하여 임무에 위배하여 소정의 대출한도액을 초과하여 대출하거나 비조합원 또는 무자격자에게 대출하였다면 그로 인하여 조합이 다른 조합원에게 정당하게 대출할 자금을 부당하게 감소시킨 결과가 되어 그 대출금에 대한 회수의 가능 여부나 담보의 적정 여부에 관계없이 조합에 재산적 손해를 입게 한 것으로 본다.[485]

366 은행의 대출규정이 요구하는 보증인 중 1인이 흠결되거나 자격이 미달되는 보증인을 세우고 대출을 하는 경우에는 비록 다른 보증인에 의하여 채권회수가 모두 이루어진다 하더라도 은행의 입장에서는 그 대출 당시에는 채권회수가 곤란해질 위험에 처하게 된 것이라고 하지 않을 수 없고, 융통어음의 할인을 금지하는 것도 진성어음의 경우와 달리 융통어음의 경우에는 어음금이 지급되지 아니할 위험성이 높아서 담보의 일종으로 취득한 어음이 전혀 가치가 없어질 가능성이 크다는 점에 기인한다 할 것이므로 은행규정에 위배하여 융통어음을 할인해준 경우에는 은행의 입장에서는 그 대출 당시에 채권회수가 곤란해질 위험에 처하게 된 것이다.[486]

367 또 이미 타인의 채무에 대하여 보증을 하였는데, 피보증인이 변제자력이 없어 결국 보증인이 그 보증채무를 이행하게 될 우려가 있다고 하더라도 보증인이 피보증인에게 신규로 자금을 제공하거나 피보증인이 신규로 자금을 차용하는데 담보를 제공하면서 그 신규자금이 이미 보증을 한 채무의 변제에 사용되도록 한 경우가 아니라면, 보증인으로서는 결국 기 보증채무와 별도로 새로 손해를 발생시킬 위험을 초래한 것이라고 볼 수밖에 없다.[487]

368 그리고 비법인사단인 주택조합정산위원회의 정산위원장이 총회의 불신임결의에 의하여 해임되고 후임 정산위원장이 선출되었는데도 업무인계를 거부하고 있던 중 정산위원회를 상대로 제기된 소송의 소장 부본 및 변론기일소환장을 송달받은 경우 법적인 권한이 소멸된 후라고 할지라도 그 업무인계 전에는 그 사무를 신의칙상 처리하는 자에 해당하고, 피고인이 위 각 소송의 소장 부본 및 변론기

485 대법원 2001. 11. 30. 선고 99도4587 판결.
486 대법원 2002. 6. 28. 선고 2000도3716 판결.
487 대법원 1997. 2. 14. 선고 96도2904 판결, 대법원 2004. 7. 9. 선고 2004도810 판결 등.

일소환장을 송달받고도 그 제소사실을 정산위원회에 알려주지 않고 스스로 응소하지도 않아 의제자백에 의한 패소확정판결을 받게 한 것은 정산위원회가 피고의 대표권 흠결을 사유로 재심을 청구할 수 있는지에 관계없이 정산위원회에게 현실적인 재산상의 손해를 가한 것이라고 할 것이다.[488]

369 [판례] 지역주택조합에서 정해진 분담금 기준보다 저가의 분양권 공급행위와 재산상 실해 발생의 위험

지역주택조합의 창립총회 당시 정해진 조합원 분담금이 추후 변경될 수 있다 하더라도, 그 분담금은 합의에 의해 변경될 때까지 법적인 구속력을 가지고, 변경 시에도 기존 계약의 내용을 기준으로 변동이 논의될 수밖에 없으므로, 분담금의 변경에 관하여 사전에 기준이 정해지거나 금액이 구체적으로 확정되어 추후 분담금의 변동을 명백히 예상할 수 있고 그 변경사유가 지주조합원에만 해당하는 것이 아니라면, 피고인들이 조합가입약정을 통해 그 가족과 지인들에게 당시 정해진 분담금 기준보다 저가로 분양권을 공급함으로 인하여 피해자 회사에 재산상 실해 발생의 위험이 초래되지 않았다고 할 수 없다. 그 후 일반조합원의 평균 분담금이 5억 원가량으로 책정되거나, 이 사건 지역주택조합 총회가 조합원 분담금을 1억 원씩 늘리기로 의결한 점, 피해자 회사가 결과적으로 이 사건 공동주택 신축사업의 시행권을 상실한 점 등은 배임죄의 성립이나 재산상 손해의 인정에 영향이 없다고 판단한 원심은 정당하다.[489]

마) 위험의 발생이 없다고 본 경우

370 위험의 발생은 반드시 필요하므로 부동산의 명의신탁자가 신탁부동산을 제3자에게 매도하고서도 수탁자 명의로 등기된 부동산에 관하여 자기 앞으로 가등기를 마친 경우는 매수인의 등기청구권이 이행불능에 빠질 위험성이 발생하였다고 볼 수 없어 배임죄에 해당하지 않는다.[490] 또 부동산 매도인이 등기부처럼 권리관계를 공시하기 위한 것이 아닌 '가옥대장'의 소유 명의를 자신의 처 명의로 변경한 것만으로는 매수인에게 재산상 손해를 가하였다고 할 수 없으므로 배임죄를 구성할 수 없다.[491]

371 대출의 실질이 자금 이동 없는 서류상의 채무자 변경에 불과하고 실질적인 담보력에 변화가 없어 이로 인하여 대출 채권을 회수하지 못할 위험이 발생하거나

488 대법원 1999. 6. 22. 선고 99도1095 판결.
489 대법원 2012. 8. 30. 선고 2011도15052 판결.
490 대법원 1985. 8. 20. 선고 84도2109 판결.
491 대법원 1969. 7. 8. 선고 69도760 판결

발생할 염려가 생긴 것이 아니라면 그 대출행위는 배임죄를 구성한다고 볼 수 없다.[492]

372 은행지점장이 자신의 개인채무에 대한 보장조로 보호예수물의 수령 없이 정상적으로 발급된 보호예수증서로서 외관을 갖추지 아니한 보호예수증서를 채권자에게 작성·교부하였다고 하더라도, 피고인의 보호예수증서 작성·교부행위로 말미암아 은행에게 현실적인 손해가 발생하였거나 재산상 실해 발생의 위험이 초래되었다고 볼 수 없다.[493] 주택조합장이 총회의 승인 없이 발행한 조합회원증을 담보로 금원을 차용하여 조합운영비로 사용한 후 위 회원증을 매도하게 하여 채무 전액의 변제에 충당한 경우, 총회의 승인 없이 발행한 조합 회원증의 매수인들은 조합원 자격을 취득할 수 없고 단지 조합에 대하여 매수대금 상당의 손해배상채권을 취득할 뿐이므로 조합장이나 회원증 매수인들이 어떠한 재산상 이득을 취득한 바 없고, 조합원들에게 어떠한 손해를 가하였다고 할 수도 없다고 한 사례도 있다.[494]

373 [판례] 채권행사를 방해하는 사실상태를 초래하는 임무위배행위와 재산상 손해의 발생

피해자 회사의 사업부 영업팀장인 피고인이 체인점들에 대한 전매입고금액을 삭제하여 전산상 회사의 체인점들에 대한 외상대금채권이 줄어든 것으로 처리하는 전산조작행위를 한 사안에서, 위 전산조작행위로 말미암아 회사의 체인점들에 대한 외상대금채권 행사가 사실상 불가능해지거나 또는 현저히 곤란하게 된다고 할 수는 없으므로 회사에게 재산상 실해 발생의 위험이 생기는 것이 아니라고 보아, 업무상배임의 공소사실을 유죄로 인정한 원심판결을 파기하였다.[495]

374 [판례] 담보물 교체행위와 재산상 손해 발생의 위험

회사의 대표이사가 제3자를 위하여 회사의 재산을 담보로 제공한 후 이미 설정한 담보물을 교체하는 경우에 기존 담보물의 가치보다 새로 제공하는 담보물의 가치가 더 크다면, 특별한 사정이 없는 한 회사에게 위와 같은 방법으로 증가된 담보가치 중에서 피담보채무액에 상당하는 액수만큼 재산상 손해가 발생하였다고 할 것이나, 회사의 대표이사가 제3자를 위하여 회사의 재산을 담보로 제공한 후 이미 설정한 담보물

492 대법원 2007. 6. 1. 선고 2006도1813 판결.
493 대법원 1997. 5. 30. 선고 95도531 판결.
494 대법원 1999. 7. 9. 선고 99도311 판결.
495 대법원 2006. 7. 27. 선고 2006도3145 판결. 이 판결에 대한 해설은 강윤구, "채권행사를 방해하는 사실상태를 초래하는 임무위배행위가 있는 경우 업무상 배임죄 성립의 요건", 해설(66), 413 이하.

을 교체하는 경우에 기존 담보물의 가치보다 새로 제공하는 담보물의 가치가 더 작거나 동일하다면 회사에 재산상 손해가 발생하였다고 볼 수 없다.[496] 이러한 법리는 제공된 전후의 담보방법이 다소 다른 경우에도 같다. 따라서 동일 채무를 위해 기존의 담보방법을 새로운 담보방법으로 교체하는 행위를 배임죄로 처단하려면 새로운 담보물의 가치가 기존의 담보물에 비해 더 크다거나 선행 담보제공에 의해 발생한 기존의 손해 발생의 위험이 어떤 사유로 소멸하고 그 담보교체로 인해 기존의 손해 발생의 위험과는 다른 새로운 손해 발생의 위험이 발생하였다고 평가할 수 있는 사정이 있어야 한다. 회사의 대표이사가 제3자의 채무를 담보하기 위하여 회사 명의의 백지약속어음을 제공하는 배임행위를 한 후 법적 효력이 더 확실한 채무보증을 위해 이를 회수하고 대신 다른 회사가 발행한 새로운 약속어음을 배서·교부한 사안에서, 선행 담보제공행위로 백지약속어음을 제공할 때 이미 회사에 그 피담보채무액 상당의 손해 발생 위험이 발생하였고, 경제적인 관점에서 볼 때 전후의 담보제공에 의해 발생하는 손해 발생의 위험성은 결국 동일하므로, 위 담보교체행위로 선행 담보제공으로 인한 기존의 위험과는 별개로 회사에 새로운 손해 발생의 위험을 초래하였다고 보기 어렵다.[497]

375 [판례] 보증인의 자금 제공 등에 관하여 재산상 실해 발생의 위험이 없다고 인정한 경우

이미 타인의 채무에 대하여 보증을 하였는데, 피보증인이 변제자력이 없어 결국 보증인이 그 보증채무를 이행하게 될 우려가 있고, 보증인이 피보증인에게 신규로 자금을 제공하거나 피보증인이 신규로 자금을 차용하는 데 담보를 제공하면서 그 신규자금이 이미 보증을 한 채무의 변제에 사용되도록 한 경우라면, 보증인으로서는 기보증채무와 별도로 새로 손해를 발생시킬 위험을 초래한 것이라고 볼 수 없다.[498]

376 [판례] 후행지급보증이 선행지급보증과 별개인 새로운 손해를 발생시킬 위험을 초래한 것이라고 보기 어렵다고 한 사례

피해회사인 A 회사가 금융기관에 대하여 각 지급보증채무를 실제로 이행하기 전에 B 회사가 A 회사의 지급보증 아래 할인받은 어음을 결제하지 못하게 되어 A 회사가 현실적, 구체적으로 위 각 어음금을 대위변제하여야 할 상황에서 지원회사인 A 회사의 위 각 지급보증이 행하여진 것이라면, 이는 피고인들이 B 회사에 대하여 자금을 지원하였으나 B 회사로 하여금 그 자금으로 지원회사인 A 회사가 이미 보증을 한 채

496 대법원 2006. 11. 9. 선고 2004도7027 판결.
497 대법원 2008. 5. 8. 선고 2008도484 판결.
498 대법원 2009. 7. 23. 선고 2007도541 판결, 대법원 2010. 10. 28. 선고 2009도1149 판결, 대법원 2010. 11. 25. 선고 2009도9144 판결, 대법원 2013. 9. 26. 선고 2013도5214 판결 등.

무를 변제하게 함으로써 결국 자신의 보증채무를 감소시킨 것과 마찬가지여서 위 지급보증으로 인하여 지원회사인 A 회사에 기왕의 보증행위로 인한 손해와는 다른 별개의 새로운 손해를 발생시킬 위험이 초래되었다고 보기 어렵다고 볼 여지가 크다. 그렇다면 원심으로서는, 각 지급보증 등의 경우가 보증인 지위에 있는 A 회사가 현실적·구체적으로 위 각 어음금을 대위변제하여야 할 상황에서 기존에 지급보증한 대출금을 변제하기 위하여 위 각 후행지급보증이 행하여진 것인지, 실제로 후행지급보증한 대출금이 선행지급보증의 대출금을 변제하는 데 사용되었고, 그 후행지급보증한 대출금이 선행지급보증한 대출금 등을 변제하는 데 사용되지 아니할 가능성이 있었는지 등을 면밀히 심리·판단하여, 만약 보증인인 피해회사 A 회사의 후행지급보증이 선행지급보증과 별도로 새로운 손해를 발생시킬 위험을 초래한 것이 아니라고 평가되는 경우라면 후행지급보증으로 인한 업무상배임죄의 손해액 산정에 있어서 그 후행지급보증의 대상이 된 대출금 상당액을 손해액에서 제외하였어야 할 것이다.[499]

377 [판례] 보증채무 변제를 위한 자금제공과 새로운 재산상 손해의 발생 여부

피고인들이 통정허위표시에 의한 매매 및 외상환매의 형식을 빌려 A 회사에 피해자 조합의 자금을 제공한 것은 사실이나, 이는 피해자 조합이 기존에 지급보증 한 바 있는 A 회사의 B 회사에 대한 매매대금 지급채무에 관한 보증채무를 직접 이행하여야 할 위험이 발생하자 채무자인 A 회사로 하여금 B 회사에 대한 매매대금을 지급하도록 함으로써 피해자 조합의 보증채무를 면하기 위하여 피보증인인 A 회사에 자금을 제공한 것에 불과하므로, 피고인들의 행위로 인하여 피해자 조합에 어떠한 새로운 재산상 손해가 발생하였다고 볼 수 없다.[500]

378 [판례] 물품대금 지급채무를 보증한 경우에도 재산상 손해 발생의 위험이 없다고 본 경우

재산상 실해 발생의 위험은 구체적·현실적인 위험이 야기된 정도에 이르러야 하고 단지 막연한 가능성이 있다는 정도로는 부족하다. 甲 은행 지점장인 피고인이 업무상 임무에 위배하여 물품대금 지급보증서를 발급한 후 乙 주식회사의 거래처인 丙 주식회사에 건네줌으로써 甲 은행에 손해를 가하였다고 하여 기소된 사안에서, 丙 회사는 지급보증서가 정상적으로 발급된 것이 아님을 확인하고 乙 회사를 통하여 물품을 주문하였던 사람들에게 물품을 공급하지 않음으로써 乙 회사가 丙 회사에 대하여 아무런 물품대금 채무를 부담하지 않게 된 사정 등에 비추어 보면, 피고인이 甲 은행을 대리하여 乙 회사가 丙 회사에 대해 장래 부담하게 될 물품대금 채무에 대하여 지급보증을 하였더라도, 丙 회사가 乙 회사와 거래를 개시하지 않아 지급보증 대상인 물품대금 지

499 대법원 2013. 9. 26. 선고 2013도5214 판결.
500 대법원 2013. 10. 24. 선고 2013도7312 판결.

급채무 자체가 현실적으로 발생하지 않은 이상, 보증인인 甲 은행에 경제적인 관점에서 손해가 발생한 것과 같은 정도로 구체적인 위험이 발생하였다고 평가할 수 없다.[501]

분석과 검토: 단순히 장래 발생할 수 있는 물품대금 채무에 대한 지급보증계약만을 체결한 상태에서 손해 발생의 구체적 위험이 발생하였다고 볼 수는 없을 것이다. 다만, 지급보증계약만을 체결된 상태에서 물품이 공급되지 아니하여 주채무가 발생하지 않았다면 배임죄의 미수로 처벌함이 타당하다는 견해가 있다. 이 견해는 물품이 공급되어 주채무가 발생함으로써 지급보증에 따른 보증채무를 부담하게 되는 시점에 주채무자의 채무상환능력을 평가하여 주채무자가 물품대금채무의 전브 또는 일부를 부담할 능력이 없다고 인정될 경우에 손해 발생의 구체적 위험이 발생하였다고 보아 배임죄의 기수를 인정하는 것이 타당하다고 한다.[502]

379 [판례] 재판상 자백과 재산상 실해 발생의 위험
유치권자로부터 점유를 위탁받아 부동산을 점유하는 자가 부동산의 소유자로부터 인도소송을 당하여 재판상 자백을 한 경우, 그러한 재판상 자백이 손해 발생의 구체적·현실적인 위험을 초래하기에 이르렀는지를 판단함에 있어서는 재판상 자백이 인도소송 및 유치권의 존속·성립에 어떠한 영향을 미치는지, 소유자가 재판상 자백에 의한 판결에 기초하여 유치권자 등을 상대로 인도집행을 할 수 있는지, 유치권자가 그 집행을 배제할 방법이 있는지 등 여러 사정을 종합하여 신중하게 판단하여야 한다. 피고인은 재판상 자백을 할 당시 이미 점유를 상실한 상태였고, 유치권자인 피해자들은 피고인 아닌 제3자를 통하여 이 사건 아파트를 점유하고 있었으며, 피고인의 재판상 자백이 피해자들의 유치권 성립·존속에 어떤 영향을 미친다고 할 수 없는 점, 부동산 소유자가 민사소송에서 부동산의 인도를 명하는 판결을 선고받아 이에 기초하여 인도집행을 실시하고자 하더라도 이미 점유를 상실한 피고인이나 그 승계인이 아닌 피해자들을 상대로 한 집행은 불가능할 것으로 보이는 점, 부동산 소유자가 승계집행문을 부여받아 현재의 점유자를 상대로 인도집행을 실시하더라도, 피해자들은 유치권에 기한 제3자이의의 소를 제기하여 그 집행의 배제를 구할 수 있을 것으로 보이는 점 등의 사정들에 비추어, 피고인의 재판상 자백이 피해자들에게 점유 상실 내지 유치권 상실이라는 손해 발생의 구체적·현실적인 위험을 초래하기에 이르렀다고 단정할 수 없다.[503]

501 대법원 2015. 9. 10. 선고 2015도6745 판결.

502 곽병수, "업무상 배임죄에 있어서의 재산상 손해", 재판과 판례 24집(2015. 12.), 345~348.

503 대법원 2017. 2. 3. 선고 2016도3674 판결. 이 판결에 대한 해설은 지귀연, "1. 배임죄에서 타인의 사무를 처리하는 자 및 임무위배행위의 기준 2. 유치권자로부터 점유를 위탁받아 부동산을 점유하는 자가 부동산의 소유자로부터 인도소송을 당하여 재판상 자백을 한 경우 재판상 자백이 손해 발생의 구체적·현실적인 위험을 초래하기에 이르렀는지 판단하는 기준", 해설(112호), 406~426.

380 [판례] 도시개발사업조합장이 환지처분 전 체비지대장의 소유권 취득자 명의를 임의로 말소한 경우 재산상 실해 발생의 위험

도시개발법에 따라 이루어진 도시개발사업의 시행자는 체비지로 지정된 토지에 관하여 환지처분공고 다음 날에 소유권을 원시적으로 취득하게 되나, 당해 체비지를 매수한 자는 토지를 점유하거나 체비지대장에 등재되었다고 하더라도 소유권이전등기를 마친 때에 비로소 소유권을 취득하게 된다. 따라서 환지처분 전 시행자로부터 체비지를 매수한 자 또는 그 전매수인이 자신의 매도인에 대하여 가지는 체비지에 관한 소유권이전등기청구권 등의 권리는 모두 매매계약에 기한 채권적 청구권으로서, 이를 행사하기 위하여 체비지대장에의 등재와 같은 공시방법이 별도로 요구되는 것이 아니다. 따라서 도시개발법에 따라 이루어진 도시개발사업에서 체비지 전매수인은 자신에게 체비지를 매도한 자에 대하여 매매계약에 따른 소유권이전등기청구권 등 채권적 청구권을 가질 뿐 조합과 사이에서 직접적인 권리를 가지는 것은 아니고, 매매계약에 따라 취득한 권리를 행사하는 것은 체비지대장의 기재 여부와는 무관하므로, 도시개발사업조합장인 피고인이 체비지대장상 취득자 란의 명의를 임의로 말소하였더라도 체비지 전매수인의 권리가 침해되거나 재산상 실해 발생의 위험이 있다고 볼 수 없다.[504]

바) 법률상 무효인 배임행위와 재산상 손해의 발생

381 재산상 손해의 유무에 대한 판단은 본인의 전 재산 상태와의 관계에서 법률적 판단에 의하지 아니하고 경제적 관점에서 파악하여야 하므로, 법률적 판단에 의하여 당해 배임행위가 무효라 하더라도 경제적 관점에서 파악하여 배임행위로 인해 본인에게 현실적인 손해를 가하였거나 손해가 발생한 것과 같은 정도로 구체적·현실적 위험을 초래한 경우에는 재산상의 손해를 가한 때에 해당되어 배임죄를 구성한다.[505] 최초 배임행위가 법률적 관점에서 무효라고 하더라도 그 후 타인의 사무를 처리하는 자가 계속적으로 배임행위에 관여하여 본인에게 현실적인 손해가 발생한 경우에도 마찬가지로 배임죄가 성립한다.[506]

382 그러나 법률행위가 법률상 무효이거나 법률상 효과가 생기지 않는 사실상의 행위인 경우 구체적 사실관계에 따라 본인에게 재산상 손해가 발생할 추상적 위험마저 없다고 평가할 수 있는 경우가 있고, 이러한 경우에는 배임죄의 구성요건으로서 임무위배행위와 재산상 손해를 인정하기 어려울 것이다. 나아가 본인

504 대법원 2022. 10. 14. 선고 2018도13604 판결. 이 판결에 대한 해설은 최문수, "도시개발법하에서 환지처분 전 체비지 양수인의 법적 지위", 해설(제134호), 512면 이하.

505 대법원 1992. 5. 26. 선고 91도2963 판결, 대법원 2013. 9. 12. 선고 2013도5386 판결 등.

506 대법원 2013. 4. 11. 선고 2012도15890 판결.

에게 재산상 손해가 발생할 추상적 위험은 있었으나, 손해가 발생한 것과 같은 정도의 구체적 위험에까지는 이르지 못하였다고 평가할 수 있는 경우도 있고, 이러한 경우에는 배임미수의 책임을 인정할 수 있을 것이다. 판례는 형사재판에서 배임죄의 객관적 구성요건요소인 손해 발생 또는 배임죄의 보호법익인 피해자의 재산상 이익의 침해 여부는 구체적 사안별로 타인의 사무의 내용과 성질, 임무위배의 중대성 및 본인의 재산 상태에 미치는 영향 등을 종합하여 신중하게 판단하여야 한다고 한다.[507]

(1) 법률상 무효라고 하더라도 재산상 손해 내지 실해 발생의 위험이 있다고 인정된 경우

383 판례상 아래와 같은 사례들이 있다. 주로 무효인 의무부담 등의 법률행위로 인하여 실제로 채무이행까지 이루어졌거나, 법률행위의 무효에도 불구하고 본인이 민법상 손해배상책임 등을 부담하게 된 경우가 많다.[508]

384 [판례] 대표이사가 주주총회의 특별결의나 이사회의 승인을 얻지 아니하고 회사의 유일한 재산 또는 중요한 재산을 양도한 경우

주식회사의 대표이사가 회사의 유일한 재산 또는 중요한 재산을 양도한 경우 그 양도에 관하여 주주총회의 특별결의나 이사회의 승인을 얻지 아니하여 그 매매계약 및 이에 따른 소유권이전등기가 법률상 무효라고 하더라도 경제적 관점에서 볼 때 적어도 그 재산에 관한 소유권이전등기를 넘겨준 이상 회사에 손해를 가하지 아니하였거나 재산상 실해 발생의 위험을 초래하지 아니하였다고 볼 수 없으므로 배임죄가 성립한다.[509]

385 [판례] 위임장 등의 위조를 통하여 근저당권설정등기 말소가 이루어진 경우

피해자 조합의 대출업무 등을 담당하던 피고인이 위임장과 해지증서를 위조하여 피해자 조합의 근저당권설정등기를 말소한 것이라면, 그 등기 말소로 피해자 조합은 당장 위 근저당권을 피담보채권과 함께 처분한다거나 피담보채권 회수를 위한 경매신청을 할 수 없는 등 자산으로서의 근저당권을 운용·처분하지 못해 사실상 담보를 상실한 것과 다를 바 없는 손해가 발생하였다고 할 것이고, 피해자 조합이 위 말소된 근저당권설정등기의 회복등기를 구할 수 있다고 하여 달리 볼 것은 아니다. 그럼에도 원심이 이와 달리 피고인의 위와 같은 임무위배행위로 피해자 조합에 손해가 발생한

507 대법원 2017. 9. 21. 선고 2014도9960 판결.
508 대법원 2017. 9. 21. 선고 2014도9960 판결.
509 대법원 1992. 5. 26. 선고 91도2963 판결, 대법원 1995. 11. 21. 선고 94도1375 판결, 대법원 1999. 6. 22. 선고 99도1095 판결, 대법원 2004. 3. 26. 선고 2003도7878 판결 등.

것으로 보기 어렵다며 무죄를 선고한 것은 배임죄의 손해에 관한 법리를 오해하여 판단을 그르친 것이다. 원심이 인용한 판결[510]은 배임행위가 채무부담행위인 경우에 관한 것으로서 이 사건과 사안이 달라 원용하기에 적절하지 아니하다.[511]

386 [판례] 원인무효의 근저당설정행위로 인한 재산상 실해 발생의 위험

피고인이 A 앞으로 피해자 회사 소유 부동산에 관하여 아무런 원인 없이 근저당권을 설정한 배임행위를 한 사안에서, A가 피고인이 설정해 준 근저당권에 기하여 경매를 신청하자 피해자 회사가 A를 상대로 채무부존재확인의 소를 제기하여 그 소송이 계속 중인 점, 피고인의 주장대로 이 사건 업무상 배임행위가 법률상 무효라고 하더라도 피해자 회사가 A에 대하여 불법행위 기타 법적 책임을 부담하게 될 가능성을 배제할 수 없는 점 등을 근거로, 경제적 관점에서 볼 때 피해자 회사에 피고인의 위 담보제공 등 행위로 인한 실해 발생의 위험이 구체적으로 존재한다고 판단하였다.[512]

387 [판례] 대표이사가 회사의 유일한 재산인 건축 수허가자 명의를 변경해준 경우

A 회사의 대표이사인 피고인이 주주총회의 의결 등 정당한 절차를 거치지 아니하고 A 회사의 이익에 반하여 건축 수허가자 명의를 A 회사에서 B 회사로 변경하였다면, 그와 같은 명의변경이 주주총회의 의결을 거치지 아니하고 법인의 유일한 재산을 처분한 것이라서 법률상 당연무효이고 또 그 후 명의가 다시 A 회사로 환원되었다고 하더라도, 경제적 관점에서 볼 때 위 처분행위로 인하여 A 회사에 현실적인 손해를 가하지 아니하였다거나 재산상 실해 발생의 위험을 초래하지 아니하였다고 볼 수는 없다.[513]

388 [판례] 무효인 연대보증과 강제집행에 이의를 제기하지 않기로 하는 약정을 한 배임행위가 직접적 원인이 되어 추심금 상당의 현실적 손해가 발생한 경우

피고인 甲이 피고인 乙의 자금 지원 등을 통해 A 주식회사를 인수한 다음 피고인 乙의 적극적인 요구에 따라 A 회사로 하여금 별다른 반대급부도 받지 않고 B 주식회사의 피고인 乙에 대한 금전채무와 그 담보 목적으로 B 회사가 발행한 약속어음채무를 연대보증하도록 하였는데, 피고인 甲은 그 후 피고인 乙이 위 연대보증에 기초하여 강제집행을 할 때 A 회사가 아무런 이의를 제기하지 않기로 하는 약정을 피고인 乙과 체결하여 피고인 乙이 A 회사로부터 약속어음금을 추심하도록 함으로써 A 회사에 손해를 입게 한 사안이다. 이때 피고인 甲이 A 회사의 대표이사로서 회사 재산을 성실히 관리하고 보전해야 할 업무상 임무가 있는데도 채권자인 피고인 乙의 요구를

510 대법원 2010. 9. 30. 선고 2010도6490 판결, 대법원 2010. 3. 25. 선고 2009도14585 판결.
511 대법원 2014. 6. 12. 선고 2014도2578 판결.
512 대법원 2013. 9. 12. 선고 2013도5386 판결.
513 대법원 1999. 2. 23. 선고 98도255 판결.

거절하지 못하고 별다른 반대급부도 받지 않은 채 연대보증 및 이의를 제기하지 않기로 하는 약정 등을 함으로써 피고인 乙에게 약속어음금 상당의 재산상 이익을 취득하게 하고 A 회사에 손해를 입게 한 것은 배임행위에 해당하고, 위 배임행위는 대표권남용에 의한 연대보증의 채무부담행위뿐만 아니라 나아가 강제집행 과정에서 이의부제기약정의 체결을 통하여 피고인 乙이 약속어음금을 추심하도록 함으로써 직접적으로 A 회사가 추심금 상당의 현실적인 손해를 입게 된 일련의 행위를 모두 포함하는 것으로서, 피고인들의 위와 같은 배임행위가 직접적인 원인이 되어 A 회사가 현실적인 손해를 입은 이상 배임행위의 무효 여부와는 관계없이 배임죄의 죄책을 진다고 본 원심판단을 수긍하였다.[514]

389 [판례] 본인에 대한 납품의 효력 여부와 무관하게 국가배상채무를 부담하는 경우

피고인이 치안본부의 차량용 유류의 발주 및 수불업무를 담당하면서 A 주식회사로부터 납품받을 유류의 일부를 유류공급계약상 지정된 납품장소 이외의 장소에 납품케 하여 이를 빼돌린 행위는, 위 납품이 본인인 치안본부에 대하여 법률상 유효한 납품인가 여부와 관계없이 신임관계를 저버린 배임행위에 해당한다. 위와 같이 빼돌린 유류가 법률상 치안본부에 유효하게 납품된 바 없는 것으로 판단되어 치안본부가 그 대금지급채무를 부담하지 않는 것으로 볼 수 있어 피고인의 행위가 A 주식회사에 대한 사기죄를 구성하게 되는 경우라 할지라도 이와 같은 행위는 그 직무집행과 관련하여 A 주식회사에게 손해를 가한 때에 해당함이 명백하여 치안본부는 국가배상법에 의하여 여전히 위 유류대금 상당을 배상할 채무를 부담하게 되므로 치안본부의 손해가 없다고 할 수 없다.[515]

390 [판례] 피해회사가 제공한 각서의 효력이 없으나 이로 인하여 불법행위로 인한 손해배상채무를 부담하는 경우

이 사건 약정은 장래에 A 회사의 주식매수청구권 행사에 응하여 주식재매수대금을 지급하게 될 경우 그로 인하여 B 회사가 부담하게 될 경제적 비용이나 손실 등을 C 회사가 연대하여 법률적으로 인수하겠다는 취지를 약정한 것이다. 이러한 약정은 A 회사의 매수청구권 행사 여부에 따라 C 회사로서는 수천억 원에 이르는 거액의 손실보상책임을 부담하게 될 수도 있는 중요사항임에도 피고인은 B 회사에 이 사건 약정의 의사가 표시된 이 사건 각서를 작성하여 제공하면서 C 회사 이사회의 결의를 거치지 아니하였고, B 회사로서도 당시 C 회사의 이사회가 이 사건 약정에 대한 결의를 하지 아니한 사실을 알 수 있었으므로, 이 사건 약정은 계약으로서 유효하기 위해 필요한

514 대법원 2013. 4. 11. 선고 2012도15890 판결.
515 대법원 1987. 4. 28. 선고 83도1568 판결.

C 회사의 이사회 결의가 없어 C 회사에 대하여 그 효력이 없다. 그러나 피고인이 이사회의 결의를 거치지 아니하여 C 회사에 대하여 결과적으로 법적 효력이 없게 되는 이 사건 각서를 제공하게 함으로써, 그 효력을 오신한 B 회사로 하여금 이 사건 주식 매수청구권 계약을 체결하게 하였으며, 그로 인하여 결국 B 회사로 하여금 이 사건 주식의 재매수대금을 지급하게 하는 손해를 입혔으므로, 이는 C회사의 주식거래 중개 업무와 관련된 불법행위를 구성한다 할 것이고, C 회사는 B 회사에 민사소송에서 확정된 금액 상당의 불법행위로 인한 손해배상채무를 부담하는 손해를 입게 되었다. 따라서 재산상 손해를 인정하여 배임죄를 유죄로 판단한 원심을 수긍할 수 있다.[516]

391 [판례] 피해회사로 하여금 이사회의 승인 없이 대주주이자 경영자인 피고인의 개인채무에 관하여 제 3 자에게 보증을 하도록 한 경우

이사회의 승인이 없는 이사의 자기거래행위가 회사와 이사 간에는 무효라고 하더라도 제3자에 대하여는 그 거래의 무효임을 주장하는 회사가 제3자의 악의를 입증하기 전에는 회사의 책임이 면제되지 않는다.[517] 따라서 배임행위에 해당하는 이사의 자기거래행위는 거래당시부터 무효로서 본인이 어떠한 이유로든 손해배상책임 등 법률상 책임을 지지 않을 것임이 명백하지 아니하면 재산상 실해 발생의 위험이 없다고 할 수 없다. 원심판결 이유에 의하면, 피해자 회사들이 제3자인 A에게 이 사건 각 보증을 함에 있어 이사회 승인이 없었다 하더라도 사후 승인을 받음으로써 이 사건 각 보증이 포함된 약정을 유효하도록 할 수 있는 등, 이 사건 각 보증으로 위 각 회사에 손해 발생의 위험성이 초래되었던 사실을 충분히 인정할 수 있다고 판단하여 유죄를 인정한 것은 정당하다.[518]

392 [판례] 허위 채권에 의한 상계처리와 재산상 실해 발생의 위험

피고인이 자신이 실질적으로 경영하고 있는 A 회사에 골프장 조경용 수목 시가 30억 원 상당을 매도하였다는 허위 내용의 매매계약을 체결하고 허위의 수목 매매대금 채권과 A 회사의 피고인에 대한 단기채권 중 일부를 상계하는 것으로 회계 처리함으로써 A 회사에 대한 채무를 면제받아 재산상 이익을 취득하고 A 회사에 재산상 손해를 가한 사실을 인정한 다음, 피고인의 수목 매매대금 채권이 존재하지 아니하여 상계가 법률상 무효라고 하더라도 A 회사에 재산상 실해 발생의 위험은 있었다고 본 원심은 정당하다.[519]

516 대법원 2009. 10. 29. 선고 2009도7783 판결.
517 대법원 1994. 10. 11. 선고 94다24626 판결 등.
518 대법원 2009. 4. 23. 선고 2009도829 판결.
519 대법원 2012. 2. 23. 선고 2011도15857 판결.

분석과 검토: 민법상 상계에서 자동채권과 수동채권의 유효한 존재는 가장 기본적인 요건으로 자동채권이 존재하지 않는다면 상계 의사표시의 효력은 발생하지 않는다. 따라서 회계 상의 처리와 무관하게 회사의 피고인에 대한 채권 자체가 여전히 유효하게 존재하는 이상 그 자체로서 회사에 어떤 손해도 발생하였다고 할 수 없고 피고인에게 배임죄가 성립할 여지가 없다고 보아야 한다는 비판적인 견해[520]가 있다.

(2) 법률상 무효로서 재산상 손해 내지 실해 발생의 위험성이 없다고 본 사례

393 판례상 아래와 같은 사례들이 있다. 주로 이행되기 전의 의무부담 등의 법률행위로서 사회질서 또는 강행법규 위반, 법인의 목적범위 이탈, 적법한 의결절차 흠결 등으로 무효이거나 제대로 성립하지 못한 경우이고, 본인에게 민법상 손해배상책임 등을 인정할 사정이 없는 한 실해 발생의 위험이 없다고 본 사례가 많다.

394 새마을금고법 등에 비추어 새마을금고 이사장이 이사회의 결의 없이 개인으로부터 자금을 차입하거나 채무를 부담하는 행위는 당연무효이므로, 이사장 명의로 채무부담각서를 작성 교부한 경우에도 채권자는 각서상 채권을 취득할 수 없고 새마을금고도 채무를 부담하지 않으므로 아무런 재산상 손해가 발생하지 아니한다.[521] 대표이사가 개인의 차용금채무에 관하여 개인 명의로 작성하여 교부한 차용증에 추가로 회사의 법인인감을 날인하였다고 하더라도 대표이사로서 행한 적법한 대표행위라고 할 수 없으므로 회사가 차용증에 기한 차용금 채무를 부담하게 되는 것은 아님은 물론이고, 금원을 대여하는 자가 대여행위가 적법한 대표행위가 아님을 알았거나 알 수 있었던 경우라면 회사는 대여자에 대하여 아무런 손해배상의무도 부담할 여지가 없으므로 결국 회사에 재산상 손해가 발생하였다거나 재산상 실해 발생의 위험이 초래되었다고 볼 수 없다.[522] 재단법인 이사장이 자신이 별도로 대표이사로 있는 주식회사가 부담하는 퇴직금채권의 담보를 위한 연대보증을 하였다면, 이는 재단법인의 목적 범위를 넘어섰고 적법한 의결절차도 거치지 아니한 것으로 법률상 무효라고 할 것이므로 재단법인이 연대보증상 채무를 부담한다고 할 수 없고, 이러한 조치가 퇴직근로자들의 요구에 의한 것이라면 재단법인이 사용자책임 내지 법인의 불법행위책임도 부담하지 아니한다고 할 것이고, 그밖에 경제적 관점에서 파악하여 피고인의 행위

520 채동헌, "법인 대표자의 허의상계와 담보제공이 무효인 경우 배임죄의 성립 여부", 상장 2012년 5월호, 107.
521 대법원 1987. 11. 10. 선고 87도993 판결.
522 대법원 2004. 4. 9. 선고 2004도771 판결.

로 인하여 재단법인에게 현실적인 손해를 가하였거나 또는 재산상 실해 발생의 위험을 초래하였다고 인정할 증거가 없다고 하였다.[523] 석재공업협동조합의 이사장이 조합 정관과 강행규정인 관련 법규에 위반하여 조합 이사회의 의결을 거치지 아니한 채 임의로 어음 및 수표에 조합 명의의 배서를 하여 할인받은 경우 조합이 어음·수표상의 책임을 부담하지 아니함은 물론이고, 그밖에 사용자책임 또는 법인의 불법행위책임도 부담하지 아니한다고 할 것이므로, 조합에 현실적인 손해가 발생하였거나 재산상 실해 발생의 위험이 초래되었다고 볼 수 없다.[524]

395 [판례] 강행법규 위반으로 법률상 효력이 없는 학교법인 명의 어음 등 발행행위와 배임죄의 성부

피고인은 학교법인의 이사장으로서 건축업자들로부터 금원을 차용하고 담보로 학교법인 명의의 당좌수표와 약속어음을 발행하여 주었는데, 위와 같이 법인 명의로 돈을 차용하고 당좌수표 등을 발행하면서 관할청의 허가를 받지 않았고 이사회의 결의도 거치지 아니하였다면, 피고인이 학교법인 명의로 당좌수표를 발행하고 약속어음을 발행한 행위는 학교법인의 채무부담행위로서 이사회 결의와 관할청의 허가를 받지 아니하여 무효이므로, 다른 특별한 사정이 없는 한 학교법인은 그 수표금이나 어음금의 지급의무를 부담하지 않는다. 그렇다면 원심으로서는 피고인의 수표 및 어음 발행행위로 인하여 학교법인에 어떠한 손해가 발생하였거나 손해 발생의 위험이 있는지 여부를 더 살펴보았어야 할 것임에도, 그에 관한 아무런 심리·판단 없이 피고인의 어음 및 수표 발행행위로 인하여 학교법인에 재산상 손해가 발생하였다고 단정하였는바, 이러한 원심의 판단에는 업무상배임죄의 재산상 손해에 관한 법리를 오해한 위법이 있다.[525]

분석과 검토: 위 판례 사안에서 당좌수표와 약속어음의 발행은 관할관청의 허가도 없고 이사회 결의도 거치지 아니하였으므로, 이는 모두 강행법규 위반으로 절대적으로 무효이고 인적항변의 대상도 아니다(대표권남용의 어음 발행의 경우 인적항변사유에 해당하므로 회사가 선의의 소지인에게 대항할 수 없는 것과는 구별된다). 따라서 발행인은 그로 인한 채무를 부담하지 아니하며 소지인도 그 지급을 청구할 수 없다. 그러나 이러한 경우에도 법인의 불법행위책임(민법 제35조 제1항)이나 사용자책임(민법 제750조)의 성립여부를 살펴 재산상 손해의 발생 여부를 판단하여야 한다.[526] 판례 가운데

523 대법원 2002. 6. 14. 선고 2002도1791 판결.
524 대법원 2000. 2. 11. 선고 99도2983 판결.
525 대법원 2010. 3. 25. 선고 2009도14585 판결.
526 심태규, "이사회결의 및 감독청 허가 없이 발행하여 무효인 수표 및 어음을 발행한 학교법인 이사장의 배임죄 성립여부와 그 수표가 부정수표단속법 제2조 제2항의 적용대상인지 여부", 해설(84), 843 이하.

학교법인의 이사가 학교법인 명의로 강제집행수락 공증과 함께 약속어음을 발행한 사안에서 이사회 결의 및 감독청 허가의 누락으로 인하여 법률상 무효라고 하더라도 학교법인이 민법 제35조 제1항의 손해배상책임을 부담한다는 이유로 배임죄가 성립한다고 본 사례도 있다.[527]

396 [판례] 강행법규 위반으로 무효인 의무부담행위로서 배임죄가 성립되지 않는다고 본 경우
상호저축은행이 채무를 보증하거나 담보를 제공하는 행위를 금지하는 구 상호저축은행법 제18조의2 제4호는 효력규정으로서 이에 위배하는 상호저축은행 대표이사 등의 행위는 무효이므로, 그로 인하여 상호저축은행이 민법상 사용자책임 드는 법인의 불법행위책임을 부담하는 등의 특별한 사정이 없는 한 배임죄는 성립하지 아니한다.[528]

397 [판례] 배임행위가 반사회질서 법률행위에 기초한 것으로 재산상 손해가 발생할 위험이 있다고 보기 어려운 경우
A 주식회사 대표이사인 피고인이 B 주식회사 등의 주식에 대한 인위적 주가관리를 하는 과정에서 C에게서 필요한 자금을 제공받은 후 A 회사를 채무자로 하는 금전소비대차계약 등의 약정을 체결하여 A 회사에 재산상 손해를 가하였다고 기소된 사안에서, 피고인이 A 회사로 하여금 약정에 따른 채무를 부담하게 하는 행위는 회사의 영리목적 또는 경영상 필요와 관계없이 피고인 또는 제3자의 이익을 도모할 목적으로 권한을 남용한 것으로 상대방 C도 그와 같은 진의를 알았거나 알 수 있었다고 볼 여지가 있다. 뿐만 아니라, 위 금전소비대차계약 자체가 사기적 부정거래 등을 통한 주가조작 범행을 공모하여 실행한 공범 사이에서 범행에 필요한 자금제공에 대한 대가를 지급하거나 그에 따른 손실을 보전하여 주기로 하는 반사회질서 법률행위에 기초한 것으로 볼 수도 있어 위 채무부담행위는 A 회사에 대하여 무효이므로, 그로 인하여 A 회사에 어떠한 재산상 손해가 발생하거나 발생할 위험이 있다고 보기 어렵다. 그럼에도 피고인에게 유죄를 인정한 원심판단에 대표권의 남용, 반사회질서의 법률행위, 배임행위로 인한 손해의 의미 등에 관한 법리오해의 위법이 있다.[529]

398 [판례] 근저당권 설정이 자기거래로 무효이므로 배임죄가 성립하지 않는다고 본 경우
피해자 회사 대표이사인 피고인이 자신의 피해자 회사에 대한 채권을 처인 A에게 양도하고, A로부터 권한을 위임받고 이사회 결의 없이 피해자 회사를 대표하여 A와 사이에 피해자 회사 소유의 부동산에 관하여 근저당권설정계약을 체결하였다. 이 때 A를 대리하여 이 사건 근저당권을 설정받은 것은 다름 아닌 피고인 자신이므로 이 사건 근저당권

527 대법원 1995. 12. 22. 선고 94도3013 판결.
528 대법원 2010. 9. 30. 선고 2010도6490 판결.
529 대법원 2011. 7. 14. 선고 2011도3180 판결.

설정행위는 피해자 회사 이사회의 결의 없이 이루어진 행위로서 무효이고, 피해자 회사로서는 A에 대하여 위 무효에 따른 사용자책임이나 법인의 불법행위 등에 따른 손해배상의무도 부담할 여지가 없을 뿐만 아니라, 이 사건 근저당권은 이 사건 공소제기에 앞서 이미 말소된 이상 피고인의 이 사건 근저당권 설정행위로 말미암아 피해자 회사에 재산상 손해가 발생하였다거나 재산상 실해 발생의 위험이 초래된 것으로 보기 어렵다.[530]

분석과 검토: 반면 앞서 본 대법원 2013. 9. 12. 선고 2013도5386 판결은, 피고인이 대표권을 남용하여 제3자인 B 앞으로 피해자 회사 소유의 부동산에 관하여 근저당권을 설정해준 사안이었는데, B가 피고인이 설정해 준 근저당권에 기하여 경매를 신청하였고 피해자 회사가 B를 상대로 채무부존재확인의 소를 제기한 점, 법률상 무효라고 하더라도 피해자 회사가 B에 대하여 불법행위 기타 법적 책임을 부담하게 될 가능성을 배제할 수 없는 점 등을 근거로, 실해 발생의 구체적 위험을 인정하였다.

399 [판례] 주주총회 의사록을 위조하여 대표이사가 된 사람의 대물변제행위가 무효이므로 배임죄가 성립하지 않는다고 본 경우

주식회사의 주주총회결의에서 자신이 대표이사로 선임된 것으로 주주총회의사록 등을 위조한 자가 회사를 대표하여 자신이 실제 운영하는 다른 회사에게 한 대물변제 등 행위는 법률상 효력이 없어 그로 인하여 회사에 어떠한 손해가 발생한다고 할 수 없다. 따라서 그 행위로 인하여 회사가 상법 제395조의 표현대표이사책임을 부담하는 등의 특별한 사정이 없는 한 그 대표이사를 사칭한 자의 행위는 배임죄를 구성하지 아니한다.[531]

분석과 검토: 위 판결은 피고인이 피해자 회사 소유의 아파트들에 관하여 대물변제계약 및 매매계약을 체결한 것을 넘어서서 이에 기한 소유권이전등기까지 마쳐진 사안이므로, 무효인 의무부담 등의 법률행위로 인하여 실제로 채무이행까지 이루어진 경우에 해당한다고도 볼 수 있다. 즉 경제적 관점에서 볼 때 피고인 측 회사로 소유권이전등기가 넘어간 이상 재산상 손해는 이미 발생하였다고 볼 여지도 충분히 있다.

400 [판례] 영업사원이 임의로 한 대금 할인 등의 행위가 피해회사에 대한 관계에서 무효이므로 배임죄가 성립하지 않는다고 본 경우

배합사료 판매회사인 甲 회사의 영업사원인 피고인이 乙에게 배합사료를 공급하면서 甲 회사의 내부 결재를 거치지 않고 장려금 등 명목으로 임의로 단가를 조정하거나 대금을 할인해 줌으로써 乙에게 재산상 이익을 취득하게 하고 甲 회사에 손해를 가

530 대법원 2012. 10. 11. 선고 2012도4937 판결.
531 대법원 2013. 3. 28. 선고 2010도7439 판결.

하였다고 하여 특정경제범죄 가중처벌 등에 관한 법률 위반(배임)으로 기소되었다. 원심은 피고인의 행위가 甲 회사에 대한 관계에서 무효라고 보더라도, 甲 회사의 乙 측을 상대로 한 물품대금 소송의 제1심에서 甲 회사가 승소하였지만 상대방의 항소로 항소심에 계속 중인 이상 사용자책임 등을 부담할 가능성을 완전히 배제하기 어렵다는 등의 사정을 들어 유죄로 판단하였다. 대법원은, 원심이 설시한 사정만으로는 甲 회사에 재산상 실해가 발생할 가능성이 생겼다고 말할 수는 있어도 나아가 그 실해 발생의 위험이 구체적·현실적인 정도에 이르렀다고 보기 어려운데도, 피고인의 행위가 甲 회사의 재산 상태에 구체적으로 어떠한 영향을 미쳤는지, 위 물품대금 소송의 제1심판결에도 불구하고 甲 회사가 사용자책임을 부담한다고 볼 만한 사정이 있는지 등을 면밀히 심리하여 甲 회사에 현실적인 손해가 발생하거나 실해 발생의 위험이 생겼다고 볼 수 있는지를 판단하지 아니한 채 공소사실을 유죄로 판단한 원심판결에 배임죄의 재산상 손해 요건에 관한 법리를 오해하여 필요한 심리를 다하지 아니한 잘못이 있다고 하였다.[532]

(3) 대표권 남용행위 사안에 관한 판례 변경

401 회사의 대표이사가 대표권의 범위 내에서 한 행위이나 실질적으로 회사의 영리목적과 관계없이 자기 또는 제3자의 이익을 도모할 목적으로 대표권을 남용하는 경우가 있다. 이러한 대표권 남용행위는 사회질서 또는 강행법규 위반, 법인의 목적범위 이탈 등의 경우와는 달리 일단 회사의 행위로서 유효하고, 다만 상대방이 대표이사의 진의를 알았거나 알 수 있었을 때 회사에 대하여 무효가 된다.[533] 이와 같은 대표권 남용행위 사안에서 재산상 실해 발생의 위험을 인정할 수 있을지 여부가 문제된다.

402 실무상 자주 문제된 사안은 대표이사가 대표권 남용행위로 회사 명의 약속어음을 발행·교부한 경우인데, 배임죄의 성부에 관하여 종래 판례의 입장이 엇갈렸다. 대법원 2011도10302 판결, 2012도10822 판결에서는 원칙적으로 재산상 실해 발생의 위험이 초래되었다고 보아 배임죄의 기수책임을 긍정하였으나, 2012도2142 판결, 2012도2628 판결에서는 그렇지 않다고 보아 무죄로 판단한 원심을 수긍하였다. 이에 대하여 회사와 어음소지인과의 관계에서 대표권 남용은 인적항변사유에 불과하여 회사는 선의의 어음소지인에게 대항하지 못하므로 적어도

532 대법원 2017. 10. 12. 선고 2017도6151 판결.
533 대법원 1993. 6. 25. 선고 93다13391 판결, 대법원 2010. 5. 27. 선고 2010도1490 판결 등.

배임죄의 미수범으로는 인정하는 것이 타당하다는 견해,[534] 대표권 남용행위가 무효로 판단되는 경우에도 곧바로 배임죄의 성립을 부정하여 무죄로 판단할 것이 아니라 배임미수의 성립가능성을 검토하여야 한다는 견해[535] 등이 있었다.

403 그 후 대법원은 2017. 7. 20. 선고 2014도1104 전원합의체 판결을 통하여 아래와 같이 관련 법리를 정리하였다. 주식회사의 대표이사가 대표권을 남용하는 등 임무에 위배하여 회사 명의로 의무를 부담하는 행위를 하더라도 일단 회사의 행위로서 유효하고, 다만 상대방이 대표이사의 진의를 알았거나 알 수 있었던 경우 그 의무부담행위는 원칙적으로 회사에 대하여 효력이 없다. 이와 같이 대표권을 남용한 의무부담행위가 무효로 되는 경우 이로 인하여 실제로 채무의 이행이 이루어졌다거나 회사가 불법행위책임을 부담하게 되었다는 등의 사정이 없는 이상 배임죄의 기수에 이른 것은 아니고, 다만 이 경우에도 대표이사가 배임의 범의로 임무위배행위를 함으로써 실행에 착수한 것이므로 배임죄의 미수범이 된다. 따라서 대표권을 남용한 약속어음 발행이 무효일 뿐 아니라 그 어음이 유통되지도 않았다면 회사는 어음발행의 상대방에게 어음채무를 부담하지 않기 때문에 특별한 사정이 없는 한 회사에 현실적 손해 내지 실해 발생의 위험이 발생하였다고 볼 수 없어 배임죄의 기수가 아니라 미수로 처벌하여야 한다.

404 이에 따라 위 2014도1104 전원합의체 판결은 대표권을 남용하여 어음을 발행한 사안에서 배임죄의 기수책임을 인정한 종전 판례를 변경하였다. 결국 위 전원합의체 판결은 i) 대표이사가 대표권을 남용하여 약속어음을 발행한 사실을 상대방이 알았거나 알 수 있어 법률상 무효인지, ii) 약속어음이 제3자에게 유통되었는지, iii) 유통되지 않았더라도 피해회사가 실제로 약속어음금을 지급하였거나 민사상 손해배상책임을 부담하는지 등을 살펴, 개별 사안에서 현실적 손해 또는 그 위험이 발생하였는지를 심리하여 배임죄의 기수책임 인정 여부를 판단하여야 한다는 취지이다.[536]

405 그 후 대법원은 위 2014도1104 전원합의체 판결을 근거로 대표권을 남용하여 어음을 발행한 유사한 사안에서 배임미수를 무죄로 판단한 원심을 파기하기도 하였다.[537]

534 권오성, "대표권 남용과 배임죄", 한양대학교 법학논총 30권 4호(2013. 12.), 199; 안경옥, "회사 대표이사의 대표권 남용행위 중 법률상 무효행위에 대한 형법적 평가", 경희법학 48권 3호(2013), 157, 164 및 171.
535 남기정, "대표권남용과 배임미수", 사법(38), 287 이하.
536 대법원 2017. 12. 22. 선고 2016도16939 판결.
537 대법원 2020. 4. 9. 선고 2019도17016 판결.

406 다만, 위 2014도1104 전원합의체 판결에서 변경 대상 판례로 적시된 것은 대표권 남용행위 사안에 관한 판결들뿐이다. 이에 비추어 현재 판례의 입장은 위 전원합의체 판결에서 배임미수죄의 성립을 인정한 법리가 대표권 남용행위 사안을 넘어서, 의무부담 등의 행위가 사회질서나 강행법규 위반으로 절대적 무효이거나 법률행위로서 제대로 성립하지 못한 경우 등에까지 일반적으로 적용된다는 취지는 아닌 것으로 보인다. 대표권 남용행위는 원칙적으로 본인을 위한 행위로서 유효하나 상대방의 인식 여하에 따라 무효가 될 수 있을 뿐이므로, 대표권을 남용한 의무부담행위 자체로도 재산상 손해 발생의 추상적인 위험은 발생하였다고 볼 수 있다. 그러나 구체적 사실관계에 따라 사회질서나 강행법규 위반으로 인한 절대적 무효 등의 사유로 인해 경제적 관점에서 보더라도 그 의무부담행위 자체로는 손해 발생의 추상적 위험조차 발생시키지 못한 경우라면, 이를 배임죄에서의 임무위배행위로 인정하기도 어려우므로 미수책임도 인정하지 않는 것이 타당하고, 현재 판례의 입장도 이와 같은 것으로 보인다.

407 [판례] 대표이사가 대표권을 남용하여 어음 발행 등의 의무부담행위를 한 경우
주식회사의 대표이사가 대표권을 남용하는 등 그 임무에 위배하여 회사 명의로 의무를 부담하는 행위를 하더라도 일단 회사의 행위로서 유효하고, 다만 그 상대방이 대표이사의 진의를 알았거나 알 수 있었을 때에는 회사에 대하여 무효가 된다. 따라서 상대방이 대표권남용 사실을 알 수 있었던 경우 그 의무부담행위는 원칙적으로 회사에 대하여 효력이 없고 경제적 관점에서 보아도 이러한 사실만으로는 회사에 현실적인 손해가 발생하였다거나 실해 발생의 위험이 초래되었다고 평가하기 어려우므로 달리 그 의무부담행위로 인하여 실제로 채무의 이행이 이루어졌다거나 회사가 민법상 불법행위책임을 부담하게 되었다는 등의 사정이 없는 이상 배임죄의 기수에 이른 것이 아니다. 그러나 이 경우에도 대표이사로서는 배임의 범의로 임무위배행위를 함으로써 실행에 착수한 것이므로 배임죄의 미수범이 된다. 그리고 상대방이 대표권 남용 사실을 알지 못하였다는 등의 사정이 있어 그 의무부담행위가 회사에 대하여 유효한 경우에는 회사의 채무가 발생하고 회사는 그 채무를 이행할 의무를 부담하므로 이러한 채무의 발생은 그 자체로 현실적인 손해 또는 재산상 실해 발생의 위험이라고 할 것이어서 그 채무가 현실적으로 이행되기 전이라도 배임죄의 기수에 이르렀다고 보아야 한다. 주식회사의 대표이사가 대표권을 남용하는 등 그 임무에 위배하여 약속어음 발행을 한 행위가 배임죄에 해당하는지도 원칙적으로 위에서 살펴본 의무부담행위와 마찬가지로 보아야 한다. 다만 약속어음 발행의 경우 어음법상 발행인은 종전의 소지인에 대한 인적 관계로 인한 항변으로써 소지인에게 대항하지 못하므로(어음법 제17

조, 제77조), 어음발행이 무효라 하더라도 그 어음이 실제로 제3자에게 유통되었다면 회사로서는 어음채무를 부담할 위험이 구체적·현실적으로 발생하였다고 보아야 하고, 따라서 그 어음채무가 실제로 이행되기 전이라도 배임죄의 기수범이 된다. 그러나 약속어음 발행이 무효일 뿐만 아니라 그 어음이 유통되지도 않았다면 회사는 어음발행의 상대방에게 어음채무를 부담하지 않기 때문에 특별한 사정이 없는 한 회사에 현실적으로 손해가 발생하였다거나 실해 발생의 위험이 발생하였다고도 볼 수 없으므로, 이때에는 배임죄의 기수범이 아니라 배임미수죄로 처벌하여야 한다.[538]

408 [판례] 대표권 남용으로 무효인 어음 발행 등의 행위에 대하여 배임미수를 무죄로 판단한 원심을 파기한 경우(약속어음 공정증서에 기하여 채권압류 및 추심명령을 받은 것에 그친 사례)
피해회사의 대표이사인 피고인은 자신의 甲에 대한 개인 채무를 변제할 목적으로 피해회사 명의의 액면금 1억 5,000만 원의 약속어음을 발행하고 그에 관하여 공정증서를 작성하여 주었는데, 甲이 이를 근거로 피해회사의 채권에 관하여 채권압류 및 추심명령을 받았으나, 피해회사가 甲을 상대로 위 약속어음 공정증서에 기초한 강제집행의 불허를 구하는 청구이의의 소를 제기하여 승소판결을 받아 위 판결이 확정된 사안에서, 피고인은 업무상배임미수죄로 기소되었다. 원심은 위 공정증서 작성행위가 피해회사에 대한 관계에서 무효이고, 피해회사가 사용자책임 등 별도의 채무를 부담한다고 볼 만한 사정도 없어, 甲이 채권압류 및 추심명령을 받은 적이 있다는 사정만으로는 피해회사에 재산상 실해가 발생할 위험이 구체적·현실적인 정도에 이르렀다고 보기 어렵다고 하여 무죄로 판단하였다. 대법원은 위 대법원 2014도1104 전원합의체 판결을 근거로, 주식회사의 대표이사가 대표권을 남용하는 등 임무에 위배하여 회사 명의로 약속어음을 발행한 경우 회사에 대한 관계에서 무효가 되어 회사가 어음채무를 부담하지 않아 현실적으로 손해가 발생하였다거나 실해 발생의 위험이 발생하였다고 볼 수 없다고 하더라도 배임미수죄로는 처벌하여야 한다고 보아 원심을 파기하였다.[539]

409 [판례] 대표권 남용인 의무부담행위가 이행되어 현실적 손해가 발생하였다는 이유로 배임기수책임을 인정한 경우(약속어음 공정증서에 기하여 받은 채권압류 및 전부명령에 따라 전부금 지급을 받은 사례)
甲 주식회사 대표이사인 피고인이 甲 회사 설립의 동기가 된 동업약정의 투자금 용도로 부친 乙로부터 2억 원을 차용한 후 乙에게 甲 회사 명의의 차용증을 작성·교부하는 한편 甲 회사 명의로 액면금 2억 원의 약속어음을 발행하여 공증해 줌으로써 甲 회사에 재산상 손해를 입게 하고 乙에게 재산상 이익을 취득하게 하였다고 하여

538 대법원 2017. 7. 20. 선고 2014도1104 전원합의체 판결.
539 대법원 2020. 4. 9. 선고 2019도17016 판결.

업무상배임으로 기소되었다. 피고인의 행위가 대표이사의 대표권을 남용한 때에 해당하고 그 행위의 상대방인 乙로서는 피고인이 甲 회사의 영리 목적과 관계없이 자기 또는 제3자의 이익을 도모할 목적으로 권한을 남용하여 차용증 등을 작성해 준다는 것을 알았거나 알 수 있었으므로, 그 행위가 甲 회사에 대하여 아무런 효력이 없다고 본 원심판단은 수긍할 수 있다. 그러나 乙은 피고인이 작성하여 준 약속어음공정증서에 기하여 甲 회사의 丙 재단법인에 대한 임대차보증금반환채권 중 2억 원에 이르기까지의 금액에 대하여 압류 및 전부명령을 받은 다음 확정된 압류 및 전부명령에 기하여 丙 재단법인으로부터 甲 회사의 임대차보증금 중 1억 2,300만 원을 지급받은 사실에 비추어, 피고인의 임무위배행위로 인하여 甲 회사에 현실적인 손해가 발생하였거나 실해 발생의 위험이 생겼으므로 배임죄의 기수가 성립하고, 전부명령이 확정된 후 집행권원인 집행증서의 기초가 된 법률행위 중 전부 또는 일부에 무효사유가 있는 것으로 판명되어 집행채권자인 乙이 집행채무자인 甲 회사에 부당이득상당액을 반환할 의무를 부담하더라도 배임죄의 성립을 부정할 수 없다.[540]

3) 손해액의 산정

410 배임행위로 인한 재산상 손해는 곧 배임행위자나 제3자가 취한 이득액과 같은 경우가 일반적이나, 본인에게 발생하는 재산상 손해액과 배임행위로 취득하였다고 구체적으로 산정되는 이득액의 범위에 차이가 있을 수 있고, 이러한 경우 이득액에 따라 가중 처벌하는 특정경제범죄 가중처벌 등에 관한 법률의 적용 여부가 문제될 수 있다.

411 재산상 손해액은 배임행위로 인하여 총체적으로 보아 본인의 재산상태에 가해진 감소금액을 의미한다. 손해액이 구체적으로 명백하게 산정되지 않았더라도 배임죄가 성립할 수는 있으나, 발생된 손해액을 구체적으로 산정하여 인정하는 경우 이를 잘못 산정하는 것은 위법하다는 것이 판례[541]이다. 특히 재산상 실해 발생의 위험성으로 배임죄 성립을 인정하는 경우 손해액이 구체적으로 확정되지 않았더라도 무방하다고 한다.[542]

가) 손해의 발생 및 실해 발생의 위험에 관한 증명의 정도

412 배임죄의 성립을 인정하려면 손해의 발생이 합리적인 의심이 없는 정도의 증명

540 대법원 2017. 9. 21. 선고 2014도9960 판결.
541 대법원 1999. 4. 13. 선고 98도4022 판결, 대법원 2012. 1. 26. 선고 2011도15179 판결, 대법원 2014. 1. 29. 선고 2013도13769 판결, 대법원 2018. 7. 11. 선고 2015도12692 판결 등.
542 대법원 1983. 12. 27. 선고 83도2602 판결, 대법원 1986. 10. 28. 선고 86도936 판결, 대법원 1990. 1. 23. 선고 87도2625 판결 등.

에 이르러야 하고, 배임행위로 인한 재산상 손해의 발생 여부가 충분히 입증되지 아니하였음에도 가볍게 액수 미상의 손해는 발생하였다고 인정함으로써 배임죄의 성립을 인정하는 것은 허용될 수 없다.[543] 특히 금융기관의 임·직원이 대출규정을 위반하여 대출함으로써 그 임무에 위배되는 행위를 하였다고 하더라도 그 대출행위를 업무상배임죄로 처벌하려면 그로 인하여 금융기관에 현실적인 손해가 발생하였거나 재산상 실해 발생의 위험, 즉 경제적 관점에서 재산상 손해가 발생한 것과 사실상 같다고 평가될 정도의 위험이 발생하였다고 판단되어야 한다.[544]

413 [판례] 손해액이 구체적으로 명백하게 산정되지 않았더라도 영업이익의 감소라는 실해 발생의 위험성을 인정한 경우

재산상 실해 발생의 위험을 초래케 한 경우 손해액이 구체적으로 명백하게 산정되지 않았더라도 배임죄의 성립에는 영향이 없다. 피고인의 영업비밀 유출행위로 인하여 피해자 회사의 후발 경쟁업체가 신속히 경쟁력을 지니게 되었고, 이에 따른 수주 경쟁의 심화로 기존업체인 피해자 회사에게 영업이익의 감소라는 실해 발생의 위험성이 초래되었다고 한 원심의 판단은 정당하다.[545]

414 [판례] 가액을 구체적으로 산정할 수 없는 손해의 발생

회사의 대표이사가 사료첨가제 납품업체와 가격협상을 함에 있어 유리한 위치에 있었음에도 사료첨가제 납품으로 발생하는 이익금을 자신 등이 얻기 위한 의도에서, 납품업자에게 가공의 납품업체를 만들어 사료첨가제를 납품하라고 지시하고 이를 납품받음으로써 통상적인 납품가격과 가격협상을 통하여 더 낮은 수준에서 납품받을 수 있었던 납품가격의 차액 상당의 재산상 이익을 취득한 경우, 업무상배임죄가 성립하고, 이로 인하여 회사에는 '가액을 산정할 수 없는 손해'가 발생하였다.[546]

415 [판례] 대표이사의 임무위배행위가 없었다면 더 낮은 수준의 용역비로 정할 수도 있었다는 가능성만을 가지고 재산상 손해 발생이 있었다고 단정하여서는 안 된다고 본 경우

배임죄의 성립을 인정하려면 재산상 손해의 발생이 합리적인 의심이 없는 정도의 증명에 이르러야 하므로, 배임행위로 인한 재산상 손해의 발생 여부가 충분히 증명되지 않았음에도 가볍게 액수 미상의 손해가 발생하였다고 인정함으로써 배임죄의 성립을 인

543 대법원 1999. 4. 13. 선고 98도4022 판결, 대법원 2009. 10. 29. 선고 2008도11036 판결, 대법원 2012. 1. 26. 선고 2011도15179 판결, 대법원 2013. 11. 14. 선고 2013도9767 판결, 대법원 2014. 1. 29. 선고 2013도13769 판결 등.

544 대법원 2008. 6. 19. 선고 2006도4876 전원합의체 판결.

545 대법원 2006. 10. 27. 선고 2004도6876 판결.

546 대법원 2009. 10. 15. 선고 2009도5655 판결.

정하는 것은 허용될 수 없다. 회사의 대표이사 등이 임무에 위배하여 회사로 하여금 다른 사업자와 용역계약을 체결하게 하면서 적정한 용역비의 수준을 벗어나 부당하게 과다한 용역비를 정하여 지급하게 하였다면 다른 특별한 사정이 없는 한 통상 그와 같이 지급한 용역비와 적정한 수준의 용역비 사이의 차액 상당의 손해를 회사에 가하였다고 볼 수 있다. 이 경우 배임죄가 성립하기 위해서는 해당 용역비가 적정한 수준에 비하여 과다하다고 볼 수 있는지가 객관적이고 합리적인 평가 방법이나 기준을 통하여 충분히 증명되어야 하고, 손해의 발생이 그와 같이 증명된 이상 손해액이 구체적으로 명백하게 산정되지 아니하였더라도 배임죄의 성립에는 영향이 없다. 그러나 적정한 수준에 비하여 과다한지 여부를 판단할 객관적이고 합리적인 평가 방법이나 기준 없이 단지 임무위배행위가 없었다면 더 낮은 수준의 용역비로 정할 수도 있었다는 가능성만을 가지고 재산상 손해 발생이 있었다고 쉽사리 단정하여서는 안 된다. 이 사건 용역비가 적정한 용역비 수준에 비하여 과다하게 정해진 것이라고 단정할 수 없다는 이유로 원심판단에 배임죄에서의 재산상 손해 등에 관한 법리오해의 잘못이 있다고 보아 파기하였다.[547]

나) 소극적 손해의 산정

416 [판례] 계약을 가로채는 배임행위로 인한 재산상 손해

피고인이, A가 운영하는 B 회사의 부사장으로 대외 영업활동을 하여 그 활동 및 계약을 B 회사에 귀속시키기로 A와 약정하고도 B 회사에 알리지 않고 피고인 자신이 B 회사 대표인 것처럼 가장하거나 피고인이 별도로 설립한 C 회사 명의로 금형제작·납품계약을 체결함으로써 B 회사에 손해를 가하였다고 하여 업무상배임으로 기소된 사안에서, B 회사의 재산상 손해는 피고인의 임무위배행위로 B 회사의 금형제작·납품계약 체결기회가 박탈됨으로써 발생하므로, 원칙적으로 계약을 체결한 때를 기준으로 금형제작·납품계약 대금에 기초하여 산정하여야 하며, 계약대금 중에서 사후적으로 발생되는 미수금이나 계약 해지로 받지 못하게 되는 나머지 계약대금 등은 특별한 사정이 없는 한 계약 대금에서 공제할 것이 아닌데도, 이와 달리 금형제작·납품계약 대금 중 미수금 및 계약 해지로 받지 못하게 된 부분은 피고인의 배임행위로 인한 재산상 손해로 인정할 수 없다고 본 원심은 잘못이라고 한 사례[548]

다) 주식거래관련 배임행위로 발생한 손해액의 산정

417 [판례] 피해자 회사로 하여금 주식을 고가에 매수하도록 한 경우 통상적인 손해액

배임죄에서 재산상의 손해를 가한 때라 함은 총체적으로 보아 본인의 재산 상태에 손

547 대법원 2018. 2. 13. 선고 2017도17627 판결.
548 대법원 2013. 4. 26. 선고 2011도6798 판결.

해를 가한 경우를 의미하므로 회사의 대표이사 등이 그 임무에 위배하여 회사로 하여금 다른 회사의 주식을 고가로 매수하게 한 경우 회사에 가한 손해액은 통상 그 주식의 매매대금과 적정가액으로서의 시가 사이의 차액 상당이라고 봄이 상당하다.[549]

418 [판례] 주식 거래와 관련한 배임행위로 인한 손해의 발생 여부와 금액 산정
주식 거래와 관련한 배임행위로 인한 손해의 발생 여부를 판단하기 위하여 주식 가치의 평가가 요구되는 경우에는 그 평가 방법이나 기준에 따라 주식의 가치가 구구하게 산정된다고 하더라도 이를 쉽게 포기하지 말고 상대적으로 가장 타당한 평가 방법이나 기준을 심리하여 손해의 발생 여부를 구체적으로 판단하는 것이 필요하다.[550]

419 [판례] 비상장주식의 가액 평가
한국거래소에 상장되어 있지 아니한 법인의 주식 등과 같은 비상장주식을 거래한 경우에 있어서 그 시가는 그에 관한 객관적 교환가치가 적정하게 반영된 정상적인 거래의 실례가 있는 경우에는 그 거래가격을 시가로 보아 주식의 가액을 평가하여야 한다. 만약 그러한 거래사례가 없는 경우에는 거래 당시 당해 비상장법인 및 거래당사자의 상황, 당해 업종의 특성 등을 종합적으로 고려하여 합리적으로 판단하여 적절한 평가방법을 선택하여야 하거나,[551] 비상장주식의 평가에 관하여 보편적으로 인정되는 방법(순자산가치방식, 수익가치방식, 유사업종비교방식 등)에 의하여 평가한 가액을 토대로, 당해 거래의 특수성을 고려하여 객관적 교환가치를 반영한 적정거래가액을 결정하여야 한다.[552] 보편적으로 인정되는 여러 평가방법 중의 하나인 상속세 및 증여세법 시행령 제54조의 평가방법에 따라 주식의 적정가액을 평가할 수도 있으나,[553] 그러한 평가방법을 규정한 관련 법규들은 각 그 제정 목적에 따라 서로 상이한 기준을 적용하고 있음을 감안할 때 어느 한 가지 평가방법(예컨대 상속세 및 증여세법 시행령 제54조의 평가방법)이 항상 적용되어야 한다고 단정할 수는 없고, 거래 당시 해당 비상장법인 및 거래당사자의 상황, 해당 업종의 특성 등을 종합적으로 고려하여 합리적으로 판단하여야 한다.[554]

549 대법원 2005. 4. 29. 선고 2005도856 판결.
550 대법원 2009. 10. 29. 선고 2008도11036 판결, 대법원 2014. 2. 27. 선고 2013도12155 판결 등.
551 대법원 2004. 6. 24. 선고 2004도520 판결, 대법원 2005. 4. 29. 선고 2005도856 판결, 대법원 2007. 3. 15. 선고 2004도5742 판결, 대법원 2007. 2. 8. 선고 2006도483 판결, 대법원 2008. 5. 15. 선고 2005도7911 판결, 대법원 2012. 6. 28. 선고 2012도2623 판결, 대법원 2013. 3. 28. 선고 2012도16281 판결, 대법원 2013. 6. 27. 선고 2013도2014 판결 등.
552 대법원 2005. 10. 28. 선고 2003다69638 판결, 대법원 2014. 3. 27. 선고 2012도9475 판결 등.
553 대법원 2007. 2. 8. 선고 2006도483 판결, 대법원 2012. 6. 14. 선고 2012도1283 판결, 대법원 2013. 9. 26. 선고 2013도5214 판결 등.
554 대법원 2005. 4. 29. 선고 2005도856 판결, 대법원 2019. 10. 17. 선고 2018도16652 판결 등.

420 [판례] 비상장주식 거래로 발생한 재산상 손해의 산정

회사의 대표이사 등이 그 임무에 위배하여 회사로 하여금 다른 회사의 주식을 고가로 매수하게 함으로써 회사에 가한 손해액은 통상 그 주식의 매매대금과 시가의 차액 상당으로 볼 수 있고, 비상장주식의 경우에 그 시가는 그에 관한 객관적 교환가치가 적정하게 반영된 정상적인 거래의 실례가 있는 때에는 그 거래가격을 시가로 보아 주식의 가액을 평가하여야 한다. 다만 그와 같은 거래사례가 없는 경우에는 보편적으로 인정되는 여러 가지 평가방법들을 고려하되, 어느 한 가지 평가방법이 항상 적용되어야 한다고 단정할 수는 없고, 거래 당시 당해 비상장법인 및 거래당사자의 상황, 당해 업종의 특성 등을 종합적으로 고려하여 합리적으로 판단하여야 한다. 한편 주식거래와 관련한 배임행위로 인한 손해의 발생 여부를 판단하기 위하여 주식가치의 평가가 요구되는 경우에는, 상대적으로 가장 타당한 평가의 방법이나 기준을 심리하여 손해의 발생 여부를 구체적으로 판단하는 것이 필요하다.[555]

421 [판례] 비상장주식 가격 산정이 정당하다고 한 사례

피고인이 각 계열회사 대표이사들과 공모하여 부실기업으로 자본잠식 상태에 있어 1주당 주식평가금액이 0원인 A 회사 주식을 그보다 현저히 고가인 발행가 5,000원에 인수하도록 하여 각 계열회사들로 하여금 합계 100억 원의 유상증자 자금을 납입하게 함으로써 A 회사에 위 유상증자 금액 상당의 재산상 이익을 취득하게 하고 피해 계열회사들에 위 각 유상증자 참여액 상당의 손해를 가하였다고 판단하고, 아울러 피고인이 계열회사이자 비상장회사인 B 회사에 대하여 40억 원의 유상증자를 실시함에 있어, B 회사의 주식 평가금액이 1주당 82원임에도 불구하고 액면가인 1,000원에 유상증자를 실시하여 기존 주주가 인수를 포기한 실권주를 당시 피고인이 대표이사로 있는 C 회사로 하여금 인수하도록 함으로써 B 회사에 위 실권주 인수금액과 평가금액과의 차액 상당의 재산상 이익을 취득하게 하고 피해자 C 회사에 같은 금액에 해당하는 손해를 가하였다고 판단한 원심은 정당하다.[556]

422 [판례] 비상장주식의 가액 평가(상속세 및 증여세법 시행령 제54조의 평가방법에 따른 경우)

A 회사는 순자산이 약 511억 원(주당 순자산가치 178,268원)이고, 자산 중 부동산의 비중이 약 64%인 부동산 과다보유 법인인데, 이처럼 회사재산이 대부분 부동산, 기계장치 등의 고정자산으로 구성되어 있는 경우에는 수익가치보다는 자산가치를 많이 고려하는 것이 적정한 주식가치 평가방법인 점, 피고인들이 가치평가에 이용한 현금흐름할인법(DCF)은 영업용 부동산의 가치가 실제보다 적게 반영되어 A 회사 주식의

555 대법원 2014. 2. 27. 선고 2013도12155 판결.
556 대법원 2012. 6. 14. 선고 2012도1283 판결.

가치를 산정하는 데 적절한 방법이 아닌 점과 그 밖에 B 회사의 A 회사 주식 인수가액, 금융기관의 A 회사 주식 평가가액, A 회사 주식이전의 목적 등 제반 사정에 비추어 보면 비상장주식인 A 회사 주식의 가치는 '상속세 및 증여세법 시행령'에 따라 순손익가치와 순자산가치의 비율을 2:3으로 가중평균하여 계산한 1주당 128,938원(C 회계법인을 통하여 평가한 주당 167,619원에서 최대주주 관련 할증분 30%를 공제한 금액) 이상이라고 판단한 것은 정당하다.[557]

423 [판례] 비상장주식의 가치평가를 잘못하였다고 인정한 사례
명의차주 A에 대한 대출시 담보로 제공된 B 회사 주식과 명의차주 C에 대한 대출시 담보로 제공된 D 회사 주식은 비상장주식으로서 대출규정상 그 유효담보가액을 평가하는 규정이 없으므로 더 보수적이고 합리적인 방법으로 그 가치를 평가해야 한다는 점, 특히 D 회사는 당시 회생절차를 밟고 있었던 점 등을 들어 이 부분 각 대출금이 담보가치 범위 내에 있다고 할 수 없다고 판단한 원심에 대하여, B 회사는 피고인이 A를 통하여 50억 원 상당을 지급하고 인수한 법인이고, D 회사 역시 피고인이 150억 원 상당의 유상증자대금을 지급하고 인수한 회사인데 B 회사나 D 회사 주식에 대한 객관적 가치평가 없이는 이 부분 각 대출이 실질적 담보가치 범위를 초과한 부실대출에 해당한다고 단정할 수 없다고 하여 담보가치 범위를 초과한 대출이 실행되었다고 단정하여 이 부분 공소사실을 유죄로 인정한 것은 잘못이라고 판단한 사례[558]

424 [판례] 비상장주식의 가치평가(현금흐름할인법을 사용)
피고인이 1주당 16,660원의 저가에 A 회사 주식을 매수함으로 인하여 B 회사에 재산상 손해가 발생하였는데, A 회사 주식의 가치를 평가함에 있어서는 현금흐름할인법을 사용하는 것이 가장 합리적이며, 피고인의 A 회사 주식 매수 당시 1주당 적정 가치는 18,187원을 상회한다고 판단하여, 피고인의 이득액을 280,968,000원[= 184,000주 × (18,187원 - 16,660원)]으로 인정한 것은 타당하다.[559]

425 [판례] 비상장주식의 매입가격이 적정하다고 하더라도 현금유동성 상실의 재산상 손해를 가하였다고 볼 수 있는 경우
주식의 실거래가격이 시가에 근접하거나 적정한 가격으로 볼 수 있는 범위 내에 속하여 실거래가격과의 차액 상당의 손해가 명백치 아니한 경우라고 하더라도, 그 거래의 주된 목적이 비상장주식을 매도하려는 매도인의 자금조달에 있고 회사가 그 규모 및 재정상태에 비추어 과도한 대출을 일으켜 그 목적 달성에 이용된 것에 불과하

557 대법원 2013. 9. 26. 선고 2013도5214 판결.
558 대법원 2013. 6. 27. 선고 2013도2014 판결.
559 대법원 2016. 8. 30. 선고 2013도658 판결.

다고 보이는 등의 특별한 사정이 있다면, 그와 같이 비상장주식을 현금화함으로써 매도인에게 유동성을 증가시키는 재산상의 이익을 취득하게 하고 반대로 회사에 그에 상응하는 재산상의 손해로서 그 가액을 산정할 수 없는 손해를 가한 것으로 볼 수가 있다.[560] 다만 기업의 경영과 자금운영에 구체적 위험을 초래한 바가 없음에도 단지 현금유동성의 상실만을 이유로 배임죄의 성립요건인 재산상 위험이 발생하였다고 인정하는 것은 신중을 기하여야 한다.[561]

426 [판례] 비상장주식 거래로 인한 배임행위와 재산상 손해
재벌그룹 소속 A 회사가 골프장 건설 사업을 진행 중인 비상장회사 B의 주식 전부를 보유하고 B 회사를 위하여 수백억 원의 채무보증을 한 상태에서 A 회사의 대표이사와 이사들이 B 회사의 주식 전부를 주당 1원으로 계산하여 그룹 회장인 위 대표이사와 그룹 계열사에 매도한 사안에서, 당시 B 회사의 채무 상태는 부채가 자산을 근소하게 초과하고 있었다 하더라도 회원권이 분양되기 전에는 수입을 기대할 수 없는 골프장 사업의 특성상 이는 당연한 것이고 향후 골프장 사업계획을 실행하여 수익을 내고 기업의 가치도 상승할 가능성이 충분하므로, 위 주식 매도행위는 A 회사에 주식의 내재된 가치를 포기하면서 신용위험만을 부담시키는 것으로서 A 회사에 주식의 적정한 거래가격과 매도가격의 차액 상당에 해당하는 손해를 가한 배임행위에 해당한다.[562]

427 [판례] 제 3 자 배정방식의 신주발행으로 인한 손해의 산정
신주를 발행함에 있어 주주배정의 방법이 아니라 제3자에게 인수권을 부여하는 제3자 배정방법의 경우, 제3자는 신주 등을 인수함으로써 회사의 지분을 새로 취득하게 되므로 그 제3자와 회사와의 관계를 주주의 경우와 동일하게 볼 수는 없다. 제3자에게 시가보다 현저하게 낮은 가액으로 신주 등을 발행하는 경우에는 시가를 적정하게 반영하여 발행조건을 정하거나 또는 주식의 실질가액을 고려한 적정한 가격에 의하여 발행하는 경우와 비교하여 그 차이에 상당한 만큼 회사의 자산을 증가시키지 못하게 되는 결과가 발생하는데, 이 경우에는 회사법상 공정한 발행가액과 실제 발행가액과의 차액에 발행주식수를 곱하여 산출된 액수만큼 회사가 손해를 입은 것으로 보아야 한다. 이와 같이 현저하게 불공정한 가액으로 제3자 배정방식에 의하여 신주 등을 발행하는 행위는 이사의 임무위배행위에 해당하는 것으로서 그로 인하여 회사에 공정한 발행가액과의 차액에 상당하는 자금을 취득하지 못하게 되는 손해를 입힌 이상 이사에 대하여 배임죄의 죄책을 물을 수 있고, 시장성이 적은 비상장주식의 경우에도 객

560 대법원 2005. 4. 29. 선고 2005도856 판결, 대법원 2011. 12. 27. 선고 2010도8727 판결.
561 대법원 2008. 5. 29. 선고 2005도4640 판결(SK증권 사건).
562 대법원 2008. 5. 15. 선고 2005도7911 판결.

관적 교환가치가 적정하게 반영된 정상적인 거래의 실례가 있는 경우에는 그 거래가격을 시가로 보아 주식의 가액을 평가하여야 할 것이나, 그러한 거래사례가 없는 경우에는 비상장주식의 평가에 관하여 보편적으로 인정되는 방법(순자산가치방식, 수익가치방식, 유사업종비교방식 등)에 의하여 평가한 가액을 토대로, 당해 거래의 특수성을 고려하여 객관적 교환가치를 반영한 적정거래가액을 결정하여야 할 것이다.[563]

428 [판례] 비상장주식의 거래와 재산상 손해액

피고인이 A 그룹 회장 B 등과 공모하여 부실기업으로 자본잠식 상태에 있어 1주당 주식평가금액이 0원인 C 회사의 주식을 그보다 현저히 고가인 발행가 5,000원에 인수하기로 하여 피해자 D 회사가 1억 원의 유상증자 자금을 납입하도록 함으로써 C 회사에 위 유상증자 금액 상당의 재산상 이익을 취득하게 하고 피해자 D 회사에 위 각 유상증자 참여액 상당의 손해를 가하였다고 판단한 원심은 정당하다.[564]

429 [판례] 주식의 가치평가(경영권 프리미엄이 포함된 경우)

회사 대표이사 등이 그 임무에 위배하여 회사가 보유하는 주식을 적정가액 이하로 매도함으로 인하여 회사에 가한 손해액은 통상 그 주식의 실제 매매대금과 그 주식의 적정가액 사이의 차액 상당이라고 봄이 타당하고, 그 주식이 회사의 경영권을 행사할 수 있는 이른바 경영권 프리미엄을 지니고 있는 경우에는 그 가치를 평가하여 주식의 적정가액 산정에 가산하여야 한다. 경영권 프리미엄의 가치는 통상 회사의 현재 및 미래가치, 경영권 획득으로 인한 파급효과, 경영권 확보에 필요한 주식을 공개시장에서 매수할 경우의 필요비용 등을 고려하여 결정되는 것이지만 궁극적으로는 거래 상대방과의 교섭조건, 교섭능력 등에 따라 구체화될 수밖에 없는 것이므로, 이를 과세관청이 과세표준을 산정하기 위하여 사용하는 상속세 및 증여세법 제63조 제3항의 규정에 따라 일정 비율을 할증하는 방법으로 일률적으로 산정할 수는 없다고 보아야 한다. 한편, 배임죄의 성립을 인정하려면 손해의 발생이 합리적인 의심이 없는 정도의 증명에 이르러야 하는바, 배임행위로 인한 재산상 손해의 발생 여부가 충분히 입증되지 않았음에도 가볍게 액수 미상의 손해는 발생하였다고 인정함으로써 배임죄의 성립을 인정하는 것은 허용될 수 없다. 따라서 주식 거래와 관련한 배임행위로 인한 손해의 발생 여부를 판단하기 위하여 주식 가치의 평가가 요구되는 경우에는 그 평가 방법이나 기준에 따라 주식의 가치가 구구하게 산정된다고 하더라도 이를 쉽게 포기하지 말고 상대적으로 가장 타당한 평가 방법이나 기준을 심리하여 손해의 발생 여부를 구체적으로 판

563 대법원 2005. 10. 28. 선고 2003다69638 판결, 대법원 2014. 2. 27. 선고 2013도12155 판결, 대법원 2014. 3. 27. 선고 2012도9475 판결 등.

564 대법원 2012. 6. 28. 선고 2012도2623 판결.

단하는 것이 필요하다. 다만, 주식 거래에 수반하는 경영권 프리미엄의 가치를 함께 평가하는 경우에는 경영권 프리미엄 자체가 궁극적으로 거래 상대방과의 교섭조건, 교섭능력 등에 따라 평가될 수밖에 없는 것이므로 이를 산정할 방법이 없어서 결과적으로 배임죄의 손해액을 구체적으로 산정할 수 없게 되었다고 하더라도 여기에 심리미진이나 이유모순 등의 위법이 있다고 볼 수 없다. 경영권프리미엄을 구체적으로 사정할 수 없어 이 사건 배임행위로 인한 손해액을 산정할 수 없다고 본 원심을 정당하다.[565]

라) 부동산 관련 거래로 인한 재산상 손해의 산정

430 [판례] 부동산의 이중양도로 인한 재산상 손해의 산정

☞ 이는 뒤에서 항을 달리하여 '부동산 이중양도' 부분에서 자세히 살펴본다.

431 [판례] 부동산 가치평가와 손해액의 산정

피해자의 손해액을 산정하기 위하여 부동산의 가치를 평가함에 있어서는 해당 부동산의 거래 당시의 시가를 해당 부동산의 객관적 가치로 보아야 하고, '시가'라 함은 정상적인 거래에 의하여 형성된 객관적 교환가격을 의미하는 것이며, 부동산의 시가는 시가 감정에 의하여 평가를 하는 것이 비교적 정확할 것이나 반드시 그것에 한정되는 것이 아니고 합리적인 방법에 의한 것인 한 다른 방법에 의하여 시가를 판단하는 것도 가능하다고 할 것이나, 해당 부동산의 공시지가가 적정가격이라고 단정할 수는 없을 것이다.[566]

432 [판례] 부동산의 적정가격 산정방식이 정당하다고 한 사례

시가 감정 등을 통하여 산정된 부동산의 객관적 가치가 부동산의 적정가치, 즉 시가임을 전제로 매도가격과 적정가격의 차액을 계산하는 방식으로 업무상배임죄에 있어서의 손해액을 산정한 원심의 판단은 정당하다.[567]

433 [판례] 부동산 매도인이 매수인에게 소유권이전등기를 마쳐 주기 전 근저당권설정행위로 입게 된 손해

부동산 매도인이 매수인 앞으로 소유권이전등기 등을 마치기 이전에 제3자로부터 금원을 차용하고 그 담보로 근저당권설정등기를 해준 경우에는 특별한 사정이 없는 한 매도인은 매수인에게 그 근저당권에 의하여 담보되는 피담보채무 상당액의 손해를 가한 것이라고 할 것이다.[568]

565 대법원 2009. 10. 29. 선고 2008도11036 판결, 대법원 2008. 5. 15. 선고 2005도7911 판결의 재상고심이다.
566 대법원 2009. 7. 23. 선고 2009도3712 판결, 대법원 2013. 9. 26. 선고 2013도5214 판결, 대법원 2014. 1. 29. 선고 2013도13769 판결 등.
567 대법원 2014. 1. 29. 선고 2013도13769 판결.
568 대법원 1998. 2. 10. 선고 97도2919 판결, 대법원 2003. 2. 11. 선고 2002도5679 판결, 대법원 2018. 7. 11. 선고 2015도12692 판결 등.

434 [판례] 감정평가법인의 감정평가를 받아들이기 어려운 경우

부동산 시가 산정을 위한 부동산 감정평가를 함에 있어서는 관계 법령에서 들고 있는 모든 산정요인을 구체적·종합적으로 참작하여 그 요인들을 모두 반영하여야 하고, 이를 위한 감정평가서에는 모든 산정요인의 세세한 부분까지 일일이 설시하거나 그 요인들이 평가에 미치는 영향을 수치적으로 나타내지는 않더라도 그 요인들을 특정·명시함과 아울러 각 요인별 참작 내용과 정도를 객관적으로 납득할 수 있을 정도로 설명을 기재하여야 한다. 따라서 부동산 시가 산정을 위한 부동산 감정평가를 할 때 감정평가 대상 토지들과 그 비교표준지와의 개별요인 품등비교를 함에 있어 그 비준치의 적정함을 인정할 만한 구체적인 이유설시 없이 단순히 비준치를 나열하거나 위와 같은 구체적인 이유 설시를 하지 않은 경우 그 감정평가는 그 기재 내용의 진실성과 정당성을 담보할 수 있을 정도의 합리적인 이유 설시가 없어 위법하다.[569] 이러한 법리는 인근지 평가 선례를 참작하는 것이 상당하다고 보아 이를 시가 산정요인으로 반영하여 평가하는 경우에도 마찬가지라 할 것이므로, 인근지 평가 선례를 참작하면서도 인근지 평가토지와 평가대상인 토지의 개별요인을 비교하여 평가한 내용 등 산정요인을 구체적으로 명시하지 아니한 감정평가서를 기초로 부동산의 시가를 산정하는 것은 위법하다고 보아야 한다.[570] 따라서 원심이 채택한 감정평가서는 개별요인 비교의 결과만을 기재하였을 뿐 구체적으로 비교표준지와 평가대상 토지의 어떤 요인들을 어떻게 품등비교 하였는지, 가격산정요인들이 어떻게 참작되었는지에 관하여 아무런 기재가 없고, 인근의 평가 선례를 참작함에 있어서도 시점수정이나 품등비교 등을 모두 누락하였을 뿐 아니라 매매당시 시가를 알아보기 위한 목적으로 이루어진 것이 아니라 그로부터 6개월 후 다른 목적에서 이루어진 것으로서 적정가액보다 고평가되었을 가능성을 배제하기 어려운 사정 등에 비추어 보면 원심으로서는 감정평가법인의 감정결과가 적정가격이라고 섣불리 단정할 것이 아니라 새로운 감정절차를 거쳐 위 부동산의 적정가치를 산정한 후 이를 기초로 피해회사에 손해가 발생하였다고 볼 수 있는지 여부 및 그 손해액의 정도, 나아가 손해액의 규모에 비추어 업무상배임죄의 고의가 인정되는지 여부 등을 면밀히 심리·판단하였어야 할 것이다.[571]

마) 부실대출 등으로 발생한 재산상 손해의 산정

435 [판례] 부실대출로 인한 재산상 손해

신규 대출금이 대출명의자의 계좌에 입금되어 실제 차주 또는 그로부터 위 계좌 관리를 위임받은 위 피고인들이 이를 사용할 수 있는 상태에 이른 이상, 그 대출에 따른

569 대법원 1998. 1. 23. 선고 97누17711 판결, 대법원 2002. 6. 28. 선고 2002두2727 판결 등.
570 대법원 2010. 4. 29. 선고 2009두17360 판결, 대법원 2013. 6. 27. 선고 2013두2587 판결 등.
571 대법원 2013. 9. 26. 선고 2013도5214 판결.

재산상 실해 발생의 위험은 초래되었다고 봄이 상당하므로, 이로써 업무상 배임행위는 완성된 것이어서, 그 후 신규 대출금의 일부가 기존 대출금의 이자 또는 신규 대출금의 이자 지급에 사용되었다고 하더라도 이를 업무상 배임의 재산상 손해에서 제외할 것은 아니다. 한편, 대출수수료 등과 같이 대출과 관련하여 발생하는 필요비는 원래 대출금과 별도로 지급되어야 할 것인데 편의상 대출금에서 이를 공제하는 것일 뿐이므로, 이는 이 사건 업무상 배임행위로 인한 재산상 손해액에 포함되어야 할 것이다.[572]

436 [판례] 부실대출 및 지급보증행위로 인한 손해액
회사의 이사 등이 상당하고 합리적인 채권회수조치를 하지 아니한 채 이미 채무변제능력을 상실한 계열회사를 위하여 자금을 대여하거나 지급보증 하는 행위가 배임행위가 될 경우에는 그러한 자금 제공행위나 지급보증행위 자체가 당해 회사에 손해의 위험성을 발생시킨 행위로서 그 제공된 자금액 또는 지급보증금액 전체가 배임죄에 있어서 손해 및 이득액이 된다.[573]

437 [판례] 부실대출로 인한 재산상 손해와 대출당시 제공된 유효담보의 공제 여부
부실대출에 의한 업무상배임죄가 성립하는 경우 담보물의 가치를 초과하여 대출한 금액이나 실제로 회수가 불가능하게 된 금액만을 손해액으로 볼 것이 아니라, 재산상 권리의 실행이 불가능하게 될 염려가 있거나 손해 발생의 위험이 있는 대출금 전액을 손해액으로 보아야 하므로, 각 대출 실행 이후 채권매각 등에 의하여 일부 회수된 금액이나 대출 당시 제공된 담보물의 유효담보가 상당액 있다고 하더라도 그 부분 각 금액을 업무상배임죄로 인한 손해액에서 공제할 것은 아니다.[574]

바) 담보 관련 배임행위로 인한 재산상 손해의 산정

438 [판례] 근저당권 등 담보권을 소멸시킨 배임행위로 인한 손해액의 산정
타인의 불법행위로 인하여 근저당권이 소멸된 경우 근저당권자로서는 근저당권이 소멸하지 아니하였더라면 그 실행으로 피담보채무의 변제를 받았을 것임에도 불구하고 근저당권의 소멸로 말미암아 이러한 변제를 받게 되는 권능을 상실하게 되는 것이므로, 그 근저당권의 소멸로 인하여 근저당권자가 입게 되는 손해는 근저당 목적물인 부동산의 가액 범위 내에서 채권최고액을 한도로 하는 피담보채권액이라고 할 것이며, 근저당권 외에 다른 담보권의 경우에도 마찬가지로 적용된다. 따라서 원심으로서는 각 수익권증서의 우선순위나 담보물의 감정가격 등을 심리하여 각 대출은행별로 담보해지 당시

572 대법원 2007. 1. 12. 선고 2006도6464 판결.
573 대법원 2007. 6. 1. 선고 2006도1813 판결, 대법원 2007. 9. 7. 선고 2007도3373 판결 등.
574 대법원 2012. 2. 23. 선고 2011도15756 판결, 대법원 2013. 3. 14. 선고 2012도12582 판결, 대법원 2014. 4. 24. 선고 2013도14052 판결 등.

유효하게 확보하고 있었던 담보물의 가액을 산정한 다음 이를 한도로 한 대출잔액만을 재산상 손해액으로 인정하였어야 함에도 담보물의 가액을 초과하는 대출잔액을 그대로 재산상 손해액으로 인정하였으니, 위와 같은 원심의 판단에는 업무상배임죄에 있어서의 재산상 손해액에 관한 법리를 오해하거나 필요한 심리를 다하지 아니한 잘못이 있다.[575]

439 [판례] 담보대출에 의한 업무상배임죄가 성립하는 경우 손해액산정을 위한 담보물가치의 평가방법

업무상배임죄가 성립하는 경우 피해자의 손해액을 산정하기 위하여 담보물의 가치를 평가함에 있어서는 담보물의 대출 당시의 시가를 해당 담보물의 객관적 가치로 보아야 하고, '시가'라 함은 정상적인 거래에 의하여 형성된 객관적 교환가격을 의미하는 것이고 담보물의 시가는 해당 담보물에 대한 시가감정에 의하여 평가를 하는 것이 비교적 정확할 것이나, 반드시 그것에 한정되는 것이 아니고 합리적인 방법에 의한 것인 한 다른 방법에 의하여 시가를 판단하는 것도 가능하다. 금융기관의 대출담당 직원이 아파트를 담보로 대출을 해준 후 그 아파트에 임차인이 전입신고를 하는 등으로 대항력을 갖추고 나서야 아파트에 대한 근저당권설정등기를 마치는 경우, 금융기관이 입은 손해는 아파트에 대한 대출액수와 대출 당시 부동산가액에서 대항력이 발생한 임대차보증금의 액수를 공제한 나머지 금액을 비교하여, 부동산 가액에서 위 임대차보증금 액수를 공제한 잔액 즉 잔존 담보가치가 대출액수에 미달하는 때에 그 부족분에 해당하는 금액이라고 봄이 상당하다.[576]

440 [판례] 부동산 매도 후 양도담보 제공행위로 인한 손해액의 산정

매도인이 부동산의 매도 후 그 부동산에 양도담보계약을 체결하고 제3자에게 돈을 차용한 경우에 매수인이 입은 손해액은 그 양도담보권에 의하여 담보되는 피담보채무 상당액이라고 봄이 상당하다. 따라서 피고인이 피해자 A에게 이 사건 건물을 매도한 후 계약금 및 중도금 합계를 수령한 다음 이 사건 건물에 관한 양도담보계약을 체결하고 B에게 일정한 금액을 차용하였다면, 피고인의 배임행위로 인하여 입을 피해자 A의 손해액은 양도담보계약의 피담보채무 상당액인 위 일정한 금액으로 봄이 상당하다.[577]

441 [판례] 담보해지로 인한 재산상 손해

기존 담보를 해지하면서 대체담보를 확보하지 아니함으로써 재산상 손해를 가하였다고 공소가 제기된 사안에서, 담보물의 감정가격 등을 심리하여 담보해지 당시 유효

575 대법원 1997. 11. 25. 선고 97다35771 판결, 대법원 2013. 1. 24. 선고 2012도10629 판결.
576 대법원 2009. 7. 23. 선고 2009도3712 판결.
577 대법원 2012. 1. 26. 선고 2011도15179 판결.

하게 확보하고 있었던 담보물의 가액을 산정한 다음 이를 한도로 한 대출잔액만을 재산상 손해액으로 인정하여야 한다고 보았다.[578]

사) 기타

442 [판례] 영업비밀 유출로 인한 재산상 손해
피고인 유출한 영업비밀을 취득한 자의 이익은 그 자료를 가지고 스스로 또는 경쟁사 등 다른 업체에서 이와 유사한 제품을 만들 경우 그 영업비밀로 인하여 기술개발에 소요되는 비용이 감소되는 경우의 그 감소분 상당과 나아가 그 영업비밀을 이용하여 제품생산에까지 발전시킬 경우 제품판매이익 중 그 자료가 제공되지 않았을 경우와의 차액 상당으로서 그러한 가치들을 감안하여 시장경제원리에 의하여 형성될 시장교환가격이라 할 것이고 그로 인하여 피해자가 입게 되는 손해는 그러한 자료를 이용하는 다른 경쟁사의 제품개발 및 양산시기 단축으로 인한 경쟁력 강화와 그로 인하여 생길 공급과잉으로 인한 이익감소분이다.[579] 영업비밀 유출로 인한 배임죄의 성부 관련한 논의는 이미 앞에서 살펴보았다.

443 [판례] 조합장 급여를 인상 지급한 배임행위로 인한 손해의 산정
피고인이 이사회 결정에 반하여 마음대로 급여 등을 인상하여 이를 지급하였다고 하더라도 그 지급액 전부를 조합의 손해라고 볼 수는 없고, 그와 같이 지급된 금액에서 종전부터 유지되어 온 정상적인 보수액과의 차액 상당의 금액만이 조합이 입게 된 손해에 해당한다고 할 것이고, 여기에서 정상적인 보수액이라 함은 그 명칭 여하를 불문하고 정당한 근거에 기하여 근로의 대가로서 받을 수 있는 금원을 가리킨다고 할 것이다.[580]

다. 재산상 이익의 취득

1) 구성요건으로서 재산상 이익의 취득

444 배임죄는 본인에게 재산상의 손해를 가하는 외에 배임행위로 인하여 행위자 스스로 또는 재산상의 이익을 취득하거나 제3자로 하여금 재산상의 이익을 취득하게 할 것을 요건으로 한다. 이점에서 재산상 이익의 취득을 요건으로 하지 않는 독일이나 일본 형법과 다르다. 제3자는 행위자(사무처리자) 또는 본인을 제외한 자를 말한다.
445 우리 형법의 제정 과정에 비추어보면 입법자는 배임죄가 단순한 배임적 범죄의

578 대법원 2013. 1. 24. 선고 2012도10629 판결.
579 대법원 2003. 10. 30. 선고 2003도4382 판결.
580 대법원 2009. 8. 20. 선고 2008도12112 판결.

차원을 넘어 이득죄로서의 성질을 갖고 있음을 명시적으로 나타내기 위한 표지로서 재산상 이익의 취득과 재산상 손해의 발생을 대등한 병렬적 구성요건요소로서 규정하였다고 보인다. 또한 재산상 이익 취득의 요건을 요구하고 있는 것은 배임죄의 지나친 확대적용을 방지하기 위한 고려에서 나온 것이라고 할 수 있다.[581]

446 본인에게 손해를 가하였다 할지라도 행위자나 제3자가 재산상 이익을 취득한 사실이 없으면 배임죄가 성립하지 않는다.[582] 반대로 행위자 또는 제3자의 재산상 이익취득이 있어도 본인에게 재산상 손해가 발생하지 않으면 역시 배임죄가 성립하지 않을 것이다.

447 배임죄에서 본인에게 재산상 손해를 가한다 함은 총체적으로 보아 본인의 재산상태에 손해를 가하는 경우, 즉 본인의 전체적 재산가치의 감소를 가져오는 것을 말하고, 이와 같은 법리는 타인의 사무처리자 내지 제3자가 취득하는 재산상 이익에 대하여도 동일하게 적용된다.[583] 따라서 재산상 이익의 취득은 전체 재산상태의 보다 유리한 형성을 말하고, 경제적 관점에서 파악하는 사실상의 개념으로서 적극적 이득이든 소극적 이득이든 묻지 않는다. 궁극적으로 그러한 이득이 실현되었는지 여부도 배임죄의 성부에 영향이 없다.[584]

448 재산적 이익일 것을 요하므로 사회적 지위 또는 신분상의 이익 등은 재산상의 이익이라고 볼 수 없음은 당연하다. 성적 접대의 경우는 일반적으로 재산상 이익이라고 보기는 어려우나 사실상 재산상 이익으로 환산될 수 있는 경우에는 재산상 이익이 될 수도 있다.[585]

449 이득의 의사로써 배임행위를 범하는 경우에 피해자 측의 일정한 의사표시나 처분행위를 요하지 않는다. 그러므로 피해자의 처분행위에 의해서만 범죄의 기수에 이를 수 있는 사기죄나 공갈죄와 구별된다.[586]

450 배임행위로 인하여 행위자(타인의 사무처리자) 또는 제3자가 재산상 이익을 취득하여야 하므로, 배임죄가 성립하려면 '배임행위'와 '재산상 이익의 취득' 사이에

581 신동운, 형법각론(제2판), 법문사(2018), 1237.
582 대법원 1982. 2. 23. 선고 81도2601 판결, 대법원 2009. 6. 25. 선고 2008도3792 판결, 대법원 2012. 6. 28. 선고 2012도2087 판결, 대법원 2021. 11. 25. 선고 2016도3452 판결 등.
583 대법원 2007. 7. 26. 선고 2005도6439 판결, 대법원 2009. 6. 25. 선고 2008도3792 판결, 대법원 2021. 11. 25. 선고 2016도3452 판결.
584 대법원 1990. 10. 16. 선고 90도1815 판결, 대법원 2004. 6. 25. 선고 2003도7243 판결 등.
585 오영근, 형법각론(제7판), 박영사(2022), 391, 392; 정성근/정준섭, 형법강의 각론(제2판), 박영사(2022), 324.
586 김일수/서보학, 새로쓴 형법각론(제9판), 박영사(2018), 393.

인과관계가 필요하다고 보는 것이 일반적이다. 배임행위와 재산상 이익의 취득 사이에 이러한 인과관계가 인정되지 아니하면 배임죄의 미수가 될 것이다.[587]

2) 재산상 손해의 발생과 재산상 이익의 취득 사이의 관련성

451 배임죄의 '재산상 손해의 발생'과 '재산상 이익의 취득' 사이에도 서로 대응관계 내지 관련성이 필요한지 여부에 관하여는 견해가 나뉠 수 있다. 학계에서 이에 관한 명시적인 논의는 많지 않으나, i) 우리 형법상 배임죄 규정은 본인의 재산 감소에 상응하여 행위자나 제3자에게 재산상 이익이 이전될 것을 요구하고 있다는 취지의 견해,[588] ii) 배임행위가 기수가 되려면 본인에게 손해를 가하고 이를 통하여 이득을 취하는 순서로 진행된다는 견해[589] 등은 필요설에 가까운 것으로 보인다. 반면 iii) 배임죄의 구성요건으로서 손해와 이익 사이에 자료동질성 내지 자료동일성은 요구되지 않는다는 견해[590]는 불요설의 입장으로 보인다.

452 최근 판례는 이 쟁점에 관하여 명시적인 판단을 하였다. 즉 배임죄는 타인의 사무를 처리하는 자가 임무에 위배하는 행위를 하고 그러한 임무위배행위로 인하여 재산상의 이익을 취득하거나 제3자로 하여금 취득하게 하여 본인에게 재산상의 손해를 가한 때 성립하는데, 여기서 '재산상 이익 취득'과 '재산상 손해 발생'은 대등한 범죄성립요건이고, 이는 서로 대응하여 병렬적으로 규정되어 있으므로(형법 제356조, 제355조 제2항), 임무위배행위로 인하여 여러 재산상 이익과 손해가 발생하더라도 재산상 이익과 손해 사이에 서로 대응하는 관계에 있는 등 일정한 관련성이 인정되어야 배임죄가 성립한다고 한다.[591]

453 우리 형법이 '재산상 이익의 취득'을 배임죄의 구성요건으로 명시적으로 요구하고 있고, 재산상 손해와 이익 사이에 아무런 관련성이 필요하지 않다면 배임행위로 본인에게 발생한 손해와 직접 관련이 없는 다양한 사소한 경제적 이익의 취득까지 모두 배임죄의 재산상 이익으로 구성됨으로써 배임죄의 성립 범위가 지나치게 확장될 우려가 있다고 보이므로, 판례의 입장이 타당하다.

587 배종대, 형법각론(제14판), 홍문사(2023), 472; 신동운, 형법각론(제2판), 법문사(2018), 1275.
588 신동운, "횡령죄와 배임죄의 관계", 한국형사법학의 새로운 지평: 유일당 오선주 교수 정년기념논문집(2001), 320~328; 이주원, "특정경제범죄 가중처벌 등에 관한 법률 위반(배임)죄에서 이득액 개념의 합리적 재해석-과연 손해발생의 위험액이 곧 이득액인가", 인권과 정의 제436호(2013), 51~53.
589 허일태, "배임죄의 성립에 관련된 몇 가지 문제점", 형사재판의 제문제 제5권(2005), 305.
590 배종대, 형법각론(제14판), 홍문사(2023), 472; 문형섭, "배임죄에 관한 연구", 호남대학교(2001), 76.
591 대법원 2021. 11. 25. 선고 2016도3452 판결, 대법원 2022. 8. 25. 선고 2022도3717 판결.

454 [판례] 배임죄가 성립하려면 재산상 이익과 손해 사이에 서로 대응하는 관계 등 일정한 관련성이 인정되어야 하는지 여부

A 새마을금고 임원인 피고인이 새마을금고의 여유자금 운용에 관한 규정을 위반하여 금융기관으로부터 원금 손실의 위험이 있는 금융상품을 매입함으로써 A 금고에 액수 불상의 재산상 손해를 가하고 금융기관에 수수료 상당의 재산상 이익을 취득하게 하였다고 하여 업무상배임으로 기소되었는데, 원심은 이를 유죄로 판단하였다. 대법원은 아래와 같은 법리를 설시하면서 원심판결에 배임죄 성립에 관한 법리오해의 잘못이 있다고 보아 파기하였다. 업무상배임죄는 업무상 타인의 사무를 처리하는 자가 임무에 위배하는 행위를 하고 그러한 임무위배행위로 인하여 재산상의 이익을 취득하거나 제3자로 하여금 이를 취득하게 하여 본인에게 재산상의 손해를 가한 때 성립한다. 여기서 '재산상 이익 취득'과 '재산상 손해 발생'은 대등한 범죄성립요건이고, 이는 서로 대응하여 병렬적으로 규정되어 있다(형법 제356조, 제355조 제2항). 따라서 임무위배행위로 인하여 여러 재산상 이익과 손해가 발생하더라도 재산상 이익과 손해 사이에 서로 대응하는 관계에 있는 등 일정한 관련성이 인정되어야 업무상배임죄가 성립한다. 이 사건에서 피고인의 임무위배행위로 인하여 본인인 A 금고에 발생한 액수 불상의 재산상 손해와 금융기관이 취득한 수수료 상당의 이익 사이에 대응관계가 있는 등 관련성이 있다고 볼 수 없는 점, 금융기관에 지급된 수수료는 판매수수료로서 피고인이 금융상품을 매입하면서 금융기관으로부터 제공받은 용역에 대한 대가로 지급된 것이므로, 금융기관이 제공한 용역에 비하여 지나치게 과도한 수수료를 지급받았다는 등의 특별한 사정이 없는 한, 금융기관이 용역 제공의 대가로 정당하게 지급받은 위 수수료가 피고인의 임무위배행위로 인하여 취득한 재산상 이익에 해당한다고 단정하기 어려운 점 등을 종합하면, 피고인의 임무위배행위로 A 금고에 액수 불상의 재산상 손해가 발생하였더라도 금융기관이 취득한 수수료 상당의 이익을 그와 관련성 있는 재산상 이익이라고 인정할 수 없고, 또한 위 수수료 상당의 이익은 배임죄에서의 재산상 이익에 해당한다고 볼 수도 없다.[592]

455 [판례] 제 3 자가 얻은 자금운용의 기회를 본인의 재산상 손해와 관련성 있는 재산상 이익으로 볼 수 없다고 한 경우

이 사건 공소사실의 요지는, 사단법인인 이 사건 위원회의 이사장으로서 재산을 유지 및 보존, 관리하여야 할 업무상 임무가 있는 피고인이 정당한 이유 없이 A축협에 예치된 정기예금을 중도해지한 임무위배행위로 인하여 이 사건 위원회에 만기 이자 중 지급받지 못하게 된 금액 상당의 재산상 손해가 발생하였고, B농협이 재예치받은 예금을

592 대법원 2021. 11. 25. 선고 2016도3452 판결.

운용할 수 있는 재산상 이익을 취득하였다는 것이다. 원심은 이를 유죄로 판단하였다. 대법원은 아래와 같은 이유로 원심판결에 법리오해의 잘못이 있다고 보아 이를 파기하였다. 이 사건 공소사실을 유죄로 인정하기 위해서는 피고인의 임무위배행위로 인한 재산상 손해와 이익 사이에 대응관계가 있는 등 관련성이 인정되어야 한다. 그러나 이 사건 공소사실에 기재한 이 사건 위원회의 재산상 손해와 B농협의 재산상 이익 사이에는 위와 같은 관련성이 있다고 볼 수 없다. B농협이 20억 원의 운용기회를 취득한 것은 이 사건 위원회와 정기예금계약을 체결하였기 때문인데, B농협은 정기예금계약에 따라 이 사건 위원회에 이에 따른 이자를 지급하게 된다. 그러나 중도해지한 예금의 재예치 여부는 피고인의 선택에 따른 것이고 반드시 정기예금 중도해지에 수반된 것이라고 볼 수 없으므로, B농협이 이 사건 위원회에 통상적인 이율보다 지나치게 낮은 정기예금 이자를 지급하였다는 등의 특별한 사정이 없는 한, B농협이 취득한 자금운용의 기회가 곧바로 피고인의 임무위배행위로 인하여 취득한 재산상 이익에 해당한다고 단정하기 어렵다. 그런데도 원심은 이와 달리 B농협이 20억 원의 자금을 예치받아 이를 운용할 수 있는 기회를 획득한 것은 피고인의 임무위배행위로 인하여 제3자가 취득한 재산상 이익에 해당한다고 보아 이 사건 공소사실을 유죄로 판단한 것은 잘못이다.[593]

3) 재산상 이익 취득 여부에 관한 사례

가) 재산상 이익을 취득하였다고 인정된 경우

456 [판례] 가처분 유지로 인한 재산상 이익

부동산에 처분금지가처분결정을 받아 가처분집행까지 마쳐진 경우에는 피보전채권의 실제 존재 여부를 불문하고 가처분이 되어 있는 부동산은 매매나 담보제공 등에 있어서 그렇지 않은 부동산보다 불리할 수밖에 없고, 가처분집행이 되어 있는 부동산의 가처분집행이 해제되면 가처분의 부담이 없는 부동산을 소유하게 되는 이익을 얻게 되는 점 등을 고려하면 가처분권리자로서는 가처분 유지로 인한 재산상 이익이 인정되고, 그 후 가처분의 피보전채권이 존재하지 않는 것으로 밝혀졌다고 하더라도 가처분의 유지로 인한 재산상 이익이 없었던 것으로 볼 수는 없다.[594]

457 [판례] 통정허위표시 무효 주장을 배척하고 재산상 이익을 취득한 것이라고 본 사례

A, B, C 회사 명의의 각 대출은 피고인의 D에 대한 주식매매대금 반환 등을 위한 대출로서 피고인 또는 D가 대출금의 실질적인 취득자에 해당하고, E, F, G 명의의 각 대출은 H 저축은행이 보유한 부동산을 명의신탁하기로 하면서 그 매수자금을 지급

593 대법원 2022. 8. 25. 선고 2022도3717 판결.
594 대법원 2011. 10. 27. 선고 2010도7624 판결.

해 주기 위한 대출이거나 H 저축은행이 경매신청한 부동산에 관하여 제3자에게 실제 시가보다 고액으로 낙찰 받아 달라고 부탁한 후 그 낙찰대금을 지급해 주기 위한 대출에 해당하나, 위 각 대출금에 관하여도 실제로 자금이동이 있었던 이상 E 등 대출명의인들이 일단 대출금을 취득한 것으로 보아야 하므로 대출명의인이 재산상 이익을 취득한 것에 해당한다고 보아, 위 각 대출약정이 통정허위표시에 해당하여 무효이고 대출명의인이 재산상 이익을 취득한 것으로 볼 수 없어 업무상배임죄가 성립하지 않는다는 피고인의 주장을 배척하고 이 부분 공소사실을 유죄로 인정한 사례[595]

나) 재산상 이익을 취득하였다고 인정되지 아니한 경우

458 피고인이 피해자와 공동 구입한 택시를 폐차시한 경과 전에 폐차케 하여 피해자에게 손해를 입게 하였다 하더라도 피고인이 피해자 몫에 해당하는 이익을 취득하였다고 볼 수 없고,[596] 예산의 일시적 유용이나 계주가 계금 등을 지급하지 않는 경우 이로 인하여 피고인이나 제3자가 어떤 이익을 얻었는지가 명시되지 않았다면 배임죄의 범죄사실 적시로서 충분하지 않다고 본다.[597]

459 [판례] 재산상 이익을 취득하였다고 단정하기 어려운 경우

원심은, 피해자 회사를 대표하여 기계 제작·설치 계약의 이행에 관한 업무를 처리하는 피고인이 경영권 다툼 등을 이유로 고의로 A 회사에 대한 기계 제작 의무를 이행하지 않아 계약이 해제됨으로써 A 회사로 하여금 보증보험회사로부터 선급금반환 및 위약금 명목의 보험금을 수령하게 한 행위에 대하여 배임죄를 유죄로 인정하였다. 그러나 대법원은, 선급금은 피해자 회사가 이 사건 계약에 따른 이행을 원활하게 할 수 있도록 하기 위하여 미리 지급한 대금의 일부이므로 A 회사가 계약을 해제하고 피해자 회사로부터 선급금을 반환받은 것을 재산상의 이익을 취득한 것으로 볼 수 없고, 위약금도 그 성질상 피해자 회사의 채무불이행으로 인한 손해의 발생을 전제로 한 것이므로 A 회사가 위약금을 지급받았다는 사실만으로 그에 해당하는 재산상의 이익을 취득하게 된 것으로 단정하기 어렵다고 판단하였다. A 회사가 피해자 회사의 채무불이행으로 인하여 실제로는 아무런 손해를 입지 않았거나, 위약금 액수보다 작은 손해를 입었다는 등의 특별한 사정이 인정되는 경우에 한하여 비로소 위약금 내지 위약금에서 실제 손해액을 공제한 차액에 해당하는 재산상의 이익을 취득한 것으로 볼 수 있을 뿐인데, 이를 인정할 증거가 없다고 보아 무죄 취지로 원심을 파기하였다.[598]

595 대법원 2012. 6. 28. 선고 2012도2087 판결.
596 대법원 1982. 2. 23. 선고 81도2601 판결.
597 대법원 1974. 5. 14. 선고 73도3208 판결, 대법원 1977. 4. 12. 선고 76도952 판결 등.
598 대법원 2007. 7. 26. 선고 2005도6439 판결.

460 [판례] 연체료 상당의 재산상 이익을 취득한 것으로 보기 어렵다고 한 사례

입주자대표회의 회장이 지출결의서에 날인을 거부함으로써 아파트 입주자들에게 그 연체료를 부담시킨 사안에서, 열 사용요금 납부 연체로 인하여 발생한 연체료는 금전채무 불이행으로 인한 손해배상에 해당하므로, 공급업체가 연체료를 지급받았다는 사실만으로 공급업체가 그에 해당하는 재산상의 이익을 취득하게 된 것으로 단정하기 어렵고, 나아가 공급업체가 열 사용요금 연체로 인하여 실제로는 아무런 손해를 입지 않았거나 연체료 액수보다 적은 손해를 입었다는 등의 특별한 사정이 인정되는 경우에 한하여 비로소 연체료 내지 연체료 금액에서 실제 손해액을 공제한 차액에 해당하는 재산상의 이익을 취득한 것으로 볼 수 있을 뿐이라는 이유로, 공급업체가 연체료 상당의 재산상 이익을 취득한 것으로 보아 업무상 배임죄의 성립을 인정한 원심판결을 파기한 사례[599]

461 [판례] 덤핑판매로 재산상 이익이 발생하였다고 보기 어려운 경우

피고인이 피해회사의 승인 없이 임의로 지정 할인율보다 더 높은 할인율을 적용하여 회사가 지정한 가격보다 낮은 가격으로 거래처에 제품을 판매하는 이른바 덤핑판매로 재산상 이익을 거래처에 취득하게 하고, 피해회사에 동액 상당의 재산상 손해를 가하였다고 기소된 사안에서, 덤핑판매로 제3자인 거래처에 재산상의 이익이 발생하였는지 여부는 경제적 관점에서 실질적으로 판단하여야 할 것인바, 피고인이 피해회사가 정한 할인율 제한을 위반하였다 하더라도 시장에서 거래되는 가격에 따라 제품을 판매하였다면 지정 할인율에 의한 제품가격과 실제 판매시 적용된 할인율에 의한 제품가격의 차액 상당을 거래처가 얻은 재산상의 이익이라고 볼 수는 없다.[600] 따라서 피고인의 위와 같은 판매행위로 인하여 제3자인 거래처가 시장에서 거래되는 가격보다도 더 저렴한 가격으로 제품을 구매함으로써 재산상 이익을 취득하였는지 여부를 따져보았어야 함에도, 만연히 피해회사가 정한 할인율에 의한 제품가격과 그보다 높은 할인율이 적용된 판매가격의 차액 상당이 거래처의 재산상 이익이라고 본 원심은 배임죄에 있어 제3자인 거래처가 재산상 이익을 취득하였는지 여부 등에 관한 심리를 다하지 않았거나, 제3자의 재산상 이익에 관한 법리를 오해하여 판결에 영향을 미친 잘못이 있다.[601]

599 대법원 2009. 6. 25. 선고 2008도3792 판결.
600 대법원 2009. 12. 24. 선고 2007도2484 판결.
601 대법원 2010. 5. 27. 선고 2010도1345 판결.

4) 이득액의 산정

가) 가중적 구성요건으로서 이득액

462 특정경제범죄 가중처벌 등에 관한 법률 제3조에서는 배임행위로 인하여 취득하거나 제3자로 하여금 취득하게 한 재산상의 가액(이득액)이 5억 원 이상인 때에는 가중 처벌하도록 규정하고 있다.

463 형법상 배임죄에서 일반적으로 취득한 재산상 이익의 가액이 얼마인지는 문제되지 아니하는 데 비하여, 배임으로 인한 특정경제범죄가중처벌등에관한법률위반죄에 있어서는 취득한 재산상 이익의 가액(5억 원 이상 또는 50억 원 이상)이 범죄구성요건의 일부로 되어 있고 그 가액에 따라 그 죄에 대한 형벌도 가중되어 있으므로, 이를 적용함에 있어서는 취득한 재산상 이익의 가액을 엄격하고 신중하게 산정함으로써, 범죄와 형벌 사이에 적정한 균형이 이루어져야 한다는 죄형균형의 원칙이나 형벌은 책임에 기초하고 그 책임에 비례하여야 한다는 책임주의 원칙이 훼손되지 않도록 유의하여야 한다. 따라서 업무상배임으로 취득한 재산상 이익이 있더라도 그 가액을 구체적으로 산정할 수 없는 경우에는, 재산상 이익의 가액을 기준으로 가중 처벌하는 특정경제범죄가중처벌등에관한법률위반(배임)죄를 적용할 수 없다.[602] 이러한 이득액은 단순일죄 혹은 포괄일죄에서의 이득액을 의미하고 경합범으로 처벌될 수죄에서의 이득액을 합산한 금액을 말하는 것이 아니다.[603]

464 이득액의 계산에 있어서도 재산상 손해액과 마찬가지로 잘못이 있더라도 그 금액이 특정경제범죄 가중처벌 등에 관한 법률 제3조 제1항 각 호 중 어느 것에 해당한다면 그 잘못은 같은 법조항을 적용한 판결의 결과에는 영향이 없다.[604]

465 [판례] 배임의 이득행위는 인정되면서 이득액의 평가만이 문제되는 경우

피고인에게 인정된 이 사건 전체 범죄사실에 비추어 보면 배임의 이득행위는 인정되면서 단지 그 이득액의 평가만이 문제 되는 사정이 결과적으로 양형에 영향을 미칠 가능성도 없다고 보이므로, 결국 이 부분 상고이유의 주장은 판결 결과에 영향을 미

602 대법원 2007. 4. 19. 선고 2005도7288 전원합의체 판결, 대법원 2012. 8. 30. 선고 2012도5220 판결, 대법원 2012. 9. 13. 선고 2012도3840 판결, 대법원 2015. 9. 10. 선고 2014도12619 판결 등.

603 대법원 1989. 6. 13. 선고 89도582 판결, 대법원 1993. 6. 22. 선고 93도743 판결, 대법원 2000. 3. 24. 선고 2000도28 판결, 대법원 2004. 2. 13. 선고 2002도996 판결, 대법원 2011. 7. 28. 선고 2009도8265 판결, 대법원 2011. 8. 18. 선고 2009도7813 판결 등.

604 대법원 1989. 10. 24. 선고 89도641 판결, 대법원 2011. 6. 30. 선고 2011도1651 판결, 대법원 2012. 6. 28. 선고 2012도2623 판결 등.

치지 않는 것을 다투는 것에 해당하여 이를 받아들일 수 없다.[605]

나) 이득액의 구체적 산정

466 이득액의 총액에 대한 산정기준에 관하여, i) 취득한 재산상 이익의 전체를 하나의 단위로 파악하고 그것의 가액을 이득액으로 평가하는 전체가치설, ii) 공적 부담이나 제한물권 등에 의하여 줄어든 가치를 제외하고 실질적으로 취득한 경제적 이익에 한정하여 이득액을 평가하는 입장, 예컨대 배임행위로 취득한 채권에 담보물권이 설정되어 있는 경우와 같이 실질적으로 취득한 것이 채권 전체가 아닌 채권의 일부 가치뿐일 때에는 그 실질가치만을 이득액으로 보는 실질가치설 등으로 설명하는 견해[606]가 있다. 특히 특정경제범죄가중처벌등에관한법률위반(배임)죄의 이득액은 '이동된 재산가치의 실체 크기만큼의 가액', 즉 '이동된 재산의 실질가치(객관적 교환가치 내지 실제 가치)'만으로 새롭게 정의되고 제한적으로 해석되어야 한다는 견해[607]도 있다.

467 실무상 구체적인 이득액의 산정이 문제되는 경우가 있다. 판례는 구체적인 사안에 따라 개별적으로 해결하고 있을 뿐, 어느 한쪽의 입장에 서 있는 것으로 보이지는 않는다.

468 타인을 위하여 도급계약을 체결할 임무가 있는 자가 부당하게 높은 가격으로 도급계약을 체결하여 타인에게 부당하게 많은 채무를 부담하게 하였다면 그로써 곧바로 업무상배임죄가 성립하고 그 이후에 타인이 현실로 채무를 이행하였는지 여부는 업무상배임죄의 성립과 관계없다 할 것이고 그 경우 배임액은 계약의 도급금액 전액에서 정당한 도급금액을 공제한 금액이다.[608] 비등록·비상장법인의 대표이사가 시세차익을 얻을 의도로 주식 시가보다 현저히 낮은 금액을 전환가격으로 한 전환사채를 발행하고 제3자의 이름을 빌려 이를 인수한 후 전환권을 행사한 경우 주식 시가와 전환가격의 차액 상당이 재산상의 이익 및 손해액에 해당한다.[609] 주식의 실질가치가 영(0)인 회사가 발행하는 신주를 액면

605 대법원 2010. 12. 9. 선고 2010도12928 판결, 대법원 2011. 5. 26. 선고 2011도2150 판결, 대법원 2011. 6. 30. 선고 2011도1651 판결, 대법원 2012. 6. 28. 선고 2012도2623 판결 등.

606 허일태, "배임죄 해석의 나아갈 방향", 형사법연구 62호(2015), 15; 문형섭, "배임죄의 본질", 법조 544호(2002. 1.), 23.

607 이주원, "특정경제범죄 가중처벌 등에 관한 법률위반(배임)죄에서 이득액 개념의 합리적 재해석", 인권과 정의 436호(2013. 9.), 67.

608 대법원 1999. 4. 27. 선고 99도883 판결.

609 대법원 2001. 9. 2. 선고 2001도3191 판결.

가격으로 인수하는 경우에 그로 인한 손해액은 그 신주 인수대금 전액 상당이 된다.[610] 영업비밀을 취득함으로써 얻는 이익은 그 영업비밀이 가지는 재산가치 상당이고, 그 재산가치는 그 영업비밀을 가지고 경쟁사 등 다른 업체에서 제품을 만들 경우 그 영업비밀로 인하여 기술개발에 소요되는 비용이 감소되는 경우의 그 감소분 상당과 나아가 그 영업비밀을 이용하여 제품생산에까지 발전시킬 경우 제품판매이익 중 그 영업비밀이 제공되지 않았을 경우의 차액 상당으로서 그러한 가치를 감안하여 시장경제원리에 의하여 형성될 시장교환가격이다.[611]

469 반면, 부실대출에 의한 배임죄가 성립하는 경우에, 담보물의 가치를 초과하여 대출한 금액이나 실제로 회수가 불가능하게 된 금액만을 손해액으로 볼 것은 아니고, 재산상 권리의 실행이 불가능하게 될 염려가 있거나 손해 발생의 위험이 있는 대출금 전액을 손해액(이득액)으로 본다.[612] 부당한 외상거래행위의 경우에도 담보물의 가치를 초과하여 외상 거래한 금액이나 실제로 회수가 불가능하게 된 외상거래 금액만이 아니라 재산상 권리의 실행이 불가능하게 될 염려가 있거나 손해 발생의 위험성이 있는 외상거래대금 전액을 손해액으로 보고, 그것을 제3자가 취득한 경우에는 그 전액이 특정경제범죄 가중처벌 등에 관한 법률상 재산상 이익의 가액에 해당한다.[613] 금융기관이 금원을 대출함에 있어 대출금 중 선이자를 공제한 나머지만 교부하거나 약속어음을 할인함에 있어 만기까지의 선이자를 공제한 경우 배임행위로 인하여 금융기관이 입은 손해는 선이자를 공제한 금액이 아니라 선이자로 공제한 금원을 포함한 대출금 전액이나 약속어음 액면금 상당액으로 보고,[614] 투자신탁운용회사가 무보증회사채를 할인하여 매입한 경우도 마찬가지이다.[615] 또 보상업무를 담당하던 피고인이 배임행위로 제3자에게 부정하게 지급한 보상금 전액을 손해액(이득액)으로 보고, 피해자 대한민국이 보상금을 지급한 대가로 토지 등을 협의취득하게 되었다고 하더라도 그 가액을 공제할 것은 아니라고 한다.[616]

610 대법원 2004. 6. 14. 선고 2004도520 판결.
611 대법원 1999. 3. 12. 선고 98도4704 판결.
612 대법원 2000. 3. 24. 선고 2000도28 판결, 대법원 2003. 2. 11. 선고 2002도5679 판결, 대법원 2013. 2. 28. 선고 2010도15934 판결, 대법원 2014. 4. 10. 선고 2014도49 판결 등.
613 대법원 2000. 4. 11. 선고 99도334 판결.
614 대법원 2004. 7. 22. 선고 2003도3524 판결, 대법원 2003. 10. 10. 선고 2003도3516 판결 등.
615 대법원 2004. 7. 9. 선고 2004도810 판결.
616 대법원 2005. 7. 29. 선고 2004도5685 판결.

470 [판례] 이중매매 대상이 된 부동산의 가액 산정
배임행위로 얻은 재산상 이익의 일정한 액수 자체를 가중적 구성요건으로 규정하고 있는 특정경제범죄 가중처벌 등에 관한 법률 제3조 제1항의 적용을 전제로 하여 이중매매 대상이 된 부동산 가액을 산정하는 경우, 부동산에 아무런 부담이 없는 때에는 부동산 시가 상당액이 곧 가액이라고 볼 것이지만, 부동산에 근저당권설정등기가 마쳐 있거나 압류 또는 가압류 등이 이루어진 때에는 특별한 사정이 없는 한 아무런 부담이 없는 상태의 부동산 시가 상당액에서 근저당권의 채권최고액 범위 내에서 피담보채권액, 압류에 걸린 집행채권액, 가압류에 걸린 청구금액 범위 내에서 피보전채권액 등을 뺀 실제 교환가치를 부동산 가액으로 보아야 한다.[617]

다) 이득액을 산정할 수 없는 경우

471 재산상 이익의 취득은 인정할 수 있으나 그 가액을 구체적으로 산정할 수 없는 경우가 있는데, 이때 재산상 이득액을 기준으로 가중처벌하는 특정경제범죄가중처벌등에관한법률위반죄로 의율 할 수 없고, 단순배임죄나 업무상배임죄로 처벌할 수 있을 뿐이다.[618]

472 국방부 조달본부의 물자과장으로서 유류조달과 관련하여, 수개월내에 급격한 환율하락에 따라 유가가 급락할 것을 예상하고도 국가를 당사자로 하는 계약에 관한 법률 관련규정을 위반하여 유류가격 하락에 따라 계약금액을 조정할 수 있도록 하는 계약특수조건을 두지 아니하고 이를 배제하는 계약을 체결함으로써 국가에게 손해를 입혔고, 계약의 상대방에게 이익을 취득하게 하였다고 하더라도 배임행위 당시 향후 유류가격이 얼마만큼 하락하여 국가에게 어느 정도의 손해가 되고 계약의 상대방에게 어느 정도의 이익이 될 것인가 하는 점은 피고인은 물론 사회 평균인의 입장에서도 이를 확정할 수 없는 것이드로 피고인의 업무상배임으로 인하여 계약 상대방이 취득하게 된 이득액은 이를 산출할 수 없는 것이다.[619] 또 영업비밀의 유출로 인한 배임행위가 성립하는 경우에도 판례는 그 이득액의 산정이 어렵다고 본 경우가 많다.[620]

473 다른 회사의 비상장주식을 고가로 매입한 경우 그 시가는 객관적 교환가치가 적정하게 반영된 정상적인 거래의 실례가 있는 경우에는 그 거래가격을 시가로 보아 주

617 대법원 2011. 6. 30. 선고 2011도1651 판결.
618 대법원 2001. 11. 13. 선고 2001도3531 판결, 대법원 2004. 9. 13. 선고 2003도1566 판결 등.
619 대법원 2004. 9. 13. 선고 2003도1566 판결.
620 대법원 1999. 3. 12. 선고 98도4704 판결, 대법원 2003. 10. 30. 선고 2003도4382 판결 등.

식의 가액을 평가하여야 할 것이나 만약 그러한 사례가 없는 경우에는 거래 당시 당해 비상장법인 및 거래당사자의 상황, 당해 업종의 특성 등을 종합적으로 고려하여 합리적으로 판단하여야 할 것이며, 비상장주식의 실거래가격이 시가와 근사하거나 적정한 가격으로 볼 수 있는 범위 내에 속하는 것으로 보여 실거래가격과의 차액 상당의 손해가 있다고 할 수 없는 경우에 있어서도 그 거래의 주된 목적이 비상장주식을 매도하려는 매도인의 자금조달에 있고 회사가 그 규모 및 재정상태에 비추어 과도한 대출을 일으켜 그 목적달성에 이용된 것에 불과하다고 보이는 등의 특별한 사정이 있는 경우라면 그와 같은 비상장주식을 현금화함으로써 매도인에게 유동성을 증가시키는 재산상의 이익을 취득하게 하고 반대로 회사에 그에 상응하는 재산상의 손해로서 그 가액을 산정할 수 없는 손해를 가한 것으로 볼 수 있다.[621]

474 [판례] 재산상 이익의 가액을 산정할 수 없다고 보아야 할 경우

피고인이 실질적으로 소유·지배하는 A 회사 명의로 빌딩을 매입하면서 은행에서 매입자금을 대출받고 B 회사로 하여금 대출금채무에 연대보증하게 함으로써 B 회사에 손해를 가하였다고 기소된 사안에서, 빌딩은 일본 동경 중심가의 상업적 요지에 있는 건물로 대출 당시 부동산 가격과 임대료의 상승이 예측되고 있었던 점 등 제반 사정을 종합하면, 연대보증 당시 주채무자인 A 회사가 이미 채무변제능력을 상실한 상태 또는 사실상 변제능력을 상실한 것과 같다고 평가될 정도의 상태에 있었다고 단정하기 어렵고, 오히려 A 회사가 상당한 정도의 대출금채무를 자력으로 임의 변제할 능력을 갖추고 있었던 것으로 볼 수 있어 배임행위로 취득한 재산상 이익의 가액(이득액)을 산정할 수 없는 경우임에도, 연대보증의 피담보채무인 대출 원리금 상당액을 이득액으로 하여 구 특정경제범죄 가중처벌 등에 관한 법률 제3조 제1항 제1호를 적용한 원심판결에 이득액 산정에 관한 법리오해의 잘못이 있다.[622]

라. 실행의 착수 및 기수시기

1) 실행의 착수

475 배임죄에 있어 실행의 착수시기는 배임의 고의를 가지고 배임행위를 개시한 때이다. 배임행위는 형식적으로 법령이나 내부규정을 위반한 모든 경우를 의미하는 것이 아니고, 문제가 된 구체적인 행위유형 또는 거래유형 및 보호법익 등을 종합적으로 고려하여 경제적·실질적 관점에서 본인에게 재산상의 손해가 발생

621 대법원 2005. 4. 29. 선고 2005도856 판결.
622 대법원 2015. 9. 10. 선고 2014도12619 판결.

할 위험이 있는 행위를 의미하므로,[623] 이러한 위험이 전혀 없는 행위라면 배임행위로서 실행의 착수도 인정하기 어려울 것이다.

476 배임행위에 착수하였으나 이를 끝내지 못한 경우, 자기 또는 제3자가 재산상 이익을 취득하지 못한 경우, 본인에게 재산상 손해가 발생하지 않는 경우 및 일련의 구성요건행위와 재산상 손해 발생 사이의 인과관계가 인정되지 않을 때는 배임죄의 미수가 된다.[624]

477 예를 들어 정상보다 높은 가격으로 조합원에게 묘목을 판매하여 조합원에게 손해를 끼칠 의사로 조합원으로부터 구매 신청서를 받았다면 배임행위의 실행에 착수한 것이고,[625] 학교법인의 대표자가 법인재산을 부당하게 저가로 처분하는 내용의 배임행위에 있어서 배임행위는 매각에 관한 감독청의 허가를 받아 이를 유효하게 처분할 수 있게 된 상태에서 매매계약을 체결한 때 성립하는 것이고, 아직 허가가 없는 이상 매수인과 가계약을 체결한 것만으로는 배임행위에 착수하였다고 할 수 없다.[626]

478 [판례] 법인 대표자가 기본재산을 부당하게 처분하는 행위에 관하여 배임죄의 실행의 착수를 인정하지 않은 경우

재단법인의 대표자가 법인의 기본재산을 부당하게 처분하는 내용의 배임행위가 문제된 사안에서, 감독청의 허가를 받지 아니한 학교법인의 기본재산 매도행위는 사립학교법 제28조 제1항에 위반되어 당연무효로서 그 자체만으로서는 학교법인의 재산상태에 어떠한 영향을 미칠 수 없는 것이므로, 학교법인의 이사장과 대표이사가 학교법인의 기본재산을 예상 전매가격보다 훨씬 낮은 가격으로 처분함으로써 학교법인에게 재산상의 손해를 가한 경우에 배임행위의 성립시기는 토지의 매각에 관한 감독청의 허가를 받아 이를 유효하게 처분할 수 있게 된 상황에서 매수인과 사이의 매매계약을 체결하여 매도한 때라 할 것이고, 감독청의 허가를 받기 이전에 학교법인의 이사들 전원이 매수인에게 위 토지의 매수를 요청하여 매수인이 그 요청을 수락하였다거나, 그 후 매수인과 토지의 매매에 관한 가계약을 체결한 사실 등은 피고인들이 위 범행에 이르게 된 과정에 지나지 아니한다.[627]

623 대법원 2008. 6. 19. 선고 2006도4876 전원합의체 판결, 대법원 2009. 5. 29. 선고 2007도4949 전원합의체 판결, 대법원 2013. 3. 14. 선고 2012도12582 판결 등.

624 김일수/서보학, 새로쓴 형법각론(제9판), 박영사(2018), 394; 배종대, 형법각론(제14판), 홍문사(2023), 472; 신동운, 형법각론(제2판), 법문사(2018), 1275.

625 대법원 1966. 9. 27. 선고 66도912 판결.

626 대법원 1990. 6. 8. 선고 89도1417 판결.

627 대법원 1990. 6. 8. 선고 89도1417 판결.

479 [판례] 법인 대표자가 기본재산을 부당하게 처분하는 행위에 관하여 배임죄의 실행의 착수를 인정한 경우
재단법인의 이사장으로서 임무에 위배하여 설립목적과는 다른 목적으로 법인 소유의 임야를 매도하려 하였으나 주무관청의 허가문제로 불가능하자 이사진 등을 교체하는 방법으로 재단법인의 운영을 임야를 매수하려는 자에게 넘긴 후 그가 의도하는 사업을 할 수 있게 재단법인의 명칭과 목적을 변경함으로써 사실상 기본재산을 매각하는 효과를 얻되 그 대가로 일정 금원을 받기로 하는 약정을 체결하고 그 일부의 금원을 수령하였다면, 이는 기본재산의 직접적인 처분행위와는 달리 주무관청의 허가 여부로 약정의 효력이 좌우되는 것이 아니고 위 매수하려는 자가 당초의 의도대로 임야를 사용할 수 없는 상황이 발생한다면 약정의 불이행책임이 문제될 뿐이라는 등의 이유로 배임행위의 실행의 착수가 있다고 보았다.[628]

480 [판례] 체비지 이중매매에서 배임죄의 실행의 착수와 기수시기
체비지 매매계약은 부동산 매매계약의 일종이므로 체비지 매도인의 대표자인 피고인이 제1차 매수인인 피해자로부터 잔금까지 모두 수령한 이상 피해자에 대한 관계에서 타인의 사무를 처리하는 자의 지위에 있다. 피고인은 해당 체비지를 이중으로 매도하고 제2차 매수인으로부터 잔금까지 수령하였으므로 배임행위의 실행에 착수한 것으로 인정되나, 체비지대장의 등재는 물권의 공시방법이 아니므로 피고인이 체비지대장상 소유자 명의를 제2차 매수인에게 변경해준 행위만으로는 피해자의 소유권이전등기청구권이 이행불능으로 되거나 이행불능에 빠질 구체적·현실적 위험이 발생하였다고 보기 어려워 배임죄의 기수에 이르렀다고 할 수 없다고 한 원심 판단을 수긍한 사례.[629]

분석과 검토: 앞서 본 대법원 2018도13604 판결은 체비지대장을 관리하는 도시개발사업조합장인 피고인이 전매수인인 피해자의 체비지대장상 명의를 임의로 말소한 행위가 배임죄로 기소된 사안으로, 도시개발법 하에서는 체비지대장을 공시방법으로 볼 수 없어 위와 같은 행위만으로는 피해자의 권리가 침해되거나 재산상 실해 발생의 위험이 인정되기 어렵다는 이유로 무죄로 판단한 것이고, 도시개발사업조합장이 피해자와 매매계약상 당사자 지위에 있지도 않고 해당 체비지를 타에 처분한 것도 아니므로 배임행위의 실행의 착수도 인정되기 어렵다고 본 것이다. 반면 위 대법원 2021도6089 판결은 체비지 매도인이 이중매매를 한 사안으로 체비지도 부동산의 일종이라고 보아 부동산 이중매매에 관한 법리를 적용하여, 매도인인 피고인이 제2매매계약을 체결하고 중도금 이상을 지급받은 이상 배임행위의 실행의 착수가 인정된다고 본 것이다.

628 대법원 2001. 9. 28. 선고 99도2639 판결.
629 대법원 2022. 10. 27. 선고 2021도6089 판결.

481 나아가 부작위를 배임죄의 실행의 착수로 인정하기 위해서는 작위의무가 이행되지 않으면 사무처리의 임무를 부여한 본인이 재산권을 행사할 수 없으리라고 객관적으로 예견되는 등으로 구성요건적 결과 발생의 위험이 구체화한 상황에서 부작위가 이루어져야 하고, 행위자는 부작위 당시 자신에게 주어진 임무를 위반한다는 점과 그 부작위로 인해 손해가 발생할 위험이 있다는 점을 인식하였어야 한다.[630]

482 [판례] 구성요건적 결과 발생의 위험이 구체화되지 못한 부작위를 배임죄의 실행의 착수로 인정하지 않은 경우

도시개발사업을 추진하던 피해자 조합을 위해 환지계획수립 등 전반적인 업무를 수행하던 피고인이 도시개발 및 실시계획 변경이 인가됨으로써 일부 환지예정토지 조성 방식이 변경되어 그 경제적 가치가 상승하게 되었음에도 이러한 가치상승을 반영하여 적절한 청산금을 징수할 수 있도록 재감정 등의 조치를 하지 않았다는 내용의 배임미수죄로 기소되었다. 이에 대하여 대법원은 이러한 실시계획 변경 인가 후 즉시 환지계획의 변경을 위한 조치가 취해지지 않는다고 해서 곧바로 피해자 조합의 재산관계에 악영향을 미칠 위험이 초래되는 것은 아니라고 보아, 피해자 조합이 이 사건 환지예정지의 가치상승을 청산절차에 반영하지 못할 위험이 구체화한 상황에서 피고인이 작위의무를 위반하였다고 보기는 어려우므로, 피고인이 부작위로써 업무상배임죄의 실행에 착수하였다고 볼 수 없다고 판단하였다.[631]

2) 기수시기

483 배임죄는 본인에게 재산상 손해가 발생하게 된 때 기수로 된다.[632] 후일 변상을 하더라도 배임죄의 성립에 영향을 미치지 아니하며 손해 발생 시 범인이 실해를 변상할 만한 자력이 있었는지 여부도 손해의 인정에 영향을 미치지 않는다.

484 배임행위가 동시에 본인에게 재산상 손해를 가하게 되는 경우에는 배임행위의 종료와 더불어 배임죄는 기수에 이른다.[633] 재산상 손해의 발생과 재산상 이익 취득의 시기가 다른 경우에는 양자 중 늦은 시점을 기수시기로 보아야 한다는 견해가 있다.[634]

630 대법원 2021. 5. 27. 선고 2020도15529 판결.
631 대법원 2021. 5. 27. 선고 2020도15529 판결. 이 판결에 대한 해설은 하종민, 해설(128), 408~428.
632 대법원 2017. 7. 20. 선고 2014도1104 전원합의체 판결, 대법원 2022. 1. 27. 선고 2021도8833 판결 등.
633 신동운, 형법각론(제2판), 법문사(2018), 1276.
634 정성근/정준섭, 형법강의 각론(제2판), 박영사(2022), 400.

485 미수범에 대하여는 특정경제범죄 가중처벌 등에 관한 법률 제3조가 적용되지 아니하므로, 이 부분에서 미수와 기수를 구별한 실무상 실익이 크다.

가) 보호정도와 관련한 논의

486 배임죄의 보호정도에 관하여 침해범으로 보는 입장에서는 대체로 재산에 대한 현실적 손해가 발생한 시점에 비로소 기수가 된다고 보고, 손해 발생의 가능성 또는 손해 발생의 위험이나 기타 재산상의 위험만으로는 아직 기수라 할 수 없고 미수에 불과하다고 본다.[635] 반면 판례와 같이 위험범으로 보는 입장에서는 배임행위의 결과로서 본인에게 재산상의 손해, 즉 재산에 관한 손해 발생의 위험성을 발생시킨 시점에서 기수가 된다.

487 재산상 손해 발생의 위험만으로 기수를 인정하는 것은 가벌성이 확장될 소지가 크다는 침해범설의 비판이 있으나, 침해범설의 입장에서도 언제 현실적 손해가 발생한 것으로 보는지에 관하여 여러 견해가 제시된다. 예컨대 침해범설 중에서도 i) 현실적 손해는 사실상의 손해로서 족하고 법적으로는 손해의 위험성이 인정되는 경우도 포함한다는 견해,[636] ii) 재산상 손해는 손해 발생의 위험까지 포함되나 이때 '위험'은 위험범에서의 위험과 구별되는 것으로 그 자체로 확정된 위험을 의미한다는 견해[637] 등이 있다. 현재 다수 견해는 위험범인지 침해범인지 여부에 관한 결론과 무관하게 손해 발생의 위험이 있는 경우까지 재산상 손해의 발생에 포함된다고 설명한다.[638] 따라서 위험범으로 볼 것인지 침해범으로 볼 것인지 여부와 배임죄의 기수시기가 반드시 논리적인 필연성이 있다고 보이지는 않는다.

488 재산상 손해의 발생에는 손해 발생의 위험을 초래한 경우도 포함되나, 이는 구체적·현실적인 위험이 야기된 정도에 이르러야 하고 손해가 발생할 막연한 위험 내지 가능성만으로는 부족하다.[639] 따라서 어떠한 배임행위로서 손해 발생의 위험이 전혀 없지는 않았다 하더라도 단순히 추상적인 위험에 그친 경우에는 미수책임만을 인정할 수 있을 것이다.

635 김성돈, 형법각론(제8판), 성균관대학교 출판부(2022), 489; 김일수/서보학, 새로쓴 형법각론(제9판), 박영사(2018), 394; 정성근/정준섭, 형법강의 각론(제2판), 박영사(2022), 324.

636 손동권/김재윤, 새로운 형법각론(제2판), 율곡출판사(2022), 464.

637 홍영기, 형법 총론과 각론, 박영사(2022), 452.

638 박찬걸, 형법각론(제2판), 박영사(2022), 565; 배종대, 형법각론(제14판), 홍문사(2023), 471; 신동운, 형법각론(제2판), 법문사(2018), 1262; 오영근, 형법각론(제7판), 박영사(2022), 392; 이재상 외 2인, 형법각론(제12판), 박영사(2021), 434.

639 대법원 2015. 9. 10. 선고 2015도6745 판결 등.

나) 기수가 된 이후의 관계

489 일단 기수가 된 이후에는 손해액이 구체적으로 확정되지 않거나 후에 손해가 전보되었다 하더라도 범죄성립에 영향이 없다는 점은 전술한 바와 같다. 기수 이후에는 범행의 내용을 알면서 처분행위에 가담하더라도 배임죄의 공범은 되지 않는다.

다) 구체적인 검토

490 동업자들이 동업계약을 체결하고 영업을 해오다가 중도에 영업활동을 중단하였거나 또는 동업약정기간이 지났더라도 그것만으로는 공동으로 취득한 바다모래채취권이 동업자의 1인인 피고인의 단독소유가 된다고 볼 수 없고 나머지 동업자들의 지분에 관한 한 명의수탁자의 지위에 있다 할 것인데 이를 임의로 매도하는 행위는 배임행위에 해당하고, 다만 위 동업기간의 만료 혹은 나머지 동업자들의 영업활동중단으로 위 바다모래채취권에 대한 그들의 권리가 소멸된 경우에는 배임미수죄에 해당한다.[640] 카바레 영업을 목적으로 카바레 건물을 임차하면서 임대차계약이 종료될 때 반환하기로 하는 약정 아래 카바레 영업허가명의를 이전받았다면 임대인에 대한 대내적 관계에서는 위 영업허가권의 단순한 임차인 내지 명의수탁자에 불과하다 할 것이므로 임대차계약이 끝날 때 이를 반환하는 범위 안에서 타인의 사무를 처리하는 자로서 이 임무에 의배하여 제3자에게 처분하고 그 명의를 이전하려 하였다면 배임미수죄에 해당한다.[641]

491 은행의 소매금융과장인 피고인이 1994년 이전에 발권된 화폐(속칭 '구권')의 교환을 목적으로 은행의 내부규정을 위반하고 전산을 조작하여 자기앞수표를 발행하였다고 하더라도 자기앞수표의 발행은 피고인의 권한범위 내의 업무이고, 자기앞수표를 제3자에게 건네주지 않고 계속 소지하고 있다가 폐기하였으므로 피고인의 선 발행행위가 은행내부의 규정위반행위에 해당하거나 업무상배임죄의 미수에 해당함은 별론으로 하고 경제적 관점에서 파악해 볼 때 배임죄의 기수로 처벌할 수 없다.[642] 은행지점장의 부당한 당좌대월행위에 의한 배임죄는 그 대월행위가 있은 당시 이미 기수가 되는 것이지 후취담보를 취득하였다거나 회수가능성이 생겼다는 것은 범죄의 성립에 영향을 주지 못한다.[643]

640 대법원 1992. 10. 27. 선고 91도2346 판결.
641 대법원 1981. 7. 28. 선고 81도966 판결.
642 대법원 2002. 12. 26. 선고 2001도1588 판결.
643 대법원 1983. 3. 8. 선고 82도2873 판결.

492 기업비밀의 유출에 관하여 회사의 영업비밀을 다른 기업에 유출하거나 스스로의 이익을 위하여 이용할 목적으로 그 영업비밀을 시디롬에 담아두었던 사안에서 피고인이 시디롬을 회사 밖으로 반출하여 집으로 가져와 보관한 때 이미 위 시디롬에 담긴 회사의 영업비밀에 관한 업무상배임의 범의가 외부에 표출되고 회사의 손해 발생의 위험이 현실화되어 업무상배임의 기수에 이르렀다고 보았다.[644]

493 [판례] 법률상 효력이 없는 주식매수선택권 부여계약의 체결만으로 범행이 종료되었다고 볼 수 있는지 여부

주식회사 대표이사인 피고인이 주주총회 의사록을 허위로 작성하고 이를 근거로 피고인을 비롯한 임직원들과 주식매수선택권부여계약을 체결함으로써 회사에 재산상 손해를 가하였다고 기소된 사안에서, 상법과 정관에 위배되어 법률상 무효인 계약을 체결한 것만으로는 업무상배임죄의 구성요건이 완성되거나 범행이 종료되었다고 볼 수 없고, 임직원들이 이후 계약에 기초하여 회사에 주식매수선택권을 행사하고, 피고인이 이에 호응하여 주식의 실질가치에 미달하는 금액만을 받고 신주를 발행해 줌으로써 비로소 회사에 현실적 손해가 발생하거나 그러한 실해 발생의 위험이 초래되었다고 볼 수 있으므로, 피고인에 대한 업무상배임죄는 피고인이 의도한 배임행위가 모두 실행된 때로서 최종적으로 주식매수선택권이 행사되고 그에 따라 신주가 발행된 시점에 종료되었다고 보아야 하는데도, 이와 달리 계약을 체결한 시점에 범행이 종료되었음을 전제로 공소시효가 완성되었다고 보아 면소를 선고한 원심판결에는 법리오해의 위법이 있다고 한 사례.[645]

494 [판례] 배임행위인 계약을 체결할 때 재산상 손해가 발생하여 기수가 된다고 본 경우

피고인이 피해자 회사의 부사장으로 대외 영업활동을 하여 그 계약 등을 피해자 회사에 귀속시키기로 약정하고도 이를 위반하여 피해자 회사에 손해를 가하였다는 업무상배임으로 기소된 사안에서, 피해자 회사의 재산상 손해는 피고인의 위와 같은 임무위배행위로 인하여 피해자 회사의 금형제작·납품계약 체결기회가 박탈됨으로써 발생함을 알 수 있고, 이러한 재산상 손해는 피고인이 위와 같은 임무위배행위로 금형제작·납품계약을 체결한 때에 발생되는 것이므로, 원칙적으로 이 때를 기준으로 위 금형제작·납품계약 대금에 기초하여 산정하여야 할 것이다. 따라서 계약대금 중에서 사후적으로 발생되는 미수금이나 계약 해지로 받지 못하게 되는 나머지 대금

644 대법원 2003. 10. 30. 선고 2003도4382 판결.
645 대법원 2011. 11. 24. 선고 2010도11394 판결.

등은 특별한 사정이 없는 한 계약대금에서 공제할 것이 아닌데도, 이와 달리 금형제작·납품계약 대금 중 미수금 및 계약 해지로 받지 못하게 된 부분은 피고인의 배임행위로 인한 재산상 손해로 인정할 수 없다고 본 원심판결에 업무상배임죄의 재산상 손해에 관한 법리를 오해한 잘못이 있다고 한 사례.646

분석과 검토: 이 사안과 같이 계약을 가로채는 형태의 배임행위에 있어서 본인의 민사상 권리구제방법으로 행위자에 대하여 손해배상 등을 청구할 수 있을 뿐 거래 상대방에 대하여 권리주장(자신과 다시 계약을 체결하라는 등)을 할 수 없다는 점에서 피고인이 계약 체결 기회를 가로채어 자신이 설립한 회사 명의로 계약을 체결할 때 이미 본인 입장에서는 손해 발생의 위험이 아니라 현실적인 손해가 발생한 것으로 볼 수 있다.647

495 [판례] 대표이사의 대표권남용에 의한 약속어음 발행행위가 무효인 경우 배임죄의 기수시기 A 회사의 대표이사인 피고인이 자신이 대표이사를 맡고 있던 다른 B 회사의 금융기관에 대한 대출금채무를 담보하기 위하여 위 금융기관에 A 회사 명의로 약속어음을 발행해 준 경우, 위 약속어음이 유통되지 않았다면 A 회사는 어음발행의 상대방에게 어음채무를 부담하지 않기 때문에 특별한 사정이 없는 한 회사에 현실적으로 손해가 발생하였다거나 실해 발생의 위험이 발생하였다고 볼 수 없으므로 이때에는 배임죄의 기수가 아니라 배임죄의 미수로 처벌하여야 한다648(☞ 이 전원합의체 판결에 대하여는 앞서 '재산상 손해'의 '법률상 무효인 배임행위와 재산상 손해의 발생' 부분에서 상술하였다.).

Ⅳ. 주관적 구성요건

1. 범의

496 배임죄에 있어서도 객관적 구성요건요소에 대한 고의가 있음을 요하는 것은 물론이다. 행위자는 ⅰ) 타인의 사무를 처리하는 자로서의 임무에 위배하는 행위를 한다는 점, ⅱ) 이로 인하여 자기 또는 제3자가 이익을 취득하고 ⅲ) 본인에게 손해를 가한다는 점에 관한 인식 내지 의사를 필요로 한다.

497 이러한 배임의 범의는 배임행위의 결과 본인에게 재산상 손해가 발생하거나 발생할 염려가 있다는 인식과 자기 또는 제3자가 재산상의 이득을 얻는다는 인식

646 대법원 2013. 4. 26. 선고 2011도6798 판결.
647 우인성, "형법상 배임죄에 있어서 재산상 손해의 산정", 해설(96), 594.
648 대법원 2017. 7. 20. 선고 2014도1104 전원합의체 판결.

이 있으면 족하고 본인에게 재산상의 손해를 가한다는 의사나 자기 또는 제3자에게 재산상의 이득을 얻게 하려는 목적은 요하지 아니한다.[649] 참고로 일본 형법은 '자기 또는 제3자의 이익을 도모하거나 본인에게 손해를 가할 목적' 이라는 초과주관적 요소를 요구하고 있다.

498 이러한 고의는 미필적인 것으로 족하다. 피고인이 본인을 위한 것이라고 주장하면서 배임의 고의를 부인하는 경우에는 사물의 성질상 고의와 상당한 관련성이 있는 간접사실을 증명하는 방법에 의하여 입증할 수밖에 없다. 또 행위자가 설령 본인을 위한다는 의사를 가지고 행위를 하였다고 하더라도 ⅰ) 그 목적과 취지가 법령이나 사회상규에 위반된 위법한 행위로서 용인할 수 없는 경우에는 그 행위의 결과가 일부 본인을 위하는 측면이 있다고 하더라도 이는 본인과의 신임관계를 저버리는 행위로서 배임죄의 성립을 인정함에 영향이 없고,[650] ⅱ) 본인의 이익을 위한 의사는 부수적일 뿐이고, 이득 또는 가해의 의사가 주된 것이 판명되면 배임죄의 고의가 있었다고 할 것이다.[651] 따라서 이사가 주주 또는 채권자를 해하는 불법한 목적이 있는 이사회 또는 주주총회의 결의에 따라 행위를 하였다고 해도 임무위배행위가 정당화될 수는 없고,[652] 학교법인의 이사장이 학교법인 소유의 토지를 현저히 저렴한 가격으로 매도한 경우 학교법인 이사회의 결의가 있었다거나 감독청의 허가조건에 위배되지 않는다고 하더라도 배임행위는 성립한다.[653]

499 피고인에게 배임에 대한 인식이 없는데 단순히 본인에게 손해가 발생하였다는 결과만으로 업무상배임죄의 책임을 묻거나 주의의무를 소홀히 한 과실이 있다는 이유로 그 죄책을 물을 수는 없음은 당연하다. 설령 대출과 관련된 보증업무 취급 당시 다소 주의의무를 소홀히 한 과실이 있다고 하더라도, 보증업무를 취급함에 있어 다소간의 업무 소홀을 넘어 손해를 가할 의사로 그 손해의 발생을 인식하고 이를 용인하여 위 보증의 승인을 신청한 것이라고까지 보기는 어렵다.[654]

649 대법원 1979. 12. 11. 선고 78도1948 판결, 대법원 1983. 12. 13. 선고 83도2330 전원합의체 판결, 대법원 1988. 2. 23. 선고 87도1436 판결, 대법원 1989. 8. 8. 선고 89도25 판결, 대법원 2000. 5. 26. 선고 99도2781 판결, 대법원 2004. 7. 9. 선고 2004도810 판결 등.
650 대법원 2004. 7. 22. 선고 2003도3524 판결, 대법원 2013. 6. 27. 선고 2013도1526 판결 등.
651 대법원 2000. 12. 8. 선고 99도3338 판결, 대법원 2006. 6. 27. 선고 2005도2626 판결 등.
652 대법원 1989. 10. 13. 선고 89도1012 판결, 대법원 2000. 5. 26. 선고 99도2781 판결 등.
653 대법원 1990. 6. 8. 선고 89도1417 판결.
654 대법원 2013. 4. 11. 선고 2012도14242 판결.

500 [판례] 배임죄의 고의와 간접사실에 의한 증명

배임죄의 주관적 요소로 되는 사실(고의, 동기 등의 내심적 사실)은 피고인이 본인의 이익을 위하여 문제가 된 행위를 하였다고 주장하면서 범의를 부인하고 있는 경우에는 사물의 성질상 고의와 상당한 관련성이 있는 간접사실을 증명하는 방법에 의하여 증명할 수밖에 없다. 무엇이 상당한 관련성이 있는 간접사실에 해당할 것인지는 정상적인 경험칙에 바탕을 두고 치밀한 관찰력이나 분석력에 의하여 사실의 연결상태를 합리적으로 판단하는 방법에 의하여야 하며, 피고인이 본인의 이익을 위한다는 의사도 가지고 있었다 하더라도 위와 같은 간접사실에 의하여 본인의 이익을 위한다는 의사는 부수적일 뿐이고 이득 또는 가해의 의사가 주된 것임이 판명되면 업무상배임죄의 고의가 있었다고 할 것이다.[655]

501 [판례] 배임죄의 고의가 인정되지 않는다고 본 경우

명의수탁자의 상속인이 수탁부동산을 처분한 경우라도 명의수탁관계에 대한 인식이 없었거나,[656] 집행관이 인도집행의 목적물 아닌 물건을 소유자의 동생에게 돌려주려 했으나 거절당하자 그가 결국은 가져갈 것으로 믿고 집 앞 길가에 내어 놓은 경우와 같이 임무에 위배한다는 인식이 없었을 때[657]에는 배임죄가 성립할 수 없다. 또 주택조합으로부터 아파트부지의 선정과 매입에 관한 일체의 권한을 위임받은 자가 공원용지로 되어 있는 토지를 아파트부지로 매입함에 있어서, 정치자금을 내면 권력층을 통하여 공원용지지정을 해제시켜 주겠다는 계획적 기망행위에 속아 경비조로 돈을 편취당한 경우에는, 임무의 목적 외의 용도에 사용하였다고 할 수 없을 뿐 더러 배임의 범의를 인정하기 어렵다.[658] 새마을금고 이사장이 대출금의 일부만 변제받은 후 나머지 원리금의 보전에 지장이 없다고 판단한 범위 내에서 담보 일부를 해지한 행위가 배임죄에 해당하려면 그 담보 일부해지가 채권보전에 지장을 주는지 여부와 이에 관한 인식이 있어야 하는데 담보물가격이 담보취득 할 때보다 하락하였다는 특별한 사정이 엿보이지 않는 이상 그가 담보가치를 새로 평가하지 않고 담보취득 당시의 평가에 따랐다 하여 그것만으로 배임의 범의를 인정할 수는 없다.[659] 대지 및 지상건물의 소유자가 대지를 매도하면서 잔대금 수령 후 일정 기간 내에 매수인을 위하여 그 지상건물을 스스로 철거하고 멸실등기절차를 해주기로 약정하였음에도 매수

655 대법원 2002. 6. 28. 선고 2000도3716 판결, 대법원 2009. 2. 26. 선고 2008도522 판결, 대법원 2011. 7. 28. 선고 2010도9652 판결, 대법원 2012. 6. 28. 선고 2012도3317 판결, 대법원 2013. 4. 11. 선고 2012도14446 판결 등.

656 대법원 1986. 2. 25. 선고 85도2745 판결.

657 대법원 1979. 7. 24. 선고 78도2138 판결.

658 대법원 1993. 1. 15. 선고 92도166 판결.

659 대법원 1994. 11. 8. 선고 94도2123 판결.

인으로부터 잔대금을 모두 수령한 뒤에 그 지상건물에 대하여 제3자 앞으로 소유권 이전청구권 보전을 위한 가등기를 마쳐주었다면, 그와 같은 매도인의 행위는 대지에 대한 매수인의 소유권행사에 지장을 초래케 하였다는 점에서 매수인 앞으로의 소유권이전등기임무에 위반되는 배임행위라고 할 것이지만,[660] 매도인이 지상건물을 철거하기로 약속한 기한까지 위 가등기를 말소하고 건물철거의무를 이행할 수 있을 것으로 믿었고 객관적으로도 그 이행이 가능하였다는 등의 특별한 사정이 있는 경우에는 배임죄의 고의가 인정되지 않는다고 봄이 상당하다.[661]

502 [판례] 부동산 이중매매와 배임죄의 고의

부동산 이중매매에 있어서 매도인이 한 해제가 요건을 갖추지 못하여 부적법한 결과, 해제의 효력이 생길 수 없다 하더라도 매도인이 그 해제가 적법한 것으로 믿었고 또 그 믿음에 정당한 이유가 있다면 그 해제 후의 매도행위에 관하여는 범의가 없다고 보아야 한다.[662] 나아가 매도인이 계약을 해제하지 않았다 하더라도, 상대방인 선매수인이 당초의 계약내용에 없는 새로운 요구조건을 내세우는 등 매매계약을 이행할 의사가 없는 것으로 볼 수밖에 없는 태도를 보였기 때문에 매도인이 계약이 이미 해제된 것으로 판단하였다고 하여도 무리가 아니라고 보이는 경우에는 계약이 적법하게 해제되었는지에 관계없이 매수인이 제3자에게 가등기를 마친 행위에 있어서 배임의 범의가 있다고 보기 어렵다.[663] 다만, 매도인이 들고 있는 해제사유가 적법한 것이 아니고 그가 이를 적법한 해제사유로 믿지 않았거나 그 믿음에 정당한 이유가 있었다고 보이지 않는 경우에는 범의를 인정하여야 한다.[664] 이와 같은 법리는 기부약정과 같은 증여계약에도 마찬가지로 적용되어야 한다.[665]

503 [판례] 경영상 판단과 주관적 구성요건 요소

☞ 경영판단의 원칙에 대해서는 앞서 '배임행위'의 '경영판단의 원칙과의 관계' 부분에서 상술하였다.

경영상 판단과 관련하여 경영자에게 배임의 고의와 불법이득의 의사가 있었는지 여부를 판단함에 있어서, 문제된 경영상의 판단에 이르게 된 경위와 동기, 판단 대상인 사업의 내용, 기업이 처한 경제적 상황, 손실 발생의 개연성과 이익 획득의 개연성

660 대법원 1983. 6. 14. 선고 81도2278 판결.
661 대법원 2006. 12. 21. 선고 2006도2684 판결.
662 대법원 1983. 2. 22. 선고 82도1636 판결, 대법원 1983. 9. 13. 선고 81도2961 판결, 대법원 1988. 5. 10. 선고 88도74 판결 등.
663 대법원 1992. 10. 13. 선고 92도1046 판결.
664 대법원 1990. 11. 13. 선고 90도153 판결, 대법원 2006. 5. 12. 선고 2006도1140 판결 등.
665 대법원 2007. 3. 29. 선고 2006도6674 판결.

등의 여러 사정을 고려하여 볼 때 자기 또는 제3자가 재산상 이익을 취득한다는 인식과 본인에게 손해를 가한다는 인식하의 의도적 행위임이 인정되는 경우에 한하여 배임죄의 고의를 인정하여야 하고, 그러한 인식이 없는데도 본인에게 손해가 발생하였다는 결과만으로 책임을 묻거나 단순히 주의의무를 소홀히 한 과실이 있다는 이유로 책임을 물어서는 아니 된다. 그러나 처리하는 사무의 내용, 성질 등 구체적 상황에 비추어 법령의 규정, 계약 내용 또는 신의성실의 원칙상 자신의 역할·지위에서 당연히 하여야 할 것으로 기대되는 행위를 하지 않거나 하지 않아야 할 것으로 기대되는 행위를 함으로써 재산상 이익을 취득하거나 제3자로 하여금 이를 취득하게 하고 본인에게 손해를 가하였다면 그에 관한 고의 내지 불법이득의 의사는 인정된다.[666]

504 [판례] 공적 업무수행 외의 법인카드 사용과 업무위배의 인식
주식회사의 임원이 공적 업무수행을 위하여서만 사용이 가능한 법인카드를 개인 용도로 계속적, 반복적으로 사용한 경우 특별한 사정이 없는 한 그 임원에게는 임무위배의 인식과 그로 인하여 자신이 이익을 취득하고 주식회사에 손해를 가한다는 인식이 있었다고 볼 수 있다. 법인카드 사용에 대하여 실질적 1인 주주의 양해를 얻었다거나 실질적 1인 주주가 향후 그 법인카드 대금을 변상, 보전해 줄 것이라고 일방적으로 기대하였다는 사정만으로는 업무상배임의 고의나 불법이득의 의사가 부정된다고 볼 수 없다.[667]

505 [판례] 본인을 위한 용역계약 체결에 있어 배임의 고의
재개발조합의 조합원들이 시공회사로부터 이주비를 차용하면서 약속어음을 발행·공증하여 주기로 함에 따라 조합장이 조합원들을 대표하여 약속어음공증신청을 이사회의 결의로 선정된 법무사로 하여금 대행하게 하는 용역계약을 체결함에 있어, 그 법무사가 제시하는 수수료액이 적정한 것인지 조사하여 보지 않고 그 금액이 과다함에도 불구하고 이를 낮추려는 시도조차 하지 않은 채 이를 그대로 받아들여 용역계약을 체결하였다면, 경험칙상 조합장으로서의 임무에 위배한다는 인식과 법무사의 이익을 위하여 본인인 조합원들에게 재산상의 손해를 가한다는 인식을 가지고 있었다고 볼 수 있다고 한 사례[668]

666 대법원 2007. 11. 15. 선고 2007도6075 판결, 대법원 2010. 4. 29. 선고 2009도13868 판결, 대법원 2010. 5. 27. 선고 2010도2181 판결, 대법원 2011. 10. 27. 선고 2009도14464 판결, 대법원 2013. 6. 27. 선고 2012도717 판결, 대법원 2014. 6. 26. 선고 2014도753 판결, 대법원 2017. 5. 30. 선고 2017도1284 판결 등.
667 대법원 2014. 2. 21. 선고 2011도8870 판결.
668 대법원 1997. 6. 13. 선고 97도618 판결.

2. 불법이득의 의사

506 배임죄의 성립에 불법이득(불법영득)의 의사가 필요한지 여부에 관하여, 독일 형법과 달리 명문의 규정이 없는 우리 형법에서는 다른 재물죄와 마찬가지로 논의가 있다. i) 이익 취득의 의사는 고의의 내용에 포함되므로 초과주관적 구성요건요소로서 불법이득의 의사는 별도로 필요하지 않다는 견해가 있으나,[669] ii) 다수 견해는 이득죄인 배임죄의 성립에는 고의와 별도로 불법이득의 의사가 필요하다는 입장[670]이다. 불요설의 입장에서도 불법이득의 의사와 같은 내용이 결국 고의에 포함된다고 보므로, 배임죄 성립 여부의 결론에 큰 차이가 있는 것은 아니다.

507 판례에 따르면 불법이득 의사란 자기 또는 제3자의 이익을 꾀할 목적으로 업무상 임무에 위배된 행위를 하는 의사를 의미한다.[671] 다만 경우에 따라 넓은 의미에서 고의의 한 내용으로 본 경우도 있다.[672] 어찌하였든 본인의 이익을 위하여 사무를 처리한 때에는 불법이득의 의사가 없으므로 배임죄는 성립하지 않는다. 예컨대, 농협직원이 직접 처리하여야 할 예금청구서접수 등 사무를 사환에게 단독 대행시킨 것이 임무위배에 해당하더라도 예금청구서를 위조하여 금원을 사취하려고 한 사환에게 그 금전사취행위를 시켰다고 볼 수 없는 이상 배임의 범의가 없다고 보아야 하고,[673] 본인을 위하여 예산을 유용한데 불과한 경우[674]는 물론, 전용하여 지출할 수 없는 육성회비 등 학교교비를 전용하여 교직원의 연금 및 의료보험분담금을 지출한 경우라도 부득이한 사정이나 타당한 근거가 있었을 경우에는 불법영득의 의사가 있다고 할 수 없다.[675] 농협직원이 보증인도 세우지 아니하고 쌀을 외상판매 한 경우라도 변질우려가 있는 쌀이어서 시급히 처분할 필요가 있었던 점 등 타당한 근거가 있었을 때에는 자기 또는 제3자를 위한 이득의 의사가 있다고 할 수 없어 배임죄를 구성하지 않는다.[676]

669 김성돈, 형법각론(제8판), 성균관대학교 출판부(2022), 495; 정성근/정준섭, 형법강의 각론(제2판), 박영사(2022), 326.
670 김일수/서보학, 새로쓴 형법각론(제9판), 박영사(2018), 395; 배종대, 형법각론(제14판), 홍문사(2023), 476; 손동권/김재윤, 새로운 형법각론(제2판), 율곡출판사(2022), 466; 이용식, 형법각론, 박영사(2019), 64; 이재상 외 2인, 형법각론(제12판), 박영사(2021), 436; 홍영기, 형법 총론과 각론, 박영사(2022), 455.
671 대법원 2005. 7. 29. 선고 2004도5685 판결.
672 예컨대 대법원 2000. 12. 8. 선고 99도3338 판결, 대법원 2003. 2. 11. 선고 2002도5679 판결 등.
673 대법원 1970. 9. 17. 선고 70도1430 판결.
674 대법원 1974. 5. 14. 선고 73도3208 판결.
675 대법원 1983. 7. 26. 선고 83도819 판결.
676 대법원 1984. 7. 24. 선고 84도1101 판결, 대법원 1992. 1. 17. 선고 91도1675 판결 등.

508 [판례] 비자금 조성행위에 대하여 불법이득의사를 인정하기 어렵다고 본 경우

법인의 운영자 또는 관리자가 법인의 자금을 이용하여 비자금을 조성하였다고 하더라도 그것이 해당 비자금의 소유자인 법인 이외의 제3자가 이를 발견하기 곤란하게 하기 위한 장부상의 분식에 불과하거나 법인의 운영에 필요한 자금을 조달하는 수단으로 인정되는 경우에는 불법이득의 의사를 인정하기 어렵다. 그러나 법인의 운영자 또는 관리자가 법인을 위한 목적이 아니라 법인과는 아무런 관련이 없거나 개인적인 용도로 착복할 목적으로 법인의 자금을 빼내어 별도로 비자금을 조성하였다면 그 조성행위 자체로써 불법이득의 의사가 실현된 것으로 볼 수 있다. 이때 그 행위자에게 법인의 자금을 빼내어 착복할 목적이 있었는지 여부는 그 법인의 성격과 비자금의 조성 동기, 방법, 규모, 기간, 비자금의 보관방법 및 실제 사용용도 등 제반 사정을 종합적으로 고려하여 판단하여야 한다. 그리고 불법이득의사를 실현하는 행위로서의 배임행위가 있었다는 사정은 검사가 법관으로 하여금 합리적인 의심을 할 여지가 없을 정도의 확신을 생기게 하는 증명력을 가진 엄격한 증거에 의하여 증명하여야 하므로, 이와 같은 증거가 없다면 설령 피고인에게 유죄의 의심이 간다고 하더라도 피고인의 이익으로 판단할 수밖에 없다. 이러한 법리에 비추어 아래와 같은 이유로 비자금 조성단계에서 불법이득의사가 실현되었다고 단정하기 어렵다고 판단한 원심을 수긍하였다. i) 이 사건 비자금 조성은 공사 수주활동을 위한 영업활동비와 행사비, 현장격려금, 경조사비 등 자체 소요 경비에 충당하기 위한 목적에서 비롯된 것으로서 대표이사의 승인 아래 타 사업본부와의 협조를 받는 등 회사 전체 차원에서 이루어졌고, 비자금 조성에 관여한 사람들의 개인적 이익을 도모하기 위한 목적에서 이루어지지 않았다. ii) 이 사건 비자금은 정상적인 회계절차에 따라 관리되지 않았으나, 비자금을 관리하는 담당자가 정해져 있었고, 조성과 집행 과정에서 보고절차를 거치는 등 피고인을 비롯한 비자금 조성과 집행에 관여한 직원들은 이 사건 비자금을 회사의 자금으로 인식하고 관리하였다. iii) 이 사건 비자금 중 상당 부분은 공사 수주활동을 위한 영업비용으로 사용되었다. 그러한 영업비용에는 턴키공사 입찰 과정에서 설계평가심의위원에 대한 불법 금품 로비를 위한 비용이 포함되어 있으나, 그 외에도 설계평가심의위원 후보자들을 대상으로 하는 사전홍보활동 비용 등도 포함되어 있다. 그런데 이 사건 비자금 조성 금액에서 설계평가심의위원에게 뇌물 등으로 공여된 불법 로비자금이 차지하는 금액의 비중이 크지 않으므로, 이 사건 비자금 조성의 주된 목적이 불법 로비자금을 조달하기 위한 것이라고 볼 수도 없다. iv) 피고인과 비자금을 관리하는 임직원들은 필요한 자금의 규모와 용도 등을 개략적으로 파악한 상태에서 내부적 보고 절차를 거쳐 이 사건 비자금을 조성하였을 뿐, 설계평가심의위원에 대한 뇌물공여 등 구체적인 용도를 확정한 상태에서 이 사건 비자금을 조성하지 않았다.[677]

677 대법원 2010. 12. 9. 선고 2010도11015 판결 등, 대법원 2021. 10. 14. 선고 2016도2982 판결 등.

509 반면 반드시 자기 스스로 재산상 이익을 취득해야만 하는 것은 아니므로 피고인이 스스로 재산상 이익을 취득할 의사가 없었다고 하더라도 제3자 등으로 하여금 보상을 받게 할 의사가 있었던 이상 불법이득의 의사가 없었다고 볼 수는 없다.[678]

510 본인을 위한 의사와 자기 또는 제3자의 재산상 이득을 위한 의사가 결합된 때에는 그중 어느 쪽이 주된 것인가에 따라 결정하여야 한다. 만약 본인을 위한 의사가 부수적인 데 불과하였다면 배임죄의 성립에 영향이 없다.[679]

V. 이중양도·이중담보와 배임죄

1. 의의

511 매매, 교환 등과 같이 당사자 일방이 부동산, 동산, 채권, 주식 등 어떠한 재산권을 상대방에게 이전하는 계약을 체결하였으나 그 재산권을 완전히 이전하지 않은 상태에서 제3자에게 임의로 처분하는 경우를 '이중양도'라고 표현한다. 즉 타인의 사무처리자 지위를 인정하는 근거가 되는 제1계약이 권리이전계약인 경우를 말하고, 배임행위에 해당되는 처분행위는 양도, 담보설정 등의 계약 또는 사실상의 처분행위 등 다양한 형태가 가능할 수 있다. '이중매매'는 이중양도의 대표적인 유형에 해당한다.

512 당사자 일방이 어떠한 재산권에 관하여 저당권, 전세권, 질권, 양도담보권 등과 같은 담보권을 설정하는 계약을 체결하였으나 그 재산권을 담보로 제공할 의무를 제대로 이행하지 않거나 이미 담보로 제공한 재산권을 제3자에게 임의로 처분하는 경우를 '이중담보'라고 표현한다. 즉 타인의 사무처리자 지위를 인정하는 근거가 되는 제1계약이 담보설정계약인 경우를 말하고, 배임행위에 해당되는 처분행위는 양도, 담보설정 등의 계약 또는 사실상의 처분행위 등 다양한 형태가 가능할 수 있다. 이와 같은 '이중양도' 사안과 '이중담보' 사안을 통칭하여 '이중처분'이라고 표현한다.

678 대법원 2005. 7. 29. 선고 2004도5685 판결.
679 대법원 1988. 11. 22. 선고 85도1523 판결.

2. 대법원 판례의 방향성

513 대법원은 동산 이중매매에 관한 2008도10479 전원합의체 판결 이후 다양한 이중처분 사안에서 배임죄의 주체인 '타인의 사무를 처리하는 자'를 제한적으로 해석하는 뚜렷한 방향성을 보이고 있다. 타인의 사무를 처리하는 자라고 하려면 타인의 재산관리에 관한 사무의 전부 또는 일부를 타인을 위하여 대행하는 경우와 같이 당사자 관계의 전형적·본질적 내용이 통상의 계약에서의 이익대립관계를 넘어서 그들 사이의 신임관계에 기초하여 타인의 재산을 보호하거나 관리하는 데에 있어야 한다는 법리를 제시하고, 종래 타인의 사무처리자 지위를 인정했던 많은 사안들에서 입장을 변경하여 배임죄의 성립을 부정하였다. 즉 위임, 고용 등과 같이 타인의 재산을 보호하거나 관리하는 것이 전형적·본질적 의무로 인정되는 경우와는 달리, 권리이전계약이나 담보설정계약과 같이 통상적인 계약관계에서 급부의무에 불과한 경우는 배임죄가 적용되는 타인의 사무가 아니라는 취지이다.

가. 권리이전계약

1) 부동산을 제외한 재산권에 관한 권리이전계약

514 대법원은 매매, 교환 등과 같은 권리이전계약의 경우 쌍방이 계약의 내용에 따른 이행을 할 채무는 특별한 사정이 없는 한 원칙적으로 타인의 사무가 아니라 '자기의 사무'라고 한다. 이에 따라 일반 동산의 매매[680] 사안에서 매도인의 이중처분행위에 대하여 배임죄의 성립을 긍정한 종래의 입장을 변경하였고, 그 밖에 자동차 등 권리이전에 등기·등록을 필요로 하는 동산의 매매,[681] 주권발행 전 주식의 양도,[682] 수분양권의 매매,[683] 임차권의 양도[684] 등의 사안에서 모두 양도인이 권리이전계약에 따라 양수인에게 부담하는 권리이전의무는 자기의 사무에 지나지 않으므로 양도인이 이를 제대로 이행하지 않고 재산권 자체 또는 재산권을 행사하여 취득한 결과물을 제3자에게 처분하였다고 하더라도 배임죄가 성립하는 것은 아니라고 보았다. 나아가 금전채권 양도의 경우에도 종래 입

680 대법원 2011. 1. 20. 선고 2008도10479 전원합의체 판결.
681 대법원 2020. 10. 22. 선고 2020도6258 전원합의체 판결.
682 대법원 2020. 6. 4. 선고 2015도6057 판결.
683 대법원 2021. 7. 8. 선고 2014도12104 판결.
684 대법원 1991. 12. 10. 선고 91도2184 판결.

장을 변경하여 채권양도인이 채권양수인을 위하여 양도 채권의 보전에 관한 사무를 처리하는 신임관계에 있지 않다고 보아, 채권양도인이 양도한 채권을 스스로 추심하여 수령한 금전을 채권양수인에게 지급하지 않고 임의로 처분하더라도 횡령죄가 성립하지 않는다고 하였다.[685]

515 [판례] 일반 동산의 매매계약 후 임의처분

매매와 같이 당사자 일방이 재산권을 상대방에게 이전할 것을 약정하고 상대방이 그 대금을 지급할 것을 약정함으로써 그 효력이 생기는 계약의 경우(민법 제563조), 쌍방이 그 계약의 내용에 좇은 이행을 하여야 할 채무는 특별한 사정이 없는 한 '자기의 사무'에 해당하는 것이 원칙이다. 매매의 목적물이 동산일 경우, 매도인은 매수인에게 계약에 정한 바에 따라 그 목적물인 동산을 인도함으로써 계약의 이행을 완료하게 되고 그때 매수인은 매매목적물에 대한 권리를 취득하게 되는 것이므로, 매도인에게 자기의 사무인 동산인도채무 외에 별도로 매수인의 재산의 보호 내지 관리 행위에 협력할 의무가 있다고 할 수 없다. 동산매매계약에서의 매도인은 매수인에 대하여 그의 사무를 처리하는 지위에 있지 아니하므로, 매도인이 목적물을 매수인에게 인도하지 아니하고 이를 타에 처분하였다 하더라도 형법상 배임죄가 성립하는 것은 아니다.[686]

516 [판례] 자동차 등 권리이전에 등기·등록을 요하는 동산의 매매계약 후 임의처분

매매와 같이 당사자 일방이 재산권을 상대방에게 이전할 것을 약정하고 상대방이 그 대금을 지급할 것을 약정함으로써 효력이 생기는 계약의 경우(민법 제563조), 쌍방이 그 계약의 내용에 좇은 이행을 하여야 할 채무는 특별한 사정이 없는 한 '자기의 사무'에 해당하는 것이 원칙이다. 동산 매매계약에서의 매도인은 매수인에 대하여 그의 사무를 처리하는 지위에 있지 아니하므로, 매도인이 목적물을 타에 처분하였다 하더라도 형법상 배임죄가 성립하지 아니한다. 위와 같은 법리는 권리이전에 등기·등록을 요하는 동산에 대한 매매계약에서도 동일하게 적용되므로, 자동차 등의 매도인은 매수인에 대하여 그의 사무를 처리하는 지위에 있지 아니하여, 매도인이 매수인에게 소유권이전등록을 하지 아니하고 타에 처분하였다고 하더라도 마찬가지로 배임죄가 성립하지 아니한다.[687]

517 [판례] 주권발행 전 주식의 양도계약 후 임의처분

주권발행 전 주식의 양도인이 양수인으로 하여금 회사 이외의 제3자에게 대항할 수 있도록 확정일자 있는 증서에 의한 양도통지 또는 승낙을 갖추어 주어야 할 채무를

685 대법원 2022. 6. 23. 선고 2017도3829 전원합의체 판결.
686 대법원 2011. 1. 20. 선고 2008도10479 전원합의체 판결.
687 대법원 2020. 10. 22. 선고 2020도6258 전원합의체 판결.

부담한다 하더라도 이는 자기의 사무라고 보아야 하고, 이를 양수인과의 신임관계에 기초하여 양수인의 사무를 맡아 처리하는 것으로 볼 수 없다. 그러므로 주권발행 전 주식에 대한 양도계약에서의 양도인은 양수인에 대하여 그의 사무를 처리하는 지위에 있지 아니하여, 양도인이 위와 같은 제3자에 대한 대항요건을 갖추어 주지 아니하고 이를 타에 처분하였다 하더라도 형법상 배임죄가 성립하는 것은 아니다.[688]

518 [판례] 수분양권의 매매계약 후 임의처분

매매와 같이 당사자 일방이 재산권을 상대방에게 이전할 것을 약정하고 상대방이 그 대금을 지급할 것을 약정함으로써 그 효력이 생기는 계약의 경우(민법 제563조), 쌍방이 그 계약의 내용에 좇은 이행을 하여야 할 채무는 특별한 사정이 없는 한 '자기의 사무'에 해당하는 것이 원칙이다. 또한 수분양권 매매계약의 매도인으로서는 원칙적으로 수분양자 명의변경에 관한 분양자 측의 동의 내지 승낙을 얻어 수분양자 명의변경절차를 이행하면 계약상 의무를 다한 것이 되고, 그 수분양권에 근거하여 목적물에 관한 소유권을 취득한 다음 매수인 앞으로 소유권이전등기를 마쳐 줄 의무까지는 없다. 다만 수분양권 매도인이 스스로 수분양권을 행사하고 목적물의 소유권을 취득하여 매수인에게 목적물에 관한 소유권이전등기절차를 이행할 의무까지 인정되는 경우가 있으나, 이는 수분양자 명의변경절차가 이행되지 못한 채 매도인 명의로 수분양권이 행사되어 수분양권은 소멸하고 목적물만 남게 된 경우 수분양권 매매계약의 목적을 달성하기 위하여 인정되는 의무이므로, 이와 같은 사정만으로 수분양권 매매계약에 따른 당사자 관계의 전형적·본질적 내용이 신임관계에 기초하여 매수인의 재산을 보호 또는 관리하는 것으로 변경된다고 보기는 어렵다. 이러한 수분양권 매매계약의 내용과 그 이행의 정도, 그에 따른 계약의 구속력의 정도, 거래의 관행, 신임관계의 유형과 내용, 신뢰위반의 정도 등을 종합적으로 고려해 보면, 수분양권 매매계약에 따른 당사자 관계의 전형적·본질적 내용이 통상의 계약에서의 이익대립관계를 넘어서 그들 사이의 신임관계에 기초하여 타인의 재산을 보호 또는 관리하는 데에 있다고 할 수 없다. 따라서 특별한 사정이 없는 한 수분양권 매도인이 수분양권 매매계약에 따라 매수인에게 수분양권을 이전할 의무는 자신의 사무에 해당할 뿐이므로, 매수인에 대한 관계에서 '타인의 사무를 처리하는 자'라고 할 수 없다. 그러므로 수분양권 매도인이 위와 같은 의무를 이행하지 아니하고 수분양권 또는 이에 근거하여 향후 소유권을 취득하게 될 목적물을 미리 제3자에게 처분하였더라도 형법상 배임죄가 성립하는 것은 아니다.[689]

688 대법원 2020. 6. 4. 선고 2015도6057 판결.
689 대법원 2021. 7. 8. 선고 2014도12104 판결.

분석과 검토: 위 판결은 종전 민사 판례에서 인정되는 수분양권 매도인의 계약상 의무의 내용, 매매 과정에서 중도금 지급 여부 등 수분양권 거래의 관행을 고려한 수분양권 매수인에 대한 정책적 보호필요성 등을 종합적으로 살펴, 수분양권 매도인은 일반적인 부동산의 매도인과는 달리 매수인을 위한 타인의 사무처리자 지위에 있지 않다고 본 것이다. 다만, 위 판결이 모든 계약관계에 있어서 일률적으로 수분양권 매도인은 타인의 사무처리자에 해당될 여지가 없다고 단정하는 취지는 아니다. 가령 수분양권 매도인과 매수인 사이의 약정이 단순한 매매계약을 넘어서서 매도인이 매수인의 재산상 사무의 처리를 대행하는 취지의 위임약정까지 포함되어 있다고 평가할 수 있는 경우 등에는 타인의 사무처리자에 해당한다고 볼 여지도 있을 것이다.[690] 예컨대, 배임죄를 유죄로 인정한 대법원 2010. 5. 27. 선고 2010도3366 판결 사안은 '수분양권 양도인인 피고인 명의로 일단 소유권이전등기를 마치고 피고인이 자신 명의로 대출까지 받아서 분양잔금을 대신 납부하기로 약정'하였는데 피고인이 이를 기화로 추가 대출을 받아 사용하는 등 일반적인 수분양권 매매에 더하여 대출 및 잔금납부, 부동산 관리에 관한 위임 유사 약정이 결합되어 있는 사실관계의 특수성이 있다. 한편 위와 같이 수분양권 자체가 매매 등 거래의 목적이 된 경우가 아니라, 사업시행자가 분양계약에 따라 수분양자들에게 부동산에 관한 소유권이전의무를 이행하여야 할 의무를 불이행하고 타에 처분한 경우[691]는 부동산 이중양도에 관한 법리가 적용되는 것이므로, 위 판결 사안과는 구별되어야 한다.

519 [판례] 부동산 임차권의 양도계약 후 임의처분

임대차계약에 의한 임차인의 지위를 양도한 자는 양도사실을 임대인에게 통지하고 양수인이 갖는 임차인의 지위를 상실하지 않게 할 의무가 있다고 하여도, 이러한 임무는 임차권 양도인으로서 부담하는 채무로서 양도인 자신의 의무일 뿐이지 자기의 사무임과 동시에 양수인의 권리취득을 위한 사무의 일부를 이룬다고 볼 수 없으므로 양도인을 배임죄의 주체인 타인의 사무를 처리하는 자로 볼 수 없다.[692]

520 [판례] 금전채권 양도계약 후 채권 자체 또는 추심한 금전의 임의처분

채권양도인은 채권양수인과 사이에 채권양도계약 또는 채권양도의 원인이 된 계약에 따른 채권·채무관계에 있을 뿐이고, 채권양수인을 위하여 타인의 사무를 처리하는 자의 지위에 있다고 볼 수 없다. 채권양도인과 채권양수인의 양도에 관한 의사 합치

690 최문수, "아파트 수분양권 매도인이 매수인과의 관계에서 배임죄의 '타인의 사무를 처리하는 자'의 지위에 있는지 여부", 해설(130호), 504 이하.

691 대법원 2009. 5. 28. 선고 2009도2086 판결.

692 대법원 1991. 12. 10. 선고 91도2184 판결.

에 따라 채권이 양수인에게 이전되고, 채권양도인은 채권양도계약 또는 채권양도의 원인이 된 계약에 기초하여 채권양수인이 목적물인 채권에 관하여 완전한 권리나 이익을 누릴 수 있도록 할 의무를 부담한다. 즉, 채권양도인은 채무자에게 채권양도 통지를 하거나 채무자로부터 승낙을 받음으로써 채권양수인이 채무자에 대한 대항요건을 갖추도록 할 계약상 채무를 진다. 이와 같이 채권양도인이 채권양수인으로 하여금 채권에 관한 완전한 권리를 취득하게 해 주지 않은 채 이를 다시 제3자에게 처분하거나 직접 추심하여 채무자로부터 유효한 변제를 수령함으로써 채권 자체를 소멸시키는 행위는 권리이전계약에 따른 자신의 채무를 불이행한 것에 지나지 않는다. 따라서 채권양도인이 채권양수인에게 채권양도와 관련하여 부담하는 의무는 일반적인 권리이전계약에 따른 급부의무에 지나지 않으므로, 채권양도인이 채권양수인을 위하여 어떠한 재산상 사무를 대행하거나 맡아 처리한다고 볼 수 없다. 채권양도인과 채권양수인은 통상의 계약에 따른 이익대립관계에 있을 뿐 횡령죄의 보관자 지위를 인정할 수 있는 신임관계에 있다고 할 수 없다.[693]

분석과 검토: 위 전원합의체 판결은, 채권양도인이 채권을 양도한 후 대항요건을 갖추어주기 전에 대상 채권을 스스로 추심하여 금전을 수령하였는데 이를 채권양수인에게 지급하지 않고 임의로 처분함으로써 횡령죄가 문제된 사안이다. 즉 채권양도인이 양도 대상 채권 자체를 이중처분하였다면 배임죄가 문제되었을 것이나, 대상 채권을 행사한 결과물인 재물(금전)의 수령과 임의처분이 매개됨으로써 배임죄가 아니라 횡령죄가 문제된 경우이다. 위 전원합의체 판결은 채권 자체를 이중양도한 경우나, 채권을 행사한 결과물인 금전을 임의처분한 경우나 모두 본질적으로 권리이전계약의 채무불이행에 불과한 행위이므로 배임죄나 횡령죄로 처벌할 수 없다고 본 것이다. 나아가 동산을 이중양도한 경우 양도인의 권리이전계약상 의무를 타인의 사무로 인정할 수 없다고 보아 배임죄 성립을 부정하는 이상, 구체적인 권리이전 방법이 현실인도인지 목적물반환청구권의 양도인지에 따라 형사책임이 달라져서는 안 될 것이므로, 동산 양도인이 목적물반환청구권을 양도하는 방법으로 동산을 양도하고 이를 점유매개자에게 통지하지 아니한 채 목적물반환청구권을 직접 행사하여 동산 자체를 수령한 후 임의처분하는 경우에도 마찬가지로 횡령죄 성립이 부정되어야 타당하다는 점도 위 판결의 근거가 된다.[694]

693 대법원 2022. 6. 23. 선고 2017도3829 전원합의체 판결.

694 최문수, "채권양도인이 채권양도의 대항요건 미충족 상태에서 채무자로부터 채권을 추심하여 수령한 금전을 임의로 사용한 경우 횡령죄의 성립 여부", 사법(61호), 568, 570, 575.

2) 부동산에 관한 권리이전계약

521 권리이전계약에 따라 양도인이 부담하는 권리이전의무를 타인의 사무로 보지 않으려는 판례의 방향성에도 불구하고, 대법원은 '부동산 양도계약'에 있어서만은 그 특수성을 인정하여 양도인을 타인의 사무처리자로 보는 종래의 입장을 그대로 유지하였다. 즉 대법원 2018. 5. 17. 선고 2017도4027 전원합의체 판결은 중도금이 지급되는 등 계약이 본격적으로 이행되는 단계에 이른 때에는 계약이 취소되거나 해제되지 않는 한 매도인은 매수인에게 부동산의 소유권을 이전해 줄 의무에서 벗어날 수 없으므로, 이러한 단계에 이른 때에 매도인은 매수인에 대하여 매수인의 재산보전에 협력하여 재산적 이익을 보호·관리할 신임관계에 있게 되고, 매도인은 배임죄에서 말하는 '타인의 사무를 처리하는 자'에 해당한다고 보아야 한다고 판시하였다. 이러한 다수의견의 입장은 부동산이 국민의 경제생활에서 차지하는 비중이 크고, 매수인이 매도인에게 매매대금 중 상당한 부분을 차지하는 계약금과 중도금까지 지급하고도 이중매매를 방지할 충분한 법적 수단이 마련되어 있지 않다는 부동산 매매거래 현실의 특수성을 고려한 것이라고 설명되고 있다.[695]

522 반면 위 대법원 2017도4027 전원합의체 판결의 반대의견은, 부동산의 경우에도 매도인의 소유권이전의무나 매수인의 매매대금 지급의무는 모두 매매계약에 따른 자기의 사무에 불과하고 신임관계에 기초하여 상대방에게 위탁된 것으로 볼 수 없고, 계약상대방의 재산적 이익을 보호·관리하는 것이 매매계약의 전형적·본질적 내용이라고도 볼 수 없으며, 매도인에게 등기협력의무가 있다거나 재산취득·보전에 협력할 의무가 있다고 해도 그 본질은 소유권이전의무를 달리 표현한 것에 지나지 않고, 매수인의 재산보전에 협력할 의무가 있음을 이유로 매도인이 타인의 사무처리자에 해당한다고 본다면 대법원이 종래 동산 이중매매 사건에서 선고한 판시와 배치된다는 등의 이유로, 부동산 매도인은 타인의 사무처리자 지위에 있지 않다고 보았다.

523 [판례] 부동산의 매매계약 후 임의처분

다수의견: 부동산 매매계약에서 계약금만 지급된 단계에서는 어느 당사자나 계약금을 포기하거나 그 배액을 상환함으로써 자유롭게 계약의 구속력에서 벗어날 수 있다. 그

695 대법원 2020. 6. 18. 선고 2019도14340 전원합의체 판결, 대법원 2022. 6. 23. 선고 2017도3829 전원합의체 판결.

러나 중도금이 지급되는 등 계약이 본격적으로 이행되는 단계에 이른 때에는 계약이 취소되거나 해제되지 않는 한 매도인은 매수인에게 부동산의 소유권을 이전해 줄 의무에서 벗어날 수 없다. 따라서 이러한 단계에 이른 때에 매도인은 매수인에 대하여 매수인의 재산보전에 협력하여 재산적 이익을 보호·관리할 신임관계에 있게 된다. 그때부터 매도인은 배임죄에서 말하는 '타인의 사무를 처리하는 자'에 해당한다고 보아야 한다. 그러한 지위에 있는 매도인이 매수인에게 계약 내용에 따라 부동산의 소유권을 이전해 주기 전에 그 부동산을 제3자에게 처분하고 제3자 앞으로 그 처분에 따른 등기를 마쳐 준 행위는 매수인의 부동산 취득 또는 보전에 지장을 초래하는 행위이다. 이는 매수인과의 신임관계를 저버리는 행위로서 배임죄가 성립한다. 그 이유는 다음과 같다.

ⅰ) 배임죄는 타인과 그 재산상 이익을 보호·관리하여야 할 신임관계에 있는 사람이 신뢰를 저버리는 행위를 함으로써 타인의 재산상 이익을 침해할 때 성립하는 범죄이다. 계약관계에 있는 당사자 사이에 어느 정도의 신뢰가 형성되었을 때 형사법에 의해 보호받는 신임관계가 발생한다고 볼 것인지, 어떠한 형태의 신뢰위반 행위를 가벌적인 임무위배행위로 인정할 것인지는 계약의 내용과 이행의 정도, 그에 따른 계약의 구속력 정도, 거래 관행, 신임관계의 유형과 내용, 신뢰위반의 정도 등을 종합적으로 고려하여 타인의 재산상 이익 보호가 신임관계의 전형적·본질적 내용이 되었는지, 해당 행위가 형사법의 개입이 정당화될 정도의 배신적인 행위인지 등에 따라 규범적으로 판단해야 한다. 이와 같이 배임죄의 성립 범위를 확정함에 있어서는 형벌법규로서의 배임죄가 본연의 기능을 다하지 못하게 되어 개인의 재산권 보호가 소홀해지지 않도록 유의해야 한다.

ⅱ) 우리나라에서 부동산은 국민의 기본적 생활의 터전으로 경제활동의 근저를 이루고 있고, 국민 개개인이 보유하는 재산가치의 대부분을 부동산이 차지하는 경우도 상당하다. 이렇듯 부동산이 경제생활에서 차지하는 비중이나 이를 목적으로 한 거래의 사회경제적 의미는 여전히 크다.

ⅲ) 부동산 매매대금은 통상 계약금, 중도금, 잔금으로 나뉘어 지급된다. 매수인이 매도인에게 중도금을 지급하면 당사자가 임의로 계약을 해제할 수 없는 구속력이 발생한다(민법 제565조 참조). 그런데 매수인이 매도인에게 매매대금의 상당부분에 이르는 계약금과 중도금까지 지급하더라도 매도인의 이중매매를 방지할 보편적이고 충분한 수단은 마련되어 있지 않다. 이러한 상황에서도 매수인은 매도인이 소유권이전등기를 마쳐 줄 것으로 믿고 중도금을 지급한다. 즉 매수인은 매도인이 소유권이전등기를 마쳐 줄 것이라는 신뢰에 기초하여 중도금을 지급하고, 매도인 또한 중도금이 그러한 신뢰를 바탕으로 지급된다는 것을 인식하면서 이를 받는다. 따라서 중도금이 지급된 단계부터는 매도인이 매수인의 재산보전에 협력하는 신임관계가 당사자 관계의

전형적·본질적 내용이 된다. 이러한 신임관계에 있는 매도인은 매수인의 소유권 취득 사무를 처리하는 자로서 배임죄에서 말하는 '타인의 사무를 처리하는 자'에 해당하게 된다. 나아가 그러한 지위에 있는 매도인이 매수인에게 소유권을 이전하기 전에 고의로 제3자에게 목적부동산을 처분하는 행위는 매매계약상 혹은 신의칙상 당연히 하지 않아야 할 행위로서 배임죄에서 말하는 임무위배행위로 평가할 수 있다.

ⅳ) 대법원은 오래전부터 부동산 이중매매 사건에서, 매도인은 매수인 앞으로 소유권이전등기를 마칠 때까지 협력할 의무가 있고, 매도인이 중도금을 지급받은 이후 목적부동산을 제3자에게 이중으로 양도하면 배임죄가 성립한다고 일관되게 판결함으로써 그러한 판례를 확립하여 왔다. 이러한 판례 법리는 부동산 이중매매를 억제하고 매수인을 보호하는 역할을 충실히 수행하여 왔고, 현재 우리의 부동산 매매거래 현실에 비추어 보더라도 여전히 타당하다. 이러한 법리가 부동산 거래의 왜곡 또는 혼란을 야기하는 것도 아니고, 매도인의 계약의 자유를 과도하게 제한한다고 볼 수도 없다. 따라서 기존의 판례는 유지되어야 한다.

반대의견: 다수의견은 부동산 거래에서 매수인 보호를 위한 처벌의 필요성만을 중시한 나머지 형법의 문언에 반하거나 그 문언의 의미를 피고인에게 불리하게 확장하여 형사법의 대원칙인 죄형법정주의를 도외시한 해석일 뿐 아니라, 동산 이중매매와 부동산 대물변제예약 사안에서 매도인 또는 채무자에 대하여 배임죄의 성립을 부정하는 대법원판례의 흐름과도 맞지 않는 것이어서 찬성하기 어렵다.

배임죄에서 '타인의 사무'는 먼저 문언의 통상적 의미에 비추어 볼 때, 타인에게 귀속되는 사무로서 사무의 주체가 타인이어야 한다. 즉 본래 타인이 처리하여야 할 사무를 그를 대신하여 처리하는 것이어야 한다. 나아가 배임죄의 본질은 본인과의 내부관계 내지 신임관계에서 발생하는 본인의 재산적 이익을 보호할 의무를 위반하여 타인의 재산권을 침해하는 데에 있다는 점을 고려하면, 신임관계에 기초하여 위와 같은 의미의 '타인의 사무'를 처리하게 된 것이어야 하고, 사무 자체의 내용이나 신임관계의 본질적 내용이 타인의 재산적 이익을 보호·관리하는 것이어야 한다. 따라서 계약의 일방 당사자가 상대방에게 계약의 내용에 따른 의무를 성실하게 이행하고, 그로 인해 상대방은 계약상 권리의 만족이라는 이익을 얻는 관계에 있더라도 그 의무의 이행이 위와 같은 의미의 '타인의 사무'에 해당하지 않는다면, 그것은 '자기의 사무'에 불과할 뿐이다.

부동산 매매계약이 체결된 경우, 계약 체결과 동시에 그 계약의 효력으로 매도인에게는 부동산 소유권이전의무가 발생하고, 매수인에게는 매매대금 지급의무가 발생한다. 매도인이나 매수인의 이러한 의무는 매매계약에 따른 각자의 '자기의 사무'일 뿐 '타인의 사무'에 해당한다고 볼 수 없다. 매도인의 재산권이전의무나 매수인의 대금지급의무는 매매계약에 의하여 발생한 것으로 본래부터 상대방이 처리하여야 할 사무도 아니고, 신임관계에 기초하여 상대방에게 위탁된 것이라고 볼 수도 없으며, 계약상대방의 재산적 이익을 보호·관리하는 것이 매매계약의 전형적·본질적 내용이라고도 볼 수 없기 때문이다. 매매계약에서 당사자들은 각자의 계약상 권리의 만족을 위해 상대방에게 그 반대급부를 이행하여야 하는 대향적 거래관계에 있을 뿐이다. 설사 매도인에게 등기협력의무가 있다거나 매수인의 재산취득사무에 협력할 의무가 있다고 주장해도 그 '협력의무'의 본질은 소유권이전의무를 달리 표현한 것에 지나지 않으니 그 부당함은 마찬가지이다.

만약 매도인에게 매수인의 재산보전에 협력할 의무가 있다고 가정하면, 쌍무계약의 본질에 비추어 상대방인 매수인에게도 매도인의 재산보전에 협력할 의무가 있다고 보아야 균형이 맞다. 그러나 판례는 잔금을 지급하기 전에 소유권을 먼저 이전받은 매수인이 부동산을 담보로 대출을 받아 매매잔금을 지급하기로 한 약정을 이행하지 않고 다른 용도로 근저당권을 설정한 사안에서 매수인인 피고인에게 배임죄가 성립하지 않는다고 판단하여 이를 부정한 바 있다. 다수의견에 따르면 계약 당사자 사이의 대등한 법적 지위의 보장을 전제로 하는 쌍무계약에서 매도인과 매수인의 상대방에 대한 재산보전에 협력할 의무의 유무를 달리 보는 이유에 대한 납득할 만한 설명을 할 수 없다.

또한 다수의견에 따르면, 매도인이 제2매수인으로부터 중도금을 받았다면 제2매수인에 대한 관계에서도 마찬가지로 그 재산보전에 협력하여 재산적 이익을 보호·관리할 신임관계에 있다고 보아야 한다. 그런데 판례는 매도인이 제2매수인에게 소유권이전등기를 마쳐 준 경우에는 제1매수인에 대한 관계에서 배임죄의 성립을 인정하는 반면, 제1매수인에게 소유권이전등기를 마쳐 준 경우에는 제2매수인으로부터 중도금 또는 잔금까지 받았다고 하더라도 그에 대한 관계에서는 배임죄가 성립하지 않는다고 본다. 소유권이전등기를 마쳐 물권을 취득하기 전에는 채권자로서 대등한 법적 지위를 보장받아야 할 제1매수인과 제2매수인에 대하여 배임죄 성립에 있어서 보호 정도를 달리할 논리적 근거는 어디에서도 찾아볼 수 없다.

한편 다수의견과 같이 매수인의 재산보전에 협력할 의무가 있음을 이유로 매도인이 '타인의 사무를 처리하는 자'에 해당하여 그를 배임죄로 처벌할 수 있다고 본다면, 이는 대법원이 종래 동산 이중매매 사건에서 선고한 판시와 배치된다.[696]

나. 담보설정계약

524 대법원은 담보설정계약에 따라 채무자가 부담하는 의무는 타인의 사무가 아니라 '자기의 사무'라고 보았다. 금전채무의 이행은 어디까지나 채무자가 자신의 급부의무를 다하기 위해 하는 것이므로, 이를 두고 채권자의 사무를 맡아 처리

696 대법원 2018. 5. 17. 선고 2017도4027 전원합의체 판결.

하는 것으로 볼 수 없고, 따라서 채무자를 채권자에 대한 관계에서 타인의 사무처리자에 해당한다고 할 수 없다. 이는 채무자가 금전채무를 담보하기 위하여 자신 소유의 재산권을 채권자에게 담보로 제공한 경우에도 마찬가지이다. 채무자가 담보설정계약에 따라 부담하는 의무, 즉 담보로 제공할 의무, 담보물의 담보가치를 유지·보전하거나 담보물을 손상, 감소 또는 멸실시키지 않을 소극적 의무, 채권자의 담보권 실행에 협조할 의무 등은 모두 담보설정계약에 따라 부담하게 된 채무자 자신의 급부의무이다. 또한 담보설정계약은 피담보채권의 발생을 위한 계약에 종된 계약으로, 피담보채무가 소멸하면 담보설정계약상의 권리의무도 소멸하게 된다. 담보설정계약에 따라 채무자가 부담하는 의무는 담보목적의 달성, 즉 채무불이행 시 담보권 실행을 통한 채권의 실현을 위한 것이므로 담보설정계약의 체결이나 담보권설정 전후를 불문하고 당사자 관계의 전형적·본질적 내용은 여전히 금전채권의 실현 내지 피담보채무를 변제하는 것이다. 따라서 채무자가 위와 같은 급부의무를 이행하는 것은 채무자 자신의 사무에 해당할 뿐이고, 채무자가 통상의 계약에서 이익대립관계를 넘어서 채권자와 신임관계에 기초하여 채권자의 사무를 맡아 처리한다고 볼 수 없으므로, 채무자를 채권자에 대한 관계에서 '타인의 사무를 처리하는 자'라고 할 수 없다.[697]

525 대물변제예약 또한 금전채무의 담보 목적으로 체결되는 것이므로 일반적인 담보설정계약과 마찬가지로 평가할 수 있다.

526 대법원은 이러한 법리에 따라 부동산 대물변제예약,[698] 부동산 저당권설정계약 및 양도담보설정계약,[699] 일반 동산 및 주식 양도담보설정계약,[700] 자동차 등 권리이전에 등기·등록을 요하는 동산 양도담보설정계약,[701] '자동차 등 특정동산 저당법' 및 '공장 및 광업재단 저당법'에 따른 동산 저당권설정계약[702] 사안에서 채무자에게 배임죄의 성립을 긍정한 종래의 입장을 변경하였고, 그 밖에 '동산·채권 등의 담보에 관한 법률'에 따른 동산담보설정계약,[703] 부동산 담보가등기설

697 대법원 2022. 12. 22. 선고 2020도8682 전원합의체 판결 등.
698 대법원 2014. 8. 21. 선고 2014도3363 전원합의체 판결.
699 대법원 2020. 6. 18. 선고 2019도14340 전원합의체 판결.
700 대법원 2020. 2. 20. 선고 2019도9756 전원합의체 판결.
701 대법원 2022. 12. 22. 선고 2020도8682 전원합의체 판결.
702 대법원 2020. 10. 22. 선고 2020도6258 전원합의체 판결.
703 대법원 2020. 8. 27. 선고 2019도14770 전원합의체 판결.

정계약,[704] 주권발행 전 주식 양도담보설정계약,[705] 금전채권 양도담보설정계약[706] 등의 사안에서 모두 채무자가 채권자에게 계약에 따라 자신의 재산권을 담보로 제공할 의무를 제대로 이행하지 않거나 담보로 제공한 재산권을 제3자에게 임의로 처분하였다고 하더라도 배임죄가 성립하지 않는다고 하였다.

527 [판례] 부동산 대물변제예약 후 임의처분

채무자가 채권자에 대하여 소비대차 등으로 인한 채무를 부담하고 이를 담보하기 위하여 장래에 부동산의 소유권을 이전하기로 하는 내용의 대물변제예약에서, 약정의 내용에 좇은 이행을 하여야 할 채무는 특별한 사정이 없는 한 '자기의 사무'에 해당하는 것이 원칙이다. 채무자가 대물변제예약에 따라 부동산에 관한 소유권을 이전해 줄 의무는 예약 당시에 확정적으로 발생하는 것이 아니라 채무자가 차용금을 제때에 반환하지 못하여 채권자가 예약완결권을 행사한 후에야 비로소 문제가 되고, 채무자는 예약완결권 행사 이후라도 얼마든지 금전채무를 변제하여 당해 부동산에 관한 소유권이전등기절차를 이행할 의무를 소멸시키고 의무에서 벗어날 수 있다. 한편 채권자는 당해 부동산을 특정물 자체보다는 담보물로서 가치를 평가하고 이로써 기존의 금전채권을 변제받는 데 주된 관심이 있으므로, 채무자의 채무불이행으로 인하여 대물변제예약에 따른 소유권등기를 이전받는 것이 불가능하게 되는 상황이 초래되어도 채권자는 채무자로부터 금전적 손해배상을 받음으로써 대물변제예약을 통해 달성하고자 한 목적을 사실상 이룰 수 있다. 이러한 점에서 대물변제예약의 궁극적 목적은 차용금반환채무의 이행 확보에 있고, 채무자가 대물변제예약에 따라 부동산에 관한 소유권이전등기절차를 이행할 의무는 궁극적 목적을 달성하기 위해 채무자에게 요구되는 부수적 내용이어서 이를 가지고 배임죄에서 말하는 신임관계에 기초하여 채권자의 재산을 보호 또는 관리하여야 하는 '타인의 사무'에 해당한다고 볼 수는 없다. 그러므로 채권 담보를 위한 대물변제예약 사안에서 채무자가 대물로 변제하기로 한 부동산을 제3자에게 처분하였다고 하더라도 형법상 배임죄가 성립하는 것은 아니다.[707]

704 대법원 2020. 12. 10. 선고 2016도8447 판결.

705 대법원 2021. 1. 28. 선고 2014도8714 판결.

706 대법원 2021. 7. 15. 선고 2015도5184 판결, 대법원 2021. 7. 15. 선고 2020도3514 판결.

707 대법원 2014. 8. 21. 선고 2014도3363 전원합의체 판결. 이 판결에 대한 평석으로 강수진, "부동산 대물변제예약의 채무자와 배임죄에서의 타인의 사무처리자", 고려법학 76호(2015), 227~271; 이용식, "대물변제예약 부동산의 이중매매와 배임죄의 형사불법적 구조 - 배임죄 해석의 나아갈 방향에 대한 논란", 형사판례연구 23호(2015), 238~239.

528 [판례] 부동산 저당권설정계약 및 양도담보설정계약 후 임의처분

채무자가 금전채무를 담보하기 위한 저당권설정계약에 따라 채권자에게 그 소유의 부동산에 관하여 저당권을 설정할 의무를 부담하게 되었다고 하더라도, 이를 들어 채무자가 통상의 계약에서 이루어지는 이익대립관계를 넘어서 채권자와의 신임관계에 기초하여 채권자의 사무를 맡아 처리하는 것으로 볼 수 없다. 채무자가 저당권설정계약에 따라 채권자에 대하여 부담하는 저당권을 설정할 의무는 계약에 따라 부담하게 된 채무자 자신의 의무이다. 채무자가 위와 같은 의무를 이행하는 것은 채무자 자신의 사무에 해당할 뿐이므로, 채무자를 채권자에 대한 관계에서 '타인의 사무를 처리하는 자'라고 할 수 없다. 따라서 채무자가 제3자에게 먼저 담보물에 관한 저당권을 설정하거나 담보물을 양도하는 등으로 담보가치를 감소 또는 상실시켜 채권자의 채권실현에 위험을 초래하더라도 배임죄가 성립한다고 할 수 없다. 위와 같은 법리는, 채무자가 금전채무에 대한 담보로 부동산에 관하여 양도담보설정계약을 체결하고 이에 따라 채권자에게 소유권이전등기를 해 줄 의무가 있음에도 제3자에게 그 부동산을 처분한 경우에도 적용된다.[708]

529 [판례] 일반 동산 및 주식 양도담보설정계약 후 임의처분

채무자가 금전채무를 담보하기 위하여 그 소유의 동산을 채권자에게 양도담보로 제공함으로써 채권자인 양도담보권자에 대하여 담보물의 담보가치를 유지·보전할 의무 내지 담보물을 타에 처분하거나 멸실, 훼손하는 등으로 담보권 실행에 지장을 초래하는 행위를 하지 않을 의무를 부담하게 되었더라도, 이를 들어 채무자가 통상의 계약에서의 이익대립관계를 넘어서 채권자와의 신임관계에 기초하여 채권자의 사무를 맡아 처리하는 것으로 볼 수 없다. 따라서 채무자를 배임죄의 주체인 '타인의 사무를 처리하는 자'에 해당한다고 할 수 없고, 그가 담보물을 제3자에게 처분하는 등으로 담보가치를 감소 또는 상실시켜 채권자의 담보권 실행이나 이를 통한 채권실현에 위험을 초래하더라도 배임죄가 성립한다고 할 수 없다. 위와 같은 법리는, 채무자가 동산에 관하여 양도담보설정계약을 체결하여 이를 채권자에게 양도할 의무가 있음에도 제3자에게 처분한 경우에도 적용되고, 주식에 관하여 양도담보설정계약을 체결한 채무자가 제3자에게 해당 주식을 처분한 사안에도 마찬가지로 적용된다.[709]

530 [판례] 자동차 등 권리이전에 등기·등록을 요하는 동산 양도담보설정계약 후 임의처분

금전채권채무 관계에서 채권자가 채무자의 급부이행에 대한 신뢰를 바탕으로 금전을 대여하고 채무자의 성실한 급부이행에 의해 채권의 만족이라는 이익을 얻게 된다 하

708 대법원 2020. 6. 18. 선고 2019도14340 전원합의체 판결.
709 대법원 2020. 2. 20. 선고 2019도9756 전원합의체 판결.

더라도, 채권자가 채무자에 대한 신임을 기초로 그의 재산을 보호 또는 관리하는 임무를 부여하였다고 할 수 없고, 금전채무의 이행은 어디까지나 채무자가 자신의 급부의무를 다하기 위해 하는 것이므로 이를 두고 채권자의 사무를 맡아 처리하는 것으로 볼 수 없다. 따라서 채두자를 채권자에 대한 관계에서 '타인의 사무를 처리하는 자'에 해당한다고 할 수 없다. 채무자가 금전채무를 담보하기 위하여 자신 소유의 동산을 채권자에게 양도하기로 약정하거나 양도담보로 제공한 경우에도 마찬가지이다. 채무자가 양도담보설정계약에 따라 부담하는 의무, 즉 동산을 담보로 제공할 의무, 담보물의 담보가치를 유지·보전하거나 담보물을 손상, 감소 또는 멸실시키지 않을 소극적 의무, 담보권 실행 시 채권자나 그가 지정하는 자에게 담보물을 현실로 인도할 의무와 같이 채권자의 담보권 실행에 협조할 의무 등은 모두 양도담보설정계약에 따라 부담하게 된 채무자 자신의 급부의무이다. 또한 양도담보설정계약은 피담보채권의 발생을 위한 계약에 종된 계약으로, 피담보채무가 소멸하면 양도담보설정계약상의 권리의무도 소멸하게 된다. 양도담보설정계약에 따라 채무자가 부담하는 의무는 담보목적의 달성, 즉 채무불이행 시 담보권 실행을 통한 채권의 실현을 위한 것이므로 담보설정계약의 체결이나 담보권설정 전후를 불문하고 당사자 관계의 전형적·본질적 내용은 여전히 금전채권의 실현 내지 피담보채무를 변제하는 것이다. 따라서 채무자가 위와 같은 급부의무를 이행하는 것은 채무자 자신의 사무에 해당할 뿐이고, 채무자가 통상의 계약에서 이익대립관계를 넘어서 채권자와 신임관계에 기초하여 채권자의 사무를 맡아 처리한다고 볼 수 없으므로 채무자를 채권자에 대한 관계에서 '타인의 사무를 처리하는 자'라고 할 수 없다. 위와 같은 법리는, 권리이전에 등기·등록을 요하는 동산에 관한 양도담보설정계약에도 마찬가지로 적용된다. 따라서 자동차 등에 관하여 양도담보설정계약을 체결한 채무자는 채권자에 대하여 그의 사무를 처리하는 지위에 있지 아니하므로, 채무자가 채권자에게 양도담보설정계약에 따른 의무를 다하지 아니하고 이를 타에 처분하였다고 하더라도 배임죄가 성립하지 아니한다.[710]

531 [판례] 부동산 담보가등기설정계약 후 임의처분

甲은 A 회사의 실질적 대표자이고 피고인은 A 회사의 명의상 대표이사인데 이 사건 약정은 甲의 피해자에 대한 차용금 채무 21억 원을 담보하기 위하여 甲은 A 회사 소유의 이 사건 임야 등에 관하여 매매예약 가등기와 근저당권설정등기를 마쳐 주고, A 회사는 이에 필요한 가등기 등 관련서류를 제공한다는 내용이고, 피고인은 피해자에게 가등기를 마쳐주기로 한 이 사건 약정에 위배하여 제3자에게 근저당권을 설정해 주었다는 취지의 배임죄로 기소되었다. 대법원은 A 회사와 피해자 간 당사자 관

710 대법원 2022. 12. 22. 선고 2020도8682 전원합의체 판결.

계의 전형적·본질적 내용은 위 차용금 채무의 변제와 이를 위한 담보에 있고, A 회사를 통상의 계약에서의 이익대립관계를 넘어서 피해자와의 신임관계에 기초하여 피해자의 사무를 맡아 처리하는 것으로 볼 수 없는 이상, A 회사의 대표이사인 피고인을 피해자에 대한 관계에서 '타인의 사무를 처리하는 자'에 해당한다고 할 수 없다고 하여 유죄로 판단한 원심을 파기하였다.[711]

532 [판례] 주권발행 전 주식 양도담보설정계약 후 임의처분

자기 또는 타인의 금전채무를 담보하기 위하여 주식을 채권자에게 양도담보로 제공한 채무자 또는 양도담보설정자(이하 '채무자 등'이라 한다)가 양도담보설정계약에 따라 부담하는 의무, 즉 주식을 담보로 제공할 의무, 주식의 담보가치를 유지·보전하거나 주식을 감소 또는 멸실시키지 않을 소극적 의무 등은 모두 채무자 등이 양도담보설정계약에 따라 부담하게 된 자신의 의무일 뿐이므로, 채무자 등이 통상의 계약에서의 이익대립관계를 넘어서 채권자와의 신임관계에 기초하여 채권자의 사무를 맡아 처리하는 것으로 볼 수 없다. 따라서 채무자 등을 배임죄의 주체인 '타인의 사무를 처리하는 자'에 해당한다고 할 수 없고, 그가 담보물을 제3자에게 처분하는 등으로 담보가치를 감소 또는 상실시켜 채권자의 담보권 실행이나 이를 통한 채권실현에 위험을 초래하더라도 배임죄가 성립한다고 할 수는 없다. 피고인들이 A 회사 명의로 피해자 은행으로부터 금원을 대출받으면서 B 회사가 보유한 미발행 A 회사 주식을 담보로 제공하는 양도담보계약을 체결하여 주권 발행 시 B 회사가 보유할 주식을 피해자 은행에 담보로 제공할 임무를 부담하였음에도 제3자에게 담보로 제공하거나 매각하여 A 회사로 하여금 재산상 이익을 취득하게 하고 피해자 은행에 손해를 가하였다는 공소사실을 무죄로 판단한 원심을 수긍하였다.[712]

533 [판례] 금전채권 양도담보설정계약 후 임의처분

금전채권채무 관계에서 채권자가 채무자의 급부이행에 대한 신뢰를 바탕으로 금전을 대여하고 채무자의 성실한 급부이행에 의해 채권의 만족이라는 이익을 얻게 된다 하더라도, 채권자가 채무자에 대한 신임을 기초로 그의 재산을 보호 또는 관리하는 임무를 부여하였다고 할 수 없고, 금전채무의 이행은 어디까지나 채무자가 자신의 급부의무의 이행으로서 행하는 것이므로 이를 두고 채권자의 사무를 맡아 처리하는 것으로 볼 수 없다. 따라서 금전채권채무의 경우 채무자는 채권자에 대한 관계에서 '타인의 사무를 처리하는 자'에 해당한다고 할 수 없다. 채무자가 기존 금전채무를 담보하기 위하여 다른 금전채권을 채권자에게 양도하는 경우에도 마찬가지이다. 채권양

711 대법원 2020. 12. 10. 선고 2016도8447 판결.
712 대법원 2021. 1. 28. 선고 2014도8714 판결.

도담보계약에 따라 채무자가 부담하는 '담보 목적 채권의 담보가치를 유지·보전할 의무' 등은 담보 목적을 달성하기 위한 것에 불과하며, 채권양도담보계약의 체결에도 불구하고 당사자 관계의 전형적·본질적 내용은 여전히 피담보채권인 금전채권의 실현에 있다. 따라서 채무자가 채권양도담보계약에 따라 부담하는 '담보 목적 채권의 담보가치를 유지·보전할 의무'를 이행하는 것은 채무자 자신의 사무에 해당할 뿐이고, 채무자가 통상의 계약에서의 이익대립관계를 넘어서 채권자와의 신임관계에 기초하여 채권자의 사무를 맡아 처리한다고 볼 수 없으므로, 이 경우 채무자는 채권자에 대한 관계에서 '타인의 사무를 처리하는 자'에 해당한다고 할 수 없다.[713]

534 나아가 판례는 위와 같이 저당권설정계약, 양도담보설정계약 등의 전형적인 담보설정계약 뿐만 아니라, 금전채무에 관한 담보목적으로 체결되는 다양한 형태의 계약상 의무에 대해서도 마찬가지로 타인의 사무가 아니라고 판시하고 있다.

535 [판례] 담보신탁계약 체결 후 임의처분

피고인이 甲 새마을금고로부터 특정 토지 위에 건물을 신축하는 데 필요한 공사자금 10억 원을 대출받으면서 이를 담보하기 위하여 乙 신탁회사를 수탁자, 甲 금고를 우선수익자, 피고인을 위탁자 겸 수익자로 한 담보신탁계약 및 자금관리대리사무계약을 체결하였고 계약 내용에 따라 건물이 준공된 후 乙 회사에 신탁등기를 이행하여 甲 금고의 우선수익권을 보장할 임무가 있음에도 이에 위배하여 丙 앞으로 건물의 소유권보존등기를 마쳐줌으로써 甲 금고에 재산상 손해를 가하였다고 하여 특정경제범죄 가중처벌 등에 관한 법률 위반(배임)으로 기소된 사안에서, 피고인이 배임죄에서의 '타인의 사무를 처리하는 자'에 해당하지 않는다고 보아 유죄를 인정한 원심을 파기하였다.[714]

536 한편 담보설정계약에 따라 채권자가 이미 담보권을 취득한 상태에서 채무자가 자기 소유 물건 을 은닉·손괴하는 등으로 채권자의 권리행사를 방해하는 경우 권리행사방해죄는 성립할 수 있고, 최근 판례도 이를 명시적으로 인정하였다.

537 [판례] 채무자의 담보유지의무 위반이 문제된 사안에서 권리행사방해죄를 인정한 경우

검사는 피고인들이 이 사건 건물과 기계·기구에 근저당권을 설정하고도 담보유지의무를 위반하여 이 사건 건물을 철거 및 멸실등기 하고, 이 사건 기계·기구를 양도한 행위를 배임죄로 공소제기하였다가 권리행사방해죄로 공소장변경을 신청하여 허가

713 대법원 2021. 7. 15. 선고 2015도5184 판결, 대법원 2021. 7. 15. 선고 2020도3514 판결.
714 대법원 2020. 4. 29. 선고 2014도9907 판결.

되었다. 대법원은, 피고인들이 근저당권이 설정된 이 사건 건물을 철거한 뒤 멸실등기를 마치고 이 사건 기계·기구를 양도함으로써 담보권자인 피해자의 권리의 목적이 된 피고인들의 물건을 손괴 또는 은닉하여 피해자의 권리행사를 방해하였다고 보아 유죄로 판단한 원심을 수긍하였다.[715]

다. 평가와 검토

538 종래 학설의 전통적인 견해는 '상대방의 재산보전에 협력할 의무가 있는 경우'도 배임죄의 타인의 사무에 해당한다는 전제에서, 부동산 매매계약, 부동산 저당권 설정계약 등에 따른 등기협력의무는 자기의 거래를 완성하기 위한 자기의 사무인 동시에 본질적으로 타인의 사무에 해당한다는 이유로 이를 위반하여 목적 부동산을 임의로 처분한 경우 배임죄의 성립이 긍정되어야 한다고 보는 경우가 많다.[716] 특히 부동산 매매에 대해서는 매수인이 중도금을 지급하면 계약의 이행에 착수한 것이 되어 매도인은 계약을 일방적으로 해제할 수 없는 효과가 발생하므로 매수인의 소유권취득에 협력하여야 할 신의칙상 신임관계가 발생하였다고 설명한다. 같은 취지에서 부동산 대물변제예약을 체결한 채무자가 목적 부동산을 타에 처분하여 채권자의 부동산 취득을 불가능하게 하거나 현저하게 곤란하게 한 경우에도 배임죄가 성립하여야 한다고 한다.[717]

539 반면, 판례의 전체적인 방향성에 찬성하여 '상대방의 재산보전에 협력할 의무가 있는 경우' 사무의 타인성을 보다 제한적으로 해석하는 견해도 유력하게 제기된다. 부동산 매도인이 등기협력의무를 부담한다고 하더라도 이는 결국 소유권이전의무에 불과하여 매도인의 자기의 사무일 뿐이고, 저당권설정계약 등 담보설정계약에 따라 채무자가 부담하는 의무도 통상적인 계약관계의 이익대립관계에서 부담하는 의무로서 채무자 자기의 사무에 불과하다는 것이다.[718] 이러한 전제에서 현재 판례가 부동산 이중양도에서만 예외적으로 양도인을 양수인을 위한 타인의 사무처리자로 보아 배임죄 성립을 긍정하는 것에 대해서 비판적인

715 대법원 2021. 1. 14. 선고 2020도14735 판결.

716 김일수/서보학, 새로쓴 형법각론(제9판), 박영사(2018), 386; 배종대, 형법각론(제14판), 홍문사(2023), 455; 이재상 외 2인, 형법각론(제12판), 박영사(2021), 430; 정성근/정준섭, 형법강의 각론(제2판), 박영사(2022), 318.

717 김일수/서보학, 새로쓴 형법각론(제9판), 박영사(2018), 392.

718 홍영기, 형법 총론과 각론, 박영사(2022), 459, 463.

견해가 많이 제기되고 있다.[719] 이들 견해는 중도금을 지급받은 경우 해약이 불가능하게 한 것은 이행에 착수한 사람의 손해를 방지하기 위한 것일 뿐이므로 이를 형법상 배임죄를 인정할 특별한 신뢰관계 발생의 근거로 볼 수 없다거나, 제1매수인과의 계약이행만 강제하는 결과가 되어 사적 자치 및 형법의 보충성에 반한다거나, 임무위배행위에 해당하지만 배임죄로 처벌되지 않는 유사한 사례들과 어떠한 관점에서 차이가 있는지 설명하기 어렵다는 등의 논거를 제시한다.[720]

540 생각건대, 임무위배행위를 구성요건으로 하는 배임죄는 자칫하면 민사상 채무불이행의 영역으로 광범위하게 확장되어 죄형법정주의를 침해할 위험성을 가지고 있다. 우리 형법이 채무불이행죄를 규정하고 있지 않은 이상 문제된 행위의 본질이 통상적인 민사계약상 채무불이행에 불과하다면 형사법의 개입은 최대한 자제되어야 하고, 사적 자치의 원칙이 지배하는 경제활동의 영역에서 민사적 수단에 의하여 분쟁을 해결하도록 하는 것이 바람직하다. 따라서 당사자 관계의 전형적·본질적 내용이 타인의 재산을 보호하거나 관리하는 데에 있지 않은 일반적 민사계약관계에 대하여 사무의 타인성을 제한적으로 해석하려는 판례의 전체적인 방향성은 타당하다.

541 한편, 학설 가운데 각종 이중처분 사안에서 당사자 사이에 청구권에 불과한 채권채무관계에 있는 단계에서는 사무의 타인성을 인정할 수 없으나 물권관계가 설정된 후에는 사무의 타인성을 인정할 수 있다고 보아, 계약 상대방이 담보물권 등의 권리를 취득한 경우에는 타인의 사무처리자로 인정하여야 한다는 견해

719 강동욱, "부동산 이중매매 매도인의 형사책임에 관한 판례 태도에 대한 비판적 검토", 사법(36호), 33; 김혜정, "부동산 이중매매에서 배임죄의 성립여부에 대한 판단", 법조통권 732호(2021. 2.), 838~840; 문형섭, "배임죄의 본질과 주체의 범위", 법조 51권 1호(2002), 24; 류승훈/서상문, "판례 평석: 부동산 이중매매시 형사상 배임죄 성립의 인정", 아주법학 12권 4호(2019), 107~111; 박찬걸, "부동산 이중매매가 과연 형사처벌의 대상인가?", 형사정책 30권 1호(2018), 27~29; 안경옥, "배임죄의 '타인의 사무를 처리하는 자'의 의미: 동산·부동산의 이중매매·이중양도를 중심으로", 법조통권 720호(2016), 599; 오영근, 형법각론(제7판), 박영사(2022), 396; 이정민, "부동산 이중매매와 배임죄에서 '타인의 사무': 물권변동의 형식주의와 신임관계를 중심으로", 인권과정의 500호(2021), 49~69; 이정원, "배임죄의 구조와 문제점", 전북대 법학연구 34집(2011), 139; 주지홍, "부동산이중매매에 있어서 배임죄 적용 결과 민사법질서에 미치는 부정적 영향", 법학연구 51권 2호(2010), 331~341; 허일태, "부동산 이중매매와 배임죄", 형사법연구 15호(2001), 333~334; 홍진영, "법경제학의 시각에서 바라본 부동산 이중매매의 형사처벌", 김재형대법관재임기념논문집(2022), 97~119.

720 강수진, "부동산 이중매매를 배임죄로 처벌하는 것은 타당한가? - 배임죄 불성립론에 대한 검토를 중심으로", 형사법의 신동향 49호(2015. 12), 356~360.

도 있고,[721] 앞서 본 전원합의체 판결들 가운데 일부 반대의견에서 유사한 취지의 견해가 제시된 바도 있다.[722] 그러나 어떤 물건이나 권리가 거래 상대방에게 형식적으로 귀속되었는지 여부는 배임죄의 주체인 타인의 사무를 처리하는 자인지를 판가름할 결정적 요소가 될 수 없고,[723] 계약 자체의 내용 등에 기초하여 당사자 관계의 전형적·본질적 내용이 무엇인지를 기준으로 보아야 한다. 권리이전 또는 물권변동의 방식을 형식주의로 할지 의사주의로 할지는 민법 등 사법 영역에서 입법정책의 문제에 불과하고, 형식주의에서 공시방법을 갖추지 않아 아직 권리를 취득하지 못한 상태에서 제3자에게 권리가 처분되어 권리취득이 불능으로 된 경우와 의사주의에서 당사자 간 합의에 의해 양수인이 일단 형식적으로 권리를 취득하였으나 대항요건을 갖추지 않아 대세적으로 권리를 주장할 수 없는 상태에서 제3자에게 권리가 처분되어 형식적으로나마 취득한 권리를 상실하게 되는 경우를 비교할 때, 양자는 실질적으로 전혀 다를 바가 없고 계약상 급부가 완전히 이행되기 전에 타에 처분되어 결국 계약의 목적을 달성하지 못한다는 점에서 동일하기 때문이다.

542 최근 대법원 판례들의 다수의견도 양수인 또는 채권자에 대한 권리의 (준)물권적인 이전·귀속 상태를 기준으로 양도인 또는 채무자에게 타인의 사무처리자 지위를 인정하는 논리는 채택하지 않는다는 입장을 수차례 밝혀왔다. 일반 동산 양도담보 사안에서 '인도'로 인한 채권자의 양도담보권 취득 전·후에 상관없이 채무자에게 타인의 사무처리자 지위를 부정하였고,[724] '동산·채권 등의 담보에 관한 법률'에 따른 동산담보 사안에서도 마찬가지로 담보약정 후 채권자의 동산담보권 취득 전·후에 상관없이 채무자에게 타인의 사무처리자 지위를 부정하였다.[725] 또한 당사자간 합의만으로 권리이전의 준물권적 효력이 발생하는 금전채권의 양도[726] 또는 양도담보,[727] 주권발행 전 주식의 양도[728] 또는 양도담보[729]

721 손동권/김재윤, 새로운 형법각론(제2판), 율곡출판사(2022), 454~455.
722 대법원 2020. 2. 20. 선고 2019도9756 전원합의체 판결 반대의견, 대법원 2020. 8. 27. 선고 2019도14770 전원합의체 판결 반대의견, 대법원 2022. 6. 23. 선고 2017도3829 전원합의체 판결 반대의견.
723 대법원 2020. 2. 20. 선고 2019도9756 전원합의체 판결 다수보충의견.
724 대법원 2020. 2. 20. 선고 2019도9756 전원합의체 판결.
725 대법원 2020. 8. 27. 선고 2019도14770 전원합의체 판결.
726 대법원 2022. 6. 23. 선고 2017도3829 전원합의체 판결.
727 대법원 2021. 7. 15. 선고 2015도5184 판결, 대법원 2021. 7. 15. 선고 2020도3514 판결.
728 대법원 2020. 6. 4. 선고 2015도6057 판결.
729 대법원 2021. 1. 28. 선고 2014도8714 판결.

등의 사안에서 모두 양도인 또는 채무자에게 타인의 사무처리자 지위를 부정하였다. 다만, 채권자가 담보물권을 취득한 상태에서 채무자가 목적물을 임의처분하는 행위에 대하여 앞서 본 바와 같이 권리행사방해죄가 인정될 여지는 있을 것이고, 당사자 간의 개별약정에 단순 권리이전 또는 담보설정계약을 넘어서 위임 등 배임죄의 신임관계를 인정할 만한 요소가 포함되어 있다면 이에 근거하여 사무의 타인성을 인정할 여지는 있을 것이다.

543 결국 판례는 부동산 양도계약에 따른 소유권이전의무에 대해서만 중도금 지급 관행 등 거래 현실의 특수성을 고려하여 예외적으로 타인의 사무로 인정하고, 그 밖에 다양한 형태의 재산권에 관한 권리이전계약상 양도인의 이전의무와 담보설정계약상 채무자의 담보제공 및 유지의무에 대하여 모두 타인의 사무가 아니라고 보았다. 이러한 판례의 방향성에 비추어 볼 때, 권리이전계약이나 담보설정계약에 관하여 아직 명시적으로 변경되지 않은 판례도 향후 동일한 재산권의 이중처분 등이 문제될 경우 변경될 가능성이 높다. 예컨대 주류제조면허 이중양도,[730] 토석채취권 이중양도,[731] 골프장회원권 담보제공 후 임의처분[732] 등의 사안에서 배임죄의 성립을 긍정한 판례들이 그러하다.

544 종래 판례는 부동산 전세권설정계약 사안에서도 '전세권설정계약을 맺고 전세금의 중도금까지 지급받고도 임의로 타에 근저당권설정등기를 경료해 줌으로써 전세금 반환채무에 대한 담보능력 상실의 위험이 발생되었다고 보여진다면 위 등기 경료 행위는 배임죄를 구성한다'고 한 바 있으나,[733] 앞서 본 부동산 이중저당 등에 관한 현재 판례의 입장에 비추어 위 판례도 향후 변경될 가능성이 높다고 보인다.

545 종래 판례 가운데 피고인이 甲으로부터 토지를 매수하여 먼저 소유권이전등기를 넘겨받은 다음 매매대금 지급을 담보하기 위해 이를 신탁회사에 처분신탁하고 신탁계약상의 수익권에 관하여 甲에게 권리질권을 설정해 주었으나 매매대금 일부가 미지급된 상태에서 일부 토지에 관한 신탁계약을 해지하고 이를 제3자에게 처분한 사안에서, 피고인이 타인의 사무처리자에 해당한다고 보아 배임죄의 성립을 긍정한 사례가 있으나,[734] 이 판결 역시 현재 판례의 입장과는 부

730 대법원 1979. 11. 27. 선고 76도3962 전원합의체 판결.
731 대법원 1979. 7. 10. 선고 79도961 판결.
732 대법원 2012. 2. 23. 선고 2011도16385 판결.
733 대법원 1993. 9. 28. 선고 93도2206 판결.
734 대법원 2010. 8. 26. 선고 2010도4613 판결.

합하지 않는다고 보인다.

3. 부동산의 이중매매

가. 배임죄의 성립을 긍정하는 판례 법리의 적용범위

546 대법원은 앞서 상술한 2017도4027 전원합의체 판결을 통하여 부동산 매도인을 타인의 사무처리자로 보는 종래의 입장을 그대로 유지하였다. 위 전원합의체 판결은 종래 판례에서 공동신청주의에 따른 '등기협력의무'를 타인의 사무로 인정하는 근거로 들었던 것과는 달리, 개인의 재산권 보호가 소홀해지지 않도록 하기 위한 규범적 판단의 필요성과 중도금 지급 관행 등 부동산 매매거래 현실의 특수성을 강조하면서 부동산 매도인이 부담하는 '소유권이전의무'를 타인의 사무로 인정하는 근거로 설시하고 있다. 즉 타인의 사무로 인정하는 이론적 근거가 다소 달라지기는 하였으나 종래 판례가 배임죄의 성립을 긍정하면서 설시한 법리는 그대로 유지되는 것이므로, 이하에서는 부동산 이중매매에 관하여 판례가 그동안 축적해온 법리를 위주로 살펴본다.

547 먼저 타인의 사무처리자 지위를 인정하는 근거가 되는 제1계약이 부동산 매매계약인 경우뿐만 아니라 부동산 교환계약[735]이나 서면에 의한 증여계약[736]인 경우에도 부동산 이중매매와 같은 법리가 적용된다. 다만, 구두의 증여계약인 경우에는 이행되기 전까지 당사자가 언제든지 해제할 수 있으므로, 증여자가 수증자의 사무를 처리하는 자의 지위에 있다고 할 수 없다.[737]

548 목적물이 무허가건물이나 환지처분 전 체비지인 경우에도 '부동산'에 해당한다고 볼 수밖에 없으므로 기본적으로 같은 법리가 적용된다.[738]

549 그러나 목적물이 권리이전에 등기·등록을 요하는 동산이라고 하더라도 부동산이 아닌 이상 부동산 이중매매에 관한 판례 법리는 적용되지 않는다.[739] 또한 '부동산 자체'의 양도가 아니라, 분양계약에 따른 수분양자의 지위의 이전을 목적으로 하는 '권리'의 양도계약인 수분양권 매매[740]의 경우에도 부동산 이중매매에 관한 판례 법리는 적용되지 않는다.

735 대법원 2018. 10. 4. 선고 2016도11337 판결.
736 대법원 2018. 12. 13. 선고 2016도19308 판결.
737 대법원 2005. 12 9. 선고 2005도5962 판결.
738 대법원 2005. 10. 28. 선고 2005도5713 판결, 대법원 2022. 10. 27. 선고 2021도6089 판결.
739 대법원 2020. 10. 22. 선고 2020도6258 전원합의체 판결.
740 대법원 2021. 7. 8. 선고 2014도12104 판결.

550 [판례] 무허가건물의 이중양도

무허가건물대장은 무허가건물의 정비에 관한 행정상의 사무처리의 편의를 위하여 작성 비치되는 것으로써 그 대장에의 기재에 의하여 무허가건물에 관한 권리의 변동이 초래되거나 공시되는 효과가 생기는 것이 아니므로 무허가건물대장에 소유자로 등재되었다는 사정만으로는 그 무허가건물에 대한 소유권 기타의 권리를 취득하거나 권리자로 추정되는 효력은 없다 할 것이나, 무허가건물의 양도인은 특별한 사정이 없는 한 대금수령과 동시에 양수인에게 그 건물을 인도할 의무가 있다 할 것이고, 무허가건물의 양수인은 양도인으로부터 무허가건물을 인도받아 점유함으로써 소유권에 준하는 사용·수익 처분의 포괄적인 권능을 가지게 되므로, 이와 같이 양수인에게 무허가건물을 인도할 의무를 부담하는 양도인이 중도금 또는 잔금까지 수령한 상태에서 양수인의 의사에 반하여 제3자에게 그 무허가건물을 이중으로 양도하고 중도금까지 수령하였다면 이는 양수인에 대한 관계에서 임무위배행위로서 배임죄의 실행의 착수가 있었다고 할 것이고, 더 나아가 제3자로부터 잔금을 수령하고 무허가건물을 인도하였다면 이는 배임죄의 기수에 해당한다.[741] 즉 무허가건물이므로 등기절차가 아닌 인도를 기준으로 기수책임을 인정하였다.

551 [판례] 체비지 이중매매

체비지 매매계약은 부동산 매매계약의 일종이므로 체비지 매도인의 대표자인 피고인이 제1차 매수인인 피해자로부터 잔금까지 모두 수령한 이상 피해자에 대한 관계에서 타인의 사무를 처리하는 자의 지위에 있다. 피고인은 해당 체비지를 이중으로 매도하고 제2차 매수인으로부터 잔금까지 수령하였으므로 배임행위의 실행에 착수한 것으로 인정되나, 체비지대장의 등재는 물권의 공시방법이 아니므로 피고인이 체비지대장상 소유자 명의를 제2차 매수인에게 변경해준 행위만으로는 피해자의 소유권이전등기청구권이 이행불능으로 되거나 이행불능에 빠질 구체적·현실적 위험이 발생하였다고 보기 어려워 배임죄의 기수에 이르렀다고 할 수 없다고 하여, 배임미수죄를 인정한 원심을 수긍하였다.[742]

분석과 검토: 체비지 매매는 실제 위치와 면적 등으로 특정된 물리적 현황을 가지고 있는 토지 부분에 관한 매매계약으로서 부동산 인도의무 및 소유권이전의무가 발생하는 점에서 일반적인 부동산 매매계약과 동일하다. 환지절차가 진행 중에 있으므로 소유권이전등기청구권의 행사시기만 환지처분 이후로 되는 것에 불과하므로, 타인의 사무처리자 지위 인정 여부에 관하여 일반적인 부동산 매매계약과 본질적 차이는 없다고 평가한 것이다.

741 대법원 2005. 10. 28. 선고 2005도5713 판결.
742 대법원 2022. 10. 27. 선고 2021도6089 판결.

나. 부동산 이중매매의 당사자

552 이중매매로 인한 배임행위의 주체는 매도인이다. 이중매매 당시 매도인의 소유가 아니라 제3자의 소유였다고 하더라도 매도인이 그 제3자로부터 어떠한 방법에 의하든 매수인 앞으로 소유권이전등기를 해 줄 수 있는 지위, 즉 매수인을 위한 소유권이전의무가 이행가능한 지위에 있으면 배임죄의 성립에 영향이 없다.[743] 가령 교회의 대표자가 교회 재산에 관하여 개인 명의로 매도하는 내용으로 타인의 권리에 관한 매매계약을 체결한 사안에서, 교회의 대표자로서 교인총회를 소집·개최하여 처분결의를 얻을 수 있음에도 그러한 노력을 하지 아니한 채 이중으로 매매계약을 체결하거나 담보가등기를 설정한 행위는 배임죄에 해당한다.[744]

553 이중매매로 인한 배임죄의 피해자는 제1매수인이다. 소유권을 넘겨받지 못한 제1매수인으로부터 그 목적물을 양수한 사람은 피해자가 될 수 없다. 따라서 대지 매도인이 중도금 및 잔금채권을 담보하기 위하여 매수인이 건축한 지상 상가건물의 소유권보존등기를 그 명의로 하면서 직접 분양자들에게 상가 점포에 관한 지분이전등기를 하기로 하였는데, 이미 상가점포를 분양받은 자들이 있음에도 불구하고 매수인의 요구에 따라 제3자에게 소유권지분이전등기를 마쳐 주었다 하더라도, 대지 매도인은 점포분양 계약의 당사자가 아니므로 점포분양자들에게 지분이전등기절차에 협력할 의무를 부담하고 있다고 보기 어렵고, 설사 대지 매도인이 위 대지를 매도하면서 직접 점포를 분양받은 자에게 이전등기를 해 줄 것을 약정하였다고 하더라도 이는 매수인에 대하여 부담하는 의무일 뿐 분양자들에 대한 의무로는 볼 수 없으므로 이들의 사무를 처리하는 자의 지위에 있다고 볼 수 없다.[745]

554 또 매도인 甲이 제2매수인 丙과 이중으로 매매계약을 체결하였으나 丙 앞으로 등기를 넘겨주지 않고 원래의 매매계약에 따라 제1매수인 乙 앞으로 소유권이전등기를 마쳐주었다면 丙에 대한 관계에서 甲은 민사상 채무불이행책임을 질 뿐 이중매매로 인한 배임죄는 성립하지 않는다.[746] 다만 丙에 대한 사기죄의 성부가 문제될 여지가 있으나 판례는 대체로 부정적인 입장이다. 즉 제1 매매계약을 일방적으로 해제할 수 없는 처지에 있었다는 사정만으로 제2 매매계약의 효력이나

743 대법원 1985. 11. 12. 선고 84도984 판결 등.
744 대법원 1993. 4. 9. 선고 92도2431 판결.
745 대법원 1984. 1. 24. 선고 83도1035 판결.
746 대법원 1992. 12. 24. 선고 92도1223 판결, 대법원 2009. 2. 26. 선고 2008도11722 판결, 대법원 2010. 4. 29. 선고 2009도14427 판결 등.

그 채무의 이행에 장애를 가져온다고 할 수 없고 또한 이러한 사정을 제2매수인에게 고지하지 아니하였다고 하여 기망한 것이라고 평가하기도 어렵다는 것이다.[747]

555 부동산 교환계약에 있어서는 양 당사자 모두 배임행위의 주체가 될 수 있고,[748] 서면에 의한 증여계약에 있어서는 증여의 의사를 표시한 자가 배임행위의 주체가 될 수 있을 것이다.[749]

다. 부동산 매도인 등이 배임죄의 주체가 되는 경우

1) 계약금만 수령한 경우

556 매매계약이나 교환계약을 체결하고 계약금만 수령한 단계에서 이증양도행위를 한 때에는 양도인을 제1양수인의 사무를 처리하는 사람으로 볼 수 없다.[750] 부동산 이중매매에 있어서 매도인이 배임죄의 주체가 되기 위해서는 계약금을 받은 것만으로는 부족하고 적어도 중도금을 받는 등 매도인이 더 이상 임의로 계약을 해제할 수 없는 상태에 이르러야 한다. 따라서 특별한 사정이 없는 한 매매계약 당시 합의한 계약금이 매매대금 총액에 비하여 다소 과다하다는 사정만으로 매도인이 그 배액을 상환하여 매매계약을 해제할 권한을 유보하지 아니한 것으로 볼 수는 없고, 이러한 경우 매도인이 합의한 계약금 전부를 지급받지 못하고 있다면, 아직 타인의 사무를 처리하는 자의 지위에 있다고 할 수 없으므로 이중으로 제3자에게 처분한 행위에 대하여 배임죄의 책임을 물을 수 없다.[751]

2) 중도금 또는 잔금을 수령하는 등 계약이 본격적으로 이행되는 단계에 이른 경우

557 부동산 매매계약의 경우 매도인이 중도금을 수령하는 단계에서 배임죄의 주체가 된다.[752] 중도금이 지급되는 등 계약이 본격적으로 이행되는 단계에 이른 때에는 계약이 취소되거나 해제되지 않는 한 매도인은 매수인에게 부동산의 소유권을 이전해 줄 의무에서 벗어날 수 없으므로, 이러한 단계에 이른 때에 매도인은 매수인에 대하여 매수인의 재산보전에 협력하여 재산적 이익을 보호·관리할 신임관계에 있게 된다.

747 대법원 2008. 5. 8. 선고 2008도1652 판결, 대법원 2012. 1. 26 선고 2011도15179 판결 등.
748 대법원 2018. 10. 4. 선고 2016도11337 판결.
749 대법원 2018. 12. 13. 선고 2016도19308 판결.
750 대법원 1980. 5. 27. 선고 80도290 판결, 대법원 1984. 5. 15. 선고 84도315 판결, 대법원 1986. 7. 8. 선고 85도1873 판결 등.
751 대법원 2007. 6. 14. 선고 2007도379 판결.
752 대법원 1984. 5. 15. 선고 84도315 판결, 대법원 1986. 7. 8. 선고 85도1873 판결, 대법원 1988. 12. 13. 선고 88도750 판결, 대법원 2018. 5. 17. 선고 2017도4027 전원합의체 판결 등.

558 중도금이 실제 지급되지 않았더라도 지급된 것으로 볼 수 있는 경우, 즉 지급에 갈음하여 매수인 소유의 다른 부동산에 관한 소유권이전등기서류를 교부받은 경우에도 매도인이 매매목적물을 타에 처분하였다면 배임행위에 해당한다.[753]

559 부동산 교환계약의 경우에는 사회통념 내지 신의칙에 비추어 매매계약에서 중도금이 지급된 것과 마찬가지로 교환계약이 본격적으로 이행되는 단계에 이른 때에 그 의무를 이행받은 당사자는 상대방의 재산보전에 협력하여 재산적 이익을 보호·관리할 신임관계에 있게 되므로,[754] 이 때 배임죄의 주체가 된다.

560 [판례] 부동산 교환계약에서 매매계약의 중도금이 지급된 것과 마찬가지로 계약이 본격적으로 이행된 단계로 인정한 경우

피해자가 이 사건 교환계약에 따른 정산금 지급의무를 다하였고, 법무사 사무실에 교환대상 토지의 소유권이전등기에 필요한 서류를 맡긴 후 피고인에게 서류를 맡긴 사실과 이를 찾아가라는 내용의 통지까지 마친 사안에서, 이 사건 교환계약은 사회통념 내지 신의칙에 비추어 매매계약에서 중도금이 지급된 것과 마찬가지로 본격적으로 이행되는 단계에 이르렀으므로, 피고인은 피해자에 대하여 그 재산적 이익을 보호할 신임관계에 있게 되어 타인인 피해자의 소유권 취득 사무를 처리하는 자가 되었다고 한 사례.[755]

라. 부동산 이중매매의 태양에 따른 배임죄의 성부

1) 배임죄가 성립한다고 본 경우

561 이중매매의 가장 전형적인 경우는 매매계약을 체결한 매도인이 다시 제3자에게 매도를 하여 소유권이전등기를 해주는 경우이지만, 매도인이 제3자에게 채무담보조로 이전등기나 가등기를 해주거나,[756] 근저당권설정등기를 해 주거나,[757] 전세권설정등기를 해 주는 경우[758] 등도 모두 이에 해당한다.

562 지상건물을 철거하여 대지를 인도하기로 한 매도인이 약정기한 전에 그 건물에 관하여 제3자 앞으로 가등기를 한 경우도 배임죄에 해당한다.[759]

753 대법원 1986. 10. 28. 선고 86도936 판결.
754 대법원 2018. 10. 4. 선고 2016도11337 판결.
755 대법원 2018. 10. 4. 선고 2016도11337 판결.
756 대법원 1982. 2. 23. 선고 81도3146 판결, 대법원 1985. 10. 8. 선고 83도1375 판결 등.
757 대법원 1989. 10. 24. 선고 89도641 판결.
758 대법원 1969. 9. 30. 선고 69도1001 판결.
759 대법원 1983. 6. 14. 선고 81도2278 판결, 대법원 2006. 12. 21. 선고 2006도2684 판결.

563 한편 제1매수인에 의하여 처분금지가처분이 되어 있어 결과적으로 제2매수인의 등기가 말소될 운명에 있다거나 이미 말소되었다 하더라도 배임죄의 성립에는 아무 영향이 없다.[760]

564 [판례] 부동산 매도인이 이중매도 후 가등기를 마쳐준 행위

부동산의 매도인으로서 매수인에 대하여 그 앞으로 소유권이전등기절차에 협력할 의무 있는 자가 그 임무에 위배하여 같은 부동산을 매수인 이외의 제3자에게 이중으로 매도하고 제3자 앞으로 소유권이전청구권 보전을 위한 가등기를 마쳐 주었다면, 이는 매수인에게 손해 발생의 위험을 초래하는 행위로서 배임죄를 구성한다.[761]

565 [판례] 매도인과 매수인 사이에 재판상 화해가 성립된 경우

위임받은 타인의 사무가 부동산소유권이전등기의무인 경우에는 매도인의 임무위배행위로 인하여 매수인의 소유권이전등기청구권이 이행불능 되거나 이행불능에 빠질 위험성이 있으면 배임죄는 성립되고, 매도인과 매수인 사이에 소유권이전등기절차를 이행하기로 하는 재판상화해가 성립한 경우에도 마찬가지이다.[762]

566 [판례] 중도금을 수령한 매도인이 매수인 앞으로 최선순위 근저당권과 가등기를 마쳐주기로 약정하였음에도 제 3 자에게 가등기를 마쳐준 경우

피고인들이 담보권 실행을 위한 경매절차가 진행 중인 호텔을 피해자 측에 매도하면서 소유권 확보방안으로 이에 관한 최선순위 근저당권과 소유권이전청구권 가등기를 이전하여 주기로 한 약정에 따라 중도금까지 수령하였는데도, 가등기를 피고인들이 실질적으로 지배하는 회사에 이전한 경우, 피고인들과 위 회사들과의 관계에 비추어 가등기의 등기명의를 회복하여 피해자에게 이전등기해 주는 것이 불가능하지는 않으나, 제반 사정에 비추어 이로 인해 피해자의 피고인들에 대한 가등기이전등기청구권이 이행불능에 빠질 위험성이 발생하였다는 이유로 피고인들에게 유죄를 인정한 원심판단을 수긍하였다.[763]

760 대법원 1969. 9. 30. 선고 69도1001 판결, 대법원 1973. 1. 16. 선고 72도2494 판결, 대법원 1990. 10. 16. 선고 90도1702 판결 등.

761 대법원 1983. 6. 14. 선고 81도2278 판결, 대법원 2006. 11. 9. 선고 2006도3626 판결, 대법원 2008. 7. 10. 선고 2008도3766 판결 등.

762 대법원 2007. 7. 26. 선고 2007도3882 판결.

763 대법원 2011. 6. 30. 선고 2011도1651 판결.

567 [판례] 매도인이 매수인에게 가등기를 마쳐 준 경우
부동산 매도인이 매수인에게 순위보전의 효력이 있는 가등기를 마쳐 주었더라도 이는 향후 매수인에게 손해를 회복할 수 있는 방안을 마련하여 준 것일 뿐 그 자체로 물권변동의 효력이 있는 것은 아니어서 매도인으로서는 소유권을 이전하여 줄 의무에서 벗어날 수 없으므로, 그와 같은 가등기로 인하여 매수인의 재산보전에 협력하여 재산적 이익을 보호·관리할 신임관계의 전형적·본질적 내용이 변경된다고 할 수 없다. 가등기의 순위보전 효력에 의해 매수인이 자신 명의로 소유권이전등기를 마칠 수 있는 수단을 마련해 준 이상 피고인이 피해회사의 재산보전에 협력하는 신임관계에 있지 않다는 이유로 배임죄를 무죄로 판단한 원심을 파기하였다.[764]

2) 배임죄가 성립하지 않는다고 본 경우

568 매도인이 부동산을 이중으로 매도하고 제1매수인에게 소유권이전의무를 이행하였다고 하여 제2매수인에 대한 관계에서 배임죄가 성립하는 것은 아니다. 이때 제1매수인과의 매매계약이 특별한 사정에 의하여 제1매수인에 대한 사기죄를 구성하는 경우에도 그 매매계약에 무효사유가 있거나 취소되지 아니하는 한 제1매수인에 대한 소유권이전등기의무가 존재하지 않거나 소멸할 리 없고, 따라서 이를 이행한 것은 배임죄에 해당하지 않는다.[765]

569 명의신탁한 부동산의 신탁자인 실질적 소유자가 그 부동산을 매도하고 수탁자로부터 직접 매수인에게 등기를 이전하여 주기로 하였는데 계약 후 이를 자기 앞으로 이전등기하거나[766] 가등기를 하였다 하더라도[767] 그러한 행위만으로 배임행위에 해당하지 않으며 타인에게 이전등기를 마쳐준 경우에만 이중매매가 된다.

570 매도인이 제1매수인으로부터 부동산을 다시 매수한 경우에도 매도인은 제1매수인에게 재매입대금을 청산할 의무만을 지고 있을 뿐 소유권이전의무는 부담하지 않으므로, 재매입대금을 청산치 못한 채 타에 매도하여 이전등기를 마쳐주어도 배임죄에 해당하지 않는다.[768]

571 매매계약이 적법하게 해제된 경우에는 매도인이 그 계약에 의한 의무에서 벗어나게 되므로 다시 타에 매도하더라도 이중매매에 해당하지 않지만, 해제가 결국 요건을 갖추지 못하여 부적법한 것으로 판명되었는데 매도인은 해제가 적법한

764 대법원 2020. 5. 14. 선고 2019도16228 판결.
765 대법원 1992. 12. 24. 선고 92도1223 판결.
766 대법원 1974. 2. 12. 선고 73도1926 판결.
767 대법원 1985. 8. 20. 선고 84도2109 판결.
768 대법원 1984. 4. 24. 선고 83도1945 판결.

것으로 믿었고 그 믿음에 정당한 이유가 있었던 경우에는 배임죄의 범의가 부정된다.[769] 매도인 의무의 근거가 되는 제1매매계약이 가장매매,[770] 조건불성취로서 효력이 발생하지 아니한 경우[771]에도 배임죄가 성립하지 않는다.

572 농지매매와 관련하여서는 비농가이고 자경의사도 없는 사람에게 농지를 매도하는 등으로 구 농지개혁법에 위반되어 무효가 되는 경우에는 배임죄 또는 횡령죄가 성립하지 않는다.[772] 그러나 농지매매에 관하여 소재지관서의 증명이 없는 경우에 매매에 의한 물권변동의 효과, 즉 소유권이전의 효과는 발생할 수 없으나 농지매매 당사자 사이에 채권계약으로서의 매매계약은 유효하게 성립할 수 있는 것이므로, 농지를 이중으로 매도한 경우에 먼저의 농지매매에 관하여 소재지관서의 증명이 없다는 이유만으로는 배임죄의 성립을 부정할 수 없다. 따라서 농지매매 당사자들이 장차 관광지 조성계획의 승인 등으로 법령상 농지 소재지관서의 증명이 없어도 소유권이전등기가 가능하게 되면 이전등기를 할 생각으로 매매계약을 체결하고 매매대금을 지급한 경우라면, 농지 소재지관서의 증명이 없고 장차에도 이를 발급받을 수 없는 형편에 있다 하더라도 이를 이중으로 매도한 경우 배임죄가 성립한다.[773]

573 토지거래허가구역 내 토지의 매매에 관하여 소정의 허가를 받은 바 없다면 그 매매는 물권적 효력은 물론 채권적 효력도 없는 것이어서 매도인이 매수인에 대한 소유권이전등기의무를 부담한다고 할 수 없으므로 매도인을 타인의 사무를 처리하는 자에 해당한다고 할 수 없고, 그러한 토지거래허가를 받을 수 있도록 협력할 의무가 있다고 하더라도 이는 아직 타인의 사무라 할 수 없으므로, 매도인이 그 토지를 이중 매도하였다 하더라도 배임죄를 구성하지 않는다.[774] 그리고 그러한 규제대상토지와 지상건물을 함께 매도한 경우에 토지거래허가를 받지 못하면 건물만이라도 매매하였으리라고 볼 수 있는 특별한 사정이 없는 한 건물에 대한 이전등기의무만 있다고 할 수 없으므로, 건물부분에 대해서만

769 대법원 1983. 2. 22. 선고 82도1636 판결, 대법원 1983. 9. 13. 선고 81도2961 판결, 대법원 1988. 5. 10. 선고 88도74 판결 등.

770 대법원 1983. 7. 12. 선고 82도2941 판결.

771 대법원 1984. 7. 24. 선고 84도815 판결.

772 대법원 1979. 3. 27. 선고 79도141 판결, 대법원 1982. 2. 9. 선고 81도2936 판결 등.

773 대법원 1991. 7. 9. 선고 91도846 판결.

774 대법원 1992. 10. 13. 선고 92도1070 판결, 대법원 1994. 6. 14. 선고 94도612 판결, 대법원 1994. 6. 28. 선고 94도1279 판결, 대법원 1995. 1. 20. 선고 94도697 판결, 대법원 1996. 2. 9. 선고 95도2891 판결 등.

배임죄가 성립한다고 볼 수 없다.[775] 그러나 구 국토이용관리법 제21조의7 소정의 신고지역 안의 토지매매와 관련하여서는 위 토지거래신고에 관한 규정은 단속법규로서 신고의무에 위반한 계약의 사법적 효력까지 부인되는 것은 아니므로 이 사유로는 배임죄의 성립을 부정할 수 없다.[776]

574 [판례] 토지거래허가를 잠탈한 내용의 계약으로 배임행위가 성립하지 않는다고 한 사례
부동산 매매업자 A가 피고인에게서 토지거래허가구역 내 토지를 매수하면서, 매수인을 자신이 운영하는 부동산컨설팅 회사 직원 B 등의 명의로 하고, 소유권이전등기는 A가 지정하는 자에게 하기로 하는 내용의 토지매매계약을 체결하고 대금을 지급하였는데, 그 후 위 토지가 허가구역 지정에서 해제되자 피고인이 이를 임의로 처분한 사안에서, 법상 토지거래허가에 필요한 거주요건을 갖추지 못한 A가 허가요건을 갖춘 C 명의로 허가를 받으려는 의사로 위와 같이 토지매매계약을 체결한 이상, 이와 같은 행위는 처음부터 토지거래허가를 잠탈한 경우에 해당하고, 따라서 위 계약은 처음 체결된 때부터 확정적으로 무효이므로 피고인의 행위가 배임죄를 구성한다고 보기 어렵다.[777]

575 [판례] 강행법규 위반으로 피해자가 애초부터 토지의 소유권을 취득할 수 없어 배임죄가 성립되지 않는다고 본 경우
망 A는 망 B에게, 망 B는 C에게 각 토지에 관한 소유권이전등기절차를 순차 이행하여야 할 의무가 있고, A의 처인 피고인도 A의 위와 같은 의무를 상속하였음에도 그 임무에 위배하여 위 토지를 제3자에게 처분하고 소유권이전등기를 마침으로써 위 토지의 시가 상당의 재산상 이익을 취득하고 C에게 그에 해당하는 손해를 가하였다는 내용으로 기소된 사안에서, B와 C 사이의 토지 매매는 자경 또는 자영할 의사가 없었던 매매로서 C는 구 농지개혁법상 위 토지의 소유권을 취득할 수 없으므로 피고인이 제3자에게 위 토지를 처분하고 소유권이전등기절차를 마쳤더라도 C에 대하여 배임죄를 구성하지 아니한다고 본 원심판단을 수긍하였다.[778]

마. 부동산 이중매매와 공범

576 판례는 제2매수인이 이미 타인에게 매도되었음을 알고 이중으로 양수하는 행위만으로는 공범으로 인정하기에 부족하고, 먼저 매수한 자를 해할 목적으로 양도를 교사하거나 기타 방법으로 양도행위에 적극가담한 경우에 한하여 매도인의

775 대법원 1994. 6. 28. 선고 94도1279 판결.
776 대법원 1991. 7. 9. 선고 91도846 판결.
777 대법원 2011. 6. 30. 선고 2011도614 판결.
778 대법원 2011. 1. 27. 선고 2009도10701 판결.

배임행위에 대한 공범이 성립된다고 한다.[779] 다수설의 입장도 이와 같으나,[780] 배임죄의 성립에 손해의 의사가 필요한 것은 아니므로 이미 매도된 사실을 아는 악의의 제2매수인은 공범의 책임을 져야 한다는 견해[781]도 있다.

577 제2매수인에 대하여는 위와 같이 배임죄의 공범이 성립할 여지가 있을 뿐이지 장물취득죄로 처단할 수는 없다.[782] 배임행위에 제공된 부동산은 배임행위로 영득한 물건 자체는 아니기 때문이다.

바. 부동산 이중매매의 착수 및 기수시기

578 부동산 매도인이 제2매수인으로부터 계약금만을 지급받고 중도금을 수령한 바 없다면 배임죄의 실행의 착수가 있다고 볼 수 없다.[783] 판례는 매도인이 제2매수인과 매매계약을 체결하고 계약금과 중도금까지 수령하였을 때 제1매수인에 대한 소유권이전등기의무의 위배와 밀접한 행위로서 배임죄의 실행착수가 있다고 본다.[784] 학설은 판례와 같은 견해[785]와 제2매수인을 위한 등기절차에 착수할 때라고 보는 견해[786]로 나뉜다.

579 판례에 따르면 미등기건물을 이중매매할 목적으로 등기부처럼 권리관계를 공시하기 위한 것이 아닌 가옥대장상의 소유명의를 자기 처 명의로 변경한 것만으로는 실행의 착수에 해당하지 아니한다.[787] 그러나 양수인에게 무허가건물을 인도할 의무를 부담하는 양도인이 중도금 또는 잔금까지 수령한 상태에서 양수인의 의사에 반하여 제3자에게 그 무허가건물을 이중으로 양도하고 중도금까지 수령하였다면 이는 양수인에 대한 관계에서 임무위배행위로서 배임죄의 실행의 착수가 있었다고 할 것이고, 더 나아가 제3자로부터 잔금을 수령하고 무허가건

779 대법원 1975. 6. 10. 선고 74도2455 판결, 대법원 1983. 7. 12. 선고 82도180 판결, 대법원 2009. 9. 10. 선고 2009도5630 판결.

780 김일수/서보학, 새로쓴 형법각론(제9판), 박영사(2018), 391; 배종대, 형법각론(제14판), 홍문사(2023), 457; 정성근/정준섭, 형법강의 각론(제2판), 박영사(2022), 329.

781 이재상 외 2인, 형법각론(제12판), 박영사(2021), 442.

782 대법원 1975. 12. 9. 선고 74도2804 판결.

783 대법원 2003. 3. 25. 선고 2002도7134 판결, 대법원 2010. 4. 29. 선고 2009도14427 판결 등.

784 대법원 1983. 10. 11. 선고 83도2057 판결, 대법원 2010. 4. 29. 선고 2009도14427 판결 등.

785 김일수/서보학, 새로쓴 형법각론(제9판), 박영사(2018), 394; 배종대, 형법각론(제14판), 홍문사(2023), 457; 손동권/김재윤, 새로운 형법각론(제2판), 율곡출판사(2022), 472; 신동운, 형법각론(제2판), 법문사(2018), 1286; 이용식, 형법각론, 박영사(2019), 67.

786 김성돈, 형법각론(제8판), 성균관대학교 출판부(2022), 500; 오영근, 형법각론(제7판), 박영사(2022), 397; 이재상 외 2인, 형법각론(제12판), 박영사(2021), 441; 정성근/정준섭, 형법강의 각론(제2판), 박영사(2022), 328.

787 대법원 1969. 7. 8. 선고 69도760 판결.

물을 '인도'하였다면 이는 배임죄의 기수에 해당한다.[788]

580 부동산 이중매매의 기수시기는 제2매수인 앞으로 소유권이전등기를 마친 때이다. 즉 부동산 매도인이 매수인에게 소유권을 이전할 의무가 있음에도 불구하고 같은 부동산을 제3자에게 이중으로 매도하여 소유권이전등기를 마친 경우에는 제1매수인에 대한 소유권이전등기의무는 이행불능이 되고 이로써 제1매수인에게 그 부동산의 소유권을 취득할 수 없는 손해가 발생하는 것이므로, 부동산의 이중매매에 있어서 배임죄의 기수시기는 제2매수인 앞으로 소유권이전등기를 마친 때라고 한다.[789]

사. 부동산 이중매매의 죄수

581 이중매매에 의한 배임죄의 죄수는 그 범행에 의하여 위배한 소유권이전의무의 수에 의하여 결정되어야 한다. 따라서 수인의 피해자들에 대하여 각각 별도의 아파트를 분양하여 소유권이전등기의무를 부담하고 있었다면 각 피해자의 보호법익은 독립한 것이므로, 범의가 단일하고 제3자 앞으로 이중의 소유권이전등기 및 근저당권설정등기를 한 시기가 근접하여 있으며 피해자들이 모두 동일인으로부터 소유권이전등기를 받을 권리를 가진 자라 하더라도 그 사유만으로 위 이중매매 등의 범행을 포괄일죄라고 볼 수 없고 피해자별로 독립한 수개의 배임죄가 성립한다.[790] 반면 주택조합아파트 건립예정부지에 관한 등기명의가 건설회사 앞으로 이전되어 있던 상태에서 건설회사 이사의 임무위배행위에 의하여 등기가 타 회사에 이전된 것이라면 그로 인한 부동산의 시가 상당 손해가 실질적으로 각 주택조합원 개인들에게 돌아간다 하더라도 배임의 단순일죄만 성립하는 것이지 수죄가 성립하는 것은 아니다.[791]

VI. 죄수관계

1. 죄수 결정의 기준

582 배임죄의 죄수를 결정하는 기준에 관하여 횡령죄와 마찬가지로 신임관계 및 배임행위의 수를 함께 기준으로 하는 것이 타당하다(☞ 횡령죄의 죄수에 관한 논의는

788 대법원 2005. 10. 28. 선고 2005도5713 판결.
789 대법원 1984. 11. 27. 선고 83도1946 판결.
790 대법원 1993. 6. 22. 선고 93도743 판결, 대법원 1994. 5. 13. 선고 93도3358 판결 등.
791 대법원 1995. 2. 17. 선고 94도3297 판결.

형법 제355조 '단순횡령죄' 주석 중 '죄수' 부분 참조). 따라서 아파트의 각 세대를 분양받은 각자에 대한 소유권이전등기절차를 이행해 주어야 할 업무상의 임무를 위배하면 피해자별로 독립한 수개의 업무상배임죄가 성립한다.[792] 반면 대출에 있어서 부실한 담보를 받고 대출한도 또는 여신한도 거래약정을 체결하면 그 때 한도금액 범위 내에서 한 개의 배임죄가 성립하고, 그 한도금액을 여러 번에 걸쳐 나누어 인출하였다고 하여 여러 번의 인출행위를 포괄하여 배임죄의 일죄가 성립한다고 볼 것은 아니다.[793]

583 하나의 행위로 여러 사람이 공동으로 위탁한 사무에 대한 배임행위를 하였다면 하나의 배임죄가 성립하지만, 하나의 배임행위로 수인의 사무위탁자에게 손해를 가한 때에는 상상적 경합이 된다.[794]

2. 포괄일죄

584 수개의 배임행위가 있더라도 피해법익이 단일하고 범죄의 태양이 동일할 뿐 아니라 단일한 범의에 기인한 일련의 행위라고 볼 수 있는 경우에는 그 수개의 배임행위는 포괄하여 하나의 죄를 구성한다.[795]

585 예를 들어 각 부당 자금지원행위의 구체적인 행위 태양이 다소 다르다고 하더라도, 모두 A 회사에게 자금을 지원하여 부도를 막거나 지연시키기 위한 목적을 가진 유사한 형태의 자금지원행위이고, 그 행위로 인한 이익이 모두 A 회사에게 귀속되며 그로 인한 피해자는 모두 지원회사이고, 각 지원행위가 모두 A 회사의 부도를 방지하거나 이를 지연시키려는 단일한 의사에 따라 일정 기간 동안 지속적·반복적으로 행해진 일련의 행위라고 함이 상당하므로 각 지원행위는 지원회사별로 포괄일죄의 관계에 있다고 본 사례[796]가 있다.

586 또 회사채 매입에 의한 배임행위에서 회사채 발행 회사가 다르고, 자금지원에 의한 배임행위에서 자금 대여 또는 담보의 이익을 받는 자가 다르다고 하더라도, 모두 피해자가 B 또는 C로 동일하고, 그 배임행위로 인하여 이득을 얻은

792 대법원 1993. 6. 22. 선고 93도743 판결, 대법원 1994. 5. 13. 선고 93도3358 판결 등.
793 대법원 2001. 2. 9. 선고 2000도5000 판결.
794 오영근, 형법각론(제7판), 박영사(2022), 401.
795 대법원 2004. 7. 9. 선고 2004도810 판결, 대법원 2005. 10. 28. 선고 2005도5996 판결, 대법원 2007. 1. 12. 선고 2006도6464 판결, 대법원 2009. 7. 23. 선고 2007도541 판결, 대법원 2011. 7. 28. 선고 2009도8265 판결 등.
796 대법원 2009. 7. 23. 선고 2007도541 판결.

자들이 서로 무관한 기업들이 아니라 같은 그룹 내의 계열기업으로서 상호지급보증 관계에 있는 그룹 전체를 위한 행위였던 점, 배임행위가 일정 기간에 집중적으로 이루어진 점 등을 근거로 수회의 회사채 인수행위나 자금지원행위를 포괄일죄로 본 사례도 있다.[797]

3. 불가벌적 사후행위

587 배임죄는 상태범이므로 배임행위가 종료한 후 행하여진 이득의 처분행위는 새로운 법익을 침해하지 않는 한 불가벌적 사후행위로서 배임죄에 흡수된다.[798]

588 예를 들어 피고인이 甲과 공동으로 불하받기로 하되 편의상 그 명의로 불하받은 부동산을 乙에게 자의로 매도하여 甲에 대한 배임행위로 처벌받은 후 乙에 대한 소유권이전등기의무를 지닌 채 위 부동산을 두고 이해관계인간에 민사소송이 제기되어 화해가 성립됨으로써 결국 피고인이 재매도하는 형식이 되었다 하여도 이는 불가벌적 사후행위로서 특별히 죄가 되지 않는다.[799]

589 반면, 배임죄는 재산상 이익을 객체로 하는 범죄이므로, 1인 회사의 주주가 자신의 개인채무를 담보하기 위하여 회사 소유의 부동산에 대하여 근저당권설정등기를 마쳐 주어 배임죄가 성립한 이후에 그 부동산에 대하여 새로운 담보권을 설정해 주는 행위는 선순위 근저당권의 담보가치를 공제한 나머지 담보가치 상당의 재산상 이익을 침해하는 행위로서 별도의 배임죄가 성립한다고 볼 것이다.[800] 또 동일 조합원에 대한 대출한도의 초과 여부를 판단함에 있어 본인의 계산으로 타인의 명의에 의하여 행하는 대출은 그 본인의 대출로 보아야 할 것이고, 이때 종전 대출의 명의자인 타인이 비조합원 또는 무자격자이고 그 무자격자에 대한 대출이 별도의 배임행위로 처벌받는다고 하더라도 그 대출금액과 추가대출금액을 포함한 대출총액이 본인의 대출한도액을 초과하는 때에는 이에 대하여 별도의 배임죄가 성립한다.[801]

590 배임죄에 해당하는 선행행위에 이어서 후행행위가 횡령죄로 문제되는 경우에도 배임죄와 다른 새로운 보호법익을 침해하는 후행행위는 별죄인 횡령죄를 구성하

797 대법원 2004. 7. 9. 선고 2004도810 판결.
798 김일수/서보학, 새로쓴 형법각론(제9판), 박영사(2018), 396.
799 대법원 1970. 11. 24. 선고 70도1998 판결.
800 대법원 2005. 10. 28. 선고 2005도4915 판결.
801 대법원 2001. 11. 30. 선고 99도4587 판결.

게 된다(☞ 자세한 내용과 사례는 본장 [총설]의 'Ⅱ. 횡령죄와 배임죄의 관계' 부분 참조).

Ⅶ. 타죄와의 관계

1. 횡령죄와의 관계

591 ☞ 제40장 [총설]의 'Ⅱ. 횡령죄와 배임죄의 관계' 부분 참조.

2. 사기죄와의 관계

가. 배임행위가 기망의 방법으로 이루어진 경우

592 배임행위가 기망의 방법으로 이루어진 경우 사기죄와 배임죄의 상상적 경합이 성립한다는 견해[802]가 다수설이다. 배임죄의 전제인 신임관계는 사기죄에 있어서의 일반적인 신뢰와는 다른 것이고, 본인에 대한 기망을 수반하지 않는 배임행위도 얼마든지 있을 수 있기 때문이다. 판례는 종전에는 사기죄와 배임죄의 관계를 법조경합으로 보아 이 경우 사기죄만이 성립한다고 하였으나,[803] 그 후 견해를 변경하여 다수설과 같은 입장이다. 즉 사기죄는 사람을 기망하여 재물의 교부를 받거나 재산상의 이익을 취득하는 것을 구성요건으로 하는 범죄로서 임무위배를 그 구성요소로 하지 아니하고 사기죄의 관념에 임무위배 행위가 당연히 포함된다고 할 수 없으며, 업무상배임죄는 업무상 타인의 사무를 처리하는 자가 그 업무상의 임무에 위배하는 행위로써 재산상의 이익을 취득하거나 제3자로 하여금 이를 취득하게 하여 본인에게 손해를 가하는 것을 구성요건으로 하는 범죄로서 기망적 요소를 구성요건의 일부로 하는 것이 아니어서 양 죄는 구성요건을 달리하는 별개의 범죄이고, 형법상으로도 각각 별개의 장에 규정되어 있으므로, 1개의 행의에 관하여 사기죄와 업무상배임죄의 각 구성요건이 모두 구비된 때에는 양 죄를 법조경합 관계로 볼 것이 아니라 상상적 경합관계로 봄이 상당하다고 하였다.[804]

593 이에 대하여 본인을 기망하여 재산상 처분행위를 한 것 자체가 배임행위가 되고 이는 사기죄에 흡수된다는 소수 견해[805]가 있다.

802 김성돈, 형법각론(제8판), 성균관대학교 출판부(2022), 497; 김일수/서보학, 새로쓴 형법각론(제9판), 박영사(2018), 397; 배종대, 형법각론(제14판), 홍문사(2023), 478; 손동권/김재윤, 새로운 형법각론(제2판), 율곡출판사(2022), 468; 신동운, 형법각론(제2판), 법문사(2018), 1280; 오영근, 형법각론(제7판), 박영사(2022), 443.

803 대법원 1983. 7. 12. 선고 82도1910 판결.

804 대법원 2002. 7. 18. 선고 2002도669 전원합의체 판결.

805 오영근, 형법각론(제7판), 박영사(2022), 402.

594 다만 타인의 사무를 처리하는 자가 본인을 기망하여 본인으로부터 별도의 재물을 교부받은 때에는 배임죄는 문제될 여지가 없고 사기죄만 성립하고,[806] 기망을 수단으로 한 배임행위가 있는 경우에도 본인의 처분행위가 없는 경우에는 편취가 있다고 할 수 없으므로 배임죄만 성립한다.[807]

나. 사기죄와 배임죄가 실체적 경합관계에 있는 경우

595 본인에 대한 배임행위가 본인 이외의 제3자에 대한 사기죄를 구성하더라도 그로 인하여 본인에게 손해가 생긴 때에는 사기죄와 함께 배임죄가 성립한다.[808]

596 가령 건물에 관하여 전세임대차계약을 체결할 권한이 없음에도 임차인들을 속이고 전세임대차계약을 체결하여 임차인들로부터 전세보증금 명목으로 돈을 교부받은 행위는 건물주가 민사적으로 임차인들에게 전세보증금반환채무를 부담하는지 여부와 관계없이 사기죄에 해당하고, 건물에 관하여 전세임대차계약이 아닌 월세임대차계약을 체결하여야 할 업무상 임무를 위반하여 전세임대차계약을 체결하여 건물주인 피해자로 하여금 전세보증금반환채무를 부담하게 한 행위는 위 사기죄와 별도로 업무상배임죄에 해당하고, 위 각 죄는 서로 구성요건 및 행위의 태양과 보호법익을 달리하고 있어 상상적 경합범의 관계가 아니라 실체적 경합범의 관계에 있다.[809]

다. 사기죄와 배임죄가 비양립적 관계에 있는 경우

597 외형상으로는 공소사실의 기초가 되는 피고인의 일련의 행위가 여러 개의 범죄에 해당되는 것 같지만 그 일련의 행위가 합쳐져서 하나의 사회적 사실관계를 구성하는 경우에 그에 대한 법률적 평가는 하나밖에 성립되지 않는 관계, 즉 일방의 범죄가 성립되는 때에는 타방의 범죄는 성립할 수 없고, 일방의 범죄가 무죄로 될 경우에만 타방의 범죄가 성립할 수 있는 비양립적인 관계가 있을 수 있다.[810] 사기죄와 배임죄의 경우에도 양 죄가 비양립적 관계에 있는 경우에는 둘 중 하나의 범죄만 성립한다. 가령 판례 가운데 아파트 소유권자인 피고인이 가등기권리자인 피해자에게 아파트에 관한 소유권이전청구권가등기를 말소해 주면 대출은행을 변경한 후 곧바로 다시 가등기를 설정해 주겠다고 속여 가등기를 말

806 이재상 외 2인, 형법각론(제12판), 박영사(2021), 443.
807 김성돈, 형법각론(제8판), 성균관대학교 출판부(2022), 497.
808 대법원 1987. 4. 28. 선고 83도1568 판결.
809 대법원 2010. 11. 11. 선고 2010도10690 판결.
810 대법원 2011. 5. 13. 선고 2011도1442 판결.

소하게 하여 재산상 이익을 편취하고, 가등기를 회복해 줄 임무에 위배하여 아파트에 제3자 명의로 근저당권 및 전세권설정등기를 마침으로써 피해자에게 손해를 가하였다고 하여 사기 및 배임으로 기소된 사안에서, 사기죄를 인정하는 이상 비양립적 관계에 있는 배임죄는 별도로 성립하지 않는다고 본 사례가 있다.[811]

라. 공소사실의 동일성 여부가 문제된 경우

598 피고인이 이미 제2매수인에 대한 이 사건 분양행위에 대하여 사기죄로 처벌받았다고 하여도, 배임죄는 피해자, 보호법익, 구성요건적 행위 태양에서 사기죄와는 별개의 범죄이고, 이미 처벌받은 사기의 범행은 '회사가 거액의 채무를 부담하고 있는 등으로 정상적인 사업추진이 불가능한 상황이어서 수분양자들로부터 분양대금을 받더라도 그들에게 정상적으로 소유권이전등기를 해 줄 의사와 능력이 없었거나 적어도 미필적으로나마 계획대로 수분양자들에게 계약상의 의무를 이행하는 것이 불가능하거나 현저히 곤란하다는 사정을 인식하고도 수분양자들로부터 분양대금을 편취하였다.'는 것이므로, 제1매수인인 이 사건 피해자를 상대로 한 이 사건 배임행위와 양립할 수 없는 것이 아니라고 판단하여, 이 사건 공소사실을 유죄로 인정한 조치는 정당하다.[812]

599 또 검사가, 피고인들이 토지거래허가구역 내 토지를 미등기 전매한 후 매매대금을 지급 받고도 등기를 이전하지 않은 채 제3자에게 근저당권을 설정해 줌으로써 재산상 이익을 취득하고 매수인들에게 손해를 가하였다는 내용의 배임의 공소사실로 기소하였다가, 피고인들이 장차 설정될 예정이었던 근저당권을 말소하여 소유권이전등기를 넘겨줄 의사나 능력이 없고 산지전용허가가 취소될 것임을 알면서도 산지전용허가가 나 있다는 등으로 피해자들을 기망하여 매매대금을 편취하였다는 사기 공소사실을 예비적으로 추가하는 공소장변경신청을 한 사안에서, 위 각 범죄사실은 범행일시와 장소, 수단, 방법 등 범죄사실의 내용이나 행위 태양, 범죄의 결과가 다르고 죄질에도 현저히 차이가 있어 기본적 사실관계가 동일하다고 볼 수 없으므로 공소장변경을 허가할 수 없는데도, 이와 달리 보아 공소장변경을 허가한 원심은 잘못이다.[813]

811 대법원 2017. 2. 15. 선고 2016도15226 판결.
812 대법원 2012. 3. 15. 선고 2010도15380 판결.
813 대법원 2012. 4. 13. 선고 2011도3469 판결.

3. 장물죄와의 관계

600 배임죄는 재산상의 이익만을 객체로 하는 순수한 이득죄이므로, 이에 의하여 재물을 취득하거나 제3자로 하여금 취득하게 하더라도 그 재물은 배임행위에 제공된 물건에 불과하다. 장물은 재산범죄로 인하여 취득한 물건 그 자체를 말하므로, 이와 같이 배임행위에 제공된 물건에 대하여 장물죄는 성립할 수 없다.[814] 따라서 부동산 이중매매 있어서 배임행위에 제공된 부동산인 정을 알면서 취득하거나 전득하더라도 장물죄는 성립할 수 없다. 또 배임행위로 인하여 취득할 유류를 그 배임행위자로부터 미리 매수하기로 합의 내지 응낙한 자들의 행위는 배임으로 발생한 장물을 취득한 행위에 해당하는 것이 아니라, 배임행위의 공동정범이라고 보아야 한다.[815]

4. 구 증권투자신탁업법위반죄와의 관계

601 구 증권투자신탁업법 제59조에 의한 처벌대상인 '신탁재산으로 그 수익자 외의 자의 이익을 위한 행위'는 같은 법 소정의 위탁회사의 선관주의의무와 수익자보호의무 위반을 처벌하는 규정으로, 신탁회사의 신탁재산으로 불량한 유가증권을 매입함으로써 신탁회사에 대하여는 업무상배임죄가 성립하고, 수익자에 대하여는 증권투자신탁업법위반죄가 성립하는 경우 비록 업무상배임행위나 수익자보호의무위반행위의 내용이 같다고 하더라도 위탁회사에 대한 배임행위의 경우 그 피해자는 위탁회사이지만, 수익자보호의무위반에 의한 증권투자신탁업법위반죄의 피해자는 수익자로서 서로 다르다고 할 것이고, 두죄는 법조경합이 아니라 별개의 죄이고, 단지 하나의 배신행위로서 두개의 죄에 해당하는 경우이므로 두죄는 상상적 경합관계에 있다.[816]

5. 부정수표단속법위반죄와의 관계

602 당좌수표를 조합 이사장 명의로 발행하여 그 소지인이 지급제시기간 내에 지급제시하였으나 거래정지처분의 사유로 지급되지 아니하게 한 사실(부정수표단속법위반죄)과 동일한 수표를 발행하여 조합에 대하여 재산상 손해를 가한 사실(업무상배임죄)은 사회적 사실관계가 기본적인 점에서 동일하다고 할 것이어서 1개의 행위가 수개의 죄에 해당하는 경우로서 형법 제40조의 상상적 경합관계에 있다.[817]

814 손동권/김재윤, 새로운 형법각론(제2판), 율곡출판사(2022), 468; 정성근/정준섭, 형법강의 각론(제2판), 박영사(2022), 326.

815 대법원 1987. 4. 28. 선고 83도1568 판결.

816 대법원 2004. 7. 9. 선고 2004도810 판결.

817 대법원 2004. 5. 13. 선고 2004도1299 판결.

6. 재물손괴죄와의 관계

603 배임행위에 의하여 본인의 재물을 손괴한 때에는 신뢰관계를 배반하는 배임죄와 개개의 재물에 대한 손괴죄는 성질이 다르므로 상상적 경합이 된다.[818] 일본에서는 배임행위로 본인의 재물이나 문서를 손괴한 경우 두죄를 법조경합으로 보는 견해와 상상적 경합으로 보는 견해의 대립이 있다.[819] 양 죄가 같이 재물죄라고 하더라도 죄질을 달리하기 때문에 상상적 경합관계에 있다고 보는 것이 타당하다.

7. 상호저축은행법위반죄와의 관계

604 동일인 대출한도 초과대출 행위로 인하여 상호저축은행에 손해를 가함으로써 상호저축은행법위반죄와 업무상배임죄가 모두 성립하는 경우, 위 두 죄는 형법 제40조 소정의 상상적 경합관계에 있다.[820] 이러한 경우 그중 1죄에 대한 확정판결의 기판력은 다른 죄에 대하여도 미친다.[821] 다만, 동일인 대출한도를 초과하여 대출함으로써 구 새마을금고법을 위반하였다고 하더라도, 대출한도 제한규정 위반으로 처벌함은 별론으로 하고, 대출채권 회수에 문제가 있는 것으로 판단되지 않는 한 위와 같은 제한규정 위반 사실만으로 곧바로 업무상배임죄가 성립한다고 할 수는 없다.[822]

8. 특정경제범죄가중처벌등에관한법률위반(수재등)죄와의 관계

605 금융기관의 임직원이 대출 상대방과 공모하여 임무에 위배하여 대출 상대방에게 담보로 제공되는 부동산의 담보가치보다 훨씬 초과하는 금원을 대출하여 주고 대출금 중 일부를 되돌려 받기로 한 다음 그에 따라 약정된 금품을 수수하는 것은 부실대출로 인한 업무상배임죄의 공동정범들 사이의 내부적인 이익분배에 불과한 것이고, 별도로 그러한 금품 수수행위에 관하여 특정경제범죄가중처벌등에관한법률위반(수재등)죄가 성립하는 것은 아니다.[823]

818 정성근/박광민, 형법각론(전정2판), 성균관대학교 출판부(2015), 480.
819 山中敬一, 刑法各論(第3版), 成文堂(2015), 461.
820 대법원 2011. 2. 24. 선고 2010도13801 판결, 대법원 2012. 6. 28. 선고 2012도2087 판결 등.
821 대법원 2008. 7. 10. 선고 2008도3357 판결.
822 대법원 2008. 6. 19. 선고 2006도4876 전원합의체 판결.
823 대법원 1997. 2. 25. 선고 94도3346 판결, 대법원 2007. 10. 12. 선고 2005도7112 판결, 대법원 2013. 10. 24. 선고 2013도7201 판결 등.

9. 부정경쟁방지및영업비밀보호에관한법률위반죄 등과의 관계

606 형법 제40조가 규정하는 1개의 행위가 수개의 죄에 해당하는 경우에 '가장 중한 죄에 정한 형으로 처벌한다.'라고 함은, 수개의 죄명 중 가장 중한 형을 규정한 법조에 의하여 처단한다는 취지와 함께 다른 법조의 최하한의 형보다 가볍게 처단할 수 없다는 취지 즉, 각 법조의 상한과 하한을 모두 중한 형의 범위 내에서 처단한다는 것을 포함하는 것으로 새겨야 한다. 상상적 경합관계에 있는 업무상배임죄와 '영업비밀 국외누설로 인한 구 부정경쟁방지 및 영업비밀보호에 관한 법률 위반죄'에 대하여, 형이 더 무거운 업무상배임죄에 정한 형으로 처벌하기로 하면서도, '영업비밀 국외누설로 인한 구 부정경쟁방지 및 영업비밀보호에 관한 법률 위반죄'에 대하여 징역형과 벌금형을 병과할 수 있도록 규정한 위 법률에 의하여 벌금형을 병과한 조치는 정당하다.[824]

10. 중소기업협동조합법위반죄와의 관계

607 중소기업중앙회장 선거에서 회장으로 입후보한 사람을 당선시킬 목적으로 선거인들에게 숙식을 제공하여 재산상 이익을 제공하였다는 내용의 중소기업협동조합법 제137조 제1항 제2호 위반죄와 조합 법인카드로 위와 같이 숙식료를 결제하여 조합에 재산상 손해를 가하였다는 내용의 업무상배임죄는 각 범죄의 구성요건 및 행위의 태양과 보호법익을 달리하고 있어 상상적 경합 관계에 있다고 볼 수 없고, 실체적 경합 관계에 있다. 따라서 피고인이 업무상배임죄의 범죄사실에 관하여 확정판결을 받았다고 하더라도 그 확정판결의 기판력이 이 사건 중소기업협동조합법 위반죄의 공소사실에까지 미치는 것은 아니므로, 피고인에 대하여 면소를 선고할 수는 없다.[825]

11. 상법 제622조 특별배임죄와의 관계

608 상법 제622조 특별배임죄는 회사의 발기인, 업무집행사원, 감사위원회 위원, 감사 또는 직무대행자 등 회사임원의 회사에 대한 배임행위가 일반사회에 미치는 해악이 광범하고 심각함에 비추어 형법상 배임죄에 상응하여 규정된 것이다. 특별배임죄는 범죄의 주체 및 피해자가 한정된다는 점을 제외하고는 그 본질, 행

824 대법원 2008. 12. 24. 선고 2008도9169 판결.
825 대법원 2023. 2. 23. 선고 2020도12431 판결.

위 및 형벌이 형법상의 업무상배임죄와 거의 동일하다.[826] 따라서 양자는 법조경합 관계로서 일반법과 특별법의 관계에 있다고 보는 것이 일반적이다. 그러나 구 형법과 달리 업무상배임죄를 처벌하고 있고 그 법정형도 상법상의 특별배임죄와 동일하므로(10년 이하의 징역 또는 3,000만 원 이하의 벌금), 특별법의 의미가 있다고 하기 어려울 뿐 아니라 오히려 특별배임죄는 배임행위로 취득한 이득액수에 따라 가중처벌되는 특정경제범죄 가중처벌 등에 관한 법률의 적용대상에는 제외되어 있다.

609 [판례] 회사의 대표이사 또는 이사들이 회사가 운영하는 골프장을 이용하면서 회사내규인 '회원예우에 관한 규정'에 따라 해당 비용을 면제받은 사안에서, 상법상 특별배임죄를 인정한 원심판결을 심리미진을 이유로 파기한 사례

일반적으로 법인의 정관이나 그에 따른 세부사업을 위한 규정 등 단체 내부의 규정은 특별한 사정이 없는 한 그것이 선량한 풍속 기타 사회질서에 위반되는 등 사회관념상 현저히 타당성을 잃은 것이거나 결정절차가 현저히 정의에 어긋난 것으로 인정되는 경우 등을 제외하고는 일응 유효한 것으로 볼 수 있는 점, 회사의 대주주 및 임직원, 기타 관계자들에 대하여 회사 시설의 사용이나 그에 관한 비용지불 등에 관하여 객관적, 합리적으로 수긍할 수 있는 범위 내에서 어느 정도의 우대규정을 두고 이를 적용하는 것은 회사의 자율적인 운영권의 범주 내에 해당한다고 할 수 있는 점, 위와 같은 우대규정의 마련·적용을 통하여 회사의 운영상의 효율성 제고, 임원들의 사기진작 및 우수임원 유치, 대외적인 이미지 향상 내지 회사홍보, 회사의 무형적 가치 상승 등의 효과를 가져올 가능성도 있는 점 등을 고려하여 보면, 이 사건과 같이 피해자 주식회사의 대표이사 또는 이사인 피고인들이 종전 규정이나 개정 규정에 의하여 위 골프장 이용에 따른 비용을 면제받은 행위가 이사로서의 임무에 위배되는 행위에 해당하는지 여부 내지 그에 관하여 피고인들의 배임의 고의가 인정되는지 여부를 판단함에 있어서는, 위와 같은 각 규정의 적용을 통하여 단순히 회사에게 금전적인 수입의 감소가 발생하고 피고인들에게 동액 상당의 금전적 이익이 발생하였는지 여부만을 기준으로 살필 것이 아니라, 구체적으로 위 각 규정의 제정 및 개정의 시기·동기·경위·절차, 피해자 주식회사의 영업 규모나 방식, 재정 상태, 골프장 이용객 수, 관련 업계의 관행, 종전 규정이나 개정 규정의 효력 여하 및 피고인들이 위 각 규정을 적용하지 말아야 할 법령상 또는 신의칙상 의무가 있는지 여부, 위 각 규정에서 정하고 있는 비용면제의 범위 및 정도가 객관적, 합리적으로 수긍할 수 있는 범위

826 대법원 2000. 11. 24. 선고 99도822 판결, 대법원 2003. 7. 8. 선고 2003도12 판결 등.

내에 해당한다고 볼 수 있는지 여부, 위 각 규정의 적용 결과 감소될 수입의 정도와 발생이 예상되는 무형적, 잠재적 이익의 정도, 실제로 피고인들이 위 각 규정에 의하여 비용을 면제받은 시기, 빈도, 액수 등 및 위 골프장 이용 경위 및 동반자, 당시의 피해자 주식회사의 경영 상태, 기타 제반 사정들에 관하여 심리를 한 후, 종합적으로 판단하여야 할 것이다. 그럼에도 불구하고, 원심이 위와 같은 사정들에 관하여 구체적인 심리를 다하지 아니한 채, 그 판시와 같은 추상적인 사정들만을 근거로 피고인들의 이 사건 각 행위가 피해자 주식회사에 대하여 배임행위에 해당하고 피고인들에게 그 배임의 고의가 인정된다고 판단한 데에는 심리미진 또는 상법상 특별배임죄에 관한 법리오해로 인하여 판결 결과에 영향을 미친 위법이 있다고 할 것이다.[827]

12. 상법 제625조 회사재산을 위태롭게 하는 죄와의 관계

610 상법 제625조 제4호는 회사의 임원 등이 회사재산을 위태롭게 하는 죄의 유형 중 하나로 '회사의 영업범위 외에서 투기행위를 하기 위하여 회사재산을 처분한 때'를 규정하고 있는바, 여기에서 '회사의 영업범위 외'라고 함은 회사의 정관에 명시된 목적 및 그 목적을 수행하는 데 직접 또는 간접적으로 필요한 통상적인 부대업무의 범위를 벗어난 것을 말하는 것으로서, 목적 수행에 필요한지 여부는 행위의 객관적 성질에 따라 추상적으로 판단할 것이지 행위자의 주관적·구체적 의사에 따라 판단할 것은 아니며, 또 '투기행위'라 함은 거래시세의 변동에서 생기는 차액의 이득을 목적으로 하는 거래행위 중에서 사회통념상 회사의 자금운용방법 또는 자산보유수단으로 용인될 수 없는 행위를 말하는 것으로, 구체적으로 회사 임원 등의 회사재산 처분이 투기행위를 하기 위한 것인지를 판단함에 있어서는 당해 회사의 목적과 주된 영업내용, 회사의 자산 규모, 당해 거래에 이르게 된 경위, 거래 목적물의 특성, 예상되는 시세변동의 폭, 거래의 방법·기간·규모와 횟수, 거래자금의 조성경위, 일반적인 거래관행 및 거래 당시의 경제상황 등 제반 사정을 종합적으로 고려해야 한다. 상법 제625조는 회사 임원 등의 특별배임죄를 규정한 상법 제622조 및 일반적인 업무상배임죄를 규정한 형법 제356조의 보충규정으로서, 특별배임죄 또는 업무상배임죄가 성립하는 경우에는 별도로 상법 제625조 위반죄가 성립하지 않는다.[828]

827 대법원 2009. 2. 26. 선고 2008도522 판결.

828 대법원 2007. 3. 15. 선고 2004도5742 판결. 이 판결에 대한 해설은 엄상필, "상법 제625조 제4호에 정한 '회사의 영업범위 외에서 투기행위를 하기 위하여 회사재산을 처분한 때'의 의미 및 판단 기준", 해설(70), 553~570.

Ⅷ. 공범문제

611 배임죄는 진정신분범이므로 형법 제33조 본문에 따라 비신분자가 배임죄에 가공한 경우 그 가공형태에 따라 공동정범, 교사범 및 종범이 성립한다는 것이 다수설, 판례이다. 다만, 공동정범의 경우 적용을 부인하여야 한다는 견해[829]가 있다(☞ 이와 관련하여 '형법 제356조 업무상횡령·배임죄' 주석 부분 같이 참조).

612 거래상대방의 대향적 행위의 존재를 필요로 하는 유형의 배임죄에서 거래상대방은 기본적으로 배임행위의 실행행위자와 별개의 이해관계를 가지고 반대편에서 독자적으로 거래에 임한다는 점을 고려하면, 업무상배임죄의 실행으로 이익을 얻게 되는 수익자는 배임죄의 공범이라고 볼 수 없는 것이 원칙이고, 거래상대방을 배임의 실행행위자와 공동정범으로 인정하기 위해서는 거래상대방이 실행행위자의 행위가 피해자 본인에 대한 배임행위에 해당한다는 것을 알면서도 소극적으로 그 배임행위에 편승하여 이익을 취득한 것만으로는 부족하고, 실행행위자의 배임행위를 교사하거나 또는 배임행위의 전 과정에 관여하는 등으로 배임행위에 적극 가담할 것을 필요로 한다.[830] 따라서 관여의 정도가 배임행위를 교사하거나 그 배임행위의 전 과정에 관여하는 등으로 배임행위에 적극 가담함으로써 그 실행행위자와의 계약이 반사회적 법률행위에 해당하여 무효로 되는 경우에까지 이르지 아니하여 법질서 전체적인 관점에서 살펴볼 때 사회적 상당성을 갖춘 경우에 있어서는, 비록 정범의 행위가 배임행위에 해당한다는 점을 알고 거래에 임하였다는 사정이 있어 외견상 방조행위로 평가될 수 있는 행위가 있었다 할지라도 범죄를 구성할 정도의 위법성은 없다고 봄이 상당하다.[831]

613 신분관계로 인하여 성립될 범죄에 가공한 신분관계가 없는 자는 형법 제33조 본문의 규정에 의하여 공동정범의 책임을 진다. 형법 제30조의 공동정범은 2인 이상이 공동하여 죄를 범하는 것으로서 공동가공의 의사와 그 공동의사에 기한 기능적 행위지배를 통한 범죄 실행이라는 주관적·객관적 요건을 충족함으로써

829 김일수/서보학, 새로쓴 형법각론(제9판), 박영사(2018), 396.

830 대법원 1999. 7. 23. 선고 99도1911 판결, 대법원 2006. 10. 26. 선고 2006도5147 판결, 대법원 2007. 2. 8. 선고 2006도483 판결, 대법원 2009. 9. 10. 선고 2009도5630 판결, 대법원 2013. 6. 13. 선고 2012도16290 판결, 대법원 2013. 7. 11. 선고 2011도5337 판결, 대법원 2013. 9. 13. 선고 2012도2327 판결, 대법원 2016. 10. 13. 선고 2014도17211 판결 등.

831 대법원 2005. 10. 28. 선고 2005도4915 판결, 대법원 2011. 10. 27. 선고 2010도7524 판결, 대법원 2013. 3. 28. 선고 2012도16281 판결 등.

성립하므로, 공모자 중 일부가 구성요건 행위 중 일부를 직접 분담하여 실행하지 않은 경우라 할지라도, 전체 범죄에서 그가 차지하는 지위, 역할이나 범죄 경과에 대한 지배 내지 장악력 등을 종합해 볼 때 범죄에 대한 본질적 기여를 통한 기능적 행위지배가 존재한다고 인정된다면 공동정범으로서의 죄책을 면할 수 없다.[832]

614 업무상배임죄는 업무상 타인의 사무를 처리하는 지위에 있는 사람이 그 임무에 위배되는 행위로써 재산상의 이익을 취득하거나 제3자로 하여금 이를 취득하게 하여 본인에게 손해를 가한 때에 성립하는 것으로서, 이는 타인의 사무를 처리하는 지위라는 점에서 보면 신분관계로 인하여 성립될 범죄이고, 업무상 타인의 사무를 처리하는 지위라는 점에서 보면 단순배임죄에 대한 가중규정으로서 신분관계로 인하여 형의 경중이 있는 경우라고 할 것이다. 그러므로 그와 같은 신분관계가 없는 자가 그러한 신분관계가 있는 자와 공모하여 업무상배임죄를 저질렀다면, 그러한 신분관계가 없는 자에 대하여는 형법 제33조 단서에 의하여 단순배임죄에 정한 형으로 처단하여야 할 것이다.[833]

615 동업으로 인한 배임죄의 신분관계가 있음을 전제로 배임죄의 공범으로 기소된 자에 대하여 심리결과 동업관계는 인정되지 아니하나 동업관계가 없는 자가 비신분자로서 신분이 있는 자와 공모하여 배임죄를 저지른 사실이 인정되는 경우 피고인의 방어권행사에 실질적인 불이익을 초래할 염려가 없다면 공소장변경 없이도 비신분자에 대하여 형법 제33조 본문에 의하여 배임죄의 공범으로 처벌할 수 있다.[834]

616 금고의 유가증권거래 담당책임자(영업과장)로 근무하면서 주식매입이 회사의 업무처리규정에 위배되는 것임을 잘 알면서도 금고 대표이사의 지시를 받아 그 주식매입에 관한 품의서를 작성하여 주무과장으로서 결재를 하고 상사의 결재를 받아 주식매매계약을 체결한 다음 주권 및 담보도 취득하지 아니한 채로 출금전표를 발행하여 그 매매대금을 지급하였다면, 금고의 유가증권거래 담당책임자로서 그 권한과 책임을 다하지 아니한 채 대표이사의 업무상 배임행위에 가

832 대법원 2007. 4. 26. 선고 2007도428 판결, 대법원 2011. 1. 27. 선고 2010도11030 판결, 대법원 2015. 7. 23. 선고 2015도3703 판결 등.

833 대법원 1986. 10. 28. 선고 86도1517 판결, 대법원 1999. 4. 27. 선고 99도883 판결, 대법원 2010. 9. 9. 선고 2010도6507 판결, 대법원 2011. 5. 26. 선고 2011도2150 판결, 대법원 2012. 11. 15. 선고 2012도6676 판결 등.

834 대법원 2003. 10. 24. 선고 2003도4027 판결.

담하여 그 실행행위를 분담한 것으로 공동정범으로서 죄책을 져야한다.[835]

617 또 피고인이 공소외 주식회사의 회장 등에 대하여 피고인의 회사에 대한 지분비율이 작게 되어 있다는 이유로 소송을 제기할 의사를 표시하면서 계속 다투고 있던 상황에서 분쟁을 해결하기 위한 방법으로 피고인이 보유하던 위 회사의 모든 주식과 지분을 위 회장 등에게 양도하되 회장 등이 그 대가로 회사가 피고인이 실제 운영하는 다른 회사에 적정용역비보다 많은 공사감리 및 건설관리용역을 발주해주어 보상해주는 방법을 택하기로 상호 합의한 후 그와 같은 내용으로 공사감리계약을 체결하였다면, 피고인은 배임행위의 전 과정에 관여하는 등으로 배임행위에 적극 가담한 것으로 볼 것이다.[836]

618 한편 초과대출이나 대출관련 배임행위에 공동 가공하여 그 범죄를 실현하려는 의사가 상통하여 그 의사의 결합이 이루어진 사안에서, 비록 전체의 모의과정이 없었다고 하더라도 수인 사이에 순차적으로 또는 암묵적으로 상통하여 그 의사의 결합이 이루어지면 공모관계가 성립한다고 보고 있다.[837]

619 [판례] 배임행위에 적극 가담한 것으로 평가한 사례

피고인이 하도급금액을 최종적으로 결정할 권한이 없는 공무과장, 현장소장에 불과한 A, B의 요구에 따라 실제 계약금액보다 1억 원을 부풀린 계약서를 작성하고 A에게 1억 원을 반환한 이상 미필적으로라도 A, B가 1억 원을 개인적으로 사용할 수도 있다는 점을 인식하였다고 볼 수 있고, 피고인의 행위는 A, B의 이 사건 업무상배임 범행에 필요불가결한 것으로서 배임행위에 적극 가담한 것으로 평가할 수 있다.[838]

620 [판례] 배임행위에 적극 가담한 것으로 평가한 사례

피고인으로서는 피해자 회사의 피고인 운영 회사에 대한 자금지원이 관련 법령이나 업무처리규정에 위배된다는 것을 알고 있었고, 일부 임원들이 자금지원에 반대한다는 사실을 알면서도 집요하게 자금지원을 하여 줄 것을 요구하는 한편, 자신이 평소 알고 지내는 정치인이나 피해자 회사의 모회사의 간부들에게 자금지원을 청탁하고 정치인들과의 친분관계를 과시함으로써 지원이 가능하였다는 등의 원심의 사실인정은 정당하다. 이러한 사실관계에서 인정되는 피고인의 관여행위의 정도나 내용을 검토하여 보면, 피고인은 단순히 다른 공범들이 회사에 대하여 배임행위를 한다는 것

835 대법원 2001. 12. 11. 선고 2001도4940 판결.
836 대법원 2003. 6. 25. 선고 2003도7243 판결.
837 대법원 2003. 10. 10. 선고 2003도3516 판결.
838 대법원 2013. 9. 13. 선고 2012도2327 판결.

을 알면서 이에 편승하여 피고인 운영 회사로 하여금 이익을 취득하게 한 정도를 넘어 배임행위를 할 것을 교사하거나 배임행위의 전 과정에 관여함으로써 적극 가담하였다고 할 것이다.[839]

621 [판례] 배임행위에 적극 가담한 것으로 평가한 사례
피고인이 A 회사의 주식을 전량 매수함에 있어 매수자금 중 13억 6,000만 원 정도가 부족하자 사실상의 차기 대주주로서 A 회사 대표이사 甲 및 회계책임자 乙에게 회사자금을 인출해 달라고 지시하였고, 이에 乙은 아무런 인적·물적 담보를 확보하지 않고 변제기일도 정하지 아니한 채 대주주대여금 명목으로 피고인에게 위 금액 상당의 회사자금을 대여한 점, 당시 피고인에게 위와 같은 방법 외에 달리 주식매수자금을 마련할 방법이 없었던 것으로 보이는 점, 피고인은 위 차용금을 전혀 변제하지 않고 있다가 그로부터 불과 6개월 후 A 회사를 다른 회사에 처분한 점 등에 비추어 보면, 피고인은 배임의 고의를 가지고 乙의 배임행위에 적극 가담한 것으로 인정된다고 판단하였는바, 이러한 원심의 사실인정과 판단은 앞서 본 법리 및 이 사건 기록에 비추어 정당한 것으로 수긍이 간다.[840]

622 [판례] 배임행위에 적극 가담한 것으로 평가한 사례
피고인 甲은 이 사건 건물의 임대인인 A 회사의 대표이사로서 임차인인 그의 처 피고인 乙이 입은 실제 손해액의 산정을 위한 별다른 조치를 취하거나 피고인 乙에 대한 적정한 권리를 행사하지 않아 법원 감정에서 인정된 손해액을 훨씬 초과한 금액을 지급함으로써 A 회사에 손해를 가하고 피고인 乙에게 재산상 이득을 취득하게 하는 배임행위를 하였다고 인정된다. 피고인 乙도 피고인 甲의 처로서 A 회사와 B 회사 사이의 추가 공사대금 협의에 상당히 관여하고 있었고, B 회사의 유치권 행사 및 시위 등으로 예식장 운영에 어려움에 처하자 그로 인한 손해를 만회하고 B 회사와의 분쟁에서도 더 유리한 위치에 서기 위해서 피고인 乙에게 상당히 유리하게 체결된 A 회사와의 임대차계약서에 근거하여 A 회사에 10억 원이 넘는 손해배상을 청구하였으며, 당시 피고인 乙이 A 회사에 예식장 인테리어 비용 등 21억 원 이상의 채무를 지고 있었음에도 오히려 A 회사로부터 자신의 채무를 면제받고 8억 원을 현실적으로 지급받은 점 등에 비추어 보면, 피고인 乙이 피고인 甲의 위와 같은 배임행위에 적극 가담하였다고 판단하여, 피고인들을 배임죄의 공동정범으로 인정한 원심은 정당하다.[841]

839 대법원 1999. 7. 23. 선고 99도1911 판결.
840 대법원 2007. 2. 8. 선고 2006도483 판결.
841 대법원 2013. 7. 11. 선고 2011도5337 판결.

623 [판례] 부실대출에 적극 가담하여 공동정범이 성립한다고 본 사례
이 부분 대출에 관하여 담보로 제공된 부동산(묘지)은 대출 당시의 현황이나 관련 법령의 내용에 비추어 형질변경 또는 개발가능성이 극히 낮았음에도 불구하고 A 은행의 여수신업무를 총괄하던 피고인 乙은 위 토지의 가액에 대한 객관적인 감정평가도 생략한 채 부하 직원들에게 대출이 가능하도록 심사부의안을 마련할 것을 지시한 점, 피고인 甲도 적극적으로 평창동 토지의 담보가치를 과장하고 피고인 乙에게 대출과 관련하여 금품을 제공하기도 한 점 등 사정을 종합하여 B 명의의 대출은 충분한 담보확보 없이 이루어진 부실대출에 해당하고, 피고인 乙의 임무위배 사실도 인정되며 피고인 甲도 피고인 乙의 배임행위에 적극 가담하였으므로 업무상배임죄의 공동정범에 해당한다고 판단한 원심은 정당하다.[842]

624 [판례] 특허권을 이전받은 피고인에 대하여 배임죄의 공범이 아니라고 한 사례
피고인 乙이 이 사건 특허권이 피고인 甲의 소유가 아니라는 사정을 알 수 있었던 상황에서 피고인 甲에게 특허권을 이전하라고 제의하였다고 하더라도, 배임행위의 실행행위자인 피고인 甲과는 별개의 이해관계를 가지고 대향적 지위에서 독자적으로 거래하면서 자신의 이익을 위하여 이 사건 특허권을 이전받은 것으로 보이고, 원심이 든 사정만으로 피고인 乙이 배임의 의사가 없었던 피고인 甲에게 배임의 결의를 하게 하여 교사하였다거나 배임행위의 전 과정에 관여하는 등 배임행위에 적극 가담하였다고 단정하기 어렵다.[843]

625 [판례] 배임행위의 공동정범이 된다고 보기 어려운 경우
배임행위의 상대방이 실행행위자에 대한 채권의 회수를 위하여 실행행위자의 적극적인 제의를 받아들인 데 불과할 뿐 배임행위에 적극 가담하였다고 보기 어려운데도 배임행위의 상대방을 실행행위자의 배임행위에 관한 공동정범으로 인정한 원심판결을 파기한 사례.[844]

626 [판례] 부실대출의 공동정범이 성립하지 않는다고 본 사례
피고인 甲은 A 저축은행의 감사이던 피고인 乙에게 이 부분 각 대출을 부탁하고 피고인 乙은 피고인 甲과의 친분관계에 의하여 대출을 실행한 것으로 보이며, 그 과정에서 피고인 甲이 피고인 乙 등에게 대출 대가를 제공하거나 약속하였다는 정황이 없는 점 등 사정을 종합하여 피고인 甲이 피고인 乙 등의 배임행위에 편승했다고 볼 수는 있어도 배임행위의 전 과정에 관여하거나 이에 적극 가담한 것으로는 볼 수 없

842 대법원 2012. 2. 23. 선고 2011도15857 판결.
843 대법원 2016. 10. 13. 선고 2014도17211 판결.
844 대법원 2006. 10. 26. 선고 2006도5147 판결.

다고 하여 피고인 甲을 피고인 乙 등의 배임행위에 대한 공동정범으로 처벌할 수 없다고 판단한 원심은 정당하다.[845]

627 [판례] 무단반출된 영업비밀을 취득 또는 사용하려 한 경우
회사직원이 영업비밀을 경쟁업체에 유출하거나 스스로의 이익을 위하여 이용할 목적으로 무단으로 반출하면 그때 업무상배임죄는 기수에 이르므로 회사직원이 영업비밀을 무단반출한 후에 그에게 접촉하여 영업비밀을 취득 또는 사용하려고 한 자는 업무상배임죄의 공동정범이 될 수 없다.[846]

IX. 기타

628 [판례] 배임죄의 피해자와 공소장 변경
공소장변경 없이도 직권으로 피고인에 대한 배임의 공소사실에 피해자로 기재된 C가 아닌 B의 상속인들을 피해자로 보아 배임죄 성립을 인정하였어야 한다는 취지의 검사의 주장에 대하여, 공소사실과 달리 B의 상속인들을 피해자로 인정할 경우 그에 대응할 피고인의 방어방법이 달라질 수밖에 없어 그의 방어권 행사에 실질적인 불이익을 초래할 염려가 있다고 보일 뿐만 아니라, 직권으로 B의 상속인들을 피해자로 인정하지 아니한 것이 현저하게 정의와 형평에 반한다고 볼 수도 없다는 이유로, 공소 제기된 대로 C를 피해자로 한 배임죄에 관하여만 판단하여 무죄를 선고한 원심의 조치는 정당하다.[847]

629 [판례] 피해자를 잘못 인정하여 판결결과에 영향을 미친 잘못이 있다고 한 사례
검사는 이 사건 배임행위의 피해자를 A, B로 특정하여 기소하였고, 원심도 A, B를 피해자로 인정하였다. 그러나 피고인과 A, B는 상호출자 하여 공동사업을 경영할 것을 약정한 것으로서, 민법 제703조가 정한 조합계약을 체결한 것이고, 피고인이 분담한 이 사건 건물에 관한 수분양권 등 업무에 관하여 피고인은 동업체인 조합에 대하여 선량한 관리자의 주의로써 그 사무를 처리해야 할 의무가 있으므로, 피고인은 '조합의 사무를 처리하는 자'의 지위에 있음에도 불구하고, 그 임무에 위배하여 위와 같이 소유권이전등기를 마침으로써 조합에 대한 배임행위를 한 것으로 보아야 할 것이다. 그럼에도 불구하고, 피고인의 배임행위로 인한 피해자가 A, B라고 인정하여 피고인을 배임죄로 의율한 원심은 배임죄에 있어서 피해자의 특정에 관한 법리를 오해하여 판결 결과에 영향을 미친 잘못이 있다.[848]

845 대법원 2012. 2. 23. 선고 2011도15756 판결.
846 대법원 2003. 10. 30. 선고 2003도4382 판결, 대법원 2012. 10. 11. 선고 2010도13917 판결 등.
847 대법원 2011. 1. 27. 선고 2009도10701 판결.
848 대법원 2016. 7. 14. 선고 2016도5243 판결.

제 356 조 [업무상의 횡령과 배임]

업무상의 임무에 위배하여 제355조의 죄를 범한 자는 10년 이하의 징역 또는 3천만원 이하의 벌금에 처한다. <개정 1995.12.29>

[관련조문] 형법 제33조(공범과 신분), 제358조(자격정지의 병과), 제359조(미수범), 제361조, 제328조, 제346조(친족 간의 범행, 동력), 군형법 제75조(군용물 등 범죄에 대한 형의 가중), 상법 제622조(발기인, 이사 기타의 임원 등의 특별배임죄), 제623조(사채권자집회의 대표자 등의 특별배임죄), 제624조(특별배임죄의 미수), 특정경제범죄 가중처벌 등에 관한 법률 제3조(특정재산범죄의 가중처벌), 특정범죄 가중처벌 등에 관한 법률 제5조(국고 등 손실)

[참고문헌] 주석 형법, 각칙(6)(제5판), 한국사법행정학회(2017); 김성돈, 형법각론(제8판), 성균관대학교 출판부(2022); 김일수/서보학, 새로쓴 형법각론(제9판), 박영사(2018); 박찬걸, 형법각론(제2판), 박영사(2022); 배종대, 형법각론(제14판), 홍문사(2023); 손동권/김재윤, 새로운 형법각론(제2판), 율곡출판사(2022); 신동운, 형법각론(제2판), 법문사(2018); 신양균/조기영, 판례교재 형법각론(제2판), 박영사(2022); 오영근, 형법각론(제7판), 박영사(2022); 이용식, 형법각론, 박영사(2019); 이재상 외 2인, 형법각론(제12판), 박영사(2021); 정성근/정준섭, 형법강의 각론(제2판), 박영사(2022); 홍영기, 형법 총론과 각론, 박영사(2022); 변호사 시험의 자격시험을 위한 형법 표준판례 연구(2003 등록), 법학전문대학원협의회(leet.or.kr)

Ⅰ. 형법 제356조의 의의

1 업무상 횡령과 배임죄는 행위자가 보관하는 타인의 물건 또는 처리하는 타인의 사무가 업무상 임무와 연결되어 있는 경우 이를 가중처벌하는 죄이다.

2 단순 횡령과 배임죄도 신임관계에 의한 보관자 또는 사무처리자라는 신분을 필요로 하는 신분범이지만, 업무상 횡령 또는 배임죄는 여기에 다시 업무자라는 신분이 요구된다. 단순 횡령 또는 배임죄에서의 신분은 이른바 구성적 신분(진정신분범)이라고 하고, 본죄에서의 업무라는 신분은 가감적 신분(부진정신분범)이라고 하는데, 본죄는 이중의 신분을 요하는 범죄이다.

3 업무상 횡령과 배임을 가중처벌하는 이유는 업무에 의하여 타인의 재물을 보관

하거나 사무를 처리하는 경우에는 횡령 또는 배임의 가능성과 피해범위가 크고, 사회의 신뢰를 해할 우려가 크기 때문이라고 설명된다.[1] 한편 일본 형법은 우리 형법과 달리 가중처벌하는 규정이 없다.

4 업무상 횡령 또는 배임죄 모두 이득액이 5억 원 이상인 경우 특정경제범죄 가중처벌 등에 관한 법률의 적용을 받아 가중처벌된다. 미수범을 처벌하며 친족상도례 규정이 준용된다(☞ 여기서는 업무의 의의와 내용 및 공범관계를 주로 살펴보고 그 외의 일반적인 것은 '형법 제355조 단순 횡령 및 배임죄' 주석의 해당 부분 참조).

Ⅱ. 업무

1. 업무의 의의

5 업무란 직업 또는 직무와 같은 것으로 사회생활상의 지위에 기하여 반복 또는 계속적으로 행하는 사무를 말한다. 법령, 계약에 의한 것뿐만 아니라 관례를 좇거나 사실상의 것이거나를 묻지 않고 같은 행위를 반복할 지위에 따른 사무를 가리키는 것이다.[2] 계속성과 사회생활상의 지위를 요소로 한다는 점에서 업무상과실치사상죄(형법 제268조)에서의 업무와 같다. 다만 사람의 생명·신체에 대한 위험성을 가진 사무에 한하지 않는 점에서 다르다.[3] 위탁에 의한 업무일 경우에도 특정인에 의한 위탁이 보통이겠지만 불특정 다수인에 의한 위탁도 있을 수 있다.[4]

6 업무는 반드시 직무나 직업으로 행하여지는 것에 한하지 않고 생활수단일 필요도 없다. 또 고유의 업무이건 겸무이건 불문하며, 사실상 행하는 사무라도 무방하므로 등기부상 대표이사를 사임한 후에도 계속하여 사실상 그 업무를 수행하여 왔고 회사원들도 피고인을 대표이사의 일을 하는 사람으로 상대하여 왔다면 피고인은 그 회사 소유의 금원을 보관하는 업무상 지위에 있다.[5] 또 등기부상 임원으로 등기되지 않았고 정관상 회장이라는 자리가 없었다 하더라도 회장이라는 직명 하에 금고의 업무를 통할하고 임직원들도 피고인을 회장으로 상대해

1 신동운, 형법각론(제2판), 법문사(2018), 1227, 1288; 이재상 외 2인, 형법각론(제12판), 박영사(2021), 418; 정성근/정준섭, 형법강의 각론(제2판), 박영사(2022), 329.

2 대법원 2001. 7. 10. 선고 2000도5597 판결, 대법원 2015. 2. 26. 선고 2014도15182 판결 등.

3 김일수/서보학, 새로쓴 형법각론(제9판), 박영사(2018), 314; 이재상 외 2인, 형법각론(제12판), 박영사(2021), 418.

4 오영근, 형법각론(제7판), 박영사(2022), 378.

5 대법원 1982. 1. 12. 선고 80도1970 판결.

온 이상 금고의 사무를 처리하는 업무상의 지위에 있다.[6]

7 학교장이 정규의 예산 외의 교육비용이나 수학여행비용 및 각종 기부금을 보관하다가 횡령한 경우와 같이, 본래의 사무는 아니나 편의상 부수적으로 같이 행하는 사무도 이에 해당한다.[7] 이러한 부수적 사무의 경우는 본래의 사무와 밀접한 관련성이 있어야 한다. 다른 업무자에게 고용되거나 보조기관으로서 사무를 행하는 경우에도 계속성과 사회생활상의 지위를 갖추는 한 업무자에 해당한다고 보아야 한다.

8 회사 또는 단체가 소유하는 금전을 그 조직 내부의 분담에 따라 관리·보전하게 되었다고 하더라도 업무상 보관자로서의 지위가 긍정된다. 예컨대 회사 비자금을 사실상 관리해온 자가 구속된 대표이사의 변호사비용과 벌금을 주주총회의 의결을 거쳐 비자금으로 지급한 경우나,[8] 은행장이 업무추진비에서 이북 5도의 도지사에게 판공비를 주고 은행간부들에게 수고비를 지급한 경우 업무추진비의 본래 용도와 관계없이 개인적인 목적으로 지출한 것이라면[9] 모두 업무상횡령죄가 성립한다.

2. 업무의 내용

9 업무의 내용은 공적인 것이든 사적인 것이든 묻지 않는다.

10 업무상 횡령의 경우 창고업자, 운송업자, 수선업자, 세탁업자 등과 같이 타인의 재물을 보관하는 것을 주된 내용으로 하는 것만이 아니라, 본래의 업무수행과 관련하여 관례나 사실상 타인의 재물을 보관하는 경우도 포함된다.[10]

11 그러나 일정한 업무에 종사하는 사람이라도 그 업무와 관련 없이 타인의 재물을 보관하게 된 경우에는 본죄가 성립하지 않는다. 가령 판례 가운데 시내버스 운전사인 피고인이 버스안내원으로부터 그가 승객으로부터 받은 버스요금을 건네받아 보관 중 소비한 경우, 요금의 징수, 보관 및 입금이 피고인의 업무라고 볼 증거가 없고, 피고인이 직접 승객으로부터 요금을 받아 보관한 것이 아닌 이상 그 보관이 그의 업무내용이라고 볼 수 없어 업무상횡령죄를 구성하지 않는

6 대법원 1988. 11. 22. 선고 88도1523 판결.
7 대법원 1985. 2. 26. 선고 84도1109 판결.
8 대법원 1990. 2. 23. 선고 89도2466 판결.
9 대법원 1994. 9. 9. 선고 94도619 판결.
10 대법원 1985. 2. 26. 선고 84도1109 판결, 대법원 2002. 2. 8. 선고 2001도6579 판결 등.

다고 본 사례가 있다.[11] 또 면사무소에서 취급하는 금전이 회계규정상 항목이 나누어져 있고 각각 취급책임자가 구분되어 있다면 어느 한쪽 항목의 보관책임자에 불과한 총무계장은 다른 항목 금전에 대한 업무상 직접 보관자라고 할 수 없으므로 총무계장은 다른 항목 금전에 대한 업무상횡령죄의 주체가 될 수 없고, 면장도 수입지출의 명령과 회계감독을 하는 지위에 있었음에 그치고 직접 점유·보관하는 자라고 할 수 없어 업무상횡령죄의 주체가 될 수 없다고 보았다.[12]

12 그러나 업무상 보관의 객체는 점유이탈물이라도 무방하므로 유실물이나 유류품 등을 보관하는 것을 업무로 하는 사람이 이를 횡령한 때에는 업무상횡령죄를 구성한다.

13 업무는 원칙적으로 적법하여야 한다. 사회질서에 반하거나 강행법규에 위반되는 등 법이 절대적으로 금지하는 행위는 비록 업무의 의사로 반복하더라도 본죄의 업무가 되지 못한다. 그러나 업무의 내용 자체가 위법하지 않는 한 면허, 인가를 취득하지 못한 경우처럼 행정절차상의 불법이더라도 현재 반복·계속하여 행하여졌다면 업무에 해당한다.[13] 부하직원이 현실적으로 보관을 하고 있더라도 일정한 경우 직속상사나 기관장도 업무상 보관자에 해당할 수 있다.

Ⅲ. 구성요건

1. 업무상 보관

14 업무상횡령죄의 주체의 요건인 업무상 보관이라 함은 업무자가 그 업무의 수행으로서 타인의 재물을 보관하는 것을 말한다. 즉 타인의 재물에 대한 위탁신임관계가 보관자의 업무상의 지위와 결부되어 성립하는 것이다. 업무상 지위에 기하여 당연히 재물을 보관하게 된 경우와 업무자에 대한 위탁자의 구체적 위탁행위에 의해서 재물을 보관하게 된 경우로 나눌 수 있으나, 모두 업무상횡령죄에서 말하는 업무상 보관에 해당한다.[14]

11 대법원 1985. 6. 25. 선고 85도1036 판결.
12 대법원 1989. 10. 10. 선고 87도1901 판결.
13 김성돈, 형법각론(제8판), 성균관대학교 출판부(2022), 471; 김일수/서보학, 새로쓴 형법각론(제9판), 박영사(2018), 315; 신동운, 형법각론(제2판), 법문사(2018), 1229; 이재상 외 2인, 형법각론(제12판), 박영사(2021), 418.
14 김성돈, 형법각론(제8판), 성균관대학교 출판부(2022), 471.

15 업무상횡령죄의 객체는 업무상 보관하는 타인의 재물이다. 업무상 타인의 재물을 보관하여야 하기 때문에 재물에 대한 점유와 업무는 상호관련성이 있어야 한다.[15] 앞서 본 바와 같이 업무자가 보관하는 재물이라도 그 업무의 수행과 관계없이 점유하게 된 타인의 재물은 업무상횡령죄의 객체가 되지 않는다.

2. 업무상 타인의 사무

16 업무상배임죄 주체의 요건인 업무상 타인의 사무를 처리하는 자란 업무자가 그 업무의 수행으로서 타인의 사무를 처리하는 지위에 있는 경우를 말한다. 타인의 사무를 처리하는 자라는 신임관계가 그의 업무상의 지위와 결부되어 성립하는 것이다. 고유한 권한으로써 그 처리를 하는 경우에 한하지 않고, 그 보조기관으로서 직접 또는 간접으로 그 처리에 관한 사무를 담당하는 사람도 포함된다. 이 경우 직장의 상사가 범법행위를 하는데 가담한 부하에게 직무상 지휘·복종관계에 있다 하여 범법행위에 가담하지 않을 기대가능성이 없다고 할 수 없다.[16] 업무상횡령죄와 같이 업무상의 지위에 의거하여 당연히 그 사무를 처리하게 된 경우와 업무자에 대한 위임자의 구체적 위임행위에 의하여 그 사무를 처리하게 된 경우가 있고 모두 여기서 업무상 타인의 사무를 처리하는 경우에 해당한다.

3. 행위와 고의

17 행위나 고의는 단순 횡령 및 배임죄에서 설명한 바와 같다. 업무자의 지위에 관한 인식도 미필적 인식으로 충분할 것이다.

Ⅳ. 공범관계

1. 공범관계가 문제되는 경우

18 형법 제356조에서 공범관계가 문제되는 것은 다음 세 가지의 경우로 나누어 볼 수 있다. 즉 i) 전혀 신분관계 없이 단순 보관자도 아닌 사람(이하 '비신분자'라고 한다)이 단순 보관자의 범행에 가공하는 경우(배임의 경우도 타인의 사무처리자에 대하여 마찬가지이다. 이하 같다), ii) 비신분자가 업무상 보관자의 범행에 가공하는 경우, iii) 단순 보관자가 업무상 보관자의 범행에 가공하는 경우 등으로 나

15 김일수/서보학, 새로쓴 형법각론(제9판), 박영사(2018), 315.

16 대법원 1999. 7. 23. 선고 99도1911 판결, 대법원 2004. 6. 24. 선고 2004도520 판결, 대법원 2004. 7. 9. 선고 2004도810 판결 등.

눌 수 있다. 여기서는 ii)와 iii)의 경우에 대하여 공범관계에 관한 일반적인 논의와 공범 중 특히 공동정범의 성립에 관하여 살펴보기로 한다. i)의 경우는 '형법 제355조 단순 횡령 및 배임죄' 주석의 해당 부분에서 살펴보았다.

2. 업무상 보관자의 공범관계 및 처벌

19 단순 보관자 또는 비신분자가 업무상 보관자의 범행에 가공하여 횡령행위를 한 경우, 형법 제33조 본문을 적용하여 가공형태에 따라 단순 보관자나 비신분자도 업무상횡령죄의 공동정범, 교사범 또는 방조범으로 처벌할 것인지가 문제된다.

20 다수 학설은 형법 제33조 단서에 따라 단순 보관자나 비신분자는 단순횡령죄의 책임을 지고 단순횡령죄로 처벌된다고 본다.[17] 다만 비신분자의 경우 단순횡령죄의 공동정범은 성립할 수 없고 단순횡령죄의 교사범 또는 방조범만 성립 가능하다는 소수 견해도 있다(☞ 아래 '3. 업무상 보관자와 공동정범의 성립 여부' 같이 참조할 것).

21 이에 대하여, 우리 형법 제33조가 독일이나 일본 형법과 달리 진정신분범과 부진정신분범을 별도의 항으로 분리하여 규정하지 않고 본문과 단서의 규정형식을 취하고 있으므로, 본문과 단서에 따라 비신분자에게도 업무상 보관자의 신분을 확장하여 업무상횡령죄의 공범을 인정하되 단순횡령죄의 법정형 범위 내에서 처단형을 결정하여야 한다고 보아 판례와 같은 입장을 취하는 견해[18]도 있다.

22 판례는 형법 제33조 본문에 의하여 업무상횡령죄의 책임을 지되 처벌은 제33조 단서에 의하여 단순횡령죄로 한다는 입장이다. 즉 업무상배임죄는 업무상 타인의 사무를 처리하는 지위에 있는 사람이 그 임무에 위배하는 행위로써 재산상의 이익을 취득하거나 제3자로 하여금 이를 취득하게 하고 본인에게 손해를 가한 때에 성립하는 것으로서, 이는 사무를 처리하는 지위라는 점에서 보면 신분관계로 인하여 성립될 범죄이고, 업무상 타인의 사무를 처리하는 지위라는 점에서 보면 단순배임죄에 대한 가중규정으로서 신분관계로 인하여 형의 경중이 있는 경우라 할 것이므로, 그러한 신분관계가 없는 사람에 있어서도 일단 형법 제356조의 업무상배임죄가 성립한 다음 형법 제33조 단서에 의하여 중한 형이 아닌 형법 제355조 제2항에 정한 형으로 처벌된다고 본다.[19]

17 배종대, 형법각론(제14판), 홍문사(2023), 440; 오영근, 형법각론(제7판), 박영사(2022), 378; 이재상 외 2인, 형법각론(제12판), 박영사(2021), 418.

18 김성돈, 형법각론(제8판), 성균관대학교 출판부(2022), 472; 신동운, 형법각론(제2판), 법문사(2018), 1224.

19 대법원 1989. 10. 10. 선고 87도1901 판결, 대법원 1997. 12. 26. 선고 97도2609 판결, 대법원 2010. 9. 9. 선고 2010도6507 판결, 대법원 2012. 11. 15. 선고 2012도6676 판결, 대법원 2015. 2. 26. 선고 2014도15182 판결 등.

3. 업무상 보관자와의 공동정범의 성립 여부

23 앞서 본 바와 같이 다수 학설과 판례는 단순 보관자나 비신분자의 경우 결국 단순횡령죄로 처벌되지만 본죄의 공동정범은 성립할 수 있다고 본다. 이때 업무상 배임죄의 실행으로 인하여 이익을 얻게 되는 수익자 또는 그와 밀접한 관련이 있는 제3자를 배임의 실행행위자와 공동정범으로 인정하기 위해서는 실행행위자의 행위가 피해자인 본인에 대한 배임행위에 해당한다는 것을 알면서도 소극적으로 그 배임행위에 편승하여 이익을 취득한 것만으로는 부족하고, 실행행위자의 배임행위를 교사하거나 또는 배임행위의 전 과정에 관여하는 등으로 배임행위에 적극 가담할 것을 필요로 한다.[20]

24 한편 단순 보관자와 달리 비신분자의 경우에는 단순횡령죄 및 업무상횡령죄의 공동정범이 성립할 수 없다는 견해[21]가 있다. 이에 따르면, 비신분자는 업무상횡령죄의 성립 가능성 및 단순횡령죄의 공동정범의 성립 가능성은 배제되고, 가공 정도에 따라 단지 단순횡령죄의 교사범 또는 방조범이 문제될 뿐이라고 한다.

V. 죄수

25 수개의 업무상 횡령행위가 피해법익이 단일하고, 범죄의 태양이 동일하며, 단일 범의의 발현에 기인하는 일련의 행위라고 인정되면 포괄하여 1죄로 된다.[22] 업무상 배임의 경우에도 마찬가지이다.[23]

26 수개의 범행 도중 공범자가 변동되더라도 그것이 단일하고 계속된 범의 하에 같은 종류의 일정기간 반복하여 행하고 그 피해법익도 동일한 경우라면 포괄일죄가 성립한다[24](☞ 그 외 일반적인 죄수관계에 대하여는 '형법 제355조 단순 횡령 및 배임죄' 주석 중 해당 부분 참조).

20 대법원 1975. 6. 10. 선고 74도2455 판결, 대법원 1999. 7. 23. 선고 99도1911 판결, 대법원 2004. 7. 22. 선고 2004도2600 판결 등.

21 김일수/서보학, 새로쓴 형법각론(제9판), 박영사(2018), 316.

22 대법원 1984. 8. 14. 선고 84도1139 판결, 대법원 1985. 8. 13. 선고 85도1275 판결, 대법원 2005. 9. 28. 선고 2005도3929 판결, 대법원 2011. 7. 28. 선고 2009도8265 판결, 대법원 2012. 4. 13. 선고 2011도13282 판결 등.

23 대법원 1997. 9. 26. 선고 97도1469 판결, 대법원 2004. 7. 9. 선고 2004도810 판결, 대법원 2007. 1. 12. 선고 2006도6464 판결, 대법원 2012. 2. 23. 선고 2011도15756 판결 등.

24 대법원 1999. 7. 23. 선고 99도2051 판결.

제 357 조 [배임수증재]

① 타인의 사무를 처리하는 자가 그 임무에 관하여 부정한 청탁을 받고 재물 또는 재산상의 이익을 취득하거나 제3자로 하여금 이를 취득하게 한 때에는 5년 이하의 징역 또는 1천만원 이하의 벌금에 처한다. <개정 2016.5.29>

② 제1항의 재물 또는 재산상 이익을 공여한 자는 2년 이하의 징역 또는 500만원 이하의 벌금에 처한다. <개정 2020.12.8>

③ 범인 또는 그 사정을 아는 제3자가 취득한 제1항의 재물은 몰수한다. 그 재물을 몰수하기 불가능하거나 재산상의 이익을 취득한 때에는 그 가액을 추징한다. <개정 2016.5.29., 2020.12.8>

[제목개정 2016.5.29]

[관련조문] 형법 제48조(몰수의 대상과 추징), 제358조(자격정지의 병과), 제359조(미수범), 제361조, 제328조, 제346조(친족 간의 범행, 동력)

Ⅰ. 형법 제357조의 의의

1. 의의

1 형법 제357조 제1항의 배임수재죄는 타인의 사무를 처리하는 자가 임무에 관하여 부정한 청탁을 받고 재물 또는 제3자로 하여금 이를 취득하게 하는 범죄이다. 형법 제357조 제2항의 배임증재죄는 타인의 사무를 처리하는 자에게 임무에 관하여 부정한 청탁을 하고 재물 또는 재산상의 이익을 공여하는 범죄이다.

2. 제3자가 재물 또는 재산상 이익을 취득하는 행위를 처벌하는 규정의 신설

2 2016. 5. 29. 형법 개정을 통하여 본인이 직접 재물이나 재산상의 이익을 취득하는 행위뿐만 아니라 제3자로 하여금 재물이나 재산상 이익을 취득하게 하는 행위도 처벌할 수 있도록 하고, 그 제3자가 배임수재의 정(情)을 알고 취득한 경우에는 제3자가 취득한 재물이나 재산상의 이익을 몰수 또는 추징할 수 있도록 하였다. 개정 전 법률 규정으로는 제3자가 재물이나 재산상 이익을 취득한 경우 원칙적으로 배임수재죄로 처벌할 수 없었다.[1]

3. 배임죄와의 구별

3 배임수재죄는 타인의 사무를 처리하는 자가 주체가 되고, 재산상의 이익을 취득한다는 점에서 배임죄와 공통점이 있다. 그러나 배임수재죄에서는 부정한 청탁을 받아야 하고 재물도 함께 객체로 규정되어 있으며, 임무위배행위나 재산상 손해를 가하는 것이 필요하지 않고, 그 외 타인의 사무가 재산상 사무에 국한하지 않는다는 점에서 배임죄와 구별된다. 즉 배임죄와 같은 장에 규정되어 있지만 배임죄와는 별개의 독립된 범죄이다.

4. 뇌물죄와의 구별

4 배임수재죄와 배임증재죄는 수뢰죄(형법 제129조)와 뇌물공여죄(제133조)와 유사하다. 다만 수뢰죄의 행위주체는 공무원 또는 중재인이고, 배임수재죄는 널리 타인의 사무를 처리하는 자이다. 배임수재죄는 부정한 청탁을 요하고, 재물 또는 재산상의 이익을 현실적으로 취득해야 성립하나, 뇌물죄는 뇌물의 요구 약속 및 비재산상의 이익의 취득만으로도 성립할 수 있다.

5. 부정청탁및금품등수수의금지에관한법률 위반죄와의 관계

5 한편 2016. 9. 28. 공직자 등에 대한 부정청탁 및 공직자 등의 금품 등의 수수를 금지함으로써 공직자 등의 공정한 직무수행을 보장하고 공공기관에 대한 국민의 신뢰를 확보하는 것을 목적으로 하는 '부정청탁 및 금품등 수수의 금지에 관한 법률'이 시행되었다. 본죄와는 행위의 주체, 직무관련성이나 대가관계, 부정한 청탁의 내용, 금품 등 수수의 요구 및 약속과 같은 의사표시의 처벌 및 법인에 대한 처벌 여부 등에서 차이가 있다.[2]

1 예컨대 대법원 2008. 4. 24. 선고 2006도1202 판결, 대법원 2009. 6. 11. 선고 2009도1518 판결, 대법원 2012. 5. 9. 선고 2012도1381 판결, 대법원 2015. 7. 23. 선고 2015도30380 판결 등.

2 본죄와 관련하여 비교적 자세하게 다룬 것은 신동운, 형법각론(제2판), 법문사(2018), 1293 참조.

6. 보호법익

6 형법 제357조의 보호법익에 관하여 어디에 중점을 두고 어떻게 볼 것인가에 관하여 견해가 나뉜다. 즉 i) 거래 또는 사무처리의 청렴성이라는 견해[3]와 ii) 타인의 재산처리에 있어서 공정성을 확보하여 타인의 재산을 보호하려는 것이므로 사무처리의 공정성 내지 청렴성뿐만 아니라 타인의 재산도 같이 보호법익으로 보아야 한다는 견해[4]가 있다.

7 i)의 견해에 따르면, 본죄의 사무는 반드시 재산관리사무임을 요하지 않고 또한 기수의 성립에 재산상 손해를 요하지 않기 때문에 타인의 재산권은 보호법익으로 포함되지 않는다고 한다.[5] ii)의 견해는 본죄가 배임죄와 같은 죄질의 범죄로 규정되어 있으며, 부정한 청탁을 받을 경우 타인의 재산보호 임무를 위배할 추상적 위험성이 발생하고, 본죄는 행위자가 재물 등을 취득하였다는 것을 금지하기보다는 본인에게 재산상 피해를 주는 것을 금지하려는 것이라고 할 수 있으므로 타인의 재산도 보호법익이 된다고 한다.[6] 다만 본죄를 순수하게 재산범죄로 보아 보호법익을 타인의 재산이라고만 보는 견해는 현재 보이지 아니한다.

8 판례는 다수설과 같이 타인의 사무를 처리하는 자의 청렴성 또는 거래의 청렴성을 보호법익으로 들고 있다.[7]

9 배임수재죄를 처벌함으로써 당연히 타인의 재산이 보호되는 결과를 가져오고 배임수재죄의 적용범위가 확장되는 것을 제한할 필요가 있다고 하더라도, 앞서 본 바와 같이 본죄가 배임죄와 구별되고 뇌물죄와 유사하다는 점에서, 사무처리의 청렴성 외 타인의 재산까지 동등한 보호법익으로 보아야 할 논리적 필연성은 없어 보인다.

7. 보호의 정도

10 보호의 정도에 관하여 침해범설과 위험범설의 대립이 있다. i) 재물 또는 재산

3 김성돈, 형법각론(제8판), 성균관대학교 출판부(2022), 505; 김일수/서보학, 새로쓴 형법각론(제9판), 박영사(2018), 399; 박찬걸, 형법각론(제2판), 박영사(2022), 581; 배종대, 형법각론(제14판), 홍문사(2023), 480; 손동권/김재윤, 새로운 형법각론(제2판), 율곡출판사(2022), 479; 신동운, 형법각론(제2판), 법문사(2018), 1292; 이재상 외 2인, 형법각론(제12판), 박영사(2021), 444.

4 오영근, 형법각론(제7판), 박영사(2022), 405; 정성근/정준섭, 형법강의 각론(제2판), 박영사(2022), 330; 홍영기, 형법 총론과 각론, 박영사(2022), 468.

5 김일수/서보학, 새로쓴 형법각론(제9판), 박영사(2018), 399.

6 오영근, 형법각론(제7판), 박영사(2022), 405.

7 대법원 1984. 11. 27. 선고 84도1906 판결, 대법원 2015. 7. 23. 선고 2015도3080 판결, 대법원 2021. 9. 30. 선고 2019도17102 판결 등.

상의 이익 취득이 있어야 한다는 점에서 침해범으로 보는 견해,[8] ii) 사무처리의 청렴성 내지 공정성이 침해되지 않아도 부정한 청탁이 있고 재물 또는 재산상의 이익 취득이 있으면 본죄가 성립하기 때문에 위험범(추상적 위험범)으로 보는 견해[9] 등이 있다.

11 본죄의 구성요건을 해석함에 있어 보호법익을 어떻게 파악하고 어디에 중점을 두는가에 따라 달라지는 것으로 보인다. 본죄의 보호법익을 앞서와 같이 거래의 청렴성으로 보는 이상 부정한 청탁이 있고 재물이나 재산상 이익 취득이 있으면 거래의 청렴성이 침해되지 않더라도 본 죄가 성립한다고 보아야 할 것이므로 위험범설이 타당하다.

12 참고로 배임죄의 경우, 판례는 구체적 위험범으로 보는 입장이라고 평가할 수 있다(☞ 본장 '형법 제355조의 단순배임죄' 주석 중 해당 부분 참조). 즉 배임죄는 현실적인 재산상의 손해가 확정될 필요는 없고 손해 발생의 구체적·현실적 위험이 있는 경우에 기수로 성립한다고 본다.[10]

Ⅱ. 입법취지 및 입법례

13 배임수증재죄가 비록 배임죄와 같이 규정되어 있지만 그 성질상 배임죄의 일종이라기보다는 공무원의 뇌물죄에 상응하는 것으로 타인의 사무를 처리하는 자에 관한 뇌물죄라 할 수 있다. 일종의 사적 뇌물죄라고 하기도 한다.[11]

14 우리 형법은 일본의 1940년 개정형법 가(假)안의 모델을 좇아서 공무원 범죄는 각칙의 전반부에, 일반인의 범죄는 각칙의 후반부에 배치하는 형식을 취하고 있다. 이러한 구조에 따라 배임수증재죄가 뇌물죄와 별도의 위치에 규정하게 된 것이라고 한다.[12]

15 독일이나 일본에서는 형법 제357조와 같은 일반적인 처벌규정이 존재하지 않는다. 유럽 국가들의 입법례를 보아도 사적 경제영역에서 부패범죄 그 자체를 처벌의 대상으로 삼는 경우는 찾아보기 어렵다. 이에 대하여는 입법론으로서 찬반양론이 있다.

8 김일수/서보학, 새로쓴 형법각론(제9판), 박영사(2018), 399; 배종대, 형법각론(제14판), 홍문사(2023), 481; 정성근/정준섭, 형법강의 각론(제2판), 박영사(2022), 330.

9 김성돈, 형법각론(제8판), 성균관대학교 출판부(2022), 505; 오영근, 형법각론(제7판), 박영사(2022), 405.

10 대법원 1989. 4. 11. 선고 88도1247 판결, 대법원 2000. 4. 11. 선고 99도334 판결, 대법원 2006. 11. 9. 선고 2006도3626 판결 등.

11 김일수/서보학, 새로쓴 형법각론(제9판), 박영사(2018), 398, 신동운, 형법각론(제2판), 법문사(2018), 1289.

12 신동운, 형법각론(제2판), 법문사(2018), 1290.

Ⅲ. 배임수재죄

16 배임수재죄는 타인의 사무를 처리하는 사람이 그 임무에 관하여 부정한 청탁을 받고 재물 또는 재산상의 이익을 취득하거나 제3자로 하여금 이를 취득하게 함으로써 성립한다.

1. 주체

가. 타인의 사무를 처리하는 자의 의미

17 본죄의 주체는 타인의 사무를 처리하는 자로서 진정신분범이다.

18 '타인의 사무를 처리하는 자'의 의미는 배임죄에서 설명한 바와 대체로 같다. 즉 타인과의 대내관계에 있어서 신의성실의 원칙에 비추어 그 사무를 처리할 신임관계가 존재한다고 인정되는 자를 의미한다. 반드시 제3자에 대한 대외관계에서 그 사무에 관한 권한이 존재할 것을 요하지 않으며, 또 그 사무가 포괄적 위탁사무일 것을 요하는 것도 아니다. 사무처리의 근거, 즉 신임관계의 발생근거는 법령의 규정, 법률행위, 관습 또는 사무관리에 의하여도 발생할 수 있다.[13]

19 그러나 단순히 통상의 민사상 계약의 이익대립관계에 따른 채무를 부담하는 경우에는 본인의 사무로 될지언정 타인의 사무에 해당한다고 볼 수는 없다.[14] 가령 학교건물 신축공사에 관하여 수급인이 발주계약상 금지된 일괄 하도급계약 또는 일정비율 이하의 공사금액으로 하도급계약을 체결하는 행위는 발주청에 대한 단순한 채무불이행에 불과하여 타인을 위한 사무처리가 아니라 바로 수급인 자신의 사무처리행위에 해당되고, 따라서 하수급인이 수급인에게 발주청이 입금한 기성금과 실제 하도급대금과의 차액 상당액을 교부하였다고 하더라도 이는 자신의 사무를 처리한 자에 대한 교부에 불과하므로 배임증재죄로 처벌할 수는 없다.[15]

20 또 타인의 사무처리자의 지위를 취득하기 전이라면 부정한 청탁을 받더라도 이에 해당하지 아니하는 것이 원칙이다.[16] 가령 시에서 발주한 도시형폐기물종합

13 대법원 2003. 2. 26. 선고 2002도6834 판결, 대법원 2000. 3. 14. 선고 99도5195 판결, 대법원 2003. 2. 26. 선고 2002도6834 판결, 대법원 2003. 3. 14. 선고 99도5195 판결, 대법원 2004. 2. 13. 선고 2003도2450 판결, 대법원 2004. 12. 10. 선고 2003도1435 판결, 대법원 2006. 3. 24. 선고 2005도6433 판결, 대법원 2010. 4. 15. 선고 2009도6634 판결, 대법원 2013. 3. 28. 선고 2013도145 판결, 대법원 2016. 8. 30. 선고 2013도658 판결 등.

14 대법원 1982. 6. 22. 선고 82도45 판결, 대법원 2007. 6. 14. 선고 2007도2178 판결 등 참조.

15 대법원 2007. 6. 14. 선고 2007도2178 판결.

16 대법원 2009. 5. 28. 선고 2009도991 판결, 대법원 2010. 7. 22. 선고 2009도12878 판결 등.

처리시설 건설사업의 기본설계 적격심의 및 평가위원으로서의 임무와 관련하여 부정한 청탁을 받고 재물을 취득하였다는 공소사실에 대하여, 청탁을 받을 당시에 평가위원으로 위촉되지 않아 위 건설사업에 관한 사무를 처리하는 지위에 있었다고 인정되지 않는다면 배임수재죄로 처벌할 수는 없다.[17]

21 그렇다고 하여 부정한 청탁을 받을 당시 반드시 그와 관련된 임무를 현실적으로 담당하고 있음을 필요로 하지는 않는다. 즉 타인의 사무를 처리하는 자가 그 신임관계에 기한 사무의 범위에 속한 것으로서 장래에 담당할 것이 합리적으로 기대되는 임무에 관하여 부정한 청탁을 받고 재물 또는 재산상 이익을 취득한 후 그 청탁에 관한 임무를 현실적으로 담당하게 되었다면 이로써 타인의 사무를 처리하는 자의 청렴성은 훼손되는 것이어서 배임수재죄의 성립을 인정할 수 있다.[18] 가령 돈을 받을 당시 설립자 및 추가 출연자로서 실질적으로 학교법인의 정(正)이사 체제로의 전환 및 정상적인 운영을 위하여 학교법인의 사무를 처리하는 신임관계가 존재하고, 그와 관련하여 정(正)이사 체제로 전환된 후에 학교법인과 대학의 운영과 아울러 교수 채용에 관한 임무를 담당하거나 실질적으로 이에 관여할 수 있는 지위에 있었다고 한다면 배임수재죄의 주체로 인정될 수 있다.[19] 또 설사 청탁을 받을 당시 정식으로 평가위원에 선정되었다는 통보를 받지는 않았다고 하더라도 위촉될 것이 사실상 확정된 상태였다면 배임수재죄의 주체로 인정된다.[20]

22 타인의 사무를 처리하는 자가 그 임무에 관하여 부정한 청탁을 받은 이상 그 후 전근 또는 사직으로 인하거나 사무분담의 변경 등으로 그 임무를 현실적으로 담당하지 아니하게 된 상태에서 재물이나 재산상 이익을 수수하였더라도 배임수재죄가 성립한다.[21]

23 타인의 사무처리를 업무로 하고 있는지 여부는 묻지 않는다. 다만 다른 특별법에서 가중하거나 별도로 처벌하는 규정이 있다.

24 예컨대 금융기관 등 임직원의 알선수재에 대하여는 특정경제범죄 가중처벌 등에 관한 법률 제5조, 제6조가 적용되어 가중 처벌된다. 의사의 경우 2010. 5. 27.

17 대법원 2010. 7. 22. 선고 2009도12878 판결.

18 대법원 2003. 2. 14. 선고 2002도6697 판결, 대법원 2010. 4. 15. 선고 2009도4791 판결, 대법원 2013. 10. 11. 선고 2012도13719 판결, 대법원 2013. 3. 28. 선고 2013도145 판결 등.

19 대법원 2013. 3. 28. 선고 2013도145 판결.

20 대법원 2013. 10. 11. 선고 2012도13719 판결.

21 대법원 1984. 11. 27. 선고 84도1906 판결, 대법원 1987. 4. 28. 선고 87도414 판결, 대법원 1997. 10. 24. 선고 97도2042 판결 등.

의료법 개정으로 의사를 비롯한 의료인이 의약품공급자나 의료기기 업자로부터 판매촉진을 목적으로 한 경제적 이익을 제공받을 경우 형사처벌하는 규정이 만들어지면서(이른바 '리베이트 쌍벌죄'의 도입, 현행 의료법 제88조 제2호, 제23조의5), 종합병원 소속 의사들만이 아니라 개인의원을 경영하는 의사도 적용받게 되어 그 처벌범위가 크게 확대되었다.[22] 대학병원 의사의 경우 종전 판례도 약품이나 의료재료를 지속적으로 납품할 수 있도록 부정한 청탁 또는 의약품을 사용해준 대가로 제약회사로부터 금품을 받거나 향응을 받았다면 타인의 사무를 처리하는 자로서 배임수재죄가 성립한다고 보았다.[23]

25 한편 공동의 범행으로 인하여 얻은 돈을 공범자끼리 주고받은 행위는 공동정범들 사이에 범행에 의하여 취득한 돈이나 재산상 이익의 내부적인 분배행위에 지나지 않는 것으로서 그러한 돈의 수수행위가 따로 배임수증재죄를 구성한다고 볼 수 없다.[24]

나. 비재산상 사무도 포함된다고 할 것인지 여부

26 배임죄와 달리 재산권만을 보호법익으로 하지 않기 때문에 본죄에서의 타인의 사무는 재산상의 사무로만 한정되지 않는다는 것이 학설의 다수 견해이다.[25] 판례도 배임죄와 달리 재산상의 사무에 국한하지 않는 입장으로 보인다.[26]

27 그런데 대법원 2007. 6. 14. 선고 2007도2178 판결을 들어 재산상 사무로 제한한 것이라고 보는 견해[27]가 있으나, 위 사안은 타인의 사무인지 아니면 단순히 민사상 채무에 불과한 자기의 사무인지 여부가 쟁점이 되었던 사안으로서, 재산상 사무가 문제되는 경우 그 사무의 내용을 판단한 것에 불과하여 종전 입장을 변경한 것은 아니다.[28]

22 강한철, "의사의 배임수재죄에 있어서의 타인의 사무 개념", 고려법학 68호(2013. 3.), 423.

23 대법원 2011. 8. 18. 선고 2010도10290 판결.

24 대법원 1985. 8. 20. 선고 84도2599 판결, 대법원 2013. 10. 24. 선고 2013도7201 판결, 대법원 2016. 5. 24. 선고 2015도18795 판결 등.

25 김성돈, 형법각론(제8판), 성균관대학교 출판부(2022), 506; 김일수/서보학, 새로쓴 형법각론(제9판), 박영사(2018), 399; 배종대, 형법각론(제14판), 홍문사(2023), 481; 오영근, 형법각론(제7판), 박영사(2022), 406; 정성근/정준섭, 형법강의 각론(제2판), 박영사(2022), 331.

26 대법원 1998. 6. 9. 선고 96도837 판결, 대법원 2003. 3. 25. 선고 2003도301 판결, 위 판결에 대한 평석으로 신용석, "배임수증재죄의 부정한 청탁-유형화의 시도-", 형사판례연구 12, 박영사(2004. 7.), 231 이하.

27 김봉수, "배임수재죄에 있어서 '사무의 내용'에 관한 고찰 -'재산상 사무'로 제한해야 하는가?", 형사판례연구 20권(2012), 436; 강한철, "의사의 배임수재죄에 있어서의 타인의 사무 개념", 고려법학 68호(2013. 3.), 425.

28 조기영, "사회복지법인 운영권 양도와 배임수재죄의 부정한 청탁", 형사법연구, 26권 2호(2014. 여름), 112.

28 배임죄의 경우 그 본질은 재산범죄로서 사무를 재산상 사무로 한정되는 것으로 보는 것이 타당하나, 앞서 본 바와 같이 배임수재죄는 사적 영역에서의 거래의 청렴성을 보호법익으로 하기 때문에 배임죄의 사무를 반드시 재산상 사무로 한정할 필요는 없다.

다. 판례

29 타인의 사무처리자 지위의 인정 여부는 법령의 구체적인 규정이나 정관 및 업무의 성격과 내용 등을 면밀하게 검토하여 판단하여야 한다. 이하 판례에 나타난 사례를 중심으로 살펴본다.

1) 타인의 사무를 처리하는 자에 해당한다고 본 사례

30 관세사사무소의 영업부장으로서 관세사의 위임에 따라 수출업자를 위한 수출면장 발급신청 사무를 관세사의 이름으로 처리하여 온 경우,[29] 임대차계약체결에 관하여 임차인을 선정하거나 보증금차임의 액수를 결정할 권한이 없고 상사에게 임차인을 추천할 수 있는 권한밖에 없는 자라 하더라도 업무과장으로서 점포의 임대관리를 담당하고 있는 경우[30] 타인의 사무처리자로 인정하였다. 아파트 위탁관리회사로부터 파견되어 아파트관리업무를 수행하는 관리소장이 아파트관리 용역계약과 화재보험계약도 자신의 명의로 체결한 경우에 아파트 입주자들과의 관계에서 타인의 사무처리자로 인정하였다.[31]

31 감정평가법인의 지점을 독립채산제로 운영하는 피고인이 법인 명의로 감정평가업무를 수주하여 그 업무를 처리한 경우, 평가 과정에 법인이 관여하기도 하고 그중 잘못된 감정에 대하여는 법인이 책임을 부담하게 되는 점 등에 비추어 피고인이 행한 모든 감정평가업무가 법인의 사무가 아닌 피고인의 사무로 되는 것은 아니라는 이유로, 피고인을 타인의 사무처리자로 인정한 원심은 정당하다고 한 사례가 있다.[32]

32 또 회원제 골프장의 예약업무 담당자가 부킹대행업자의 청탁에 따라 회원에게 제공해야 하는 주말부킹권을 부킹대행업자에게 판매하고 그 대금 명목의 금품을

29 대법원 1982. 9. 28. 선고 82도1656 판결.
30 대법원 1984. 8. 21. 선고 83도2447 판결.
31 대법원 2002. 9. 27. 선고 2002도3074 판결.
32 대법원 2004. 10. 27. 선고 2003도7340 판결.

받은 경우 타인의 사무처리자로 인정하였다.[33] 시·도 화물자동차 운송사업 각 지역협회 대표자가 전국화물자동차운송사업연합회 회장 선거에서 지지해달라는 취지의 부정한 청탁을 받고 돈을 수수한 경우에, 구 화물자동차 운수사업법 관련 규정 및 연합회와 지역협회의 각 정관규정 등에 의하면 각 지역협회 대표자가 연합회 총회에서 총회의 구성원이 되어 회장 선출에 관한 선거권 내지 의결권을 행사하는 것은 타인인 '지역협회'의 사무를 처리하는 것으로 보아야 한다고 하였다.[34]

2) 타인의 사무를 처리하는 자가 아니라고 본 사례

33 대학의 편입학에 관한 사무는 대학의 총장이나 학장 또는 교무처장 등의 임무에 속할 뿐 학교법인의 상무이사가 처리할 사무가 아니라고 본 사례가 있다.[35] 또 농협, 수협 또는 축협의 단위조합의 '총대'(조합원이 100인을 초과하는 단위조합이 정관에 정하는 바에 따라 총회에 갈음할 수 있는 '총대회'의 구성원)는 총회에서의 조합원과 같이 총대회에서의 의결권과 선거권을 갖는 등 총회에 갈음하여 조합의 의사를 결정하는 총대회의 구성원에 불과하며, 비록 각 구역조합원의 호선에 의하여 선출되었다고 하더라도 그 선출구역 조합원의 지시나 간섭을 받지 않고 독립하여 스스로의 권한으로 총대회에서 임원선거에 참여하고 의결권을 행사하는 등 자주적으로 임무를 수행한다고 할 것이므로, 이를 선출구역 조합원의 사무를 처리하는 것으로 볼 수는 없고, 총회에 갈음하는 조합의 의사결정기관인 총대회 구성원일 뿐 조합의 임원 기타 업무집행기관도 아니므로 총대회에서의 의결권 또는 선거권의 행사가 전체 조합원의 혹은 조합의 사무라고 볼 수도 없다.[36]

34 또 잠실야구장의 광고권자를 선정하는 권한은 잠실야구장운영본부에게 있을 뿐이므로 KBO(한국야구위원회) 사무총장인 피고인은 잠실야구장의 광고권자 선정 업무를 처리하는 자에 해당하지 않고, 피고인이 위 운영본부 대표에게 A 주식회사를 위하여 유리한 이야기를 전해줄 수 있었던 사정만으로는 KBO 사무총장으로서 총재를 보좌하고 행정적 운영과 예산의 집행을 담당하는 업무가 잠실야구장의 광고권자 선정 업무와 밀접한 관계가 있는 범위 내의 사무라고 보기도 어

33 대법원 2008. 12. 11. 선고 2008도6987 판결.
34 대법원 2011. 8. 25. 선고 2009도5618 판결.
35 대법원 1982. 4. 13. 선고 81도2646 판결.
36 대법원 1989. 10. 13. 선고 89도563 판결, 대법원 1990. 2. 27. 선고 89도970 판결, 대법원 1990. 10. 12. 선고 90도1477 판결 등.

렵다고 하였다.[37] 한의대 교수가 다른 대학 한의대 대학원생들로부터 돈을 받고 실험대행 및 학위논문작성에 편의를 제공했더라도 타인의 사무를 처리하는 자에 해당한다고 볼 수 없다.[38]

2. 임무에 관한 부정한 청탁

35 본죄는 임무에 관하여 부정한 청탁을 받을 것을 요건으로 한다. 이러한 요건을 필요로 하지 않는 공무원의 수뢰죄(형법 제129조 제1항)의 경우와 다르다.

가. 임무에 관하여

36 타인의 사무를 처리하는 사람이라고 하더라도 임무에 관하여 부정한 청탁을 받아야 한다. 즉 부정한 청탁을 받았더라도 그 임무와 관계없이 받은 것으로 인정되는 경우에는 배임수재죄가 성립하지 않는다. 가령 대학 편입학업무를 담당하지 아니한 교수인 피고인 甲이 피고인 乙로부터 편입학과 관련한 부정한 청탁을 받고 금품을 수수하였다 하더라도 실제 편입학업무를 담당한 교무처장 등이 피고인 甲이 부정한 청탁을 받았음을 알았거나 스스로 부정한 청탁을 받았다고 볼 자료가 없는 경우, 피고인들을 배임수증재로 처벌할 수 없다.[39]

37 '임무에 관하여'란 타인의 사무를 처리하는 자가 위탁받은 사무를 말하는 것이나 이는 그 위탁관계로 인한 본래의 사무뿐만 아니라 그와 밀접한 관계가 있는 범위 내의 사무도 포함되며, 나아가 고유의 권한으로서 그 처리를 하는 자에 한하지 아니하고 보조기관으로서 직접 또는 간접으로 그 처리에 관한 사무를 담당하는 경우도 포함한다.[40]

38 [판례] 방송프로그램의 진행자와 프로듀서의 임무

특정 방송프로그램을 진행하는 방송진행자가 프로그램의 제작과정에서 방송에 사용될 소품의 채택과 관련하여 부정한 청탁을 받은 후 그 소품의 사용을 제안하고 그 제안이 채택되어 실제 방송을 하기에 이르렀으며 그 과정에서 재물 또는 재산상의 이득을 취득한 경우 그 방송진행자가 타인의 사무를 처리하는 자의 지위에 있는지 여부는 방송진행자와 방송국 사이의 계약내용(실제 계약서가 작성되어 사무의 위임범

37 대법원 2006. 3. 24. 선고 2005도6433 판결.

38 대법원 2008. 3. 27. 선고 2006도3504 판결.

39 대법원 1999. 1. 15. 선고 98도663 판결.

40 대법원 1982. 2. 9. 선고 80도2130 판결, 대법원 2000. 3. 14. 선고 99도5195 판결, 대법원 2002. 9. 27. 선고 2002도3074 판결, 대법원 2004. 12. 10. 선고 2003도1435 판결, 대법원 2007. 6. 29. 선고 2007도3096 판결, 대법원 2010. 4. 15. 선고 2009도6634 판결 등 참조.

위가 명확한지 여부), 해당 프로그램에서 문제가 된 방송진행자의 전체적인 비중과 역할, 실제 문제가 된 소품을 방송하게 된 과정에서 방송진행자의 관여정도 등 해당사안에 있어서의 구체적 정황을 파악하여 판단하여야 할 것이다.[41] 방송국의 가요프로그램 담당 프로듀서는 방송국 내규가 정하는 제한범위 내에서 방송될 가요를 선곡하는 임무를 방송국으로부터 부여받은 자로서 타인의 사무를 처리하는 자에 해당하고,[42] 따라서 방송국 예능담당 프로듀서가 연예기획사 운영자로부터 상당한 시세차익이 예상되는 주식의 매수기회를 제공받음으로써 그가 제작하는 예능프로그램 등에 소속 연예인을 출연시키거나 뮤직비디오를 방영해 달라는 청탁을 받고 주식을 매수함으로써 재산상 이익을 취득하였다면 배임수재죄가 성립한다.[43]

39 [판례] 재건축조합장이 철거업체로부터 금품을 받은 경우와 조합의 사무
재건축조합장이 재건축 현장의 철거공사 수주와 관련하여 철거업체로부터 금품을 수수한 경우에 비록 형식상으로는 철거업체의 선정권한이 시공사에 있다고 하더라도 철거업체에 관한 선정은 조합장이 정관이 따라 총괄하여 처리하는 조합의 사무와 밀접한 관계가 있는 사무로서 조합에 대한 관계에서 피고인의 임무에 해당한다.[44]

나. 부정한 청탁의 의미

40 본죄에서 취득하는 재물 또는 재산상 이익은 반드시 부정한 청탁에 대한 대가 또는 사례여야 한다.

41 '부정한 청탁'이란 반드시 업무상 배임의 내용이 되는 정도에 이를 필요는 없으며 사회상규 또는 신의성실의 원칙에 반하는 내용의 것이면 충분하고, 이를 판단함에 있어서는 청탁의 내용 및 이에 관련한 대가의 액수, 형식, 보호법익인 거래의 청렴성 등을 종합적으로 고찰하되 그 청탁이 반드시 명시적이어야만 하는 것도 아니다.[45]

42 배임수증재죄에서 공여 또는 취득하는 재물 또는 재산상 이익은 부정한 청탁에 대한 대가 또는 사례여야 하므로, 거래상대방의 대향적 행위의 존재를 필요로 하는 유형의 배임죄에서 거래상대방이 양수대금 등 거래에 따른 계약상 의무를 이행하고 배임행위의 실행행위자가 이를 이행받은 것을 두고 부정한 청탁에 대

41 대법원 2004. 2. 13. 선고 2003도2450 판결.
42 대법원 1991. 6. 11. 선고 91도688 판결.
43 대법원 2010. 4. 15. 선고 2009도4791 판결.
44 대법원 2007. 6. 29. 선고 2007도3096 판결.
45 대법원 2008. 12. 11. 선고 2008도6987 판결, 대법원 2011. 12. 22. 선고 2011도13611 판결, 대법원 2013. 11. 14. 선고 2011도11174 판결, 대법원 2016. 8. 30. 선고 2013도658 판결 등 참조.

한 대가로 수수하였다고 쉽게 단정하여서는 아니 된다.[46] 직무를 처리함에 있어서 직무권한범위 안에서 편의를 보아달라고 부탁하거나,[47] 규정이 허용하는 범위 내에서 최대한 선처를 바란다는 내용의 부탁[48]은 부정한 청탁이라고 할 수 없다. 그러나 일반적으로 타인의 위탁을 받아 계약과 관련된 사무를 처리하는 사람이 특정인으로부터 '계약의 상대방이 될 수 있도록 해 달라'는 부탁과 함께 그 대가로 돈을 받은 경우에는 특별한 사정이 없는 한 부정한 청탁에 해당한다.[49]

43 또한 배임수재죄와 배임증재죄 두 죄는 통상 필요적 공범의 관계에 있기는 하나, 반드시 수재자와 증재자가 같이 처벌받아야 하는 것을 의미하는 것은 아니므로 증재자에게는 정당한 업무에 속하는 청탁이라도 수재자에게는 부정한 청탁이 될 수도 있다.[50] 예컨대 甲 주식회사를 사실상 관리하는 乙이 甲 회사가 사업용 부지로 매수한 토지에 관하여 처분금지가처분등기를 마쳐두었는데, 토지를 매수하려는 丙에게서 가처분을 취하해 달라는 청탁을 받고 돈을 수수하였다는 내용으로 기소된 사안에서, 乙에게는 배임수재죄가 성립하더라도, 丙은 사업의 더 큰 손실을 피하기 위하여 가처분 취하의 대가로 乙이 지정하는 계좌로 돈을 송금한 점, 丙으로서는 위 돈이 궁극적으로 甲 회사에 귀속될 것인지 乙 개인에게 귀속될 것인지에 관한 분명한 인식이 있었다고 볼 수 없는 점 등 제반 사정에 비추어 丙이 돈을 교부한 행위는 사회상규에 위배되지 아니하여 배임증재죄가 성립하지 않는다고 본 사례가 있다.[51]

다. 판례

44 판례에 나타난 부정한 청탁에 해당하는 경우를 ⅰ) 특혜의 부탁, ⅱ) 우선 채택 선발의 부탁, ⅲ) 위법 부당처리의 부탁, ⅳ) 위법 부당처리의 묵인 부탁의 경우로, 부정한 청탁에 해당하지 않는 경우를 ⅰ) 정당한 업무행위, ⅱ) 단순한 선처 편의의 부탁, ⅲ) 자신의 권리확보를 위한 부탁으로 나누는 견해가 있다.[52] 또

46 대법원 2016. 10. 13. 선고 2014도17211 판결.
47 대법원 1980. 4. 8. 선고 79도3108 판결.
48 대법원 1982. 9. 28. 선고 82도1656 판결, 대법원 2006. 3. 24. 선고 2005도6433 판결, 대법원 2011. 4. 14. 선고 2010도8743 판결 등.
49 대법원 2006. 11. 23. 선고 2006도906 판결.
50 대법원 1991. 1. 15. 선고 90도2257 판결.
51 대법원 2011. 10. 27. 선고 2010도7624 판결.
52 신용석, "배임수증재죄의 부정한 청탁-유형화의 시도-", 형사판례연구 12, 박영사(2004. 7.), 238 이하; 이승호, "배임수증재죄의 본질과 부정한 청탁의 판단기준", 법조 614호(2007. 11), 114.

'부정청탁 및 금품등 수수의 금지에 관한 법률' 제5조에서 상세하게 규정된 금지된 부정청탁의 유형이 배임수재죄의 부정한 청탁 요건을 해석할 때에도 참고자료가 된다는 견해도 있다.[53] 이처럼 부정한 청탁을 유형화하여 구체적으로 분류하는 시도는 실무처리에 예측가능성을 높여줄 수 있다고 보인다.

1) 부정한 청탁이라고 인정된 사례

45 대학교재의 채택 및 출판업자를 선정할 수 있는 지위에 있는 피고인들에게 특정출판사에서 출판한 책자를 교재로 채택하거나 교재로 사용할 편집책자의 출판을 특정출판사에 맡겨달라는 취지로 통상의 인세범위를 훨씬 넘는 금원을 교부한 경우 위 교재채택 및 출판에 대한 청탁은 그것이 묵시적이라 하더라도 사회상규 또는 신의성실의 원칙에 반하는 부정한 청탁에 해당한다.[54] 신문사 기자겸 지국장이 특정 기사를 본사에 송고하지 말아달라는 청탁을 받은 경우,[55] 보험회사 지부장이 피보험자의 사인에 관하여 본사에서 내사하고 있는 데도 보험금을 빨리 타게 해 달라는 청탁을 받은 경우,[56] 종중회관의 매수사무 담당자가 매도인 측으로부터 대금을 증액하여 주고 이를 미리 지급하여 달라는 청탁을 받은 경우,[57] 지점장으로부터 대출대상자의 물색을 지시받은 은행차장이 대출부적격자로부터 위장대출을 묵인·선처해 달라는 청탁을 받은 경우,[58] 대출금의 회수불능이 예상되는 회사들로부터 거액의 대출을 원활하게 해 달라는 취지로 거액의 돈을 받은 경우,[59] 공사도급 사무를 담당하는 사람이 그 공사 또는 설계를 맡게 해달라거나 공사의 하자를 묵인해 달라는 청탁을 받은 경우,[60] 병원 의사가 특정 의료용구를 구입하게 하여 달라거나 특정 약품을 많이 사용토록 처방에 넣어 달라는 청탁을 받은 경우,[61] 어느 직위에 자기가 임용되도록, 또는 어느 시설 운영권을 자기가 인수하도록 추천해 달라는 청탁을 받은 경우,[62] TV 방송

53 신동운, 형법각론(제2판), 법문사(2018), 1298.
54 대법원 1996. 10. 11. 선고 95도2090 판결.
55 대법원 1970. 9. 17. 선고 70도1355 판결.
56 대법원 1978. 2. 14. 선고 78도2081 판결.
57 대법원 1980. 10. 14. 선고 79도190 판결.
58 대법원 1982. 2. 9. 선고 80도2130 판결.
59 대법원 1983. 3. 8. 선고 82도2873 판결.
60 대법원 1991. 11. 26. 선고 91도2418 판결.
61 대법원 1988. 12. 20. 선고 88도167 판결, 대법원 1991. 6. 11. 선고 91도413 판결.
62 대법원 1989. 12. 12. 선고 89도495 판결.

국 프로듀서가 맡은 쇼 프로에 어느 가수의 노래를 자주 방송해 달라는 청탁을 받은 경우[63] 등은 모두 부정한 청탁에 해당한다.

46 한국전력공사 소속으로 송전선로공사의 현장감독을 하던 사람이 공사 중 철탑 이설공사를 도급받아 시공하던 사람으로부터 시공에 하자가 있더라도 묵인하여 달라는 취지의 청탁을 받은 경우,[64] 의과대학 부속병원의 부대시설 임차운영자를 선정할 권한을 가진 대학교 총장의 직무를 보좌 또는 대행하거나 임차운영자를 추천할 권한을 가진 부총장이 위 임차운영자의 선정에 관하여 자신을 우선적으로 추천하여 달라는 청탁을 받은 경우,[65] 세대당 200만 원씩의 보상금 요구문제 등에 관한 협상권한을 위임받은 아파트 입주자 측의 협상대표자가 건축회사 측의 협상대표자로부터 전체의 보상액을 2천만 원으로 대폭 감액하여 조속히 합의하여 달라는 청탁을 받은 경우[66] 등도 모두 부정한 청탁에 해당한다. 정당의 지구당위원장이 소속 중앙당 당기위원회 소속 위원에게 더 이상 지구당의 공천비리를 조사하지 말아달라면서 부탁을 하면서 금원을 교부한 경우,[67] 집행관사무소 사무원들이 경매브로커들로부터 채권자들이 그들에게 부동산명도, 철거, 인도 등의 집행용역을 의뢰하도록 알선하여 주고 집행일정을 그들에게 편리하도록 결정하며 집행비용을 신속하게 지급받도록 도와주고, 유체동산경매 시에는 경매정보 및 정확한 경매개시시각, 위치를 그들에게만 알려주어 저가에 경락받도록 도와주는 등 강제집행 전반에 관하여 편의를 보아달라는 취지로 부탁을 받은 경우,[68] 제철회사의 임원이 고철 납품계약과 보세장치장 위탁관리계약을 체결한 납품업체 대표로부터 위 계약이 종료되는 경우 계약을 갱신하여 계속적으로 유지할 수 있도록 해주고, 그 계약 내용을 이행함에 있어서도 다른 경쟁업체들보다 상대적으로 유리하도록 영향력을 행사하여 달라는 취지로 묵시적인 청탁을 받은 경우 이는 사회상규 및 신의성실 원칙에 반하는 부정한 청탁에 해당한다고 볼 수 있다.[69]

63 대법원 1991. 1. 15. 선고 90도2257 판결, 대법원 1991. 6. 11. 선고 91도688 판결.
64 대법원 1991. 11. 26. 선고 91도2418 판결.
65 대법원 1991. 12. 10. 선고 91도2543 판결.
66 대법원 1993. 3. 26. 선고 92도2033 판결.
67 대법원 1998. 6. 9. 선고 96도837 판결.
68 대법원 2002. 7. 12. 선고 2002도2036 판결.
69 대법원 2004. 3. 26. 선고 2002도4131 판결.

47 광고대행 업무를 하는 주식회사의 대표이사에게, 방송사 관계자에게 사례비를 지급하여서라도 특정학원 소속 강사만을 채용하고 특정회사에서 출판되는 교재를 채택하여 특정회사의 이익을 위하여 수능과외방송을 하는 내용의 방송협약을 체결하여 달라고 하는 부탁,[70] 미술장식품 알선을 업으로 하는 피고인이 건물을 신축하는 회사에 미술장식품 제작자의 추천 및 계약업무 등을 담당하는 사람들에게 미술장식품을 납품하게 하여 주면 사례를 하겠다는 부탁,[71] 금융기관의 담보대출을 위한 감정평가업무를 담당한 자가 관계자로부터 적정가보다 고액으로 감정평가를 하여달라는 부탁[72]은 모두 부정한 청탁에 해당한다.

48 정상적인 KOC(한국올림픽위원회) 위원의 위촉절차를 밟지 아니한 채 당시 KOC 위원장이면서 체육계에 막강한 힘을 가지고 있던 피고인의 힘을 빌려 KOC 위원이 되고자 피고인에게 KOC 위원으로 선임해 달라는 부탁을 받거나,[73] 한국노동조합총연맹의 위원장이 복지센터 건축공사 중 전기공사를 하도급받도록 해 달라는 부탁을 받은 경우,[74] 회원제 골프장의 예약업무 담당자가 부킹대행업자로부터 회원에게 제공해야 하는 주말부킹권을 판매하여 달라는 부탁을 받은 경우,[75] 방송국 예능담당 프로듀서가 연예기획사 운영자로부터 상당한 시세차익이 예상되는 주식의 매수기회를 제공받으면서 그가 제작하는 예능프로그램 등에 소속 연예인을 출연시키거나 뮤직비디오를 방영해 달라면서 부탁을 받거나,[76] 주택조합아파트 시공회사 직원들이 조합장으로부터 조합의 이중분양에 관한 민원을 회사에 보고하지 않고 묵인하거나 이중분양에 대한 조치를 강구할 때 조합의 입장을 배려하여 달라는 부탁을 받으면서 아파트 분양권을 취득한 경우,[77] 기자단 간사가 특정 국가산업단지 내 기업체들로부터 묵시적으로 부정적인 기사를 자제해 달라는 취지의 청탁을 받고 그와 관련한 돈을 공동광고비 명목으로 받은 경우[78] 등은 모두 부정한 청탁을 받은 경우에 해당한다.

70 대법원 2002. 4. 9. 선고 99도2165 판결.
71 대법원 2003. 5. 30. 선고 2003도1096 판결.
72 대법원 2004. 10. 27. 선고 2003도7340 판결.
73 대법원 2005. 1. 14. 선고 2004도6646 판결.
74 대법원 2006. 11. 23. 선고 2006도906 판결.
75 대법원 2008. 12. 11. 선고 2008도6987 판결.
76 대법원 2010. 4. 15. 선고 2009도4791 판결.
77 대법원 2011. 2. 24. 선고 2010도11784 판결.
78 대법원 2014. 5. 16. 선고 2012도11259 판결.

49 한편 재판실무의 경향은 부정한 청탁의 존재가 명시적으로 증명되지 않았더라도 통상적인 범위를 넘어서는 금액 수수가 있었던 사안에서 객관적으로 인정되는 사실관계나 정황에 비추어 묵시적으로 부정한 청탁이 있었다고 추인하여 본죄를 인정한 경우가 많다.

50 재건축조합 총무가 시공사로부터 업무추진비 명목으로 다액의 돈을 지급받았고 업무추진비로 사용한 자료도 제출하지 못한 경우,[79] 인수·합병 추진계획이 있는 피인수회사의 이사로 취임한 甲이 미리 인수회사 그룹에 피인수회사의 매각업무에 관한 정보를 제공하고 인수회사의 대표이사 乙로부터 거액의 재산상 이익을 취득한 사안에서, 피고인 甲이 회사의 이사로서 다른 이사들에 대한 감시의무가 있고, 이사회에 참석하여 발언하고 의결하는 등의 방법으로 그 회사의 매각절차에 관여할 수 있는 지위에 있었으며, 실제 이사 취임을 전후로 인수회사 그룹에 매각업무에 관한 정보를 제공하고 피인수회사에 이 그룹을 인수업체로 추천하였을 뿐만 아니라, 인수회사와 경영자문계약을 체결한 점 등에 비추어 위 매각절차에 관련한 업무를 처리하는 지위에 있다고 볼 것이고, 피고인 甲이 위 정보제공 외에 피고인 乙로부터 특별한 대가를 받을 이유가 없고, 일부 금원은 인수회사의 비자금에서 지급된 점 등에 비추어 정보제공 등으로 인수를 도와달라는 취지의 묵시적 청탁이 있었다고 추인함이 상당하다.[80] 그리고 주택건설 사업을 둘러싸고 다수의 이해관계가 서로 얽혀있는 상태에서 어느 이해관계인의 사업에 도움이 되는 반면 다른 이해관계인과는 상충될 수도 있는 내용의 청탁을 하면서 각 수천만 원에서 수십억 원에 이르는 금품을 제공하였다면 부정한 청탁으로 보아야 하고,[81] 노동조합과 별개의 사업장 내 단체인 이른바 '현장조직'의 간부인 피고인이 회사 측으로부터 두 차례에 걸쳐 합계 5,000만 원을 받았다면 임금·단체협약 체결을 위한 교섭 등과 관련하여 현장조직 소속의 노조대의원 등에게 영향력을 행사하여 협상이 원만하게 조속히 타결될 수 있도록 협조해 달라는 취지의 부정한 청탁이 있었다고 인정할 수 있다.[82]

79 대법원 2008. 12. 24. 선고 2008도9602 판결.
80 대법원 2010. 4. 15. 선고 2009도6634 판결.
81 대법원 2010. 5. 27. 선고 2010도3399 판결.
82 대법원 2010. 9. 9. 선고 2009도10681 판결. 위 판결에 대한 해설은 김민기, "노동조합과는 별개로 사업장 내에 자발적·비공식적으로 조직된, 이른바 '현장조직' 간부의 배임수재죄 성립 여부", 해설(86), 627~670.

51 집행관사무소 사무원인 피고인에게 한 청탁의 구체적 내용과 현금으로 6,700만 원에 이르는 거액이 교부된 점 및 피고인에게 높은 직무청렴성이 요구되는 점 등 제반 사정을 감안하여 부정한 청탁이 있었다고 인정할 수 있고,[83] 대학병원 의사인 피고인이 의약품이나 의료재료를 지속적으로 납품할 수 있도록 해달라는 부정한 청탁 또는 의약품 등을 사용해 준 대가로 제약회사 등으로부터 명절 선물이나 골프접대 등 향응을 제공받았다고 하여 배임수재의 공소사실로 기소된 사안에서, 피고인이 실질적으로 의약품의 계속사용 여부를 결정할 권한이 있었고, 단순히 1회에 그치지 않고 여러 차례에 걸쳐 선물과 향응을 제공받았으며, 제약회사 등은 피고인과 유대강화를 통해 지속적으로 조영제 등을 납품하기 위하여 이를 제공하였다면 피고인이 받은 선물, 골프접대비, 회식비 등은 부정한 청탁의 대가로서 단순한 사교적 의례 범위에 해당하지 않는다고 할 것이다.[84] 시공사의 요구에 따라 사업에서 배제된 시행사 대표이사가 원활한 자금지원 및 집행 등 사업시행의 성공을 위하여 시공사의 현장최고책임자인 피고인의 도움을 요청하는 취지의 부탁과 함께 피고인에게 이 사건 사업 시행사의 주식 중 49%에 해당하는 29,400주를 시세보다 낮은 액면가로 양도하였다면 부정한 청탁이 있었다고 할 수 있다.[85]

52 보도의 대상이 되는 자가 언론사 소속 기자에게 소위 '유료 기사' 게재를 청탁하는 행위는 사실상 '광고'를 '언론 보도'인 것처럼 가장하여 달라는 것으로서 언론 보도의 공정성 및 객관성에 대한 공공의 신뢰를 저버리는 것이므로, 배임수재죄의 부정한 청탁에 해당한다. 설령 '유료 기사'의 내용이 객관적 사실과 부합하더라도, 언론 보도를 금전적 거래의 대상으로 삼은 이상 그 자체로 부정한 청탁에 해당한다.[86]

2) 부정한 청탁이 아니라고 본 사례

53 예컨대 부정처분한 유류대금을 나누어 준 것이 단지 환심을 사두어 후일 범행이 발각되더라도 이를 누설치 않도록 하기 위한 것이었다고 보이는 경우에는 만연히 임무와 관련하여 재물 또는 재산상 이득을 취득한데 불과하고 배임수재

83 대법원 2010. 9. 30. 선고 2009도5793 판결.
84 대법원 2011. 8. 18. 선고 2010도10290 판결.
85 대법원 2012. 3. 29. 선고 2012도536 판결.
86 대법원 2021. 9. 30. 선고 2019도17102 판결, 대법원 2021. 9. 30. 선고 2020도2641 판결.

죄에 있어서 청탁의 내용이라 할 수 있는 구체적이고 특정한 임무행위에 관하여 부정한 청탁이라고 보기 어렵다.[87] 계약관계를 유지시켜 기존의 권리를 상실치 않도록 하여 달라는 부탁[88] 등의 경우와 같이 거래상대방으로 하여금 양수대금 등 해당 거래에 따른 계약상 의무를 이행하게 하고 이를 이행받은 것을 두고 부정한 청탁에 대한 대가로 수수하였다고 단정할 수 없다.[89]

54 또 자기의 권리를 확보하기 위한 행위에 해당한다는 이유로 본죄의 성립을 부정한 사안으로 다음과 같은 것이 있다. 피고인이 자신의 소유로 믿고 있는 부동산을 제3자에게 처분하기 위하여 매매계약을 체결하였는데 피고인의 종중에서 그 부동산에 대한 권리를 주장하면서 처분금지가처분결정까지 받아 이를 집행하자, 피고인이 계약위반으로 인한 손해배상 문제를 염려하여 종중의 대표자에게 가처분의 부당성을 지적하면서 가처분비용을 지급하고 그 신청을 취하하도록 한 행위는 피고인이 자기의 권리를 확보하기 위한 행위로서 부정한 청탁이라고 할 수 없다.[90] 종중 사무를 총괄하는 피고인이 공동주택사업을 추진하던 건설회사 담당직원 甲으로부터 '토지매매대금 이외에 수고비를 주겠으니 종중토지의 공유자(등기명의인)들로부터 조속히 소유권이전에 필요한 모든 서류를 하자 없이 받아 달라'는 취지의 청탁을 받은 경우, 甲이 피고인에게 부정한 청탁을 하고 피고인이 그 대가로 건설회사로부터 보상금 명목의 금원을 받은 것으로 보기 어렵다.[91] 아파트개발사업 시행업체 측으로부터 철거공사를 담당할 업체를 선정할 권한과 함께 명도·이주 업무를 책임지고 수행할 임무를 위임받은 피고인이, 시행업체의 양해 하에 철거업체로 선정되면 철거공사 하도급대금 중 일부를 피고인에게 지급하기로 하는 내용의 약정을 철거업체와 체결하였다면, 타인의 부탁을 받아 계약과 관련된 사무를 처리하는 사람이 특정인으로부터 계약체결의 상대방이 될 수 있게 해달라는 부정한 청탁을 받고 대가를 받은 경우라고 보기 어렵다.[92]

87 대법원 1983. 12. 27. 선고 83도2472 판결.
88 대법원 1985. 10. 22. 선고 85도465 판결, 대법원 1991. 8. 27. 선고 91도61 판결 등.
89 대법원 2016. 10. 13. 선고 2014도17211 판결.
90 대법원 1980. 8. 26. 선고 80도19 판결.
91 대법원 2010. 9. 9. 선고 2010도7380 판결.
92 대법원 2011. 4. 14. 선고 2010도8743 판결.

55 전문가의 업무처리와 관련하여 부정한 청탁이라고 인정하기 어렵다고 본 사례는 다음과 같은 것이 있다. 대학병원 등 의사인 피고인들이, 의약품인 조영제를 사용해 준 대가 또는 향후 조영제를 지속적으로 납품할 수 있도록 해달라는 청탁의 취지로 제약회사 등이 제공하는 조영제에 관한 '시판 후 조사'(PMS, Post Marketing Surveillance) 연구용역계약을 체결하고 연구비 명목의 돈을 수수하였다고 하여 배임수재의 공소사실로 기소된 사안에서, 연구목적의 적정성 및 필요성, 연구결과 신뢰성을 확보하려는 노력의 유무, 연구 수행과정과 방법의 적정성 및 결과 충실성, 연구대가의 적정성 등 제반 사정에 비추어, 연구용역계약은 의학적 관점에서 필요성에 따라 근거와 이유를 가지고 정당하게 체결되어 수행되었을 뿐, 제약회사 등의 조영제 납품에 관한 부정한 청탁 또는 대가 지급 의도로 체결된 것으로 볼 수 없다고 하였다.[93] 공인회계사인 피고인이 甲 주식회사 부사장 乙에게서 '합병에 필요한 甲 회사의 주식가치를 높게 평가해 달라'는 부정한 청탁을 받고 금품을 수수하였다는 내용으로 기소된 사안에서, 주식가치평가에 대한 언급을 사회상규에 반하는 부정한 청탁으로 보기 어렵다고 하였다.[94]

56 그 밖에 부정한 청탁이 부정된 주요 판례로 다음과 같은 것이 있다. 사회복지법인의 대표이사가 그 법인의 운영을 원하는 사람을 대표이사로 선출하여 주는 방식으로 사실상 사회복지법인의 운영권을 양도하고 그 대가로 사회복지법인에의 출연액 상당의 금원을 받은 행위가 본죄의 부정한 청탁에 해당하지 아니하고,[95] 사립학교법인의 운영권을 양도하고 양수인으로부터 양수인 측을 학교법인의 임원으로 선임하여 주는 대가로 양도대금을 받기로 하는 내용의 청탁은 부정한 청탁에 해당하지 않는다고 보았다.[96] 위 판례들이 들고 있는 구체적인 이유는 아래와 같다. 사회복지법인이나 학교법인 운영권의 유상 양도를 금지·처벌하는 입법자의 명시적 결단이 없는 이상 위 법인 운영권의 양도 및 그 양도대금의 수수 등으로 인하여 향후 법인의 기본재산에 악영향을 미칠 수 있다거나 법인의 건전한 운영에 지장을 초래할 수 있다는 추상적 위험성만으로 운영권 양도계약에 따른 양도대금 수수행위를 형사처벌하는 것은 죄형법정주의나 형벌법

93 대법원 2011. 8. 18. 선고 2010도10290 판결.

94 대법원 2011. 9. 29. 선고 2011도4397 판결.

95 대법원 2013. 12. 26. 선고 2010도16681 판결, 위 판결에 대한 평석으로, 조기영, "사회복지법인 운영권 양도와 배임수재죄의 부정한 청탁", 형사법연구, 26권 2호(2014. 여름), 97 이하를 들 수 있다.

96 대법원 2014. 1. 23. 선고 2013도11735 판결, 대법원 2015. 4. 23. 선고 2014도16274 판결 등.

규 명확성의 원칙에 반하는 것으로서 허용될 수 없다. 따라서 위 법인의 운영자가 학교법인 운영권을 양도하고 양수인으로부터 양수인 측을 법인의 임원으로 선임해 주는 대가로 양도대금을 받기로 하는 내용의 청탁을 받았다 하더라도, 그 청탁의 내용이 당해 법인의 설립 목적과 다른 목적으로 기본재산을 매수하여 사용하려는 것으로서 법인의 존립에 중대한 위협을 초래할 것임이 명백하다는 등의 특별한 사정이 없는 한, 그 청탁이 사회상규 또는 신의성실의 원칙에 반하는 것을 내용으로 하는 것이라고 할 수 없으므로 이를 배임수재죄의 구성요건인 '부정한 청탁'에 해당한다고 할 수 없다.

라. 실무상 부정한 청탁 판단의 기준

57 임무에 관한 부정한 청탁이 되는지 여부는 실무상 가장 많이 주로 다투어지는 부분이다. 앞서 본 사안에 따라 청탁의 내용, 이에 관련되어 취득한 재물이나 재산상 이익의 종류·액수 및 형식, 재산상 이익 제공의 방법과 태양, 보호법익인 거래의 청렴성 등을 종합적으로 고려하여 판단하여야 한다.[97] 개별적이고 구체적인 사건에서 문제되는 청탁이 존재하는지와 그 청탁이 부정한 청탁에 해당하는지 여부 등을 따져보아야 할 것이다.

3. 재물 또는 재산상의 이익의 취득

가. 본죄의 행위는 재물 또는 재산상의 이익을 취득하는 것이다.

1) 부정한 청탁과 관련한 재물 또는 재산상의 이익

58 재물 또는 이익의 취득은 부정한 청탁과 관련된 것이어야 한다. 즉 그 청탁에 대한 대가, 사례 또는 묵인조로 이를 받는 경우가 이에 해당된다. 부정한 청탁이 있었다 하더라도 그 청탁을 받아들이지 않고 그 청탁과는 관계없이 돈을 받았다면 본죄는 성립하지 않는다.[98] 형식상으로 주식을 매각하는 방식을 취하여 대금조로 돈을 교부하였더라도 매도된 주식의 재산적 가치가 거의 없다면 그 대금조로 교부된 돈은 부정한 청탁의 대가로 교부된 것으로 보아야 한다.[99]

97 대법원 2010. 9. 9. 선고 2010도7380 판결, 대법원 2011. 2. 24. 선고 2010도11784 판결, 대법원 2021. 9. 30. 선고 2019도17102 판결 등.

98 대법원 1982. 7. 13. 선고 82도874 판결.

99 대법원 1983. 8. 23. 선고 83도406 판결.

59 이때 본인에게 손해가 발생하였는지 여부는 본죄의 성립에 영향이 없고, 반드시 배임행위까지 나아갈 필요도 없다.[100]

2) 취득

60 여기서의 취득이란 현실적인 취득만을 의미하며 단순한 요구나 약속만을 한 경우는 이에 포함되지 아니한다. 따라서 골프장 회원권에 관하여 피고인 명의로 명의변경이 이루어지지 아니하였다면, 현실적으로 재산상 이득을 취득하지 아니하였으므로 본죄의 성립은 부정된다.[101] 공무원의 수뢰죄와 달리 재물 또는 재산상의 이익을 현실적으로 취득하는 것만을 처벌대상으로 하고, 요구나 약속만을 한 경우에는 성립하지 않는다.

61 타인의 사무를 처리하는 자가 증재자로부터 돈이 입금된 계좌의 예금통장이나 이를 인출할 수 있는 현금카드나 신용카드를 교부받아 이를 소지하면서 언제든지 위 예금통장 등을 이용하여 예금된 돈을 인출할 수 있어 예금통장의 돈을 자신이 지배하고 입금된 돈에 대한 실질적인 사용권한과 처분권한을 가지고 있는 것으로 평가될 수 있다면, 예금된 돈을 취득한 것으로 보아야 한다.[102]

62 부정한 청탁을 받은 후 그 업무를 떠나거나 사직한 후 재물을 수수하여도 성립한다. 부정한 청탁을 받고 나서 사후에 재물 또는 재산상의 이익을 취득하였다고 하더라도 그 재물 또는 재산상의 이익이 그 청탁의 대가인 이상 본죄가 성립되며, 또한 부정한 청탁의 결과로 상대방이 얻은 재물 또는 재산상 이익의 일부를 상대방으로부터 그 청탁의 대가로 취득한 경우에도 마찬가지라고 할 것이다.[103]

63 타인의 업무를 처리하는 사람에게 공여한 금품에 부정한 청탁의 대가로서의 성질과 그 외의 행위에 대한 사례로서의 성질이 불가분적으로 결합되어 있는 경우에는 그 전부가 불가분적으로 부정한 청탁의 대가로서의 성질을 갖는 것으로 보아야 한다.[104]

100 대법원 1980. 10. 14. 선고 79도190 판결, 대법원 1982. 5. 25. 선고 81도1305 판결, 대법원 1983. 12. 13. 선고 82도735 판결, 대법원 1984. 8. 21. 선고 83도2447 판결, 대법원 2003. 3. 25. 선고 2003도301 판결, 대법원 2011. 2. 24. 선고 2010도11784 판결 등.

101 대법원 1999. 1. 29. 선고 98도4182 판결.

102 대법원 2017. 12. 5. 선고 2017도11564 판결.

103 대법원 2013. 11. 14. 선고 2011도11174 판결.

104 대법원 2011. 2. 24. 선고 2010도15989 판결, 대법원 2012. 5. 24. 선고 2012도535 판결, 대법원 2012. 11. 29. 선고 2012도9717 판결, 대법원 2013. 7. 25. 선고 2013도2248 판결, 대법원 2016. 10. 13. 선고 2014도17211 판결, 대법원 2021. 9. 30. 선고 2019도17102 판결 등.

나. 제3자의 재물 또는 재산상 이익의 취득

64 앞서 본 바와 같이 2016. 5. 29. 형법 제357조의 개정으로 제3자로 하여금 재물 또는 재산상 이익을 취득하게 하는 행위도 처벌되게 되었다.

65 종전 판례는 '타인'의 사무를 처리하는 자가 그 임무에 관하여 부정한 청탁을 받았다고 하더라도 자신이 아니라 그 '타인'에게 재물 또는 재산상의 이익을 취득하게 한 경우에는 본죄가 성립하지 않으며,[105] 다만 그 다른 사람이 부정한 청탁을 받은 사람의 사자 또는 대리인으로서 재물 또는 재산상 이익을 취득한 경우나 그 밖에 평소 부정한 청탁을 받은 사람이 그 다른 사람의 생활비 등을 부담하고 있었다거나 혹은 그 다른 사람에 대하여 채무를 부담하고 있었다는 등의 사정이 있어, 그 다른 사람이 재물 또는 재산상 이익을 받음으로써 부정한 청탁을 받은 사람이 그만큼 지출을 면하게 되는 경우 등 사회통념상 그 다른 사람이 재물 또는 재산상 이익을 받은 것을 부정한 청탁을 받은 사람이 직접 받은 것과 동일하게 평가할 수 있는 관계가 있는 경우에는 위 죄가 성립할 수 있다고 하였다.[106]

66 2016년 개정 이후에는 원칙적으로 제3자가 부정한 청탁과 관련하여 재물이나 재산상 이익을 받은 경우에도 처벌이 가능하게 되었다.

67 나아가 최근 대법원은 위와 같은 개정 형법 제357조의 보호법익 및 체계적 위치, 개정 경위, 법문의 문언 등을 종합하여 볼 때, 개정 형법이 적용되는 경우에도 '제3자'에는 다른 특별한 사정이 없는 한 사무처리를 위임한 타인은 포함되지 않는다고 판시하였다. 이러한 법리에 따라 신문사 기자들이 홍보성 기사를 게재하는 대가로 기자들이 소속된 각 신문사가 돈을 교부받은 사안에서 배임수증재죄의 성립을 부정하였다. 다만 배임수재죄의 행위주체가 재물 또는 재산상 이익을 취득하였는지는 증거에 의하여 인정된 사실에 대한 규범적 평가의 문제이므로, 부정한 청탁에 따른 재물이나 재산상 이익이 외형상 사무처리를 위임한 타인에게 지급된 것으로 보이더라도 사회통념상 그 타인이 재물 또는 재산상 이익을 받은 것을 부정한 청탁을 받은 사람이 직접 받은 것과 동일하게 평가할 수 있는 경우에는 배임수재죄가 성립될 수 있다고 한다.[107]

105 대법원 2008. 4. 24. 선고 2006도1202 판결, 대법원 2009. 6. 11. 선고 2009도1518 판결, 대법원 2012. 5. 9. 선고 2012도1381 판결 등.

106 대법원 2009. 3. 12. 선고 2008도1321 판결, 대법원 2009. 6. 11. 선고 2009도1518 판결, 대법원 2015. 7. 23. 선고 2015도3080 판결, 대법원 2016. 8. 30. 선고 2013도658 판결 등.

107 대법원 2021. 9. 30. 선고 2019도17102 판결, 대법원 2021. 9. 30. 선고 2020도2641 판결.

68 이러한 판례의 태도에 대하여, i) 제3자 배임수재죄가 신설된 입법목적이나 취지를 고려한 목적론적 해석에 따르면 '제3자'를 자기 이외의 사람으로 새겨 사무처리를 위임한 타인도 포함된다고 해석할 수 있다는 반대 견해[108]가 있고, ii) 판례와 같은 취지에서 사무처리를 위임한 타인은 포함되지 않는다는 견해[109]가 있다. '타인의 사무를 처리하는 자'를 행위주체로 하는 배임수재죄의 구성요건과 그 근본적인 입법취지를 고려할 때, 사무처리를 위임한 자의 의사에 따라 그 위임자에게 재물이나 재산상 이익이 귀속된 경우까지 본죄의 성립을 인정하기는 어렵다고 보인다.

4. 주관적 구성요건

가. 고의 또는 영득의 의사

69 구성요건에 관한 인식 즉, 타인의 사무를 처리하는 자로서 그 임무에 관하여 부정한 청탁이 있고 재물 또는 재산상 이익을 취득한다는 점에 대한 의사가 있어야 한다.

70 주관적 구성요건을 설명함에 있어 i) 재물 또는 재산상의 이익을 취득한다는 것을 고의의 내용으로 하고 있기 때문에 고의와는 별도의 불법영득의 의사라는 초과주관적 구성요건요소로 이해할 필요가 없다는 견해[110]와 ii) 고의 이외에 불법영득의사가 필요하다는 견해[111] 등이 있다. 결과적으로는 큰 실익이 없는 논의로 보이고, 판례는 주로 영득의 의사라는 표현을 사용하고 있는 것으로 보인다.

71 어찌하였든 재물을 받아서 취득할 의사 없이 보관의 취지로 받았다거나 특별한 사정에 의하여 일시 수령하였다가 즉시 반환하였다는 등의 경우와 같이 취득할 의사를 인정하기 어려운 경우에는 영득의 의사가 없으므로 본죄가 성립할 수 없다.[112] 다만 받은 돈 중 일부를 돌려주었다는 사실만으로는 이를 수수할 당시에 이득의 의사가 없었다고 단정할 수 없다.[113]

108 김성돈, 형법각론(제8판), 성균관대학교 출판부(2022), 509.

109 손동권/김재윤, 새로운 형법각론(제2판), 율곡출판사(2022), 483; 홍영기, 형법 총론과 각론, 박영사(2022), 469~470.

110 김성돈, 형법각론(제8판), 성균관대학교 출판부(2022), 509; 오영근, 형법각론(제7판), 박영사(2022), 409.

111 김일수/서보학, 새로쓴 형법각론(제9판), 박영사(2018), 401; 손동권/김재윤, 새로운 형법각론(제2판), 율곡출판사(2022), 484.

112 대법원 1983. 3. 8. 선고 82도2873 판결, 대법원 1984. 3. 13. 선고 83도1986 판결.

113 대법원 1991. 6. 11. 선고 91도413 판결.

나. 주관적 구성요건의 증명

72 돈을 받은 사실은 시인하면서도 부정한 청탁의 대가로 증여받은 것이 아니라 빌린 것이라고 주장하는 경우 수재자가 그 돈을 실제로 빌린 것인지 여부는 돈을 수수한 동기, 전달 경위 및 방법, 두 사람 사이의 관계, 양자의 직책이나 직업 및 경력, 수재자의 차용 필요성 및 증재자 외의 자로부터의 차용 가능성, 수수한 돈의 액수 및 용처, 증재자의 경제적 상황 및 증재와 관련된 경제적 예상이익의 규모, 담보 제공 여부, 변제기 및 이자 약정 여부, 수재자의 원리금 변제 여부, 채무불이행시 증재자의 독촉 및 강제집행의 가능성 등 증거에 의하여 나타나는 객관적인 사정을 모두 종합하여 판단하여야 한다.[114] 특히 본죄와 관련하여 돈을 주고받은 객관적 사실이 분명하지 않아 진술의 번복이 있는 경우가 종종 실무상 있다. 이때 피고인이 수사기관에서 조사받는 과정에서 범행을 자백하는 취지의 진술을 하였다가 이후 이를 번복한 경우 자백의 신빙성 유무를 판단함에 있어서는 자백의 진술내용 자체가 객관적으로 합리성을 띠고 있는지, 자백의 동기나 이유는 무엇이며, 자백에 이르게 된 경위는 어떠한지, 그리고 자백 외의 정황증거 중 자백과 저촉되거나 모순되는 것은 없는지 여부의 점 등을 고려하여야 한다.[115]

5. 기수와 미수

가. 기수시기

73 본죄의 기수시기는 부정한 청탁을 받고 재물 또는 재산상의 이익을 취득한 때이다. 즉 소유권이전등기가 마쳐진 때, 골프장회원권의 명의가 변경된 때 기수에 이르며, 반드시 그 청탁에 상응하는 부정행위 내지 배임행위에 나아갈 것은 요구되지 않는다.[116] 만약 재산상 사무처리를 처리하는 배임행위에까지 이르렀다면 본죄와 배임죄의 경합범이 된다.

114 대법원 2007. 9. 7. 선고 2007도3943 판결, 대법원 2010. 9. 30. 선고 2009도4385 판결, 대법원 2011. 12. 22. 선고 2010도7923 판결, 대법원 2013. 2. 15. 선고 2011도13606 판결, 대법원 2015. 5. 28. 선고 2015도2204 판결 등.

115 대법원 2003. 2. 11. 선고 2002도6110 판결, 대법원 2011. 12. 22. 선고 2010도7923 판결 등.

116 대법원 1982. 7. 13. 선고 82도925 판결, 대법원 1987. 11. 24. 선고 87도1560 판결, 대법원 2010. 4. 15. 선고 2009도6634 판결 등.

나. 미수범의 처벌

74 본죄의 미수범은 처벌한다. 부정한 청탁을 전제로 재물 또는 재산상 이익의 요구나 약속 또는 공여의 의사표시를 한 경우에, i) 미수죄 성립을 인정하는 것이 통설이나,[117] ii) 재물 또는 재산상 이익의 취득을 요구 약속하는 행위만으로는 아직 실행의 착수에 이르렀다고 볼 수 없다는 소수설[118]도 있다. 뇌물죄가 수수와 공여뿐만 아니라 요구·약속 및 공여의 의사표시를 같이 규정하고 있기 때문에 미수를 벌하는 규정을 두고 있지 아니하나, 본죄는 취득과 공여만을 벌하고 있으므로 미수범의 처벌규정을 두고 있고, 본죄에 있어 요구 또는 약속은 취득의 미수에 해당한다고 보아야 할 것이다. 통설이 타당하다.

75 다만, 위 통설 중에서도 구체적인 실행의 착수시기에 관하여, i) 부정한 청탁을 받아들인 때 실행의 착수가 인정된다는 견해와,[119] ii) 부정한 청탁을 받은 것만으로는 실행의 착수를 인정할 수 없고, 재물 또는 재산상 이익을 취득하기 위한 행위를 하는 시점이라는 견해[120]가 나뉜다. 배임수증재죄의 구성요건에 비추어, 부정한 청탁을 전제로 재물 또는 재산상 이익을 취득 또는 공여하기 위한 요구·약속 등의 행위를 개시하여야 실행의 착수가 인정될 수 있을 것으로 보인다.

6. 죄수

76 타인의 사무를 처리하는 자가 동일인으로부터 그 직무에 관하여 부정한 청탁을 받고 여러 차례에 걸쳐 금품을 수수한 경우, 그것이 단일하고도 계속된 범의 아래 일정기간 반복하여 이루어진 것이고 그 피해법익도 동일한 때에는 이를 포괄일죄로 보아야 한다. 다만, 여러 사람으로부터 각각 부정한 청탁을 받고 그들로부터 각각 금품을 수수한 경우에는 비록 그 청탁이 동종의 것이라고 하더라도 단일하고 계속된 범의 아래 이루어진 범행으로 보기 어려워 그 전체를 포괄일죄로 볼 수 없다.[121]

117 김성돈, 형법각론(제8판), 성균관대학교 출판부(2022), 509; 김일수/서보학, 새로쓴 형법각론(제9판), 박영사(2018), 401; 박찬걸, 형법각론(제2판), 박영사(2022), 585~586; 배종대, 형법각론(제14판), 홍문사(2023), 486; 손동권/김재윤, 새로운 형법각론(제2판), 율곡출판사(2022), 484; 오영근, 형법각론(제7판), 박영사(2022), 409; 이용식, 형법각론, 박영사(2019), 69; 이재상 외 2인, 형법각론(제12판), 박영사(2021), 447; 정성근/정준섭, 형법강의 각론(제2판), 박영사(2022), 334; 홍영기, 형법 총론과 각론, 박영사(2022), 469.

118 신동운, 형법각론(제2판), 법문사(2018), 1303.

119 김일수/서보학, 새로쓴 형법각론(제9판), 박영사(2018), 401; 배종대, 형법각론(제14판), 홍문사(2023), 486.

120 박찬걸, 형법각론(제2판), 박영사(2022), 585~586; 오영근, 형법각론(제7판), 박영사(2022), 409.

121 대법원 2008. 12. 11. 선고 2008도6987 판결.

7. 몰수·추징

77 범인이 취득한 재물은 몰수하며, 이를 몰수하기가 불가능하거나 재산상의 이익을 취득한 때에는 그 가액을 추징한다(형법 제357조 제3항). 이는 범인이 취득한 당해 재물이나 재산상의 이익을 박탈하여 범인으로 하여금 부정한 이익을 보유하지 못하게 함에 목적이 있다. 몰수·추징은 필요적이며 이 점은 수뢰죄의 경우(제134조)와 같다.

78 수재자가 받은 해당 금액을 사후에 증재자에게 반환하였다 하더라도 이를 수재자로부터 추징하여야 한다.[122] 그러나 형법 제357조 제3항에서 몰수의 대상으로 규정한 '범인이 취득한 제1항의 재물'은 배임수재죄의 범인이 취득한 목적물이자 배임증재죄의 범인이 공여한 목적물을 가리키는 것이지 배임수재죄의 목적물만을 한정하여 가리키는 것이 아니므로, 수재자가 증재자로부터 받은 재물을 그대로 가지고 있다가 증재자에게 반환하였다면 증재자로부터 이를 몰수하거나 가액을 추징하여야 한다.[123]

79 한편 범인이 취득한 재물 또는 재산상의 이익을 그 받은 취지에 따라 타인에게 교부한 경우에는 그 부분 이익은 실질적으로 범인에게 귀속된 것이 아니어서 이를 범인으로부터 몰수하거나 그 가액을 추징할 수 없으나,[124] 범인이 취득한 재물 또는 재산상의 이익을 증재자의 이익을 위하여 사용한 경우라도 이를 처음부터 예정되어 있던 취지에 따라 타인에게 그대로 전달한 것이 아니라 그 세부적인 사용이 범인의 독자적 권한에 속해 있던 것을 사용한 경우에는 범인이 받은 금액 전부를 추징해야 할 것이다.[125]

80 수인이 공모하여 배임수재행위를 한 경우에는 각자가 실제로 수수한 금품을 몰수하거나 추징하여야 하고 이를 구체적으로 구분하여 몰수·추징할 수 없을 때에는 평등하게 몰수·추징하여야 할 것이므로 그 수인 중 1인만이 피고인이 되어 있을 때에는 피고인이 전부 소비한 것인지 아니면 공범들과 분배 소비한 것인지를 밝히고 후자라면 피고인의 분배 소비액이 얼마인지를 밝혀서 피고인에 대한 추징액을 확정하여야 한다.[126]

122 대법원 1983. 8. 23. 선고 83도406 판결.
123 대법원 2017. 4. 7. 선고 2016도18104 판결.
124 대법원 2002. 6. 14. 선고 2002도1283 판결.
125 대법원 1999. 6. 25. 선고 99도1900 판결, 대법원 2000. 5. 26. 선고 2000도440 판결, 대법원 2008. 3. 13. 선고 2006도3615 판결 등.
126 대법원 1978. 2. 14. 선고 77도3949 판결.

8. 공범관계

81 본죄는 진정신분범으로서 원칙적으로 타인의 사무를 처리하는 자라야 그 범죄의 주체가 될 수 있다. 그러한 신분을 가지지 아니한 자는 신분 있는 자의 범행에 가공한 경우 형법 제33조 본문이 적용되어 본죄의 공동정범, 교사범, 종범이 될 수 있다. 그러나 배임증재자와 사이에서는 공범에 관한 형법총칙 상의 공범규정이 적용되지 않는다.[127] 대학편입업무를 담당하지 아니한 피고인 甲이 피고인 乙로부터 편입학과 관련한 부정한 청탁을 받고 금품을 수수하였다 하더라도 편입학업무를 담당한 교무처장 등이 피고인 甲이 부정한 청탁을 받았음을 알았거나 스스로 부정한 청탁을 받지 않은 경우 피고인 甲을 배임수재죄로, 피고인 乙을 배임증재죄로 처벌할 수는 없다.[128]

9. 다른 죄와의 관계 및 죄수

가. 배임죄와의 관계

82 앞서 본 바와 같이 본죄와 단순배임죄 또는 업무상배임죄와는 범죄의 태양을 전혀 달리하고 있어 일반법·특별법의 관계에 있거나 흡수관계 또는 결과적 가중범의 관계에 있다고 할 수 없고 별개의 독립된 범죄이다. 따라서 본죄를 범한 자가 나아가 배임행위에 이른 때에는 배임죄와 경합범의 관계에 있다는 것이 다수설과 판례의 입장이다.[129] 부정한 청탁을 받고 배임행위까지 한 후 재물 또는 재산상 이익을 취득한 경우에는 사무처리자의 배임행위가 배임수재죄의 구성요건과 배임죄의 구성요건을 모두 충족하므로 상상적 경합이 된다는 소수설도 있다.[130]

나. 뇌물죄와의 관계

83 배임수재자가 배임증재자에게서 그가 무상으로 빌려준 물건을 인도받아 사용하고 있던 중에 공무원이 된 경우, 그 사실을 알게 된 배임증재자가 배임수재자에게 앞으로 물건은 공무원의 직무에 관하여 빌려주는 것이라고 하면서 뇌물공여의 뜻을 밝히고 물건을 계속하여 배임수재자가 사용할 수 있는 상태로 두더라도, 처음에 배임증재로 무상 대여할 당시에 정한 사용기간을 추가로 연장해 주는 등 새로운 이익을 제공한 것으로 평가할 만한 사정이 없다면, 이는 종전에

127 대법원 2014. 1. 16. 선고 2013도6969 판결.
128 대법원 1999. 1. 15. 선고 98도663 판결.
129 대법원 1984. 11. 27. 선고 84도1906 판결, 대법원 1999. 4. 27. 선고 99도883 판결 등.
130 김성돈, 형법각론(제8판), 성균관대학교 출판부(2022), 510.

이미 제공한 이익을 나중에 와서 뇌물로 하겠다는 것에 불과할 뿐 새롭게 뇌물로 제공되는 이익이 없어 뇌물공여죄가 성립하지 않는다.[131]

다. 사기죄 또는 횡령죄와의 관계

84 공동의 사기 또는 횡령 범행으로 인하여 얻은 돈을 공범자끼리 수수한 행위가 공동정범들 사이의 범행에 의하여 취득한 돈이나 재산상 이익을 내부적으로 분배한 것에 지나지 않는다면 그 돈의 수수행위가 따로 배임수증재죄를 구성한다고 볼 수 없다. 그와 같이 수수한 돈의 성격을 부정한 청탁의 대가로 볼 것인지 편취 또는 횡령금의 분배로 볼 것인지 여부는 돈을 공여하고 수수한 당사자들의 의사, 수수된 돈의 액수, 사기 또는 횡령 범행과 수수 행위의 시간적 간격, 수수한 돈이 사기 또는 횡령한 그 돈인지 여부, 수수한 장소와 방법 등을 종합적으로 고려하여 객관적으로 평가하여 판단하여야 한다.[132]

85 가령 공사 발주처의 입찰 업무를 처리하는 자가 공사업자와 공모하여 부정한 방법으로 낙찰하한가를 알아낸 다음 이를 위 공사업자에게 알려주어 발주처로 하여금 위 공사업자를 낙찰자로 선정하도록 하여 공사계약의 체결에 이르게 하고 공사업자로부터 돈을 수수한 경우에, 그 돈의 성격을 타인의 업무에 관한 부정한 청탁의 대가로 볼 것인지, 아니면 공동의 사기 범행에 따라 편취한 것으로 볼 것인지 여부는 돈을 공여하고 수수한 당사자들의 의사, 공사계약 자체의 내용 및 성격, 계약금액과 수수된 금액 사이의 비율, 수수된 돈 자체의 액수, 그 계약이행을 통해 공사업자가 취득할 수 있는 적정한 이익, 공사업자가 발주처로부터 공사대금 등을 지급받은 시기와 공범인 입찰 업무를 처리하는 자에게 돈을 교부한 시간적 간격, 공사업자가 공범에게 교부한 돈이 발주처로부터 지급받은 바로 그 돈인지 여부, 수수한 장소 및 방법 등을 종합적으로 고려하여 객관적으로 평가하여 판단해야 할 것이다.[133]

86 마찬가지로 공사계약이나 물품의 구입 등의 업무를 처리하는 자가 업자로부터 돈을 수수한 경우, 그 돈의 성격을 업무에 관한 부정한 청탁의 대가로 볼 것인지, 아니면 적정한 금액보다 과다하게 부풀린 금액으로 계약을 체결하기로 업자

131 대법원 2015. 10. 15. 선고 2015도6232 판결.

132 대법원 1985. 8. 20. 선고 84도2599 판결, 대법원 2013. 10. 24. 선고 2013도7201 판결, 대법원 2019. 11. 28. 선고 2019도11766 판결 등.

133 대법원 2016. 5. 24. 선고 2015도18795 판결 등.

등과 사전 공모하여 횡령한 것으로 볼 것인지 여부도, 앞서 언급된 제반 사정들을 종합적으로 고려하여 객관적으로 평가하여 판단해야 한다.[134]

라. 상법 제630조 제1항 발기인, 이사 기타 임원의 독직죄 등과의 관계

87 상법 제630조 제1항은 '회사의 발기인, 이사, 감사, 업무집행사원, 직무대행자, 지배인, 특별한 상업사용인, 사채권자집회의 대표자 및 그 결의집행자, 검사인 등이 그 직무에 관하여 부정한 청탁을 받고 재산상의 이익을 수수, 요구 또는 약속한 때에는 5년 이하의 징역 또는 1천 500만 원 이하의 벌금에 처한다.'라고 규정하고 있다. 위 죄는 회사의 발기인, 이사 기타 임원의 직무의 염결성을 확보한다는 것보다 회사의 건전한 운영을 위하여 그들의 회사에 대한 충실성을 확보하고 회사에 재산상의 손해를 끼칠 염려가 있는 직무위반행위를 금하려는데 그 취지가 있다.[135]

88 이와 같은 입법취지와 상법 제633조가 필요적 몰수·추징에 관한 규정을 두고 있는 점 등에 비추어 보면, 상법 제630조 제1항 위반죄는 본죄와는 특별법관계에 있다고 해석되므로 상법 제630조 제1항 위반죄가 성립하면 본죄는 성립할 여지가 없다고 보아야 할 것이다.

마. 구 감정평가에관한법률위반죄와의 관계

89 감정사가 법정의 보수 외의 다른 보수를 받을 수 없도록 규정한 구 감정평가에 관한 법률을 위반한 죄와 본죄는 일반법과 특별법의 관계에 있는 것이 아니며, 전자의 죄는 행정벌의 성격을 가진 단속적 규정에 불과하고 타인의 사무처리자의 청렴성을 보호법익으로 하는 본죄와는 별도로 성립할 수 있는 것이다.[136]

바. 건설산업기본법상 부정취득죄와의 관계

90 건설산업기본법 제38조의2는 '도급계약의 체결 또는 건설공사의 시공과 관련하여 발주자, 수급인, 하수급인 또는 이해관계인은 부정한 청탁에 의한 재물 또는 재산상의 이익을 취득하거나 공여하여서는 아니 된다.'고 하고, 건설산업기본법 제95조의2는 '제38조의2 규정을 위반하여 부정한 청탁에 의한 재물 또는 재산상의 이익을 취득하거나 공여한 자는 5년 이하의 징역 또는 5천만 원 이하의 벌금에 처한다.'고 정하고 있다. 위 조항은 개인적 법익에 대한 범죄가 아니라 건설

134 대법원 2007. 10. 12. 선고 2005도7112 판결 등.
135 대법원 1971. 4. 13. 선고 71도326 판결, 대법원 1980. 2. 12. 선고 78도3111 판결 등.
136 대법원 1982. 7. 13. 선고 82도925 판결.

업의 부조리를 방지하여 건설산업의 건전한 발전을 도모하고자 하는 사회적 법익을 보호법익으로 하는 것으로서, 그 행위 및 이익 귀속의 주체를 발주자, 수급인, 하수급인 또는 이해관계인으로 명시하고 있는데다가 형법상 배임수재죄와 달리 필요적 몰수·추징에 관한 규정도 두지 않은 점 등 제반 사항을 종합적으로 고려하여 보면, 건설산업기본법 제95조의2 위반죄는 형법상 배임수재죄의 특별규정이 아니라 그와 구성요건을 달리하는 별개의 죄라고 보아야 할 것이며, 따라서 피고인들의 위 행위가 각각의 구성요건에 해당하는지를 따져보아야 할 것이다.[137] 판례는 양 죄의 상상적 경합을 인정하는 취지이다.

Ⅳ. 배임증재죄

91 배임증재죄는 타인의 사무를 처리하는 자에게 그 임무에 관한 부정한 청탁을 하고 재물 또는 재산상의 이익을 공여함으로써 성립하는 범죄이다. 배임수재죄와 달리 비신분범이다. 타인의 사무를 처리하는 자에게 공여할 것을 요하며, 사무처리자가 아닌 자에게 교부한 때에는 본죄가 성립하지 않음은 앞서 본 바와 같고, 본죄도 부정한 청탁을 하였을 것을 요건으로 한다.

92 수재자에게 재물 또는 재산상 이익이 제공되는 구체적인 방법을 몰랐다고 하더라도 배임증재의 공모공동정범이 성립할 수 있다.[138]

93 본죄는 배임수재죄와 필요적 공범의 관계에 있다고 보는 것이 다수설과 판례의 입장이다.[139] 그러나 이것은 증재자와 수재자가 항상 함께 처벌받아야 한다는 것을 의미하지는 않는다. 다시 말하면 수재자에 대해서는 부정한 청탁이 될지라도 증재자의 입장에서는 부정한 청탁이라고 볼 수 없는 사정이 있으면 본죄가 성립하지 않는 경우도 있다.[140] 예컨대 증재자의 입장에서는 그 공여행위가 정당한 업무에 속하는 경우라든가,[141] 수재자에 부정한 점이 있더라도 증재자로서는 더 큰 손실을 피하기 위한 것이거나 자신의 권리를 확보하기 위한 행위에 해당하여 사회상규나 신의칙에 위배된다고 볼 수 없는 경우[142] 등이 그것이다.

137 대법원 2008. 9. 11. 선고 2008도3932 판결.
138 대법원 2015. 7. 23. 선고 2015도3080 판결.
139 대법원 1991. 1. 15. 선고 90도2257 판결.
140 대법원 1991. 1. 15. 선고 90도2257 판결.
141 대법원 1979. 6. 12. 선고 79도708 판결.
142 대법원 1980. 8. 26. 선고 80도19 판결, 대법원 2011. 10. 27. 선고 2010도7624 판결 등.

94 본죄도 재물 등을 현실적으로 공여하여야 기수가 되며, 공여의 의사표시 또는 약속만으로는 미수에 불과하다.[143]

95 한편 회사의 이사 등이 업무상의 임무에 위배하여 보관 중인 회사의 자금으로 부정한 청탁을 하고 배임증재를 하였다면, 이는 오로지 회사의 이익을 도모할 목적이라기보다는 배임증재 상대방의 이익을 도모할 목적이나 기타 다른 목적으로 행하여진 것이라고 봄이 상당하므로, 그 이사 등은 회사에 대하여 업무상 횡령죄의 죄책을 면하지 못한다.[144]

V. 특정경제범죄가중처벌등에관한법률위반죄와 관계

96 금융회사 등의 임직원이 직무에 관하여 금품이나 그 밖의 이익을 받는 행위 또는 이들에게 금품이나 그 밖의 이익을 공여하는 행위에 대하여는 특정경제범죄 가중처벌 등에 관한 법률에 특별규정을 두고 있다. 특정경제범죄 가중처벌 등에 관한 법률상 배임수증죄는 수수액에 따라 가중처벌의 정도가 달라진다. 그리고 형법상 배임죄와 달리 수수 및 공여 외에 요구, 약속하는 행위도 처벌된다. 금융회사 등의 임직원이 직접 금품 등을 수수, 요구, 약속하는 경우에는 부정한 청탁을 요하지 않으나(특정경제범죄 가중처벌 등에 관한 법률 제5조 제1항), 제3자에게 금품 등을 공여하게 하거나 이를 요구, 약속하는 경우에는 부정한 청탁을 필요로 한다(제5조 제2항).

97 특정경제범죄 가중처벌 등에 관한 법률에서 이와 같이 금융회사 등의 임직원이 금품 등을 수수, 요구, 약속하는 경우 처벌하는 규정(특정경제범죄 가중처벌 등에 관한 법률 제5조 제1항), 수수액에 따른 가중처벌 규정(제5조 제4항), 벌금의 필요적 병과규정(제5조 제5항)에 대하여, 헌법재판소는 책임과 형벌 간의 비례원칙에 위배되지 않고, 형벌체계상의 균형을 갖춘 것으로 평등원칙에도 위배되지 않는다고 하며 합헌으로 판단하였다.[145]

143 정성근/정준섭, 형법강의 각론(제2판), 박영사(2022), 334.

144 대법원 2005. 5. 26. 선고 2003도5519 판결, 대법원 2005. 10. 28. 선고 2003다69638 판결, 대법원 2013. 4. 25. 선고 2011도9238 판결 등.

145 헌법재판소 2020. 3. 26. 선고 2017헌바129, 2018헌바93(병합) 결정.

98 [판례] 금융기관의 임직원이 직접 금품 기타 이익을 받지 아니하고 공여자로 하여금 다른 사람에게 금품 기타 이익을 공여하도록 한 경우, 구 특정경제범죄가중처벌등에관한법률위반(수재등)죄가 성립하는지 여부

구 특정경제범죄 가중처벌 등에 관한 법률 제5조 제1항에서 정한 특정경제범죄가중처벌등에 관한법률위반(수재등)죄는 금융기관의 임직원이 그 직무에 관하여 금품 기타 이익을 수수한 때에 적용되는 것으로서, 이와 별도로 특정경제범죄 가중처벌 등에 관한 법률 제5조 제2항에서 금융기관의 임직원이 그 직무에 관하여 부정한 청탁을 받고 제3자에게 금품 기타 이익을 공여하게 한 때에 특정경제범죄가중처벌등에관한법률위반(수재등)죄로 처벌하도록 규정하고 있는 점에 비추어 보면, 금융기관의 임직원이 직접 금품 기타 이익을 받지 아니하고 공여자로 하여금 다른 사람에게 금품 기타 이익을 공여하도록 한 경우에는 그 다른 사람이 금융기관의 임직원의 사자 또는 대리인으로서 금품 기타 이익을 받은 경우나 그 밖에 예컨대 평소 금융기관의 임직원이 그 다른 사람의 생활비 등을 부담하고 있었다거나 혹은 그 다른 사람에 대하여 채무를 부담하고 있었다는 등의 사정이 있어서 그 다른 사람이 금품 기타 이익을 받음으로써 금융기관의 임직원이 그만큼 지출을 면하게 되는 경우 등 사회통념상 그 다른 사람이 금품 기타 이익을 받은 것을 금융기관의 임직원이 직접 받은 것과 같이 평가할 수 있는 관계가 있는 경우에는 구 특정경제범죄 가중처벌 등에 관한 법률 제5조 제1항 위반죄가 성립한다. 또한 공여자가 금융기관의 임직원이 아닌 다른 사람에게 금품 기타 이익을 공여하였을 때에도 사회통념상 그 다른 사람이 금품 기타 이익을 받은 것을 금융기관의 임직원이 직접 받은 것과 같이 평가할 수 있는 관계가 있는 경우에는 구 특정경제범죄 가중처벌 등에 관한 법률 제6조 제2항이 아니라 구 특정경제범죄 가중처벌 등에 관한 법률 제6조 제1항의 특정경제범죄가중처벌등에관한법률위반(증재등)죄가 성립한다고 봄이 상당하다. 한편 금융기관의 임직원이 구 특정경제범죄 가중처벌 등에 관한 법률 제5조 제1항의 금품 기타 이익을 일단 영득의 의사로 수수한 것이라면 후일 이를 반환하였다 하더라도 특정경제범죄가중처벌등에관한법률위반(수재등)죄의 성립에는 영향이 없다.[146]

99 [판례] 특정경제범죄 가중처벌 등에 관한 법률 제 5 조 소정의 '직무에 관하여'의 의미 및 금융기관 임직원의 금품수수와 직무관련성

특정경제범죄 가중처벌 등에 관한 법률 제5조 제1항의 '금융기관의 임직원이 그 직무에 관하여'라고 하는 것은 '금융기관의 임직원이 그 지위에 수반하여 취급하는 일체의 사무와 관련하여'라는 뜻이고, 금융기관의 임직원이 거래처 고객으로부터 금품 기

146 대법원 2004. 3. 26. 선고 2003도8077 판결, 대법원 2012. 6. 28. 선고 2012도3643 판결 등.

타 이익을 받은 때에는 그것이 당해 거래처 고객이 종전에 금융기관의 임직원으로부터 접대 또는 수수 받은 것을 갚는 것으로서 사회상규에 비추어 볼 때 의례상의 대가에 불과한 것이라고 여겨지거나, 개인적인 친분관계가 있어서 교분상의 필요에 의한 것이라고 명백하게 인정할 수 있는 경우 등 특별한 사정이 없는 한 직무와의 관련성이 없는 것으로 볼 수 없고, 특정경제범죄 가중처벌 등에 관한 법률 제5조의 금융기관 임직원이 수수한 금품에 직무행위에 대한 대가로서의 성질과 직무 외의 행위에 대한 사례로서의 성질이 불가분적으로 결합되어 있는 경우에는 그 전부가 불가분적으로 직무행위에 대한 대가로서의 성질을 가진다고 할 것이고, 이는 특정경제범죄 가중처벌 등에 관한 법률 제5조 제4항의 금품 수수액을 정함에 있어서도 마찬가지이다.[147]

147 대법원 2014. 4. 10. 선고 2014도49 판결.

제 358 조 [자격정지의 병과]

전3조의 죄에는 10년 이하의 자격정지를 병과할 수 있다.

[관련조문] 형법 제44조(자격정지) 제476조(자격형의 집행)

1 형법 제355조의 단순횡령죄와 배임죄, 형법 제356조의 업무상횡령죄와 업무상배임죄, 형법 제357조의 배임수재죄와 배임증재죄를 범한 자에 대하여는 그 각 조에 규정된 징역형 또는 벌금형 외에 형법 제358조에 의하여 10년 이하의 자격정지형을 병과 할 수 있다.

2 넓은 의미의 횡령죄 및 배임죄가 지능범적 요소를 포함하고 있는 이른바 이욕범(利慾犯)에 속한다고 할 수 있으므로 형법은 이러한 점을 참작하여 징역형이나 벌금형 외에, 이른바 명예형의 일종인 자격정지형을 병과 할 수 있는 것으로 규정한 것이다. 다만 실무에 있어서 자격정지형이 병과 되는 예는 드문 것으로 보인다.

3 자격정지형을 받은 자에게는 그 선고된 기간 동안 공무원이 되는 자격, 공법상의 선거권과 피선거권, 법률로 요건을 정한 공법상의 업무에 관한 자격 및 법인의 이사, 감사 또는 지배인 기타 법인의 업무에 관한 검사역이나 재산관리인이 되는 자격이 정지된다(형법 제44조 제1항, 제43조 제1항). 자격정지가 벌금에 병과된 때에는 그 기간은 판결확정일로부터 기산되나, 징역형에 병과된 때에는 그 징역형의 집행을 마치거나 면제받은 날로부터 기간이 기산된다(형법 제44조 제2항). 집행유예의 경우는 실무상 집행유예기간이 종료한 날의 다음날부터 자격정지기간이 진행되는 것으로 처리하고 있다(☞ 상세한 것은 형법 제44조 주석 참조).

4 자격정지형의 선고는 전부 또는 일부에 대하여 할 수 있으므로 자격 중 일부에 대하여만 정지를 선고할 경우에는 정지의 대상이 되는 자격의 종류까지도 구체적으로 명시하여야 한다.

5 자격정지형을 받은 사람에 대하여는 이를 수형자원부에 기재하고 지체 없이 그 등본을 형의 선고를 받은 사람의 등록기준지와 주거지의 시(구가 설치되지 아니한 시를 말한다)·구·읍·면장(도농복합형태의 시에 있어서는 동지역인 경우에는 시·구의 장, 읍·면 지역인 경우에는 읍·면의 장으로 한다)에게 송부하여야 한다(형사소송법 제476조).

제 359 조 [미수범]

제355조 내지 제357조의 미수범은 처벌한다.

[관련조문] 형법 제25조(미수범)~제29조(미수범의 처벌), 제33조(공범과 신분), 제358조(자격정지의 병과), 제359조(미수범), 제361조, 제328조, 제346조(친족 간의 범행, 동력), 군형법 제75조(군용물 등 범죄에 대한 형의 가중), 상법 제622조(발기인, 이사 기타의 임원 등의 특별배임죄), 제623조(사채권자집회의 대표자 등의 특별배임죄), 제624조(특별배임죄의 미수), 특정경제범죄 가중처벌 등에 관한 법률 제3조(특정재산범죄의 가중처벌), 제5조(국고 등 손실)

Ⅰ. 횡령죄의 미수범

1 횡령죄의 미수는 형법 제359조에 의하여 처벌된다. 횡령죄의 미수를 처벌할 것인지 여부는 범죄의 본질과 관련하여 여러 논의가 있으나 결국은 입법정책에 의하여 결정된다고 볼 것이다. 즉 앞서 본 것처럼 일본에서는 미수범 처벌규정을 두지 않고 있고 독일 형법에서는 우리와 같이 처벌규정을 두고 있다.

2 일본에서 횡령죄는 불법영득의사가 객관화되었을 때 기수에 이른다고 하여 불법영득의사가 확정적으로 외부에 표현되었을 때 횡령죄 실행의 착수가 있고 동시에 기수에 이르게 되어 횡령죄에서는 미수가 인정될 여지가 없다는 것이다. 그러나 일본에서도 부동산 횡령과 같이 의사표시와 등기완료 사이에 시간적 간격이 존재하는 경우가 있기 때문에 즉 부동산 이중매매에서 제2매수인에 대한 매매의 의사표시만으로는 기수가 될 수 없기 때문에 이론상으로나 실제상으로 불가벌인 미수와 기수의 구별은 중요하다는 견해도 있다.

3 독일에서는 횡령죄의 객체를 재물에 한정하고 미수범을 처벌하는데 다수설과 판례는 불법영득의사가 객관적으로 표현될 때 실행의 착수가 있음과 동시에 기수가 되어 미수범은 이론상으로만 가능하다고 한다. 이에 대하여 불법영득의사가 객관적으로 명확하게 표현될 때 기수에 이르는 것으로 보고 그 정도에 이르지 않은 경우를 미수범으로 처벌하자는 소수 견해도 있다(☞ 이하 우리나라에서의 상세한 논의는 형법 제355조 단순횡령죄 주석 중 해당 부분 참조).

Ⅱ. 배임죄의 미수범

4 배임행위에 착수하였으나 이를 끝내지 못한 경우, 자기 또는 제3자가 재산상 이익을 취득하거나 하게 하지 못한 경우, 본인에게 재산상 손해가 발생하지 않는 경우 및 일련의 구성요건적 행위와 재산상 손해 발생 사이의 인과관계가 인정되지 않을 때는 배임죄가 미수로 되어 형법 제359조에 의하여 처벌된다. 배임죄의 기수는 본인에게 재산상 손해가 발생하게 된 때이다(☞ 배임죄 일반의 실행의 착수시기 및 기수시기에 관하여는 '형법 제355조 단순배임죄' 주석 중 해당 부분 참조).

Ⅲ. 업무상 횡령·배임죄의 미수범

5 ☞ '형법 제355조 단순 횡령 및 단순배임죄' 주석 중 해당 부분 참조

Ⅳ. 배임수증재죄의 미수범

6 배임수재죄와 배임증재죄의 미수범 역시 형법 제359조에 의하여 처벌대상이 된다.

7 재물 또는 재산상 이익의 요구나 약속 또는 공여의 의사표시를 한 경우 미수죄가 성립한다는 것이 통설이다. 이에 대하여 재물 또는 재산상 이익의 취득을 요구 약속하는 행위만으로는 아직 배임죄 실행의 착수에 이르렀다고 볼 수 없다는 견해가 있다(☞ 자세한 논의는 '형법 제357조 배임수증재죄' 주석 중 해당 부분 참조).

제 360 조 [점유이탈물횡령]

① 유실물, 표류물 또는 타인의 점유를 이탈한 재물을 횡령한 자는 1년 이하의 징역이나 300만원 이하의 벌금 또는 과료에 처한다. <개정 1995.12.29>

② 매장물을 횡령한 자도 전항의 형과 같다.

[관련조문] 민법 제192조(점유권의 취득과 소멸)~제210조(준점유), 제249조(선의취득), 제250조, 제251조(도품, 유실물에 대한 특례), 제252조(무주물의 귀속), 제253조(유실물의 소유권취득), 제254조(매장물의 소유권취득), 유실물법 제1조(습득물의 조치), 제10조(선박, 차령, 건축물 등에서의 습득), 제12조(준유실물), 제13조(매장물), 수상에서의 수색·구조 등에 관한 법률 제2조(정의)

Ⅰ. 형법 제360조의 의의

1. 의의

1 본죄는 유실물, 표류물 또는 타인의 점유를 이탈한 재물이나 매장물을 횡령함으로써 성립하는 범죄이다.[1] 타인의 점유를 침해하지 않는다는 점에서 절도죄와 다르다. 타인의 점유에 속하지 않는 타인의 재물을 영득한다는 면에서는 형법 제355조, 제356조 위탁물 횡령죄와 공통점을 가지지만, 위탁신임관계를 전제로 하지 않는다는 점에서 위탁물 횡령죄와 다르다. 행위동기의 측면에서 점유침해

[1] 김선복, 신형법각론, 세종출판사(2016), 379; 김성돈, 형법각론(제8판), 성균관대학교 출판부(2022), 472; 김성천, 형법각론(제7판), 소진(2021), 490; 김신규, 형법각론, 청목출판사(2015), 463; 김일수/서보학, 새로쓴 형법각론(제9판), 박영사(2018), 316; 박상기, 형법각론(제8판), 박영사(2011), 392; 박찬걸, 형법각론(제2판), 박영사(2022), 546; 배종대, 형법각론(제14판), 홍문사(2023), 443; 백형구, 형법각론(개정판), 청림출판(2002), 215; 손동권/김재윤, 새로운 형법각론(제2판), 율곡출판사(2022), 447; 신동운, 형법각론(제2판), 법문사(2018), 1230; 오영근, 형법각론(제7판), 박영사(2022), 379; 이영란, 형법학 각론강의(제3판), 형설출판사(2013), 404; 이재상 외 2인, 형법각론(제12판), 박영사(2021), 419~420; 이정원/류석준, 형법각론, 법영사(2019), 432; 이형국, 형법각론, 법문사(2007), 424; 임웅, 형법각론(제13정판), 법문사(2023), 535; 정성근/정준섭, 형법강의 각론(제2판), 박영사(2022), 311; 주석 형법, 각칙(6)(제5판), 한국사법행정학회(2017), 616(노태악); 진계호/이존걸, 형법각론(제6판), 대왕사(2008), 481; 홍영기, 형법 총론과 각론, 박영사(2022), 437; 山口厚, 刑法各論(第2版), 有斐閣(2010), 309; 西田典之, 刑法各論(第7版), 弘文堂(2018), 270; 前田雅英 外 7人, 条解刑法(第3版), 弘文堂(2023), 836; 前田雅英, 刑法各論講義(第7版), 東京大学出版会(2020), 283; 山中敬一, 刑法各論(第3版), 成文堂(2015), 446; 松原芳博, 刑法各論, 日本評論社(2016), 334.

가 없고 영득에 대한 유혹이 더 강하여 책임비난이 크게 감소된다는 점 때문에 위탁물 횡령죄보다 가볍게 처벌되는 것이다.

2. 횡령죄와의 관계

2 본죄와 위탁물 횡령죄와의 관계에 관하여, 기본적·가중적 구성요건의 관계에 있다는 견해도 있으나 통설은 법적 성질을 달리하는 독립된 별개의 범죄라고 본다. 그 논거로서 i) 본죄는 신임관계의 침해를 내용으로 하지 않는 점에서 위탁물 횡령죄와는 성질을 달리하는 영득죄라고 보아야 하며, ii) 독일 형법은 본죄를 기본적 구성요건으로 하면서 가중적 구성요건으로 횡령죄를 규정하고 있지만, 본죄는 자기가 점유하는 재물에 대하여만 성립하는 것이 아니고, iii) 위탁물 횡령죄에 있어서 보관자라는 신분은 구성적 신분으로 이해하면서 그 신분이 없는 경우를 감경적 신분이라고 할 수는 없다는 점 등을 들 수 있다.

3 이러한 통설에 대하여, 본죄가 횡령죄의 기본적 구성요건이라는 견해와 본죄를 위탁물 횡령죄에 대하여 보충관계에 있는 감경적 구성요건으로 보아야 한다는 견해[2] 등이 있다. 앞의 입장을 취하는 견해는 우리나라에서 찾아볼 수 없고, 뒤의 견해는 독자적 구성요건이라고 보는 통설에 대하여 횡령죄와 본죄 모두 소유권 또는 소유권에 준하는 권리(본권)를 보호하기 위하여 같은 장에 규정된 범죄유형으로서 죄질이 동일하다는 점을 간과하고 있다는 점을 내세운다.

4 독일 형법 '절도와 횡령'의 장 제246조는 횡령죄를 제1항과 제2항으로 구분하여 제1항에서는 '타인의 동산을 자신 또는 제3자에게 위법하게 귀속시킨 자는 해당 행위가 다른 규정에서 더 중하게 처벌되지 않는 한 3년 이하의 자유형 또는 벌금에 처한다.'라고 규정하고, 제2항에서는 '제1항의 경우에 그 물건이 위탁받은 것인 경우에는 5년 이하의 자유형 또는 벌금에 처한다.'라고 규정함으로써 본죄와 위탁물 횡령죄를 하나의 구성요건에서 정하되, 본죄를 기본적 구성요건으로, 위탁물 횡령죄를 가중적 구성요건으로 설정하고 있다.

5 일본 형법은 '횡령의 죄'라는 독립된 하나의 장을 두어 제252조 제1항에서 '자기가 점유하는 타인의 물건을 영득한 자는 5년 이하의 징역에 처한다.'라고 규정하여 위탁물 횡령죄를 기본적 구성요건으로 하고 있으며 같은 조 제2항에서 자기의 물건이라도 공무소로부터 보관명령을 받은 경우에 이를 횡령한 자도 동일하

2 신동운, 형법각론(제2판), 법문사(2018), 1230.

게 처벌한다는 규정을 둔다. 제253조에는 업무상횡령죄를, 제254조에서는 유실물 등 횡령죄(우리와 같이 점유이탈물횡령죄라고도 한다)를 각각 규정하고 있다. 위 각 죄의 관계에 대하여 소유권의 침해만을 요건으로 하는 유실물 등 횡령죄를 횡령죄의 기본유형으로 보고 위탁관계의 침해가 추가되는 위탁물(단순) 횡령죄를 위법가중형 구성요건으로, 업무상 점유자라는 신분이 추가되는 업무상횡령죄를 책임가중형 구성요건으로 파악하는 견해[3]가 있기는 하나, 배신성을 요건으로 한다는 점에서 위탁물 횡령죄와 업무상횡령죄는 배임죄와 공통되고, 이에 반하여 배신성을 요건으로 하지 않는 유실물 등 횡령죄와는 그 성질과 유형을 달리 보아야 한다고 하는 견해[4]가 다수설의 입장으로 보인다.

3. 보호법익과 보호의 정도

6 횡령죄와 마찬가지로 보호법익과 보호의 정도에 관하여 견해가 나뉜다. 다만 횡령죄에서 결과범의 입장을 취하면서 본죄에서는 위험범설이 타당하다는 견해[5]도 있다. 본죄의 미수범은 처벌하지 않는다는 것이(형법 제359조) 하나의 근거가 될 수 있을 것이나 실제 적용에 있어 큰 차이가 있을 것으로 보이지는 않는다. 보호법익에 소유권 외에 사실상의 소유도 포함시키는 견해[6]도 있다.

Ⅱ. 구성요건

1. 주체

7 본죄의 주체에 관하여는 아무런 제한이 없다. 위탁관계에 의하지 아니하고 타인의 재물을 점유하는 자만이 본죄의 주체가 될 수 있다는 점에서 신분범이라고 해석하는 견해가 있으나 행위의 결과적 측면과 주체를 혼동한 견해로서 찬성하기 어렵다. 현재 신분범으로 보지 않는 것이 통설적 견해이다.

2. 객체

8 본죄의 객체는 타인의 소유인 점유이탈물이다. 유실물, 표류물이나 매장물 등이 그 예이며 그 밖에 타인의 점유를 이탈한 재물이 해당한다. 타인 소유의 재물이므로 무

3 山口厚, 刑法各論(第2版), 有斐閣(2010), 309.
4 西田典之, 刑法各論(第7版), 弘文堂(2018), 249; 前田雅英 外 7人, 条解刑法(第3版), 弘文堂(2023), 826, 836; 山中敬一, 刑法各論(第3版), 成文堂(2015), 446.
5 김성돈, 형법각론(제8판), 성균관대학교 출판부(2022), 472.
6 오영근, 형법각론(제7판), 박영사(2022), 379.

주물(예컨대 쓰레기통에 버려진 물건이나 야생동물)은 본죄의 객체가 아니다. 무주(無主)의 동산을 소유의 의사로 점유하면 그 소유권을 취득하나(민법 제252조 제1항), 무주의 부동산은 국유가 되므로(제252조 제2항) 이론상으로는 본죄의 객체에 포함된다고 할 수 있다. 타인의 점유를 이탈한 것이면 족하므로 행위자의 의사에 기하지 않고 우연히 행위자의 점유 하에 들어온 재물(예컨대 상대방의 착오로 과다 지급된 매매잔대금이나 거스름돈)[7]도 점유이탈물이 된다. 점유이탈물이 아닌 재물, 즉 원점유자가 물건의 소재를 알고 다시 찾을 가능성이 있는 경우에는 타인의 점유가 존속되고 있는 재물에 해당하므로[8] 이를 영득한 때에는 절도죄가 성립할 뿐이지 본죄는 성립하지 않는다.

가. 점유이탈물

9 점유이탈물이란 원래 점유자의 의사에 기하지 않고 그의 점유를 벗어난 다른 사람 소유의 재물을 가리킨다. 본래 점유자의 점유를 벗어난 것이면 족하고, 그것이 아직 어느 누구의 점유에도 속하지 않고 있는지 아니면 행위자의 점유에 속하게 되었든지 묻지 않는다. 습득하여 경찰서에 신고하려고 보관 중이던 유실물의 경우도 이에 해당한다. 타인이 착오로 떨어뜨린 물건, 행위자가 착오로 인하여 점유하게 된 물건(잘못 배달된 우편물이나 탁송화물 등), 점유자의 지배로부터 완전히 벗어난 가축이나 반려동물, 바람에 날아 들어온 이웃집의 빨래, 술에 취하여 방치한 뒤 주인의 소재가 판명되지 아니한 물건이나 범인이 타고 다니다가 방치한 도난차량 등이 점유이탈물의 예이다.

10 점유이탈물은 타인의 소유라고 인정될 수 있으면 무방하고 그 소유자가 누구인지 밝혀지지 않아도 관계없다.

11 한편 점유이탈물이 되려면 타인의 점유를 벗어났을 것을 요하므로 아직 타인의 점유를 벗어났다고 할 수 없는 재물은 점유이탈물이라고 할 수 없다. 폭행 또는 강간현장에 피해자가 떨어뜨리고 도주한 피해자 소유의 손가방은 물론,[9] 타인의 간수나 관리 등 실력적 지배가 미치고 있는 장소(여관, 당구장 또는 PC방 등) 내에서 방치되거나 유류된 물건(이는 그 관리자의 점유에 속한다고 보아야 하므로 점유이탈물이 아니며 따라서 본죄가 아니라 절도죄의 객체가 될 뿐이다),[10] 또 잘못 떨어뜨

7 대법원 2004. 5. 27. 선고 2003도4531 판결.
8 김일수/서보학, 새로쓴 형법각론(제9판), 박영사(2018), 317.
9 대법원 1984. 2. 28. 선고 84도38 판결.
10 대법원 1988. 4. 25. 선고 88도409 판결, 대법원 2007. 3. 15. 선고 2006도9338 판결 등.

린 물건이나 잃어버린 재물이더라도 원점유자가 이를 찾을 수 있는 상태에 있거나 이미 타인에 의하여 새로운 점유가 개시된 때에는 점유이탈물이 아니다. 가축이나 반려동물의 경우도 소유자의 집이나 동네를 조금 벗어난 부근을 배회하는 정도만으로는 점유이탈물이라고 하기는 어려울 것이다.

12 한편 사자(死者)의 사체와 함께 있는 재물이 점유이탈물에 해당하는지에 관하여 여러 견해가 있을 수 있으나 기본적으로 시간적·장소적 근접성과 살해와 재물 탈취가 동일한 기회에 이루어진 것이라고 평가할 수 있는지 여부 등에 따라 결정되어야 할 것이다.

13 행위자가 재물을 영득할 의사로 살해한 경우가 아니면 일단 점유이탈물이 된다. 사자에게 점유의 의사를 인정할 수 없고 상속에 의한 점유의 이전도 인정될 수 없기 때문이다.[11] 판례는 피해자를 살해한 방에서 사망한 피해자 곁에 4시간 30분 정도 있다가 그곳 피해자의 자취방 벽에 걸려있던 피해자가 소지하는 물건을 영득의 의사로 가지고 나온 경우 피해자가 생전에 가지는 점유는 사망 후에도 계속되는 것으로 보았다.[12] 위 사안에서 사자의 점유가 아니라 자취방 주인이나 관리인의 점유로 인정해야 한다는 견해[13]도 있다.

14 자신의 은행계좌로 착오 송금된 금원을 임의로 인출하여 사용한 경우 본죄의 대상이 된다는 견해[14]와 횡령죄 성립을 긍정하는 견해[15] 등이 대립하고 있으나, 판례[16]는 일관하여 횡령죄의 객체가 된다고 본다. 자신의 은행계좌에 착오로 입금된 금원을 본죄에서 말하는 '점유를 이탈한 타인의 재물'로 보기에는 석연치 아니한 면이 있지만 횡령죄에서 위탁관계를 지나치게 확대한 것이 아닌가 하는 비판 역시 있다(☞ 이에 관하여 자세한 논의는 '형법 제355조 단순 횡령죄' 주석 중 해당 부분 참조).

15 이하 항을 바꾸어 점유이탈물의 예로서 들고 있는 유실물, 표류물 및 매장물을 구체적으로 살펴본다.

11 이재상 외 2인, 형법각론(제12판), 박영사(2021), 420.
12 대법원 1993. 9. 28. 선고 93도2143 판결.
13 오영근, 형법각론(제7판), 박영사(2022), 381.
14 김일수/서보학, 새로쓴 형법각론(제9판), 박영사(2018), 288; 손동권/김재윤, 새로운 형법각론(제2판), 율곡출판사(2022), 418; 이정원/류석준, 형법각론, 법영사(2019), 418.
15 박상기, 형법각론(제8판), 박영사(2011), 384; 신동운, 형법각론(제2판), 법문사(2018), 1168; 정성근/정준섭, 형법강의 각론(제2판), 박영사(2022), 314.
16 대법원 2010. 12. 9. 선고 2010도891 판결 등.

나. 유실물

16 유실물은 말 그대로 원점유자가 잃어버린 물건을 말하는 것으로서 분실물과 같은 의미이다. 부동산은 유실물이 될 수 없다. 유실물의 습득 내지 소유권의 귀속 등을 규정하고 있는 유실물법에서 말하는 유실물과 반드시 일치하지는 않는다.[17] 유실물법 제12조에서 규정하고 있는 준유실물 즉, 착오로 점유한 물건이나 타인이 놓고 간 물건 또는 일실(逸失)한 가축 등은 유실물이라기보다는 앞서 본 점유이탈물 중 기타 타인의 점유를 이탈한 재물에 속한다고 할 것이다.

17 유실물법에 따르면 관리자가 있는 선박, 차량이나 건축물 기타 공중의 통행을 금지한 장소에서 타인의 물건을 습득한 자는 그 물건을 관리자에게 교부하여야 한다(유실물법 제10조). 예컨대 고속버스나 지하철에서 승객이 물건을 잊어버리고 내린 경우에 고속버스의 운전사나 지하철의 승무원은 고속버스나 지하철의 간수자로서 당연히 차내에 있는 승객의 물건을 점유하는 것이 아니라 승객이 잊고 내린 유실물을 습득자로부터 교부받을 권능을 가질 뿐이라고 해석되므로,[18] 운전사나 승무원이 그 유실물을 현실적으로 발견하지 아니하는 한 이에 대한 점유를 개시하였다고 할 수 없고 그 사이에 다른 승객이 이를 발견하고 가져갔다면 절도죄가 아니라 본죄에 해당한다.[19] 이 경우 고속버스의 운전사에게 사실상 재물지배를 인정하는 것이 타당하다고 하여 위 판례에 대하여 비판적인 입장을 취한 견해[20]가 있으나 점유자의 점유의사에 기하지 아니한 점유를 인정하기는 어렵다는 점에서 판례의 입장을 이해할 수 있다. 그런데 이러한 경우에도 운전사나 승무원이 유실물을 현실적으로 발견한 후라면 이들에게 점유가 인정되며 그 후 제3자가 그 물건을 가져가는 행위는 절도죄로 처벌받을 것이다.[21]

다. 표류물

18 원점유자의 점유를 이탈하여 수상에 떠 있거나 떠내려가고 있는 물건이나 수상에 가라앉은 물건을 가리킨다. 수상에서의 수색·구조 등에 관한 법률에서는 앞의 것을 표류물(수상에서의 수색·구조 등에 관한 법률 제2조 제12호), 뒤의 것을 침몰품(제2조 제13호)이라고 칭하고 있다. 견해에 따라 앞의 것만을 본죄에서 표류물

17 주석 형법, 각칙(6)(제5판), 한국사법행정학회(2017), 621(노태악).
18 박찬걸, 형법각론(제2판), 박영사(2022), 547; 신동운, 형법각론(제2판), 법문사(2018), 1231.
19 대법원 1993. 3. 16. 선고 92도3170 판결, 대법원 1999. 11. 26. 선고 99도3963 판결 등.
20 이정원/류석준, 형법각론, 법영사(2019), 433.
21 신동운, 형법각론(제2판), 법문사(2018), 1231~1232.

로 해석하기도 하나(수상에 가라앉은 물건은 아래의 매장물에 속하는 것으로 보는 듯 하다),[22] 그렇게 구별할 필요는 없어 보인다.[23] 다만 본죄의 성립 여부에 영향을 미치는 것은 아니다.

19 바다 속에 떨어진 물건은 소유자가 대략의 떨어진 장소를 지적하여 그 부근에서 인양된 경우에는 의뢰자가 사실상 지배를 하고 있는 점유물이므로 표류물이 아니지만, 지적한 장소 부근에 목적물이 존재하지 않을 경우에는 사실상의 지배를 하고 있다고 할 수 없으므로 표류물에 해당하게 된다. 해난이나 항공기 추락 사고에 의한 승무원·승객의 휴대품, 화물 등은 현재 수색 중에 있는 경우라도 표류물이 된다.[24]

라. 매장물

20 매장물이란 토지·해저·하상 또는 분묘·건조물 속에 묻혀 있어 발굴 등의 작업에 의하지 않고는 획득이 곤란한 상태에 있는 물건으로서 점유이탈물에 속하는 것을 말한다(유실물법 제13조). 예컨대, 고분 내에 매장되어 있는 물건을 가리킨다. 앞서 본 바와 같이 해저에 가라앉아 있는 물건을 매장물로 보는 견해도 있다.

21 매장물이라고 해서 모두 본죄의 객체가 되는 것은 아니며 점유이탈물의 범주에 속할 수 있는 것만이 이에 해당한다. 따라서 본죄의 객체가 되기 위해서는 비록 과거 또는 현재의 소유자가 판명될 필요는 없다 하더라도 과거에 누군가가 소유하고 있었고 현재에도 그 소유가 상속인들에 의해서 계속될 가능성이 있어야 할 것이다. 그러나 후손들에 의하여 직접 수호·봉사되고 있는 분묘에 매장된 물건은 본죄가 아니라 절도죄의 객체가 된다. 매장된 문화재의 경우 문화재의 소유권 판정 및 국가귀속 등에 관하여는 매장문화재보호 및 조사에 관한 법률이 적용된다.

3. 행위

22 본죄의 행위는 횡령행위이다. 불법영득의 의사를 가지고 점유이탈물을 자기의 사실상 지배 아래 두는 행위를 말한다. 행위의 모습은 신임위탁관계를 전제로 하지 아니하므로 횡령죄와 반드시 일치하지는 아니하나, 불법영득의사를 외부에 표현하는 행위에 의하여 완성된다. 부작위에 의해서도 본죄를 저지를 수 있다.

22 이재상 외 2인, 형법각론(제12판), 박영사(2021), 421.

23 김성돈, 형법각론(제8판), 성균관대학교 출판부(2022), 474; 신동운, 형법각론(제2판), 법문사(2018), 1231; 정성근/정준섭, 형법강의 각론(제2판), 박영사(2022), 314.

24 배종대, 형법각론(제14판), 홍문사(2023), 444; 정성근/정준섭, 형법강의 각론(제2판), 박영사(2022), 314.

예컨대 습득물에 관하여 불법영득의 의사로 유실물법이 정한 신고 등의 절차를 상당 기간 내에 밟지 않은 경우이다. 물론 유실물이나 표류물 또는 매장물의 경우 유실물법이나 수상에서의 수색·구조 등에 관한 법률 등에서 정한 절차를 밟지 않았다고 하여 이것만으로 본죄가 성립하는 것은 아니다.[25] 당초에는 불법영득의 의사 없이 점유이탈물을 습득한 자가 그 후에 영득의 의사를 일으켜 영득의사의 표현행위를 하면 그 시점에서 기수가 될 것이다.

23 타인이 점유하고 있는 재물을 점유이탈물이라고 오인하여 영득한 경우 형법 제15조 제1항의 해석과 관련하여, 본죄로서 처벌되어야 한다는 견해와 절도죄의 과실범을 처벌하는 규정이 없고 본죄의 미수범도 처벌할 수 없어 결국 무죄가 되어야 한다는 견해[26]가 있다.

24 본죄의 미수범을 처벌하는 규정은 없다. 자전거를 습득하여 소유자가 나타날 때까지 보관하겠다고 하면서 수일간 보관하였다거나, 유실물인 줄 알면서 즉시 당국에 신고하거나 피해자의 숙소로 가져가지 않고 친구의 집으로 가져갔다는 정도로는 불법영득의사가 인정되지 않는다고 보아야 한다. 설령 인정되더라도 미수에 그쳐 처벌되지 않는다. 본죄에서 행위자의 위법한 점유취득은 영득행위와 동시에 행하여지는 경우가 대부분이므로 미수 단계의 설정은 큰 의미를 갖지 못한다. 침해범으로 보는 입장에서도 마찬가지이다.

Ⅲ. 죄수 기타

25 본죄의 죄수 판단은 소유권(본권) 침해의 개수에 따라 결정된다.[27] 위탁관계나 점유의 개수는 무관하다.

26 습득한 점유이탈물을 손괴한 경우에는 재물손괴죄보다 본죄를 가볍게 처벌하는 취지에 비추어 손괴한 행위는 불가벌적 사후행위에 해당한다는데 별 의문이 없다. 마찬가지로 습득하거나 절취한 자기앞수표를 현금과 교환하거나 물건을 구입한 경우, 금융기관 발행의 자기앞수표는 현금과 같은 기능을 하고 있어 이러한 수표의 환금행위나 대금지급행위는 습득행위나 절취행위에 수반되는 당연한

25 배종대, 형법각론(제14판), 홍문사(2023), 444; 이영란, 형법학 각론강의(제3판), 형설출판사(2013), 406; 이형국, 형법각론, 법문사(2007), 426.

26 신동운, 형법각론(제2판), 법문사(2018), 1232.

27 前田雅英 外 7人, 条解刑法(第3版), 弘文堂(2023), 838.

결과라 하여 습득행위나 절도행위에 대한 가벌적 평가에 당연히 포함되어 본죄나 절도죄만 성립할 뿐 별도로 사기죄를 구성하지 않는다는 것이 판례[28]이다. 다수 학설[29]도 본죄가 상태범이라는 이유를 들어 판례와 같은 입장을 취하고 있다. 그러나 자기앞수표는 현금과 달리 항상 선의취득이 인정되는 것이 아니며(특히 고액 수표이거나 분실신고 등이 된 수표의 경우) 피해자가 다르고 새로운 법익의 침해를 가져온 것이라고 평가할 수 있는 경우에는 달리 볼 여지도 있다.[30]

27 또 점유를 이탈한 타인의 재물임을 인식하면서 이를 취득한 때에는 그 재물이 도품이라는 사실을 알고 있었던 경우에도 본죄만 성립할 뿐 장물취득죄가 되는 것은 아니다.[31]

28 본죄에도 친족상도례가 준용된다. 위탁관계를 성립요건으로 하는 범죄가 아니므로 횡령죄와 달리 행위자와 소유자(본권자) 사이의 친족관계만 있으면 된다.

28 대법원 1980. 1. 15. 선고 79도2948 판결(점유이탈물인 자기앞수표의 경우), 대법원 1982. 7. 27. 선고 82도822 판결, 대법원 1987. 1. 20. 선고 86도1728 판결(절취한 자기앞수표의 경우), 대법원 1993. 11. 23. 선고 93도213 판결(장물인 자기앞수표의 경우) 등.

29 김일수/서보학, 새로쓴 형법각론(제9판), 박영사(2018), 318~319; 이재상 외 2인, 형법각론(제12판), 박영사(2021), 421.

30 주석 형법, 각칙(6)(제5판), 한국사법행정학회(2017), 624(노태악); 山口厚, 刑法各論(第2版), 有斐閣(2010), 311; 西田典之, 刑法各論(第7版), 弘文堂(2018), 271; 山中敬一, 刑法各論(第3版), 成文堂(2015), 448.

31 김일수/서보학, 새로쓴 형법각론(제9판), 박영사(2018), 319; 정성근/정준섭, 형법강의 각론(제2판), 박영사(2022), 315; 주석 형법, 각칙(6)(제5판), 한국사법행정학회(2017), 624(노태악); 前田雅英 外 7人, 条解刑法(第3版), 弘文堂(2023), 838; 山中敬一, 刑法各論(第3版), 成文堂(2015), 448; 日最判 1948. 12. 24.

제 361 조 [친족간의 범행, 동력]

제328조와 제346조의 규정은 본장의 죄에 준용한다.

[관련조문] 형법 제328조(친족 간의 범행과 고소), 제33조(공범과 신분), 제346조(동력), 형사소송법 제223조(고소권자)~제233조(고소의 불가분), 민법 제767조(친족의 정의), 제768조(혈족의 정의), 제777조(친족의 범위), 제779조(가족의 범위)

Ⅰ. 친족상도례 규정(형법 제328조)의 준용

1 친족 간 재산범죄의 처벌과 소추조건에 관한 특례인 이른바 친족상도례에 관한 규정은 다른 재산죄와 마찬가지로 횡령죄와 배임죄 및 점유이탈물횡령죄에도 준용된다(☞ 자세한 내용은 '형법 제328조' 주석 참조).

2 친족은 같이 8촌 이내의 혈족, 4촌 이내의 인척 및 배우자가 해당하고(민법 제777조), 가족은 배우자, 직계혈족 및 형제자매와 생계를 같이 하는 직계혈족의 배우자, 배우자의 직계혈족 및 배우자의 형제자매를 말한다(제779조).

3 친족상도례 규정이 준용되기 위해서는 친족관계가 행위자와 횡령물의 소유자 사이뿐만 아니라 횡령물의 소유자와 위탁자가 다른 경우에는 행위자와 위탁자와 사이에서도 있어야 한다. 횡령죄에 있어서 소유자뿐만 아니라 위탁자와 사이의 신임관계를 위반한다는 점에도 중요한 의미가 있고, 친족 간 문제에 대한 형법의 간섭을 억제하기 위해서는 소유자와 사이에 친족관계가 있어야 함은 물론 위탁자와 사이에도 친족관계가 있어야 한다고 보는 것이 타당하기 때문이다.[1] 판례 역시 범인이 위탁자가 소유자를 위해 보관하고 있는 물건을 위탁자로부터 보관받아 이를 횡령한 경우, 형법 제361조에 의하여 준용되는 제328조 제2항 소정의 친족간의 범행에 관한 조문은 범인과 피해물건의 소유자 및 위탁자 쌍방 사이에 같은 조문 소정의 친족관계가 있는 경우에만 적용되는 것이고, 단지 횡령 범인과 피해물건의 소유자 사이에만 친족관계가 있거나 횡령 범인과 피해물건의 위탁자 사이에만 친족관계가 있는 경우에는 그 적용이 없다고 보고 있다.[2]

1 신동운, 형법각론(제2판), 법문사(2018), 1153; 이용식, 형법각론, 박영사(2019), 54; 주석 형법, 각칙(6)(제5판), 한국사법행정학회(2017), 625(노태악).

2 대법원 2008. 7. 24. 선고 2008도3438 판결.

4 그런데 가정법원에서 후견인으로 선임한 친족이 피후견인의 재물을 횡령하는 경우 어떠한가. 견해가 나뉠 수 있으나 후견인과 소유자인 피후견인 사이에 친족관계가 인정된다고 하더라도 위탁자인 법원과 후견인 사이에서도 위탁신임관계가 존재하므로 이러한 경우 친족상도례가 준용될 수 없다고 보아야 할 것이다.[3] 일본에서는 가정재판소에 의하여 선임된 미성년후견인인 피고인이 후견의 사무로서 업무상 보관하던 미성년피후견인의 예금을 인출하였다고 횡령으로 기소된 사안에서, 후견인의 사무는 공적인 성격을 가지고 있어 재물의 소유자인 피후견인 사이에 친족관계 있다고 하더라도 형법상 처벌을 면제하거나 양형 참작의 사정도 아니라는 것[4]이 판례의 입장이다. 이에 관하여 성년후견인이 가정재판소에 의하여 선임되어 공적인 성격을 가진다고 하더라도 횡령죄가 그와 같은 공적신임관계의 위배만을 이유로 처벌하는 것은 아니기 때문에 피후견인과의 친족관계는 양형상 고려되어야 할 것이라는 지적[5]이 있다.

5 한편 점유이탈물횡령죄에 있어서는 위탁자가 따로 존재하지 않으므로 행위자와 소유자 사이에 친족관계가 있으면 충분하다.

6 [판례] 특정경제범죄가중처벌등에관한법률위반죄와 친족상도례

형법상 횡령죄의 성질은 특정경제범죄 가중처벌 등에 관한 법률 제3조 제1항에 의해 가중 처벌되는 경우에도 그대로 유지되고, 특정경제범죄 가중처벌 등에 관한 법률에 친족상도례에 관한 형법 제361조, 제328조의 적용을 배제한다는 명시적인 규정이 없으므로, 형법 제361조는 특정경제범죄 가중처벌 등에 관한 법률 제3조 제1항 위반죄에도 그대로 적용된다. 이 사건 공소사실에 의하면 피해자는 피고인의 외사촌이라는 것이므로 횡령으로 인한 이 사건 특정경제범죄 가중처벌 등에 관한 법률위반죄는 위에서 본 법리에 비추어 고소가 있어야 공소를 제기할 수 있는 경우이고, 이때 고소기간은 형사소송법 제230조 제1항에 의하여 범인을 알게 된 날부터 6개월이므로 이를 도과한 후의 고소는 부적법하여 효력이 없다. 따라서 원심으로서는 이 사건 공소사실에 관하여 유·무죄 판단을 하기에 앞서 마땅히 피해자의 이 사건 고소가 범인을 알게 된 날부터 6개월 이내에 제기되었는지 여부를 심리한 다음 그 기간이 도과된 후 제기된 것으로 확인되면 형사소송법 제327조 제2호에 의하여 공소기각의 선고를 하여야 했다. 그런데 최근 헌법재판소는 직계혈족, 배우자, 동거친족, 동거가족 또는 그

3 신동운, 형법각론(제2판), 법문사(2018), 1153.
4 日最決 2008. 2. 18., 日最決 2012. 10. 9. 등.
5 山中敬一, 刑法各論(第3版), 成文堂(2015), 411.

배우자간의 권리 행사방해죄의 경우 그 형을 면제하도록 한 형법 제328조 제1항에 대하여 헌법불합치결정(2025. 12. 31. 시한으로 입법자가 개정할 때까지 적용 중지)을 하였다[헌법재판소 2024. 6. 27. 선고 2020헌마468, 2020헌바341(병합), 2021헌바420(병합), 2024헌마146(병합) 결정]. 형법 제328조 제1항을 준용하는 형법 제361조에 대하여도 이러한 헌법불합치결정의 효력이 그 대로 미치게 된다.[6]

Ⅱ. 동력의 재물간주규정(형법 제346조)의 준용

7 관리할 수 있는 동력을 재물로 간주하는 규정도 다른 재산죄와 마찬가지로 본장에 규정된 각 죄에 준용된다. 그러나 재물죄가 아닌 배임죄에 관하여는 위 규정이 실제로 준용될 여지가 없고, 횡령죄와 점유이탈물횡령죄와 배임수증재죄에서만 준용될 수 있다. 따라서 횡령죄에서는 '타인의 재물'에 관리할 수 있는 동력이, 배임수증재죄에 있어서는 '취득 또는 공여하는 재물'에 관리할 수 있는 동력이 포함된다. 점유이탈물횡령죄의 경우 관리할 수 있는 동력이 관리자의 점유를 이탈하게 된다거나 이를 횡령한다는 것은 쉽사리 상정하기 어려우나 이론상으로는 불가능한 것이 아니다.

8 여기서 관리란 물리적 또는 물질적 관리를 가리킨다고 볼 것이고, 재물과 재산상 이익을 구별하고 횡령과 배임을 별개의 죄로 규정한 현행 형법의 규정에 비추어 볼 때 사무적으로 관리가 가능한 채권이나 그 밖의 권리 등은 재물에 포함된다고 해석할 수 없다[7](☞ 이와 관련하여 재물에 관한 상세한 논의는 '형법 제355조 단순횡령죄' 주석 중 해당 부분 참조).

6 대법원 2013. 9. 13. 선고 2013도7754 판결.

7 대법원 1994. 3. 8. 선고 93도2272 판결, 대법원 2014. 2. 27. 선고 2011도832 판결 등.

제 41 장 장물에 관한 죄

[총설]

[관련조문] 형법 제151조(범인은닉과 친족간의 특례), 제329조(절도), 제355조(횡령, 배임), 제362조(장물의 취득, 알선 등), 제363조(상습범), 제364조(업무상과실, 중과실), 제365조(친족간의 범행), 민법 제146조(취소권의 소멸), 제162조(채권, 재산권의 소멸시효), 제249조(선의취득), 제746조(불법원인급여), 상법 제651조(고지의무위반으로 인한 계약해지)

[참고문헌] 주석 형법, 각칙(6)(제5판), 한국사법행정학회(2017); 형법주해(XII), 각칙(9), 박영사(2023); 강구진, 형법강의 각론(Ⅰ), 박영사(1983); 김성돈, 형법각론(제8판), 성균관대학교 출판부(2022); 김신규, 형법각론강의, 박영사(2020); 김일수/서보학, 새로쓴 형법각론(제9판), 박영사(2018); 김종원, 형법각론(상) 법문사(1971); 박상기/전지연, 형법학[총론·각론], 집현재(2021); 박찬걸, 형법각론(제2판), 박영사(2022); 배종대, 형법각론(제14판), 홍문사(2023); 손동권/김재윤, 새로운 형법각론(제2판), 율곡출판사(2022); 신동운, 형법각론(제2판), 법문사(2018); 오영근, 형법각론(제7판), 박영사(2022); 이재상 외 2인, 형법각론(제12판), 박영사(2021); 이형국/김혜경, 형법각론(제2판), 법문사(2019); 임웅, 형법각론(제11정판), 법문사(2020); 정성근/정준섭, 형법강의 각론(제2판), 박영사(2022); 최호진, 형법각론, 박영사(2022); 홍영기, 형법 총론과 각론, 박영사(2022); 이정원, "장물죄의 구조와 문제점", 중앙법학 제19권 제2호(2017); 大塚仁 외, 大コンメンタール刑法(第13券)(第3版), 青林書院(2018)

Ⅰ. 개설

1. 의의

1 장물죄란 장물을 취득, 양도, 운반 또는 보관하거나 이러한 행위를 알선함으로써 성립하는 범죄이다. 재산범죄 가운데 재물만을 객체로 하는 재물죄에 해당한다. 여기서 장물이란 재산범죄에 의하여 불법하게 영득한 재물을 말하고, 장물이 발생하게 한 원인이 된 범죄 자체 또는 그 범인을 장물범에 대해 '본범(本犯)'이라고 한다. 장물죄는 본범을 전제로 하여 성립하는 범죄라는 점에서 그 밖의 재산범죄가 선후의 다른 범죄행위와는 별개로 성립하는 점과 구별된다.

2. 성격

2 장물죄는 범인을 비호하거나 은닉하는 성격을 갖는 동시에 범죄를 조장하거나 유발하는 성격을 갖는 범죄이다(통설). 본범에 의하여 형성된 위법상태를 유지시킨다는 점에서 장물죄는 범인은닉죄(형법 제151조 제1항)와 공통점이 있고, 이는 장물죄의 범인비호적인 측면이다. 그러나 장물죄는 개인의 재산권을 보호하기 위한 재산범죄이고, 범인의 추적과 처벌이라는 국가사법작용을 보호법익으로 하는 범인은닉죄와는 성질을 달리한다. 더욱이 형법은 장물죄를 절도죄(제329조)나 횡령죄(제355조)보다도 무겁게 처벌한다. 이는 장물범이 재산범죄인 본범의 실행을 조장하거나 유발하는 특수한 위험성을 내포한 범죄임을 감안한 데에 따른 것으로서, 장물죄의 범죄유발적인 측면이라고 할 수 있다. 다만 장물죄가 재산범죄이고 범죄유발적인 성격이 강하다고 하더라도 범인비호적인 성격은 여전히 남아 있다. 특히 이러한 범인비호적인 성격은 장물죄와 친족 간의 범죄의 특칙에서 잘 나타난다. 장물범과 피해자 사이에 친족상도례 규정이 준용되도록 한 것(제365조 제1항)[1]이 장물죄의 재산범죄로서의 성격 때문이라고 한다면, 장물범과 본범 사이에 친족관계가 있는 경우 형을 감면하도록 한 것(제365조 제2항)은 범인비호적 성격을 반영한 것이다.[2]

3. 구성요건의 체계

3 형법 제41장에 규정된 장물에 관한 죄로는, 기본요건으로서 장물취득·양도·운반·보관죄 및 장물알선죄(형법 제362조)가, 가중요건으로서 상습장물죄(제363조)가 있다. 장물에 관한 죄에 대해서는 업무상과실·중과실에 의한 장물취득·양도·운반·보관죄 및 장물알선에 대해서도 처벌할 수 있도록 과실범에 관한 규정을 두고 있는데(제364조), 재산범죄 중에서 유일하게 과실범을 처벌하는 경우로서, 업무상과실·중과실의 경우만을 처벌하며 단순과실에 의한 장물죄는 처벌하지 않는다는 점이 특징이다. 또한 장물에 관한 죄에 대해서는 장물범과 본범의 피해자간에 친족관계가 있는 경우 친족상도례의 규정이 준용된다(제365조 제1항). 장물에 관한 죄의 미수범을 처벌하는 규정은 없다.

1 다만 헌법재판소는 2024. 6. 27. 형법 제328조 제1항에 대해 헌법불합치 및 적용 중지 결정을 하였으므로, 형법 제328조 중 제1항 부분은 더 이상 준용대상이 아니라고 보아야 한다(헌법재판소 2024. 6. 27. 선고 2020헌마468, 2020헌바341, 2021헌바420, 2024헌마146).

2 주석 형법, 각칙(6)(제5판), 한국사법행정학회(2017), 628(권순형); 형법주해(XII) 각칙(9), 박영사(2023), 498(김윤섭/최근영); 김신규, 형법각론강의, 박영사(2020), 511; 신동운, 형법각론(제2판), 법문사(2018), 1309; 오영근, 형법각론(제7판), 박영사(2022), 412; 임웅, 형법각론(제11정판), 법문사(2020), 564.

4. 구 형법과의 차이

4 구 형법은 장물에 관한 죄 또는 장물죄를 절도, 강도, 사기, 공갈, 횡령에 관한 죄 등의 바로 다음에 규정함으로써 체계상으로 장물죄가 재산범죄에 속한다는 점을 명확히 하였다. 구성요건도 단순히 재산범죄의 방조범이 아니라 독립된 범죄로 규정하면서 범인은닉죄, 증거인멸죄 등으로부터는 완전히 독립된 체계를 갖추고 있었다. 현행 형법도 기본적 체계는 구 형법과 동일하나 구 형법에 비하여 몇 가지 달라진 부분이 있다.

5 첫째, 구 형법 제256조는 장물을 무상으로 수수한 행위를 유상으로 취득하는 행위인 이른바 '고매행위(故買行爲)'와 서로 구별하면서, 전자의 경우에는 3년 이하의 징역에 처하도록 규정하는 반면, 후자에 대하여는 이보다 가중된 10년 이하의 징역 및 1,000환 이하의 벌금에 처하도록 규정하였다. 그러나 현행 형법 제362조는 유상·무상을 구별함이 없이 장물취득에 대하여 7년 이하의 징역 또는 1천 500만 원 이하의 벌금형을 규정하고 있다. 둘째, 현행 형법 제363조에는 구 형법에는 없던 상습범에 관한 규정이 신설되었다. 셋째, 현행 형법 제364조에는 업무상과실 또는 중과실에 의한 장물죄의 처벌규정이 신설되었다. 넷째, 친족상도례에 관하여 학설상 구 형법은 장물범과 친족관계 있는 자로서 본범과 피해자를 서로 구별하여 규정하지 아니하였기 때문에 장물범과 친족관계 있는 자 중 친족상도례가 적용될 자의 범위에 관하여 견해 대립이 있었다. 반면 현행 형법 제365조는 장물범과 본범을 엄격히 구별하여 장물범과 피해자 사이에 친족관계가 있는 경우에만 제328조의 친족상도례를 준용하고, 장물범과 본범 사이에서는 제328조 제1항의 친족관계가 있는 경우에 한하여 그 형을 감경 또는 면제하도록 규정하고 있다.

Ⅱ. 연혁 및 입법례

1. 연혁의 개관

6 장물죄를 독립된 재산범죄로 이해하게 된 것은 비교적 최근에 나타난 경향이다. 후기 로마법에 있어 '장물죄(crimen receptatorum)'는 독립한 범죄였지만 범인은닉과 장물취득을 모두 포함한 개념이었다. 중세 독일법의 경우 장물죄를 독립한 죄로 하지 아니하고 절도죄에 준하여 처벌하였고, 보통법 시대에 이르러 범인은닉

죄와 함께 공범의 일종인 '사후종범(auxilium post delictum)'으로 취급하였다.[3] '사후종범'이라는 어휘는 이탈리아 주석학파에 의하여 만들어진 것인데, 로마법을 보통법으로 계승한 독일에서 19세기에 이르기까지 입법과 학계를 지배한 관념이다.[4] 1532년의 카롤리나형법전은 범행을 촉진, 조력하는 행위를 처벌하는 규정(제177조)을 두었는데, 이 규정은 독일 보통법 시대에 이르러 장물범을 본죄의 공범으로 보는 견해의 척도가 되었다. 게르만법에 있어서는 장물 내지 범인은닉이 매우 중하게 처벌되었으며, 장물범은 절도의 본범보다 더 질이 나쁜 범죄로 간주되었다고 한다.[5] 그러다가 19세기에 이르러 각국의 입법에서 장물죄를 본범으로부터 독립된 범죄로 인식하게 되고, 이를 범인은닉죄와도 분리하여 재산범죄의 일종으로 취급하게 된다. 그러나 독일 형법은 현재도 중세 독일법의 영향을 받아 범인은닉죄(Begunstigung)와 장물죄(Hehlerei)를 동일한 장(각칙 제21장)에 규정하고 있다. 프랑스에서는 범인은닉죄가 상당히 일찍부터 독립된 범죄로 취급되어 왔으나 장물죄는 1915년에 이르러서야 비로소 독립된 범죄로 규정되기에 이르렀다(프랑스 형법 제460조 이하). 이탈리아에서는 보통법상 '도품수수(盜品收受, receiving stolen property)' 자체를 사후종범으로 기소하여 처벌할 수는 없는 것으로 여겨지다가 1692년 입법에 의해 사후종범의 일종으로 보아 처벌되게 되었고, 1927년 입법에 의해 처음으로 독립된 범죄로 취급되었다.[6] 국가별로 장물죄의 입법에서 나타나는 차이는 장물죄의 본질에 관하여 어떠한 견해를 취할 것인지와 밀접한 관련이 있다. 대표적인 입법례로서 독일 형법과 일본 형법의 내용을 비교하여 살펴본다.

2. 대표적인 입법례

가. 독일 형법

7 독일 형법(StGB)은 '범인비호 및 장물'(각칙 제21장)이라는 제목 하에 장물죄(독일 형법 제259조, 제260조)를 범인비호죄(제257조), 형벌면탈죄(제258조), 자금세탁 및 불법획득재산은닉죄(제261조) 등과 같은 순수한 재산범죄가 아닌 국가적·사회적 법익에 관한 범죄들과 함께 규정하고 있다. 장물죄의 기본유형을 정한 독일 형법 제259조는 제1항에서 '타인이 절취한 재물 또는 그 밖에 다른 사람의 재산에 대한 위

3 이재상 외 2인, 형법각론(제12판), 박영사(2021), 449.
4 배종대, 형법각론(제14판), 홍문사(2023), 488.
5 이형국/김혜경, 형법각론(제2판), 법문사(2019), 509.
6 주석 형법, 각칙(6)(제5판), 한국사법행정학회(2017), 628(권순형).

법행위로 인하여 타인이 획득한 재물'이라는 내용으로 장물의 개념을 정의하고 있는데, 이는 장물의 개념을 해석에 맡기고 있는 우리 형법과는 구별되는 점이다. 장물의 범위를 '타인의 재산에 대한 위법행위로 획득한 재물'로 상당히 넓게 규정하고 있음이 특징이며, 이는 장물죄의 본질론 중 위법상태유지설(Aufrechterhaltungstheorie)이 독일의 통설과 판례의 태도로 자리매김을 하는 데에 있어 주된 근거가 된다. 독일 형법에서는 장물의 매수, 취득 또는 취득교사, 매각 또는 매각방조를 처벌의 대상이 되는 기본적 행위유형으로 삼고 있고, 위 행위유형에 대해 동일하게 5년 이하의 징역형 또는 벌금형으로 처벌하도록 정하고 있다(제259조 제1항). 이는 우리 형법과 유사한 면이다. 한편 장물취득을 영업으로 하거나 강도, 절도 또는 장물죄 등의 계속적 수행을 목적으로 조직된 범죄조직의 구성원으로서 장물죄를 범한 경우, 즉 조직적·영업적 장물죄에 대해서는 징역형으로 가중하여 처벌하고(제260조 제1항, 제260조 a 제1항), 미수범을 처벌하는 반면, 과실범에 대해 처벌하지 아니하는 점 등은 우리 형법과 구별되는 점이다. 한편 독일 형법은 자금세탁 및 불법획득재산은닉죄(제261조)를 두어 범죄행위에 근거한 대상을 은닉하거나 자기 또는 제3자로 하여금 취득·보관하게 하거나 자기 또는 제3자를 위하여 사용하는 행위를 처벌하는 규정을 두고 있다. 위 규정에서 그 범행의 대상은 재물에 한정되지 않고, 은닉행위는 협의의 은닉은 물론, 출처위장, 출처수사방해, 대상물의 발견 내지 압수 등을 방해하는 행위를 포함한다. 또한 행위자가 중과실로 자금세탁의 대상임을 인식하지 못한 경우까지 처벌하는 규정(제261조 제5호)를 두어 장물죄에서 포섭하지 못하는 '범죄로 인한 이익의 확보 내지 유지' 행위에 대한 처벌가능성을 열어두고 있다.[7]

나. 일본 형법

8 일본 형법은 '도품 등에 관한 죄'의 장(일본 형법 제2편 제39장)에 장물죄의 처벌에 관한 제256조, 친족상도례의 적용에 관한 제257조 등 단 2개의 조문만을 두고 있다. 장물죄의 기본유형을 정한 일본 형법 제256조는 독일 형법과 마찬가지로 제1항에서 '도품 기타 재산에 대한 죄에 해당하는 행위에 의하여 영득된 물건'이라는 내용으로 장물의 개념을 정의하고 있다. 장물의 범위를 '재산범죄에 의하여 영득한 물건'이라고 하면서, 독일 형법에 비하여 제한적으로 규정하고 있

7 이정원, "장물죄의 구조와 문제점", 중앙법학 제19권 제2호(2017), 185~187[형법주해(XII), 각칙(9), 박영사(2023), 501~502(김윤섭/최근영)에서 재인용].

음이 특징이다. 그 외에도 독일 형법과 비교해 보면 독일 형법은 자산에 대해 발생한 '위법한 상태'에 주목하는 반면, 일본 형법은 '소유자의 권리를 침해하여 위법하게 영득된 물건'이라는 측면을 중시하는 것으로 볼 수 있다. 이러한 장물 개념은 일본의 학계나 판례가 장물죄의 본질에 대하여 추구권설(Resitutionsvereitelungstheorie)을 기본 입장으로 취하는 데에 있어 유력한 근거가 된다. 한편 일본 형법은 장물죄의 행위유형을 크게 두 가지로 나누면서 법정형을 달리 정하고 있다. 첫째 유형은 장물을 무상으로 양수한 행위로서 3년 이하의 징역형에 처하도록 되어 있고, 둘째 유형은 장물의 보관, 운반, 유상양수, 유상알선행위로서 10년 이하의 징역형 또는 50만 엔 이하의 벌금형에 처하도록 되어 있다. 이에 대해 일본의 학설은 전자가 추구권의 침해에 그친 데에 반하여 후자는 추구권의 침해 이외에 본범을 조장하거나 촉진하는 '이욕범(利慾犯)'의 성질을 아울러 갖고 있음에 따라 형을 가중한 것이라고 설명한다.[8] 미수범을 처벌하지 아니하는 것은 우리 형법과 같다. 반면 장물양도가 처벌대상이 되는 행위유형에서 제외되었고, 상습범이나 과실범에 대한 처벌규정이 없으며, 장물죄에 대한 친족상도례를 규정하면서도 해당 규정이 장물범과 신분관계를 갖는 사람이 피해자인 경우에 적용되는지, 본범인 경우 적용되는지에 대해 명확하게 규정하고 있지 않다는 점 등은 우리 형법과 구별된다.

Ⅲ. 보호법익

9 장물죄의 보호법익에 대해서는, '재산권'이라는 견해,[9] 추구권설의 입장에서 소유자의 '추구권'이라는 견해[10], 범죄는 반드시 권리를 침해하거나 위태롭게 하지 않더라도 사실상의 이익을 침해하거나 위태롭게 하면 성립할 수 있음을 전제로 '그 밖에 재산' 또는 '재산의 보호'라는 견해[11], 재산권 자체의 침해보다는 침해에

8 大塚仁 외, 大コンメンタール刑法(第13券)(第3版), 青林書院(2018), 715.

9 주석 형법, 각칙(6)(제5판), 한국사법행정학회(2017), 630(권순형); 형법주해(XII), 각칙(9), 박영사(2023), 502(김윤섭/최근영); 김성돈, 형법각론(제8판), 성균관대학교 출판부(2022), 512; 김신규, 형법각론강의, 박영사(2020), 512; 김일수/서보학, 새로쓴 형법각론(제9판), 박영사(2018), 404; 박상기/전지연, 형법학[총론·각론], 집현재(2021), 715; 박찬걸, 형법각론(제2판), 박영사(2022), 583; 손동권/김재윤, 새로운 형법각론(제2판), 율곡출판사(2022), 487; 이재상 외 2인, 형법각론(제12판), 박영사(2021), 450; 이형국/김혜경, 형법각론(제2판), 법문사(2019), 508; 임웅, 형법각론(제11정판), 법문사(2020), 565; 최호진, 형법각론, 박영사(2022), 623.

10 강구진, 형법강의 각론(Ⅰ), 박영사(1983), 389; 김종원, 형법각론(상) 법문사(1971), 248.

11 오영근, 형법각론(제7판), 박영사(2022), 412.

따르는 위법한 재산 상태를 한층 악화시키거나 심화시키지 못하도록 하는 데에 목적이 있다고 하면서 '재산권의 안전'이라는 견해[12] 등이 있다. 만약 추구권만을 보호법익으로 본다면 장물죄의 본질에 관하여도 추구권설을 취함으로써 불법원인급여물에 대해서는 장물죄의 성립을 부정해야 할 것이다. 그러나 장물죄는 범죄를 유발하거나 조장하는 성격을 갖고 있고 위법상태의 유지에 기여한다는 데에 특징이 있으므로 추구권 행사가 배제되는 불법원인급여물이라도 장물죄의 객체가 된다고 보아야 한다. 또한 장물죄의 보호 대상은 본범에 의해 영득된 재물 자체이므로 피해자가 장물에 대하여 소유권 기타 물권을 가지지 아니한 때, 예컨대 본범이 권리행사방해죄를 저지른 경우라도 장물죄는 성립하는 것으로 보아야 한다. 따라서 장물죄의 보호법익은 피해자의 재산권이다(통설).

10 보호의 정도에 대하여도 견해가 대립된다. 위험범설[13]은 보호법익으로서 재산권은 이미 본범에 의해 침해되었고 장물죄에 의하여 직접 재산이 침해되는 것은 아니며 단지 장물범으로 인해 회복이 곤란하거나 불능인 상태가 유지 또는 증가되는 것에 불과하고 미수범을 처벌하지 아니한다는 점을 근거로 행위유형을 구별함이 없이 모두 위험범, 특히 추상적 위험범으로 보는 견해이다. 구별설(또는 개별설)[14]은 장물죄의 행위유형에 따라 구체적·개별적으로 파악하여야 한다고 하면서, 장물알선의 경우는 추상적 위험범으로, 그 외는 침해범으로 보는 견해이다. 침해범설[15]은 장물에 대한 점유이전으로 인해 재산권 그 자체가 침해되는 것은 아니지만 재산권의 실질적 내용을 이루는 사용·수익·처분권의 침해가 계속된다는 점을 근거로 행위유형을 구별함이 없이 모두 침해범이라는 견해이다. 현행 형법이 장물죄의 미수범을 처벌하지 아니하는 점과 장물죄의 보호법익과 관련하여 본다면 위험범으로 해석하는 것이 보다 수미일관한 해석이라고 본다.

12 정성근/정준섭, 형법강의 각론(제2판), 박영사(2022), 338.

13 형법주해(XII), 각칙(9), 박영사(2023), 503(김윤섭/최근영); 김신규, 형법각론강의, 박영사(2020), 512; 박찬걸, 형법각론(제2판), 박영사(2022), 589; 오영근, 형법각론(제7판), 박영사(2022), 412; 이재상 외 2인, 형법각론(제12판), 박영사(2021), 450; 이형국/김혜경, 형법각론(제2판), 법문사(2019), 508; 임웅, 형법각론(제11정판), 법문사(2020), 566; 홍영기, 형법 총론과 각론, 박영사(2022), 471.

14 김일수/서보학, 새로쓴 형법각론(제9판), 박영사(2018), 404; 박상기/전지연, 형법학[총론·각론], 집현재(2021), 715; 오영근, 형법각론(제7판), 박영사(2022), 413.

15 김성돈, 형법각론(제8판), 성균관대학교 출판부(2022), 512; 배종대, 형법각론(제14판), 홍문사(2023), 488; 손동권/김재윤, 새로운 형법각론(제2판), 율곡출판사(2022), 487.

Ⅳ. 장물죄의 본질

11 장물죄는 장물을 취득·양도·운반·보관 내지 위 각 행위의 알선을 함으로써 본범의 피해자인 장물소유자의 그 물건에 대한 추구회복을 곤란하게 하고, 이로 말미암아 본범의 행위로 조성된 위법한 재산 상태를 유지시키는 것을 내용으로 하는 범죄이다. 이와 같은 장물죄의 본질에 관하여는 전자(前者), 즉 재물소유자의 추구·회복을 곤란하게 하는 면에 중점을 두는 견해인 추구권설과 후자(後者), 즉 위법한 재산 상태를 유지하는 면만을 강조하는 견해인 위법상태유지설, 그 외에 이들 두 가지 견해 중 어느 하나의 입장에서 다른 하나를 보완적 입장에서 결합시켜 이해하려는 결합설과 본범의 불법적 이익에 공범과 유사하게 관여한다는 데에 특색이 있음을 지적하는 공범설 등 다양한 견해가 제시되고 있다. 독일 형법이나 일본 형법과는 달리 장물의 개념을 따로 정하고 있지 아니한 우리 형법에서 장물죄의 본질에 관한 논의는 장물죄의 보호법익을 규명하는 것뿐만 아니라 장물죄의 성립 범위, 종국적으로는 장물범에 대한 형벌권 행사의 한계를 정함에 있어 이론적 근거를 제시한다는 점에서 중요한 의의가 있다.[16]

1. 학설

가. 추구권설(Resitutionsvereitelungstheorie)

12 장물죄의 본질은 본범의 피해자가 점유를 상실한 장물에 대하여 추구·회복하는 것을 곤란하게 하는 데에 있다고 보는 견해이다.[17] 여기에서 추구다 함은 소유권 기타 물권에 의한 반환청구권의 행사를 말한다. 본범이 영득한 재물을 합법적인 본연의 상태로 회복되지 못하게 함으로써 피해자가 물권적 반환청구권을 행사하는 것이 곤란하게 되거나 불가능하도록 만드는 특정한 행위를 범죄유형으로 구성한 것이 장물죄라고 본다. 독일 형법이 장물의 개념을 재산에 대한 위법행위에 의하여 획득한 물건으로 폭 넓게 정의하고 있는 것과 달리, 우리 형법은 장물의 개념에 대한 정의 규정을 두지 아니하면서 체계상 이를 개인적 법익에 관한 죄의 일종으로 취급하여 절도, 강도, 사기, 공갈, 횡령, 점유이탈물횡령 등 재산범죄와 나란히 규정하고 있는 점, 그리하여 뇌물죄, 도박죄 등 비재산범

16 형법주해(XII), 각칙(9), 박영사(2023), 503(김윤섭/최근영).

17 손동권/김재윤, 새로운 형법각론(제2판), 율곡출판사(2022), 489(판례도 추구권설을 따른 취한 것으로 해석한다); 오영근, 형법각론(제7판), 박영사(2022), 415.

죄에 의해 취득한 재물은 장물이 될 수 없고 일본 형법에서처럼 재산범죄에 의해 영득한 물건만이 장물이 될 수 있는 것으로 해석되는 점, 현행 형법은 물권적 반환청구권의 행사를 곤란하게 하는 데에 있어서는 다른 행위유형과 동등하다고 평가하여 장물양도를 장물죄의 행위유형으로 새로 추가하였다는 점 등을 주된 논거로 한다. 이 견해가 과거 다수설 및 판례[18]의 입장이었고, 현재 일본 학계의 통설[19]인 동시에 판례[20]이다. 이 견해를 따르게 되면, 사법(私法)상의 추구권 또는 반환청구권이 없으면 장물성을 상실하게 되므로, ⅰ) 불법원인급여(민법 제746조), ⅱ) 선의취득(제249조), ⅲ) 권리의 시효소멸(제162조), ⅳ) 취소권 또는 해지권 행사의 불가(민법 제146조, 상법 제651조) 등과 같이 피해자가 반환청구권을 가질 수 없거나 이를 행사할 수 없게 되는 일정한 사유가 생긴 경우에는 장물성을 인정할 수 없게 되고 장물죄가 성립하지 아니한다는 결론이 된다. 또한 여기에서의 추구·회복은 장물 그 자체에 대한 것을 의미하므로 예컨대, 장물인 현금이 다른 통화나 수표로 환전 또는 변형된 경우와 같이 이른바 '대체장물' 역시 동일성이 없는 것이 되어 장물성을 인정할 수 없게 된다. 반면 장물에 대하여 다시 절도·강도·사기·공갈 등의 재산범죄를 범한 경우 피해자의 장물에 대한 추구·회복을 곤란하게 하거나 불가능하게 하는 행위라는 점에서는 선행의 재산범죄와 다를 바가 없으므로 별다른 이의 없이 이들 2차로 행하여진 재산범죄를 본범으로 한 장물죄의 성립을 인정하게 된다.

나. 위법상태유지설(Aufrechterhaltungstheorie)

13 장물죄의 본질은 본범에 의하여 위법하게 조성된 재산 상태를 본범 또는 재물의 점유자와의 합의 하에 유지·존속시키는 점에 있다고 보는 견해이다.[21] 독일에서의 통설[22] 및 판례[23]이다. 다만 기본적으로 위법상태유지설에 입각하되 본범의 성립 범위를 재산범죄로 국한하는 제한적 해석이 필요하다는 견해[24]도 있

18 대법원 1972. 2. 22. 선고 71도2296 판결.
19 大塚仁 외, 大コンメンタール刑法(第13巻)(第3版), 青林書院(2018), 715.
20 日大判 1915. 6. 2. (刑錄 21집 721), 日最決 1959. 2. 9. (刑集 13권 1호 76).
21 임웅, 형법각론(제11정판), 법문사(2020), 567; 홍영기, 형법 총론과 각론, 박영사(2022), 472.
22 Lackner/Kühl §259 Rn.1; Lauer MK §259 Rn.1; Ruß LK §259 Rn.1; Sch/Sch/Stree §259 Rn.1; Tröndle/Fischer §259 Rn.1; Welzel S. 396; Wessel/Hillenkamp Rn.824[이재상 외 2인, 형법각론(제12판), 박영사(2021), 451에서 재인용].
23 BGHSt(GStS).7, 137; BGHSt.27, 45[이재상 외 2인, 형법각론(제12판), 박영사(2021), 451에서 재인용].
24 임웅, 형법각론(제11정판), 법문사(2020), 568.

다. 이 견해에서는 추구권설의 태도가 민법상의 효과인 반환청구권의 유무를 기초로 장물죄를 파악하려고 하므로 사법(私法)이론에 지나치게 기대어 형법을 해석하는 낡은 관점이라고 비판한다. 위법상태유지설은 추구권설에 대한 이러한 비판을 전제로 장물죄의 본질을 형법의 독자적인 견지에서 판단하고자 하는 입장이라고 할 수 있다. 독일 형법 제259조 제1항은 장물죄의 객체를 '타인이 절취하거나 타인의 재산에 대하여 행해진 위법행위에 의하여 취득한 물건'이라고 규정하는데, 이는 위법상태유지설의 입장을 명문화한 것으로 해석된다. 장물죄의 성립요건으로 사법상 반환청구권이 현존할 것을 요구하지 않는 대신에 장물범과 본범 또는 점유자와의 사이에 위법상태 유지에 관한 명시적·묵시적 의사합치가 있을 것을 요구하는 것이 특징이다. 또한 추구권설이 본범의 행위를 재산범죄로 한정하는 것과는 달리 본범의 행위를 재산권의 침해를 내용으로 하는 범죄로 제한하되 재산범죄만으로 엄격히 제한하지는 아니한다. 그리하여 예컨대, 문서·통화·유가증권위조죄, 도박죄, 뇌물죄 등에 의해 취득한 재물에 대해서도 장물죄의 성립을 인정할 수 있게 된다. 이처럼 장물죄의 성립 여부를 사법상 반환청구권의 유무와는 관계없이 형법의 독자적인 기준에 따라 결정되는 것으로 보기 때문에 예컨대, 불법원인급여물이나 시효로 소멸된 권리의 목적이 되는 물건 등과 같이 소유자의 반환청구권이 인정되지 않는 경우에도 장물성이 인정될 수 있다고 본다. 다만 본범이 소유권을 취득함으로써 피해자에게 더 이상 사법상의 추구권이 인정될 여지가 없는 경우에는 재산 상태의 위법성도 없게 되므로 이 견해에 의하더라도 장물죄의 성립을 인정하지 않게 된다. 한편 본범에 의하여 취득된 재물 자체에 대해서만 위법한 재산 상태의 유지를 문제 삼기 때문에 이른바 '대체장물'은 장물성을 상실한다고 보는 점[25]에서는 추구권설과 결론을 같이 한다. 반면 추구권설과는 달리 장물에 대해 절도·강도·사기·공갈 등의 재산범죄가 2차로 있는 경우에 대해서는 장물범과 본범 또는 점유자 사이에 위법한 재산 상태 유지에 관한 의사합치가 없다는 이유로 해당 재산범죄 외에 장물죄는 따로 성립하지 아니하는 것으로 본다.

25 임웅, 형법각론(제11정판), 법문사(2020), 567은 대체장물의 장물성을 인정할 여지가 있다고 본다.

다. 이익관여설(Nutzniessungstheorie) 또는 공범설(Teilnahmetheorie)

14 추구권설과 위법상태유지설이 사권의 추구를 곤란하게 한다든가 또는 위법한 재산 상태를 유지한다는 등의 내용으로 보호법익의 침해에 착안하여 장물죄의 본질을 파악하려는 입장인 데에 반하여, 범죄의 이욕성, 본범조장성, 본범비호성 등과 같은 범죄사회학적 견지에서 장물죄의 본질을 파악하려는 견해이다.[26] 본범에 대한 사후공범으로서의 성격을 인정하는 태도라고 할 수 있다. 현재 형법상 장물죄에 대해 이익관여설 또는 공범설을 취하는 국내의 학설은 없는 것으로 보인다. 이익관여설 또는 공범설에 따르면 장물죄란 '범죄에 의하여 얻은 이익에 관여하여 이익을 간접 취득하는 것'이 본질이 되고, 수수한 물건에 대한 피해자의 추구권이 존재하는지 여부와 무관하게 해당 물건과 피해자 사이의 견련성(Sachgebundenheit)만 있으면 장물성을 인정하기에 충분한 것으로 보게 된다. 장물죄의 성립에는 주관적 구성요건으로 고의 외에 '이득의사'를 필요로 한다고 보면서도, 결과적으로는 장물의 성립범위를 가장 넓히는 입장이다. 장물범이 본범으로부터 이익을 취득한 이상, 다시 말해 행위의 객체가 피해자와의 사이에서 견련성이 인정된다면 대체장물, 장물의 매각대금, 불법원인급여물, 본범이 가공(加工)에 의하여 소유권을 취득함으로써 피해자가 반환청구권을 행사할 수 없는 경우 등에 대해서도 장물성을 인정한다.

라. 결합설

15 결합설은 피해자가 사법상 반환청구권을 행사하는 것을 불가능하게 하거나 곤란하게 하는(추구권설) 동시에 본범에 의해 초래된 위법한 재산 상태를 유지하게 하는(위법상태유지설) 데에 장물죄의 본질이 있다는 견해이다. 결합설 중에는 추구권설과 위법상태유지설의 내용적 결합과 조화를 요구하는 견해,[27] 추구권설을 기본으로 하면서 사후종범적 성질도 함께 갖는다는 견해[28] 등이 있으나, 위법상태유지설을 근간으로 하면서 특정한 유형에 한하여 추구권설의 내용을 가미하여 보완해야 한다는 견해[29]가 국내의 다수설인 것으로 보인다. 판례 중에도 결

26 이수성, "장물죄", 고시연구(1975. 8.), 51[임웅, 형법각론(제11정판), 법문사(2020), 567에서 재인용].

27 박찬걸, 형법각론(제2판), 박영사(2022), 591; 배종대, 형법각론(제14판), 홍문사(2023), 489.

28 신동운, 형법각론(제2판), 법문사(2018), 1313(판례도 같은 입장이라고 한다).

29 김성돈, 형법각론(제8판), 성균관대학교 출판부(2022), 514; 김신규, 형법각론강의, 박영사(2020), 515; 김일수/서보학, 새로쓴 형법각론(제9판), 박영사(2018), 591; 박상기/전지연, 형법학[총론·각론], 집현재(2021), 716; 이재상 외 2인, 형법각론(제12판), 박영사(2021), 453; 정성근/정준섭, 형법강의 각론(제2판), 박영사(2022), 337.

합설의 입장에 선 것이 있다.[30] 추구권설과 위법상태유지설은 내용만을 놓고 본다면 그 사이에 본질적인 차이가 있는 것으로 보기는 어렵다. 본래 장물죄란 장물에 대한 피해자의 추구·회복을 곤란하게 하거나 불가능하게 하는 것인데, 이때 위법한 재산 상태의 유지와 추구·회복의 곤란은 대개 표리의 관계에 있다고 볼 수 있기 때문이다. 민법상의 위법 개념이 형법상의 위법 개념과 서로 다른 것이기는 하지만 형법상 재산범죄의 일종인 장물죄에서의 위법성 유무는 결국 민법상 반환청구권의 유무를 주된 근거로 하여 결정되어야 할 것이기 때문이다. 결합설에 의하면 장물죄의 행위태양 가운데 취득·운반·보관 및 그 알선은 본범과 장물범 사이의 합의를 전제로 한 위법상태유지설의 입장에서, 반면 장물범과 본범의 합의가 없는 양도인 경우는 추구권설의 입장에서 장물죄의 성립을 인정할 수 있는 것으로 보게 된다.[31] 결합설에 의하면, 선의취득, 가공 등으로 피해자가 반환청구권을 행사할 수 없는 물건에 대하여는 장물성을 인정하지 않고, 불법원인급여물과 대체장물의 장물성에 대하여는 견해가 나뉜다.

2. 판례

16 당초에는 추구권설을 취하다가 최근에는 결합설을 취한다고 볼 수 있다.

17 대법원 1972. 2. 22. 선고 71도2296 판결에서는 '장물이라 함은 영득죄에 의하여 취득한 물건 그 자체를 말하는 것으로서 피해자에게 그 회복청구권이 없어진 경우에는 장물성을 잃게 된다고 할 것이므로 그 장물이 현금화되어 피해자의 추구권이 제한되어도 형사소추 및 증거물확보라는 사회적 법익이 존속하여 장물죄를 구성한다는 논지는 이유 없다'라고 판시하여 추구권설의 입장에 충실한 판시를 하였다. 또한 그 직후에 있은 대법원 1972. 6. 13. 선고 72도971 판결은 추구권의 소멸 여부를 언급함이 없이 장물을 매각하여 얻은 금전에 대해서는 장물성을 부인하고 있는데, 추구권설의 입장에서는 장물은 본범이 영득한 재물 자체를 말하는 것으로서 그 처분으로 얻은 현금 등은 피해자에게 반환청구권이 없어 장물성을 인정할 수 없다고 보게 되므로 위 판결은 결국 추구권설과 궤를 같이 하는 선례라고 할 수 있다. 그리고 대법원 1975. 12. 9. 선고 74도2804 판결도 '형법상 장물죄의 객체인 장물이라 함은 재산권상의 침해를 가져 올 위법행위로 인하여 영

30 대법원 1987. 10. 13. 선고 87도1633 판결. 다만 신동운, 형법각론(제2판), 법문사(2018), 1313은 판례가 추구권설을 기본으로 하면서 사후종범으로서의 성질을 고려하는 태도를 취하고 있다고 본다.

31 김성돈, 형법각론(제8판), 성균관대학교 출판부(2022), 514.

득한 물건으로서 피해자가 반환청구권을 가지는 것을 말한다'라고 판시함으로써 같은 입장을 유지하였다. 그러다가 대법원 1987. 10. 13. 선고 87도1633 판결에서 '장물인 정을 모르고 보관하던 중 장물인 정을 알게 되었으면서도 계속 보관함으로써 피해자의 정당한 반환청구권행사를 어렵게 하고 위법한 재산 상태를 유지시키는 때에는 장물보관죄가 성립한다'고 판시하여 종전과 달리 추구권설과 위법상태유지설의 양자 모두를 고려하는 결합설의 입장을 취하는 것으로 태도를 바꾸었다. 또한 대법원 2000. 3. 10. 선고 98도2579 판결도 '장물인 현금을 금융기관에 예금의 형태로 보관하였다가 이를 반환받기 위하여 동일한 액수의 현금을 인출한 경우에 예금계약의 성질상 인출된 현금은 당초의 현금과 물리적인 동일성은 상실되었지만 액수에 의하여 표시되는 금전적 가치에는 아무런 변동이 없으므로 장물로서의 성질은 그대로 유지된다고 봄이 상당하고, 자기앞수표도 그 액면금을 즉시 지급받을 수 있는 등 현금에 대신하는 기능을 가지고 거래상 현금과 동일하게 취급되고 있는 점에서 금전의 경우와 동일하게 보아야 한다'라고 판시함으로써 추구권설과는 달리 현금과 예금 또는 자기앞수표 사이에서 장물의 대체성을 인정하기도 하였다. 이와 같이 결합설의 관점에서 장물범의 성립 범위를 넓게 인정하려는 태도는 최근의 판례에서도 그대로 유지되는 것으로 보인다.[32]

3. 비판 및 검토

18 추구권설은 대체로 본범이 영득죄인 재산범죄에 한정된다는 전제하에 이론을 전개한다.[33] 그러나 일본 형법이나 독일 형법과는 달리 우리 형법은 장물을 재산범죄로 한정하고 있지 않다. 만약 본범을 재산범죄로 한정하지 아니할 경우 추구권설에서처럼 점유의 불법성과 추급 가능성만을 일관되게 관철하면 예컨대, 공무상 비밀표시무효죄, 공무상 보관물무효죄, 그 밖의 공공의 이익에 대한 죄에 의하여 불법하게 점유를 취득한 재물에 대해서도 장물성을 인정할 수 있게 됨으로써, 오히려 추구권설을 취하면서도 재산권을 보호법익으로 하는 장물죄의 재산범죄로서의 성격은 더욱 애매모호하게 될 위험이 있다는 지적이 있다.[34] 또한 사법상 반환청구권을 행사할 수 없는 위법한 재산 상태의 물건이라고 하더

32 대법원 2016. 10. 13. 선고 2014도8334 판결, 대법원 2018. 9. 28. 선고 2018다231406 판결.

33 박찬걸, 형법각론(제2판), 박영사(2022), 589; 신동운, 형법각론(제2판), 법문사(2018), 1311.

34 주석 형법, 각칙(6)(제5판), 한국사법행정학회(2017), 632(권순형), 형법주해(XII), 각칙(9), 박영사(2023), 504(김윤섭/최근영); 김일수/서보학, 새로쓴 형법각론(제9판), 박영사(2018), 404; 손동권/김재윤, 새로운 형법각론(제2판), 율곡출판사(2022), 489; 이재상 외 2인, 형법각론(제12판), 박영사(2021), 452.

라도 이에 대해 장물죄를 저지른 이상 처벌대상으로 삼은 것이 타당함에도, 반환청구권이 없는 불법원인급여물이나 일부 대체장물에 대한 장물성을 전면적으로 부정함으로써 장물죄의 성립범위를 지나치게 축소시키고, 형법 개념의 독자성을 부정한다는 비판이 있다.[35]

19 위법상태유지설의 경우에는 추구권설과 반대로 예컨대, 뇌물죄, 도박죄, 통화위조죄, 문서위조죄와 같은 비재산범죄에 의해 취득한 재물에 대해서까지 장물성의 성립범위가 지나치게 확대될 수 있다는 점이 문제로 지적된다. 특히 구 독일 형법에서는 장물죄의 객체에 관하여 '범죄행위(strafbare Handlung)에 의하여 취득된 재물'이라고만 규정하고 있었으므로 위법상태유지설이 자연스럽게 통설로 정착하였으나 우리 형법은 범행객체를 '장물'이라고만 규정하고 있어서 구 독일 형법의 규정과는 상이하고, 후술하는 바와 같이 구 형법에는 없던 장물양도죄를 신설하였는데, 위 죄는 피해자가 반환청구권을 행사하는 것을 곤란하게 한다는 데에 착안하여 범죄유형으로 추가된 것이고 행위 당시에 본범과의 의사합치가 없다는 점에서 위법상태유지설로는 성립 근거에 대한 설명이 불가능하므로, 결국 현행 형법의 해석에 있어 위법상태유지설은 타당하지 못하다는 비판이 있다.[36] 또한 대체장물의 경우 위법한 재산상태가 종료된 것으로 볼 것인지, 유지되는 것으로 볼 것인지에 대해서도 견해의 대립이 있는 등 위법한 재산 상태라는 개념 자체가 불분명하고, 형법상 절도·횡령과 같은 위법한 재산 상태를 최초로 만들어 내는 본범보다도 행위태양이 비교적 평온하고 위법한 재산 상태를 유지하는 데에 불과한 장물죄의 형벌이 높게 규정된 것을 설명하지 못한다는 비판도 있다.[37]

20 이익관여설 또는 공범설에 의하면 장물죄에서 범행객체의 범위는 재산범죄인 본범에 의하여 영득한 재물 자체보다 훨씬 확장되어야 하므로, 불법원인급여물은 물론이고 대체장물, 연쇄장물(장물죄를 본범으로 하여 취득한 장물을 말한다), 취소권의 소멸 또는 해지권의 소멸 등과 같은 사유로 피해자에게 반환청구권이 인정되

35 주석 형법, 각칙(6)(제5판), 한국사법행정학회(2017), 632(권순형); 임웅, 형법각론(제11정판), 법문사(2020), 568.

36 주석 형법, 각칙(6)(제5판), 한국사법행정학회(2017), 633(권순형); 손동권/김재윤, 새로운 형법각론(제2판), 율곡출판사(2022), 489.

37 형법주해(XII), 각칙(9), 박영사(2023), 505(김윤섭/최근영); 박찬걸, 형법각론(제2판), 박영사(2022). 590; 오영근, 형법각론(제7판), 박영사(2022), 414~415.

지 않는 재물일지라도 모두 장물성이 인정되어 범죄의 성립 범위가 지나치게 확대된다는 문제가 있다. 또한 본범이 제3자의 재산범죄에 가공한 행위에 의해 소유권을 취득한 물건에 대해서는 장물죄를 긍정하는 결과가 되지만, 실질적으로는 본범의 이익에 관여하는 행위임에도 장물을 본범으로부터 직접 취득하지 않고 중간에 제3자가 개입한 상태에서 그 자를 거쳐 취득한 때에는 장물죄가 성립하지 않는다는 어색한 결론이 된다.[38] 특히 우리 형법이 해석상 장물죄의 주관적 구성요건요소로 '이득의사'를 요하지 않는다는 점에서 이익관여설 또는 공범설의 입장과는 뚜렷하게 구별된다고 볼 수 있다. 형법에 규정되지 아니한 이득의사를 요건으로 하고, 대체장물까지 장물을 인정하는 것은 유추해석금지원칙, 죄형법정주의에 반할 위험이 있다는 점에서 비판의 소지가 있다.[39] 나아가 현행 형법상 무상의 장물양도·운반·보관행위도 장물죄의 처벌대상이 되므로 이득의사를 장물죄의 주관적 구성요건으로 해석할 수 없다는 점도 문제점으로 지적되고 있다.[40]

21 결합설에 대해서는 장물성의 인정 여부가 구체적으로 문제되는 상황에서 위법상태유지설 또는 추구권설 중 어느 견해에 따라 장물성을 판단할 것인지에 대한 적용 기준이 모호하기 때문에 채택하기 어렵다는 지적이 있다.[41]

22 결론적으로, 형법상 재산범죄의 위법성 여부는 사법상 반환청구권의 존부를 떠나서는 제대로 판단되기 어렵다는 점에서 추구권설의 견해가 장물죄의 본질을 파악함에 있어 여전히 중요한 의미를 지닌다고 볼 수 있다. 다만 범행객체의 추구·회복의 곤란 또는 불가능이라는 측면만으로는 장물범의 본질을 완전히 이해하기에는 부족한 면이 있는 것도 사실이다. 이에 장물죄의 본질에 대해서는 위법한 재산 상태의 유지라는 결과적 측면과 함께 불법적 이익에의 관여라는 사실적 측면까지도 아울러 고려한 종합적 이해가 필요하다. 이에 추구권설에 기본으로 하되, 위법상태유지설, 공범설의 내용으로 보완하는 것이 타당한 입장이라고 생각된다. 이와 같은 맥락에서 장물죄의 본질론 중 특정한 어느 하나의 견해가 구체적 사안에서 장물죄의 성립 여부를 결정함에 있어 도그마적인 논증 도구로 기능하지는 아니한다는 견해[42]도 있다.

38 주석 형법, 각칙(6)(제5판), 한국사법행정학회(2017), 633(권순형).
39 김일수/서보학, 새로쓴 형법각론(제9판), 박영사(2018), 405.
40 임웅, 형법각론(제11정판), 법문사(2020), 568.
41 임웅, 형법각론(제11정판), 법문사(2020), 568.
42 배종대, 형법각론(제14판), 홍문사(2023), 489.

제 362 조 [장물의 취득, 알선 등]

① 장물을 취득, 양도, 운반 또는 보관한 자는 7년 이하의 징역 또는 1천500만원 이하의 벌금에 처한다. <개정 1995.12.29>

② 전항의 행위를 알선한 자도 전항의 형과 같다.

[관련조문] 형법 제6조(대한민국과 대한민국국민에 대한 국외범), 제12조(강요된 행위), 제13조(고의), 제16조(법률의 착오), 제24조(피해자의 승낙), 제34조(간접정범, 특수한 교사, 방조에 대한 형의 가중), 제161조(사체 등의 영득), 제323조(권리행사방해), 제325조(점유강취, 준점유강취), 제328조(친족간의 범행과 고소), 제329조(절도), 제346조(동력), 제347조(사기), 제354조(친족간의 범행, 동력), 제355조(횡령, 배임), 제361조(친족간의 범행, 동력), 제365조(친족간의 범행), 형사소송법 제249조(공소시효의 기간), 특정범죄 가중처벌 등에 관한 법률 제9조(산림자원의 조성 및 관리에 관한 법률 등 위반행위의 가중처벌), 제5조의4(상습 강도·절도죄 등의 가중처벌), 민법 제109조(착오로 인한 의사표시), 제110조(사기, 강박에 의한 의사표시), 제146조(취소권의 소멸), 제188조(점유개정), 제245조(점유로 인한 부동산소유권의 취득기간), 제246조(점유로 인한 동산소유권의 취득기간), 제249조(선의취득), 제250조(도품, 유실물에 대한 특례), 제251조(도품, 유실물에 대한 특례), 제256조(부동산에의 부합), 제257조(동산간의 부합), 제258조(혼화), 제259조(가공), 제460조(변제제공의 방법), 제466조(대물변제), 제554조(증여의 의의), 제561조(부담부증여), 제563조(매매의 의의), 제596조(교환의 의의), 제598조(소비대차의 의의), 제609조(사용대차의 의의), 제746조(불법원인급여), 관세법 제274조(밀수품의 취득죄 등), 군용물 등 범죄에 관한 특별조치법 제3조(군용물범죄에 대한 형의 가중), 문화유산의 보존 및 활용에 관한 법률 제92조(손상 또는 은닉 등의 죄), 매장문화재 보호 및 조사에 관한 법률 제31조(도굴 등의 죄), 산림자원의 조성 및 관리에 관한 법률 제73조(벌칙), 송유관 안전관리법 제13조의3(벌칙), 채무자 회생 및 파산에 관한 법률 제100조(부인할 수 있는 행위), 제643조(사기회생죄), 제644조(제3자의 사기회생죄), 제650조(사기파산죄)

[참고문헌] 주석 형법, 각칙(6)(제5판), 한국사법행정학회(2017); 형법주해(XII), 각칙(9), 박영사(2023); 김성돈, 형법각론(제8판), 성균관대학교 출판부(2022); 강구진, 형법강의 각론(Ⅰ), 박영사(1983); 김신규, 형법각론강의, 박영사(2020); 김일수/서보학, 새로쓴 형법각론(제9판), 박영사(2018); 박상기/전지연, 형법학[총론·각론], 집현재(2021); 박찬걸, 형법각론(제2판), 박영사(2022); 배종대, 형법각론(제14판), 홍문사(2023); 손동권/김재윤, 새로운 형법각론(제2판), 율곡출판사(2022); 신동운, 형법각론(제2판), 법문사(2018); 오영근, 형법각론(제7판), 박영사(2022); 이영란, 형법학 각론강의(제3판), 형설출판사(2013); 이용식, 형법각론, 박영사(2019); 이재상 외 2인, 형법각론(제12판), 박영사(2021); 이정원, 형법각론, 신론사(2012); 이형국/김혜경, 형법각론(제2판), 법문사(2019); 임웅, 형법총론(제13정판), 법문사(2022); 임웅, 형법각론(제11정판), 법문사(2020); 정성근/정준섭, 형법강의 각론(제2판), 박영사(2022); 정영일, 형법각론, 학림(2019); 최호진, 형법각론, 박영사(2022); 홍영기, 형법 총론과 각론, 박영사(2022); 곽윤직 외, 민법주해(Ⅱ)[총칙(2)], 박영사(2002); 김선복, "대체장물인 금전의 장물성 인정 여부", 비교형사법연구 제4권 제2호(2002); 김태명, "횡령죄의 기수시기와 장물죄의 성립여부", 형사법연구 제23호(2005); 박강우, "온라인게임 아이템 침해행위의 재산범죄 성립가능성" 법학연구 제21권 제2호(2010); 배정현, "제3자 명의 사기이용계좌(이른바 대포통장) 명의인이 그 계좌에 입금된 보이스피싱 피해금을 인출한 경우

횡령죄 성립 여부", 대법원판례해설 제118호(2019); 서경환, "장물알선죄에서 '알선'의 의미 및 그 성립요건", 대법원판례해설 제80호(2009); 심재우, "장물죄의 범죄성", 고시계(1979. 12.); 여훈구, "장물인 현금 또는 자기앞수표의 예금과 장물성의 상실 여부", 형사판례연구 제9권(2001); 오영근, "장물죄에 관한 연구", 형사정책연구 제13권 제2호(2002); 이미선, "장물죄에서 본범이 되는 범죄행위에 대하여 우리 형법이 적용되지 않는 경우 그 법적 평가 기준 및 장물에 해당하기 위한 요건과 횡령죄와 관련된 법률관계에 외국적 요소가 있는 경우 소유권 귀속관계 등의 판단 기준", 대법원판례해설 제88호(2011); 이원상, "유비쿼터스 사회에서의 절도죄 고찰", 형사정책연구 제20권 제2호(2009); 이충상, "장물죄의 두 문제", 형사재판의 제문제: 송계 신성택 대법관 퇴임기념 논문집 제3권(2001); 임석순, "정보장물행위의 형사처벌 필요성과 한계", 형사법연구 제27권 제2호(2015); 임현, "판례평석: 장물인 현금을 은행예금 후 인출한 경우 장물성 여부", 비교형사법연구 제2호(2000); 하태영, "한국 형법에 있어서 '재물개념'의 논쟁사-디지털시대의 새로운 법제이론과 형법 제349조 재물간주 규정의 개정-" 비교형사법연구 제5권 제2호(2003); 大塚仁 외, 大コンメンタール刑法(第13券)(第3版), 青林書院(2018); 松官孝明, 刑法各論講義(第4版), 成文堂(2016); 西原春夫 外 5人, 判例刑法研究(第6卷), 有斐閣(1982)

Ⅰ. 의의

1 장물을 취득, 양도, 운반 또는 보관하거나 이러한 행위를 알선함으로써 성립하는 범죄이다. 재물만을 객체로 한다는 점에서 재물죄에 해당하지만 영득의사를 요하지 아니하므로 영득죄에 속하지는 아니한다.[1] 미수범은 벌하지 아니한다. 범죄학적인 관점에서 보면 본범인 재산범죄를 유발하고 조장하는 측면에서 본범조장적 성격을 지니고, 본범과 밀착하여 범죄로 조성된 불법적 이익을 본범과 나누거나 착취하는 과정에서 본범을 비호할 수밖에 없다는 측면에서 본범비호적 성격도 갖는다. 다만 본범의 공범, 즉 교사범이나 종범이 아닌 본범과는 독립

[1] 양도·운반·보관·알선과는 달리 취득의 경우 불법영득의사가 요구되므로 영득죄에 해당한다는 견해로는 임웅, 형법각론(제11정판), 법문사(2020), 564.

된 범죄유형이다. 본범이 취득한 범죄이익을 공유하거나 취할 의사에 따른 범죄로서 이욕범에 해당하고, 범행이 우발적, 일회적으로 이루어지기보다는 영리의 목적을 갖고 직업성을 갖춘 사람에 의해 반복적, 계속적으로 이루어진다는 점에서 영리범, 직업범의 특성을 지닌다.[2] 장물죄의 법정형이 본범인 단순절도죄(형법 제329조) 또는 단순횡령죄(형법 제355조)에 비하여 무겁게 규정된 것은 위와 같은 영리범, 직업범의 특성을 입법과정에서 반영한 것이다. 한편 장물죄의 본범조장성과 본범비호성은 형의 감면사유를 규정한 친족상도례(형법 제365조 제2항)에도 그대로 반영되어 있다.[3]

2 구 형법 제256조는 장물의 무상취득인 장물수수를 제1항, 장물의 운반·기장(寄藏, 보관)·고매(故買) 및 아보(牙保, 알선)를 제2항에 규정하고, 형량에 차이를 두어 전자는 3년 이하의 징역에 처하고, 후자는 이보다 중한 10년 이하의 징역 및 1,000환 이하의 벌금에 처하도록 규정하였다. 그러나 현행 형법은 취득에 있어서 유상·무상을 구별하지 아니하고, 취득, 양도, 운반, 보관 및 알선을 모두 동등하게 취급하고 있다. 한편 양도는 구 형법에서는 처벌규정이 없다가 신설된 것이고, 원래는 '양여(讓與)'로 규정되어 있다가 1995년 형법 개정 시 '양도'로 되었다. 이러한 개정은 단순한 문구의 수정에 불과할 뿐 개정 전후로 의미에 있어 차이는 없다.

Ⅱ. 입법취지 및 입법례

3 보호법익은 재산권이다. 장물죄는 본래 범인은닉죄와 함께 공범의 일종으로 취급되던 범죄였는데, 이를 본범과 분리하여 독립된 재산범죄로 인식하게 된 것은 19세기에 이르러서이다. 그러나 독일 형법은 여전히 장물죄를 '범인비호 및 장물'(각칙 제21장)이라는 제목 하에 범인비호죄, 형벌면탈죄 등과 같은 국가적·사회적 법익에 관한 죄들과 함께 규정하고 있다. 또한 장물을 '타인이 절취한 재물 또는 그 밖에 다른 사람의 재산에 대한 위법행위로 인하여 타인이 획득한 재물'로 정의함으로써 장물범에 대해 선행의 위법상태를 유지하는 범죄라는 의미를 부여하고 있다. 반면 일본 형법은 장물죄를 독립한 재산범죄의 일종으로 간주하여 '도품 등에 관한 죄'의 장(제2편 제39장)에 규정하고 있다. 특히 일본 형법 제256조 제1항은 장물을 '도품 기타 재산에 대한 죄에 해당하는 행위에 의하여 영

2 김일수/서보학, 새로쓴 형법각론(제9판), 박영사(2018), 406.
3 임웅, 형법각론(제11정판), 법문사(2020), 565.

득된 물건'으로 규정하여 영득의사를 필요로 하는 재산범죄임을 분명히 하고 있다. 일본 형법은 장물죄를 두 가지 유형으로 나누고 있다. 첫째 유형은 장물을 무상으로 양수한 행위이고, 둘째 유형은 장물의 보관, 운반, 유상양수, 유상알선 행위이다. 일본의 학설은 전자가 추구권의 침해에 그친 데에 반하여 후자는 추구권 침해 이외에 본범을 조장하거나 촉진하는 성질을 추가로 가지고 있어 형을 보다 중하게 규정하는 것이라고 설명한다.[4] 일본 형법은 우리 형법과는 달리 장물양도행위를 처벌의 대상인 행위유형에 포함시키고 있지 않다.

Ⅲ. 객관적 구성요건

1. 범행주체

4 본범의 정범자 이외의 모든 사람이 범행주체가 된다.

가. 본범의 정범과 장물범

5 장물죄는 타인(본범)이 불법하게 영득한 재물의 처분에 관여하는 범죄이므로 자기의 범죄로 인하여 영득한 재물의 처분은 불가벌적 사후행위에 해당되어 별도로 장물죄를 구성하지 않는다. 즉 본범의 정범자(재물에 장물성을 부여하는 기본적인 재산범죄를 범한 사람이며, 간접정범, 공동정범, 합동범을 포함한다)는 장물죄의 주체가 될 수 없다(통설).[5] 독일 형법 제259조는 장물을 '타인이 절취하거나 타인의 재산에 대한 위법한 행위로 영득한 물건'이라고 규정하여 본범이 타인이어야 함을 명시하고 있다. 예컨대 절도범이 스스로 장물을 운반하더라도 장물운반죄가 되지 않으며, 공동정범자 상호간에 있어서 장물을 분배하거나 처분하더라도 장물취득죄 또는 장물양도죄가 성립하지 않는다. 공동정범은 스스로 본범과 공동하여 본범의 죄를 실행한 것이므로 공동정범이 장물을 취득, 양도, 운반, 보관

4 大塚仁 외, 大コンメンタール刑法(第13巻)(第3版), 青林書院(2018), 715.

5 주석 형법, 각칙(6)(제5판), 한국사법행정학회(2017), 637(권순형); 김성돈, 형법각론(제8판), 성균관대학교 출판부(2022), 521; 김신규, 형법각론강의, 박영사(2020), 516; 김일수/서보학, 새로쓴 형법각론(제9판), 박영사(2018), 407; 박상기/전지연, 형법학[총론·각론], 집현재(2021), 721; 박찬걸, 형법각론(제2판), 박영사(2022), 591; 배종대, 형법각론(제14판), 홍문사(2023), 500; 손동권/김재윤, 새로운 형법각론(제2판), 율곡출판사(2022), 491; 신동운, 형법각론(제2판), 법문사(2018), 1315; 오영근, 형법각론(제7판), 박영사(2022), 416; 이용식, 형법각론, 박영사(2019), 75; 이재상 외 2인, 형법각론(제12판), 박영사(2021), 464; 정성근/정준섭, 형법강의 각론(제2판), 박영사(2022), 338; 홍영기, 형법 총론과 각론, 박영사(2022), 473.

또는 알선하더라도 이는 불가벌적 사후행위에 해당할 뿐이다.[6] 이에 대해 불가벌적 사후행위란 주된 범죄가 성립된 이후의 행위로서 외형상으로는 범죄행위이지만 주된 범죄의 내용에 당연히 포함되는 것으로서 별도의 범죄가 되지 않는 행위라고 전제하면서, 본범이 되는 공동정범의 경우 장물죄의 성립이 부정되는 이유는 구성요건해당성이 없기 때문이지 불가벌적 사후행위가 되기 때문은 아니라는 견해가 있다.[7]

6 판례는 '장물죄는 타인(본범)이 불법하게 영득한 재물의 처분에 관여하는 범죄이므로 자기의 범죄에 의하여 영득한 물건에 대하여는 성립되지 아니하고 이는 불가벌적 사후행위에 해당한다고 할 것이지만, 여기에서 자기의 범죄라 함은 정범(공동정범과 합동범을 포함한다)에 한정되는 것이므로 (중략) 평소 본범과 공동하여 수차 상습으로 강도 및 절도행위를 자행함으로써 실질적인 범죄집단을 이루고 있었다고 하더라도 당해 범죄행위의 정범(공동정범이나 합동범)이 아닌 이상 이를 자기의 범죄라고 할 수 없고, 따라서 그 장물의 취득을 불가벌적 사후행위라고 할 수 없다'라고 판시하였다.[8] 또한 특수강도의 범행을 모의한 이상 범행의 실행에 가담하지 아니하고 공모자들이 강취해 온 장물의 처분을 알선하는 행위만 하였더라도 특수강도의 공동정범이 된다는 이유로 장물알선죄의 성립을 부정하였다.[9]

나. 협의의 공범과 장물범

7 본범에 가공한 사람 중 협의의 공범에 해당하는 본범의 교사범 또는 방조범은 스스로 본범을 실행한 자가 아니므로 장물죄의 주체가 될 수 있다.[10] 예컨대 절도를 교사하여 절취해 온 장물을 취득한 사람은 절도교사죄와 장물취득죄의 경

6 주석 형법, 각칙(6)(제5판), 한국사법행정학회(2017), 637(권순형); 형법주해(XII), 각칙(9), 박영사(2023), 509(김윤섭/최근영); 김일수/서보학, 새로쓴 형법각론(제9판), 박영사(2018), 407; 박상기/전지연, 형법학[총론·각론], 집현재(2021), 721; 박찬걸, 형법각론(제2판), 박영사(2022), 591; 배종대, 형법각론(제14판), 홍문사(2023), 493; 신동운, 형법각론(제2판), 법문사(2018), 1315; 이용식, 형법각론, 박영사(2019), 75; 이형국/김혜경, 형법각론(제2판), 법문사(2019), 521.

7 오영근, "장물죄에 관한 연구", 형사정책연구 제13권 제2호(2002), 140~141.

8 대법원 1986. 9. 9. 선고 86도1273 판결.

9 대법원 1983. 2. 22. 선고 82도3103, 82감도666 판결.

10 주석 형법, 각칙(6)(제5판), 한국사법행정학회(2017), 637(권순형); 형법주해(XII), 각칙(9), 박영사(2023), 510(김윤섭/최근영); 김성돈, 형법각론(제8판), 성균관대학교 출판부(2022), 521; 김신규, 형법각론강의, 박영사(2020), 516; 김일수/서보학, 새로쓴 형법각론(제9판), 박영사(2018), 407; 박상기/전지연, 형법학[총론·각론], 집현재(2021), 721; 박찬걸, 형법각론(제2판), 박영사(2022), 591; 배종대, 형법각론(제14판), 홍문사(2023), 500; 손동권/김재윤, 새로운 형법각론(제2판), 율곡출판사(2022), 491; 신동운, 형법각론(제2판), 법문사(2018), 1316; 이용식, 형법각론, 박영사(2019), 75; 이재상 외 2인, 형법각론(제12판), 박영사(2021), 464; 정성근/정준섭, 형법강의 각론(제2판), 박영사(2022), 339; 홍영기, 형법 총론과 각론, 박영사(2022), 473.

합범이 된다. 또한 본범과 공동하여 장물을 운반한 경우에 본범은 장물죄에 해당하지 않으나 그 외의 사람의 행위가 장물운반죄를 구성함은 물론이다. 판례도, 보관 중인 물건을 횡령할 것을 교사하고 그 횡령한 물건을 취득한 경우에는 횡령교사죄와 장물취득죄의 경합범이 성립한다고 판시하였고,[11] 회사의 금형을 절취하게 한 후 절취하여 온 금형을 절도범으로부터 넘겨받은 경우 절도교사죄와 장물취득죄의 경합범을 인정한 원심의 판단을 수긍하였다.[12] 이에 대해 교사범은 물론, 방조범에 대해서도 장물취득죄의 성립을 부정해야 한다는 반대 견해가 있다.[13] 반대 견해에서는 교사범의 경우 정범과 같이 처벌하므로 교사범이 장물을 취득한 때에는 장물취득죄의 성립을 인정할 필요가 없고 장물죄의 본질 중에는 장물범이 본범을 유발하거나 조장하는 점도 있다는 것이므로 교사행위나 방조행위에 의해 재산범죄는 이미 유발되거나 조장되었다고 할 수 있음을 근거로 든다.[14]

2. 범행객체

8 장물이다. 형법상 장물의 개념을 정의한 별도의 규정은 없다.

가. 의의

9 장물이란 재산범죄인 범죄행위에 의하여 영득된 재물로서 피해자가 법률상 추구할 수 있는 것, 즉 반환을 청구할 수 있는 것을 말한다.[15] 장물의 개념은 장물의 본질에 관한 이론과 밀접한 관련이 있다. 이러한 장물 개념은 추구권설을 바탕으로 한 정의에 해당한다. 위법상태유지설의 입장에서는 피해자가 법률상 추구할 수 있는지 여부는 불문하므로, 장물이란 '재산권의 침해를 내용으로 하는 범죄에 의하여 취득된 재산'으로 정의되고,[16] 재산권의 침해를 내용으로 하는 범죄에 의하여 취득되면 족한 것이지 반드시 재산범죄에 의하여 영득되었을 것까지 요하지는 아니하는 것으로 본다. 그 외에도 장물이란 권리자가 그에 대한 권리를 추구할 수 있는 물건임을 요한다고 보는 점에서는 추구권설과 같지만 장물은 재산권의 침해를 내용으로 하는 범죄를 통해 취득한 재물을 말하며 반드시 재산범죄로 인하여 취득된 물건으로 한정되지

11 대법원 1969. 6. 24. 선고 69도692 판결.
12 대법원 2002. 10. 11. 선고 2000도4836 판결.
13 오영근, 형법각론(제7판), 박영사(2022), 416.
14 오영근, "장물죄에 관한 연구", 형사정책연구 제13권 제2호(2002), 141.
15 주석 형법, 각칙(6)(제5판), 한국사법행정학회(2017), 638(권순형).
16 김일수/서보학, 새로쓴 형법각론(제9판), 박영사(2018), 403은 위법한 재산범죄를 통해 '취득'한 재물이라고 정의한다.

않는다는 견해도 있다. 다수설은 위법한 재산범죄를 통해 영득한 재물로 정의한다.[17]

10 장물의 개념에 관한 위와 같은 견해 대립은 현행 형법이 장물죄의 객체를 '장물'이라고만 규정하고 있기 때문이다. 프랑스 형법 제460조는 '중죄, 경죄에 의하여 탈취, 횡령 또는 취득된 물건'은 모두 장물죄의 객체가 되는 것으로 규정하고, 독일 형법 제259조도 장물을 '타인이 절취하거나 타인의 재산에 대한 위법한 행위로 영득한 물건'이라고 규정하며, 일본 형법도 제256조 제1항에서 장물을 '도품 기타 재산에 대한 죄에 해당하는 행위에 의하여 영득된 물건'으로 비교적 구체적으로 정의하고 있다.

11 판례는 "장물이라 함은 영득죄에 의하여 취득한 물건 그 자체로서 피해자가 추구권을 행사할 수 있는 것",[18] 또는 "장물이라 함은 재산권상의 침해를 가져 올 위법행위로 인하여 영득한 물건으로서 피해자가 반환청구권을 가지는 것"[19]이라고 판시한다. 판례에서 사용된 '추구' 내지 '영득'이라는 표현은 추구권설의 입장을 반영한 것이라고 볼 수 있다. 이하에서는 추구권설의 입장을 기본으로 하여 장물의 요건을 설명한다.

나. 재물

12 장물죄는 재물에 관한 범죄이다(재물죄). 따라서 장물은 재물일 것을 요한다. 판례는 "장물이라 함은 재산죄인 범죄행위에 의하여 영득된 물건을 말하는 것으로서 절도, 강도, 사기, 공갈, 횡령 등 영득죄에 의하여 취득된 물건이어야 한다."라고 판시하고 있다.[20] 유체물인 동산이 장물에 속함은 물론이다. 그 외에 재물성과 관련하여 문제가 되는 것으로는 부동산, 동력, 정보 또는 데이터, 권리 또는 재산상 이익, 금제품 등이 있다.

17 형법주해(XII), 각칙(9), 박영사(2023), 511(김윤섭/최근영); 김성돈, 형법각론(제8판), 성균관대학교 출판부(2022), 515; 김신규, 형법각론강의, 박영사(2020), 516; 박상기/전지연, 형법학[총론·각론], 집현재(2021), 717; 박찬걸, 형법각론(제2판), 박영사(2022), 591; 배종대, 형법각론(제14판), 홍문사(2023), 491; 손동권/김재윤, 새로운 형법각론(제2판), 율곡출판사(2022), 487; 신동운, 형법각론(제2판), 법문사(2018), 1319; 오영근, 형법각론(제7판), 박영사(2022), 416; 이용식, 형법각론, 박영사(2019), 71; 이재상 외 2인, 형법각론(제12판), 박영사(2021), 453; 정성근/정준섭, 형법강의 각론(제2판), 박영사(2022), 339; 홍영기, 형법 총론과 각론, 박영사(2022), 472.

18 대법원 1972. 2. 22. 선고 71도2296 판결.

19 대법원 1975. 12. 9. 선고 74도2804 판결.

20 대법원 2004. 12. 9. 선고 2004도5904 판결.

1) 부동산

13 장물은 동산에 한정되지 않으며 부동산도 포함된다고 보는 것이 통설이다.[21] 부동산이 재물의 개념에 포섭됨은 틀림이 없고, 본범이 될 수 있는 사기, 횡령 등의 재산범죄가 부동산을 객체로 하여 성립할 수 있음이 일반적으로 인정되는 이상(다만 본범으로서 부동산절도의 인정 여부에 관하여 의견이 대립된다) 부동산이 장물죄의 범행객체가 될 수 있다고 보는 것이 타당하다. 그러나 부동산이 장물이 될 수 있다고 하여 동산과 완전히 동일시할 수 없음은 물론이며, 행위태양의 성질상 부동산에 대해서는 적용될 수 없는 것이 있다. 즉 장물의 취득, 양도, 보관, 알선은 부동산에 대해서도 가능하나, 장물의 운반은 성질상 가동성(可動性, mobility)을 전제로 하므로 부동산은 범행객체가 될 수 없다고 해석된다.[22]

14 한편 부동산의 이중매매 등 중복된 처분은 횡령죄가 아니라 배임죄를 구성하고,[23] 이 경우 매매대상인 부동산은 배임행위에 제공된 물건일 뿐이지 배임행위로 인하여 영득한 물건 자체가 아니므로 장물에 해당하지는 아니한다는 것이 판례이다.[24]

2) 동력

15 형법 제346조, 제354조, 제361조에 의하여 절도와 강도의 죄, 사기와 공갈의 죄, 횡령과 배임의 죄 등 재산범죄인 본범에 있어 '관리할 수 있는 동력'은 재물인 것으로 취급된다. 그런데 장물죄에 있어서는 관리 가능한 동력을 재물로 간주하는 형법 제346조의 준용규정이 없다. 그에 따라 관리 가능한 동력은 장물죄의 범행객체가 되지 않는다고 보는 견해[25]가 있다. 그러나 장물은 재산범죄인 본범에 의하여 영득된 재물이고 본범에 의한 영득의 대상이 되는 재물에는 관리할

21 주석 형법, 각칙(6)(제5판), 한국사법행정학회(2017), 639(권순형); 김성돈, 형법각론(제8판), 성균관대학교 출판부(2022), 515; 김신규, 형법각론강의, 박영사(2020), 517; 김일수/서보학, 새로쓴 형법각론(제9판), 박영사(2018), 407; 박찬걸, 형법각론(제2판), 박영사(2022), 592; 배종대, 형법각론(제14판), 홍문사(2023), 491; 손동권/김재윤, 새로운 형법각론(제2판), 율곡출판사(2022), 493; 신동운, 형법각론(제2판), 법문사(2018), 1318; 오영근, 형법각론(제7판), 박영사(2022), 417; 이재상 외 2인, 형법각론(제12판), 박영사(2021), 454; 정성근/정준섭, 형법강의 각론(제2판), 박영사(2022), 339; 홍영기, 형법 총론과 각론, 박영사(2022), 473.

22 주석 형법, 각칙(6)(제5판), 한국사법행정학회(2017), 640(권순형); 형법주해(XII), 각칙(9), 박영사(2023), 512(김윤섭/최근영); 김성돈, 형법각론(제8판), 성균관대학교 출판부(2022), 515; 정성근/정준섭, 형법강의 각론(제2판), 박영사(2022), 339.

23 대법원 2018. 5. 17. 선고 2017도4027 전원합의체 판결.

24 대법원 1981. 7. 28. 선고 81도618 판결, 대법원 1983. 11. 8. 선고 82도2119 판결.

25 김성돈, 형법각론(제8판), 성균관대학교 출판부(2022), 515; 박상기/전지연, 형법학[총론·각론], 집현재(2021), 747; 배종대, 형법각론(제14판), 홍문사(2023), 491; 손동권/김재윤, 새로운 형법각론(제2판), 율곡출판사(2022), 493; 정영일, 형법각론, 학림(2019), 389; 홍영기, 형법 총론과 각론, 박영사(2022), 473.

수 있는 동력이 포함되는 이상 장물죄에 관하여 별도로 형법 제346조를 준용하는 규정이 없더라도 이 또한 장물이 될 수 있는 재물에 포함된다고 보는 것이 타당하다.[26] 판례도 '장물이란 재산범죄로 인하여 얻어진 재물(관리할 수 있는 동력도 포함된다)을 말하는 것으로서 영득된 재물 자체를 말한다'고 판시한다.[27]

3) 정보 또는 데이터

16 게임아이템, 사이버머니, 가상자산 등을 포함하는 정보 또는 데이터는 유체물이 아닐뿐더러 물리적으로 관리 가능한 동력에도 해당하지 아니하므로 본범인 절도죄 등의 범행객체가 될 수 없다.[28] 그에 따라 장물성을 부정하는 것이 통설이다. 판례도 컴퓨터에 저장된 정보는 유체물이라고 볼 수 없고 물질성을 가진 동력도 아니므로 재물이 될 수 없다고 판시한다.[29] 이에 대해서는 현행 형법 제346조의 해석에 의하더라도 하드디스크 등에 저장되어 물리적으로 관리가 가능한 정보의 경우 재물성 및 장물성이 인정된다는 견해,[30] 현행 형법의 해석상 장물성을 인정할 수는 없으나 최근 들어 정보의 재산적 가치 및 중요성이 부각되고 있음을 감안하여 입법론으로 정보절도죄 또는 정보장물죄의 신설 내지 형법 제346조 개정의 필요성을 지적하는 견해[31]가 있다.

4) 권리 또는 재산상 이익

17 재물이 아닌 재산상의 이익은 장물죄의 객체가 되지 못한다.[32] 즉 '가치장물'은

26 주석 형법, 각칙(6)(제5판), 한국사법행정학회(2017), 640(권순형); 김신규, 형법각론강의, 박영사(2020), 517; 김일수/서보학, 새로쓴 형법각론(제9판), 박영사(2018), 407; 신동운, 형법각론(제2판), 법문사(2018), 1317; 오영근, 형법각론(제7판), 박영사(2022), 417; 이영란, 형법학 각론강의(제3판), 형설출판사(2013), 446; 이재상 외 2인, 형법각론(제12판), 박영사(2021), 454; 이형국/김혜경, 형법각론(제2판), 법문사(2019), 513; 임웅, 형법각론(제11정판), 법문사(2020), 571; 정성근/정준섭, 형법강의 각론(제2판), 박영사(2022), 339.

27 대법원 1972. 6. 13. 선고 72도971 판결.

28 박강우, "온라인게임 아이템 침해행위의 재산범죄 성립가능성" 법학연구 제21권 제2호(2010), 75.

29 대법원 2002. 7. 12. 선고 2002도745 판결.

30 박광섭, "정보절도죄의 성립여부", 고시연구(2005. 3.). 128.

31 이원상, "유비쿼터스 사회에서의 절도죄 고찰", 형사정책연구 제20권 제2호(2009), 222~224; 임석순, "정보장물행위의 형사처벌 필요성과 한계", 형사법연구 제27권 제2호(2015), 23~48; 하태영, "한국 형법에 있어서 '재물개념'의 논쟁사-디지털시대의 새로운 법제이론과 형법 제349조 재물간주 규정의 개정-", 비교형사법연구 제5권 제2호(2003), 317.

32 주석 형법, 각칙(6)(제5판), 한국사법행정학회(2017), 641(권순형); 형법주해(XII), 각칙(9), 박영사(2023), 511(김윤섭/최근영); 김성돈, 형법각론(제8판), 성균관대학교 출판부(2022), 515; 김신규, 형법각론강의, 박영사(2020), 517; 김일수/서보학, 새로쓴 형법각론(제9판), 박영사(2018), 407; 박상기/전지연, 형법학[총론·각론], 집현재(2021), 747; 박찬걸, 형법각론(제2판), 박영사(2022), 591; 배종대, 형법각론(제14판), 홍문사(2023), 491; 손동권/김재윤, 새로운 형법각론(제2판), 율곡출판사(2022), 493; 신동운, 형법각론(제2판), 법문사(2018), 1317; 오영근, 형법각론(제7판), 박영사(2022), 416; 이용식, 형법각론, 박영사(2019), 73; 이재상 외 2인, 형법각론(제12판), 박영사(2021), 454; 정성근/정준섭, 형법강의 각론(제2판), 박영사(2022), 339; 홍영기, 형법 총론과 각론, 박영사(2022), 473.

장물이 아니다. 예금채권이나 무체재산권 등의 권리도 재물이 아니므로 장물이 될 수 없다.[33] 반면 일정한 재산적 이익이나 권리가 화체되어 있는 증권 또는 이익의 향유나 권리의 행사에 필요한 증권 또는 서류 등은 그 자체가 유체의 동산이므로 장물이 될 수 있다.[34] 예컨대 대출증서, 주권, 사채권 외에 지급정지기간이 경과한 후 붉은 선을 그어 말소된 수표,[35] 물품검사증[36] 등은 재산권의 목적임이 인정되는 한 물건 자체의 금전적 가치가 얼마인지는 불문하고 장물성이 인정된다. 이와 관련하여 장물은 반드시 경제적 가치가 있을 것을 요하지 아니한다는 견해[37]도 있으나 애당초 주관적·객관적으로 전혀 무가치한 물건을 범행객체로 하여서 본범인 재산범죄가 성립할 수 있는지에 대해서도 의문이 있으므로 피해자와의 관계에서 최소한의 주관적 가치 또는 효용성은 인정되어야 할 것으로 본다.[38]

18 판례도 '장물은 이른바 재물을 말하는 것이고, 그 재물은 원심이 판시한 바와 같이 물리적 관리가능성이 있는 물건을 말하는 것이고, 설령 재산범죄에 의하여 취득된 것이라고 하더라도 재산상의 이익은 장물죄의 객체가 될 수 없다'고 전제한 후 '채권적 권리에 불과한 전화가입권은 재물이 아니므로 장물죄로 처단할 수 없다'라고 판시하였다.[39] 또한 '컴퓨터사용사기죄의 범행으로 예금 채권을 취득한 다음 자신의 현금카드를 사용하여 현금자동지급기에서 현금을 인출하거나, 인터넷뱅킹으로 타인의 예금계좌에서 자신의 예금계좌로 돈을 이체한 후 그중 일부를 인출하여 그 정을 아는 자에게 교부한 경우에도, 컴퓨터등사용사기죄에 의하여 취득한 예금 채권은 재물이 아니라 재산상 이익이므로 장물취득죄가 성립하지 않는다'고 판시하였다.[40] 이에 반하여 피해자가 본범의 기망행위에 속아 현금을 피고인 명의의 은행 예금계좌로 송금하였다면 이는 재물을 교부받은 경우에 해당한다는 것이 판례이다.[41] 이와같은 판례의 예외적인 판시 내용에 대해

33 대법원 2010. 1. 14. 선고 2009도10762 판결.
34 대법원 1998. 11. 24. 선고 98도2967 판결.
35 日最決 1954. 6. 1. (刑集 8권 6호 787).
36 日大決 1944. 12. 19. (刑集 23권 291).
37 형법주해(XII), 각칙(9), 박영사(2023), 512(김윤섭/최근영).
38 大塚仁 외, 大コンメンタール刑法(第13巻)(第3版), 青林書院(2018), 720.
39 대법원 1971. 2. 23. 선고 70도2589 판결.
40 대법원 2004. 4. 16. 선고 2004도353 판결.
41 대법원 2010. 12. 9. 선고 2010도6256 판결.

서는 애당초 현금을 교부하는 방법이 예금계좌를 이용하여 송금하는 형식으로 이루어진 것으로 보았기 때문이라고 해석하는 견해가 있다.[42]

5) 금제품

19 금제품(禁制品)이라 함은 법률에 의해 소유 또는 소지가 금지되어 있는 물건, 즉 거래가 금지되어 있는 물건을 말한다.[43] 금제품에는 아편흡식기, 위조통화, 위조문서, 위조유가증권, 위조우편 및 인지 등과 같이 소유·소지가 전면적으로 금지된 물건이 있는가하면 마약류, 총기류와 같이 관할관청으로부터 면허를 취득하면 소유·소지가 허용되는 물건도 있다. 금제품의 경우 사인에 대한 관계에서는 소유와 거래가 금지되지만 국가가 그 소유권을 갖게 되므로 소유권 자체가 부정되는 경우가 아니어서 절도죄는 물론 장물죄의 범행객체가 될 수 있다.[44] 추구권설의 입장을 취할 경우 소지·소유가 금지되는 물건에 대해서는 반환청구권이 인정될 수 없음을 근거로 불법원인급여물의 경우와 마찬가지로 장물성을 부정할 수밖에 없다는 견해가 가능하다. 그러나 민법상 불법원인급여는 재산권 행사가 공서양속이라는 사회적 한계를 넘어 위법하게 되는 경우에는 국가가 그 권리행사에 조력하지 아니한다는 취지인 반면, 금제품은 이러한 재산권 보장이나 행사의 한계와는 관련이 없고, 이와는 구별되는 국가적·사회적 법익의 보호를 위해 인정되는 것이다. 따라서 금제품에 대한 장물성의 인정 여부를 반드시 불법원인급여물의 장물성과 연결 지어 일관된 결론을 내릴 필요는 없다고 본다. 일본에서는 추구권설을 취하면서도 원소유자가 금제품에 대해 반환청구권은 있으나 그 소지·소유를 국가에 대항할 수 없는 경우라고 해석하면서 장물성을 인정하는 견해[45]가 다수설이다. 판례도 '유가증권도 그것이 정상적으로 발행된 것은 물론, 비록 작성권한 없는 자에 의하여 위조된 유가증권이라고 하더라도 절차에 따라 몰수되기까지는 그 소지자의 점유를 보호하여야 한다는 점에서 형법상 재물로서 절도죄의 객체가 된다'고 판시하여[46] 금제품에 해당하는 위조된 유가증권(리프트탑승권)의 장물성을 인정한 바 있다.

42 형법주해(XII), 각칙(9), 박영사(2023), 512(김윤섭/최근영).
43 곽윤직 외, 민법주해(Ⅱ)[총칙(2)], 박영사(2002), 8.
44 신동운, 형법각론(제2판), 법문사(2018), 1323; 정성근/정준섭, 형법강의 각론(제2판), 박영사(2022), 342.
45 大塚仁 외, 大コンメンタール刑法(第13巻)(第3版), 青林書院(2018), 732.
46 대법원 1998. 11. 24. 선고 98도2967 판결.

다. 재산범죄로 인하여 영득된 재물

1) 재산범죄

20 장물은 재산범죄로 인하여 영득된 재물임을 요한다. 여기에서 장물의 출처가 되는 재산범죄, 즉 본범의 범위는 장물의 개념과 밀접한 관련이 있다. 장물이 재물만을 대상으로 한 재물죄이므로 본범 역시 재물죄 또는 재물영득죄인 재산범죄로 한정된다. 그리하여 형법상 장물죄의 본범이 될 수 있는 재산범죄로는 절도, 강도, 사기, 공갈, 횡령, 점유이탈물횡령 등이 있다. 장물죄도 재산범죄의 일종이므로 장물죄의 본범이 될 수 있고, 이처럼 장물죄에 의하여 취득한 장물을 '연쇄장물'이라 한다.

21 재산범죄의 일종이나 재물의 취득을 수반하지 아니하므로 손괴죄는 본범이 될 수 없다. 마찬가지로 재산범죄의 일종이나 배임죄도 본범이 될 수 없다.[47] 다만 배임수증죄의 경우에는 수증의 대상이 재물이면 장물죄의 본범이 될 수 있다. 본범인 재산범죄에는 각종 특별법령상의 재산범죄도 당연히 포함된다. 예컨대 산림자원의 조성 및 관리에 관한 법률 제73조 및 이에 대한 특별규정인 특정범죄 가중처벌 등에 관한 법률 제9조의 산림산물절도죄나, 특정범죄가중처벌 등에 관한 법률 제5조의4 제2항·제5항·제6항의 5인 이상 공동 상습절도죄, 문화유산의 보존 및 활용에 관한 법률 제92조 제1항·제2항 등에 의한 문화유산절도죄로 취득한 재물도 모두 장물이 될 수 있다. 한편 채무자 회생 및 파산에 관한 법률상 사기회생죄(채무자 회생 및 파산에 관한 법률 제643조, 제644조), 사기파산죄(제650조) 등과 같은 이른바 '도산범죄'를 통해 영득한 재물에 대해서도 도산절차에 특유한 추구권인 부인권(제100조)의 행사를 통해 반환이나 회복을 청구할 수 있다. 이에 근거하여 도산범죄에 의해 영득한 재물도 장물이 될 수 있다는 견해가 있다.[48]

22 재산범죄가 아닌 본범에 의하여 취득한 재물은 장물이 되지 않는다.[49] 예컨대 수수된 뇌물, 도박에 의하여 취득한 재물(다만 사기도박에 의하여 취득한 재물은 사기행위의 결과로 영득한 재물이므로 장물죄의 범행객체가 됨은 물론이다), 형법 제161조에

47 대법원 1983. 11. 8. 선고 82도2119 판결.

48 이영란, 형법학 각론강의(제3판), 형설출판사(2013), 447.

49 주석 형법, 각칙(6)(제5판), 한국사법행정학회(2017), 643(권순형); 김성돈, 형법각론(제8판), 성균관대학교 출판부(2022), 517; 김신규, 형법각론강의, 박영사(2020), 516; 김일수/서보학, 새로쓴 형법각론(제9판), 박영사(2018), 408; 박상기/전지연, 형법학[총론·각론], 집현재(2021), 719; 박찬걸, 형법각론(제2판), 박영사(2022), 593; 손동권/김재윤, 새로운 형법각론(제2판), 율곡출판사(2022), 492; 신동운, 형법각론(제2판), 법문사(2018), 1318~1319; 오영근, 형법각론(제7판), 박영사(2022), 417; 이재상 외 2인, 형법각론(제12판), 박영사(2021), 454; 홍영기, 형법 총론과 각론, 박영사(2022), 472.

의하여 영득한 사체, 유골, 유발 또는 관내에 장치한 물건은 물론, 마약범죄에서의 마약, 성매매범죄에서의 화대, 탈세행위로 취득한 현금, 통화위조행위로 취득한 위조통화 등과 같이 각종의 단속법규에 위반하여 취득한 재물도 장물이라고 볼 수 없다. 판례도 '장물이라 함은 재산죄인 범죄행위에 의하여 영득된 물건을 말하는 것으로서 절도, 강도, 사기, 공갈, 횡령 등 영득죄에 의하여 취득된 물건이어야 하므로 구 산림법(1980. 1. 4. 법률 제3232호로 전부개정되기 전의 것)[50] 제93조 소정의 산림절도죄의 객체인 임산물은 장물이 될 것이나, 임산물단속에 관한 법률[51] 위반죄에 의하여 생긴 부정임산물(산림청장의 허가 등을 받지 아니한 채 벌목·채취한 임산물을 말한다)에 불과한 경우 그것이 재산범죄적 행위에 의한 것이 아니기 때문에 장물이 될 수 없다'라고 판시하였다.[52] 또한 수산업법 위반행위로 인하여 얻은 어획물, 조수보호 및 수렵에 관한 법률[53] 위반행위로 인하여 얻은 조수(鳥獸)는 장물이라고 볼 수 없다. 관세법위반으로 통관한 재물, 문화유산의 보존 및 활용에 관한 법률을 위반하여 허가 없이 발굴한 문화재 등도 장물이 될 수 없지만, 각각의 법률에서 장물죄와 유사한 처벌규정을 두고 있다(관세법 제274조, 문화유산의 보존 및 활용에 관한 법률 제92조 제3항 제2호·제3호, 매장문화재 보호 및 조사에 관한 법률 제31조 등). 이와 관련하여 재산범죄가 아닌 본범에 의하여 취득된 재물은 장물이 되지 아니한다고 하면서도 광업법위반으로 채굴한 광물, 장제·신앙의 대상이 아닌 실습용의 사체나 유발은 예외적으로 장물이 된다는 견해,[54] 위법상태유지설의 입장에서 본범은 재산범죄로 한정되지 않는다는 이유로 장물성을 전면적으로 인정하는 견해[55] 등이 있다.

50 2005. 8. 4. 법률 제7678호로 산림자원의 조성 및 관리에 관한 법률이 제정되면서 산림법은 폐지되었다(산림자원의 조성 및 관리에 관한 법률 부칙 제2조). 산림자원의 조성 및 관리에 관한 법률 제73조는 구 산림법 제93조와 동일한 내용의 산림절도죄에 관한 규정을 두고 있다.

51 1980. 1. 4. 법률 제3232호로 폐지되어 산림법에 통합되었다. 산림법은 다시 2005. 8. 4. 법률 제7678호로 산림자원의 조성 및 관리에 관한 법률로 대체되었다.

52 대법원 1975. 9. 23. 선고 74도1804 판결.

53 2004. 2. 9. 법률 제7167호로 야생동·식물보호법이 제정되면서 조수보호 및 수렵에 관한 법률은 폐지되었다.

54 정성근/정준섭, 형법강의 각론(제2판), 박영사(2022), 340.

55 배종대, 형법각론(제14판), 홍문사(2023), 493; 심재우, "장물죄의 범죄성", 고시계(1979. 12.), 48.

2) 영득한 재물

23 본범인 재산범죄에 의하여 영득한 재물일 것을 요한다. 위조통화나 위조문서는 재산범죄에 의하여 영득된 재물이 아니므로 장물이 아니다. 위조통화 또는 위조문서의 행사죄를 범하여 상대방에게서 취득한 물건은 위조통화 또는 위조문서의 행사가 사기행위를 구성함으로써 각각의 행사죄 외에 사기죄가 별도로 성립되는 경우에 사기죄로 취득한 재물로서 장물성이 인정된다. 물론 이와 같은 경우에 사기죄가 행사죄에 흡수된다는 견해를 취하게 되면 장물성을 인정하기 어려울 것이지만, 판례는 행사죄와 별도로 사기죄의 성립을 인정하는 입장이다.[56] 판례는 '피고인이 예금통장을 강취하고 예금자 명의의 예금청구서를 위조한 다음 이를 은행원에게 제출·행사하여 예금인출금 명목의 금원을 교부받았다면 강도, 사문서위조, 동행사, 사기의 각 범죄가 성립하고 이들은 실체적 경합관계에 있다'고 판시하고,[57] '리프트 탑승권 발매기를 전산 조작하여 위조한 탑승권을 발매기에서 뜯어간 행위는 탑승권 위조행위와 위조탑승권 절취행위가 결합된 것이므로 위조탑승권도 장물에 해당한다'고 판시한다.[58] 배임죄에 있어서는 외형상 재물을 영득하였더라도 재물은 배임죄에 제공된 것에 불과하고 영득한 것은 재산상의 이익이 되므로, 이중매매 된 부동산은 장물이 될 수 없다.[59] 판례는, 고물상 종업원인 피고인이 B의 부탁을 받아 파지 등과 함께 B가 가져온 쇼핑카트를 고물상에 일시 보관한 사안에 대해, 별다른 고장이 없는 정상 제품인 A마트 로고가 박힌 쇼핑카트는 일반에 판매되는 물건이 아니고 A마트 측에서 버린 물건일 가능성이 낮기는 하지만, 피고인이 취업하기 전부터 동종의 쇼핑카트 1대가 고물상에 보관되어 있었고 A마트 고객들이 주변 아파트 단지까지 쇼핑카트를 끌고 와 방치해 두면 A마트 측에서 이를 정기적으로 회수하는 상황이었으며 그중 2대를 파지 운반에 사용하였다는 것이므로, 고물상에 보관중이던 쇼핑카트를 재산범죄에 의하여 영득된 장물이라고 볼 수 없고 장물보관죄가 성립하지 아니한다고 판시하였다.[60]

56 대법원 1979. 7. 10. 선고 79도840 판결.
57 대법원 1991. 9. 10. 선고 91도1722 판결.
58 대법원 1998. 11. 24. 선고 98도2967 판결.
59 대법원 1975. 12. 9. 선고 74도2804 판결, 대법원 1983. 11. 8. 선고 82도2119 판결.
60 대법원 2010. 9. 9. 선고 2009도13820 판결.

3) 자기의 물건

24 형법상 권리행사방해죄(제323조), 점유강취·준점유강취죄(제325조) 등과 같이 자기의 물건이 범행객체가 되는 재산범죄가 장물죄의 본범이 될 수 있는지에 대하여는, 재물을 대상으로 한 재산범죄이므로 이를 긍정하는 견해[61]와 자기의 물건에 대해서는 영득행위가 있을 수 없다는 이유로 이를 부정하는 견해[62]가 대립한다. 판례[63]의 태도는 명확하지 않다. 예컨대 'A가 자기의 물건을 채무담보를 위해 채권자 B에게 인도한 후에 몰래 이를 취거함으로써 채권자 B에 대해 권리행사방해죄를 범한 후에 취거한 물건을 C에게 양도한 경우 [사례 1]'가 이에 해당할 것이다. 그런데 [사례 1]을 'A가 자신의 물건을 채무담보를 위해 채권자 B에게 인도해 주었는데 제3자인 C가 이를 절취하자 그 정을 알면서 A가 C로부터 그 물건을 매수한 경우 [사례 2]' 또는 'A가 자신의 물건을 C에 의하여 절취당한 후 C로부터 이를 매수한 경우 [사례 3]'와 비교해 보면, 일단 [사례 3]의 경우 A에게 장물취득죄의 성립을 인정할 수는 없음은 분명하다. A는 당초 자기가 점유 및 소유하던 물건을 원래대로 회복한 것에 불과하기 때문이다. 회복하는 과정에서 위법하다고 볼 만한 행위도 없었다. 반면 [사례 2]에서는 A가 장물인 정을 알면서 C로부터 대가를 주고 취득한 이상 장물취득죄의 성립을 인정할 수밖에 없을 것이다. A로서는 자신의 물건을 회복한 것일지라도 채권자 B에 대한 관계에서는 위법한 재산 상태를 유지하는 데에 기여한 것이 되기 때문이다. 타인의 재물에 대한 타인의 의사에 반한 취거행위로서 절도를 본범으로 인정하면서 자신의 재물에 대한 타인의 의사에 반한 취거행위인 권리행사방해죄 등을 본범으로 보지 아니할 이유는 없다. 긍정설이 타당하다.[64]

61 김성돈, 형법각론(제8판), 성균관대학교 출판부(2022), 517; 김일수/서보학, 새로쓴 형법각론(제9판), 박영사(2018), 408; 배종대, 형법각론(제14판), 홍문사(2023), 491; 손동권/김재윤, 새로운 형법각론(제2판), 율곡출판사(2022), 491; 정영일, 형법각론, 학림(2019), 388.

62 박찬걸, 형법각론(제2판), 박영사(2022), 592; 오영근, 형법각론(제7판), 박영사(2022), 417; 이영란, 형법학 각론강의(제3판), 형설출판사(2013), 447; 이형국/김혜경, 형법각론(제2판), 법문사(2019), 513.

63 이에 관해 명시적 판시를 한 대법원 판결은 확인되지 않고, 견해가 상이한 하급심 판결들이 있다. 서울중앙지방법원 2011. 4. 1. 선고 2010노4756 판결(상고이유서 미제출로 확정)은 본범이 될 수 있다는 견해를, 대전고등법원 2009. 8. 19. 선고 2008나9769 판결(심리불속행 상고기각판결)은 본범이 될 수 없다는 견해를 판시하였다.

64 주석 형법, 각칙(6)(제5판), 한국사법행정학회(2017), 642(권순형); 형법주해(XIII), 각칙(9), 박영사(2023), 515(김윤섭/최근영); 大塚仁 외, 大コンメンタール刑法(第13巻)(第3版), 青林書院(2018), 721.

라. 본범의 실현 정도

1) 본범의 성립 정도

가) 본범의 위법성 등

25 장물 개념에서는 본범에 대한 종속성의 정도가 문제된다. 재산범죄로서의 구성요건을 갖추지 못한 행위에 의해 취득한 재물은 장물이 될 수 없음은 물론이다. 본범의 행위가 구성요건에 해당하는 행위만으로 족하다고 보게 되면, 예컨대 본범이 절취하거나 횡령한 물건에 대해 피해자의 승낙(형법 제24조)이 있음에 따라 추구권 및 위법한 재산상태가 소멸하였음에도 장물죄의 성립을 인정하는 불합리한 결론이 된다.[65] 또한 본범의 행위가 유책인지 여부는 그 물건이 재산범죄에 의하여 불법하게 영득한 것이라는 점에 어떠한 차이를 가져오지 아니하고, 본범을 조장·유발한다는 장물범의 본질은 책임요소와는 관련이 없으므로, 장물성을 인정하는 데에 있어 필수 요소라고 보기 어렵다.[66] 그리하여 본범이 되는 재산범죄는 구성요건에 해당하는 위법성 있는 행위이면 족하고 유책(有責)일 것까지 요하지는 않는다(통설).[67] 따라서 본범이 만 14세 미만의 자이어서 책임능력을 결여한 경우(제10조)에도 그 사람이 절취한 재물은 장물이 될 수 있다. 그 외에 정당한 이유가 있는 법률의 착오(제16조)에 의해 영득한 재물, 강요된 행위(제12조)에 의해 영득한 재물도 모두 장물이 될 수 있다. 업무상과실·중과실 장물죄와 같이 장물범이 본범이 되는 경우로서 재산범죄가 과실범인 경우에는 본범에서 과실이 있어야 함은 물론이다.

나) 본범의 처벌조건 등

26 처벌조건이라 함은 이미 성립한 범죄에 대해 형벌권의 발생을 좌우하는 외부적·객관적 사유를 의미한다. 객관적 처벌조건의 성취 여부가 문제되는 상황에서는 그 이전에 형벌 부과 여부의 대상이 되는 범죄행위는 종료된 상태임을 암묵적으

65 주석 형법, 각칙(6)(제5판), 한국사법행정학회(2017), 645(권순형).

66 大塚仁 외, 大コンメンタール刑法(第13券)(第3版), 青林書院(2018), 722.

67 주석 형법, 각칙(6)(제5판), 한국사법행정학회(2017), 645(권순형); 형법주해(XII), 각칙(9), 박영사(2023), 517(김윤섭/최근영); 김성돈, 형법각론(제8판), 성균관대학교 출판부(2022), 518; 김신규, 형법각론강의, 박영사(2020), 521; 김일수/서보학, 새로쓴 형법각론(제9판), 박영사(2018), 409; 박상기/전지연, 형법학[총론·각론], 집현재(2021), 719; 박찬걸, 형법각론(제2판), 박영사(2022), 594; 배종대, 형법각론(제14판), 홍문사(2023), 493; 손동권/김재윤, 새로운 형법각론(제2판), 율곡출판사(2022), 492; 신동운, 형법각론(제2판), 법문사(2018), 1320; 오영근, 형법각론(제7판), 박영사(2022), 418; 이재상 외 2인, 형법각론(제12판), 박영사(2021), 456; 정성근/정준섭, 형법강의 각론(제2판), 박영사(2022), 340; 홍영기, 형법 총론과 각론, 박영사(2022), 472.

로 전제한다.[68] 따라서 장물범의 경우 본범의 행위가 유책할 것을 요하지 않으므로 자연스럽게 본범은 범죄행위의 종료상태를 전제로 하는 객관적 처벌조건을 구비할 필요가 없다는 결론이 된다.[69] 예컨대 친족상도례에 의하여 친고죄임에도 고소권자로부터 고소가 없는 경우(형법 제328조 제2항), 본범의 행위에 대한 공소시효가 이미 완성된 경우(형사소송법 제249조),[70] 본범이 우리나라 재판권의 적용을 받지 않는 외교관이거나 외국인의 국외범인 경우(형법 제6조) 등에 있어서도 구성요건에 해당하고 위법한 재산범죄행위가 되는 이상 장물성은 인정된다.

27 장물은 재산범죄로 인하여 취득한 물건 그 자체를 말하므로, 재산범죄를 저지른 이후에 별도의 재산범죄의 구성요건에 해당하는 사후행위가 있었다면, 비록 그 뒤따른 행위가 불가벌적 사후행위로서 처벌대상이 되지 아니한다고 할지라도 그 사후행위로 인하여 취득한 물건은 재산범죄로 인하여 취득한 물건으로서 장물이 될 수 있다는 것이 판례이다.[71]

28 본범이 정식으로 기소되거나 유죄의 확정판결을 받음으로써 처벌되었을 것을 요하지도 않는다. 판례 중에는, 피고인이 사기죄를 범한 본범으로부터 자동차를 장물로 매수하였다는 범죄사실로 기소되어 항소심까지 장물취득죄의 유죄로 인정된 후 별도로 기소된 본범의 공소사실이 배임죄 또는 횡령죄이더라도, 당해 사건에서 사기죄로 영득한 장물임을 인정할 수 있는 한 장물취득죄의 유죄를 인정함에 방해가 되지 아니함을 이유로 피고인의 상고를 기각한 것이 있다.[72] 한편 판례는 '문화재가 허가 없이 발굴된 것이라고 하더라도 허가 없이 발굴된 문화재는 영구하게 구 문화재보호법 제82조 제3항·제4항[73] 위반죄의 대상이 되는, 이른바

68 대법원 2013. 2. 15. 선고 2012도14221 판결.

69 주석 형법, 각칙(6)(제5판), 한국사법행정학회(2017), 645(권순형); 김성돈, 형법각론(제8판), 성균관대학교 출판부(2022), 518; 김신규, 형법각론강의, 박영사(2020), 521; 김일수/서보학, 새로쓴 형법각론(제9판), 박영사(2018), 409; 박찬걸, 형법각론(제2판), 박영사(2022), 594; 배종대, 형법각론(제14판), 홍문사(2023), 493; 손동권/김재윤, 새로운 형법각론(제2판), 율곡출판사(2022), 492; 신동운, 형법각론(제2판), 법문사(2018), 1320; 오영근, 형법각론(제7판), 박영사(2022), 418; 이재상 외 2인, 형법각론(제12판), 박영사(2021), 456; 정성근/정준섭, 형법강의 각론(제2판), 박영사(2022), 340; 홍영기, 형법 총론과 각론, 박영사(2022), 472.

70 대법원 1986. 6. 10. 선고 86도728 판결은 관세법상 밀수품에 대해서는 본범에 대한 공소시효가 만료한 때에는 그 장물성이 상실된다고 한다.

71 대법원 2004. 4. 16. 선고 2004도353 판결.

72 대법원 1992. 3. 31. 선고 92도212 판결.

73 구 문화재보호법(2002. 12. 30. 법률 제6840호로 개정되기 전의 것) 제82조 ③ 제1항 및 제2항의 규정에 위반하여 발굴되었거나 현상변경 된 문화재를 그 정을 알고 유상이나 무상으로 양도·취득·운반 또는 보관한 자는 7년 이하의 징역 또는 500만 원 이하의 벌금에 처한다. ④ 제3항의 행위를 알선한 자도 제3항의 형과 같다.

장물성을 보유한다고는 할 수 없으며, 허가 없이 발굴한 본범에 대하여 공소시효가 완성되어 국가형벌권을 발동할 수가 없게 되어서 그 위반물품에 대하여 몰수 또는 추징도 할 수 없는 단계에 이르렀을 때에는 그 위반물품에 대한 이른바 구 문화재보호법상의 장물성도 잃게 되는 것이라고 봄이 상당하므로 문화재의 양도예비나 양도알선예비 당시 문화재를 허가 없이 발굴한 본범에 대한 공소시효가 완성되었다면 이를 양도하거나 양도알선 할 목적으로 예비하였다고 하더라도 이를 위 법조위반으로 처벌할 수 없다'라고 판시하여[74] 재산범죄가 아닌 문화재보호법상 도굴행위의 경우는 이와 달리 보았다. 이러한 판례의 태도를 감안한 듯 2002. 12. 30. 법률 제6840호로 구 문화재보호법 제82조가 개정되면서 같은 조 제4항에 "제3항에 규정된 보유 또는 보관행위 이전에 타인에 의하여 행하여진 동항의 규정에 의한 도굴·현상변경·양도·양수·취득·운반·보유 또는 보관행위가 처벌되지 아니한 경우에도 당해 보유 또는 보관행위자는 동항에 정한 형으로 처벌한다."라는 내용이 신설되었다. 그러나 이에 대해 헌법재판소는 2007. 7. 26. 선고 2003헌마377 결정에서 '구 문화재보호법 제82조 제4항의 경우 사법상 보유권한의 유무를 불문하고 도굴 등이 된 문화재인 정을 안 경우, 특히 선의취득 등 사법상 보유권한의 취득 후에 도굴 등이 된 정을 알게 된 경우까지 처벌의 대상으로 삼고 있는바, 이는 도굴 등을 통한 불법적인 문화재 유통의 차단을 통한 문화재의 보존 및 전통문화의 계승·발전이라는 입법목적 달성의 범위를 넘어선 것이다. 선의취득자가 도굴 등이 된 문화재인 정을 알게 된 경우 신고 내지 등록을 하도록 함으로써 국가는 문화재의 소재 파악 등 필요한 관리를 할 수 있으며, 이러한 관리의 효율성은 신고의무나 등록의무 위반에 대한 제재를 통하여도 달성 가능하다는 점을 고려할 때 위 법률조항의 침해의 최소성을 인정하기 어렵다'는 등의 이유를 들어 구 문화재보호법(2007. 4. 11 법률 제8346호로 개정된 것) 제82조 제4항이 헌법에 위반된다고 판시하였다. 그에 따라 2010. 2. 4. 법률 제10001호로 제정된 매장문화재 보호 및 조사에 관한 법률은 제31조 제4항에 "제3항의 보유 또는 보관 행위 이전에 타인이 행한 도굴, 현상변경, 양도, 양수, 취득, 운반, 보유 또는 보관 행위를 처벌할 수 없는 경우에도 해당 보유 또는 보관 행위자가 그 정을 알고 해당 문화재에 대한 보유·보관행위를 개시한 때에는 같은 항에서 정한

74 대법원 1987. 10. 13. 선고 87도538 판결.

형으로 처벌한다."라고 규정함으로써 위헌선언 된 구 문화재보호법 제32조 제4항과 비교할 때 지정조건을 추가함으로써 처벌 범위를 축소하였다.

다) 본범이 형법의 적용을 받지 않는 경우

29 본범이 형법의 적용범위 밖에 있는 경우 예컨대, 면책특권을 가짐으로써 국내에서 재판권이 미치지 않는 외교관인 경우에도 우리 형법상 구성요건에 해당하고 위법한 행위가 되는 이상 본범이 될 수 있으며 장물성은 인정된다(통설).[75] 이러한 경우는 형법 자체의 적용은 있으나 재판권을 갖지 않는 데에 불과한 것으로 볼 수 있기 때문이다. 그렇다면 외국인의 국외범으로서 형법이 적용되지 아니하는 경우(형법 제5조) 예컨대, 외국인이 외국에서 절취한 외국인의 재물에 대하여도 내국인의 장물죄가 성립할 수 있는가? 이에 대하여 일본에서는, 자국 형법의 적용이 없는 본범의 행위는 구성요건에 해당하면서 위법한 행위라고 할 수 없고, 단속과 처벌의 필요성이 형법 해석을 직접 좌우할 수 없으며, 본범의 행위에 형법의 적용이 없는데도 그 행위에 의하여 취득한 재물을 형법상 장물로 인정하는 것은 추구권설이나 위법상태유지설의 어느 이론을 취하더라도 인정되기 어렵다는 이유로 장물성을 부정하는 견해[76]가 있다. 그러나 특정한 행위에 대한 법의 적용과 법적인 평가의 문제는 서로 별개라고 보아야 하고, 형법의 적용이 불가능한 행위에 대하여도 형법에 의한 구성요건적 평가는 가능하고 위법 여부의 판단도 가능하다.[77] 또한 장물죄는 '재산범죄에 의하여 취득한 물건'이 아니라 '재산범죄에 해당하는 행위에 의하여 취득한 물건'이고 피해자가 법률상 추구할 수 있는 물건이기만 하면 장물성을 갖는 것으로 보아야 한다. 이에 덧붙여

75 주석 형법, 각칙(6)(제5판), 한국사법행정학회(2017), 647(권순형); 형법주해(XII), 각칙(9), 박영사(2023), 517(김윤섭/최근영); 김성돈, 형법각론(제8판), 성균관대학교 출판부(2022), 518; 김일수/서보학, 새로쓴 형법각론(제9판), 박영사(2018), 409; 배종대, 형법각론(제14판), 홍문사(2023), 494; 손동권/김재윤, 새로운 형법각론(제2판), 율곡출판사(2022), 492; 신동운, 형법각론(제2판), 법문사(2018), 1320; 이재상 외 2인, 형법각론(제12판), 박영사(2021), 457; 홍영기, 형법 총론과 각론, 박영사(2022), 472.

76 大塚仁 외, 大コンメンタール刑法(第13巻)(第3版), 青林書院(2018), 723.

77 대법원 2018. 10. 25. 선고 2016도11429 판결[범죄수익은닉의 규제 및 처벌 등에 관한 법률 제2조 제1호에서 규정한 '특정범죄'의 성립 범위와 관련하여 같은 호 (마)목의 "외국인이 대한민국 영역 밖에서 한 행위가 대한민국 영역 안에서 행하여졌다면 중대범죄 또는 제2호 (나)목에 규정된 죄(특정범죄)에 해당하고 행위지의 법령에 따라 죄에 해당하는 경우 그 죄"부분의 해석이 문제된 사안으로서, 문언의 해석, 법률의 입법취지, 규제의 필요성, 관련 법령과의 체계적, 논리적 해석 및 관련 제도와의 조화 등을 고려할 때, 외국인이 대한민국 영역 밖에서 한 행위가 그대로 대한민국 법률에 따라 특정범죄에 해당하는 경우에만 특정범죄로 보는 것이 아니라 '그 행위를 대한민국에서의 행위로 가정적으로 구성하여 평가'하면 대한민국 법률에 따라 특정범죄에 해당하는 경우에도 특정범죄로 보도록 한 것이라고 해석할 수 있고 이러한 해석이 죄형법정주의에 반하는 것이라고 볼 수 없다고 판시하였다].

범죄의 국제화, 장물의 국제적 이동 가능성 등을 고려한 형사 정책적 관점에서도 이 경우를 국내 형법상 장물범으로 처벌할 필요성도 인정된다. 이러한 점을 종합적으로 고려하면 장물성이 인정되는 것으로 해석함이 타당하다.[78]

30 판례도, 국적 불명인 자가 국외에서 저지른 재산범죄에 의하여 취득한 재물을 내국인이 그러한 사정을 알고 취득한 행위가 장물취득죄에 해당하는지 여부에 관하여, 본범이 외국인인지 아니면 내국인인지 여하, 외국인이라면 그 행위의 평가를 행위지법인 외국법에 의할지 아니면 우리 형법에 의할지 여하에 대한 명시적인 판단 없이, 그 본범의 행위가 횡령죄 또는 강도죄에 해당한다면 장물취득죄가 성립한다고 판단하였다.[79] 즉, 본범이 외국인의 국외범에 해당하여 우리 형법이 적용되지 아니하는 경우가 배제되지 않는 상황에서도 본범의 성립 여부를 어느 나라 법률에 의하여 판단하여야 할 것인지에 관한 판단 없이 본범의 행위가 재산범죄에 해당한다고 판단하여 장물취득죄의 성립을 인정한 것이다. 결국 이는 그러한 경우에도 본범의 성립 여부는 우리 형법에 의해 판단하면 충분하다는 점을 전제로 한 것이다. 또한 같은 맥락에서, 미국 캘리포니아 주에서 미국 리스회사와 캘리포니아 주법에 따라 차량 이용에 관한 리스계약을 체결한 외국인인 리스이용자가 차량을 임의로 처분하고 피고인이 그 정을 알면서 차량을 국내로 수입한 사안에 대해 '본범의 행위에 관한 법적 평가는 그 행위에 대하여 우리 형법이 적용되지 아니하는 경우에도 우리 형법을 기준으로 하여야 하고 또한 이로써 충분하므로, 본범의 행위가 우리 형법에 비추어 절도죄 등의 구성요건에 해당하는 위법한 행위라고 인정'되는 이상 이에 의하여 영득된 재물은 장물에 해당하고, 장물취득죄가 성립하는 것으로 판시하였다.[80]

31 만약 외국 형법에 의하면 재산범죄에 해당하나 우리 형법이나 특별법령에는 그에 대응하는 재산범죄의 유형, 즉 그 행위에 상응하는 추상적 범죄구성요건이 아예 존재하지 아니할 경우는 어떠한가? 우리 형법상 본범의 행위가 애당초 어떠한 재산범죄 유형에도 속하지 아니하는 것으로 평가된다면, 이를 통해 취득된

78 형법주해(XII), 각칙(9), 박영사(2023), 517~518(김윤섭/최근영); 이충상, "장물죄의 두 문제", 형사재판의 제문제: 송계 신성택 대법관 퇴임기념 논문집 제3권(2001), 162~163.

79 대법원 2000. 3. 24. 선고 99도5275 판결.

80 대법원 2011. 4. 28. 선고 2010도15350 판결[판결에 대한 상세한 해설은 이미선, "장물죄에서 본범이 되는 범죄행위에 대하여 우리 형법이 적용되지 않는 경우 그 법적 평가 기준 및 장물에 해당하기 위한 요건과 횡령죄와 관련된 법률관계에 외국적 요소가 있는 경우 소유권 귀속관계 등의 판단 기준", 대법원판례해설 제88호(2011), 646~660을 참조].

재물을 가정적으로라도 '재산범죄'를 통해 위법하게 영득한 경우로 볼 수는 없고, 그에 따라 장물로 인정하여 형법상 장물죄로 처벌할 수는 없다고 보아야 할 것이다.[81]

2) 본범의 시간적 실현정도

가) 본범의 기수 여부

32 장물범이 성립하기 위해서는 본범에 의한 장물의 존재가 선행되어야 한다(장물의 선재성). 본범이 어느 정도의 실행 단계에 이르러야 장물의 존재를 인정할 수 있을 것인가? 기수범설은 장물죄가 성립하려면 본범의 행위가 기수가 되어야 하고, 강도살인죄 등과 같은 결합범인 경우 전체 범죄가 기수에 이르기 전에 재산범죄 부분이 먼저 기수에 이르게 됨으로써 재물영득이 앞서는 경우에는 장물죄가 성립할 수 있다고 보는 견해이다.[82] 이 견해는 본범의 행위가 미수 단계에 그친 경우에는 장물죄 소정의 행위가 행하여졌다고 하여도 이로써 본범의 공범을 구성하는 경우가 있을지언정 장물죄가 성립하지는 않는 것으로 본다. 이에 대하여 본범에 의한 재물의 영득이 시간적으로 종결되었는지 여부를 기준으로 하여야 한다고 하면서, 본범의 기수·미수 여부는 기준이 될 수 없다는 재물영득설[83]이 있다. 이 견해는 강도살인죄의 경우 재물영득이 있었음에도 폭행·협박 등의 실행행위와 재물영득 사이의 인과관계가 부정되어 전체적으로 미수에 그칠 뿐인 경우 만약 기수범설을 취하면 장물성을 부정하는 결과가 되어 부당하다는 점을 주된 근거로 든다. 그러나 본범이 미수에 그친 상황임에도 장물죄만 기수를 인정한다는 것은 장물범이 본범을 전제로 한다는 점, 미수범은 기수범에 대해 보충적 성격을 갖는다는 점 등에 비추어 어딘가 균형에 맞지 아니한다. 재물영득설은 받아들이기 어렵고 기수범설이 타당하며 다수설도 같다. 기수범설에 의한다면 예컨대, 절도죄의 실행을 결의한 사람의 요청에 응하여 절도범이 장차

81 배종대, 형법각론(제14판), 홍문사(2023), 493.

82 주석 형법, 각칙(6)(제5판), 한국사법행정학회(2017), 648(권순형); 형법주해(XII), 각칙(9), 박영사(2023), 519(김윤섭/최근영); 김성돈, 형법각론(제8판), 성균관대학교 출판부(2022), 518; 김신규, 형법각론강의, 박영사(2020), 522; 김일수/서보학, 새로쓴 형법각론(제9판), 박영사(2018), 409; 배종대, 형법각론(제14판), 홍문사(2023), 494; 손동권/김재윤, 새로운 형법각론(제2판), 율곡출판사(2022), 493; 신동운, 형법각론(제2판), 법문사(2018), 1321; 정성근/정준섭, 형법강의 각론(제2판), 박영사(2022), 341; 홍영기, 형법 총론과 각론, 박영사(2022), 472.

83 박찬걸, 형법각론(제2판), 박영사(2022), 594; 오영근, 형법각론(제7판), 박영사(2022), 419; 이재상 외 2인, 형법각론(제12판), 박영사(2021), 457.

절취해 올 물건의 매각을 제3자에게 미리 알선한 경우에 이는 절도범을 정신적으로 방조한 경우로서 절도방조죄가 됨은 별론, 장물알선죄를 구성하지는 않는다. 만약 그 후 절도범이 절취하여 온 장물에 대하여 그 정을 알면서 현실적으로 매각의 알선을 하였다면 비로소 장물알선죄가 성립한다.[84] 또한 공갈죄의 본범이 피해자를 외포시키기에 충분한 해악을 고지하였으나 피해자가 외포되지 않고 연민의 정에 이끌려 본범에게 요구받은 재물을 교부함으로써 본범이 공갈미수에 그친 경우에는 교부된 재물은 장물이 될 수 없다.[85]

나) 본범이 횡령인 경우

33 본범의 성립 정도와 관련하여 특히 문제가 되는 것은 본범이 횡령인 경우이다. 예컨대, 물건의 보관자인 A가 영득의사를 갖고 불법하게 그 물건을 B에게 매도하고 B는 횡령의 정을 알면서 이를 매수하였을 때 B가 횡령죄의 공범이 되는지 아니면 B에 대해 독립하여 장물취득죄가 성립하는지에 대해 견해가 대립한다. 장물취득죄설은 A가 물건을 매도하려는 행위에 의하여 A의 영득의사가 현실화되면 B로부터 매수의 의사표시를 기다리지 않고 A의 횡령죄는 즉시 기수에 달하는 것이므로 매각된 물건은 그 단계에서 이미 장물이 되고, 그 정을 알면서 이를 매수하여 인도받은 B의 행위는 장물취득죄가 된다는 견해[86]이다. 상상적경합설은 A의 매도 요청만으로는 횡령의 기수가 아니라는 전제하에 이러한 매도 요청에 대한 B의 매수의 의사표시가 있음으로써 일단 B에게 횡령죄 방조의 성립을 인정하면서, 그 후 현실의 매도가 있는 때에 횡령은 기수가 되므로 결국 B에게는 횡령죄 방조와 장물취득죄의 상상적 경합을 인정하는 것이 타당하다는 견해[87]이다. 횡령죄 방조설은 범죄의 기수 이후 완료 전까지도 공범성립이 가능함을 전제로 횡령된 물건을 단순히 매수한 사람에게 장물취득죄까지 인정하여 본범인 횡령죄보다 무겁게 처벌하는 것은 양형에 있어 균형이 깨어져 부당하므로 횡령죄 방조만이 성립할 뿐이라는 견해[88]이다.

84 日最決 1960. 12. 13. (刑集 14권 13호 1929).

85 형법주해(XII), 각칙(9), 박영사(2023), 519(김윤섭/최근영).

86 김신규, 형법각론강의, 박영사(2020), 523; 김일수/서보학, 새로쓴 형법각론(제9판), 박영사(2018), 410; 정성근/정준섭, 형법강의 각론(제2판), 박영사(2022), 341.

87 배종대, 형법각론(제14판), 홍문사(2023), 495.

88 김성돈, 형법각론(제8판), 성균관대학교 출판부(2022), 519; 박찬걸, 형법각론(제2판), 박영사(2022), 595; 손동권/김재윤, 새로운 형법각론(제2판), 율곡출판사(2022), 493; 오영근, 형법각론(제7판), 박영사(2022), 419; 이재상 외 2인, 형법각론(제12판), 박영사(2021), 457.

34 판례는 '횡령죄의 구성요건으로서의 횡령행위란 불법영득의사를 실현하는 일체의 행위를 말하는 것으로서 불법영득의사가 외부에 인식될 수 있는 객관적 행위가 있을 때 횡령죄가 성립한다'고 판시한 후 'A가 피해자인 회사 자금으로 乙에게 주식매각 대금조로 금원을 지급한 경우, 그 금원은 단순히 횡령행위에 제공된 물건이 아니라 횡령행위에 의하여 영득된 장물에 해당한다고 할 것이고, 나아가 설령 A가 B에게 금원을 교부한 행위 자체가 횡령행위라고 하더라도 이러한 경우 A의 업무상횡령죄가 기수에 달하는 것과 동시에 그 금원은 장물이 된다'라고 판시하여 장물취득죄설을 따르고 있다.[89] 이러한 판례의 태도에 대해 횡령죄 방조설의 입장에서, 불법영득의사를 외부로 표현하는 행위만으로 횡령죄 기수에 이른다고 보는 것은 거의 모든 횡령행위를 기수범으로 처벌하는 결과가 되어 미수범 처벌규정을 무의미하게 하고 침해범의 성격을 갖는 횡령죄의 본질에도 반할 뿐만 아니라, 본범인 횡령죄보다 법정형이 무거운 장물취득죄로 처벌하는 것이 정당화되기 위해서는 본범조장성과 범죄비호성이라는 점에서 행위의 죄질이나 불법성이 그 만큼 커야 하는데, 본범인 A의 횡령의사에 호응하여 금원을 취득한 B에 대해 단순 가담하였다는 이유로 횡령죄 공동정범의 성립은 부인하면서 사후종범의 성격이 강한 장물취득죄의 성립을 인정하여 무겁게 처벌하는 것은 납득하기 어렵다는 취지의 비판이 있다.[90]

35 한편 대법원은 종래 부동산 실권리자 명의 등기에 관한 법률에 반하여 이루어진 것이더라도 명의신탁을 받은 부동산을 명의수탁자가 임의로 처분할 경우 횡령죄가 성립한다고 보았다.[91] 이를 전제로 명의수탁자가 임의로 처분하는 것임을 알면서 상대방이 해당 부동산을 취득하면, 경우에 따라 횡령죄의 공동정범,[92] 또는 장물취득죄[93]가 모두 성립할 수 있다고 보았다. 그러다가 명의수탁자에 대해서는 보관자의 지위를 인정할 수 없음을 이유로 횡령죄의 성립을 부정하는 취지로 판례를 변경하였다.[94] 따라서 명의신탁이 된 부동산의 처분과 관련하여서는 더 이상 장물취득죄의 성립이 문제되지 아니한다.

89 대법원 2004. 12. 9. 선고 2004도5904 판결.
90 김태명, "횡령죄의 기수시기와 장물죄의 성립여부", 형사법연구 제23호(2005), 133.
91 대법원 2003. 5. 16. 선고 2002도619 판결, 대법원 2003. 12. 6. 선고 2003도4893 판결.
92 대법원 2000. 2. 22. 선고 99도5227 판결(명의신탁임을 알면서 횡령행위에 적극 가담한 경우).
93 대법원 1984. 4. 24. 선고 83도2116 판결.
94 대법원 2016. 5. 19. 선고 2014도6992 전원합의체 판결, 대법원 2021. 2. 18. 선고 2016도18761 전원합의체 판결.

3) 본범과의 관련성

36 장물은 본범인 재산범죄에 의하여 영득한 재물일 것을 요구하고, 장물죄는 본범의 성립을 전제로 한다. 장물범은 본범에 대해 사후종범의 성격을 지니며 본범의 범행 과정에서 범의를 유발하거나 범죄 실행을 가능·용이하게 할 경우 본범의 교사범, 방조범 등 협의의 공범이 될 수도 있다. 판례는 '횡령 교사를 한 후 그 횡령한 물건을 취득한 때에는 횡령죄 교사와 장물취득죄의 경합범이 성립한다'라고 판시한다.[95]

37 장물에 관한 죄와 그 본범의 죄는 형사소송법상 관련사건으로 취급된다(형사소송법 제11조 제4호).

마. 장물성의 상실

38 장물죄의 본질에 대한 추구권설에 의한다면, 피해자에게 추구권이 없거나 추구권이 상실된 경우 장물임을 더 이상 인정할 수 없게 된다. 이때 피해자의 추구권은 통상 물권적 반환청구권(예컨대, 민법 제213조)이 되지만 반드시 그에 한정되는 것이 아니다. 피해자가 법률상 피해물건을 회복·추구할 수 있는 한 장물인 상태는 유지된다. 반면 위법상태유지설에 의한다면, 장물성의 유무나 소멸을 사법적 견지에서 반환청구권의 유무에 따라 결정할 것이 아니고 형법적 견지에서 위법성의 유무 내지 위법상태의 존속 여부에 의하여 독자적으로 결정하여야 한다. 추구권설의 입장에서 법률상 반환청구권의 유무와 관련하여 견해 대립이 있는 선의취득, 불법원인급여, 첨부, 증여·상속의 경우 등을 살펴본다.

1) 선의취득의 경우

39 민법 제249조에 의하여 제3자가 재물의 소유권을 선의로 취득한 경우에 장물성은 상실되며, 그 후에 그 정을 알고 있는 자가 이를 매수하더라도 장물취득죄가 성립하지 않는다.[96] 추구권설의 입장에서는 피해자가 법률상 재물에 대한 추구권을 상실한 이상 장물성이 소멸된다고 보는 것은 당연하다. 위법상태유지설의

95 대법원 1969. 6. 24. 선고 69도692 판결.

96 주석 형법, 각칙(6)(제5판), 한국사법행정학회(2017), 650(권순형); 김성돈, 형법각론(제8판), 성균관대학교 출판부(2022), 519; 김신규, 형법각론강의, 박영사(2020), 520; 김일수/서보학, 새로쓴 형법각론(제9판), 박영사(2018), 410; 박상기/전지연, 형법학[총론·각론], 집현재(2021), 718; 배종대, 형법각론(제14판), 홍문사(2023), 494; 손동권/김재윤, 새로운 형법각론(제2판), 율곡출판사(2022), 494; 신동운, 형법각론(제2판), 법문사(2018), 1321; 오영근, 형법각론(제7판), 박영사(2022), 422; 이재상 외 2인, 형법각론(제12판), 박영사(2021), 456; 정성근/정준섭, 형법강의 각론(제2판), 박영사(2022), 341.

입장에서도 선의취득의 경우에는 그 재물을 적법한 방법에 의하여 제3자가 취득함으로써 위법한 재산상태가 소멸되었음을 이유로 동일한 결론에 이르게 된다. 이에 대해 위법상태유지설을 취하면서도 장물성이 소멸하지 아니한다는 견해[97]가 있다. 다만 장물이 도품이나 유실물인 경우에는 외견상 선의취득의 요건을 구비하더라도 민법 제250조에 의하여 피해자 또는 유실자가 도난 또는 유실한 날로부터 2년 내에 그 물건의 반환을 청구할 수 있으므로 2년간은 장물성이 상실되지 않는 것으로 보게 된다.[98] 그런데 민법 제250조에 의하여 피해자 또는 유실자가 반환청구를 할 수 있는 2년의 기간 동안 재물의 소유권 귀속에 대하여는 원소유자에게 귀속한다는 견해[99]와 선의취득자에게 귀속한다는 견해[100]가 대립한다. 원소유자에 귀속한다는 견해에 의하면, 선의취득자는 2년 내에 원소유자로부터 회복청구를 받지 않은 경우 2년이 지난 후에야 비로소 권리를 취득하며, 그 사이에는 원소유자의 소유로 남아 있으므로, 이 기간 중에 원소유자가 취득자에게 행사하는 반환청구권 또는 추구권은 소유권에 기한 권리가 된다는 점에 의문이 없다고 설명한다. 이와 달리 선의취득자에게 귀속된다는 견해에 따르면, 선의취득자는 점유를 취득함으로써 즉시 소유권을 취득하고, 다만 2년 내에 반환청구를 당하면 그 소유권을 상실하기에 이르는 것일 뿐이므로, 이 기간 중에 원소유자가 행사하는 반환청구권은 소유권이나 소유권에 기한 권리가 아니라 그 물건의 인도청구와 함께 선의자가 취득한 권리를 소멸시키고 도난·유실 당시의 법률관계를 부활시키는 효력을 갖는 법정의 특별한 원상회복청구권이라고 설명한다. 판례 중에는 장물인 다이아몬드에 대해 선의취득 하였음을 이유로 장물취득죄 또는 장물양도죄의 성립을 부정한 원심 판단을 수긍함으로써 선의취득에 의한 장물성의 상실을 인정한 사례가 있다.[101] 다만 외국에서 절취되어 국내에 수입된 미등록 자동차에 대해 장물이라는 정을 알지 못한 채 취득하였다가

97 홍영기, 형법 총론과 각론, 박영사(2022), 474.

98 주석 형법, 각칙(6)(제5판), 한국사법행정학회(2017), 650(권순형); 김성돈, 형법각론(제8판), 성균관대학교 출판부(2022), 519; 김일수/서보학, 새로쓴 형법각론(제9판), 박영사(2018), 410; 배종대, 형법각론(제14판), 홍문사(2023), 494; 손동권/김재윤, 새로운 형법각론(제2판), 율곡출판사(2022), 494; 신동운, 형법각론(제2판), 법문사(2018), 1321; 오영근, 형법각론(제7판), 박영사(2022), 422; 이재상 외 2인, 형법각론(제12판), 박영사(2021), 456; 정성근/정준섭, 형법강의 각론(제2판), 박영사(2022), 341.

99 日大判 1921. 7. 8. (民録 27집 1373).

100 곽윤직, 물권법, 박영사(2004), 127; 이영준, 물권법, 박영사(2001), 265~266.

101 대법원 1987. 12. 8. 선고 87도2194 판결.

자동차관리법 제6조에 기하여 등록을 마친 후에야 비로소 장물이라는 정을 알면서 타인에게 자동차를 양도한 사안에서는 장물인 수입자동차를 신규 등록하였다고 하여 최초 등록명의인이 해당 수입자동차를 원시취득(선의취득)하게 된다거나 그 장물양도행위가 범죄가 되지 않는다고 볼 수 없다고 판시하였다.[102]

40 선의취득 외에 취득시효의 완성에 의하여 제3자가 장물의 소유권을 취득한 경우에도 장물성이 상실됨은 물론이다.[103] 그러나 동산에 있어서는 5년 또는 10년, 부동산에 있어서는 10년 또는 20년(민법 제245조, 제246조)이라는 장기간의 점유를 요건으로 한다. 시효완성에 의한 부동산소유권의 취득은 원시취득이라는 것이 판례이다.[104]

2) 본범의 영득행위가 취소할 수 있는 법률행위인 경우

41 본범의 영득행위가 무효가 아니라 단지 취소할 수 있음에 불과한 법률행위에 해당하는 경우(예컨대, 민법 제110조의 사기 또는 공갈에 의한 의사표시인 경우)에 그 취소권행사가 있기 전의 재물에 대한 점유도 위법한 점유상태라고 해야 하므로 장물에 해당할 수 있다.[105] 이와 관련하여 추구권설이 통설인 일본에서는, 형법이 장물에 관한 일정한 행위를 범죄로 규정한 것은 그 행위가 물건에 대한 피해자의 추구·회복 및 이를 전제로 한 권리실행을 불능 또는 곤란하게 하는 데에 따른 것인데, 취소할 수 있는 법률행위에 있어서도 물건은 일단 적법하게 상대방에게 이전된 것이므로 장물이라 할 수 없고, 그 법률행위가 취소되었을 때에 이르러서야 비로소 장물이 될 수 있다는 반대 견해[106]도 있다. 취소할 수 있는 법률행위일지라도 취소권행사 전까지 법률행위는 유효하게 존속하고 그에 따른 법적 효과를 발생하는 것이므로 명시적으로 취소권을 행사함이 없이 법률행위

102 대법원 2011. 5. 13. 선고 2009도3552 판결.

103 주석 형법, 각칙(6)(제5판), 한국사법행정학회(2017), 651(권순형); 형법주해(XII), 각칙(9), 박영사(2023), 523(김윤섭/최근영); 김성돈, 형법각론(제8판), 성균관대학교 출판부(2022), 519; 김일수/서보학, 새로쓴 형법각론(제9판), 박영사(2018), 410.

104 대법원 2015. 2. 26. 선고 2014다21649 판결.

105 주석 형법, 각칙(6)(제5판), 한국사법행정학회(2017), 651(권순형); 형법주해(XII), 각칙(9), 박영사(2023), 523(김윤섭/최근영); 김성돈, 형법각론(제8판), 성균관대학교 출판부(2022), 520; 김신규, 형법각론강의, 박영사(2020), 520; 김일수/서보학, 새로쓴 형법각론(제9판), 박영사(2018), 410; 배종대, 형법각론(제14판), 홍문사(2023), 494; 손동권/김재윤, 새로운 형법각론(제2판), 율곡출판사(2022), 494; 오영근, 형법각론(제7판), 박영사(2022), 422; 이재상 외 2인, 형법각론(제12판), 박영사(2021), 456; 정성근/정준섭, 형법강의 각론(제2판), 박영사(2022), 341.

106 大塚仁 외, 大コンメンタール刑法(第13巻)(第3版), 青林書院(2018), 733(다만 장물성을 인정하는 것이 일본에서의 통설·판례이다).

에 기한 물건의 취득 내지 이전의 효력을 부인하면서 반환만을 구할 수 없다는 것은 민법상 당연한 결론이다. 그러나 형법상으로는 장차 법률행위를 취소하고 영득한 재물의 반환을 구할 수 있다는 점에서 피해자는 장래의 회복청구권을 보유한 것이며, 그와 같은 의미에서의 추구권행사를 불가능 내지 곤란하게 만드는 것인 이상 취소권이 행사되기 전이라도 장물성을 인정할 수 있다고 본다. 장물의 본질에 관한 위법상태유지설, 이익관여설, 결합설에 의한다면 무리 없이 장물성을 인정할 수 있다. 한편 사기, 공갈에 의해 교부된 재물에 대한 취소권의 행사 및 피해자의 반환청구 가능성 문제는 형사소송법상 압수된 장물에 대한 피해자 환부 제도(형사소송법 제134조, 제333조)와도 밀접한 관련이 있다. 하급심 판례[107] 중에는 '사기도박의 경우에는 사기로 인한 매매 등과 같이 유효한 법률행위에 의하여 재물을 편취하는 경우와는 달리 피해자에게 법률행위의 취소 등과 같은 별도의 조치 없이 곧바로 편취당한 재물의 반환청구권이 있는 것이어서 피해자에게 환부할 이유가 명백한 때에 해당한다'고 판시한 것이 있으나, 이와 달리 '사기에 해당하는 매매거래를 통해 피해자로부터 편취한 물건인 경우 피해자가 매수자에 대해 사기로 인한 매매의 의사표시를 취소한 것인지 여부가 분명하지 아니한 경우에는 아직 장물에 해당하지 아니함을 전제로 그 물건을 피고인으로부터 넘겨받아 보관 중인 경우라도 장물취득죄가 성립하지 아니 한다'고 본 대법원 판례[108]도 있다.

42 피해자가 소유권을 포기하거나 취소권행사의 제척기간(민법 제146조)을 도과하여 더 이상 취소할 수 없는 상태에 이르게 된 경우 장물성이 상실된다는 견해[109]와 취소 전후를 불문하고 위법상태는 유지되는 것이므로 장물성이 상실되지 않는다는 견해[110]가 대립한다.

43 본범의 사기 또는 공갈로 인해 피해자가 의사표시를 한 법률행위의 상대방이

107 대전고등법원 2010. 12. 29. 선고 2010노538 판결(확정).

108 대법원 1984. 7. 16.자 84모38 결정.

109 김성돈, 형법각론(제8판), 성균관대학교 출판부(2022), 520; 김신규, 형법각론강의, 박영사(2020), 520; 김일수/서보학, 새로쓴 형법각론(제9판), 박영사(2018), 410; 배종대, 형법각론(제14판), 홍문사(2023), 494; 손동권/김재윤, 새로운 형법각론(제2판), 율곡출판사(2022), 495; 오영근, 형법각론(제7판), 박영사(2022), 422; 이영란, 형법학 각론강의(제3판), 형설출판사(2013), 449; 이재상 외 2인, 형법각론(제12판), 박영사(2021), 456; 정성근/정준섭, 형법강의 각론(제2판), 박영사(2022), 341.

110 임웅, 형법각론(제11정판), 법문사(2020), 576; 홍영기, 형법 총론과 각론, 박영사(2022), 474(원소유자가 소유권을 포기하더라도 장물성이 유지되는 것으로 본다).

본범이 아닌 제3자이고 그 사실을 알지 못하였고 알지 못한 데에 과실이 없다면 그 의사표시는 사기 또는 강박을 이유로 그 상대방에게 대항할 수 없어 취소할 수 없게 되므로(민법 제110조 제2항), 이때에는 장물성이 인정되지 아니하고 압수된 장물임을 전제로 한 피해자 환부(형사소송법 제333조)도 허용될 수 없는 것으로 보아야 할 것이다.[111]

3) 불법원인급여의 경우

44 불법원인급여(민법 제746조)라 함은 불법의 원인 내지 목적으로 재산적 급여를 한 때에는 그 이익의 반환 내지 복구를 허용하지 아니하는 것을 말한다. 법률행위의 목적인 권리의무의 내용이 선량한 풍속 기타 사회질서에 위반되는 경우뿐만 아니라, 그 내용 자체는 반사회질서적인 것이 아니더라도 법률적으로 이를 강제하거나 그 법률행위에 반사회질서적인 조건 또는 금전적 대가가 결부됨으로써 사회질서에 반하는 성질을 지니게 된 경우, 표시되거나 상대방에게 알려진 법률행위의 동기가 반사회질서적인 경우도 이에 해당할 수 있다.[112]

가) 학설

45 추구권설의 입장에서는 불법원인급여에 의하여 피해자인 급여자가 급여물의 반환을 법률상 청구할 수 없으므로 장물성을 부인하는 것이 당연한 결론이 된다.[113] 이와 달리 위법상태유지설의 입장에서는 장물성의 소멸은 사법상의 반환청구권의 유무에 의해서가 아니라 형법상 위법성의 유무에 의하여 독자적으로 결정되어야 하므로 불법원인급여물에 대하여 피해자의 추구권이 존재하지 않는다 하더라도 본범에 의하여 조성된 상태가 위법한 이상 급여물을 장물로 보게 된다. 결합설의 입장에서 장물성을 인정하는 견해,[114] 본범이 사기죄, 공갈죄인 경우에는 장물성을 인정하는 반면, 본범이 횡령죄인 경우에는 재물의 타인성이 충족되지 아니하여 횡령죄가 불성립함을 이유로 장물성을 부정하는 견해,[115] 불

111 형법주해(XII), 각칙(9), 박영사(2023), 524(김윤섭/최근영).

112 대법원 1994. 3. 11. 선고 93다40522 판결, 대법원 2000. 2. 11. 선고 99다56833 판결, 대법원 2001. 4. 10. 선고 2000다49343 판결.

113 손동권/김재윤, 새로운 형법각론(제2판), 율곡출판사(2022), 495; 오영근, 형법각론(제7판), 박영사(2022), 422.

114 김성돈, 형법각론(제8판), 성균관대학교 출판부(2022), 520; 김신규, 형법각론강의, 박영사(2020), 520; 이재상 외 2인, 형법각론(제12판), 박영사(2021), 456; 정성근/정준섭, 형법강의 각론(제2판), 박영사(2022), 342.

115 김신규, 형법각론, 청목출판사(2015), 499.

법원인급여물에 대한 형법상의 보호를 부정하여야 한다는 이유로 불법원인급여에 대해 사기죄, 공갈죄, 횡령죄의 성립을 인정하지 아니하면서 이들을 본범으로 하는 장물죄의 성립도 부정하는 견해[116]가 대립한다.

나) 판례

46 판례는, 피고인 A가 피해자 B의 돈을 횡령하여 그 돈을 주식시세조종과 관련하여 자금동원능력이 있음을 과시하기 위해 피고인 C에게 보관시킨 사안에서, '피해자가 본범에게 불법원인급여를 한 경우 반환청구권이 상실되어 피해자에게 장물에 대한 추급권이 없어 장물죄가 성립하지 않는다는 것인바, 피고인 A가 피고인 C에게 금원을 보관시킨 것이 불법원인급여에 해당한다고 보기 어렵고, 설사 불법원인급여에 해당한다고 하더라도 피해자는 B이고 A가 아니어서(A는 장물죄의 본범에 불과함) 피해자 B가 계속 추급권을 가질 것이므로, 피고인 C에게 장물보관죄가 성립한다'고 판시하였다.[117] 그리고 불법원인급여물의 소유권은 수익자에게 귀속되므로 불법원인급여물을 위임의 목적대로 전달하지 않고 수익자가 임의로 소비하더라도 횡령죄가 성립하지 않지만,[118] 횡령죄에서 재물의 보관이라 함은 재물에 대한 사실상 또는 법률상 지배력이 있는 상태를 의미하며, 그 보관을 위한 위탁관계는 사실상의 관계이면 족하고 위탁자에게 유효한 처분을 할 권한이 있는지 또는 수탁자가 법률상 그 재물을 수탁할 권리가 있는지 여부를 불문하므로,[119] 불법원인급여물에 해당하지 않는 이상 자금조성과정에 반사회적 요소가 있다고 하더라도(예컨대 도박자금 등) 횡령죄의 보관자의 지위가 인정되고, 이러한 경위로 보관 중인 금원을 횡령한 경우 해당 금원의 장물성은 인정된다고 판시하였다.[120]

47 한편 민법 제746조의 불법원인급여에 해당하여 급여자가 수익자에 대한 반환청구권을 행사할 수 없다고 하더라도, 수익자가 기망을 통하여 급여자로 하여금 불법원인급여에 해당하는 재물을 제공하도록 하였다면 사기죄는 별도로 성립한다. 따라서 피고인이 변제할 의사나 능력 없이 피해자를 기망하여 도박자금으로 사용할 목적으로 금원을 차용한 경우 사기죄가 성립한다.[121] 또한 판례는, 본범이 피해자

116 김일수/서보학, 새로쓴 형법각론(제9판), 박영사(2018), 411.
117 대법원 2002. 4. 12. 선고 2002도53 판결.
118 대법원 2007. 8. 23. 선고 2006도9488 판결.
119 대법원 2005. 6. 24. 선고 2005도2413 판결.
120 대법원 2017. 1. 25. 선고 2016도18621 판결.
121 대법원 2006. 11. 23. 선고 2006도6795 판결, 대법원 2004. 5. 14. 선고 2004도677 판결.

명의로 휴대전화를 개설하면 일정한 돈을 지급하고 몇 달 후 휴대전화 개설계약을 해지해주겠다고 기망하여 피해자로부터 신규 휴대전화를 교부받아 이를 피고인에게 처분한 사안에서, '민법 제746조의 불법원인급여에 해당하여 급여자가 수익자에 대한 반환청구권을 행사할 수는 없다고 하더라도 수익자가 기망을 통하여 급여자로 하여금 불법원인급여에 해당하는 재물을 제공하도록 하였다면 사기죄가 성립하므로, 설령 피해자의 본범에 대한 휴대전화 교부행위가 불법원인급여에 해당한다고 하더라도 본범의 피해자에 대한 사기죄의 성립에는 아무런 영향이 없는 이상 본범이 사기죄로 영득한 휴대전화에 대해 장물성이 인정된다'고 판시하였다.[122]

다) 검토

48 장물죄의 범죄조장적 또는 범죄유발적 성격과 형법의 독자성을 강조한다면 민사상 추구권이 인정되지 아니하더라도 불법원인급여에 수반하여 본범인 재산범죄가 성립하는 한 불법원인급여물에 대해서도 장물성을 긍정하는 것이 타당할 것이다. 일본에서도 추구권설의 입장에 있으면서 불법원인급여물에 대하여 장물성을 인정하는 견해[123]가 있다. 이 견해는 재물의 급여가 불법원인에 의한 경우라도 재물취득자측이 기망적인 수단에 의하여 재물을 교부받은 경우라면 사기죄가 성립하고, 이때 재물은 재산범죄로 인하여 영득된 물건에 해당하므로 장물임을 인정하는 것이 합리적이며, 장물은 형법상의 개념이므로 민법상 반환청구권의 존부와 반드시 일치할 필요가 없다는 점, 불법원인급여인 경우 수익자의 민사상 추구권 행사 시도에 대해 법원이 조력하지 아니하는 데에 그치므로 수익자의 소유권 취득은 그에 따른 반사적 효과에 불과하다는 점, 그리하여 급여자가 불법원인급여물을 민사재판을 통해 반환받을 수는 없더라도 다른 방법 예컨대, 수사기관이 급여물을 압수한 후 피해자에게 환부하는 경우에는 반환받을 여지가 존재하고, 일단 반환받으면 수익자에 대한 관계에서 민사상 부당이득으로 취급되지 아니하므로 불법원인급여물이라도 급여자의 추구·회복이 전혀 불가능한 것은 아니라는 점 등을 근거로 하고 있다.

122 대법원 2016. 11. 25. 선고 2016도14943 판결.
123 大塚仁 외, 大コンメンタール刑法(第13巻)(第3版), 青林書院(2018), 731.

4) 첨부(添附)에 의한 소유권취득의 경우

49 부합(민법 제256조, 제257조), 혼화(제258조), 가공(제259조)을 통틀어 '첨부'라고 한다. 이 중 부합과 혼화는 소유자가 다른 2개 이상의 물건이 결합하여 사회관념상 분리불가능한 상태가 되었을 때이고, 가공은 공작에 의하여 1개 또는 2개 이상의 물건과 이에 가해진 노력이 결합하여 사회관념상 분리함이 불가능한 것으로 되었을 때를 의미한다.

50 그런데 부동산과 동산의 부합의 결과 부동산 소유자가 부합된 동산의 소유권을 취득한 경우(민법 제256조 본문), 동산과 동산의 부합이나 혼화에 있어서 주된 동산의 소유자가 합성물이나 혼화물의 소유권을 취득한 경우(제257조 전단, 제258조), 또는 가공으로 인한 가액의 증가가 원재료의 가액보다 현저히 다액이어서 가공자가 그 소유권을 취득한 경우(제259조 제1항 단서)에 있어 장물이 위와 같은 첨부에 의하여 소유권이 상실되는 물건인 때에는 장물에 해당하는 물건에 대한 피해자의 법률상 추구권은 소멸되므로 장물성도 소멸된다.[124] 위법상태유지설의 입장에서도 재산범죄를 통해 위법하게 취득된 물건을 제3자가 다시 적법한 원인과 방법에 의하여 취득함으로써 위법상태가 해소되었음을 이유로 동일한 결론에 이르게 된다. 다만 민법 제259조의 가공에 한하여 장물성을 인정하려는 견해가 있다.[125]

51 이에 반하여 합성의 정도가 부합 또는 혼화라고 보기 어려운 경우 또는 가공으로 인한 가액의 증가가 현저하지 못한 경우 등과 같이 사회관념상 분리함이 불가능한 정도에 이르지 못한 때에는 장물성은 소멸되지 않고 유지된다.[126] 예컨대, 편취한 귀금속류의 원형을 변경하여 금괴로 만든 것에 불과한 경우,[127] 도벌

124 주석 형법, 각칙(6)(제5판), 한국사법행정학회(2017), 655(권순형); 형법주해(XII), 각칙(9), 박영사(2023), 523(김윤섭/최근영); 김성돈, 형법각론(제8판), 성균관대학교 출판부(2022), 519; 김일수/서보학, 새로쓴 형법각론(제9판), 박영사(2018), 410; 오영근, 형법각론(제7판), 박영사(2022), 422.

125 김신규, 형법각론강의, 박영사(2020), 520; 배종대, 형법각론(제14판), 홍문사(2023), 494; 손동권/김재윤, 새로운 형법각론(제2판), 율곡출판사(2022), 495; 신동운, 형법각론(제2판), 법문사(2018), 1322; 이재상 외 2인, 형법각론(제12판), 박영사(2021), 456; 정성근/정준섭, 형법강의 각론(제2판), 박영사(2022), 341; 홍영기, 형법 총론과 각론, 박영사(2022), 474.

126 주석 형법, 각칙(6)(제5판), 한국사법행정학회(2017), 655(권순형); 김신규, 형법각론강의, 박영사(2020), 520; 김일수/서보학, 새로쓴 형법각론(제9판), 박영사(2018), 410; 신동운, 형법각론(제2판), 법문사(2018), 1323; 이재상 외 2인, 형법각론(제12판), 박영사(2021), 456; 정성근/정준섭, 형법강의 각론(제2판), 박영사(2022), 341.

127 日大判 1915. 6. 2. (刑録 21집 721).

(盜伐)한 목재에 대하여 제재반출(製材搬出) 등 작업을 한 경우,[128] 절도한 자전거의 차륜(車輪) 등 그 부속품을 떼어 내어 다른 자전거의 차체에 부착시킨 경우[129] 등에 있어서는 현저한 가액의 증가를 가져온 가공을 하였다거나 다른 물건에 부합되었다고 볼 수 없어 장물성이 그대로 유지된다고 볼 것이다. 판례도 '장물인 보석지환의 가격이 시가 24만 환 이상이고, 피고인이 이를 취득한 후 구형을 신형으로 가공한 가공료는 불과 5천 환인 경우에 피고인이 이를 취득한 것이 과실에 인한 것임이 명백한 이상 그 지환은 아직 가공자인 피고인의 소유로 귀속되었다고 할 수 없다'고 하면서 장물취득죄의 성립을 인정하였다.[130]

5) 증여, 상속 등

52 본범에 대하여 재산범죄로 영득한 재물의 소유권을 인정하는 피해자의 동의나 승낙이 있는 경우, 본범의 피해자가 장물을 본범에게 증여하거나 본범이 피해자의 사후에 장물을 상속받은 경우 피해자의 추구권을 인정할 수 없을 뿐만 아니라 위법한 재산상태도 존재하지 아니하므로 장물성은 소멸된다.

6) 권리행사의 포기 등

53 판례는, 본범이 절취한 가계수표 1매를 취득하였다가 본범에게 이를 그대로 반환하였고 지급정지 등으로 인해 본범이 은행에 수표금 청구를 할 수 없는 상태이더라도 장물성이 상실된 것으로 볼 수는 없다고 판시하였다.[131]

바. 장물의 동일성

1) 동일한 물건

54 장물은 원칙적으로 영득한 재물 그 자체, 또는 그것과 동일성을 가진 물건일 것을 요구한다. 원형에 변형을 가하여 어느 정도 장물의 형상을 변화시킨 경우 예컨대, 훔친 금반지를 녹여 금괴로 만든 경우, 훔친 목재를 제재한 경우, 훔친 철판을 잘게 자른 경우, 훔친 전선의 피복을 벗기고 구리선재만 남긴 경우 등도 절취한 물건의 동일성이 인정되는 한 장물성은 유지된다.[132]

128 日大判 1924. 1. 30. (刑集 3권 38).
129 日最判 1949. 10. 20. (刑集 3권 10호 1660).
130 대법원 1958. 7. 11. 선고 58도215 판결.
131 대법원 1984. 12. 11. 선고 84도2138 판결.
132 형법주해(XII), 각칙(9), 박영사(2023), 520(김윤섭/최근영).

2) 복사한 물건

55 절취한 문서나 영화필름, 녹음테이프, USB 등 매체를 복사기, 컴퓨터 등을 사용하여 동종의 매체에 그대로 복제한 경우 복사 문서, 복사 녹화물, 복사 USB 등은 모두 원래 매체에 화체된 기록, 영상, 정보라는 측면에서는 동일한 가치를 갖는다고 볼 수 있으나 기록, 영상, 정보 자체는 재물성을 인정할 수 없고, 원래 매체가 갖는 물질성과는 별개로 생성된 물건이므로 장물이 아니다.[133]

3) 장물의 처분대가 또는 교환물

56 장물은 재산범죄에 의하여 영득한 물건 그 자체를 말하며 피해자의 반환청구권도 장물 자체의 반환청구를 위한 것이므로 장물의 처분대가, 즉 장물의 매각대금이나 장물의 교환물 또는 장물인 금전으로 매입한 물건은 모두 장물성을 인정할 수 없다. 이른바 '대체장물'은 인정되지 않는다.[134] 위법상태유지설의 입장에서도 본범에 의하여 조성된 위법한 재산상태의 유지가 장물죄의 본질이라는 전제하에 장물을 재산권을 침해하는 본범의 행위에 의하여 직접 취득된 물건에 한정하고 있으므로 결과적으로 추구권설과 동일한 결론이 된다. 그러나 장물죄의 본질을 본범의 행위에 의한 이익에의 관여라고 보는 이익관여설 또는 공범설의 입장에서는 추구권설이나 위법상태유지설보다 넓은 범위에서 장물성을 인정하게 되며, 대체장물에 대하여도 장물죄의 성립을 인정한다. 판례는 추구권설의 입장에서 '장물이란 영득죄에 의하여 취득한 물건 그 자체를 말하며 장물을 매각하여 받은 금전은 장물이 아니다'라고 판시한다.[135] 또한 같은 맥락에서 '장물을 전당잡힌 전당표는 장물 그 자체라고 볼 수 없음은 물론 장물과 동일성 있는 변형물이라고도 볼 수 없다'고 판시하였다.[136]

133 형법주해(XII), 각칙(9), 박영사(2023), 521(김윤섭/최근영); 김성돈, 형법각론(제8판), 성균관대학교 출판부(2022), 516; 김일수/서보학, 새로쓴 형법각론(제9판), 박영사(2018), 411; 신동운, 형법각론(제2판), 법문사(2018), 1319; 정성근/정준섭, 형법강의 각론(제2판), 박영사(2022), 342.

134 주석 형법, 각칙(6)(제5판), 한국사법행정학회(2017), 655~656(권순형); 김성돈, 형법각론(제8판), 성균관대학교 출판부(2022), 515~516; 김신규, 형법각론강의, 박영사(2020), 517; 김일수/서보학, 새로쓴 형법각론(제9판), 박영사(2018), 411; 박상기/전지연, 형법학[총론·각론], 집현재(2021), 717; 박찬걸, 형법각론(제2판), 박영사(2022), 595; 배종대, 형법각론(제14판), 홍문사(2023), 492; 손동권/김재윤, 새로운 형법각론(제2판), 율곡출판사(2022), 494; 신동운, 형법각론(제2판), 법문사(2018), 1324; 오영근, 형법각론(제7판), 박영사(2022), 420; 이용식, 형법각론, 박영사(2019), 72; 이재상 외 2인, 형법각론(제12판), 박영사(2021), 458; 정성근/정준섭, 형법강의 각론(제2판), 박영사(2022), 342.

135 대법원 1972. 2. 22. 선고 71도2296 판결, 대법원 1972. 6. 13. 선고 72도971 판결, 대법원 2002. 12. 10. 선고 2002도3686 판결.

136 대법원 1973. 3. 13. 선고 73도58 판결.

4) 통화의 환전, 수표의 지급 등

57 장물인 통화를 다른 통화로 환전하거나 장물인 수표, 어음을 제시하여 현금 또는 수표로 교환된 경우에 환전 또는 교환된 현금, 수표에 대해 장물성을 인정할 수 있을 것인지에 대하여는 견해가 대립한다.

가) 학설

58 장물성을 인정하는 긍정설[137]은, 통화는 다른 통화로 환전되더라도 성질상 통화로서의 성질을 유지하므로 동일하게 취급되어야 한다는 점, 통화는 그 액면의 금액에 중점이 있고 널리 교환의 매개, 가치의 저장 등과 같은 기능적 대체성이 인정되는 점, 수표는 거래상 금전과 동일하게 취득되는 점, 수표를 제시하여 현금을 지급받는 것은 실질상 발행인으로부터 직접 그 금전의 지급을 받는 것과 같다는 점, 장물에 대한 피해자의 추구·회복의 권리는 형법 고유의 관점에서 해석되어야 한다는 점 등을 주된 근거로 한다. 이에 대하여 장물성을 부정하는 견해[138]는, 통화의 환전을 통해 취득한 금전이라 하여 위와 같은 예외를 인정한다면 장물죄를 단순히 물건에 관한 행위에 그치지 않고 넓게 본범이 얻은 이익을 확실히 하거나 그 이익의 향유에 참가하는 행위라고 보지 않을 수 없게 된다는 점, 통화 이외의 불특정물에 대하여도 달리 취급할 이유가 없어 동일하게 장물성을 인정하지 않을 수 없게 된다는 점, 대체성이 있는 다른 금전으로 바꾼 경우에는 위법한 재산상태가 단절된다는 점, 액면에 따른 가치의 동일성을 장물의 동일성과 같게 취급하는 것은 피고인에게 불리한 유추적용을 하는 것이어서 죄형법정주의에 따라 허용될 수 없다는 점 등을 근거로 한다. 반면 현금과 수표, 외국화폐 등 지급수단별로 그 성질에 따라 차등을 두는 절충설도 있다. 절충설로 대표적인 경우로는 통화를 현금으로 환전하는 경우에는 장물성을 인정할 수 있으나 수표를 현금으로 교환한 경우는 원칙적으로 장물성을 인정할 수 없고 단지 장물임은 숨기고 현금을 교부받은 것과 관련하여 사기죄로 취득한 현금

137 김성돈, 형법각론(제8판), 성균관대학교 출판부(2022),516; 박찬걸, 형법각론(제2판), 박영사(2022), 596; 손동권/김재윤, 새로운 형법각론(제2판), 율곡출판사(2022), 494; 이재상 외 2인, 형법각론(제12판), 박영사(2021), 458; 정성근/정준섭, 형법강의 각론(제2판), 박영사(2022), 343(다만 장물인 현금을 수표로 교환한 경우는 별개의 사기죄가 성립하므로 사기죄의 장물이 된다고 한다); 홍영기, 형법 총론과 각론, 박영사(2022), 474.

138 김일수/서보학, 새로쓴 형법각론(제9판), 박영사(2018), 412; 배종대, 형법각론(제14판), 홍문사(2023), 492; 오영근, 형법각론(제7판), 박영사(2022), 420; 임웅, 형법각론(제11정판), 법문사(2020), 574.

으로서의 장물성이 인정될 뿐이라는 견해,[139] 환전 통화 외에 거래관념상 은행이 자신의 명의로 발행하고 지급의무를 부담하는 자기앞수표에 한하여 통화와 동일한 정도의 유동성이 인정된다고 보아 현금으로 교환된 경우 장물성을 인정할 수 있다는 견해,[140] 현금, 자기앞수표, 은행예금의 경우 환전되더라도 장물성이 인정되나 가계수표, 당좌수표의 경우는 대체성이 떨어지므로 현금 등으로 환전되었을 때 장물성을 상실한다는 견해,[141] 외국통화, 당좌수표의 경우 대체성이 떨어지므로 환전되었을 때 장물성을 상실한다는 견해[142] 등이 있다.

나) 판례

59 금전, 수표에 대해서는 예외를 인정하여 '재산범죄에 의하여 취득한 물건이 금전인 경우에는 원래 금전이 그 개성에 특별한 가치가 있는 경우가 아닌 한 그 가액에 의한 유통에 본질적 기능이 있는 점에 비추어 볼 때, 그 보관 내지 소지 형태가 수표나 예금 혹은 현금 등으로 바뀌더라도 그 보관이나 소지 또는 관리에 있어 가액이 명확히 구분되는 한도 내에서는 달리 특별한 사정이 없는 한 장물로서의 성질을 잃지 않는다고 보아야 한다'고 판시하였다.[143] 이를 전제로 장물인 자기앞수표가 동일한 액수의 현금으로 교환된 경우[144]는 물론, 장물인 현금 또는 수표를 금융기관에 예금의 형태로 보관하였다가 동일한 액수의 현금 또는 수표로 인출한 경우[145]에 대해서도 교환 또는 인출된 현금 또는 수표의 장물성을 인정한다.

다) 검토

60 판례는 종래에는 대체장물의 장물성을 부정하였다. 그러다가 금전, 수표 등에 한하여 기능적 대체 가능성을 중시하여 장물성을 인정하는 방향으로 태도를 바꾼 것은 처벌의 필요성에 따라 이론의 엄격한 적용에 얽매이기 보다는 공범설의 이익관여적 또는 이욕적 측면을 제한적이나마 받아들이는 방향을 택한 것으로 보인다.[146] 통화는 완전한 유동성(liquidity, 액면상의 가치가 상실됨이 없이 다른 통화나 그 대용물로

139 Fischer, StGB, 57. Auflage, (2010), § 259 Rn 7.

140 주석 형법, 각칙(6)(제5판), 한국사법행정학회(2017), 657(권순형).

141 임현, "판례평석: 장물인 현금을 은행예금 후 인출한 경우 장물성 여부", 비교형사법연구 제2호(2000), 245~247.

142 신동운, 형법각론(제2판), 법문사(2018), 1325.

143 대법원 2002. 12. 10. 선고 2002도3686 판결.

144 대법원 1993. 11. 23. 선고 93도213 판결.

145 대법원 2004. 3. 12. 선고 2004도134 판결, 대법원 2004. 4. 16. 선고 2004도353 판결.

146 여훈구, "장물인 현금 또는 자기앞수표의 예금과 장물성의 상실 여부", 형사판례연구 제9권(2001), 312.

신속히 대체될 수 있는 정도를 말한다)을 갖는 대표적인 지급의 매개수단이다. 이는 통화의 표면에 인쇄된 액수만이 거래관념상 의미를 갖고 통화 자체의 특정성은 거래에서 큰 의미가 없다는 것을 의미한다. 따라서 외국통화를 포함하여 적어도 위와 같은 성질이 인정되는 서로 다른 통화들 사이에서는 긍정설 및 판례 이론과 같이 환전 전후로 장물성을 인정함이 타당하다. 그러나 장물인 수표 또는 어음을 제시하여 현금을 지급받는 경우 또는 장물인 현금, 수표를 은행에 예치하였다가 다시 현금, 수표 등으로 인출한 경우에는 장물인 현금, 수표, 어음의 변형물인 현금 또는 수표에 대하여 법률상 반환청구권이 미칠 수 없으므로, 부정설이 타당하다고 본다.

5) 별개의 재산범죄를 통해 장물성이 인정되는 경우

61 대체장물은 장물이 될 수 없음이 원칙이나 예외적으로 그것이 별개의 재산범죄를 통해 불법적으로 영득한 것임이 인정될 때에는 새로운 원인에 기하여 장물이 될 수 있다. 장물인 현금, 수표, 어음의 변형물인 현금 또는 수표에 대한 장물성의 인정 여부는 장물로서의 성질이 물질적으로 구별되는 다른 현금 또는 수표로 변형되는 과정을 거치면서 소멸되는지, 아니면 유지되는지 여부에 관한 문제라는 점에서 별개의 재산범죄를 통해 새로이 취득한 물건으로서 현금, 수표 등에 대해 장물성을 인정할 수 있는지에 관한 문제와는 엄격히 구별된다.

62 예컨대 절취한 장물을 처분한 대가로 받은 돈은 절취행위에 의하여 영득된 장물 자체는 아니지만, 장물처분행위가 사기죄를 구성하는 때에는 사기죄에 의하여 영득한 재물로서 장물이 될 수 있다. 일반적으로 절도 그 밖의 재산범죄의 완료 후 본범이 이를 통해 영득한 장물을 처분하는 것은 재산범죄에 수반하는 처분행위에 불과하여 본범에게 있어 별도로 범죄를 구성하지 않는다. 그러나 장물을 수단으로 제3자를 기망하고 그로부터 별개의 금품을 장물의 대가로 편취한 경우에는 새로운 법익침해가 있게 되고, 이는 절도죄와 별개의 사기죄를 구성하며 단순히 절도죄의 불가벌적 사후행위로 볼 수는 없다는 것이 통설이다.[147] 같은 입장에서 판례도, 전당표를 절취한 자가 기망행위에 의하여 전당물

147 주석 형법, 각칙(6)(제5판), 한국사법행정학회(2017), 658(권순형); 형법주해(XII), 각칙(9), 박영사(2023), 522(김윤섭/최근영); 김성돈, 형법각론(제8판), 성균관대학교 출판부(2022), 516, 518; 김신규, 형법각론강의, 박영사(2020), 517; 박찬걸, 형법각론(제2판), 박영사(2022), 592; 손동권/김재윤, 새로운 형법각론(제2판), 율곡출판사(2022), 494; 신동운, 형법각론(제2판), 법문사(2018), 1325; 오영근, 형법각론(제7판), 박영사(2022), 420; 이재상 외 2인, 형법각론(제12판), 박영사(2021), 458; 정성근/정준섭, 형법강의 각론(제2판), 박영사(2022), 342; 홍영기, 형법 총론과 각론, 박영사(2022), 473.

을 교부받아 편취한 경우에 별도의 사기죄를 구성하고,[148] 절취한 은행예금통장을 이용하여 은행원을 기망하고 예금을 인출한 행위도 별도로 사기죄를 구성하며,[149] 강취한 은행예금통장을 이용하여 은행직원을 기망하여 예금환급 명목으로 금원을 인출하는 것은 불가벌적 사후행위에 해당하지 않고 별도의 사기죄를 구성하고,[150] 예금통장과 인장을 갈취한 후 예금 인출에 관한 사문서를 위조한 후 이를 행사하여 예금을 인출한 행위는 공갈죄 외에 사문서위조, 동행사 및 사기죄가 성립한다[151]고 판시한다. 이러한 통설과 판례에 대해 절취한 예금통장을 사용한 현금인출행위는 예금통장에 대한 절도죄의 불가벌적 사후행위에 불과함을 전제로 예금통장과 현금 사이의 장물의 동일성이 인정되지 아니하므로 인출된 현금의 장물성도 부정되어야 한다는 견해,[152] 예금통장을 사용하여 인출한 예금은 예금통장에 대한 절도죄를 완성하여 취득한 재물로서 절도죄와 관련하여 장물성을 인정할 수 있다는 견해[153] 등도 있다.

6) 불가벌적 사후행위로서 장물성이 부정되는 경우

63 절취한 현금, 자기앞수표 등으로 물건을 구입한 경우는 어떠한가? 현금, 자기앞수표 등을 동종의 대체물로 교환·변형하는 데에 그치는 것이 아니라 지급수단이라는 본래의 용법에 따라 거래에 사용하였다는 점에서 전항의 경우와 유사하다. 그리하여 거래상대방으로 하여금 대가로 교부받은 현금, 자기앞수표 등이 장물이라는 점에 관한 동기의 착오를 유발함으로써 사기죄 등 별개의 재산범죄를 구성하는 것은 아닌지, 그 대가로 교부받은 물건은 새로이 장물이 되는 것은 아닌지가 문제된다.

64 판례는, 예컨대, 자기앞수표, 무기명증권과 같이 현금을 대신하거나 권면액 상당이 증권 자체에 화체되어 있는 경우에 대해 이러한 장물을 거래에서 지급이나 교환의 수단으로 사용하더라도 새로운 법익침해는 없다고 본다. 즉 금융기관 발행의 자기앞수표는 그 액면금을 즉시 지급받을 수 있어 현금에 대신하는 기능을 하고 있으므로 절취한 자기앞수표를 현금 대신으로 교부한 행위는 절도행위에 대한 가벌적 평가에 당연히 포함되는 것으로 봄이 상당하므로 절취한 자기

148 대법원 1980. 10. 14. 선고 80도2155 판결.
149 대법원 1974. 11. 26. 선고 74도2817 판결.
150 대법원 1990. 7. 10. 선고 90도1176 판결.
151 대법원 1979. 10. 30. 선고 79도489 판결.
152 배종대, 형법각론(제14판), 홍문사(2023), 492.
153 오영근, 형법각론(제7판), 박영사(2022), 421.

앞수표를 음식대금으로 교부하고 거스름돈을 환불받은 행위는 절도의 불가벌적 사후처분행위로서 사기죄가 되지 아니하고,[154] 습득한 자기앞 수표를 현금과 교환한 행위는 별도로 사기죄가 되지 아니하며,[155] 열차승차권은 그 자체에 권리가 화체되어 있는 무기명증권이므로 이를 곧 사용하여 승차하거나 권면가액으로 양도할 수 있고 매입금액의 환불을 받을 수 있는 것으로서 열차승차권을 절취한 자가 환불을 받음에 있어 비록 기망행위가 수반한다 하더라도 절도죄 외에 따로 사기죄가 성립하지 아니하는 것[156]으로 판시한다.

3. 행위

65 장물의 취득, 양도, 운반, 보관 및 위 각 행위의 알선이다. 무상취득인 수수와 유상취득인 고매(故買)로 구분하던 구 형법과는 달리 장물의 취득은 유상·무상을 불문한다. 대가를 지급하는 유상취득이나 알선은 '교환에 의한 이용의 원조'행위에 해당한다. 운반이나 보관은 이와 동일한 성질을 갖는다고 보기 어렵지만 장물죄의 상습범적·지능범적 성질상 현실적으로 이익을 취득한 경우를 포착하기가 사실상 곤란하므로 입증이 용이한 개개의 행위를 유형화하여 처벌할 필요가 있고, 이러한 의미에서 운반, 보관도 교환·원조의 독립한 행위유형으로 파악한 것이다.

가. 취득

1) 사실상 처분권의 취득

66 유상 또는 무상으로 소유권에 기한 사실상의 처분권을 갖게 되는 경우를 말한다. 유상취득은 실제 이득을 목적으로 한다. 실제로 이득을 얻는 경우가 대부분이겠으나 실제 이득 여부는 구성요건적 요소는 아니다. 취득이라고 보기 위해서는 재물에 대한 점유의 이전(인도)과 사실상의 처분권 취득이라는 두 가지 요소가 있어야 한다.[157] 판례도 '장물취득죄에서 취득이라고 함은 점유를 이전받음으로써

154 대법원 1987. 1. 20. 선고 86도1728 판결.

155 대법원 1980. 1. 15. 선고 79도2948 판결, 대법원 1993. 11. 23. 선고 92도213 판결.

156 대법원 1975. 8. 29. 선고 75도1996 판결.

157 주석 형법, 각칙(6)(제5판), 한국사법행정학회(2017), 660(권순형); 김성돈, 형법각론(제8판), 성균관대학교 출판부(2022), 522; 김신규, 형법각론강의, 박영사(2020), 523; 김일수/서보학, 새로쓴 형법각론(제9판), 박영사(2018), 412; 박찬걸, 형법각론(제2판), 박영사(2022), 597; 배종대, 형법각론(제14판), 홍문사(2023), 496; 손동권/김재윤, 새로운 형법각론(제2판), 율곡출판사(2022), 496; 신동운, 형법각론(제2판), 법문사(2018), 1327; 오영근, 형법각론(제7판), 박영사(2022), 423; 이재상 외 2인, 형법각론(제12판), 박영사(2021), 459; 정성근/정준섭, 형법강의 각론(제2판), 박영사(2022), 343; 홍영기, 형법 총론과 각론, 박영사(2022), 475.

그 장물에 대하여 사실상의 처분권을 획득하는 것을 의미하므로, 단순히 본범을 위하여 장물을 일시 사용하거나 그와 같이 사용할 목적으로 장물을 건네받은 것만으로는 장물을 취득한 것으로 볼 수 없는바, 보수를 받는 조건으로 장물인 신용카드를 건네받아 물품을 구입해주기로 한 것은 장물취득에 해당하지 않는다'고 판시한 바 있다.[158] 취득은 본범이 기수가 된 후가 아니면 성립하지 아니하므로 예컨대, 절도현장에서 본범이 탈취 중인 재물의 일부를 무상으로 얻었다고 하더라도 절도죄의 공범이 될 수 있을 뿐 장물취득죄가 성립하지는 아니한다.[159]

2) 무상취득의 경우

67 장물을 증여(민법 제554조)받거나 무이자 소비대차(제598조)로 교부받는 경우가 무상취득의 대표적인 경우이다. 소유권에 기한 사실상의 처분권을 취득한다는 점에서 그러한 권한이 결여된 보관과는 구별된다. 장물의 사용대차(제609조)는 무상이라는 점에서 무이자 소비대차와 같지만, 무이자 소비대차는 목적물에 대한 사실상의 처분권을 취득하고 후에 동종·동질·동량의 대체물을 반환하는 것인데 반하여, 사용대차는 물건을 사용·수익한 후 당해 물건을 그대로 반환하여야 하는 것이지 그에 대한 처분권을 취득하는 것은 아니므로 취득이 아닌 보관에 해당한다.[160] 부담부 증여(제561조)에서의 부담은 수증자에게 급부채무를 부과함을 의미하는 것이기는 하나 이러한 부담은 증여자의 출연에 대한 보상적 의미를 갖는 것이 아니라 단지 출연가치의 감소 내지 제한의 의미를 갖는 급부에 한하도록 되어 있으므로 역시 무상취득이며 유상취득이 아니다. 유상취득의 대표적인 경우로는 변제(제460조 이하), 대물변제(제466조), 매매(제563조), 교환(제596조), 이자부 소비대차(제598조), 양도담보 등이 있다.

3) 현실적인 취득

68 취득은 단순한 계약의 성립만으로는 완성되지 아니하고 장물의 현실적인 취득,

158 대법원 2003. 5. 13. 선고 2003도1366 판결.

159 김성돈, 형법각론(제8판), 성균관대학교 출판부(2022), 523; 김일수/서보학, 새로쓴 형법각론(제9판), 박영사(2018), 413; 정성근/정준섭, 형법강의 각론(제2판), 박영사(2022), 344.

160 주석 형법, 각칙(6)(제5판), 한국사법행정학회(2017), 660~661(권순형); 형법주해(XII), 각칙(9), 박영사(2023), 527(김윤섭/최근영); 김성돈, 형법각론(제8판), 성균관대학교 출판부(2022), 522; 김신규, 형법각론강의, 박영사(2020), 524; 김일수/서보학, 새로쓴 형법각론(제9판), 박영사(2018), 413; 신동운, 형법각론(제2판), 법문사(2018), 1327; 오영근, 형법각론(제7판), 박영사(2022), 423; 이재상 외 2인, 형법각론(제12판), 박영사(2021), 459; 정성근/정준섭, 형법강의 각론(제2판), 박영사(2022), 343.

즉 점유의 이전이 있을 것을 요한다.[161] 계약의 성립만으로는 피해자의 반환청구권행사를 곤란하게 한 것으로 보기가 어렵기 때문이다. 더구나 물권변동에 관하여 형식주의를 채택한 현행 민법 하에서 동산의 소유권이전은 인도, 즉 점유의 이전을 필수 요건으로 하므로(민법 제188조), 장물의 취득이 장물의 소유권에 기한 사실상의 처분권 취득을 의미하는 이상 점유의 이전이 수반되어야 한다고 봄이 타당하다. 판례도 같은 입장이다.[162] 그리하여 이론상으로는 계약의 성립을 통해 미수범을 인정할 수도 있겠으나, 장물취득죄는 미수범을 벌하지 아니하므로 낙성계약의 성립사실만으로는 장물취득죄가 되지 아니한다. 현실의 인도가 있는 이상 유상취득의 경우 대금지급 전이라도 상관이 없으며, 대금 협상을 후일로 미룬 경우나 수량이나 대금이 구체적으로 결정되지 아니한 경우도 장물취득죄의 성립에 영향이 없다. 반드시 자기를 위하여 취득하는 경우에 한하지 않고 제3자를 위한 취득도 포함한다.[163] 예컨대 회사원이 자신이 근무하는 회사를 위하여 장물을 취득한 경우가 여기에 속한다.[164]

4) 간접점유

69 반드시 현실의 인도를 요하는 것이 아니라 간접적인 점유의 취득이 있어도 장물취득죄가 성립한다. 따라서 시정물(施錠物)의 열쇠를 취득하거나 위탁된 장물을 인출할 수 있는 증서를 인도받은 때에도 장물취득죄가 성립한다.[165]

161 주석 형법, 각칙(6)(제5판), 한국사법행정학회(2017), 661(권순형); 형법주해(XII), 각칙(9), 박영사(2023), 527(김윤섭/최근영); 김성돈, 형법각론(제8판), 성균관대학교 출판부(2022), 522; 김신규, 형법각론강의, 박영사(2020), 523; 김일수/서보학, 새로쓴 형법각론(제9판), 박영사(2018), 413; 박찬걸, 형법각론(제2판), 박영사(2022), 597; 배종대, 형법각론(제14판), 홍문사(2023), 496; 손동권/김재윤, 새로운 형법각론(제2판), 율곡출판사(2022), 496; 신동운, 형법각론(제2판), 법문사(2018), 1327; 오영근, 형법각론(제7판), 박영사(2022), 424; 이재상 외 2인, 형법각론(제12판), 박영사(2021), 459; 정성근/정준섭, 형법강의 각론(제2판), 박영사(2022), 343; 홍영기, 형법 총론과 각론, 박영사(2022), 475.

162 대법원 2003. 5. 13. 선고 2003도1366 판결.

163 주석 형법, 각칙(6)(제5판), 한국사법행정학회(2017), 661(권순형); 김성돈, 형법각론(제8판), 성균관대학교 출판부(2022), 522; 김신규, 형법각론강의, 박영사(2020), 524; 김일수/서보학, 새로쓴 형법각론(제9판), 박영사(2018), 413; 박찬걸, 형법각론(제2판), 박영사(2022), 597; 손동권/김재윤, 새로운 형법각론(제2판), 율곡출판사(2022), 496; 오영근, 형법각론(제7판), 박영사(2022), 423; 이재상 외 2인, 형법각론(제12판), 박영사(2021), 460.

164 주석 형법, 각칙(6)(제5판), 한국사법행정학회(2017), 661(권순형); 형법주해(XII), 각칙(9), 박영사(2023), 526(김윤섭/최근영); 이재상 외 2인, 형법각론(제12판), 박영사(2021), 460.

165 주석 형법, 각칙(6)(제5판), 한국사법행정학회(2017), 662(권순형); 형법주해(XII), 각칙(9), 박영사(2023), 526(김윤섭/최근영); 김성돈, 형법각론(제8판), 성균관대학교 출판부(2022), 522; 김신규, 형법각론강의, 박영사(2020), 524; 배종대, 형법각론(제14판), 홍문사(2023), 496; 손동권/김재윤, 새로운 형법각론(제2판), 율곡출판사(2022), 496; 신동운, 형법각론(제2판), 법문사(2018), 1327; 오영근, 형법각론(제7판), 박영사(2022), 423; 이재상 외 2인, 형법각론(제12판), 박영사(2021), 459; 정성근/정준섭, 형법강의 각론(제2판), 박영사(2022), 343.

5) 취득의 상대방

70 본범으로부터 직접 취득하지 아니하고 전매에 의하여 취득한 경우도 상관없다.[166] 그러나 피해자로부터 직접 취득한 경우는 장물취득이라고 보기 어렵다.[167] 판례도, 피고인이 예금계좌를 개설하여 본범에게 양도하는 사기방조행위를 하였고 본범의 기망행위로 피해자가 위 예금계좌로 자금을 송금한 후 피고인이 그중 140만 원을 인출한 사안에서, '본범의 사기행위는 피고인의 위와 같은 사기방조행위가 가공되어 본범에게 편취금이 귀속되는 과정 없이 피고인이 피해자로부터 위 예금계좌로 돈을 송금 받아 취득함으로써 종료되는 것이고, 그 후 피고인이 자신의 예금계좌에서 위 돈을 인출하였다 하더라도 이는 예금명의자로서 은행에 예금반환을 청구한 결과일 뿐 본범으로부터 위 돈에 대한 점유를 이전받아 사실상 처분권을 획득한 것은 아니므로, 피고인의 위와 같은 인출행위를 장물취득죄로 벌할 수는 없다'라고 판시하였다.[168] 다만 판례는, 피고인이 사기범행에 사용된다는 정을 모른 채 예금계좌를 본범에게 양도하는 등으로 인해 피고인에게 사기방조 등 사기죄의 공범이 성립하지 아니할 경우에 대해서는 '본범의 기망행위로 피해자가 위 예금계좌로 자금을 송금할 경우 피고인은 즉시 피해자와 사이에 사실상의 위탁관계에 따른 보관자 지위에서 해당 자금을 피해자에게 반환해 줄 법적 의무를 부담하므로 피고인이 이를 그대로 보관하지 아니한 채 영득할 의사로 인출하면 사기죄 피해자에 대한 관계에서 횡령죄가 성립한다고 판시하였다.[169] 따라서 이 경우 횡령죄의 본범이 되므로 송금된 자금에 대한 장물취득죄는 구성요건해당성이 결여되어 성립 여부가 문제되지 아니한다.

6) 장물에 대한 인식[지정(知情)]

71 계약이 성립할 당시 장물인 정을 알았음을 요하지 않으나 적어도 현실적으로 인도받을 당시에는 알았음을 요하고 이로써 족하다. 판례도 매수자가 매매계약을 체결할 당시에는 장물인 것을 몰랐으나, 후에 이르러 그 목적물이 장물임을

166 형법주해(XII), 각칙(9), 박영사(2023), 526(김윤섭/최근영).

167 이와 달리 본범의 피해자로부터 받은 경우에도 장물취득죄가 성립할 수 있다는 견해로는 홍영기, 형법 총론과 각론, 박영사(2022), 476.

168 대법원 2009. 12. 10. 선고 2009도8776 판결, 대법원 2010. 12. 9. 선고 2010도6256 판결.

169 대법원 2018. 7. 19. 선고 2017도17494 전원합의체 판결. 이에 대한 상세한 해설은 배정현, "제3자 명의 사기이용계좌(이른바 대포통장) 명의인이 그 계좌에 입금된 보이스피싱 피해금을 인출한 경우 횡령죄 성립 여부", 대법원 판례해설 제118호(2019), 621~645.

알고 인도받은 경우에 장물취득죄가 성립된다고 판시한다.[170] 반면 취득한 후에 비로소 장물인 정을 알았을 때는 그 대가 수수의 여부를 불문하고 장물취득죄가 성립되지 않는다.[171] 인식 가능성과 관련하여 판례는, '장물죄에 있어서 장물의 인식은 확정적 인식임을 요하지 않으며 장물일지도 모른다는 의심을 가지는 정도의 미필적 인식으로서도 충분하고, 장물인 정을 알고 있었느냐의 여부는 장물 소지자의 신분, 재물의 성질, 거래의 대가 기타 상황을 참작하여 이를 인정할 수밖에 없다'고 판시함으로써[172] 그 범위를 상당히 넓게 보고 있다.

7) 손괴·소비·보관

72 장물을 손괴하는 경우에는 취득이라고 할 수 없다.[173] 절도범이 훔친 음식을 함께 나누어 먹는 소비행위를 취득이라고 할 수 있는가가 문제된다. 이에 대해서는 음식물을 함께 나누어 먹는 것만으로는 독자적인 처분권을 취득한 것으로 볼 수 없어 장물취득죄의 성립을 부정하는 견해,[174] 다른 사람과 나누어 먹는 것은 장물취득으로 볼 수 없으나 혼자 먹는 것은 장물취득이 될 수 있다는 견해[175]와 소비는 취득을 전제로 하는 것이므로 장물취득죄가 성립한다는 견해[176] 등이 있다. 다만 절취한 장물인 자동차에 함께 탑승하는 경우처럼 장물을 함께 사용하는 경우는 이와 구별하여 무상의 사용대차와 마찬가지로 장물취득죄가 성립하지 않는 것으로 보아야 한다.[177]

73 장물취득 후의 보관행위는 자신을 위한 것이지 본범을 위한 것이 아니고, 본범으로부터 위탁을 받았다고 할 수 없어 따로 장물보관죄가 성립하지 않는다. 장물인 정을 알고 보관해 주다가 후에 이를 취득한 경우 장물의 보관행위는 취득행위에 흡수되어 장물취득죄만 성립한다.[178]

170 대법원 1960. 2. 17. 선고 59도496 판결.

171 대법원 1971. 4. 20. 선고 71도468 판결.

172 대법원 2006. 10. 13. 선고 2004도6084 판결, 대법원 2011. 5. 13. 선고 2009도3552 판결.

173 오영근, "장물죄에 관한 연구", 형사정책연구 제13권 제2호(2002), 150.

174 형법주해(XII), 각칙(9), 박영사(2023), 527(김윤섭/최근영); 이재상 외 2인, 형법각론(제12판), 박영사(2021), 459.

175 김성돈, 형법각론(제8판), 성균관대학교 출판부(2022), 522; 정성근/정준섭, 형법강의 각론(제2판), 박영사(2022), 344.

176 박찬걸, 형법각론(제2판), 박영사(2022), 597(절취한 돈을 함께 소비한 경우 소비는 취득을 전제로 하는 것이므로 장물취득죄가 성립한다는 견해이다); 오영근, 형법각론(제7판), 박영사(2022), 423.

177 형법주해(XII), 각칙(9), 박영사(2023), 527(김윤섭/최근영); 오영근, 형법각론(제7판), 박영사(2022), 423.

178 주석 형법, 각칙(6)(제5판), 한국사법행정학회(2017), 663(권순형).

나. 양도

1) 의의

74 양도라 함은 장물을 제3자에게 수여하는 것을 말한다. 구 형법에서는 이에 대한 처벌규정이 없다가 위 행위도 피해자의 반환청구권의 행사를 곤란하게 하는 경우라는 이유에서 처벌규정에 추가되었다. 양도는 유상·무상을 불문하며, 양도의 상대방이 장물인 정을 알았는지 여부도 불문한다. 본범의 피해자에게 장물을 양도한 경우에는 양도에 해당하지 않는다.[179] 양도에 관한 계약의 성립만으로는 부족하고 장물의 현실적인 수여, 즉 점유이전이 있음을 요한다는 점은 취득의 경우와 같다.[180]

2) 장물취득죄와의 관계

75 장물양도죄와 장물취득죄의 관계에 대하여 다수설[181]은 장물양도죄는 장물인 정을 모르고 취득하였다가 양도 당시에 장물인 사실을 알면서 처분한 경우에 성립하는 것으로 본다. 이에 대하여 장물양도죄는 취득 당시에 장물임을 알았는지를 불문하고 양도 당시를 기준으로 장물인 정을 알고 양도하면 성립한다는 반대 견해도 있다.[182] 장물인 줄 알면서 취득하였다가 타인에게 양도한 경우 장물취득죄 외에 장물양도죄가 별도로 성립하는지 여부에 대해 다수설의 견해에 의하면 애당초 장물취득죄가 성립함으로써 그 장물에 대한 사실상의 처분권까지도 포함하여 평가된 것이므로, 취득 후 이를 타에 양도하더라도 불가벌적 사후행위에 해당하여 별도로 장물양도죄를 구성하지 않는다고 보게 된다. 이러한 다수설의 결론에 대해서는 장물인 정을 알고 취득하였다가 양도한 행위는 처음부터 장물양도죄의 구성요건해당성이 결여된 것이므로 장물양도행위가 장물취득죄에 대한 불가벌적 사후행위가 될 수는 없다고 비판하면서 협의의 포괄일죄로

179 주석 형법, 각칙(6)(제5판), 한국사법행정학회(2017), 663(권순형); 오영근, 형법각론(제7판), 박영사(2022), 424.

180 형법주해(XII), 각칙(9), 박영사(2023), 528(김윤섭/최근영).

181 김성돈, 형법각론(제8판), 성균관대학교 출판부(2022), 523; 김신규, 형법각론강의, 박영사(2020), 524; 김일수/서보학, 새로쓴 형법각론(제9판), 박영사(2018), 413~414; 박찬걸, 형법각론(제2판), 박영사(2022), 598; 배종대, 형법각론(제14판), 홍문사(2023), 496; 손동권/김재윤, 새로운 형법각론(제2판), 율곡출판사(2022), 496; 신동운, 형법각론(제2판), 법문사(2018), 1328; 오영근, 형법각론(제7판), 박영사(2022), 424; 이영란, 형법학 각론강의(제3판), 형설출판사(2013), 453; 이재상 외 2인, 형법각론(제12판), 박영사(2021), 460; 이형국/김혜경, 형법각론(제2판), 법문사(2019), 519; 정성근/정준섭, 형법강의 각론(제2판), 박영사(2022), 344; 정영일, 형법각론, 학림(2019), 391.

182 임웅, 형법각론(제11정판), 법문사(2020), 578.

서 장물취득죄만이 성립하는 것으로 평가해야 한다는 견해,[183] 장물양도는 구 형법 하에서 장물취득의 불가벌적 사후행위로 인정되다가 현행 형법에서 사법상 반환청구권 행사의 곤란 내지 불가능을 조장한다는 면에 중점을 두어 이를 장물죄의 독립한 행위유형에 추가한 것임을 전제로 장물취득죄 외에 장물양도죄가 별도로 성립한다고 보는 견해가 있다.[184] 반면 장물양도는 장물의 취득을 전제로 한 사후처분행위로서 장물의 손괴, 은닉과 다를 바 없는데, 장물의 손괴, 은닉은 장물죄로 처벌하지 아니하면서 유독 장물의 양도만을 처벌하는 것은 일관성이 없다는 등의 이유로 장물양도죄는 삭제되어야 한다는 견해도 있다.[185] 하급심의 실무는 다수설을 따르는 것으로 보인다.[186]

76 A가 장물인 정을 모르고 재물을 취득하였다가 이후 장물인 사실을 알면서 그 정을 아는 B에게 이를 양도하면 A에 대해서는 장물양도죄, B에 대해서는 장물취득죄가 성립하고, 이들 범죄는 대향적 공범의 관계에 있다.[187] 따라서 A와 B 사이에는 형법 총칙상의 공범이나 방조범에 관한 규정이 적용되지 아니한다.[188]

3) 장물양도와 사기죄의 성립

77 장물임을 고지하지 않고 제3자에게 양도한 행위(예컨대 장물인 자동차를 자신의 소유인 것처럼 기망하여 매도한 경우)에 대해서는 장물양도죄 외에 묵시적 기망에 의한 사기죄가 성립한다.[189] 이 경우 두 죄의 관계에 대해서는 상상적 경합관계라는 견해[190]와 실체적 경합관계라는 견해가 있다. 판례는, 절도범이 절취한 장물을 자기 것인 양 제3자에게 담보로 제공하고 금원을 편취한 경우에는 절도죄 외에 별도로 사기죄가 성립한다고 판시하였으나 장물양도죄와의 관계에 관해 명

183 임웅, 형법각론(제11정판), 법문사(2020), 578; 진계호/이존걸, 형법각론(제6판), 대왕사(2008), 531(장물취득죄의 일죄만이 성립한다는 점에서 결론에 있어서는 다수설과 같다).

184 서일교, 형법각론, 박영사(1982), 197.

185 김선복, "대체장물인 금전의 장물성 인정 여부", 비교형사법연구 제4권 제2호(2002), 307~308.

186 서울남부지방법원 2019. 9. 20. 선고 2019노678, 1021(병합) 판결.

187 김성돈, 형법각론(제8판), 성균관대학교 출판부(2022), 523; 손동권/김재윤, 새로운 형법각론(제2판), 율곡출판사(2022), 496.

188 대법원 2001. 12. 28. 선고 2001도5158 판결.

189 주석 형법, 각칙(6)(제5판), 한국사법행정학회(2017), 664(권순형); 김성돈, 형법각론(제8판), 성균관대학교 출판부(2022), 523; 박찬걸, 형법각론(제2판), 박영사(2022),597; 손동권/김재윤, 새로운 형법각론(제2판), 율곡출판사(2022), 496; 오영근, 형법각론(제7판), 박영사(2022), 424; 이형국/김혜경, 형법각론(제2판), 법문사(2019), 519.

190 김성돈, 형법각론(제8판), 성균관대학교 출판부(2022), 523; 배종대, 형법각론(제14판), 홍문사(2023), 500; 임웅, 형법각론(제11정판), 법문사(2020), 579.

확히 판시한 바는 없는 것으로 보인다.[191] 한편 판례는 자기앞수표가 장물인 경우에는 예외를 인정하여 '금융기관 발행의 자기앞수표는 그 액면금을 즉시 지급받을 수 있는 점에서 현금에 대신하는 기능을 가지고 있어서 장물인 자기앞수표를 취득한 후 이를 현금 대신 교부한 행위는 장물취득에 대한 가벌적 평가에 당연히 포함되는 불가벌적 사후행위로서 별도의 범죄를 구성하지 아니한다'라고 판시한다.[192]

다. 운반

1) 의의

78 운반이라 함은 장물을 장소적으로 이전하는 것을 말하고, 유상·무상을 불문한다. 다만 본범 또는 장물취득자의 의사에 반하여 이루어지는 경우는 장물에 대한 절도 등 별도의 범죄를 구성하므로, 운반행위는 본범 또는 장물취득자의 사전양해 또는 추정적 승낙 하에서 행하여진 것이어야 한다.[193] 운반을 인수하는 계약의 체결만으로는 부족하고 장물의 현실적인 수여, 즉 점유이전이 있음을 요한다는 점은 취득·양도의 경우와 같다(요물성).

2) 운반의 거리

79 장소적으로 이전하여 피해자의 권리실행을 곤란하게 한 이상 운반에 소요된 거리는 문제되지 않으므로 거리가 그다지 멀지 않더라도 장물운반죄가 성립한다.[194] 이에 대하여 장소적 원근을 불문한다고 하면서도 피해자의 추구·회복 또는 본범의 위법상태의 유지·존속에 영향을 미칠 정도의 장소적 이동을 요한다는 견해[195]가 있다. 장물죄의 본질이 피해자로 하여금 추구·회복을 불가능 또는 곤란하게 하는 데에 있으므로 거리가 지나치게 짧아서 추구권 행사에 거의 영향이 없는 경우 또는 물건이 있던 장소와 운반된 장소가 추구권의 관점에서 동일한

191 대법원 1980. 11. 25. 선고 80도2310 판결.

192 대법원 1993. 11. 23. 선고 93도213 판결.

193 주석 형법, 각칙(6)(제5판), 한국사법행정학회(2017), 665(권순형); 형법주해(XII), 각칙(9), 박영사(2023), 529(김윤섭/최근영); 김성돈, 형법각론(제8판), 성균관대학교 출판부(2022), 523; 김일수/서보학, 새로쓴 형법각론(제9판), 박영사(2018), 414; 박찬걸, 형법각론(제2판), 박영사(2022), 598; 배종대, 형법각론(제14판), 홍문사(2023), 497; 신동운, 형법각론(제2판), 법문사(2018), 1329; 정성근/정준섭, 형법강의 각론(제2판), 박영사(2022), 344.

194 주석 형법, 각칙(6)(제5판), 한국사법행정학회(2017), 665(권순형).

195 형법주해(XII), 각칙(9), 박영사(2023), 529(김윤섭/최근영); 김성돈, 형법각론(제8판), 성균관대학교 출판부(2022), 523; 신동운, 형법각론(제2판), 법문사(2018), 1329; 오영근, 형법각론(제7판), 박영사(2022), 424~425; 정성근/정준섭, 형법강의 각론(제2판), 박영사(2022), 344.

장소로 평가할 수 있는 경우라면 장물운반죄의 성립을 인정할 수 없을 것이다. 반대로 운반을 위해 이동한 거리가 짧은 경우라도 장물의 발견이나 추구·회복을 곤란하게 한 경우라면 장물운반죄가 성립하는 것으로 보아야 할 것이다.[196] 예컨대, 피해자 집의 현관에서 장물의 운반을 위해 그 앞에 세워둔 차량까지 장물을 이동시킨 경우 공간적인 관점에서 이동거리는 극히 짧지만 재산범죄의 발생장소로서 피해자 집의 현관과 장물운반수단인 운반용 차량을 목적론적·규범적으로 동일한 장소로 평가할 수는 없고, 행위의 결과로서 장물의 추구·회복이 곤란하게 되는 것으로 평가할 수 있으므로 장물운반죄가 성립한다고 보는 것이 타당하다. 일본의 판례 중에는, 본범의 의뢰를 받아 본범의 집 부근에서 그 집안에 있는 벽장까지 장물을 이동시킨 경우,[197] 장물인 쌀가마를 원래 있던 곳에서 약 1.5미터 정도 이동시킴으로써 피해자로 하여금 발견을 곤란하게 한 경우,[198] 경찰로부터 강취한 가방을 본범으로부터 건네받아 그 현장에서 약 25미터 정도 떨어진 대학 구내로 가져간 경우[199] 등에 대하여 모두 장물운반죄의 성립을 인정하였다.

3) 운반의 방법

80 자기를 위한 경우 예컨대, 정을 알지 못한 채 장물을 취득하였다가 그 사실을 알게 된 후 장물을 다른 곳으로 직접 운반한 경우뿐만 아니라 본범이나 다른 장물범, 그 밖의 제3자를 위해 운반한 경우도 포함된다. 예컨대, 택시기사가 장물을 소지한 손님을 그 정을 알면서 택시에 태우고 이동시킨 경우이다. 다만 본범의 피해자로부터 위탁을 받거나, 피해자에게 반환하기 위하여 운반하는 경우는 장물운반죄가 성립하지 않는다.[200] 이러한 경우는 피해자 자신의 추구권행사로 볼 수 있고 위법한 재산 상태를 소멸시키는 결과가 되기 때문이다. 이에 대해 추구권은 피해자가 아무런 부담 없이 피해 물건을 반환받을 수 있는 권리를 의미하므로 피해자가 아닌 본범의 부탁을 받아 운반한 것에 불과하다면 본범의 이익을 꾀하는 것이라는 이유에서 장물운반죄가 성립한다는 반대 견해[201]가 있

196 大塚仁 외, 大コンメンタール刑法(第13巻)(第3版), 青林書院(2018), 737.

197 日最判 1958. 10. 24. (刑集 12권 14호 3368).

198 福岡高判 1950. 11. 14. (高等刑報 14호 179).

199 仙台地判 1987. 12. 3. (刑事裁判資料 263호 4).

200 주석 형법, 각칙(6)(제5판), 한국사법행정학회(2017), 665(권순형); 형법주해(XII), 각칙(9), 박영사(2023), 529(김윤섭/최근영); 大塚仁 외, 大コンメンタール刑法(第13巻)(第3版), 青林書院(2018), 737.

201 김신규, 형법각론강의, 박영사(2020), 524; 신동운, 형법각론(제2판), 법문사(2018), 1329; 오영근, 형법각론(제7판), 박영사(2022), 424; 이재상 외 2인, 형법각론(제12판), 박영사(2021), 460.

다. 어느 견해를 취하든 본범과 협력하여 장물의 반환을 조건으로 피해자로부터 다액의 금원을 교부받을 목적으로 피해자에게 운반하는 경우에는 장물운반죄가 성립한다고 보아야 할 것이다.

81 직접 운반하는 경우뿐만 아니라 제3자를 통해 운반하게 하는 경우도 포함된다. 장물인 정을 모르는 제3자를 이용할 경우 간접정범(형법 제34조)의 형태로 장물운반죄가 성립하게 된다.[202] 예컨대, 장물을 제3자가 운전하는 트럭에 적재하고 자신은 따로 택시에 승차하여 목적지에서 만나기로 한 경우, 또는 택배 서비스를 이용하여 장물만을 제3의 장소로 이동시키는 경우 등이다. 이와 관련하여 본범으로부터 장물인 현금을 교부받아 자신의 은행예금계좌에 입금한 다음 원격지의 은행예금계좌로 이체한 경우는 어떠한가? 이 경우 서로 떨어진 장소 사이에서 장부상 현금의 가치 이전이 있을 뿐이지, 장물인 현금 그 자체의 장소적 이동은 없다고 보아야 하고, 현금의 소유권은 이미 은행예금에 대한 채권 형태로 변경됨으로써 동일성을 상실한 경우에 해당한다. 따라서 원래의 현금이 장물로서의 동일성을 유지하면서 원격지 사이에서 이동한 경우로 볼 수는 없으므로 장물운반죄가 성립하지 않는다. 다만 현금을 교부받아 은행예금계좌에 입금한 목적, 원격지 은행예금계좌 명의자와의 관계 등에 따라서는 장물의 처분을 알선하거나 장물을 취득한 경우로 볼 여지는 있을 것이다.[203]

4) 장물취득죄 등과의 관계

82 장물인 정을 모르고 운반하는 경우 장물운반죄를 구성하지 않음은 물론이지만 운반 도중에 장물인 정을 알게 되었을 때는 그 후에 계속된 운반행위에 관하여 장물운반죄를 구성한다.[204] 다만 운반 도중에 장물인 정을 알았더라도 운반행위를 중지하는 것이 곤란한 경우라면 장물운반죄로 처벌할 수는 없을 것이다.[205] 장물을 취득한 자가 스스로 운반하는 경우 운반행위는 불가벌적 사후행위에 해당하므로 장물취득죄와 별개로 장물운반죄가 성립하지 않는다. 장물을 운반하던 자가 이를 취득한 때에는 장물취득죄만이 성립한다. 자기와 공동하여 재산범죄를 실행한 공동정범자가 그 범죄에 의하여 취득한 장물을 운반한 경우에도 본범에 불과

202 형법주해(XII), 각칙(9), 박영사(2023), 530(김윤섭/최근영).
203 大塚仁 외, 大コンメンタール刑法(第13巻)(第3版), 青林書院(2018), 737~738.
204 형법주해(XII), 각칙(9), 박영사(2023), 530(김윤섭/최근영).
205 大塚仁 외, 大コンメンタール刑法(第13巻)(第3版), 青林書院(2018), 737.

하므로 장물운반죄가 따로 성립하지 아니하나 본범과 공동하여 장물을 운반한 제3자에 대해서는 장물운반죄가 성립한다.[206] 본범이 절취한 차량이라는 정을 알면서 본범으로부터 차량을 이용하여 강도를 하려는데 대신 차량을 운전해 달라는 부탁을 받고 차량을 운전해 준 경우, 강도예비죄의 공동정범 외에 장물운반죄가 성립한다는 것이 판례[207]이다. 그러나 타인이 이미 절취·운반하는 승용차의 뒷좌석에 편승한 행위만으로는 장물운반죄의 실행을 분담하였다고 할 수 없다.[208]

5) 기수 시점

83 장물운반죄의 기수시점에 관하여는, 장물운반죄가 장물양도죄와 짝을 이루는 범죄로서 운반의 목적인 양도행위의 완성, 즉 상대방에게 점유 이전을 달성하여야 비로소 기수가 된다는 견해,[209] 사실상 운반행위가 개시되면 기수가 되고 목적 달성까지 요하지는 아니한다는 견해[210]가 있다. 장물운반죄는 계속범의 실질을 갖고 있으므로 일단 운반이 개시되어 계속되는 동안은 법익 침해가 계속되는 데에 불과하다고 보아야 하므로 후자의 견해가 타당하다. 따라서 장물의 운송 도중 경찰의 불심검문을 받고 목적지에 이르지 못한 경우라도 장물운반죄의 기수가 된다.

라. 보관

1) 의의

84 보관이라 함은 위탁을 받아 장물을 자기의 점유 하에 두는 것을 말한다. 유상·무상을 불문하고, 직접점유뿐만 아니라 간접점유에 의한 보관도 가능하다. 장물에 대한 사실상의 처분권이 없다는 점에서 취득과 구별된다. 보관의 위탁자가 반드시 본범일 필요는 없다. 질물로 교부받거나 대여금의 담보로서 교부받는 경우, 임대차, 사용대차의 목적으로 인도받아 보관하는 경우도 모두 이에 해당할 수 있다.[211]

206 주석 형법, 각칙(6)(제5판), 한국사법행정학회(2017), 666(권순형); 형법주해(XII), 각칙(9), 박영사(2023), 530(김윤섭/최근영); 김성돈, 형법각론(제8판), 성균관대학교 출판부(2022), 524; 김신규, 형법각론강의, 박영사(2020), 525; 김일수/서보학, 새로쓴 형법각론(제9판), 박영사(2018), 414; 배종대, 형법각론(제14판), 홍문사(2023), 497; 손동권/김재윤, 새로운 형법각론(제2판), 율곡출판사(2022), 497; 신동운, 형법각론(제2판), 법문사(2018), 1329; 오영근, 형법각론(제7판), 박영사(2022), 425; 이재상 외 2인, 형법각론(제12판), 박영사(2021), 461; 정성근/정준섭, 형법강의 각론(제2판), 박영사(2022), 345; 홍영기, 형법 총론과 각론, 박영사(2022), 476.

207 대법원 1999. 3. 26. 선고 98도3030 판결.

208 대법원 1983. 9. 13. 선고 83도1146 판결.

209 배종대, 형법각론(제14판), 홍문사(2023), 497.

210 김성돈, 형법각론(제8판), 성균관대학교 출판부(2022), 524; 김일수/서보학, 새로쓴 형법각론(제9판), 박영사(2018), 414; 정성근/정준섭, 형법강의 각론(제2판), 박영사(2022), 344.

211 형법주해(XII), 각칙(9), 박영사(2023), 531(김윤섭/최근영).

2) 보관의 방법

85 단순히 보관을 인수하는 계약의 성립만으로는 부족하고 현실적으로 장물을 수취함을 요한다. 현금의 보관을 위탁받은 경우에는 인도받은 현금을 다른 통화로 환전하거나 예금계좌에 예치하여 보관하더라도 장물성이 유지되므로 장물보관죄가 성립한다. 장물로서 보관을 위탁받은 현금이 애당초 예금계좌에 이체되는 방식으로 전달된 경우는 어떠한가? 장물의 재물성, 보관의 요물성 등에 비추어 본다면 이 경우도 일단 보관을 위탁받은 자가 예금계좌에서 현금을 인출하는 등의 방법으로 현실 인도가 있는 경우에 비로소 장물보관죄가 성립한다고 봄이 타당하다.[212] 재물로서 점유를 취득한 적이 한 번도 없는 물건에 대해서까지 인정하게 되면 장물보관죄의 성립 범위가 지나치게 넓어질 뿐만 아니라 성립의 한계도 모호해지기 때문이다.

3) 장물취득죄 등과의 관계

86 장물을 취득한 자가 이를 보관한 때에는 장물취득죄만 성립한다. 장물을 보관한 자가 취득한 때에도 같다.[213] 이와 관련된 이론적 구성은, 전자의 경우 장물보관은 장물취득의 불가벌적 사후행위가 되고, 후자의 경우에는 장물의 보관이 취득에 대하여 보충관계에 있기 때문이라는 견해,[214] 전자의 경우 장물의 보관은 불가벌적 사후행위가 되고 후자의 경우에는 보관이 취득에 흡수되기 때문이라는 견해,[215] 전자와 후자 모두에 있어 법조경합관계이기 때문에 장물보관죄가 별개로 성립하지 않는다는 견해,[216] 협의의 포괄일죄로 장물취득죄만 성립한다는 견해[217] 등이 있다.

212 大塚仁 외, 大コンメンタール刑法(第13巻)(第3版), 青林書院(2018), 738.

213 주석 형법, 각칙(6)(제5판), 한국사법행정학회(2017), 667(권순형); 김성돈, 형법각론(제3판), 성균관대학교 출판부(2022), 525; 김신규, 형법각론강의, 박영사(2020), 525; 배종대, 형법각론(제14판), 홍문사(2023), 497; 손동권/김재윤, 새로운 형법각론(제2판), 율곡출판사(2022), 498; 오영근, 형법각론(제7판), 박영사(2022), 425; 이재상 외 2인, 형법각론(제12판), 박영사(2021), 461; 정성근/정준섭, 형법강의 각론(제2판), 박영사(2022), 345; 홍영기, 형법 총론과 각론, 박영사(2022), 476(운반을 업무로 하는 운송업자이거나 보관을 업무로 하는 창고업자의 경우 장물취득 후의 운반·보관행위에 대해 별도의 죄가 성립하는 것으로 해석한다).

214 손동권/김재윤, 새로운 형법각론(제2판), 율곡출판사(2022), 498; 이재상 외 2인, 형법각론(제12판), 박영사(2021), 461.

215 배종대, 형법각론(제14판), 홍문사(2023), 500; 오영근, 형법각론(제7판), 박영사(2022), 425.

216 김선복, 신형법각론, 세종출판사(2016), 415.

217 김성돈, 형법각론(제8판), 성균관대학교 출판부(2022), 525.

87 장물을 보관하던 자가 이를 횡령하면 장물보관죄만 성립하고 횡령죄는 불가벌적 사후행위가 된다는 보는 것이 다수설[218] 및 판례[219]이다. 이에 대하여는 장물보관죄만 성립한다고 보는 점에서는 다수설과 결론이 같지만 따로 횡령죄가 성립하지 아니하는 이유에 대해 불법원인급여물에 해당하여 애당초 구성요건해당성이 결여되었기 때문이지 불가벌적 사후행위이기 때문은 아니라는 견해,[220] 장물의 보관과 횡령은 별개의 행위이고 불법원인급여물에 대해 횡령죄의 성립을 긍정하는 위법상태유지설의 입장에서 양 죄의 경합범이 되는 것으로 보아야 한다는 견해,[221] 양 죄의 상상적 경합이 된다는 견해 등이 있다.

4) 기수 시점

88 장물보관죄가 성립하기 위해서는 적어도 보관을 개시할 때 장물에 대한 인식이 있어야 한다. 장물인 사실을 알고 보관을 현실적으로 개시한 때에 장물보관죄는 기수가 된다.[222] 따라서 장물인 정을 모르고 보관하다가 그 후 장물인 정을 알고 나서 장물반환이 불가능하지 않음에도 보관을 계속하는 경우에는 장물임을 알게 된 때부터 장물보관죄가 성립한다.[223] 장물임을 알게 된 후 수사기관에 신고하거나 소유자에게 알리는 행위를 하였다면 장물보관죄가 성립한다고 보기는 어려울 것이다.[224] 반면 장물임을 알게 된 후에 이러한 조치를 취할 수 없거나 반환이 불가능한 경우, 또는 애당초 질권, 유치권 등의 효력으로 권원을 갖고 점유를 시작하였을 때에는 장물보관죄가 성립하지 않는다고 보아야 할 것이다.[225]

218 주석 형법, 각칙(6)(제5판), 한국사법행정학회(2017), 668(권순형); 김성돈, 형법각론(제8판), 성균관대학교 출판부(2022), 524; 김신규, 형법각론강의, 박영사(2020), 525; 김일수/서보학, 새로쓴 형법각론(제9판), 박영사(2018), 415; 박찬걸, 형법각론(제2판), 박영사(2022), 599; 배종대, 형법각론(제14판), 홍문사(2023), 500; 손동권/김재윤, 새로운 형법각론(제2판), 율곡출판사(2022), 498; 정성근/정준섭, 형법강의 각론(제2판), 박영사(2022), 345.

219 대법원 1976. 11. 23. 선고 76도3067 판결, 대법원 2004. 4. 9. 선고 2003도8219 판결.

220 이영란, 형법학 각론강의(제3판), 형설출판사(2013), 456.

221 백형구, 형법각론(개정판), 청림출판(2002), 247; 임웅, 형법각론(제11정판), 법문사(2020), 582.

222 김일수/서보학, 새로쓴 형법각론(제9판), 박영사(2018), 415.

223 대법원 1987. 10. 13. 선고 87도1633 판결.

224 大塚仁 외, 大コンメンタール刑法(第13券)(第3版), 青林書院(2018), 738.

225 주석 형법, 각칙(6)(제5판), 한국사법행정학회(2017), 666(권순형); 형법주해(XII), 각칙(9), 박영사(2023), 531(김윤섭/최근영); 김성돈, 형법각론(제8판), 성균관대학교 출판부(2022), 525; 김신규, 형법각론강의, 박영사(2020), 525; 김일수/서보학, 새로쓴 형법각론(제9판), 박영사(2018), 415; 박찬걸, 형법각론(제2판), 박영사(2022), 599; 배종대, 형법각론(제14판), 홍문사(2023), 497; 신동운, 형법각론(제2판), 법문사(2018), 1330; 이재상 외 2인, 형법각론(제12판), 박영사(2021), 461; 정성근/정준섭, 형법강의 각론(제2판), 박영사(2022), 345; 홍영기, 형법 총론과 각론, 박영사(2022), 476.

이는 본범을 비호하기 위한 것이 아니라 다른 불가피한 사정이 있거나 채권확보라는 정당한 목적 달성을 위한 경우이기 때문이다. 판례도 '장물인 정을 모르고 장물을 보관하였다가 그 후에 장물인 정을 알게 된 경우 그 정을 알고서도 이를 계속하여 보관하는 행위는 장물죄를 구성하는 것이나, 이 경우에도 점유할 권한이 있는 때에는 이를 계속하여 보관하더라도 장물보관죄가 성립하지 않으므로, 채권 담보조로 수표를 교부받았다가 그 후 장물인 점을 알게 되었더라도 장물보관죄에 해당하지 않는다'고 판시한다.[226] 또한 전당포영업자인 피고인이 대여금채권의 담보로 보석들을 전당잡은 경우 취득할 당시에는 장물성에 대한 고의 또는 업무상과실이 없는 이상 그 후 장물인 정을 알게 되었더라도 점유할 권원이 있으므로 장물취득죄는 물론 장물보관죄도 성립하지 않는다고 판시하였다.[227]

마. 알선

1) 의의

89 알선이라 함은 장물의 취득, 양도, 운반, 보관 등 행위를 매개·주선하는 것을 말한다. 구 형법에서는 '아보(牙保)'라는 용어를 사용하였다. 매개·주선의 대상은 매매, 교환, 입질 등 법률상 장물에 대한 유상의 처분행위에 한한다고 보는 견해가 있으나, 유상의 처분행위에 한정할 필요가 없다고 본다.[228] 알선행위 자체도 유상·무상을 불문하며 이익이나 대가를 수반함을 요하지 않는다. 또한 주선은 직접적이든 또는 간접적이든 불문하므로 직접 매수자를 상대로 교섭을 하지 아니하고 제3자에게 의뢰하여 교섭하게 함으로써 장물매매행위를 매개하였을 때에도 장물알선죄가 성립한다. 예컨대, 장물매각의 의뢰를 받은 A가 B에게 매각알선을 의뢰하고 B가 다시 C에게 매매교섭을 하였을 때에도(연쇄알선) A의 행위는 장물알선죄를 구성한다. 매매의 주선에 있어 주선자 자신의 명의로 매매행위를 하든 또는 본범의 명의 또는 그 대리명의로 하든 상관없다. 장물의 알선은 본범 또는 장물취득자와의 합의 또는 추정적 승낙 하에 행해진 것이어야 하고 일방적인 알선은 알선행위에 해당하지 아니한다.[229]

226 대법원 1986. 1. 21. 선고 85도2472 판결.
227 대법원 2006. 10. 13. 선고 2004도6084 판결.
228 주석 형법, 각칙(6)(제5판), 한국사법행정학회(2017), 668(권순형); 김성돈, 형법각론(제8판), 성균관대학교 출판부(2022), 525; 김일수/서보학, 새로쓴 형법각론(제9판), 박영사(2018), 415; 배종대, 형법각론(제14판), 홍문사(2023), 498; 정성근/정준섭, 형법강의 각론(제2판), 박영사(2022), 345.
229 형법주해(XII), 각칙(9), 박영사(2023), 532(김윤섭/최근영).

2) 알선의 상대방

90 재산범죄의 피해자에게 알선한 경우에도 장물알선죄가 성립하는지에 관하여, 일본 판례는 알선행위가 절취된 물건 대한 피해자의 정상적인 회복을 곤란하게 할 뿐만 아니라 본범의 범죄를 조장하고 유발할 우려가 있는 행위라고는 이유로 장물알선죄의 성립을 인정한다.[230]

3) 범죄의 성립시기

91 다른 유형의 장물죄와 같이 장물알선죄도 장물을 주선키로 하는 계약의 성립만으로는 부족하고 주선행위 등 추가적인 거동이 있음을 요한다. 장물알선죄의 성립시기에 관하여는 견해가 대립한다.

가) 알선행위시설

92 주선행위가 있는 이상 이로써 족하고 그 주선행위에 의하여 매매 등이 성립할 것을 요하지 않는다는 견해[231]이다. 장물의 취득·양도행위를 알선하는 것은 결과적으로 절도, 강도 등 본범의 행위를 유발할 위험성이 상당히 크다는 점, 알선행위에 기한 매매 등 알선행위가 완성되지 아니하였다고 하여도 피해자의 장물반환청구권의 행사를 곤란케 할 위험성이 있다는 점, 행위태양이 알선이라는 점, 취득(매매)에 있어서는 계약이라는 당사자의 주관의 일치만으로는 행위의 파악이 곤란하기 때문에 명확한 객관적 행위를 요구하는 것인데, 알선에 있어서는 주선활동에 의하여 알선행위가 충분하고도 명확하게 객관화되므로 더 이상의 장물의 수수나 매매 등 계약의 성립을 요하지 않는다는 점, 주선행위에 의한 장물의 수수나 매매 등 계약의 성립을 필요로 한다고 보면 알선죄의 성립이 조건부로 되어 일종의 종속성을 띠게 되므로 바람직하지 못하다는 점 등을 근거로 한다.

나) 계약성립필요설

93 알선에 의하여 적어도 장물을 취득·양도·운반·보관하기로 하는 계약의 성립이 필요하다는 견해[232]이다. 취득죄 등 다른 행위유형에서 현실의 인도를 요한다고 하면서, 알선에 한하여 주선행위만 있으면 족하다고 해석하는 것은 피해자의 반

230 日最決 2002. 7. 1. (刑集 56권 6호 265).

231 김일수/서보학, 새로쓴 형법각론(제9판), 박영사(2018), 415~416; 박상기/전지연, 형법학[총론·각론], 집현재(2021), 720; 박찬걸, 형법각론(제2판), 박영사(2022), 599; 신동운, 형법각론(제2판), 법문사(2018), 1331; 정영일, 형법각론, 학림(2019), 392; 홍영기, 형법 총론과 각론, 박영사(2022), 477.

232 이형국/김혜경, 형법각론(제2판), 법문사(2019), 520; 임웅, 형법각론(제11정판), 법문사(2020), 581.

환청구권 행사를 곤란케 한다는 관점에서 볼 때 균형이 맞지 않는다는 점, 본범을 유발할 위험성이 크다는 것, 즉 행위의 추상적 위험성의 존재를 알선죄에 대하여서만 강조하는 것도 다른 유형의 장물죄와 대비하여 볼 때 모순이라는 점, 점유의 이전까지 요한다는 것은 알선의 문언해석에 전적으로 반한다는 점 등을 근거로 한다.

다) 점유이전필요설

94 알선에 의하여 점유의 이전까지 있어야 한다는 견해[233]이다. 장물알선행위만으로는 위험성이 다른 행위에 비추어 특히 크다고 할 수 없는 점, 장물죄는 거동범 내지 위험범이 아니라 침해범이므로 알선행위나 계약의 성립만으로는 법익의 침해가 있다고 보기 어렵다는 점, 장물에 대한 위법한 재산상태의 유지 내지 반환청구권에 대한 위험은 점유의 이전에 의하여 비로소 실현되는 것인 점, 장물의 취득·양도·운반·보관의 경우에는 모두 현실적인 점유가 있어야 기수가 된다고 해석하는 것과의 균형상 점유의 이전이 있어야 장물알선죄가 성립한다고 해석해야 한다는 점 등을 근거로 한다. 즉 장물이 알선자의 지배하에 있지 아니한 경우로서 주선행위는 있지만 장물의 현실적인 수수는 물론 매매 등 계약의 성립조차 없을 때에는 소유자의 반환청구권 행사를 곤란하게 하였다고 보기 어려울 뿐 아니라 구체적인 위험성도 없으므로 알선에 있어서도 현실적인 점유의 이전이 필요하다고 본다.

라) 판례

95 알선행위시설을 취하고 있다. 즉 '장물알선죄에서 알선이란 장물을 취득·양도·운반·보관하려는 당사자 사이에 서서 이를 중개하거나 편의를 도모하는 것을 의미한다. 따라서 장물인 정을 알면서, 장물을 취득·양도·운반·보관하려는 당사자 사이에서 서로를 연결하여 장물의 취득·양도·운반·보관행위를 중개하거나 편의를 도모하였다면, 그 알선에 의하여 당사자 사이에 실제로 장물의 취득·양도·운반·보관에 관한 계약이 성립하지 아니하였거나 장물의 점유가 현실적으로 이전되지 아니한 경우라도 장물알선죄가 성립하므로, 장물인 귀금속의 매도를

233 김성돈, 형법각론(제8판), 성균관대학교 출판부(2022), 525; 김신규, 형법각론강의, 박영사(2020), 527; 배종대, 형법각론(제14판), 홍문사(2023), 498; 손동권/김재윤, 새로운 형법각론(제2판), 율곡출판사(2022), 498~499; 오영근, 형법각론(제7판), 박영사(2022), 426; 이영란, 형법학 각론강의(제3판), 형설출판사(2013), 455; 이재상 외 2인, 형법각론(제12판), 박영사(2021), 462; 정성근/정준섭, 형법강의 각론(제2판), 박영사(2022), 346.

부탁받은 피고인이 그 귀금속이 장물임을 알면서도 매매를 중개하고 매수인에게 이를 전달하려다가 매수인을 만나기도 전에 체포되었다 하더라도, 위 귀금속의 매매를 중개함으로써 장물알선죄가 성립한다'고 판시한다.[234] 참고로 일본의 경우 과거에는 매도인과 매수인 사이에 개입하여 매매를 이루게 하여야만 장물알선죄가 성립한다고 보고 다른 장물죄와 마찬가지로 장물이 현실적으로 인도되는 것을 요한다고 하여 점유이전시설[235]을 취하였으나, 최근에는 본범이 재산범죄에 의하여 얻은 장물에 관하여 본범을 위한 불공정한 거래의 중개를 주선함으로써 강도·절도를 유발할 우려가 있다고 볼 수 있으므로 주선행위에 의하여 아직 장물의 매매가 완성되지 않고, 피해자의 반환청구권 행사를 불능 또는 곤란하게 할 우려는 없었다 하더라도 주선행위만으로 이미 장물알선죄의 성립에 필요한 행위를 한 것으로 인정함이 상당하다고 하여 알선행위시설[236]을 판례로 확립하였다.

마) 검토

96 판례에 대해서는 다른 장물죄와는 달리 장물알선죄에 한하여 알선행위만으로 충분하다고 보는 것에 대한 합리적인 설명이 부족하다거나 장물죄를 침해범이라고 보면서도 장물알선죄에 대하여만 위험범으로 구성하는 것은 이론적 정합성에 문제가 있다는 등의 비판이 있다. 그러나 문언상 '알선'은 당사자 사이에서 중개하거나 편의를 도모하는 것으로 충분하고, 이를 넘어 당사자 사이에 목적하는 계약이 성립하거나 계약이 이행될 것까지 요한다고 볼 수 없다는 점이나 형법상 알선행위의 전제가 되는 다른 장물죄 유형에 대한 미수범 처벌 규정이 없으므로 장물의 이전에는 이르지 아니한 장물죄 미수범에 대한 처벌을 장물알선죄를 통하여 실현할 형사정책적 필요성이 인정된다는 점에서 알선행위시설의 타당성을 인정할 수 있다.[237]

4) 장물보관죄 등과의 관계

97 장물을 알선하기 위해 운반·보관한 후 알선행위를 하거나 운반·보관 중에 다시 알선을 의뢰받고 알선행위를 한 때에는 운반·보관은 불가벌적 사전행위로서 장물

234 대법원 2009. 4. 23. 선고 2009도1203 판결.

235 日大判 1914. 1. 21. (刑錄 20집 41).

236 日最判 1951. 1. 30. (刑集 5권 1호 117).

237 서경환, "장물알선죄에서 '알선'의 의미 및 그 성립요건", 대법원판례해설 제80호(2009), 715~716.

알선죄만 성립하고, 본범의 의뢰를 받아 보관 중이던 장물을 본범에게 반환한 후 이를 제3자에게 양도하는 것을 알선한 경우에는 장물보관죄와 장물알선죄가 성립하며 양자는 실체적 경합범이 된다.[238] 이에 대해 장물의 운반·보관행위가 장물알선과 불가분의 관계에 있는 경우 장물알선죄의 포괄일죄가 된다는 견해가 있다.[239]

Ⅳ. 주관적 구성요건

1. 고의

98 고의범이므로 실행행위 및 행위의 대상이 장물임에 대한 인식[지정(知情)]을 요한다.

가. 지정(知情)의 대상·정도

99 장물죄는 본범에 대한 원조행위로서의 특징을 갖는다. 그에 따라 장물범의 성립을 위해서는 취득·양도·보관·운반·알선 등 범행의 유형을 불문하고 본범을 포함한 앞선 점유자와 장물범 사이에 행위에 대한 의사의 합치(또는 추정적 승낙)와 함께 행위의 대상이 장물이라는 점에 대한 주관적 인식이 요구된다.[240] 장물의 인식은 확정적 인식임을 요하지 않으며 장물일지도 모른다는 의심을 가지는 정도의 미필적 인식만으로 충분하다.[241]

100 본범의 구체적 범죄사실에 대한 인식은 필요하지 않다. 즉 물건이 누군가의 재산범죄에 의하여 영득된 것이라는 인식이 있으면 족하고 본범의 구체적 범죄사실, 즉 그것이 어떠한 재산범죄에 의하여 취득된 것인가, 본범자가 누구인가, 피해자가 누구인가 등의 사항을 인식할 필요가 없다.[242] 장물범의 입장에서 대향관계에 있는 상대방이 본범인지 여부도 알 필요가 없다. 그 밖에 본범의 범행일시, 피해품목, 범행방법 등도 상세히 알 필요가 없다. 법원이 유죄판결의 이유를 작성함에 있어서도 재산범죄를 통해 영득한 것임은 범죄사실로 명시되어야 하겠으나 절도, 강도, 사기, 공갈 중 구체적으로 어느 범죄에 의하여 영득한 것인지를 명시할 것이 반드시 요구되는 것은 아니다. 다만 단순히 '범죄행위'로 인하여 위법하게 영득한 재물이라고 기재하는 것은 적절치 않다.[243]

238 김성돈, 형법각론(제8판), 성균관대학교 출판부(2022), 525~526.
239 신동운, 형법각론(제2판), 법문사(2018), 1329.
240 배종대, 형법각론(제14판), 홍문사(2023), 495; 홍영기, 형법 총론과 각론, 박영사(2022), 475.
241 대법원 2004. 12. 9. 선고 2004도5904 판결, 대법원 1995. 1. 20. 선고 94도1968 판결.
242 대법원 1969. 1. 21. 선고 68도1474 판결.
243 대법원 2000. 3. 24. 선고 99도5275 판결.

101 친족상도례의 적용에 의하여 형이 면제되는 경우에도 영득된 재물은 장물로서의 성질을 잃지 않으므로 행위자가 친족상도례에 의하여 취득된 재물이라는 정을 알고 장물죄에 해당하는 행위를 한 때에도 장물죄가 성립함은 물론이다.[244]

나. 지정(知情)의 시기

102 취득·양도·보관·운반·알선 등 행위에 관한 본범 또는 앞선 점유자와의 의사합치는 행위 당시에 존재하여야 한다. 이와 달리 장물이라는 점에 대한 인식은 행위 시에 존재할 것을 요하는 것이 원칙이나 행위의 유형과 성질에 따라 구별이 필요하다.[245] 대체로 즉시범의 성격을 갖는 장물취득죄, 장물양도죄, 장물알선죄는 그 행위 시에 인식이 있어야 하지만, 계속범적 성격을 갖는 장물운반죄와 장물보관죄는 사후에라도 이에 대한 인식이 성립할 수 있다. 그리하여 장물취득죄는 취득 당시 장물인 정을 알면서 재물을 취득하여야 성립하는 것이므로 피고인이 재물을 인도받은 후에 비로소 장물이 아닌가 하는 의구심을 가졌다고 하여 그 재물수수행위가 장물취득죄를 구성한다고 할 수는 없다.[246] 예컨대, 재물을 증여받은 뒤에 비로소 그 재물이 장물임을 알게 되었을 때는 장물취득죄가 성립하지 않으며, 다만 장물인 정을 알게 된 뒤에 이를 타에 양도하거나 운반하거나 또는 자기가 계속 보관하는 때에만 장물양도죄,[247] 장물운반죄[248] 또는 장물보관죄[249]가 성립한다. 장물이라는 정을 모르고 이를 매수하여 인도받은 후에 비로소 장물임을 알게 되었다고 하여 장물취득죄는 성립하지 않으나 처음에 장물의 정을 모르고 매매계약을 체결하였다가 그 후 매매목적물을 인도받을 때에 장물인 정을 알게 되었다면 장물취득죄가 성립한다.[250] 반면 장물운반죄와 장물보관죄에 있어서는 물건을 수령할 당시에 장물임을 몰랐다고 하여도 그 후 운반 또는 보관 중에 장물인 정을 알게 되었을 때에는 그 이후의 운반행위 또는 보관행위에 한하여 장물운반죄 또는 장물보관죄가 성립한다.[251]

244 대법원 1980. 11. 11. 선고 80도131 판결.

245 주석 형법, 각칙(6)(제5판), 한국사법행정학회(2017), 671(권순형); 김성돈, 형법각론(제8판), 성균관대학교 출판부(2022), 526; 배종대, 형법각론(제14판), 홍문사(2023), 499; 정성근/정준섭, 형법강의 각론(제2판), 박영사(2022), 346.

246 대법원 1971. 4. 20. 선고 71도468 판결, 대법원 2006. 10. 13. 선고 2004도6084 판결.

247 대법원 2011. 5. 13. 선고 2009도3552 판결.

248 日最決 1975. 6. 12. (刑集 29권 6호 365).

249 대법원 1987. 10. 13. 선고 87도1633 판결.

250 대법원 1960. 2. 17. 선고 59도496 판결.

251 대법원 1987. 10. 13. 선고 87도1633 판결, 대법원 1986. 1. 21. 선고 85도2472 판결.

다. 지정(知情)의 입증

1) 판단기준

103 장물죄에 있어서 장물인 정을 알고 있었느냐의 여부를 입증하는 것은 용이하지 않다. 형법이 재산범죄 중 장물죄에 한하여 과실범에 대한 처벌규정을 둔 이유이기도 하다. 장물인 정을 알고 있었는지 여부는 장물 소지자의 신분, 재물의 성질, 거래의 대가 기타 상황을 종합적으로 참작하여 이를 인정할 수밖에 없을 것이다.[252] 판례가 이를 인정한 사례와 부정한 사례는 다음과 같다.

2) 인정한 사례

104 i) '(중략) 증거를 종합하면 피고인은 본건 목재를 인근 건축장에서 건축용으로 제재한 것을 수회에 걸쳐 야간에 정문이 아닌 후문판자나 철조망을 제거하고 운반하여 온 사실이 분명한바, 원심은 이 점에 관하여 정문은 약 2백 미터 거리가 되므로 근거리인 후문으로 운반한 것이고, 공소외 A는 자기가 건축공사의 책임자라고 칭하므로 피고인은 차(此)를 신임한 관계로 결국 피고인으로서는 본건 목재가 장물인 정을 부지하였다고 판시하고 있으나, 불과 백여 디터의 거리 관계로 정문을 피하고 후문의 판자나 철조망을 제거하고 야간에 다량의 목재를 수차 반입한다는 것은 정상적인 거래사회에서는 존재할 수 없는 사례라 할 것이고 …'라고 판시하여 장물의 지정을 부인한 원심의 조치에 중대한 사실오인이 있다고 한 사례,[253] ii) 피고인 A, B, C는 연초소매인으로 통상적인 연초판매절차와 연초창고수(煙草倉庫守) 피고인 D의 직무내용을 알고 있었다고 보이는 경우에 '… 피고인 D는 그러한 절차를 밟지 아니하고 위 피고인들에게 이런 연초를 매도하고 더욱이 피고인 C에 대하여는 주문한 바도 없는데 오후 8시에 판매원도 아닌 위 피고인이 공소장 기재 연초를 운반하여 매도하였으므로 연초소매상인인 위 피고인 3명은 특별한 사정이 없는 한 피고인 D가 연초를 부정처분하는 정을 알았다고 보는 것이 경험칙상 합치된다 할 것이고 …' 라고 판시한 사례,[254] iii) 섬유업체를 경영하는 피고인이 원직날염임가공 거래처의 날염기술자에 지나지 않는 A로부터 다량의 원단을 구입한 경우에 '… 피고인으로서도

252 대법원 2006. 10. 13. 선고 2004도6084 판결, 대법원 2000. 9. 5. 선고 99도3590 판결, 대법원 2004. 12. 9. 선고 2004도5904 판결.

253 대법원 1960. 4. 6. 선고 59도642 판결.

254 대법원 1970. 7. 29. 선고 70도1678 판결.

위 원단을 구입할 당시 A에게 원단을 처분할 수 있는 권한이 없다는 것을 알고 있었던 것으로 보이고 또한 피고인이 A로부터 이 사건 원단을 취득한 시기와 장소가 오후 9시경 피고인의 집이며, 이 사건 원단은 거의 정품에 가깝고 원단의 시세가 금 913,000원 정도인데도 피고인이 이를 불과 금 720,000원에 매수한 것을 알 수 있고, 피고인이 A로부터 서명을 받아 놓았다는 입금표는 위 거래와 무관한 것으로 보이는바, 피고인이 통상적인 원단 구입처가 아닌 나염공장 기술자에 불과한 A로부터 정품에 가까운 원단을 야간에 시중시세보다 저렴하게 다량 매수한다는 것은 정상적인 거래사회에서는 존재할 수 없고, 따라서 피고인은 특별한 사정이 없는 한 A가 위 원단을 부정처분하는 정을 알았다고 보는 것이 경험칙에 합치된다'라고 판시한 사례,[255] iv) 피고인과 A가 회사를 공동으로 인수하여 동업으로 운영하다가 A가 회사 자금을 횡령하는 사실을 알고는 피고인이 대표이사 및 이사직을 사임하고 자신의 주식을 A가 5억 원에 인수하는 형태로 동업청산을 하기로 한 사안에서, '피고인도 스스로 회사 돈일지도 모른다고 생각하면서 5억 원을 받았다고 진술하는 등 위 회사의 인수 및 운영실태, 비자금 조성 및 관리경위, 피고인과 A 사이의 합의 경위, 5억 원의 지급경과, 피고인의 진술내용 등 제반 사정에 비추어 볼 때, 피고인으로서는 적어도 자신이 A로부터 지급받은 금원이 위 회사의 자금을 횡령한 것으로서 장물일지도 모른다는 의심을 가지는 정도의 미필적인 인식은 있었다고 봄이 상당하다'고 판시한 사례[256] 등이 있다.

3) 부정한 사례

105 i) '(중략) 피고인은 개를 팔러오는 사람이 간혹 도품을 팔러오는 경우가 있기 때문에 위 A로부터 개를 살 때에도 그의 집까지 가서 동인이 가족들과 일정한 주소에서 거주하고 있는 자인 사실을 확인하고 또 동인은 장꾼들과 같이 개를 팔러왔기 때문에 의심하지 않고 시세대로 샀다는 취지로 일관하여 진술하고 있을 뿐 아니라 위 A 역시 같은 취지의 진술을 하였고, 다만 원심에서 검사가 "피고인이 A의 집을 가 보자고 한 것은 만일 그 개가 장물이어서 소유자가 찾아와서 찾아 갈 경우에 그 변상을 받기 위하여 A의 집을 가 본 것이 아닌가"라고 물은 데에 대하여 "그렇습니다"라고 답변한 사실만 가지고 딴 증거와 대비할 때

255 대법원 1995. 1. 20. 선고 94도1968 판결.
256 대법원 2004. 12. 9. 선고 2004도5904 판결.

에 피고인에게 장물의 지정에 대한 미필적 고의가 있었다고 인정하기에는 부족하다 (중략)'고 판시한 사례,[257] ii) '(중략) 미제군용 가제, 탈지면, 비타민 등이 반드시 절취 등 방법에 의하지 않고는 수중에 넣을 수 없다고 단정할 수 없는 것이므로 원심이 이러한 물건이 군수품이라는 사실만으로는 곧 피고인이 장물의 정을 알았다고 단정하기 어렵다는 취지로 판시한 것은 정당하다'고 판시한 사례,[258] iii) '(중략) 피고인은 위 귀금속을 구입하는 과정에서 이를 팔러 온 A, B, C 등 일행 중 직접 거래당사자로 행동한 A에 대하여 주민등록증의 제시를 요구하였으나 동인이 이를 소지하고 있지 아니하였으므로 부득이 그 일행으로서 이 사건 이전인 1982. 5.경 피고인에게 와서 결혼 패물을 팔고 간 적이 있어 그때 주민등록증 기재 사항과 살고 있는 집의 위치까지 직접 가서 확인해 둔 바 있으며, 피고인 경영의 만화가게에 자주 들러 책을 빌려다 보기도 하는 위 D의 주민등록증 기재사항을 고물매입대장에 이 건 귀금속의 품명, 규격 및 그 가격 등과 함께 기입해 두는 등 고물매입시의 신원확인조치를 일응 취하였다고 인정되고(C는 이 건 귀금속으로 인하여 말썽이 생기면 자기에게 연락하라고까지 하였다), 또한 위 귀금속의 매입가격에 있어서도 … 피고인은 이 건 귀금속을 당시 시세에 따른 적정한 가격으로 매입한 것으로 보이는 경우 장물 지정을 인정하기에 미흡하다'고 판시한 사례,[259] iv) '영업용 택시를 이용하는 여객의 소지 화물이 장물이었을 경우에 택시 운전사가 그 장물인 정을 알았을 것이라고 추정할 수 없다'고 판시한 사례,[260] v) 피고인이 하도급 금지약정과 함께 상가건물신축공사를 A에게 도급하였고, 그 후 위 약정을 위반하여 A가 B에게 일괄하도급을 한 뒤 B가 공사를 시행하다가 중단하자 피고인이 공사해약통고를 하였으며 그 후 A가 직접 공사를 하다가 결국 공사를 포기하고 현장 일체를 피고인에게 반환하였는데, 그 현장에 설치되어 있던 B 소유의 공사자재에 관하여 A가 이를 함부로 피고인에게 양도하여 횡령하는 정을 알면서 피고인이 이를 양도받아 장물을 취득하였다고 기소된 사안에 관하여, '앞에서 본 이 사건 공사계약의 체결에서부터 대금지급, 계약해제 및 공사인계에 이르기까지의 사실관계에 비추어 볼 때 피고인으로서는 이 사건 공사현장을 A로부터 인수함에 있어서 위 A가

257 대법원 1965. 2. 4. 선고 64도800 판결.
258 대법원 1970. 11. 24. 선고 70도1938 판결.
259 대법원 1984. 2. 14. 선고 83도3014 판결.
260 대법원 1959. 7. 20. 선고 58도396 판결.

B의 승낙을 받은 여부 등 그들 사이의 자세한 내부관계를 따져보아야 할 필요가 없었던 것이어서 다른 특별한 자료가 없는 한 피고인이 A로부터 공사를 인수함에 있어 그 현장에 투입되어 사용되고 있던 자재를 위 A가 함부로 횡령한다는 사실을 알았다고 보기가 어렵다'고 판시한 사례[261] 등이 있다.

2. 추구권에 대한 인식의 요부

106 장물인 동산의 경우 민법 제249조의 요건에 해당하면 피해자는 재물에 대한 회복추구권을 상실하고 위법한 재산상태가 소멸함으로써 더 이상 장물로서의 성질을 잃게 된다. 따라서 장물죄가 성립하기 위해서는 해당 재물이 선의취득된 것이 아니라는 사실, 즉 피해자의 추구권이 있는 재물이라는 사실에 대한 인식이 필요한 것이 아닌지 의문이 있을 수 있다. 그러나 고의의 내용은 본범이 누구인지, 어떠한 재산범죄로 취득한 물건인지에 대한 인식을 요하지 아니하고, 장물성 여부에 대해서는 미필적 인식만으로 족하다고 하는 이상 장물이라는 점에 대한 인식만을 요하고 피해자에게 추구권이 있다는 사실에 대한 인식은 불필요한 것으로 해석함이 타당하다. 피해자에게 추구권이 없는 경우에는 객관적 구성요건에 해당하지 아니하는 것일 뿐 고의의 문제는 아니라고 보아야 한다. 그리하여 장물에 해당함에도 불구하고 장물이 아니라고 잘못 인식하고 형법 제362조의 행위를 할 경우 이는 사실의 착오로 해결되어야 하고, 경우에 따라 고의가 조각될 수 있다(형법 제13조).[262]

3. 영득 내지 이득의사의 요부

107 형법에서 불법영득의사는 손괴죄 또는 가벌성 없는 재물의 일시사용행위를 영득죄와 구별하는 주관적 구성요건요소이다. 판례는 불법영득의사를 타인의 물건을 그 권리자를 배제하고 자기의 소유물과 같이 그 경제적 용법에 따라 이용·처분하고자 하는 의사[263]로 해석한다. 이러한 의미의 영득의사가 본범에 대한 원조행위 내지 사후종범의 성격이 강한 장물죄에 그대로 적용되기는 어렵다. 이에 장물죄도 영득 내지 이득의 의사를 필요로 하는가, 또는 영득죄의 일종으로 볼

261 대법원 1989. 12. 26. 선고 88도1640 판결.
262 大塚仁 외, 大コンメンタール刑法(第13巻)(第3版), 青林書院(2018), 746.
263 대법원 2014. 2. 21. 선고 2013도14139 판결.

수 있는가에 대해 견해가 나뉜다. 다수설은 이를 부정하는데,[264] 이득의사를 요건으로 규정한 독일 형법과는 달리 우리 형법에는 그에 관한 명문의 규정이 없다는 점, 각각의 행위 유형에 대한 해석상 이를 필요로 한다고 볼 근거도 부족한 점, 장물죄의 경우 불법영득의사는 별도의 주관적 구성요건이 아니라 피해자의 소유권을 배제한다는 소극적인 요소에 국한하여 고의의 한 요소로 인정하면 충분하다는 점 등을 근거로 한다. 이러한 다수설에 대해 이를 긍정하는 견해로는, 영득 내지 이득의 의사를 완전히 부인하면 일시적인 사용·보관이나 탈취적 운반 또는 기망적 알선 등으로 장물죄의 성립범위를 부당하게 확대시킬 위험이 있고 간접적이기는 하지만 장물죄에서도 영득행위 또는 이득행위가 문제된다고 하면서 장물취득의 경우에는 영득의사를, 그 외의 경우에는 이득의사를 각각 필요로 한다는 견해(이 견해는 적법한 대가를 지급하고 장물을 취득하더라도 장물취득죄가 성립할 수 있음을 전제로 영득의사 또는 이득의사의 불법성이 반드시 필요하지는 않다고 한다. 또한 장물죄로 인한 피해자의 손해와 장물범의 재산상 이익 사이에 자료동일성이 있을 필요도 없다고 한다),[265] 장물취득의 경우에는 불법영득의사가 필요하나 장물의 양도, 운반, 보관, 알선의 경우에는 불법영득의사가 필요하지 않다는 견해,[266] 장물죄에도 불법영득의사가 필요하고, 다만 운반, 보관, 알선 등의 경우 타인의 불법영득을 유지하거나 다른 사람에게 불법영득을 시키려는 의사가 필요하다는 견해,[267] 장물죄의 불법영득의사를 피해자에 대한 반환이나 일시 사용에 관한 의사와는 구별되는 추구권에 대한 침해의사로 보면서 다른 영득죄의 경우와는 다른 의미로 해석하는 견해[268] 등이 있다.

108 전항에서 본 바와 같이 추구권에 대한 인식은 장물죄의 주관적 구성요건이 되지 아니한다. 또한 긍정하는 견해에서 말하는, 스스로 불법으로 영득하거나 타인에

264 김성돈, 형법각론(제8판), 성균관대학교 출판부(2022), 526~527; 김신규, 형법각론강의, 박영사(2020), 528; 박찬걸, 형법각론(제2판), 박영사(2022), 600; 손동권/김재윤, 새로운 형법각론(제2판), 율곡출판사(2022), 499; 오영근, 형법각론(제7판), 박영사(2022), 427; 이재상 외 2인, 형법각론(제12판), 박영사(2021), 463; 정성근/정준섭, 형법강의 각론(제2판), 박영사(2022), 346; 최호진, 형법각론, 박영사(2022), 635.

265 김일수/서보학, 새로쓴 형법각론(제9판), 박영사(2018), 416~417; 배종대, 형법각론(제14판), 홍문사(2023), 499; 이정원, 형법각론, 신론사(2012), 477.

266 형법주해(XII), 각칙(9), 박영사(2023), 539(김윤섭/최근영); 이영란, 형법학 각론강의(제3판), 형설출판사(2013), 456; 임웅, 형법각론(제11정판), 법문사(2020), 581; 정영일, 형법각론, 학림(2019), 393; 홍영기, 형법 총론과 각론, 박영사(2022), 475.

267 松宮孝明, 刑法各論講義(第4版), 成文堂(2016), 311.

268 西原春夫 外 5人, 判例刑法研究(第6卷), 有斐閣(1982), 392(齊藤).

게 영득하게 하는 의사로서의 영득의사란 결국 장물임을 인식하고 취득한다는 인식, 즉 장물취득의 고의와 다름없다.[269] 탈취적 운반 또는 기망적 알선처럼 영득의사나 이득의사가 문제되는 행위는 대개의 경우 본범 또는 선행의 점유자와 사이에서 보관·운반·알선행위에 관한 의사합치가 없는 경우이므로, 마찬가지로 고의의 존부에 관한 문제로 볼 수 있다. 장물을 일시적으로 사용·보관하는 경우도 본범이 저지른 불법적인 재산 상태를 유지하는 행위라는 점에서 장물죄 성립을 인정한다고 하여 처벌을 부당하게 확대하는 것으로 볼 수는 없다. 결국 고의와 별개의 주관적 구성요건으로 영득의사 또는 이득의사를 인정할 필요는 없다.[270]

V. 죄수(罪數) 및 다른 죄와의 관계

1. 장물죄의 죄수

109 장물죄의 행위유형은 예컨대, 장물을 취득 또는 알선한 자가 이와 관련하여 장물을 운반하는 경우 또는 장물을 보관하던 자가 이를 타인에게 양도하거나 알선하는 경우 등과 같이 동일한 사람에 의해 여러 행위가 서로 관련되거나 경합되는 경우가 많다. 이러한 경우 원칙적으로 포괄일죄가 성립한다고 보는 것이 타당하나[271] 일부 예외를 인정해야 할 경우가 있다.

가. 취득과 양도

110 장물인 정을 알고 취득한 후 이를 제3자에게 양도하더라도 장물취득죄만이 성립하고 장물양도죄가 별도로 성립하지 않는다. 일종의 불가벌적 사후행위에 해당하기 때문이다(☞ 전술한 'Ⅲ. 3. 나. 양도' 주석 참조).

나. 보관과 취득

111 장물을 그 정을 알면서 보관하다가 취득한 경우에는 장물취득죄의 일죄만이 성립한다. 이는 보관 중 위탁자의 의사에 반하지 않는 별도의 취득계약에 의하여 그 장물을 취득한 경우로서, 보관 중이던 장물을 위탁자의 의사에 반하여 취거함으로써 횡령하는 경우와는 구별된다. 이 경우 횡령행위는 불가벌적 사후행위

269 大塚仁 외, 大コンメンタール刑法(第13券)(第3版), 青林書院(2018), 747.

270 손동권/김재윤, 새로운 형법각론(제2판), 율곡출판사(2022), 499는 다수설인 부정설을 취하면서도 어느 견해를 취하든 결과에서 큰 차이는 없다고 한다.

271 주석 형법, 각칙(6)(제5판), 한국사법행정학회(2017), 676(권순형); 형법주해(XII), 각칙(9), 박영사(2023), 539(김윤섭/최근영).

로서 별도의 죄를 구성하지 아니한다. 정을 알고서 장물을 취득한 자가 이를 보관한 경우 보관행위 역시 불가벌적 사후행위가 되므로 취득죄만 성립한다(☞ 전술한 'Ⅲ. 3. 라. 보관' 주석 참조).

다. 취득과 운반

112 장물을 취득한 자가 이를 운반한 경우, 또는 보관 중이던 장물을 취득한 자가 다시 이를 운반한 경우에 운반행위는 모두 취득의 불가벌적 사후행위로서 장물운반죄를 별도로 구성하지 않는다(☞ 전술한 'Ⅲ. 3. 다. 운반' 주석 참조).

라. 보관과 운반

113 장물인 정을 모르고 보관하다가 그 정을 알면서 운반한 경우 그때부터 장물운반죄만 성립한다. 장물을 운반한 후 계속하여 이를 보관하는 행위는 장물운반과 장물보관의 포괄일죄를 구성한다는 견해,[272] 보관은 운반의 불가벌적 사전행위로서 법조경합 중 흡수관계에 해당하여 선행의 장물운반죄만 성립한다는 견해[273]가 있다

마. 알선과 운반 또는 보관

114 보관 중이거나 운반한 장물에 관하여 매매를 주선하는 등 알선행위를 하였을 때 보관 또는 운반과 알선의 관계는 경우를 나누어 고찰할 필요가 있다.

115 먼저 처음부터 장물의 매매주선을 의뢰받고 이를 위하여 장물을 인수·운반하거나 보관한 후 타인에게 알선까지 한 때에는, 운반이나 보관은 알선이라는 최종의 목적 수행을 위한 과정의 일부에 불과하므로 장물알선죄의 일죄만이 성립한다.[274] 알선을 위하여 운반 또는 보관 중이던 장물 중의 일부에 대하여서만 실제로 알선이 성립하였을 때에는, 장물의 알선과 알선이 성립되지 않은 장물의 운반 또는 보관과 사이에 포괄하여 일죄를 구성한다고 본다. 장물 4점의 매각을 의뢰받아 A 地에서 B 地까지 운반하고 그중 2점을 매각했으나 나머지 장물은

272 주석 형법, 각칙(6)(제5판), 한국사법행정학회(2017), 677(권순형).

273 김성돈, 형법각론(제8판) 성균관대학교 출판부(2022), 527; 김신규, 형법각론강의, 박영사(2020), 528; 김일수/서보학, 새로쓴 형법각론(제9판), 박영사(2018), 417; 배종대, 형법각론(제14판), 홍문사(2023), 500.

274 주석 형법, 각칙(6)(제5판), 한국사법행정학회(2017), 677(권순형); 김성돈, 형법각론(제8판), 성균관대학교 출판부(2022), 527; 김신규, 형법각론강의, 박영사(2020), 528; 김일수/서보학, 새로쓴 형법각론(제9판), 박영사(2018), 417; 배종대, 형법각론(제14판), 홍문사(2023), 500; 신동운, 형법각론(제2판), 법문사(2018), 1329(포괄일죄라고 본다).

매각에까지 이르지 못한 사안에서 장물운반죄와 장물알선죄의 포괄일죄를 인정한 일본의 판례가 있다.[275]

116 다음으로 장물의 운반이나 보관만을 의뢰받아 운반 또는 보관한 후 새로이 매매 등의 의뢰를 받아 해당 장물을 알선하였을 때에는 경합범이라는 견해가 있다. 그러나 이 경우에도 운반 또는 보관과 알선의 행위가 시기적으로 근접되어 있는 한 최종의 결과로서 장물알선죄의 일죄만이 성립한다고 보는 견해가 지배적이다. 그러나 보관 중이던 장물을 일단 반환한 후 곧바로 알선의 의뢰를 받아 알선만을 한 때라면 장물보관죄와 장물알선죄의 경합범이 성립한다.

2. 다른 죄와의 관계

가. 본범과의 관계

117 장물죄는 타인이 불법하게 영득한 장물에 대하여 성립하는 것이므로 범행주체는 본범 이외의 자일 것을 요한다. 따라서 자기의 범죄에 의하여 취득한 장물에 대하여 장물죄가 성립할 여지는 없다. 본범의 공동정범은 스스로 본범과 공동하여 범행을 실행한 자이므로 본범이 영득한 장물을 운반, 보관 또는 매수하더라도 본범과 동일하게 장물죄를 구성하지 않는다. 반면 본범의 교사자 또는 방조자는 본범의 범행을 실행한 사람이 아니므로 이들이 장물죄를 구성하는 행위를 한 때에는 본범의 교사죄 또는 방조죄와 별도로 장물죄를 구성하고 이는 경합범이 된다(☞ 전술한 'Ⅲ. 1. 나. 협의의 공범과 장물범' 주석 참조).

1) 절도죄와의 관계

118 절도를 교사한 자가 피교사자로부터 절취된 재물을 취득한 때에는 절도교사죄와 장물취득죄의 경합범이 된다. 이밖에도 절도를 교사하고 절취된 장물을 알선하였을 때, 절도를 교사하고 절취된 장물을 보관하였을 때, 또는 절도를 방조하고 절취된 장물을 보관하였을 때 등에 있어서도 절도교사 또는 절도방조는 장물알선죄 또는 장물보관죄와 경합범이 된다. 절도를 공모한 자가 현장에서 장물을 운반한 행위는, 절도의 공동정범에 해당하는 기능적 행위지배가 있는 경우라면 본범이 되므로 따로 장물죄를 구성하지 않는다. 기수 후 범행종료 전에 절도범인과 공동하여 장물을 운반한 경우에 절도의 본범은 장물죄의 죄책을 지지 않지만 본범 이외의 자에게 절도방조죄와 장물죄가 성립한다. 이 때 절도의 본

275 日最決 1957. 4. 16. (刑集 11권 4호 1366).

범과 장물을 분담하여 각각 운반하였다 하더라도 장물 전부에 대해 장물운반죄가 성립하는 것으로 보아야 한다. 또한 절도죄의 실행을 결의한 자로부터 의뢰를 받아 동인이 장차 절취할 물건의 매각을 주선하였는데 본범이 물건을 절취하는 데에 실패한 경우 장물죄는 항상 본범이 기수가 된 후에 성립하는 것이므로 위와 같은 주선행위는 경우에 따라 절도방조죄 또는 절도방조미수죄가 성립될 수 있을 뿐이지 장물알선죄가 될 수는 없다(☞ 전술한 'Ⅲ. 2. 라. 본범의 실현 정도' 주석 참조). 그러나 절취해 온 장물이라는 정을 알면서 현실로 장물의 매각을 알선한 경우에는 장물알선죄가 성립하게 된다.

2) 강도죄 및 사기 또는 공갈죄와의 관계

119 강도를 교사 또는 방조한 자가 강취해 온 장물을 취득하였을 때는 물론, 사기 또는 공갈을 교사 또는 방조한 자가 편취 또는 갈취한 장물을 취득하였을 때에도 강도, 사기 또는 공갈의 교사죄·방조죄와 장물취득죄와의 경합범이 된다.

3) 횡령·배임죄와의 관계

120 타인의 물건의 점유자와 그 물건을 횡령할 것을 공모하여, 이들 사이에서 멋대로 그 점유물을 수수한 행위는 횡령죄의 실행에 불과하여 장물죄를 구성하지 아니하고, 점유자의 이러한 배신행위에 적극 가담한 경우에는 점유물을 수수한 자에게 횡령죄의 공동정범이 성립할 뿐이다(전술한 ☞ 'Ⅲ. 2. 라. 본범의 실현 정도' 주석 참조).[276]

121 타인의 재산을 관리하는 자가 배임행위에 의하여 취득하는 것은 언제나 재산상의 이익이 되는 것이지(형법 제355조 제1항) 재물이 아니며, 이때 재물은 배임죄의 범행수단이 될 뿐이다. 그리하여 배임죄를 범한 자는 애당초 장물죄의 본범이 될 수 없고, 해당 재물을 순차로 양도받은 자에 대해서는 장물취득죄가 성립하지 아니한다. 판례는, 부동산인 대지에 관하여 매수인 B에게 소유권 이전등기를 하여 줄 임무가 있는 소유자 A가 그 임무에 위반하여 이를 C에게 매도하고 소유권이전등기를 경료해 준 경우 A가 배임행위로 인하여 영득한 것은 재산상의 이익이고 위 배임죄에 제공된 대지는 범죄로 인하여 영득한 것 자체는 아니므로 그 취득자 B 또는 전득자 C에게 대하여 배임죄의 가공여부를 논함은 별문제로 하고 장물취득죄로 처단할 수 없다고 판시하고,[277] 피해자를 위해 유류를

276 대법원 2011. 12. 22. 선고 2010도7925 판결.
277 대법원 1975. 12. 9. 선고 74도2804 판결.

납품받는 업무를 처리하던 A가 납품업자 B, 다른 거래처 C 등과 공모하여 유류를 빼돌린 행위에 대해, 배임죄는 피해자에게 재산상 손해를 가한 때에 기수가 되는 것인데, A의 행위로 인해 피해자에게 재산상 손해가 발생한 시기는 유류가 C로 납품됨으로써 피해자가 실제로는 유류를 납품받은 바 없음에도 대금 상당의 채무를 부담하게 된 때라 할 것이므로, 유류가 다른 거래처에 납품되기 이전에 미리 이를 매수하기로 A, B, C 등이 합의하거나 승낙한 행위는 A가 배임으로 취득한 장물을 취득한 행위에 지나지 않는 것이 아니라 배임행위 자체의 공동정범에 불과하다고 판시함으로써 장물죄 성립을 부인하였다.[278]

나. 장물에 대한 재산범죄와의 관계

122 장물에 대해서도 절도, 강도, 사기, 공갈 또는 횡령의 재산범죄가 실행될 수 있다. 이때 절도범 등에게 장물죄가 추가로 성립할 수 있을 것인지가 문제된다.

1) 절도·강도죄와의 관계

123 장물인 정을 알고 이를 본범으로부터 절취 또는 강취하였을 때에는 장물죄가 성립하지 않는다. 장물죄는 본범과 사이에서 의사합치를 요한다고 해석되므로 장물의 절취 등과 같이 본범의 의사에 반하는 것이 분명한 때에는 장물죄의 성립을 인정할 수 없다(통설).[279] 다만 여기서 의사합치는 사실상 또는 묵시적인 것으로도 충분하다. 위법상태유지설의 입장에서 장물죄의 본질은 본범과의 의사합치에 의하여 위법한 재산 상태를 유지하는 데 있으므로 상대방과의 의사합치가 없는 때에는 당연히 장물죄의 성립을 부정하게 된다. 반면 추구권설에 의하면 상대방과의 의사합치는 요건이 아니고 이러한 재산범죄로 인해 장물에 대한 소유자의 추구회복이 더욱 곤란해질 수 있기 때문에 이론적으로는 장물죄가 성립할 수 있고 절도죄 등과 장물죄는 상상적 경합이 된다고 한다.[280] 그러나 장물죄는 단순히 장물에 대한 추구를 불가능 또는 곤란하게 하는 것만을 요소로 하는 것이 아니라 본범의 행위에 가담하여 장물에 대한 추구를 곤란하게 한다는 점, 즉 사후에 종범으로 가담하여

278 대법원 1987. 4. 28. 선고 83도1568 판결.

279 주석 형법, 각칙(6)(제5판), 한국사법행정학회(2017), 679(권순형); 김성돈, 형법각론(제8판), 성균관대학교 출판부(2022), 527; 김신규, 형법각론강의, 박영사(2020), 530; 김일수/서보학, 새로쓴 형법각론(제9판), 박영사(2018), 418; 박상기/전지연, 형법학[총론·각론], 집현재(2021), 721; 배종대, 형법각론(제14판), 홍문사(2023), 500; 손동권/김재윤, 새로운 형법각론(제2판), 율곡출판사(2022), 500; 신동운, 형법각론(제2판), 법문사(2018), 1332; 이재상 외 2인, 형법각론(제12판), 박영사(2021), 461; 정성근/정준섭, 형법강의 각론(제2판), 박영사(2022), 347.

280 정영일, 형법각론, 학림(2019), 395.

본범의 행위를 원조함으로써 본범을 조장하거나 유발한다는 데에 있으므로 본범과의 의사 연락 내지 합치가 필요한 것으로 보아야 한다. 통설의 입장에 서면서도 추구권설에 의하더라도 점유 이전이 본범과의 의사합치가 결여된 상태에서 있은 경우라면 장물죄의 성립을 부정하는 것이 타당하다는 견해,[281] 본범과 장물범이 동일인이 되는 경우임을 전제로 이 경우에는 추가로 회복을 어렵게 하거나 위법한 재산 상태를 유지하게 하는 내적 관련성이 인정되지 아니하여 장물죄가 성립할 수 없다는 견해,[282] 본범 혹은 장물의 점유자 사이의 명시적·묵시적 의사합치에 의한 반환가능성의 감소가 없으므로 장물죄의 성립을 부정해야 한다는 견해 등이 있다. 판례는 본범이 갈취해 둔 재물을 본범의 의사에 반하여 몰래 절취하였다면 절도죄를 구성하는 것이지 장물취득죄는 성립하지 않는다고 판시한다.[283]

2) 사기·공갈죄와의 관계

124 절도범이 절취한 장물을 소유자인 것처럼 가장하여 타인에게 매각하고 대금을 편취하면 매수자에 대한 관계에서 새로운 법익침해가 있으므로 사기죄가 별도로 성립한다.[284]

125 반대로 절도범으로부터 장물인 정을 알고 그 절취한 재물을 편취 또는 갈취한 때에는 본범과의 의사합치가 없으므로 해당 장물을 취득한 자는 절도범에 대한 관계에서 사기죄 또는 공갈죄만 성립하고 장물취득죄는 따로 성립하지 않는다. 나아가 이처럼 정을 알고 취득한 장물을 다시 양도하거나 알선하면서 그 정을 모르는 매수자로부터 대금을 편취한 경우에 대해서는, 대금의 편취는 장물의 양도 또는 알선의 당연한 결과로서 불가벌적 사후행위가 된다는 이유로 장물죄 외에 사기죄는 별도로 성립하지 않는다는 견해[285]와 장물죄와 사기죄의 경합법이 된다는 견해[286]가 있다. 형법상 장물알선죄의 형은 7년 이하의 징역 또는 1,500만 원 이하의 벌금으로서, 이는 10년 이하의 징역 또는 2,000만 원 이하의 벌금에 처하도록 되어 있는 사기죄(형법 제347조)의 형보다 가벼울 뿐 아니라, 장

281 강구진, 형법강의 각론(Ⅰ), 박영사(1983), 403; 손동권/김재윤, 새로운 형법각론(제2판), 율곡출판사(2022), 500.
282 박상기/전지연, 형법학[총론·각론], 집현재(2021), 721.
283 대법원 1966. 12. 20. 선고 66도1437 판결.
284 대법원 1980.11. 25. 선고 80도2310 판결, 대법원 1998. 6. 12. 선고 98도21 판결.
285 김성돈, 형법각론(제8판), 성균관대학교 출판부(2022), 527.
286 주석 형법, 각칙(6)(제5판), 한국사법행정학회(2017), 680(권순형); 김신규, 형법각론강의, 박영사(2020), 530; 김일수/서보학, 새로쓴 형법각론(제9판), 박영사(2018), 418; 배종대, 형법각론(제14판), 홍문사(2023), 500; 정성근/정준섭, 형법강의 각론(제2판), 박영사(2022), 347.

물죄로 인한 소유자의 회복추구권 침해와 사기죄로 인한 피해자의 재산권 등 보호법익에 대한 침해는 그 대상이나 성질이 구별된다. 따라서 어느 한 죄가 다른 죄에 흡수된다고 볼 것이 아니라 경합범이 성립한다고 해석함이 타당하다. 다만 이때 선행의 장물취득죄와 장물알선죄 사이에는 경합범이라는 견해와 상상적 경합이라는 견해[287]가 있다.

126 또한 장물인 정을 알지 못한 채 취득함으로써 장물취득죄가 성립하지 아니한 가운데 이를 알선하면서 대금을 편취한 경우에 대해서는 장물알선죄 외에 묵시적 기망에 의한 사기죄의 양 죄가 성립하고 상상적 경합관계가 된다는 견해[288]와 경합범이 성립한다는 견해[289]가 있다. 장물알선과 관련된 편취행위가 새로운 법익침해인데 장물알선이 기수로 된 후 매수자로부터 금품을 편취함으로써 새로운 법익침해가 있었고, 사기죄의 법정형이 장물알선죄의 법정형에 비하여 중하므로, 앞의 경우와 마찬가지로 장물알선죄와 사기죄의 경합범으로 보는 것이 타당하다.[290]

3) 횡령죄와의 관계

127 장물의 보관을 의뢰받고 장물인 정을 알면서 이를 인도받아 보관하고 있다가 임의로 이를 처분하여도 이미 장물보관죄가 성립하여 소유자의 추구권을 침해한 이상 그 후의 횡령행위는 불가벌적 사후행위에 불과하여 별도로 횡령죄를 구성하지 않는다고 보는 것이 통설[291] 및 판례[292]이다. 판례는, 고려청자 향로 1점의 매각 의뢰를 받아 보관하던 중 임의로 담보로 제공한 사안에서, '피고인이 업무상 과실로 장물을 보관하고 있다가 처분한 행위는 업무상과실장물보관죄의 가벌성 평가에 포함되고 별도로 횡령죄를 구성하지 않는다'고 판시하였다.[293] 이러한 통설에 대해 불

287 손동권/김재윤, 새로운 형법각론(제2판), 율곡출판사(2022), 501.

288 김성돈, 형법각론(제8판), 성균관대학교 출판부(2022), 527.

289 김일수/서보학, 새로쓴 형법각론(제9판), 박영사(2018), 418.

290 대법원 1999. 3. 26. 선고 98도3030 판결.

291 주석 형법, 각칙(6)(제5판), 한국사법행정학회(2017), 680(권순형); 김성돈, 형법각론(제8판), 성균관대학교 출판부(2022), 527; 김신규, 형법각론강의, 박영사(2020), 529; 김일수/서보학, 새로쓴 형법각론(제9판), 박영사(2018), 418; 박상기/전지연, 형법학[총론·각론], 집현재(2021), 721; 배종대, 형법각론(제14판), 홍문사(2023), 500; 손동권/김재윤, 새로운 형법각론(제2판), 율곡출판사(2022), 500(횡령죄 성립 자체가 부정되므로 외형상 범죄가 성립할 것을 요구하는 불가벌적 사후행위조차 되지 아니한다고 한다); 신동운, 형법각론(제2판), 법문사(2018), 1331; 오영근, 형법각론(제7판), 박영사(2022), 427; 이재상 외 2인, 형법각론(제12판), 박영사(2021), 461; 정성근/정준섭, 형법강의 각론(제2판), 박영사(2022), 347; 홍영기, 형법 총론과 각론, 박영사(2022), 478.

292 대법원 1976. 11. 26. 선고 76도3076 판결.

293 대법원 2004. 4. 9. 선고 2003도8219 판결.

법원인급여물에 대한 횡령죄의 성립을 긍정하는 입장에서 장물보관죄와 횡령죄의 실체적 경합범이 된다는 견해[294]도 있다. 장물의 알선에 의하여 편취한 대금을 보관 중 불법하게 영득하더라도 매도자에 대하여 별도로 횡령죄를 구성하지 않음은 물론이다. 재산범죄의 본범으로부터 점유를 이탈한 재물을 불법하게 영득한 때에는 장물인 정을 알고 있었다고 하여도 점유이탈물횡령죄만 성립하고 장물취득죄는 성립하지 않는다. 장물죄의 성립에는 본범과의 의사합치가 있음을 요한다는 전제에서는 당연한 결론이다. 장물인 정을 알고 보관 중인 재물을 횡령하면 횡령죄와 장물취득죄와의 상상적 경합이 된다는 견해에서도 점유를 이탈한 장물을 횡령한 경우에 대해서는 장물취득죄의 성립을 부정하는 것이 형의 균형에서 볼 때 타당하다고 한다.

다. 다른 범죄와의 관계

1) 증거인멸죄와의 관계

128 타인의 형사사건에 관한 죄증을 인멸하기 위해 장물을 은닉하는 경우에는 장물보관죄와 증거인멸죄의 상상적 경합이 성립한다.[295] 이에 대하여는 타인의 죄증을 인멸할 목적으로 장물을 보관한 경우는 이득의 의사가 없으므로 증거인멸죄만 성립한다는 견해[296]와 장물의 점유를 이전받아 보관하는 행위로써 이미 죄증을 인멸하는 데에 이바지한다는 점을 용인하는 것이므로 법조경합관계에 있어 장물보관죄만 성립한다는 견해[297]가 있다.

2) 수뢰죄와의 관계

129 장물인 정을 알면서 이를 뇌물로 수수한 때에는 수뢰죄와 장물취득죄와의 상상적 경합범이 된다.[298] 두 죄의 죄질의 차이를 고려할 필요가 있기 때문이다.[299]

294 백형구, 형법각론(개정판), 청림출판(2002), 247; 임웅, 형법각론(제11정판), 법문사(2020), 582.

295 주석 형법, 각칙(6)(제5판), 한국사법행정학회(2017), 667(권순형); 김성돈, 형법각론(제8판), 성균관대학교 출판부(2022), 525; 김신규, 형법각론강의, 박영사(2020), 525; 김일수/서보학, 새로쓴 형법각론(제9판), 박영사(2018), 415; 박상기/전지연, 형법학[총론·각론], 집현재(2021), 720; 배종대, 형법각론(제14판), 홍문사(2023), 500; 손동권/김재윤, 새로운 형법각론(제2판), 율곡출판사(2022), 498; 정성근/정준섭, 형법강의 각론(제2판), 박영사(2022), 345.

296 이정원, 형법각론, 신론사(2012), 475.

297 오영근, 형법각론(제7판), 박영사(2022), 425; 大塚仁 외, 大コンメンタール刑法(第13券)(第3版), 青林書院(2018), 753.

298 주석 형법, 각칙(6)(제5판), 한국사법행정학회(2017), 681(권순형); 김성돈, 형법각론(제8판), 성균관대학교 출판부(2022), 528; 김신규, 형법각론강의, 박영사(2020), 530; 김일수/서보학, 새로쓴 형법각론(제9판), 박영사(2018), 418; 배종대, 형법각론(제14판), 홍문사(2023), 500; 오영근, 형법각론(제7판), 박영사(2022), 427.

299 大塚仁 외, 大コンメンタール刑法(第13券)(第3版), 青林書院(2018), 753; 日最判 1948. 3. 16. (刑集 2권 3호 232), 日大判 1911. 3. 30. (刑錄 17집 480).

3) 전당포영업법 위반죄와의 관계

130 물품, 유가증권(이하 '전당물'이라 함) 위에 민법에 규정된 질권을 취득하여 유질기간까지 당해 전당물로 채권을 담보하고 채권의 변제를 받지 못할 때에는 당해 전당물을 변제에 충당하는 약관을 붙여 금전을 대부하는 것을 전당포영업이라 한다. 은행 등에 비해 금전 차용의 조건이나 절차가 까다롭지 아니하고 동산을 담보로 비교적 손쉽게 생활자금 등을 융통할 수 있다는 이점으로 인해 1980년대까지 서민들을 중심으로 성업을 누렸다. 다만 도품, 유실물, 장물 등의 환금 수단으로 악용될 소지가 있어 그 영업을 규제하기 위한 목적으로 전당포영업법이 제정·시행되다가 이를 대체하는 금융수단이 늘어나고 이용도가 낮아지자 관련 규제를 폐지하기로 하면서 전당포영업법은 1999. 3. 31. 법률 제5936호로 폐지되었다. 법 시행 당시 전당포영업을 경영하는 자가 구 전당포영업법 제23조 제1항 소정의 장물품표에 기재된 장물을 취득하고도 이를 경찰관에게 신고하지 않았을 때에는 6월 이하의 징역 또는 100만 원 이하의 벌금에 처하도록 되어 있었다(구 전당포영업법 제33조, 제23조 제3항). 이러한 불신고죄와 장물취득죄는 경합범이다. 또한 전당포영업허가 없이 전당포영업행위를 하면서 장물인 정을 알고 장물을 취득하였을 때에는 전당포영업법 위반죄(제5조 위반)와 장물취득죄의 상상적 경합범이라는 견해가 있다.[300]

VI. 형사소송법적 쟁점

131 장물죄로 기소된 사안에서 소송절차와 관련하여 문제되는 쟁점에 대해 살펴본다.

1. 재산범죄·피해자의 특정

132 장물죄에 있어 장물이 되기 위해서는 본범이 절도, 강도, 사기, 공갈, 횡령 등 재산범죄에 의하여 영득한 물건이면 족하고 그중 어느 범죄에 의하여 영득한 것인지를 구체적으로 명시할 것을 요하지 않는다는 것이 판례[301]이다. 그리하여 본범이 누구인지, 본범의 피해자가 누구인지도 구체적인 인식이나 특정을 요하지 않는다.[302] 본범이 여러 가지 재산범죄 중 어느 하나의 구성요건에 해당하기만 하면, 그로부터 영득한 물건을 제3자가 취득·운반하는 행위는 본범의 피해자

300 대법원 1961. 10. 12. 선고 60도966 판결은 1개의 행위가 형법과 행정적 처벌법규의 구성요건에 각 해당하는 경우 양자의 관계는 상상적 경합으로 보아야 할 것이라고 판시하였다.

301 대법원 2000. 3. 24. 선고 99도5275 판결.

302 신동운, 형법각론(제2판), 법문사(2018), 1327.

의 추구권 행사를 방해하므로 장물죄가 성립하고, '장물'이라는 표현에는 이미 '재산범죄에 의하여 불법적으로 영득한 물건'이라는 의미가 내포되어 있기 때문이다. 예컨대 'A가 절취하여 온 장물', 'B로부터 강취하여 온 장물'이라고 절취인지, 강취인지만을 구별하는 정도의 기재, 'C가 절취 또는 강취하여 온 장물'이라는 선택적 기재, 단순히 'D가 재산범죄에 의하여 취득한 장물'이라는 기재[303]는 물론이고, '위 물건이 장물이라는 정을 알면서도'라는 정도의 기재[304]만으로도 범죄사실이 충분히 특정된 것으로 볼 수 있다.[305] 다만 이처럼 본범의 성질이나 본범과의 관련성은 개괄적으로 특정할 수 있더라도, 유죄를 인정하기 위해서는 객관적 구성요건으로서 장물성 자체는 명확하게 증명되어야 한다.[306]

2. 공소장변경의 요부

133 판례는, 원래의 공소사실인 장물취득죄와 실제로 인정되는 장물보관죄의 범죄사실은 객관적 사실관계로서는 동일하고, 이를 장물취득으로 볼 것인가 장물보관으로 볼 것인가 하는 법적 평가에 있어서만 차이가 있을 뿐이어서 피고인을 장물보관죄로 처단하더라도 피고인의 방어권 행사에 실질적인 불이익을 초래할 염려가 있다고는 보이지 아니함을 전제로, 사실상의 처분권을 취득한 것이 아니라는 이유로 피고인을 장물죄로 처벌하지 아니하는 것은 적정절차에 의한 신속한 실체적 진실의 발견'이라는 형사소송의 목적에 비추어 현저히 정의와 형평에 반한다고 할 것이므로 공소장변경절차를 거침이 없이 직권으로라도 피고인을 장물보관죄로 처벌해야 한다고 판시하였다.[307]

VII. 처벌

134 7년 이하의 징역 또는 1,500만 원 이하의 벌금에 처하도록 되어 있다. 장물죄에 대해서는 범행횟수, 범행객체 등에 따라 가중처벌을 규정한 특별법이 다수 존재한다. 대표적인 사례를 몇 가지 들어 보면 다음과 같다. 먼저 장물취득 등의 죄(형법 제362조) 또는 그 미수죄로 세 번 이상 징역형을 받은 사람이 다시 이들

303 대법원 2010. 4. 29. 선고 2009도14781 판결.
304 대법원 2000. 3. 24. 선고 99도5275 판결.
305 이충상, "장물죄의 두 문제", 형사재판의 제 문제: 송계 신성택 대법관 퇴임기념 논문집 제3권, 형사실무연구회(2001), 156~157.
306 의정부지방법원 2015. 8. 26. 선고 2015노174 판결.
307 대법원 2003. 5. 13. 선고 2003도1366 판결.

죄를 범하여 누범으로 처벌하는 경우에는 특정범죄 가중처벌 등에 관한 법률 제5조의4 제5항 제3호에 따라 2년 이상 20년 이하의 징역에 처하도록 되어 있다. 밀수품을 취득·양도·운반·보관 또는 알선한 자에 대해서는 관세법 제274조 제1항 제1호에서 3년 이하의 징역 또는 물품원가에 상당하는 벌금에 처하도록 되어 있다. 군용물에 대하여 형법 제362조의 장물죄를 범한 경우에는 군용물 등 범죄에 관한 특별조치법 제3조 제1항 제4호에 따라 무기 또는 1년 이상의 징역에 처하도록 되어 있다. 송유관에서 절취된 석유임을 알면서 이를 취득·양도·운반·보관하거나 이러한 행위를 알선한 자는 송유관 안전관리법 제13조의3에 따라 1년 이상 10년 이하의 징역 또는 5,000만 원 이하의 벌금에 처하도록 되어 있다. 산림절도범이 절취한 산림을 운반하기 위하여 차량이나 선박을 사용하거나 운반·조재(벌채한 나무를 마름질하여 재목으로 만드는 것을 말한다)의 설비를 한 경우에 대해서는 1년 이상 10년 이하의 징역에 처하도록 되어 있다.

제 363 조 [상습범]

① 상습으로 전조의 죄를 범한 자는 1년 이상 10년 이하의 징역에 처한다.
② 제1항의 경우에는 10년 이하의 자격정지 또는 1천500만원 이하의 벌금을 병과할 수 있다. <개정 1995.12.29>

[관련조문] 특정범죄 가중처벌 등에 관한 법률(2010. 3. 31. 법률 제10210호로 개정된 것) 제5조의4(상습강도·절도죄 등의 가중처벌)

[참고문헌] 주석 형법, 각칙(6)(제5판), 한국사법행정학회(2017); 형법주해(XII), 각칙(9), 박영사(2023); 김신규, 형법각론강의, 박영사(2020); 김일수/서보학, 새로쓴 형법각론(제9판), 박영사(2018); 김일수/서보학, 새로쓴 형법각론(제9판), 박영사(2018); 신동운, 형법각론(제2판), 법문사(2018); 이재상 외 2인, 형법각론(제12판), 박영사(2021); 정성근/정준섭, 형법강의 각론(제2판), 박영사(2022); 홍영기, 형법 총론과 각론, 박영사(2022).

Ⅰ. 의의

1 상습으로 장물을 취득, 양도, 운반, 보관하거나 이를 알선하는 행위를 처벌하기 위한 조항이다. 형법 제362조에 규정된 장물죄를 상습성이라는 신분에 의해 가중처벌 하는 진정신분범을 규정한 것이라고 할 수 있다. 1995. 12. 29. 형법 개정(법률 제5057호)에서 제363조 제2항의 벌금액수는 '5만 환'에서 현재와 같이 '1천500만 원'으로 증액되었다. 장물죄의 상습범에 대해서는 종래 특정범죄 가중처벌 등에 관한 법률(2010. 3. 31. 법률 제10210호로 개정된 것) 제5조의4 제4항에서 다른 추가적인 가중요건 없이 법정형만을 무기 또는 3년 이상의 징역으로 가중한 특별가중요건을 두고 있었다. 그런데 헌법재판소는 2015. 2. 26. 특정범죄 가중처벌 등에 관한 법률 제5조의4 제4항은 헌법에 위반된다는 결정을 선고하였다.[1] 이에 특정범죄 가중처벌 등에 관한 법률은 2016. 1. 6. 법률 제13717호로 개정되면서 제5조의4에서 제4항을 삭제하였다.

[1] 헌법재판소 2015. 2. 26. 선고 2014헌가16, 19, 23,(병합) 결정.

Ⅱ. 입법목적 및 입법례

2 상습성으로 형이 가중되는 장물죄의 가중적 구성요건이다. 장물죄가 본범비호적 성격을 고려하여 상습적으로 장물죄를 범한 자에 대하여 책임 및 형을 가중하는 책임가중요건이며, 구 형법에는 없다가 현행 형법에 신설된 조항이다.[2]

Ⅲ. 내용

1. 상습의 개념, 죄수, 누범, 공범과의 관계 등

3 상습 장물죄에 있어 상습성이라 함은 반복하여 장물범행을 저지르는 습벽으로서 행위자의 속성을 말한다.[3] 이와 같은 습벽의 유무를 판단함에 있어서는 장물범행의 전과가 중요한 판단자료가 되나 장물범행의 전과가 없다고 하더라도 범행의 회수, 수단과 방법, 동기 등 제반 사정을 참작하여 장물범행의 습벽이 인정되는 경우에는 상습성을 인정하여야 한다.[4]

4 판례가 상습성을 부정한 사례로는 ⅰ) 장물알선의 전과 없는 피고인이 약 1주일의 간격으로 두 차례에 걸쳐 본범들이 절취해 온 승용차 각 1대씩의 매매를 주선한 데에 그친 경우,[5] ⅱ) 피고인에게 장물취득의 전과가 있더라도 종전 범행으로부터 6년 이상 지난 후에 단 한 차례 장물취득 행위를 한 경우[6] 등이 있다. 이와 달리 상습성을 긍정한 사례로는 ⅰ) 동종의 전과가 있는 자가 약 6월간의 단시일 내에 동종의 범행을 19회나 저지른 경우,[7] ⅱ) 동종의 전과가 없더라도 인적이 드문 곳에 비밀리에 골동품 점을 운영하면서 단기간에 집중적으로 반복하여 장물을 취득·처분하였으며 장물취득을 전제로 타인에게 절도를 교사하거나 방조한 경우[8] 등이 있다.

2 형법주해(XII), 각칙(9), 박영사(2023), 547(김윤섭/최근영); 김신규, 형법각론강의, 박영사(2020), 531; 김일수/서보학, 새로쓴 형법각론(제9판), 박영사(2018), 419; 김일수/서보학, 새로쓴 형법각론(제9판), 박영사(2018), 501; 신동운, 형법각론(제2판), 법문사(2018), 1332; 이재상 외 2인, 형법각론(제12판), 박영사(2021), 466; 정성근/정준섭, 형법강의 각론(제2판), 박영사(2022), 347; 홍영기, 형법 총론과 각론, 박영사(2022), 347.

3 대법원 1995. 7. 11. 선고 95도955 판결.

4 대법원 2007. 2. 8. 선고 2006도6955 판결.

5 대법원 1972. 8. 31. 선고 72도1472 판결.

6 대법원 2008. 12. 24. 선고 2008도8893 판결(원심: 대구지방법원 2008. 9. 19. 선고 2008노1512 판결).

7 대법원 1983. 10. 11. 선고 83도2324 판결.

8 대법원 2009. 11. 26. 선고 2009도10216 판결(원심: 대전지방법원 2009. 9. 8. 선고 2009노1362 판결).

5 한편 판례는, 장물취득죄는 상습장물알선죄와 포괄일죄의 관계에 있다고 판시한다.[9] 그 밖에 상습범의 죄수, 상습범과 누범, 공범과의 관계 등에 관하여는 형법 '제332조' 상습절도죄의 주석을 참조.

2. 처벌

6 1년 이상 10년 이하의 징역에 처하도록 되어 있고, 10년 이하의 자격정지 또는 1,500만 원 이하의 벌금을 병과할 수 있다(☞ 자격정지의 병과에 관하여는 '형법 제345조' 주석 참조). 장물에 관한 죄 중 자격정지 병과는 형법 제363조에만 규정되어 있다.

7 상습장물죄의 처벌과 관련하여 주의할 점이 있다. 특정범죄 가중처벌 등에 관한 법률 제5조의4 제5항 제3호는 형법 제362조에 규정된 장물의 취득·양도·운반·보관·알선의 죄 및 그 미수죄로 3회 이상 징역형을 받은 자로서 다시 같은 죄를 범하여 누범으로 처벌할 경우에는 2년 이상 20년 이하의 징역형으로 처하도록 함으로써 가중처벌을 하는 규정을 두고 있다. 이 조문은 특별가중규정이라고 할 것이므로 형법 제363조 제2항의 자격정지 또는 벌금의 병과규정은 적용되지 않는다(☞ 그 밖에 이들 조문의 해석에 관하여는 '형법 제332조 상습절도죄'의 주석 참조).[10]

9 대법원 1975. 1. 14. 선고 73도1848 판결.

10 주석 형법, 각칙(6)(제5판), 한국사법행정학회(2017), 682(권순형); 형법주해(XII), 각칙(9), 박영사(2023), 549(김윤섭/최근영).

제 364 조 [업무상과실, 중과실]

업무상과실 또는 중대한 과실로 인하여 제362조의 죄를 범한 자는 1년 이하의 금고 또는 500만원 이하의 벌금에 처한다. <개정 1995.12.29>

[관련조문] 형법 제14조(과실), 제171조(업무상실화, 중실화), 제173조의2(과실폭발성물건파열등), 제189조(과실, 업무상과실, 중과실), 제268조(업무상과실·중과실치사상), 제362조(장물의 취득, 알선 등)

[참고문헌] 주석 형법, 총칙(1)(제3판), 한국사법행정학회(2020); 주석 형법, 각칙(3)(제5판), 한국사법행정학회(2017); 주석 형법, 각칙(6)(제5판), 한국사법행정학회(2017); 형법주해(XII), 각칙(9), 박영사(2023); 김선복, 신형법각론, 세종출판사(2016); 김성돈, 형법각론(제8판), 성균관대학교 출판부(2022); 김신규, 형법각론강의, 박영사(2020); 김일수/서보학, 새로쓴 형법각론(제9판), 박영사(2018); 박상기/전지연, 형법학[총론·각론], 집현재(2021); 박찬걸, 형법각론(제2판), 박영사(2022); 배종대, 형법각론(제14판), 홍문사(2023); 손동권/김재윤, 새로운 형법각론(제2판), 율곡출판사(2022); 신동운, 형법각론(제2판), 법문사(2018); 오영근, 형법각론(제7판), 박영사(2022); 이재상 외 2인, 형법각론(제12판), 박영사(2021); 임웅, 형법총론(제13정판), 법문사(2022); 정성근/정준섭, 형법강의 각론(제2판), 박영사(2022); 정영일, 신형법총론(초판), 학림(2018); 홍영기, 형법 총론과 각론, 박영사(2022); 주석 형사소송법(3)(제6판), 한국사법행정학회(2022); 大塚仁 外, 大コンメンタール刑法(第13巻)(第3版), 青林書院(2018); 河上和雄 外 5人, 大コンメンタール刑事訴訟法(第6巻)(第2版), 青林書院(2013); 判例タイムズ 176호(1965. 8. 15.)

Ⅰ. 의의

1 업무상 과실 또는 중대한 과실로 인하여 장물인 정을 모르고 장물을 취득, 양도, 운반 또는 보관하거나 이들 행위를 알선함으로써 성립하는 업무상과실장물죄, 중과실장물죄를 규정한 조항이다. 업무상과실장물죄는 업무자만이 과실장물죄의 불법을 행할 수 있다는 점에서 진정신분범에 해당한다.[1] 업무상과실장물죄, 중과

[1] 김성돈, 형법각론(제8판), 성균관대학교 출판부(2022), 529; 정성근/정준섭, 형법강의 각론(제2판), 박영사(2022), 348; 홍영기, 형법 총론과 각론, 박영사(2022), 477.

실장물죄가 장물죄의 범죄유형을 규정한 형법 제362조를 인용하고 있으나 고의범과는 성질을 달리하는 별개의 구성요건이다. 또한 과실범의 기본적 범죄유형이라 할 수 있는 단순과실장물죄는 처벌대상이 아니므로 업무상과실장물죄, 중과실장물죄는 단순과실장물죄의 가중구성요건에 해당하지도 아니한다.[2] 과실범은 고의범에 비하여 법정형이 낮은 것이 일반적이고 미수범 처벌구정이 없다. 1995. 12. 29. 형법 개정(법률 제5057호)에서 제364조의 벌금액수는 '1만5천 환'에서 현재와 같이 '500만 원'으로 증액되었다.

Ⅱ. 입법목적 및 입법례

2 형법은 고의범을 처벌하는 것을 원칙으로 하고 과실범은 예외적으로만 처벌하며 형법상 과실범은 고의범과는 성질을 달리하는 독자적인 범죄유형이다.[3] 구 형법은 장물죄를 포함한 재산범죄에 대해서는 과실범의 처벌규정을 전혀 두지 아니하다가 현행 형법에서 장물죄에 한하여 과실범의 처벌규정을 신설하였다. 다만 순수한 과실범을 제외한 업무상의 과실과 중대한 과실이 있는 경우로 처벌대상을 한정하고 있다. 일본 형법이나 독일 형법에는 이에 해당하는 규정이 없다. 재산범죄에 대해 과실범을 규정한 것이나 단순과실이 아닌 업무상과실·중과실에 한하여 처벌대상으로 삼은 것은 입법적으로 찾아보기 힘든 경우이다.[4] 처벌의 대상을 업무에 종사하는 자와 중대한 과실 있는 자로 한정한 취지에 대해 예컨대, 전당포, 고물상, 보석상, 시계상, 골동품상 등과 같이 운반·소지가 용이하고 고가(高價)인 중고물품을 전문적으로 취급하는 업무에 종사하는 자인 경우 특히 업무 수행 중에 장물을 취급하기 쉽기 때문에 그 업무처리상의 주의의무를 요구할 필요가 있고, 일반인의 경우 중대한 과실이 있는 경우에 한하여 이와 동일하게 취급하기 위한 것이라는 견해[5], 고의범으로서 장물범의 지정조건에

2 김성돈, 형법각론(제8판), 성균관대학교 출판부(2022), 529; 손동권/김재윤, 새로운 형법각론(제2판), 율곡출판사(2022), 502.

3 이재상 외 2인, 형법총론(제11판), 박영사(2022), 202.

4 김일수/서보학, 새로쓴 형법각론(제9판), 박영사(2018), 420.

5 주석 형법, 각칙(6)(제5판), 한국사법행정학회(2017), 683(권순형); 형법주해(XII), 각칙(9), 박영사(2023), 550(김윤섭/최근영); 김성돈, 형법각론(제8판), 성균관대학교 출판부(2022), 529; 박상기/전지연, 형법학[총론·각론], 집현재(2021), 722; 배종대, 형법각론(제14판), 홍문사(2023), 501; 손동권/김재윤, 새로운 형법각론(제2판), 율곡출판사(2022), 502; 이재상 외 2인, 형법각론(제12판), 박영사(2021), 466; 정성근/정준섭, 형법강의 각론(제2판), 박영사(2022), 348; 홍영기, 형법 총론과 각론, 박영사(2022), 477.

대한 입증이 쉽지 아니한 경우에도 장물을 취급하는 행위를 처벌할 수 있도록 함으로써 범죄에 대한 억제력을 유지한다는 형사 정책적 고려에 따른 것으로서 처벌의 지나친 확대를 막기 위하여 대상을 업무상과실과 중과실로 제한한 것이라는 견해[6], 위 두 가지 성격을 모두 갖는 것이라는 견해[7] 등이 있다.

3 1953. 9. 18. 형법을 제정하면서 과실장물죄를 신설한 것은 구 형법상 장물고매(藏物故買) 등의 범죄는 고물상 등이 교묘한 변명으로 장물에 관한 범의를 부인하면 범의에 대한 증명이 곤란하여 무죄가 되는 경우가 많았던 점을 감안하여 일정한 경우에는 처벌함이 타당하다는 의견에 따른 것이라고 한다.[8] 업무자에 대해서는 일반 예방적 목적에서 장물이 유통·거래되지 않도록 각별한 주의의무의 이행을 요구함으로써 본범의 발생을 억지할 필요가 있고, 일반인의 경우도 구체적인 상황에서 자신도 모르는 사이에 장물의 유통·거래에 관여하게 될 고도의 위험성이 있는 때에는 그 위험성을 인식하고 특히 신중한 태도를 취할 것이 요구함으로써 마찬가지로 본범의 발생을 억지하는 동시에 처벌의 범위가 지나치게 확대되는 것을 차단하기 위해 과실의 정도를 높게 요구한 것으로 이해된다. 이와 관련하여 일반인과 구별되는 업무자라는 신분만으로 일반과실에 대해서도 형법상 불이익한 처우를 받게 하는 것은 법 앞에 평등이라는 원칙에 반하는 것은 아닌가의 의문이 들 수도 있으나, 업무자에 대한 과실범 처벌은 일정한 업무에 종사하는 자 전원에게 적용된다는 점이나 사람이 일정한 업무에 종사한다는 것은 헌법 제11조 소정의 사회적 신분이라고 할 수 없는 점 등에 비추어 볼 때 위헌이라고 볼 수는 없다.[9]

4 형법은 업무자에 대해 업무상실화(형법 제171조), 업무상과실폭발성물건파열(제173조의2 제2항), 업무상과실교통방해(제189조), 업무상과실치사상(제268조), 업무상과실장물취득(제364조) 등의 죄를 규정하고 있다. 반면 독일 형법은 특별히 업무상과실이라는 표지를 사용하지는 아니하고, 보통의 과실과 업무상과실을 구별하지 않고 있어 우리 형법과 다른 특색을 보이고 있다.[10] 형법은 중과실에 대해

6 김선복, 신형법각론, 세종출판사(2016), 418; 신동운, 형법각론(제2판), 법문사(2018), 1333.

7 김신규, 형법각론강의, 박영사(2020), 532; 박찬걸, 형법각론(제2판), 박영사(2022), 601; 오영근, 형법각론(제7판), 박영사(2022), 428~429.

8 엄상섭, "형법요강해설", 법정 3-9, 3-10(1948) 참조[형법주해(XII), 각칙(9), 박영사(2023), 499(김윤섭/최근영)에서 재인용].

9 주석 형법, 각칙(3)(제5판), 한국사법행정학회(2017), 400(손기식).

10 신동운, 형법총론(제10판), 법문사(2017), 237.

중실화(제171조), 중과실폭발성물건파열(제173조의2 제2항), 중과실교통방해(제189조), 중과실치사상(제268조), 중과실장물(제364조) 등의 죄를 규정하고 있다. 독일 형법에서는 제97조 제2항의 '경솔(Leichtfertigkei)'이 우리 형법의 중과실에 상응하는 개념이라고 볼 수 있다.[11]

Ⅲ. 구성요건

1. 업무상과실

가. 의의

1) 업무

5 업무상과실에 있어 업무라 함은 사람의 사회생활 면에 있어서 하나의 지위로서 계속적으로 종사하는 사무를 말한다.[12] 반복·계속의 의사 또는 사실이 있는 한 그 사무에 대한 각별한 경험이나 법규상의 면허를 필요로 하지 아니한다.[13] 본래의 업무는 물론 그에 부수되는 업무가 포함되는 것으로 해석함이 타당하다.[14] 판례도 같은 입장에서, 창고업을 경영하는 자가 양곡을 보관하는 동시에 보관의뢰자들과 사이에 양곡의 매매 또는 그 알선을 하는 등 그 거래를 한 경우에 그 매매 또는 알선은 본래의 창고업에 부수된 업무로서 형법 제364조의 업무에 해당한다고 판시한다.[15]

2) 구성요건적 위험과의 관련성

6 업무이기 위해서는 단순히 반복, 계속해서 행하는 것만으로 충분한지, 아니면 장물을 취급함으로써 피해자가 소유권을 추구·회복하는 것을 곤란하거나 불가능하게 할 위험이 있는 경우로 한정되어야 하는지가 문제된다. 재산범죄는 고의범만을 처벌하는 것이 원칙임에도 업무에 종사하고 있음을 이유로 과실범으로 처벌하는 입법취지에 비추어 보면 예컨대, 전당포, 고물상, 보석상, 시계상, 골동

11 주석 형법, 총칙(1)(제3판), 한국사법행정학회(2020), 207(심담).

12 주석 형법, 각칙(3)(제5판), 한국사법행정학회(2017), 401(손기식).

13 대법원 1961. 3. 22. 선고 61도5 판결.

14 주석 형법, 각칙(6)(제5판), 한국사법행정학회(2017), 684(권순형); 김성돈, 형법각론(제8판), 성균관대학교 출판부(2022), 529; 김신규, 형법각론강의, 박영사(2020), 532; 손동권/김재윤, 새로운 형법각론(제2판), 율곡출판사(2022), 502; 신동운, 형법각론(제2판), 법문사(2018), 1333; 이재상 외 2인, 형법각론(제12판), 박영사(2021), 467.

15 대법원 1962. 5. 17. 선고 61도596 판결.

품상 등과 같이 운반·소지가 용이한 고가의 중고물품을 전문적으로 취급하는 등 장물을 취급할 개연성이 높은 영업, 직업 종사자인 경우에 한정되는 것으로 해석함이 타당하다.[16] 만약 이와 같이 제한하여 해석하지 아니하면 예컨대, 인터넷을 통한 중고거래 플랫폼이 대중화·활성화됨에 따라 일반인도 누구나 손쉽게 중고물품 거래에 참여할 수 있게 된 현재의 상황에서 단순히 취미·가사의 목적으로 몇 차례 중고물품을 반복하여 거래한 실적이 있다는 이유만으로, 전당포 등 영업자와 동등하게 업무자로 간주되어 업무상과실장물취득죄로 처벌될 위험이 있게 된다. 이러한 결과는 일반인의 법 감정에 맞지 아니할 뿐만 아니라 가벌성의 지나친 확대로서 받아들이기 어려운 결과이다. 이와 같은 사안에 대해서는 중과실이 있는 경우로 제한하여 처벌하는 것만으로도 충분하다.

7 판례는, 비록 업무상과실치사상죄에 관한 것이기는 하지만, 기존에는 반복·계속성에만 중점을 두다가 최근 들어 구성요건적 위험과의 관련성을 업무의 요건에 포함시킴으로써 업무상과실범의 성립 범위를 제한하려는 취지로 이해되는 판시를 하였다.[17] 대표적 사례로서, 3층 건물의 소유자로서 건물 각 층을 임대한 피고인이 건물 2층으로 올라가는 계단참의 전면 벽이 아크릴 소재의 창문 형태로 되어 있고 별도의 고정 장치가 없는데도 안전 바를 설치하는 등 낙하사고 방지를 위한 관리의무를 소홀히 함으로써 건물 2층에서 나오던 A가 신발을 신으려고 아크릴 벽면에 기대는 과정에서 벽면이 떨어지고 개방된 결과 1층으로 추락하여 상해를 입었다고 하여 업무상과실치상으로 기소된 사안에서, '업무란 사람의 사회생활면에서 하나의 지위로서 계속적으로 종사하는 사무를 말한다. 여기에는 수행하는 직무 자체가 위험성을 갖기 때문에 안전배려를 의무의 내용으로 하는 경우는 물론 사람의 생명·신체의 위험을 방지하는 것을 의무의 내용으로 하는 업무도 포함된다. 그러나 건물 소유자가 안전배려나 안전관리 사무에 계속적으로 종사하거나 그러한 계속적 사무를 담당하는 지위를 가지지 않은 채 단지 건물을 비정기적으로 수리하거나 건물의 일부분을 임대하였다는 사정만으로는 건물 소유자의 위와 같은 행위가 업무상과실치상죄의 업무에 해당한다고 보기 어렵다'라고 판시하면서 피고인이 건물에 대한 수선 등의 관리를 비정기적으로 하였으나 그 이상의 안전배려나 안전관리 사무에 계속적으로 종사하였다고

16 주석 형법, 각칙(3)(제5판), 한국사법행정학회(2017), 402~403(손기식).

17 대법원 1988. 10. 11. 선고 88도1273 판결, 대법원 2007. 5. 31. 선고 2006도3493 판결.

인정하기 어렵다고 보아 업무상과실치상죄를 이유에서 무죄로 판단하고 축소사실인 과실치상죄를 유죄로 인정한 원심 판단을 정당한 것으로 판단하였다.[18]

나. 업무의 요건

8 업무의 요건으로서 '사회생활상의 지위', '위험성 있는 업무', '반복·계속성', '본무 또는 겸무', '적법성의 요부' 등에 대한 상세한 해설은 중복을 피하기 위해 생략한다(☞ 형법 제268조 업무상과실치사상죄의 '업무의 요건' 주석 참조).

다. 과실

9 형법 제14조는 과실이란 "정상의 주의를 태만함으로 인하여 죄의 성립요소인 사실을 인식하지 못하는 행위"라고 규정하고 있다. 형법학계에서는 형법 제14조의 '주의태만'을 '주의의무위반'으로 부르고 있다. 행위에는 고의행위와 과실행위가 포함되는데, 고의를 구성요건의 객관적 요소에 대한 인식 또는 의사를 의미한다고 한다면, 과실이란 행위자가 사회생활에서 요구되는 주의의무를 위반함으로써 인식 없이 또는 의사 없이 구성요건을 실현하는 것이라고 할 수 있다.[19]

10 판례는, 업무상과실장물죄에 있어 물건이 장물인지의 여부를 의심할 만한 특별한 사정이 있는지 여부나 그 물건이 장물임을 알 수 있었는지 여부는 매도자의 인적사항과 신분, 물건의 성질과 종류 및 가격, 매도자와 그 물건의 객관적 관련성, 매도자의 언동 등 일체의 사정을 참작하여 판단하여야 한다고 판시한다.[20] 그리하여 예컨대, 금은방을 운영하는 자가 귀금속류를 매수함에 있어 매도자의 신원확인절차를 거쳤다고 하여도 장물인지의 여부를 의심할 만한 특별한 사정이 있거나 매수물품의 성질과 종류 및 매도자의 신원 등에 좀 더 세심한 주의를 기울였다면 그 물건이 장물임을 알 수 있었음에도 불구하고 이를 게을리 하여 장물인 정을 모르고 매수하여 취득한 경우에는 업무상과실장물취득죄가 성립한다고 판시한다.[21] 그 외에 과실범의 체계적 지위, 과실범의 구성요건으로서 '주의의무위반', '제한원리로서 신뢰의 원칙' 등에 대한 상세한 해설은 생략한다(☞ 형법 제14조 '과실' 주석 참조).

18 대법원 2017. 12. 5. 선고 2016도16738 판결.
19 헌법재판소 2013. 9. 26. 선고 2012헌바262, 374(병합) 결정.
20 대법원 1987. 6. 9. 선고 87도915 판결, 대법원 2003. 4. 25. 선고 2003도348 판결.
21 대법원 2008. 10. 9. 선고 2008도7120 판결.

2. 중대한 과실(중과실)

가. 의의

11 중대한 과실 또는 중과실이라 함은 행위자가 극히 근소한 주의만 하였더라면 결과발생을 예견할 수 있었음에도 불구하고 부주의로 이를 예견하지 못하는 경우를 말하는 것으로 이해함이 통설[22] 및 판례[23]이다. 이와 달리, 민법상의 중과실에 상응하는 것이 바로 형법상의 중과실이라는 통설 및 판례의 태도에 반대하면서 형법상의 중과실은 가중된 불법 및 책임내용을 지닌 과실의 특수형태로 이해하여야 한다는 견해,[24] 보통의 주의의무위반이라도 그로부터 중대하거나 다수의 피해가 생길 가능성이 있었던 경우에는 중과실이라는 견해[25]가 있다. 일반인도 중과실이 있는 경우에는 업무상과실이 있는 업무자와 동일한 법정형으로 처벌되므로 그 죄책의 중대한 정도는 업무상과실장물죄와 같은 정도라고 평가되는 유형의 과실이라고 해석하여야 한다.[26]

12 판례는, 중과실은 행위자가 극히 근소한 주의를 함으로써 결과발생을 예견할 수 있었음에도 불구하고 부주의로 이를 예견하지 못하는 경우를 말하는 것으로서 중과실과 경과실의 구별은 구체적인 경우에 사회통념을 고려하여 결정될 문제라고 보고 있다.[27] 중대한 과실이 문제되는 사례로는, 낯선 행인이 가지고 온 국보급 고서화를 그 출처·취득경위·매도인의 신원 등을 자세히 확인하지 않은 채 곤궁에 처해 가보를 팔려한다는 그럴듯한 말을 경신하고 실거래가격보다 훨씬 싼 값에 구입한 경우, 명문가의 장서인이 찍힌 고서를 그 출처·취득경위에 관한 매도인의 진술에 미심쩍은 점이 있음에도 불구하고 폐기처분된 책이라는 말을 경신하여 매도인의 신원을 상세히 확인하지 않은 채 싼 값에 구입한 경우 등을 들 수 있을 것이다.[28]

22 주석 형법, 총칙(1)(제3판), 한국사법행정학회(2020), 207(심담); 박상기/전지연, 형법학(총론·각론 강의)(제4판), 집현재(2018), 185; 배종대, 형법총론(제10판), 법문사(2017), 233; 오영근, 형법총론(제4판), 박영사(2018), 126; 임웅, 형법총론(제13정판), 법문사(2022), 554; 정영일, 신형법총론(초판), 학림(2018), 174.

23 대법원 1980. 10. 14. 선고 79도305 판결, 대법원 1988. 8. 23. 선고 88도855 판결.

24 김일수/서보학, 새로쓴 형법총론(제13판), 박영사(2018), 319.

25 정성근/박광민, 형법총론(제2판), 성균관대학교출판부(2015), 431.

26 주석 형법, 각칙(3)(제5판), 한국사법행정학회(2017), 494(손기식).

27 대법원 1980. 10. 14. 선고 79도305 판결.

28 김일수/서보학, 새로쓴 형법각론(제9판), 박영사(2018), 421.

나. 중과실의 요건

13 그 외에 중과실에 있어 주의의무위반의 정도, 구성요건적 위험과의 관계 등에 대한 상세한 해설은 중복을 피하기 위해 생략한다(☞ 형법 제268조 '업무상과실치사상죄'의 주석 참조).

3. 구성요건적 행위 및 결과

14 과실범의 구성요건은 구성요건적 행위와 그에 따른 결과의 발생을 필요로 한다. 구성요건적 행위 유형 중 '양도'란 장물인 정을 모르고 취득한 후에 그 정을 알면서 처분하는 것을 말하므로 업무상과실에 의한 장물양도죄의 성립은 불가능하다는 견해[29]가 있다. 그러나 중고물품의 거래를 전문적·일상적 업무로 행하는 전당포 등 업무자는 취득 또는 보관 시에는 장물인 정을 몰랐다 하더라도 추후 타인에게 양도할 때에 업무자로서 통상의 주의의무를 다했다면 장물인 것을 알 수 있었던 경우, 즉 업무상과실이 있는 때에는 형법 제364조의 업무상과실장물양도죄가 성립할 수 있을 것이다.[30]

15 구성요건적 결과는 장물죄의 보호법익으로서 재산권의 침해 또는 위태화이다. 판례는, 피고인이 업무상과실로 장물을 보관하다가 처분한 행위는 업무상과실장물보관죄의 가벌적 평가에 포함되고 별도로 횡령죄를 구성하지 않는다고 판시한다.[31]

4. 인과관계 등

16 고의에 의한 장물죄에서와 마찬가지로 업무상과실·중과실에 의한 장물죄에서도 업무상과실·중과실에 의한 장물의 취득·양도·운반·보관 및 그 알선에 관한 행위와 결과 사이에 인과관계가 있어야 한다. 과실범이 성립하기 위해서는 행위와 결과 사이에 합법칙적 조건관계가 성립되어야 한다는 것이 통설[32]이다. 과실범의 결과귀속을 위해서는 인과관계의 성립만으로는 족하지 아니하고 규범적 관점에서 결과를 행위자에게 객관적으로 귀속시킬 수 있어야 한다는 것이 학계의 다수설이다. 그리고 객관적 귀속을 인정하기 위한 전제로 주의의구위반 관련성

29 손동권/김재윤, 새로운 형법각론(제2판), 율곡출판사(2022), 501; 이재상 외 2인, 형법각론(제12판), 박영사(2021), 466; 정성근/정준섭, 형법강의 각론(제2판), 박영사(2022), 348.

30 주석 형법, 각칙(6)(제5판), 한국사법행정학회(2017), 683(권순형); 형법주해(XII), 각칙(9), 박영사(2023), 551(김윤섭/최근영); 김성돈, 형법각론(제8판), 성균관대학교 출판부(2022), 531; 김신규, 형법각론강의, 박영사(2020), 532; 오영근, 형법각론(제7판), 박영사(2022), 429.

31 대법원 1962. 5. 17. 선고 61도596 판결.

32 주석 형법, 총칙(1)(제3판), 한국사법행정학회(2020), 245(심담).

과 규범의 보호목적과의 관련성이 요구된다고 본다.[33] 다만 판례는, 상당인과관계설에 의하여 인과관계 유무만을 판단하고 있을 뿐 객관적 귀속이라는 개념을 별도로 언급하지는 않는다.[34] 또한 구성요건적 결과 발생과 인과관계의 본질적 요소는 예견 가능한 것이어야 한다.[35]

17 그 외에 과실범에 있어 인과관계, 객관적 귀속, 예견 가능성 등에 대한 상세한 해설은 중복을 피하기 위해 생략한다(☞ 형법 제14조 '과실'의 주석 참조).

Ⅳ. 구체적인 사례

1. 구 고물영업법, 구 전당포영업법에 따른 주의의무의 기준

가. 각각의 법률 시행 당시

18 구 고물영업법은 1993. 12. 27. 법률 제4605호로, 구 전당포영업법은 1999. 3. 31. 법률 제5936호로 각각 폐지되었다. 구 고물영업법 제16조, 제17조, 구 전당포영업법 제15조, 제16조에서는 매도인의 인적사항 확인하고 일정한 사항을 장부에 반드시 기재하도록 규정하였다. 구체적으로 보면, 구 고물영업법 제16조 제1항은 '고물상이 고물을 매수하거나 매각 또는 교환의 위탁을 받으려 할 때에는 대통령령이 정하는 방법에 의하여 그 상대자의 주소, 성명, 직업과 연령을 확인하여야 한다'고, 제2항은 '부정품의 혐의가 있을 경우에는 즉시 경찰관에게 그 뜻을 신고하여야 한다'라고, 제17조는 '고물상은 대통령령이 정하는 바에 의하여 장부를 비치하고 매매 또는 교환하기 위하여 또는 매각이나 교환의 위탁에 의하여 고물을 받거나 양도한 때에는 그때마다 다음 사항을 기재하여야 한다. 1. 거래년월일, 2. 고물의 품목과 수량, 3. 고물의 특징, 4. 상대자(대통령령으로 정하는 고물의 매각상대자는 제외한다)의 성명, 주소, 직업, 연령과 특징, 5. 제16조의 규정에 의하여 행한 확인의 방법'이라고 규정하였다. 구 전당포영업법 제15조 제1항은 '전당포주가 물품을 전당 잡고자 할 때에는 대통령령이 정하는 방법에 의하여 전당물주의 주소, 성명, 직업과 연령을 확인하여야 한다'고, 제2항은 '부정품의 의심이 있을 때에는 전당포주는 즉시 경찰관에게 그 뜻을 신고 하여야 한다'고, 제16조는 '전당포주는 대통령령이 정하는 서식에 의하여 장부를 비치하고 전당

33 주석 형법, 총칙(1)(제3판), 한국사법행정학회(2020), 246(심담).
34 대법원 1989. 10. 13. 선고 89도556 판결.
35 주석 형법, 총칙(1)(제3판), 한국사법행정학회(2020), 252(심담).

계약과 전당물반환 및 류전물처분을 하였을 때에는 그 때마다 그 장부에 다음 사항을 기재하여야 한다. 1. 전당계약의 연월일, 2. 전당물의 품목과 수량, 3. 전당물의 특징, 4. 전당물주의 주소, 성명, 직업, 연령, 특징, 5. 제15조 제1항의 규정에 의하여 행한 확인의 방법, 6. 전당물반환 또는 류전물처분의 연월일, 7. 류전물의 품목과 수량, 8. 류전물처분의 상대방의 주소와 성명'이라고 각 규정하였다.

19 각각의 법률 시행 당시 업무상 주의의무에 해석을 판례의 태도를 중심으로 살펴보면, 먼저 '전당포영업자인 피고인이 전당의뢰자로부터 목적물을 전당잡으면서 전당포영업법 제15조 소정의 확인방법에 따라 의뢰자의 주민등록증을 제시받아 그의 주소, 성명, 직업, 연령 등 인적사항을 확인하고 전당물대장에 전당물과 전당물주의 특징 등을 기재하는 한편, 그의 전화번호까지 적어 두었다면 전당업무처리상의 주의의무를 다한 것으로 보아야 할 것이고 더 나아가 전당물의 구입경위나 출처, 전당의 동기까지 확인해야 할 주의의무는 없다'는 원칙적 주의의무의 기준을 설시한 판례[36]와 '전당포주가 전당포영업법 제15조 및 같은 법 시행령 제14조의 규정에 의한 전당물주의 신원확인절차를 거쳤다고 하여도 전당의 회수전당물의 성질과 종류 및 전당물주의 신원 등에 좀 더 세심한 주의를 기울였다면 전당물이 장물임을 알 수 있었음에도 불구하고 이를 게을리 하여 장물인 정을 모르고 전당잡은 경우에는 업무상 과실 장물취득의 죄책을 면할 수 없다'는 예외적으로 추가적인 주의의무가 필요한 경우를 설시한 판례[37]가 있다. 위 판례에 따르면, 조금만 더 세심한 주의를 기울였다면 장물임을 알 수 있었던 특별한 사정이 인정되지 않는 이상, 원칙적으로 영업소에 당해 물건을 팔러 온 사람의 성명·주소 등을 물어서 주민등록증과 대조하는 등으로 이를 확인하고 전당물대장, 고물대장 등 서면에 기록해 둔 사실, 출처 및 팔고자 하는 이유와 경위 등을 물어서 확인한 사실, 매입한 가격이 시가와 비슷하거나 현저히 저렴하지 않은 사실 등이 인정되는 사안에 있어서는 영업자가 물건의 대입에 있어서 기울여야 할 주의의무를 다한 것으로 평가되고, 그 외에 상대방의 신원이나 물건의 출처 및 팔고자 하는 이유나 경위에 관한 그 사람의 설명의 진실 여부까지 확인하여야 할 의무가 있는 것은 아니라는 결론이 된다.[38]

36 대법원 1984. 9. 25. 선고 84도1488 판결.
37 대법원 1984. 11. 27. 선고 84도1413 판결.
38 주석 형법, 각칙(6)(제5판), 한국사법행정학회(2017), 685(권순형).

나. 각각의 법률 폐지 이후

20 매도인의 인적사항을 확인하고 일정한 사항을 장부에 반드시 기재하도록 규정한 구 고물영업법, 구 전당포영업법이 폐지된 이후에도, 판례는, '금은방을 운영하는 자가 귀금속류를 매수함에 있어 매도자의 신원확인절차를 거쳤다고 하여도 장물인지의 여부를 의심할 만한 특별한 사정이 있거나, 매수물품의 성질과 종류 및 매도자의 신원 등에 좀 더 세심한 주의를 기울였다면 그 물건이 장물임을 알 수 있었음에도 불구하고 이를 게을리 하여 장물인 정을 모르고 매수하여 취득한 경우에는 업무상과실장물취득죄가 성립한다고 할 것이고, 물건이 장물인지의 여부를 의심할 만한 특별한 사정이 있는지 여부나 그 물건이 장물임을 알 수 있었는지 여부는 매도자의 인적사항과 신분, 물건의 성질과 종류 및 가격, 매도자와 그 물건의 객관적 관련성, 매도자의 언동 등 일체의 사정을 참작하여 판단하여야 한다'라고 일관되게 판시한다.[39] 결론적으로 물품의 매매, 보관 등을 업으로 하는 자로서는 매도인 등의 신원확인절차를 거쳐야 하고, 장물임을 의심할 만한 특별한 사정이 있거나, 조그만 더 주의를 기울였다면 장물임을 알 수 있었음에도 그 정을 모르고 매수한 경우에는, 비록 신원확인절차를 거쳤다고 하더라도 업무상 과실이 인정될 수 있고, 이러한 기준은 고물영업자, 전당포업자, 그 밖에 유사한 내용의 일반영업자에 모두에게 동일하게 적용되는 것으로 볼 수 있다.[40]

21 이하에서는 고물영업법, 전당포영업법 폐지 전·후의 업무상과실 유무에 관한 판단 사례들을 주요한 영업유형별로 나누어 살펴본다.

2. 업무자의 유형별 선례

가. 전당포

1) 업무상과실을 인정한 판례

22 ⅰ) 전당포주가 구 전당포영업법 제15조 및 같은 법 시행령 제14조에 의한 전당물주의 신원확인절차(주소·성명·직업·연령과 전당물의 특징을 문의하고 주민등록증·신분증명서의 제시를 받아 확인하도록 되어 있다)를 거쳤다고 하여도 전당물의 회수, 전당물의 성질과 종류, 전당물주의 신원 등에 좀 더 세심한 주의를 기울였더라면 전당물이 장물임을 알 수 있었다고 판시하여 전당포주의 업무상 과실을 인

39 대법원 2003. 4. 25. 선고 2003도348 판결.
40 주석 형법, 각칙(6)(제5판), 한국사법행정학회(2017), 686(권순형).

정한 사례,[41] ii) 전당포주인 피고인이 강도범인으로부터 그가 강취하여 온 중고 로렉스 시계 1개를 전당잡음에 있어 이를 가져온 범인의 주소지가 전당포와는 멀리 떨어진 '서울 동대문구 용두동'이고 그의 나이가 20세에 불과하여 고급시계를 소지하기에는 부적합함에도 불구하고 그의 직업·물품의 특징을 물어 그 물품이 장물인지 여부를 세심히 살피지 않은 채 주민등록증만 확인하고 이를 전당잡은 피고인의 업무상 과실을 인정한 사례[42] 등이 있다.

2) 업무상과실을 부정한 판례

23 i) 전당포에 시가 3,000원 정도의 라디오를 전당잡히러 온 소녀 3명 중 2명은 공장 여공으로서 회사 명찰이 붙은 제복을 입고 있었고 모두 미성년이어서 주민등록증 대신 여공출근카드를 제시받고 월급이 나올 때까지만 일시 라디오를 잡혀 쓰는 것이라는 소녀들의 말을 믿어 전당물대장에 성명·주소 등을 기입하고 1,300원을 대여한 경우에 전당포주로서의 주의의무를 다한 것이며, 더 나아가 위 소녀들이 실제로 회사에 다니는지 여부 등을 알아볼 주의의무는 없다고 한 사례,[43] ii) 전당물로 내놓은 다이아반지의 출처와 보증서의 소지 여부에 대하여 혼인할 때 시집에서 사 준 것이고 혼인한지 15년이나 되어 보증서는 분실하였다고 대답한 경우 전당잡는 사람이 전당물의 출처 및 소지 경위에 관한 말의 진부까지 확인하여야 할 주의의무는 없다고 한 사례,[44] iii) 절도범이 장물을 전당하면서 전당포주에게 위조한 주민등록증을 제시하고 전당물의 취득경위나 전당이유 등을 그럴싸하게 꾸며서 진술하여 전당포주가 육안으로는 쉽사리 식별키 어려운 위조주민등록증과 절도범의 말을 진실한 것으로 믿고 전당물대장에 소정 사항을 기재한 후 가격에 상응한 통상의 한도 내에서 금전을 대출하였다면 주의의무를 다한 것이라고 한 사례,[45] iv) 전당포주인 피고인이 카메라의 전당을 의뢰받음에 있어서 위 카메라가 자신의 소유이며 아이들 공납금을 마련하기 위하여 전당하는 것이라는 말을 듣고 그의 나이(48세)나 직업(운전사)으로 보아 카메라 정도는 소유할 수 있다고 믿고서 주민등록증을 제시받아 전당물대장에 소정 사항을 빠짐없이 기재한 후 전당한 것이라면 피고인은 전당포주로서

41 대법원 1984. 11. 27. 선고 84도1413 판결.
42 대법원 1985. 2. 26. 선고 84도2732, 84감도429 판결.
43 대법원 1970. 5. 12. 선고 70도629 판결.
44 대법원 1978. 9. 26. 선고 78도1902 판결.
45 대법원 1983. 9. 27. 선고 83도1857 판결.

의 주의의무를 다한 것이라고 한 사례,[46] v) 전당포주인 피고인이 전당을 의뢰받고 전당포영업법 제15조에 따라 의뢰자로부터 주민등록증을 제시받아 그의 인적사항을 확인하고 전당물대장에 전당물과 전당물 소유자의 특징과 그의 전화번호까지 적어두었다면 전당포주로서의 주의의무를 다한 것이고 더 나아가 전당물의 구입경위나 출처, 전당의 동기까지 확인해야 할 의무가 있는 것은 아니라고 한 사례,[47] vi) 금팔찌를 전당잡을 당시 의뢰자가 주민등록증을 분실하였다고 하면서 그 남편이라는 자의 주민등록증을 제시하기에 전당물대장에 동인의 주소·성명을 기재해 두었다면 전당포주로서는 상당한 주의의무를 다한 것이라 볼 것이고 더 나아가 의뢰자의 신분에 관한 사항이나 팔찌의 출처나 구입경위, 전당동기, 그 신분에 적합한 소지인지 여부까지 확인할 주의의무는 없다고 한 사례,[48] vii) 전당포주가 전당물을 수령함에 있어서 주민등록증에 의하여 신분을 확인하고 전당물대장에 품목·특징과 의뢰자의 인적 사항을 기재하였다면, 비록 전당을 하게 된 동기나 물건의 출처에 대한 설명의 진실 여부를 면밀히 확인하지 않았다고 하여 주의의무를 게을리 하였다고 볼 수 없다고 한 사례[49] 등이 있다.

나. 고물상

1) 업무상과실을 인정한 판례

24 i) 고물상의 점원으로서 그 상점에 도품인 중고녹음기를 매도하러 온 사람에게 동인의 신분, 직업, 연령, 거동, 그 원매가, 그 물품내용, 그 취급방법, 그 출처, 현시가 등을 신중한 주의를 다하여 확인함으로써 장물을 취득하지 아니하여야 할 것임에도 불구하고 위와 같은 주의를 다하지 아니한 채 전매이득에만 급급한 나머지 매도인이 제시하는 가주소, 가성명을 그대로 경신하여 물품매입장부에 이를 기입함에 그친 경우에 업무상 과실을 인정한 사례,[50] ii) 주민등록상 주소지가 서울인 A가 부산에까지 내려와 피고인들이 운영하는 금은방에서 목걸이와 반지 등 여성용 귀금속을 매도하면서도 그 귀금속의 가격이나 중량 등에 대해 전혀 알지 못하고 있었다면 피고인들로서는 A가 매도하는 귀금속이

46 대법원 1984. 7. 24. 선고 84도1196 판결.
47 대법원 1984. 9. 25. 선고 84도1488 판결.
48 대법원 1985. 2. 26. 선고 83도1215 판결.
49 대법원 1986. 8. 19. 선고 86도1174 판결, 대법원 1987. 2. 24. 선고 86도2077 판결.
50 대법원 1960. 9. 14. 선고 60도316 판결.

장물인지의 여부를 의심할 만한 특별한 사정이 있었다고 보아야 하므로 A의 신원을 확인하는 것에서 더 나아가 위 귀금속의 출처와 소지경위 등에 대하여도 확인을 할 업무상 주의의무가 있었다고 한 사례[51] 등이 있다.

2) 업무상과실을 부정한 판례

25 i) 카메라를 매수할 때 평소에 지면이 있고, 부산 데파트 내에서 시계점을 경영하는 자의 소개를 받았고, 그 물건의 출처와 매도인의 신분을 확인하기 위하여 매도인의 주소, 주민증록번호, 직업, 연령, 매입가격 등을 비치한 고물대장에 기입확인한 후 이를 타에 매도하면서 위 장부에 매수인의 성명, 주소, 직업, 연령, 매도가격을 기재하여 카메라의 매입매도 경로를 세밀하게 기재하였으며, 매입가격과 매도가격의 차액이 7,000원이고, 당초의 매도인이 자기형이 월남에 가 있는데 가족들의 생계에 보태 쓰라고 하여 파는 것이라고 말하였기에 매수한 것이라면, 그 카메라의 출처에 대하여 그 이상 확인하여야 할 주의의무가 없다고 한 사례,[52] ii) 미싱 취급 고물영업을 하는 피고인들이, 새로운 설비를 하기 위하여 미싱을 처분한다는 봉제공장 경영자로부터 그 공장에 설치되어 있던 미싱 50대를 구입함에 있어서 다른 고물영업자 두 사람과 함께 만든 견적서에 의하여 그 대금을 결정하고 매매계약서를 작성할 때에도 그의 사업자등록증과 주민등록증을 확인하고 위 물품을 인수한 후에 피고인들의 고물상 장부에 이를 모두 기재하였다면 피고인들로서는 위 물품들이 장물인지의 여부의 확인에 관한 업무상 요구되는 주의의무를 다하였다고 본 사례[53] 등이 있다.

다. 금은방·전자제품대리점·시계점 등

1) 업무상 과실을 인정한 판례

26 i) 금은방을 운영하는 자가 만 19세가 지난 사람으로부터 18K 큐빅 반지 2개를 매수함에 있어, 위 반지의 시가가 54만 원 상당에 불과하더라도 위 매도인은 위 반지의 가격이나 중량에 대하여 전혀 알지 못하였고, 불과 1주일 전에도 동 업소에서 커플링 반지를 매도한 사실이 있다는 점 등을 볼 때, 단순히 매도인의 신원확인 이외에 반지의 출처 및 소지경위 등에 대하여도 확인할 업무상 주의

51 대법원 2011. 3. 24. 선고 2009도11596 판결.
52 대법원 1970. 8. 31. 선고 70도1489 판결.
53 대법원 1991. 11. 26. 선고 91도2332 판결.

의무가 있다고 한 사례,[54] ii) 채권전문거래업자가 부지(敷地)의 비전문상으로부터 3일 동안 5회에 걸쳐 8천여만 원의 국민채권을 영업장소 아닌 음식점·다방 등 장소에서 매수하였는데 그 매수채권 중에는 이미 만기가 도래하여 누구라도 은행에 가서 환금할 수 있는 채권이 상당수 포함되어 있었다면 채권전문상인 피고인으로서는 장물 여부를 확인하기 위하여 그 출처, 소지경위, 매도인이 이를 소지하기에 적합한 신분인지를 알아보아야 할 주의의무가 있다고 한 사례,[55] iii) 전자제품대리점을 경영하는 피고인이 본사 사원으로부터 그가 소개한 창고직원이 창고에서 내어주는 제품을 반출하여 판매한 후 대금을 달라는 부탁을 받고 이를 반출함에 있어서 대금액도 정하지 않고 인수증 발행 등 정당한 출고절차를 거치지 않았다면 피고인으로서는 본사 관계자 등에게 그 물품이 정당하게 출고되는 것인지를 확인할 주의의무가 있다고 한 사례,[56] iv) 오토바이 판매점을 운영하는 피고인이 다른 오토바이 판매업자로부터 판매위탁 된 오토바이를 매수하는 과정에서 사용폐지증명서, 원 소유자의 양도증명서, 인감증명서 등 매매 관련서류와 오토바이의 출처를 상세히 살펴 장물인지 여부를 확인하여야 할 업무상 주의의무가 있다고 한 사례,[57] v) 의류도매점을 경영하는 피고인 A로부터 창고에 보관 중인 이월된 의류물품을 구입하면서 A의 지시에 따라 타인 명의로 물품을 반출 받았고 대금지급시기도 확실히 정하지 않고 담보도 제공하지 아니한 채 물품부터 먼저 공급받았을 뿐만 아니라 물품대금을 A의 개인계좌로 입금하고 세금계산서, 거래명세표 교부 등 정당한 출고절차를 거치지 아니한 경우 그 회사 관계자에게 물품이 정당하게 출고되는 것인지 여부를 확인하여야 할 주의의무를 위반한 것이라고 한 사례[58] 등이 있다.

2) 업무상 과실을 부정한 판례

27 i) 시계점을 경영하면서 중고시계의 매매도 하고 있는 피고인이 장물로 판정된 시계를 매입함에 있어 매도인에게 그 시계의 구입 장소, 구입 시기, 구입 가격, 매각 이유 등을 묻고 비치된 장부에 매입가격 및 주민등록증에 의해 확인된 위 매도인의 인적사항 일체를 사실대로 기재하였다면, 그 이상 위 매도인의 신분이

54 대법원 2003. 4. 25. 선고 2003도348 판결.
55 대법원 1983. 12. 27. 선고 81다카600 판결.
56 대법원 1987. 6. 9. 선고 87도915 판결.
57 대법원 2009. 12. 10. 선고 2009도5157 판결.
58 대법원 1994. 6. 10. 선고 94도709 판결.

나 시계의 출처 및 소지 경위에 대한 위 매도인의 설명의 진부에 대하여서까지 확인하여야 할 주의의무가 있다고는 보기 어렵다고 한 사례,[59] ii) 귀금속상이 통상의 시장 상인들이 구입하는 가격에 맞추어 매수한 것이고 반지를 매수할 당시에 공소외인의 신상을 파악하고자 주민등록증의 제시를 요구하여 성명과 주소 등을 확인한 사실 등이 인정되므로 업무상 요구되는 주의의무를 게을리 하였다고 단정할 수 없다고 한 사례,[60] iii) 우표상이 우표매입 시 매도인의 신상을 파악하기 위하여 주민등록증의 제시를 요구하여 이름, 주소, 주민등록번호를 확인한 후 이를 자신의 탁상일지에 기재하였으며, 매입가격도 우체국으로부터 매입하던 가격보다는 저렴하나 평소 일반인들로부터 매입하던 가격으로 매입하였다면, 우표상으로서 업무상 요구되는 장물인 여부의 확인에 관한 주의의무를 게을리 하였다고 볼 수 없다고 한 사례,[61] iv) 밀가루·전분을 구입판매하는 상인이 인근의 동종업자로부터 부도를 막기 위해 염가로 파는 밀가루 등을 사라는 권유를 받고 통상의 출고가격보다 다소 저렴한 값으로 매수한 경우라 하더라도, 비수기에 대량거래를 할 때는 얼마든지 통상거래가격보다 싼 값에 거래가 이루어지고 있는 실정이었다면 그가 그 물건들의 출처나 수표부도 여부를 확인하지 않았고 기장처리나 세금계산서교부 등을 하지 않았다 하더라도 주의의무를 게을리 하였다고 할 수 없다고 한 사례,[62] v) 상품권교환업을 하는 피고인이 상품권(절취품)을 매수하면서 매입전표에 매도인으로 하여금 자필로 이름과 휴대전화번호를 기재하게 하고, 통상적인 매입가에 따라 정상적으로 매입하였으며, 매도인이 다른 손님들과 다르게 보이는 특별한 사정이 없었던 이상, 피고인에게 매도인의 상품권 취득경위, 매도 동기 등을 확인하지 않았다 하더라도 주의의무를 게을리 하였다고 할 수 없다고 한 사례,[63] vi) 중고휴대전화 구매업체를 하는 피고인이 특정 명의자로 개통은 되었으나 실제 사용되지 않은 소위 '박스폰' 상태의 중고휴대전화를 구입함에 있어 휴대전화가 정상적으로 해지가 된 것인지, 해지가 되어 있지 않으면 그 명의자가 휴대전화를 매도하는 것이 맞는지 등을 확인하지 아니하였더라도 개인이 아닌 휴대전화 판매점이나 대리점 관계자들로

59 대법원 1984. 2. 14. 선고 83도2982 판결.
60 대법원 1983. 3. 22. 선고 83도47 판결.
61 대법원 1986. 6. 24. 선고 86도396 판결.
62 대법원 1986. 8. 19. 선고 84도704 판결.
63 대법원 2014. 3. 13. 선고 2014도387 판결.

부터 구입한 것이고, 직접 휴대전화 고유식별번호를 이용해 도난·분실 여부를 확인해 보았으며 시세보다 현저히 낮은 가격으로 매입하지도 아니하였음을 이유로 업무상 주의의무를 게을리 하였다고 단정할 수 없다고 한 사례[64] 등이 있다.

라. 기타

28 영업용 택시운전사에게 승객의 소지품의 내용 및 내력 등에 관하여 이를 물어보고 조사할 권한이나 의무가 없으므로 택시운전사가 승객의 물건의 출처와 장물 여부를 따지고 신분에 적합한 소지인인가를 알아보는 등의 주의를 하지 않고 승객의 물건을 운반하였다 하여도 업무상과실장물운반죄가 성립하지는 않는다고 한 사례[65]가 있다.

3. 중대한 과실

29 일반인의 중대한 과실이 문제된 하급심 사례로는, i) 보세창고의 담당자 A로부터 보관 중인 수입 담배의 반출이 불가능한 사정을 전해들은 적이 있고 A의 입회 없이는 위 수입 담배가 반출될 수 없음을 알면서도 A의 부하직원인 B에게 정상적으로 유통되는 것인지 확인하지 아니한 채 B가 절취한 수입 담배의 매매를 알선한 사안에서 중과실장물알선죄를 인정한 사례,[66] ii) 평소 알고 지내던 A가 400만 원 상당의 고가의 '캐논데일' 자전거와 피고인 소유의 17만 원 상당의 '삼천리' 자전거를 교환할 아무런 이유가 없음에도 피고인이 그 취득 경위 등을 확인하지 않은 채 이를 교환한 사안에서 중과실장물취득죄를 인정한 사례,[67] iii) 자동차등록증이나 자동차등록원부만 확인하더라도 리스차량임을 알 수 있음에도 피고인이 A에게 금원을 대여하면서 전혀 이러한 주의를 기울이지 않아서 횡령한 'BMW' 차량을 담보로 받아 보관한 사안에서 중과실장물보관죄를 인정한 사례,[68] iv) 피고인에게 매도를 부탁한 A가 차량에 대한 매도권한이 없을 가능성이 있다고 생각하였음에도 소유자인 B의 연락처를 묻거나 B에게 연락하여 매도의사 유무를 직접 확인하지 않은 채 차량판매업을 하는 C를 소개해준 사안에서 중과실장물알선죄를 인정한 사례,[69] v) 휴대전화의 경우 안전

64 대법원 2017. 1. 12. 선고 2016도13956 판결.
65 대법원 1983. 6. 28. 선고 83도1144 판결.
66 울산지방법원 2004. 10. 8. 선고 2003노934 판결(상고기각 확정).
67 부산지방법원 동부지원 2014. 5. 29. 선고 2014고정479 판결(확정).
68 서울중앙지방법원 2016. 5. 3. 선고 2016고정107 판결(확정).
69 의정부지방법원 2015. 4. 29. 선고 2014노573 판결(상고기각 확정).

상의 이유로 항공기 내에 휴대하거나 수화물로 보낼 수 있는 수량이 제한된다는 사실을 잘 알면서도 A로부터 대가를 받고 도품 또는 횡령한 점유이탈물인 휴대전화를 베트남까지 운반해 줄 것을 부탁받고 인천공항에서 이를 건네받아 수화물에 넣어 출국장까지 가지고 간 사안에서 중과실장물운반죄를 인정한 사례,[70] vi) 건설기계인 굴삭기는 관할 관청에 등록하고 등록번호표를 부착하여야만 운행이 가능함에도 등록번호판이 없는 굴삭기를 매도인의 인적사항, 물건의 출처, 미등록의 사유, 소유자와의 관계 등에 대해 확인하지 아니한 채 시세의 1/3가량의 염가로 매수한 사안에서 중과실장물취득죄를 인정한 사례[71]등이 있다.

V. 죄수(罪數) 및 다른 죄와의 관계

30 형법 제362조의 장물범에 준하여 생각할 수 있을 것이다(☞ 형법 제362조의 'V. 죄수(罪數) 및 다른 죄와의 관계' 주석 참조).

VI. 형사소송법적 쟁점

31 업무상과실·중과실장물죄로 기소된 사안에서 소송절차와 관련하여 문제되는 쟁점 몇 가지에 대해 살펴본다.

1. 주의의무 기재의 정도

32 판례는, 구체적인 내용의 설시가 없이, 막연히 피고인은 장물여부에 대한 업무상의 주의를 다하지 아니하고 장물을 보관한 것이라고만 이유를 기재한 것은, 피고인에게 업무자로서 어떠한 주의의무가 있고 어떠한 면에서 이를 태만히 한 과실이 있다는 것인지 알 수 없어 위법한 판결이라고 판시하였다.[72] 다만 이처럼 업무상과실·중과실장물죄로 기소된 공소사실의 기재 내용이 그 자체로 명백히 불분명하거나 미진한 경우라면, 법원은 먼저 형사소송규칙 제141조에 따라 검사에게 그에 대해 석명을 한 다음, 그럼에도 불구하고 검사가 공소장변경허가신청 등의 절차를 거침으로써 이를 명확하게 하지 않은 때에는 무죄 판결보다는 공소사실의 불특정을 이유로 형사소송법 제327조 제2호에 따라 공소를 기각해야 할 것이다.[73]

70 수원지방법원 안양지원 2016. 7. 5. 선고 2016고단113 판결(확정).
71 춘천지방법원 2018. 11. 15. 선고 2018고단805 판결(확정).
72 대법원 1974. 9. 24. 선고 74도1364 판결.
73 대법원 2022. 1. 13. 선고 2021도13108 판결.

2. 공소장변경 및 그 한계

가. 고의에 의한 장물죄와 과실에 의한 장물죄

33 고의범인 형법 제362조의 장물죄에서 지정조건, 즉 장물이라는 정을 알았다는 주관적 사실에 대하여 검사의 입증이 부족하면 피고인에 대해 무죄로 판단할 수밖에 없다. 이와 관련하여 형법이 재산범죄 중에서 유독 장물죄에 한하여 업무상과실·중과실에 의한 범죄를 예외적으로 인정한 것은 이처럼 지정조건의 입증곤란을 회피하기 위한 형사정책적 고려를 반영한 것이라는 견해[74]가 있음은 앞에서 본 바와 같다. 그렇다면 이러한 상황에서 법원이 피고인에게 고의에 이르지는 아니하였으나 업무자로서의 과실 또는 일반인으로서 중대한 과실이 인정된다는 이유로 이른바 '축소사실'로서 피고인에 대해 업무상과실·중과실장물죄를 유죄로 인정할 수 있는가?

34 장물죄의 고의범과 업무상과실·중과실장물죄는 기본적 사실관계에서는 서로 공소사실의 동일성이 인정되므로 공소장변경이 가능하다. 한편 법원은 공소장이 변경되지 않았더라도 직권으로 공소장에 기재된 공소사실과 다른 범죄사실을 인정할 수 있는 경우가 있고,[75] 특히 공소가 제기된 범죄사실과 대비하여 볼 때 실제로 인정되는 범죄사실의 사안이 가볍지 아니하여 공소장이 변경되지 않았다는 이유로 이를 처벌하지 않는다면 적정절차에 의한 신속한 실체적 진실의 발견과 처벌이라는 형사소송의 목적에 비추어 현저히 정의와 형평에 반하는 것으로 인정되는 경우에는 법원이 직권으로 그 범죄사실을 인정하여야만 하는 경우가 있다는 것이 판례이기도 하다.[76] 그런데 업무상과실이나 중과실에 의한 장물죄의 경우 장물에 대한 인식에 있어 고의로 넘어가는 경계선에 위치하고 있고, 추구권 행사를 불가능 또는 곤란하게 하고 위법한 재산 상태를 유지하는 데에 기여함에 있어서는 고의범과 차이가 없으므로, 책임의 유무 및 처벌의 필요성 측면에서도 고의범과 구별할 필요가 없지 않는가라는 의문이 있을 수 있다. 그러나 공소장변경절차를 거치지 아니한 채 직권으로 축소사실을 인정할 수 있는 경우는 공소사실의 기본적 요소에 실질적인 영향을 미치지 않은 예컨대 단

74 김선복, 신형법각론, 세종출판사(2016), 418; 김신규, 형법각론강의, 박영사(2020), 532; 박찬걸, 형법각론(제2판), 박영사(2022), 601; 신동운, 형법각론(제2판), 법문사(2018), 1333; 오영근, 형법각론(제7판), 박영사(2022), 428~429.

75 대법원 2007. 9. 6. 선고 2006도3583 판결.

76 대법원 2022. 4. 28. 선고 2021도9041 판결

순한 일시·장소·수단 등에 관한 사항에 그치거나 명백한 오기의 정정에 해당하는 등 피고인이 방어권을 실질적으로 행사함에 지장이 없는 때에 한정된다는 것이 판례이다.[77] 또한 과실범은 단순히 고의범의 약한 범죄형태 또는 감경적 구성요건이 아니라 행위와 관련된 주의의무위반이라는 고의성과는 구별되는 독특한 구성요건을 갖춘 경우에만 인정되는 형법 내에서도 특수한 지위에 있는 범죄유형이다.[78] 고의범으로 기소된 원래의 공소사실에 주의의무의 발생근거와 주의의무위반의 내용에 대해 아무런 기재가 없음에도 법원이 증거를 토대로 직권으로 그에 관한 사실을 구성하여 업무상과실 또는 중과실의 존부를 판단하고 이를 전제로 과실장물범의 유죄를 인정하는 것은 불고불리의 원칙에 정면으로 반하는 것이고 피고인의 방어권을 심각하게 침해하는 것으로서 허용될 수 없다. 장물죄의 과실범의 공소사실을 고의범의 범죄사실로 변경하여 인정하는 경우는 물론 장물죄의 고의범의 공소사실을 과실범의 공소사실로 변경하여 인정하는 경우에도 공소장의 변경을 요하는 것으로 보아야 한다.[79]

35 판례도, 고의범인 장물보관죄로만 공소 제기된 사건을 검사의 공소장변경 절차 없이 법원이 직권으로 업무상과실장물보관죄로 의율하여 처단할 수는 없고, 이 경우 법원의 입장에서 검사에게 공소 제기된 장물보관죄를 업무상과실장물보관죄로 공소장변경을 촉구 또는 요구하여 과실범으로 유죄를 인정하지 아니하였다고 하여 심리미진의 위법이 있다고 할 수는 없다고 판시[80]하고, 장물취득죄와 업무상과실장물취득죄 사이에서도 동일한 취지로 판시[81]함으로써 같은 태도를 취하였다.

나. 업무상과실장물죄와 중과실장물죄

36 판례는, 업무상과실범으로 기소되었으나 공소사실에 기재된 업무가 피고인의 업무에 해당하지 아니한 경우 심리의 경과 등에 비추어 피고인의 방어권 행사에 실질적인 불이익을 초래할 염려가 없는 경우에는 공소장변경절차를 거치지 않은 채 법원이 직권으로 원래의 공소사실에 포함된 단순과실범의 공소사실을 유죄로 인정할 수 있다고 판시한다.[82] 그렇다면 업무상과실장물죄의 공소사실로

77 대법원 2022. 12. 15. 선고 2022도10564 판결.
78 이재상 외 2인, 형법총론(제11판), 박영사(2022), 202.
79 주석 형사소송법(3)(제6판), 한국사법행정학회(2022), 312(권오석).
80 대법원 1984. 2. 28. 선고 83도3334 판결.
81 대법원 1983. 3. 22. 선고 83도47 판결.
82 대법원 2018. 11. 29. 선고 2018도10162 판결.

기소되었으나 심리한 결과 업무 주체성이 인정되지 아니하지만, 중대한 과실은 인정되는 경우 법원이 직권으로 중과실장물죄의 공소사실을 유죄로 인정할 수 있을지도 문제된다. 이에 대해 업무상과실과 중과실은 주의의무위반의 기초나 내용에 차이가 있다거나 피고인의 방어권을 침해하고 피고인에게 불의의 타격이 될 수 있다는 이유로 이를 부정하는 견해가 있을 수 있겠으나 긍정하는 것이 타당하다. 형법은 장물죄에서처럼 업무상과실의 처벌규정을 둔 경우에 항상 중과실을 처벌하는 규정을 함께 두고 있다(형법 제171조, 제173조의2 제2항, 제189조, 제268조, 제364조). 이는 업무자의 과실에 의한 범죄와 일반인의 중대한 과실에 의한 범죄를 법적으로 동등하게 평가하여 동일한 법정형으로 처벌하려는 취지이다.[83] 한편 동일한 행위에서 업무상과실과 중과실이 경합하는 경우의 처리 방법에 관하여, 중과실은 흡수되어 업무상과실이 인정되는데 그친다는 견해[84]와 양자가 택일관계에 있다는 견해[85] 등이 있는데, 어느 견해에 의하더라도 책임의 근거사실로서 중과실은 업무상과실로부터 축소된 것이거나 업무상과실을 대체하는 것이라는 결론이 되어 책임의 근거사실로서는 본질적으로 차이가 없다. 또한 업무상과실죄와 중과실죄의 범죄사실 사이에는 행위의 태양, 방법에는 변동이 없이 단순히 업무성의 존부와 주의의무위반의 정도에 관한 법적 평가에 차이가 있을 뿐이어서 공소사실의 동일성이 쉽게 인정되므로 공소사실을 교환적으로 변경하는 공소장변경도 허용된다.[86] 특히 공소제기 된 사실과 실제로 인정되는 사실 사이에 단순히 법적 평가에 차이가 있는 데에 불과한 경우에는 공소사실의 동일성이 인정되는 범위 내에서 법원이 직권으로 다른 공소사실을 인정할 수 있다는 것이 판례이기도 하다.[87] 따라서 심리 진행의 경과에 비추어 피고인을 중과실장물죄로 처벌하더라도 피고인의 방어권 행사에 실질적인 불이익을

83 주석 형법, 각칙(6)(제5판), 한국사법행정학회(2017), 683(권순형); 김성돈, 형법각론(제8판), 성균관대학교 출판부(2022), 529; 박상기/전지연, 형법학[총론·각론], 집현재(2021), 722; 배종대, 형법각론(제14판), 홍문사(2023), 501; 손동권/김재윤, 새로운 형법각론(제2판), 율곡출판사(2022), 502; 이재상 외 2인, 형법각론(제12판), 박영사(2021), 466; 정성근/정준섭, 형법강의 각론(제2판), 박영사(2022), 348; 홍영기, 형법 총론과 각론, 박영사(2022), 477.

84 김일수/서보학, 새로쓴 형법각론(제9판), 박영사(2018), 421.

85 임웅, 형법총론(제13정판), 법문사(2022), 554.

86 대법원 1985. 7. 9. 선고 84도822 판결.

87 대법원 2003. 5. 13. 선고 2003도1366 판결(장물보관과 장물취득), 대법원 2002. 11. 22. 선고 2000도4419 판결(형법 제347조 제1항과 제2항), 대법원 2018. 1. 25. 선고 2017도15025 판결(위계에 의한 업무방해와 위력에 의한 업무방해).

초래하거나 피고인에게 불의의 타격을 가하는 결과가 되지 않는다면 업무상과실장물죄에서 공소장변경절차를 거칠 필요 없이 직권으로 중과실장물죄로 인정할 수 있다고 보는 것이 이론적으로 타당하다. 국내에서 이에 대한 뚜렷한 학설상의 논의나 대법원의 판례를 찾을 수는 없다. 일본의 판례[88] 중에는 업무상과실치사죄(일본 형법 제211조)로 기소된 피고인을 소인(訴因) 등의 변경절차(일본 형사소송법 제312조)를 거치지 않고 곧바로 중과실치사죄의 유죄로 인정하여 처벌하더라도 소송절차상 위법이 아니라고 명시적으로 판시한 것이 있고, 이러한 판례의 취지를 흥미롭게 평가하거나[89] 긍정적으로 평가하는[90] 견해가 있다.

37 이에 관한 하급심의 대체적인 실무를 보면, 공소사실을 중과실장물죄로 교환적 변경을 하거나[91] 예비적으로라도 공소사실을 추가하는[92] 정식의 공소장변경허가 절차를 거친 후에야 중과실장물죄를 유죄로 인정하는 것으로 보인다. 그렇다면 만약 검사가 공소장변경절차를 거치지 아니할 경우에는 업무상과실장물죄만 무죄로 판단하면 충분한 것인지 아니면 법원으로서는 직권으로라도 중과실장물죄를 유죄로 인정할 의무가 있는지도 검토해 볼 필요가 있다. 이에 관하여 판례는, 법원은 원칙적으로 공소장의 변경이 없는 한 공소사실과 다른 범죄사실을 유죄로 판단할 의무가 없고, '적정절차에 의한 신속한 실체적 진실의 발견이라는 형사소송의 목적에 비추어 볼 때 피고인을 처벌하지 않는 것이 현저히 정의와 형평에 반하는 경우에만 예외적으로 다른 범죄사실을 유죄로 판단할 의무가 있다'고 판시하거나[93] '공소가 제기된 범죄사실과 대비하여 볼 때 실제로 인정되는 범죄사실의 사안이 중대하여 공소장이 변경되지 않았다는 이유로 이를 처벌하지 않는다면 적정절차에 의한 신속한 실체적 진실을 발견이라는 형사소송의 목적에 비추어 현저히 정의와 형평에 반하는 것으로 인정되는 경우가 아닌 한 법원이 직권으로 그 범죄사실을 인정하지 아니하였다고 하여 위법한 것이라고까지 볼 수는 없다'고 판시함으로써,[94] 예외적으로만 위와 같은 직권판단의무를 인

88 日最決 1965. 4. 16. (刑集 19권 3호 166), 福岡高判 1956. 1. 28. (高等刑集 9권 1호 35).
89 判例タイムズ 176호(1965. 8. 15.), 153(戸田弘).
90 河上和雄 外 5人, 大コンメンタール刑事訴訟法(第6券)(第2版), 青林書院(2013), 42[illegible].
91 춘천지방법원 원주지원 2020. 2. 6. 선고 2019고정129 판결(중과실장물보관으로 교환적 변경).
92 수원지방법원 안양지원 2015. 7. 5. 선고 2016고단113 판결(중과실장물알선으로 예비적 변경), 창원지방법원 통영지원 2012. 11. 15. 선고 2012고정469 판결(중과실장물취득으로 예비적 변경).
93 대법원 2015. 9. 10. 선고 2014도12275 판결.
94 대법원 2018.11. 29. 선고 2017도10347 판결.

정한다. 판례가 실무에서 이러한 예외를 인정한 경우도 그리 많지는 않다. 인정되는 범죄사실을 기준으로 대표적인 사례를 몇 가지 들어 보면 업무상과실치상죄,[95] 향정신성의약품소지죄,[96] 향정신성의약품사용미수죄,[97] 강간죄,[98] 사문서위조죄,[99] 아동·청소년의성보호에관한법률위반(위계등간음)죄[100] 등이다. 위 사례들만으로는 정확히 어떤 기준을 충족시켜야 직권판단의무가 생기는 것으로 보아야 할지 판례의 태도를 분명히 알기는 어렵다. 그런데 적법하게 공판의 심리를 종결하고 판결의 선고를 위한 기일까지 고지한 후에 이르러 검사가 공소장변경허가신청을 한 경우라도 법원이 종결한 공판의 심리를 재개하여 공소장변경을 허가할 의무는 없다는 것이 판례[101]라는 점이나 위 사례들의 구체적인 내용까지 감안해 보면, 위 사례들은 지극히 예외적인 경우들로서 함부로 예외 인정의 범위를 확대할 것은 아니다. 결국 사안의 중대성이 직권판단의무의 인정 여부를 판가름하는 관건이 된다고 보이는데, 여기에서 문제되는 중과실장물죄는 가중유형이지만 과실에 의한 재산범죄에 불과하여 법정형이 상대적으로 가볍고 죄질, 행위태양, 결과 등이 중한 경우라고 볼 수는 없다. 따라서 중과실장물죄를 인정하여 처벌하지 않는다고 하여 형사정책상 문제가 생기거나 현저히 정의와 형평에 반하는 경우가 된다고 보기는 어렵다 할 것이므로, 직권판단의무까지 인정된다고 할 수는 없을 것이다.

Ⅶ. 처벌

38 1년 이하의 금고 또는 500만 원 이하의 벌금에 처한다. 자유형으로 징역형이 아닌 금고형에 처하도록 규정하고 있으므로, 업무상과실·중과실장물죄를 인정하면서 법정형에도 없는 징역형을 선고하면 위법하다.[102]

95 대법원 1990. 12. 7. 선고 90도1283 판결.
96 대법원 2002. 11. 8. 선고 2002도3881 판결.
97 대법원 1999. 11. 9. 선고 99도3674 판결.
98 대법원 1988. 3. 8. 선고 87도2673 판결.
99 대법원 2006. 4. 13. 선고 2005도9268 판결.
100 대법원 2022. 4. 28. 선고 2021도9041 판결.
101 대법원 2003. 12. 26. 선고 2001도6484 판결.
102 대법원 1966. 6. 7. 선고 66도549 판결.

제 365 조 [친족간의 범행]

① 전3조의 죄를 범한 자와 피해자간에 제328조 제1항, 제2항의 신분관계가 있는 때에는 동조의 규정을 준용한다.

② 전3조의 죄를 범한 자와 본범간에 제328조 제1항의 신분관계가 있는 때에는 그 형을 감경 또는 면제한다. 단, 신분관계가 없는 공범에 대하여는 예외로 한다.

[관련조문] 형법 제55조(법률상의 감경), 제151조(범인은닉과 친족간의 특례), 제155조(증거인멸등과 친족간의 특례), 제328조(친족간의 범행과 고소), 제344조(친족간의 범행), 제354조(친족간의 범행, 동력), 제361조(친족간의 범행, 동력), 형사소송법 제326조(면소의 판결), 국제사법 제74조(그 밖의 친족관계), 산림자원의 조성 및 관리에 관한 법률 제73조(벌칙)

[참고문헌] 주석 형법, 각칙(6)(제5판), 한국사법행정학회(2017); 형법주해(XII), 각칙(9), 박영사(2023); 김성돈, 형법각론(제8판), 성균관대학교 출판부(2022); 김일수/서보학, 새로쓴 형법각론(제9판), 박영사(2018); 손동권/김재윤, 새로운 형법각론(제2판), 율곡출판사(2022); 오영근, 형법각론(제7판), 박영사(2022); 이영란, 형법학 각론강의(제3판), 형설출판사(2013); 이용식, 형법각론, 박영사(2019); 이재상 외 2인, 형법각론(제12판), 박영사(2021); 임웅, 형법각론(제11정판), 법문사(2020); 정영일, 형법각론, 학림(2019); 홍영기, 형법 총론과 각론, 박영사(2022); 김대성, "친족상도례 규정의 개정방향: 친족구분의 문제와 법적 효과를 중심으로", 외법논집 제40권 제4호(2016); 모성준, "형법상 친족상도례 규정의 문제점과 바람직한 개정방향", 법학논총 제21집 제2호(2014); 박광현, "형법상 친족상도례의 개선방안에 관한 연구", 홍익법학 제14권 제3호(2013); 이근상, "친족상도", 법정 제18권 제11호(1963)
大塚仁 외, 大コンメンタール刑法(第13巻)(第3版), 青林書院(2018)

Ⅰ. 의의

1 장물범과 피해자, 장물범과 본범 사이에 일정한 친족관계가 있는 경우 형을 면제하거나 형을 감면하도록 하는 친족상도례의 적용에 관하여 규정한 조항이다. 형법은 권리행사방해죄와 관련하여 친족상도례에 관한 기본적 규정(형법 제328조)을 두면서, 이를 절도, 사기, 공갈, 횡령, 배임 등 여러 재산범죄에 준용(제344조, 제354조, 제361조)하는 방식을 취하고 있다. 장물죄에 관하여도 제365조에서 제328조를 준용하되, 피해자, 본범, 장물범로 구성되는 장물죄의 범죄구도에 착

안하여 친족 관계가 존재하는 당사자 및 범위를 구분하여 친족상도례 적용의 효과를 달리 규정하고 있다. 제1항은 장물범과 피해자 사이에 친족관계가 있는 경우로서 그중 직계혈족, 배우자, 동거친족, 동거가족 또는 그 배우자인 경우에 대해서는 형을 면제하고, 그 외의 친족 관계인 경우에는 친고죄로 규정하고 있다. 제2항 본문은 장물범과 본범 사이에 일정한 친족관계가 있는 경우로서 서로 직계혈족, 배우자, 동거친족, 동거가족 또는 그 배우자인 경우에 한하여 형의 필수적 감면사유로 규정한다. 제2항 단서는 피해자나 본범과 신분관계 없는 공범에 불과한 경우에는 친족상도례를 적용하지 아니한다는 점에 대해 규정하고 있다. 제1항은 재산범죄로서의 성격을 제2항은 범인비호적 성격을 반영한 것으로 볼 수 있다.[1] 우리 형법이 이처럼 장물죄에 관하여 본범에 비하여 본범의 피해자에 대한 관계에서 보다 관대하게 취급하는 것은 장물죄의 본질론 중 이익설 또는 공범설에 따른 것이라는 견해가 있다.[2] 친족 간의 범행에 관하여 구 형법 제257조는 "① 직계혈족, 배우자, 동거의 친족 및 차등의 자의 배우자간에 있어서 전조의 죄를 범한 자는 그 형을 면제한다. ② 친족이 아닌 공범에 대하여는 전항의 예를 적용하지 아니한다"라고 규정하고 있음에 따라 장물범과의 위와 같은 신분관계가 피해자 또는 본범 중 누구와 사이에 존재할 것을 요하는지에 관하여 견해가 대립하였다. 반면 현행 형법은 장물죄의 범인비호성에 주목하여 장물범과 본범 간에 일정한 신분관계가 있는 때에는 형을 감면하도록 규정하는 한편, 장물죄의 재산범죄성을 중시하여 다른 재산범죄에서와 마찬가지로 본범의 피해자와 사이에 일정한 신분관계가 있는 때에는 형을 필수적으로 면제하도록 함으로써 입법적으로 해결하였다.

Ⅱ. 입법목적 및 입법례

2 입법목적에 관하여는 "법은 가정에 들어가지 아니한다."라는 법언을 반영한 것이라는 견해, 친족 간에는 이러한 범죄를 저지르게 쉽다는 점을 고려하여 친족

1 김성돈, 형법각론(제8판), 성균관대학교 출판부(2022), 528; 김일수/서보학, 새로쓴 형법각론(제9판), 박영사(2018), 419; 손동권/김재윤, 새로운 형법각론(제2판), 율곡출판사(2022), 500; 오영근, 형법각론(제7판), 박영사(2022), 427; 이영란, 형법학 각론강의(제3판), 형설출판사(2013), 457; 이용식, 형법각론, 박영사(2019), 76; 이재상 외 2인, 형법각론(제12판), 박영사(2021), 465; 임웅, 형법각론(제11정판), 법문사(2020), 583; 정영일, 형법각론, 학림(2019), 394; 홍영기, 형법 총론과 각론, 박영사(2022), 479.

2 정영일, 형법각론, 학림(2019), 395.

간의 내부적 문제에 대해 국가가 간섭하거나 형사처벌을 함으로써 가정의 평온을 깨뜨리는 것은 바람직하지 않다는 점에 대한 고려한 것이라는 견해, 친족 간의 인정(人情)을 고려한 것이라는 견해 등이 있다.[3] 그 입법취지는 형법상 범인은닉죄, 증거인멸죄 등과 유사한 취지라고 할 수 있다. 헌법재판소는 형법 제328조 제1항의 친족상도례에 관하여, 가까운 친족 간의 재산범죄에 대하여 피해자의 고소 여부와 상관없이, 피해자가 고소를 하더라도 형을 면제하여 처벌하지 않겠다는 것으로 가정 내부의 문제는 국가형벌권이 간섭하지 않는 것이 바람직하다는 정책적 고려와 함께 가정의 평온이 형사적 처벌로 인해 깨지는 것을 막으려는 데에 그 입법취지가 있다고 판시하였다.[4]

3 전통적으로 로마법에서는 가족 내에서 발생한 절도사건에 대해서는 소추를 인정하지 않고 그 가족의 가장이 가장권에 의하여 범인에게 '가내형(家內刑)'을 과할 수 있었다. 이러한 원리는 1810년 프랑스형법전에서 명문으로 채택된 이래 프랑스 형법을 모델로 하여 제정된 19세기 여러 국가의 형법에서 채택되었다고 한다. 친족상도례는 이 같은 로마법의 전통에서 유래하는 것으로서 대륙법계 국가들의 형법에 보편적으로 채택되어 온 반면, 영미법에는 이 같은 취지의 규정이 없다.[5] 우리 형법의 친족상도례 규정도 이러한 대륙법계 전통을 따른 것으로 볼 수 있다. 다만 국가별로 형법에서 친족상도례가 적용될 친족 간의 범위나 특례의 효과에 관한 규정 내용은 조금씩 다르다. 대표적으로 독일 형법 제247조는 "절도나 횡령의 피해자가 친족, 후견인, 보호자인 경우 또는 피해자 주거공동체 내에서 행위자와 동거하고 있는 경우에는 고소가 있어야만 형사소추를 할 수 있다."라고 규정함으로써 친족 간의 특례효과를 오로지 친고죄로 제한하고 있다. 그리고 독일 형법 제11조 제1항은 친족의 범위를 형법에서 따로 정의하고 있는데, 친족뿐만 아니라 후견인 또는 보호자 그리고 피해자가 주거공동체 내에서 행위자와 동거하고 있는 사실상의 배우자 관계를 포함하는 것으로 규정하고 있다. 반면 일본 형법은 제244조에서 기본적으로 우리 형법 제328조와 유사한 내용의 규정을 두

3 형법주해(XII), 각칙(9), 박영사(2023), 561(김윤섭/최근영); 김대성, "친족상도례 규정의 개정방향: 친족구분의 문제와 법적 효과를 중심으로", 외법논집 제40권 제4호(2016), 225; 모성준, "형법상 친족상도례 규정의 문제점과 바람직한 개정방향", 법학논총 제21집 제2호(2014), 495; 박광현, "형법상 친족상도례의 개선방안에 관한 연구", 홍익법학 제14권 제3호(2013), 411.

4 헌법재판소 2012. 3. 29. 선고 2010헌바89 결정.

5 이근상, "친족상도", 법정 제18권 제11호(1963), 33[김대성, "친족상도례 규정의 개정방향: 친족구분의 문제와 법적 효과를 중심으로", 외법논집 제40권 제4호(2016), 224에서 재인용].

고 있다. 다만 일본 형법은 제244조에 친족상도례에 관한 규정을 두고 이를 제251조, 제255조에서 재산범죄에 적용 또는 준용하도록 하고 있는데, 유독 장물에 관한 죄에 대해서는 제257조에 "① 배우자와의 사이 또는 직계혈족, 동거친족 또는 이들의 배우자와의 사이에서 전조의 죄를 범한 자는 그 형을 면제한다. ② 전항의 규정은 친족이 아닌 공범에 대해서는 적용하지 아니한다."라는 내용의 별도 규정을 두고 있다는 특징이 있다. 한편 일본 형법 제257조는 장물범과 본범 사이에서만 적용되는 규정이라는 것이 일본의 통설[6]인 동시에 판례[7]이다.

Ⅲ. 친족상도례에 대한 헌법불합치 결정

4 헌법재판소는 2024. 6. 27. 형법상 친족상도례의 기본규정인 제328조 제1항에 대해 헌법불합치 결정과 함께 2025. 12. 31.을 시한으로 적용중지 를 명하였다.[8] 헌법재판소는, 가정 내부의 문제는 국가형벌권이 간섭하지 않는 것이 바람직하다는 등의 친족상도례를 마련한 제도적 취지는 수긍할 수 있지만, 형법 제328조 제1항이 재산범죄의 가해자와 피해자 사이의 일정한 친족관계를 요건으로 하여 일률적으로 형을 면제하도록 규정하는 점은 형사피해자인 가족 구성원의 권리를 일방적으로 희생시키는 것이 되어 제도적 취지에 어긋나는 결과가 초래될 우려가 있고, 그리하여 강도, 손괴 등 일정한 재산범죄를 제외하고는 일정한 친족관계에 있다는 사실만으로 대부분 기소조차 이루어지지 아니하며 기소되더라도 형의 면제라는 결론이 정해져 있어 법원에 대한 적절한 형벌권 행사 요구가 애당초 무의미하게 됨으로써 형사피해자의 재판절차진술권을 과도하게 침해한다는 점을 헌법불합치의 주된 사유로 들고 있다. 즉 재산범죄의 가해자와 피해자 사이에 형법 제328조 제1항의 친족관계가 있는 경우 형사소추 내지 처벌의 특례를 두는 것 자체가 위헌적이라고 본 것이 아니라 '일률적으로 형을 면제'하도록 규정한 부분이 입법재량을 일탈한 것임을 지적하면서 입법자에 대해 향후 사회적 합의를 통해 위헌성을 제거한 대안을 검토하여 그 입법을 촉구하면서 그때까지 시한을 두고 현행 규정의 적용을 잠정적으로 중지시킨 것이다. 따라서 장물죄에 관하여도 준용규정인 '형법 제365조 제1항 중 형법 제328조 제1항' 부분은

6 大塚仁 외, 大コンメンタール刑法(第13巻)(第3版), 青林書院(2018), 761.
7 日最決 1963. 11. 8. (刑集 17권 11호 2357)
8 헌법재판소 2024. 6. 27 선고 2020헌마468, 2020헌바341, 2021헌바420, 2024헌마146.

더 이상 재판에서 적용할 수는 없으며, 향후 개정 입법을 기다려야 할 것이다.
5 다만 헌법불합치결정의 취지에 비추어 볼 때, 개정 입법이 취할 수 있는 방법으로는 친족상도 적용의 효과로서 '형의 면제'를 삭제하는 방법 외에도 적용의 대상이 되는 친족이나 가족의 범위를 축소하는 방법, 형의 면제가 적용되기 위한 요건사실을 추가함으로써 적용의 범위를 축소하는 방법 등 다양하게 검토될 수 있을 것으로 보이므로, 이하에서는 일단 형법 제328조 제1항의 준용을 규정하고 있는 형법 제365조 제1항을 포함 한 위 규정 전부에 대한 종전의 해석론을 중심으로 그 내용을 살펴보기로 한다.

IV. 내용

1. 장물범과 본범의 피해자(제1항)

6 장물죄의 범인과 피해자, 즉 장물소유자와 사이에 형법 제328조 제1항·제2항의 신분관계가 있는 경우이다. 즉 위 자들 사이에 직계혈족, 배우자, 동거친족, 동거가족 또는 그 배우자의 관계가 있을 때에는 형을 필수적으로 면제하고, 그 이외의 친족관계가 있을 때에는 고소가 있어야 논하며, 위와 같은 신분관계가 없는 공범에 대하여는 이를 적용하지 않는다(☞ 형법 제328조 '친족상도례' 주석 참조).

7 한편 장물죄의 범행구도는 장물범과 피해자 중간에서 본범이 개입하고 있으므로 순전한 친족 간의 범행관계라고 보기 어려운 면이 있다. 그러나 본범의 개입 내지 존재는 장물의 성립요건이 되고 일단 장물이 성립한 뒤에 이루어진 장물죄의 범행은 피해자의 추구권을 침해한 것이 되며, 장물범은 독자적으로 불법을 저지른 것이지 중간에 개재한 본범을 통하여 비로소 이를 침해하게 되는 것은 아니다. 이와 같이 본다면 장물범과 피해자의 중간에 본범이 개재되어 있다는 장물범의 특수한 범행구도가 장물범과 피해자 사이에 친족상도례의 적용을 달리 해석해야 한다고 볼 근거가 되지는 못한다.[9]

2. 장물범과 본범(제2항)

가. 의의

8 장물범과 본범 간에 형법 제328조 제1항의 친족관계가 있을 때에는 그 형을 감경 또는 면제한다. 즉 법률상 필수적 감면사유가 된다(형법 제55조). 장물범과 피

9 주석 형법, 각칙(6)(제5판), 한국사법행정학회(2017), 694(권순형).

해자간의 친족관계의 존재가 다분히 우연적이고 친족상도의 경우와 같은 범죄사회학적 유형성을 가지지 못함에 반하여, 장물범과 본범 간의 친족관계는 범인비호적인 성격뿐만 아니라 이익의 분배, 장물처분의 관여라는 의미에서도 범죄사회학적으로 친족상도례의 입법목적이 상정한 전형적인 유형에 해당한다고 볼 수 있다. 더욱이 소비 공동체 내지 생활 공동체로서 친족 간에 있어서는 위법하게 취득한 장물이라 할지라도 구성원 상호 간에 공동으로 이를 소비하는 것을 저지하기 어렵다. 또한 장물죄가 범인은닉 또는 증거인멸의 특례(제151조, 제155조)의 경우와 같이 국가형벌권으로부터 범인을 비호한다는 의미보다도 범인으로 하여금 재산범죄로 취득한 이익을 확보하게 하는 점에 본질이 있다고 본다면, 친족관계에 있는 장물범과 본범 간의 범행에 법이 간섭하지 않는 이유를 보다 쉽게 이해할 수 있다. 친족관계의 유무는 장물범을 기준으로 하여 민법 제767조 이하의 신분관계에 관한 규정에 따라 결정하여야 한다. 만약 장물범이 외국인일 때 친족관계의 유무는 국제사법에 특별한 규정이 없는 경우에는 장물범의 본국법률에 의하여 결정하여야 할 것이다(국제사법 제74조).

나. 효력

9 친족상도례의 효과로서 형의 감경 또는 면제는 필수적이다. 형의 필수적 면제의 의미에 관하여, ⅰ) 범죄는 성립하지만 친족이라는 신분에 의하여 형벌이 조각된다고 보는 견해, ⅱ) 범죄 자체가 성립하지 않는다고 보는 견해가 있고, 두 번째 견해 중에는 위법성이 조각된다는 견해, 즉 친족 상호 간에 있어서 이익의 향수나 그 방조행위는 가벌성 있는 위법이 없다고 보는 견해와 책임조각설, 즉 기대가능성이 없다고 보는 견해[10] 등 여러 가지 견해로 나눌 수 있다. 장물죄가 이득에의 관여라는 성격을 가진다는 점에서 보면 형의 감면을 기대가능성의 부존재, 또는 가벌성 있는 위법의 부존재에 따른 범죄불성립이라고 이해하기는 곤란하다. 현행 형법상 형의 면제는 유죄판결의 일종이며(형사소송법 제326조), 형의 감경을 이와 병립하거나 선택적인 것으로 규정한 취지에 비추어 형의 감면은 범죄의 성립을 전제로 한 인적 처벌조각사유 또는 감경사유라고 봄이 타당하다.[11] 다시 말하여 형의 감면은, ⅰ) 친족 간의 장물죄가 본범의 이익을 확보하는

10 박광현, "형법상 친족상도례의 개선방안에 관한 연구", 홍익법학 제14권 제3호(2013), 428.

11 주석 형법, 각칙(6)(제5판), 한국사법행정학회(2017), 695(권순형); 형법주해(XII), 각칙(9), 박영사(2023), 562(김윤섭/최근영); 오영근, 형법각론(제7판), 박영사(2022), 427.

의미에서 범인비호적 성격을 지닌 점, ii) 소비 공동체적 성격을 가진 친족 간에 있어서는 장물의 공동소비 또한 법으로서도 저지하기 어려운 점, iii) 친족 간 외의 장물죄와 대비해 볼 때에 피해자의 회복추구를 곤란케 하는 정도가 크지 않다는 점 등을 이유로 한 인적 처벌조각 또는 처벌감경이라고 요약할 수 있을 것이다. 이처럼 범죄는 성립하되, 다만 인적 처벌조각 내지 감경사유가 될 뿐이므로 위법성조각사유 또는 책임조각사유의 경우와는 달리 이에 대하여 정당방위가 인정되고, 공범의 성립도 가능하다. 또한 범죄성립요소가 아니므로 이에 대한 행위자의 착오는 범죄의 성립 여부에 아무런 영향을 미치지 못한다.

다. 본범이 다수인 경우 등

10 본범의 공범자 중 장물죄의 범인과 제2항 소정의 친족관계 있는 자가 있을 경우라도 그 자가 장물죄에 관여하지 아니하였을 때에는 제2항을 적용할 여지가 없다. 예컨대 절도의 본범이 A, B, C 3인에 의한 공모공동정범인 경우에 그중 B와 제2항 소정의 친족관계에 있는 D가 B 아닌 A로부터 절취한 장물을 매수하였을 때에는 위 A의 매도행위가 A 단독의 처분행위인 이상 A와 D 간의 장물죄 범행에 대하여 제2항을 적용할 수는 없다. 한편 본범의 공범자 중 제2항 본문 소정의 친족관계 있는 자가 장물죄에 관여한 때에는 설령 친족관계 없는 다른 공범자도 같이 장물죄 범행에 관여하였다고 하더라도 친족관계 있는 자에 대해 제2항을 적용하여야 함은 물론이다. 장물죄의 범인 상호간에 제2항 소정의 신분관계가 있을 경우에 대하여 제2항 본문의 적용을 부정하는 견해가 있다. 그러나 장물죄 자체도 장물범의 본범이 될 수 있다고 보이는 이상, 이와 같이 장물죄가 다른 장물범의 본범이 되는 경우에도 제2항 본문을 적용하여야 한다고 본다. 예컨대 A가 장물인 정을 알면서 취득한 장물을 B에게 양도하고, B 또한 장물인 정을 알면서 이를 취득한 경우에, A의 장물취득죄는 B의 장물취득죄에 대하여 본범이 될 수 있으므로 A, B 간에 제2항 소정의 신분관계가 있는 이상 제2항 본문을 적용함이 타당할 것이다.

라. 장물범이 다수인 경우

11 신분관계가 없는 공범의 경우 제2항 본문을 적용하지 않는다. 여기서의 공범이란 장물죄의 공범을 말하며 본범의 공범을 의미하지 않는다. 제2항 단서의 공범은 공동정범, 교사범, 방조범을 모두 포함한다. 위에서 본 바와 같이 제2항 본문의 친족관계의 존재를 인적 처벌조각 내지 감경사유라고 보는 이상 이러한 신분관계 없는 공범에 대하여 형의 감면을 적용하지 않음은 논리상 당연한 것이다.

Ⅴ. 특별법에 의한 재산범죄

12 산림자원의 조성 및 관리에 관한 법률 제73조 제1항의 산림절도죄에 의하여 절취한 장물에 관하여 위 법률에 친족상도례의 적용 또는 준용에 관한 별도의 규정이 없지만 형법 제365조의 친족상도례가 적용되는 것으로 해석함이 타당하다.[12] 산림절도행위를 통해 무단 취거된 산물(山物)에 대해 형법상 장물성이 인정되고 이는 형법 제362조 내지 제364조에 규정된 장물죄의 범행객체가 되기 때문이다. 특정경제범죄 가중처벌 등에 관한 법률에 관한 것이기는 하지만 판례는, 형법상 사기죄의 성질은 특정경제범죄 가중처벌 등에 관한 법률 제3조 제1항에 의해 가중처벌 되는 경우에도 그대로 유지되고, 특별법인 위 법률에 친족상도례에 관한 형법 제354조, 제328조의 적용을 배제한다는 명시적인 규정이 없으므로 형법 제354조의 친족상도례에 관한 규정은 특별법인 위 법률 제3조 제1항 위반죄에도 그대로 적용된다고 판시한다.[13]

Ⅵ. 형사소송법적 쟁점

13 형법 제365조 제1항의 친족관계의 존재는 단지 법률상 형의 필수적 감면사유에 불과하므로 당사자로부터의 주장도 없고, 그 존부를 의심하게 하는 특별한 사정이 없는 한 법원이 이를 반드시 심리할 필요는 없다.[14] 다만 제출된 자료상 친족관계의 존부가 의심되는 정황이 있는 경우에는 피고인으로부터 그에 관한 뚜렷한 주장이 없더라도 법원으로서는 심리를 통해 그 존부를 판단하여 만약 형법 제365조 제1항의 친족관계가 존재한다면 형을 면제하여야 할 것이다.[15]

12 日最判 1958. 7. 11. (刑集 12권 11호 2518)
13 대법원 1989. 6. 13. 선고 89도582 판결.
14 日大判 1948. 12. 27. (刑集 2권 14호 1959)
15 大塚仁 외, 大コンメンタール刑法(第13巻)(第3版), 青林書院(2018), 763.

제 42 장 손괴의 죄

[총설]

[관련조문] 형법 제96조(시설파괴이적), 제105조(국기, 국장의 모독), 제109조(외국의 국기, 국장의 모독), 제115조(소요), 제116조(다중불해산), 제119조(폭발물 사용), 제140조(공무상비밀표시무효), 제141조(공용서류 등의 무효, 공용물의 파괴), 제142조(공무상 보관물의 무효), 제155조(증거인멸 등과 친족간의 특례), 제159조(시체 등의 오욕), 제161조(시체 등의 유기 등), 제163조(변사체 검시 방해), 제164조(현주건조물 등 방화), 제177조(현주건조물등에의 일수), 제185조(일반교통방해), 제192조(먹는 물의 사용방해), 제323조(권리행사방해), 제344조(친족간의 범행), 제346조(동력), 제354조(친족간의 범행, 동력), 제361조(친족간의 범행, 동력), 제365조(친족간의 범행), 제366조(재물손괴등), 제367조(공익건조물파괴), 제368조(중손괴), 제369(특수손괴), 제370조(경계침범), 제371조(미수범), 제372조(동력), 정보통신망 이용촉진 및 정보보호 등에 관한 법률 제71조(벌칙), 산림자원의 조성 및 관리에 관한 법률 제74조(벌칙), 송유관 안전관리법 제13조(벌칙), 군사기밀 보호법 제17조(군사보호구역 침입 등)

[참고문헌] 주석 형법, 각칙(6)(제5판), 한국사법행정학회(2017); 형법주해(XII), 각칙(9) 박영사(2023); 권오걸, 형법각론, 형설출판사(2009); 김성돈, 형법각론(제8판), 성균관대학교 출판부(2022); 김일수/서보학, 새로쓴 형법각론(제9판), 박영사(2018); 박찬걸, 형법각론(제2판), 박영사(2022); 배종대, 형법각론(제14판), 홍문사(2023); 손동권/김재윤, 새로운 형법각론(제2판), 율곡출판사(2022); 신동운, 형법각론(제2판), 법문사(2018); 오영근, 형법각론(제7판), 박영사(2022); 유기천, 형법학(각론강의 하), 일조각(1982); 이영란, 형법학 각론강의(제3판), 형설출판사(2013); 이재상 외 2인, 형법각론(제12판), 박영사(2021); 이형국, 형법각론, 법문사(2007); 이형국/김혜경, 형법각론(제2판), 법문사(2019); 임웅, 형법각론(제11정판), 법문사(2020); 정성근/정준섭, 형법강의 각론(제2판), 박영사(2022); 정영일, 형법각론, 학림(2019); 최호진, 형법각론, 박영사(2022); 홍영기, 형법 총론과 각론, 박영사(2022); 김태수, "재물손괴에 있어 친족상도례 적용배제의 불합리성과 그 대안", 형사법연구 제24권 제2호(2012); 이천현, "재산범죄 분야의 개정에 대한 소고", 법학논총 제27집 제1호(2010. 3.); 정성근, "친족상도례", 고시연구 제21권 제5호(1994)

[하태한]

Ⅰ. 개설

1. 의의

1 손괴의 죄란 타인의 재물, 문서 또는 전자기록 등 특수매체기록을 손괴 또는 은닉 기타의 방법으로 그 효용을 해하는 범죄를 말한다. 재산범죄의 일종이지만 범행객체가 재물, 문서 또는 전자기록 등 특수매체기록에 한하고 재산상의 이익은 포함되지 아니하므로 순수한 재물죄에 해당한다.[1] 행위자에게 다른 사람의 재물을 자기 소유물처럼 그 경제적 용법에 따라 이용·처분할 의사, 즉 불법영득의 의사를 필요로 하지 않는다는 점에서 절도, 강도, 사기, 공갈, 횡령 등 영득죄와 구별된다.[2]

2. 구성요건의 체계

2 형법 제42장 '손괴의 죄' 부분의 체계를 보면, 재물손괴죄(형법 제366조)와 공익건조물파괴죄(제367조)가 각기 보호법익을 달리하는 손괴죄의 독립된 기본유형이다. 이상 두 개의 기본유형에서 출발하여 결과적 가중유형으로서 중손괴죄(제368조 제1항), 손괴치사상죄(제368조 제2항)를, 방법적 가중유형으로서 특수손괴죄(제369조)를 각각 규정하고 있다. 또한 특수유형으로 경계침범죄(제370조) 및 재물문서등손괴죄, 공익건조물파괴죄와 특수손괴죄의 미수(제371조)를 처벌대상으로 추가하고 있다. 이 밖에 손괴의 죄에 대해서는 형법 제346조를 준용하도록 되어 있으므로, '관리할 수 있는 동력'도 손괴의 대상인 재물에 포함된다(제372조).

3 손괴는 불법영득의 의사 없이 재물의 효용을 해하는 행위이다. 형법이나 각종의 형사특별법에는 손괴, 은닉, 인멸, 파괴, 파열, 훼손, 오욕 등과 같이 그 표현만 달리하였을 뿐 실질적인 의미는 손괴와 동일한 문언을 사용한 처벌규정이 다양하게 존재한다. 예컨대 형법의 경우 제2장 외환의 죄에서 제96조(시설파괴이적), 제3장 국기에 관한 죄에서 제105조(국기, 국장의 모독), 제4장 국교에 관한 죄에서

1 주석 형법, 각칙(6)(제5판), 한국사법행정학회(2017), 697(권순형); 형법주해(XII), 각칙(9), 박영사(2023), 565(김지언); 김성돈, 형법각론(제8판), 성균관대학교 출판부(2022), 531; 김일수/서보학, 새로쓴 형법각론(제9판), 박영사(2018), 319; 박찬걸, 형법각론(제2판), 박영사(2022), 603; 배종대, 형법각론(제14판), 홍문사(2023), 502; 손동권/김재윤, 새로운 형법각론(제2판), 율곡출판사(2022), 504; 신동운, 형법각론(제2판), 법문사(2018), 1335; 오영근, 형법각론(제7판), 박영사(2022), 430; 이재상 외 2인, 형법각론(제12판), 박영사(2021), 468; 정성근/정준섭, 형법강의 각론(제2판), 박영사(2022), 349; 홍영기, 형법 총론과 각론, 박영사(2022), 479.

2 대법원 2022. 11. 30. 선고 2022도1410 판결

제109조(외국의 국기, 국장의 모독), 제5장 공안을 해하는 죄에서 제115조(소요), 제116조(다중불해산), 제6장 폭발물에 관한 죄에서 제119조(폭발물 사용), 제8장 공무방해에 관한 죄에서 제140조(공무상비밀표시무효), 제141조(공용서류 등의 무효, 공용물의 파괴), 제142조(공무상 보관물의 무효), 제10장 위증과 증거인멸의 죄에서 제155조(증거인멸 등과 친족간의 특례), 제12장 신앙의 죄에서 제159조(시체 등의 오욕), 제161조(시체 등의 유기 등), 제163조(변사체 검시 방해), 제13장 방화와 실화의 죄에서 제164조(현주건조물 등 방화) 등, 제14장 일수와 수리에 관한 죄에서 제177조(현주건조물등에의 일수) 등, 제15장 교통방해의 죄에서 제185조(일반교통방해) 등, 제16장 먹는 물에 관한 죄에서 제192조(먹는 물의 사용방해) 등이 있다. 또한 형사특별법의 경우에는 정보통신망 이용촉진 및 정보보호 등에 관한 법률 제71조의 정보통신망장애발생, 산림자원의 조성 및 관리에 관한 법률 제74조 제2항 제3호의 입목손상, 문화유산의 보존 및 활용에 관한 법률 제92조의 문화유산손상, 송유관 안전관리법 제13조 제1항 제1호의 송유관손괴, 군사기밀 보호법 제17조 제2항의 군사기밀손괴·은닉 등이 있다. 이들 규정에 사용된 손괴, 은닉, 인멸, 파괴, 파열, 훼손, 오욕, 장애발생, 손상 등의 용어들은 모두 본질적으로는 손괴죄의 손괴 개념에 포섭되는 행위지만, 단지 보호법익, 입법목적, 대상물, 수단, 방법, 정도 등에 있어 차이를 두고 달리 규정한 데에 지나지 않는다. 따라서 손괴죄는 본 장 이외의 장에 또는 형사특별법에 각각 국가나 단체, 개인을 대상으로 규정된 손괴행위에 대해 그것들을 보충하고 보완하는 일반규정으로서의 기능을 하는 것으로 볼 수 있다.[3]

4 형법은 손괴죄에 대해 과실범 규정을 두고 있지 않다. 다만 도로교통법은 제151조에서 자동차운전자에 대한 과실범으로서 업무상과실손괴죄를 규정하고 있다.

Ⅱ. 연혁 및 입법례

1. 연혁

5 로마법이나 중세 독일법에 있어서 공물(公物)인 건조물, 성벽, 성문, 가도(街道) 등의 손괴를 처벌하는 경우는 있었으나, 사유물(私有物)의 손괴를 처벌하는 일은 희귀한 일이었다고 한다. 오늘날과 같이 사적 소유물의 손괴행위에 대하여 일반

3 大塚仁 외, 大コンメンタール刑法(第13巻)(第3版), 青林書院(2018), 764.

구성요건을 마련하여 처벌하도록 한 것은 근대적 법 사고에 따른 것이다.[4] 즉 독일에서는 1794년의 프로이센지방법에서 최초로 이에 대한 규정을 두었고,[5] 프랑스의 경우 1810년 형법에서 재산죄 가운데 손괴(destruction, degradation, dommages)라는 제목 아래 방화를 포함한 재물손괴에 관한 규정들을 두었다.[6] 영국에 있어서는 1861년의 'Malicious Damage Act'가 최초로 이를 규정하였다.[7]

2. 입법례

6 현재 독일 형법 제303조의 손괴(Sachbesch adigung)는 고의로 타인의 재물을 손괴하는 경우를 말한다.[8] 여기에는 '파괴' 외에도 외력에 의하여 재물의 완전성을 훼손하거나 현재의 양(量)을 상당한 정도로 감소시키는 것을 포함하고, 부동산도 그 대상이 되는 것으로 해석된다. 우리 형법과 마찬가지로 공공용물의 손괴, 공공건물의 손괴에 대하여는 제304조, 제305조에 가중처벌규정을 두고 있고, 문서의 손괴, 은닉 및 경계표의 이동 등은 문서위조죄의 장에서 별도의 처벌규정(제274조)을 두고 있다. 독일 형법 제303조는 당초 우리 형법의 '기타 방법'과 같은 포괄조항은 두고 있지 않았고, 이에 재물의 현저한 외관변경이 손괴에 해당하는지에 대해 학설의 대립이 있었다.[9] 그러나 2005. 9. 1. 제6차 개정을 통해 권한 없는 재물의 현저한 외관변경행위 등을 손괴행위와 동일하게 처벌하는 등 유사한 내용의 규정(제303조 제2항)을 신설함으로써 이러한 해석상의 논란은 종식되고 재물손괴의 처벌 범위는 확대되었다.

7 프랑스 형법은 손괴(destructions, degradation, dommages)에 관하여 제439조에 증서류의 손괴, 제440조 내지 제442조에 상품의 손괴, 제443조에 상품제조용 재료, 기구의 손괴, 제444조 내지 제451조에 경작물, 수목 등의 파손, 제452조 내지 제455조에 동물의 살상, 제456조에 위벽, 구거의 파괴를 각각 별도로 규정하고 있다.

4 주석 형법, 각칙(6)(제5판), 한국사법행정학회(2017), 699(권순형); 형법주해(XII), 각칙(9), 박영사(2023), 567(김윤섭/최근영); 이재상 외 2인, 형법각론(제12판), 박영사(2021), 468; 大塚仁 외, 大コンメンタール刑法(第13巻)(第3版), 青林書院(2018), 764.

5 배종대, 형법각론(제14판), 홍문사(2023), 502.

6 이재상 외 2인, 형법각론(제12판), 박영사(2021), 468.

7 주석 형법, 각칙(6)(제5판), 한국사법행정학회(2017), 699(권순형).

8 독일 형법 제303조(재물손괴)
① 위법하게 타인의 재물을 훼손하거나 파괴한 자는 2년 이하의 자유형 또는 벌금형에 처한다.
② 권한 없이 타인의 재물의 외관을 현저하게 그리고 오로지 일시적이지 않게 변경한 자도 마찬가지이다.
③ 미수범은 처벌된다.

9 형법주해(XII), 각칙(9), 박영사(2023), 570(김지언).

8 일본 형법은 문서훼기(일본 형법 제258조, 제259조), 건조물등손괴(제260조), 기물손괴(제261조), 신서은닉(제263조) 등 재물의 유형별로 손괴죄의 구성요건을 따로 규정하고 있다. 손괴행위의 태양도 훼기, 손괴, 은닉이라는 여러 가지 표지를 사용하면서 우리 형법에서의 '기타 방법'과 같은 포괄조항은 두고 있지는 않다. 또한 범행객체는 유체물로 한정되며 미수를 벌하지 아니한다는 점에서 우리 형법과 차이가 있다.[10]

3. 구 형법과의 차이

9 현행 형법은 1953. 9. 18. 법률 제293호로 제정되어 1953. 10. 3.부터 시행되었다. 현행 형법이 제정되기 전까지 시행되던 구 형법에서는 제40장에서 '훼기 및 은닉의 죄'라고 하여 현행 형법 제42장의 '손괴의 죄'에 해당하는 규정을 두었다. 구 형법과 현행 형법 사이의 주요 차이점을 요약하면 다음과 같다.

10 첫째, 구 형법은 문서손괴에 관하여 공문서훼기죄(구 형법 제258조)와 사문서훼기죄(제259조)로 구분하고 신서은닉죄(제263조)를 별도로 규정하였다. 이에 반하여 현행 형법은 이러한 구별 없이 공용서류 등의 손괴에 대해서는 제141조에 공용서류등무효죄를 두어 제8장 '공무방해의 죄' 부분에서 별도로 규정하도록 하면서, 이를 제외한 나머지 행위 유형은 제366조에서 문서손괴죄로 일괄하여 규정하였다.

11 둘째, 구 형법은 문서 외의 재물로서 건조물(구 형법 제360조)과 기물(제361조)을 서로 구분하여 규정하였다. 반면 현행 형법은 그러한 구별을 두지 않고 이들을 모두 제366조에서 재물손괴죄로 일괄하여 규정하였다. 다만 공용에 공하는 건조물, 선박, 기차 또는 항공기의 파괴와 공용물건의 손괴, 은닉 기타 효용침해행위에 대하여는 문서의 경우와 같이 제141조에 별도규정을 두어 제8장 '공무방해의 죄'의 하나의 유형에 포함시켰고, 같은 조 제2항에서 공무소에서 사용하는 건조물을 파괴하는 행위에 대하여는 일반건조물에 대한 손괴보다 형을 가중하도록 규정하였다.

12 셋째, 구 형법 제262조는 자기소유물의 손괴·방해죄를 규정하였다. 반면 현행 형법은 공무방해죄 중 공무상보관물무효죄(형법 제142조)를 두어 제8장 '공무방해의 죄'에 이를 포함시키고, 자기의 물건, 전자기록 등 특수매체기록을 은닉, 손괴

10 신동운, 형법각론(제2판), 법문사(2018), 1336~1337.

하여 타인의 권리행사를 방해하는 행위에 대해서는 제323조에 권리행사방해죄를 두어 제37장의 '권리행사를 방해하는 죄'에 이를 포함시키고 있을 뿐, 제42장 '손괴의 죄' 부분에서 자기소유물의 손괴·방해를 별도의 범죄 유형으로 규정하고 있지는 않다. 한편 현행 형법 제366조의 문언 해석상 자기소유물에 대해서는 재물손괴죄가 성립할 수 없다.[11]

13 넷째, 구 형법은 사문서훼기, 기물손괴, 신서은닉에 관한 죄를 모두 친고죄로 규정하였으나, 현행 형법은 제42장 '손괴의 죄'에 포함되는 죄에 대해서는 친고죄 규정을 두고 있지 않다.

14 다섯째, 현행 형법은 제42장 '손괴의 죄' 부분에다가 구 형법에는 없던 경계침범죄(제370조)를 신설하였다. 그리고 1995. 12. 9. 법률 제5057호로 공포되어 1996. 7. 1.부터 시행된 개정 형법은 컴퓨터 등 정보처리장치의 보급에 따라 나타나게 된 새로운 형태의 법익침해행위에 대처할 목적으로 기존의 형벌규정을 보완하거나 신설하였는데, 그중 하나가 전자기록 등 특수매체기록을 범행객체에 포함시킨 것이다. 전자기록 등 특수매체기록의 경우 문서에 갈음하여 사회적으로 중요한 사항에 대한 증명, 정보의 기록·보존 등의 기능을 담당하고 있음에도 불구하고, 가시성·가독성이 없어 문서에 포섭되는 것으로 해석하기 어려운 사정을 감안하여 문서를 대상으로 하던 기존의 행위유형에 전자기록 등 특수매체기록을 객체로 추가하여 처벌대상을 확장한 것이다. 이에 제366조에도 기존의 재물·문서 외에 전자기록 등 특수매체 기록이 범행객체로 추가되고, 이로써 순수한 재물죄의 성격은 상당히 희석되었다고 볼 수 있다.[12]

Ⅲ. 보호법익

15 손괴의 죄에는 재물손괴등죄와 공익건조물파괴죄 및 경계침범죄의 세 가지 독립된 구성요건이 포함되어 있다. 이들 세 가지 구성요건은 보호법익을 서로 달리한다.

1. 재물손괴등죄

16 재물손괴등죄(형법 제366조)는 영득의사를 갖고 소유권 자체를 취득하고자 하는 범죄가 아니라 소유권을 침해하는 범죄이다. 보호법익은 소유권의 이용가치

11 대법원 1960. 12. 7. 선고 60도304 판결.
12 주석 형법, 각칙(6)(제5판), 한국사법행정학회(2017), 698; 오영근, 형법각론(제7판), 박영사(2022), 430.

(Gebrauchswert) 또는 기능으로서의 소유권(Eigentum als Funktion)이다.[13] 우리 형법 제366조가 '기타 방법으로 효용을 해하는 행위'를 처벌대상으로 명시하고 있는 점, 손괴의 죄에 대해서는 다른 재산범죄와는 달리 친족상도례의 적용을 배제하고 있는 점 등이 근거로 제시되고 있다.[14] 소유권의 이용가치 또는 기능으로서의 소유권을 보호법익으로 보게 되면, 소유권 이외의 제한물권이나 채권의 유효성에 대한 침해 예컨대, 담보로 제공된 재물을 파손하는 행위 등은 재물손괴등죄를 구성하지 아니하고 경우에 따라 권리행사방해죄(형법 제323조)만이 성립하는 것으로 보게 된다. 이에 대하여 보호법익을 소유권의 이용가치가 아닌 재물의 효용 또는 이용가치라고 보는 견해가 있다.[15] 이러한 견해에 따르면 재물의 소유권뿐만 아니라 재물에 관한 제한물권이나 기타 채권에 대한 침해도 재물손괴등죄를 구성하게 된다. 한편 손괴의 죄의 규정은 소유자의 의사와는 무관한 소유권이나 재물 자체의 객관적 가치 내지 효용 자체를 보호하려는 것이 아니라 그 이용가치 내지 효용의 근원으로서 사적 소유권 자체를 보호법익으로 하는 것이라고 보아야 한다는 견해도 있다.[16] 즉 재물손괴행위를 통한 가치 내지 효용의 침해는 피해자인 소유자가 민사소송을 통해 금전적으로 배상받을 수 있는 것임에도 불구하고, 타인의 재물에 대한 손괴행위를 국가형벌권의 대상으로까지 삼는 이유는 사유재산제도라는 사회생활상의 질서유지를 위하여 사적 소유권 자체를 보호하려는 데에 목적이 있기 때문이라는 것이다. 이러한 견해는 재물 소유자의 의사에 따라 손괴죄의 성립 여부에 대한 평가가 달라질 수 있다고 보면서, 판례[17]도 재물에 대한 종래의 사용상태가 이미 소유자의 의사에 반

13 주석 형법, 각칙(6)(제5판), 한국사법행정학회(2017), 700(권순형); 형법주해(XII), 각칙(9), 박영사(2023), 577(김지언); 김성돈, 형법각론(제8판), 성균관대학교 출판부(2022), 531; 김일수/서보학, 새로쓴 형법각론(제9판), 박영사(2018), 320; 배종대, 형법각론(제14판), 홍문사(2023), 502; 손동권/김재윤, 새로운 형법각론(제2판), 율곡출판사(2022), 504; 신동운, 형법각론(제2판), 법문사(2018), 1333은 이러한 견해를 '효용가치설'로 칭하고 있다; 이재상 외 2인, 형법각론(제12판), 박영사(2021), 468~469; 이형국/김혜경, 형법각론(제2판), 법문사(2019), 526; 정영일, 형법각론, 학림(2019), 396; 최호진, 형법각론, 박영사(2022), 640; 홍영기, 형법 총론과 각론, 박영사(2022), 479.

14 신동운, 형법각론(제2판), 법문사(2018), 1338.

15 박찬걸, 형법각론(제2판), 박영사(2022), 603은 보호법익을 '재물 등에 대한 효용(효율적인 이용가치)'라고 표현하고 있다; 오영근, 형법각론(제7판), 박영사(2022), 430; 이영란, 형법학 각론강의(제3판), 형설출판사(2013), 463; 이용식, 형법각론, 박영사(2019), 77; 임웅, 형법각론(제11정판), 법문사(2020), 586; 정성근/정준섭, 형법강의 각론(제2판), 박영사(2022), 349.

16 신동운, 형법각론(제2판), 법문사(2018), 1338은 이러한 견해를 '소유권설'이라 칭하고 있다.

17 대법원 2015. 11. 27. 선고 2014도13083 판결.

하거나 소유자의 의사와 무관하게 이루어진 경우라면 행위자가 종래의 사용 상태를 일방적으로 변경시켜 전과 동일한 이용을 불가능하게 한 경우이더라도 손괴죄 성립을 부정한다고 평가하면서 같은 견해를 취한 것으로 보고 있다.[18]

17 재물손괴등죄의 보호법익이 보호받는 정도는 침해범이다.[19] 다만 중손괴죄(형법 제368조)는 재물 등의 효용 이외에 생명, 신체도 보호법익으로 하면서, 그 행위 태양도 위험을 발생하는 데에 그친 경우(제1항)와 사상에 이르게 된 경우(제2항)를 구별하고 있다. 따라서 보호받는 정도는 제1항의 경우는 구체적 위험범, 제2항의 경우는 침해범이 된다.[20]

2. 공익건조물파괴죄의 보호법익

18 공익건조물파괴죄(형법 제367조)는 공적 용도와 관련된 재물의 기능 자체를 보호하는 죄일 뿐, 소유권을 침해하는 범죄는 아니다. 자기의 소유물에 대하여도 죄가 성립할 수 있다. 따라서 공익에 공하는 건조물의 유지에 대한 일반의 이익, 즉 공공의 이익 또는 공공의 이용가치를 보호법익으로 한다고 보아야 한다.[21] 보호의 정도는 침해범이다.[22]

18 신동운, 형법각론(제2판), 법문사(2018), 1338~1339의 주1)에 수록된 판례평석 참조.

19 주석 형법, 각칙(6)(제5판), 한국사법행정학회(2017), 700~701(권순형); 김성돈, 형법각론(제8판), 성균관대학교 출판부(2022), 531; 김일수/서보학, 새로쓴 형법각론(제9판), 박영사(2018), 320; 박찬걸, 형법각론(제2판), 박영사(2022), 603; 오영근, 형법각론(제7판), 박영사(2022), 430; 이영란, 형법학 각론강의(제3판), 형설출판사(2013), 463; 이용식, 형법각론, 박영사(2019), 77; 임웅, 형법각론(제11정판), 법문사(2020), 586; 정성근/정준섭, 형법강의 각론(제2판), 박영사(2022), 350.

20 주석 형법, 각칙(6)(제5판), 한국사법행정학회(2017), 701(권순형); 김성돈, 형법각론(제8판), 성균관대학교 출판부(2022), 531; 김일수/서보학, 새로쓴 형법각론(제9판), 박영사(2018), 330; 오영근, 형법각론(제7판), 박영사(2022), 430; 정성근/정준섭, 형법강의 각론(제2판), 박영사(2022), 350.

21 주석 형법, 각칙(6)(제5판), 한국사법행정학회(2017), 701(권순형); 김성돈, 형법각론(제8판), 성균관대학교 출판부(2022), 531; 배종대, 형법각론(제14판), 홍문사(2023), 502; 오영근, 형법각론(제7판), 박영사(2022), 430; 손동권/김재윤, 새로운 형법각론(제2판), 율곡출판사(2022), 513; 이영란, 형법학 각론강의(제3판), 형설출판사(2013), 463; 이재상 외 2인, 형법각론(제12판), 박영사(2021), 469; 이형국/김혜경, 형법각론(제2판), 법문사(2019), 526(공익건조물의 이용에 관한 일반인의 이익이라고 본다); 임웅, 형법각론(제11정판), 법문사(2020), 586(공익건조물의 효용에 대한 공공의 이익으로 본다); 정성근/정준섭, 형법강의 각론(제2판), 박영사(2022), 350; 최호진, 형법각론, 박영사(2022), 640(공익건조물의 유지에 대한 공공의 이익으로 본다); 홍영기, 형법 총론과 각론, 박영사(2022), 481.

22 주석 형법, 각칙(6)(제5판), 한국사법행정학회(2017), 701(권순형); 김성돈, 형법각론(제8판), 성균관대학교 출판부(2022), 531; 김일수/서보학, 새로쓴 형법각론(제9판), 박영사(2018), 320; 오영근, 형법각론(제7판), 박영사(2022), 431; 이영란, 형법학 각론강의(제3판), 형설출판사(2013), 463; 임웅, 형법각론(제11정판), 법문사(2020), 586; 정성근/정준섭, 형법강의 각론(제2판), 박영사(2022), 350.

3. 경계침범죄의 보호법익

19 경계침범죄(형법 제370조)는 독일 형법 제274조 제1항 제3호의 경계변동죄에서 유래한 죄이다. 독일 형법의 경계변동죄는 공적 증명도구로서 경계물의 외견을 보호하기 위한 공공의 법익에 대한 죄로 규정되어 있다.[23] 반면 형법은 경계침범죄를 손괴죄의 한 형태로 규정하고 있다. 이에 그 보호법익에 대하여 견해가 대립되고 있다. 다수설은 토지에 대한 권리와 중요한 관계를 갖는 토지경계의 명확성을 보호하는 것이 보호법익이라고 본다.[24] 토지에 관한 권리관계의 확정은 사회질서 유지와 관계되는 것이지만, 그것이 사권의 보호와 밀접한 관계를 가지고 있기 때문에 형법이 이를 재산범죄의 하나로 규정하게 된 것으로 이해하는 견해라고 할 수 있다.[25] 이에 대하여 실질적으로 부동산 자체를 보호하려는 것이므로 보호법익은 소유권의 이용가치이며, 다만 그것은 소유권 그 자체를 보호하는 것이 아니라 소유권이 침해당할 가능성 있는 경우를 형식적으로 규정하여 이를 처벌하는 것이라는 반대 견해가 있다.[26] 또한 토지경계의 식별기능을 주로 하되, 부수적으로 토지소유권의 이용가치도 함께 고려해야 한다는 견해,[27] 즉 경계침범죄가 주로 토지경계의 명확성과 안정성을 통한 식별기능을 보호하고자 하지만, 그것 자체가 토지소유권의 보호와 밀접한 관련이 있고, 부동산 절도를 인정하지 않는 우리 형법의 관점에서 토지소유권의 이용가치를 보호하는 측면도 배제할 수 없기 때문에 두 가지 요소를 함께 고려하는 것이 합목적적이라는 것이다.[28]

23 이재상 외 2인, 형법각론(제12판), 박영사(2021), 469.

24 형법주해(XII), 각칙(9), 박영사(2023), 620(김지언); 김성돈, 형법각론(제8판), 성균관대학교 출판부(2022), 531; 박찬걸, 형법각론(제2판), 박영사(2022), 613; 배종대, 형법각론(제14판), 홍문사(2023), 509; 손동권/김재윤, 새로운 형법각론(제2판), 율곡출판사(2022), 516; 신동운, 형법각론(제2판), 법문사(2018), 1348~1349; 오영근, 형법각론(제7판), 박영사(2022), 431; 이영란, 형법학 각론강의(제3판), 형설출판사(2013), 464; 이용식, 형법각론, 박영사(2019), 79; 이재상 외 2인, 형법각론(제12판), 박영사(2021), 469; 이형국/김혜경, 형법각론(제2판), 법문사(2019), 526; 임웅, 형법각론(제11정판), 법문사(2020), 586; 정성근/정준섭, 형법강의 각론(제2판), 박영사(2022), 350; 최호진, 형법각론, 박영사(2022), 640; 홍영기, 형법 총론과 각론, 박영사(2022), 481.

25 신동운, 형법각론(제2판), 법문사(2018), 1348~1349; 이재상 외 2인, 형법각론(제12판), 박영사(2021), 469.

26 유기천, 형법학(각론강의 하), 일조각(1982), 332

27 김일수/서보학, 새로쓴 형법각론(제9판), 박영사(2018), 331.

28 정영일, 형법각론, 학림(2019), 404(토지경계의 명확성은 개인의 토지에 관한 재산권의 보호와 직접적으로 연관되어 있으므로 개인적 법익을 보호하는 범죄라는 견해이다).

20 판례[29]는 '형법 제370조의 경계침범죄는 토지의 경계에 관한 권리관계의 안정을 확보하여 사권을 보호하고 사회질서를 유지하려는데 그 규정 목적이 있다'라고 판시하여 다수설에 가까운 태도를 취한 것으로 이해된다.[30]

21 보호의 정도에 대하여는 침해범이라는 견해[31]와 추상적 위험범이라는 견해가 있다. 판례[32]는 '토지의 경계에 대한 인식불능의 결과가 발생하지 않는 한 경계침범죄가 성립하지 아니한다'고 판시하여 침해범설에 가깝다.

Ⅳ. 영득죄와의 구별

22 재물죄는 영득죄와 손괴죄의 두 가지의 유형으로 구별되고, 형법 제42장의 죄는 후자의 유형에 속한다. 두 가지 유형을 구별하는 근거는 범죄성립에 있어 불법영득의사의 필요 유무에 있다는 것이 통설이다.[33] 불법영득의사는 '권리자를 배제하고 타인의 물건을 자기의 소유물과 같이 그 경제적 용법에 따라 이용·처분하는 의사'를 의미한다(통설·판례). 손괴죄는 이러한 의사를 필요로 하지 않는다는 점에 특색이 있다. 재물의 이용가치 내지 효용의 보존이라는 면에서 비교할 때, 영득죄의 경우 재물에 대한 지배가 소유자로부터 가해자로 옮겨지고, 가해자가 그 이용가치 내지 효용을 향유할 수 있게 되는 데에 반하여, 손괴죄에 있어서는 가해자는 재물을 본래의 경제적 용법에 따라 계속 사용하는 것이 아니라 그 이용가치 내지 효용을 멸실 또는 감소시키게 된다.[34] 다른 사람의 소유물

29 대법원 1986. 12. 9. 선고 86도1492 판결; 대법원 1992. 12. 8. 선고 92도1682 판결; 대법원 2010. 9. 9. 선고 2008도8973 판결.

30 배종대, 형법각론(제14판), 홍문사(2023), 509.

31 형법주해(XII), 각칙(9), 박영사(2023), 621(김지언); 김성돈, 형법각론(제8판), 성균관대학교 출판부(2022), 531; 김일수/서보학, 새로쓴 형법각론(제9판), 박영사(2018), 331; 박찬걸, 형법각론(제2판), 박영사(2022), 613; 신동운, 형법각론(제2판), 법문사(2018), 1349(토지의 경계를 인식불능하게 함으로써 성립한다고 하여 침해범설에 가깝다); 오영근, 형법각론(제7판), 박영사(2022), 431; 이영란, 형법학 각론강의(제3판), 형설출판사(2013), 464; 이용식, 형법각론, 박영사(2019), 79; 이재상 외 2인, 형법각론(제12판), 박영사(2021), 469; 임웅, 형법각론(제11정판), 법문사(2020), 586; 정성근/정준섭, 형법강의 각론(제2판), 박영사(2022), 350.

32 대법원 2010. 9. 9. 선고 2008도8973 판결.

33 주석 형법, 각칙(6)(제5판), 한국사법행정학회(2017), 697(권순형); 김성돈, 형법각론(제8판), 성균관대학교 출판부(2022), 531; 김일수/서보학, 새로쓴 형법각론(제9판), 박영사(2018), 319; 박찬걸, 형법각론(제2판), 박영사(2022), 603; 배종대, 형법각론(제14판), 홍문사(2023), 502; 손동권/김재윤, 새로운 형법각론(제2판), 율곡출판사(2022), 504; 신동운, 형법각론(제2판), 법문사(2018), 1335; 오영근, 형법각론(제7판), 박영사(2022), 430; 이재상 외 2인, 형법각론(제12판), 박영사(2021), 468; 정성근/정준섭, 형법강의 각론(제2판), 박영사(2022), 349; 홍영기, 형법 총론과 각론, 박영사(2022), 479.

34 주석 형법, 각칙(6)(제5판), 한국사법행정학회(2017), 703(권순형); 신동운, 형법각론(제2판), 법문사(2018), 1335; 오영근, 형법각론(제7판), 박영사(2022), 430.

을 본래의 용법에 따라 무단으로 사용·수익하는 행위는 소유자를 배제한 채 물건의 이용가치를 영득하는 것이고, 그 때문에 소유자가 물건의 효용을 누리지 못하게 되었더라도 효용 자체가 침해된 것이 아니므로 손괴죄에 해당하지는 않는다.[35] 따라서 손괴죄는 영득죄에 비하여 권리에 대한 침해의 정도가 더욱 크다고 볼 수 있다. 그럼에도 불구하고 형법은 손괴죄의 법정형을 다른 영득죄의 경우보다 가볍게 규정하는데, 이는 단순한 재물의 이용가치 내지 효용의 상실보다도 경제적 이익을 탈취하려는 의사, 즉 불법영득의사를 갖고 영득행위로 나아간 이욕범(利慾犯)의 경우가 사유재산제도 보장을 기본으로 시장경제를 지향하는 헌법질서 내지 사회질서에 대해 더 큰 위협 요소가 될 수 있다고 보기 때문이다.

V. 친족상도례의 적용 배제

23 형법 제42장 '손괴의 죄' 부분에서는 형법 제344조, 제354조, 제361조, 제365조 등의 다른 재산범죄와는 달리 친족상도례에 대한 준용규정이 마련되어 있지 않다. 현행 형법의 제정 당시 어떤 기준에 의하여 친족상도례의 적용범죄와 적용이 배제되는 범죄가 구분된 것인지에 대한 관련 문헌은 남아 있지 않다.

24 이러한 형법의 태도에 대해서는, 손괴죄에 비해 법정형이 높은 대부분의 재산범죄에 대해 친족상도례의 적용을 인정하면서도 유독 손괴죄에 대해서는 이를 인정하지 아니하는 것은 법적용의 형평 및 균형을 상실한 입법이라고 비판하면서 입법론상 친족상도례를 인정함이 바람직하다거나 재검토를 요한다는 견해[36]가 있다. 반면 손괴죄는 재물의 멸실 또는 효용가치의 상실까지 초래하는 점,[37] 친족 사이의 재산적 질서를 파괴하는 데에 그치지 않고 재물의 멸실 내지 효용가치의 멸각을 초래함으로써 공동의 이용적 요소까지 상실시키므로 다른 재산범죄에 비하여 해악이 크다는 점,[38] 이미 재물의 효용이 상실된 이상 더 이상 재

35 대법원 2022. 11. 30. 선고 2022도1410 판결.

36 손동권/김재윤, 새로운 형법각론(제2판), 율곡출판사(2022), 505(친고죄 또는 반의사불벌죄); 오영근, 형법각론(제7판), 박영사(2022), 437; 이재상 외 2인, 형법각론(제12판), 박영사(2021), 468; 이형국/김혜경, 형법각론(제2판), 법문사(2019), 526; 임웅, 형법각론(제11정판), 법문사(2020), 587; 정영일, 형법각론, 학림(2019), 408; 김태수, "재물손괴에 있어 친족상도례 적용배제의 불합리성과 그 대안", 형사법연구 제24권 제2호(2012), 175~176.

37 이형국, 형법각론, 법문사(2007), 332.

38 정성근, "친족상도례", 고시연구 제21권 제5호(1994), 19.

물에 대한 원상회복의 가능성이 없다는 점,[39] 다른 재산범죄와는 달리 폭력범죄의 성격을 갖는 범죄라는 점 등을 이론적 근거로 제시하면서 현행 형법의 태도를 지지하는 견해도 있다. 다만 비판적인 견해에서도 손괴죄를 적어도 친고죄 또는 반의사불벌죄로 규정할 필요가 있음을 입법론으로 제시한다.[40]

39 권오걸, 형법각론, 형설출판사(2009), 428.

40 친고죄 또는 반의사불벌죄를 제안하는 견해로는 임웅, 형법각론(제11정판), 법문사(2020), 587; 반의사불벌죄를 제안하는 견해로는 이재상 외 2인, 형법각론(제12판), 박영사(2021), 468; 친고죄를 제안하는 견해로는 김태수, "재물손괴에 있어 친족상도례 적용배제의 불합리성과 그 대안", 형사법연구 제24권 제2호(2012), 186 및 이천현, "재산범죄 분야의 개정에 대한 소고", 법학논총 제27집 제1호(2010. 3.), 106.

제 366 조 [재물손괴등]

타인의 재물, 문서 또는 전자기록등 특수매체기록을 손괴 또는 은닉 기타 방법으로 기 효용을 해한 자는 3년이하의 징역 또는 700만원 이하의 벌금에 처한다.
<개정 1995.12.29.>

[제목개정 1995.12.29]

[관련조문] 형법 제16조(법률의 착오), 제20조(정당행위), 제22조(긴급피난), 제23조(자구행위), 제24조(피해자의 승낙), 제141조(공용서류 등의 무효, 공용물의 파괴), 제142조(공무상 보관물 무효), 제155조(증거인멸등과 친족간의 특례), 제159조(시체 등의 오욕), 제161조(시체 등의 유기 등), 제225조(공문서등의 위조·변조), 제231조(사문서 등의 위조·변조), 제237조의2(복사문서등), 제314조(업무방해), 제316조(비밀침해), 제329조(절도), 제355조(횡령·배임), 제367조(공익건조물파괴), 제370조(경계침범), 제371조(미수범), 제372조(동력), 폭력행위 등 처벌에 관한 법률 제2조(폭행 등), 군형법 제73조(과실범), 도로교통법 제151조(벌칙), 정보통신망 이용촉진 및 정보보호 등에 관한 법률 제48조(정보통신망 침해행의 등의 금지), 제70조의2(벌칙), 동물보호법 제10조(동물학대 등의 금지), 제97조(벌칙), 문화유산의 보존 및 활용에 관한 법률 제92조(손상 또는 은닉 등의 죄), 제93조(가중조), 옥외광고물 등의 관리와 옥외광고산업 진흥에 관한 법률 제4조(광고물등의 금지 또는 제한 등), 제18조(벌칙), 경범죄 처벌법 제3조(경범죄의 종류), 우편법 제48조(우편물 등 개봉 훼손의 죄), 민법 제209조(자력구제), 제256조(부동산에의 부합)

[참고문헌] 주석 형법, 각칙(6)(제5판), 한국사법행정학회(2017), 710; 형법주해(XII), 각칙(9) 박영사(2023); 강구진, 형법강의 각론(Ⅰ), 박영사(1983); 김성돈, 형법각론(제8판), 성균관대학교 출판부(2022); 김일수/서보학, 새로쓴 형법각론(제9판), 박영사(2018); 박찬걸, 형법각론(제2판), 박영사(2022); 배종대, 형법각론(제14판), 홍문사(2023); 백형구, 형법각론(개정판), 청림출판(2002); 서일교, 형법각론, 박영사(1982); 손동권/김재윤, 새로운 형법각론(제2판), 율곡출판사(2022); 신동운, 형법각론(제2판), 법문사(2018); 오영근, 형법각론(제7판), 박영사(2022); 이영란, 형법학 각론강의(제3판), 형설출판사(2013); 이재상 외 2인, 형법각론(제12판), 박영사(2021); 이형국/김혜경, 형법각론(제2판), 법문사(2019); 임웅, 형법각론(제11정판), 법문사(2020); 정성근/정준섭, 형법강의 각론(제2판), 박영사(2022); 정영일, 형법각론, 학림(2019); 최호진, 형법각론, 박영사(2022); 홍영기, 형법 총론과 각론, 박영사(2022); 민법주해(V), 물권(2), 박영사(1992); 강동범, "전자기록위조·변작죄", 고시계(2000. 4.); 전지연, "컴퓨터파괴에 대한 형법적 검토-개정형법에 대한 비판적 고찰을 포함하여-", 형사정책 8호(1996); 정소영, "동물 보호에 대한 형사법적 연구", 법학연구 제22권 제4호(2012); 조기영, "벽면낙서행위와 재물손괴죄", 형사법연구 제25권 제1호(2013. 3.); 최중현, "권한 없이 경작한 농작물을 경작권자가 훼손한 경우 재물손괴죄가 성립하는가?", 검찰 37호(1971); 허일태, "재산범죄와 형법상 재물의 개념-문형섭 교수 정년에 부쳐", 법학논총 30집 1호(2010. 4.)
大塚仁 외, 大コンメンタール刑法(第13巻)(第3版), 青林書院(2018)

I. 의의

1 타인의 재물, 문서 또는 전자기록 등 특수매체기록을 손괴 또는 은닉, 기타의 방법으로 그 효용을 해하는 행위를 처벌하는 조항이다. 불법영득의사가 불필요하다는 점에서 절도, 강도, 사기, 공갈, 횡령, 장물 등 영득죄와 구별되고, 범행객체가 유체물에 한정되는 재물죄로서 강도, 사기, 공갈 등 이욕죄와 구별된다. 순수한 유체물이 아니지만 '관리 가능한 동력'(형법 제372조)도 범행객체에 포함된다. 또한 컴퓨터 등 정보처리장치의 보급에 따라 전자기록 등이 문서에 갈음하여 사회적 증명기능뿐만 아니라 정보의 기록보존기능을 폭 넓게 담당하고 있다는 점을 반영하여 전자기록의 이용가치를 보호할 목적으로 개정 형법(1995. 12. 29. 법률 제5057호)에서 범행객체에 '전자기록 등 특수매체기록'이 추가되었다.[1]

2 형법 제368조 제1항에 규정된 중손괴죄는 재물손괴죄의 결과적 가중범이고, 형법 제369조의 특수손괴죄는 재물손괴죄의 행위방법상의 불법이 가중되는 가중적 구성요건이다. 2인 이상이 공동으로 형법 제366조를 범할 경우에는 가중하여 처벌하도록 특별규정이 마련되어 있다(폭력행위 등 처벌에 관한 법률 제2조 제2항).

II. 입법목적 및 입법례

3 재물손괴등죄는 영득의사를 갖고 소유권 자체를 취득하고자 하는 범죄가 아니라 소유권을 침해하는 범죄이다. 그리하여 보호법익은 '소유권의 이용가치'(Gebrauchswert) 또는 '기능으로서의 소유권'(Eigentum als Funktion)이고 보호의 정도는 침해범이라는 것이 다수설이다. 재물에 대한 소유사실로부터 향유할 수 있는 이용가치 내지 효용을 안전하게 보존·유지할 수 있게 함이 목적이다. 형법 제367조의 공익건조물파괴죄, 형법 제370조의 경계침범죄와는 보호법익이 서로 다르다. 전자기록 등 특수매체기록을 범행객체로 특별히 규정한 것은 매체에 기록의 형태로 저장된 정보를 소거하거나 변경하는 행위를 손괴죄로 처벌하기 위한 목적이다.[2]

1 주석 형법, 각칙(6)(제5판), 한국사법행정학회(2017), 708(권순형).
2 손동권/김재윤, 새로운 형법각론(제2판), 율곡출판사(2022), 507; 신동운, 형법각론(제2판), 법문사(2018), 1342.

4 독일 형법은 문서의 손괴·은닉 및 경계표의 이동 등에 대해서는 문서위조죄의 장에서 별도의 처벌규정(제274조)을 두고 있다. 프랑스 형법은 손괴(destructions, degradation, dommages)에 관하여 제439조에 증서류의 손괴, 제440조 내지 제442조에 상품의 손괴, 제443조에 상품제조용 재료, 기구의 손괴, 제444조 내지 제451조에 경작물, 수목 등의 파손, 제452조 내지 제455조에 동물의 살상, 제456조에 위벽, 구거의 파괴를 각각 별도로 규정하고 있다. 일본 형법도 이와 유사하게 문서훼기(제258조, 제259조), 건조물등손괴(제260조), 기물손괴(제261조), 신서은닉(제263조) 등 재물의 유형별로 손괴죄의 구성요건을 따로 규정하고 있다(☞ 형법 제42장 '손괴의 죄' [총설] 참조).

Ⅲ. 객관적 구성요건

1. 객체

5 타인의 재물, 문서 또는 전자기록 등 특수매체기록이다.

가. 타인성

1) 의의

6 범인 이외의 다른 사람을 말한다. 국가·법인·법인격 없는 단체 또는 개인을 가리지 않는다.[3] 형법에 규정된 재산범죄에 있어 타인 소유인지 여부는 민법, 상법, 기타의 실체법에 따라 결정되어야 한다.[4] 법인이나 단체의 대표자는 법인이나 단체가 소유한 재물을 보관하면서 관리·처분할 권한이 있으나 여전히 타인의 소유이므로 법인에 대해 재물손괴등죄가 성립할 수 있다. 판례도, 주식회사의 대표이사인 피고인이 사내에서 자신이 저지른 위법행위가 CCTV에 의해 촬영되지 않게 할 의사로 사내에 설치된 CCTV 카메라의 렌즈를 빼낸 다음 이를 보관하지 아니하는 방법으로 CCTV의 효용 내지 이용가치를 해한 경우에 대해 관리처분에 관한 권한을 넘은 행위라고 하여 재물손괴죄의 성립을 인정하였다.[5]

3 주석 형법, 각칙(6)(제5판), 한국사법행정학회(2017), 709(권순형); 형법주해(XII), 각칙(9), 박영사(2023), 582(김지언); 이형국/김혜경, 형법각론(제2판), 법문사(2019), 529; 이영란, 형법학 각론강의(제3판), 형설출판사(2013), 465; 임웅, 형법각론(제11정판), 법문사(2020), 589; 최호진, 형법각론, 박영사(2022), 643; 大塚仁 외, 大コンメンタール刑法(第13券)(第3版), 青林書院(2018), 800

4 대법원 2016. 7. 29. 선고 2014도15028 판결.

5 대법원 2009. 1. 15. 선고 2008도9410 판결.

2) 허무인·무주물·유실물

7 실재하지 않는 단체나 허무인은 단독으로 소유나 관리주체가 될 수 없으므로 원칙적으로 타인에 해당하지 않는다. 다만 배후에 실질적 소유자가 존재하고 그 소유 명의만을 허무인 등에게 신탁한 경우라면 실제 소유자에 대한 관계에서 타인성이 인정될 수 있을 것이다. 현재 어느 누구의 소유에도 속하지 않는 물건인 무주물인 경우도 마찬가지로 타인성이 인정될 수 없으므로 범행객체가 될 수 없다.[6] 다만 민법상 무주의 부동산은 국가 소유로 당연 의제되므로(민법 제252조 제2항), 부동산인 무주물에 대해서는 예외적으로 타인성이 인정될 수 있다.

8 원소유자의 의사에 의하지 않고서 그의 점유를 이탈한 물건인 유실물 내지 점유이탈물인 경우도 여전히 타인소유가 인정되어 범행객체가 된다. 다만 원소유자의 소유에 속하였던 것이나 어떤 사유로 인하여 원소유자의 점유는 물론, 소유관계에서도 벗어남으로써 다시 무주의 상태가 된 동산(후발적 무주물)인 경우에는 범행객체가 되지 아니한다. 유실물 또는 점유이탈물인지, 무주물인지의 구별은 소유자가 소유권을 포기한 것인지 여부, 즉 소유 의사에 달려 있다.[7] 유실물의 경우 법률이 정한 바에 의하여 공고한 후 6개월 내에 그 소유자가 권리를 주장하지 아니하면 습득자가 소유권을 취득하게 된다(제253조).

3) 공유·총유관계

9 타인소유의 것에 한하므로 자기소유물은 여기에 해당하지 않는다. 구 형법은 제262조에서 자기소유물이라도 압류되거나 물권을 부담한 경우, 또는 임대한 경우에 이를 손괴하였을 때에는 처벌하는 규정을 두었다. 그러나 현행 형법은 타인의 권리 또는 점유의 목적이 된 자기소유물의 손괴 등 행위에 대하여는 공무상보관물무효죄(형법 제142조)와 권리행사방해죄(제323조)로 별도의 처벌규정을 두고 있으므로, 자기소유물을 재물손괴등죄의 범행객체에 포함시킬 여지는 없다. 공

6 주석 형법, 각칙(6)(제5판), 한국사법행정학회(2017), 709(권순형); 형법주해(XII), 각칙(9), 박영사(2023), 582(김지언); 김성돈, 형법각론(제8판), 성균관대학교 출판부(2022), 533~534; 김일수/서보학, 새로쓴 형법각론(제9판), 박영사(2018), 320; 배종대, 형법각론(제14판), 홍문사(2023), 504; 손동권/김재윤, 새로운 형법각론(제2판), 율곡출판사(2022), 508; 신동운, 형법각론(제2판), 법문사(2018), 1340; 이영란, 형법학 각론강의(제3판), 형설출판사(2013), 466; 이재상 외 2인, 형법각론(제12판), 박영사(2021), 471; 이형국/김혜경, 형법각론(제2판), 법문사(2019), 528; 정성근/정준섭, 형법강의 각론(제2판), 박영사(2022), 351; 정영일, 형법각론, 학림(2019), 397; 大塚仁 외, 大コンメンタール刑法(第13巻)(第3版), 青林書院(2018), 800.

7 민법주해(V), 물권(2), 박영사(1992), 479(권오곤).

유(민법 제262조)는 타인의 소유로 취급된다.[8] 그리하여 공유자 중 한 사람이 다른 공유자가 점유하고 있는 재물을 임의로 손상시킬 경우에는 재물손괴등죄가 성립할 수 있다.[9] 판례는 남편이 식사 도중 반찬과 찌개에 침을 뱉어 함께 식사하던 아내가 이를 먹지 못하게 한 경우 타인성을 인정하여 재물손괴죄의 성립을 인정한 하급심의 판단을 수긍하였다.[10] 법인이 아닌 사단의 사원이 집합체로서 물건을 소유하는 총유(제275조)인 경우도 타인의 소유에 해당한다. 예컨대, 마을 주민이나 부녀회원일지라도 법인이 아닌 사단에 해당하는 마을 부녀회 소유인 마을복지회관 내 주방 자물쇠를 손괴한 경우 재물손괴죄의 성립이 인정된다.[11]

4) 점유관계

10 타인의 소유인 이상 타인의 점유 하에 있는지 또는 자기의 점유 하에 있는지를 불문한다.[12] 판례는, 피해자에게 전세금영수증을 작성·교부한 뒤에 전세금을 반환하겠다고 말하고 피해자로부터 영수증을 교부받고 나서 전세금을 반환하기도 전에 이를 찢어 버린 사안에서 '문서손괴죄의 객체는 타인 소유의 문서이며 피고인 자신의 점유 하에 있는 문서라고 할지라도 타인 소유인 이상 이를 손괴하는 행위는 문서손괴죄에 해당한다'고 판시한다.[13]

5) 수목의 부합·농작물의 예외

11 자기 소유의 부동산에 부합된 동산이라도 타인의 권원에 의하여 부속된 것은

8 주석 형법, 각칙(6)(제5판), 한국사법행정학회(2017), 709(권순형); 김일수/서보학, 새로쓴 형법각론(제9판), 박영사(2018), 321; 손동권/김재윤, 새로운 형법각론(제2판), 율곡출판사(2022), 508; 이재상 외 2인, 형법각론(제12판), 박영사(2021), 471; 정성근/정준섭, 형법강의 각론(제2판), 박영사(2022), 351; 大塚仁 외, 大コンメンタール刑法(第13巻)(第3版), 青林書院(2018), 800.

9 대법원 2021. 10. 14. 선고 2021도6934 판결.

10 대법원 2021. 6. 7. 선고 2021도6934 판결.

11 제주지방법원 2021. 9. 9. 선고 2020노896 판결(미상고 확정).

12 주석 형법, 각칙(6)(제5판), 한국사법행정학회(2017), 710(권순형); 형법주해(XII), 각칙(9), 박영사(2023), 582(김지언); 김성돈, 형법각론(제8판), 성균관대학교 출판부(2022), 534; 김일수/서보학, 새로쓴 형법각론(제9판), 박영사(2018), 321; 박찬걸, 형법각론(제2판), 박영사(2022), 605; 배종대, 형법각론(제14판), 홍문사(2023), 504; 손동권/김재윤, 새로운 형법각론(제2판), 율곡출판사(2022), 508; 신동운, 형법각론(제2판), 법문사(2018), 1340; 오영근, 형법각론(제7판), 박영사(2022), 433 이영란, 형법학 각론강의(제3판), 형설출판사(2013), 466; 이재상 외 2인, 형법각론(제12판), 박영사(2021), 471; 이형국/김혜경, 형법각론(제2판), 법문사(2019), 529; 정성근/정준섭, 형법강의 각론(제2판), 박영사(2022), 351; 정영일, 형법각론, 학림(2019), 397; 최호진, 형법각론, 박영사(2022), 643; 홍영기, 형법 총론과 각론, 박영사(2022), 480.

13 대법원 1984. 12. 26. 선고 84도2290 판결.

타인의 소유에 속하므로 재물손괴죄의 객체가 된다(민법 제256조).[14] 이때 '권원'이라 함은 지상권, 전세권, 임차권 등과 같이 타인의 부동산에 자기의 동산을 부속시켜서 그 부동산을 이용할 수 있는 권리를 뜻하고, 권원이 없는 자가 토지 소유권자의 승낙이나 동의를 받음이 없이 그 부동산 위에 수목을 식재하였다면 특별한 사정이 없는 한 토지 소유권자에 대하여 수목의 소유권을 주장할 수 없다.[15] 판례는, 피고인이 타인 소유의 토지에 수목을 식재할 당시 토지 소유권자로부터 명시적 또는 묵시적 승낙, 동의, 허락 등을 받았다면 이는 부합의 예외사유로서 권원에 해당하므로, 식재된 수목의 소유권은 여전히 피고인에게 있음을 전제로, 피해자가 수목이 식재된 토지를 토지 소유권자로부터 매수한 후에 피고인이 수목을 절단하였더라도 자신의 소유물에 대한 것이므로 재물손괴죄가 성립하지 아니한다고 판시하였다.[16]

12 판례는 타인 소유의 토지에 권원 없이 경작한 경우에도 그 농작물의 소유권은 경작자에게 있으므로 타인이 만든 못자리를 파헤치거나 경작한 콩을 뽑아버린 행위에 대해서는 재물손괴죄가 성립한다고 판시한다.[17] 원래 권원 없이 타인 소유의 부동산에 물건을 부합시킨 경우 그 물건의 소유권은 부동산 소유자에게 귀속하는 것이나, 농작물에 있어서는 묘목인지, 입도(立稻)인지를 불문하고 타인의 토지에 권원 없이 경작한 경우 그 소유권은 경작자에게 있다는 것이 판례의 일관된 태도이다(☞ 형법 제329조 '절도죄' 주석 참조). 이러한 판례이론을 전제로 한다면 판례의 취지를 쉽게 수긍할 수 있다.[18] 이 판례에 대해서는, 재물손괴죄의 성립에 있어 토지 소유권이 지대 징수권으로 전락함으로써 그 절대성이 무시당할 뿐 아니라 악의의 농작물 경작자가 토지 소유자보다도 적극적으로 보호되는 결과를 초래한다는 이유로 반대하는 견해도 있다.[19] 한편 판례는, 수확되지

14 주석 형법, 각칙(6)(제5판), 한국사법행정학회(2017), 710(권순형); 김성돈, 형법각론(제8판), 성균관대학교 출판부(2022), 534; 김일수/서보학, 새로쓴 형법각론(제9판), 박영사(2018), 321; 박찬걸, 형법각론(제2판), 박영사(2022), 605; 배종대, 형법각론(제14판), 홍문사(2023), 504; 손동권/김재윤, 새로운 형법각론(제2판), 율곡출판사(2022), 508; 이재상 외 2인, 형법각론(제12판), 박영사(2021), 471; 최호진, 형법각론, 박영사(2022), 643.

15 대법원 2005. 1. 27. 선고 2004도6289 판결.

16 대법원 2023. 11. 16. 선고 2023도11885 판결.

17 대법원 1969. 2. 18. 선고 68도906 판결, 대법원 1970. 3. 10. 선고 70도82 판결.

18 주석 형법, 각칙(6)(제5판), 한국사법행정학회(2017), 710(권순형).

19 최중현, "권한 없이 경작한 농작물을 경작권자가 훼손한 경우 재물손괴죄가 성립하는가?", 검찰 37호(1971), 111.

않은 농작물의 거래에 있어서는 이른바 공시의 수단인 명인방법을 실시함으로써 농작물 경작자로부터 소유권을 이전받을 수 있다는 전제 하에 '수확되지 않은 쪽파의 매수인이 명인방법을 갖추지 않은 경우, 쪽파에 대한 소유권을 취득하였다고 볼 수 없어 그 소유권은 여전히 매도인(경작자)에게 있고 매도인과 제3자 사이에 일정 기간 후 임의처분의 약정이 있었다면 그 기간 후에 제3자가 쪽파를 뽑아버렸더라도 매수인에 대한 관계에서 재물손괴죄가 성립하지 않는다'고 판시한다.[20]

6) 분묘 및 그 시설물

13 분묘의 무단 발굴행위에 대해서는 형법 제160조의 분묘발굴죄가 재물손괴죄에 우선하여 적용된다. 분묘발굴죄는 분묘에 대한 인륜도덕 내지 종교적 감정을 보호하는 것을 목적으로 하는 사회적 법익에 관한 죄이므로, 분묘발굴죄의 객체가 되는 분묘는 적법하게 매장된 분묘임을 요하지도 아니하고,[21] 분묘나 분묘가 설치된 토지의 소유·관리관계를 불문한다. 판례는 분묘의 발굴은 분묘의 복토를 전부 또는 일부 제거하고 묘석 등을 파괴·해체하여 분묘를 훼손하는 행위를 의미하는 것으로 판시함[22]으로써 '복토제거설'을 취한 것으로 이해된다.

14 그렇다면 분묘를 발굴하려는 의사가 없이 타인이 관리하는 분묘의 봉분과 주변의 비석·상석 등과 같은 시설물만을 일부 훼손한 경우는 어떠한가? 부동산 물권에 준하는 권리로서 분묘기지권을 인정하는 판례이론에 의한다면, 타인 소유의 토지 위에 설치된 분묘일지라도 분묘기지권에 의해 보호되는 범위 내의 것이라면 봉분에 대해서는 물론이고, 주변의 시설물을 무단 훼손하는 행위에 대하여도 재산권을 침해하는 범죄로서 재물손괴죄가 성립한다.[23]

7) 매장물·문화재

15 매장물이나 매장된 문화재의 경우 과거에 누군가의 소유에 속하였고 현재에도 그 소유가 계속되고 있을 가능성이 있으나 현재 그 소유자를 식별할 수 없는 물건이라는 점에서 유실물이나 점유이탈물과는 달리 취급되어야 한다. 매장물과 문화재의 소유권 귀속에 대해서는 민법에 특칙이 마련되어 있다(민법 제254조, 제255조).

20 대법원 1996. 2. 23. 선고 95도2754 판결.
21 대법원 1976. 10. 29. 선고 76도2828 판결.
22 대법원 1962. 3. 29. 선고 61도539 판결.
23 백형구, 형법각론(개정판), 청림출판(2002), 589.

8) 재물 등의 적법성 여부

16 적법한 행정관청의 허가를 얻지 아니한 설치물이라도 타인의 소유에 속하는 이상 범행의 객체가 됨은 물론이다.[24] 예컨대 소관청의 허가 없이 위법하게 설치된 전화시설,[25] 공직선거법의 규정에 위반하여 게시된 선고홍보물[26]도 범행객체가 될 수 있다.

17 판례는, 구 도시재개발법(2002. 12. 30. 법률 제6852호로 폐지)에 의한 관리처분계획의 인가·고시 이후 분양처분의 고시 이전에 재개발구역 안의 무허가 건물을 제3자가 임의로 손괴할 경우 특별한 사정이 없는 한 재물손괴죄가 성립한다고 판시하였다.[27]

9) 문서의 명의와 소유관계

18 문서에 있어서는 타인 소유의 문서인 이상 작성명의인이 누구인가는 불문한다.[28] 따라서 자기 명의로 작성한 문서일지라도 타인의 소유에 속할 때에는 타인의 문서에 해당하므로 범행의 객체가 된다.[29] 반면 타인 명의로 작성된 문서라도 자기 소유에 속하는 한 문서손괴죄가 성립하지는 아니한다. 따라서 타인에게 교부하였던 자기 명의의 영수증 또는 약속어음을 일시 반환받아 찢어서 버리는 행위, 작성명의인의 부탁을 받고 타인 소유의 문서의 내용을 임의로 고치는 행위 등에 대해서는 모두 문서손괴죄가 성립한다.[30]

10) 전자기록 등 특수매체기록의 소유관계

19 대개의 경우 전자기록 등 특수매체기록에서는 작성명의인이 누구인지가 크게 문제되지 아니한다. 반면 기록매체에 대한 소유권과 전자정보 형태로 존재하는

24 주석 형법, 각칙(6)(제5판), 한국사법행정학회(2017), 710(권순형); 형법주해(XII), 각칙(9), 박영사(2023), 582(김지언); 김성돈, 형법각론(제8판), 성균관대학교 출판부(2022), 534; 박찬걸, 형법각론(제2판), 박영사(2022), 605; 정성근/정준섭, 형법강의 각론(제2판), 박영사(2022), 351.

25 日最判 1950. 3. 17. (刑集 4권 3호 378).

26 日最決 1980. 2. 29. (刑集34권 2호 56).

27 대법원 2004. 5. 28. 선고 2004도434 판결.

28 주석 형법, 각칙(6)(제5판), 한국사법행정학회(2017), 711(권순형); 형법주해(XII), 각칙(9), 박영사(2023), 582(김지언); 김성돈, 형법각론(제8판), 성균관대학교 출판부(2022), 534; 김일수/서보학, 새로쓴 형법각론(제9판), 박영사(2018), 321; 배종대, 형법각론(제14판), 홍문사(2023), 504; 손동권/김재윤, 새로운 형법각론(제2판), 율곡출판사(2022), 508; 신동운, 형법각론(제2판), 법문사(2018), 1341; 오영근, 형법각론(제7판), 박영사(2022), 433; 이용식, 형법각론, 박영사(2019), 77; 이재상 외 2인, 형법각론(제12판), 박영사(2021), 471; 이형국/김혜경, 형법각론(제2판), 법문사(2019), 529; 임웅, 형법각론(제11정판), 법문사(2020), 589; 정성근/정준섭, 형법강의 각론(제2판), 박영사(2022), 352.

29 대법원 1977. 2. 22. 선고 76도4396 판결, 대법원 1987. 4. 14. 선고 87도177 판결.

30 대법원 1982. 7. 27. 선고 82도223, 1985. 2. 26. 선고 84도2802 판결.

특수매체기록 자체의 배타적 지배권이 서로 분리되는 경우에는 문제가 있을 수 있다. 예컨대, '웹하드' 또는 '웹클라우드' 서비스에서처럼 인터넷서비스제공자가 소유하는 서버 등에 고객이 전자기록을 저장해 둔 경우이다. 이때 인터넷서비스제공자가 서버 등에 저장된 전자기록에 대해 변경, 삭제 등 처분권한을 갖는지는 1차적으로 서비스약정, 이용약관의 내용에 따라 정해진다.[31] 만약 서비스약정, 이용약관에서 전자기록의 내용을 변경, 삭제할 권한을 인정하지 아니하였다면, 인터넷서비스제공자가 고객의 동의를 받지 아니한 채 고객이 생성·저장한 전자기록을 변경, 삭제하여 복구 불능의 상태로 만든 경우 전자기록 등 특수매체기록에 대한 손괴죄가 성립할 수 있다.

나. 재물

1) 의의

20 부동산, 동산 등 유체물을 말한다. 물리적으로 관리가 가능한 동력도 여기에 포함된다(형법 제372조). 이른바 무형자산으로서 무체재산권이 여기에 포함된다고 볼 것인지가 문제될 수 있다. 배타적 지배권으로서 이용가치나 효용이 인정되기는 하지만 '동력'과는 달리 우리 형법은 물론, 민법상으로 그에 대한 뚜렷한 근거가 없는 이상 죄형법정주의의 원칙에 따라 소극적으로 해석하여야 한다.[32]

2) 동물

21 생명체이지만 동물이나 가축도 유체물로서 재물에 해당한다(통설). 우리 민법 체계가 '인(人)'과 '물건(物件)'에 관한 고전적 이분법을 채택하여 유지하고 있는 데에 따른 당연한 귀결이다(민법 제2장, 제4장 참조). 민법상으로는 야생하는 동물은 물론이고, 우리에 가두어놓고 키우던 야생동물이 다시 야생상태로 돌아가면 무주물로 보도록 되어 있다(민법 제252조). 따라서 소유권에 관한 범죄로서 재물손괴죄의 객체가 되는 경우는 주인이 있는 동물에 한정되는 것으로 해석된다.[33]

22 동물 중에서 특히 인간의 생활과 밀접한 관련을 맺는 반려견, 반려묘 등도 재물로 취급하는 것에 대하서는 입법론적 비판이 있다.[34] 독일의 경우 1990년에 유

31 대법원 2005. 11. 25. 선고 2005도870 판결.

32 주석 형법, 각칙(6)(제5판), 한국사법행정학회(2017), 704(권순형).

33 주석 형법, 각칙(6)(제5판), 한국사법행정학회(2017), 704(권순형); 大塚仁 외, 大コンメンタール刑法(第13巻)(第3版), 青林書院(2018), 802.

34 정소영, "동물 보호에 대한 형사법적 연구", 법학연구 제22권 제4호(2012), 245~247.

체물을 물건으로 규정한 민법 제90조의 바로 다음에 "동물은 물건이 아니다. 동물은 별도의 법률에 의해 보호된다. 그에 대한 다른 정함이 없는 한 물건에 관한 규정이 준용된다."라는 내용으로 제90a 조를 신설하였고, 2002년에는 독일 기본법 제20a 조에 동물보호를 국가목표로 선언하는 규정을 둠으로써 입법적으로 동물을 일반적인 물건과는 구별하여 취급 또는 대우하려는 시도를 하고 있다. 생명체로서 동물을 일반적인 물건과 동일한 평면 위에 놓고 행위의 객체 또는 수단으로만 취급해 온 데에 대한 반성적 고려에 따른 조치로 평가된다. 그러나 독일 민법 제90a 조가 제1문에서는 동물을 물건이 아니라고 보면서도, 제3문에서 동물을 보호하는 특별규정이 없는 경우에는 여전히 물건에 관한 규정이 준용된다는 취지로 규정하고 있음에 따라 그와 같은 특별규정이 마련되어 있지 아니한 독일 형법의 해석상으로는 동물은 여전히 재물의 일종으로 손괴의 대상이 되는 점에 변동이 없다.

3) 사체·분리된 인체구성물

23 사체에 대해서는 형법상 사체오욕죄(형법 제159조), 사체손괴죄(제161조)등과 같은 별개의 구성요건이 있고 이들 범죄는 재산범죄의 일종인 재물죄와는 입법취지나 보호법익이 다르다. 이에 해부용의 사체라고 할지라도 형법 제366조의 범행객체가 되는 재물에 해당하지 아니하는 것으로 해석된다.[35] 반면 이식용 또는 실험용으로 인체에서 분리된 장기, 배아 등과 같은 인체구성물은 재물로서 손괴죄의 범행객체가 된다.

4) 건조물

24 건조물도 당연히 재물에 포함된다. 건조물의 일부를 파괴한 경우에도 형법 제366조에 해당할 수 있다. 건조물에 부착되어 있는 물건을 함부로 제거하여 효용을 해한 경우 건조물 일부에 대한 손괴가 되는지, 아니면 해당 물건에 대한 손괴가 되는지가 문제되는 경우가 있다. 해당 물건이 건조물에서 분리가 가능한 것인지 여부에 따라 달리 판단되어야 할 것이다.[36]

35 주석 형법, 각칙(6)(제5판), 한국사법행정학회(2017), 704(권순형); 형법주해(XII), 각칙(9), 박영사(2023), 578(김지언); 김일수/서보학, 새로쓴 형법각론(제9판), 박영사(2018), 321; 박찬걸, 형법각론(제2판), 박영사(2022), 604; 박찬걸, 형법각론(제2판), 박영사(2022), 604; 손동권/김재윤, 새로운 형법각론(제2판), 율곡출판사(2022), 506; 오영근, 형법각론(제7판), 박영사(2022), 432; 이재상 외 2인, 형법각론(제12판), 박영사(2021), 471; 홍영기, 형법 총론과 각론, 박영사(2022), 480.

36 大塚仁 외, 大コンメンタール刑法(第13券)(第3版), 青林書院(2018), 805(일본의 통설이다).

25 건조물의 이용가치 내지 효용과 관련하여 판례는 '재건축사업으로 철거가 예정되어 있었고 그 입주자들이 모두 이사하여 아무도 거주하지 않은 채 비어 있는 아파트라 하더라도, 그 아파트 자체의 객관적 성상이 본래 사용목적인 주거용으로 사용될 수 없는 상태가 아니었고, 더욱이 그 소유자들이 재건축조합으로의 신탁등기 및 인도를 거부하는 방법으로 계속 그 소유권을 행사하고 있는 상황이었다면, 위와 같은 사정만으로는 위 아파트가 재물로서의 이용가치나 효용이 없는 물건으로 되었다고 할 수 없으므로 위 아파트는 재물손괴죄의 객체가 된다'고 판시하였다.[37]

5) 경제적 교환가치 유무

26 재물손괴죄의 범행객체가 되는 재물은 물건의 종류, 성격 또는 경제적 가치 및 교환가치의 유무를 불문하고,[38] 널리 재산권의 목적이 될 수 있는 일체의 물건을 말한다. 다만 주관적(감정적)으로나 객관적으로 이용가치 내지 효용이 전혀 없는 물건인 경우에는 재물성이 인정될 수 없을 것이다.[39] 재물의 유지에 아무런 합리적 이익이 없는 경우에 대해서는 형법적 보호가 불필요하다고 보아야 할 것이기 때문이다. 그러므로 예컨대, 본래의 효용을 다하고 철거되어 폐기되기 직전의 입간판이나 기존 장부의 기재를 새로운 장부에 이기하는 과정에서 누계 등을 잘못 기재하여 그 부분을 찢어 버리고 계속하여 종전 장부의 기재내용을 모두 이기한 경우 잘못 기재되어 찢어버린 용지 부분 같은 것은 '폐품' 또는 '폐지'로서 수집상에게 유상으로 양도할 기회가 있다는 면에서는 경제적 교환가치가 인정될 여지가 있으나, 대체로 재물로서의 이용가치 내지 효용은 이미 없는 물건으로서 범행객체가 되지 아니하는 것으로 보아야 한다.[40] 다만 본래의 효용가치는 상실되었으나 다른 용도에 사용될 수 있는 것은 본죄의 객체가 될

37 대법원 2007. 9. 20. 선고 2007도5207 판결, 대법원 2010. 2. 25. 선고 2009도8473 판결.

38 배종대, 형법각론(제14판), 홍문사(2023), 503(경제적 교환가치를 불문한다는 견해이다); 홍영기, 형법총론과 각론, 박영사(2022), 480.

39 주석 형법, 각칙(6)(제5판), 한국사법행정학회(2017), 704~705(권순형); 형법주해(XII), 각칙(9), 박영사(2023), 579(김지언); 김성돈, 형법각론(제8판), 성균관대학교 출판부(2022), 533; 김일수/서보학, 새로쓴 형법각론(제9판), 박영사(2018), 321; 손동권/김재윤, 새로운 형법각론(제2판), 율곡출판사(2022), 506; 신동운, 형법각론(제2판), 법문사(2018), 1340; 이영란, 형법학 각론강의(제3판), 형설출판사(2013), 465; 이재상 외 2인, 형법각론(제12판), 박영사(2021), 470; 정성근/정준섭, 형법강의 각론(제2판), 박영사(2022), 351; 정영일, 형법각론, 학림(2019), 397; 최호진, 형법각론, 박영사(2022), 641; 大塚仁 외, 大コンメンタール刑法(第13巻)(第3版), 青林書院(2018), 801.

40 대법원 1989. 10. 24. 선고 88도1296 판결.

수 있다.[41] 부패하여 포도주 원료로서의 효용가치는 상실되었으나 그 산도가 1.8도 내지 6.2도에 이르고 있어 식초의 제조 등 다른 용도에 사용할 수 있는 포도주 원액이 자주 인용되는 사례이다.[42]

6) 공익성 또는 공용성과의 관계

27 공익 또는 공용건조물도 재물에 포함되는지가 문제된다. 우선 공익건조물의 파괴에 대하여는 형법 제367조에 의하여 가중처벌이 되나, 공익건조물을 손상시킨 행위가 파괴의 정도에 이르지 아니한 때에는 형법 제366조의 객체가 되는 것으로 보아야 할 것이다.[43] 다만 이때의 공익건조물은 타인소유이어야 함은 물론이다. 다음으로 공용건조물도 건조물손괴죄의 객체가 될 수 있는가에 대해서는 견해가 대립한다. 적극설[44]은 형법 제141조 제2항은 공용건조물을 파괴한 경우의 처벌규정이므로 파괴의 정도에 이르지 아니한 효용침해행위를 한 경우에는 형법 제366조에 의하여 처벌하여야 할 것이고, 따라서 건조물손괴죄의 객체 중에는 이러한 경우의 공용건조물도 포함된다고 한다. 이에 반해 소극설[45]은 공용건조물 등에 대하여는 공익건조물과 달리 파괴의 정도에 이르지 아니한 효용침해행위를 하였을 때에도 형법 제141조 제1항의 공용물건등무효죄의 구성요건에 해당하고, 형법 제143조가 공용물건등무효죄의 미수범을 인정하므로 형법 제366조의 건조물손괴죄는 따로 성립하지 않는다고 한다.

41 주석 형법, 각칙(6)(제5판), 한국사법행정학회(2017), 705(권순형); 김성돈, 형법각론(제8판), 성균관대학교 출판부(2022), 533; 박찬걸, 형법각론(제2판), 박영사(2022), 604; 신동운, 형법각론(제2판), 법문사(2018), 1340; 오영근, 형법각론(제7판), 박영사(2022), 432; 이재상 외 2인, 형법각론(제12판), 박영사(2021), 471; 이형국/김혜경, 형법각론(제2판), 법문사(2019), 528; 정영일, 형법각론, 학림(2019), 397; 최호진, 형법각론, 박영사(2022), 641.

42 대법원 1979. 7. 24. 선고 78도2138 판결.

43 주석 형법, 각칙(6)(제5판), 한국사법행정학회(2017), 705(권순형); 형법주해(XII), 각칙(9), 박영사(2023), 579(김지언); 김일수/서보학, 새로쓴 형법각론(제9판), 박영사(2018), 322; 박찬걸, 형법각론(제2판), 박영사(2022), 604; 배종대, 형법각론(제14판), 홍문사(2023), 503; 손동권/김재윤, 새로운 형법각론(제2판), 율곡출판사(2022), 506; 오영근, 형법각론(제7판), 박영사(2022), 432; 이재상 외 2인, 형법각론(제12판), 박영사(2021), 471; 정성근/정준섭, 형법강의 각론(제2판), 박영사(2022), 351.

44 홍영기, 형법 총론과 각론, 박영사(2022), 480; 임웅, 형법각론(제7전정판), 법문사(2016), 563.

45 김성돈, 형법각론(제8판), 성균관대학교 출판부(2022), 533; 김일수/서보학, 새로쓴 형법각론(제9판), 박영사(2018), 322; 배종대, 형법각론(제14판), 홍문사(2023), 503; 손동권/김재윤, 새로운 형법각론(제2판), 율곡출판사(2022), 506~507(다만 소극설의 근거와 관련하여 공용물건등무효죄의 미수범을 처벌하기 위해서는 실행의 착수 단계에서 '파괴'의 고의가 있어야 한다는 점을 지적하면서 적절한 근거가 아니라는 견해를 제시하고 있다); 신동운, 형법각론(제2판), 법문사(2018), 1340; 오영근, 형법각론(제7판), 박영사(2022), 432; 이재상 외 2인, 형법각론(제12판), 박영사(2021), 471.

다. 문서

1) 의의

28 형법상 문서라 함은 문자 또는 이에 대신할 수 있는 가독적 부호로 계속적으로 물체 상에 기재된 의사 또는 관념의 표시인 원본 또는 이와 사회적 기능, 신용성 등을 동일시할 수 있는 기계적 방법에 의한 복사본으로서 그 내용이 법률상, 사회 생활상 주요 사항에 관한 증거로 될 수 있는 것을 말한다.[46]

2) 사문서

29 사문서인 경우 사문서위조죄(형법 제231조)와는 달리 그것이 권리의무에 관한 문서이든 또는 사실증명에 관한 문서이든 불문한다. 사문서손괴를 규정한 구 형법 제259조에서는 범행의 객체를 권리의무에 관한 문서로 한정하고 있었고, 권리의무에 관한 문서에 해당하지 않는 사실증명에 관한 문서는 구 형법 제261조의 일반기물에 포함되는 것으로 해석되었다. 그러나 현행 형법은 권리의무에 관한 문서로 대상을 한정하지 아니하므로 사실증명에 관한 문서도 포함되는 것으로 해석된다.[47] 그러므로 특정인에게 의사를 전달하는 신서도 여기에 포함된다(구 형법 제263조는 타인의 신서를 은닉한 행위에 한하여 별도의 처벌규정을 두었다). 다만 문서손괴죄의 범행객체가 되기 위해서는 표시된 내용이 적어도 법률상 또는 사회생활상 중요한 사항에 관한 것이어야 한다는 견해가 있다.[48] 판례도 '손괴죄의 객체인 문서란 거기에 표시된 내용이 적어도 법률상 또는 사회생활상 중요한 사항에 관한 것이어야 하는바, 이미 작성되어 있던 장부의 기재를 새로운 장부로 이기하는 과정에서 누계 등을 잘못 기재하다가 그 부분을 찢어버리고 계속하여 종전 장부의 기재내용을 모두 이기하였다면 그 당시 새로운 경리장부는 아직 작성 중에 있어서 손괴죄의 객체가 되는 문서로서의 경리장부가 아니다'라고 판시한다.[49]

46 대법원 1995. 9. 5. 선고 95도1269 판결.

47 주석 형법, 각칙(6)(제5판), 한국사법행정학회(2017), 707(권순형); 형법주해(XII), 각칙(9), 박영사(2023), 580(김지언); 김성돈, 형법각론(제8판), 성균관대학교 출판부(2022), 533; 김일수/서보학, 새로쓴 형법각론(제9판), 박영사(2018), 322; 박찬걸, 형법각론(제2판), 박영사(2022), 605; 배종대, 형법각론(제14판), 홍문사(2023), 503; 손동권/김재윤, 새로운 형법각론(제2판), 율곡출판사(2022), 507; 신동운, 형법각론(제2판), 법문사(2018), 1341; 오영근, 형법각론(제7판), 박영사(2022), 432; 이용식, 형법각론, 박영사(2019), 77; 이재상 외 2인, 형법각론(제12판), 박영사(2021), 471; 정성근/정준섭, 형법강의 각론(제2판), 박영사(2022), 351.

48 박찬걸, 형법각론(제2판), 박영사(2022), 604; 신동운, 형법각론(제2판), 법문사(2018), 1341; 오영근, 형법각론(제7판), 박영사(2022), 432.

49 대법원 1989. 10. 24. 선고 88도1296 판결.

3) 공문서

30 공문서인지, 사문서인지를 불문한다(통설). 그리하여 공문서라도 형법 제141조 제1항에 규정된 공무소에서 사용하는 공용서류에 해당하지 않는 한 형법 제366조의 범행객체가 된다. 공문서는 그것이 사인의 소유로 들어갔을 때에 비로소 범행객체가 된다고 설명하는 견해가 있다.[50] 그러나 후술하는 바와 같이 범행객체가 되는 문서 소유의 주체는 사인뿐만 아니라 국가나 공공단체도 포함되므로, 공문서가 문서손괴죄의 범행객체로 되기 위해서는 소유의 주체가 누구인지보다는 해당 문서가 공용서류에 해당하는지 여부가 요건이 되는 것으로 해석해야 한다.[51] 다만 실제상 국가나 공공단체 소유의 문서인데 공용서류가 아닌 문서는 거의 없을 것이기 때문에 공문서가 범행객체로 되는 것은 대개 공문서이나 사인의 소유로 된 때라고 말할 수 있을 것이다.

4) 유가증권·도화

31 유가증권도 문서의 일종이므로 여기에 포함된다. 판례는 '채무자가 약속어음금의 일부를 변제하였다 할지라도 어음금 전액을 변제하지 않는 한 채권자가 약속어음의 정당한 소지인이라 할 것이므로 채권자의 의사에 반하여 이를 찢어버렸다면 채무자는 어음손괴죄의 죄책을 면할 수 없다'고 판시하고,[52] '약속어음의 발행인이 소지인에게 어음의 액면과 지급기일을 개서하여 주겠다고 하여 위 어음을 교부받은 후 위 어음의 수취인란에 타인의 이름을 추가로 기입하여 위 어음배서의 연속성을 상실하게 함으로써 그 효용을 해한 경우에는 문서손괴죄에 해당한다'고 판시한다.[53]

50 서일교, 형법각론, 박영사(1982), 200.

51 주석 형법, 각칙(6)(제5판), 한국사법행정학회(2017), 706(권순형); 김성돈, 형법각론(제8판), 성균관대학교 출판부(2022), 533; 김일수/서보학, 새로쓴 형법각론(제9판), 박영사(2018), 322; 박찬걸, 형법각론(제2판), 박영사(2022), 604; 배종대, 형법각론(제14판), 홍문사(2023), 503; 손동권/김재윤, 새로운 형법각론(제2판), 율곡출판사(2022), 506; 신동운, 형법각론(제2판), 법문사(2018), 1341; 오영근, 형법각론(제7판), 박영사(2022), 432; 이재상 외 2인, 형법각론(제12판), 박영사(2021), 471; 정성근/정준섭, 형법강의 각론(제2판), 박영사(2022), 351; 홍영기, 형법 총론과 각론, 박영사(2022), 480.

52 대법원 1977. 2. 22. 선고 76도4396 판결.

53 대법원 1982. 7. 27. 선고 82도223 판결, 대법원 1985. 2. 26. 선고 84도2802 판결.

32 도화에 대해서는 손괴죄의 범행객체가 된다는 점에 대해서는 이론이 없으나, 문서에 포함된다는 견해[54]와 재물에 포함된다는 견해[55]가 있다.

5) 미완성문서

33 범행객체인 문서가 사람의 의사나 관념이 표시·기록된 서면이라는 점에서 아직 작성 중에 있는 미완성문서는 범행객체인 문서에 해당하지 아니한다는 견해가 있다.[56] 비록 형법 제141조의 공용서류무효죄에 관한 것이기는 하지만 판례는 이와 다른 태도를 보이고 있다. 즉 형법 제141조의 '공무소에서 사용하는 서류 기타 물건 또는 전자기록 등 특수매체기록'에는 공문서로서의 효력이 생기기 이전의 서류, 정식의 접수 및 결재 절차를 거치지 않은 문서, 결재 상신 과정에서 반려된 문서 등이 포함되는 것이어서, 미완성의 문서라고 하더라도 공용서류무효죄의 성립에는 영향이 없다'라고 판시하였다.[57] 또한 문서의 완성 여부와 관련하서도 판례는 '계산서에 작성명의인의 표시가 없고 그 내용에 있어 표시가 부분적으로 생략되어 몇 개의 계산수식만 기재되어 있기는 하나, 계산서의 내용, 형식, 필적 등을 종합하면 작성명의인을 알 수 있고 계산수식만으로도 그 내용을 객관적으로 이해하기에 충분하다면 작성명의인의 확정적인 의사가 표시된 것이 분명하므로 문서손괴죄의 객체인 문서에 해당한다'라고 판시하여,[58] 범행객체가 되는 문서의 성립 범위도 비교적 넓게 해석하고 있다.

6) 복사문서

34 형법 제20장 '문서에 관한 죄'로써 보호하고자 하는 것은 구체적인 문서 그 자체가 아니라, 문서에 화체된 사람의 의사표현에 관한 안전성과 신용이다.[59] 그에 따라 문서위·변조죄의 범행객체 중에 복사문서가 포함되는지 여부에 대해 오랜

54 주석 형법, 각칙(6)(제5판), 한국사법행정학회(2017), 707(권순형); 형법주해(XII), 각칙(9), 박영사(2023), 580(김지언); 김성돈, 형법각론(제8판), 성균관대학교 출판부(2022), 533(영상, 사진은 도화와 구별하여 재물의 일종으로 보고 있다); 김일수/서보학, 새로쓴 형법각론(제9판), 박영사(2018), 322; 배종대, 형법각론(제14판), 홍문사(2023), 503; 손동권/김재윤, 새로운 형법각론(제2판), 율곡출판사(2022), 507; 이재상 외 2인, 형법각론(제12판), 박영사(2021), 471; 정성근/정준섭, 형법강의 각론(제2판), 박영사(2022), 351.

55 박찬걸, 형법각론(제2판), 박영사(2022), 605; 오영근, 형법각론(제7판), 박영사(2022), 432; 임웅, 형법각론(제11정판), 법문사(2020), 588.

56 신동운, 형법각론(제2판), 법문사(2018), 1341.

57 대법원 2020. 12. 10. 선고 2015도19296 판결.

58 대법원 1985. 10. 22. 선고 85도1677 판결.

59 대법원 2010. 7. 29. 선고 2010도2705 판결.

기간 해석이 분분하였고, 그 결과물로서 1995.12. 29. 법률 제5057호로 형법이 개정되면서 복사문서의 범행객체성을 인정하는 제237조의2가 신설되었다. 이와 달리 손괴의 죄에서 보호하려는 것은, 유체물 자체의 소유에 따른 이용가치 내지 효용이다. 따라서 범행객체는 문서의 원본인지, 복사본인지 또는 복사본을 다시 사본한 것인지를 불문한다. 같은 맥락에서 판례도, 화물운송인 측에 의해 원본서류가 송부되기 전에 수입된 물품의 실태와 통관 여부를 확인하기 위한 목적 하에, 수입물품을 담보로 취득할 은행에 제출된 송장, 선화증권, 적화목록 등 서류의 사본을 임의로 파기한 행위에 대해, 설령 사후에 원본서류가 해당 은행에 제출되어 보관 중이라고 하더라도, 문서손괴죄가 성립한다고 판시하였다.[60]

7) 문서의 진위 여부

35 문서 내용의 진위 여부는 죄의 성립에 영향이 없다(통설). 따라서 확인서가 소유자의 의사에 반하여 손괴된 것이라면 그것이 진실에 반하는 허위내용을 기재한 것이라 하더라도 문서손괴죄가 성립한다.[61] 이때 허위내용을 진실한 것으로 고치더라도 마찬가지이다.[62]

라. 전자기록 등 특수매체기록

1) 정보의 비재물성

36 전자기록 등 특수매체기록 자체는 유체물인 기록매체에 전자·자기·광학 등 다양한 기술적 방식을 사용하여 저장된 '정보'의 형태로 존재한다. 이러한 정보는 언제든 기록매체에서 그 내용을 저장·출력·전송·표시하는 등 관리가 가능하고, 현대사회에서 그 재산적 가치는 유체물보다 훨씬 클 수도 있다. 그러나 정보 그 자체는 유체물이 아니고 물질성을 갖는 동력도 아니므로 이를 재물로 해석하여 손괴죄의 대상으로 삼는 것은 형법상 허용되지 아니하는 유추해석이 된다(다수설).[63] 판례도, 컴퓨터 등 정보처리장치에 저장되어 있는 '정보' 그 자체는 유체물이라고 볼 수도 없고, 물질성을 가진 동력도 아니므로 재물이 될 수 없다고 하여 재산범

60 대법원 1969. 8. 26. 선고 68도164 판결.

61 대법원 1982. 12. 28. 선고 82도1807 판결.

62 손동권/김재윤, 새로운 형법각론(제2판), 율곡출판사(2022), 508; 이재상 외 2인, 형법각론(제12판), 박영사(2021), 471.

63 허일태, "재산범죄와 형법상 재물의 개념-문형섭 교수 정년에 부쳐", 법학논총 30집 1호(2010. 4.), 63. 반면 재물성을 인정하는 견해로는 강구진, 형법강의: 각론I, 박영사(1983), 245.

죄의 범행객체가 되는 재물임을 부정한다.[64] 이에 현대 사회에서 정보의 중요성을 감안하여 전자기록 등 특수매체기록을 범행객체로 특별히 규정한 것이다.

2) 전자기록

37 전자기록이라 함은 일정한 물질적 매체에 전자적(electronic) 방식 또는 자기적(magnetic) 방식으로 저장된 기록, 즉 전자적 기록 또는 자기적 기록을 말한다.[65] 주로 컴퓨터 등 정보처리장치에 의해 생성되고, 매체에 기록되는 방식이나 기록된 상태로는 가시성·가독성이 없는 것이 특징이며(통설),[66] 그 내용을 기록, 수정, 확인하기 위해서는 반드시 그에 맞는 별도의 입·출력장치를 사용하여야 한다. 전자적 방식에는 에스-램(SRAM), 플래시-램(Flash RAM), 프로그래머블-롬(Programmable ROM) 등과 같은 기억용 반도체 소자(memory IC)를 이용한 것이 있다. 컴퓨터 등 정보처리장치에 내장된 롬(ROM, Read Only Memory)이나 램(RAM, Random Access Memory), 또는 외장의 유에스비 저장장치(USB Memory Stick), 에스디-카드(SD Card), 휴대용 하드디스크드라이브(Portable HDD) 등과 같이 기억용 반도체 소자로 구성된 고정형 또는 휴대용 기억장치가 대표적인 사례이다. 자기적 방식에는 자기디스크(MD), 자기테이프(MT)를 이용하는 것으로서 현금카드·전화카드·전철승차권 등에 부착된 자기테이프 부분, 컴퓨터 등 정보처리장치에 연결된 내·외장의 대용량 하드디스크(HD)가 대표적인 경우이다.

38 전자기록을 전기기록 또는 자기기록으로 구분하여 설명하는 견해,[67] 전자기록 또는 전기기록으로 구분하여 설명하는 견해[68] 등이 있으나 전자기록에 관한 기본 법률이라고 할 수 있는 전자문서 및 전자거래 기본법 제2조 제1호가 '전자문서'를 정보처리시스템에 의하여 '전자적' 형태로 작성·변환되거나 송신·수신 또는 저장된 정보를 말하는 것으로 정의하고 있으므로 '전기적(electric) 기록'이라는 표현은 기술적으로는 물론, 실정법상으로도 더 이상 적절치 아니한 용어 사용이라고 본다.

64 대법원 2002. 7. 12. 선고 2003도745 판결.

65 주석 형법, 각칙(6)(제5판), 한국사법행정학회(2017), 708(권순형); 신동운, 형법각론(제2판), 법문사(2018), 1342.

66 이와 달리 정영일, 형법각론, 학림(2019), 398은 전자기록이기 위해서는 반드시 사람의 지각에 의해 인식될 수 없는 방법으로 작성되었을 것을 요하지는 않는다고 한다.

67 김일수/서보학, 새로쓴 형법각론(제9판), 박영사(2018), 322; 박찬걸, 형법각론(제2판), 박영사(2022), 605; 배종대, 형법각론(제14판), 홍문사(2023), 503.

68 김성돈, 형법각론(제8판), 성균관대학교 출판부(2022), 533; 손동권/김재윤, 새로운 형법각론(제2판), 율곡출판사(2022), 507; 이재상 외 2인, 형법각론(제12판), 박영사(2021), 471.

3) 특수매체기록

39 특수매체기록이라 함은 전자적 방식이나 자기적 방식 및 그 이외의 여러 기술적 방식으로 특수매체에 저장된 기록을 말한다. '전자기록'은 특수매체기록의 예시이다.[69] 즉 전자기록의 저장매체 또는 저장방식 이외의 매체 및 방식을 사용한 기록 예컨대, 레이저광선을 읽거나 쓰는 수단으로 이용하는 컴팩트디스크(CD, Compact Disk), 레이저디스크(LD, Laser Disk) 또는 광학적 방식과 자기적 방식을 함께 이용한 광자기디스크(MO, Magneto Optical Disk) 등이 현재 이용되고 있고, 장차 생체공학기술을 응용한 기록매체가 개발된다면 이에 해당할 것이다. 반면 마이크로필름은 단순한 문자나 문서를 축소·확대하여 음화 형태로 복제한 것에 불과하므로 위에서 말하는 특수매체기록이라고 할 수 없고, 이는 단순히 문서 또는 재물에 속한다고 해야 할 것이다.[70] 동일한 맥락에서 영상을 수록한 영화필름, 비디오필름도 재물에 속하는 것으로 해석된다.[71] 반면 이들 매체 및 방식도 특수매체기록으로 보아야 한다는 견해가 있다.[72] 특수매체기록이라는 표현이 지나치게 추상적이고 막연하여 적용 범위의 외연을 합리적으로 한정하기 어려운 면이 있다. 이에 입법 취지와 조문의 위치 그리고 '전자기록 등'이라는 예시 문언에 비추어 전자기록과 유사하게 기존의 문서 이외의 특수한 방법을 사용한 특수한 매체에 기록된 것으로서 컴퓨터 등 정보처리장치에 사용되는 기록으로 한정하여 해석하여야 한다는 견해가 있다.[73] 참고로 일본 개정형법(1987. 6. 2. 법률 제52호)은 전자적 기록의 정의에 관하여 제7조의2에서 '본법에서 전자적 기록이라 함은 전자적 방식, 전기적 방식 기타 사람의 지각으로 인식할 수

69 김일수/서보학, 새로쓴 형법각론(제9판), 박영사(2018), 322; 신동운, 형법각론(제2판), 법문사(2018), 1342; 이형국/김혜경, 형법각론(제2판), 법문사(2019), 274.

70 주석 형법, 각칙(6)(제5판), 한국사법행정학회(2017), 708(권순형); 형법주해(XII), 각칙(9), 박영사(2023), 581(김지언); 김성돈, 형법각론(제8판), 성균관대학교 출판부(2022), 533; 김일수/서보학, 새로쓴 형법각론(제9판), 박영사(2018), 322; 배종대, 형법각론(제14판), 홍문사(2023), 503; 오영근, 형법각론(제7판), 박영사(2022), 432; 임웅, 형법각론(제11정판), 법문사(2020), 589; 정성근/정준섭, 형법강의 각론(제2판), 박영사(2022), 351.

71 김성돈, 형법각론(제8판), 성균관대학교 출판부(2022), 533; 형법주해(XII), 각칙(9), 박영사(2023), 582(김지언); 김일수/서보학, 새로쓴 형법각론(제9판), 박영사(2018), 322; 배종대, 형법각론(제14판), 홍문사(2023), 503; 오영근, 형법각론(제7판), 박영사(2022), 432(사진 기록도 재물로 보고 있다); 임웅, 형법각론(제11정판), 법문사(2020), 589; 정성근/정준섭, 형법강의 각론(제2판), 박영사(2022), 351(사진 기록도 재물로 보고 있다).

72 박찬걸, 형법각론(제2판), 박영사(2022), 605.

73 강동범, "전자기록위작·변작죄", 고시계(2000. 4.), 37; 정영일, 형법각론, 학림(2019), 398(컴퓨터 등 정보처리장치에 의한 정보처리를 위하여 마련된 기록으로 정의한다).

없는 방식에 의하여 만들어진 기록으로서 전자계산기에 의한 정보처리용에 공하는 것을 말한다'라고 규정하고 있다.

4) 매체와 기록의 결합성

40 우리 형법은 독일 형법과 달리 정보 자체가 아닌 전자기록 등 특수매체기록을 범행객체로 규정하고 있다. 따라서 범행객체로서 전자기록 등 특수매체기록이란 정보를 보존하는 매체 그 자체 또는 거기에 수록된 정보 그 자체가 아니라 저장 또는 기록을 위한 매체에 정보가 기록되어 있는 상태, 즉 매체와 정보가 불가분적으로 결합된 것을 의미하는 것으로 보아야 한다.[74] 매체에 전자적으로 기록되어 있는 유용한 정보나 자료를 무단 소거함으로써 매체에 정보나 자료가 기록되어 있는 상태를 효용을 감소시키는 방향으로 변경한 것이 문제될 때에 전자기록손괴죄가 성립한다. 반면 기록 내용과는 별개로 매체 자체의 파손을 통한 이용가치의 감소만이 문제될 경우에는 재물손괴죄가 성립할 뿐이다.[75]

5) 기록의 영속성

41 전자기록 등 특수매체기록은 문서에 해당한다고 보기 어려울 뿐만 아니라, 기록된 내용의 측면에서 보면 유체물에 해당하지 아니하고, 사무적으로만 관리가 가능할 뿐 물리적 관리가능성이 없어 재물은 물론, 동력으로도 인정될 수 없다. 그리하여 전자기록 등 특수매체기록은 기록으로서의 본질에 맞게 어느 정도의 영속성이 있을 것이 요구된다.[76] 따라서 예컨대, 정보통신 네트워크상에서 패킷 형태로 전송 중에 있는 정보이거나 컴퓨터 등 정보처리장치 내의 레지스터, 캐시메모리, 주기억장치 등에 저장되어 있으면서 처리 중에 있는 정보 또는 중간결과 값에 불과한 경우라면 이는 형법 제366조의 범행객체에 해당하는 것으로 볼 수 없다.[77]

74 주석 형법, 각칙(6)(제5판), 한국사법행정학회(2017), 708(권순형); 김성돈, 형법각론(제8판), 성균관대학교 출판부(2022), 533; 김일수/서보학, 새로쓴 형법각론(제9판), 박영사(2018), 322; 박찬걸, 형법각론(제2판), 박영사(2022), 605; 배종대, 형법각론(제14판), 홍문사(2023), 503; 손동권/김재윤, 새로운 형법각론(제2판), 율곡출판사(2022), 507; 신동운, 형법각론(제2판), 법문사(2018), 1342; 이형국/김혜경, 형법각론(제2판), 법문사(2019), 274; 정성근/정준섭, 형법강의 각론(제2판), 박영사(2022), 351.

75 형법주해(XII), 각칙(9), 박영사(2023), 581(김지언); 이영란, 형법학 각론강의(제3판), 형설출판사(2013), 466; 임웅, 형법각론(제11정판), 법문사(2020), 589.

76 주석 형법, 각칙(6)(제5판), 한국사법행정학회(2017), 708(권순형).

77 전지연, "컴퓨터파괴에 대한 형법적 검토-개정형법에 대한 비판적 고찰을 포함하여-", 형사정책 8호(1996), 263. 다만 통신이나 처리 중의 정보가 타인의 비밀에 해당하는 경우에 이를 침해하거나 누설하면 정보통신망 이용촉진 및 정보 보호 등에 관한 법률 제49조를 위반한 행위로 처벌받을 수 있다.

2. 행위

42 손괴 또는 은닉 기타 방법으로 그 효용을 해하는 것이다.

가. 손괴

1) 의의

43 재물 또는 문서의 전부 또는 일부에 직접 유형력을 행사하여 물질적 내지 물리적으로 훼손함으로써 원래의 효용을 멸실시키거나 감손시키는 일체의 행위를 말한다(효용침해설). 물건 자체에 유형력을 행사할 것을 요하므로 물건에 일정한 변형이나 손상을 가하지 아니한 채 단순히 물건의 본래 기능을 훼손하는 것만으로는 손괴가 되지 않는다(통설).[78] 따라서 바닷가 부두에 줄로 매어 둔 배를 풀어서 떠내려가게 하거나, 오토바이를 지붕 위에 올려놓거나, 텔레비전을 못 보게 전파를 방해하거나 전자제품을 사용하지 못하도록 전원을 끊는 것만으로는 해당 재물 자체를 손괴한 것이라고 할 수는 없다.[79] 다만 전파를 방해하거나 전원을 끊는 행위가 전파수신기, 안테나, 전기공급용 전력선이나 전기설비를 물리적으로 훼손하는 것이라면 당연히 이에 대한 재물손괴죄는 성립할 것이다. 이와 관련하여 물질적 훼손이 없지만 단순한 기능저하를 웃도는 이용가치나 효용의 감소가 있다면 이는 손괴에는 해당하지 않더라도 기타 방법에 의한 효용침해에는 해당할 수 있다는 견해[80]도 있다.

2) 중요성의 요부

44 물건의 중요한 부분을 훼손함을 요하지 않으며 간단히 수리할 수 있을 정도의 경미한 것이라도 상관없다(통설). 이러한 의미에서 파괴와 손괴는 그 정도에 차이가 있는 경우라고 할 수 있다.[81] 또한 손괴로 인하여 물건 자체가 소멸될 것을 요하지 아니하고, 본래의 사용목적에 제공할 수 없는 상태로 만드는 것이면

78 김일수/서보학, 새로쓴 형법각론(제9판), 박영사(2018), 323(이를 '물체침해설'이라고 한다).

79 주석 형법, 각칙(6)(제5판), 한국사법행정학회(2017), 712(권순형); 형법주해(XII), 각칙(9), 박영사(2023), 585(김지언); 박찬걸, 형법각론(제2판), 박영사(2022), 606; 이재상 외 2인, 형법각론(제12판), 박영사(2021), 472; 임웅, 형법각론(제11정판), 법문사(2020), 590; 정성근/정준섭, 형법강의 각론(제2판), 박영사(2022), 352; 정영일, 형법각론, 학림(2019), 398.

80 김일수/서보학, 새로쓴 형법각론(제9판), 박영사(2018), 323; 박찬걸, 형법각론(제2판), 박영사(2022), 606; 손동권/김재윤, 새로운 형법각론(제2판), 율곡출판사(2022), 509; 오영근, 형법각론(제7판), 박영사(2022), 433.

81 이재상 외 2인, 형법각론(제12판), 박영사(2021), 473.

족하다.[82] 예컨대, 기계나 시계 등을 분해하여 쉽게 결합·복구할 수 없게 만들어 버린 경우는 손괴에 해당한다. 음식물에 오물을 넣는 경우, 휘발유탱크에 설탕이나 물, 또는 경유(diesel)를 넣는 경우 등과 같이 이물질을 투여한 경우에 대하여는, 손괴가 아닌 기타 방법에 의한 효용침해행위로 보는 견해[83]와 손괴에 해당하는 것으로 보는 견해[84]가 있으나 혼합되어 분리가 곤란하고 오염으로 인해 본래의 이용가치나 효용을 상실한 이상 손괴로 보는 것이 타당하다. 자동차 타이어의 바람을 빼버린 경우에 대해서도 손괴로 보는 견해[85]와 기타 방법에 의한 효용침해행위로 보는 견해[86]가 대립한다.

3) 단순한 기능 방해

45 물질적 훼손은 물론, 효용감소조차 수반하지 않고 단순히 재물이 갖는 기능을 방해한 것만으로는 손괴가 되기 어렵다고 보아야 한다. 판례는 자동문을 자동으로 작동하지 않고 수동으로만 개폐가 가능하게 하여 자동잠금장치로서의 역할을 할 수 없도록 한 경우[87]에 대해 재물손괴죄의 성립을 인정하는데, 이와 같은 행위는 물건을 본래의 용도대로 사용할 수 없게 한 경우로서 손괴에 해당한다는 견해[88]가 있다. 그러나 위 판례 사안은 자동개폐를 가능하게 하는 제어장치를 물리적으로 훼손하여 자동잠금장치로서의 기능을 상실하게 한 경우가 아니라 제어장치를 조작하여 자동개폐기능이 일시적으로 동작하지 않도록 한 경우에 불과하다. 이는 후술하는 '기타 방법'에 의한 효용침해로 보는 것이 타당하

82 형법주해(XII), 각칙(9), 박영사(2023), 585(김지언); 김성돈, 형법각론(제8판), 성균관대학교 출판부(2022), 534; 김일수/서보학, 새로쓴 형법각론(제9판), 박영사(2018), 323('기능방해설'이라고 할 수 있다); 손동권/김재윤, 새로운 형법각론(제2판), 율곡출판사(2022), 509; 이형국/김혜경, 형법각론(제2판), 법문사(2019), 530.

83 형법주해(XII), 각칙(9), 박영사(2023), 588(김지언); 김일수/서보학, 새로쓴 형법각론(제9판), 박영사(2018), 325; 박찬걸, 형법각론(제2판), 박영사(2022), 607; 배종대, 형법각론(제14판), 홍문사(2023), 507.

84 주석 형법, 각칙(6)(제5판), 한국사법행정학회(2017), 712(권순형); 임웅, 형법각론(제11정판), 법문사(2020), 590.

85 주석 형법, 각칙(6)(제5판), 한국사법행정학회(2017), 712(권순형); 김일수/서보학, 새로쓴 형법각론(제9판), 박영사(2018), 323; 오영근, 형법각론(제7판), 박영사(2022), 433; 이영란, 형법학 각론강의(제3판), 형설출판사(2013), 467; 이재상 외 2인, 형법각론(제12판), 박영사(2021), 473; 이형국/김혜경, 형법각론(제2판), 법문사(2019), 530; 정성근/정준섭, 형법강의 각론(제2판), 박영사(2022), 352.

86 손동권/김재윤, 새로운 형법각론(제2판), 율곡출판사(2022), 510.

87 대법원 2016. 11. 25. 선고 2016도9219 판결.

88 배종대, 형법각론(제14판), 홍문사(2023), 506; 손동권/김재윤, 새로운 형법각론(제2판), 율곡출판사(2022), 509; 오영근, 형법각론(제7판), 박영사(2022), 433; 이재상 외 2인, 형법각론(제12판), 박영사(2021), 472.

다.[89] 손괴에 해당하기 위해서는 물건을 본래의 용도대로 사용할 수 없을 정도의 '본질적 훼손'이 있을 것을 요구하고 본질적 훼손 여부는 구체적인 상황에 따라 달리 판단되어야 한다는 견해가 있다.[90] 이 견해에서는 비본질적인 훼손인 경우는 형법의 보충성원칙에 비추어 형법상 손괴죄의 규율대상에서 제외하고 민사적 절차에 따라 분쟁이 해결되어야 한다고 본다. 반면 손괴의 행위태양을 보다 확장하여 재물이 가지고 있는 본래의 용도를 방해하는 외에 소유자의 이익에 반하도록 물건의 보존 상태를 변경시켜 놓은 경우에는 손괴가 될 수 있다는 견해도 있다(보존상태변경설).[91]

4) 일시적 훼손

46 유형력 행사를 통해 일시적으로 해당 물건의 본래 기능을 다할 수 없는 상태로 만드는 경우도 포함된다(통설·판례). 즉 물질적 훼손을 본질로 하는 재물손괴에 있어 원상회복의 곤란한 정도나 원상회복 여부는 원칙적으로 죄의 성립에 영향을 주지 아니한다.[92] 예컨대, 타인의 금반지를 가지고 자기의 금니(금치)를 만드는 데에 사용하거나 음료수를 차게 하려고 놓아 둔 얼음을 자기가 먹기 위하여 녹이거나, 문서에 첨부된 인지를 강제로 떼어내는 행위 등에 있어[93] 금반지로 복원하거나 동종의 얼음을 가져다 놓거나 인지를 문서에 첩부시키는 등의 원상회복을 시키더라도 원상회복된 물건은 손괴의 대상이 된 물건과는 별개의 물건이므로 모두 손괴에 해당한다. 기계 등 합성물을 해체거나 분해한 행위도 재조립이 가능하지만 일시적으로라도 본래의 기능이나 효용 또는 개체인 부품의 효용이 침해되는 한 손괴에 해당한다.[94] 다만 이에 대해서도 기타 방법에 의한 효

89 주석 형법, 각칙(6)(제5판), 한국사법행정학회(2017), 717(권순형); 김성돈, 형법각론(제8판), 성균관대학교 출판부(2022), 536; 박찬걸, 형법각론(제2판), 박영사(2022), 607; 신동운, 형법각론(제2판), 법문사(2018), 1344; 정성근/정준섭, 형법강의 각론(제2판), 박영사(2022), 353; 정영일, 형법각론, 학림(2019), 400.

90 배종대, 형법각론(제14판), 홍문사(2023), 504; 이영란, 형법학 각론강의(제3판), 형설출판사(2013), 467은 물건을 완전히 사용하지 못하게 할 정도는 아니더라도 그 용도에 따른 중요한 기능을 상실시키는 정도는 되어야 한다는 견해이다.

91 김일수/서보학, 새로쓴 형법각론(제9판), 박영사(2018), 323; 이재상 외 2인, 형법각론(제12판), 박영사(2021), 473; 최호진, 형법각론, 박영사(2022), 643.

92 大塚仁 외, 大コンメンタール刑法(第13卷)(第3版), 青林書院(2018), 813.

93 주석 형법, 각칙(6)(제5판), 한국사법행정학회(2017), 712(권순형); 박찬걸, 형법각론(제2판), 박영사(2022), 606; 이재상 외 2인, 형법각론(제12판), 박영사(2021), 473; 정영일, 형법각론, 학림(2019), 398.

94 주석 형법, 각칙(6)(제5판), 한국사법행정학회(2017), 713(권순형); 오영근, 형법각론(제7판), 박영사(2022), 433

용침해행위로 보는 견해가 있다.[95] 이와 마찬가지로 논에 심어 둔 모를 잡아 뽑아 버리는 행위도 토지에 부합된 부분을 물리적으로 분리함으로써 토지에 식재된 모로서의 효용을 해한 것이므로 그 모를 다시 사용할 수 있는 경우라도 손괴에 해당한다. 주택건설을 위하여 평탄하게 조성해 놓은 대지를 파헤쳐 밭으로 변형시키는 것도 토양의 반출이나 손실은 없으나 유형력 행사로 대지로서의 원상을 훼손하여 그 효용을 해하였다는 점에서 손괴라고 보아도 무방할 것이다.[96] 반면 사유지에 불법주차 된 차량의 바퀴에 주차단속용 자물쇠를 채우는 행위는 차량 자체에 대한 직접적인 유형력 행사가 없다는 점에서 손괴에 해당하는 것으로 보기는 어렵고, 사안에 따라 기타 방법에 의한 효용침해로 볼 수는 있을 것이다.[97]

47 판례는 '재물손괴죄는 타인의 재물을 손괴, 은닉, 기타의 방법으로 그 효용을 해하는 경우에 성립하는 것으로서, 여기에서 말하는 효용을 해한다고 함은 그 물건의 본래의 사용목적에 공할 수 없게 하는 상태로 만드는 것은 물론 일시 그것을 이용할 수 없는 상태로 만드는 것도 역시 효용을 해하는 것에 해당한다'고 판시하면서,[98] 피해자 소유의 전축 등을 망치와 드라이버로 부수거나 분해한 행위[99]에 대해 일시적이더라도 종래의 사용목적이나 이용 상태에 제공함이 불가능하게 되었다는 이유로 재물손괴죄의 성립을 인정하였다.

48 또한 '재물손괴죄에 있어서 손괴라 함은 물질적인 훼손을 가함으로 인하여 물건의 본래의 목적에 공할 수 없는 상태로 만드는 경우뿐만 아니라 일시 그 물건의 구체적 역할을 할 수 없는 상태로 두는 경우에도 효용을 해하는 경우에 해당한다'고 판시하면서,[100] i) 비록 나무의 뿌리에 비닐이 싸여 있는 상태로 가식되어 있다가 단시간에 피해자가 나무를 다시 심어 나무들이 물질적으로 손상되지 않았더라도 피해자와 토지 사용 문제로 다투던 중 피해자 소유의 나무 85그루를 땅에서 뽑아버린 경우,[101] ii) 사무실 내부를 감시하기 위해 설치된 CCTV에서 렌즈를 분리시켜 제대로 작동하지 못하게 한 경우[102]에 대해 재물손괴죄가

95 배종대, 형법각론(제14판), 홍문사(2023, 506.
96 주석 형법, 각칙(6)(제5판), 한국사법행정학회(2017), 713(권순형).
97 박찬걸, 형법각론(제2판), 박영사(2022), 607; 오영근, 형법각론(제7판), 박영사(2022), 433.
98 대법원 1992. 7. 28. 선고 92도1345 판결.
99 대법원 1993. 12. 7. 선고 93도2701 판결.
100 대법원 2009. 1. 15. 선고 2008도9410 판결.
101 대법원 2006. 12. 22. 선고 2006도7219 판결.
102 대법원 2009. 1. 15. 선고 2008도9410 판결.

성립한다고 판시하였다. 다만 노사관계의 특수성을 고려하여, 해고 노동자들이 복직을 요구하는 집회를 개최하던 중 회사 건물 외벽에 계란 30여 개를 투척한 경우에 대해서는 사회통념상 건조물의 효용을 해한 것으로 볼 수 없다는 이유로 재물손괴죄의 성립을 부정한 판례,[103] 화력발전소 건설에 대해 문제를 제기하면서 시민단체 회원인 피고인들이 피해자 회사의 건물 앞 광장에 설치된 조형물에 수성스프레이를 뿌린 행위에 대해 재물손괴죄로 처벌할 경우 표현의 자유를 억누르게 될 위험이 있으므로 민사상 손해배상으로 해결하는 것이 바람직하다는 등의 이유로 조형물의 효용을 해한 것으로 볼 수 없다고 하면서 재물손괴죄의 성립을 부정한 판례[104]도 있다.

5) 동물의 살상

49 동물을 사상(死傷)하는 것도 손괴에 해당한다.[105] 동물을 사상하는 행위는 작위에 의한 것이 통례이지만, 부작위에 의한 경우 예컨대, 사육의뢰를 받은 가축에게 사료를 주지 아니하여 아사(餓死)에 이르게 하는 행위도 이에 해당한다.[106]

6) 문서의 훼손

50 문서에 있어서는 이를 파손·소각하는 것이 손괴의 통상적인 방법이지만 순서대로 편철되어 있는 장부의 낱장 일부를 빼내는 것도 기록 내용의 연속성을 해함으로써 장부로서의 역할을 다하지 못하게 한다는 점에서 손괴에 해당한다.[107] 문서 본문의 내용을 식별하는 데에 영향이 없더라도 문서의 여백을 제거하는 행위는 이로 인하여 문서 이용에 불편을 초래하거나 완전한 외관을 갖춘 문서로서의 효용을 떨어뜨리는 이상 손괴에 해당한다. 판례는 사법경찰관이 참고인과 피해자의 진술을 일치시키기 위해 이미 작성된 참고인 진술조서를 찢어버린 경우는 문서손괴죄의 성립을 인정한 반면,[108] 경리장부를 이기하는 과정에서 누

103 대법원 2007. 6. 28. 선고 2007도2590 판결.

104 대법원 2024. 5. 30. 선고 2023도5885 판결.

105 대법원 2016. 1. 28. 선고 2014도2477 판결.

106 주석 형법, 각칙(6)(제5판), 한국사법행정학회(2017), 713(권순형); 이형국/김혜경, 형법각론(제2판), 법문사(2019), 530; 정성근/정준섭, 형법강의 각론(제2판), 박영사(2022), 352.

107 주석 형법, 각칙(6)(제5판), 한국사법행정학회(2017), 713(권순형); 배종대, 형법각론(제14판), 홍문사(2023), 505; 이영란, 형법학 각론강의(제3판), 형설출판사(2013), 467; 이용식, 형법각론, 박영사(2019), 78; 이재상 외 2인, 형법각론(제12판), 박영사(2021), 473; 임웅, 형법각론(제11정판), 법문사(2020), 590; 정성근/정준섭, 형법강의 각론(제2판), 박영사(2022), 352.

108 대법원 1978. 6. 27. 선고 76도2196 판결.

계가 잘못된 부분을 찢은 경우는 문서손괴죄의 성립을 부정하였다.[109]

51 벽면에 부착된 공고문 등의 문서를 게시자 또는 소유자의 의사에 반하여 떼어 낸 행위는 어떠한가? 이는 문서 자체를 물질적으로 훼손하는 행위가 아니고 사실의 전달이라는 문서의 효용을 해한 경우에 불과하므로 손괴가 아닌 기타 방법에 의한 효용침해행위로 해석함이 상당하다.[110] 문서의 작성명의나 그 내용의 일부를 삭제하거나 말소한 경우는 어떠한가? 구체적인 문서 자체를 물질적으로 훼손하지 아니하고 기재 내용을 삭제하거나 말소하는 데에 그친 경우에는 손괴라기보다 기타 방법에 의한 효용침해행위로 보는 것이 타당하다.[111]

7) 전자기록 등 특수매체기록의 훼손

52 전자기록 등 특수매체기록의 손괴란 특수매체에 기록된 정보를 삭제 또는 변경하는 경우뿐만 아니라 특수매체 자체를 파손하는 방법으로 기록된 정보를 멸실시키는 경우도 포함한다.[112] 광디스크와 같은 특수매체의 표면으로서 실제 기록이 된 부분에 흠집을 냄으로써 사실상 기록 자체에 직접 유형력을 행사하여 물리적으로 훼손한 경우는 당연히 손괴에 해당한다. 또한 자기적 방식을 사용하는 전자기록매체에 강력한 자력을 가하여 기록 내용에 손상을 가하는 경우도 전자기록매체 표면에 도포된 자성체의 자기적 성질을 인위적으로 변화시킴으로써 원래의 기록 내용을 더 이상 읽어 오지 못하게 한 이상 기록 자체에 직접 유형력을 행사하여 물리적으로 훼손을 초래한 경우로 볼 수 있으므로 손괴에 해당하는 것으로 봄이 타당하다.[113] 반면 이러한 경우는 기타 방법에 의한 효용침해행위로 보아야 한다는 견해도 있다.[114]

109 대법원 1989. 10. 24. 선고 88도1296 판결.

110 대법원 2014. 1. 16. 선고 2013도6761 판결, 대법원 2015. 11. 27. 선고 2014도13083 판결.

111 주석 형법, 각칙(6)(제5판), 한국사법행정학회(2017), 713(권순형).

112 주석 형법, 각칙(6)(제5판), 한국사법행정학회(2017), 713(권순형); 형법주해(XII), 각칙(9), 박영사(2023), 585(김지언); 박찬걸, 형법각론(제2판), 박영사(2022), 606; 오영근, 형법각론(제7판), 박영사(2022), 434; 이재상 외 2인, 형법각론(제12판), 박영사(2021), 473; 임웅, 형법각론(제11정판), 법문사(2020), 590; 정영일, 형법각론, 학림(2019), 399; 홍영기, 형법 총론과 각론, 박영사(2022), 480.

113 이영란, 형법학 각론강의(제3판), 형설출판사(2013), 467; 大塚仁 외, 大コンメンタール刑法(第13券)(第3版), 青林書院(2018), 803.

114 주석 형법, 각칙(6)(제5판), 한국사법행정학회(2017), 719(권순형); 강동범, "전자기록위작·변작죄", 고시계(2000. 4.), 52.

나. 은닉

1) 의의

53 재물, 문서, 전자기록 등 특수매체기록의 소재를 불분명하게 함으로써 발견을 곤란 또는 불가능하게 하여 그 효용을 해하는 것을 말한다. 구 형법은 공문서·사문서훼기죄나 기물손괴죄의 규정에서 '훼기', '손괴' 또는 '상해'라는 용어를 사용하고 '은닉'이라는 용어를 명시하지는 아니하였다. 그리하여 훼기 또는 손괴의 개념이 은닉을 포함하는 것인지에 관하여 견해가 대립되었다. 다수설은 훼기 또는 손괴가 은닉을 포함하는 것으로 보았다. 반면 현행 형법은 손괴와 구별하여 은닉을 법문에 명시하고 있다. 손괴는 객체에 대한 물리적 유형력을 행사함으로써 이를 유형적·물질적으로 훼손하는 것을 말하는 반면, 은닉은 유형적 훼손을 가하는 것이 아니라 무형적으로 그 소재를 불명케 하는 것으로 서로 구별되는 행위개념이라고 보아야 할 것이다(다수설).

2) 점유·지배의 이전

54 은닉은 반드시 객체를 범인의 점유나 지배하에 둘 것을 요하지는 아니한다. 예컨대, 피해자가 점유하던 장소 내에 문서를 은닉하여 피해자로 하여금 발견을 곤란하게 한 경우도 이에 해당한다(통설). 또한 범인이 재물이나 문서를 자기의 점유로 옮겨서 은닉한 경우에 피해자가 범인의 그 점유사실을 알고 있었다고 하여도 소재발견이 곤란한 이상 역시 은닉이라고 보아야 한다.[115] 판례는, 피고인이 회사에 비치된 물품의 판매, 수금, 결산 등 경리관계를 위하여 필요불가결한 매출계산서 등을 피고인의 집에 반출하여 은닉하고 그 반환을 거부함으로써 그 용도에 따라 사용할 수 없는 상태로 만든 사안에서 형법 제366조의 재물은닉죄 기수를 인정한 원심의 판단은 정당하다고 판시하였다.[116] 반면 피고인이 자기가 속하는 종중 소유라고 믿고 있는 임야에 대한 타인명의의 등기권리증을 그 소지인이 제시하자 이를 가지고 가서 위 종중이 원고가 되어 그 말소등기를 구하는 민사사건에 증거로 제출한 행위는 문서은닉죄에 해당하지 아니한다고

115 형법주해(XII), 각칙(9), 박영사(2023), 586(김지언); 김일수/서보학, 새로쓴 형법각론(제9판), 박영사(2018), 324; 박찬걸, 형법각론(제2판), 박영사(2022), 606; 이재상 외 2인, 형법각론(제12판), 박영사(2021), 473; 이형국/김혜경, 형법각론(제2판), 법문사(2019), 530; 임웅, 형법각론(제11정판), 법문사(2020), 591; 정영일, 형법각론, 학림(2019), 400.

116 대법원 1971. 11. 23. 선고 71도1576 판결.

판시하였고,[117] 피고인이 피해자를 좀 더 호젓한 곳으로 데리고 가기 위하여 피해자의 가방을 빼앗고 자신을 따라 오라고 하였으나 피해자가 따라 오지 않고 그냥 돌아갔기 때문에 가방을 돌려주기 위하여 부근 일대를 돌아다니면서 피해자를 찾아 나선 경우에 대해 재물을 은닉하거나 그 효용을 해한 경우에 해당하는 것으로 볼 수 없다고 판시하였다.[118]

3) 이용가능성의 박탈

55 은닉죄는 재물, 문서 등을 이용할 수 없는 상태에 둠으로써 족하고 그 이용을 방해한 기간이 일시적인지 영속적인지를 불문한다. 또한 범인에게 후일 이를 피해자에게 반환할 의사가 있었는지 여부도 불문한다. 재물, 문서 등을 은닉하거나 반환을 거부한 경우 형법 제366조의 은닉죄가 아닌 절도죄(형법 제329조) 또는 횡령죄(제355조)가 성립할 수도 있을 것이다. 절도죄, 횡령죄의 성립 여부는 범인에게 불법영득의사가 있는지 여부에 의해 결정될 것이다. 피해자의 잘못을 나무라는 과정에서 피해자가 퉁명스럽게 비웃자 순간적으로 화가 나서 피해자를 혼내주려는 생각에서 그 곳에 있던 피해자의 가방을 들고 나오게 된 것에 불과하다면 불법영득의사가 인정될 수 없어 절도죄가 성립하지 아니함은 물론, 재물을 은닉하거나 그 효용을 해한 경우로 보기도 어려워 재물은닉죄의 성립도 인정할 수 없다.[119] 판례 중에는 피해자의 집을 방문한 기회에 피해자의 애완견을 몰래 데리고 자신의 집으로 간 후 그 사실을 알게 된 피해자로부터 반환을 요구받았으나 이를 거절한 사안에 대해 재물은닉죄의 성립을 인정한 원심 판단을 수긍한 경우가 있다.[120]

4) 메타데이터의 변경

56 전자기록 등 특수매체기록의 경우 저장매체의 점유를 장소적·물리적으로 옮겨 피해자로 하여금 발견을 곤란하게 하는 경우가 은닉에 해당함은 물론이다. 그러나 그와 같은 경우에도 은닉의 객체는 매체가 아니라 매체와 결합된 기록 자체이다.

57 한편 전자기록의 경우 가시성·가독성이 없는 전자정보의 형태로 존재함에 따라 기록 내용을 출력하여 인식하기 위해서는 매체에 기록이 생성될 때 부여된 명칭, 속성, 위치 및 기록방식 등에 관한 이른바 '메타데이터(meta-data, 다른 데이터

117 대법원 1979. 8. 28. 선고 79도1266 판결.
118 대법원 1992. 7. 28. 선고 92도1345 판결.
119 대법원 1993. 4. 13. 선고 93도328 판결.
120 대법원 2013. 9. 12. 선고 2013도6114 판결.

를 정의하고 기술하는 데이터를 말한다)'[121]가 필요하다는 점에 특색이 있다. 이로 인해 은닉의 방법은 통상적인 문서의 경우보다 다양할 수 있다. 예컨대 기록이 저장된 매체 내에서 정보 저장의 논리적 단위인 '파일(file)'의 명칭, 속성, 위치, 기록방식 등을 정의하는 메타데이터를 임의로 변경해 버림으로써 목적하는 정보에 대한 식별이나 접근을 곤란하게 하는 경우가 있을 수 있다. 보다 구체적으로 예를 들어 보면, 물리적으로는 동일한 매체 내이지만 논리적으로는 본래의 저장 위치와는 다른 위치라 할 수 있는 임의의 논리 디스크(logical disk)나 하위 디렉토리(sub-directory)로 파일을 이동시킴으로써 그러한 사실을 알지 못하는 기록 관리자로 하여금 매체 내에서 해당 기록의 탐색과 출력, 사용을 더 이상 곤란하거나 불가능하게 만드는 경우인데, 이러한 경우도 은닉에 해당할 수 있다.[122]

다. 기타 방법에 의한 효용침해

1) 의의

58 손괴, 은닉 이외의 모든 방법으로 물건의 이용가치 또는 효용을 해하는 것을 말한다. 손괴, 은닉에 비하여 포괄성을 지닌 규범적 표지가 된다.[123] 물질적으로 물건의 형체를 멸실·감소시키거나 또는 무형적으로 그 물건의 소재를 불명케 하는 것이 아닌 다른 방법으로 사실상 또는 감정상 물건을 본래의 용법에 따라 사용할 수 없는 상태에 이르게 하는 모든 경우를 말한다.[124] 물건을 본래의 사용 목적에 공할 수 없게 하는 경우뿐만 아니라 일시 이용할 수 없는 상태로 만드는 것도 포함한다.

2) 판례

59 기타 방법에 의한 효용침해에 해당하는 것으로 국내외 판례나 학설에서 인용되는 사례들은 다음과 같다.

60 가) 영업상 사용하는 음식용 냄비 및 술병 등에 방뇨함으로써 그 물품을 본래의 영

121 예컨대 도서관에 보관된 문헌을 일종의 (원본)데이터 내지 기록이라고 하면, 해당 문헌에 대한 도서관 수장 정보(저자, 서명, 출판사명, 출판일자, 구입일자, 분류기호, 서고위치 등)는 위 문헌에 대한 메타데이터가 된다.

122 주석 형법, 각칙(6)(제5판), 한국사법행정학회(2017), 715(권순형); 김일수/서보학, 새로쓴 형법각론(제9판), 박영사(2018), 324; 박찬걸, 형법각론(제2판), 박영사(2022), 606; 손동권/김재윤, 새로운 형법각론(제2판), 율곡출판사(2022), 510.

123 형법주해(XII), 각칙(9), 박영사(2023), 587(김지언); 김일수/서보학, 새로쓴 형법각론(제9판), 박영사(2018), 324.

124 대법원 2020. 3. 27. 선고 2017도20455 판결.

업 용도로 사용할 수 없게 한 경우,[125] 자동차의 손잡이에 인분을 바르는 경우[126]

61 나) 벽에 걸린 그림에 '불길(不吉)'이라는 문자를 대서하여 피해자의 감정상 그 그림을 종전과 같이 걸어 둘 수 없게 한 경우[127]

62 다) 타인이 기르는 잉어를 양어장 밖으로 유출시킨 경우,[128] 주인의 허락 없이 개장 문을 열어 갇혀 있던 개를 풀어 줌으로써 불상지로 도망가게 한 경우[129]

63 라) 우물에 연결하여 수도관과 같이 이용하고 있는 땅속에 묻혀 있는 고무호스 약 1.5m를 발굴하여 우물가에 제쳐 놓음으로써 고무호스에 물이 통하지 못하도록 한 경우[130]

64 마) 타인의 간판을 벽면에서 떼어내거나 화물에 부착된 짐표를 떼어버린 경우,[131] 군용 유에스비(USB)에 부착된 이름표를 떼어서 바다에 버린 경우[132]

65 바) 아파트 부녀회장이 엘리베이터 벽면에 붙어 있는 아파트 선거관리위원회 위원장 명의의 공고문을 떼어버린 경우,[133] 유치권자가 건물 출입문에 붙여 둔 유치권행사공고문을 건물관리인이 떼어버린 경우[134]

66 사) 홍보 목적으로 1층 로비에 설치해 둔 광고판(홍보용 배너와 거치대)을 컨테이너로 된 창고로 옮겨 피해자가 사용할 수 없도록 한 경우,[135] 건축업자가 유치권행사의 수단으로 건물 앞에 쌓아둔 컨테이너를 원거리에 있는 컨테이너 보관창고로 옮긴 경우[136]

67 아) 판결에 의하여 명도 받은 토지의 경계에 설치해 놓은 철조망과 경고판을 치워버림으로써 울타리로서의 기능을 해한 경우,[137] 경락받은 저온창고를 개조하면서 공장에 시설된 피해자 소유의 자재를 철거를 최고하는 등 조치함이 없이 곧바로 철거해 버린 경우[138]

125 日大判 1909. 4. 16. (刑錄 15집 452).
126 東京高判 2000. 8. 30. (東高判時報 51권 1~12호 96).
127 日大判 1921. 3. 7. (刑錄 27집 158).
128 日大判 1911. 2. 27. (刑錄 17집 197).
129 춘천지방법원 2017. 12. 7. 선고 2017고정243 판결(미항소 확정).
130 대법원 1971. 1. 26. 선고 70도2378 판결.
131 日最判 1957. 4. 4. (刑集 11권 4호 1327).
132 대법원 2015. 10. 15. 선고 2015도708 판결(군용물손괴죄 성립 여부가 문제된 사례임).
133 대법원 2014. 1. 16. 선고 2013도6761 판결(다만 정당행위가 성립한다는 이유로 원심을 파기함).
134 대법원 2020. 9. 24. 선고 2020도9801 판결.
135 대법원 2018. 7. 24. 선고 2017도18807 판결.
136 대법원 2016. 8. 30. 선고 2016도3369 판결.
137 대법원 1982. 7. 13. 선고 82도1057 판결.
138 대법원 1990. 5. 22. 선고 90도700 판결.

68 자) 타인소유에 속하는 자기명의의 문서의 일부를 수정하는 경우,[139] 타인 소유인 문서의 명의자나 내용을 삭제해 버린 경우[140]

69 차) 3인의 연명으로 작성된 석탄광시굴허가원서의 내용을 변경함이 없이 그 작성명의인 중 1인의 서명날인을 말소하고 제3자로 하여금 새로 서명날인하게 한 경우[141]

70 카) 피고인이 신청서 제출자의 요청에 따라 상사의 결재가 끝난 학구 내 일반민가 철거신청서의 건물소유자 표시를 임의로 삭제·정정한 경우[142]

71 타) 약속어음의 수취인이 빌린 돈의 지급담보를 위하여 은행에 보관시킨 어음을 은행지점장이 발행인의 부탁을 받고 그 지급기일난의 일자를 지운 경우[143]

72 파) 약속어음의 발행인이 소지인에게 어음의 액면과 지급기일을 개서하여 주겠다고 하여 교부받은 어음의 수취인 란에 타인의 이름을 추가로 기입하여 어음배서의 연속성을 상실케 한 경우[144]

73 하) 회사 사무실 출입문에 설치된 열쇠 구멍에 본드를 뿌려 열쇠가 들어가지 못하게 한 경우[145]

74 거) 타인소유의 간판을 페인트로 도색하여 광고 문안을 지워 버린 경우,[146] 담장 중 다른 그림이나 낙서가 없는 부분에 단색의 검은색이나 빨간색 스프레이 페인트를 이용하여 그림을 그린 경우[147]

75 너) 자동문을 자동으로 작동하지 않고 수동으로만 개폐가 가능하게 하여 자동잠금장치로서의 역할을 할 수 없도록 한 경우[148]

76 더) 피고인이 평소 굴삭기를 주차하던 장소에 피해자의 차량이 주차된 것을 보고 그 차량 주변에 콘크리트, 굴삭기 부품 등을 가져다 놓음으로써 차량이 18시간 동안 움직일 수 없게 한 경우[149]

139 日大判 1921. 9. 24. (刑錄 27집 589).
140 주석 형법, 각칙(6)(제5판), 한국사법행정학회(2017), 713(권순형).
141 日大判 1922. 1. 27. (刑集 1권 16).
142 대법원 1967. 7. 4. 선고 67도416 판결.
143 대법원 1982. 7. 27. 선고 82도223 판결.
144 대법원 1985. 2. 26. 선고 84도2802 판결.
145 대법원 2009. 3. 12. 선고 2009도182 판결.
146 대법원 1991. 10. 22. 선고 91도2090 판결.
147 대법원 2017. 12. 13. 선고 2017도10474 판결.
148 대법원 2016. 11. 25. 선고 2016도9219 판결.
149 대법원 2021. 5. 7. 선고 2019도13764 판결.

77 평석: 감정상의 용법의 인정 여부(위 사례 중 가)의 경우)
판례는 기타 방법에 의한 효용침해행위로서 재물손괴죄 성립의 요소에는 '감정상'으로 물건을 본래의 용법에 따라 사용할 수 없는 상태에 이르게 한 경우도 포함되는 것으로 판시하고 있고, 이는 학계의 다수설이기도 하다. 반면 감정상의 용법에 따른 사용이 불가능하게 된 경우까지 죄의 성립을 인정하는 것은 유추해석으로서 죄형법정주의에 위반되는 것이고 이러한 경우는 민사상 절차에 따라 해결함이 타당하다는 견해가 있다.[150] 예컨대 남학생이 책상 위에 놓아 둔 여학생의 머리핀을 함부로 만짐으로서 기분이 나빠진 경우, 어떤 물건을 사용하면 저주를 받을 것이라는 말을 들은 경우 등이다. 그러나 판례에서 설시한 감정상의 용법은 어디까지나 객관적으로 인식 가능한 법 감정[151]을 의미하는 것으로 보아야 할 것이지 피해자의 순수한 개인적 감정이나 내심의 의사와는 구별되는 것으로 해석해야 한다.

78 평석: 그림에 낙서를 한 행위(위 사례 중 나)의 경우)
그림에 낙서를 하는 행위는 재물에 대해 유형력을 행사하여 물질적으로 훼손한 경우에 해당한다고 볼 여지가 크다. 벽에 걸려 있던 그림에 낙서를 함으로써 더 이상 벽에 걸어둘 수 없게 된 경우에 대해서는, 손괴에 해당한다는 견해[152]와 기타 방법에 의해 효용을 해한 경우에 해당한다는 견해[153]가 있다.

79 평석: 손괴와의 구별(위 사례 중 라)와 마)의 경우)
위 사례들은 손괴의 유형으로 설명된 합성물의 해체나 부합물의 분리와 유사한 면이 있다. 그러나 물건 사이의 결합관계가 합성물 내지 부합물의 정도에는 이르지 아니하고 비교적 용이하게 분리 가능한 부착물에 불과하므로, 이를 손괴의 개념요소인 유형력의 행사에 따른 물질적 훼손이라고 보기는 어렵다.

80 평석: 물건 및 장소의 분리·이동(위 사례 중 라) 내지 아)의 경우)
이러한 사례들에 있어 '기타의 방법'에 해당하는 실제 행위태양은 단순히 범행객체인 물건을 본래 놓여 있거나 부착되어 있던 일정한 장소나 물건에서 이동시키

150 배종대, 형법각론(제14판), 홍문사(2023), 507.
151 박찬걸, 형법각론(제2판), 박영사(2022), 608.
152 오영근, 형법각론(제7판), 박영사(2022), 435.
153 이재상 외 2인, 형법각론(제12판), 박영사(2021), 474

거나 분리하는 행위에 불과하다. 그럼에도 불구하고 기타의 방법에 의한 손괴죄가 성립하는 근거는 범행객체로서 물건이 놓여 있거나 부착된 각각의 장소나 물건이 객관적으로 상호 구성적 또는 결합적 관계에 있고, 이로 인해 객관적으로 드러난 외형만으로도 특정 물건을 해당 장소나 물건에 설치·부착시킴으로써 얻게 되는 이용가치 내지 효용이 인정되기 때문이다. 따라서 이와 같은 객관적인 이용가치 내지 효용이 인정될 수 없는 경우 예컨대, 소유자가 어떤 장소에 우연히 놓아두거나 방치해 둔 데에 불과한 물건을 다른 곳으로 옮겨 버림으로써 즉시 본래의 용법에 따라 사용할 수 없게 만든 경우에 불과하다면, 기타 방법에 의한 효용침해를 인정할 수 없다고 보아야 한다. 만약 이러한 경우에 대해서도 기타 방법에 의한 손괴죄의 성립을 인정한다면 죄의 성립범위가 지나치게 확대되고 가벌성의 한계를 미리 예측하는 것이 불가능해지기 때문이다. 이러한 상황에서도 죄의 성립을 인정하면 형법의 대원칙인 죄형법정주의에 정면으로 배치된다.

3) 학설

81 학설에서 자주 인용되는 사례로는, 새장 안의 새가 날아가도록 한 경우,[154] 타인의 인사하는 앵무새에게 욕설을 가르쳐 욕설하는 앵무새로 만들어 놓은 경우,[155] 우물물을 송수하는 고무호스를 돌로 눌러서 물이 통하지 못하게 하는 경우,[156] 자동차 열쇠구멍에 성냥개비를 꽂아 놓아 열쇠가 들어가기 곤란하게 한 경우,[157] 타인의 식칼을 살인의 범행에 사용하는 경우,[158] 배를 떠내려가게 하는 경우[159] 등이 있다. 반면 부정되는 사례로는 유리문이나 유리창 등 건물내부에서 외부를 관망하는 역할을 수행하는 부분 중 일부가 불쾌감을 줄 정도로 더럽

154 형법주해(XII), 각칙(9), 박영사(2023), 587(김지언); 김성돈, 형법각론(제8판), 성균관대학교 출판부(2022), 535; 김일수/서보학, 새로쓴 형법각론(제9판), 박영사(2018), 324; 손동권/김재윤, 새로운 형법각론(제2판), 율곡출판사(2022), 510; 이재상 외 2인, 형법각론(제12판), 박영사(2021), 474; 이형국/김혜경, 형법각론(제2판), 법문사(2019), 530; 임웅, 형법각론(제11정판), 법문사(2020), 591; 최호진, 형법각론, 박영사(2022), 644.

155 형법주해(XII), 각칙(9), 박영사(2023), 588(김지언); 김일수/서보학, 새로쓴 형법각론(제9판), 박영사(2018), 324; 박찬걸, 형법각론(제2판), 박영사(2022), 607; 김일수/서보학, 새로쓴 형법각론(제9판), 박영사(2018), 507; 이재상 외 2인, 형법각론(제12판), 박영사(2021), 474.

156 박찬걸, 형법각론(제2판), 박영사(2022), 608; 정성근/정준섭, 형법강의 각론(제2판), 박영사(2022), 353.

157 형법주해(XII), 각칙(9), 박영사(2023), 588(김지언); 김일수/서보학, 새로쓴 형법각론(제9판), 박영사(2018), 325; 배종대, 형법각론(제14판), 홍문사(2023). 507.

158 박찬걸, 형법각론(제2판), 박영사(2022), 607.

159 박찬걸, 형법각론(제2판), 박영사(2022), 607; 이영란, 형법학 각론강의(제3판), 형설출판사(2013), 468; 임웅, 형법각론(제11정판), 법문사(2020), 591.

혀진 경우[160] 등이 있다. 타인의 보석 반지를 강이나 바다에 던져 버린 경우에 대해서는 기타 방법에 의한 효용침해행위로 보는 견해[161]가 있으나 물건의 점유를 박탈함과 동시에 소재불명으로 만듦으로써 효용을 해한 경우로 보아 은닉으로 해석할 여지도 상당하다.

4) 종전의 사용상태가 소유자 의사에 반하는 경우

82 한편 판례는, 피고인이 아파트 엘리베이터에 게시된 생활쓰레기 자동집하시설 공사 반대 탄원에 따른 회신서를 임의로 제거하였으나 위 게시가 회신서 소유자의 의사에 따른 것임이 인정되지 않는 사안에서, '소유자의 의사에 따라 어느 장소에 게시 중인 문서를 소유자의 의사에 반하여 떼어내는 것과 같이 소유자의 의사에 따라 형성된 종래의 이용 상태를 변경시켜 종래의 상태에 따른 이용을 일시적으로 불가능하게 하는 경우에도 문서손괴죄가 성립할 수 있다. 그러나 문서손괴죄는 문서의 소유자가 문서를 소유하면서 사용하는 것을 보호하려는 것이므로, 어느 문서에 대한 종래의 사용상태가 애당초 문서 소유자의 의사에 반하거나 문서 소유자의 의사와 무관하게 이루어졌다는 특별한 사정이 있는 경우라면, 단순히 종래의 사용 상태를 제거하거나 변경시키는 것에 불과하고 손괴, 은닉하는 등으로 새로이 문서 소유자의 문서 사용에 지장을 초래하지 않는 경우에는 문서의 효용, 즉 문서 소유자의 문서에 대한 사용가치를 일시적으로도 해하였다고 할 수 없어서 기타 방법에 의해 문서의 효용을 해함으로써 문서손괴죄가 성립한 것이 아니다'라고 판시하였다.[162]

5) 전자기록 등 특수매체기록의 경우

83 전자기록 등 특수매체기록에 대한 기타의 방법에 의한 효용침해행위는, 새로운 프로그램을 입력하여 기존의 정보를 사용할 수 없게 하거나 새로운 기록을 추가하는 경우,[163] 기존기록의 일부를 삭제하거나 다른 정보와 연결함으로써 정보

160 신동운, 형법각론(제2판), 법문사(2018), 1344.

161 김일수/서보학, 새로쓴 형법각론(제9판), 박영사(2018), 325; 배종대, 형법각론(제14판), 홍문사(2023), 507; 이재상 외 2인 형법각론(제12판), 박영사(2021), 474; 이형국/김혜경, 형법각론(제2판), 법문사(2019), 530.

162 대법원 2015. 11. 27. 선고 2014도13083 판결.

163 주석 형법, 각칙(6)(제5판), 한국사법행정학회(2017), 718~719(권순형); 오영근, 형법각론(제7판), 박영사(2022), 435.

의 내용을 변경하는 경우 등을 의미한다.[164] 자기적 방식의 기록매체에 강력한 자력을 가하여 전자기록의 내용을 변경 내지 손상시키거나 자기테이프 부분에 기록된 정보를 변경하는 행위에 대해서는 손괴에 해당하는 것으로 보는 것이 타당할 것이나, 이와 달리 기타 방법에 의한 효용침해행위에 해당한다는 견해[165]가 있음은 '손괴'에 관한 설명 부분에서 본 바와 같다.

84 정보처리장치에 연결된 기록매체의 전원을 차단함으로써 기록내용을 읽고 쓸 수 없게 만든 경우에 대해 기타 방법에 의한 효용침해행위로서 손괴죄의 성립을 인정할 수 있다는 견해[166]가 있다. 그러나 전자기록손괴죄의 보호대상은 기록매체가 아니라 매체에 저장된 상태로 남아 있는 기록 자체이다. 또한 정보처리장치를 통해 처리 중인 정보는 원칙적으로 보호대상이 아니며, 기록매체를 사용하던 중 전원이 갑자기 차단되더라도 원래의 기록내용은 그대로 유지되는 것이 일반적이다. 이를 감안하면 갑작스러운 전원차단으로 인해 매체에 저장되어 있던 기록 자체에 손상이 발생하는 예외적인 경우가 아니라면, 사안에 따라 형법 제314조의 위력에 의한 업무방해죄가 성립할 수 있을 뿐[167] 전자기록손괴죄는 따로 성립하지 않는 것으로 보아야 한다.

85 컴퓨터 등 정보처리장치에 악성프로그램(정보통신망 이용촉진 및 정보보호 등에 관한 법률 제48조 제2항 참조)으로서 '컴퓨터 바이러스'가 설치되도록 하여 기록매체에 저장된 정보를 더 이상 본래의 용법에 따라 사용할 수 없도록 손상시키거나 변형시키는 경우에 대해서는 '손괴'로 보아야 한다는 견해[168]와 '기타 방법에 의한 효용침해행위'로 보아야 한다는 견해[169]가 있다. 악성프로그램의 일종이기는

164 주석 형법, 각칙(6)(제5판), 한국사법행정학회(2017), 718~719(권순형); 손동권/김재윤, 새로운 형법각론(제2판), 율곡출판사(2022), 510; 이재상 외 2인, 형법각론(제12판), 박영사(2021), 475; 정성근/정준섭, 형법강의 각론(제2판), 박영사(2022), 353.

165 주석 형법, 각칙(6)(제5판), 한국사법행정학회(2017), 719(권순형); 강동범, "전자기록위작·변작죄", 고시계(2000. 4.), 52.

166 오영근, 형법각론(제7판), 박영사(2022), 435; 이영란, 형법학 각론강의(제3판), 형설출판사(2013), 469; 정성근/정준섭, 형법강의 각론(제2판), 박영사(2022), 353.

167 대법원 1983. 11. 8. 선고 83도1798 판결.

168 배종대, 형법각론(제14판), 홍문사(2023), 505.

169 형법주해(XII), 각칙(9), 박영사(2023), 588(김지언); 김성돈, 형법각론(제8판), 성균관대학교 출판부(2022), 536; 김일수/서보학, 새로쓴 형법각론(제9판), 박영사(2018), 325; 박찬걸, 형법각론(제2판), 박영사(2022), 607; 이형국/김혜경, 형법각론(제2판), 법문사(2019), 531; 임웅, 형법각론(제11정판), 법문사(2020), 591; 정성근/정준섭, 형법강의 각론(제2판), 박영사(2022), 353; 최호진, 형법각론, 박영사(2022), 644.

하지만 컴퓨터 바이러스와는 다소 구별되는 이른바 '랜섬웨어'(ransomware)를 이용하여 파일 형태로 기록매체에 저장되어 있던 전자기록에 몰래 암호가 걸리도록 함으로써 피해자로 하여금 더 이상 해당 전자기록에 접근하거나 내용을 출력하는 것을 차단해 버린 경우는 어떠한가? 해당 전자기록의 내용이나 기록매체 내 저장된 위치 등에는 변경이 없지만 암호 설정을 통해 실질적 지배·관리권이 범인에게 이전되고 범인이 전자기록의 반환을 거부한 경우로 보아 '은닉'에 해당하는 것으로 해석할 여지가 없지 않다. 그러나 파일에 새로 암호를 건 행위는 새로 메타데이터를 추가한 것이나 마찬가지라는 점, 전자기록은 원래의 기록내용에다가 메타데이터가 불가분적으로 결합되는 특색이 있는 점, 암호가 걸린 상태만으로는 소재가 불명하게 된 것으로 보기 어려운 점 등에 비추어 이 경우도 기존 전자기록의 정보 내용을 함부로 변경하거나 본래의 용도대로 사용할 수 없도록 한 것으로 보아 '기타 방법에 의한 효용침해행위'로 해석하여야 할 것이다.

6) 벽면에 낙서하는 행위

가) 문제의 소재

86 건조물의 벽면이나 담장에 낙서를 하거나 오물을 투척하는 행위만으로는 재물로서 건조물이나 담장 본래의 용법이나 기능에 따른 효용의 침해는 없다. 이와 같은 행위만으로 재물손괴죄가 성립하는지가 문제된다. 또한 재물손괴죄가 성립한다고 하더라도 그 행위가 '손괴'에 해당하는지, '기타 방법에 의한 효용 침해행위'에 해당하는지도 문제된다.

나) 외국의 사례

87 독일의 경우를 보면, 2005. 9. 1. 개정 전 독일 형법 제303조는 '위법하게 타인의 재물을 훼손하거나 파괴한 자'라고만 규정하여 우리 형법의 '기타 방법'과 같은 일반규정을 두지 않았고, 이에 독일연방대법원(BGH)은 우체국 배전반에 플래카드를 붙인 사안에서 구 독일 형법 제303조에 의한 소유권의 보호는 오로지 소유권자의 재물에 대한 유체적 안정성에 한한다고 밝히고 외양의 단순한 변경은 재물손괴가 아니라고 판시하였다.[170] 그 후 신설된 독일 형법 제303조 제2항은 '권한 없이 타인이 재물의 외관을 현저하게 그리고 오로지 일시적이지 않게 변

170 BGHSt 29, 129, NJW 1980, 350[조기영, "벽면낙서행위와 재물손괴", 형사법연구 제25권 제1호(2013), 165에서 재인용].

경한 자도 손괴죄로 처벌한다'라고 규정하고 있다. 계란을 투척하여 창문을 더럽히는 행위, 백묵이나 수성물감으로 벽면에 낙서한 행위 등과 같이 시간, 노력, 비용을 크게 들이지 않고 제거될 수 있는 재물의 외관 변경은 위 조항에서 현저성을 결여한 것으로 이해되고 있다.[171] 일본 형법도 손괴의 행위태양으로 우리 형법과 같이 '기타 방법'과 같은 일반적인 규정을 두고 있지 않다. 일본의 판례는 공립 공원 내의 공중화장실 흰색 외벽에 빨간색과 검정색 래커 스프레이 2통을 사용하여 '전쟁 반대'라는 큰 글씨의 낙서를 한 행위에 대하여 '건물의 외관 내지 미관을 현저하게 오손하여 원상회복에 상당한 곤란을 발생시킴으로써 효용을 감손시킨 것이어서 일본 형법 제260조 전단의 손괴에 해당 한다'고 판시하였다.[172]

다) 학설

88 학설로는 i) 손괴로 보면서 재물손괴죄의 성립을 인정하는 견해,[173] ii) 기타 방법에 의한 효용침해행위로 보면서 재물손괴죄의 성립을 인정하는 견해,[174] iii) 손괴의 개념을 사전적 의미에 충실하게 해석하여 벽면에 낙서하는 행위 자체는 손괴에 해당하지 않고, 기타 방법은 손괴, 은닉의 불법에 준하는 동(同)가치적인 효용침해행위로 평가할 수 있는 경우로 제한하여 해석하여야 한다고 하면서 벽면낙서행위로 인해 건조물의 미관 등 기능적 효용이 현저하게 침해 내지 감소되는 경우에만 재물손괴죄에 해당한다는 견해[175] 및 iv) 벽면에 낙서를 하여 이를 제거하는 데에 상당한 비용이 들도록 한 경우에 관하여는, 민사상 손해배상을 통하여 원상회복이 가능한 문제를 형법의 적용범위로 포함시키는 것은 형법의 보충성, 죄형법정주의 등에 반한다는 이유로 재물손괴죄의 성립을 인정하는 데에 비판적인 견해[176]가 있다.

171 조기영, "벽면낙서행위와 재물손괴죄", 형사법연구 제25권 제1호(2013. 3.), 167.

172 日最判 2007. 1. 17. (刑集 60권 1호 29)[조현욱, "재물손괴죄에 있어서 효용 침해", 법학연구 제30집(2008), 318에서 재인용].

173 정성근/정준섭, 형법강의 각론(제2판), 박영사(2022), 352.

174 손동권/김재윤, 새로운 형법각론(제2판), 율곡출판사(2022), 511.

175 박찬걸, 형법각론(제2판), 박영사(2022), 608~609; 배종대, 형법각론(제14판), 홍문사(2023), 506; 신동운, 형법각론(제2판), 법문사(2018), 1344; 이재상 외 2인, 형법각론(제12판), 박영사(2021), 474~475; 홍영기, 형법 총론과 각론, 박영사(2022), 481.

176 조기영, "벽면낙서행위와 재물손괴죄", 형사법연구 제25권 제1호(2013. 3.), 170~171.

라) 판례

89 종래 판례는 '형법 제366조 소정의 재물손괴죄는 타인의 재물을 손괴 또는 은닉하거나 기타의 방법으로 그 효용을 해하는 경우에 성립하는바, 여기에서 재물의 효용을 해한다고 함은 사실상으로나 감정상으로 그 재물을 본래의 사용목적에 제공할 수 없게 하는 상태로 만드는 것을 말하며, 일시적으로 그 재물을 이용할 수 없는 상태로 만드는 것도 여기에 포함된다'라고 일관되게 판시하였다.[177] 그러면서 건조물의 벽면에 낙서를 하거나 게시물을 부착하는 행위 또는 오물을 투척하는 행위 등이 그 건조물의 효용을 해하는 것에 해당하는지 여부는, 당해 건조물의 용도와 기능, 그 행위가 건조물의 채광·통풍·조망 등에 미치는 영향과 건조물의 미관을 해치는 정도, 건조물 이용자들이 느끼는 불쾌감이나 저항감, 원상회복의 난이도와 거기에 드는 비용, 그 행위의 목적과 시간적 계속성, 행위 당시의 상황 등 제반 사정을 종합하여 사회통념에 따라 판단하여야 함을 전제로, '해고노동자 등이 복직을 요구하는 집회를 개최하던 중 래커 스프레이를 이용하여 회사 건물 외벽과 1층 벽면 등에 낙서한 행위는 건물의 효용을 해한 것으로 볼 수 있으나, 이와 별도로 계란 30여 개를 건물에 투척한 행위는 건물의 효용을 해하는 정도의 것에 해당하지 않는다'고 판시하였다.[178] 판례가 벽면에 낙서하는 행위를 '손괴'로 보는지, 아니면 '기타 방법에 의한 효용침해행위'로 보는지는 명확하지 아니하나, 종합고려설의 입장에서 사회통념에 따라 효용침해 여부를 판단하여야 한다는 판시의 취지를 전체적으로 살펴보면 기타 방법에 의한 효용침해행위로 파악하고 있는 것으로 이해된다.[179]

7) 포장된 도로에 낙서하는 행위

가) 문제의 소재

90 포장된 도로 바닥에 낙서를 하는 행위는 건조물의 벽면이나 담장의 경우와 비교하더라도 물건 자체에 대한 물리적 훼손이 없거나 차량 또는 보행자의 통행이라는 본래 용법에 따른 사용상 별다른 영향이 없는 경우로 볼 여지가 있다.

177 대법원 1971. 11. 23. 선고 71도1576 판결, 대법원 1992. 7. 28. 선고 92도1345 판결, 대법원 1993. 12. 7. 선고 93도2701 판결.

178 대법원 2007. 6. 28. 선고 2007도2590 판결.

179 형법주해(XII), 각칙(9), 박영사(2023), 593(김지언); 박찬걸, 형법각론(제2판), 박영사(2022), 608; 배종대, 형법각론(제14판), 홍문사(2023), 506; 신동운, 형법각론(제2판), 법문사(2018), 1344; 이재상 외 2인, 형법각론(제12판), 박영사(2021), 474~475; 홍영기, 형법 총론과 각론, 박영사(2022), 481.

이때에도 벽면에 낙서하는 행위와 마찬가지로 재물손괴죄에 해당하는지, 죄의 성립을 인정한다면 그러한 행위가 손괴에 해당하는지, 아니면 기타 방법에 의한 효용침해행위에 해당하는지가 문제된다.

나) 판례

91 판례[180]는 포장된 도로에 낙서하는 행위에 대해서도 재물의 효용을 해하는 경우로서 재물손괴죄가 성립할 수 있다고 하면서 '도로의 효용을 해하는 것에 해당하는지 여부는, 당해 도로의 용도와 기능, 그 행위가 도로의 안전표지인 노면표시 기능 및 이용자들의 통행과 안전에 미치는 영향, 그 행위가 도로의 미관을 해치는 정도, 도로의 이용자들이 느끼는 불쾌감이나 저항감, 원상회복의 난이도와 거기에 드는 비용, 그 행위의 목적과 시간적 계속성, 행위 당시의 상황 등 제반 사정을 종합하여 사회통념에 따라 판단하여야 한다'라고 판시하여 벽면에 낙서하는 행위와 마찬가지로 종합고려설의 입장에서 사회통념에 따라 효용침해 여부를 판단하여야 한다고 판시하였다. 이를 전제로 'A 회사의 직원인 피고인들이 유색 페인트와 래커 스프레이를 이용하여 A 회사 소유의 도로 바닥에 직접 문구를 기재하거나 도로 위에 놓인 현수막 천에 문구를 기재하여 페인트가 바닥으로 배어 나와 도로에 배게 하는 방법으로 다중의 위력으로써 도로의 효용을 해하였다'라고 하여 특수재물손괴로 기소된 사안에서, '해당 도로는 A 회사의 임원과 근로자들 및 거래처 관계자들이 이용하는 도로로 산업 현장에 위치한 위 도로의 주된 용도와 기능은 사람과 자동차 등이 통행하는 데 있고, 미관은 그다지 중요한 작용을 하지 않는 곳으로 보이는 점, 피고인들이 도로 바닥에 기재한 여러 문구들 때문에 도로를 이용하는 사람들과 자동차 등이 통행하는 것 자체가 물리적으로 불가능하게 되지는 않은 점, A 회사의 정문 입구에 있는 과속방지턱 등을 포함하여 도로 위에 상당한 크기로 기재된 위 문구의 글자들이 차량운전자 등의 통행과 안전에 실질적인 지장을 초래하였다고 보기 어려운 점, 도로 바닥에 기재된 문구에 A 회사 임원들의 실명과 그에 대한 모욕적인 내용 등이 여럿 포함되어 있지만 도로의 이용자들이 이 부분 도로를 통행할 때 그 문구로 인하여 불쾌감, 저항감을 느껴 이를 본래의 사용 목적대로 사용할 수 없을 정도에 이르렀다고 보기 부족한 점, 도로 바닥에 페인트와 래커 스프레이로 쓰

180 대법원 2020. 3. 27. 선고 2017도20455 판결.

여 있는 여러 문구는 아스팔트 접착용 도료로 덧칠하는 등의 방법으로 원상회복되었는데, 그다지 많은 시간과 큰 비용이 들었다고 보이지 않는 점 등을 종합하면, 피고인들이 위와 같은 방법으로 도로 바닥에 여러 문구를 써놓은 행위가 도로의 효용을 해하는 정도에 이른 것이라고 보기 어렵다'고 판시하면서 재물손괴죄의 성립을 부정하였다. 피해자의 집 뒤에 설치된 석축 3개에 빨간색 락카를 사용하여 화살표 모양을 표시한 행위에 대해서도 석축의 용도와 기능을 고려하고, 원상회복에 소요되는 비용이나 노력을 감안할 때 석축의 효용을 해하는 정도에 이른 것으로 보기 어렵다는 판례[181]도 같은 취지로 볼 수 있다.

8) 광고물을 부착하는 행위

92 건조물의 벽면, 시설물의 표면에 광고물을 무단으로 부착하는 경우에 관하여는, 광고물을 부착한 것만으로는 벽면 등의 이용가치나 효용을 해한 것이라고 보기 어려워 재물손괴죄가 성립하지 아니한다는 견해,[182] 소유자의 이익에 반하는 물체의 보존상태변화만 있으면 손괴라고 할 수 있으므로 손괴에 의한 재물손괴죄가 성립한다는 견해[183] 및 기타 방법에 의해 벽면 등의 효용을 해한 경우로서 재물손괴죄가 성립한다는 견해[184]가 있다. 한편 경범죄 처벌법은 타인의 집이나 인공구조물, 자동차에 광고물 등을 함부로 부착하는 행위를 금지하면서 이를 위반한 행위에 대해 벌금형에 처하고 있는데(제3조 제1항 제9호), 헌법재판소는 이러한 경범죄 처벌법 규정은 다른 사람의 재산권을 침해하는 행위를 금지하는 형법상 재물손괴죄의 행위유형에서 누락된 사항을 보충하는 규정으로서의 기능을 갖는다고 보았다.[185] 광고물을 부착하는 행위는 공공의 질서유지 차원에서 경범죄로 취급하여 행정적 단속대상으로 삼을 수는 있더라도, 재물손괴에 해당한다고 보아 형법상 처벌대상으로 삼을 정도의 가벌성은 결여된 행위로 해석하는 것이 타당하다.

3. 결과발생 및 미수

93 손괴의 고의로 재물 등의 효용을 행하는 행위를 직접적으로 개시한 때 실행의 착수가 인정된다. 재물 등의 이용가치 내지 효용의 감소 또는 훼손 상태가 발생

181 대법원 2022. 10. 27. 선고 2022도8024 판결.
182 오영근, 형법각론(제3판), 박영사(2014), 552.
183 이재상 외 2인, 형법각론(제12판), 박영사(2021), 473.
184 오영근, 형법각론(제7판), 박영사(2022), 433.
185 헌법재판소 2015. 5. 28. 선고 2013헌바385 결정.

하였을 때 기수에 이른다(침해범).[186] 미수범은 처벌한다(형법 제371조).

Ⅳ. 주관적 구성요건

1. 고의범

가. 인식의 내용 및 정도

94 손괴, 은닉 기타 방법으로 타인 소유의 재물, 문서 또는 타인의 지배 관리 하에 있는 전자기록 등 특수매체기록의 이용가치의 전부 또는 일부를 침해한다는 인식, 즉 고의를 반드시 필요로 한다. 고의를 인정함에 있어서는 반드시 계획적인 손괴의 의도가 있거나 물건의 손괴를 적극적으로 희망하여야 하는 것은 아니고, 소유자의 의사에 반하여 재물의 효용을 상실하게 하는 것에 대한 인식이 있으면 족하다.[187] 또한 재물손괴의 고의는 미필적인 것만으로도 충분하다(다수설·판례).[188] 영득죄와는 달리 주관적 요건으로서 고의 외에 불법영득의 의사를 요하지 않는다. 손괴의 고의는 범행객체인 재물, 문서 등이 타인의 소유에 속함을 아는 것 외에 자기의 행위의 결과로 그 재물 등의 효용이 침해됨을 예견하는 것을 말한다. 따라서 이 중 어느 하나라도 결여된 경우, 즉 범행객체가 타인의 소유에 속함을 알지 못하였거나 효용침해의 결과발생을 예견하지 못한 경우에는 고의가 없는 경우가 되어 죄가 성립하지 않는다. 타인의 재물이라는 점을 아는 것으로 족하고, 소유자가 누구인지 또는 재물의 성질, 가격, 내용 등에 관해 상세한 인식이 없더라도 고의 성립에 지장이 없다.[189]

나. 고의의 성립을 긍정한 판례

95 ⅰ) 경락받은 공장건물을 개조하기 위하여 그 안에 시설되어 있는 타인 소유의 자재에 관하여 철거를 최고하는 등 적법한 조치를 취함이 없이 이를 일방적으로 철거하여 손괴하였다면 재물손괴의 범의가 없었다고 할 수는 없다고 한

186 김성돈, 형법각론(제8판), 성균관대학교 출판부(2022), 536; 박찬걸, 형법각론(제2판), 박영사(2022), 610; 오영근, 형법각론(제7판), 박영사(2022), 437; 이용식, 형법각론, 박영사(2019), 78; 임웅, 형법각론(제11정판), 법문사(2020), 587.

187 대법원 1993. 12. 7. 선고 93도2701 판결.

188 대법원 2007. 11. 29. 선고 2007도7774 판결.

189 형법주해(XII), 각칙(9), 박영사(2023), 595(김지언); 김일수/서보학, 새로쓴 형법각론(제9판), 박영사(2018), 326.

사례,[190] ⅱ) 임차인이 운영하던 카페의 영업이 중단된 후 건물주인 피고인이 카페 안에 들어가 임차인 소유 집기를 다른 곳으로 반출한 경우 반출된 집기를 따로 보관하고 있더라도 재물손괴죄의 고의가 인정된다고 판단한 원심을 수긍한 사례,[191] ⅲ) 불과 10개월 전까지 농지로 사용되던 토지임을 알면서도 상당한 양의 자갈과 흙을 깔고 평탄화 작업을 함으로써 농지로서의 사용목적에 일시 사용할 수 없는 상태로 만들었다면 설령 휴경상태에 있었고 그 기간 중에 공사차량이 토지 일부를 무단으로 침범함으로써 사실상 도로로 이용되었더라도 손괴의 범의가 인정된다고 한 사례[192], ⅳ) 주택에 근저당권이 설정된 후에 그 옥상에 설치된 태양열 온수장치와 심야전기 보일러는 이를 훼손하거나 과다한 비용을 지출하지 아니하고서는 주택에서 분리할 수 없고 주택과 분리하여 별개의 독립물로서의 효용을 갖지 못하는 이상 주택에 부합된 것이므로 그 후 근저당권에 기한 경매절차가 진행되어 피해자에게 주택이 낙찰되었음에도 옥상에서 태양열 온수장치 등을 분리하여 땅에 내려 놓은 행위에 대해서는 재물손괴의 범의가 인정된다고 본 사례[193] 등이 있다.

다. 고의의 성립을 부정한 판례

96 ⅰ) 임차인이 가재도구를 그대로 둔 채 시골로 내려간 사이에 임대인의 모(母인) 피고인이 위 가재도구를 옥상에 옮겨 놓으면서 비닐장판과 비닐천 등을 덮어 씌워 비가 스며들지 않도록 하고 또한 장농과 찬장을 다른 사람이 열지 못하도록 종이를 바르는 등의 조치를 취했다면 설사 그 무렵 내린 비로 침수되어 그 효용을 해하였다 하더라도 그 조치가 미흡한 점에 과실이 있음은 별론으로 하고 손괴의 고의가 있다고 보기 어렵다고 한 사례,[194] ⅱ) 공중전화기가 고장이 난 것으로 생각하고 파출소에 신고하기 위하여 전화선을 빼고 이를 떼어낸 것이라면 그 전화기를 물질적으로 파괴하거나 그 전화기의 구체적 역할인 통화를 할 수 없게 함으로써 그 효용을 해하려는 손괴의 범의가 있었다고 보기는 어렵다고 한 사례,[195] ⅲ) 영업을 방해하기 위하여 타인이 설치하려는 철조망을 영업

190 대법원 1990. 5. 22. 선고 90도700 판결.
191 대법원 2022. 7. 28. 선고 2022도419 판결.
192 대법원 2005. 10. 28. 선고 2005도6391 판결.
193 대법원 2004. 12. 24. 선고 2004도6262 판결.
194 대법원 1983. 5. 10. 선고 83도595 판결.
195 대법원 1986. 9. 23. 선고 86도941 판결.

자인 피고인이 당초 놓여 있던 곳으로부터 200 내지 300m 가량 떨어진 자기 소유의 다른 토지 위에 옮겨 놓은 경우 재물은닉의 범의가 있다고 할 수 없다고 한 사례,[196] ⅳ) 피고인이 자기가 속하는 종중 소유라고 믿고 있는 임야에 대한 타인명의의 등기권리증을 그 소지인이 제시하자 이를 가지고 가서 위 종중이 원고가 되어 그 말소등기를 구하는 민사사건에 증거로 제출한 소위는 문서은닉의 고의가 없어 죄가 되지 아니한다는 사례, ⅴ) 피고인이 단순히 피해자를 좀 더 호젓한 곳으로 데리고 가기 위하여 피해자의 가방을 빼앗고 따라 오라고 하였는데 피해자가 따라 오지 않고 그냥 돌아갔기 때문에 가방을 돌려주기 위하여 부근 일대를 돌아다니면서 피해자를 찾아 나선 경우 재물을 은닉하거나 그 효용을 해하려는 고의가 없어 죄가 되지 아니한다고 판단한 사례,[197] ⅵ) 피해자 일행으로부터 폭행을 당한 피고인이 피고인의 어깨 부위를 잡고 있던 피해자의 팔을 뿌리치는 과정에서 피고인의 손이 위 피해자의 안경에 스치면서 안경이 부러졌으나 피해자가 안경을 쓰고 있었는지 여부를 몰랐을 것으로 보이는 이상 피고인이 위 피해자의 팔을 뿌리칠 당시 재물손괴라는 결과발생의 가능성에 대한 인식이 있음은 물론 나아가 결과발생을 용인하는 내심의 의사가 있었다고 보기는 어려워 미필적 고의가 있었다고 볼 수 없다고 본 사례[198] 등이 있다.

2. 과실범의 인정 여부

97 판례는 '과실범은 법률에 특별한 규정이 있는 경우에 한하여 처벌되며 형벌법규의 성질상 과실범을 처벌하는 특별규정은 그 명문에 의하여 명백, 명료하여야 한다. 전기통신법[199] 제110조 제1항은 고의범에 관한 규정이고 동 조항의 "기타의 방법으로 공중통신설비의 기능에 장해를 주어"라는 기재 부분을 들어 과실로 인하여 통신설비를 손괴하는 행위 유형을 포함하는 것이라고 풀이 할 수 없다'라고 판시하였다.[200]

98 형법에는 재물손괴 등의 행위와 관련하여 과실범을 처벌하는 규정이 없다. 따라서 과실로 인하여 타인의 재물 등을 손괴, 은닉, 기타의 방법으로 그 효용을 해한 경우에도 민사책임이 문제될 뿐이다.

196 대법원 1990. 9. 25. 선고 90도1591판결.
197 대법원 1992. 7. 28. 선고 95도1345 판결.
198 대법원 2007. 11. 29. 선고 2007도7774 판결.
199 전기통신법은 1983. 12. 30. 법률 제3686호로 폐지되고, 같은 날 법률 제3685호로 '전기통신기본법'이 제정되었다.
200 대법원 1983. 12. 13. 선고 83도2467 판결.

99 특별법 중에는 도로고통법 제151조가 '차의 운전자가 업무상 과실 또는 중대한 과실로 타인의 건조물이나 기타 재물을 손괴한 때'에는 2년 이하의 금고나 500만 원 이하의 벌금에 처하도록 규정하여 예외적으로 과실손괴행위를 처벌하고 있다. 다만 위 죄는 반의사불벌죄이다(교통사고처리 특례법 제3조 제2항). 군형법 제73조도 제1항에서 과실로 군의 공장, 함선, 항공기 또는 전투용으로 공하는 시설, 기차, 전차, 자동차, 교량 등의 군용시설, 군용에 공하는 물건 또는 군용에 공하는 철도, 전선 그 밖의 시설이나 물건을 손괴하거나 그 밖의 방법으로 그 효용을 해한 사람은 5년 이하의 징역 또는 300만 원 이하의 벌금에 처하고, 제2항에서 업무상 과실 또는 중대한 과실로 인하여 제1항의 죄를 범항 사람은 7년 이하의 징역 또는 500만 원 이하의 벌금에 처하도록 정하고 있다.

V. 위법성

1. 위법성조각사유

100 정당행위, 정당방위, 긴급피난, 자구행위, 피해자의 승낙 등 위법성조각사유가 있는 경우 손괴행위의 위법성이 조각될 수 있다. 한편 민법 제209조의 자력구제 조항에 의해 위법성이 조각될 수 있을 것인지도 문제된다. 민법상 자력구제가 인정된다면 이는 형법 제20조의 법령에 의한 행위로서의 위법성조각사유로 볼 수 있기 때문이다.[201] 손괴죄는 타인의 재물 또는 문서를 소유자의 의사에 반하여 손괴함으로써 성립하는 것이므로, 손괴, 은닉 등의 행위가 재물 또는 문서의 소유자 기타 처분권 있는 자의 동의를 받아 이루어진 것이라면 이는 위법성조각사유가 아닌 구성요건해당성이 배제되는 사유라고 보아야 한다는 견해가 있다.[202]

2. 정당행위

가. 의의 및 요건

101 형법 제20조에 규정된 '사회상규에 위배되지 아니하는 행위'라 함은, 법질서 전체의 정신이나 그 배후에 놓여 있는 사회윤리 내지 사회통념에 비추어 용인될

201 신동운, 형법각론(제2판), 법문사(2018), 1345.
202 대법원 1960. 12. 7. 선고 4239형상304 판결[총람20-(A), 816-5]; 김성돈, 형법각론(제8판), 성균관대학교 출판부(2022), 537; 박찬걸, 형법각론(제2판), 박영사(2022), 610; 신동운, 형법각론(제2판), 법문사(2018), 1345; 오영근, 형법각론(제7판), 박영사(2022), 436.

수 있는 행위를 말한다. 어떤 행위가 그 행위의 동기나 목적의 정당성, 행위의 수단이나 방법의 상당성, 보호이익과 침해이익의 법익 균형성, 긴급성, 그 행위 이외의 다른 수단이나 방법이 없다는 보충성 등의 요건을 갖춘 경우에는 정당행위에 해당한다.[203]

나. 긍정한 판례

102 ⅰ) 아파트 발전위원회 소속인 피고인들이 주민회의실로 들어가 회의하는 데에 불만을 가진 입주자대표회장인 A가 별도의 자물쇠로 주민회의실을 잠그자 피고인들이 절단기로 자물쇠를 자른 사안에서, '주민회의실은 관리사무소가 관리권을 가지고 있는데 A가 임의로 별도의 자물쇠로 시정하여 관리사무소의 동의를 얻어도 사용할 수 없게 되었고, 피고인들이 A에게 열쇠를 관리사무소에 보관해줄 것을 수차례 요구하였음에도 거절하였으며, 예정된 회의시간에 임박하여 부득이 관리사무소에 알리고 사무소 직원으로부터 절단기를 받아 A가 설치한 자물쇠를 부순 것이므로 이는 정당행위에 해당한다'고 판시한 사례,[204] ⅱ) 피고인이 자물쇠 내지 전기선을 절단한 행위는 자신의 정당한 점유권 행사에 대한 부당한 점유침탈을 배제하고 A 측에서 잘못 연결한 전기선을 바로잡아 위험발생을 방지하기 위한 것이고, 그 방법에 있어서도 피해자들의 권리를 합리적인 범위를 벗어나 과도하게 침해하거나 제한하는 것으로 사회통념상 현저하게 타당성을 잃은 것으로 보이지 아니한다는 이유로 정당행위에 해당한다고 한 사례,[205] ⅲ) 재건축사업으로 철거가 예정되어 있었고 그 입주자들이 모두 이사하여 아무도 거주하지 않은 채 비어 있는 아파트라 하더라도 재물손괴죄의 객체가 된다고 할 것이나, 이 사건 아파트에 관한 소유권이전등기절차를 이행하고 조합목적 달성을 위한 건물 철거를 위하여 이 사건 아파트를 인도하라는 취지의 가집행선고부 제1심 판결이 내려졌고 이에 따라 철거한 행위는 형법 제20조의 정당행위에 해당한다고 한 사례,[206] ⅳ) 재건축조합의 조합장이 조합 탈퇴의 의사표시를 한 자를 상대로 '사업시행구역 안에 있는 그 소유의 건물을 명도하고 이를 재건축사업에 제공하여 행하는 업무를 방해하여서는 아니 된다'는 가처

203 대법원 2005. 2. 25. 선고 2004도8530 판결.
204 대법원 2013. 10. 17. 선고 2013도8683 판결.
205 대법원 2009. 12. 24. 선고 2009도7284 판결.
206 대법원 2010. 2. 25. 선고 2009도8473 판결.

분의 판결을 받아 굴삭기를 이용하여 위 건물을 철거한 것이 형법 제20조에 정한 업무로 인한 정당행위에 해당한다고 한 사례,[207] v) 뽕밭을 유린하는 타인 소유 소의 고삐가 나무에 얽혀 풀 수 없는 상황 하에서 고삐를 낫으로 끊고 소를 밭에서 끌어 낸 것은 사회상규상 용인된다고 본 사례[208] 등이 있다.

다. 부정한 판례

103 i) 주위토지통행권의 존부와 범위에 관한 확인 및 주위통행권을 방해하는 옹벽 부분에 관한 철거를 명하는 판결과 그 강제집행을 따르지 아니하고 임의로 옹벽을 철거한 행위는 도로에 관한 주위통행권을 인정할 수 있는지 여부와 관계없이 정당행위에 해당하지 않는다고 본 사례,[209] ii) 철거민들이 먼저 이 사건 사업부지에 관한 주택조합의 소유권 내지 관리권의 침해를 유발하였다 하더라도 피고인은 철거민들에게 컨테이너박스의 자진철거를 최고하고 민사소송을 제기하거나 구청의 철거명령을 기다리는 등의 법정절차를 통하여 구제받아야 함에도 불구하고 이러한 절차를 거치지 아니하고 위 컨테이너박스를 임의로 손괴한 행위는 법이 허용하지 않는 자력구제행위에 불과할 뿐 정당행위에 해당한다고 볼 수 없다고 한 사례,[210] iii) 재건축조합의 규약이나 정관에 '조합은 사업의 시행으로서 그 구역 내의 건축물을 철거할 수 있다', '조합원은 그 철거에 응할 의무가 있다'는 취지의 규정이 있고, 조합원이 재건축조합에 가입하면서 '조합원의 권리, 의무 등 조합 정관에 규정된 모든 내용에 동의한다'는 취지의 동의서를 제출하였다고 하더라도, 조합원은 이로써 조합의 건축물 철거를 위한 명도의 의무를 부담하겠다는 의사를 표시한 것일 뿐이므로, 조합원이 그 의무이행을 거절할 경우 재건축조합은 명도청구소송 등 법적 절차를 통하여 그 의무이행을 구하여야 함이 당연하고, 그러한 법적 절차에 의하지 아니한 채 자력으로 건축물을 철거하는 것은 정당행위에 해당한다고 할 수 없다고 한 사례,[211] iv) 노동쟁의로서 단체교섭을 함에 당하여 노동조합의 요구를 관철하기 위하여 기물을 손괴하는 행위는 정당한 단체행동의 범위 밖이라고 본 사례,[212] v) 초등학교에 설

207 대법원 1998. 2. 13. 선고 97도2877 판결.
208 대법원 1976. 12. 28. 선고 76도2359 판결.
209 대법원 2008. 3. 27. 선고 2007도7933 판결.
210 대법원 2007. 6. 28. 선고 2007도1326 판결.
211 대법원 2007. 9. 20. 선고 2007도5207 판결.
212 대법원 1990. 9. 28. 선고 90도602 판결, 대법원 1991. 3. 27. 선고 90도2528 판결.

치된 단군상을 손괴한 행위에 대하여, 자신의 종교적 신념에 반하는 상징물이 공공의 시설 내에 설치된 경우에 적법한 절차나 방법으로써 이를 비판하거나 그 시정을 촉구하는 것은 각자의 종교적 자유의 영역에 속하는 것이지만 폭력적인 방법으로 타인의 재산인 그 상징물을 제거하거나 손괴하는 것은 우리 사회의 법질서에 비추어 허용될 수 없다고 한 사례[213] 등이 있다. 토지상에 타인이 아무런 권한 없이 경작·식재한 묘목이나 입도이더라도 토지 소유자가 이를 함부로 파헤치거나 제거하는 것은 정당한 소유권의 행사범위를 넘어 위법임을 면할 수 없고 소관청의 허가 없이 가설된 위법한 전화시설일지라도 이를 임의로 철거하는 행위에 대해서도 손괴죄가 성립할 수 있으며 정당행위가 되지 아니한다.

라. 민법 제209조의 자력구제

104 판례는, 민법 제209조 제2항 전단은 '점유물이 침탈되었을 경우에 부동산일 때에는 점유자는 침탈 후 직시 가해자를 배제하여 이를 탈환할 수 있다'고 하여 자력구제권 중 부동산에 관한 자력탈환권에 관하여 규정하고 있는데, 자력구제권이 인정되는 경우에는 재물손괴죄로 처벌할 수 없음을 전제로, 여기에서 '직시'란 '객관적으로 가능한 한 신속히' 또는 '사회관념상 가해자를 배제하여 점유를 회복하는 데 필요하다고 인정되는 범위 안에서 되도록 속히'라는 뜻으로, 자력탈환권의 행사가 '직시'에 이루어졌는지는 물리적 시간의 장단은 물론 침탈자가 확립된 점유를 취득하여 자력탈환권의 행사를 허용하는 것이 오히려 법적 안정 내지 평화를 해하거나 자력탈환권의 남용에 이르는 것은 아닌지 함께 살펴 판단하여야 한다고 판시한다.[214] 그리하여 집행관이 집행채권자 A 조합 소유 아파트에서 유치권을 주장하는 피고인을 상대로 부동산인도집행을 실시하자, 피고인이 이에 불만을 갖고 아파트 출입문과 잠금 장치를 훼손하며 강제로 개방하고 아파트에 들어갔다고 하여 재물손괴 및 건조물침입으로 기소된 사안에서, 피고인이 아파트에 들어갈 당시에는 이미 A 조합이 집행관으로부터 아파트를 인도받은 후 출입문의 잠금 장치를 교체하는 등으로 그 점유가 확립된 상태여서 점유권 침해의 현장성 내지 추적가능성이 있다고 보기 어려워 점유를 실력에 의하여 탈환한 피고인의 행위가 민법상 자력구제에 해당하지 않는다고 보아 유죄를 인정한 원심판단을 수긍하였다.[215]

213 대법원 2001. 9. 4. 선고 2001도3167 판결.
214 대법원 1993. 3. 26. 선고 91다14116 판결.

3. 긴급피난

가. 의의 및 요건

105 형법 제22조 제1항의 긴급피난이란 자기 또는 타인의 법익에 대한 현재의 위난을 피하기 위한 상당한 이유 있는 행위를 말한다. 여기에서 '상당한 이유 있는 행위'에 해당하려면, 피난행위는 위난에 처한 법익을 보호하기 위한 유일한 수단이어야 하고, 피해자에게 가장 경미한 손해를 주는 방법을 택하여야 하며, 피난행위에 의하여 보전되는 이익은 이로 인하여 침해되는 이익보다 우월해야 하고, 피난행위는 그 자체가 사회윤리나 법질서 전체의 정신에 비추어 적합한 수단일 것을 요하는 등의 요건을 갖추어야 한다.[216]

나. 긍정한 판례

106 선박이 태풍에 밀려 피조개양식장을 침범하여 물적 피해를 입힌 사안에서 '선박의 이동에도 새로운 공유수면점용허가가 있어야 하고 휴지선을 이동하는 데는 예인선이 따로 필요한 관계로 비용이 많이 들어 다른 해상으로 이동을 하지 못하고 있는 사이에 태풍을 만나게 되었고, 그와 같은 위급한 상황에서 선박과 선원들의 안전을 위하여 사회통념상 가장 적절하고 필요불가결하다고 인정되는 조치를 취하였다면 형법상 긴급피난으로서 위법성이 없어서 범죄가 성립되지 아니한다고 보아야 하고, 미리 선박을 이동시켜 놓아야 할 책임을 다하지 아니함으로써 위와 같은 긴급한 위난을 당하였다는 점만으로는 긴급피난을 인정하는데 아무런 방해가 되지 아니한다'고 판시한다.[217]

107 그 밖에 해일로 바닷물이 제방을 넘어 피고인 등의 경작지가 침수되었다가 간조가 되기 시작하였으나 퇴수로인 피해자 소유의 제방수문이 열리지 않자 피고인 등이 위 수문 옆 제방을 삽으로 절단·파괴하여 제방과 수문의 효용을 해한 사안에서, 약 20여만 평에 달하는 피고인 등과 그 밖의 주민들 소유 농경지의 현저한 손해를 피하기 위한 긴급피난으로서 죄의 성립을 부인한 하급심판결이 있다.[218] 당시의 상황이 농경지의 손해를 피하기 위하여 부득이한 경우, 즉 제방의 절단만이 유일한 구조방법이었고 피난행위로 발생한 제방수문의 손괴에 따

215 대법원 2017. 9. 7. 선고 2017도9999 판결.
216 대법원 2016. 1. 28. 선고 2014도2477 판결.
217 대법원 1987. 1. 20. 선고 85도221 판결.
218 서울지법 인천지원 1966. 8. 11. 선고 65고3832 판결[총람1(A), 74].

른 손해가 농경지의 손해범위를 초과하지 않는 경우라면 이와 같은 손괴행위는 긴급피난으로서 위법성이 조각된다고 봄이 타당할 것이다.[219]

다. 부정한 판례

108 아파트입주자대표회의 회장인 피고인이 지역방송국의 시험방송 송출로 인해 위성방송의 수신이 불가능하게 되었다는 아파트 주민의 민원을 접수한 후 해당 지역방송국에 시험방송 송출을 중단해달라는 요청도 해보지 아니한 채 시험방송이 송출된 지 약 1시간 30여 분 만에 곧바로 해당 지역방송국의 방송안테나를 절단하도록 지시한 행위에 대해, 아파트 전체 815세대 중 140여 세대가 해당 지역방송국과 유선방송이용계약을 체결하고 있었던 점 등 그 행위의 내용이나 방법, 법익침해의 정도 등에 비추어 볼 때 피고인의 지위, 범행의 경위나 목적 등을 감안하더라도 긴급피난에 해당한다고 볼 수 없다고 본 원심 판단을 수긍한 사례,[220] 피해자의 개들이 피고인의 진돗개를 공격하려고 한다고 생각하고 진돗개를 보호한다는 목적 하에 피해자의 개들을 기계톱으로 내리쳐 등 부분을 절개한 행위에 대하여 몽둥이나 기계톱 등을 휘둘러 피해자의 개들을 쫓아버리는 방법으로 자신의 진돗개를 보호할 수 있었을 것이라는 이유로 피난행위의 상당성을 넘은 행위로서 긴급피난의 요건을 갖춘 것으로 보기 어려울 뿐만 아니라 그 당시 피해자의 개들이 피고인을 공격하지도 않았고 평소 공격적인 성향을 가지고 있었다고 볼 자료도 없는 이상 형법 제22조 제3항에서 정한 과잉피난에도 해당하지 아니한다고 본 원심 판단을 수긍한 사례[221] 등이 있다.

4. 자구행위

가. 의의 및 요건

109 형법 제23조의 자구행위라 함은 법정절차에 의하여 청구권을 보전하기 불능한 경우에 그 청구권의 실행불능 또는 현저한 실행곤란을 피하기 위한 상당한 행위를 말한다. 자구행위로 인정받기 위해서는 법정절차에 의하여 상대방에 대한 청구권을 보전하는 것이 불가능하였거나 현저하게 곤란할 것이 전제되어야 한다.[222]

219 주석 형법, 각칙(6)(제5판), 한국사법행정학회(2017), 726(권순형); 김일수/서보학, 새로쓴 형법각론(제9판), 박영사(2018), 326; 이형국/김혜경, 형법각론(제2판), 법문사(2019), 532; 정성근/정준섭, 형법강의 각론(제2판), 박영사(2022), 354.

220 대법원 2006. 4. 13. 선고 2005도9396 판결(다만 피고인은 업무방해죄로만 기소됨).

221 대법원 2016. 1. 28. 선고 2014도2477 판결.

222 대법원 2007. 5. 11. 선고 2006도4328 판결.

나. 긍정한 판례

110 판례 중에 이를 긍정한 사례를 찾기는 쉽지 않다. A 종중 대표자인 피고인이 임야의 소유명의자인 B와 소유권에 관한 분쟁 중임에도 B가 임야에 식재되어 있는 소나무를 반출하려고 하자 이를 저지할 목적으로 래커를 이용하여 B 소유의 소나무 31주에 종중재산이라는 취지의 문구를 기재함으로써 재물손괴죄로 기소된 사안에서, 자구행위에 해당한다고 보아 무죄를 선고한 원심 판단을 수긍한 사례가 있다.[223]

다. 부정한 판례

111 i) 피해자들의 유치권 행사가 불법이더라도, 피고인이 철거단행 가처분 내지 본안 소송을 통하여 소유권에 기한 방해배제 청구권 등을 행사할 수 있는 이상, 법정 절차에 의하여 청구권을 보전하기 불능한 경우라고 할 수 없어 피고인이 유치권 행사를 취해 설치해 둔 펜스를 철거하도록 한 행위는 자구행위에 해당한다고 보기 어렵다고 판시한 사례,[224] ii) 피고인이 주지로 있는 사찰의 마당과 통로로 점유·사용해 온 토지를 소유자로부터 매수하여 소유권이전등기까지 마친 자가 피고인의 승낙 없이 이에 침입하여 담장 기초공사로 호를 파놓은 경우에 피고인이 흙과 돌로 이 호를 메꾸어 효용을 해한 사안에서, 위 공사로 인하여 토지를 사찰의 마당이나 통로로 일시 사용할 수 없거나 곤란하게 되었다고 하여도 이러한 사정만으로는 피고인의 토지에 대한 점유방해배제청구권을 보전할 법적 절차가 없다거나 또는 있다고 하여도 그 실효성이 없게 되었다고 볼 수는 없으므로 자구행위에 해당하지 않는다고 판시한 사례,[225] iii) 피고인이 A에게 채무 없이 잠시 빌려준 피고인 발행의 약속어음을 A가 B에게 배서양도하여 B가 소지하던 중 피고인이 이를 찢어버린 것은 문서손괴죄에 해당하고 이를 자구행위 또는 긴급피난이라고 볼 수 없다고 한 사례[226] 등이 있다.

5. 피해자의 승낙

가. 의의 및 요건

112 형법 제24조의 규정에 의하여 위법성이 조각되는 피해자의 승낙은 해석상 개인적 법익을 훼손하는 경우에 법률상 이를 처분할 수 있는 사람의 승낙을 말하고,

223 대법원 2016. 12. 29. 선고 2016도16968 판결.
224 대법원 2011. 2. 24. 선고 2010도11596 판결.
225 대법원 1970. 7. 21. 선고 70도996 판결.
226 대법원 1975. 5. 27. 선고 74도3559 판결.

이는 윤리적, 도덕적으로 사회상규에 반하는 것이 아니어야 한다.[227] 추정적 승낙이란 피해자의 현실적인 승낙이 없었다고 하더라도 행위 당시의 모든 객관적 사정에 비추어 볼 때 만일 피해자가 행위의 내용을 알았더라면 당연히 승낙하였을 것으로 예견되는 경우를 말한다.[228] 피해자의 승낙은 자발적으로 이루어진 경우에 한하는 것이며, 강요 하에 이루어진 하자 있는 승낙은 피해자의 승낙으로서의 효력이 없음은 당연하다. 피해자의 승낙은 언제든지 자유롭게 철회가 가능하다.[229]

나. 긍정한 판례

113 수확하기 전의 쪽파에 대한 손괴행위가 재배자의 승낙에 의한 경우 그 쪽파를 전전매수한 자의 승낙 없이 이루어진 것이라고 하더라도 그 매수인이 명인방법을 갖추지 아니한 이상 재물손괴죄가 성립하지 않는다고 본 사례가 대표적이다.[230] 수확하기 전의 농작물에 있어서는 명인방법을 실시함으로써 그 소유권을 취득하게 되므로 이러한 판시가 타당한 것은 앞에서 본 바와 같다. 위 사례에 대해서는 동의에 의한 손괴에 대해 구성요건해당성 배제의 효과를 인정한 것이라고 이해하는 견해가 있다.[231]

다. 부정한 판례

114 i) 피고인이 피해자 A의 상가건물에 대한 임대차계약을 체결할 당시 A의 모(母)인 B에게서 시설물 철거를 수반한 인테리어 공사 진행의 승낙을 받았으나, 이후 B가 임대차보증금 잔금 미지급을 이유로 즉시 공사를 중단하고 퇴거할 것을 요구하자 피고인이 도끼를 집어 던져 상가건물의 유리창을 손괴한 경우 B의 퇴거요구에 관한 의사표시로써 선행의 시설물 철거에 대한 승낙이 철회된 것으로 보아야 한다는 이유로 피해자의 승낙에 관한 피고인의 주장을 배척하고 재물손괴죄의 성립을 인정한 선례,[232] ii) 재건축조합의 규약이나 정관에 '조합은 사업의 시행으로서 그 구역 내의 건축물을 철거할 수 있다', '조합원은 그 철거에 응할 의무가 있다'는 취지의 규정이 있고, 조합원이 재건축조합에 가입하면서

227 대법원 1985. 12. 10. 선고 85도1892 판결.
228 대법원 2006. 3. 24. 선고 2005도8081 판결.
229 대법원 2011. 5. 13. 선고 2010도9962 판결.
230 대법원 1996. 2. 23. 선고 95도2754 판결.
231 김성돈, 형법각론(제8판), 성균관대학교 출판부(2022), 537.
232 대법원 2011. 5. 13. 선고 2010도9962 판결.

'조합원의 권리, 의무 등 조합 정관에 규정된 모든 내용에 동의한다'는 취지의 동의서를 제출하였다고 하더라도, 조합원은 이로써 조합의 건축물 철거를 위한 명도의 의무를 부담하겠다는 의사를 표시한 것일 뿐이므로, 조합원이 의무이행을 거절할 경우 재건축조합은 명도청구소송 등 법적 절차를 통하여 그 의무이행을 구하여야 함이 당연하고, 조합원이 위와 같은 동의서를 제출한 것을 '조합원이 스스로 건축물을 명도하지 아니하는 경우 재건축조합이 법적 절차에 의하지 아니한 채 자력으로 건축물을 철거하는 것'에 대해서까지 사전에 승낙한 것이라고 볼 수는 없다는 이유로 철거가 예정된 피해자 소유의 아파트를 철거한 행위에 대해 재물손괴죄의 성립을 인정한 선례[233] 등이 있다.

VI. 책임

115 자신의 손괴행위가 법에 의하여 죄가 되지 아니하는 것으로 오인한 경우 그 오인에 정당한 사유가 있다면 이는 이른바 법률의 착오로 책임이 조각된다(형법 제16조). 그러나 단순한 법률의 부지를 말하는 것이 아니고 일반적으로 범죄가 되는 경우이지만 자기의 특수한 경우에는 법령에 의하여 허용된 행위로서 죄가 되지 아니한다고 그릇 인식하고 그와 같이 그릇 인식함에 정당한 이유가 있는 경우이어야 하고,[234] 이러한 정당한 이유가 있는지 여부는 행위자에게 자기 행위의 위법의 가능성에 대해 심사숙고하거나 조회할 수 있는 계기가 있어 자신의 지적능력을 다하여 이를 회피하기 위한 진지한 노력을 다하였더라면 스스로의 행위에 대하여 위법성을 인식할 수 있는 가능성이 있었음에도 이를 다하지 못한 결과 자기 행위의 위법성을 인식하지 못한 것인지 여부에 따라 판단하여야 할 것이며, 이러한 위법성의 인식에 필요한 노력의 정도는 구체적인 행위정황과 행위자 개인의 인식능력, 그리고 행위자가 속한 사회집단에 따라 달리 평가되어야 한다.[235]

116 판례는, 채권자가 채권관리를 위하여 근저당권이 설정된 회사의 공장건물에 무단침입하고 건물에 부착되어 있던 자물쇠를 손괴한 사안에서, 피고인이 채권관리를 위하여 이러한 행위를 할 수 있다고 판단하였더라도 이는 피고인이 자신

233 대법원 2007. 9. 20. 선고 2007도5207 판결.
234 대법원 2011. 10. 13. 선고 2010도15260 판결.
235 대법원 2008. 10. 23. 선고 2008도5526 판결.

의 행위의 동기나 목적이 정당하므로 그 수단이나 방법까지 정당한 것으로 해석하였다고 보여질 뿐 그 판단에 정당한 이유가 있다고 볼 수 없어 법률의 착오로 벌하지 아니하는 경우에 해당하지 않는다고 판시하였다.[236]

117 한편 일본 판례 중에는 경찰규칙 등을 오해하여 다른 사람이 사육하는 개일지라도 증표를 부착하지 아니한 개는 무주물로 간주된다고 오신한 채 다른 사람 소유의 개를 죽인 경우에 있어 피고인이 죽은 개가 다른 사람의 소유라는 사실에 대해 인식을 결여한 것이라고 본 사례가 있다.[237] 그러나 다른 사람이 사육하는 개임을 알고 있었다면 증표가 없는 한 무주물로 간주되어 죽여도 무방하다고 오신한 것은 사실의 착오라기보다 자기의 행위가 법령에 의하여 죄가 되지 아니한 것으로 오인한 법률의 착오에 해당한다고 봄이 타당할 것이다.

Ⅶ. 죄수 및 타죄와의 관계

1. 죄수

118 하나의 행위로 동일한 사람이 관리하는 수인의 재물을 손괴한 때에는 단순일죄가 된다.[238] 형법 제366조의 보호법익이 비전속적 성질의 것이고 손괴되는 재물 및 그 피해자의 다수성이란 불법의 양적인 증가에 불과하기 때문이다. 반면 하나의 행위로 수인이 관리하는 다수의 재물을 손괴한 때에는 관리주체별로 일죄가 성립하고, 각 죄는 상상적 경합관계에 있는 것으로 보아야 한다.[239] 수개의 행위로 수인의 재물을 손괴하였을 때에는 수개의 죄의 실체적 경합이 된다. 다만 수개의 행위가 있더라도 동일한 장소, 동일한 피해자 소유의 재물을 일정기간 동안 계속·반복하여 손괴할 경우에는 포괄일죄가 성립한다.[240]

2. 타죄와의 관계

가. 의의

119 형법 제366조의 재물손괴등죄는 상해, 절도 등과 마찬가지로 인류 역사를 통틀어 가장 일반적인 범죄 유형 중의 하나이다. 그리하여 형법은 물론, 다른 형사특

236 대법원 2005. 4. 29. 선고 2005도381 판결.
237 日最判 1951. 8. 17. (5권 9호 1789).
238 김성돈, 형법각론(제8판), 성균관대학교 출판부(2022), 537; 김일수/서보학, 새로쓴 형법각론(제9판), 박영사(2018), 326; 이영란, 형법학 각론강의(제3판), 형설출판사(2013), 471.
239 박찬걸, 형법각론(제2판), 박영사(2022), 610; 이영란, 형법학 각론강의(제3판), 형설출판사(2013), 471.
240 대법원 1976. 11. 23. 선고 76도3286 판결.

별법상의 범죄 중에는 재물을 손괴하는 행위가 구성요건표지로 되어 있는 경우가 다수 존재한다. 대표적인 경우만을 몇 가지 살펴본다.

나. 형법 제20장 '문서에 관한 죄'와의 관계

120 문서에 대해 기타 방법에 의한 효용침해행위를 함으로써 성립하는 문서손괴죄는 형법 제20장 문서에 관한 죄 부분에 규정된 공문서·사문서변조죄(형법 제225조, 제231조)와 어떤 차이가 있는지가 문제된다. 양자의 차이는 기본적으로 보호법익에서 유래한다. 형법 제20장 '문서에 관한 죄'로써 보호하고자 하는 것은 구체적인 문서 그 자체가 아니라, 문서에 화체된 사람의 의사표현에 관한 안전성과 신용이므로, 문서의 기재 내용, 작성 명의 등이 중요한 보호대상이다.[241] 반면 형법 제42장 '손괴의 죄'에서 보호하려는 것은, 유체물로서 문서 자체의 소유에 따른 이용가치 내지 효용이므로, 문서로서의 온전한 상태가 그대로 유지되는지 여부 등 물질적 동일성이 주된 관심사이다. 그리하여 문서변조는 문서의 효력과 내용을 부분적으로 변경하는 것임에 반하여, 문서손괴는 문서 자체의 효용의 일부 또는 전부를 단순히 없애는 것이라는 데에 차이가 있다.[242] 문서의 기재 일부를 지우개로 지우는 등 말소한 후 새로운 사항을 기입하는 행위는 내용을 부분적으로 변경하는 것이어서 변조(기입 내용이 문서의 동일성을 해하는 정도이던 위조가 될 수 있다)에 해당한다.[243] 반면 연명의 작성명의자 중 1인의 서명만을 갈소하는 것은 문서의 내용을 변경한 것이 아니라 단지 서명부분을 훼기하였을 뿐이므로 변조가 아니고 손괴에 의한 효용침해행위에 해당한다.[244] 또한 사문서의 작성권자가 그 내용을 고치는 것은 문서변조죄를 구성하지 아니하므로 작성권자가 타인소유의 문서의 내용을 정정하거나, 제3자가 작성권자의 동의를 받아 같은 문서에 새로운 사실을 기입할 때에는 문서변조죄는 성립하지 않고 경우에 따라 문서손괴죄만 성립한다.[245] 문서손괴죄가 성립하기 위해서는 타인소유의 문서이기만 하면 되고 그 작성명의인이 타인이든 또는 자신이든 상관없다. 타인 소유인 동시에 타

241 대법원 2010. 7. 29. 선고 2010도2705 판결.
242 주석 형법, 각칙(6)(제5판), 한국사법행정학회(2017), 718(권순형).
243 주석 형법, 각칙(6)(제5판), 한국사법행정학회(2017), 718(권순형).
244 주석 형법, 각칙(6)(제5판), 한국사법행정학회(2017), 718(권순형); 김성돈, 형법각론(제8판), 성균관대학교 출판부(2022), 537; 김일수/서보학, 새로쓴 형법각론(제9판), 박영사(2018), 327; 정성근/정준섭, 형법강의 각론(제2판), 박영사(2022), 354.
245 대법원 1987. 4. 14. 선고 87도177 판결.

인 명의의 문서의 내용을 변경하면 문서손괴죄와 법조경합의 특별관계에 있음을 전제로 문서변조죄만 성립한다는 견해,[246] 양 죄의 상상적 경합이라는 견해[247]가 있다. 문서의 기재내용이 허위인 경우에도 문서손괴죄의 성립에는 영향이 없다.[248]

121 이러한 논의는 원칙적으로 전자기록 등 특수매체기록에도 그대로 적용된다. 전자기록의 일부를 권한 없이 변경하거나 소거한 결과 새로운 증명력을 갖게 된 경우에는 전자기록변작죄가 성립하지만, 그와 같은 변경 내지 소거행위가 단지 기록으로서의 이용가치나 효용을 해한 것에 불과한 경우라면 전자기록손괴죄만이 성립하게 될 것이다.[249]

다. 형법 제314조의 업무방해죄와의 관계

122 형법 제314조 제1항의 위력에 의한 업무방해죄는 형법 제366조의 재물손괴죄와는 보호법익이나 행위태양이 구별된다. 그리하여 재물손괴의 방법으로 업무방해를 하거나 업무방해의 기회에 재물손괴행위가 있더라도 각 죄가 성립하고 실체적 경합관계에 있다고 보아야 한다.[250] 판례도, 근로자들이 쟁의행위의 도중에 저지른 공동재물손괴의 범행은 쟁의행위를 통한 업무방해의 과정에서, 그 소란의 일환으로 저지른 것이기는 하지만, 양 죄는 피해자가 다를 뿐 아니라, 업무방해의 범행은 공동재물손괴의 범행 외에 장시간에 걸쳐 집단적으로 A 공사 사업본부장실을 점거하고 구호를 제창하는 등의 위력을 행사하는 방법으로 저지른 것이어서 행위의 태양이 다르다고 할 것이고, 따라서 양 죄는 실체적 경합범의 관계에 있다고 판시하였다.[251]

123 형법 제314조 제2항에 따라 컴퓨터 등 정보처리장치 또는 전자기록 등 특수매체기록을 손괴함으로써 컴퓨터 등의 작동을 방해하여 사람의 업무를 방해한 경우에 대해서는 손괴죄와 컴퓨터등업무방해죄의 상상적 경합관계가 된다는 견해[252]

246 형법주해(XII), 각칙(9), 박영사(2023), 609(김지언); 김성돈, 형법각론(제8판), 성균관대학교 출판부(2022), 532; 김일수/서보학, 새로쓴 형법각론(제9판), 박영사(2018), 327; 이형국/김혜경, 형법각론(제2판), 법문사(2019), 533; 정영일, 형법각론, 학림(2019), 407; 최호진, 형법각론, 박영사(2022), 646.

247 정영일, 형법각론, 학림(2019), 399.

248 대법원 1982. 12. 28. 선고 82도1807 판결.

249 주석 형법, 각칙(6)(제5판), 한국사법행정학회(2017), 718(권순형); 강동범, "전자기록위작·변작죄", 고시계(2000. 4.), 37.

250 김성돈, 형법각론(제8판), 성균관대학교 출판부(2022), 537; 박찬걸, 형법각론(제2판), 박영사(2022), 611; 손동권/김재윤, 새로운 형법각론(제2판), 율곡출판사(2022), 513; 오영근, 형법각론(제7판), 박영사(2022), 437.

251 대법원 2003. 12. 26. 선고 2001도3380 판결, 대법원 2009. 10. 29. 선고 2009도10340 판결, 대법원 2007. 5. 11. 선고 2006도9478 판결.

252 강동범, "개정형법의 컴퓨터범죄", 법정고시(1996. 6.), 120.

가 있으나 전자기록 등 특수매체기록을 손괴하는 방법으로 성립하는 손괴죄의 경우 컴퓨터등업무방해죄와 범행객체, 행위태양이 서로 동일한데다가 컴퓨터업무방해죄의 법정형이 손괴죄에 비하여 높다는 점을 이유로 법조경합의 흡수관계에 놓이게 되어 결국 컴퓨터업무방해죄의 일죄만 성립한다는 견해[253]가 다수설이다.

라. 형법 제316조의 비밀침해죄와의 관계

124 형법은 봉함 기타 비밀장치한 사람의 편지, 문서 또는 도화를 개봉한 자에 대해 3년 이하의 징역이나 금고 또는 500만 원 이하의 벌금에 처하도록 함으로써(형법 제316조 제1항), 비밀침해죄에 대해 규정한다. 우편법도 우편관서 및 서신송달업자가 취급 중인 우편물 또는 서신을 정당한 사유 없이 개봉, 훼손, 은닉 또는 방기한 경우에 대해 3년 이하의 징역 또는 3천만 원 이하의 벌금에 처하도록 함으로써(우편법 제48조 제1항), 우편물등개봉훼손죄에 대해 규정한다. 그중 비밀침해죄에 한하여 보면, 타인의 편지를 개봉하기 전에 찢어버린 경우에는 문서손괴죄만이 성립하고, 편지의 겉봉투를 찢어서 개봉한 경우 봉투에 대한 문서손괴죄는 비밀침해죄에 흡수된다.[254] 개봉한 이후 내용을 읽고 편지를 찢어버리거나 은닉한 경우, 비밀침해죄와 문서손괴죄의 실체적 경합이 된다는 견해[255]와 상상적 경합이 된다는 견해[256]가 대립되고 있다.

마. 형법 제155조 제1항의 증거인멸죄와의 관계

125 증거를 인멸하기 위해 타인의 재물을 손괴한 경우, 증거인멸죄와 손괴죄의 상상적 경합이 된다는 견해,[257] 이러한 경우 손괴죄는 증거인멸죄의 불가벌적 수반

253 형법주해(XII), 각칙(9), 박영사(2023), 609(김지언); 김성돈, 형법각론(제8판), 성균관대학교 출판부(2022), 532; 김일수/서보학, 새로쓴 형법각론(제9판), 박영사(2018), 327; 손동권/김재윤, 새로운 형법각론(제2판), 율곡출판사(2022), 513; 오영근, 형법각론(제7판), 박영사(2022), 437; 이영란, 형법학 각론강의(제3판), 형설출판사(2013), 471; 임웅, 형법각론(제11정판), 법문사(2020), 592; 정성근/정준섭, 형법강의 각론(제2판), 박영사(2022), 354; 정영일, 형법각론, 학림(2019), 407.

254 주석 형법, 각칙(6)(제5판), 한국사법행정학회(2017), 729(권순형); 오영근, 형법각론(제7판), 박영사(2022), 437; 이영란, 형법학 각론강의(제3판), 형설출판사(2013), 471; 임웅, 형법각론(제11정판), 법문사(2020), 592; 정영일, 형법각론, 학림(2019), 407.

255 오영근, 형법각론(제7판), 박영사(2022), 437; 임웅, 형법각론(제11정판), 법문사(2020), 592.

256 김일수/서보학, 새로쓴 형법각론(제9판), 박영사(2018), 327; 이형국/김혜경, 형법각론(제2판), 법문사(2019), 533; 정성근/정준섭, 형법강의 각론(제2판), 박영사(2022), 354.

257 김성돈, 형법각론(제8판), 성균관대학교 출판부(2022), 532; 김일수/서보학, 새로쓴 형법각론(제9판), 박영사(2018), 327; 이형국/김혜경, 형법각론(제2판), 법문사(2019), 533; 임웅, 형법각론(제11정판), 법문사(2020), 592; 정성근/정준섭, 형법강의 각론(제2판), 박영사(2022), 354; 최호진, 형법각론, 박영사(2022), 646.

행위에 불과하므로 증거인멸죄 일죄만 성립한다는 견해[258]가 있다.

바. 정보통신망 이용촉진 및 정보보호 등에 관한 법률 위반죄와의 관계

126 컴퓨터 등 정보처리장치에 연결된 기록매체에 '컴퓨터 바이러스', '랜섬 웨어' 등과 같은 악성프로그램을 침투시켜 전자기록 등 특수매체기록의 내용을 변경, 삭제하거나 사용불능의 상태로 만드는 행위가 기타 방법에 의한 효용침해행위로서 손괴죄가 성립할 수 있음은 앞에서 살펴보았다. 정보통신망 이용촉진 및 정보보호 등에 관한 법률은 정보통신망의 이용을 촉진하고 정보통신서비스를 이용하는 자를 보호함과 아울러 정보통신망을 건전하고 안전하게 이용할 수 있는 환경을 조성하여 국민생활의 향상과 공공복리의 증진에 이바지함을 목적으로 제정된 법률이다(정보통신망 이용촉진 및 정보보호 등에 관한 법률 제1조). 이를 위해 누구든지 정당한 사유 없이 정보통신시스템, 데이터 또는 프로그램 등을 훼손·멸실·변경·위조하거나 그 운용을 방해할 수 있는 악성프로그램을 전달 또는 유포하는 행위는 금지되고(제48조 제2항), 이를 위반한 자에 대해서는 7년 이하의 징역 또는 7천만 원 이하의 벌금에 처하도록 되어 있다(제70조의2). 정보통신기술의 발전에 따라 우리 사회에서 정보통신시스템, 데이터, 프로그램의 사용이 일상화되었고, 그 안정성과 신뢰성을 침해하려는 범죄가 증가하여 사회적 문제가 되고 있는 점 등을 고려할 때, 정보통신망의 안정성 및 정보의 신뢰성을 확보하고 이를 통해 그 이용자를 보호하기 위해서는 정당한 사유 없는 악성프로그램의 유포행위를 금지하는 것이 필요하다.[259] 위 법률 제48조 제2항에서 금지하는 정보통신망 침해행위는 컴퓨터 등 정보처리장치 또는 정보통신망을 소유하고 이용하는 것을 보호하는 외에 정보통신망의 안정성과 정보의 신뢰성 확보라는 사회적 법익을 보호하려는 목적이 강하다. 따라서 악성프로그램의 유포를 통해 컴퓨터 등 정보처리장치에 연결된 기록매체에 저장된 기록을 변경, 삭제하거나 사용하지 못하도록 함으로써 그 이용가치 내지 효용을 침해한 경우에는 전자기록 등 특수매체기록에 대한 손괴죄 외에 정보통신망 이용촉진 및 정보보호 등에 관한 법률 위반죄가 별도로 성립하고, 양 죄는 실체적 경합관계에 있다고 보아야 한다. 반면 이러한 경우 양 죄의 상상적 경합이 된다는 견해가 있다.[260]

258 오영근, 형법각론(제7판), 박영사(2022), 437; 이영란, 형법학 각론강의(제3판), 형설출판사(2013), 471.
259 헌법재판소 2021. 7. 15. 선고 2018헌바428 결정.
260 임웅, 형법각론(제11정판), 법문사(2020), 592.

사. 동물보호법위반죄과의 관계

127 동물보호법은 동물에 대한 학대행위의 방지 등 동물을 적정하게 보호·관리하기 위하여 필요한 사항을 규정함으로써 동물의 생명보호, 안전보장 및 복지 증진을 꾀하고 동물의 생명 존중 등 국민의 정서를 함양하는 데에 이바지함을 목적으로 제정된 법률이다(동물보호법 제1조). 이를 위해 동물에 대하여 '목을 매다는 등의 잔인한 방법으로 죽이는 행위' 등은 금지되고(제10조 제1항 제1호), 이를 위반한 자에 대하여는 1년 이하의 징역 또는 1천만 원 이하의 벌금에 처하도록 되어 있다(제97조 제1항 제1호). 입법취지 등에 비추어 동물보호법위반죄와 재물손괴죄는 보호법익이 서로 구별된다. 그리하여 타인 소유의 동물을 잔인한 방법으로 죽인 경우 동물보호법위반죄와 재물손괴죄는 상상적 경합관계가 된다.[261]

아. 문화유산의 보존 및 활용에 관한 법률과의 관계

128 문화유산의 보존 및 활용에 관한 법률[262]은 국가지정문화유산을 손상, 절취 또는 은닉하거나 그 밖의 방법으로 그 효용을 해한 자에 대해 3년 이상의 유기징역에 처하도록 규정하면서(문화유산의 보존 및 활용에 관한 법률 제92조 제1항), 같은 조 제2항에서 그 외의 지정문화유산 또는 임시지정문화유산(건조물은 제외)을 손상, 절취 또는 은닉하거나 그 밖의 방법으로 그 효용을 해한 자(제1호), 일반동산문화유산인 것을 알고 일반동산문화유산을 손상, 절취 또는 은닉하거나 그 밖의 방법으로 그 효용을 해한 자(제2호)에 대해서는 2년 이상의 유기징역이나 2천만 원 이상 1억 5천만 원 이하의 벌금에 처하도록 규정하고 있다. 또한 단체나 다중의 위력을 보이거나 위험한 물건을 몸에 지녀서 제92조의 죄를 저지르면 각 해당 조에서 정한 형의 2분의 1까지 가중하도록 하고 있다(제93조). 국가지정문화유산이란 문화재청장이 문화유산의 보존 및 활용에 관한 법률 제23조부터 제26조의 규정에 따라 지정한 '국보', '보물', '사적', '국가민속문화유산' 등을 말한다(제2조 제4항 제1호). 문화유산의 보존과 가치를 유지하기 위해 재물인 문화유산을 손괴하는 행위에 대해서는 형법상 재물손괴죄와 비교하여 더욱 엄한 처벌이 이루어지도록 한 것이다. 문화유산의 보존 및 활용에 관한 법률상의 손상 또는 은닉 등의 죄와 형법상 재물손괴죄의 보호법익이 서로 구별되므로,

261 대법원 2016. 1. 28. 선고 2014도2477 판결.
262 구 문화재보호법은 2023. 8. 8. 법률 제19592호로 개정되면서 명칭이 문화유산의 보존 및 활용에 관한 법률로 변경되었다.

유체물인 국가지정문화유산을 손상, 은닉하는 행위에 대해서는 재물손괴죄의 성립과 별개로 문화유산의 보존 및 활용에 관한 법률상 손상 또는 은닉 등 죄가 성립하고, 양 죄는 실체적 경합관계에 있다고 보아야 한다.

자. 옥외광고물 등의 관리와 옥외광고산업 진흥에 관한 법률과의 관계

129 건조물의 벽면, 시설물의 표면에 광고 전단을 무단으로 부착하는 행위가 기타 방법에 의한 효용침해행위로서 이에 대해 재물손괴죄의 성립을 긍정하는 견해가 있다는 점에 대해서는 앞서 살펴보았다. 옥외광고물 등의 관리와 옥외광고산업 진흥에 관한 법률은, 공중에게 항상 또는 일정 기간 계속 노출되어 공중이 자유로이 통행하는 장소에서 볼 수 있는 것으로서 간판·디지털광고물·입간판·현수막·벽보·전단과 그 밖에 이와 유사한 것을 옥외광고물로 정의하면서(옥외광고물 등의 관리와 옥외광고산업 진흥에 관한 법률 제2조 제1호), 아름다운 경관과 미풍양속을 보존하고 공중에 대한 위해를 방지하며 건강하고 쾌적한 생활환경을 조성하기 위하여 대통령령으로 정하는 일정한 지역·장소 또는 물건에는 특정한 형태의 광고물을 설치하는 것을 금지하고(제4조 제1항), 이를 위반하여 광고물의 설치가 금지되는 장소에 무단으로 광고물을 설치하는 행위를 하는 사람에 대해서는 1천만 원 이하의 벌금에 처하도록 하고 있다(제18조 제1항 제3호). 옥외광고물 등의 관리와 옥외광고산업 진흥에 관한 법률도 옥외광고물의 규제를 통해 안전하고 쾌적한 생활환경 조성이라는 사회적 법익의 보호를 목적으로 하는 법률이다(제1조). 따라서 광고 전단을 설치가 금지된 건조물의 벽면 등에 무단으로 부착하는 행위에 대해 재물손괴죄의 성립을 긍정하는 견해에 선다면, 재물손괴죄 및 옥외광고물 등의 관리와 옥외광고산업 진흥에 관한 법률 위반죄가 성립하고, 양 죄는 실체적 경합관계에 있다고 보아야 한다.

차. 경범죄 처벌법과의 관계

130 경범죄 처벌법은 일정한 경범죄 행위에 대해 10만 원 이하의 벌금, 구류 또는 과료로 처벌하도록 하고 있는데(경범죄 처벌법 제3조 제1항 각 호), 행위태양 중에는 재물손괴에 해당하는 것으로 볼 만한 것들이 있다. 대표적으로는, '다른 사람 또는 단체의 집이나 그 밖의 인공구조물과 자동차 등에 함부로 광고물 등을 붙이거나 내걸거나 끼우거나 글씨 또는 그림을 쓰거나 그리거나 새기는 행위 등을 한 사람 또는 다른 사람이나 단체의 간판, 그 밖의 표시물 또는 인공구조물을 함부로 옮기거나 더럽히거나 훼손한 사람 또는 공공장소에서 광고물 등을 함부로

뿌리는 등 광고물 무단부착 행위'(제9호), '사람이 마시는 물을 더럽히거나 사용하는 것을 방해한 등 마시는 물에 대한 사용방해 행위'(제10호), '공원·명승지·유원지나 그 밖의 녹지구역 등에서 풀·꽃·나무·돌 등을 함부로 꺾거나 캔 사람 또는 바위·나무 등에 글씨를 새기거나 하여 자연을 훼손하는 등 자연훼손 행위'(제15호), '개천·도랑이나 그 밖의 물길의 흐름에 방해될 행위를 하는 등 물길의 흐름 방해 행위'(제17호) 등이다. 경범죄 처벌법이 공공의 질서유지를 목적으로 한 법률이므로 재물에 대한 소유권의 이용가치를 보호법익으로 하는 재물손괴죄와는 보호법익 면에서 구별되겨 원칙적으로 동일한 행위에 대해 각 죄가 성립한다. 다만 가벌성의 정도에 있어 현저한 차이가 있음을 감안한다면 형법상 재물손괴죄가 성립하는 이상 경범죄처벌법위반죄로 처벌할 필요성은 크지 않을 것이다.[263]

Ⅷ. 처벌

131 3년 이하의 징역 또는 700만 원 이하의 벌금에 처한다. 재물손괴등죄에 관하여는 자격정지 병과규정이 없다. 2명 이상이 공동하여 죄를 저지른 경우 형법에서 정한 형의 1/2을 가중하고, 위 죄로 2회 이상 징역형을 받은 사람이 다시 위 죄를 범하여 누범으로 처벌할 경우에는 7년 이하의 징역에 처하도록 규정하고 있다(폭력행위 등 처벌에 관한 법률 제2조 제2항 제1호, 제3항). 한편 집단적 또는 상습적으로, 그리고 흉기를 휴대하고 본 죄를 저지른 경우 가중처벌을 하였던 조항(제2조 제1항, 제3조 제1항)은 2016. 1. 6. 법률 제13718호로 개정되면서 모두 삭제되었다.

263 대법원 2001. 6. 1. 선고 2001도1200 판결(재물손괴죄로 기소된 후 검사가 경범죄처벌법위반죄로 공소장변경을 하였으나 변경된 죄명에 대해 무죄로 판단된 사안이다).

제 367 조 [공익건조물파괴]

공익에 공하는 건조물을 파괴한 자는 10년 이하의 징역 또는 2천만원 이하의 벌금에 처한다. <개정 1995.12.29>

[관련조문] 형법 제141조(공용서류 등의 무효, 공용물의 파괴), 제165조(공용건조물 등 방화), 제178조(공용건조물 등에의 일수), 제187조(기차 등의 전복 등), 제319조(주거침입, 퇴거불응), 제366조(재물손괴죄), 제371조(미수범), 문화유산의 보존 및 활용에 관한 법률 제94조(형법의 준용)

[참고문헌] 주석 형법, 각칙(6)(제5판), 한국사법행정학회(2017); 형법주해(XII), 각칙(9), 박영사(2023); 김성돈, 형법각론(제8판), 성균관대학교 출판부(2022); 김일수/서보학, 새로쓴 형법각론(제9판), 박영사(2018); 박찬걸, 형법각론(제2판), 박영사(2022); 배종대, 형법각론(제14판), 홍문사(2023); 오영근, 형법각론(제7판), 박영사(2022); 손동권/김재윤, 새로운 형법각론(제2판), 율곡출판사(2022); 신동운, 형법각론(제2판), 법문사(2018); 이영란, 형법학 각론강의(제3판), 형설출판사(2013); 이재상 외 2인, 형법각론(제12판), 박영사(2021); 이형국/김혜경, 형법각론(제2판), 법문사(2019); 임웅, 형법각론(제11정판), 법문사(2020); 정성근/정준섭, 형법강의 각론(제2판), 박영사(2022); 정영일, 형법각론, 학림(2019); 최호진, 형법각론, 박영사(2022); 홍영기, 형법 총론과 각론, 박영사(2022)

Ⅰ. 의의

1 공익에 공하는 건조물을 파괴하는 행위를 처벌하는 조항이다. 재물손괴죄의 특별유형으로서 공적 용도와 관련된 건조물의 기능을 두텁게 보호하기 위해 개정 형법(1995. 12. 29. 법률 제5057호)에서 신설된 조항이다. 현행 형법은 공용에 공하는 건조물, 선박, 기차 또는 항공기의 파괴행위에 대하여는 형법 제141조 제2항에 별도로 처벌규정을 두고 있다. 형법 제141조 제2항에는 건조물 외에 선박, 기차 또는 항공기가 보호대상에 포함되어 있는 반면, 형법 제367조에는 건조물만을 보호의 대상으로 한 이유는 분명하지 않다.[1] 공익에 공하는 선박, 기차 또는 항공기가 파괴된 경우에는 사람의 현존 여부에 따라 형법 제187조의 선박, 기차, 항공기 등 파괴죄에 의해 가중처벌이 되는 경우를 제외하고는 형법 제366조의 재물손괴죄를 적용할 수밖에 없을 것이다.[2]

1 정성근/정준섭, 형법강의 각론(제2판), 박영사(2022), 355.
2 주석 형법, 각칙(6)(제5판), 한국사법행정학회(2017), 731(권순형); 김성돈, 형법각론(제8판), 성균관대학교 출판부(2022), 538.

Ⅱ. 입법취지 및 입법례

2 공공의 이익을 위하여 사용되는 건조물, 즉 공익건조물의 경우에는 그 이용가치나 효용이 사적인 범위에 국한되지 아니하고 국가·사회 그 밖에 일반 다수인에 관련된다. 이에 보호법익은 사회적 법익으로서 건조물 유지에 대한 '일반 다수의 이익' 또는 '일반 공공의 이익'이라고 할 수 있다.[3] 이에 개인적 법익을 보호법익으로 하는 재물손괴죄와는 성격을 달리하는 범죄임을 전제로 사회적 법익에 대한 죄로 편제되어야 한다는 견해[4]가 있다.

3 행위유형으로서 '파괴'는 물질적으로 훼손하여 재물의 효용을 해한다는 점에서는 '손괴'와 같으나 통상적으로 손괴보다 훼손의 정도가 더 큰 경우를 말한다(통설). 그리하여 파괴죄인 경우 건조물의 일부 또는 전부가 본래의 용도에 따른 사용이 불가능하게 되는 등 피해의 정도도 크게 되는 것이 일반적이다. 또한 공익에 관련된 건조물인 경우에는 일반의 출입이 허용되는 건조물이라는 점에서 파괴로 인한 피해나 피해 위험의 발생 범위는 보다 많은 사람에게 미친다. 이러한 두 가지 특성은 가중된 불법 및 비난가능성을 정당화 하는 근거가 되고 이에 비례하여 재물손괴죄에 비하여 중하게 처벌된다.[5] 독일 형법의 경우 우리 형법과 마찬가지로 공공건물의 손괴에 대해서는 제305조에서 가중처벌규정을 두고 있다.

Ⅲ. 객관적 구성요건

1. 객체

4 공익에 공하는 건조물이다.

3 주석 형법, 각칙(6)(제5판), 한국사법행정학회(2017), 701(권순형); 형법주해(XII), 각칙(9), 박영사(2023), 612(김지언); 김성돈, 형법각론(제8판), 성균관대학교 출판부(2022), 531; 배종대, 형법각론(제14판), 홍문사(2023), 502; 오영근, 형법각론(제7판), 박영사(2022), 430; 손동권/김재윤, 새로운 형법각론(제2판), 율곡출판사(2022), 513; 이재상 외 2인, 형법각론(제12판), 박영사(2021), 469; 임웅, 형법각론(제11정판), 법문사(2020) 586은 보호법익이 공익건조물의 효용에 대한 공공의 이익이라고 한다; 정성근/정준섭, 형법강의 각론(제2판), 박영사(2022), 350; 홍영기, 형법 총론과 각론, 박영사(2022), 481.

4 정영일, 형법각론, 학림(2019), 403.

5 김일수/서보학, 새로쓴 형법각론(제9판), 박영사(2018), 329; 박찬걸, 형법각론(제2판), 박영사(2022), 611; 배종대, 형법각론(제14판), 홍문사(2023), 508; 이재상 외 2인, 형법각론(제12판), 박영사(2021), 476; 이영란, 형법학 각론강의(제3판), 형설출판사(2013), 472.

가. 건조물

1) 의의

5 가옥 기타 이와 유사한 건축물을 말한다. 건조물이기 위해서는 지붕과 벽, 기둥에 의해 지지되고 토지에 정착한 것으로서 적어도 그 내부에 사람이 출입할 수 있는 것이어야 한다.[6] 축항, 제방, 교량, 철도, 전주, 기념비, 분묘 등도 건조물에 포함된다는 견해[7]가 있으나 이는 공작물이라고 할 수는 있어도 건조물이라고 할 수는 없다.[8] 건조물 주변의 위요지도 이에 해당하지 아니하는 것으로 보아야 한다. 반면 기차, 비행기, 선박 등을 개조하여 만든 카페 등은 위와 같은 요건을 구비하는 이상 건조물이 될 수 있다.[9] 건조물에 사람이 현존하는지 여부는 불문한다. 건조물의 개념에 대한 상세한 설명은 형법 제141조 제2항 및 형법 제319조 제1항의 주석에서 설명한 바와 같다.

2) 미완성 건조물

6 건조물의 요건을 갖춘 이상 공사 중인 미완성의 건물이라도 건조물에 해당함은 물론이다(다수설). 그러나 단순히 상량만 마친 정도의 물건은 건조물이라고는 할 수 없다.[10] 문이 저택의 담장의 일부를 이루고 그 개폐로 사람의 통행에 공여됨에 그칠 뿐 사람이 출입할 수 있는 내부를 갖추고 있지 못한 때에는 건조물이라고 말할 수는 없으나 구조 여하에 따라 건조물의 일부가 될 수는 있을 것이다.[11]

3) 건조물의 일부

7 건조물의 일부를 파괴한 경우에도 형법 제367조에 해당할 수 있다. 건조물의 일부가 무엇을 의미하는가에 관하여는 두 가지 상반된 견해를 상정해 볼 수 있다. 첫째는 일부인지 여부는 건조물을 훼손함이 없이는 제거할 수 없는 부분인지에

6 대법원 2015. 2. 26. 선고 2012도13173 판결.
7 정영일, 형법각론, 학림(2019), 404.
8 주석 형법, 각칙(6)(제5판), 한국사법행정학회(2017), 732(권순형); 형법주해(XII), 각칙(9), 박영사(2023), 613(김지언); 김성돈, 형법각론(제8판), 성균관대학교 출판부(2022), 538; 김일수/서보학, 새로쓴 형법각론(제9판), 박영사(2018), 328; 박찬걸, 형법각론(제2판), 박영사(2022), 612; 배종대, 형법각론(제14판), 홍문사(2023), 508; 손동권/김재윤, 새로운 형법각론(제2판), 율곡출판사(2022), 514; 오영근, 형법각론(제7판), 박영사(2022), 438; 이재상 외 2인, 형법각론(제12판), 박영사(2021), 476; 임웅, 형법각론(제11정판), 법문사(2020), 593; 정성근/정준섭, 형법강의 각론(제2판), 박영사(2022), 355.
9 오영근, 형법각론(제7판), 박영사(2022), 438.
10 형법주해(XII), 각칙(9), 박영사(2023), 613(김지언).
11 日大判 1929. 10. 14.

따라 결정되어야 한다는 견해[12]이고, 둘째는 당해 건조물의 효용을 멸각 내지 감소시키는지 여부에 따라 건조물의 일부인지 여부를 결정하여야 한다는 견해이다. 첫째의 견해에 의하면 예컨대, 주택 지붕의 기와는 주택에 부착하여 일체를 이루는 것이므로 이를 걷어내는 것은 건조물 일부의 파괴에 해당하지만, 주택의 벽체를 훼손함이 없이 떼어낼 수 있는 유리 창호나 목재 방문 등은 것은 건조물에 부속된 별개의 물건에 불과하고 건조물의 일부는 아니라고 보게 된다.[13] 그러나 예컨대, 주택 주위의 벽면 대부분이 유리 창호로 구성된 경우 이를 모두 떼어내거나 또는 부착된 상태에서 유리를 파손한 경우에도 건조물의 일부 파괴에 해당하지 않는다고 보는 것은 매우 불합리하다. 둘째 견해와 같이 해당 부분을 훼손함으로써 건조물 전체의 이용가치나 효용이 침해된 경우로 평가할 수 있다면 건조물의 일부라고 보는 것이 타당할 것이다. 일본의 판례 중에는 주택 천정의 판,[14] 지붕의 기와,[15] 현관의 유리 문짝[16] 등에 관하여 건조물성을 인정한 것이 있다. 또한 떼어내는 것이 비교적 자유로운 우호(비가 들이치는 것을 막기 위해 설치한 덧문을 말한다)에 관하여 건조물의 일부임을 인정한 사례[17]와 이를 부정한 사례[18]가 있다. 그런데 형법 제367조의 행위는 단순한 손괴가 아니라 파괴이므로, 후술하는 바와 같이 그 훼손의 정도가 더 중하고 건조물의 주요 부분임을 요한다. 따라서 형법 제367조의 객체가 되는 건조물의 일부라고 보기 위해서는 형법 제366조에서 규정한 재물손괴죄의 객체가 되는 건조물의 일부 개념과는 다를 수밖에 없다. 전자의 경우 객체로 인정되는 건조물의 일부는 건조물의 목적, 기능, 구조의 면에서 보다 엄격하고 제한된 범위에서 인정되어야만 할 것이다.

나. 공익에 공함

1) 의의

8 공익에 공한다는 것은 공공의 이익을 위하여 사용되는 것을 말한다. 이와 비교되는 개념으로서 '공무소에서 사용'하는 건조물에 대해서는 형법 제141조에 별도

12 日大判 1919. 5. 13.
13 日大判 1910. 12. 16.
14 日大判 1914. 4. 14.
15 日大判 1932. 9. 21.
16 日大判 1902. 3. 17.
17 日大判 1910. 4. 19.
18 日大判 1919. 5. 13.

의 처벌규정이 있으므로 범행객체에서 제외되는 것으로 해석된다.

9 공공의 이익을 위하여 사용된다는 것의 구체적인 의미에 대하여는 견해가 대립된다. 통설은 공익에 공하여진 건조물은 일반인이 쉽게 접근할 수 있는 것이어서 파괴로 인한 위험이 크다는 이유로 무거운 형으로 벌하는 것이므로 공익건조물이기 위해서는 건조물이 공공의 이익을 위한 것이라는 사용목적의 공공성과 함께 일반인이 쉽게 접근할 수 있는 곳이라는 일반접근성을 동시에 구비하여야 한다고 본다. 이에 따르면 공설실내체육관, 공공박물관, 고속도로 휴게소, 대중교통 대합실, 마을회관 등은 모두 범행객체가 되지만, 일정한 자격을 갖춘 사람에게만 이용이 제한되는 건조물, 예컨대 법원도서관, 관공서 구내식당 등은 '공용' 건조물은 될 수 있어도 '공익' 건조물은 아니라고 보게 된다.[19] 또한 실내영화관, 실내수영장과 같이 출입이 입장권 소지자로 제한된다고 하더라도 출입자격 자체에 제한이 없는 이상 공익건조물에 해당하는 것으로 보아야 한다.[20] 이에 대하여는 '공용에 공하는 것'과 '공익에 공하는 것'은 서로 구별되는 개념임을 전제로 공익건조물을 일반인이 쉽게 출입할 수 있는지 여부, 즉 일반접근성 요건의 구비 여부를 기준으로 제한적으로 해석할 수는 없고 공익을 위하여 사용되는 건조물이면 충분하다는 견해도 있다.[21]

2) 소유관계

10 공익에 사용되는 이상 국가·공공단체의 소유이거나 사인의 소유이거나를 불문한다(통설). 사인이 소유한 건조물이라도 공공 교회당 또는 사설 건널목 초소로

19 주석 형법, 각칙(6)(제5판), 한국사법행정학회(2017), 733(권순형); 형법주해(XII), 각칙(9), 박영사(2023), 614(김지언); 김성돈, 형법각론(제8판), 성균관대학교 출판부(2022), 538; 김일수/서보학, 새로쓴 형법각론(제9판), 박영사(2018), 328; 배종대, 형법각론(제14판), 홍문사(2023), 509; 손동권/김재윤, 새로운 형법각론(제2판), 율곡출판사(2022), 514; 이영란, 형법학 각론강의(제3판), 형설출판사(2013), 472; 이재상 외 2인, 형법각론(제12판), 박영사(2021), 476; 임웅, 형법각론(제11정판), 법문사(2020), 593; 정성근/정준섭, 형법강의 각론(제2판), 박영사(2022), 355; 정영일, 형법각론, 학림(2019), 403; 최호진, 형법각론, 박영사(2022), 647.

20 주석 형법, 각칙(6)(제5판), 한국사법행정학회(2017), 733(권순형); 형법주해(XII), 각칙(9), 박영사(2023), 613(김지언); 김성돈, 형법각론(제8판), 성균관대학교 출판부(2022), 538; 김일수/서보학, 새로쓴 형법각론(제9판), 박영사(2018), 328; 박찬걸, 형법각론(제2판), 박영사(2022), 612; 배종대, 형법각론(제14판), 홍문사(2023), 509; 손동권/김재윤, 새로운 형법각론(제2판), 율곡출판사(2022), 514; 신동운, 형법각론(제2판), 법문사(2018), 1347(불특정 다수인의 이익을 위하여 사용하는 건조물일 것이 요구된다고 한다); 이영란, 형법학 각론강의(제3판), 형설출판사(2013), 472; 이재상 외 2인, 형법각론(제12판), 박영사(2021), 476; 이형국/김혜경, 형법각론(제2판), 법문사(2019), 534; 임웅, 형법각론(제11정판), 법문사(2020), 593; 정성근/정준섭, 형법강의 각론(제2판), 박영사(2022), 355; 홍영기, 형법 총론과 각론, 박영사(2022), 481.

21 오영근, 형법각론(제7판), 박영사(2022), 438; 이용식, 형법각론, 박영사(2019), 78.

사용되는 건조물의 경우에는 공익건조물에 해당한다. 반면 국유재산인 건조물이라도 일반재산으로 전환되어 대부계약을 통해 사인에게 대여됨으로써 오로지 사적인 용도로만 사용되는 건조물인 경우에는 이에 해당하지 않는다.[22]

11 타인소유의 건조물에 한할 것인가, 아니면 공익건조물인 이상 자기소유의 건조물도 이에 포함된다고 볼 것인지도 문제이다. 일반적으로 손괴죄에 있어 보호법익의 기초를 재물의 효용가치의 근원인 소유권으로 보아야 한다는 점은 총설 부분에서 설명한 바와 같다. 이 경우 소유권이 타인의 소유권을 의미하는 것이라면 자기소유의 건조물은 형법 제367조의 객체에 포함될 여지가 없음이 경백하다. 그러나 형법 제366조의 재물손괴죄가 타인의 재물·문서라고 규정하여 타인소유의 요건을 명시하고 있는 데에 반하여, 형법 제367조의 공익건조물파괴죄는 단지 '공익에 공하는 건조물'이라고만 규정하고 있다는 점과 형법 제367조의 보호법익은 소유권뿐만 아니고 사회적 법익으로서 공공의 이익이 포함된다는 점을 함께 고려하면 공익건조물은 타인소유, 자기소유를 불문하는 것으로 해석함이 타당하다.[23]

2. 행위

가. 의의

12 공익건조물을 파괴하는 것이다. 파괴는 물질적으로 훼손하여 재물의 효용을 해한다는 점에서 손괴와 같으나 손괴보다 훼손의 정도가 더 큰 경우이다. 이는 건조물의 본래 용도의 일부 또는 전부를 사용불가능하게 하는 경우이며, 중요한 구성 부분을 훼손함을 의미하는 것으로 해석된다.[24] 예컨대 일반적인 주택의 유

22 김성돈, 형법각론(제8판), 성균관대학교 출판부(2022), 538; 정성근/정준섭, 형법강의 각론(제2판), 박영사(2022), 355.

23 주석 형법, 각칙(6)(제5판), 한국사법행정학회(2017), 734(권순형); 김성돈, 형법각론(제8판), 성균관대학교 출판부(2022), 539; 김일수/서보학, 새로쓴 형법각론(제9판), 박영사(2018), 328; 박찬걸, 형법각론(제2판), 박영사(2022), 612; 배종대, 형법각론(제14판), 홍문사(2023), 508; 손동권/김재윤, 새로운 형법각론(제2판), 율곡출판사(2022), 514; 신동운, 형법각론(제2판), 법문사(2018), 1347; 오영근, 형법각론(제7판), 박영사(2022), 438; 이용식, 형법각론, 박영사(2019), 78; 이재상 외 2인, 형법각론(제12판), 박영사(2021), 477; 임웅, 형법각론(제11정판), 법문사(2020), 594; 정성근/정준섭, 형법강의 각론(제2판), 박영사(2022), 355; 정영일, 형법각론, 학림(2019), 404.

24 주석 형법, 각칙(6)(제5판), 한국사법행정학회(2017), 734(권순형); 김성돈, 형법각론(제8판), 성균관대학교 출판부(2022), 539; 김일수/서보학, 새로쓴 형법각론(제9판), 박영사(2018), 328~329; 박찬걸, 형법각론(제2판), 박영사(2022), 612; 배종대, 형법각론(제14판), 홍문사(2023), 509; 손동권/김재윤, 새로운 형법각론(제2판), 율곡출판사(2022), 514; 신동운, 형법각론(제2판), 법문사(2018), 1347; 이재상 외 2인, 형법각론(제12판), 박영사(2021), 477; 이형국/김혜경, 형법각론(제2판), 법문사(2019), 534; 정성근/정준섭, 형법강의 각론(제2판), 박영사(2022), 356; 최호진, 형법각론, 박영사(2022), 647.

리창을 1장 파손하는 것은 손괴에 불과하여 파괴라고 볼 수 없으나, 주택 벽면의 대부분이 유리 창호로 구성된 특수한 주택에서 유리창 전부를 파손하는 등의 행위는 건조물의 중요 부분의 파괴라고 보아야 할 것이다.

나. 방법 및 정도

13 파괴의 방법은 여하한 것이든 불문한다(통설). 화력을 사용하여 훼손하는 경우는 형법 제165조의 공익건조물방화죄를 구성하고, 일수(溢水)의 방법으로 훼손하는 경우에는 형법 제178조의 공익건조물일수죄에 해당한다. 따라서 이러한 화력이나 일수의 방법에 의하지 않는 그 밖의 모든 방법을 말한다(통설).

3. 결과발생 및 미수범

14 파괴의 고의로 공익건조물을 파괴하는 행위를 직접적으로 개시한 때에 실행의 착수가 인정된다. 공익건조물이 파괴된 때에 기수가 된다(침해범). 미수범은 처벌한다(형법 제371조).

15 공익건조물을 파괴할 의사로 행위를 하였으나 그에 이르지 못하였거나 단순한 손괴 정도에 그친 경우에 대해, i) 타인의 건조물에 한하여 재물손괴죄에 해당한다는 견해[25]와 ii) 공익건조물을 파괴할 의사로 행위를 하였으나 파괴의 정도에 이르지 않은 경우에는 공익건조물파괴죄의 미수가 되고, 단순한 손괴의사로 실행에 착수하여 공익건조물을 손괴한 정도의 결과가 발생한 경우에는 재물손괴죄가 성립한다는 견해[26]가 있다.

IV. 주관적 구성요건

16 공익건조물이라는 사실, 파괴한다는 사실 및 파괴행위로 인해 공익건조물의 이용에 장애가 발생할 것이라는 사실에 대한 행위자의 인식과 의사가 필요하다.[27]

25 오영근, 형법각론(제7판), 박영사(2022), 439; 이재상 외 2인, 형법각론(제12판), 박영사(2021), 477; 임웅, 형법각론(제11정판), 법문사(2020), 594.

26 김성돈, 형법각론(제8판), 성균관대학교 출판부(2022), 539; 김일수/서보학, 새로쓴 형법각론(제9판), 박영사(2018), 329; 박찬걸, 형법각론(제2판), 박영사(2022), 612; 배종대, 형법각론(제14판), 홍문사(2023), 509; 손동권/김재윤, 새로운 형법각론(제2판), 율곡출판사(2022), 515; 신동운, 형법각론(제2판), 법문사(2018), 1347; 정성근/정준섭, 형법강의 각론(제2판), 박영사(2022), 356; 정영일, 형법각론, 학림(2019), 404(고의의 내용이 서로 다르다는 점을 근거로 들고 있다); 홍영기, 형법 총론과 각론, 박영사(2022), 481.

27 김일수/서보학, 새로쓴 형법각론(제9판), 박영사(2018), 329.

V. 죄수 및 타죄와의 관계

17 문화유산의 보존 및 활용에 관한 법률 제94조는 '지정문화유산이나 임시지정문화유산인 건조물' 또는 '지정문화유산이나 임시지정문화유산을 보호하기 위한 건조물'에 대하여 파괴의 죄를 저지른 사람에 대해서는 형법 제367조와 형법상 위 조항과 관계되는 법조의 규정을 준용하여 처벌하되, 각 해당 조에서 정한 형의 1/2까지 가중하도록 하는 규정을 두고 있다. 공익에 공하는 건조물의 일종으로서 지정문화유산이나 임시지정문화유산을 보다 두텁게 보호하려는 취지이다.[28]

VI. 처벌

18 10년 이하의 징역 또는 2천만 원 이하의 벌금이다. 공익건조물의 파괴는 단순 손괴보다 행위불법 및 결과불법의 정도가 크다는 점에서 일반재물손괴죄보다 법정형이 높다.

28 주석 형법, 각칙(6)(제5판), 한국사법행정학회(2017), 735(권순형).

제 368 조 [중손괴]

① 전2조의 죄를 범하여 사람의 생명 또는 신체에 대하여 위험을 발생하게 한 때에는 1년 이상 10년 이하의 징역에 처한다.
② 제366조 또는 제367조의 죄를 범하여 사람을 상해에 이르게 한 때에는 1년 이상의 유기징역에 처한다. 사망에 이르게 한 때에는 3년 이상의 유기징역에 처한다. <개정 1995.12.29>

[관련조문] 형법 제15조(사실의 착오), 제258조(중상해, 존속중상해), 제366조(재물손괴등), 제367조(공익건조물파괴)

[참고문헌] 주석 형법, 각칙(6)(제5판), 한국사법행정학회(2017); 형법주해(XII), 각칙(9), 박영사(2023); 김성돈, 형법각론(제8판), 성균관대학교 출판부(2022); 김일수/서보학, 새로쓴 형법각론(제9판), 박영사(2018); 박찬걸, 형법각론(제2판), 박영사(2022); 배종대, 형법각론(제14판), 홍문사(2023); 손동권/김재윤, 새로운 형법각론(제2판), 율곡출판사(2022); 신동운, 형법각론(제2판), 법문사(2018); 오영근, 형법각론(제7판), 박영사(2022); 이영란, 형법학 각론강의(제3판), 형설출판사(2013); 이재상 외 2인, 형법각론(제12판), 박영사(2021); 이형국/김혜경, 형법각론(제2판), 법문사(2019); 임웅, 형법각론(제11정판), 법문사(2020); 정성근/정준섭, 형법강의 각론(제2판), 박영사(2022); 정영일, 형법각론, 학림(2019); 최호진, 형법각론, 박영사(2022); 홍영기, 형법 총론과 각론, 박영사(2022)

Ⅰ. 의의

1 재물손괴죄(형법 제366조) 또는 공익건조물파괴죄(제367조)를 범하여 사람의 생명 또는 신체에 위험을 발생하게 하거나 사상의 결과를 일으킨 경우를 처벌하는 조항이다. 제1항의 죄는 구체적 위험범이고, 제2항의 죄는 침해범이다.[1]

[1] 주석 형법, 각칙(6)(제5판), 한국사법행정학회(2017), 701(권순형); 형법주해(XII), 각칙(9), 박영사(2023), 617(김지언); 김성돈, 형법각론(제8판), 성균관대학교 출판부(2022), 531; 김일수/서보학, 새로쓴 형법각론(제9판), 박영사(2018), 330; 오영근, 형법각론(제7판), 박영사(2022), 430; 정성근/정준섭, 형법강의 각론(제2판), 박영사(2022), 350.

Ⅱ. 입법취지 및 입법례

2 보호법익은 소유권의 이용가치 및 생명·신체이다.[2] 재물손괴죄 또는 공익건조물 파괴죄를 범하여 중한 결과를 일으킨 데에 대한 가중된 법정형을 정한 것이다. 제1항의 범죄는 구 형법에는 없다가 현행 형법에서 신설되었다. 제2항의 범죄는 형법 제정 당시에는 상해에 이르게 한 경우와 사망에 이르게 한 경우를 구별함이 없이 사상에 이르게 한 때에는 상해죄와 비교하여 중한 형으로 처단하도록 규정하였으나 개정 형법(1995. 12. 29. 법률 제5057호)에서 현재와 같이 양자를 구분하였다. 일본 형법 제260조는 타인의 건조물 또는 선박을 손괴하여 사람을 사망 또는 상해에 이르게 한 경우에는 상해의 죄와 비교하여 중하게 처벌하도록 규정하고 있다.

Ⅲ. 구성요건

1. 제1항(중손괴죄)

3 생명 또는 신체에 대한 위험이라는 결과가 발생한 경우이다. 이때 생명·신체에 대한 위험은 구체적 위험을 의미한다. 중손괴죄가 형법 제258조의 중상해죄와 평행한 구조를 갖는다고 하면서 '생명에 대한 위험발생'은 중상해죄(형법 제258조 제1항)에서의 생명에 대한 위험발생과 같은 의미를 가지며, '신체에 대한 위험발생'에 대해서는 중손괴죄의 특유한 구성요건표지로서 신체에 대한 침해가능성을 의미한다는 견해,[3] 중상해죄(제258조 제2항)에서의 불구 또는 불치나 난치의 질병에 준하는 상태로 해석해야 한다는 견해[4]가 있다. 생명에 대한 위험이 신체상해로 말미암은 경우 예컨대, 치명상을 가함으로써 생명이 위독한 상태에 이르게 한 경우에 있어서는 이미 상해의 결과가 발생한 경우이므로, 제2항을 적용할 것이지 제1항을 적용할 것이 아니다.[5]

2 형법주해(XII), 각칙(9), 박영사(2023), 617(김지언).

3 정영일, 형법각론, 학림(2019), 402.

4 신동운, 형법각론(제2판), 법문사(2018), 1347~1348; 홍영기, 형법 총론과 각론, 박영사(2022), 481.

5 주석 형법, 각칙(6)(제5판), 한국사법행정학회(2017), 736(권순형); 형법주해(XII), 각칙(9), 박영사(2023), 618(김지언); 김일수/서보학, 새로쓴 형법각론(제9판), 박영사(2018), 330; 정성근/정준섭, 형법강의 각론(제2판), 박영사(2022), 356.

4 제1항의 중손괴죄가 진정결과적가중범(형법 제15조 제2항)이라는 견해[6]와 부진정결과적가중범이라는 견해[7]가 대립한다. 진정결과적가중범으로 볼 경우 범행객체에 대한 손괴 또는 파괴의 고의로 족하고, 위험발생이나 사상의 결과에 대한 고의는 필요하지 않고 결과에 대한 예견가능성, 즉 과실이 있을 것을 요하게 된다. 반면 부진정결과적가중범으로 보게 되면 기본범죄인 손괴 또는 파괴에 대한 고의 외에 생명·신체에 대한 위험발생에 대한 고의가 있는 경우에도 중손괴죄가 성립하게 된다.

5 전2조의 죄가 미수에 그친 경우라도 중손괴죄가 성립하는지에 대해서는 적극설[8]과 소극설[9]이 대립한다. 소극설은 구성요건상 기본범죄에 관한 문언이 '전2조의 죄를 범한 사람'일 것이 요구되는데, 이는 기수에 이른 경우로 제한하여 해석해야 한다는 점을 근거로 들고 있다.[10]

2. 제2항(손괴치사상죄)

6 사상(死傷)이라는 중한 결과가 발생한 경우이다. 진정결과적가중범으로서 기본범죄가 미수인지 여부를 불문하고 기본범죄에 대한 고의와 사상의 결과에 대한 예견가능성, 인과관계를 요한다.[11] 이에 대해 손괴치사죄는 진정결과적가중범이지만 손괴치상죄는 중손괴죄와 마찬가지로 부진정결과적가중범이라는 견해[12]도

6 주석 형법, 각칙(6)(제5판), 한국사법행정학회(2017), 737(권순형); 배종대, 형법각론(제14판), 홍문사(2023), 508; 신동운, 형법각론(제2판), 법문사(2018), 1348.

7 형법주해(XII), 각칙(9), 박영사(2023), 616(김지언); 김성돈, 형법각론(제8판), 성균관대학교 출판부(2022), 539; 김일수/서보학, 새로쓴 형법각론(제9판), 박영사(2018), 330; 박찬걸, 형법각론(제2판), 박영사(2022), 612; 손동권/김재윤, 새로운 형법각론(제2판), 율곡출판사(2022), 515; 오영근, 형법각론(제7판), 박영사(2022), 439; 이용식, 형법각론, 박영사(2019), 79; 이형국/김혜경, 형법각론(제2판), 법문사(2019), 535; 임웅, 형법각론(제11정판), 법문사(2020), 595; 정성근/정준섭, 형법강의 각론(제2판), 박영사(2022), 356; 최호진, 형법각론, 박영사(2022), 648; 홍영기, 형법 총론과 각론, 박영사(2022), 481.

8 주석 형법, 각칙(6)(제5판), 한국사법행정학회(2017), 737(권순형); 형법주해(XII), 각칙(9), 박영사(2023), 617(김지언); 김성돈, 형법각론(제8판), 성균관대학교 출판부(2022), 539; 배종대, 형법각론(제14판), 홍문사(2023), 508; 손동권/김재윤, 새로운 형법각론(제2판), 율곡출판사(2022), 515; 신동운, 형법각론(제2판), 법문사(2018), 1348; 이재상 외 2인, 형법각론(제12판), 박영사(2021), 477; 임웅, 형법각론(제11정판), 법문사(2020), 595; 정성근/정준섭, 형법강의 각론(제2판), 박영사(2022), 356.

9 박찬걸, 형법각론(제2판), 박영사(2022), 612; 오영근, 형법각론(제7판), 박영사(2022), 440; 이영란, 형법학 각론강의(제3판), 형설출판사(2013), 474.

10 대법원 1995. 4. 7. 선고 95도94 판결.

11 주석 형법, 각칙(6)(제5판), 한국사법행정학회(2017), 737(권순형); 임웅, 형법각론(제11정판), 법문사(2020), 595; 최호진, 형법각론, 박영사(2022), 648.

12 형법주해(XII), 각칙(9), 박영사(2023), 617(김지언); 이형국/김혜경, 형법각론(제2판), 법문사(2019), 535; 정성근/정준섭, 형법강의 각론(제2판), 박영사(2022), 356.

있다. 생명 또는 신체에 대한 위험이 상해에 기한 경우는 제2항에 해당한다고 보아야 함을 전제로 제1항의 생명 또는 신체에 대한 위험은 상해 이외의 원인에 기한 위험만을 의미한다는 견해[13]가 있다.

Ⅳ. 처벌

7 제1항의 중손괴죄에 대해서는 1년 이상 10년 이하의 징역에 처한다. 제2항의 손괴치사상죄에 대해서는 상해와 사망에 이르게 한 경우를 구별하여, 전자는 1년 이상의 유기징역에, 후자는 3년 이상의 유기징역에 처한다. 결과적가중범이므로 따로 미수범에 대한 처벌규정은 없다(형법 제371조 참조).

8 특수손괴죄(형법 제369조)가 재물손괴죄나 공익건조물손괴죄의 불법이 가중된 형태에 불과함을 근거로 특수손괴죄를 범하여 타인의 생명 또는 신체에 위험을 발생하게 하거나 사상의 결과를 초래한 때에도 중손괴죄 또는 손괴치사상죄로 처벌할 수 있다는 견해[14]가 있다.

Ⅴ. 입법론

9 공익건조물파괴의 경우 거의 대부분 그 결과로서 신체에 대한 위험이 발생한다. 또한 '신체에 대한 위험'이라는 구성요건요소는 그 문언이 지나치게 넓게 해석될 여지가 있다. 이를 이유로 제1항 부분은 삭제되어야 한다는 견해[15]가 있다.

13 이영란, 형법학 각론강의(제3판), 형설출판사(2013), 474; 정영일, 형법각론, 학림(2019), 402.
14 김일수/서보학, 새로쓴 형법각론(제9판), 박영사(2018), 329.
15 오영근, 형법각론(제7판), 박영사(2022), 440; 이재상 외 2인, 형법각론(제12판), 박영사(2021), 477.

제 369 조 [특수손괴]

① 단체 또는 다중의 위력을 보이거나 위험한 물건을 휴대하여 제366조의 죄를 범한 때에는 5년 이하의 징역 또는 1천만원 이하의 벌금에 처한다. <개정 1995.12.29>
② 제1항의 방법으로 제367조의 죄를 범한 때에는 1년 이상의 유기징역 또는 2천만원 이하의 벌금에 처한다. <개정 1995.12.29>

[관련조문] 형법 제144조(특수공무방해), 제261조(특수폭행), 제284조(특수협박), 제366조(재물손괴등), 제367조(공익건조물파괴), 폭력행위 등 처벌에 관한 법률 제3조(집단적 폭행 등)

[참고문헌] 주석 형법, 각칙(4)(제5판), 한국사법행정학회(2017); 형법주해(XII), 각칙(9), 박영사(2023); 김성돈, 형법각론(제8판), 성균관대학교 출판부(2022); 김일수/서보학, 새로쓴 형법각론(제9판), 박영사(2018); 손동권/김재윤, 새로운 형법각론(제2판), 율곡출판사(2022); 이재상 외 2인, 형법각론(제12판), 박영사(2021); 정성근/정준섭, 형법강의 각론(제2판), 박영사(2022); 홍영기, 형법 총론과 각론, 박영사(2022)

Ⅰ. 의의

1 단체 또는 다중의 위력을 보이는 방법으로, 또는 위험한 물건을 휴대하여 재물손괴죄(형법 제366조) 또는 공익건조물파괴죄(제367조)를 범한 경우를 처벌하는 조항이다.

Ⅱ. 입법취지 및 입법례

2 범행 현장에서 단체 또는 다수의 위력을 과시하는 경우, 또는 범행에 사용하려는 의도 아래 위험한 물건을 소지하거나 몸에 지닌 경우에는 그 행위의 방법 자체에 내재되어 있는 불법성이 크고 중대한 법익 침해를 야기할 가능성이 높다. 위와 같이 특수한 방법으로 재물손괴죄, 공익건조물파괴죄를 범한 경우에는 행위반가치가 증대된다는 점에 근거하여 가중된 법정형을 정한 것이다.[1] 단체 또는 다중의 위력을 보이거나 위험한 물건을 휴대한 경우 형을 가중하도록 되어 있는 특수공무방해(제144조), 특수폭행(제261조), 특수협박(제284조) 등과 같은 취지이다.

[1] 형법주해(XII), 각칙(9), 박영사(2023), 619(김지언); 김성돈, 형법각론(제8판), 성균관대학교 출판부(2022), 540; 김일수/서보학, 새로쓴 형법각론(제9판), 박영사(2018), 331; 손동권/김재윤, 새로운 형법각론(제2판), 율곡출판사(2022), 515; 이재상 외 2인, 형법각론(제12판), 박영사(2021), 478; 정성근/정준섭, 형법강의 각론(제2판), 박영사(2022), 357; 홍영기, 형법 총론과 각론, 박영사(2022), 481.

Ⅲ. 구성요건

1. 제1항(특수재물손괴)

3 단체라 함은 공동목적을 가진 다수인이 계속적으로 결합한 조직체를 말한다. 불법적인 단체뿐만 아니라 합법적으로 조직된 단체도 이에 해당한다. 다만 자연인이 아닌 법인은 이에 포함되지 아니한다. 다중이라 함은 다수의 자연인의 단순한 집합을 의미한다. 다만 그로 인하여 위력을 행사한다고 볼 수 있는 정도, 즉 다수인의 집합으로 인하여 심리적 압박감을 느낄 수 있을 정도의 수에 이르러야 한다.[2] 어느 정도의 수가 이에 해당할 것인지는 범행 당시의 상황에 따라 달라질 수 있다. 비록 감금죄에 대한 것이기는 하지만 대한상이군경회원 80여명과 함께 호텔 출입문을 봉쇄하며 피해자들의 출입을 방해하였다면 다중의 위력으로 죄를 범한 것이라고 판단한 사례가 있다.[3]

4 위험한 물건이라 함은 사람의 생명, 신체에 해를 가할 수 있을 정도의 물건을 말한다. 위험한 물건에 해당하는지 여부는 구체적인 사안에서 사회통념에 비추어 그 물건을 사용하면 상대방이나 제3자가 생명 또는 신체에 위험을 느낄 수 있는지 여부에 따라 판단하여야 한다.[4] 위험한 물건인지 여부는 물건의 객관적 성질과 사용방법에 따라 사람을 살상할 수 있는 물건인지 여부에 따라 결정되는 것이지, 그것이 사람을 살상하기 위하여 제조된 것임을 요하지는 않는다. 총포·도검류와 같은 것은 본래의 성질상 위험한 물건이고, 쇠망치, 방망이, 커터나이프, 유리병, 야구방망이 등도 용법에 따라서는 손괴를 위해 사용될 수 있는 위험한 물건이 된다. 자동차는 원래 살상용이나 파괴용으로 만들어진 것이 아니지만 사람의 생명 또는 신체에 위해를 가하거나 다른 사람의 재물을 손괴하는 데 사용되었다면 특수손괴죄의 위험한 물건에 해당한다.[5]

5 휴대라 함은 손에 들거나 몸에 지니고 다니는 것을 말한다. 현장에서 범행에 사용하려는 의도 아래 위험한 물건을 손에 들거나 몸에 지니는 경우를 가리키는 것이지, 범행과는 전혀 무관하게 우연히 이를 소지하게 된 경우까지를 포함하는 것은 아니다.[6] 위험한 물건을 휴대하고 다른 사람의 재물을 손괴하면 상대방이

2 주석 형법, 각칙(4)(제5판), 한국사법행정학회(2017), 121(우인성).
3 대법원 1983. 9. 13. 선고 83도277 판결.
4 대법원 1999. 11. 9. 선고 99도4146 판결.
5 대법원 1997. 5. 30. 선고 97도597 판결.
6 대법원 1990. 4. 24. 선고 90도401 판결.

그 위험한 물건의 존재를 인식하지 못하였거나 그 위험한 물건의 사용으로 생명 또는 신체에 위해를 입지 아니하였다고 하더라도 특수손괴죄가 성립한다.[7]

2. 제2항(특수공익건조물파괴)

6 단체 또는 다중의 위력을 보이거나 위험한 물건을 휴대하여 공익건조물파괴죄를 범한 경우이다. 단체, 다중, 위험한 물건, 휴대의 의미는 제1항의 해당 부분과 동일하다.

IV. 타죄와의 관계

7 폭력행위 등 처벌에 관한 법률은 제3조 제1항에서 위험한 물건을 휴대하고 형법 제366조의 죄를 범한 경우를 가중하여 처벌하도록 정하고 있었다. 그러나 이때 위험한 물건을 휴대한다는 구성요건요소의 의미는 형법 제369조와 동일하다. 한편 위 조항의 나머지 구성요건요소는 형법 제369조와 비교하여 특별히 가중적 구성요건의 표지가 추가된 바도 없다. 그럼에도 불구하고 폭력행위 등 처벌에 관한 법률 제3조 제1항은 법정형에서 벌금형을 배제하고 1년 이상의 유기징역에 처하도록 규정하고 있었다. 이처럼 어떤 유형의 범죄에 대하여 특별히 형을 가중할 필요가 있는 경우라 하더라도, 그 가중의 정도가 통상의 형사처벌과 비교하여 현저히 형벌체계상의 정당성과 균형을 잃은 것이 명백한 경우에는 인간의 존엄성과 가치를 보장하는 헌법의 기본원리에 위배될 뿐 아니라, 법의 내용에 있어 평등원칙에 반하는 것이 된다. 이에 헌법재판소는 2015. 9. 24. 위 조항에 대해 위헌결정을 하였고,[8] 2016. 1. 6. 법률 제13718호로 폭력행위 등 처벌에 관한 법률이 개정되면서 위 조항은 삭제되었다.

V. 처벌

8 단체 또는 다중의 위력을 보이거나 위험한 물건을 휴대하여 재물손괴죄를 범한 때는 5년 이하의 징역 또는 1천만 원 이하의 벌금에, 공익건조물파괴죄를 범한 때는 1년 이상의 유기징역 또는 2천만 원 이하의 벌금에 처하도록 되어 있다.

7 대법원 2003. 1. 24. 선고 2002도5783 판결.
8 헌법재판소 2015. 9. 24. 선고 2014헌바154, 398, 2015헌가3, 9, 14, 18, 20, 21, 25 결정.

제 370 조 [경계침범]

경계표를 손괴, 이동 또는 제거하거나 기타 방법으로 토지의 경계를 인식 불능하게 한 자는 3년 이하의 징역 또는 500만원 이하의 벌금에 처한다. <개정 1995.12.29>

[관련조문] 형법 제366조(재물손괴등), 폭력행위 등 처벌에 관한 법률 제2조(폭행 등), 집합건물의 소유 및 관리에 관한 법률 제65조(벌금)

[참고문헌] 주석 형법, 각칙(5)(제5판), 한국사법행정학회(2017); 형법주해(XII), 각칙(9), 박영사(2023); 김성돈, 형법각론(제8판), 성균관대학교 출판부(2022); 김일수/서보학, 새로쓴 형법각론(제9판), 박영사(2018); 박찬걸, 형법각론(제2판), 박영사(2022); 배종대, 형법각론(제14판), 홍문사(2023); 손동권/김재윤, 새로운 형법각론(제2판), 율곡출판사(2022); 신동운, 형법각론(제2판), 법문사(2018); 이영란, 형법학 각론강의(제3판), 형설출판사(2013); 이용식, 형법각론, 박영사(2019); 이재상 외 2인, 형법각론(제12판), 박영사(2021); 이형국/김혜경, 형법각론(제2판), 법문사(2019); 임웅, 형법각론(제11정판), 법문사(2020); 정성근/정준섭, 형법강의 각론(제2판), 박영사(2022); 정영일, 형법각론, 학림(2019); 최호진, 형법각론, 박영사(2022); 홍영기, 형법 총론과 각론, 박영사(2022); 송흥섭, "경계침범죄에 있어서의 '경계'와 '인식불능'의 개념" 대법원판례해설 제18호(1993)
大塚仁 외, 大コンメンタール刑法(第13券)(第3版), 青林書院(2018)

Ⅰ. 의의

1 경계표를 손괴, 이동 또는 제거하거나 기타 방법으로 토지의 경계를 인식 불능하게 한 경우를 처벌하는 조항이다. 토지에 관한 권리관계의 안정을 침해함으로써 성립하는 범죄이다. 구분점포의 경계표지 또는 건물번호 표지를 파손, 이동 또는 제거하거나 그 밖의 방법으로 경계를 알아볼 수 없게 한 경우에 대해서는 집합건물의 소유 및 관리에 관한 법률(제65조 제1항)에 처벌규정이 있다.

Ⅱ. 입법취지 및 입법례

2 토지권리관계의 안정을 확보하는 것은 사회질서의 유지에 기여할 뿐만 아니라 사권의 보호와도 밀접한 관계가 있다. 형법이 경계침범죄를 재산범죄의 하나로 규정하고 있는 것은 이러한 맥락에서 볼 때 타당하다. 보호법익은 토지에 관한

권리, 즉 소유권, 지상권, 임차권 등의 권리범위와 중요한 관계를 가진 토지경계의 명확성과 확정성을 확보하려는 데에 있다. 타인소유 물건에 대한 손괴죄가 그 물건에 대한 '권리자체'를 보호하려는 데에 있는 반면, 경계침범죄는 토지에 대한 '권리범위의 명확성'을 보호하려는 데에 목적이 있다. 그러므로 예컨대, 토지를 매각함에 있어서 일시적으로 경계표를 이동하여 단지 자기의 토지를 광활하게 보이도록 함으로써 유리하게 매각하려고 기도한 경우에는 인근 토지 자체에 대한 손괴죄는 성립하지 않더라도 토지 경계에 대한 인식을 불능하게 하였다는 점에서 경계침범죄는 성립할 수 있다.[1] 판례는 경계침범죄는 토지의 경계에 관한 권리관계의 안정을 확보하여 사권을 보호하고 사회질서를 유지하려는 데 그 목적이 있다고 판시한다.[2]

3 경계침범죄는 도시에서처럼 토지의 경계가 체계적으로 관리되면 발생하기 어려운 범죄이지만, 농촌에서는 보다 흔하게 발생할 수 있는 범죄임에 비추어, 마을 공동체의 토지이용을 둘러싼 평화질서의 보호와 깊은 관련을 맺고 있다.[3] 구 형법에는 경계침범죄의 규정을 따로 두지 아니하였다. 일본 형법은 1960년 법률 제83호로 제262조의2를 신설하여 경계손괴죄의 처벌규정을 마련하였다. 외국의 입법례를 보면 프랑스 형법 제456조가 우리 형법과 같이 경계표 등의 이동·제거를 손괴죄의 일종으로 규정하고 있고, 독일 형법 제274조 제1항 제2호, 스위스 형법 제250조, 그리스 형법 제223조는 문서위조죄의 장 가운데서 경계침범행위를 범죄로 규정하고 있으며, 이태리 형법 제631조는 경계침범죄를 영득의사를 요건으로 하는 영득죄의 하나로 규정하고 있다.

Ⅲ. 객관적 구성요건

1. 주체

4 주체에 관하여는 특별한 제한이 없다. 반드시 경계로서 인접하고 있는 일방의 토지의 권리자 또는 그 이해관계인일 필요는 없고 이해관계 없는 제3자라도 주체가 될 수 있다.[4]

1 주석 형법, 각칙(6)(제5판), 한국사법행정학회(2017), 740(권순형); 정성근/정준섭, 형법강의 각론(제2판), 박영사(2022), 357~358.

2 대법원 2010. 9. 9. 선고 2008도8973 판결.

3 형법주해(XII), 각칙(9), 박영사(2023), 621(김지언).

4 주석 형법, 각칙(6)(제5판), 한국사법행정학회(2017), 741(권순형); 형법주해(XII), 각칙(9), 박영사

2. 객체

5 범행객체에 대해서는 경계표가 범행객체라는 견해,[5] 경계표와 토지의 경계가 범행객체라는 견해[6]가 있다. 그러나 손괴, 이동, 제거의 대상은 경계표이고, 기타 방법으로 인식불능하게 하는 행위의 대상은 토지의 경계로서 경계표는 토지의 경계의 일종이다. 따라서 토지의 경계를 범행객체로 보아야 한다.[7]

가. 토지의 경계

1) 토지

6 토지에는 육지가 여기에 해당함은 당연하다. 토지로 인정되지 아니하는 하천법상의 하천, 공유수면 관리 및 매립에 관한 법률상의 공유수면의 수면 아래 잠긴 바닥 면이 여기에 포함되는지가 해석상 문제될 수 있다. 토지의 권리관계의 장소적 한계가 문제되는 이상 하천, 호수, 구거의 바닥이나 해저가 포함되고 어업권의 구획이 문제되는 때에는 해역도 포함되는 것으로 보아야 한다.[8]

2) 경계

7 경계라 함은 토지에 대한 소유권 등 권리의 장소적 한계를 나타내는 지표를 말한다.[9] 경계에는 소유권, 지상권, 지역권, 임차권 등 토지에 관한 사법상 권리의 범위를 표시하는 경계뿐만 아니라 도, 군, 시, 읍, 면의 행정구획과 같은 공법상의 권리관계에 기한 경계도 포함된다(통설). 토지의 경계는 소유자를 서로 달리하는 토지의 경계뿐만 아니라 토지에 성립하고 있는 권리 단위로서의 의미를 갖는 경계도 포함한다. 그러므로 동일소유자에 속하는 1필지의 토지를 위치와 면적 등으로 구분하여 지상권, 임차권 등 제한물권을 설정한 경우 그 경계를 인식하기 위해 설치된 표식은 경계침범죄의 범행 대상으로서 토지의 경계에 해당

(2023), 621(김지언); 김성돈, 형법각론(제8판), 성균관대학교 출판부(2022), 540; 정성근/정준섭, 형법강의 각론(제2판), 박영사(2022), 358.

5 박상기, 형법각론(제7판), 박영사(2008), 439.

6 김일수/서보학, 새로쓴 형법각론(제9판), 박영사(2018), 331.

7 주석 형법, 각칙(6)(제5판), 한국사법행정학회(2017), 741(권순형); 김성돈, 형법각론(제8판), 성균관대학교 출판부(2022), 540; 배종대, 형법각론(제14판), 홍문사(2023), 510; 손동권/김재윤, 새로운 형법각론(제2판), 율곡출판사(2022), 516; 이영란, 형법학 각론강의(제3판), 형설출판사(2013), 475; 이재상 외 2인, 형법각론(제12판), 박영사(2021), 479; 이형국/김혜경, 형법각론(제2판), 법문사(2019), 536; 임웅, 형법각론(제11정판), 법문사(2020), 596; 정성근/정준섭, 형법강의 각론(제2판), 박영사(2022), 358.

8 형법주해(XII), 각칙(9), 박영사(2023), 622(김지언); 정성근/정준섭, 형법강의 각론(제2판), 박영사(2022), 358; 주석 형법; 大塚仁 외, 大コンメンタール刑法(第13券)(第3版), 青林書院(2018), 826.

9 대법원 1976. 5. 25. 선고 75도2564 판결.

할 수 있다. 한편 동일소유자에 속하는 인접한 2필의 토지상에 아무런 타물권이 존재하지 아니하거나 또는 동일하게 타물권이 설정되어 있어서 권리자를 달리하지 않고 있는 경우에도 2필지간의 경계표를 토지의 경계로서 경계침범죄의 보호대상이 된다고 보아야 할 것인지가 문제된다. 이에 대해 소유자가 동일하고 지상권, 지역권 등 타물권의 효력에 영향이 없는 경우에는 서로 다른 필지간의 경계를 침범하더라도 어느 누구에게도 손해를 주는 결과가 되지 아니한다는 이유로 경계침범죄의 성립을 부정하는 견해가 있다. 경계침범죄를 손괴죄와 유사하게 사유재산권을 보호하는 재산범죄임을 강조하는 입장이라고 볼 수 있다. 그러나 경계침범죄는 현존하는 토지경계의 명확성을 보호하는 것이 보호법익이고, 이는 사회질서 유지와 밀접한 관련이 있는 것으로서 사권의 보호도 이를 토대로 한 것이라고 본다면 위와 같은 경우도 서로 다른 필지 간 경계의 물리적 안정성, 명확성은 여전히 경계침범죄의 보호대상이 된다고 보게 된다.[10]

8 처음부터 토지 사이의 정확한 경계를 알 수 없었거나 불분명한 경우에는 경계침범죄가 성립할 수 없다.[11] 일본의 판례에는 점유권의 경계도 포함된다고 본 것이 있다.[12]

3) 사실상의 경계

9 보호대상이 되는 경계는 반드시 진정한 법률관계를 표시하는 경계가 아니라 사실상 현존하는 경계를 의미한다. 예컨대 주변 사람들에 의하여 다년간 용인되어 온 경계나 관계자의 명시적 또는 묵시적 합의에 의한 경계 또는 권한 있는 공무소의 유효한 행정처분에 의하여 정해진 경계 등이 실체법상 정당한 권리관계에 부합하지 아니하는 경우라도 경계침범죄에 의하여 보호된다(통설). 판례도, 경계는 법률상의 정당한 경계인지 여부와는 상관없이 종래부터 경계로서 일반적으로 승인되어 왔거나 이해관계인들의 명시적 또는 묵시적 합의가 존재하는 등 어느 정도 객관적으로 통용되어 오던 사실상의 경계를 의미하고,[13] 그와 같이 종래 통용되어 오던 사실상의 경계가 법률상의 정당한 경계인지 여부에 대하여 다툼이 있다고 하더라도 그 사실상의 경계가 법률상 정당한 경계가 아니라는

10 주석 형법, 각칙(6)(제5판), 한국사법행정학회(2017), 741(권순형).

11 대법원 2010. 9. 9. 선고 2008도8973 판결, 대법원 2010. 10. 14. 선고 2010도7637 판결.

12 佐世保簡判 1967. 1. 26.

13 대법원 2010. 9. 9. 선고 2008도8973 판결, 대법원 1999. 4. 9. 선고 99도480 판결, 대법원 1991. 9. 10. 선고 91도856 판결.

점이 이미 판결로 확정되었다는 등 경계로서의 객관성을 상실하는 것으로 볼 만한 특단의 사정이 없는 한 여전히 형법 제370조에서 말하는 경계에 해당된다고 판시하였다.[14] 따라서 기존 경계가 진실한 권리관계에 부합하지 않는다는 이유로 당사자의 어느 한쪽이 기존 경계를 무시하고 일방적으로 경계측량을 하여 이를 실체적 권리관계에 맞는 경계라고 주장하면서 그 위에 경계표를 새로 설치하더라도 이는 위 조항에서 말하는 경계에 해당되지 않는다.[15] 또한 사실상 현존하는 경계를 자기가 정당하다고 믿고 있는 경계를 설치하기 위하여 불명하게 만드는 행위는 경계침범죄를 구성하지만, 재판에 의하여 경계가 새로 확정됨에 따라 그 위치로 경계표를 이동하는 행위는 경계침범죄를 구성하지 않는다고 볼 것이다.[16]

4) 임시적·객관적

10 후일에 확정할 예정으로 임시로 정한 이른바 '가경계'도 형법 제370조에서 말하는 토지의 경계에 해당한다.[17] 다만 단순히 주관적으로만 경계로서 인식하고 있는 것만으로는 미흡하고 어느 정도 객관적으로 경계로서 통용되는 것임을 요한다. 예컨대 인접한 토지와 자신의 토지의 기존 경계를 인접한 토지 안쪽으로 무단 이동시킨 경우 이러한 경계는 객관성을 갖지 못한다. 종래 토지의 경계로 인정되던 것에 착오가 있었음이 객관적으로 확정된 경우에도 그러한 경계는 객관성을 상실한다.

5) 인식 가능성

11 토지의 경계는 경계표 또는 이에 준하는 지표에 의하여 외부적으로 인식될 수 있는 것임을 요한다. 단순한 토지 도면 위에 표시를 해 둔 것만으로는 이에 해당하지 않는다.

나. 경계표

1) 물건

12 경계표라 함은 토지의 경계를 확정하기 위하여 그 토지에 설정된 표지, 공작물,

14 대법원 2007. 12. 28. 선고 2007도9181 판결.
15 대법원 1986. 12. 9. 선고 86도1492 판결, 대법원 1976. 5. 25. 선고 75도2564 판결
16 주석 형법, 각칙(6)(제5판), 한국사법행정학회(2017), 742(권순형); 정성근/정준섭, 형법강의 각론(제2판), 박영사(2022), 358.
17 대법원 1999. 4. 9. 선고 99도480 판결.

입목, 기타 물건을 말한다. 타인 소유의 것에 한하지 않고 자기의 물건이거나 무주물이라도 상관없다.[18] 입법취지가 사인의 자력구제를 방지하고 사회질서를 유지하려는 데에 있기 때문이다. 처음부터 경계표로서 설치된 물건은 물론이거니와 기존의 물건을 경계표로서 사용하는 경우에도 역시 경계침범죄의 객체가 된다. 전자의 경우에는 자기가 설치한 것이든 또는 타인이 설치한 것이든 불문한다. 경계를 정할 권한이 없는 자가 설치한 경계표라도 그것이 어느 정도 객관적으로 경계로서 통용되는 사실상의 경계를 표시하는 것이라면 경계표에 해당하지만, 그렇지 않은 것은 경계침범죄의 객체인 경계표라고 할 수 없다. 마찬가지로 종래의 경계가 잘못되었음이 객관적으로 인정된 경우에는 그러한 경계표도 경계침범죄의 객체인 경계표에 해당하지 않는다. 경계가 변경된 경우도 마찬가지이다. 다만 경계를 변경할 권한이 있는 자가 경계표를 이동시키는 것은 가능하다. 당사자의 어느 한 쪽이 기존 경계를 무시하고 일방적으로 설치한 경계표는 실체적 권리관계에 맞는지의 여부에 관계없이 경계표에는 해당하지 아니한다.[19]

2) 인위적·자연적

13 경계표는 인위적으로 설치된 것이거나 또는 종래부터 자연으로 존재하던 물건으로서 경계표지로 승인된 것 예컨대, 자연목, 유수 등과 같은 것인지를 불문한다(통설). 다만 자연물인 경우에는 토지에 정착하여 그 위치로서 경계를 표시할 수 있을 정도의 구체적인 물건이어야 한다.[20] 반드시 부동이거나 지중(地中)에 박혀져 있는 것을 요하지 않으므로, 간접적으로 토지에 정착한 것(예컨대, 횡목 등)은 이에 해당할 수 있다. 상당한 중량이 있는 물건으로서 단지 지상에 놓여 있는 것도 경계표가 될 수 있다. 지표에 노출되어 있는 것에 한하지 않으며, 지중에 매몰된 것도 경계표가 될 수 있음은 물론이다.[21]

18 신동운, 형법각론(제2판), 법문사(2018), 1349; 이영란, 형법학 각론강의(제3판), 형설출판사(2013), 475; 이형국/김혜경, 형법각론(제2판), 법문사(2019), 537; 임웅, 형법각론(제11정판), 법문사(2020), 597; 정영일, 형법각론, 학림(2019), 405.

19 대법원 1986. 12. 9. 선고 86도1492 판결.

20 김일수/서보학, 새로쓴 형법각론(제9판), 박영사(2018), 332; 정성근/정준섭, 형법강의 각론(제2판), 박영사(2022), 358.

21 형법주해(XII), 각칙(9), 박영사(2023), 626(김지언); 김성돈, 형법각론(제8판), 성균관대학교 출판부(2022), 541; 김일수/서보학, 새로쓴 형법각론(제9판), 박영사(2018), 332; 배종대, 형법각론(제14판), 홍문사(2023), 510; 손동권/김재윤, 새로운 형법각론(제2판), 율곡출판사(2022), 517; 이형국/김혜경, 형법각론(제2판), 법문사(2019), 537; 정성근/정준섭, 형법강의 각론(제2판), 박영사(2022), 359; 최호진, 형법각론, 박영사(2022), 650.

3) 일시적·내구성

14 경계표는 그것이 어느 정도 객관적으로 통용되는 사실상의 경계를 표시하는 것이라면 영속적인 것에 한하지 않고 일시적인 것도 이에 포함되나,[22] 어느 정도 내구성 있는 물건임을 요한다. 쉽게 변질·붕괴되거나 용해되어 원형을 보존하지 못하는 물건은 경계표로서의 기능을 수행할 수 없다.[23] 예컨대 임시로 쳐놓은 새끼줄 등은 경계표라고 보기 어렵다.[24] 어느 정도 내구성이 있는 한 재료, 구조, 상태의 여하를 불문한다. 후에 정착성, 내구성이 높은 것으로 대체할 예정으로 임시 설치된 것이라 하더라도 그와 같은 용도에 적합한 정도의 정착성, 내구성을 갖춘 것임을 요한다.

4) 인식 가능성

15 경계표는 반드시 경계를 표시하고자 하는 경계선상에 있을 것을 요하지는 않는다.[25] 예컨대 어느 기준지점으로부터 일정거리에 있는 지점을 경계선으로 정하면서 위 기준지점에 경계표가 될 만한 물건을 가져다 둔 경우이다. 하천, 호소 등에서 내수면어업권의 구획을 경계 짓는 경계표는 수상에 설치하기 어렵고, 육상에 있는 특정 물건을 경계표로 하여 방위와 거리로서 표시할 수밖에 없다. 이 경우에도 경계표로 사용된 물건을 임의로 이동하면 경계침범죄에 해당한다.

3. 행위

16 손괴, 이동 또는 제거하거나 기타의 방법으로 토지의 경계를 인식이 불가능하게 하는 것이다.

가. 경계표의 손괴, 이동, 제거

17 경계표의 손괴, 이동, 제거는 토지경계를 불명하게 하는 전형적인 행위의 예시이다(다수설·판례).[26] 손괴란 경계표를 물질적으로 파손하는 것이며, 이동이란 원래의 위치로부터 다른 장소로 변경하는 것이고, 제거란 원래의 설치된 장소로부

22 대법원 1999. 4. 9. 선고 99도480 판결.

23 주석 형법, 각칙(6)(제5판), 한국사법행정학회(2017), 744(권순형); 형법주해(XII), 각칙(9), 박영사(2023), 626(김지언); 김성돈, 형법각론(제8판), 성균관대학교 출판부(2022), 541; 김일수/서보학, 새로쓴 형법각론(제9판), 박영사(2018), 332; 이형국/김혜경, 형법각론(제2판), 법문사(2019), 537; 임웅, 형법각론(제11정판), 법문사(2020), 597; 정성근/정준섭, 형법강의 각론(제2판), 박영사(2022), 359.

24 김일수/서보학, 새로쓴 형법각론(제9판), 박영사(2018), 332.

25 주석 형법, 각칙(6)(제5판), 한국사법행정학회(2017), 744(권순형); 김일수/서보학, 새로쓴 형법각론(제9판), 박영사(2018), 332; 이영란, 형법학 각론강의(제3판), 형설출판사(2013), 475.

26 대법원 1991. 9. 10. 선고 91도856 판결.

터 취거해 버리는 것을 말한다. 손괴, 제거는 경계 자체의 물리적 변경임에 반하여 이동은 새로운 경계를 만들어 기존의 경계를 인식할 수 없게 하는 경우이다.

18 판례는, 피고인 소유 토지 135평과 높은 언덕으로 인접한 국유지 98평과의 경계선을 표시하는 위 언덕 위의 10년생 내지 18년생의 포프라 나무 및 아카시아 나무 약 30주를 뽑아버리고 위 국유대지 1평 7합을 깎아내려 약 1미터 높이의 석축을 쌓은 경우 석축을 쌓음에 있어 이해관계인 간의 합의가 있었다 할지라도 경계침범죄의 성립에는 영향이 없다고 판시하고,[27] 피고인 토지와 피해자 토지의 경계선 부근에 심어져 있던 소나무 등을 뽑아내고 그 부근을 굴착함으로써 그 경계를 불분명하게 한 경우 경계침범죄가 성립한다고 판시하고,[28] 일시적인 것이기는 하나 피고인 토지와 타인들 토지의 경계지점에 설치된 말뚝과 철조망을 제거한 것은 경계침범죄가 성립한다고 판시하였다.[29]

나. 기타의 방법에 의한 토지경계를 불명하게 하는 행위

19 기타의 방법이란 경계표의 손괴, 이동, 제거 외의 방법으로서 토지의 경계를 불명하게 하는 행위를 말한다. 다만 경계표의 손괴, 이동, 제거에 준하는 행위에 한한다.[30] 경계표 이외의 것에 대한 행위도 무방하나 이에 준하는 것에 대한 행위임을 요한다. 예컨대 경계표를 매몰하거나, 경계에 흐르는 유수의 방향을 바꾸어 놓거나, 경계로 되어 있는 밭두둑을 무너뜨리거나, 경계로 되어 있는 구거를 매립하는 등의 방법으로 경계를 불명하게 하는 행위가 이에 해당한다. 반면 토지의 경계를 표시하는 물건과는 관계가 없는 행위로 인하여 결과적으로 경계를 불명하게 한 경우 예컨대, 경계를 표시해 둔 도면을 파기하거나, 경계를 알고 있는 촌로를 살해하는 것과 같은 행위만으로는 경계침범죄가 성립하지 않는다.

20 손괴, 이동, 제거에 준하는 행위는 물리적인 방법에 한하며 심리적인 방법을 포함하지 않는다. 따라서 경계표의 위치가 잘못되었음을 주장하는 것과 같은 행위는

27 대법원 1980. 10. 27. 선고 80도225 판결.
28 대법원 2007. 12. 28. 선고 2007도9181 판결.
29 대법원 1999. 4. 9. 선고 99도480 판결.
30 주석 형법, 각칙(6)(제5판), 한국사법행정학회(2017), 744(권순형); 형법주해(XII), 각칙(9), 박영사(2023), 627(김지언); 김성돈, 형법각론(제8판), 성균관대학교 출판부(2022), 541; 김일수/서보학, 새로쓴 형법각론(제9판), 박영사(2018), 333; 박찬걸, 형법각론(제2판), 박영사(2022), 614; 오영근, 형법각론(제7판), 박영사(2022), 442; 이영란, 형법학 각론강의(제3판), 형설출판사(2013), 476; 이재상 외 2인, 형법각론(제12판), 박영사(2021), 479; 이형국/김혜경, 형법각론(제2판), 법문사(2019), 537; 임웅, 형법각론(제11정판), 법문사(2020), 598; 정성근/정준섭, 형법강의 각론(제2판), 박영사(2022), 359; 정영일, 형법각론, 학림(2019), 406.

이에 해당하지 않는다. 원래의 경계표를 그대로 두고 그와 동일한 경계표를 다른 위치에 설치함으로써 어느 것이 기존의 경계표인지 식별을 곤란케 하는 행위는 여기에 해당한다. 그 밖에 타인의 토지를 침범하여 주택을 무단 신축하는 행위도 이로써 토지경계를 인식불능하게 하였다면 경계침범죄가 성립할 수 있다.[31]

다. 토지경계의 인식불능

1) 인식불능의 결과 발생

21 행위의 결과로서 토지의 경계를 인식불능하게 할 것을 요한다.[32] 미수에 그친 경우를 처벌하지 아니하므로 경계표의 손괴 등 행위가 있어도 토지의 경계에 대한 인식이 불가능하게 하는 결과가 발생하지 않는 한 경계침범죄가 성립하지 않는다는 것이 다수설[33]이고 판례[34]이다. 이에 대해 경계표의 손괴, 이동 또는 제거행위와 토지경계의 인식불능의 두 가지 구성요건 중 어느 하나만 충족되면 경계침범죄의 성립을 인정해야 한다는 반대 견해[35]가 있다. 위 견해는 경계표의 손괴, 이동 또는 제거행위만 있고 토지경계의 인식불능이라는 결과가 발생하지 아니한 경우 경계침범죄는 불성립이더라도 재물손괴죄(형법 제366조)가 성립하는데, 재물손괴죄가 법정형이 더 높고 미수처벌규정도 있으므로 경계침범죄에 비하여 죄질이 두 중한 셈이 되는데도 경계침범죄로 처벌할 수 없는 경우임에도 재물손괴죄 기수로 처벌하게 되는 것은 범죄 이론적이나 형사 정책적으로 모순적인 결과라는 점을 근거로 들고 있다.

22 인식불능하게 하는 대상은 기존의 사실상의 경계 또는 경계표이드로, 지적도의 열람이나 측량 등의 방법으로 정확한 경계가 인식 가능한 상태라고 하더라도 죄의 성립에는 지장이 없다. 기존의 사실상의 경계에 대해 인식할 방법이 절대적으

31 대법원 1968. 9. 17. 선고 68도967 판결.

32 대법원 1991. 9. 10. 선고 91도856 판결, 대법원 1992. 12. 8. 선고 92도1682 판결.

33 주석 형법, 각칙(6)(제5판), 한국사법행정학회(2017), 745~746(권순형); 형법주해(XII), 각칙(9), 박영사(2023), 627(김지언); 김성돈, 형법각론(제8판), 성균관대학교 출판부(2022), 542; 박찬걸, 형법각론(제2판), 박영사(2022), 615; 배종대, 형법각론(제14판), 홍문사(2023), 510; 손동권/김재윤, 새로운 형법각론(제2판), 율곡출판사(2022), 517; 신동운, 형법각론(제2판), 법문사(2018), 1351; 이영란, 형법학 각론강의(제3판), 형설출판사(2013), 477; 이용식, 형법각론, 박영사(2019), 80; 이재상 외 2인, 형법각론(제12판), 박영사(2021), 479~480; 이형국/김혜경, 형법각론(제2판), 법문사(2019), 538; 임웅, 형법각론(제11정판), 법문사(2020), 598; 정성근/정준섭, 형법강의 각론(제2판), 박영사(2022), 359; 정영일, 형법각론, 학림(2019), 406; 최호진, 형법각론, 박영사(2022), 650; 송흥섭, "경계침범죄에 있어서의 '경계'와 '인식불능'의 개념" 대법원판례해설 제18호(1993), 907.

34 대법원 1991. 9. 10. 선고 91도856 판결.

35 김일수/서보학, 새로쓴 형법각론(제9판), 박영사(2018), 332~333.

로 소멸될 것까지 요구되지 아니하며, 적어도 토지경계의 인식을 위한 새로운 방법을 취하지 않는 한 인식이 불가능한 경우이면 죄의 성립에 충분하다.[36] 기존의 경계표가 더 이상 보이지 않게 된 상황에서 도면을 제시하거나 증언을 청취하는 방법을 통해 즉시 기존의 토지경계를 인식하는 방법이 있더라도, 여전히 인식이 불가능한 것으로 해석된다. 가장 타당한 경계표 자체는 어디론가 사라졌지만, 그 흔적은 뚜렷이 남아있는 경우라면 토지경계가 인식불가능하게 되었다고 보기 어렵다. 그러나 종전 경계표의 흔적이 남아 있다 하더라도, 경계표의 흔적인지를 판정하는 것이 곤란한 때도 있고, 사라진 경계표가 발견되지 않아 이를 발견하는 데 시간이 걸린다든지 할 경우에는, 종전의 방법에 따라서는 인식이 불가능하게 되었다고 보아야 한다. 토지경계의 전부에 대하여 인식불능이 되었음을 요하지 않으며, 그중 일부에 대하여 인식불능의 결과가 발생함으로써 충분하다.[37]

2) 구체적 사례

23 판례 중에는 택지의 경계에 높이 약 70㎝의 돌담을 쌓고 그 남단과 북단에 각 막대기를 경계표로서 꽂아 두었는데 피고인이 위 경계표를 뽑아버리고 돌담 안의 택지에 그 담과 병행하여 돌무더기를 군데군데 새로 쌓아놓은 사안에서, 새로 쌓은 돌무더기의 존재에도 불구하고 기존의 돌담이 의연히 존재하는 한 토지의 경계는 인식이 가능하다고 하여 피고인에 대하여 무죄를 선고한 원심의 조치를 정당하다고 판시한 사례,[38] 건물을 신축하면서 건물의 1층과 2층 사이에 있는 처마를 피해자 소유의 가옥 지붕 위쪽으로 나오게 한 사실만으로는 양 토지의 경계가 인식불능하게 되었다고 볼 수 없으므로 경계침범죄의 구성요건에 해당하지 아니한다고 판시한 사례,[39] 이웃집과의 경계로 사용되어 온 부엌 벽을 약 50㎝의 높이만 남겨둔 채 그 윗부분을 모두 철거한 후 20㎝가량 바깥쪽으로 새로운 담장을 설치한 것뿐이라면 부엌 벽에 의한 기존 경계는 그대로 남아 있어 토지경계를 인식하는 데는 아무런 영향이 없는 것으로 볼 수 있어 경계침범

36 주석 형법, 각칙(6)(제5판), 한국사법행정학회(2017), 746(권순형); 형법주해(XII), 각칙(9), 박영사(2023), 628(김지언); 김성돈, 형법각론(제8판), 성균관대학교 출판부(2022), 542; 배종대, 형법각론(제14판), 홍문사(2023), 510; 이영란, 형법학 각론강의(제3판), 형설출판사(2013), 477; 이재상 외 2인, 형법각론(제12판), 박영사(2021), 479; 이형국/김혜경, 형법각론(제2판), 법문사(2019), 538; 임웅, 형법각론(제11정판), 법문사(2020), 598; 홍영기, 형법 총론과 각론, 박영사(2022), 482.

37 형법주해(XII), 각칙(9), 박영사(2023), 628(김지언); 정영일, 형법각론, 학림(2019), 406.

38 대법원 1972. 2. 29. 선고 71도2293 판결.

39 대법원 1984. 2. 28. 선고 83도1533 판결.

죄가 성립하지 않는다는 취지로 판시한 사례,[40] 지적도의 지적경계선을 기준으로 하면 이웃 토지를 침범하여 건립되어 있으나 사실상 이웃 토지와의 경계로 장기간 사용되어 온 담장을 그대로 둔 채 그 연장선상에 그 담장과 연결하여 추가로 길이 4m, 높이 1.5m의 담장을 새로 설치한 사안에 관하여 피해자 소유의 토지경계에 대한 인식불능의 결과를 초래한다고는 볼 수 없다고 판시한 사례,[41] 피고인이 인접한 피해자 소유의 토지를 침범하여 나무를 심고 도랑을 파내는 등의 행위를 하였으나 피고인과 피해자 소유의 토지는 이전부터 경계 구분이 되어 있지 아니하여 피고인의 행위로 인하여 새삼스럽게 토지경계에 대한 인식불능의 결과를 초래하였다고 볼 수 없어서 경계침범죄가 성립하지 않는다고 한 판시한 사례,[42] 한국국토정보공사가 경계측량을 마친 후 지적경계를 표시하기 위해 붉은 말뚝 8개를 새로 설치하였는데, 피해자가 인접한 토지 소유자인 피고인의 동의를 받지 아니한 채 경계를 표시할 의사로 위 붉은 말뚝 중 1개를 제거한 다음 쇠파이프 13개를 추가로 설치하였고, 잔존하는 붉은 말뚝은 새로 자라난 수풀에 덮여 잘 보이지 않게 된 상황에서 피고인이 쇠파이프 중 10개 가량을 뽑아버렸다고 하더라도 기존의 경계표시(붉은 말뚝)가 대부분 잔존하거나 피고인과 무관한 자연현상으로 경계의 식별이 어렵게 된 데에 불과하여 피고인에게 경계침범죄가 성립하지 않는다고 판단한 원심을 수긍한 사례[43]등이 있다.

Ⅳ. 주관적 구성요건

24 고의로 경계표의 손괴, 이동, 제거 기타 방법으로 토지의 경계를 인식이 불가능하게 한다는 인식이 있을 것을 요한다. 미필적 고의이면 충분하다. 경계는 반드시 법률상 정당한 경계를 의미하는 것은 아니므로, 법률상 정당한 경계가 아니라고 믿고 침범하는 행위를 하더라도 고의가 조각되지 않는다.[44] 그 밖에 행위

40 대법원 1991. 9. 10. 선고 91도856 판결.

41 대법원 1992. 12. 8. 선고 92도1682 판결.

42 대법원 2010. 9. 9. 선고 2008도8973 판결.

43 대법원 2024. 3. 28. 선고 2023도15368 판결(원심: 의정부지방법원 2023. 10. 12. 선고 2022노2677 판결).

44 주석 형법, 각칙(6)(제5판), 한국사법행정학회(2017), 747(권순형); 형법주해(XII), 각칙(9), 박영사(2023), 628(김지언); 김성돈, 형법각론(제8판), 성균관대학교 출판부(2022), 542; 손동권/김재윤, 새로운 형법각론(제2판), 율곡출판사(2022), 518; 이영란, 형법학 각론강의(제3판), 형설출판사(2013), 477; 이재상 외 2인, 형법각론(제12판), 박영사(2021), 480; 정성근/정준섭, 형법강의 각론(제2판), 박영사(2022), 360.

의 객체가 경계표 또는 이에 준하는 것이라는 인식을 요함은 물론이다. 영득의 의사나 타인에게 손해를 가한다는 의사를 요하지는 않는다. 따라서 단순한 장난으로 한 경우라도 경계침범죄가 성립할 수 있다. 민사상 손해배상이나 원상회복의무를 부담함으로써 복구시킬 수 있고, 행위 당시 범인에게 그러한 의사가 있었다고 하더라도 죄의 성립에는 영향이 없다. 다만 토지의 경계를 인식불능하게 한다는 인식이 없이 단순히 경계표 등에 대한 손괴의 의사만이 있을 때에는 재물손괴죄가 성립할 수 있을 뿐이다.

V. 죄수 및 타죄와의 관계

1. 죄수

25 토지경계의 수를 단위로 하여 죄수를 정한다(통설). 경계의 수를 정함에 있어서는 인접하는 그 토지의 경계의 한쪽 끝으로부터 다른 쪽 끝까지를 1개의 경계로 본다. 그리하여 문제되는 토지경계가 1개이면 이와 관련된 수개의 경계표를 손괴, 이동 또는 제거하였다고 하더라도 일죄가 된다. 반면 문제되는 토지경계가 수개이면 단 1개의 경계표를 손괴, 이동, 제거하였더라도 토지경계별로 수죄가 된다.[45] 한편 1개의 경계의 일부를 인식이 불가능하게 한 경우에는 1개의 경계침범죄가 성립한다고 보아야 한다.

2. 타죄와의 관계

가. 재물손괴죄와의 관계

26 타인의 소유에 속하는 경계표를 손괴한 경우에 대해, 경계침범죄가 성립하면 재물손괴죄는 경계침범죄에 흡수된다는 견해,[46] 재물손괴죄의 법정형이 보다 높다는 점을 고려하면 양자의 상상적 경합이 인정되어야 한다는 견해[47]가 대립되고

45 주석 형법, 각칙(6)(제5판), 한국사법행정학회(2017), 748(권순형); 형법주해(XII), 각칙(9), 박영사(2023), 628(김지언); 김성돈, 형법각론(제8판), 성균관대학교 출판부(2022), 542; 김일수/서보학, 새로쓴 형법각론(제9판), 박영사(2018), 335; 이재상 외 2인, 형법각론(제12판), 박영사(2021), 480.

46 정성근/정준섭, 형법강의 각론(제2판), 박영사(2022), 360; 박상기/전지연, 형법학 총론·각론(5판), 집현재(2021), 726.

47 김성돈, 형법각론(제8판), 성균관대학교 출판부(2022), 543; 김일수/서보학, 새로쓴 형법각론(제9판), 박영사(2018), 335; 손동권/김재윤, 새로운 형법각론(제2판), 율곡출판사(2022), 518; 이형국/김혜경, 형법각론(제2판), 법문사(2019), 538; 임웅, 형법각론(제11정판), 법문사(2020), 599; 정영일, 형법각론, 학림(2019), 407.

있다. 경계침범죄가 토지경계의 명확성을 유지함으로써 토지 권리관계의 안정을 도모하는 등 사회적 법익의 성질도 갖고 있음을 감안한다면 양자의 상상적 경합을 인정함이 타당할 것이다.[48]

나. 부동산절도와의 관계

27 불법영득의 의사를 가지고 경계를 인식불능케 한 경우에 대해, 부동산절도죄만 성립하고 경계침범죄는 부동산절도죄에 흡수된다는 견해, 경계침범죄와 부동산절도죄는 그 보호법익이 다르므로 경계침범죄와 부동산절도죄와의 상상적 경합범이 된다는 견해,[49] 부동산은 절도죄의 객체인 재물이 될 수 없으므로 경계침범죄만 성립된다는 견해[50]가 대립되어 있다.

VI. 처벌

28 죄를 범한 사람에 대해서는 3년 이하의 징역 또는 5백만 원 이하의 벌금에 처하도록 되어 있다. 2인 이상이 공동으로 형법 제366조를 범할 경우에는 가중하여 처벌하도록 특별규정이 마련되어 있다(폭력행위 등 처벌에 관한 법률 제2조 제2항).

48 주석 형법, 각칙(6)(제5판), 한국사법행정학회(2017), 748(권순형).
49 정성근/정준섭, 형법강의 각론(제2판), 박영사(2022), 360; 정영일, 형법각론, 학림(2019), 407.
50 형법주해(XII), 각칙(9), 박영사(2023), 628(김지언); 김성돈, 형법각론(제8판), 성균관대학교 출판부(2022), 543; 김일수/서보학, 새로쓴 형법각론(제9판), 박영사(2018), 335; 배종대, 형법각론(제14판), 홍문사(2023), 511; 손동권/김재윤, 새로운 형법각론(제2판), 율곡출판사(2022), 513; 이영란, 형법학 각론강의(제3판), 형설출판사(2013), 477; 이재상 외 2인, 형법각론(제12판), 박영사(2021), 480; 이형국/김혜경, 형법각론(제2판), 법문사(2019), 538.

제 371 조 [미수범]

제366조, 제367조와 제369조의 미수범은 처벌한다.

[관련조문] 형법 제366조(재물손괴등), 제367조(공익건조물파괴), 제368조(중손괴), 제369조(특수손괴), 제370조(경계침범)

Ⅰ. 의의

1 중손괴죄(형법 제368조)와 경계침범죄(제370조)를 제외한 다른 죄, 즉 재물등손괴죄(제366조), 공익건조물파괴죄(제367조) 및 특수손괴죄(제369조)의 미수행위를 처벌할 수 있도록 미수범에 관하여 규정한 조항이다.

Ⅱ. 내용

2 중손괴죄는 결과적 가중범이므로 미수범을 인정할 수 없는 것이 이론상 당연하다. 경계침범죄에 대해 미수범을 인정하지 않은 것에 대해 입법론상 의문을 제기하는 견해도 있다.

제 372 조 [동력]

본장의 죄에는 제346조를 준용한다.

[관련조문] 형법 제366조(재물손괴등), 제367조(공익건조물파괴), 제368조(중손괴죄), 제369조(특수손괴), 제370조(경계침범)

[참고문헌] 주석 형법, 각칙(6)(제5판), 한국사법행정학회(2017); 형법주해(XII), 각칙(9), 박영사(2023)

Ⅰ. 의의

1 형법 제38장 절도와 강도의 죄 부분에 규정된 제346조는 '본장의 죄에 있어서 관리할 수 있는 동력은 재물로 간주한다'라고 규정하고 있는데, 위 조항을 손괴의 죄에도 준용하도록 하는 조항이다.

Ⅱ. 내용

2 관리할 수 있는 동력이란 전기, 빛, 열 등 무체물 중에서 사람에 의한 물리적 관리가 가능한 에너지를 의미하므로, 에너지의 형태를 띠지 않으면서도 가치가 있는 일련의 무형물(예컨대 컴퓨터용디스크 및 이와 비슷한 정보저장매체에 기록된 정보 등)은 재물에 포함되지 않는다.[1] 그러나 1995. 12. 29. 법률 제5057호로 형법을 개정하면서 디지털화된 정보는 '전자기록 등 특수매체기록'이란 용어로 재물과는 별도로 손괴죄의 객체로 추가되었다.

3 형법상 손괴의 죄 중 공익건조물파괴죄(형법 제367조)와 경계침범죄(제370조)는 범행의 대상이 공익건조물, 경계표 내지 토지의 경계로 제한되어 있으므로 제346조가 준용될 여지가 없고, 범행의 대상이 제한되지 아니하는 재물손괴죄(제366조), 중손괴죄(제368조), 특수손괴죄(제369조)에만 위 조항이 준용될 수 있을 것이다.[2]

1 대법원 1996. 8. 23. 선고 95도192 판결, 대법원 2002. 7. 12. 선고 2002도745 판결, 대법원 2008. 2. 15. 선고 2005도6223 판결.

2 주석 형법, 각칙(6)(제5판), 한국사법행정학회(2017), 751(권순형); 형법주해(XII), 각칙(9), 박영사(2023), 631(김지언).

찾아보기

사항색인

(ㅎ)

(1-2)

판례색인

주석 형법 각칙(5) [제6판]

1980년 3월 20일 제1판 1쇄 발행
1992년 11월 23일 보정판 1쇄 발행
1997년 2월 10일 제3판 1쇄 발행
2006년 1월 10일 제4판 1쇄 발행
2017년 11월 20일 제5판 1쇄 발행
2024년 8월 16일 제6판 1쇄 인쇄
2024년 8월 30일 제6판 1쇄 발행

집필대표 노 태 악
발 행 인 이 욱 한
발 행 처 韓國司法行政學會

서울특별시 서대문구 경기대로 57 석당빌딩 5층
전 화 (02) 362-2045~8
팩 스 (02) 312-2070
등 록 1965년 8월 27일 9-94

정가 95,000원

ISBN 978-89-8109-007-4
세 트 978-89-8109-004-3

※ 낙장·파본은 교환하여 드립니다.

www.law.or.kr(홈페이지) www.lexcom.co.kr (도서쇼핑몰)